CORRESPONDANCE COMPLÈTE

DE LA

MARQUISE DU DEFFAND

TOME PREMIER

L'auteur et l'éditeur déclarent réserver leurs droits de reproduction à l'étranger. — Ce volume a été déposé au ministère de l'intérieur (direction de la librairie), en janvier 1865.

PARIS. TYPOGRAPHIE DE HENRI PLON, IMPRIMEUR DE L'EMPEREUR,
8, Rue Garancière.

CORRESPONDANCE COMPLÈTE

DE LA

MARQUISE DU DEFFAND

AVEC SES AMIS

LE PRÉSIDENT HÉNAULT—MONTESQUIEU—D'ALEMBERT—VOLTAIRE
HORACE WALPOLE

CLASSÉE DANS L'ORDRE CHRONOLOGIQUE
ET SANS SUPPRESSIONS

AUGMENTÉE DES LETTRES INÉDITES AU CHEVALIER DE L'ISLE

PRÉCÉDÉE D'UNE

HISTOIRE DE SA VIE, DE SON SALON, DE SES AMIS

SUIVIE DE SES

ŒUVRES DIVERSES
ET ÉCLAIRÉE DE NOMBREUSES NOTES

PAR

M. DE LESCURE

OUVRAGE ORNÉ DE DEUX PORTRAITS GRAVÉS PAR ADRIEN NARGEOT
ET DE PLUSIEURS FAC-SIMILE

TOME PREMIER

PARIS
HENRI PLON, IMPRIMEUR-ÉDITEUR
8, RUE GARANCIÈRE

1865

Tous droits réservés.

PAUL MENGIN

A M. SAINTE-BEUVE.

Mon cher et illustre Maître,

Vous avez écrit dans le tome Ier de ces *Causeries du lundi*, un des monuments littéraires de notre temps et de tous les temps, véritable encyclopédie critique moderne :

« On a réimprimé dans ces derniers temps bien des classiques
» et même de ceux qui ne le sont pas. Les *Lettres* de madame
» du Deffand, je ne sais pourquoi, n'ont pas eu cet honneur...
» depuis 1828. On ne s'est pas donné la peine, depuis, de réim-
» primer le texte en l'épurant, en le comparant avec l'édition
» de Londres (1810), pour rétablir les quelques endroits retran-
» chés ou altérés. Et pourtant madame du Deffand méritait
» bien ce soin, car elle est l'un de nos classiques par la langue
» et par la pensée, et l'un des plus excellents. »

Et vous répétiez encore : « Elle est avec Voltaire, dans la
» prose, le classique le plus pur de cette époque, sans même
» en excepter aucun des grands écrivains. »

Encouragé par ce vœu, excité par ces regrets, j'ai consacré deux années à vivre dans le commerce assidu de l'immortelle douairière, dont le portrait, dans la galerie de nos illustrations, fait le pendant de celui de madame de Sévigné. J'ai consciencieusement, religieusement restauré la pureté de ce texte, parfois ternie, dans l'édition anglaise elle-même. J'ai classé les lettres éparses, rétabli les passages supprimés par des prédécesseurs timorés. J'ai enfin, sur votre plan, essayé de donner cette édition critique et définitive que vous avez demandée, au nóm du public délicat et lettré. A lui de dire si j'ai satisfait tous les désirs, comblé toutes les lacunes, réalisé enfin complétement le type que vous aviez tracé. A vous, mon cher et illustre Maître, de daigner agréer l'hommage de ce travail, inspiré et éclairé par vous, et dont l'offrande vous reviendrait naturellement, quand bien même elle ne serait pas dictée par l'admiration et l'affection, puisqu'il s'agit ici d'une des gloires de la conversation, de l'esprit et du goût.

M. DE LESCURE.

MADAME DU DEFFAND

SA VIE

SON SALON, SES AMIS, SES LETTRES

I

Née en plein règne de Louis XIV, et, en vertu d'un privilége de longévité qu'elle partage avec Voltaire et le maréchal de Richelieu, morte sous Louis XVI, au moment où la toile commence à se lever sur la scène de la Révolution, madame du Deffand est, avec Voltaire pour les idées, le maréchal de Richelieu pour les mœurs, un des représentants les plus complets du dix-huitième siècle, un de ses types moraux et littéraires les plus parfaits, un de ses témoins les plus indispensables et les plus agréables à écouter.

Frivole avant d'être sérieuse, galante avant de devenir philosophe, habile à se servir du rouge et des mouches avant de les quitter, et à jouer de l'éventail avant de jouer avec la plume, maîtresse du Régent avant d'être l'amie d'Horace Walpole, ornée de deux beaux yeux qui firent, avant de se retourner à jamais sur les ténèbres de son âme, plus d'une victime et plus d'une dupe, madame du Deffand, par l'expérience comme par l'esprit, peut être considérée, au point de vue de l'histoire de la société française, à une de ses heures les plus brillantes, comme un des meilleurs guides dont l'historien et le moraliste puissent se servir. Quel observateur et quel philosophe de premier ordre qu'une femme qui a vécu, parmi les femmes : avec madame de Parabère, madame d'Averne, mademoiselle Aïssé, madame de Prie, madame de Staal, madame de Flamarens, mademoiselle de l'Espinasse, madame d'Aiguillon, madame de Mirepoix, madame de Boufflers, la duchesse du Maine, la maréchale de Luxembourg, la duchesse de Choiseul;—parmi les hommes : avec Voltaire, le président Hénault, Montesquieu, d'Alembert, Pont-de-Veyle, M. de Maurepas, le chevalier d'Aydie, et dont le salon victorieux de la rivalité du cercle de madame Geoffrin, exclusif asile des encyclopédistes et des philosophes, a été, pendant quarante ans, le rendez-vous favori et presque officiel des ambassadeurs de toutes les cours de l'Europe, à une époque où la politique avait encore de l'esprit!

A ses habitués, que madame de Tencin appelait familièrement « *ses bêtes* », il n'a manqué que Jean-Jacques Rousseau, Diderot et Buffon : Jean-Jacques, trop difficile à apprivoiser ; Diderot, trop difficile à retenir ; Buffon, trop difficile à rassasier d'attention et d'admiration. Je veux bien voir une lacune dans cette triple absence. Mais combien elle est compensée, à mon gré, par l'empressement flatteur des étrangers illustres, des voyageurs couronnés, des ambassadeurs d'élite qui n'allaient que chez madame du Deffand, parce que là seulement ils trouvaient une hospitalité complète, la liberté d'esprit qui attire et la courtoisie qui rassure, la hardiesse permise aux idées et les égards dus aux situations, la familiarité qui honore et non celle qui déplaît, enfin la meilleure compagnie à la fois et la meilleure société.

L'importance et l'intérêt du recueil des lettres de madame du Deffand, à ce triple point de vue de l'histoire politique, sociale et morale de son temps, sont incontestables ; la qualité et la variété des modèles relèveraient même une œuvre médiocre. Que sera-ce donc si le peintre est encore supérieur à ses originaux et si le tableau est un chef-d'œuvre ? Il faut donc se borner, pour retenir ce groupe de lecteurs délicats, amis aussi précieux que juges difficiles, à constater qu'envisagées exclusivement au point de vue des qualités purement littéraires, la plupart des lettres de madame du Deffand sont des chefs-d'œuvre de naturel, de grâce, de finesse, de malice, de profondeur ; qu'elles contiennent des récits dignes de madame de Sévigné et des portraits dignes de Saint-Simon ; enfin qu'elles sont écrites dans cette langue à la fois souple et forte, légère et solide, qui rappelle, sans qu'elle ait songé à les imiter, les meilleurs modèles du siècle où l'on a le mieux écrit et du siècle où l'on a le plus pensé.

Dans cette *Correspondance*, sorte de confession quotidienne d'une âme qui joint à une insatiable curiosité une implacable franchise, cette fine et âpre douairière, dont l'insomnie est agitée des problèmes qui ont tourmenté Pascal, étudie en se jouant et creuse sans s'en douter les plus graves questions de la vie et de la destinée humaines, et elle le fait avec une intensité de pensée, une vigueur d'analyse qu'on admire jusqu'à l'effroi. Rien ne trouble cette méditation passionnée, qui n'a d'autre mobile et d'autre but que la soif de se connaître. Et l'on est étonné de la précision des moyens et de la vérité saisissante des résultats, même quand on sait que cette activité de réflexion, réduite aux sujets intérieurs, n'a point de distraction, et que la cécité a couvert de son voile la cage où se meut et palpite ce doute inquiet.

Madame du Deffand, quand elle se délasse, par l'appréciation des hommes qu'elle a connus ou des ouvrages qu'elle s'est fait lire, de la fatigue de ces jugements si sévères qu'elle porte sur elle-même, est encore inimitable. Sauf quelques erreurs qui tiennent à des préjugés de temps ou de situation (quoiqu'elle en ait beaucoup perdu, elle en a cependant gardé quelques-uns), il faut citer ces opinions qui entraînent par le sourire et décident par le ridicule, ou qui, par l'unique force du bon sens et de la prévoyance, entrent dans l'esprit à la façon d'un coin, et y gravent une critique nette comme un arrêt, ou un éloge juste comme une maxime.

Rien ne saurait rendre l'attrait de cette originalité morale, de cette verve critique et caustique, tel que nous venons de le goûter, durant un commerce assidu d'une année, et le plaisir parfois douloureux qu'il y a à suivre ces phrases étincelantes, dont les unes éclairent et dont les autres brûlent comme le flambeau approché de trop près.

Madame du Deffand, moins amusante, moins dramatique, moins variée, moins primesautière que madame de Sévigné, dont les lettres sont le chef-d'œuvre d'un temps triomphant, tandis que celles de madame du Deffand sont le chef-d'œuvre d'un temps de décadence, garde sur celle que Walpole appelait *Notre-Dame de Livry* un remarquable avantage.

Comme son illustre devancière, elle a concentré sur un sentiment unique, exclusif, absorbant, presque égoïste à force de sacrifices, qu'elle a creusé pendant quarante ans et qui est devenu comme le lit de son existence, toute l'activité de son âme et de son esprit.

Mais le sentiment qui a inspiré madame de Sévigné est un sentiment naturel, élémentaire, domestique, dont je ne voudrais pas dire qu'elle affecte le culte et qu'elle orne trop d'éloquence l'admirable simplicité. Le sentiment qui fut la vie de madame du Deffand est un sentiment à la fois critique et passionné, à la fois plaisir de cœur et attrait d'esprit. C'est cette amitié désespérée, luttant contre tous les obstacles et toutes les déceptions, les incompatibilités de l'âge et les impossibilités de l'absence, et se portant à son objet comme à une proie, pour échapper à la double terreur de l'ennui et de la mort. On se presse alors de réparer le temps perdu. On voudrait aimer une éternité par jour.

On le comprend déjà, cet avantage que je revendique, aux yeux des raffinés, pour madame du Deffand, c'est cet attrait poignant du drame. Il y a un drame, et des plus curieux et des plus terribles, dans ce quotidien effort, dans cette journalière et inutile révolte contre des regrets semblables à des remords et des désirs cruels comme un châtiment.

C'est cet attrait qui manque aux lettres de madame de Sévigné, écrites sous le doux empire de ce sentiment maternel qui n'a point de révolutions ni de désespoirs. Si parfois la note s'attendrit, si ce perpétuel sourire se voile d'une larme, comme l'arc-en-ciel d'une inaltérable espérance succède vite à l'orage! Les larmes de madame de Sévigné ressemblent à ces pluies d'été, courtes, fines et rares, qui font paraître le ciel plus bleu et l'herbe plus verte. Nous l'admirons sans songer à la plaindre. Une seule chose pourrait nous toucher dans cette affection, trop exclusive pour n'avoir pas ses déceptions, et trop égoïste aussi, il faut le dire, pour ne pas recevoir des leçons. Émotion fugitive, intermittente et imperceptible moralité de ces lettres si saines, si joviales, si triomphantes! Les exigences d'une fille plus spirituelle que naïve et plus douce que tendre, ses sécheresses, ses indifférences, ses *insuffisances* plutôt, telles sont les douleurs secrètes de cette affection maternelle qui ne laisse paraître que ses joies. Mais on devine tout cela plus qu'on ne le sent, et c'est tant pis pour l'effet des lettres de madame de Sévigné, qui est plus littéraire que moral, et dont, bien qu'elles aient aussi leur leçon, on admire trop les beautés pour songer au *reste*.

Ce *reste*, cette nécessité absolue, attestée par des exemples si frappants, maintenue par des sanctions si douloureuses, de l'équilibre dans les passions, de l'opportunité dans les sentiments, de l'ordre dans la vie, de l'économie dans ses qualités, de la foi au cœur et de la réserve à l'esprit, voilà le drame, voilà la moralité qui donne aux lettres de madame du Deffand, surtout à celles à Walpole, un si piquant attrait moral, un si poignant intérêt philosophique, et qui unissent constamment, dans l'âme du lecteur, la pitié pour un très-grand malheur à l'admiration pour un talent supérieur.

C'est avec une curiosité haletante, presque égale à celle de l'auteur, que le lecteur suit dans sa naissance, son développement, ses luttes, ses douleurs et son agonie, ce sentiment unique qui soutient et dévore, qui ronge et anime à la fois la vieillesse inquiète d'une femme sans ressources contre l'ennui, et qui a trop d'esprit pour parvenir à être dévote.

Quels enseignements, supérieurs au plaisir de l'observation et à l'attrait du style, ne faut-il pas attendre de cette autopsie psychologique, pratiquée intrépidement par madame du Deffand sur son propre cœur vivant et palpitant! Quel drame et quelle leçon que cette amitié passionnée, disons le mot, que cet amour tardif, punition de tant d'autres précoces, d'une femme de soixante-dix ans pour un homme de quarante-neuf ans, d'une Française et des plus Françaises, pour un Anglais et des plus Anglais, égoïste, blasé ou plutôt désabusé comme elle, et que la crainte du ridicule tourmente autant qu'elle-même est tourmentée de la crainte de l'ennui!

Il y a dans ce sentiment à la fois si ardent et si sénile, qui mêle ses feux aux glaces de l'âge et qui agite une femme en cheveux blancs pour un homme dont elle pourrait et voudrait être la mère, quelque chose d'étrange et presque d'odieux, un peu de cette fatalité sur le compte de laquelle l'antiquité plaçait les crimes et les malheurs surhumains.

C'est une étude à la fois charmante et navrante que celle de cette liaison qui se heurte perpétuellement aux limites permises, de ce regain de jeunesse en pleine décrépitude, de ce subit printemps du cœur en plein hiver de l'âge, de ce sentiment à la fois naturel et artificiel, volontaire et fatal, ridicule et nécessaire! Il a réhabilité madame du Deffand, qu'on accusait de sécheresse, en montrant les tendresses cachées de son âme. Mais le cœur qu'elle atteste se montre à nous à la fois dans cette nudité que la vieillesse rend cynique, et dans cette dernière blessure, si saignante et si imprévue.

Voilà, et c'est par là que je me hâte de clore cette esquisse préliminaire, destinée à donner immédiatement au lecteur la clef de son plaisir et comme qui dirait la carte de son voyage, — voilà le double intérêt, le double attrait par lesquels la *Correspondance* de madame du Deffand mérite d'être lue et même d'être relue. C'est à la fois un drame et une leçon. Jamais l'ennui des vieillesses désabusées et inutiles n'y a été creusé à de telles profondeurs et peint avec des couleurs si justes et si fortes. Et l'étude de l'ennui, de ses causes, de ses symptômes, de ses phénomènes, de ses résultats, est, selon moi, une des recherches les plus salutaires de la pensée moderne, car elle tend à préserver la vie morale de son plus redoutable ennemi; de son poison le plus dangereux, aux époques critiques et sceptiques comme la nôtre, où faute de modération et de foi, tant d'hommes de quarante-neuf ans ressemblent, moins l'esprit, à Horace Walpole, et tant de femmes de soixante à madame du Deffand, moins le style.

Jamais aussi l'amitié entre homme et femme, aux âges incompatibles avec l'amour, l'amitié d'esprit que tourmentent les derniers soubresauts et les derniers soupirs du cœur, n'a été sentie et exprimée, étudiée et analysée d'une plus pénétrante et d'une plus éloquente façon. Notre histoire littéraire a offert quelques exemples de ce sentiment exceptionnel, mais aucun avec cette vigueur dans les caractères et ce dramatique intérêt dans la lutte qui en est toujours la suite. L'association célèbre de M. de la Rochefoucauld et de madame de la Fayette, cette amitié boudeuse et fidèle entre deux grands mécontents, deux grands désabusés dont il n'est resté que la trace amère des *Maximes*, est le type qui approche plus, sans l'égaler, de celui que nous allons étudier. Peut-être, si nous avions les lettres de madame Récamier à Benjamin Constant, et surtout à Chateaubriand, y trouverions-nous plus d'un accent à la du Deffand et à la Walpole; une du Deffand plus tranquille, plus chrétienne, parlant à des Walpole plus puissants et plus inquiets. La liaison quarantenaire de madame d'Houdetot et de Saint-Lambert fut tranquille, sinon heureuse; et comme elle n'a pas eu de drame, elle n'a pas eu d'histoire. Reste le commerce entre madame de Créqui et Sénac de Meilhan, que nous avons essayé de caractériser ailleurs [1] et dont nous ne dirons ici qu'une chose : c'est qu'il peut servir d'exemple (et il est unique) de la sagesse et du bonheur dans ces unions intellectuelles et tardives entre une femme qui n'est plus belle et un homme qui n'est plus jeune.

La différence de ce résultat dans une passion dont les apparences se ressemblent, s'explique d'un seul mot : madame de Créqui, qui n'avait jamais été galante, eut le bon goût d'être chrétienne avant que l'âge lui en fît un besoin. Rassurée sur elle-même, elle put songer à consoler Sénac de Meilhan de ses disgrâces et de ses dégoûts, bien loin d'avoir besoin de ses consolations. Elle put déployer sans scrupule et afficher sans rougeur ce dévouement maternel qui sied si bien à la sérénité des vieillesses tranquilles.

---

[1] Sénac de Meilhan, *OEuvres politiques et morales choisies*, publiées avec une Introduction et des Notes. Paris, Poulet-Malassis, 1862. *Introduction*, p. 19 et suiv.

Elle put essayer de faire partager à ce matérialiste, à ce sceptique qu'avait empoisonné de bonne heure le mal de son siècle, cette sécurité que donne la foi à ceux qui, comme elle, l'ont en même temps sur les lèvres et dans le cœur. Elle n'y réussit pas, mais Sénac eut au moins en elle une de ces amitiés suprêmes qui donnent tant de tranquillité à la vie sinon à l'âme de celui qui en goûte l'honneur, qui préservent de bien des fautes, si elles ne soulagent pas toutes les douleurs, et donnent tant de majesté, comme le soleil couchant au soir d'un beau jour, aux dernières grâces de la femme.

II

Nous avons peu de détails sur la première période de la vie de madame du Deffand, la période frivole et galante, et cela se comprend : le premier soin d'une femme d'esprit qui se range, c'est de jeter au feu l'histoire de sa jeunesse ; en d'autres termes, d'oublier, ne fût-ce que pour en donner l'exemple aux autres. Grâce à cette précaution, secondée par l'aimable complicité d'un entourage dont la discrétion nous étonne, madame du Deffand a pu se flatter d'arriver intacte à la postérité, après avoir passé sa vie à se ménager, plus par la crainte que par le respect, le silence des sottisiers et des chroniqueurs.

Et c'est là un premier phénomène qui mérite d'être remarqué, que cette inviolabilité si exceptionnelle. Cette jeunesse, qui fut loin d'être sans faute, s'est conservée sans reproches. Le *Recueil de Maurepas*, si audacieux et si implacable dans ses commérages rimés, ne contient pas un seul couplet contre la marquise du Deffand. Elle est également épargnée, comme à l'envi, par la médisance des *Mémoires* et des pamphlets. Sans Walpole, qui nous a laissé de cette faiblesse l'unique témoignage, nous saurions, sans pouvoir citer un seul document à l'appui, qu'elle fut quelques jours la maîtresse du Régent. Tout cela s'explique, jusqu'à un certain point, par une grande habileté, un grand art de ménager les apparences, par la double protection de l'amitié de Voltaire et de son propre esprit. Madame du Deffand était fort capable de rendre aux gazetiers et aux chansonniers la monnaie de leur pièce, et ils épargnèrent en elle une femme dont de bonne heure il valut mieux être l'ami que l'ennemi, et dont le salon fut toujours hospitalier aux muses frondeuses et libertines en quête d'un asile.

Ce que l'on comprend moins, c'est que la date et le lieu précis de la naissance de madame du Deffand soient encore incertains, malgré de nombreuses et persévérantes recherches, dont le dernier résultat ne nous est pas encore connu. Sur ce point comme sur les autres, il nous est resté d'incessants efforts la satisfaction d'être le biographe qui aura recueilli le plus de renseignements et le plus ajouté au faisceau des faits déjà connus. Mais la gerbe est encore loin d'être ou plutôt de nous paraître complète. Nous touchons à l'abondance, mais non à la satiété, indispensable à l'incubation de toute histoire définitive.

Marie DE VICHY-CHAMROND naquit en 1697, suivant la majorité, presque l'unanimité des biographes [1], un an après la mort de cette madame de Sévigné dont elle devait continuer la tradition et répéter la gloire. C'est probablement au château de Chamrond qu'il faut placer le berceau de la future marquise du Deffand. Ce château dominait la paroisse de Saint-Bonnet ou Saint-Julien de Cray, dont MM. de Vichy-Chamrond étaient co-seigneurs. Cette commune fait maintenant partie de l'arrondissement de Charolles (Saône-et-Loire). Le père de Marie de Vichy était Gaspard de Vichy, comte de Chamrond, et sa mère, Anne Brulart, fille du premier président au parlement de Bourgogne, dont la famille devait être surtout illustrée par les deux branches de Puisieux et de Sillery, à laquelle appartenait le mari de madame de Genlis, le spirituel et malheureux Girondin.

Marie de Vichy reçut son prénom au baptême de sa marraine et aïeule maternelle, madame Marie Bouthillier de Chavigny, veuve du président Brulart, et femme d'un second mari, César-Auguste, duc de Choiseul.

« Le duc de Choiseul, las de sa misère, dit Saint-Simon à l'année 1699, épousa une sœur de l'ancien évêque de Troyes et de la maréchale de Clérembault, fille de Chavigny, secrétaire d'État. Elle était veuve de Brulart, premier président au parlement de Dijon, et fort riche. Quoique vieille, elle voulut tâter de la cour et du tabouret; elle en trouva un à acheter et le prit. »

Marie de Vichy-Chamrond fut élevée au couvent de la Madeleine du Traisnel, rue de Charonne, à Paris. Ce serait une curieuse histoire à écrire que celle des couvents sous le règne de Louis XIV et

---

[1] La Préface de la *Correspondance*, en 2 volumes (1809), dit seule 1696. — Pour 1697, tiennent la Préface de l'édition des *Lettres* à Walpole (Londres, 1810), de l'édition française des mêmes *Lettres*, 1811, 1812, 1824, 1827; — la Préface de la *Correspondance inédite*, publiée par M. de Sainte-Aulaire; — M. Sainte-Beuve (*Causeries du Lundi*, t. I, p. 413); — la *Biographie générale*, Didot; — la *Biographie Michaud*. — La *Biographie Feller* fait naître madame du Deffand à Auxerre.

de Louis XV. Pour ne parler que des derniers parmi ceux qui auraient leur place dans cette galerie plus profane que dévote, plus galante que mystique, plus amusante qu'édifiante, il faut ranger ce couvent de Montfleury, près de Grenoble, gracieux comme son nom, le type, le modèle accompli du *joli* couvent au dix-huitième siècle, dont *Vert-Vert* est le poëme ; l'abbaye de Maubuisson, gouvernée par cette originale Louise-Hollandine, tante de Madame, la spirituelle douairière d'Orléans, laquelle jurait peu canoniquement « par ce ventre » qui avait porté plusieurs bâtards ; ce couvent de Chaillot, où le marquis de Richelieu enleva sa maîtresse, puis sa femme, puis la maîtresse de beaucoup d'autres, trop digne fille de madame de Mazarin ; cet autre, où fut enfermée Florence, cette maîtresse du Régent que voulait épouser le prince de Léon, qui, peu de temps après, enlevait pour se consoler mademoiselle de Roquelaure du couvent des Filles de la Croix, au faubourg Saint-Antoine.

Et cette abbaye de *la Joie* (bien nommée), près de Nemours, dont l'abbesse, mademoiselle de Beauvilliers, se laissa faire un enfant par le beau Ségur « qui jouait très-bien du luth », et accoucha scandaleusement en pleine hôtellerie ; et cette abbaye de Gomerfontaine en Picardie, qui, sur les deux sœurs de la Boissière de Séry, en avait élevé une pour le couvent, qui y resta, qui fut une sainte et dont on ne parla point, et cette autre, la plus gracieuse et la plus touchante des pécheresses, dont on devait tant parler, la seule peut-être de ses maîtresses que le Régent ait véritablement aimée !

Citons, citons encore cette abbaye de Montmartre, où la duchesse d'Orléans allait se consoler de temps en temps, en compagnie de la duchesse Sforze, de ses chiens et de ses perroquets, des infidélités d'un volage et aimable mari ; ce couvent des Carmélites, où la duchesse de Berry, sa fille, allait se reposer dans une dévotion de huit jours des mécomptes de l'orgueil et des fatigues de l'amour ; et cet autre couvent enfin, à quelques lieues de Paris, où deux jeunes abbés, qui n'étaient autres que le duc de Richelieu et le chevalier de Guéménée, allaient, à la faveur de ce déguisement, passer d'agréables journées à exhorter deux jeunes duchesses, deux sœurs, qui goûtaient fort cette pénitence [1].

C'est sans doute en commémoration de ces aventures galantes, dont l'habit ecclésiastique profané avait servi plus d'une fois l'audace, que le duc de Richelieu avait fait peindre, comme par un ironique défi à ces couvents si mal gardés de son temps et d'un si

---

[1] *Correspondance de Madame*, t. Ier, p. 300.

facile verrou, ses maîtresses en costume de religieuses. Les maréchales de Villars et d'Estrées, dans cette singulière galerie, qu'on a eu un moment l'espoir de retrouver, y souriaient sous le froc des capucines. Mademoiselle de Charolais était en récollette et parfaitement ressemblante, ce qui faisait dire à Voltaire :

> Frère Ange de Charolais,
> Dis-moi par quelle aventure
> Le cordon de saint François
> Sert à Vénus de ceinture.

De couvent en couvent, d'anecdote en anecdote, nous côtoierions ainsi toute l'histoire intime du dix-huitième siècle, saluant d'un sourire ou d'une larme le théâtre de plus d'une aventure galante et de plus d'un accident tragique, et aussi le port rigoureux où plus d'une âme naufragée trouva, en vertu d'une lettre de cachet, le salut du repentir. Souvenez-vous, en passant, de ce couvent de Panthémont, où deux jeunes pensionnaires se battaient en duel[1] pour une rivalité d'amour-propre; de cet autre couvent où, c'est madame du Deffand elle-même qui nous le raconte, une imprudence de quelque espiègle de quinze ans allumait un incendie qui fit de si tristes et de si gracieuses victimes. Et le couvent des Carmélites de Lyon, où, sous le capuchon de sœur Augustine de la Miséricorde, on eût pu reconnaître cette mademoiselle Gautier, comédienne applaudie du Théâtre-Français, d'une force musculaire égale à celle du maréchal de Saxe, d'une tendresse de cœur pareille à celle de la Vallière, et dont on lit au tome X des *OEuvres de Duclos* une histoire touchante. Et le couvent de Nancy, où furent tour à tour enfermées, par ordre du mari, madame de Stainville, dont il faut lire dans Lauzun, écrite avec les doubles regrets de l'amitié et de l'amour, la profane et touchante aventure; et plus tard, cette pénitente héroïque, madame d'Hunolstein, qui, chassée par la Révolution de sa pieuse prison, n'accepta point sa délivrance et voulut mourir sur la cendre en demandant pardon à son mari et à Dieu de fautes si noblement expiées. Et le couvent de Pont-aux-Dames, où madame du Barry fut reléguée aux premiers jours de sa disgrâce, et, royale Madeleine, ensorcelait les saintes filles chargées de la convertir et de la garder!

Mais nous n'en finirions pas, et il faut pourtant, afin de donner une idée de l'éducation du temps, même en ces pieux asiles, trop dégénérés des anciennes vertus et des anciennes pudeurs et devenus

---

[1] *Mémoires de la baronne d'Oberkirch.*

aussi dangereux que le monde, clore notre énumération[1]. Mais ce ne sera pas sans avoir encore jeté un coup d'œil attendri par tant d'aimables et pimpants souvenirs sur ce fameux couvent de Chelles, du temps de cette fille du Régent dont nous avons écrit l'histoire[2], sur ce couvent de Chelles où l'on jouait si bien *Esther, Athalie* et même *Andromaque;* où, selon la chronique scandaleuse, Richelieu s'introduisait parfois; ce couvent de Chelles où l'on tirait, les jours de fête, des feux d'artifice au milieu des roses, et où chaque nonne, vouée à la fois au monde et à Dieu, avait une couronne sous son voile et un médaillon à son chapelet.

Un regard aussi à cette abbaye de Saint-Sauveur d'Évreux, et à ce prieuré de Saint-Louis de Rouen, où, au dire de madame de Staal, qui y fut élevée, l'abbesse était si bonne, les converses si complaisantes, les élèves si espiègles, où l'on entendait tant de jappements de chiens et tant de chants d'oiseaux, où l'on riait presque toujours, et où, si l'on pleurait, les larmes mêmes étaient si douces, « qu'on ne savait pas d'où elles étaient parties ».

Tous ces coquets monastères n'étaient pas plus coquets que ce couvent de Montfleury, où s'épanouissait au sein de la plus patriarcale indulgence toute la jeune aristocratie féminine du Dauphiné. C'est là que la belle et spirituelle chanoinesse qui fut plus tard madame de Tencin manqua, elle aussi, si joliment son salut.

S'il était possible de mépriser le monde à travers des grilles, on l'eût méprisé sans peine à Montfleury, la plus aimable prison claustrale qu'il soit possible de rêver. Les religieuses, qui presque toutes l'avaient été malgré elles, s'en dédommageaient de leur mieux; elles y consolaient leurs regrets par tous les raffinements de cette dévotion mystique qui sait si bien amollir sous sa béatitude les épines du désir. La chapelle était parée comme un boudoir, la messe elle-même y ressemblait à un concert. On y priait comme l'on aime, avec toutes sortes d'œillades et de baisers. Et le soir, à ces petites fenêtres de la cellule dominant les murs et plongeant comme autant d'yeux restés ouverts sur la ville voisine, on aurait pu entrevoir sans doute plus d'une nonne rêveuse, respirant la brise au retour de l'office, avec cet habit blanc décolleté et ce bouquet de grenades sur l'oreille que le président de Brosses vit, non sans étonnement, aux poétiques religieuses de Venise.

---

[1] Voir *la Femme au dix-huitième siècle*, par Edmond et Jules de Goncourt. Didot. 1863.
[2] *Les Confessions de l'abbesse de Chelles, fille du Régent*. Paris, Dentu, 1863.

Le couvent de Notre-Dame du Traisnel a, lui aussi, ses galantes légendes, et si les leçons des coquettes religieuses de la rue de Charonne furent conformes à leurs exemples, mademoiselle de Vichy put y apprendre à la fois l'amour de Dieu et celui du prochain.

On trouve dans Saint-Simon[1], dans les *Mémoires* de Maurepas, de Richelieu, dans les *Mélanges* de Bois-Jourdain, dans Barbier[2], dans Marais, dans les *Mémoires* du marquis d'Argenson lui-même, de bien curieux et bien étranges détails sur cette retraite, à la fois dévote et galante, où le garde des sceaux disgracié, le sombre et spirituel d'Argenson, avait toute une espèce de sérail sous la grille, et où il oublia, bercé par les babillages caressants des novices, l'ambition, le pouvoir, la famille, tout, même la mort, qui bientôt vint l'y surprendre aux genoux de l'aimable, de la sémillante, de l'habile prieure, Gilberte-Françoise Veni d'Arbouze de Villemont. Cette femme était douée d'une grâce fascinatrice qui fit tour à tour les conquêtes les plus diverses : le beau Descoteaux, le noir d'Argenson, l'acariâtre duchesse d'Orléans, et sa fille elle-même, l'abbesse de Chelles, avant qu'elle se brouillât avec sa mère à propos de cette Circé du cloître, de cette Armide sous le voile, dont les beaux yeux étaient funestes à la concorde des familles. Le couvent de la Madeleine du Traisnel appartenait à une communauté de bénédictines, fondée au douzième siècle en Champagne, au Traisnel. Les religieuses vinrent s'établir en 1654 à Paris, rue de Charonne (au n° 100 de la rue).

C'est là que mademoiselle de Vichy reçut, sous l'œil indulgent d'une abbesse qu'on accusait d'avoir, avant M. d'Argenson, accordé ses bonnes grâces à un flûtiste célèbre, ce Descoteaux que la Bruyère a peint sous la figure du *curieux de tulipes*, et même d'avoir mis au monde un fruit de ce scandaleux amour, — une éducation qui dut être des plus tolérantes, si l'on en juge par ses résultats. On trouvera dans sa *Correspondance* plus d'une plainte et plus d'un regret sur le peu de secours qu'apportent à une vieillesse aux prises avec l'expérience et avec l'ennui, une instruction sans principes et une éducation sans moralité[3]. Ces frivoles et brillantes

---

[1] Édition Delloye, t. XXXIV, p. 114. — Édition Chéruel (*Hachette*), in-12, t. XI, p. 310 et 395.

[2] Barbier, *Journal*, t. Ier, p. 42, 43.

[3] « On se fait quelquefois la question si l'on voudrait revenir à tel âge? Oh! je ne voudrais pas redevenir jeune, à la condition d'être élevée comme je l'ai été, de ne vivre qu'avec les gens avec qui j'ai vécu, et d'avoir le genre d'esprit et de caractère que j'ai... »

jeunesses portent de jolies fleurs que tout le monde respire, mais la séve tout entière d'une vie se gaspille en parfums; et l'automne est sans fruits.

C'est ce que déplorait madame du Deffand, à cette heure de maturité stérile, où elle se trouvait sans autres ressources que celles de l'esprit, qui ne suffisent pas contre l'âge, la maladie et la solitude. Elle regrettait cette égoïste insouciance ou ce trop confiant aveuglement de maîtresses qui avaient développé ses qualités sans lui ôter ses défauts. Au lieu de la retenir sur cette pente du scepticisme où elle s'engagea de si bonne heure, au lieu de mettre un frein à cette curiosité précoce, à cette témérité intellectuelle qui la poussait à tout mettre en question, on l'encouragea dans ces petites débauches d'esprit que son âge faisait paraître également inoffensives et innocentes. Quand on vit le mal et qu'on s'effraya à la pensée de l'avenir qui pouvait suivre un tel présent et des revers promis à de tels succès, il n'était plus temps. La jeune fille avait déjà donné à sa nature un pli ineffaçable, et elle était condamnée à être à perpétuité esprit fort et bel esprit. Heureuse si l'indépendance de l'esprit en marquait la force et en assurait la tranquillité dans ces matières nécessaires, où l'incertitude punit toute rébellion, et où la soumission seule est sereine! On a trouvé parmi les papiers de madame du Deffand quelques lettres qui lui furent adressées, entre sa seizième et sa dix-huitième année, par son directeur, qui prétendait la convertir et qu'elle faillit pervertir.

Il n'est pas inutile d'insister sur ces origines et sur ces fausses chaleurs, qui firent fermenter de trop bonne heure une imagination hardie et aigrirent à jamais la destinée de madame du Deffand. Tout son caractère et toute son existence s'expliquent nettement à qui lira les détails suivants :

« Madame du Deffand étant petite fille et au couvent, dit Chamfort [1], y prêchait l'irréligion à ses petites camarades. L'abbesse fit venir Massillon, à qui la petite exposa ses raisons. Massillon se retira en disant : « Elle » est charmante. » L'abbesse, qui mettait de l'importance à tout cela, demanda à l'évêque quel livre il fallait faire lire à cet enfant. Il réfléchit une minute, et il répondit : « Un catéchisme de cinq sous. » On ne put en tirer autre chose. »

Était-ce dédain, était-ce déjà désespoir de guérir un mal trop précoce pour n'être pas incurable? s'est-on demandé. Ni l'un ni l'autre. A coup sûr Massillon ne pouvait être demeuré indifférent à la surprise de cette enfantine indépendance. Mais quel meilleur

---

[1] Édition Stahl, p. 190.

remède indiquer aux incrédules que le livre des simples et des humbles? Remède malheureusement inefficace vis-à-vis de ceux qui doutent par orgueil; ils auraient besoin, pour redevenir croyants, de redevenir simples et humbles.

Madame du Deffand s'est souvenue plus d'une fois de cet épisode de sa jeunesse et de cette leçon, aussi spirituelle qu'inutile, d'un prélat qui a creusé plus profondément que tout autre les abîmes les plus délicats du cœur humain. Elle en parlait souvent à Horace Walpole, celui qui fut, hélas! son unique confesseur. Et c'était de façon à ne pas nous permettre de douter de son impénitence finale, car les vies irrégulières ont de terribles et, il faut le dire, de fatales logiques.

« Ses parents, raconte Walpole, alarmés sur ses sentiments religieux, lui envoyèrent le célèbre Massillon pour s'entretenir avec elle. Elle ne fut ni intimidée par son caractère, ni éblouie par ses raisonnements, mais se défendit avec beaucoup de bon sens; et le prélat fut plus frappé de son esprit et de sa beauté que de son hérésie. »

Madame du Deffand confirme, en termes plus modestes, ce témoignage dans sa lettre à Voltaire du 28 septembre 1765.

« Je me souviens, dit-elle, que, dans ma jeunesse, étant au couvent, madame de Luynes m'envoya le Père Massillon. Mon génie étonné trembla devant le sien; ce ne fut pas à la force de ses raisons que je me soumis, mais à l'importance du raisonneur. »

A plusieurs époques de sa vie, madame du Deffand, par égoïsme plus que par raison, par crainte plus que par foi, essayera de se reprendre à ces illusions si consolantes, si ce sont des illusions. Mais il en est de l'innocence de l'esprit comme de celle du cœur. Une fois perdue, elle ne se retrouve pas. C'est en vain qu'elle désira « de pouvoir devenir dévote, ce qui lui paraissait l'état le plus heureux de cette vie ». C'est en vain qu'elle essaya « de chercher dans les pratiques de la religion ou des consolations ou une ressource contre l'ennui ». C'est en vain enfin qu'elle tenta de faire du P. Boursault, de l'évêque de Mâcon, et plus tard du P. Lenfant, les instruments de sa conversion et ses médiateurs auprès du Ciel, trop méprisé. Elle ne put jamais se résigner à apprendre une seule page de ce catéchisme préservateur qu'on lui faisait lire inutilement tous les matins au couvent. « J'étais, dit-elle, comme Fontenelle; j'avais à peine dix ans que je commençais à n'y rien comprendre. » Plus tard, déjà aveugle, elle se fait lire, par un dernier effort, les *Épîtres* de saint Paul, et s'impatientant de ne pas entendre cela couramment comme une épître de Voltaire, elle interrompait le lecteur en s'écriant : « Eh mais... est-ce que vous comprenez quelque chose à cela, vous? » Triste et touchante leçon que cette impuissance de l'orgueil à faire ce qui est si facile à la modestie et à l'humilité!

III

Par une coïncidence qui peut ressembler à une fatalité, mademoiselle de Vichy, jeune, jolie, spirituelle, mais peu riche, entra dans le monde par la porte du mariage, en pleine Régence, c'est-à-dire en pleine Fronde des mœurs, émancipées des sévères disciplines de la fin du règne précédent, et prenant gaiement leur revanche de quinze ans de dévotion forcée. Nous avons essayé de démêler, dans notre livre des *Maîtresses du Régent*, les principaux caractères de cette corruption universelle qui devait monter, monter sans cesse, comme une mer d'ignominie, et engloutir, dans son impur tourbillon, toutes ces antiques vertus sans lesquelles il n'est plus ni famille ni société. C'est le 2 août 1718, au moment où la réaction de la débauche est la plus ardente, au moment où Paris, dans une nudité cynique, cuve le vin des petits soupers et l'or de Law; au moment où le mariage n'est plus qu'une formalité, où la fidélité est ridicule, que mademoiselle de Vichy fut jetée par la sollicitude d'une famille impatiente de lui donner un répondant légal, et rassurée d'ailleurs par les convenances qui garantissent tout, excepté le bonheur, dans les bras d'un mari qu'elle ne connaissait même pas avant le jour où elle lui appartint pour jamais.

« Tout était parfaitement assorti, excepté les caractères, qui ne
» se convenaient pas du tout. »

Examinons un peu, l'étude en vaut la peine, ce milieu social, où va entrer aux bras d'un homme en qui elle n'a aucune confiance, et qui, dès le premier jour, a dû trembler sur sa conquête, cette jeune fille affligée du malheur de ne pas croire aux miracles.

« L'amour dans le mariage n'est plus du tout à la mode et
» passerait pour ridicule, » disait Madame dès 1697. Le 12 juin 1699,
» elle s'écriait, indignée : « Le mariage est devenu pour moi un objet
» d'horreur. »

Le 16 août 1721, elle ajoutait : « On trouve bien encore parmi
» les gens d'une condition inférieure de bons ménages, mais parmi
» les gens de qualité, je ne connais pas un seul exemple d'affection
» réciproque et de fidélité[1]. »

[1] Je n'en sais que trois : celui de madame de Louvois, qui mourut de la

Une autre fois elle dit : « Aimer sa femme est une chose tout à
» fait passée de mode : on n'en trouve ici aucun exemple, c'est
» une habitude complétement perdue ; mais à bon chat bon rat :
» les femmes en font bien autant pour leurs maris. »

C'était un tohu-bohu universel, un renversement complet des
anciennes traditions et des anciennes convenances. La tête avait
tourné, dans ce perpétuel bal de l'Opéra qui est la Régence, à tout
le monde, même aux plus graves. C'était le temps où le savant
Berryer sortait à demi fou d'une représentation d'*Isis*; où le rec-
teur de l'Université, M. Petit de Montempuys, allait se faire surprendre, déguisé en femme, à l'Opéra ; où il était de bon ton à un
évêque d'avoir des maîtresses; où le duc d'Aumont et le duc de
Mazarin vivaient et mouraient chez des danseuses; où d'Argenson
se composait un sérail à Notre-Dame du Traisnel ; où d'Aguesseau
lui-même, l'honnête homme par excellence, le *vir uxorius*, toujours
épris de sa femme, se laissait appeler par la maréchale d'Estrées
«.mon folichon ».

C'était le temps où il arrivait, d'après Madame, « des choses qui
» montrent, selon moi, dit-elle, que Salomon a eu tort de dire qu'il
» n'y avait rien de neuf sous le soleil. »

« C'est ainsi que madame de Polignac a dit à son mari : « Je suis
» grosse, vous savez bien que ce n'est pas de vous; mais je ne vous
» conseille pas de faire du bruit, car s'il y a procès à cet égard, vous
» perdrez, et vous savez bien quelle est la loi dans ce pays-ci : tout
» enfant né dans le mariage appartient au mari. Ainsi cet enfant est bien
» à vous ; d'ailleurs je vous le donne. »

Et cette madame de Polignac avait une digne rivale dans cette
madame de Nesle, avec laquelle elle devait se battre au bois de
Boulogne au pistolet, « pour ce grand veau de Soubise », comme
dit Madame, car cette époque de décadence universelle ne l'est pas
moins de la langue et de la politesse que des mœurs.

De concession en concession, d'accommodement en accommodement, de chute en chute enfin, on allait en venir comme Richelieu, comme M. le duc de la Feuillade, comme M. le Duc, à ne
pas même vouloir consommer le mariage et à se faire une espèce
de gloire de la stérilité de sa femme. D'autres, au bout de quelques
jours, ayant tranquillement savouré leur lune de miel, renvoyaient,

petite vérole, prise en soignant son mari; celui de la tendre, sensible et fidèle
Pénélope du pacha à trois queues l'aventureux Bonneval; enfin madame de
Croissy. (V. notre édition des *Lettres de madame du Deffand*, t. II, p. 216.)
On peut citer aussi, à la rigueur, le ménage Mirepoix, le ménage Beauvau et
le ménage Maurepas.

comme le prince Charles, au couvent ou chez leur père leur jeune femme à peine déniaisée. A ceux-ci il ne fallait que des prémices, et ils jetaient la fleur avant le fruit. A ceux-là, il ne fallait, au contraire, que des rebuts. Et jamais la définition si profonde de l'adultère par Aristote : « L'adultère est une curiosité de la volupté d'autrui, » n'a été plus à la mode. Voilà le mariage tel que les maris, les femmes et les amants, les Richelieu, les Riom, les d'Alincourt, les Soubise, les Lassay, les ducs de Bourbon, les princes de Conti, les madame de Retz, de Boufflers, de Gacé, de Parabère, de Sabran, de Phalaris, d'Averne, du Brossay, de Pramenoux, de Polignac, de Nesle, de Prie, de Courchamp, de Sainte-Maure, de la Vrillière l'avaient fait, ou le devaient faire.

Chamfort aurait déjà pu dire : « Le mariage, tel qu'il se pratique chez les grands, est une indécence convenue. »

C'est durant cette orgie effrénée qui dura de 1715 à 1725, jusqu'au moment où la corruption ayant creusé son lit corrosif, se régularise et bat en brèche, mais sourdement, tous les fondements sociaux, c'est durant cette *halte dans la boue*, où toute femme qui n'a pas un amant est plus décriée que si elle en avait dix, et où, en revanche, le sigisbéisme conjugal devient un art des plus délicats et même « un état dans le monde », que mademoiselle de Vichy épousa, le 2 août 1718, Jean-Baptiste-Jacques de la Lande, marquis du Deffand.

C'est le moment de donner quelques détails sur cette généalogie qui explique les parentés et les relations de madame du Deffand, et qui nous procure comme une première vue sur son cœur et sur son salon.

Nicolas Brulart, premier président du parlement de Bourgogne, père de madame la duchesse de Luynes, dame d'honneur et favorite de Marie Leczinska, femme du duc chroniqueur qui a continué Dangeau et auquel nous devons ces détails, avait une sœur qu'épousa M. de Bizeuil (Amelot).

M. de Bizeuil eut deux filles, dont l'une épousa M. Follin et l'autre M. de la Lande.

Madame de la Lande eut cinq enfants, dont deux garçons, qui sont MM. de la Lande du Deffand. L'aîné a épousé *mademoiselle de Chamrond, fille d'une sœur de madame de Luynes; c'est madame la marquise du Deffand.*

Les trois sœurs de MM. de la Lande sont mesdames d'Ampuces, de Gravezon et de la Tournelle. Madame de la Tournelle est mère de M. de la Tournelle, qui mourut il y a environ dix-huit mois, et qui avait épousé madame de Mailly (madame de Châteauroux)[1].

Comme on le voit par cet aperçu, dans le mariage de mademoiselle de Chamrond, fille d'une sœur de madame de Luynes et petite-fille du premier président Brulart, avec M. de la Lande, petit-fils d'une sœur du même premier président Brulart, devaient se rejoindre, pour ainsi dire, les deux branches de la même race, et se confondre, mélangé des alliances de deux générations, le même sang originel.

Les du Deffand sont une excellente maison de l'Orléanais, investie à cette époque, de père en fils, de la lieutenance générale de ce pays. Une femme spirituelle et intrigante, favorite de madame de Guise, sœur de mademoiselle de Montpensier et dont il est longuement question dans ses *Mémoires*, pour lesquels, en raison de cette devancière fort digne d'elle, madame du Deffand avait un faible particulier, avait préparé, par toutes sortes de manéges, les voies à cette famille jusque-là fort inconnue à la cour et dans les emplois.

« On donna, dit Mademoiselle, madame du Deffand à ma sœur de Guise. C'était une femme du Poitou, fille d'une manière de gentilhomme qui avait été maître d'hôtel du feu comte de Fiesque, mari d'une gouvernante. Elle avait quelque bien. Elle avait épousé M. du Deffand, gentilhomme du Poitou, très-débauché. Elle était séparée d'avec lui. Elle était jolie et avait beaucoup d'esprit. »

Femme intrigante et souple, madame du Deffand s'était glissée, en rampant, de la domesticité de madame la maréchale de la Meilleraye, jusqu'à la faveur qui la mit subitement en lumière.

« Elle était d'une agréable conversation. L'intendant du Poitou, qui était M. de la Villemontier, ne se déplaisait pas avec elle. Lorsque la cour y alla, il l'introduisit auprès de M. le Tellier, qui aimait à la faire causer les soirs avec lui. Elle se vit quelque crédit par les amis qu'elle s'était ménagés. Elle se figura que son savoir-faire ne lui serait pas inutile, si elle allait à Paris. Lorsqu'elle y fut venue, elle s'introduisit chez madame la duchesse d'Aiguillon. Cette femme avait l'esprit flatteur et insinuant. Elle se mit bien dans le sien, et allait très-souvent avec elle à Saint-Sulpice. Elle dansait le *tricotet* à Poitiers de façon à être remarquée de la Reine..... »

Bref, elle fut attachée à la grande-duchesse de Toscane, sœur de Mademoiselle. Elle se fit amie de tout le monde et de madame la grande-duchesse par sa souplesse naturelle...

---

[1] *Mémoires du duc de Luynes*, juin 1742, t. IV, p. 167. — V. aussi t. XI, avril 1751, p. 101.

« Son jugement ne répondait pas au feu qu'elle avait dans l'esprit. Elle ne fut pas longtemps à y faire des fautes, et contribua beaucoup à donner à ma sœur du dégoût de son mari et de son pays. Elle s'entremit de quelques négociations entre eux. Elle poussait ma sœur d'un côté et M. le grand-duc de l'autre... »

Avec tout cela, elle arriva à être dame d'honneur de madame de Guise, et à avoir l'honneur d'entrer dans le carrosse de la Reine et de manger avec elle [1].

Le marquis du Deffand, petit-fils de la dame, était né en 1688, et avait par conséquent huit ans seulement de plus que sa femme, c'est-à-dire, en 1718, trente ans et mademoiselle de Vichy vingt-deux ans.

Il venait d'être fait brigadier, son régiment de dragons, acheté par lui en 1705, ayant été réformé en 1713.

Pour achever immédiatement ce qui le concerne, car nous aurons peu à parler de lui dans l'histoire de sa femme, disons que le 28 janvier 1717, il obtint, sur la démission de son père, lieutenant général des armées du roi et gouverneur de Neuf-Brisach, la lieutenance générale de l'Orléanais.

Son père, mort en 1728, avait eu lui-même cette lieutenance générale sur la démission de son père, mort ancien maréchal de camp en 1699, lequel l'avait achetée.

A la mort du marquis du Deffand, décédé à Paris le 24 juin 1750, son frère le chevalier de la Lande, qui avait été colonel du régiment d'Albigeois-infanterie, depuis réformé, hérita de cette charge de lieutenant général de l'Orléanais. (2 juillet 1750) [2].

Après avoir épuisé le tableau de la famille du mari de madame du Deffand, il nous reste à achever le croquis de la sienne.

Elle avait deux frères, dont l'un, son cadet, qui habitait Montrouge, était chanoine trésorier de la Sainte-Chapelle du Palais, à Paris.

Son frère ainé, le comte de Vichy-Chamrond, quitta le service en 1743, pour cause de santé, avec le grade de maréchal de camp, et se retira dans sa terre de Chamrond, en Briennois, où il épousa une demoiselle d'Albon, appartenant à une des meilleures familles de la province, dont il eut une fille et deux fils qui prirent le parti des armes.

Enfin, une sœur de madame du Deffand, la marquise d'Aulan,

---

[1] *Mémoires de Mademoiselle.* Collect. Michaud et Poujoulat, t. XXVIII, p. 105 et 106.

[2] *Mémoires du duc de Luynes*, t. X, p. 286, 289.

habita à Avignon, où elle mourut en 1769. Nous verrons en 1778 son fils, le marquis d'Aulan, venir un moment, à l'appel de sa tante, demeurer avec elle.

Ainsi, par sa famille ou celle où elle allait entrer, Marie de Vichy-Chamrond, marquise du Deffand, devait se trouver riche d'alliances qui lui assuraient une place et même un rang à la cour.

Elle était par exemple, en 1742, au milieu de sa vie, nièce de madame la duchesse de Luynes, dame d'honneur de la Reine, parente éloignée du duc de Choiseul, issu du second mariage de sa grand'mère, et c'est là l'occasion de ce surnom de *grand'maman* qu'elle donnera dans ses lettres à la duchesse de Choiseul, qui aurait pu être sa petite-fille. Elle était alliée aux Chavigny, à la duchesse de Châteauroux (la Tournelle); enfin l'archevêque de Toulouse, Loménie de Brienne, futur cardinal-ministre, était son arrière-neveu.

Nous voyons, par le contrat de mariage de madame du Deffand, qu'elle avait perdu sa mère de bonne heure, et qu'elle avait pour tuteurs honoraires son aïeule et M. Bouthillier de Chavigny, son oncle, nommé à l'archevêché de Sens. Nous y voyons aussi que sa fortune, qui devait s'élever plus tard, d'après son propre compte, à trente-cinq mille livres de rente, était alors beaucoup moindre, son mari n'étant pas très-riche, et ne retirant guère plus de cent pistoles de sa charge de lieutenant général de l'Orléanais. La liquidation des reprises dotales établies sur ce contrat ne devait pas, en 1750, s'élever à plus de cent mille livres.

Nous connaissons maintenant la famille, l'éducation, le caractère et la fortune de madame du Deffand. Nous connaissons aussi les mœurs de son temps; grâce à ces préliminaires un peu minutieux, mais si instructifs, nous possédons le flambeau qui éclairera tous les mystères de sa vie. Nous n'avons plus besoin que d'en dérouler le tableau. Et après l'avoir vue entrer dans le monde en pleine année 1718, belle, gracieuse, spirituelle, coquette, impatiente de plaire et peut-être de dominer, au bras d'un mari qu'elle connaissait à peine et qu'elle n'aimait guère, nous ne nous étonnerons pas trop de la retrouver bientôt (sans son mari) avec d'autres femmes de grand esprit mais de moyenne vertu, à ces bals de l'Opéra et à ces soupers du Palais-Royal, où le Régent, « qui gâta tout en France », narguait les *Philippiques* et déployait, comme l'a dit Duclos, « toutes les qualités qui ne sont pas des qualités de prince. »

IV

Le fait important, moralement parlant, de cette première période de liberté, car alors une jolie femme était émancipée par le mariage, c'est le goût passager, comme tous ses goûts, que madame du Deffand inspira au Régent, à un homme à la fois inconstant par tempérament et par système. Nous retrouvons dans les chroniqueurs contemporains plus d'une trace des relations de madame du Deffand, pendant la Régence, avec madame de Parabère, madame de Prie, surtout madame d'Averne, et nous ne serions pas étonné qu'elle fût entrée dans l'intimité du Palais-Royal précisément à la suite de madame d'Averne, qui nous paraît avoir été, à ce moment, sa meilleure amie. On sait qu'une rivalité, surtout une rivalité passagère, n'entraînait entre ces maîtresses « *alternatives et consécutives*, » comme dit Marais, que le Régent avait dressées à l'insouciance du sérail, aucune rupture ni aucun éclat. Quoi qu'il en soit, il nous est impossible de préciser d'une façon authentique le moment de la passagère faveur de madame du Deffand. L'unique témoignage que nous en ayons est celui de Walpole, qui ne pouvait tenir le fait que de madame du Deffand elle-même, ce qui donne une grande autorité à son indiscrétion.

On voit donc dans une lettre d'Horace Walpole à son ami le poëte Gray, que madame du Deffand fut un *moment* la maîtresse du Régent. Ailleurs, il parle de *quinze jours*. Et la brièveté de cette liaison intime n'a rien d'invraisemblable. Quinze jours doivent être longs comme une éternité, entre un homme qui a pris une maîtresse pour se distraire et une femme qui a pris un amant pour se désennuyer. C'est l'ennui, l'incurable ennui qui avait mis le Régent aux pieds d'une femme qui ne semblait point ennuyeuse. C'est aussi l'ennui, dont madame du Deffand dit plus tard « qu'il a été et sera la cause de toutes ses fautes », qui l'avait rendue sensible aux hommages d'un homme qui, quoique prince, ne semblait pas un sot. Vrai marché de dupe, dont il fallut bien reconnaître la vanité au bout de quinze jours. Il fallait au Régent, pour l'amuser, une femme jolie et niaise; il fallait à madame du Deffand, pour la distraire, l'amour d'un aimable imbécile. Mais on se résigne difficilement à des choix aussi désespérés. Et voilà pourquoi, d'expérience en expérience, de déception en déception, le Régent et madame du Deffand, acharnés après leur chimère, s'ennuyèrent toute leur vie.

Au bout de quinze jours donc, on convint, de part et d'autre, avec une bonne foi mutuelle, une réciproque bonne grâce, que l'on ne pouvait pas se convenir ; et la liaison intime se dénoua, avant l'odieux ou le ridicule, par le plus opportun des divorces. Mais le Régent avait trop d'esprit pour renoncer à madame du Deffand tout entière. De son côté, elle raffolait malgré elle de ce grand sceptique. Tout s'arrangea pour le mieux dans une amitié où il entrait plus de sympathie que d'estime, et où madame du Deffand, qui ne contribuait plus qu'à l'agrément de celui dont elle n'avait pas su faire le bonheur, put essayer, sans qu'il le trouvât mauvais, de le faire contribuer à sa fortune.

Nous la voyons, dès 1721, tendre partout le piége irrésistible de son esprit, de sa gaieté, de ses grâces. Elle prit bien un second amant par habitude ; il n'y a que le premier pas qui coûte dans la crédulité du cœur comme dans celle de l'esprit. Mais nous ne pensons pas que les feux d'une femme qui se déclarait elle-même « sans tempérament ni roman » aient été jamais bien vifs. L'important à ce moment, c'était d'être bien avec la maîtresse régnante, et de profiter de la faveur de celles qui avaient été plus habiles ou plus heureuses qu'elle. C'est ainsi qu'en août 1721, nous voyons madame du Deffand passée à l'état d'inséparable de madame d'Averne, dont le règne commence, et dont l'étoile vient d'éclipser l'astre pâli de madame de Parabère ; et, ce qui prouve sa finesse, sans se brouiller cependant avec cette dernière.

Les *Mémoires* de Matthieu Marais [1], le chroniqueur naïf et salé de la Régence, vont devenir, sur cette période délicate de la vie de madame du Deffand, notre unique guide, et nous tombons fort bien, car c'est un guide de belle humeur :

« Le Régent a donné une fête magnifique à la maréchale d'Estrées, dans une maison de Saint-Cloud, qui était autrefois à l'électeur de Bavière [2]. Madame d'Averne y était brillante, avec *madame du Deffand* et une autre dame. Plusieurs autres dames se sont excusées d'y venir, et n'ont point voulu prendre part à cette joie. Il y avait beaucoup d'hommes de la cour du Régent. La fête a duré une partie de la nuit. Les jardins de Saint-Cloud étaient illuminés de plus de vingt mille bougies, qui faisaient avec les cascades et les jets d'eau un effet surprenant. Tous les carrosses de Paris étaient dans le bois de Boulogne, à Passy et à Auteuil, et on voyait de toutes parts les délices de Caprée [3]. »

« Il y avait, dit un autre *Journal* sur la Régence, celui de l'employé de la Bibliothèque, Buvat, que vient de publier notre érudit et ingénieux

---

[1] Publiés par nous chez F. Didot ; 4 vol. in-8°, 1862-1864.
[2] Sur la côte, à droite du pont. (Barbier.)
[3] *Journal et Mémoires de Matthieu Marais*, 30 juillet 1721. T. II, p. 181, 182. — Voir aussi Barbier, t. Ier, p. 144.

confrère M. E. Campardon[1], douze hommes et douze femmes priés pour le souper en habits neufs. »

Ces personnes étaient, outre M. le duc d'Orléans, amphitryon, M. de Vendôme, ci-devant grand prieur de France, le duc de Brancas, le maréchal et la maréchale d'Estrées, madame de Flavacourt, madame de Tilly, madame *du Deffand*, le marquis de Biron, le marquis de la Fare, le marquis de Simiane, le comte de Francey, le comte de Senneterre, le marquis de Lambert, le comte de Melun, le comte de Clermont, M. du Fargis.

« Après le souper, qui fut des plus somptueux, il y eut un bal où se trouvaient un grand nombre de personnes de Paris, en masque, et qui dura jusqu'au lendemain matin. On assurait que cette fête avait coûté cent mille écus[2]. »

« Il a paru, ajoute Marais, des vers que l'on a mis dans la bouche de madame d'Averne en donnant un ceinturon au Régent. »

Et ces vers étaient, devinez de qui? De Voltaire, assez mauvais poëte, vraiment, quand il se faisait courtisan.

Depuis *OEdipe*, Arouet, corrigé par la prison et par la gloire, s'appelait Voltaire. Il avait changé de nom, s'il faut l'en croire, pour ne pas être confondu avec le poëte Roy, très-satirique et son ennemi. Il avait aussi changé de politique. Le poëte imprudent qui avait jeté dans la circulation maint quatrain mordant, mainte insolente épigramme contre le Régent et sa fille, était bien revenu de ses égarements. Il avait, dans la préface d'*OEdipe*, tout désavoué de ce compromettant bagage; il avait solennellement brûlé ce qu'il avait adoré, et réciproquement. Depuis lors, pensionné, médaillé, il s'était insinué à la cour, entre Richelieu et Brancas, ses deux amis. Il avait reconquis, à force d'esprit, les bonnes grâces du Régent, qui l'avait nommé, en attendant mieux, son ministre secrétaire d'État *au département des niaiseries*. Il aspirait à mieux, en effet, dissimulant, sous ces frivoles dehors, une ambition qui n'allait à rien moins qu'à briguer une mission politique, qu'il sollicitait indirectement en rappelant à Dubois les noms de Néricault, d'Addison et de Prior, moitié littérateurs, moitié diplomates. Rien ne lui coûtait pour arriver à son but, surtout ces petites flagorneries rimées qu'il oublia toute sa vie sur la toilette des d'Averne, des de Prie, des Châteauroux, des Pompadour et même des du Barry.

[1] Chez H. Plon, 2 vol. in-8º.
[2] *Journal de Buvat.*

C'est une date importante dans la vie intime de madame du Deffand que cette fête galante du mercredi 30 juillet 1721, où elle brave, à côté de madame d'Averne, la curiosité et le scandale. C'est peut-être à cette fête, dans l'éblouissement de cette illumination féerique, dans l'enivrement de la musique et des vers, qu'elle connut ou du moins qu'elle distingua un homme qui allait jouer un certain rôle dans son existence, ce souple et joyeux Delrieu du Fargis, un des roués de ces soupers du Palais-Royal, où chacun avait un surnom plus que familier, et où il répondait à celui de l'*Escarpin* ou du *Bon enfant*. C'est là aussi sans doute que commença avec Voltaire, poétique aide de camp de la favorite à qui elle soufflait son esprit, une amitié qui, en dépit de ces frivoles auspices, devait durer toute leur vie [1].

Madame du Deffand, sceptique depuis qu'elle pensait, et qui savait que dans les sociétés civilisées la fortune aussi est une considération, chercha à se dédommager par quelques profits de ce qui manquait, du côté de l'honneur, à ce rôle équivoque de confidente qu'elle joua dans la comédie amoureuse de madame d'Averne. De cela comme du reste, elle esquivait l'odieux à force de grâce et le ridicule à force d'esprit.

Marais a levé un coin du voile qui a dérobé jusqu'ici à l'historien et au moraliste les faiblesses mystérieuses de cette vie où une aube quelque peu troublée précède un midi si brillant.

« Madame du Deffand, dit-il à la date de septembre 1722, a obtenu six mille livres de rente viagère sur la ville par ses intrigues avec madame d'Averne et les favoris du Régent. Tantôt bien, tantôt mal avec eux, elle a pris un bon moment et a attrapé ces six mille livres de rente, qui valent mieux que tout le papier qui lui reste. »

C'est à ce moment qu'éclate aussi, dans ce ménage dos à dos, la première révolte du mari, la première et scandaleuse rupture. Le marquis du Deffand, à qui on n'avait pas ménagé les *casus belli* conjugaux, avait, il faut lui rendre cette justice, répondu par une patience des plus philosophiques à ces provocations d'une première ivresse de liberté. Il avait tout attendu du temps, de la raison, de la lassitude qui succède aux mondaines intempérances. Mais c'était se flatter d'une victoire impossible sur la complicité

---

[1] Voir, sur cette fête de Saint-Cloud, que le Régent croyait donner à madame d'Averne qui l'avait dédiée à Richelieu, qui y cherchait madame de Mouchy, laquelle ne songeait qu'à Riom, sur cette cascade d'illusions, ces ricochets d'infidélités qui rendent la moralité de cette histoire si comique, nos *Maîtresses du Régent*, 2e édition, p. 362 à 375.

tentatrice d'une époque où tout poussait au vice, et où, la mode aidant, il était devenu honorable de se déshonorer. Madame du Deffand eût peut-être résisté à ces entraînements, si elle n'eût été dominée par l'invincible antipathie que, malgré ses qualités, lui inspirait un mari contre lequel tout tournait fatalement, et qui était « aux petits soins pour déplaire ». Le fin mot de tout cela, c'est que le marquis du Deffand, brave militaire, avait plus de bon sens que d'esprit et plus de bonté que de souplesse. C'était un de ces maris moyens, tempérés, qui ont partout, excepté auprès de leurs femmes, les succès assurés à l'honnête médiocrité. Pour un tel homme, madame du Deffand avait trop d'esprit et trop de nerfs. Il semble qu'elle ait pris un amant plutôt contre son mari que pour lui-même. Le héros de ce choix dédaigneux, où il entra plus d'ennui que d'amour et plus de coquetterie que d'illusions, fut, comme nous venons de le dire, Delrieu du Fargis.

Il n'y avait plus à hésiter. Le mari outragé, dignement, tristement, mit hors de chez lui l'épouse infidèle.

« Son mari l'a renvoyée, dit Matthieu Marais, toujours à la date de septembre 1722, il n'a pu souffrir davantage ses galanteries avec Fargis, autrement Delrieu, fils du partisan Delrieu, dont on disait qu'il avait tant *volé* qu'il en avait perdu une aile. Voilà les gens qui ont les faveurs de la cour et nos rentes. Fargis est un des premiers courtisans du Régent et est de ses débauches. »

C'est surtout dans le *Recueil de chansons* de Maurepas, dans les *Correspondances* manuscrites du temps, que nous avons trouvé quelques détails sur ce Fargis, qui n'a point d'autre histoire que celle de la médisance et de la frivolité. Une satire de salon, un procès pour son nom, qui du scandale tombe dans le ridicule, les vicissitudes étranges d'une faveur qui va jusqu'à être de toutes les parties du Régent et, malgré l'obstacle d'une basse origine, le confident, et comme qui dirait le chambellan de ses débauches ; faveur suivie de disgrâces qui ne vont à rien moins qu'à être jeté dehors par les épaules : tels sont les événements, indignes de l'histoire, de cette vie qui appartient à la chronique et que nous ne lui disputerons pas.

Nous n'essayerons donc pas même d'esquisser le portrait de cet homme sans physionomie. Nous ne le suivrons pas dans les capricieuses évolutions d'une faveur de sérail. Nous nous bornerons à dire que celui que des couplets de 1709 nous montrent comme alternant, dans les bonnes grâces de l'insatiable duchesse de Gesvres, avec l'Italien Donzi Vergagne, le comte d'Harcourt le sourd, le comédien Baron, et celui qu'on appelait *milord Colifichet*, — eut, en 1722, la bonne fortune, fort supérieure à son mérite, d'arrêter un moment le choix de madame du Deffand, qui rajeunit ainsi sa galante renommée, un peu surannée déjà.

A cette liaison si disproportionnée, Fargis gagnait trop pour que madame du Deffand pût ne pas y perdre. Mais je l'ai dit, elle se sauvait déjà, à force d'esprit et de tact, des situations les plus scabreuses. Elle commençait, d'ailleurs, à établir, par ses nombreuses relations, son crédit, et déjà son autorité. Nous la voyons traverser, en y laissant une fine odeur de femme supérieure, les sociétés les plus influentes du temps, et influentes par d'autres prestiges que celui d'une faveur galante. Elle est déjà liée avec tout ce qui, de ce Paris frivole et corrompu de la Régence, deviendra le Paris brillant, puissant et dominant de 1735. Madame du Deffand, qui a du flair et de la prévoyance, a ses amis du présent, ses amis de l'avenir, ses amis de goût et ses amis de nécessité. A la première catégorie appartiennent les maîtresses et les financiers, auxquels elle ne s'attache jamais assez pour tomber avec eux. A la seconde appartiennent les Ferriol, les Tencin, les Bolingbroke, ce petit monde hospitalier et spirituel de la *Source* où elle est souvent attendue, toujours désirée [1]. Le Régent ne peut durer longtemps. Ce gouvernement, qui est une insulte à la morale, aura la brièveté de cette vie, qui est un défi à l'apoplexie. Madame du Deffand se range déjà du côté de madame de Prie, qui va gouverner la France comme M. le Duc; mais elle est encore plus aimable pour Voltaire, dont le pouvoir, fondé sur le génie, sera éternel. Elle lui rend, par exemple, tout en satisfaisant son antipathie personnelle pour tout ce qui est exagéré, déclamatoire, le service de ridiculiser ce la Motte, malencontreux rival dont l'*Inès de Castro* fait insolemment pleurer tout Paris. Madame du Deffand écrit une parodie qui venge, par le rire des admirateurs eux-mêmes de la Motte et surtout de Baron, les sifflets qui ont affligé à la fois dans Voltaire le poëte et l'amant, l'amant de mademoiselle de Corsembleu et l'auteur d'*Artémire*.

Matthieu Marais, classique acharné et qui abhorre le nouveau goût et la nouvelle mode des sentiments alambiqués, des néologismes prétentieux, des sujets empruntés aux littératures étrangères, approuve fort cette exécution maligne d'*Inès de Castro*, dont le

---

[1] « Je compte que vous y viendrez (à la *Source*), je me flatte même de l'espérance d'y voir madame du Deffand. » Lettre de lord Bolingbroke à madame de Ferriol, 30 décembre 1721. (*Lettres*, édit. Grimoard, t. III, p. 151.)

succès humilie en lui non l'ami de Voltaire, mais l'admirateur de Boileau.

Ce premier épisode de la vie littéraire de madame du Deffand mérite d'être esquissé.

« La Motte, dit Matthieu Marais à la date du 16 mars 1723, n'est pas content de son *Romulus*. Son génie pour le théâtre le pousse. Il a fait *Inès de Castro*, pièce espagnole qu'il fera jouer après Pâques. Il l'a lue au Régent en présence de deux femmes, et on dit qu'ils y ont bien pleuré, et le lecteur lui-même pleurait. Pour moi, je dis qu'il n'y a dans cet homme-là ni le mot pour rire ni le mot pour pleurer. M. de Cambrai a dit, dans *Télémaque*, « qu'il n'est pas permis de pleurer » ainsi. » L'esprit ne verse pas de larmes, c'est le cœur. »

Le 6 avril, la pièce est jouée à l'applaudissement et attendrissement universel. Le malin chroniqueur mêle à ce concert d'éloges son coup d'ironique sifflet.

« Le mardi après la Quasimodo, on a joué, à la Comédie française, *Inès de Castro*, de la façon de la Motte. Les avis sont partagés ; les uns ont pleuré, les autres ont ri de voir pleurer, et la poésie n'a pas plu... »

Le 31 mai, Marais constate que « tout Paris retourne à *Inès de Castro*. »

« Baron, que l'on croyait mort ou avoir renoncé à la comédie, est remonté sur le théâtre tout de plus belle. Il n'a jamais si bien joué. C'est un prodige que cet homme, en qui l'action ne finit point. Les uns sont scandalisés de son retour, d'autres charmés. Il dit qu'il n'a d'autre métier pour vivre, et qu'il ne fait point de mal en jouant la comédie, qui le nourrit. La Motte est bien content de cette résurrection, qui remet sa pièce en honneur. »

C'est à ce moment que madame du Deffand vient en renfort à la minorité dissidente.

Marais annonce, à la date du 1er juillet 1723, ce secours inespéré :

« Madame du Deffand, qui a de l'esprit et du badinage, s'est avisée de mettre la tragédie d'*Inès* en *mirliton*. L'idée est plaisante et tourne tout doucement en ridicule cette pièce tant vantée, qui est plutôt un roman qu'une tragédie. La Motte s'en console en disant qu'on a bien mis l'*Énéide* en vers burlesques ; et il ressemble du moins à Virgile par cet endroit-là. On continue toujours de pleurer à cette pièce, sans s'apercevoir du faux qui y règne partout, et que c'est Baron qui fait pleurer et non les vers, qui ne sont pas des vers, mais une prose cadencée de roman où on a mis des rimes, que Baron fait sonner comme les meilleurs vers du monde. »

Enfin Marais se hasarde à aller voir, lui aussi, la pièce dont le succès est si controversé :

« J'ai vu la tragédie d'*Inès*, qui fait pleurer tout Paris. Je n'y ai point pleuré. Les situations sont assez touchantes, mais les vers lâches, plats, allongés ; il n'y a ni force, ni élégance, ni précision, et c'est à l'action de Baron et de la Duclos qu'est dû le succès. »

Et il enregistre avec un plaisir goguenard ce dernier affront à un succès qui le contrarie.

« Les comédiens italiens représentent une pièce d'*Agnès de Chaillot*, qui est une critique d'*Inès de Castro*. On y rit autant qu'on a pleuré à l'autre. »

Nous donnons à l'*Appendice*, aux *OEuvres diverses* de madame du Deffand, cette parodie d'*Inès de Castro*, sous la forme, populaire alors, de ces refrains pareils à des grelots appelés *mirlitons*. Nous n'avons pas pensé que cette lecture fût inutile à la connaissance approfondie du caractère de madame du Deffand et de son esprit. La pièce est loin d'être un chef-d'œuvre. Mais elle est ce qu'elle veut être, amusante et piquante. Cela suffit, et c'est un mérite assez grand pour qu'il ait pu faire l'envie d'une femme aussi spirituelle que madame de Staal [1].

Un autre épisode à noter de la jeunesse de madame du Deffand, c'est sa liaison avec madame de Prie, maîtresse de M. le Duc ; liaison aussi courte que le pouvoir et que la vie de cette vive, spirituelle et coquette femme, que tuèrent de si bonne heure l'ambition et l'ennui. Cette amitié de madame du Deffand et de madame de Prie a cela de particulier, que bien loin d'être fondée sur l'estime ou même sur la sympathie, elle semble n'avoir eu d'autre mobile qu'une réciproque curiosité et qu'une malignité dont, sous le commode prétexte de franchise, elles ne s'épargnaient pas les traits. Toutes deux fines, railleuses, blasées, elles n'avaient trouvé d'autre remède à leur commun ennui que de passer le prochain, et, à défaut de victimes, que de se passer elles-mêmes au fil de l'épigramme. Singulier commerce que celui où l'on ne s'embrassait que pour se déchirer, et où deux dilettantes de raillerie, deux raffinées sans illusions, s'entre-becquetaient comme les pies-grièches, de façon à se crever les yeux !

Quand madame de Prie tomba, entraînée dans la chute de son farouche et docile amant, M. le Duc, et dut, à vingt-huit ans, aller s'ensevelir dans une retraite sans honneur, sans amour et sans

---

[1] Elle écrivait à madame du Deffand elle-même : « Les facéties ont un succès plus sûr et bien plus général que les choses plus travaillées ; mais n'en fait pas qui veut. Il me serait aussi impossible de faire une jolie farce qu'une belle tragédie. »

espérance, madame du Deffand crut devoir payer aux convenances le tribut d'une marque de dévouement et de fidélité à cette inconsolable exilée dont elle avait partagé la bonne fortune. Elle accompagna donc madame de Prie à cette maison de Courbépine, en Normandie, où la favorite déchue devait bientôt mourir d'une mort désespérée, qui laisse hésiter entre la maladie et le suicide.

Il nous est demeuré quelques détails caractéristiques sur ce séjour, où madame du Deffand, dans son égoïsme déjà impitoyable, semble être venue plutôt pour se venger de son amie que pour la consoler, et plutôt pour exercer sur elle sa causticité que pour lui témoigner son dévouement.

« Une lettre de cachet, dit Lemontey [1], ensevelit la marquise de Prie (juin 1726). Elle y fut accompagnée par madame du Deffand, son émule en beauté, en galanterie et en méchanceté. Ces deux amies s'envoyaient mutuellement chaque matin les couplets satiriques qu'elles composaient l'une contre l'autre. Elles n'avaient rien imaginé de mieux, pour conjurer l'ennui, que cet amusement de vipères. »

Il n'y a pas moyen d'en douter : c'est madame du Deffand elle-même qui nous l'apprend, dans sa lettre à Horace Walpole, du *mercredi saint* 22 mars 1779.

« Vous n'êtes pas plus gai que moi, mon ami; ce goût pour la retraite, cette aversion pour la société, par l'ennui que vous cause la conversation, me prouvent la vérité d'un vers très-beau et très-harmonieux que je fis, il y a cinquante-quatre ans, étant à Courbépine avec madame de Prie, qui y était exilée. Le voici; mais il faut vous dire la chanson entière et ce qui l'amena. Nous nous envoyions tous les matins un couplet l'une contre l'autre. J'en avais reçu un sur un air dont le refrain était : *Tout va cahin-caha;* elle l'appliquait à mon goût. Je lui fis ce couplet, qui est absolument du genre des vers de Chapelain, auteur de la *Pucelle*, sur l'air : *Quand Moïse fit défense* :

> Quand mon goût au tien contraire,
> De Prie, te semble mauvais,
> De l'écrevisse et sa mère
> Tu rappelles le procès.
> Pour citer gens plus habiles,
> Nous lisons aux Evangiles :
> *Que paille en l'œil du voisin*
> *Choque plus que poutre au sien.*

Suard, à son tour, nous a laissé un croquis des conversations que pouvaient avoir entre elles deux personnes qui jouaient ainsi au volant, d'une chambre à l'autre, avec des épigrammes.

---

[1] *Histoire de la Régence*, t. II, p. 261.

« Causant un jour avec madame du Deffand, elle se plaignait très-amèrement de M. d'Alincourt. « Je ne vous conseille pas, lui dit madame
» du Deffand, de donner trop d'éclat à vos plaintes. » — « Pourquoi
» donc? » — « C'est que le public interprète fort mal les plaintes entre
» gens qui se sont aimés. » — « Comment! est-ce que vous croyez aussi,
» comme les autres, que j'aie été bien avec M. d'Alincourt? » — « Mais
» sans doute, » répond madame du Deffand. Et voilà madame de Prie
à se récrier contre cette calomnie, à donner mille raisons pour s'en justifier. Madame du Deffand écoutait très-froidement cette apologie. « Vous
» n'êtes pas convaincue? » — « Non. » — « Et sur quoi donc jugez-vous
» que M. d'Alincourt a été mon amant? » — « C'est que vous me l'avez
» dit. » — « Vraiment! je l'avais oublié, » répondit tranquillement madame
de Prie. »

Dès 1725, nous trouvons des traces des relations entre Voltaire
et madame du Deffand, traces surtout multipliées depuis 1732,
époque de leurs rencontres fréquentes à Sceaux.

La *Correspondance* de l'homme auquel, en femme et intellec-
tuellement parlant, madame du Deffand ressembla le plus, nous la
montre profitant, en 1725, au château de la Rivière-Bourdet, aux
environs de Rouen, de l'hospitalité d'une amie de Voltaire, qui
fut même pour lui quelque chose de plus, la présidente de Bernières.

« Je m'imagine, écrit-il à la présidente, que vous faites des
» soupers charmants, » et il applique à nos deux spirituelles gour-
mandes ces vers de Voiture :

> Que vous étiez bien plus heureuses
> Lorsque vous étiez autrefois
> Je ne veux pas dire amoureuses :
> La rime le veut, toutefois.

Il ajoute : « Je préférerais bien votre cour à celle-ci (de Fontai-
» nebleau), surtout depuis qu'elle est ornée de madame du Deffand...
» Quand on est avec madame du Deffand et M. l'abbé d'Amfré-
» ville, il n'y a personne qu'on ne puisse oublier.

Un jour, avec la liberté un peu impertinente de l'après-dînée,
il lui adressait, avec cette inscription atténuante : « *Fait chez vous, ce
8 janvier, après dîner,* » cet impromptu cavalier :

> Qui vous voit et qui vous entend
> Perd bientôt sa philosophie,
> Et tout sage avec du Deffand
> Voudrait en fou passer sa vie.

En 1728, à trente-deux ans, madame du Deffand n'avait encore
rien perdu de ce pouvoir fascinateur qui s'appuyait à la fois sur une
jolie figure et beaucoup d'esprit. L'un et l'autre lui faisaient des
amis qui n'eussent pas mieux demandé que de devenir ses amants.

Mais soudain convertie par le salutaire dégoût de l'expérience, elle résolut de se ranger, et de profiter du congé qui l'avait débarrassée d'un tiers importun (sans doute toujours Delrieu du Fargis), pour rentrer avec son mari. Mademoiselle Aïssé, une amie qui honore, malgré l'unique faiblesse, madame du Deffand, s'indigne avec trop de rigueur de l'insuccès, facile à prévoir, d'une démarche si raisonnable mais si imprévue, pour qu'on ne pense pas qu'elle l'avait conseillée et inspirée. Elle aimait madame du Deffand, dont sa grâce, ses malheurs, son bon sens délicat, sa naïveté touchante, avaient fondu la glace critique et apprivoisé le cœur, au point de la rendre capable de dévouement. Elle avait poussé la sollicitude, et c'est là un trait des mœurs du temps où tout, même le bien, a sa pointe fatale de corruption, jusqu'à essayer de lui donner un ami (et l'on sait trop ce que veut dire ce mot, d'homme à femme, avant cinquante ans) digne d'elle dans la personne du président Berthier de Sauvigny [1], qui la poursuivait elle-même de flammes platoniques, mais indiscrètes. A l'avantage d'être débarrassée se joignait donc à ses yeux l'avantage de pourvoir convenablement son amie de l'indispensable sigisbé.

« Je suis parvenue, dit la Circassienne devenue Française et très-Française, à lui faire faire connaissance avec madame du Deffand. Elle est belle, elle a beaucoup de grâces ; il la trouve aimable : j'espère qu'il commencera un roman avec elle qui durera toute la vie [2]. »

C'est en décembre 1728 qu'éclata ce nouveau scandale, qui peint au vif madame du Deffand, et qui marqua sa réputation d'une note fâcheuse, que douze années de réserve et de décence n'effacèrent que peu à peu. L'officieuse mademoiselle Aïssé était allée à la quête d'une maison où madame du Deffand pût trouver un appartement convenable [3], et elle se flattait de l'espoir qu'une réconciliation conjugale inaugurerait heureusement cette nouvelle demeure. Elle a raconté sa déception en ces termes :

« Je veux vous parler de madame du Deffand ; elle avait un violent désir, pendant longtemps, de se raccommoder avec son mari ; comme elle a de l'esprit, elle appuyait de très-bonnes raisons cette envie ; elle agissait dans plusieurs occasions de façon à rendre ce raccommodement désirable et honnête. Sa grand'mère meurt [4], et lui laisse quatre mille

---

[1] Probablement le président à la cinquième chambre des requêtes, mort en 1745.
[2] Sans doute « en tout bien tout honneur », mais on ne le dit pas. *Lettres d'Aïssé*, éd. Ravenel, p. 163.
[3] *Lettres*, p. 185.
[4] Elle mourut à Paris, le 11 juin 1728, âgée de quatre-vingt-deux ans.

livres de rente ; sa fortune devenant meilleure, c'était un moyen d'offrir à son mari un état plus heureux que si elle avait été pauvre. Comme il n'était point riche, elle prétendait rendre moins ridicule son mari de se raccommoder avec elle, devant désirer des héritiers. Cela réussit comme nous l'avions prévu. Elle en reçut des compliments de tout le monde. J'aurais voulu qu'elle ne se pressât pas autant ; il fallait encore un noviciat de six mois, son mari devant les passer naturellement chez son père. J'avais mes raisons pour lui conseiller cela ; mais comme cette bonne dame mettait de l'esprit, ou, pour mieux dire, de l'imagination au lieu de raison et stabilité, elle emballa la chose de manière que le mari amoureux rompit son voyage et vint s'établir chez elle, c'est-à-dire à dîner et souper ; car pour habiter ensemble elle ne voulut pas en entendre parler de trois mois, pour éviter tout soupçon injurieux pour elle et son mari. C'était la plus belle amitié du monde pendant six semaines ; au bout de ce temps-là, elle s'est ennuyée de cette vie, et a repris pour son mari une aversion outrée ; et sans lui faire de brusqueries, elle avait un air si désespéré et si triste, qu'il a pris le parti d'aller chez son père. Elle prend toutes les mesures imaginables pour qu'il ne revienne point. Je lui ai représenté durement toute l'infamie de ses procédés ; elle a voulu, par instances et par pitié, me toucher et me faire revenir à ses raisons ; j'ai tenu bon, j'ai resté trois semaines sans la voir ; elle est venue me chercher. Il n'y a sorte de bassesses qu'elle n'ait mises en usage pour que je ne l'abandonnasse pas. Je lui ai dit que le public s'éloignait d'elle comme je m'en éloignais ; que je souhaiterais qu'elle prît autant de peine à plaire à ce public qu'à moi ; qu'à mon égard, je le respectais trop pour ne lui pas sacrifier mon goût pour elle. Elle pleura beaucoup, je n'en fus point touchée. La fin de cette misérable conduite, c'est qu'elle ne peut vivre avec personne, et qu'un amant qu'elle avait avant son raccommodement avec son mari, excédé d'elle, l'avait quittée ; et quand il eût appris qu'elle était bien avec M. du Deffand, il lui a écrit des lettres pleines de reproches ; il est revenu, l'amour-propre ayant réveillé des feux mal éteints. La bonne dame n'a suivi que son penchant, et sans réflexion, elle a cru un amant meilleur qu'un mari ; elle a obligé ce dernier à abandonner la place. Il n'a pas été parti, que l'amant l'a quittée. Elle reste la fable du public, blâmée de tout le monde, méprisée de son amant, délaissée de ses amies ; elle ne sait plus comment débrouiller tout cela. Elle se jette à la tête des gens, pour faire croire qu'elle n'est pas abandonnée ; cela ne réussit pas : l'air délibéré et embarrassé règne tour à tour dans sa personne. Voilà où elle en est ; et où j'en suis avec elle. »

Madame du Deffand ne semble pas avoir gardé rancune à mademoiselle Aïssé de la sévérité de ses reproches, et c'est ici le lieu d'admirer qu'une personne de son rang et de son caractère ait supporté l'humiliation de s'entendre gourmander par une femme que sa condition dans la maison de Ferriol élevait à peine au-dessus de la haute domesticité, mais qui, par l'esprit et le tact, s'était fait une autorité. Cette autorité, on la subissait naturellement, et par le charme même qu'elle y savait mettre. Sans cette séduction irrésis-

tible, elle eût pu trouver des rebelles, car elle-même ne s'était pas défendue des faiblesses de son sexe et de son temps. Le chevalier d'Aydie avait fait céder l'orgueil de sa vertu, et la passion avait mêlé ses flammes à sa précoce raison. Aïssé était amante et mère, et cependant les Parabère, les Tencin, les du Deffand, se courbaient avec une sorte de respect sous les arrêts de cette personne étrange, inspirée, angélique, dont une unique faute semblait encore relever la vertu, comme une tache unique fait ressortir la blancheur de l'hermine. Hermine humaine, Aïssé devait mourir du combat de ses principes et de ses désirs, de ses regrets et de ses remords. Elle devait mourir de cette impossibilité d'avouer son amant et sa fille. La maladie qui devait l'emporter précipita sa résolution de détachement absolu, d'héroïque renoncement, et fit une jeune sainte de cette martyre de l'amour et du devoir. Cette maladie était surtout morale, et voilà pourquoi les médecins n'y comprenaient rien. Elle s'appelle la maladie du sacrifice. La foi seule en peut adoucir les tourments. Aïssé le sentit, et son âme terrestre et profane, sa passion en un mot, semble s'exhaler dans ce dernier regret. « Il m'a
» appris (M. Saladin) le mariage de mademoiselle Ducrest avec
» M. Pictet. Ah! le bon pays que vous habitez, où l'on se marie
» quand on sait aimer, et quand on s'aime encore. Plût à Dieu
» qu'on en fit autant ici! » A partir de ce moment, Aïssé n'a plus qu'une âme, la céleste, celle qui aspire uniquement à Dieu. Elle se donne tout entière à des pensées de repentir, de confession, de pénitence, de salut. Et quelles sont les amies dévouées, les ingénieuses complices qui secondent ses projets comme on favorise une évasion, qui la dérobent à l'inquisition de madame de Ferriol et de madame de Tencin, à la vigilance de leur garde de dévotes, qui arrachent enfin cette belle proie au confesseur moliniste, au confesseur de madame de Ferriol, dont elle est plus occupée que des médecins. C'est, avec le chevalier, madame de Parabère et madame du Deffand. Oui, vraiment, la pétulante et étourdie Parabère, qui s'appelle Madeleine, et qui veut qu'on lui pardonne parce qu'elle a beaucoup aimé, celle à qui le Régent disait: « Tu auras beau
» faire, tu seras sauvée. » Oui, vraiment, madame du Deffand, cette femme qu'on dit si sèche, si vindicative, si sceptique. Aïssé elle-même ne peut s'empêcher de s'en étonner et d'y voir une sorte de coup de grâce.

« Vous serez étonnée quand je vous dirai que mes confidentes et
» les instruments de ma conversion sont mon amant, mesdames de
» Parabère et du Deffand, et que celle dont je me cache le plus,

» c'est celle que je devrais regarder comme ma mère. Enfin, ma-
» dame de Parabère l'emmène dimanche, et madame du Deffand
» est celle qui m'a indiqué le P. Boursault, dont je ne doute pas que
» vous ayez entendu parler. Il a beaucoup d'esprit, bien de la con-
» naissance du monde et du cœur humain, il est sage, et ne se pique
» point d'être un directeur à la mode. Vous êtes surprise, je le vois,
» du choix de mes confidentes; elles sont mes gardes, et surtout
» madame de Parabère, qui ne me quitte presque point et a pour
» moi une amitié étonnante; elle m'accable de soins, de bontés, et
» de présents. Elle, ses gens, tout ce qu'elle possède, j'en dispose
» comme elle et plus qu'elle. Elle se renferme chez moi toute seule
» et se prive de voir ses amis. Elle me sert sans m'approuver ni
» me désapprouver, c'est-à-dire m'a écoutée avec amitié, m'a offert
» son carrosse pour envoyer chercher le P. Boursault, et, comme
» je vous l'ai dit, emmène madame de Ferriol pour que je puisse
» être tranquille. Madame du Deffand, sans savoir ma façon de
» penser, m'a proposé d'elle-même son confesseur. Je ne doute
» point que ce qui se passe sous leurs yeux ne jette quelque étin-
» celle de conversion dans leur âme. Dieu le veuille[1]! »

Le bizarre conflit d'incompatibilité d'humeur, si sévèrement jugé par mademoiselle Aïssé, finit par une séparation judiciaire et définitive, dont la date est inconnue, entre le mari, la femme et l'amant. M. du Deffand se résigna silencieusement à un veuvage anticipé. M. Delrieu du Fargis chercha et trouva dans madame de Sabran une maîtresse qui eût moins de scrupules ou plutôt moins de caprices, et il noua avec cette femme originale, autre épave de la satiété du Régent, une liaison à laquelle il demeura fidèle jusqu'à sa mort (février 1733). Pour madame du Deffand, fatiguée de ces secousses, désireuse d'achever sa jeunesse dans une cour sans orages, et une passion sans épreuves, Sceaux, sa châtelaine et sa société lui offraient le port le plus désirable après les naufrages de l'intrigue et de l'amour: une princesse spirituelle qui n'était plus rien que par l'esprit et qui se pliait de plus en plus à la nécessité de plaire; une confidente maligne et discrète, madame de Staal, et un amant sans exigences d'aucune espèce, plus commode et plus sûr qu'un mari, le président Hénault. Son entrée dans la vie de madame du Deffand, si modeste qu'elle n'a point de date, en marque la seconde phase, celle des relations brillantes, des hospitalités choisies, des amitiés honorables, de l'aisance tranquille, de la réputation croissant avec l'autorité, celle qui prépare le

[1] *Lettres d'Aïssé*, p. 268, 269.

double titre de madame du Deffand à la considération des contemporains et à l'admiration de la postérité, son salon et ses lettres.

V

C'est à Sceaux que se noua définitivement et se consacra, par une tolérance semblable à de l'estime, ce commerce intime, quasi conjugal, de madame du Deffand et du président Hénault; union fort peu scandaleuse, d'ailleurs, de deux personnes qui avaient les mœurs de leur temps sans en avoir les vices, et qui se rencontrèrent, calmées à la fois par la raison et par l'expérience, à cette heure tempérée de la vie, à cet automne serein, où l'esprit, le cœur et les sens touchent au désirable équilibre, où l'amour n'est qu'une transition à l'amitié, et où la possession de tous les droits semble plutôt destinée à enlever son dernier prétexte à la médisance qu'à le lui fournir : car la médisance se tait là où elle n'a rien ni à deviner, ni à supposer, ni à contrarier.

Nous n'avons à tracer ici ni le tableau de la cour de Sceaux, fort éclaircie par la disgrâce, ni celui de cette vie brillante et tranquille où les jeux du théâtre ont remplacé les hasards de l'intrigue, ni le portrait de la duchesse du Maine et de son *président ordinaire*, le président Hénault, chez qui une ambition purement littéraire avait déjà remplacé toutes les autres. Quoique celui-ci tienne une grande et durable place dans l'existence de madame du Deffand, et que son aimable et spirituelle figure soit de celles qui tentent le crayon, nous nous souviendrons qu'il ne nous appartient que par ses côtés intimes, privés, domestiques en quelque sorte, et laissant de côté le magistrat, l'historien et même le courtisan, nous ne parlerons que de l'homme en tant que sa liaison avec madame du Deffand, ses lettres et son influence le placent directement et en quelque sorte inévitablement sous la portée de notre observation.

Né en 1685, le président Hénault avait, vers 1730, quarante-cinq ans, et il était encore plus jeune par le caractère, l'esprit, l'éternel sourire, que cette femme de trente-quatre ans, trop clairvoyante pour être heureuse, dont l'âme avait déjà les rides qu'évita longtemps son visage.

Il avait été, de son propre aveu, fort galant et fort dissipé, et quand on lit la confession anodine de ses *Mémoires*, et qu'on la compare aux indiscrétions des chroniqueurs et des sottisiers, on trouve qu'il ne s'est peint qu'en buste, et qu'il a mis de la coquetterie dans son repentir.

Donc avec plus d'esprit que de tempérament, le président Hénault, à une époque où il était de bon ton d'avoir des maîtresses, avait suivi de son mieux, d'un pas un peu essoufflé, les prouesses de ces Hercules de l'orgie : les Riom, les Richelieu, les d'Alincourt, les Soubise. Il avait été lui aussi, mais avec tact et avec grâce, un roué. Il avait eu des succès profanes, des bonnes fortunes fort enviables, sauf à se dérober parfois au triomphe et à reculer devant sa victoire. De tout temps, il avait passé pour être plus audacieux que solide et plus heureux que vaillant. Mais cela même ne déplaisait pas, et empêchait les grands seigneurs de s'offenser des avantages d'un robin. Sa gloire était de celles qui font sourire. Il appartenait à ce groupe spirituel, politique, académique, gourmand, de magistrats ambitieux, lettrés et faciles, élite souriante du lourd parlement, brillante avant-garde qui portait avec toute l'élégance de la cour les graves traditions du corps : les Caumartin, les d'Argenson, les Maisons, les Chauvelin, les Pallu, les Brossoré, dignes élèves et favoris du magistrat courtisan par excellence, le premier président de Mesme [1].

Quand on félicitait le Régent sur ses conquêtes et qu'on lui faisait compliment sur ses bonnes fortunes : « Pourquoi n'en aurais-je » pas, » répondait-il à ceux qui lui en faisaient leur cour, avec sa malicieuse bonhomie, « pourquoi n'en aurais-je pas ? le président » Hénault et le petit Pallu en ont bien ! » Et il voulait dire par là qu'avec de l'esprit et de la bonne volonté, on triomphe en amour de tous les obstacles, de la figure, de la naissance, de l'état et même de la faiblesse.

« L'un est, dit Marais, qui nous rapporte à la date du 21 juin 1721 cette ironique excuse du Régent, qui ne se défendait guère que par des épigrammes, président des enquêtes, l'autre conseiller au parlement, et ils ont tous deux bien de l'esprit, mais ne sont pas taillés en gens galants. »

Nous trouvons dans les recueils spéciaux plus d'une histoire de nature à confirmer ce mot du Régent ; et plus d'une aventure amoureuse de l'aimable président, plus d'une mésaventure conjugale de sa sœur, maîtresse du prince de Conti, que son mari soufflela un jour publiquement, en pleine église, ont trouvé leur écho dans les commérages rimés où *Jonquette* (madame de Jonsac) et le « bourgeonné président » reçoivent leur petit charivari fescennin.

---

[1] Mais qui inspiraient moins de confiance au pratique Dubois. Voir *Mémoires du président Hénault*, p. 61.

Nous savons aussi par Marais, malin divulgateur des médisances du *banc des anciens* au Palais, que le président Hénault fut à son tour l'amant, plus militant et même plus souffrant que triomphant, de cette luxurieuse et robuste maréchale d'Estrées, dont les débordements et les bons mots ont amusé et scandalisé parfois la Régence elle-même. C'est cette même femme, funeste au Parlement, acharnée à pervertir la robe, qui avait tué sous elle le savant et voluptueux avocat général Chauvelin, impuissant à tenir assez égale la balance entre le plaisir et le travail. C'est elle qui appelait familièrement le chancelier d'Aguesseau « mon folichon », et avait failli faire perdre la tête à ce grand homme. Le président Hénault n'échappa point à ces envies de grosse femme; mais une heureuse disgrâce, un méprisant congé, rendirent bientôt à la vie et à la liberté cet insuffisant rival d'un comte de Roussillon. C'est la revanche des armes. *Cedant togæ armis.* Mais écoutons Marais, à la date de juin 1722.

« La maréchale d'Estrées avait pris le président Hénault pour son amant. Elle l'a quitté et a pris à sa place le comte de Roussillon, qui est un jeune seigneur franc-comtois, riche et assez bien fait, quoiqu'on lui trouve les jambes trop grosses et le nez plat. On a dit que la maréchale avait fait tout d'un coup un grand saut de *Hainaut en Roussillon*. La bonne fortune de la maréchale (si bonne fortune il y a) reste à Roussillon. Le président doit faire une élégie sur cette quitterie. »

Et en attendant, les chansonniers saluaient cette disgrâce et cette retraite d'une salve de couplets narquois, et ces couplets sont tels qu'il est déjà assez compromettant d'en donner l'adresse [1].

Il y aurait peu de charité à insister davantage sur ces antécédents frivoles d'une carrière qui n'a pas été sans gloire et sur ces petites ombres d'une figure qui a eu ses rayons. En 1730, le président Hénault, ami de d'Argenson, ami de Voltaire, se retirait peu à peu du tourbillon profane où il avait vécu, pour se réserver, sans infidélité et sans regret, au meilleur monde d'alors, et il jouissait d'une considération et d'un crédit supérieurs à ce qu'en donnent la fortune et même les charges, et dont le mérite revient surtout en lui à l'homme d'esprit, de tact et de goût.

On peut juger de ses agréments et de ses mérites, que contestèrent

---

[1] *Recueil Maurepas*, t. XVI, p. 48. Juin 1722. (Biblioth. imp., manusc.)
[2] Il ne garda de ses anciens péchés mignons que le goût de l'Opéra et des choses de théâtre, prétexte de fréquents conflits entre madame du Deffand et lui, qu'elle mit longtemps à lui pardonner, et qui l'exposa maintes fois aux brocards des pamphlétaires spéciaux. Voir dans Barbier, t. III, p. 9, et t. VIII.

seuls le malin Voltaire et le bilieux d'Alembert, par ces deux portraits, écrits à diverses dates, par deux hommes dont le jugement n'était point facile à surprendre, et qui, l'un à force d'être difficile, l'autre à force d'être honnête, ont fait à leurs éloges une autorité particulière.

« Cet ouvrage (l'*Abrégé chronologique*), écrit le duc de Luynes à la date du 24 mai 1744, qui est le fruit d'un travail immense, a été composé par M. le président Hénault, l'un des quarante de l'Académie française. M. le président Hénault, qui a toujours vécu dans la très-bonne compagnie, et qui a toujours paru se livrer beaucoup aux plaisirs de la société, a cependant infiniment lu, et ayant toujours eu pour objet de travailler à ce qui regarde le droit public et l'histoire depuis grand nombre d'années, il a fait continuellement des extraits qui sont le fondement de l'ouvrage qu'il vient de donner. C'est l'homme du monde qui sait le plus dans presque tous les genres, au moins dans les genres agréables et utiles à la société. La galanterie, les grâces dans l'esprit, les charmes de sa conversation, le talent de paraître s'occuper avec plaisir, même avec passion, de ce qu'il sait plaire à ses amis, celui de savoir choisir dans une histoire les faits intéressants et les plus dignes de curiosité, de beaucoup dire en peu de paroles, l'élégance, l'éloquence, les traits, les portraits, c'est le caractère de M. le président Hénault, et il sera aisé d'en juger par son livre. Il jouit d'un revenu considérable; il a une jolie maison, qu'il a achetée depuis peu d'années, dans la rue Saint-Honoré. Il donne à souper très-souvent, fait fort bonne chère à grand nombre d'amis, et vit avec tout ce qu'il y a de plus considérable et de plus aimable en hommes et en femmes[1]. »

Le marquis d'Argenson, frère du meilleur ami du président Hénault, mais qui n'était pas son ami au point de le gâter, en a tracé une autre esquisse, d'un trait plus familier, d'une indiscrétion plus profane et d'une bienveillance quelque peu ironique[2].

« Son caractère, surtout quand il était jeune, paraissait fait pour réussir auprès des dames, car il avait de l'esprit, des grâces, de la délicatesse et de la finesse. Il cultive avec succès la musique, la poésie et la littérature légère. Il n'est jamais ni fort, ni élevé, ni fade, ni plat. Il y a de grandes dames qui lui ont pardonné le défaut de naissance, de beauté et même de vigueur. Il s'est toujours conduit, dans ces occasions, avec modestie, ne prétendant qu'à ce à quoi il pouvait prétendre. On n'a jamais exigé de lui que ce qu'il pouvait aisément faire. »

Voilà bien le président Hénault tel qu'il dut être, à cet automne heureux de sa vie que marque l'année 1730, et que vient encore embellir cette liaison suprême avec madame du Deffand, si douce à la fois à l'épicurien de mœurs et d'esprit. Ses agréables et super-

---

[1] *Mémoires du duc de Luynes*, t. V, p. 444, 445.
[2] T. V, p. 91, 92 (édit. Jonnet.)

ficiels *Mémoires*, qui glissent sur toutes choses avec une aisance uniforme, donnent l'exacte idée de la conversation et du commerce de cet homme souple et brillant, à qui le besoin et le désir de plaire ont fait comme un souriant génie, et qui glisse si légèrement, si gracieusement à travers les hommes, les femmes et les choses de son temps.

C'est à Sceaux que dut se nouer étroitement cette liaison peu à peu ébauchée en diverses rencontres, et dont la *Correspondance* de 1742, entre madame du Deffand et le président Hénault, marquera l'apogée.

Mais c'est au président lui-même que nous demanderons quelques détails à la fois familiers et discrets sur cette période de sa vie ; c'est lui qui nous dévoilera à demi le tableau de cette seconde jeunesse d'un homme éternellement jeune, que domine la figure de madame du Deffand, à laquelle le château et le parc de Sceaux servent de fond.

En 1730, le président Hénault était de l'Académie française, depuis le 10 août 1723, date de la mort du cardinal Dubois, qu'il y avait remplacé. Il était l'ami de Voltaire, pour lequel il avait sacrifié une paire de manchettes, brûlées au foyer où l'irascible poëte, exaspéré par une plaisanterie de M. de la Faye, avait jeté le manuscrit de la *Henriade* que lui rendit, non sans s'être quelque peu brûlé, son officieux admirateur. Voilà pour son esprit. En 1727 il avait perdu sa sœur, madame de Jonsac, et en 1728 sa femme, mademoiselle de Montargis, petite-fille de Mansart, « douce, simple, » l'aimant uniquement, crédule sur sa conduite, *qui était un peu » irrégulière*, mais dont la crédulité était aidée par le soin extrême » qu'il prenait à l'entretenir, et par l'amitié tendre et véritable » qu'il lui portait[1]. »

Vainement pressé de se remarier, et découragé par un premier échec auprès de madame d'Athys, qui lui préféra le président Chauvelin, neveu du garde des sceaux de ce nom, le président avait concentré toutes les puissances de son cœur dans une affection obscure et douce, dont il a discrètement entr'ouvert les voiles.

En 1761, à l'âge de soixante-seize ans, il traçait d'une main émue, et avec une tendresse dont on ne l'aurait point cru capable, le portrait « de cette amie, la plus ancienne et la plus fidèle » qu'il était à la veille de perdre, et dont il faut dire un mot, parce qu'elle nous explique son indifférence apparente dans sa liaison avec ma-

---

[1] *Mémoires*, p. 134.

dame du Deffand, qui ne posséda jamais que l'esprit de celui dont madame de Castelmoron avait absorbé le cœur.

« C'est bien ici, dit-il, l'occasion de répandre mon cœur et de faire connaître une personne digne de l'estime et de l'attachement de tous ceux qui font cas de la vertu.

» Madame de Castelmoron a été, depuis quarante ans, l'objet principal de ma vie. Elle a éprouvé toutes les différentes situations où je me suis trouvé par le sentiment de la plus sincère amitié. Elle a ressenti mes joies, elle a partagé mes peines, elle a été mon asile dans mon ennui, dans mes chagrins; elle a adouci mes douleurs dans des maladies aiguës que j'ai éprouvées; je serais seul, sans elle, dans le monde. Je n'ai point connu d'âme plus raisonnable, d'esprit plus solide, de jugement plus sain; son cœur ne respire que pour ses amis; aussi n'en a-t-elle point qui l'aime médiocrement. Elle se compte pour rien et ignore l'exigence; sans envie, sans jalousie, sans prétention, elle ne vit que pour les autres. Jamais je n'ai pris de parti sans son conseil; ou, si j'ai manqué de la consulter, je m'en suis repenti. Sa santé délicate m'inquiète à tous moments; mais si son corps est faible, son âme est courageuse. Tous les genres de malheurs elle les a éprouvés, toujours sans se plaindre et avec une patience qui tromperait tout autre que ses véritables amis. Ah! mon Dieu, quand j'écrivais ce portrait, qui m'aurait dit que j'étais si près du plus grand malheur de ma vie? Madame de Castelmoron est morte le 3 novembre, jour de saint Marcel 1761. Je l'avais quittée la veille, à minuit; je venais d'envoyer savoir des nouvelles à neuf heures du matin; elle m'avait fait dire qu'elle se trouvait assez bien. Elle venait de dicter une lettre fort gaie à sa fille, l'abbesse de Caen [1].

» Lorsque tout à coup, vers les onze heures, on vint me chercher, en me disant qu'elle avait perdu connaissance. J'y cours, je la trouve sans espérance; nul signe de vie, nul sentiment..... Elle vécut jusqu'à onze heures du soir. Elle avait fait ses dévotions la veille. Son confesseur, le curé de Saint-Roch, qui ne la quitta point, me dit qu'il allait prier Dieu pour elle, ou plutôt lui demander son intercession, car il la regardait comme une sainte. *Tout est fini pour moi, il ne me reste plus qu'à mourir* [2]. »

Un homme qui trouvait une telle éloquence de désespoir pour écrire l'oraison funèbre d'une femme qui n'était pas madame du Deffand, devait être pour elle le plus médiocre des amants, et même, de plus en plus, le plus médiocre des amis. Aussi verrons-nous se dénouer, dans une de ces indifférences progressives qui sont la punition des passions égoïstes, cette liaison qui, sur la fin, ne

---

[1] C'est cette abbesse qui fut plus tard l'amie de Charlotte Corday. Elle était tante de ce jeune et beau colonel de Belzunce, une des premières victimes des fureurs populaires. On a prétendu que le désespoir de cette mort prématurée avait mis à la main de Charlotte Corday, dont le cœur avait été attendri par la grâce et les manières de M. de Belzunce, le poignard vengeur qui perça dans Marat l'instigateur des fureurs révolutionnaires.

[2] *Mémoires*, p. 156.

tenait plus que par un reste d'habitude. Mais nous sommes en 1730 ; nous sommes à Sceaux, nous sommes aux dernières illusions de la dernière jeunesse. Revenons bien vite aux débuts heureux et charmants de ce commerce intime, dont il nous aura suffi, pour le caractériser, de raconter, par la plus utile des anticipations, la fin si terne et si languissante.

Madame du Deffand, à qui l'esprit avait déjà commencé une sorte de popularité plus enviable alors que la réputation, fut, parmi les dernières hôtesses de Sceaux, la plus attirée, la plus caressée, la plus choyée, la plus désirée. La duchesse du Maine, pour s'assurer ses faveurs, descendit jusqu'à la flatterie, et ce qui est bien plus difficile, jusqu'à la complaisance, humiliant son égoïsme et son esprit devant un esprit et un égoïsme supérieurs.

« Madame du Deffand n'avait point d'autre maison, dit le président Hénault[1], que celle de Sceaux, où elle passait toute l'année ; et elle n'en sortit qu'après la mort de M. et madame du Maine. L'hiver, elle le passait dans une petite maison, dans la rue de Beaune, avec peu de compagnie. Dès qu'elle fut à elle-même, elle eut bientôt fait des connaissances ; le nombre s'en augmenta, et de proche en proche, à force d'être connue, sa maison n'y put suffire. On y soupait tous les soirs..... Jamais femme n'a eu plus d'amis ni n'en a tant mérité. L'amitié était en elle une passion qui faisait qu'on lui pardonnait d'y mettre trop de délicatesse. La médiocrité de sa fortune, dans les commencements, ne rendait pas sa maison solitaire. Bientôt il s'y rassembla la meilleure compagnie et la plus brillante ; et tout s'y assujettissait à elle. Son cœur était noble, droit et généreux : combien de personnes, et de personnes considérables, pourraient le dire !.... »

Les autres traits de ce portrait appartiennent aux derniers temps et nous les réservons pour plus tard, de même que ceux qui, dans le portrait suivant du président Hénault par madame du Deffand elle-même, ne sont pas de sa vive et brillante maturité, et ne sauraient convenir qu'à sa physionomie définitive.

« Pourquoi ne parlerais-je pas de moi? dit le président lui-même. Voici mon portrait en beau et trop beau par madame du Deffand. Je le donne d'autant plus volontiers qu'on y entrevoit une critique assez fine et qui ne me fait pas plus d'honneur que de raison. »

Voici donc ce portrait, qui a eu la bonne fortune d'être trouvé également ressemblant par l'auteur et par le modèle :

« *Toutes les qualités de M. le président Hénault et même tous ses défauts sont à l'avantage de la société ; sa vanité lui donne un*

---

[1] *Mémoires*, p. 112.

extrême désir de plaire, sa facilité lui concilie tous les différents caractères, et sa faiblesse semble n'ôter à ses vertus que ce qu'elles ont de rude et de sauvage dans les autres.

» Ses sentiments sont fins et délicats; mais son esprit vient trop souvent à leur secours pour les expliquer et les démêler; et comme rarement le cœur a besoin d'interprète, on *serait tenté quelquefois de croire qu'il ne ferait que penser ce qu'il s'imagine sentir*. Il paraît démentir M. de la Rochefoucauld, et il lui ferait peut-être dire aujourd'hui que le cœur est souvent la dupe de l'esprit.

» Tout concourt à le rendre l'homme du monde le plus aimable : il plaît aux uns par ses bonnes qualités, et à beaucoup d'autres par ses défauts.

» Il est impétueux dans toutes ses actions, dans ses disputes, dans ses approbations. Il paraît vivement affecté des objets qu'il voit et des sujets qu'il traite; mais il passe si subitement de la plus grande véhémence à la plus grande indifférence, qu'il est aisé de démêler que si son âme s'émeut aisément, elle est bien rarement affectée. Cette impétuosité, qui serait un défaut en tout autre, est presque une bonne qualité en lui : elle donne à toutes ses actions un air de sentiment et de passion qui plaît infiniment au commun du monde; chacun croit lui inspirer un intérêt fort vif, et il a acquis autant d'amis par cette qualité que par celles qui sont vraiment aimables et estimables en lui. On peut lui reprocher d'être trop sensible à cette sorte de succès; on voudrait que son empressement pour plaire fût moins général et plus soumis à son discernement.

» Il est exempt des passions qui troublent le plus la paix de l'âme. L'ambition, l'intérêt, l'envie lui sont inconnus : ce sont des passions plus douces qui l'agitent; son humeur est naturellement gaie et égale...

» Il joint à beaucoup d'esprit toute la grâce, la facilité, la finesse imaginables; il est de la meilleure compagnie du monde; sa plaisanterie est vive et douce; sa conversation est remplie de traits ingénieux et agréables qui jamais ne dégénèrent en jeux de mots ni en épigrammes qui puissent embarrasser personne...

» Le voilà tel qu'il était en 1730. »

C'est bien cela, et voilà un portrait qui, à l'avantage d'être exact, joint celui d'être daté, c'est-à-dire d'indiquer le moment où il l'était le plus. Nous connaissons maintenant les deux principaux acteurs de notre comédie. Il ne nous reste plus qu'à introduire tour à tour sur la scène les divers personnages secondaires qui doivent la remplir de 1730 à 1764. Le Recueil de la *Correspondance inédite de madame du Deffand*, publié en 1809, contient la galerie de ces portraits que nous n'avons plus qu'à évoquer et à faire successivement descendre de leurs cadres. Passons donc la revue des amis de madame du Deffand, de sa société particulière, de ce groupe dont elle fut l'âme aux jours de sa brillante maturité, et dont les survivants, ralliés par l'attrait irrésistible d'un esprit qui faisait tout pardonner au caractère, composèrent le salon du couvent de Saint-Joseph, le salon dominant et triomphant du dix-huitième siècle. Cette histoire empruntera à la variété des figures, à la diversité des caractères, un intérêt que ne lui donneraient pas les événements. De bonne heure la vie de madame du Deffand est tout intérieure. De bonne heure elle s'isole et s'immobilise, comme par un pressentiment de sa future cécité. Et avant d'arriver à la fin de cette *Étude*, par l'unique puissance du détail nécessaire, nous aurons la figure définitive, prématurément fixée, cette pâle et fine figure, pareille à un marbre, qu'animeront d'un subit mouvement, d'une vie imprévue, les deux grands événements de cette biographie presque exclusivement psychologique. La querelle avec mademoiselle de Lespinasse et l'amitié ou plutôt l'amour pour Horace Walpole, voilà les deux événements qui feront battre de si puissants et de si éloquents battements ce cœur qui semblait insensible. Hors ces deux épisodes, toute l'histoire de madame du Deffand va être dans ses lettres, et c'est dans son âme que le drame va se jouer.

VI.

Jusqu'à la mort de la duchesse du Maine, en 1753, madame du Deffand, nous l'avons dit, a son centre à Sceaux, dont elle fait, avec son amie madame de Staal, les derniers beaux jours, et où elle trouve à analyser l'ennui subtil et profond de cette princesse si consciencieusement frivole, « qui ne pouvait se passer des choses dont elle ne se souciait pas », d'uniques bonnes fortunes d'observation et de conversation. Mais le malheur est que l'ennui est une maladie contagieuse, même pour ceux qui en rient. Et c'est là que madame du Deffand prit en effet ce mal de l'ennui et cette humeur épigrammatique et caustique qui put seule plus tard lui fournir une distraction et une vengeance. C'est dans l'histoire du salon de Sceaux que commence donc l'histoire du futur salon du couvent de Saint-Joseph, de celui que rempliront tous ces aimables conteurs, toutes ces belles médisantes échappées des *galères du bel esprit*.

Parlons donc un moment de Sceaux, de sa société et de la vie qu'on y menait[1] au temps où le président Hénault, habitué de la maison depuis 1723, y connut madame du Deffand, qui y vint un peu plus tard.

[1] M. le comte de Seilhac a sous presse en ce moment, chez Amyot, un travail sur *Sceaux et sa cour*, écrit d'après d'heureuses recherches et d'heureuses découvertes dans l'inédit, qui lèvera tous les voiles et satisfera toutes les curiosités.

A ce moment, « les temps étaient bien changés, dit le président
» Hénault; mais si la cour était moins brillante, elle n'en était pas
» moins agréable; des personnes de considération et d'esprit la
» composaient. »

Il faut citer parmi ces habitués de Sceaux dans sa seconde splendeur : madame de Charost, depuis duchesse de Luynes; la marquise de Lambert, la première femme qui eut à Paris un salon, la devancière des Geoffrin, des Tencin, des Dupin, des d'Épinay, des du Deffand, des Necker, des Helvétius, des Marchais; la spirituelle et mordante madame de Staal; M. de Sainte-Aulaire, qu'une gloire faite de quelques vers avait porté à l'Académie; d'Advisard, ancien avocat général au parlement de Toulouse, bilieux visionnaire qui s'était attaché à la fortune du duc du Maine, et ne se pardonnait pas d'avoir lâché la proie pour l'ombre; la présidente Dreuillet, son amie, qui faisait des chansons comme une fontaine verse de l'eau; le cardinal de Polignac, « le plus beau parleur de son temps [1] »; madame d'Estaing, la duchesse de Saint-Pierre, la duchesse d'Estrées, l'abbé de Vaubrun, son frère; le marquis de Clermont-Chatte, galant homme qui avait eu tour à tour les faveurs de la belle et grande princesse de Conti, fille de Louis XIV, de mademoiselle Chouin, la Maintenon du grand Dauphin, et de madame de Parabère.

Ce n'était plus le temps des fastueuses frivolités et des ruineuses magnificences, le temps des *grandes nuits*, de cette troupe de théâtre et de musique où l'on comptait Baron, la Beauval, Roselli, etc. Les divertissements de Sceaux, de 1730 à 1750, sont plus tranquilles, plus modestes, plus sages. Mais sauf la perpétuelle contrainte d'une hospitalité qu'il fallait acquitter par une entière soumission à une princesse capricieuse, despotique, jalouse et insatiable de petits vers, les derniers courtisans de Ludovise étaient heureux, et passaient fort agréablement leur temps. L'esprit, en ce temps-là, sauvait de tout et faisait passer sur tout.

Les amusements les plus habituels étaient, outre la table et la conversation, des promenades sur l'eau, des haltes sous les vieux arbres, dont plus d'un a abrité des cercles conteurs et rieurs semblables à ceux du Décaméron, des réveillons terminés par le couplet obligé, où chacun payait de bonne grâce son écot de gaieté et de malignité, des réunions solennelles et plaisantes de cet ordre de la Mouche à miel, devenu inoffensif [2]; enfin la comédie, sur ce

[1] *Mémoires du président Hénault*, p. 116.
[2] Depuis que la découverte de la conspiration de Cellamare avait émoussé un aiguillon qui n'eût pas mieux demandé que d'être piquant et venimeux.

petit théâtre qui avait survécu comme inviolable à toutes les vicissitudes et à toutes les décadences.

« J'y ai passé plus de vingt ans, dit le président Hénault, et, suivant ma destinée, j'y ai éprouvé des hauts et des bas, des contradictions, des contraintes. J'espère que Dieu me pardonnera toutes les fadeurs prodiguées dans de médiocres poésies. Si j'étais assez malheureux pour que ces misères me survécussent, on croirait que la duchesse du Maine était la beauté même : c'était la Vénus flottant sur le canal, et on prendrait pour la figure ce qui n'était donné qu'aux charmes de la conversation. Madame la duchesse du Maine était l'oracle de cette petite cour. Impossible d'avoir plus d'esprit, plus d'éloquence, plus de badinage, plus de véritable politesse ; mais en même temps on ne saurait être plus injuste, plus avantageuse, ni plus tyrannique. »

Madame la duchesse du Maine avait pour madame du Deffand une amitié particulière, si on peut appliquer ce mot à un sentiment qui n'eut jamais rien de la confiance ni du dévouement, et on s'explique ce goût, qui ira jusqu'à la jalousie, quand on lit cette vivante esquisse du portrait de madame du Deffand, à ce moment de brillant et définitif épanouissement de sa grâce et de son esprit, tracé par la main de madame de Staal.

« Nous avions à Sceaux, dans ce temps-là, dit-elle, madame du Deffand... Elle me prévint avec des grâces auxquelles on ne résiste pas. Personne n'a plus d'esprit, et ne l'a si naturel. Le feu pétillant qui l'anime pénètre au fond de chaque objet, le fait sortir de lui-même, et donne du relief aux simples linéaments. Elle possède au suprême degré le talent de peindre les caractères, et ses portraits, plus vivants que leurs originaux, les font mieux connaître que le plus intime commerce avec eux. Elle me donna une idée toute nouvelle de ce genre d'écrire, en me montrant plusieurs portraits qu'elle avait faits[1]. »

Mais Sceaux n'absorbait pas la vie, encore ondoyante et variée, de cette femme curieuse et ennuyée, qui ne s'arrêtera que lorsque la cécité l'aura clouée dans son fauteuil. Il y avait d'abord ce long interrègne de l'hiver, pendant lequel madame du Deffand habitait la rue de Beaune, et y recevait ses amis particuliers avec une liberté et une familiarité que la contrainte de Sceaux lui rendait plus douce encore. Il y avait la diversion des voyages de plaisir, d'affaires ou de santé à Forges, par exemple, durant lesquels madame du Deffand, par le charme irrésistible de son esprit et de sa conversation, attirait autour d'elle et y retenait chaque jour des admirations et des

---

Le président Hénault y célébra un jour par des couplets galants la réception de madame du Deffand. Voir les *Divertissements de Sceaux*, 2ᵉ partie, publiée en 1725.

[1] *OEuvres complètes*, t. II, p. 86.

amitiés nouvelles. C'est de ce petit monde intime et familier, plus tard élargi par la présence de tout ambassadeur d'esprit et de tout voyageur de mérite, jusqu'aux proportions d'un salon dominant, régulateur du goût et de la mode littéraire, qu'il faut maintenant faire le tour, excursion agréable et facile, grâce aux nombreuses indiscrétions du président Hénault et de madame du Deffand, mais surtout de ce *Recueil* de correspondance de 1809, si important pour l'histoire morale de madame du Deffand et de son salon, précisément parce que c'est elle qui y prend le plus rarement la parole, et qu'elle y reçoit la lumière au lieu de l'y distribuer.

De 1739 à 1754, nous voyons autour de madame du Deffand et de ce triumvirat composé de Hénault, M. de Formont, Pont-de-Veyle, où le président seul représente l'amour, mais l'amour à ce déclin où il ressemble à la simple galanterie et éteint peu à peu dans l'amitié et dans l'habitude ses feux épuisés, nous voyons, dis-je, se grouper autour de madame du Deffand toute une famille intellectuelle, tout un cercle de relations choisies.

Madame de Vintimille, madame de Rochefort, madame de Chaulnes, madame du Châtelet, madame de Luynes, M. et madame de Mirepoix, M. et madame de Forcalquier, la maréchale de Brancas, la maréchale de Luxembourg, le duc de Richelieu, M. et madame de Maurepas, M. et madame de Vaujour, M. et madame du Châtel, M. d'Argenson, M. de Montesquieu, le chevalier d'Aydie, M. d'Ussé, d'Alembert, M. Saladin, M. Scheffer, M. de Bernstorff, lord Bath, M. des Alleurs, le chevalier de Macdonald, et enfin les Choiseul, les Broglie, les Beauvau, les Brienne, noyau du salon triomphant et dominant; voilà, avant le coup d'État usurpateur de mademoiselle de Lespinasse et l'anarchie des causeurs dispersés, la galerie de portraits que notre devoir d'historien moraliste nous oblige d'esquisser en leur donnant parfois, en raison de leur importance, une place et même un cabinet à part. C'est ainsi qu'aux angles de notre galerie générale il faudra ménager les cabinets ou plutôt les chapelles vouées aux cultes inspirateurs, aux influences dominantes, aux diverses religions de madame du Deffand : le président Hénault, en vertu des droits d'une longue et complète intimité; Voltaire, Horace Walpole, l'un le maître de l'esprit, l'autre le maître et même le tyran du cœur.

Par sa date comme par sa nature, la courte correspondance de madame de Vintimille avec madame du Deffand mérite de nous arrêter. Elle témoigne de l'irrésistible ascendant que la supériorité intellectuelle de madame du Deffand lui donnait sur ceux qui étaient capables de la sentir. Les lettres de madame de Vintimille sont d'une vivacité, d'une grâce, d'une enthousiaste câlinerie, qui nous peignent à merveille le caractère et l'attrait, et l'influence bientôt victorieuse et triomphante de cette maîtresse *in petto* de Louis XV, qui fut l'âme, l'inspiration, la vie d'une liaison étrange où le Roi faisait, entre les deux sœurs intimement unies, une sorte de ménage à trois dont le mystère n'a jamais été pénétré.

Selon les uns, en effet, madame de Vintimille, plus agréable que jolie, plus ambitieuse que lascive, et qui trouvait dans le duc d'Ayen et dans le comte de Forcalquier (deux amants qu'on lui a prêtés sans invraisemblance) des dédommagements, se serait bornée, dans cette situation singulière où elle demeure l'amie de sa sœur tout en paraissant sa rivale, à relever par l'esprit, par la gaieté, l'à-propos, les grâces purement physiques de madame de Mailly, qui ne savait qu'aimer et dont les monotones attraits n'eussent point, sans ce ragoût heureux, retenu le Roi. Quoi qu'il en soit, lorsque Pauline-Félicité, la seconde des cinq filles du marquis de Nesle, dont la famille entière devait servir de proie au minotaure des royales amours, écrivait à madame du Deffand ces lettres à la fois vives et languissantes où semble se glisser déjà le mélancolique pressentiment d'une fin précoce, elle était depuis quinze jours la femme de nom, mais non de cœur, du comte de Vintimille, neveu de l'archevêque de Paris. Née en août 1712, elle devait mourir, emportée par une fièvre miliaire, en septembre 1741, à vingt-neuf ans, pleurée à la fois par le Roi et par sa sœur, et peu regrettée des courtisans ambitieux et des ministres en disponibilité comme d'Argenson, qui redoutait en elle un caractère emporté et entreprenant, « un esprit dur, fort et étendu » et capable de domination, comme bientôt allait le montrer l'impérieuse duchesse de Châteauroux[1].

En juillet 1742, madame du Deffand va aux eaux de Forges pour une tumeur. Elle écrit au président Hénault avec l'impatience et l'abondance d'un ennui que sa compagne de voyage, l'extravagante madame de Pecquigny, plus tard duchesse de Chaulnes, est bien

---

[1] Voir sur madame de Vintimille le *Journal de Barbier*, t. III, p. 309, — et l'excellente édition des *Mémoires de d'Argenson*, donnée par M. Rathery pour la Société de l'histoire de France, t. II, p. 272, 392, et t. III, p. 286, 366, 369, 385. — V. les *Mémoires du duc de Luynes*, t. X, p. 99. — V. aussi *Les maîtresses de Louis XIV*, par MM. Edmond et Jules de Goncourt, 2 vol. in-8º, Didot.

capable de porter à l'exaspération. C'est dans ces lettres essentiellement confidentielles (du moins certaines indiscrétions un peu crues font penser qu'elles étaient considérées comme telles) que nous trouverons les dernières lumières sur l'esprit et le caractère de madame du Deffand, tels qu'ils vont sortir de l'expérience, trempés et comme aiguisés dans l'amertume de bien des déceptions. La dernière de ces déceptions fut évidemment le président Hénault, cet homme égoïste et fugace, si aimable pour tout le monde qu'il ne lui restait pas grand'chose pour l'intimité, de cet esprit et de ce cœur qu'il dépensait si gracieusement en petite monnaie. Madame du Deffand, qui crut avoir trouvé en lui l'homme digne de son dernier sentiment, de sa dernière espérance, dut être cruellement désabusée. Le président Hénault, bien loin d'être un amant parfait, c'est-à-dire aussi dévoué que désintéressé, trouve à peine le temps et la force d'être un ami supportable. Il faut sans cesse l'exciter, le gourmander, le rappeler aux *devoirs* (au moins les *épistolaires*) de cette intimité quasi conjugale acceptée par les mœurs du temps et comme consacrée par l'habitude.

De son côté, convenons-en, madame du Deffand, exigeante, impérieuse, médisante, même jalouse, et dans un état physique qui portait jusqu'à la crispation ces défauts de son commerce, n'était pas, il faut en convenir, la plus complaisante et la plus désirable des maîtresses, malgré sa grâce, son esprit et l'habileté avec laquelle elle savait rendre agréables, en les guérissant, jusqu'aux blessures que faisait sa malice.

Cette correspondance de Forges (de juillet 1742) mérite l'analyse, tant par les lumières qu'elle répand sur le caractère de madame du Deffand et du président Hénault, et la valeur morale de leur intimité, que par les nombreux détails qu'elle contient sur la première société et comme qui dirait le premier salon, encore indécis et errant, qui ne se fixera qu'au couvent de Saint-Joseph.

C'est dans les lettres du président Hénault, à ne les envisager qu'à ce premier point de vue de la nature et de la *qualité* de sa liaison avec madame du Deffand, qu'on trouve les éléments d'une appréciation définitive sur cet hymen artificiel qui réunit plutôt qu'il n'unit deux natures essentiellement disparates, et que l'attrait seul de ce contraste même a pu un moment aveugler. Le président, nous le savons d'ailleurs, avait placé à gros intérêts d'indulgence et de dévouement, dans l'amitié profonde, pure et désintéressée de madame de Castelmoron, tout ce qui lui restait de forces de cœur et de ressources d'affection. Il n'apportait, on ne le voit que trop, que des *restes* à madame du Deffand, et, comme eût dit l'énergique Madame, que « la rinçure de son verre ».

Rien de plus détaché, de plus dégagé, de plus désabusé, sous des formes aimables, que le ton de cette correspondance où le président ne semble avoir d'autre souci que d'esquiver les rancunières épigrammes de sa trop clairvoyante et trop nerveuse compagne. Dès la première lettre du président, on le sent heureux d'être seul, d'être libre, naïvement épris et impertinemment enivré de sa passagère indépendance. Il respire enfin à pleins poumons. Il y a quelque chose de malicieusement enfantin dans cet hosannah intérieur, qui perce à travers les galantes précautions de cette épitre où rayonne comme un soleil d'école buissonnière :

« Nous partîmes donc, d'Ussé et moi, sur les six heures; je m'imaginais être à l'année 1698, et que je m'en allais en vendange. D'abord nous parlâmes de vous, et nous n'en dîmes pas, à beaucoup près, autant de mal que vous en dites vous-même. »

Toute cette lettre est caractéristique. Elle est d'une sorte d'ivresse folâtre. Le président trouve tout bon. Il rit à gorge déployée des espiègleries de madame de Forcalquier, qui lui jette son chapeau du haut en bas de la terrasse; il s'apitoie sur le sort de madame de la Vallière, qu'on néglige : « Pour moi, je l'ai priée » pour vendredi, elle me fait amitié, et j'aime cela. »

S'il est impatient d'avoir des nouvelles de madame du Deffand, s'il gourmande les lenteurs de la poste, c'est impatience d'esprit, non de cœur, pure curiosité de désœuvré, de raffiné, qui pousse l'épicurisme jusqu'à rire avec délices, même à ses dépens. Enfin, et pour tout dire d'un mot de ces premières lettres, il y a beaucoup plus de faits que d'idées, et beaucoup plus de nouvelles que de sentiments.

Madame du Deffand, qui connait son homme de longue date, ne s'y trompe pas; mais, pour ne pas le heurter d'abord, elle épanche sa mauvaise humeur sur sa compagne de voyage, madame de Pecquigny, qu'elle passe impitoyablement au fil d'une plaisanterie acérée. Elle l'égorgille à coups d'épigrammes. On voit qu'elle se fait la main. Une rencontre imprévue, une malice du hasard, lui fournit l'occasion propice pour l'offensive. Elle a cru reconnaitre M. du Deffand dans un hôte nouveau de Forges. Elle jette le mari à travers les jambes de l'amant. Que dira-t-il de cette surprise, de cette bonne fortune conjugale? Si l'impossible allait la tenter, si elle allait, par curiosité, faire des avances à cet époux disgracié, auquel l'absence et l'oisiveté des eaux donnent un faux air de roman, un certain ragoût d'aventures. Le président, pris à partie, accueille du plus philosophique sourire la menace de cette rivalité imprévue, dont madame du Deffand, avec cette coquetterie si profondément matérialiste du temps, assaisonne la crudité de toutes sortes de nouvelles de sa santé de la plus intime et presque de la plus cynique familiarité; le tout non sans allusions aiguës, sans reproches jaloux sur son indifférence et son inconstance.

« Je vous passerai de n'être pas si exact sur vos amusements; vingt-huit lieues d'éloignement sont un rideau trop épais pour prétendre voir au travers. De plus j'ai mis ma tête dans un sac, comme les chevaux de fiacre, et je ne songe plus qu'à bien prendre mes eaux. Adieu, je vais être longtemps sans vous voir; j'en suis plus fâchée que je n'en veux convenir avec moi-même.

» ..... Je crois que vous supportez patiemment mon absence; mais ce que je ne veux point croire, c'est que vous ne souhaitiez pas mon retour; je n'écouterai sur cela aucune idée triste... Vous me direz, pour me persuader, tout ce qu'il faudra me dire, et je me laisserai volontiers persuader. »

Puis, toujours pour piquer au jeu son languissant ami et pour dégourdir sa paresse, c'est Formont, l'aimable, le complaisant, le fidèle Formont, qu'elle attend, elle l'avoue, avec une impatience et une confiance dont elle espère que le coup de fouet réveillera son tiède *patito*. Du reste, rien de plus clair que le mobile de cette recrudescence. C'est l'ennui, l'éternel, l'incurable ennui, ce mauvais génie de madame du Deffand, ce *Deus ex machina* de toutes ses actions.

« J'ai vu avec douleur que j'étais aussi susceptible d'ennui que je l'étais jadis; j'ai seulement compris que la vie que je mène à Paris est encore plus agréable que je ne le pouvais croire, et que je serais infiniment malheureuse s'il m'y fallait renoncer. Concluez de là que vous m'êtes aussi nécessaire que ma propre existence, puisque tous les jours je préfère d'être avec vous à être avec tous les gens que je vois. Ce n'est pas une douceur que je prétends vous dire; c'est une démonstration géométrique que je prétends vous donner. »

Hélas! hélas! le véritable sentiment n'a rien de géométrique. Le véritable amour ne s'explique pas avec ces subtilités. Il en est de l'amour comme de Dieu: ceux qui le démontrent n'y croient pas.

Les réponses du président sont dignes des demandes, et la défense n'est pas plus énergique que l'attaque.

« A dire vrai, je commence à m'ennuyer beaucoup, et vous m'êtes un mal nécessaire. »

Telle est la galanterie de cet homme qui n'a pas même la force d'aimer la liberté, et qui convient que l'idée lui en est beaucoup plus chère que la réalité.

Madame du Deffand répond :

« Tous vos sentiments pour moi sont d'autant plus beaux, qu'il n'y en a pas un qui ne soit naturel. Je crois ce que vous me dites, que le plaisir d'être avec moi est toujours empoisonné par le regret ou la contrainte où vous vous figurez être de ne pouvoir pas être ailleurs. Il serait bien difficile de pouvoir contenter quelqu'un de qui le bonheur ne peut être que surnaturel. Tout ce que je vous conseille, c'est de profiter pleinement de mon absence, d'être bien aise avec vos amies et de garder vos regrets pour les changer en plaisirs simples et vrais, quand vous me reverrez. Pour moi, je suis fâchée de ne vous point voir ; mais je supporte ce malheur avec une sorte de courage, parce que je crois que vous ne le partagez pas beaucoup, et que tout vous est assez égal ; et puis, je songe que je ne vous tyranniserai pas au moins pendant deux mois. »

Le dialogue se continue ainsi sur ce ton ironique et aigrelet, sans pouvoir, de part et d'autre, s'échauffer jusqu'à l'affection ou à la colère. Ce commerce physique et métaphysique finit par glacer le cœur, et l'on comprend qu'il a fallu beaucoup d'esprit aux deux intéressés pour donner, pendant le temps de convenance, les apparences d'une galanterie à ce feu de paille mouillée où il y a plus de fumée que de flamme. Pas la moindre imagination, pas la moindre illusion, pas la moindre passion dans ces reproches alternés et ces agaceries réciproques. Le lecteur étonné, puis indigné, finit par partager l'ennui profond de ce tête-à-tête.

« Adieu ; divertissez-vous bien, je vous le conseille de tout mon cœur. Voyez beaucoup vos amies ; ne craignez point de prendre une habitude que je puisse déranger ; le genre de vie que je pourrai bien mener à mon retour détruira peut-être toutes les idées de contrainte que vous vous faites de vivre avec moi... Adieu ; dites-vous bien que vous avez la clef des champs, et ne craignez pas que je veuille jamais la reprendre ; comme vous avez toujours un passe-partout, j'en connais toute l'inutilité. »

Le président fait tête à l'orage avec un sang-froid imperturbable. Il est impossible, d'ailleurs, de se jouer avec plus d'esprit d'une situation assez fausse pour être délicate. Il plaisante gaillardement madame du Deffand sur « l'entreprise conjugale » dont la menace la présence de son mari à Forges.

« Prenez-y garde, au moins, les eaux de Forges sont spécifiques, et ce serait bien le diable d'être allé à Forges pour une grosseur et d'en rapporter deux... M. de Cereste a bien ri à l'article de M. du Deffand. Je meurs d'impatience de savoir ce qui en est ; mais je n'ose m'en flatter.

d.

Et puis, qu'on vienne trouver les rencontres de comédie hors du vraisemblable! Si cela était, pourtant, qu'en feriez-vous? Je m'imagine qu'il prendrait son parti, et qu'il ferait une troisième fugue! C'est pourtant une plaisante destinée que d'avoir un mari et un amant qu'on retrouve comme cela à tout moment, et qu'on quitte de même!... »

De temps en temps cependant notre spirituel bonhomme a, lui aussi, des velléités agressives, et il montre la griffe au bout de sa patte de velours.

« Sérieusement, il n'y a qu'à répondre à toutes les fantaisies pour en rire et pour dire que vous les trouvez excellentes, pourvu que l'on vous permette, de votre côté, de suivre les vôtres; car c'est ainsi que, par grandeur d'âme, vous nommez les vues sages, droites et uniformes qui déterminent vos actions.....

» Adieu, votre ennui m'afflige; je trouve pourtant qu'il ressemble au conte du tonnerre qui valut à un mari un embrassement qu'il n'avait pas reçu depuis longtemps. Je suis tout de même : vous croyez actuellement me regretter; mais d'ailleurs vous ne sauriez vous empêcher de songer que c'est à moi qu'il faut que vous disiez vos peines, parce que vous n'y croyez pas beaucoup de gens aussi sensibles, ou, pour dire vrai, parce que vous en êtes sûre. »

Le président va même jusqu'à la plaisanterie, et comme la plaisanterie des gens graves d'habitude, elle est assez risquée. Il n'y a rien de téméraire comme un poltron révolté.

« Vous dites que vous ne me prenez pas comme les romans[1]; c'est en effet ce que vous pouvez faire de mieux, et je loue en cela votre prudence. »

Enfin, voici que du choc de ces laborieuses reparties, choquées pointe à pointe comme les épées des gens experts, trop habiles pour se blesser, il a jailli quelques rares étincelles. Madame du Deffand a dit au président, en le complimentant de ses lettres, qu'il « *avait l'absence délicieuse* ». Cet éloge ne se trouve pas de son goût, et il en rejette le sel secret avec une énergie de bon sens et une certaine franchise honnête et juste, que sa modération rend encore plus éloquente et qui mettent les rieurs de son côté. Oui, dans toute cette correspondance, il en faut convenir, le président se montre moralement supérieur à madame du Deffand. Cette supériorité, fort *inférieure* d'ailleurs, résulte de ce qu'il est plus sincère, plus naturel, plus naïvement égoïste que madame du Deffand, qui demande trop visiblement, quand elle parle de dévouement et de fidélité, ce qu'elle est incapable de donner. Il y a

---

[1] Madame du Deffand avait dit *qu'elle prenait les romans par la queue.*

une sincérité et une émotion communicatives dans cette péroraison de la lettre du 9 juillet. Notons cependant une exagération, une intensité de ton trop évidentes pour n'être pas de bonne foi dans ce plaidoyer *in extremis*.

« Je cherche à mettre en usage toutes les invitations que vous me faites de me bien divertir; mais je vous avoue que cela ne me réussit pas, et que, si je m'en croyais, je vous dirais que je m'ennuie beaucoup de ne pas vous voir; que rien ne vous remplace, parce que je ne sais ce que c'est que les remplacements, qu'ils sont impossibles à mon caractère, qui est invariable même contre le vent (*hum! hum!*), en quoi je suis supérieur aux girouettes, quelque élevées qu'elles puissent être; que ce que j'aime, je l'aime pour toujours, et que c'est vous que j'aime ainsi; que si j'avais été à Forges, je n'aurais pressé ni madame Martel, ni la petite d'O, ni d'autres d'y venir; que tous mes défauts sont contre moi, et même mes bonnes qualités; que je sens profondément les torts que je puis avoir, mais que je sens avec la même vivacité les reproches mal fondés; en un mot, que si cela se pouvait, j'aimerais encore mieux quelqu'un qui me dirait toute la journée qu'elle est sûre que je l'aime, que mon âme n'est capable de recevoir qu'une impression et qu'il est aisé d'en juger à la vivacité dont elle en est frappée; voilà tout..... »

Madame du Deffand est d'abord ravie de cette chaleur inattendue. Mais, chose étrange! pour cette âme foncièrement et fatalement incrédule, la flamme du cœur elle-même éclaire, brûle et n'échauffe pas. Elle rit de son émotion, elle raille ce subit éclair de sensibilité dont la foudre impuissante ne la touche pas, elle échappe dans le scepticisme accoutumé à une illusion qui lui semble humiliante, tant elle a perdu l'habitude de la trouver douce. Le président, se laissant aller à cette pente de sentiment et de douce mélancolie où s'égarent parfois les plus indifférents « au sortir d'un souper excellent où l'on s'est diverti », a hasardé cet aveu : « Je vous avoue qu'au sortir de là, si j'avais su où vous
» trouver, j'aurais été vous chercher : il faisait le plus beau temps
» du monde, la lune était belle, et mon jardin semblait vous de-
» mander. Mais, comme dit Polyeucte, que sert de parler de ces
» matières à des cœurs que Dieu n'a point touchés? Enfin, je vous
» regrettais d'autant plus que je pouvais vous prêter des sentiments
» qu'il n'y a que votre présence seule qui puisse détruire. »

Madame du Deffand, saisie et comme mordue par cette crainte du ridicule qui la fera plus tard, dans un autre, si cruellement souffrir elle-même, madame du Deffand, « dont les choses douces
» ne sont pas le genre avec le président Hénault, et qui croit avoir
» dit une ordure quand elle lui mande, comme l'excès de la pas-

» sion, qu'il est le seul sur qui elle compte pour la distraire », madame du Deffand, enfin, « qui s'ennuierait à la mort si elle » n'avait pas l'occupation d'écrire à son ami, précisément comme » Caylus, qui grave pour ne pas se pendre », se retranche dans l'incurable scepticisme, et paye au correspondant devenu langoureux « ses gages en air de méfiance ».

Enfin, elle finit par lâcher ce mot terrible qui compromettra longtemps madame du Deffand dans la postérité, et qui assure le beau rôle à l'homme qu'elle a brutalisé d'un aveu déshonorant : « *Je n'ai ni tempérament ni roman* ». Aveu cynique sur lequel, comme sur une nudité, il faut jeter un voile, et qui nous laisse à peine la force de dire avec le président Hénault, tout étourdi de ce brusque dénoûment où la toile tombe comme une tuile :

« Vous n'avez ni tempérament ni roman! Je vous en plains beaucoup, et vous savez comme une autre le prix de cette perte; car je crois vous en avoir entendu parler [1]. »

Il faut finir notre analyse sur ce mot qui lui donne la valeur d'une confession, et qui nous laisse sous cette pénible impression que donnent les tristes vérités et les humiliantes certitudes. Moralement, et jusqu'à sa douloureuse expiation qui la réhabilitera, et dont Walpole, un autre incrédule, mais un incrédule à l'anglaise, sans réticence et sans ménagement, retournera le fer dans sa blessure, de façon à lui faire enfin reconnaître qu'elle a un cœur, madame du Deffand baisse à nos yeux, et perd de ce prestige dont son esprit a entretenu l'illusion. Mais si elle perd en valeur morale et même en dignité, et si le biographe doit être peu satisfait de cette déchéance, le philosophe doit être content; car le beau, pour lui, c'est le vrai, et désormais, nous pouvons le dire, nous tenons, nous voyons la vraie du Deffand, égoïste et sceptique, au point de nous faire paraître, par la force du contraste, sensible et naïf, un homme qui, après tout, ne fut guère ni l'un ni l'autre, comme nous le verrons. Mais il eut l'habileté de le paraître, et c'est là le secret de sa popularité mondaine, que la postérité n'a pas confirmée par

[1] C'est en vain que madame du Deffand cherche à rattraper son indiscrétion, à replâtrer, à raccommoder p. 65, 73, le coup est porté, l'impression est indélébile, et tout ce qu'elle peut dire de juste, de raisonnable, de décent pour s'expliquer, se justifier, n'a que la valeur d'une circonstance atténuante. Il y a des aveux qui apportent avec eux une lumière saisissante, et toute l'eau de la mer, toutes les ténèbres de la nuit n'effaceraient point cette tache sanglante et n'obscurciraient point les rayons tenaces de ces mots qui ouvrent comme une clef une vie et un caractère.

la gloire. Car la popularité appartient aux qualités qu'on semble avoir, mais la gloire est le privilége de celles qu'on a.

Nous connaissons maintenant nos héros à fond, durant cette période intermédiaire de leur vie et de leur liaison. Nous y reviendrons pour raconter la décente et instructive agonie d'un sentiment qui semble avoir commencé de mourir dès le premier jour de son existence. Nous passons maintenant aux deux amis de madame du Deffand qui complètent le triumvirat, et nous ferons ensuite le tour de sa société, toujours de 1730 à 1760.

M. de Pont-de-Veyle semble avoir été le plus ancien ami de madame du Deffand. C'est lui qu'elle a connu le premier à *la Source*, sans doute, où nous la voyons attendue dès 1721, et c'est celui qui l'a quittée le dernier. Une chose à remarquer tout d'abord, c'est que madame du Deffand ne parle jamais de madame de Tencin. Il est impossible cependant qu'elle ne l'ait pas connue, ayant vécu avec M. l'abbé de Tencin, madame de Ferriol, Pont-de-Veyle, d'Argental, mademoiselle Aïssé, le chevalier d'Aydie, madame de Villette, Bolingbroke, dans tout ce petit monde gourmand, galant, intrigant, agioteur, d'où sortiront le convertisseur de Law, la maîtresse du cardinal Dubois, le plénipotentiaire de Voltaire, l'exécuteur testamentaire de mademoiselle Lecouvreur. Mais il est permis de croire qu'une antipathie profonde, peut-être même une haine sourde, qui semble respirer dans ce silence opiniâtre, réduisirent au plus strict nécessaire les rapports de ces deux femmes belles, souples, subtiles, ambitieuses, qui toutes deux ont passé par la couche du Régent pour arriver au fauteuil d'un salon magistral, qui toutes deux ont manié l'éventail avant de manier la plume, qui toutes deux enfin sont arrivées au talent par l'expérience, à la raison par la galanterie, à la gloire littéraire par le scandale des mœurs. Les rencontres parfois inopportunes d'un rôle plein de rivalités ont dû créer plus d'un conflit entre ces femmes électriques, et c'est sans doute à quelque histoire de ce genre, demeurée mystérieuse, que nous devons ce silence implacable de madame du Deffand, qui ressemble à une vengeance. Quoi qu'il en soit, c'est Pont-de-Veyle qui, dans la famille de Ferriol et de Tencin, concentre de bonne heure sur lui et accapare, pour ainsi dire, l'affection de madame du Deffand, dont il devient de son côté une sorte de compagnon obligé, de pendant habituel, de vis-à-vis inébranlable. C'est une curieuse figure que celle de cet original conservé imperturbablement gai et bien portant dans le plus complaisant des.

égoïsmes et la plus inoffensive des malices, de ce bonhomme spirituel à qui personne ne fut nécessaire, et qui sut se rendre agréable à tout le monde ; un des chefs, un des maîtres, une des gloires de cette société du dix-huitième siècle, où il fallait prodigieusement de ressources pour n'être jamais ni monotone ni banal, pour plaire à la fois aux femmes, aux maris et aux gens de lettres. Ce rôle de perpétuel équilibre d'humeur, de perpétuel succès d'esprit, de perpétuelle popularité de salon, Pont-de-Veyle l'a joué triomphalement pendant cinquante ans, à la satisfaction et à l'étonnement universels. Il a trouvé moyen d'amuser tout le monde et de s'amuser lui-même durant ce long espace de temps ; et il a été sincèrement regretté, quoiqu'on n'ait point sans doute osé beaucoup pleurer un homme dont le visage et la vie ne furent qu'un long et froid sourire. On comprend qu'un homme qui de bonne heure n'eut pas d'autre ambition que cette souveraineté frivole, que cette futile supériorité, ne dut pas s'embarrasser de passions ni d'affections, et, comme Fontenelle, dut mettre son cœur en cerveau. Aussi n'est-ce ni d'un amant (il n'en eut pas le temps) ni d'un ami (il n'en eut pas la force) de madame du Deffand que nous voulons parler. Pont-de-Veyle, auprès d'elle, représente cet homme inutile et nécessaire dans la vie des femmes d'esprit, pour lequel on n'a point d'estime ni de secrets, et qui tient à la fois du mari, de l'amant et de l'ami, sans être ni l'un ni l'autre.

Mais ce que fut surtout Pont-de-Veyle, et c'est par là que son portrait nous revient, c'est un homme d'esprit, un brillant causeur, un dramaturge de salon, un des représentants de cette grâce française qui, au dix-huitième siècle, enchante le monde.

Antoine de Ferriol, comte de Pont-de-Veyle, né le 17 octobre 1697, était le fils aîné de M. de Ferriol, président à mortier du parlement de Metz, et d'Angélique, sœur cadette de madame de Tencin, galante et intrigante comme elle, maîtresse du vieux maréchal d'Huxelles dont Rousseau a, tout en protestant contre une si maligne interprétation, flagellé les avares et infidèles amours. M. de Ferriol était le frère de cet ambassadeur à Constantinople, que le souvenir de mademoiselle Aïssé, sa protégée, a rendu plus célèbre que ses négociations. D'abord conseiller au parlement, M. de Pont-de-Veyle ne tarda pas à jeter la robe aux orties, et trouva plus commode une charge de lecteur du Roi, sous un roi qui ne lisait pas. En 1740, il fut tiré malgré lui de son inaction par le comte de Maurepas, qui le nomma intendant général des classes de la marine, place qu'il occupa jusqu'en 1749. Il est assez souvent question de Pont-de-Veyle dans la *Correspondance de mademoiselle Aïssé*, qui fut pour lui comme une manière de sœur, et toujours avec éloge.

« Sa santé est délicate; c'est un très-bon garçon qui a de l'esprit et de la finesse dans l'esprit, qui est aimé et qui mérite de l'être [1]. »

« C'est un homme qui a toutes les qualités les plus essentielles; il a beaucoup de mérite et d'esprit; ses procédés à mon égard sont d'un ange [2]. » « Il est galant au possible [3] » ajoute-t-elle ailleurs.

« Pont-de-Veyle, dit à son tour le président Hénault [4], à une époque postérieure (ce qui nous permet de suivre les variations de ressemblance et les différences d'impressions), joint à beaucoup d'esprit des talents de bien des genres. Il a été inimitable dans les parodies. On connaît ses comédies du *Complaisant* et du *Fat puni*. Philosophe sans affiche, ami fidèle et constant, recherché de tout le monde et assorti à toutes les sociétés. »

Le 5 octobre 1753, le président Hénault écrit à madame du Deffand [5] :

« Ah! l'inconcevable Pont-de-Veyle! Il vient de donner une parodie chez M. le duc d'Orléans : cette scène que vous connaissez du vendeur d'orviétan. Au lieu du Forcalquier, c'était le petit Gaussin qui faisait le Gilles; et Pont-de-Veyle a distribué au moins deux cents boîtes avec un couplet pour tout le monde; il est plus jeune que quand vous l'avez vu la première fois; il s'amuse de tout, n'aime rien, et n'a conservé de la mémoire de la défunte que la haine pour la musique française. »

Tel était Pont-de-Veyle en 1753, à l'âge de cinquante-six ans, si jamais un homme aussi aimable eut un âge. Tel nous le retrouverons, mais un peu refroidi, engourdi, quand Horace Walpole tracera de ce *rival* un portrait plus malin peut-être qu'exact, que corrigea celui plus indulgent de madame du Deffand. Ce sera entre les deux qu'il nous faudra chercher, à ce moment, sa ressemblance définitive, celle que reproduit comme un malicieux miroir, le fameux et caractéristique dialogue cité par Grimm.

Il n'est guère question que dans la *Correspondance* de Voltaire et dans celle de madame du Deffand de cet autre ami intime, le plus fidèle, le plus dévoué, le plus complaisant, le plus regretté peut-être, dont la spirituelle bonhomie, l'aimable simplicité, le visage toujours souriant rendaient le commerce si attrayant.

---

[1] Édit. Ravenel, p. 147. (1727.)
[2] *Ibid.*, p. 167.
[3] *Ibid.*, p. 242.
[4] *Mémoires*, p. 183.
[5] V. notre tome Ier, p. 171. — Voir aussi les *Mémoires de madame de Genlis*, t. Ier, p. 299, 300.

C'est au souvenir reconnaissant de ces qualités que cet insoucieux épicurien, dont tout le bagage littéraire se compose de quelques chansons et de quelques lettres, devra une immortalité que ne lui eussent point donnée ses ouvrages. Tout ce qu'on sait de lui, c'est qu'il s'appelait Jean-Baptiste-Nicolas de Formont, conseiller, je crois, au parlement de Normandie. Sa vie modeste et légère n'a point laissé d'autre trace. Mais madame du Deffand l'a pleuré quand il est mort, en novembre 1758; et sa mémoire ne périra pas, gardée à jamais de l'oubli par la *Correspondance* de Voltaire, où son nom se lit à côté de celui de l'aimable et ingénieux Cideville. Une inscription sur une tombe illustre, un profil, un relief sur quelque grandiose monument, voilà la forme la plus humble et la plus sûre de la gloire; et c'est celle qu'avait choisie, s'il y songea jamais, un homme occupé surtout du présent, et à qui il suffisait d'être aimé.

Formont fut un des liens vivants entre madame du Deffand et Voltaire, et nous en reparlerons à l'article de ce dernier, qui dut faire, à la prière de l'amie commune, en quelques mots d'une lettre émue, l'oraison funèbre d'un excellent homme sans histoire. Quelle histoire pouvait avoir un homme dont madame du Deffand écrivait :

« Formont est un homme délicieux, surtout dans ce lieu-ci. La dissipation ni le désir des nouvelles connaissances ne l'entraînent point : il est occupé de moi, gai, complaisant, ne s'ennuyant pas un instant; il ne se fait point valoir; j'en suis charmée, et je vous avoue que cela m'était nécessaire[1]. »

Ajoutons à cet éloge ces quelques mots du chevalier d'Aydie :

« J'aime aussi beaucoup M. de Formont; il joint, ce me semble, à beaucoup d'esprit une simplicité charmante sans prétentions; celles des autres ne le blessent ni ne l'incommodent; il paraît à son aise avec tout le monde, et tout le monde y est avec lui[2]. »

Quand on aura lu cela, on aura réuni ces quelques fleurs que madame du Deffand demandait à Voltaire de jeter sur la tombe de son ami.

VII

Mais l'envie nous prend, pour varier un peu les impressions, de passer à la revue des figures féminines de la société intime de ma-

---

[1] T. Ier, p. 72, de notre édition.
[2] V. le t. Ier, p. 192, 193 de notre édition.

dame du Deffand, en cet automne brillant de sa vie. Nous reviendrons ainsi, par madame du Châtelet à Voltaire, et par madame de Staal à Sceaux, dont la mort va fermer la porte hospitalière, qui se rouvrira, plus étroite et plus modeste, dans le salon où madame du Deffand recueillera les anciens compagnons de la galère du bel esprit.

La première femme dont il soit question dans le recueil de 1809 est madame de Rochefort[1], sœur de M. de Forcalquier, fille du maréchal de Brancas. Nous voyons par les lettres de madame de Vintimille, qu'elle prétendait lutter avec elle de tendre amitié pour madame du Deffand. Nous voyons, par les lettres du président Hénault, ce sigisbé universel, ce galant confesseur de toutes les jolies femmes, qu'en juillet 1742 elle vivait avec M. d'Ussé sur le pied d'une de ces intimités si fréquentes en ce temps, qui ressemblaient, par la décence et la tiédeur, au mariage, et se conservaient par l'habitude. L'abbé de Sade trouble seul de ses entreprises téméraires la quiétude des titulaires, dont la jalousie ne se donne pas d'ailleurs la peine de se mettre en colère[2]. Celle de madame du Deffand, excitée par certains détails des lettres du président, semble avoir été moins tolérante, et c'est à elle qu'il faut sans doute attribuer son refroidissement pour madame de Rochefort, qui s'efface tout d'un coup dans sa correspondance.

« Madame de Rochefort est beaucoup mieux, je l'ai même trouvée en beauté, écrit le président Hénault, le 14 juillet[3]. Nous avons soupé fort gaiement; l'après-soupée a été de même : je n'ai pas dormi, et puis on s'est séparé à minuit. Je suis couché dans la pièce où l'on se tient, et madame de Rochefort y est restée jusqu'à deux heures. Nous avons raisonné de toutes ses affaires, des terreurs de d'Ussé, de leur fondement; j'ai fait de la morale très-sévère, et d'elle-même elle m'a dit qu'elle avait eu tort de laisser trop durer une fantaisie, et de ne l'avoir pas dit d'abord à la personne intéressée; on ne peut être plus vraie qu'elle ne l'est ni plus candide. J'ai parlé sur cela comme Ruyter aurait parlé d'une aventure arrivée sur la rivière de Seine; car ce n'est, à vrai dire, qu'une aventure d'eau douce, et il n'y a pas de matière à douter. »

Le 18 juillet[4], le président écrit :

« Madame de Rochefort est en très-bonne santé présentement. Son âme ne peut être attaquée que par un côté, et elle a raison d'être contente de ce côté-là; aussi le dit-elle bien et son visage encore mieux. »

---
[1] P. 8 de notre t. Ier.
[2] P. 12, 13, 38, 43, 46, 51, 52, 56, 59, 64, 76 de notre t. Ier.
[3] P. 51 de notre t. Ier.
[4] P. 71 de notre t. Ier.

Le 21, madame du Deffand, piquée, agacée, impatientée, décoche à son trop galant correspondant (trop galant pour les autres) cette grêle de petites flèches empoisonnées :

« Vous avez une vénération pour madame de Rochefort qui me divertit; c'est le contraire de *poutre en l'œil;* je crois que sa vanité est très-flattée de ces triomphes, et assurément ils ne sont pas équivoques, et ils sont glorieux : elle n'aurait peut-être pas été insensible à d'autres; mais je crois effectivement qu'il y aurait de certaines rivales qui ne l'inquiéteraient guère, et auxquelles elle ne daignerait pas penser. Vous en avez eu la preuve dans la mère aux Gaines à qui elle savait bien qu'on accordait la caristad; mais tout ce qui n'est point à vous vous paraît admirable, et la propriété diminue beaucoup à vos yeux la valeur des choses... »

Pour des motifs que nous ignorons, mais qu'il ne serait pas impossible de deviner, madame du Deffand se brouilla avec madame de Rochefort. Le 8 mars 1767[1], elle écrivait à Horace Walpole : « J'ai eu un ami, M. de Formont, pendant trente ans; je l'ai » perdu; j'ai aimé deux femmes passionnément, l'une est morte, » c'était madame de Flamarens; l'autre est vivante et a été infidèle, » c'est madame de Rochefort. »

Le président Hénault a fait de madame de Rochefort, dans ses *Mémoires,* un portrait qui peut servir peut-être à expliquer cette brève et méprisante condamnation[2].

« Madame de Rochefort est digne de l'amour et de l'estime de tous les honnêtes gens. Quand les poëtes ont voulu égarer leur imagination dans des fictions agréables, ils ont imaginé des pays où les grâces riantes du printemps se trouvaient jointes aux fruits de l'été et de l'automne, et où l'on jouirait de ses espérances; elle était de ce pays-là, et voilà son portrait d'alors. Les grâces de sa personne ont passé dans son esprit; elle a fait des amis de toutes ses connaissances. Je ne sais si elle a des défauts; il ne lui manquait que d'être riche; mais elle vivait très-honnêtement avec un très-médiocre revenu. Elle s'avisa de nous donner un jour à souper; nous essayâmes sa cuisinière; et je me souviens que je mandai alors qu'il n'y avait de différence entre cette cuisinière et la Brinvilliers que l'intention. »

Comme madame Scarron, madame de Rochefort remplaçait à ces maigres soupers le rôti par des histoires, et les épices par des bons mots. On en cite plus d'un d'elle[3], et d'un bon coin.

C'est elle, par exemple, qui disait à Duclos, un jour que l'on parlait du paradis, que chacun se fait à sa manière : « Pour vous, » Duclos, voici le vôtre : du pain, du vin, du fromage et la pre-

---

[1] T. Ier, p. 416.
[2] *Mémoires du président Hénault,* p. 182.
[3] *Ibid.,* p. 183.

» mière venue. » C'est elle qui, un jour que le fruste académicien soutenait ce paradoxe, que l'oreille des courtisans est plus chaste que celle des honnêtes femmes, et qui, comme démonstration, avait hasardé devant elle un conte libre, puis un plus leste encore, enfin un conte obscène, l'arrêta en lui disant finement : « Prenez » donc garde, Duclos, vous nous croyez aussi par trop honnêtes » femmes. »

Le président Hénault, qui en cite d'autres[1], lui a consacré, outre l'esquisse légère que nous avons lue, un portrait en pied que le lecteur trouvera aux *OEuvres diverses* de madame du Deffand, à la fin de notre second volume.

Sur la fin de sa vie, Walpole la connut, devenue le centre d'une société spirituelle et aimable, dont elle partageait avec son dernier *ami* (on donnait ce nom-là aux derniers amants), le duc de Nivernois, le charmant gouvernement. Il écrivait à Gray :

« Madame de Rochefort diffère de tout le reste. Son jugement est fin et délicat, avec une finesse d'esprit qui est le résultat de la réflexion. Ses manières sont douces et aimables, et quoique savante, elle n'a aucune prétention marquée. Elle est l'amie *décente* de M. de Nivernois, car vous ne devez pas croire un mot de ce qu'on lit dans leurs nouvelles. Il faut la plus grande attention ou la plus grande habileté pour découvrir ici la plus petite liaison entre les personnes de sexe différent; on ne permet aucune familiarité que sous le voile de l'amitié, et le dictionnaire d'amour est autant prohibé, qu'on croirait d'abord que le serait son rituel... M. de Nivernois vit dans un cercle d'admirateurs répandus, et madame de Rochefort est la grande prêtresse, ce qui lui vaut un petit salaire de crédit. »

Un mot, car nous ne ferons pas à sa modestie l'affront d'un éloge complet, de cette madame de Flamarens, amie fidèle de madame du Deffand, que la mort put seule lui enlever, et qui trouva le moyen, à une époque où ces qualités couraient le risque de passer pour ridicules, d'être belle sans faiblesses, sage sans bégueulerie, spirituelle sans médisance. Rare figure que celle de cette femme accomplie, dont la vie, faite de bonnes pensées et de bonnes actions, a la régularité et la limpidité d'une belle pièce d'eau où glissent mollement les cygnes d'albâtre, et dont la tombe pourrait porter pour épitaphe : « Elle fut belle, elle aima son mari » et elle résista à Richelieu. »

Le président Hénault l'avait connue et admirée à l'hôtel de Sully,

---

[1] *Mémoires*, p. 182. — C'est elle aussi qui a dit ce joli mot rapporté par Chamfort : « L'avenir est un passé qui recommence. »

dès les plus beaux jours de cette beauté qui ne s'épanouissait que dans l'estime.

« Nous rencontrions à l'hôtel de Sully madame de Flamarens, à qui je trouvais une beauté-mystérieuse et qui avait l'air de la Vénus de l'*Énéide*, travestie sous la forme d'une mortelle; elle joignait à la beauté et à un esprit vraiment supérieur une conduite hors de tout reproche; ses précautions à cet égard allaient au delà du reproche le plus exact; jamais le soupçon ne l'aborda. Ce n'est pas qu'elle ne fût attaquée; ce n'est pas qu'elle refusât de trouver aimables des hommes dangereux, et à qui peu de femmes avaient résisté. M. de Richelieu venait de quitter mademoiselle de Charolais pour tenter cette conquête; c'était une entreprise digne de lui. Elle connut, elle sentit le danger: quel pouvait être son asile? — Ce fut chez mademoiselle de Charolais même qu'elle l'évita, et elle ne la quitta plus. Elle avait fait son mari grand louvetier [1]. »

Ces lignes ne sont pas les seules que le président Hénault ait consacrées à la mémoire d'une femme qui laissa après elle une forte odeur de sainteté profane, et dont l'amitié « fut la passion ». Nous lirons aux *OEuvres diverses* un long *Portrait* de madame de Flamarens, où le président a essayé, sans toujours y échouer, de nous peindre cette belle âme qui rayonnait sur une belle figure.

Madame de Flamarens, pour qui madame du Deffand eut une affection qui l'honore doublement, car elle fut un hommage à ses qualités autant qu'à son attrait, et qu'elle plaçait pour l'esprit à côté des Sévigné et des Staal, mourut dans les premiers jours de mai 1743. Elle était en son nom Beauvau, fille du marquis de Beauvau du Rivau [2].

Une femme bien différente des deux qui ont précédé, et que nous plaçons dans la galerie à titre de repoussoir et de contraste, c'est cette spirituelle, cette originale, cette extravagante, cette galante Anne-Joséphine Bonnier de la Mosson, femme, depuis le 25 février 1734, de Michel-Ferdinand d'Albert d'Ailly, duc de Pecquigny, puis duc de Chaulnes.

Elle fut, aux eaux de Forges, en 1742, la compagne de voyage de madame du Deffand, qui a épuisé sur elle cette verve mordante et cet instinct implacable du ridicule qui donnèrent une vie si âpre et si singulière aux portraits qu'elle a tracés d'elle et de madame du Châtelet, ses deux ennemies intimes de ce temps-là.

Le lundi, 2 juillet 1742, elle écrit au président Hénault:

« Mais venons à un article bien plus intéressant: c'est une compagne. O mon Dieu, qu'elle me déplaît! Elle est radicalement folle: elle ne

---

[1] *Mémoires*, p. 87.
[2] *Mémoires du duc de Luynes*, t. V, p. 6.

connaît point d'heure pour ses repas; elle a déjeuné à Gisors, à huit heures du matin, avec du veau froid; à Gournay, elle a mangé du pain trempé dans le pot pour nourrir un Limousin, ensuite, un morceau de brioche, et puis trois assez grands biscuits. Nous arrivons, il n'est que deux heures et demie, et elle veut du riz et une capilotade; elle mange comme un singe, ses mains ressemblent à leurs pattes; elle ne cesse de bavarder; sa prétention est d'avoir de l'imagination et de voir toutes choses sous des faces singulières; et comme la nouveauté des idées lui manque, elle y supplée par la bizarrerie de l'expression, sous prétexte qu'elle est naturelle. Elle me déclare toutes ses fantaisies, en m'assurant qu'elle ne veut que ce qui me convient; mais je crains d'être forcée à être sa complaisante; cependant, je compte bien que cela ne s'étendra pas à ce qui intéressera mon régime. Elle est avare et peu entendue, elle me paraît glorieuse; enfin elle me déplaît au possible[1]. »

Le 3, elle continue l'autopsie :

« Si vous voyez Silva, ne lui parlez pas du régime qu'observe madame de Pecquigny, elle m'en saurait mauvais gré. Elle m'a fait rester à table aujourd'hui, tête à tête avec elle, cinq grands quarts d'heure, à la voir pignocher, éplucher et manger, tout ce qu'elle a commencé par mettre au rebut; elle est insupportable, je vous le dis pour la dernière fois, parce que je ne veux pas me donner la licence d'en parler davantage[2]. »

Malgré cette promesse, il n'est pas de lettre où madame du Deffand ne traîne sur la scène son agaçante compagne, la déshabillant, la mordillant, et enfin la déchirant d'un portrait en pied qui l'accable et qui l'achève :

« Elle veut toujours savoir qui l'a pondu, qui l'a couvé; c'est un esprit profond, mais nullement gracieux[3]. » « Madame de Pecquigny va tous les jours à cheval avec mademoiselle Desmazis, qui est une espèce de Cent-Suisse de soixante ans[4], » « dont le sexe est mal décidé[5]. »

Le président et sa société font des gorges chaudes de ce portrait éclatant de vérité et de malignité, et tout en donnant pour l'acquit de sa conscience à madame du Deffand ce charitable avis :

« Pour madame de Pecquigny, je vous conseille de ne demander à son caractère que ce qui s'y trouve, et comme vous êtes sûre que les intentions sont bonnes, de passer l'écorce, qui ressemble assez à du maroquin du Levant[6]. »

Il convient de bonne foi de son admiration, et il écrit :

« Le portrait que vous faites de la Pecquigny est inimitable, et je le

---

[1] V. notre t. Ier, p. 16; 17.
[2] T. Ier, p. 18.
[3] P. 19.
[4] T. Ier, p. 31.
[5] P. 42.
[6] T. Ier, p. 41.

lirai aux Chats (*aux Forcalquier*). Je ne crois pas qu'il y ait rien de plus plaisant, de plus neuf, ni de plus démêlé.[1] »

Et il sourit de bonne grâce à chaque trait nouveau, à chaque dernier coup qui ajoute au portrait ou au supplice de son irascible amie[2].

Le portrait de madame du Deffand, au reste, nous devons le dire à sa décharge, est confirmé par les dépositions de tous les contemporains, et le témoignage des lettres que nous possédons d'elle n'est pas fait pour les atténuer. Elles sont d'un style aussi bizarre que son caractère et aussi désordonné que sa vie[3].

Sénac de Meilhan, qui l'a beaucoup connue, l'a peinte deux fois, la première sous son vrai nom, la seconde sous le pseudonyme de *Lasthénie*.

« Je veux essayer de peindre une personne rare par son esprit, que la fortune avait placée dans un rang éminent, qu'une faiblesse en a fait descendre, qui a fini dans l'obscurité, abandonnée du monde, et malheureuse par le sentiment qui lui avait fait abandonner son état. Madame de Giac n'a jamais été belle ; mais elle avait de la physionomie. Ses yeux étaient brillants, expressifs, et donnaient l'idée d'un aigle qui s'élève et plane dans les airs. Son teint avait de la blancheur, mais rien d'animé ; il offrait un blanc de lait ou de cire ; son maintien avait de la gêne et de l'embarras, jusqu'à ce qu'elle eut donné l'essor à son esprit. Elle n'avait jamais de grâces ; elles sont le résultat d'un certain accord, et tous ses gestes et ses mouvements participaient à l'effervescence de sa tête. Elle avait à un degré supérieur le don de la pensée. La plus vive conception, la sagacité la plus pénétrante, et la plus brillante imagination étaient les qualités qui dominaient dans son esprit. La pensée semblait être son essence ; on aurait dit qu'elle était uniquement destinée à l'exercice des facultés intellectuelles. Je n'entreprendrai pas d'assigner ce qui appartient à son caractère, de peindre son âme et son cœur. Ces divisions d'un être sensible et pensant n'existaient pas dans elle ; un seul principe déterminait tout ; son esprit seul constituait son âme, son cœur, son caractère et ses sens.

..... Sa vie a été une longue jeunesse que n'a jamais éclairée l'expérience. Son esprit semblait le char du soleil abandonné à Phaéton. Une imagination brillante lui faisait peindre tous les objets, trouver des rapports entre les plus distincts et lui composait un dictionnaire particulier. Elle faisait de la langue un usage qui donnait à tout ce qu'elle disait un caractère expressif et pittoresque. Elle écrivait mal, et c'était un effet du caractère de son esprit, dont la vivacité se refroidissait par la plus légère attention..... »

Et Sénac ajoute ce trait final, qui disculpe un peu madame du Deffand :

[1] T. Ier, p. 53, 57, 60.
[2] P. 71, 72, 75.
[3] Voir notre t. Ier, p. 78, et les *Portraits intimes du dix-huitième siècle*, par MM. de Goncourt, t. II, p. 101.

« L'esprit était tout pour elle, et elle n'aurait pu s'empêcher de dire le défaut de l'esprit de l'homme qui lui aurait sauvé la vie [1]. »

Le second portrait [2] rappelle sous certains rapports celui de madame du Deffand et en confirme la justesse :

« L'esprit de Lasthénie est si singulier qu'il est impossible de le définir. Il ne peut être comparé qu'à l'espace. Il en a pour ainsi dire toutes les dimensions, la profondeur, l'étendue et le néant, etc... »

Madame de Chaulnes, on le devine assez à cet exposé, fut galante. Mais elle le fut par hasard, par ricochet, par distraction, toujours engouée, jamais occupée. La perpétuelle mobilité de son esprit ne lui permettait pas de longs sentiments. Elle eut donc plus d'une fois dans sa vie, à titre d'intermèdes, des épisodes favorables à la médisance. Son mari était, en dépit de certaines qualités, de ceux auxquels il était alors ridicule d'être fidèle. Nous trouvons dans Chamfort un mot de mademoiselle Quinault qui le peint à merveille :

« M. de Chaulnes avait fait peindre sa femme en Hébé; il ne savait comment se faire peindre pour faire pendant. Mademoiselle Quinault, à qui il contait son embarras, lui dit: « Faites-vous peindre en hébété [3]. »

Le goût de madame de Chaulnes pour l'abbé de Boismont, un de ses favoris, et l'ardeur *scandaleuse*, pour nous servir de l'expression de Collé, qu'elle mit à faire un sort académique à sa médiocrité, achevèrent de la brouiller avec madame du Deffand. Nous lisons dans l'exact et fidèle duc de Luynes, sous la date du vendredi 29 novembre 1754 [4] :

« Il y eut hier une élection à l'Académie pour remplir la place vacante par la mort de M. l'évêque de Vence (le P. Surian). Les dames, ordinairement, sollicitent beaucoup dans ces cas d'élection; il y avait plusieurs aspirants: M. l'évêque de Troyes (Poncet de la Rivière), M. l'abbé Trublet, M. l'abbé de Boismont, M. d'Alembert, et peut-être quelques autres que je ne sais pas. Madame de Chaulnes sollicitait avec la plus grande vivacité pour l'abbé de Boismont; elle avait écrit à tous les académiciens ou avait été les voir. Madame la duchesse d'Aiguillon (Crussol), et madame du Deffand s'intéressaient beaucoup pour d'Alembert; la pluralité des suffrages s'est réunie pour celui-ci. »

La haine de cette rivalité académique survécut, chez madame du Deffand, à sa victoire, et le dévouement de madame de Chaulnes à sa défaite. Nous la voyons, en 1755, s'attirer par ses compromet-

---
[1] Voir notre édition des *OEuvres choisies de Sénac de Meilhan*. Paris, Poulet-Malassis, 1862, p. 319.
[2] *Ibid.*, p. 459.
[3] Chamfort, édit. Stahl, p. 180.
[4] *Mémoires*, t. XIII, p. 393.

tantes obsessions un terrible couplet, et faire accoler par la satire le titre de « Mirebalais de l'Académie » au nom de l'ambitieux abbé qu'elle y avait fait entrer, pour le récompenser, disait-on, de ses peines [1].

Toutes ces vicissitudes, toutes ces avanies, n'altérèrent en rien la vivacité mordante et l'imperturbable sang-froid d'une femme à qui un mariage romanesque, à un âge et dans un rang qui permettent peu le roman, allait préparer de bien autres chagrins, dont elle s'empressa de rire, de peur d'en pleurer. Elle riposta par des bons mots [2] à l'orage de quolibets qui s'abattit sur elle lors de cette union imprévue, insensée pour le temps, avec un maître des requêtes, M. de Giac, dont elle avait récompensé les soins de l'offre de sa main et qui l'avait prise au mot. Ce mariage (30 novembre 1773) finit bientôt dans le ridicule et le dégoût mutuel des deux époux, qui se séparèrent de gré à gré. Madame de Chaulnes, « la femme à Giac », comme elle s'appelait elle-même, se retira au Val-de-Grâce, avec ses perroquets et ses magots [3]. Elle n'emporta pas dans la tombe, en décembre 1782, cette illusion qui lui avait dicté une union semblable à un défi, « qu'une duchesse n'a jamais que trente ans pour un bourgeois ». Elle se vengea par un dernier mot, car elle en devait faire jusqu'au dernier soupir. On vint lui dire que les sacrements étaient là. « Un petit moment. — M. de Giac [4] voudrait » vous voir... — Est-il là ? — Oui. — Qu'il attende; il entrera avec » les sacrements. »

Il est temps d'aborder un autre groupe d'hommes et de femmes qui tiendront jusqu'au bout une place dans la vie de madame du Deffand.

Et tout d'abord, les Brancas, le vieux maréchal, rabâcheur assez ennuyeux, mais fort aimable « quand il ne disait rien », madame de Rochefort déjà nommée, M. de Céreste son frère, dont madame du Deffand a fait le portrait, enfin M. et madame de Forcalquier. Avec le chevalier de Brancas, c'était là la famille du maréchal. M. de Forcalquier, fils aîné du maréchal, était un homme distingué par son esprit et ses talents militaires, appréciés de ceux même qui les enviaient.

[1] *Mémoires secrets de Bachaumont*, à la date du 30 août 1762.
[2] On en ferait tout un recueil. — Voir Bachaumont, Chamfort, Sénac de Meilhan, les *Mélanges* de madame Necker et *la Femme au dix-huitième siècle*, par MM. de Goncourt. Didot, 1862, p. 81, 82.
[3] *Lettres de la marquise de Créqui à Sénac de Meilhan*, p. 3 et 5.
[4] Chamfort, édition Stahl, attribue cette démarche au duc de Chaulnes, mort depuis longtemps (en 1769). Madame de Chaulnes ne fut jamais séparée judiciairement de lui, comme il le prétend.

« M. de Forcalquier, dit le président Hénault, avait beaucoup plus d'esprit qu'il n'en faut. Madame de Flamarens disait qu'il éclairait une chambre en y entrant; gai, un ton noble et facile, un peu avantageux, peignant avec feu tout ce qu'il racontait, et ajoutant quelquefois aux objets ce qui pouvait leur manquer pour les rendre plus agréables et plus piquants[1]. »

« La figure de M. de Forcalquier, dit à son tour madame du Deffand, sans être fort régulière, est assez agréable; sa physionomie, sa contenance, jusqu'à la négligence de son maintien, tout est noble en lui: ses yeux sont ouverts, riants, spirituels; il a l'assurance que donnent l'esprit, la naissance et le grand usage du monde. Son imagination est d'une vivacité, d'une chaleur, d'une fécondité admirables; elle domine toutes les autres qualités de son esprit, mais il se laisse trop aller au désir de briller, etc. »

M. de Forcalquier épousa, le 6 mars 1742, mademoiselle de Carbonnel de Canisy, d'une bonne maison de Normandie, veuve du marquis d'Antin, fils d'un premier mariage de la comtesse de Toulouse. La nouvelle mariée fut présentée et prit le tabouret à la cour, en sa qualité de femme d'un grand d'Espagne, le jeudi 19 juillet 1742, et le duc de Luynes rapporte que l'impression générale lui fut très-favorable :

« On ne peut pas être plus jolie que l'est madame de Forcalquier : elle est petite, mais fort bien faite; un beau teint, un visage rond, de grands yeux, un très-beau regard, et tous les mouvements de son visage l'embellissent[2]. »

Il est souvent question, dans la *Correspondance*, de madame de Forcalquier, appelée tour à tour par madame du Deffand du sobriquet amical et familier de *Petit Chat*, de *Minet* et de la *Bellissima*. Capricieuse, espiègle, coquette, puis quelque peu prétentieuse, madame du Deffand nous la montrera, à mesure que son prestige décline, frisant de plus en plus le ridicule, lui lisant un petit ouvrage de sa façon en forme de lettres, où elle prouvait qu'on pouvait être amoureux de quelqu'un de cent ans, précieusant avec sa bonne amie madame du Pin, faisant tort par ce pathos à sa véritable sensibilité, copiant Horace Walpole, affectant ses principes, et devenue la favorite de l'ambassade anglaise, puis, par ton, l'ardente admiratrice du duc d'Aiguillon. Une discussion qu'elles eurent entre elles, en mars 1770, et que madame du Deffand racontera au vif, refroidit sensiblement un commerce qui durait depuis 1742, et était devenu une habitude plus encore qu'une amitié.

Il restera de madame de Forcalquier un mot qui la peint à merveille, et qui peint aussi les mœurs de son temps :

[1] *Mémoires*, p. 183.
[2] *Mémoires*, t. IV, p. 193, 203.

« Cette « honnête bête, obscure et entortillée », eut une fois l'esprit aussi vif que la main. Ce fut ce jour où, ne pouvant se faire séparer sur un soufflet reçu de son mari en tête-à-tête et sans témoin, elle alla trouver le brutal dans son cabinet, et au moment de la restitution : Tenez, monsieur, voilà votre soufflet : je n'en peux rien faire[1]. »

Une femme inférieure par la beauté, mais bien supérieure par l'esprit, et qui demeure profondément mêlée à ces intrigues de palais qui sont, sous Louis XV, l'histoire de France, c'est madame de Mirepoix, dont la figure de Joconde nous arrêtera davantage.

Madame de Mirepoix était née Craon, sœur du prince de Beauvau. Veuve du prince de Lixin, de la maison de Lorraine, tué en duel par Richelieu, son beau-frère, à la tranchée de Philippsbourg, en 1734, elle avait épousé en secondes noces Pierre de Lévis, marquis de Mirepoix, ambassadeur à Vienne et en Angleterre, qui devait mourir maréchal de France. Lui-même était veuf d'une fille de Samuel Bernard, qu'il trouva assez honoré d'une telle alliance pour ne pas lui rendre sa dot, fastueusement et galamment mangée.

Une chose à dire tout de suite, parce qu'elle constitue un éloge auquel les mœurs du temps enlèvent sa banalité, c'est que M. et madame de Mirepoix firent toute leur vie excellent ménage, et comme M. et madame de Maurepas, M. et madame de Flamarens et quelques autres (*rari nantes*), ne craignirent point de s'aimer. Il entrera même beaucoup de passion conjugale dans l'ambition qui fera plus tard de madame de Mirepoix la bonne amie des Pompadour et des du Barry.

Le président Hénault a esquissé, dans quelques passages de ses lettres de 1742, le portrait du mari :

« Les Mirepoix furent fort bien reçus (à Meudon chez les Brancas). On soupa; je m'endormis après le souper, les camouflets volèrent, cela ne me réveilla pas trop. Le Mirepoix me fit des miracles, me parut avoir grande envie de vivre avec moi, me fit des reproches, en reçut de ma part, etc... Il avait un saint-esprit de diamants, que madame de Mirepoix lui avait fait monter, qui tient lieu de la broderie : cela lui rend l'estomac encore plus avancé; mais il aime sa femme à la folie et cela me plut[2]. »

» Le Mirepoix, dit-il dans une autre lettre[3], est comme vous le connaissez, parlant des coudes, raisonnant du menton, marchant bien, bonhomme, dur, poli, sec, civil, etc... »

---

[1] *La Femme au dix-huitième siècle*, par E. et J. de Goncourt, p. 59.
[2] Voir notre t. Ier, p. 58.
[3] T. Ier, p. 67.

Il est moins laconique dans ses *Mémoires* [1] :

« Je rendis alors (vers 1762) un service auprès de la Reine à une personne qui n'avait pas besoin de moi pour l'obtenir ; je parle de madame la maréchale de Mirepoix. Elle désirait une place du palais et s'adressa à moi..... La Reine reçut cette proposition avec l'air que je devais attendre de la justesse de son discernement. Elle ne me cacha point ses sentiments ; elle avait véritablement du goût pour madame de Mirepoix ; tout lui plaisait en elle : sa figure, qui annonçait l'honnêteté de son âme ; son esprit, qui était naturel, fin et délicat ; son caractère doux, ferme, généreux ; une manière d'agir qui, dans les choses douteuses, ne craignait point la censure, parce qu'elle n'était jamais déterminée que par le devoir ; une tranquillité sur les reproches qu'on pouvait lui faire qui annonçait la sécurité d'une conscience éclairée.... Enfin madame de Mirepoix eut la place.

» On conçoit quel intérêt avait madame de Pompadour à obtenir l'amitié d'une si excellente personne. C'était s'honorer devant le public et aux yeux du Roi même.... Je disais quelquefois à madame de Mirepoix que je croyais que par état elle ne pouvait être que sa maîtresse. L'âme de madame de Mirepoix l'y portait, et je la voyais cependant balancer, ce qui ne me donnait pas peu de surprise ; je suspendis mon jugement, parce qu'elle ne pouvait pas avoir tort.

« En effet, je reconnus bientôt la cause de ses perplexités ; des droits plus sacrés encore que ceux de la Reine divisaient son âme et ne pouvaient manquer d'en triompher. La fortune de M. de Mirepoix l'occupait uniquement, indépendamment de ce qu'elle la partageait ; elle lui avait fait bien d'autres sacrifices et il les méritait par la noblesse de son âme et ses talents à la guerre et par son tendre respect pour elle.... Elle ne s'était point trompée dans l'estime qu'elle avait pour lui, et bien jeune encore quand elle l'avait épousé, elle avait besoin d'un tuteur pour l'administration de son bien dont elle était absolument incapable, parce que l'esprit ne donne pas la connaissance des affaires. M. de Mirepoix ne cessa point de l'aimer et de la respecter. Il eut un brevet de duc, fut fait maréchal de France et capitaine des gardes du corps à la mort du maréchal d'Harcourt. Madame de Mirepoix eut le malheur de le perdre le 25 septembre 1757, et sa charge, malgré bien des concurrents, fut donnée à son beau-frère, le prince de Beauvau. »

Madame du Deffand, qui devait demeurer liée avec madame de Mirepoix jusqu'au dernier moment, sauf un certain refroidissement occasionné par sa conduite lors de la disgrâce du duc de Choiseul, a aussi fait son portrait, son chef-d'œuvre en ce genre, suivant madame de Genlis.

« Madame de Mirepoix est timide, mais sans avoir l'air embarrassé, sans jamais perdre la présence d'esprit ni ce qu'on appelle l'*à-propos*. Sa figure est charmante, son teint est éblouissant ; ses traits, sans être

[1] P. 224.

parfaits, sont si bien assortis, que personne n'a l'air plus jeune et n'est plus jolie.

» Le désir qu'elle a de plaire ressemble plus à la politesse qu'à la coquetterie ; aussi les femmes la voient sans jalousie, et les hommes n'osent en devenir amoureux. Son maintien est si sage, il y a quelque chose de si paisible et de si réglé dans toute sa personne, qu'elle imprime une sorte de respect et interdit toute espérance bien plus qu'elle ne pourrait faire par un air sévère et imposant. »

De son côté, le duc de Lévis, qui était son parent et l'avait beaucoup connue, la dépeint ainsi. Il s'agit maintenant de la madame de Mirepoix des derniers temps, de celle qui figure dans la *Correspondance* avec Walpole, qui, de son côté, n'a pas résisté au désir d'esquisser cette attrayante physionomie.

« Sans avoir jamais passé pour une beauté régulière, elle avait eu dans sa jeunesse une taille charmante et le plus beau teint du monde, et elle avait conservé tant de fraîcheur dans un âge très-avancé, que quand elle se cassa la jambe, chacun disait, en la voyant sur sa chaise longue, qu'elle avait plutôt l'air d'une femme en couches que d'une vieille de soixante-dix-huit ans. Cependant il y avait déjà longtemps qu'elle branlait la tête.... On attribuait alors cette incommodité à l'usage du thé, dont elle prenait plusieurs tasses par jour, habitude qu'elle avait contractée en Angleterre, où son mari avait été ambassadeur.... Son esprit était aussi jeune que sa figure ; cependant, il était plus agréable qu'étendu. Ce qui la distinguait particulièrement, c'était une grâce infinie et un ton parfait; aussi ses décisions en matière de goût et de convenance étaient généralement respectées. Si dans une société la maréchale de Luxembourg régnait par la terreur, madame de Mirepoix exerçait un empire plus doux, et si l'on redoutait les sarcasmes de l'une, on craignait encore plus de déplaire à l'autre..... Ce qui étonnait le plus, c'est que montrant autant de jugement dans la conversation, elle en eût aussi peu dans la conduite de ses affaires. Jamais on n'a tant aimé le changement dans les choses, avec autant de fidélité pour les personnes. A peine était-elle établie à grands frais dans une maison qu'elle en voulait changer. Il en était de même de tout le reste, et toujours elle a conservé les mêmes amis. Sa constance s'étendait jusqu'aux animaux ; elle était fort attachée à ses chats ; il est vrai qu'ils étaient les plus jolis du monde ; c'était une race d'angoras gris, tellement sociables, qu'ils s'établissaient au milieu de la grande table de loto, poussant de la patte, avec leur grâce ordinaire, les jetons qui passaient à leur portée. J'ai souvent eu l'avantage de faire leur partie. »

Montesquieu avait été particulièrement séduit, touché, fasciné, ensorcelé, par la grâce tranquille et l'aimable vertu de madame de Mirepoix. Son admiration s'est exprimée en vers que l'on trouvera aux *Portraits* de la société de madame du Deffand, à la fin de notre second volume, et où il se montre plus galant que poëte.

Mais l'intention y était. Walpole en est moins enthousiaste, et il la voit trop à travers sa conduite, plus habile que noble, vis-à-vis des maîtresses régnantes et triomphantes. Il écrit à M. Gray :

« L'esprit de madame de Mirepoix est excellent dans le genre utile ; et le peut être également, quand il lui plaît, dans le genre agréable. Ses manières sont froides mais fort honnêtes, et elle cache qu'elle est de la maison de Lorraine, mais sans l'oublier jamais elle-même. Personne en France ne connaît mieux le monde et personne n'est mieux avec le Roi. Elle est fausse, artificieuse et insinuante au delà de toute idée lorsque son intérêt le demande, mais naturellement indolente et timide. Elle n'a jamais eu d'autre passion que celle du jeu, et perd cependant toujours, etc... »

Parmi les personnes de la société intime de madame du Deffand, de 1730 à 1750, il faut encore citer le comte d'Argenson, le meilleur ami du président Hénault, qui demeura fidèle à sa disgrâce, distrait, gourmand, aimablement égoïste et spirituellement corrompu. Je ne parle ici que de l'homme privé. Les *Mémoires* du président Hénault, ceux de son frère le marquis d'Argenson, et ceux de Marmontel, nous peindront le ministre en lui, ministre de décadence, qui, tout en la méprisant, se servit trop de l'intrigue, et tomba par l'intrigue. Les *Souvenirs du marquis de Valfons* et Chamfort nous donnent, par de curieux détails sur son spirituel cynisme et son insoucieuse tolérance conjugale, le reste du portrait. Il n'apparaît d'ailleurs qu'incidemment et à titre de comparse sur la scène de cette correspondance de 1809, à côté de l'abbé de Sade, savant, insinuant et galant, de M. de Maupertuis, de madame de Boufflers, qui sera plus tard la maréchale de Luxembourg, de madame d'Aiguillon, de M. et de madame de Maurepas, dont l'inaltérable union et l'amour réciproque et constant font un si étonnant contraste avec les mœurs du temps et avec leur propre caractère ; enfin du marquis d'Ussé, gendre du maréchal de Vauban, que le président Hénault n'a pas dédaigné de peindre en pied, et qu'il définit ainsi dans ses *Mémoires* :

« D'Ussé est un homme d'esprit, d'une humeur charmante, aussi distrait que le Ménalque de la Bruyère, la bonté même. Il a une plaisante idée de lui ; il s'imagine n'avoir été créé que pour les autres ; il aurait eu du talent pour la guerre ; le meilleur comédien que j'aie vu dans ce que nous appelons troupe bourgeoise, s'il avait eu plus de mémoire[1]. »

C'est ce d'Ussé dont le chevalier d'Aydie, dans sa lettre du 29 décembre 1753, prétend qu'il disait « qu'il n'avait le temps de

---

[1] *Mémoires*, p. 182.

» lire que pendant que son laquais attachait les boucles de ses
» souliers ».

D'Ussé fut un des déserteurs que les grâces touchantes de mademoiselle de Lespinasse, congédiée, devaient entraîner hors du salon de madame du Deffand, lors de leur rupture éclatante, et celui qu'elle regretta le plus avec d'Alembert, non sans profiter de toute occasion de se venger de cette trahison, notamment à propos de son bizarre testament.

Il faut enfin citer M. et madame du Châtel, M. et madame de la Vallière, la maréchale de Villars et madame de Luynes.

« M. le marquis du Châtel était fils de M. Crozat, qui d'abord avait été receveur général des finances, et qui, depuis, acquit une grande fortune et une grande réputation dans le commerce des mers, où il rendit les services les plus utiles à l'État, par le retour des galions, qu'il remit au Roi au moment du plus grand besoin des finances. Il en reçut pour récompense la charge de commandeur trésorier de l'ordre du Saint-Esprit[1].

« M. du Châtel avait infiniment d'esprit; il se plaisait un peu trop à disséquer ses idées, à remonter toujours à la source des choses; en un mot, il était un peu trop métaphysicien, et avait communiqué ce goût à madame du Châtel (mademoiselle de Gouffier), qui avait autant d'esprit que lui, qui était d'un commerce charmant et d'un caractère aussi solide qu'agréable. Son mari avait la plus grande réputation à la guerre, et pour son courage et pour ses vues militaires; mais il y portait la même curiosité de dissertation.... M. du Châtel était la bonté même et d'une probité égale à toutes sortes de vertus. C'était mon ami particulier, et j'y passais ma vie. Il a laissé une fille dont l'esprit est aussi fin et délicat que sa figure, qui est charmante. Elle a fait l'admiration, dans l'âge le plus tendre, de la ville de Rome, où elle accompagnait son mari, le duc de Choiseul, qui y alla comme ambassadeur[2]. »

VIII

Maintenant que nous avons successivement présenté tous les sujets de la petite troupe d'acteurs amateurs dont madame du Deffand faisait partie, il est temps de parler d'un amusement qui tient une certaine place dans sa vie de 1735 à 1745, et auquel il est fait plus d'une fois allusion dans les *Lettres*. C'est, comme d'ordinaire, le président Hénault qui nous fera les honneurs de cette révélation.

---

[1] Voir sur Crozat, spéculateur heureux, agioteur habile, qui honora sa fortune par le goût des arts et un certain patriotisme, les *Mémoires* de Saint-Simon, de Barbier et de Marais, beaucoup plus indiscrets que l'optimiste président, aimable et facile jusque devant la postérité.

[2] *Mémoires du président Hénault*, p. 237.

« Nous jouions, dans ce temps-là, dit-il (en 1737)[1], des comédies que nous composions nous-mêmes. M. du Châtel donna *Zaïde*, comédie tirée d'un roman dont le sujet est assez singulier. C'est une esclave turque dont son maître devient amoureux, il lui donne la liberté en la faisant changer de religion. Cette esclave convertie résiste aux empressements de son maître, et sa résistance est fondée sur les principes de morale que lui-même il lui a inspirés; mais elle l'aime, et ne sachant comment accorder son amour avec ses scrupules, elle demande à redevenir esclave pour être soumise à ses volontés. Il finit par l'épouser. M. de Forcalquier donna *l'Homme du bel air*, je donnai *le Jaloux de lui-même* et *la Petite maison*. C'était un grand amusement. Nos principaux acteurs étaient madame de Rochefort, MM. d'Ussé, de Pont-de-Veyle, de Forcalquier, feu madame de Luxembourg et madame du Deffand. »

Cette *feu* madame de Luxembourg n'est point celle avec laquelle nous aurons à faire plus ample connaissance, et qui exerça, depuis 1750, la tyrannie de la mode et du bon ton, laissant à madame du Deffand le gouvernement des choses de l'esprit. Celle » dont il est question ici était fille du marquis de Seignelay ; d'une » figure charmante, elle dansait admirablement et jouait avec » beaucoup de feu et d'intelligence ».

Bientôt le schisme se déclara dans cette société d'acteurs titrés et d'actrices de qualité, et la lutte des amours-propres provoqua la division de la troupe primitive en deux troupes rivales.

Le 15 juillet 1742, le président écrit à madame du Deffand :

« Il y a de grands projets de comédie pour cet hiver : on a élevé non pas autel contre autel, mais théâtre contre théâtre. M. de Mirepoix est de la nouvelle troupe. Ils débuteront par le *Misanthrope*, qui est, dit-on, le triomphe du Mirepoix, et ensuite on jouera la *Zaïde* de du Châtel. Madame de Mirepoix prendra le rôle de madame de Rochefort, le Mirepoix, celui de Forcalquier, et du Châtel y conservera le sien. Figurez-vous quelle douceur pour madame de Luxembourg! on se passera de vous toutes. Cependant madame de Mirepoix a dit à madame de Rochefort, qu'elle y assisterait, si elle voulait; et puis on a parlé de *la Petite maison*, et il a paru que pour la jouer on pourrait bien réunir les troupes, parce que l'on a bien jugé que sans cela je ne la donnerais pas, et en ce cas madame de Mirepoix jouera votre rôle, et madame de Forcalquier *Javotte*. J'ai bien conseillé à madame de Rochefort de ne laisser voir sur cela nul empressement, afin que madame de Luxembourg ne pût jamais croire que l'on pensât à la rechercher. D'un autre côté, le Forcalquier a fini sa comédie, dont j'ai oublié le titre : ce sont deux amis qui aiment la même maîtresse. Il y a des choses fort agréables. Il a, comme de raison, envie qu'on la joue; mais pour cela il n'a besoin que de madame de Mirepoix; bien entendu que tout cela sera pour cet hiver[2]. »

[1] *Mémoires*, p. 181.
[2] Voir notre t. Ier, p. 59.

Le 17 juillet, le président continue à tenir madame du Deffand au courant de la petite conspiration.

« Je contai à madame de Flamarens l'érection du nouveau théâtre; comme elle est fidèle et curieuse, elle voudrait bien que les troupes se réunissent. Je lui ai dit que je pensais comme elle, mais qu'il fallait bien recevoir les avances, si on en faisait, sans en faire soi-même [1]. »

Le 20 juillet, madame du Deffand lui répond :

« Je suis fort aise que vous voyiez souvent madame de Mirepoix : elle est aimable; je crois son mari fort *conséquencieux*. Je suis bien de l'avis qu'il leur faut laisser élever leur théâtre, sans avoir l'air de s'en soucier, et cela me sera d'autant plus facile qu'effectivement je ne m'en soucie pas [2]. »

Si madame du Deffand ne se souciait pas de ces projets de théâtre, elle avait ses raisons, c'est qu'elle n'y réussissait pas. Cette excellente actrice dans son fauteuil, au coin de son feu, cette déjà grande comédienne de conversation était médiocre, froide, distraite, ennuyée sur la scène. Une curieuse lettre de M. du Châtel nous révèle cette infériorité dramatique, causée par une supériorité intellectuelle à laquelle il rend hommage avec esprit.

« Êtes-vous enfin devenue, madame, lui écrivait-il sans doute vers cette époque [3], aussi bonne actrice que la Beauval et la Champmêlé? Il me semble que le président a quelque inquiétude sur vos succès; il trouve que vos talents dans ce genre tardent un peu à se développer. Pour moi, je parierais qu'ils ne se développeront point. Vous êtes faite pour attraper la nature du premier bond, aussi propre qu'elle à créer ; vous n'entendez rien à imiter. S'il était question de faire et d'exécuter des comédies sur-le-champ, ce serait à vous qu'il faudrait aller. J'ai souvent éprouvé ce plaisir au coin de votre feu : là, vous êtes admirable. Que de variétés, que d'oppositions dans le sentiment, dans le caractère et dans la façon de penser! Que de naïveté, de force et de justesse, même en vous égarant! Rien n'y manque, il y a de quoi en devenir fou de plaisir, d'impatience et d'admiration. Vous êtes impayable pour un spectateur philosophe. Je vous jure cependant qu'il me tarde beaucoup de venir vous voir mal jouer votre rôle. J'espère que vous le rendrez pitoyablement, et que j'aurai bien du plaisir en vous voyant confondue de l'indulgence que le parterre daignera avoir pour vous. Vous serez, comme les enfants, honteuse sans être humiliée, et de là naîtra une foule de scènes originales entre l'auteur et vous, dont la société profitera. Madame du Châtel n'est point du tout de mon avis; elle assure que vous ferez des merveilles [4], etc.... »

---

[1] Voir notre t. Ier, p. 67.
[2] P. 73.
[3] Voir notre t. Ier, p. 81.
[4] *Ibid.*, p. 74.

Il nous reste à parler de trois femmes, dont les deux premières, célèbres par leur beauté et leur esprit, sont encore effacées par la troisième, à qui une haute vertu tint lieu de tout le reste, et fit, durant toute la seconde moitié du dix-huitième siècle, une douce autorité qui l'a suivie dans la postérité, où son amitié sera un honneur pour madame du Deffand elle-même.

Les deux premières sont mesdames de la Vallière et de Villars, la troisième est la duchesse de Luynes.

« Il y a longtemps, écrit madame du Deffand dans sa lettre du 20 juillet au président Hénault [1], que je n'ai eu des nouvelles de madame de la Vallière. J'en suis fâchée, car je l'aime beaucoup. J'avais une lettre à elle que j'ai brûlée : j'y ai du regret, car elle était écrite à ravir : j'aurais voulu vous la montrer. Le Nivernais ne la hait pas, et je crois qu'il n'en aime point d'autre. »

On lira à la *Galerie des portraits* des amis de madame du Deffand, à la fin de notre second volume, un joli portrait de madame de la Vallière par madame la marquise de G.... (*Gontaut*).

« Une femme belle et aimable, galante sans coquetterie, vertueuse sans sagesse, simple avec dignité, douce par humeur et polie par bonté, sans défauts dans l'esprit ni dans le caractère, et enfin qui serait parfaite si elle avait autant d'éloignement pour le vice qu'elle paraît avoir de penchant pour la vertu. »

La duchesse de Vaujour, puis de la Vallière, fille du duc d'Uzès, fut une des plus belles, des plus aimables et des plus galantes personnes du dix-huitième siècle, qu'elle vit tout entier, et dont elle étonna et désarma la fin farouche et sanglante par ces restes encore brillants d'une vieillesse pareille à celle d'une Ninon. C'est la plus jolie femme de soixante ans qui ait jamais existé.

« Le seul beau visage de soixante ans que j'aie jamais vu, dit madame de Genlis [2], c'est celui de la duchesse de la Vallière ; quoiqu'elle ait dans la taille un défaut très-visible, sa figure a dû être céleste. On dit que lorsqu'elle parut à la cour, le vieux duc de Gèvres, bossu comme Ésope, s'écria en la voyant : *Nous avons une reine.* »

C'est sur elle que madame d'Houdetot fit ce gracieux impromptu :

> La nature, prudente et sage,
> Force le temps à respecter
> Les charmes de ce beau visage
> Qu'elle n'aurait pu répéter.

---

[1] Voir notre t. Ier, p. 74.
[2] *Mémoires*, t. IX, p. 30, 31.

Avec un tel visage et un caractère à la Gaussin, qui se donnait à tout le monde, même à son porteur d'eau, par pure bonté d'âme, et parce que cela lui *faisait* tant de plaisir, madame de la Vallière ne dut jamais manquer d'amants, pas plus que son mari, le frivole, le galant, le dilettante, le curieux, le bibliophile, ne manqua de maîtresses. Deux mots, contés par Chamfort, vaudront encore mieux, pour faire connaître le duc et la duchesse de la Vallière, que tous les portraits.

« Le duc de la Vallière voyant à l'Opéra la petite Lacour sans diamants, s'approche d'elle et lui demande comment cela se fait. « C'est, lui dit-elle, que les diamants sont la croix de Saint-Louis de notre état. » Sur ce mot, il devint amoureux fou d'elle. Il a vécu avec elle longtemps. Elle le subjuguait par les mêmes moyens qui réussirent à madame du Barry près de Louis XV. Elle lui ôtait son cordon bleu, le mettait à terre et lui disait : Mets-toi à genoux là-dessus, vieille ducaille [1]. »

Voilà pour le mari.

« M. de Barbançon, qui avait été très-beau, possédait un très-joli jardin que madame la duchesse de la Vallière alla voir. Le propriétaire, alors très-vieux et très-goutteux, lui dit qu'il avait été amoureux d'elle à la folie. Madame de la Vallière lui répondit : « Hélas ! mon Dieu, que ne parliez-vous ? vous m'auriez eue comme les autres [2]. »

Voilà pour la femme.

Il faut passer maintenant, ne fût-ce que pour éprouver cette douce émotion que donne toujours le spectacle d'une honnête femme, émotion mêlée de surprise quand il s'agit du dix-huitième siècle, à madame la duchesse de Luynes.

« Madame la marquise de Charost (depuis duchesse de Luynes), dit le président Hénault, n'était point une belle personne, mais elle avait une figure très-agréable ; elle fut veuve de bonne heure. Elle était très-sensible à l'amitié, ce qui la défendit peut-être de l'amour, ou plutôt elle eut des amis parce que son âme était sensible, et elle n'eut point d'amants, parce que son âme n'était point passionnée. Mais comme on n'admet pas qu'une femme soit oisive, et qu'elle mettait en effet de la coquetterie dans l'amitié, on soupçonnait son amitié, et elle ne s'en embarrassait guère. La forme de sa vie suffirait seule à faire connaître combien elle était éloignée de l'amour. Ses journées étaient remplies par des devoirs multipliés qu'elle aurait inventés s'ils lui avaient manqué, et par des divertissements continuels ; elle aimait à accorder tout cela et à raconter combien de choses elle avait satisfait en un jour. Sa maison était le rendez-vous de tout ce qu'il y avait de grande et de meilleure compagnie. C'étaient le cardinal de Rohan, l'évêque de Blois (Caumartin), M. et madame de

---

[1] Chamfort, édition Stahl, p. 188.
[2] *Ibid.*, p. 211.

Sully, le cardinal de Polignac, madame d'Uzès, l'abbé de Bussy (depuis évêque de Luçon), etc... J'eus l'honneur de la connaître vers l'année 1716, chez madame la princesse de Léon. Elle me marqua des prévenances, ou plutôt elle sentit combien je désirais son amitié; elle me l'accorda. Cela ne s'est point démenti depuis. Elle m'avouait de bonne grâce pour son ami; elle parlait souvent de moi à la Reine, et se rencontrait avec M. d'Argenson sur le bien qu'il pouvait y avoir à en dire. Je la suivais partout, aux Bruyères, à Sceaux, etc... Sitôt après son mariage avec M. le duc de Luynes, elle me le donna pour ami, et je me tiens bien honoré de l'estime et de la confiance de l'homme du monde le plus estimable [1]. »

Le 13 janvier 1732, le duc de Luynes, âgé de trente-sept ans, et veuf depuis 1721, avait épousé en secondes noces Marie Brulart, veuve sans enfants du marquis de Charost, tué à Malplaquet; elle avait quarante-huit ans. Ce fut une union exemplaire, à une époque qui en comptait si peu, et pour tout dire en un mot, le chef-d'œuvre des mariages de raison.

La duchesse de Luynes mourut à Versailles le 11 septembre 1763. Son mari, auquel nous devons les précieux *Mémoires* qui font suite au *Journal de Dangeau*, son grand-père, et qui ont été publiés chez Didot par les mêmes excellents éditeurs et annotateurs [2], l'avait précédée de cinq ans dans la tombe, âgé de soixante-trois ans (2 novembre 1758).

La duchesse de Luynes avait succédé, dans la place de dame d'honneur de la reine Marie Leczinska, à la maréchale de Boufflers, qui se retira le 14 octobre 1735. Elle fut, dans cette place qui lui donnait un crédit d'autant plus sûr qu'elle n'en usait que pour les autres, la protectrice assidue et la conseillère dévouée du président Hénault et de madame du Deffand.

« Madame de Luynes, dit le président Hénault, fut la première personne à qui la Reine fit confidence de ses vues sur moi. Quand la Reine eut bien voulu me déclarer ses bontés, c'était à Compiègne : je courus chez madame de Luynes, dont l'appartement joignait le sien, et elle se mit à rire sans me donner le temps de lui annoncer ce qu'elle avait su avant moi...

« .... Madame de Luynes n'avait point recherché sa place; aussi vit-elle avec beaucoup de tranquillité, dans les premiers temps, les efforts que l'on faisait pour la rendre moins agréable à la Reine; elle crut devoir

---

[1] *Mémoires*, p. 190, 191.
[2] Nous profitons de l'occasion de signaler comme un morceau accompli l'*Introduction* placée en tête du premier volume des *Mémoires du duc de Luynes*, par les érudits et ingénieux éditeurs dont nous parlons, et qui ont attaché leur nom à cette histoire unique de la cour, de 1684 à 1758. On y trouve tout ce qu'il est possible de savoir et de dire sur le duc et la duchesse de Luynes. (P. 10 et 20.)

s'en expliquer à Sa Majesté avec cette franchise noble qui fait son caractère ; et depuis, quand les intérêts divers eurent cessé, la Reine reconnut que nulle à la cour n'était plus digne de son amitié. Elle daigna en faire toutes les avances, et elle devint son amie [1]. »

Et le président finit son portrait par ce magnifique éloge :

« Pour finir, madame la duchesse de Luynes a toutes les vertus et toutes les qualités du plus honnête homme : noble, généreuse, fidèle, discrète, ennemie de toute ironie ; considérée de toute la famille royale, qu'elle reçoit quelquefois chez elle ; aimant la cour à la vérité, mais la cour devenue sa patrie ; mais la cour n'est pas pis qu'un autre pays, et ce ne peut être un ridicule quand on y est à sa place. »

Madame du Deffand, de son côté, a fait de madame de Luynes un portrait achevé, et qui mérite, avec tous ceux qu'elle a signés de sa griffe, une place parmi les modèles de ce genre perdu depuis Mademoiselle et les Précieuses, et qu'elle avait remis en honneur sans y avoir été égalée.

« Madame la duchesse de Luynes est née aussi raisonnable que les autres tâchent de le devenir, etc... »

Ce portrait a une ombre imperceptible dans ce *P. S.* d'une lettre de 1742, au président Hénault.

« Il est dangereux de lui dire ce qu'on pense ; ce sont des armes qu'on lui donne contre soi, et dont elle fait usage selon son caprice. »

Madame du Deffand, en dépit de cette méfiance qui était chez elle une sorte de fatalité de nature qu'elle appliquait à tout le monde, et qui ne saurait rien prouver par conséquent contre personne, témoigna toujours à madame de Luynes, à cette digne fille du premier président Brulart, un des hommes qui ont honoré la Bourgogne et la magistrature [2], une déférence que n'expliquerait pas seule une légère différence d'âge (madame de Luynes était née vers 1684), mais que justifiaient sa confiance en sa haute raison et sa reconnaissance pour plus d'un service.

C'est à madame de Luynes que madame du Deffand dut la protection et l'intérêt de la reine Marie Leczinska, dont elle a fait, sous le nom de *Thémire*, un portrait aussi juste que flatteur, et dont

---

1. *Mémoires*, p. 191.
2. Voir sur le président Nicolas Brulart, marquis de la Borde, la *Correspondance de Bussy*, où il y a des lettres de lui qui attestent l'homme du monde et le lettré ; et le livre de M. Alexandre Thomas (*Une province sous Louis XIV*, 1844, p. 348), qui fait un bel éloge du magistrat et du politique, précédé sur le siège fleurdelisé par son père et son aïeul.

l'observation est animée par l'admiration et la reconnaissance [1].

Cette protection de la Reine se traduisit d'abord en faveurs d'étiquette, fort prisées alors, et plus tard en bienfaits beaucoup plus effectifs.

Nous lisons dans les *Mémoires du duc de Luynes* [2], à la date du 24 décembre 1752, à propos de la présentation à la cour de madame de Brienne :

« Madame de Brienne, qui a eu trois garçons, en a encore deux de vivants ; l'aîné est prêtre et grand vicaire de Rouen ; le second est colonel d'infanterie. Madame de Brienne, depuis quelques années, est venue à Versailles ; elle a même été au dernier voyage à Compiègne, pour être auprès de madame de Luynes, sa tante, qui est fort aise de la voir. N'ayant que cet objet, il était fort inutile de songer à être présentée ; elle trouvait à la cour beaucoup de gens de sa connaissance et de ses parents et amis ; elle faisait les honneurs de la maison de madame de Luynes avec douceur, politesse et attention. La Reine la traitait avec beaucoup de bonté, et avait même voulu qu'elle eût l'honneur de manger avec elle sans conséquence, *honneur que Sa Majesté avait aussi bien voulu faire à madame du Deffand*, autre nièce de madame de Luynes, laquelle n'a jamais été présentée ; mais les circonstances où madame de Brienne se trouve l'ont déterminée à désirer cette présentation... »

Nous continuons la citation, qui nous sera utile quand nous parlerons du salon de Saint-Joseph, à l'époque triomphante où le fils aîné de madame de Brienne, le futur cardinal, archevêque de Toulouse, ministre plus malheureux encore qu'inhabile de Louis XVI, y tiendra une place prépondérante.

« Son second fils, qui deviendra l'aîné par la cession de son frère, n'est point marié, et nous désirerions tous qu'il pût faire un mariage avantageux. Une condition que l'on exige presque toujours dans le mariage, est la présentation ; cette grâce ne pouvait souffrir aucune difficulté. Messieurs de Brienne sont gens de grande condition ; madame de Brienne, grande belle-mère de celle-ci, avait été présentée ; sa belle-fille, sœur de madame de Luynes, ne l'avait point été, parce qu'elle n'avait jamais imaginé de venir à la cour. Il aurait été assez désagréable à madame de Brienne de voir sa belle-fille future obtenir d'être présentée en conséquence des droits et des raisons ci-dessus, qui lui donnaient le droit d'espérer la même grâce pour elle-même. Ces raisons furent représentées par madame de Luynes à M. de Saint-Florentin, qui en rendit compte au Roi, et Sa Majesté parut les approuver. Madame de Brienne

---

[1] Voir les *Mémoires du duc de Luynes*, t. IX, p. 263, à la date du dimanche 8 décembre 1748 : « Il y a deux ou trois jours qu'une femme, qui a » de l'esprit, envoya à madame de Luynes un portrait de la reine très-osten- » sible, très-bien écrit ; on en trouvera la copie ci-jointe. » — Voir le t. Ier, p. 458, des *Mémoires*.

[2] T. XII, p. 216.

a son mari fils du secrétaire d'État; il a été présenté il y a longtemps; mais il ne vient point à la cour; il est même retiré à la campagne, où madame de Brienne va pour trois ou quatre mois tous les ans avec lui. »

En 1778, madame du Deffand écrivait à l'abbé Terray :

« Le Roi accorda à madame du Deffand, en 1763, à la sollicitation de la Reine, une gratification annuelle de six mille livres. Cette princesse l'honorait de sa protection en considération de feu sa tante, la duchesse de Luynes, dont les services assidus, le respectueux attachement, l'absolu dévouement, avaient mérité de Sa Majesté ses bontés, son amitié et sa reconnaissance. »

Deux femmes remarquables fermeront le cortége que nous avons introduit successivement dans le premier salon de madame du Deffand, celui de la rue de Beaune, celui dont elle emportait tour à tour à Meudon chez les Brancas, à Athis chez les Villars, à Sceaux, enfin plus tard à Montmorency chez les Luxembourg, les pénates errants, demandant l'hospitalité après l'avoir donnée.

Ces deux femmes, dont la figure seule est en lumière dans le fond de notre tableau, et dont le corps demeure dans la pénombre, ce sont les deux maréchales de Noailles et de Villars.

C'est encore le président Hénault, cet aimable et inévitable introducteur, qui fera la présentation.

« Je n'oublierai assurément pas madame la maréchale de Noailles. Il n'y a jamais eu de femme plus habile, d'amie plus essentielle, d'âme plus noble ni plus active. On voulait lui faire un démérite de tout ce qu'elle avait fait pour sa maison; mais que ne racontait-on tout ce qu'elle avait fait pour ses amis? Elle n'a manqué à aucun, et la disgrâce était un titre de plus pour en être secouru. On sait qu'elle fut le refuge de madame de Mailly, lorsqu'elle quitta la cour. J'avais l'honneur de dîner souvent avec elle tête à tête; elle repassait tout ce qu'elle avait vu, et quel monde ! Elle me racontait entre autres un dîner qu'elle avait fait à Madrid avec le cardinal de Fleury, depuis qu'il était devenu le maître. Le cardinal lui disait mille galanteries; combien il l'avait suivie, ses assiduités, ses soins, qu'elle n'avait jamais voulu de lui, etc... La maréchale l'interrompit en disant : « Mais aussi, qui est-ce qui pouvait deviner[1] ? »

Reste la maréchale de Villars. Voici ce qu'en dit le président à la suite de la mention de sa mort, arrivée le jeudi 3 mars 1763 :

« Sa vieillesse fut honorable, elle tenait un grand état; sa maison fut toujours remplie de la meilleure compagnie. C'était une attention qu'elle avait eue toute sa vie, et qui la garantit de la dégradation de ses galanteries. Elle avait aussi toujours bien vécu avec son mari, qu'elle faisait enrager par sa jalousie, mais qu'elle craignait, et pour lequel elle avait la

[1] *Mémoires*, p. 103.

plus grande considération. Aussi participait-elle à l'éclat de la vie de ce grand général. Mais telles sont nos mœurs, que pourvu qu'une femme vive bien avec son mari, tout est sauvé. La maréchale de Villars était d'une figure admirable, grande, de bon air, et le ton que l'on prenait à la cour, et que l'on reconnaît aujourd'hui dans celles qui en ont été. Elle était de mes amies, j'y vivais beaucoup ; cette maison manquera dans la société. C'était le ralliement de bien des personnes qui ne se voyaient que là, par l'immensité des sociétés particulières qui partagent la ville. Il ne reste qu'un fils marié à mademoiselle de Noailles. Ils ont eu une fille qui s'est faite religieuse. Sa mère en a été bien soulagée. Ç'a été le cas de la duchesse de Longueville, qui se consola de la mort de son fils [1]. »

IX

Nous voici parvenus à la moitié de notre tâche, c'est-à-dire à la maturité féconde, à l'automne solennel de cette vie légère dont l'éclat tout profane aura, en finissant dans l'admiration et la considération, les splendeurs tranquilles d'une belle journée, dorée par le soleil couchant. Nous voici parvenus à 1750. Madame du Deffand a passé la cinquantaine, et désormais notre biographie, se conformant aux événements, aura la gravité mélancolique du voyageur qui, parvenu au faîte, redescend lentement la colline, entend son pas résonner dans la solitude, et voit son ombre, si nette au midi, s'effacer dans le crépuscule.

Ce sont les derniers voyages à Sceaux qui forment la transition entre la première moitié de la vie de madame du Deffand et la seconde. C'est au milieu de cette société bruyante et sans lien, de cette foule dont la duchesse du Maine faisait « son particulier », que madame du Deffand prit le goût de la tranquillité, de l'indépendance, le besoin d'un foyer fixe et d'une vie assise. Cependant l'habitude, les caresses de la duchesse du Maine, qui avait l'horreur de la solitude, l'amitié de madame de Staal firent, pendant quelque temps encore, violence à ces désirs secrets, à ces impatiences, et ce n'est que lorsque la mort successive, presque coïncidente, de son mari, de madame de Staal et de la duchesse du Maine, aura rompu tous ces liens d'intimité et d'hospitalité, que madame du Deffand sera enfin à elle et chez elle.

En attendant, en préparant peut-être cette émancipation dont le désir se sacrifiait encore à l'ambition d'avoir un salon, de former un centre à son tour, et par conséquent à la nécessité de se

---

[1] *Mémoires*, p. 412.

tenir prête à recueillir les fugitifs, à l'heure du sauve qui peut funèbre, madame du Deffand consacre encore, de 1747 à 1752, une partie de son temps et de son esprit à Sceaux et à sa châtelaine. Sa correspondance avec madame de Staal éclaire ses derniers séjours de vives lumières, et c'est surtout d'après elle que nous voulons esquisser ce tableau accessoire mais nécessaire des relations de madame du Deffand avec Sceaux, dans sa seconde période et à son déclin; et avec madame du Châtelet et Voltaire, qui étaient, en cette année 1747, les hôtes d'Anet, et y représentaient une pièce qui ne valait pas, à coup sûr, la comédie que les ridicules et les bizarreries de ce couple excentrique donnent à cette mordante observatrice, madame de Staal.

Les relations de madame du Deffand avec Voltaire, qui, de l'aveu de cette dernière, remontent à l'année 1720 et peut-être même plus haut, durent avoir Sceaux pour occasion et pour premier théâtre sinon de leur naissance, au moins de leur développement. Mille occasions de rencontre avaient pu d'ailleurs réunir celui qui, toute réserve faite, est encore le grand homme du dix-huitième siècle, et celle qui parmi ses admiratrices, et il en compte beaucoup, mérite la place d'honneur. La cour du Régent et sa facile promiscuité, souriante aux hommes de peu de scrupule et de beaucoup d'esprit; le salon des favorites, dont l'intrigant et souple Voltaire ne quitte pas l'avenue; le cercle des Brancas, des Sully, des d'Argenson, des Tencin, de madame de Bernières, de madame de Villars, dont il est l'habitué et l'hôte prodigue et fugace, purent fournir à ces deux natures que l'esprit attirait l'une vers l'autre, bien des points de convergence, bien d'attractifs rendez-vous. Mais c'est à Sceaux surtout que dut se nouer ce commerce oral et épistolaire que la mort seule pourra rompre.

Il est intéressant de prendre à ses commencements modestes et galants cette correspondance de Voltaire et de madame du Deffand, purement mondaine d'abord, courte, douce et claire comme un ruisseau, qui bientôt s'épanchera comme un fleuve d'idées, roulant dans ses lettres pressées comme des flots toutes les nouvelles du temps et tous les problèmes de tous les temps.

La première lettre où nous trouvons le nom de madame du Deffand est adressée à la présidente de Bernières, un peu la maîtresse, beaucoup l'amie de Voltaire. Elle est du 20 auguste 1725. Nous l'avons déjà citée en partie, mais nous en donnons ici la fin, pour laisser à notre étude sa progression et son harmonie.

« Ah! ma chère présidente, qu'avec tout cela je suis quelquefois de mauvaise humeur de me trouver seul dans ma chambre et de sentir que vous êtes à trente lieues de moi! Vous devez être dans le pays de Cocagne. M. l'abbé d'Amfreville, avec son ventre de prélat et son visage de chérubin, ne ressemble pas mal au roi de Cocagne. Je m'imagine que vous faites des soupers charmants, que l'imagination vive et féconde de madame du Deffand et celle de M. l'abbé d'Amfreville en donnent à notre ami Thiériot, et qu'enfin tous vos moments sont délicieux. M. le chevalier des Alleurs est-il encore avec vous? Il m'avait dit qu'il y resterait tant qu'il y trouverait du plaisir; je juge qu'il y demeurera longtemps. »

Depuis, Voltaire et madame du Deffand se sont retrouvés à Sceaux, et connus et estimés de plus près. Les véritables relations commencent. Le dévouement y remplace la politesse. Madame du Deffand propose à Voltaire une charge à la cour de Sceaux, et le presse de l'accepter, dans l'intérêt un peu égoïste de son agrément et de celui de la spirituelle duchesse.

« Vous m'avez proposé, madame, répond Voltaire en 1732, d'acheter une charge d'écuyer chez madame la duchesse du Maine, et ne me sentant pas assez dispos pour cet emploi, j'ai été obligé d'attendre d'autres occasions de vous faire ma cour. On dit qu'avec cette charge d'écuyer, il en vaque une de lecteur; je suis bien sûr que ce n'est pas un bénéfice simple chez madame du Maine comme chez le Roi. Je voudrais de tout mon cœur prendre pour moi cet emploi; mais j'ai en main une personne qui, avec plus d'esprit, de jeunesse et de poitrine, s'en acquittera mieux que moi..... Il a auprès de vous une recommandation bien puissante : il est ami de M. de Formont, qui vous répondra de son esprit et de ses mœurs..... Au nom de Dieu, réussissez dans cette affaire, pour votre plaisir, pour votre honneur, pour celui de madame du Maine et pour l'amour de Formont, qui vous en prie pour moi.... Adieu, madame, je vous suis attaché comme l'abbé Linant vous le sera, avec le plus respectueux et le plus tendre dévouement. »

Le 23 mai 1734, madame du Deffand fut employée par Voltaire à amortir par son crédit le contre-coup des *Lettres philosophiques*, et elle se prêta de la meilleure grâce du monde à ce rôle de médiatrice.

Basle, ce 23 mai 1734.

« Vraiment, madame, quand j'eus l'honneur de vous écrire et de vous prier d'engager vos amis à parler à M. de Maurepas, ce n'était pas de peur qu'il me fît du mal, c'était afin qu'il me fît du bien. Je le priais comme mon bon ange; mais mon mauvais ange, par malheur, est beaucoup plus puissant que lui. N'admirez-vous pas, madame, tous ces beaux discours qu'on tient à l'égard de ces scandaleuses *Lettres?* Madame la duchesse du Maine est-elle bien fâchée que j'aie mis Newton au-dessus de Descartes? Et comment madame la duchesse de Villars, qui aime

f.

tant les idées innées, trouvera-t-elle la hardiesse que j'ai eue de traiter ses idées innées de chimères?...

» ..... Si je ne reviens point, soyez sûre que vous serez à la tête des personnes que je regretterai. Si vous voyez M. le président Hénault, dites-lui bien qu'il parle, et souvent, à M. Rouillé; quand il ne serait point à portée de me rendre service, votre suffrage et le sien me suffiraient contre la fureur des dévots et contre les lettres de cachet. Si vous vouliez m'honorer de votre souvenir, écrivez-moi à Paris, vis-à-vis Saint-Gervais : les lettres me seront rendues. Ayez la bonté de mettre une petite marque, comme deux DD, par exemple, afin que je reconnaisse vos lettres. Je ne devrais pas me méprendre au style; mais quelquefois on fait des quiproquos. »

Le 26 janvier 1735, Voltaire écrit à M. de Formont, devenu, comme on va le voir, son représentant ordinaire auprès de madame du Deffand, son plénipotentiaire de salon :

« Voyez-vous toujours madame du Deffand? Elle m'a abandonné net. »

Formont le détrompe par une jolie lettre écrite en son nom, et Voltaire, enchanté, de répondre (13 *février*) :

« Si madame du Deffand, mon cher ami, avait toujours un secrétaire comme vous, elle ferait bien de passer une partie de sa vie à écrire. Faites souvent, je vous en prie, en votre nom ce que vous avez fait au sien; consolez-moi de votre absence et de la sienne par le commerce aimable de vos lettres. »

« Faites souvenir de moi, écrit-il le 12 juin, de Lunéville, à Thiériot, les Froulay, les des Alleurs, les Pont-de-Veyle, les du Deffand, *et totam hanc suavissimam gentem.* »

Enfin son enthousiasme déborde. Il a reçu des vers de madame du Deffand et de Formont, *alterna camœna*. Son remercîment est un véritable feu d'artifice de compliments et de rimes. Il est heureux, il est aimé ou croit l'être, ce qui est la même chose, et sur ce fond bleu de sa vie d'alors, sa galante pyrotechnie parait plus légère et plus brillante.

1735.

« J'ai reçu, madame, une lettre charmante; comment ne le serait-elle pas, écrite par vous et par M. de Formont? Une lettre de vous est une faveur dont je n'avais pas besoin d'être privé si longtemps pour en sentir tout le prix. Mais des vers! des vers, des rimes redoublées! voilà de quoi me tourner la cervelle mille fois, si votre prose d'ailleurs ne suffisait pas.

> De qui sont-ils ces vers heureux,
> Légers, faciles, gracieux?
> Ils ont comme vous l'art de plaire..
> Du Deffand, vous êtes la mère
> De ces enfants ingénieux.

> Formont, cet autre paresseux,
> En est-il avec vous le père?
> Ils sont bien dignes de tous deux,
> Mais je ne les méritais guère.

» Je suis enchanté pourtant comme si je les méritais. Il est triste de n'avoir ces bonnes fortunes-là qu'une fois par an, tout au plus.

> Ah! ce que vous faites si bien,
> Pourquoi si rarement le faire?
> Si tel est votre caractère,
> Je plains celui qu'un doux lien
> Soumet à votre humeur sévère.

» Il est bien vrai qu'il y a des personnes fort paresseuses en amitié, et très-actives en amour; il est vrai encore qu'une de vos faveurs est sans doute plus précieuse que mille empressements d'un autre. Je le sens bien par cette lettre séduisante que vous m'avez écrite, et c'est précisément ce qui fait que je voudrais en avoir de pareilles tous les jours.

» Je me sais bien bon gré d'avoir griffonné dans ma vie tant de prose et de vers, puisque cela a l'honneur de vous amuser quelquefois. Mes pauvres Quakers vous sont bien obligés de les aimer; ils sont bien plus fiers de votre suffrage que fâchés d'avoir été brûlés. Vous plaire est un excellent onguent pour la brûlure. Je vois que Dieu a touché votre cœur et que vous n'êtes pas loin du royaume des cieux, puisque vous avez du penchant pour mes bons Quakers.

> Ils ont le ton bien familier,
> Mais c'est celui de l'innocence.
> Un quaker dit tout ce qu'il pense.
> Il faut, s'il vous plaît, essuyer
> Sa naïve et rude éloquence;
> Car en voulant vous avouer
> Que sur son cœur simple et grossier
> Vous avez entière puissance,
> Il est homme à vous tutoyer,
> En dépit de la bienséance.
> Heureux le mortel enchanté
> Qui dans vos bras, belle Délie,
> Dans ces moments où l'on s'oublie,
> Peut prendre cette liberté,
> Sans choquer la civilité
> De notre nation polie!

» Quelque bégueule respectable trouvera peut-être, madame ces derniers vers un peu forts; mais vous qui êtes respectable, sans être bégueule, vous me les pardonnerez.. »

Cirey, 18 mars 1736.

« Une assez longue maladie, madame, m'a empêché de répondre plus tôt à la lettre charmante dont vous m'avez honoré. Vous devez vous intéresser à cette maladie; elle a été causée par trop de travail. Eh! quel objet ai-je dans tous mes travaux, que l'envie de vous plaire et de mériter votre suffrage! Celui que vous donnez à mes Américains;

et surtout à la vertu simple et tendre d'Alzire, me console bien de toutes les critiques de la petite ville qui est à quatre lieues de Paris, à cinq cents lieues du bon goût, et qu'on appelle la Cour.

» Je ferai ce que je pourrai assurément pour rendre Gusman plus tolérable. Je ne veux point me justifier sur un rôle qui vous déplaît; mais Grandval ne m'a-t-il pas fait aussi un peu de tort? n'a-t-il pas outré le caractère? n'a-t-il pas rendu féroce ce que je n'ai prétendu peindre que sévère?

» Vous pensâtes, dites-vous, dès les premiers vers, que Gusman ferait pendre son père. Eh! madame, le premier vers qu'il dit est celui-ci :

Quand vous priez un fils, seigneur, vous commandez.

N'a-t-il pas l'autorité de tous les vice-rois du Pérou, et cette inflexibilité ne peut-elle pas s'accorder avec les sentiments d'un fils? Sylla et Marius aimaient leur père.

» Enfin la pièce est fondée sur le changement de son cœur. Et si le cœur était doux, tendre, compatissant au premier acte, qu'aurait-on fait au dernier?

» Permettez-moi de vous parler plus positivement sur Pope. Vous me dites que l'amour social *fait que tout ce qui est, est bien*. Premièrement, ce n'est point ce qu'il nomme *amour social* (très-mal à propos) qui est chez lui le fondement et la preuve de l'ordre de l'univers. Tout ce qui est, est bien, parce qu'un être infiniment sage en est l'auteur; et c'est l'objet de la première épître. Ensuite il appelle *amour social*, dans l'épître dernière, cette providence bienfaisante par laquelle les animaux servent de subsistance les uns aux autres. Milord Shaftesbury, qui le premier a établi une partie de ce système, prétendait avec raison que Dieu avait donné à l'homme l'amour de lui-même pour l'engager à conserver son être; et l'*amour social*, c'est-à-dire un instinct très-subordonné à l'amour-propre, et qui se joint à ce grand ressort, est le fondement de la société.

» Mais il est bien étrange d'imputer à je ne sais quel amour social dans Dieu, cette fureur irrésistible avec laquelle toutes les espèces d'animaux sont portées à s'entre-dévorer. Il paraît du dessein à cela, d'accord; mais c'est un dessein qui assurément ne peut être appelé amour.

» Tout l'ouvrage de Pope fourmille de pareilles obscurités; il y a cent éclairs admirables qui percent à tout moment cette nuit, et votre imagination brillante doit les aimer : ce qui est beau et lumineux est votre élément. Ne craignez point de faire la disserteuse, ne rougissez point de joindre aux grâces de votre personne la force de votre esprit; faites des nœuds avec les autres femmes; mais parlez-moi raison.

» Je vous supplie, madame, de me ménager les bontés de M. le président Hénault; c'est l'esprit le plus adroit et le plus aimable que j'aie jamais connu. Mille respects et un éternel attachement.

C'est le 18 mars que commence entre Voltaire et madame du Deffand la véritable correspondance, celle où ils raisonnent ensemble, honneur que Voltaire faisait à peu de personnes.

Le 11 novembre 1738, Voltaire écrit de Cirey à M. de Formont :

« Vous voyez sans doute souvent madame du Deffand ; elle m'oublie, comme de raison, et moi, je me souviens toujours d'elle ; j'en ferai une ingrate ; je lui serai toujours attaché. »

De Bruxelles, il adresse, le 1ᵉʳ avril 1740, à ce même Formont, ces vers, qui ont l'agilité et la gaieté mélancolique de l'alouette :

> Vous voilà dans l'heureux pays
> Des belles et des beaux esprits,
> Des bagatelles renaissantes,
> Des bons et des mauvais écrits.
> Vous entendez, les vendredis,
> Ces clameurs longues et touchantes
> Dont le Maure enchante Paris.
> Des soupers avec gens choisis ;
> De vos jours, filés par les Ris,
> Finissent les heures charmantes ;
> Mais ce qui vaut assurément
> Bien mieux qu'une pièce nouvelle
> Et que le souper le plus grand,
> Vous vivez avec du Deffand.
> Le reste est un amusement :
> Le vrai bonheur est auprès d'elle.

Le 20 août 1740, c'est au président Hénault que Voltaire s'adresse :

« Si madame du Deffand et les personnes avec lesquelles vous vivez daignaient se souvenir que j'existe, je vous supplierais de leur présenter mes respects. »

Le 3 mars 1741, c'est au tour de Formont :

> Formont ! vous et du Deffand,
> C'est-à-dire les agréments,
> L'esprit, les bons mots, l'éloquence,
> Et vous, plaisirs qui valez tout,
> Plaisirs, je vous suivis par goût,
> Et les Newton par complaisance.

Cette lettre finit ainsi :

« Une de vos conversations avec madame du Deffand vaut mieux que tout ce qui est à la chambre syndicale des libraires.

» Madame du Châtelet vous fait mille compliments. Elle sait tout ce que vous valez, tout comme madame du Deffand. Ce sont deux femmes bien aimables que ces deux femmes-là. Adieu, mon cher ami[1]. »

---

[1] La *Préface* de la *Correspondance inédite de madame du Deffand*, Michel Lévy, 1859, 2 vol., p. XXIV, désigne à tort cette lettre comme adressée au président Hénault.

Le 6 juillet 1745, c'est le président Hénault qui disparait sous une avalanche de fleurs épistolaires. Cette caressante épitre du félin Voltaire finit ainsi :

« Je retourne à Champs dans l'instant. J'y vais retrouver madame du Deffand et disputer même avec elle à qui vous aime le plus. Mais savez-vous avec quelle impatience vous êtes attendu? Vous êtes aimé comme Louis XV. *Vale, vive, veni.* »

Le 10 septembre enfin, Voltaire, qui le 4 avait écrit à l'abbé de Voisenon, qu'il appelle sans façon « mon cher abbé Greluchon », et auquel il envoie sans façon également ses respects pour *madame de Voisenon* (c'est-à-dire madame Favart), — une relation gaillarde et comique des doubles couches qui avaient fait madame du Châtelet mère d'une petite fille et lui père de *Catilina*, — Voltaire, les yeux noyés de larmes, apprenait à madame du Deffand la mort subite de madame du Châtelet.

10 septembre 1749.

« Je viens de voir mourir, madame, une amie de vingt ans[1], qui vous aimait véritablement, et qui me parlait, deux jours avant cette mort funeste, du plaisir qu'elle aurait de vous voir à Paris à son premier voyage. J'avais prié M. le président Hénault de vous instruire d'un accouchement qui avait paru si singulier et si heureux : il y avait un grand article pour vous dans ma lettre; madame du Châtelet m'avait recommandé de vous écrire, et j'avais cru remplir mon devoir en écrivant à M. le président Hénault. Cette malheureuse petite fille dont elle était accouchée, et qui a causé sa mort, ne m'intéressait pas assez. Hélas! madame, nous avions tourné cet événement en plaisanterie; et c'est sur ce malheureux ton que j'avais écrit par son ordre à ses amis. Si quelque chose pouvait augmenter l'état horrible où je suis, ce serait d'avoir pris avec gaieté une aventure dont la suite empoisonne le reste de ma vie misérable. Je ne vous ai point écrit pour ses couches, et je vous annonce sa mort. C'est à la sensibilité de votre cœur que j'ai recours dans le désespoir où je suis. On m'entraîne à Cirey avec M. du Châtelet. De là je reviens à Paris sans savoir ce que je deviendrai, et espérant bientôt la rejoindre. Souffrez qu'en arrivant j'aie la douloureuse consolation de vous parler d'elle, et de pleurer à vos pieds une femme qui, avec ses faiblesses, avait une âme respectable. »

Mais c'est le moment de clore notre revue rétrospective des relations de Voltaire avec madame du Deffand. Un peu ralenties par son voyage et ses mésaventures de Prusse, cette correspondance si intéressante reprendra bientôt son cours périodique pour ne plus s'arrêter. Et ce sera un curieux spectacle que cette partie d'esprit jouée par des partenaires pour lesquels l'escrime épistolaire n'a pas

[1] Madame la marquise du Châtelet.

de secrets. Nous y verrons Voltaire, toujours souple, insinuant, envelopper son amie, devenue maîtresse du salon dominateur de Paris et l'hôtesse respectée de toute l'Europe illustre, des cajoleries les plus captieuses et les plus intéressées, et faire patte de velours aux coups de griffe qui échappent parfois à l'irascible et sardonique douairière, du fond de son sceptique tonneau. De son côté, madame du Deffand, justement fière d'un commerce qui pique sa curiosité en flattant son amour-propre, panse avec un art tout féminin les égratignures qu'elle a faites, et devient pour Voltaire perdu dans la solitude bruyante de Ferney, et qui s'y ennuie parfois à la façon de Charles-Quint au monastère de Saint-Just, l'écho spirituel de sa gloire et de son influence. Voltaire se dédommage d'ailleurs avec le bilieux d'Alembert de sa contrainte vis-à-vis d'une femme qu'il n'est pas prudent de contredire ou de froisser, et il pardonne, en échange de l'admiration qu'elle conserve pour lui, le peu de cas que madame du Deffand fait de ce qu'elle appelle « sa livrée ». Celle-ci à son tour sacrifie avec un malin plaisir, quand elle en trouve l'occasion, son trop fécond et trop politique correspondant aux susceptibilités nationales de Walpole, aux mécontentements de Chanteloup et aux rancunes d'un goût difficile et qui n'est pas toujours satisfait. Rien de plus amusant que cette palinodie mutuelle, que cette trahison réciproque, dont l'innocente perfidie n'enlève rien d'ailleurs de part et d'autre à l'estime fondamentale, et par laquelle, au gré de leur passion ou de leur intérêt, deux esprits également satiriques se dédommagent de la monotonie complimenteuse d'une correspondance où Voltaire passe sa vie à se dire aveugle, pour faire sa cour à madame du Deffand qui l'est devenue, et où celle-ci passe son temps à l'appeler sans le désirer, et à l'aduler tout en l'appréciant à son juste prix, et en séparant, dans son œuvre si mêlée et parfois si hâtive, le bon grain de l'ivraie avec une inexorable clairvoyance. C'est la sérénade de *Don Juan,* dont des rires goguenards accompagnent à l'orchestre la mensongère fadeur.

Nous ne nous occuperons plus de Voltaire, maintenant soigneusement mis à son plan et à son rang, dans les relations de madame du Deffand. Mais nous ne saurions laisser passer sans en dire quelques mots la femme savante, spirituelle, galante, qui fut pendant vingt-cinq ans la compagne despotique et adorée de la vie du grand homme, madame du Châtelet.

X.

Ce fut la seconde ennemie intime de madame du Deffand, qui en guise d'oraison funèbre, lui a consacré un *Portrait* d'une justesse implacable et d'une cruelle malignité, digne pendant de ce peu charitable chef-d'œuvre, le portrait de madame de Chaulnes. Madame du Châtelet était à la fois trop pédante et trop frivole, trop positive et trop enthousiaste, elle avait trop de tempérament et de roman pour plaire à madame du Deffand, nature aiguë que le moindre excès irrite et que le moindre ridicule agace. Elle avait, pour dire un mot de cette géométrie qui tint dans sa vie presque autant de place que l'amour, trop d'angles pour s'accorder avec un esprit et un caractère également anguleux. Leur rencontre produisait l'effet du choc de deux scies. Il en jaillissait des grincements et des étincelles. Madame du Deffand et madame du Châtelet, trop antipathiques pour se lier, trop habiles pour rompre, se détestaient donc cordialement et vécurent toujours sur ce pied à la fois caressant et menaçant d'une sourde et gracieuse hostilité, d'une paix armée. Madame du Deffand devait l'enfreindre la première par ce *Portrait* venimeux qu'elle se garda bien d'avouer. Madame du Châtelet, aidée par Voltaire, eût pu lui riposter avec les mêmes armes. La mort l'en empêcha, mais on peut dire, sans la calomnier, que l'intention ne lui en manqua pas; quoiqu'elle soit morte, selon Voltaire, au moment où elle se félicitait de voir bientôt à Paris celle à qui elle envoyait, comme une sorte de défi, la nouvelle d'un accouchement inespéré.

Quoi qu'il en soit, il est curieux d'étudier un moment cette singulière liaison de deux rivales d'esprit s'embrassant pour s'étouffer, et se déchirant tout bas, tout en se complimentant tout haut.

Madame du Deffand, dans sa *Correspondance*, en parle avec ces tournures si gracieusement insolentes, familières aux haines féminines. Elle ne l'appelle jamais que *la du Châtelet;* si elle la plaint des algarades de Voltaire, c'est avec des soupirs moqueurs qui ressemblent à des rires étouffés. « La du Châtelet doit être » dans une belle inquiétude[1]. » « La du Châtelet devrait bien faire » mettre dans le bail des maisons qu'elle loue la clause des folies » de Voltaire[2]. » Tout la crispe dans la belle Émilie, même les

---

[1] P. 64 de notre t. Ier.

[2] C'est le président qui dit cela (p. 59), mais parce que vivant dans l'inti-

torts les plus innocents, comme d'arriver trop tard au spectacle.

« Madame du Châtelet, écrit le président Hénault le 12 juillet, était hier à la Comédie avec madame de Luxembourg. Il ne faut pas trouver mauvais qu'elle arrive tard ordinairement, puisqu'elle manqua hier les deux tiers du premier acte [1]. »

Nous croyons avoir peint au vrai les sentiments de madame du Deffand pour madame du Châtelet et le caractère de leur amitié. Il ne nous est donc pas possible d'ajouter grande foi au récit scabreux que nous trouvons dans une publication faite d'après un manuscrit dont nous n'avons aucune raison de contester l'authenticité. Ce manuscrit contient les souvenirs personnels d'un valet de chambre, secrétaire de Voltaire, qui avait appartenu, en qualité de maître d'hôtel, à madame du Châtelet. Remarquons d'abord que nous avons affaire à un valet de chambre, ce qui constitue un historien très-inférieur, quoi qu'on en dise, et à un valet de chambre congédié ou ayant pris son congé « à la suite d'une injustice criante de madame du Châtelet », dont le souvenir a pu parfaitement dégénérer en rancune. Enfin son récit est plus malin par ce qu'il suppose et voudrait qu'on crût que par ce qu'il dit. En somme il s'agit d'une partie entre femmes, d'un pique-nique au cabaret de *la Maison rouge* à Chaillot.

« Ces dames, dit le narrateur, qui place la scène vers 1747, étaient mesdames la marquise du Châtelet, la marquise de Meuse, la duchesse de Boufflers, madame du Deffand, madame de Graffigny et madame de la Popelinière. Elles avaient passé une partie de la soirée à la promenade au bois de Boulogne; en arrivant au rendez-vous, comme il faisait très-chaud, elles se déshabillèrent à leur aise et très à la légère. Elles voulaient sans doute éprouver l'effet que produiraient leurs charmes sur leurs premiers laquais [2]. »

Ici j'arrête court le narrateur, et je lui dis : Vous êtes laquais, monsieur Josse, et par votre première anecdote vous nous avez appris que pour les grandes dames du temps un laquais n'était pas un homme. Si madame du Châtelet a pu vous faire remplir d'eau sa baignoire sans daigner en troubler la transparence, si elle a sans façon changé de chemise devant vous, elle a bien pu en juillet, après une promenade au bois de Boulogne, se déboutonner un

---

mité de madame du Deffand et au fait de toutes ses habitudes, il dit machinalement ce qu'elle aurait dit.
[1] Voir notre t. Ier, p. 46.
[2] *Voltaire et madame du Châtelet, révélations d'un serviteur attaché à leurs personnes.* Dentu, 1863, p. 19, 20.

peu. Votre récit ne prouve pas autre chose; car les insinuations gaillardes de la fin sont sans preuve, et par suite calomnieuses.

Nous ajouterons qu'en 1747 madame du Deffand avait au moins cinquante ans, et que si à cet âge on peut encore aimer la gaieté et l'esprit, on doit être fort revenu de la bagatelle. Madame du Deffand avoue elle-même en être revenue vers l'âge de quarante ans.

Elle écrivait à Walpole, le 8 février 1778 :

« Mais vous avez raison de vous étonner qu'à mon âge mon » âme ne vieillisse point; elle a les mêmes besoins qu'elle avait » à cinquante ans, et même à quarante; elle était dès lors très- » dégagée de ces sortes d'impressions des sens dont M. de Crébillon » a été un si vilain peintre. » Une autre raison qui nous semble décisive, c'est qu'en admettant que madame du Deffand fût demeurée vicieuse au point de se donner en spectacle à des laquais, elle n'eût pas consenti à rendre madame du Châtelet complice et témoin de son avilissement. Ces deux dames ne s'aimaient pas assez et se craignaient trop pour se déshonorer ensemble.

Par tous ces motifs, la prétendue orgie de Chaillot, sauf dans ses détails innocents, nous paraît devoir être jetée au tas d'ordures où l'historien peut fouiller, mais où le pamphlétaire seul remplit sa hotte.

Nous renvoyons maintenant le lecteur, suffisamment édifié sur ce que durent être les rapports de madame du Châtelet et de madame du Deffand, à ce fameux *portrait* d'une verve et d'une malice vraiment diaboliques, dont le texte est tronqué dans toutes les éditions des *Lettres,* et dont nous donnons à l'*Appendice* la véritable version collationnée soigneusement d'après Grimm et Boisjourdain. Il fera bien aussi de relire, car on trouve toujours une saveur nouvelle à ces piquants commérages, cette *Correspondance* d'Anet où madame de Staal, une observatrice et une médisante de la même famille intellectuelle que madame du Deffand, égoïste, ennuyée, raffinée comme elle, ne vivait plus que par esprit de curiosité, et ne riait guère que par esprit de vengeance. Il faut voir comme elle accommode le couple héroïco-comique et tragico-galant qui débarque à Anet avec le *Comte de Boursouffle* et les *Éléments de Newton* dans son bagage. Il faut voir comme elle met en scène le pauvre Voltaire, tour à tour épris et impatient d'une fantasque tyrannie, tour à tour portant au ciel son Émilie ou l'envoyant au diable, et celle-ci accaparant toutes les tables de la maison, passant tous les jours, de peur de les perdre, la revue de ses *Principes*, fantasque sur la scène, hargneuse au jeu, et plus froissée dans son exactitude que dans sa mignardise par les plis de ses matelas, se plaignant de leur irrégularité plus encore que de leur dureté. A voir si fidèlement et si heureusement traduite la haine de madame du Deffand pour cette célèbre et bizarre personne, à voir si implacablement saisies les moindres occasions de ridicule, on sent que non-seulement madame de Staal partageait ses nerveuses et jalouses rancunes, mais encore se faisait un mérite à ses yeux de les exagérer, et pour ainsi dire, la vengeait jusqu'à la satiété, et l'enivrait de malice.

XI

C'est par cette admirable correspondance de madame de Staal, naturelle comme une conversation, animée comme une comédie, qui, au dire de madame de Rémusat, dédommagea les lecteurs de 1809 de leur inutile attente de ces lettres de madame du Deffand qui paraît à peine sur la scène, occupée par ses amis et ses doublures, et y brille surtout par son absence ; c'est par cette correspondance que nous nous faisons une idée définitive de ce commerce orageux, susceptible, jaloux et cependant charmant, qu'on maudissait tous les jours et qu'on ne pouvait quitter, de cette aimable enfin et insupportable tyrannie de madame du Deffand. Par son art coquet de se faire prier ; par sa souplesse à se dérober à des invitations qu'elle désire, par les apparentes infidélités dont elle ranime et irrite le goût de la duchesse du Maine pour elle, par les impérieuses avances faites d'un côté, les conditions égoïstes faites de l'autre, on sent que madame du Deffand et madame du Maine ne peuvent pas se passer l'une de l'autre, tout en désirant s'en passer. On sent que madame du Deffand, de plus en plus ennuyée, de plus en plus exigeante, ne reste que pour recueillir l'héritage qu'elle a si longtemps préparé, et qui réalisera la seule ambition à laquelle elle se rattache encore pour donner de l'intérêt à sa vie, celle de la domination dans la liberté, celle d'un salon qu'elle gouvernera, après avoir si longtemps régné dans celui des autres. On y prend aussi de la vivacité d'esprit, de la finesse d'observation, de l'art inné de style, qui sont les qualités de madame de Staal, une idée plus haute que celle qu'en donnent ses autres lettres et même ses *Mémoires*. On comprend aisément qu'une personne si clairvoyante et si difficile n'ait pu être ni trompée ni heureuse, ni aimée ni aimable, en dépit des feux un peu fictifs des Dacier et des Chaulieu. On voit nettement le défaut secret, la plaie profonde de ces âmes sans chaleur et sans foi, gangrenées par une expérience précoce. On admire trop, en la lisant, l'esprit de madame de Staal, pour estimer son caractère; et il faut le dire, c'est aussi l'impression que laissent plus d'une fois les lettres de madame du Deffand, et le châtiment de ce talent, pareil à un beau fruit dont le doute, comme un ver, a rongé et aigri la saveur.

Nous trouvons d'abord, à la date du 7 juin (1747?) une lettre de madame la duchesse du Maine, contenant une sorte de mise en demeure, d'*ultimatum* bienveillant, adressé à madame du Deffand, coupable de retarder sa visite à Sceaux et de s'oublier dans la Capoue de l'hospitalité de la duchesse de Luynes.

« Je comprends que madame de Luynes trouve votre compagnie assez agréable pour avoir désiré de vous garder plus longtemps auprès d'elle; mais je me flatte que vous n'avez pas oublié la parole que vous m'aviez donnée de n'être que huit jours à votre voyage, et que les deux que vous n'avez pu refuser à madame de Luynes ne seront suivis d'aucun autre délai. Je suis fort aise qu'elle se souvienne de moi; mais, à vous dire le vrai, une amitié métaphysique n'est pas d'usage en ce monde-ci, et doit être réservée pour les purs esprits[1]. »

De son côté, madame de Staal prévient madame du Deffand que ses excuses « et ses galanteries coïncidant fâcheusement avec un accès de frayeur du tonnerre, dont la duchesse du Maine daigne avoir peur, n'ont pas été bien reçues[2] ». Madame de Staal ajoute « qu'elle aime *passionnément* » les lettres de madame du Deffand, et comme sans doute la duchesse partage ce goût, elle l'engage à lui écrire.

Dans la correspondance fort active qui suit cette déclaration, et par laquelle madame de Staal cherche à tromper la déception de l'absence de sa digne amie, il est question pour la première fois de l'installation de madame du Deffand à Saint-Joseph.

« Je suis transportée de joie que vous vous soyez réconciliée avec votre appartement de Saint-Joseph. Je ne craignais rien tant que votre déplaisance dans un lieu que vous n'auriez pu aisément abandonner. Il est fâcheux qu'il vous en coûte tant, mais rien n'est si nécessaire, surtout quand on est beaucoup chez soi, que d'y être commodément et agréablement. »

C'est la première fois qu'il est question de cette nouvelle installation. C'est donc en 1747 que madame du Deffand, fidèle à l'usage du

---

[1] Voir notre t. Ier, p. 82.
[2] *Ibid.*; p. 83.

temps, qui ouvrait à des veuves de qualité (parfois veuves du vivant de leur mari), l'asile de la partie profane de certains couvents, où une femme habile et répandue pouvait, à peu de frais, jouir à son gré des agréments de la retraite ou de ceux de la société, que madame du Deffand, disons-nous, s'établit au couvent de Saint-Joseph. C'était un refuge déjà connu par le choix d'autres hôtes célèbres. Madame de Montespan, fondatrice et protectrice de cette pieuse maison, venait de temps en temps, sous le règne précédent, essayer d'y oublier Louis XIV et d'y songer à Dieu. C'est encore là que le Prétendant, le dernier des Stuarts, était venu abriter pendant trois ans sa vie aventureuse et romanesque. Il y avait toute une légende sur ce séjour, aux souvenirs encore vivants, d'un prince proscrit, enfermé le matin chez madame de Vassé, prenant à midi, auditeur secret, spectateur invisible, part, dans la ruelle de mademoiselle Ferrand, aux conversations d'un réduit à la mode, dont les nouvelles, les bons mots, instruisaient et amusaient sa réclusion, et qui le soir allait oublier dans les bras de la spirituelle et de la généreuse princesse de Talmont, autre locataire de Saint-Joseph, courtisane du malheur, le trône et l'exil.

Le couvent de Saint-Joseph, rue Saint-Dominique, est aujourd'hui l'hôtel du ministère de la guerre. Madame du Deffand logeait dans la partie gauche du bâtiment, voisine de l'hôtel de Brienne, actuellement l'hôtel du ministre, et elle y donnait déjà, aux lueurs d'un foyer dont la cheminée portait encore l'écusson accolé des Mortemart et des Montespan, des soupers du lundi bientôt fort recherchés, et dont le bruit, plus que l'odeur, allait attirer la visite de la future madame de Genlis, autre habitante du couvent, où elle occupait, sous le nom de comtesse de Lancy, avec sa mère, un appartement dans l'intérieur, qu'elle ne devait quitter que pour le Palais-Royal.

Madame du Deffand, en 1747, fit connaissance de la duchesse de Modène, la spirituelle, bizarre et galante fille du Régent, et cette nouvelle conquête de sa grâce et de son esprit lui attira les premiers ombrages de l'altière duchesse du Maine, qui ne souffrait pas volontiers de partage. Ce nuage amassé sur les relations de madame du Deffand avec Sceaux aurait pu devenir une tempête, sans l'art que madame du Deffand mit toujours à conjurer un éclat, et sans la mort, qui devait bientôt la débarrasser de la servitude de l'habitude et de la reconnaissance.

On sent à tout moment, dans cette correspondance de madame de Staal et de madame du Deffand, la trace de ce commun ennui qui les poussait l'une et l'autre aux analyses les plus subtiles et à une sorte de débauche de spéculation.

« Je vous fais pourtant grâce de ma métaphysique. Pour répondre sur cet article, il faudrait que je susse plus nettement ce que vous entendez par : nature, et par : démontrer. Ce qui sert de principe et de règle de conduite n'est pas au rang des choses démontrées, à ce qu'il me semble, et n'en est pas moins d'usage [1]. »

La politique même n'est pas un champ réservé pour ces activités intellectuelles dont l'inquiétude dévore tout.

« Ce que vous me dites de l'état monarchique et républicain est excellent, et me donnerait matière de jaser ; mais il faut que je sois en bas, et me voilà en haut [2].

» Que j'aurai de joie de vous revoir, ma reine ! que de choses nous aurons à nous dire ! Je ne vois encore rien sur la forme du gouvernement ; mais je pense, comme vous, que le pire des états est l'état populaire [3]. »

De toutes ces réflexions, observations, spéculations, se dégage une philosophie pratique dont les axiomes deviendront la règle de conduite de madame du Deffand et le secret de son futur empire. A ce titre ils méritent d'être cités. On pourra voir quelle sagesse peut sortir d'un excès d'expérience.

« Vous avez trouvé le vrai secret pour conserver ses amis : passer tout et ne rien prétendre. Toute belle et bonne qu'est votre philosophie, si en vous détachant des autres vous n'en tenez que plus fortement à vous, vous n'y gagnez rien. Pour être bien en repos, il faut ne se soucier guère ni de soi ni des autres ; je crois que cela n'est pas tout à fait impossible, et dans le train où vous y êtes, peut-être y arriverez-vous [4].

» Je ne me suis point ennuyée ici ; ce sont les intervalles de plaisir qui font l'ennui ; dès qu'on y est accoutumé, on ne le sent plus. Vous le prouvez. Cet exemple est bien fort de votre part ; car c'était en effet votre poison. Si j'ai bien dit sur l'extension des grands, vous avez encore mieux répondu. Entassons-nous, replions-nous sur nous-mêmes, vous n'y perdrez rien du côté de l'esprit ; en lui donnant moins de champ, il n'en a que plus de force ; le feu et les grâces du vôtre ne l'abandonneront jamais. Ce que vous dites sur les gens vifs, abondants, pétulants, est exquis, et votre lettre est charmante [5].

» Moquons-nous des autres, et qu'ils se moquent de nous. C'est bien fait de toutes parts [6]. »

---

[1] Voir notre t. Ier, p. 92.
[2] *Ibid.*, p. 109.
[3] *Ibid.*, p. 110.
[4] *Ibid.*, p. 100.
[5] *Ibid.*, p. 103, 104.
[6] *Ibid.*, p. 92.

Il est dans cette correspondance souvent question, avons-nous dit, de l'appartement de Saint-Joseph :

« Je suis ravie que vous soyez plus tranquille pour votre appartement; je voudrais bien plus encore que vous le fussiez sur votre santé [1]. »

« Je suis fâchée des embarras que vous donne votre logement; je ne sais pourtant pas s'il ne vaut pas mieux s'impatienter quelquefois que de n'avoir aucun sentiment. Vous n'aurez votre tapissier que lorsque nous serons arrivés [2]... »

Enfin, il y est aussi souvent question du président Hénault, qui trouve toutes sortes de jolies excuses pour se dispenser de conduire à Sceaux madame du Deffand, obligée de se rejeter sur la complaisance de M. de Lassay, qu'amèneront forcément les couches de madame de la Guiche [3]. On y sent le déclin, de plus en plus tiède, de cette dernière passion qui n'a jamais été bien chaude, qui l'a même été si peu que madame du Deffand, quand elle passera la revue de ses faiblesses, ne lui fera pas l'honneur de s'en repentir.

XII

Nous arrivons enfin à 1750, date de l'entière émancipation de madame du Deffand, date de la première période, du premier épanouissement du salon de Saint-Joseph et de son influence.

Le 24 juin 1750, à quatre heures du matin, mourut à Paris M. du Deffand, âgé de soixante-deux ans. Il avait fort peu vécu avec sa femme, dont il avait en vain essayé de faire la conquête, et dont il avait été séparé par justice. Elle n'avait pas eu la force de le haïr et s'était arrêtée, pour lui, à l'indifférence. Aussi ne fit-elle aucune difficulté d'obéir à la suprême convenance qui les rapprocha un moment avant de se quitter pour jamais. Elle alla le voir à son lit de mort, lui pardonnant plus volontiers, sans doute, de n'avoir pu l'aimer, que lui-même de n'avoir pu lui plaire [4].

Ses reprises, d'après son contrat de mariage, ne dépassaient pas cent mille francs [5]. Cette dot, augmentée de quatre mille livres de rente, legs de sa grand'mère, de ses six mille livres sur la Ville, petits profits de ses relations avec madame d'Averne, lui constituaient

---

[1] Voir notre t. Ier, p. 94.
[2] Ibid., p. 112, 113.
[3] Ibid., p. 95, 97, 101, 104.
[4] C'est de lui sans doute qu'elle disait : « Qu'il était aux petits soins pour déplaire. »
[5] Préface de l'édition de 1812.

un revenu qui, habilement ménagé, lui assurait une aisance indépendante. Nous ne savons ce que la mort de son mari ajoutait à cette fortune, qui, dans les derniers temps, selon le président Hénault, s'élevait à environ vingt mille livres de rente. Le calcul est au-dessous de la vérité, car plus tard, dans une lettre à Walpole, écrite, il est vrai, pour repousser de généreuses offres de service, madame du Deffand évalue son revenu à trente-trois mille livres. Il est vrai qu'elle en avait converti une partie en viager, ce qui pouvait l'augmenter. Quoi qu'il en soit, il ne s'était accru ostensiblement, depuis 1763, que de sa pension de la Reine, soit six mille livres.

Ces recherches ont leur importance pour un biographe jaloux de réunir tous les éléments d'une situation matérielle, toujours si influente sur l'état moral. Nous ne les avons pas évitées, sans vouloir en tirer d'autre conséquence pour le moment que celle-ci : à savoir, qu'en 1750, madame du Deffand, libre de tout lien conjugal, ouvre définitivement ce salon modeste et recherché.

« La médiocrité de sa fortune ne rendit pas sa maison solitaire. Bientôt, dit le président, il s'y rassembla la meilleure compagnie et la plus brillante, et tout s'y assujettissait à elle. Son cœur noble, droit et généreux, s'occupait sans cesse d'être utile et en imaginait les moyens. Combien de personnes, et de personnes considérables, pourraient le dire [1] ! »

Madame du Deffand se faisait maîtresse de maison dans les meilleures conditions, non-seulement matérielles, mais physiques et morales, pour réussir.

Son mari était mort. Madame de Staal, un jour après lui, (25 juin 1750), quittait cette terre où elle s'était tant ennuyée, pour aller s'ennuyer au ciel, si le ciel peut être fait pour une personne si spirituelle et si difficile à amuser. Le président Hénault allait en août 1753, grâce au crédit de madame de Luynes et à la faveur de la Reine, avoir pour rien la charge de surintendant de sa maison, que M. Bernard de Coubert avait achetée cent mille écus, et il allait se concentrer tout entier dans ces devoirs et ces plaisirs de courtisan si commodes à sa nature. Le petit salon de Marie Leczinska, ses conversations intimes et familières, son cavagnol, les petits vers, allaient absorber les loisirs de cet homme si occupé d'être aimable. Grâce à cette désertion, à cette infidélité à l'amiable, le groupe réuni chez madame du Deffand échappait à la gêne et à l'ennui d'une influence prépondérante; le paresseux

[1] *Mémoires du président Hénault.*

épicurien Formont, qui s'obstinait de plus en plus dans une souriante indifférence; le froid et distrait Pont-de-Veyle, obligé d'ailleurs de se partager entre le prince de Conti et madame du Deffand, n'étaient faits pour porter ombrage à personne. La mort de la duchesse du Maine (23 janvier 1753) allait dénouer le dernier lien étranger et fermer l'hospitalité de Sceaux, dont madame du Deffand ne pouvait plus supporter les charges, dans les derniers temps, qu'en y associant d'Alembert. Bref, on le voit, madame du Deffand, de 1750 à 1754, se trouva dans les meilleures conditions pour abdiquer les coquetteries et les ambitions de son sexe, et se contenter de cette dernière royauté, retraite des femmes supérieures, la royauté de l'esprit. Une observation faite avec la franchise un peu crue que les mœurs du temps permettaient au langage de l'amitié, achève de nous fixer sur l'état moral de madame du Deffand, toujours chez elle fort dépendant du physique, et nous la montre jouissant à propos du bienfait de cet équilibre, si tardif chez la femme, de l'intelligence et des sens.

« Je suis très-aise, lui écrit le comte des Alleurs, le 17 avril 1749, que vous soyez quitte de ce vilain temps critique. Quand vous n'y auriez gagné que de n'être plus assujettie à ces diètes outrées, ce serait beaucoup; et si votre santé est déjà meilleure après les grands dangers passés, vous devez vous flatter qu'elle se fortifiera de jour en jour. »

Madame du Deffand, qui, malgré les efforts que nous la verrons tenter si souvent, tantôt avec le P. Boursault, tantôt avec le P. Lenfant, pour devenir dévote, n'avait pu y parvenir, put du moins être gourmande impunément, ce qui était beaucoup plus dans sa nature, et se livrer à ces soupers dont elle disait « qu'ils étaient une des quatre fins de l'homme ».

Souper au dix-huitième siècle, en compagnie d'hommes et de femmes d'esprit, c'était là la façon la plus noble et la plus agréable de se retirer. On quittait le monde de tout le monde pour le sien. On fondait un salon au lieu d'aller à l'église; on causait au lieu de prier. C'était là la seule retraite, la seule fin compatible avec le caractère de ces pécheresses trop spirituelles pour se repentir, et qui demandaient à la grâce profane les consolations que la grâce mystique leur refusait. Madame de Lambert, madame de Tencin, avant madame du Deffand, et en même temps qu'elle la duchesse de Boufflers, devenue maréchale de Luxembourg, prenaient ce parti, et trop fières pour se réduire au confessionnal, cherchaient dans la distraction et la considération que donne un salon agréable et influent, à passer le plus gaiement possible l'inévitable pénitence de la vieillesse, assez cruelle pour qu'on en cherche d'autres, et à *se sauver* de l'ennui, pire que le remords pour une femme d'esprit.

La Harpe nous a donné, par les propres paroles de madame du Deffand, la formule toute commode de ces retraites profanes, si communes au dix-huitième siècle.

« C'est apparemment pour aimer quelque chose qu'elle avait voulu plusieurs fois être dévote [1]; mais elle n'avait pu en venir à bout. La première fois qu'elle se jeta dans la réforme, elle écrivait, à propos de différentes choses auxquelles elle allait renoncer : Pour ce qui est du rouge et du président, je ne leur ferai pas l'honneur de les quitter. »

Avoir un président, c'est déjà une bonne fortune pour un salon, quand le président n'a plus retenu de ses anciens droits que celui d'avoir de l'esprit. Mais ce n'est là que le commencement de cette influence qui fait qu'on va boire du thé et disserter chez une vieille femme. Ce qui l'achève, ce qui la consacre, ce qui la consomme, c'est quand ce salon a établi ses relations avec l'Académie; quand de ce salon enfin il est sorti un académicien. L'académicien de madame du Deffand, ce fut d'Alembert, élu, malgré son mérite et malgré les efforts de la duchesse de Chaulnes, en 1754. A partir de ce jour, le salon de madame du Deffand n'a plus besoin d'être démontré; il existe comme le soleil, et il attire comme lui tous les gens d'esprit avides de s'éclairer ou de se chauffer.

C'est le moment de compléter notre revue et d'achever nos présentations; car, depuis 1747, le salon de moire jaune, aux nœuds couleur de feu, a vu entrer et s'asseoir quelques habitués nouveaux : d'anciennes connaissances redevenues intimes comme le chevalier d'Aydie, M. de Montesquieu; une rivale amie qui vient étudier les moyens de ne pas imiter madame du Deffand, c'est-à-dire de ne pas se brouiller avec elle, et voir quelles sont les influences qu'elle peut se réserver sans usurpation, madame de Boufflers, devenue maréchale de Luxembourg; la duchesse de Saint-Pierre; madame Dupré de Saint-Maur, le comte de Fleury, M. de Bulkeley, M. de Maupertuis, d'Alembert, Duché, l'abbé Sigorgne,

---

[1] La Harpe, que la Terreur rendit dévot, n'a pas compris pourquoi madame du Deffand ne le devint pas. Ce n'est pas faute de pouvoir aimer, c'est faute de pouvoir croire. Ce n'est point manque de cœur, mais excès d'esprit. Chamfort a dit : « M. me disait que madame de C..., qui tâche d'être dévote, n'y parviendrait jamais, parce que, outre la sottise de croire, il fallait, pour faire son salut, un fonds de bêtise quotidienne qui lui manquerait trop souvent. Et c'est ce fonds, ajoutait-il, qu'on appelle la grâce. »

l'abbé de Canaye, et déjà les ambassadeurs d'esprit et les étrangers de distinction, M. Saladin, M. Scheffer, lord Bath, M. de Bernstorff; enfin, le premier de cette série de prélats hommes d'esprit qui occupera dans ce salon éclectique, jaloux de toutes les illustrations et de toutes les influences, ce qu'on peut appeler le fauteuil des évêques, où s'assoiront successivement les évêques de Mâcon, les archevêques de Sens, puis de Toulouse, les évêques de Mirepoix, de Saint-Omer et d'Arras.

Nous suivrons, pour ces nouveaux personnages introduits successivement dans l'intimité de madame du Deffand, et qui complètent, jusqu'en 1764, sa société de Saint-Joseph, l'ordre même dans lequel nous les présente la *Correspondance*, ce qui nous permettra de faire coïncider avec le portrait des personnes le récit des événements dans lesquels ils ont leur rôle.

XIII.

Le premier qui s'offre à nous est le comte des Alleurs, ambassadeur de France à Constantinople, qu'il ne faut pas confondre avec le chevalier. Nous les trouvons tous deux, dès 1725, figurant dans la *Correspondance* de Voltaire à des titres fort divers, le chevalier « toujours bien sain, bien dormant et bien.... », comme écrit Voltaire à Thiériot, et fort assidu à cette époque au château de la Rivière-Bourdet, auprès de madame de Bernières, qui devait le préférer au frêle et nerveux auteur de la *Henriade*, pour les mêmes causes qui devaient constituer aux yeux de madame du Châtelet la supériorité de Saint-Lambert. Pour le comte, ami de Formont et de Voltaire comme le chevalier, il est aussi sage et aussi studieux que son frère l'est peu. Il aime la réflexion, les spéculations philosophiques l'attirent, et Bayle est le maître de prédilection de cet esprit distingué, dont le pyrrhonisme, le seul système qui s'accorde avec l'esprit et qui sache plaisanter et sourire, a fait la conquête[1]. Les lettres de M. des Alleurs sont fort curieuses et fort remarquables. Elles sont dignes de l'écrivain amateur à propos duquel Voltaire écrivait à Thiériot, le 13 novembre 1738 :

« La lettre de M. des Alleurs est d'un homme très-supérieur. S'il y avait à Paris bien des gens de cette trempe, il faudrait acheter vite le

[1] « Quand vous souperez avec le philosophe baylien, M. des Alleurs l'aîné, écrit Voltaire à M. de Formont le 11 novembre 1738, et avec son frère le philosophe mondain, buvez à ma santé avec eux, je vous prie. »

palais Lambert... dès que j'aurai un entr'acte (car je suis entouré de mes tragédies que je relime), j'écrirai à l'âme de Bayle, laquelle demeure à Paris dans le corps de M. le comte des Alleurs, et qui y est très-bien logée. »

Mais le vrai brevet d'immortalité pour M. des Alleurs, c'est la longue lettre que lui adressa Voltaire, de Cirey, le 26 novembre 1738 :

« Si vous n'aviez point signé, monsieur, la lettre ingénieuse et solide dont vous m'avez honoré, je vous aurais très-bien deviné. Je sais que vous êtes le seul homme de votre espèce capable de faire un pareil honneur à la philosophie. J'ai reconnu cette âme de Bayle à qui le ciel, pour sa récompense, a permis de loger dans votre corps. Il appartient à un génie cultivé comme le vôtre d'être sceptique. Beaucoup d'esprits légers et inappliqués décorent leur ignorance d'un air de pyrrhonisme; mais vous ne doutez beaucoup que parce que vous pensez beaucoup. »

Le comte des Alleurs, qui pensait et doutait beaucoup, était prédestiné à la diplomatie, où en effet il apporta des mérites et obtint des succès qui honorèrent une carrière prématurément interrompue par la mort.

Nous lisons, à propos de cette mort, dans les *Mémoires du duc de Luynes*, sous la date du jeudi 16 janvier 1755[1] :

« On apprit, il y a environ huit jours, la mort de M. des Alleurs; il est mort à Constantinople; il avait environ cinquante-cinq ans. On prétend que c'est une ambassade fort utile que celle de Constantinople, et qu'on peut, quand on y demeure plusieurs années, y gagner beaucoup, en ne prenant que ce qui est dû légitimement. Cependant les affaires de M. des Alleurs sont en très-mauvais état, et il doit quatre ou cinq cent mille livres. Il vivait très-honorablement et s'était fait aimer et estimer infiniment à cette cour, où il est très-important d'avoir un homme d'esprit et qui se conduise bien. Il paraît qu'on le regrette beaucoup ici, et j'ai entendu dire à M. de Puisieux que pendant qu'il avait les affaires étrangères, M. des Alleurs lui avait écrit, dans une circonstance très-délicate et embarrassante, et qu'ayant été obligé de prendre son parti avant que d'avoir pu recevoir de réponse, il s'était trouvé avoir fait de lui-même ce que M. de Puisieux lui mandait de faire. M. des Alleurs laisse trois enfants, deux filles au couvent à Paris, et un petit garçon de trois ans, qui est à Constantinople. Il avait été ambassadeur du Roi auprès du roi de Pologne, qu'il avait suivi à Varsovie; il y avait épousé la fille du prince Lubomirski, grand porte-épée de la couronne de Pologne, que nous avons vu ici avec M. Biclinski, au mariage de madame la Dauphine. »

Nous n'extrayons des *Lettres* du comte des Alleurs que ce qui a trait à notre sujet, c'est-à-dire que ce qui peut nous aider à recon-

[1] T. XIV, p. 13.

stituer la physionomie du salon et de la société de Saint-Joseph dans sa première phase, en 1748.

C'est d'Alembert qui, envoyant un de ses protégés à M. des Alleurs, l'a invité à entrer en communications épistolaires avec madame du Deffand. Aussi les honneurs des *Lettres* de l'ambassadeur sont pour lui.

« Mille compliments, je vous prie, à M. le président Hénault, à l'indifférent et philosophe Formont, au prodigieux et aimable d'Alembert; j'ai fait pour son ami, à sa considération d'abord, ensuite pour ses talents, tout ce qui a dépendu de moi. Si vous voyez le chevalier d'Aydie, faites-lui mille amitiés de ma part. Ce pays est fait pour lui; l'air est très-bon à l'asthme : on y peut manger, bouder et philosopher impunément[1]. »

M. des Alleurs félicite madame du Deffand, comme nous l'avons vu, « d'être quitte de ce vilain temps critique. » Il lui reconnait des qualités d'ordre et de règle que nous ne lui connaissions pas, et que nous aimons à voir entrer pour quelque chose dans ses succès de maîtresse de maison.

« Je suis charmé que vous soyez contente de votre logement de Saint-Joseph. Je vous vois d'ici dans cet appartement, *admirant la moire jaune et les nœuds couleur de feu.* Je vous passe d'aimer la propriété : c'est la seule façon de jouir de quelque chose... Vous méritez, madame, d'avoir du bien, non-seulement par le bon usage que vous en faites, mais par l'ordre avec lequel vous le conduisez[2]. »

On voit poindre aussi dans ces lettres le perpétuel dissentiment qui rendait méfiants et réservés les meilleurs amis de Voltaire.

« Nous avons trop souvent parlé ensemble de Voltaire pour s'étendre là-dessus. On peut admirer ses vers, on doit faire cas de son esprit; mais son caractère dégoûtera toujours de ses talents. En fait d'esprit, tous les hommes sont républicains, et Voltaire est trop despotique[3]. »

Nous y trouvons aussi une juste et fine esquisse du portrait du chevalier d'Aydie :

« Je vous serai très-obligé de réitérer mes compliments au chevalier d'Aydie. Je suis charmé de pouvoir me flatter qu'il a de l'amitié pour moi. S'il a quelque trouble dans sa digestion, je ne suis pas surpris qu'il ait un peu d'humeur; il aimait de trop bonne foi à souper, pour soutenir

---

[1] Voir notre t. Ier, p. 117.
[2] *Ibid.*, p. 118.
[3] *Ibid.*, p. 121.

cette privation avec patience. Son humeur m'a toujours paru plus supportable que celle des autres, et bien plus aimable que leur gaieté; d'ailleurs, ses bonnes qualités et la tournure de son esprit faisaient un composé très-sociable et très-aimable [1]. »

Enfin voici un premier croquis de M. de Bernstorff, ministre de Danemark à Paris, qui nous fournit une transition naturelle pour passer à cet hôte assidu de Saint-Joseph, à celui qui inaugurera ce groupe diplomatique, qui se renouvelle sans cesse et donne au salon de madame du Deffand la physionomie aristocratique, politique et européenne qui le distingue des autres centres rivaux, celui de madame Geoffrin, par exemple, plus exclusivement littéraire.

« Si je ne vous ai point parlé de M. de Bernstorff, ce n'est pas que je ne l'aime infiniment et que je ne pense sur ses bonnes et aimables qualités tout comme vous, peut-être même avec des additions; mais mon silence n'a été causé que par l'incertitude où j'étais si vous le voyiez souvent. Sa galanterie assez universelle, mais pleine de discrétion, son goût pour la société, ses connaissances, sa facilité, le feraient toujours recevoir agréablement dans les soupers élégants; mais son petit estomac refusera bientôt le service. Il faut de la santé pour être homme à bonnes fortunes [2]. »

M. de Bernstorff, envoyé extraordinaire du roi de Danemark, qui devait fonder une sorte de dynastie de ministres habiles et de diplomates renommés, d'abord en Danemark puis en Prusse, occupait son poste en France depuis mai 1744, avec une distinction marquée. Dès le premier jour il s'était attiré les suffrages, par la recherche pleine de délicatesse et de dignité avec laquelle il avait fait, à l'audience inaugurale du Roi, de la Reine et des princesses, exprimer à sa voix, en courtisan consommé, toutes les nuances du respect [3]. Il était Hanovrien d'origine.

« Son grand-père avait des charges considérables chez l'électeur de Hanovre; son père succéda à ces charges, mais le roi d'Angleterre actuel les lui ôta. Il avait deux garçons; celui-ci est le cadet. L'aîné prit le parti de se retirer dans ses terres, celui-ci alla chercher de l'occupation et se retira en Danemark; il a l'air jeune, et peut avoir quarante ou quarante-cinq ans; il sait la langue française beaucoup mieux que bien des Français; il est protestant, fort régulier aux exercices de cette religion. C'est une espèce de philosophe, qui cependant se prête volontiers à la société; il a fait des amis dans ce pays-ci et est capable de grand atta-

---

[1] Voir notre t. Ier, p. 123.
[2] *Ibid.*, p. 124.
[3] *Mémoires du duc de Luynes*, t. VI, p. 448.

chement. Il est extrêmement mesuré dans ses démarches, écoute beaucoup, parle peu, et toujours en bons termes et à propos. Il était à Francfort avant de venir ici[1]. »

Ailleurs, le duc de Luynes le dit « homme d'esprit et d'une aimable société[2] ».

M. de Bernstorff fut rappelé par son souverain en mai 1750, et prit congé du roi et de la cour, à cette époque, avec des regrets universellement partagés. Le roi, son maître, lui destinait la place de ministre des affaires étrangères[3]. M. de Bernstorff aurait préféré demeurer en France, pays qu'il connaissait et aimait mieux que le sien[4].

M. de Bernstorff fut un de ses anciens amis que madame du Deffand sacrifia à l'antipathie jalouse d'Horace Walpole. Elle en parle assez légèrement dans sa lettre du 23 août 1768; mais c'est sans doute pour complaire à son correspondant, qui lui a, en quelque sorte, donné le ton par une opinion généralement ironique.

Le thème habituel, et, on le sent, favori des lettres de M. Bernstorff, est le regret qu'il éprouve d'avoir quitté Paris et Saint-Joseph. La place de premier ministre ne le console pas, et c'est un curieux spectacle et qui donne bien l'idée de ces voluptés d'esprit qu'on ne goûte qu'en France, que de voir ce personnage sincèrement désolé de ce qui eût mis le comble aux vœux de tant d'autres, et déplorant son succès comme un malheur :

« Mon sort est décidé; je reste ici. Je viens d'être nommé ministre d'État. »

L'exilé ne songe qu'à se dédommager par les nouvelles, les livres récents, par les lettres de madame du Deffand, qu'il implore à genoux, et par son jugement sur toutes choses, « pour guider et » éclairer le sien ».

Madame du Deffand devait lier un commerce encore plus intime avec un autre diplomate, le baron de Scheffer, envoyé de Suède depuis 1744, rappelé également dans son pays, en novembre 1751, et qui ne se console pas davantage d'un retour qui lui semble un exil. La place de sénateur, au lieu d'une faveur, lui semble une disgrâce, et lui aussi il s'écrie comme madame de Sévigné : « Hélas! nous voilà donc dans les lettres. » C'est dans

---

[1] *Mémoires du duc de Luynes*, p. 452.
[2] *Ibid.*, t. VII, p. 374. — Voir aussi t. X, p. 99. — T. XIV, p. 76.
[3] *Ibid.*, t. X, p. 281, 290.
[4] *Ibid.*, t. XI, p. 62.

ces témoignages des étrangers de marque, que l'attrait de nos mœurs et de notre esprit avait en quelque sorte ensorcelés, que nous choisissons de préférence les traits qui peuvent servir à caractériser le charme et l'influence d'un salon signalé à l'Europe par tous les diplomates et les voyageurs qui y ont reçu l'hospitalité, comme un rendez-vous privilégié, une école de bon goût et de bonne compagnie.

« On apprit hier, écrit le duc de Luynes, à la date du 6 novembre 1751[1], que M. le baron de Scheffer a été nommé sénateur, ce qui l'oblige certainement à retourner à Stockholm. C'est une vraie perte pour ce pays-ci ; il a l'esprit aimable et fort orné, beaucoup de politesse et d'usage du monde, un caractère doux et très-capable d'affaires ; il a une maison fort honorable et un grand nombre d'amis. »

M. le baron de Scheffer ne partait pas tout entier pour la Suède. Il laissait en France, dans son frère cadet, une sorte de vivante image de lui-même. Ce frère cadet, qui entra au service de France, fut présenté au Roi le 16 décembre 1749[1]. Le 22 août 1752, le duc de Luynes enregistre sa première audience particulière en termes qui feraient croire qu'il succédait à son frère comme envoyé de Suède.

« Ce même jour, mardi, M. le baron de Scheffer, le cadet, eut sa première audience, qui fut une audience particulière. Il était conduit par M. du Fort, le nouvel introducteur des ambassadeurs ; et accompagné par notre baron de Scheffer qui nous quitte, et qui immédiatement après l'audience de son frère, rentre fort triste pour prendre audience de congé. Sa douceur, sa politesse, l'étendue et l'agrément de son esprit, qui est fort orné, lui ont acquis grand nombre d'amis ; il sait beaucoup, parle très-bien, et écrit en notre langue singulièrement bien, et plus correctement que ne pourraient faire grand nombre de Français. Quoique les raisons qui l'ont fait rappeler en Suède soient très-honorables pour lui, puisque c'est pour lui donner une place dans le sénat et profiter de ses lumières et de ses conseils, il est pénétré de douleur de quitter la France ; on ne peut lui en parler *sans voir couler ses larmes*. Il est aussi infiniment regretté parce qu'il mérite de l'être[2]. »

Le baron de Scheffer devait revenir en France en 1771, et y saluer le premier du titre de roi le prince royal, que la mort de son père, Frédéric-Adolphe, élevait au trône. Il devait revoir sa vieille amie, et en lui ménageant l'honneur de dîner familièrement

---

[1] T. XI, p. 276. — Le baron de Scheffer prit congé en mars 1752, mais ne partit qu'en août.
[2] *Mémoires du duc de Luynes*, t. X, p. 54.
[3] *Ibid.*, t. XII, p. 112, 113.

avec le roi son maître, donner à celui-ci une idée des agréments qui lui avaient rendu le départ de 1752 si cruel. Dans l'intervalle, une correspondance active avec madame du Deffand, avec le président Hénault, dont nous n'avons que des fragments, lui avait servi d'aliment à sa douleur de les avoir quittés, à son espérance de les revoir. Une lettre de lui au président Hénault, en date du 15 mai 1753, citée par le duc de Luynes[1], contient des détails intéressants sur les études et les recherches qui servaient de consolation à ses regrets:

« Mes regrets de vous avoir quitté sont aussi vifs que jamais. Je m'occupe aussi le plus qu'il m'est possible à tout ce qui pourra me rappeler à votre souvenir. Cet ouvrage sur la vie de Charles XII dont vous avez vu et approuvé le commencement, sera, j'espère, en état de vous être présenté l'année prochaine, et le serait plus tôt si je pouvais lui donner d'autres moments que ceux de mon loisir, qui est fort médiocre, etc... »

Les lettres du baron de Scheffer que nous possédons vont du 6 juillet 1751 au 17 septembre 1754. On y trouve la preuve que le secret de l'influence de madame du Deffand sur ses amis, celui qui faisait « qu'on ne l'oubliait jamais lorsqu'on avait eu l'honneur de la connaître », comme le lui écrivait M. de Bernstorff, n'était pas moins dans les qualités de son cœur que dans les agréments de son esprit. A une époque où il était déjà de mode d'affecter les grands et les beaux sentiments, madame du Deffand, qui avait trop d'esprit pour rien affecter, fut accusée d'être sèche. Mais elle ne l'était pas. La correspondance avec Walpole nous la montre, la source une fois crevée par le coup de foudre de la passion suprême, épanchant les flots d'une sensibilité d'autant plus abondante qu'elle ne s'est pas prodiguée. M. de Scheffer, et il n'est pas le seul, lui rend cette justice, que son art de plaire vient surtout de ce qu'elle sait aimer.

« ..... Il est bien vrai que vous avez, madame, par les agréments de votre esprit et la sensibilité de votre cœur, tout ce qui peut satisfaire davantage le goût et les sentiments de ceux que vous voulez bien admettre au nombre de vos amis[2]. »

Les lettres du baron de Scheffer ne sont pas seulement intéressantes par ce perpétuel accent de regret, thème varié avec autant de délicatesse que de constance, par de curieux détails sur Voltaire, le cardinal de Tencin, d'Alembert, par quelques vues nettes et claires sur l'état

---

[1] *Mémoires du duc de Luynes*, t. XII, p. 465.
[2] Voir notre t. Ier, p. 135.

moral de sa correspondante, — elles le sont aussi par des considérations philosophiques ou politiques qui montrent jusqu'à quels sommets pouvait s'élever cette conversation dont madame du Deffand tenait si habilement les rênes. Une sorte d'émulation poussait ses amis exilés à lui paraître toujours dignes de ses bontés, et nous devons à ce flatteur amour-propre, qu'elle avait l'art de tenir toujours éveillé, malgré la distance, des lettres que nous louerons avec d'autant moins de scrupule qu'elle les louait elle-même.

« La bonté que vous avez, madame, d'approuver et de louer même mes lettres, me fait, je l'avoue, un plaisir infini. J'ai toujours désiré de vous plaire; j'ai ambitionné votre suffrage, que j'ai toujours vu dicté par le goût le plus sûr et le jugement le plus exquis; il ne pouvait donc rien m'arriver qui me flattât davantage, que d'en recevoir l'assurance de votre propre bouche...

».....Vos affaires publiques m'affligent beaucoup. J'aime la gloire de la France; mon amour pour la nation me fait penser souvent que je suis Français, et je souffre d'entendre les raisonnements que l'on fait sur tout ce qui se passe chez vous. Ou l'autorité royale est respectée en France, ou elle ne l'est pas : si elle l'est, qu'on l'emploie à rétablir les anciennes formes, ou à en établir de nouvelles qui soient reçues. Si, au contraire, l'autorité royale est bornée par des lois et par des usages, qu'elle se contente donc de les observer. La France n'en sera ni moins puissante, ni son roi moins considéré en Europe [1].

» ..... Les Français paraissent aujourd'hui connaître le prix de la liberté; ils en adoptent les principes et les suivent; mais les lois de l'Angleterre leur manquent, et ce défaut rendra vraisemblablement leurs efforts inutiles [2]. »

Outre les deux ambassadeurs si distingués que nous venons de citer parmi les hôtes assidus des premières réunions de madame du Deffand, il faut compter encore au nombre de ceux qui recherchaient comme un honneur la permission de lui offrir leurs hommages, l'Anglais Williams Pulteney (lord Bath), l'ancien ministre, l'ancien adversaire de Robert Walpole, qui était venu en France en 1749, et avait eu avec le marquis d'Argenson des conversations où celui-ci avait appris, non sans quelque dédain pour son maître, le système politique et la stratégie des partis dans son pays [3]. Le vieil homme d'État, encore jeune d'esprit, se rappelle au souvenir « d'une personne dont il souhaitera toujours au plus haut degré de conserver l'estime » en lui envoyant du thé pour arroser ces causeries des

---

[1] Voir notre t. 1er, p. 176, 177.
[2] Ibid., p. 198.
[3] Voir *Mémoires du marquis d'Argenson*. Édit. Rathery.

soupers du lundi dont il se souvient avec attendrissement et admiration.

« Je me rappelle souvent les agréables soupers que j'ai faits chez vous avec la société la plus aimable, et dont la conversation était toujours aussi engageante qu'utile. Je me souviens particulièrement d'un soir qu'elle tomba par hasard sur notre histoire d'Angleterre : combien ne fus-je pas tout à la fois surpris et confus d'y voir que les personnes qui composaient la compagnie la savaient toutes mieux que moi-même [1]. »

Il ne faut point oublier un grave et aimable personnage dont le puritanisme protestant s'éclaire plus d'une fois de la malice et du sourire de l'homme d'esprit. C'est Jean-Louis Saladin, Genevois (né en 1701), fixé depuis vingt-cinq années à Paris, d'abord comme résident de l'électeur de Hanovre (roi d'Angleterre) auprès de la cour de France, puis comme syndic de la Compagnie des Indes. Il est question de ce personnage dans les *Lettres de mademoiselle Aïssé*[2], et les *Lettres de madame du Deffand* complètent sa petite immortalité. C'était incontestablement un homme d'esprit. Il l'aimait trop pour n'en pas avoir. Nous laisserons en lui l'homme public, le négociateur mêlé aux grandes affaires et aux grands intérêts de son temps, qu'on peut étudier dans le grand historien littéraire de Genève, Sénebier; l'homme aimable et privé, retiré, au milieu de la considération universelle, dans les devoirs d'une des grandes magistratures de Genève, et ne se consolant pas de n'avoir connu madame du Deffand que la dernière année de son séjour à Paris : voilà, dans M. Saladin, tout ce qui nous appartient[3].

M. Saladin, avec sa perspicacité d'observateur et de philosophe, est celui qui a le mieux et le plus profondément vu dans les troubles mystérieux de l'âme de madame du Deffand, ce levain amer d'expérience qui fermente en ces années 1751 et 1752, époques de crise morale, d'ennui incurable et désespéré, de vapeurs, de dégoût, qui la chasseront de Paris une année entière, et qui semblent en elle le pressentiment de cette suprême épreuve de la cécité.

M. Saladin demande à s'apercevoir dans ses lettres « qu'elle a le » cœur aussi philosophe que l'esprit, et qu'elle est aussi heureuse » qu'elle le mérite [4]. »

[1]. Voir notre t. Ier, p. 126.
[2] Édit. Ravenel, p. 88, 257.
[3] T. III. M. A. Sayous, le savant et ingénieux auteur de l'*Histoire de la littérature française à l'étranger pendant les dix-septième et dix-huitième siècles*, et le consciencieux éditeur des *Mémoires et Correspondance de Mallet du Pan*, a bien voulu venir, par quelques excellents renseignements, au secours de nos recherches sur M. Saladin.
[4] Voir notre t. Ier, p. 131.

« ..... Vous savez, du reste, que quand vous parlez aux autres ou des autres, personne ne vous égale en lumières et en sagacité; je laisse à part l'agrément. Mais vous n'avez ni la même justesse ni la même justice quand il s'agit de vous juger; vous vous humiliez de ce qui ne devrait faire que l'humiliation des autres; et l'humiliation est toujours un sentiment très-désagréable, de quelque part qu'il vienne. Vous vous faites un tort du malaise que vous éprouvez quelquefois, qui ne vient sûrement que du vice de votre estomac, dont vous n'êtes pas responsable; et dans le temps que chacun pèche par se croire plus d'esprit qu'il n'en a, vous vous accusez d'orgueil quand vous n'êtes que déraisonnablement humble. Sachez, madame, une fois pour toutes, que vous avez tiré le gros lot en fait d'esprit. S'il y avait quelque chose à désirer pour vous à cet égard, ce serait d'en avoir moins, et beaucoup moins, parce que vous seriez moins frappée du vice et du néant des autres. Vous ne vous savez pas gré de celui que vous avez, parce qu'il ne suffit pas à votre bonheur actuel. Daignez considérer cependant combien dans votre vie il vous a fait passer d'agréables moments, combien il vous a élevée au-dessus des autres, combien il vous a attiré d'hommages. La figure seule n'a pas tout fait, et sûrement le temps a fait plus de bien à l'un que de mal à l'autre : il ne s'agit que de s'en persuader soi-même au point de vérité où la chose est. Je ne sais ce que je donnerais pour que de bonnes et solides raisons pussent vous faire donner au séjour de Chamrond la préférence sur celui de Paris; mais n'imaginez pas être dans le vrai quand vous pensez que s'ennuyer dans le lieu des amusements soit cent fois pis que de s'ennuyer dans la retraite. Ce serait comparer un violent mal de dents à un ulcère; il y a tel moment où l'on peut pâtir plus de l'un que de l'autre; mais les deux états ne se ressemblent point. Paris a et aura toujours une abondance où l'on n'a qu'à puiser; l'on peut dans des temps avoir les bras engourdis, mais ce léger mal a son terme [1]. »

Madame du Deffand dut se rendre, au moins pour le moment, à des observations si clairvoyantes, si sincères et si flatteuses, et son sage correspondant, qui excelle dans ce langage de la raison familière, et pour ainsi dire socratique, dut la croire convertie.

« Je ne suis pas assez présomptueux, madame, pour croire que j'aie pu contribuer, par mes réflexions, à vous rendre plus contente de vous-même et de votre position; mais je suis charmé de voir que vous rendant enfin plus de justice, vous ne formerez plus de plans nouveaux, et que vous vous laisserez aller au cours naturel de la vie de Paris et de vos sociétés, dont on ne sent jamais mieux l'agrément intrinsèque et le besoin qu'à une certaine distance, et après un certain temps passé ailleurs.....

» ..... Je ne pense pas, comme vous, que les femmes soient des enfants éternels; elles cessent de l'être avant nous, et d'ailleurs elles se retirent plus tôt que nous d'une certaine dissipation. Il est aussi commun aux hommes d'avoir des vapeurs qu'aux femmes. Celles de Paris m'ont toujours paru moins frivoles que les hommes. Vous ne vous taxez de frivolité, d'enfance, que parce que vous descendez en vous-même, et

[1] Voir notre t. 1er, p. 132, 133.

qu'il peut vous arriver de vous prendre sur le fait. Madame, au nom de Dieu, comparez, et ne vous lassez pas de me répondre [1].

» Il faut, pour bien faire, regarder ce monde comme une comédie; et pourvu que le corps ne souffre pas, on ne souffre pas trop à être persuadé qu'on n'a pas tiré un mauvais billet. »

XIV

Nous avons donné une idée du mérite des hommes d'élite qui formaient le groupe étranger, qu'elle appellera plus tard « diplomatique », dans le salon de madame du Deffand. Nous avons, par leurs lettres, témoigné des agréments qu'ils devaient y apporter. Il nous reste à parler de ceux qui leur faisaient le plus habituellement les honneurs de cette hospitalité spirituelle, de ceux qui inspiraient à des admirateurs dignes de les sentir ces regrets éternels dont ils parlent tous; « cet amour de Paris et ce regret de l'avoir quitté » qui font la meilleure part de leur existence [2] » avec ces lettres qu'ils ne trouvent « que divines » et dont l'espoir impatient n'a d'égal que la crainte de ne les pas recevoir [3].

Le premier qui se présente est le grave, l'ingénieux, le spirituel président de Montesquieu, cet homme admirable et adorable, « ce bon homme dans un grand homme », comme dira de lui le chevalier d'Aydie :

« Je vous avais promis, madame, de vous écrire; mais que vous manderais-je dont vous pourriez vous soucier? Je vous offre tous les regrets que j'ai de ne plus vous voir. A présent que je n'ai que des objets tristes, je m'occupe à lire des romans. Quand je serai plus heureux, je lirai de vieilles chroniques, pour tempérer les biens et les maux; mais je sens qu'il n'y a pas de lectures qui puissent remplacer un quart d'heure de ces soupers qui faisaient mes délices. »

Et il finit malicieusement par ces mots :

« Mais je ne songe pas que je vous ennuie à la mort, et que la chose du monde qui vous fait le plus de mal, c'est l'ennui; et je ne dois pas vous tuer, comme font les Italiens, par mes lettres [4]. »

Le président, dans ses autres, trop rares et trop courtes lettres, continue de plaisanter agréablement madame du Deffand sur son ennui, sur les moyens qu'elle emploie « pour tuer le temps

[1] Voir notre t. Ier, p. 138, 139.
[2] *Ibid.*, p. 140.
[3] *Ibid.*, p. 143.
[4] Voir notre t. Ier, p. 130. — *La Brède*, 15 juin 1751.

» qu'elle n'a jamais tant trouvé qui mérite de l'être. » Il la charge de ses amitiés pour le chevalier d'Aydie, en ce moment à Paris (juillet 1751), et de ses compliments reconnaissants pour d'Alembert, qui l'a mentionné dans sa *Préface* de l'*Encyclopédie* parmi les hommes qui honorent le génie français. Un jour il la félicite de lui apprendre « qu'elle a de la gaieté », et lui déclare galamment qu'il voudrait la revoir, « être son philosophe et ne l'être point[1] ». Un autre jour, il disserte spirituellement sur les huîtres, à propos du mot de madame du Deffand : « que rien n'est heureux ici-bas » depuis l'ange jusqu'à l'huître ». Il lui rappelle « à elle qui est » gourmande », que le sort de l'huître n'est déjà pas si désagréable, « qu'elle a trois estomacs, et que ce serait bien le diable si dans » ces trois il n'y en a pas un de bon[2] ». Il promet de s'employer activement à l'élection de d'Alembert à l'Académie. « Il fera là-» dessus ce que d'Alembert, madame du Deffand et madame de » Mirepoix voudront. » Il est heureux de la voir s'accommoder du bailli de Froullay[3], dont les lettres de Voltaire, d'Aïssé, de madame de Créqui, nous ont donné une si excellente idée. Enfin il écrit à d'Alembert lui-même, pour répondre à sa demande de collaboration à l'*Encyclopédie* :

« Dites, je vous prie, à madame du Deffand, que si je continue à écrire sur la philosophie elle sera ma *marquise*... Si vous voulez de moi, laissez à mon esprit le choix de quelques articles; et si vous voulez ce choix, ce sera chez madame du Deffand, avec du marasquin[4]. »

XV

Mais le moment est venu d'esquisser la physionomie de deux hommes fort différents dont la liaison avec madame du Deffand fut durable chez celui qui l'avait connue le premier, passagère chez celui qui l'avait connue le second, et dont l'infidélité, causée par l'amour, a gardé quelque chose de l'ingratitude. Tous deux ont une valeur incontestable, l'une plus morale, l'autre plus intellectuelle. D'Alembert ne fut qu'un homme d'esprit dont mademoiselle de Lespinasse a seule découvert le cœur. On l'aperçoit plus encore que l'esprit chez ce loyal, aimable et bourru chevalier d'Aydie, que l'amour d'Aïssé rend immortel.

[1] Voir notre t. Ier, p. 143. (12 août 1752).
[2] *Ibid.*, p. 144.
[3] *Ibid.*, p. 145.
[4] *Ibid.*, p. 187.

Ce sont là deux figures capitales dans l'histoire du salon de Saint-Joseph, d'Alembert surtout, qui en fut le favori, l'académicien, le grand homme, et qu'il faut détacher en lumière, en laissant dans la pénombre tous ces visages épisodiques : Madame Harenc, la compagne du voyage de Forges, et son vieil ami M. de Lauzillières, honoré des dernières faveurs de madame de Prie ; le général de Bulkeley, le médecin Vernage[1], l'abbé de Canaye, l'abbé de Chauvelin, l'abbé du Gué[2], « solide et précis », Maupertuis[3], « l'aimable inconstant, » le chevalier de Laurency, madame de Betz, madame d'Héricourt, madame de Clermont, et nos anciennes connaissances, les du Châtel et Formont.

Il est assez difficile de préciser l'époque et de dire l'origine des relations de madame du Deffand et de d'Alembert. Nous serons malheureusement plus heureux en ce qui concerne leur fin. Ce qu'il y a de certain, c'est qu'elles sont déjà intimes et familières en octobre 1748, époque où nous en trouvons la première trace dans une lettre de M. des Alleurs[4], qui l'appelle le « prodigieux et aimable d'Alembert[5] ».

D'Alembert demeurait à cette époque rue Michel-le-Comte, chez la femme Rousseau, la vitrière compatissante qui avait servi de mère à l'enfant naturel de madame de Tencin, abandonné par elle. Déjà l'éloignement mettait un premier obstacle à des relations que la méfiance et le mépris ne devaient empoisonner que plus tard.

« Je suis fâché pour vous et pour M. d'Alembert que vous vous voyiez plus rarement depuis que vous êtes à Saint-Joseph, écrit M. des Alleurs le 17 avril 1749[6] ; l'assiduité d'un homme aussi gai, aussi essentiel, aussi diversifié[7], quoique géomètre sublime, n'est pas une chose aisée à remplacer dans votre faubourg Saint-Germain. »

Malgré l'éloignement, madame du Deffand et d'Alembert se virent assez souvent pour que rien dans la vie de l'un ne demeure, à cette époque, étranger à l'autre. Il suffit pour se voir, en dépit de tout, de le désirer.

Nous lisons dans une lettre de M. Saladin, du 6 juillet 1751 :

« Il me tarde fort de lire la *Préface* de l'*Encyclopédie*... Je suis fort aise du plaisir que vous avez à sentir que vous en aimez une fois

---

[1] Voir notre t. 1er, p. 116.
[2] *Ibid.*, p. 123.
[3] *Ibid.*, p. 123.
[4] *Ibid.*, p. 114.
[5] *Ibid.*, p. 117.
[6] *Ibid.*, p. 123.
[7] *Sic.* Il faut sans doute lire *divertissant*.

mieux M. d'Alembert. Cela fait deux plaisirs au lieu d'un ; il n'y a que Paris pour ces multiplications-là [1]. »

Sans doute « dans cette tranquillité si parfaite et si douce [2] » dont d'Alembert déclare jouir, au marquis d'Argens, le 16 septembre 1752, et sur laquelle il fonde son refus des propositions, si flatteuses qu'elles soient, du roi de Prusse, entraient pour beaucoup à cette époque l'affection et le dévouement dont madame du Deffand entourait « son petit ami ». La responsabilité du sort de l'*Encyclopédie*, confiée à ses mains et à celles de Diderot, n'eût pas suffi pour rendre d'Alembert indifférent à des offres si avantageuses. Le bonheur fut pour moitié dans sa fidélité au devoir ; d'Alembert, du reste, en convient noblement dans sa lettre du 20 novembre 1752.

« Je pourrais insister sur quelques-unes des objections auxquelles vous avez bien voulu répondre ; mais il en est une, la plus puissante de toutes pour moi, et à laquelle vous ne répondez pas : c'est *mon attachement pour mes amis*, et j'ajoute, pour cette obscurité et cette retraite si précieuses au sage [3]. »

Ces liens réciproques allaient être resserrés par l'absence. Madame du Deffand, cédant à une sorte d'inspiration désespérée, devenue en elle une idée fixe, était allée chercher à la campagne, en province, le repos et la santé qu'elle accusait Paris de lui ravir de plus en plus, et essayer de guérir, dans la simplicité salutaire de la vie agreste et dans le spectacle de son horizon de fraîches verdures, un remède contre l'ennui de plus en plus rongeur, un préservatif contre la cécité. C'est dans une lettre à Montesquieu, du 13 septembre 1752, qu'elle pousse le premier cri d'alarme devant cette grande ombre de la cécité qui s'avance [4]. C'est sans doute un jour où elle sentit plus vivement un danger dont l'ennui redoublait la crainte, qu'en proie à une sorte de terreur panique, elle s'enfuit, pour ainsi dire, de Paris, et alla demander à l'hospitalité de son frère, à Chamrond, au moins cette consolation que donne le changement.

C'est au mois de septembre 1752 qu'il faut fixer sans doute la date de cette subite résolution de villégiature de madame du

[1] Voir notre t. Ier, p. 134.
[2] *Ibid.*, p. 146.
[3] Voir notre t. Ier, p. 153.
[4] « Je commence par votre apostille. Vous dites que vous êtes aveugle ! Ne voyez-vous pas que nous étions autrefois, vous et moi, de petits esprits rebelles qui furent condamnés aux ténèbres ? Ce qui doit nous consoler, c'est que ceux qui voient clair ne sont pas pour cela lumineux. » (Voir notre t. Ier, p. 144, 145.)

Deffand. Du moins, dans sa correspondance, ne trouvons-nous pas de trace antérieure, non de ce projet qui date de 1751, et que M. Saladin a mis tant d'ardeur à combattre, mais de son exécution.

C'est là que vient la trouver une première lettre de d'Alembert, en date du 4 décembre 1752, qui nous montre madame du Deffand confirmant par ses aveux les prévisions de son conseiller de Genève :

« Je vois, par votre dernière lettre, que Chamrond ne vous a pas guérie ; vous me paraissez avoir l'âme triste jusqu'à la mort ; et de quoi, madame? Pourquoi craignez-vous de vous retrouver chez vous? Avec votre esprit et votre revenu, pourrez-vous y manquer de connaissances? Je ne vous parle point d'amis, car je sais combien cette denrée-là est rare ; mais je vous parle de connaissances agréables. Avec un bon souper on a qui on veut, et si on le juge à propos, on se moque encore après de ses convives. Je dirais presque de votre tristesse ce que Maupertuis disait de la gaieté de madame de la Ferté-Imbault : qu'elle n'était fondée sur rien [1]. »

Madame du Deffand ne pouvant guérir à Chamrond, faisait du moins bonne contenance, et affectait avec ses amis moins intimes une espérance et une constance qu'elle n'avait pas. C'est ce qui explique que, le 15 décembre, le baron Scheffer la félicite et l'approuve de sa résolution « de se passer de Paris » et de sa fermeté à en faire l'épreuve, et envie galamment à l'évêque de Mâcon le bonheur de tenir compagnie à l'exilée volontaire [2].

D'Alembert, plus clairvoyant et plus sincère, continue de gourmander doucement madame du Deffand :

« J'ai bien mal interprété votre lettre ; j'avais cru y voir une espèce d'effroi de votre état passé ; mais j'aime encore mieux que cet état n'ait rien d'effrayant pour vous. Je vis hier Pont-de-Veyle à l'Opéra ; nous parlâmes beaucoup de vous. Je lui dis que vous n'aviez commencé à être malheureuse que depuis que vous aviez été plus à votre aise, et que cela me faisait grand'peur de devenir riche [3]. »

« Je vis ces jours passés à l'Opéra, continue-t-il, le 27 janvier 1753, M. de la Croix, qui me donna des nouvelles de votre santé, et avec qui je parlai beaucoup de vous. Il me dit que vous vous couchez fort tard. Ce n'est pas là le moyen de dîner quand vous serez à Paris. Au surplus, je crois que vous vous oberverez mieux, quelque genre de vie que vous suiviez, pourvu que vous vous observiez sur le manger ; car, comme dit Vernage, il ne faut point trop manger..... A propos, quel compliment faut-il vous faire sur la mort de madame la duchesse du Maine? Voici le moment d'imprimer les *Mémoires* de madame de Staal. »

[1] Voir notre t. Ier, p. 154.
[2] *Ibid.*, p. 161.
[3] *Ibid.*, p. 163.

h.

Dès le mois de mars 1753, madame du Deffand, comme pour les tâter, annonce à ses amis son prochain retour à Paris.

« Les nouvelles que vous m'avez fait la grâce de me donner de votre santé et de votre projet de retourner à Paris, sont les plus agréables que je pouvais recevoir. Il n'était donc question absolument que de vapeurs? J'avoue que je croyais ce mal physique accompagné d'un mal moral encore plus difficile à guérir, d'un dégoût du monde qui nourrissait et aigrissait vos vapeurs. Je reconnais mon erreur avec une véritable satisfaction. Dieu veuille que vous ne retombiez plus jamais dans un pareil état[1]. »

La réponse de madame du Deffand, en date du 22 mars 1753, nous édifie sur son état, et témoigne de son retour à la santé intellectuelle, sinon à la santé morale. Elle est judicieuse, fine et même affectueuse. Elle nous apprend aussi que c'est en vain qu'elle a, en 1752, essayé d'apprivoiser le sauvage et enthousiaste Diderot.

« Je serai ravie si vous pouvez engager cet abbé (*de Canaye*) à faire connaissance avec moi; mais vous n'en viendrez point à bout; il en sera tout au plus comme de Diderot, qui en a eu assez d'une visite; je n'ai point d'atomes accrochants... »

Elle lui conseille de ne se point claquemurer dans la géométrie, et lui donne, au sujet des injustices qui le poussent à cette résolution, de fort bons conseils dont elle pourrait profiter elle-même.

« Soyez philosophe jusqu'au point de ne vous pas soucier de le paraître; que votre mépris pour les hommes soit assez sincère pour pouvoir leur ôter les moyens et l'espérance de vous offenser... Je serai à Paris dans le courant du mois de juin... J'ai une véritable impatience de vous voir, de causer avec vous; la vie que je mènerai vous conviendra, à ce que j'espère; nous dînerons souvent ensemble tête à tête, et nous nous confirmerons l'un et l'autre dans la résolution de ne faire dépendre notre bonheur que de nous-mêmes; je vous apprendrai peut-être à supporter les hommes, et vous, vous m'apprendrez à m'en passer. Cherchez-moi quelque secret contre l'ennui, et je vous aurai plus d'obligation que si vous me donniez celui de la pierre philosophale. Ma santé n'est pas absolument mauvaise, mais je *deviens aveugle*[2]. »

Madame du Deffand allait à Lyon, comme nous le verrons bientôt, pour y voir le cardinal de Tencin, qui, par un opportun retour dans son diocèse, s'était ménagé la considération que donnent à un homme d'État la retraite et l'absence, considération qui se compose de l'oubli et du silence de ses ennemis.

Elle y reçut une lettre du président Hénault, marquée au coin d'une raison, d'une expérience, d'un détachement qui ne s'accor-

[1] Voir notre t. Ier, p. 166.
[2] *Ibid.*, p. 170.

dent guère avec le mouvement que sa faveur auprès de la Reine va donner à cet homme si bien fait pour le rôle de courtisan, qui comparait madame de Pompadour à Agnès Sorel, tout en paraphrasant en style d'opéra les Psaumes pour Marie Leczinska.

« Je ne crois pas que l'on puisse être heureux en province, disait-il, quand on a passé sa vie à Paris; mais heureux qui n'a jamais connu Paris, et qui n'ajoute pas nécessairement à cette vie les maux chimériques, qui sont les plus grands! car on peut guérir un seigneur qui gémit de ce qu'il a été grêlé en lui faisant voir qu'il se trompe, et que sa vigne est couverte de raisins; mais la grêle métaphysique ne peut être combattue. La nature ou la Providence n'est pas si injuste qu'on le veut dire; n'y mettons rien du nôtre, et nous serons moins à plaindre; et puis, regardons le terme qui approche, le marteau qui va frapper l'heure, et pensons que tout cela va disparaître. »

En finissant ce sermon épistolaire, le président demande :

« Vous ne me dites pas ce que la mission de M. de Mâcon a fait sur vous. Adieu [1]. »

Madame du Deffand revint à Paris en août 1753. Elle y trouva des lettres de plusieurs de ses amis, notamment de M. de Scheffer, qui l'attendaient pour lui souhaiter la bienvenue et la complimenter, peut-être prématurément, du bonheur qu'elle allait y retrouver, comme si notre bonheur n'était pas en nous-mêmes.

« J'espère, disait M. de Scheffer, que vous aurez trouvé, à votre retour à Paris, plus de satisfaction que vous n'y en aviez attendu. Il y a certainement beaucoup de faux airs dans ce pays-là, et une grande ivresse de toutes sortes de passions incommodes et insupportables pour ceux qui n'en ont aucune; mais il y a aussi de la raison pour ceux qui en ont, et des gens vraiment aimables, au milieu de tant d'autres qui n'en ont pas seulement l'apparence. Vous avez, madame, des amis d'un mérite si rare, si reconnu et si distingué, que Paris doit être pour vous un séjour délicieux. Les personnes dont l'attachement faible et passager a pu vous donner des sujets de plainte et de dégoût [2], seront pour vous comme si elles n'existaient point, si ce n'est qu'elles vous donneront peut-être de nouveaux sujets de consolation, supposé que vous en ayez besoin encore... [3] »

D'Alembert était absent de Paris au moment du retour de madame du Deffand. Il était à Blanc-Ménil avec Duché, pour de là aller à Fontainebleau et enfin au Boulay, chez M. d'Héricourt. Madame du Deffand se consola de cette absence en s'occupant de

---

[1] Voir notre t. Ier, p. 171.
[2] Les du Châtel, croyons-nous, à moins qu'il ne s'agisse du président Hénault.
[3] Voir notre t. Ier, p. 174.

lui et en cherchant à lui procurer la place de secrétaire de l'Académie des sciences, qu'il refuse par sa lettre du 3 septembre; et en faisant aussi pour le faire entrer à l'Académie française des démarches mieux accueillies et plus efficaces, malgré le président Hénault dont il avait refusé de faire l'éloge dans sa *Préface* de *l'Encyclopédie*, et que d'Alembert regarda depuis comme lui ayant toujours été sourdement hostile [1].

D'Alembert et madame du Deffand se rencontrèrent enfin au Boulay, chez M. d'Héricourt, à la fin d'octobre 1753, et elle put essayer d'apprivoiser « ce chat moral, ce chat sauvage », comme elle l'appelait; ce quaker, comme dit Duché, dont l'âpre indépendance tournait parfois à la misanthropie et s'indignait contre tous les jougs, même celui de l'amitié. Il n'en était pas de même de la reconnaissance, qui lui rendait précieux et cher le toit hospitalier de la mère Rousseau, dont on s'efforçait en vain de l'arracher, en raillant son amour peut-être imaginaire, peut-être réel, pour mademoiselle Rousseau, sans doute la fille de la vitrière [2].

En novembre 1753, madame du Deffand prit un parti qui a son importance dans l'histoire d'une maîtresse de maison, de la souveraine d'un salon célèbre. Voici en quels termes l'approuve ce M. de Scheffer, qui ne la contredit jamais :

« Il est bien vrai que le parti que vous avez pris de dîner peut être aussi recommandable pour la société que pour la santé; on s'assemble de meilleure heure, et assez volontiers les gens qui dînent ont acquis une tranquillité fort agréable pour ceux avec qui ils vivent. J'ai vu en vérité plus de dîners que de soupers gais... Plût à Dieu que je fusse à portée de vous en faire mes compliments de vive voix. Que j'aurais de plaisir à assister à ces dîners où sans doute l'esprit, la liberté, la confiance et la gaieté assureront le succès de madame la Roche que je suppose encore à vous, parce que je n'imagine pas où elle pourrait être mieux. »

C'est le cas d'ajouter que madame du Deffand s'était déjà, en raison de l'affaiblissement de sa vue, ménagé les services de Wiart, son fidèle et dévoué secrétaire jusqu'à sa mort [3].

Cependant ses yeux se voilaient de plus en plus, et elle supportait cette épreuve devenue inévitable avec une patience qui montre combien est paternelle cette Providence, qui, même quand elle nous frappe, nous ménage, en suspendant longtemps le coup et

---

[1] Voir, par exemple, notre t. Ier, p. 179 et p. 181.
[2] Voir notre t. Ier, p. 180, 182.
[3] Il en est question pour la première fois dans la lettre de d'Alembert du 19 octobre 1753.

en n'abaissant que progressivement la main, le temps et les moyens de nous aguerrir et de nous résigner au mal.

« J'admire très-sincèrement, écrit M. de Scheffer, à la date du 4 janvier 1754, votre courage en perdant la vue; j'espère que vous ne ferez jamais cette perte dans le sens littéral et absolu; mais je sens combien il est malheureux d'en avoir seulement l'appréhension, et il faut estimer heureux ceux qui peuvent la supporter[1]. »

XVI.

En février 1754, nous trouvons les premières traces d'une négociation où madame du Deffand se peint tout entière et écrit, pour l'édification d'une jeune fille dont elle veut faire sa compagne, son bilan moral avec une loyale et inexorable sincérité. Il nous est impossible de ne pas nous arrêter un moment à la rencontre de ces deux personnes, depuis si célèbres, et de ne pas dire, quoique succinctement, parce que nous abordons ici un des côtés éclatants d'une histoire dont les côtés obscurs nous attirent de préférence, par suite de quelles circonstances et dans quelles conditions mademoiselle de Lespinasse devint la demoiselle de compagnie de madame du Deffand. L'intelligence d'une rupture qui marque comme un événement dans nos annales littéraires, l'intelligence même du caractère de deux femmes à qui l'esprit a fait une gloire, sont à ce prix.

Cette lettre, du 13 février 1754, de madame du Deffand à mademoiselle de Lespinasse, serait à citer tout entière, tant elle respire une âpre raison, une amère expérience et un égoïsme raffiné. Nous nous bornons à ce passage :

« Il y a un second article sur lequel il faut que je m'explique avec vous, c'est que le moindre artifice et même le plus petit art que vous mettriez dans votre conduite avec moi me serait insupportable. Je suis naturellement défiante, et tous ceux en qui je crois de la finesse me deviennent suspects, au point de ne pouvoir plus prendre aucune confiance en eux. J'ai deux amis intimes, qui sont Formont et d'Alembert[2]; je les aime passionnément, moins par leur agrément et par leur amitié pour moi que par leur extrême vérité. Je pourrais y ajouter Devreux[3], parce que le mérite rend tout égal, et que je fais, par cette raison, plus de cas d'elle que de tous les potentats de l'univers. Il faut donc, ma reine, vous résoudre à vivre avec moi avec la plus grande vérité et

---

[1] Voir notre t. 1er, p. 191.
[2] Elle ne cite pas parmi ses amis intimes le président Hénault ni Pont-de-Veyle, fait à noter, comme symptôme du refroidissement qui n'ira plus qu'en croissant.
[3] Sa femme de chambre.

sincérité, ne jamais user d'insinuation ni d'exagération, en un mot, ne vous point écarter et ne jamais perdre un des plus grands agréments de la jeunesse, qui est la naïveté. Vous avez beaucoup d'esprit, vous avez de la gaieté, vous êtes capable de sentiments ; avec toutes ces qualités vous serez charmante, tant que vous vous laisserez aller à votre naturel, et que vous serez sans prétention et sans entortillage[1]. »

Dans sa lettre du 30 mars 1754, à la duchesse de Luynes, madame du Deffand, après avoir posé le dernier de ces jalons qu'elle place à l'occasion depuis plus d'une année, après avoir vu et favorablement disposé le cardinal de Tencin, après avoir obtenu la neutralité de M. de Mâcon (*la Rochefoucauld*[2]), elle s'adresse enfin à madame de Luynes, et dans une lettre d'une habileté consommée cherche à la gagner à sa cause. Il faut dire, pour expliquer ces précautions, ces préparations, ce conflit entre M. de Vichy-Chamrond et madame du Deffand, qui laissa à jamais brouillés le frère et la sœur, dire que mademoiselle de Lespinasse était la sœur naturelle de madame de Vichy-Chamrond, fille adultérine de sa mère, madame d'Albon, et d'un inconnu qu'on a osé dire, sans la moindre preuve, être le cardinal de Tencin. Quoi qu'il en soit, M. et madame de Vichy, qui n'avaient guère fait d'efforts pour retenir auprès d'elle, par l'affection et la reconnaissance, mademoiselle de Lespinasse, sentirent son prix quand elle voulut les quitter, et aperçurent alors aussi le danger qu'il y avait pour leur honneur et leurs intérêts, à laisser sortir de leur dépendance et de leur surveillance une jeune fille ardente et fière, que rien ne pouvait empêcher, sous le coup de suggestions hostiles, de faire un éclat, de déchirer le mystère de sa naissance et d'afficher des prétentions d'héritage qui auraient au moins l'inconvénient d'une scandaleuse publicité[3]. De là, pour retenir mademoiselle de Lespinasse, dont d'abord ils ne se souciaient guère, des efforts dont peut donner une idée la longue et prudente diplomatie de madame du Deffand, et cet exorde de sa lettre à madame de Luynes, véritable chef-d'œuvre d'insinuation :

[1] Voir notre t. Ier, p. 195.
[2] Elle en trace en passant cette esquisse : « C'est un très-bon ami, j'en suis on ne peut pas plus contente, à ses colères près, qui nuisent beaucoup à la conversation. Il prétend que c'est moi qui m'emporte : tout cela ne fait rien quand on finit par être d'accord. » (Voir notre t. Ier, p. 200.)
[3] Et cela en dépit de toutes les précautions bien minutieusement prises à la venue de cette enfant intruse à qui on donne un père et une mère légitimes supposés. Voir cet acte de naissance, qui, il est vrai, sent la fraude par l'art même qu'on a mis à le cacher, dans la *Préface* de l'édition de Londres, qui l'a donné la première, ou dans les éditions françaises qui l'ont reproduit d'après elle.

« Ce n'est point, madame, comme à la personne du monde que je respecte le plus ni à celle de qui je me fais un devoir de dépendre, mais comme à la plus tendre et à la plus sincère amie que j'aie, que je me détermine à vous parler aujourd'hui avec la plus extrême confiance. Je commence par vous promettre une vérité exacte et une entière soumission.

» Je suis aveugle, madame, on me loue de mon courage, mais que gagnerais-je à me désespérer ? Cependant je sens tout le malheur de ma situation, et il est bien naturel que je cherche des moyens de l'adoucir. Rien n'y serait plus propre que d'avoir auprès de moi quelqu'un qui pût me tenir compagnie, et me sauver de l'ennui de la solitude ; je l'ai toujours crainte, actuellement elle m'est insupportable. »

Ce qui plaidait pour madame du Deffand, c'était l'incontestable loyauté de ses intentions. Elle allait faire ce que les siens n'avaient pas fait. Elle allait réparer leurs torts, en accordant à mademoiselle de Lespinasse, qu'ils avaient froissée, une protection qui était une garantie pour leurs intérêts. Elle allait la préparer, par la plus douce des dépendances, à cette renonciation, but si mal atteint par des parents égoïstes et imprévoyants. Et cependant M. de Vichy ne pardonna guère à sa sœur d'avoir réussi. L'amour-propre et la crainte ne raisonnent pas.

Enfin, le 8 avril 1754, aboutit à un résultat cette longue affaire, plaidée et discutée comme un procès. Les dissentiments qui ont présidé à l'origine des relations de madame du Deffand sont d'un fâcheux augure. Il semble qu'ils y aient déposé un levain que le moindre orage aigrira. Ce qui est né de la discorde est destiné à mourir par elle. Madame du Deffand ne le pensait pas ainsi, car, s'abandonnant à des espérances qu'échauffait encore le plaisir de la victoire, elle écrivait :

« Adieu, ma reine ; faites vos paquets, et venez faire le bonheur et la consolation de ma vie ; il ne tiendra pas à moi que cela ne soit bien réciproque. »

Les événements devaient lui montrer, par une dure leçon, combien elle se trompait. Mais dix ans nous séparent encore de cette suprême expérience.

Pour le moment, elle accueillit avec un empressement qui lui fut rendu en reconnaissance, cette jeune fille intelligente et dévouée qui venait lui prêter ses yeux et lui tenir compagnie dans ce « cachot » éternel » de la cécité où, comme elle le disait, elle était plongée.

Car son infirmité s'aggravait de plus en plus. Comme par une punition de ses indiscrètes curiosités intérieures, de ses débauches d'analyse psychologique, le rayon se retournait en dedans, et elle perdait la vue extérieure dont elle avait un peu abusé. Elle se résignait, en calculant l'heure de l'obscurcissement complet, et en s'aguerrissant à son futur état par des observations qui frappaient le baron de Scheffer d'étonnement et de tristesse.

« A juger, lui écrit-il le 17 mai 1754, par tout ce que vous me faites l'honneur de me dire dans votre dernière lettre, votre vue est donc totalement perdue? J'admire, madame, le courage avec lequel vous soutenez une perte si sensible. C'est là que l'on connaît la force de l'âme, bien plus que dans ces entreprises appelées grandes et courageuses, où cependant toutes les passions des hommes concourent à inspirer du courage. Je souhaite du fond de mon cœur que vous conserviez toujours le vôtre, et je dois l'espérer, puisqu'en pareil cas, il est bien moins difficile de conserver que d'acquérir. Vous m'avez fait faire à cette occasion une réflexion sur l'effet du regard dans la conversation, qui me paraît extrêmement juste, et que je n'avais pourtant jamais faite [1]. »

XVII.

En 1754, madame du Deffand est donc aveugle. Pour lutter contre cet ennui dont la seule crainte l'exaspère et qui sera le fléau de sa vie, elle n'est point seule. En outre des correspondants qui, dans tous les pays, mettent une sorte d'émulation à se souvenir d'elle, d'honneur à n'en pas être oubliés, elle a deux amis sincères et fidèles, Formont et d'Alembert, qui la dédommagent des fréquentes absences du président, passé à la Reine avec armes et bagages, et de ce partage avec le prince de Conti que Pont-de-Veyle lui fait subir. Madame de Rochefort s'éloigne aussi insensiblement pour régner sur un petit monde précieux, aimant mieux être la première auprès de M. de Nivernais que la seconde auprès de madame du Deffand. Madame de Clermont, future princesse de Beauvau; madame de Broglie, madame d'Aiguillon et madame de Luxembourg, vont remplacer ou doubler madame de Flamarens morte, madame de Forcalquier et madame de Mirepoix refroidies. Tels étaient, dans sa lutte contre l'ennui et la solitude, les principaux auxiliaires de madame du Deffand. D'Alembert, attiré à la fois par elle et par mademoiselle de Lespinasse, était plus assidu à ses mercredis et à ses soupers (car il paraît qu'elle s'était remise à souper). Et quand Formont et le chevalier d'Aydie ne pouvaient causer avec elle, ils trompaient l'absence en lui écrivant.

Enfin l'amour-propre lui prodiguait des consolations qu'elle ne

---

[1] Voir notre t. Ier, p. 210.

pouvait plus guère demander à d'autres sentiments que l'amitié, et les succès de d'Alembert et les compliments de Voltaire consacraient son activité et commençaient sa gloire. Un nouveau coup d'œil jeté sur la *Correspondance* publiée en 1809, à ce dernier point de vue, nous permettra d'établir définitivement notre opinion sur l'état moral et sur le crédit social de madame du Deffand.

Cette histoire intime nous conduira à l'année 1764, où elle devient en quelque sorte publique, où le salon de Saint-Joseph, dans son éclat triomphant, attire successivement dans Marmontel, Rousseau lui-même, la Harpe, Grimm, madame de Genlis, des hôtes et des juges illustres; où il lutte victorieusement contre le salon rival de madame Geoffrin et contre le salon ami de madame de Luxembourg; où enfin Walpole va paraître et donner à l'esprit et au cœur de madame du Deffand une nouvelle vie.

C'est en cette année 1754, l'année de la cécité, que semble redoubler, comme par un compatissant concert, l'activité de la correspondance des amis de madame du Deffand; et un nouveau venu, non pour elle, mais pour nous, se met de la partie, qu'il importe d'introduire aussi et de peindre entre Formont et d'Alembert, avec lesquels il forme le second triumvirat de madame du Deffand, plus uni que le premier. Car c'est une chose à remarquer, que non-seulement les amis de madame du Deffand, en 1754, redoublent d'activité, mais ils redoublent d'union. Autour de la pauvre aveugle ce cercle s'est resserré, afin qu'elle puisse toucher la main de ceux dont elle ne peut plus voir le visage.

C'est à cette recrudescence d'affection que semble répondre le chevalier d'Aydie dans sa première lettre :

« Que je ne réponde point, madame, à la lettre que vous me faites l'honneur de m'écrire! Oh! madame, cela vous est bien aisé à dire; je ne vous ferais pas grand tort, mais cela m'est impossible. S'il n'y avait dans cette lettre que les choses agréables dont elle est remplie, encore ne sais-je si je pourrais m'en tenir; car quelque stupide que je sois et que je veuille être, je ne crois pas que je devienne insensible au plaisir qu'elle donne et inaccessible à l'activité que communique un genre d'esprit si piquant. Mais, madame, pour me réveiller, vous faites agir un ressort bien plus puissant, lorsque vous m'assurez d'une manière si touchante que vous avez de l'amitié pour moi. A ce mot, me voilà pris; car vous, qui devez me connaître, vous savez bien, madame, que personne ne m'a jamais aimé que je ne le lui aie bien rendu. C'est un sentiment auquel je ne résiste point; c'est la chaîne qui me retient ici[1]; c'est l'appât avec lequel vous me conduirez où, quand, et comme il vous

---

[1] A Mayac, en Périgord, d'où il écrivait cette lettre, le 29 décembre 1753.

plaira, d'autant plus infailliblement qu'assurément on ne vous a jamais refusé les charmes qui sont propres à soumettre les cœurs les plus rebelles et à fixer les goûts les plus délicats. Pourquoi ne m'avez-vous pas donné plus tôt, madame, l'espérance dont vous me flattez aujourd'hui? Car j'ai bien été toujours de vos adorateurs ; mais je n'osais présumer que je pourrais m'élever au premier rang de vos amis; je me trouvais trop lourd. Cette considération arrêtait les mouvements de mon cœur et me jetait, contre mon inclination, dans des distractions dont je me repens aujourd'hui, puisque enfin je puis m'assurer que vous avez véritablement de l'amitié pour moi; car vous me le dites, madame, et je sais que vous êtes sincère. De ma part, je vous promets de vous être attaché toute ma vie avec tout le respect et la fidélité dont je suis capable[1]. »

« Le chevalier Blaise-Marie d'Aydie, né vers 1690, fils de
» François d'Aydie et de Marie de Sainte-Aulaire, était propre neveu,
» par sa mère, du marquis de Sainte-Aulaire, de l'Académie française. Ses parents eurent neuf enfants et peu de bien; trois filles
» entrèrent au couvent, trois cadets suivirent l'état ecclésiastique.
» Blaise, le second des garçons, qui avait le titre de clerc tonsuré
» du diosèse de Périgueux, chevalier non profès de l'ordre de
» Saint-Jean de Jérusalem, fut présenté à la cour du Palais-Royal
» par son cousin le comte de Rioms, lequel était l'amant avoué et
» le mari secret de la duchesse de Berry, la fille du Régent. Rioms
» avait la haute main au Luxembourg; il introduisit son jeune
» cousin, dont la bonne mine réussit d'emblée assez bien pour attirer un caprice passager de cette princesse, qui ne se les refusait
» pas. Le chevalier était donc dans le monde sur le pied d'un
» homme à la mode, lorsqu'il rencontra mademoiselle Aïssé, et
» de ce jour-là il ne fut plus qu'un homme passionné, délicat et sensible[2]. »

C'est chez madame du Deffand, en 1721 ou 1720, au plus tôt, que le chevalier rencontra celle qui devait occuper son cœur, sa vie, et lui faire une part dans sa gracieuse immortalité.

Voltaire et madame du Deffand nous ont laissé, épars dans leurs *Lettres* ou condensés dans un portrait, les traits de la noble, vive et loyale physionomie du chevalier d'Aydie. Voltaire écrivant à Thiériot et lui parlant de sa tragédie d'*Adélaïde Duguesclin*, à laquelle il travaillait alors, le désigne comme un de ses modèles pour la figure du sire de Coucy.

« C'est un sujet tout français et tout de mon invention, où j'ai fourré

---

[1] Voir notre t. Ier, p. 188.

[2] Nous empruntons ce passage à l'exquise *Notice* de M. Sainte-Beuve, en tête des *Lettres de mademoiselle Aïssé*, p. 26.

le plus que j'ai pu d'amour, de jalousie, de fureur, de bienséance, de probité et de grandeur d'âme. J'ai imaginé un sire de Coucy qui est un très-digne homme, comme on n'en voit guère à la cour; un très-loyal chevalier, comme qui dirait le chevalier d'Aydie ou le chevalier de Froullay[1]. »

Dans une autre lettre du 13 janvier 1736, il dit encore au même Thiériot :

« Si vous revoyez les deux chevaliers sans peur et sans reproche, joignez, je vous en prie, votre reconnaissance à la mienne. Je leur ai écrit; mais il me semble que je ne leur ai pas dit avec quelle sensibilité je suis touché de leurs bontés, et combien je suis orgueilleux d'avoir pour mes protecteurs les deux plus vertueux hommes du royaume. »

Madame du Deffand, de son côté, dira :

« L'esprit de M. le chevalier d'Aydie est chaud, ferme et vigoureux; tout en lui a la force et la vérité du sentiment. On dit de M. de Fontenelle, qu'à la place du cœur il a un second cerveau; on pourrait croire que la tête du chevalier contient un second cœur. Il prouve la vérité de ce que dit Rousseau, que c'est dans notre cœur que notre esprit réside...

» Le chevalier est trop souvent affecté et remué pour que son humeur soit égale, mais cette inégalité est plutôt agréable que fâcheuse. Chagrin sans être triste, misanthrope sans être sauvage, toujours vrai et naturel dans ses différents changements, il plaît par ses propres défauts, et l'on serait bien fâché qu'il fût plus parfait. »

Pour ce qui est de la valeur intellectuelle du chevalier, écoutons encore M. Sainte-Beuve :

« Sans être un bel esprit comme cela devenait de mode à cette date, le chevalier d'Aydie avait de la lecture et du jugement; il savait *écouter* et *goûter;* son suffrage était de ceux qu'on ne négligeait pas. Lorsque d'Alembert publia, en 1753, ses deux premiers volumes de *Mélanges*, madame du Deffand consulta les diverses personnes de sa société; elle alla, pour ainsi dire, aux voix dans son salon, et mit à part les avis divers pour que l'auteur en pût faire ensuite son profit. C'est sans doute ce qui a procuré l'opinion du chevalier d'Aydie, qu'on peut lire dans les œuvres de d'Alembert[2]. »

Heureux homme dont mademoiselle Aïssé nous a attesté le cœur, et dont madame du Deffand, d'Alembert et Montesquieu ont estimé l'esprit !

Les lettres du chevalier, pleines d'un énergique bon sens, d'une mâle gaieté, d'une verve originale, ne démentent pas tous ces éloges et ces illustres témoins.

[1] Lettre du 24 février 1733.
[2] *Œuvres posthumes*, an XII, t. Ier, p. 117. — Voir *Notice sur mademoiselle Aïssé*, par Sainte-Beuve, p. 35.

« Votre dernière lettre, madame, écrivait-il à madame du Deffand le 27 juin 1754, m'a fait encore plus de plaisir que les autres; elle est plus longue; elle remet sous mes yeux les allures et l'image de presque toutes les personnes qui composent votre société. Elle vous représente si parfaitement vous-même[1], qu'à tout moment, je mourais d'envie de vous embrasser. Il faut pourtant, madame, passer légèrement, et ne pas faire semblant d'entendre quelques articles où vous me paraissez avoir toujours un peu le diable au corps, n'en déplaise à vos prétendues réticences. Je vous avertirais seulement qu'une personne comme vous, qui a voulu être dévote, et qui (soit dit sans reproche) n'a jamais pu le devenir, doit juger et parler des gens de Dieu avec modestie et révérence, etc.[2]... »

Par toutes ces lettres du chevalier, de M. de Formont et autres, nous suivons d'Alembert comme eux avec des yeux amis, triomphant de l'ingratitude de la fortune et de son propre caractère, et obtenant enfin par une pension du roi de Prusse, et bientôt par une place à l'Académie, la justice qui lui était due.

Rien, après son talent, ne fit plus pour ces succès que l'amitié ingénieuse, infatigable, habile de madame du Deffand, qui avait fait de la gloire et du bonheur de cet homme une question de salon, comme qui dirait une question de cabinet, et s'était portée à la rescousse de ses adversaires avec une sorte de passion et de belle folie. D'Alembert, à cette époque, ne faisait pas difficulté de reconnaître des services qui mettaient madame du Deffand, sous le rapport intellectuel, sur le même pied que la vitrière Rousseau, sa nourrice, sous le rapport matériel. Il devait la vie à l'une, à l'autre il devait la gloire solide qui avait succédé à ses équivoques et difficiles débuts, quand il entra dans le monde « en qualité de prodige ». D'Alembert, né plus sensible que tendre, rendait justice et hommage à ce dévouement si intelligent et si efficace d'une femme qu'il avouait « aimer à la folie », mais peut-être sentait-il ces bienfaits maternels de madame du Deffand moins vivement encore que les autres.

C'est par Formont, plutôt que par lui, que nous nous faisons une idée de la valeur et de l'industrie déployées par madame du Deffand, dans ce tournoi académique de 1754, dont un fauteuil était le prix, que lui disputait madame de Chaulnes.

« Je suis enchanté, écrit Formont, le 4 décembre 1754, de l'élection de d'Alembert; il semble qu'il ne fallait que le montrer, et que c'était une chose faite. Cependant vous avez eu besoin de *tous les talents que*

---

[1] Combien cette lettre de madame du Deffand est regrettable! Ne serait-il pas possible de la rechercher et de la retrouver dans les papiers si libéralement déflorés déjà par l'édition d'*Aïssé* par la famille de Bonneval?

[2] Voir notre t. Ier, p. 209.

vous avez pour la négociation; mais on n'est plus surpris quand on fait réflexion que vous aviez affaire à l'illustre, à la savante duchesse de Chaulnes [1]..... »

Mais quelqu'un qui dut savourer ce triomphe, en jouir plus que personne, plus que d'Alembert, plus que Formont, c'est madame du Deffand, qui savait tout ce qu'il lui avait coûté. C'est sur ce beau succès qu'elle put achever de fermer les yeux, et cette grande joie fit une heureuse et salutaire diversion à cette grande douleur. Grâce à ce concert consolateur, aux efforts de mademoiselle de Lespinasse, de Formont et du chevalier d'Aydie, auquel vint se joindre Voltaire lui-même, elle passa pour ainsi dire sans s'en apercevoir ce terrible défilé qui mène de la crainte à la réalité, du crépuscule à la nuit. Elle ne pouvait plus lire les lettres de ses amis, elle ne pouvait plus les voir, mais ces amis redoublaient si bien de zèle et d'esprit, mademoiselle de Lespinasse leur prêtait un si tendre et si pénétrant accent, que madame du Deffand croyait du moins les entendre, leur découvrait des qualités nouvelles, et oubliait, en les retrouvant plus aimables que jamais, qu'elle avait perdu les yeux.

« Votre lettre est charmante, écrivait-elle au chevalier d'Aydie, le 14 juillet 1755[2]; elle a fait l'admiration de tous ceux à qui je l'ai lue. Je vous retrouve tel que vous étiez dans vos plus beaux jours... J'ai fait lire votre lettre par d'Alembert à mesdames du Châtel et de Mirepoix. On l'a fait recommencer deux ou trois fois de suite; on ne pouvait s'en lasser; en effet, c'est un chef-d'œuvre. Je la conserverai précieusement toute ma vie, et je vous la ferai relire quand je serai contente de vous. C'est à vous qu'il appartient de peindre, personne n'a plus que vous le style de sa pensée; c'est-à-dire que vos pensées sont à vous, qu'elles sont originales, et que vous n'avez pas besoin d'avoir recours à la recherche de l'expression pour leur donner l'air de la nouveauté... »

Nous avons gardé pour la bonne bouche les lettres de Voltaire, qui ne furent pas une des moindres consolations de madame du Deffand dans ces années d'épreuve. C'est Voltaire qui fera, en beaux vers et en belle prose, la galante oraison funèbre de ses yeux et l'apothéose de son esprit.

Il avait salué d'une salve d'éloges et de regrets la première annonce du mal qui menaçait madame du Deffand, et pour la mieux consoler, il feignait de devenir aveugle comme elle, délicatesse qu'il finira par pousser plus tard jusqu'à la satiété et à la banalité.

---

[1] Voir notre t. Ier, p. 224.
[2] *Ibid.*, p. 228.

« Je suis à peu près, monsieur, écrit-il à Formont[1], comme madame du Deffand. Je ne peux guère écrire, mais je dicte avec une grande consolation les expressions de ma reconnaissance pour votre souvenir. Comptez que vous et madame du Deffand vous êtes au premier rang des personnes que je regrette, comme de celles dont le suffrage m'est le plus précieux... Adieu, monsieur, soyez persuadé que je ne vous oublierai jamais... Présentez à madame du Deffand mes plus tendres respects. »

Le 28 avril 1752, il s'excuse flatteusement auprès du même Formont et par lui auprès de madame du Deffand, de ce qu'il ne leur a pas encore envoyé le *Siècle de Louis XIV*, la première édition n'étant qu'un essai non encore digne d'eux.

Le 29 février 1754 commence le *lamentabile carmen*. Il est impossible de mettre sur une plaie plus délicate un baume plus délicat :

« Mon ancien ami, écrit-il à Formont, votre souvenir me console beaucoup ; mais ce que vous me dites des yeux de madame du Deffand me fait une peine extrême. Ils étaient autrefois bien brillants et bien beaux. Pourquoi faut-il qu'on soit puni par où l'on a péché, et quelle rage la nature a-t-elle de gâter ses plus beaux ouvrages? Du moins, madame du Deffand conserve son esprit, qui est encore plus beau que ses yeux. La voilà donc à peu près comme madame de Staal, à cela près qu'elle a, ne vous déplaise, plus d'imagination que madame de Staal n'en a jamais eu. Je la prie de joindre à cette imagination un peu de mémoire, et de se souvenir d'un de ses plus passionnés courtisans, qui s'intéressera toute sa vie à elle. »

Enfin Voltaire adressait à madame du Deffand elle-même cette adorable lettre du 3 mars 1754 :

« Votre lettre, madame, m'a attendri plus que vous ne pensez, et je vous assure que mes yeux ont été un peu humides en lisant ce qui est arrivé aux vôtres. J'avais jugé, d'après la lettre de M. de Formont, que vous étiez entre chien et loup, et non pas tout à fait dans la nuit. Je pensais que vous étiez à peu près dans l'état de madame de Staal, ayant par-dessus elle le bonheur inestimable d'être libre, de vivre chez vous, et de n'être point assujettie chez une princesse à une conduite gênante qui tenait de l'hypocrisie; enfin, d'avoir des amis qui pensent et qui parlent librement avec vous.

» Je ne regrettais donc, madame, dans vos yeux que la perte de votre beauté, et je vous savais même assez philosophe pour vous en consoler; mais si vous avez perdu la vue, je vous plains infiniment. Je ne vous proposerai pas l'exemple de M. de S...[2], aveugle à vingt ans, toujours gai, et même trop gai. Je conviens avec vous que la vie n'est pas bonne à grand'chose; nous ne la supportons que par la force d'un instinct

---

[1] De Berlin, le 25 février 1754.
[2] De Senneterre.

presque invincible que la nature nous a donné : elle a ajouté à cet instinct le fond de la boîte de Pandore, l'espérance.

» Je ne sais pas trop ce que je deviendrai, et je ne m'en soucie guère; mais comptez, madame, que vous êtes la personne du monde pour qui j'ai le plus tendre respect et l'amitié la plus inaltérable.

» Permettez que je fasse mille compliments à M. de Formont. Le président Hénault donne-t-il toujours la préférence à la reine sur vous ? Il est vrai que la reine a bien de l'esprit.

» Adieu, madame, comptez que je sens bien vivement votre triste état, et que du bord de mon tombeau, je voudrais pouvoir contribuer à la douceur de votre vie. Restez-vous à Paris? Passez-vous l'été à la campagne? Les lieux et les hommes vous sont-ils indifférents? Votre sort ne me le sera jamais. »

XVIII

Au milieu de ces éloges, de ces lettres, de ces conversations, de ces soupers, la vie de madame du Deffand s'écoulait avec une assez agréable monotonie, et elle y trouvait assez d'agréments pour se résigner sans cesser de sourire. Ce n'est qu'à partir de 1758 que s'abat, sur sa sécurité, sur sa tranquillité, un orage dont la mort de deux de ses meilleurs amis, Formont et le chevalier d'Aydie, sont les éclairs, dont la décadence croissante de sa liaison avec d'Alembert est le tonnerre intermittent, dont l'éclat scandaleux qui la sépara à jamais de mademoiselle de Lespinasse et d'une partie de sa société est le coup de foudre final; coup mortel, si madame du Deffand n'eût pas été de cette race souple, nerveuse, de cette race d'acier dont était Voltaire, de cette race qui plie mais ne rompt point sous la tempête. Nous allons raconter succinctement ces divers épisodes au bout desquels nous trouverons, comme la verdure plus verte après l'orage, comme le ciel plus bleu au sortir d'un tunnel, l'atmosphère plus sereine, les visages plus animés, la société plus nombreuse que jamais dans le salon de Saint-Joseph arrivé à son apogée, et désormais gouverné magistralement par une femme pâle, douce, dont l'âme, complètement apaisée, voltige dans un triste sourire, et dont le visage de marbre aux yeux fermés inspire ce respect attendrissant qu'on éprouve devant une belle victime de la fatalité.

Madame du Deffand perdit M. de Formont en 1758. En 1758 s'éteignit subitement cet homme « délicieux [1] », « la bonté incarnée », qui pendant trente ans n'avait pas été pour madame du

---

[1] Voir notre t. Ier, p. 72.

Deffand seulement un ami, mais l'ami par excellence, et que tout le monde aimait, comme madame de Beauvau, « à la folie. »

C'est madame du Deffand qui apprit elle-même à Voltaire cette nouvelle, le suppliant de s'associer à sa douleur et de donner à leur ami commun, par quelque éloge funèbre, une statue qui participât à son immortalité.

« Je croyais que vous m'aviez oubliée, monsieur; je m'en affligeais sans me plaindre; mais la plus grande perte que je pouvais jamais faire, et qui met le comble à mes malheurs, m'a rappelée à votre souvenir. Nul autre que vous n'a si parfaitement parlé de l'amitié; la connaissant si bien, vous devez juger de ma douleur. L'ami que je regretterai toute ma vie me faisait sentir la vérité de ces vers qui sont dans votre discours de la *Modération* :

O divine amitié! félicité parfaite!

» Je le disais sans cesse avec délices, je le dirai présentement avec amertume et douleur!

» Mais, monsieur, pourquoi refuseriez-vous à mon ami un mot d'éloge? Sûrement vous l'en avez trouvé digne; vous faisiez cas de son esprit, de son goût, de son jugement, de son cœur et de son caractère. Il n'était point de ces philosophes in-folio qui enseignent à mépriser le public, à détester les grands qui voudraient n'en rencontrer dans aucun genre, et qui se plaisent à bouleverser les têtes par des sophismes et par des paradoxes fatigants et ennuyeux; il était bien éloigné de ces extravagances : c'était le plus sincère de vos admirateurs, et, je crois, un des plus éclairés. Mais, monsieur, pourquoi ne serait-il loué que par moi? Quatre lignes de vous, soit en vers, soit en prose, honoreraient sa mémoire et seraient pour moi une vraie consolation. »

Voltaire répondit :

« Libre d'ambition, de soins et d'esclavage,
Des sottises du monde éclairé spectateur,
Il se garda bien d'être acteur,
Et fut heureux autant que sage;
Il fuyait le vain nom d'auteur;
Il dédaigna de vivre au temple de Mémoire,
Mais il vivra dans notre cœur :
C'est sans doute assez pour sa gloire. »

« Les fleurs que je jette, madame, sur le tombeau de notre ami Formont sont sèches et fanées comme moi. Le talent s'en va, l'âge détruit tout. Que pouvez-vous attendre d'un campagnard qui ne sait plus que planter et que semer dans la saison? J'ai conservé de la sensibilité; c'est tout ce qui me reste, et ce reste est pour vous; mais je n'écris guère que dans les occasions [1]. »

[1] Voir notre t. Ier, p. 239.

Nous suppléerons au maigre hommage tiré par Voltaire de sa veine tarie. Nous nous bornerons à inscrire sur la tombe de Formont ce qu'il lui écrivait à une autre époque, à ce temps de la jeunesse prodigue où il avait des vers et des compliments pour le moindre de ses amis. L'homme à qui Voltaire écrivait le 29 avril 1732 :

> Formont, chez nous tant regretté,
> Toi qui, parlant avec finesse,
> Penses avec solidité,
> Et sans languir dans la paresse
> Vis heureux dans l'oisivité;
> Dis-nous un peu sans vanité
> Des nouvelles de la Sagesse
> Et de sa sœur la Volupté ;
> Car on sait bien qu'à ton côté
> Ces deux filles vivent sans cesse.
> L'une et l'autre est une maîtresse
> Pour qui j'ai beaucoup de tendresse,
> Mais dont Formont a seul goûté.

«..... Nous faisons quelquefois bonne chère, assez souvent mauvaise ; mais soit qu'on meure de faim ou qu'on crève, on dit toujours : « Ah ! si M. de Formont était là. »

L'homme à qui Voltaire écrivait le 26 janvier 1735 :

« L'extrême plaisir que j'ai eu à lire votre *Épître à M. l'abbé du Resnel* fait que je vous pardonne, mon cher ami, de ne me l'avoir pas envoyée plus tôt ; car lorsqu'on est bien content, il n'y a rien qu'on ne pardonne.

> Votre ferme pinceau, que rien ne dissimule,
> Peint du siècle passé les nobles attributs,
>   Et notre siècle ridicule.
> Vous nous montrez les biens que nous avons perdus.
> Les poètes du temps seront bien confondus,
>   Quand ils liront votre opuscule.
> Devant des indigents votre main accumule
>   Les vastes trésors de Crésus,
>   Vous vantez la taille d'Hercule
>   Devant des nains et des bossus.

» En vérité, je ne saurais vous dire trop de bien de ce petit ouvrage. Vous avez ranimé dans moi cette ancienne idée que j'avais d'un *Essai sur le siècle de Louis XIV*... Ce que vous dites en vers de tous les grands hommes de ce temps-là sera le modèle d'une prose :

> Car s'ils n'étaient connus par leurs écrits sublimes,
>   Vous les eussiez rendus fameux.
> Juste en vos jugements et charmant dans vos rimes,
>   Vous les égalez tous lorsque vous parlez d'eux. »

« Le cher philosophe, poëte aimable, plein de grâce et de raison [1] »,

[1] Lettre du 6 mai 1735.

» à qui Virgile a prêté son pinceau[1] », l'écrivain « au style juste et coulant, » à la raison ferme et polie[2] », qui fait partie de ce trio pour lequel « est tout ce que fait Voltaire[3] », le rival de Bachaumont, l'émule de Voiture[4], le second Chapelle[5], le destinataire de cette épitre si flatteuse du 11 novembre 1738, — Formont, enfin, n'avait pas besoin d'autres titres pour aller à la postérité. Son ombre peut montrer aussi, comme des brevets d'immortalité, cette lettre du chevalier d'Aydie : « Je ne me consolerai point d'avoir manqué » l'occasion de passer un été avec notre ami Formont; je partage- » rais de si bon cœur avec vous le plaisir que donnent sa compagnie, » ses rires, ses bons mots[6] »; et cette lettre du prince de Beauvau : « C'est un homme de bien bonne compagnie que vous perdez là[7] ». Enfin elle pourrait montrer ses ingénieuses et affectueuses lettres à madame du Deffand, par lesquelles il la guérissait de l'ennui quand il était absent, comme par sa conversation quand il était là.

« Les maladies de l'âme se guérissent souvent par un tour d'imagination, et toujours par le temps et l'habitude, qui apprivoisent tout... Vous ne faites point assez d'usage des forces et des lumières de votre esprit. Vous ne songez qu'à vos pertes, sans penser aux ressources qui sont en votre pouvoir. Il faut tenir tête à ses ennemis, dissimuler avec de faux amis, et regarder les hommes comme une fausse monnaie, mais avec laquelle on ne laisse pas que d'acheter de l'agrément et de la distraction. Il n'y a point de plus grande folie que d'être malheureux... Au reste, vous avez bien raison de dire que vous seriez folle et injuste de ne pas compter sur moi : oui, madame, je vous serai attaché toujours, toujours, soyez-en sûre[8]. »

Cette première disparition de Formont dans l'éternité, où il suit madame de Flamarens et le général Bulkeley, semble commencer le vide et dénouer la chaîne; le chevalier d'Aydie, entraîné dans la mort par tous ses amis qui l'y ont précédé, tombe en 1760, encore vert et vigoureux, au retour de la chasse.

XIX

Mais si c'est une triste chose que de perdre par la mort ses meilleurs amis, quelle douleur n'est-ce pas que de les perdre de leur

[1] Lettre du 15 novembre 1735.
[2] Lettre du 13 février 1736.
[3] Lettre du 30 mai 1736.
[4] Lettre du 23 décembre 1737.
[5] Lettre du 14 juillet 1738.
[6] Voir notre t. Ier, p. 220.
[7] *Ibid.*, p. 222.
[8] *Ibid.*, p. 214.

vivant, et d'avoir à ajouter au regret de leur absence le reproche de leur ingratitude ! C'est cependant une semblable désertion qui va achever les épreuves de madame du Deffand, et faire toucher au fond amer de l'expérience, comme Walpole plus tard la fera toucher au fond amer de la passion, cette femme destinée à épuiser tous les doutes, à achever tous les calices, à recevoir, même en cheveux blancs, l'affront de toutes les leçons.

Nous connaissons assez d'Alembert pour savoir que la tendresse et la générosité étaient aussi étrangères à sa nature que la poésie l'est à la géométrie. Peu à peu, avec l'âge et la gloire, reparaissent ces âpretés foncières, dissimulées, même en cet homme ingrat, par les fleurs de la jeunesse, de l'espérance, qui font aux hommes les plus égoïstes comme une passagère parure de bonté et de grâce. Peu à peu le masque tombe, l'homme reste, et le héros rêvé témérairement par madame du Deffand s'évanouit. Madame du Deffand s'effraye de divers symptômes de refroidissement, d'indifférence. Il se laisse débaucher à d'autres sociétés plus attirantes et plus actives, les Boufflers, les Luxembourg, madame Geoffrin. Mademoiselle de Lespinasse est obligée d'excuser celui dont l'amitié passionnée couve des projets d'émancipation et d'abandon.

« Je vais sans doute vous surprendre, écrit-elle à madame du Deffand, en vous apprenant que M. d'Alembert part demain pour Saint-Martin pour ne revenir que jeudi. On ne lui a point demandé s'il voulait faire ce voyage, et en conséquence, madame de Boufflers dit qu'elle l'enlève demain. Il m'a fait promettre de vous mander qu'il avait beaucoup de regret au voyage de Montmorency, car il comptait bien y venir; il se faisait un grand plaisir d'avoir l'honneur de faire la cour à M. et à madame la maréchale, et il s'afflige, madame, d'être aussi longtemps à vous voir[1]. »

Madame du Deffand, inquiète et mécontente des inconstances du président, de madame de Mirepoix, de Pont-de-Veyle, ne peut retenir une plainte sur ces dispositions vagabondes d'un homme qui lui semblait si raisonnable, et qui, comme les sages quand ils se dérangent, s'éloigne de plus en plus du salon légitime, de l'ancienne habitude, pour ajouter à ses infidélités ses relations avec le roi de Prusse.

Voltaire cherche à rassurer ses craintes et à retenir ses reproches :

« M. d'Alembert est bien digne de vous, madame, bien au-dessus de son siècle[2]. J'exécuterai vos ordres auprès de M. d'Alembert, je vois les fortes raisons du prétendu éloignement dont vous parlez ; mais vous

---

[1] Voir notre t. 1er, p. 217.
[2] Lettre du 19 mai 1754.

en avez oublié une, c'est que vous êtes éloignée de son quartier. Voilà donc le grand motif sur lequel court le commerce de la vie! Savez-vous bien, vous autres, ce qu'il y a de plus difficile à Paris? C'est d'attraper le bout de la journée[1]. »

Madame du Deffand espère encore, tout en se méfiant déjà, et en commençant à craindre de ne pouvoir apprivoiser « ce chat sauvage ». C'est à ce moment d'affection clairvoyante, d'estime sans illusion, qu'elle écrit sans doute, dans le portrait de d'Alembert, ces lignes presque prophétiques et dont l'observation semble un pressentiment :

« Le désintéressement, la vérité forment son caractère ; généreux, compatissant, il a toutes les qualités essentielles, mais il n'a pas toutes celles de la société : il manque d'une certaine douceur et aménité qui en fait l'agrément ; son cœur ne paraît pas fort tendre, et l'on est porté à croire qu'il y a plus de vertu en lui que de sentiment. On n'a point le plaisir d'éprouver avec lui qu'on lui est nécessaire; il n'exige rien de ses amis ; il aime mieux leur rendre des soins que d'en recevoir d'eux. La reconnaissance ressemble trop aux devoirs ; elle gênerait sa liberté : toute gêne, toute contrainte, de quelque espèce qu'elle puisse être, lui est insupportable, et on l'a parfaitement défini en disant qu'il était esclave de la liberté. »

Il n'était pas d'un grand secours à madame du Deffand, en cette fin d'année 1758, où elle venait de perdre Formont, et où, faute de mieux, elle est obligée de se rejeter sur le président.

« Le président fait toute la consolation de ma vie ; mais il en fait aussi le tourment par la crainte que j'ai de le perdre. Nous parlons de vous bien souvent[2]. »

En juillet 1760, la solitude ronge madame du Deffand ; je dis solitude, quoiqu'elle régnât dans un salon des plus fréquentés. Mais qui ignore qu'il n'y a pas de pire solitude que celle où nous plonge le dégoût d'une foule d'indifférents ? Elle écrit à Voltaire :

« Je suis au désespoir de n'avoir pas pu prévoir les malheurs qui me sont arrivés, et de n'avoir pas connu ce que c'était que l'état de la vieillesse, avec une fortune des plus médiocres. J'aurais quitté Paris, je me serais établie en province ; là j'aurais joui d'une plus grande aisance, et je ne me serais pas aperçue d'une grande différence pour la société et la compagnie[3]. »

C'est à la fin de 1760 qu'éclate entre madame du Deffand et

---

[1] Lettre du 2 juillet 1754.
[2] Lettre de madame du Deffand à Voltaire, de novembre 1758. Voir notre t. Ier, p. 240.
[3] Voir notre t. Ier, p. 262, 263.

Voltaire cette petite guerre épistolaire à propos des prétentions, du pathos, de la médiocrité pompeuse et de la vanité théâtrale de ce qu'elle appelle plaisamment « sa livrée ». Et on sent que le cœur froissé excite et anime, chez la spirituelle douairière, cette colère de son bon sens et cette indignation de son goût. Elle aime encore trop d'Alembert, déjà équivoque et contraint, pour le frapper directement; elle se venge sur sa suite.

« J'ai mis, écrit-elle à Voltaire le 1er novembre 1760, beaucoup d'impartialité dans la guerre des philosophes. Je ne saurais adorer leur *Encyclopédie*, qui peut-être est adorable, mais dont quelques articles que j'ai lus m'ont ennuyée à la mort. Je ne pourrais admettre pour législateurs des gens qui n'ont que de l'esprit, peu de talent et point de goût; qui, quoique très-honnêtes gens, écrivent les choses les plus malsonnantes sur la morale; dont tous les raisonnements sont des sophismes, des paradoxes. On voit clairement qu'ils n'ont d'autre but que de courir après une célébrité où ils ne parviendront jamais; ils ne jouiront pas même de la gloriole des Fontenelle et la Motte, qui sont oubliés depuis leur mort; mais eux, ils le seront de leur vivant; j'en excepte, à toutes sortes d'égards, M. d'Alembert, quoiqu'il ait été mon délateur auprès de vous; mais c'est un égarement que je lui pardonne, et dont la cause mérite quelque indulgence; c'est le plus honnête homme du monde, qui a le cœur bon, un excellent esprit, beaucoup de justesse, du goût sur bien des choses; mais il y a de certains articles qui sont devenus pour lui affaires de parti, et sur lesquels je ne lui trouve pas le sens commun. Par exemple, l'échafaud de mademoiselle Clairon, sur lequel je n'ai pas attendu vos ordres pour me transporter en colère. J'ai dit mot pour mot les mêmes choses que vous me dites, et d'Alembert sera bien surpris quand je lui donnerai à lire votre lettre. Ce sera un grand triomphe[1]..... »

Quand on lit la dernière lettre de d'Alembert à madame du Deffand, celle qui est datée de *Sans-Souci* le 25 juin 1763, et qui est si contrainte, si embarrassée, on comprend que c'est là une amitié qui va finir et qu'une catastrophe est prochaine.

« Je me contenterai de vous assurer que dans l'espèce de tourbillon où je suis je n'oublie point vos bontés et l'amitié dont vous voulez bien m'honorer; je me flatte de la mériter un peu par mon respectueux attachement pour vous. Comme je sais que rien ne vous ennuie davantage que d'écrire des lettres, je n'ose vous demander de vos nouvelles directement; mais j'espère que mademoiselle de Lespinasse voudra bien m'en donner. J'oubliais de vous dire que le roi m'a parlé de vous, de votre esprit, de vos bons mots, et m'a demandé de vos nouvelles[2]. »

Le 6 janvier 1764, Voltaire écrit à madame du Deffand:

---

[1] Voir notre t. Ier, p. 275.
[2] *Ibid.*, p. 276.

« Avez-vous le plaisir de voir quelquefois M. d'Alembert? Non-seulement il a beaucoup d'esprit, mais il l'a très-décidé, et c'est beaucoup ; car le monde est plein de gens d'esprit qui ne savent comment ils doivent penser. »

Madame du Deffand répond le 14 :

« Je vois assez souvent d'Alembert; je lui trouve, ainsi que vous, beaucoup d'esprit[1]. »

Mademoiselle de Lespinasse était, il paraît, du même avis, et pour se dédommager de la contrainte et de l'humiliation d'écouter, simple comparse, une conversation dont les honneurs n'étaient pas pour elle, elle avait, usurpant cette souveraineté intellectuelle dont madame du Deffand était si jalouse, profité de l'habitude qu'avait sa maîtresse de veiller la nuit et de causer le jour, et installé sournoisement dans sa petite chambre, sur la cour de Saint-Joseph, un petit salon d'une heure où elle jouissait du double plaisir d'avoir les prémices de l'esprit des habitués de madame du Deffand et de les lui enlever. Elle était jeune, belle, malheureuse. Elle avait de beaux yeux qui n'étaient point fermés. D'Alembert, le premier, passionnément épris de cette personne si intéressante, vers laquelle l'attirait irrésistiblement une communauté d'infortune, avait le premier fondé auprès d'elle cette petite société intime, frustratoire des droits de l'autre, ce petit salon de contrebande où il avait été suivi par Turgot, d'Ussé, Chastellux, et par tous ceux que sa gloire et son crédit attiraient, et qu'attirait aussi le plaisir tout nouveau, tout imprévu, de faire à une belle hôtesse qui n'était pas douairière et aveugle comme l'autre, une cour dont elle récompensait par de charmants sourires le facile dévouement. A quoi bon tant de raisons ? Ne suffit-il pas du proverbe qui a consacré l'attrait tout-puissant du fruit défendu ?

Sans doute mademoiselle de Lespinasse n'eut pas ce seul tort aux yeux de madame du Deffand, de lui ravir la fleur du panier aux nouvelles et aux bons mots, et de contraindre ses amis à un partage peu flatteur pour elle. Il serait facile de trouver d'autres griefs pour expliquer le coup d'éclat qui suffit à peine à la colère d'une femme, que l'ennui, à défaut de la vanité, eût rendue implacable. Mais à considérer la situation réciproque des deux femmes, celui-là suffit pleinement, selon nous, pour justifier l'indignation et le châtiment. Qu'on songe à la surprise, à la douleur, à la terreur de madame du Deffand, à la subite révélation d'une usur-

[1] Voir notre t. Ier, p. 281.

pation si insolente, d'une si perfide ingratitude, d'une si menaçante rivalité! Frappée à la fois dans son juste orgueil, dans son égoïste curiosité, dans son affection, dans ses habitudes, madame du Deffand se conduisit avec une sévérité inexorable, une implacable dignité. Elle chassa celle qui avait abusé de sa crédulité, de sa confiance, de sa sécurité, par un trait qui la montrait capable de tous les autres; et elle reconquit, à force d'énergie, une autorité et un repos que le pardon eût certainement compromis pour jamais. Nous allons demander à Marmontel, la Harpe et Grimm, le récit de cette scène fameuse. Mais souvenons-nous que Marmontel fut l'ami de d'Alembert, qui le fit entrer à l'Académie, et que la plus simple convenance lui interdisait un blâme contre son bienfaiteur; que d'ailleurs il n'avait pas à se louer d'une femme qui avait formulé sur lui, comme sur la Harpe, de ces jugements frappés en bons mots, qui couraient tout Paris, avec la double autorité de la justesse et de la malice; enfin, en ce qui concerne Grimm, qu'il n'est que l'écho et l'écho prévenu des *Encyclopédistes*, dont mademoiselle de Lespinasse devait partager avec madame Geoffrin la tutelle, et, comme le dira Grimm lui-même, « l'administration ».

« Il y avait à Paris, dit Marmontel, une marquise du Deffand, femme pleine d'esprit, d'humeur et de malice. Galante et assez belle dans sa jeunesse, mais vieille dans le temps dont je vais parler, presque aveugle, et rongée de vapeurs et d'ennui; retirée dans un couvent avec une étroite fortune, elle ne laissait pas de voir encore le grand monde où elle avait vécu. Elle avait connu d'Alembert chez son ancien amant le président Hénault, qu'elle tyrannisait encore et qui, naturellement très-timide, était resté esclave de la crainte, longtemps après avoir cessé de l'être de l'amour. Madame du Deffand, charmée de l'esprit et de la gaieté de d'Alembert, l'avait attiré chez elle, et si bien captivé, qu'il en était inséparable. Il logeait loin d'elle, et il ne passait pas un jour sans l'aller voir. »

» Cependant, pour remplir les vides de sa solitude, madame du Deffand cherchait une jeune personne bien élevée et sans fortune qui voulût être sa compagne, et à titre d'amie, c'est-à-dire de complaisante, vivre avec elle dans son couvent. Elle rencontra celle-ci, elle en fut enchantée, comme vous le croyez bien. D'Alembert ne fut pas moins charmé de trouver chez sa vieille amie un tiers aussi intéressant.

» Entre cette jeune personne et lui, l'infortune avait mis un rapport qui devait rapprocher leurs âmes. Ils étaient tous les deux ce qu'on appelle enfants de l'amour [1]. Je vis leur amitié naissante, lorsque

---

[1] Il y a, à ce propos, dans les *Mémoires* de madame de Genlis, une amusante anecdote d'un bavard indiscret qui s'avise de plaindre les bâtards, et cela successivement à l'oreille de mademoiselle de Lespinasse, de d'Alembert et de Chamfort, tous trois atteints de cette infirmité. On voit d'ici la figure du sot, avec la triple couche de pourpre qui fait ressortir ses oreilles, s'éver-

madame du Deffand les menait avec elle souper chez mon amie madame Harenc ; et c'est de ce temps-là que datait notre connaissance. Il ne fallait pas moins qu'un ami tel que d'Alembert pour adoucir et rendre supportables à mademoiselle de Lespinasse la tristesse et la dureté de sa condition ; car c'était peu d'être assujettie à une assiduité perpétuelle auprès d'une femme aveugle et vaporeuse : il fallait, pour vivre avec elle, faire comme elle du jour la nuit et de la nuit le jour ; veiller à côté de son lit, et l'endormir en faisant la lecture ; travail qui fut mortel à cette jeune fille naturellement délicate, et dont jamais depuis sa poitrine épuisée n'a pu se rétablir. Elle y résistait cependant, lorsque arriva l'incident qui rompit sa chaîne.

» Madame du Deffand, après avoir veillé toute la nuit chez elle-même ou chez madame de Luxembourg, qui veillait comme elle, donnait tout le jour au sommeil, et n'était visible que vers les six heures du soir. Mademoiselle de Lespinasse, retirée dans sa petite chambre sur la cour du même couvent, ne se levait guère qu'une heure avant sa dame ; mais cette heure si précieuse, dérobée à son esclavage, était employée à recevoir chez elle ses amis personnels, d'Alembert, Chastellux, Turgot et moi, de temps en temps. Or, ces messieurs étaient aussi la compagnie habituelle de madame du Deffand ; mais ils s'oubliaient quelquefois chez mademoiselle de Lespinasse, et c'étaient des moments qui lui étaient dérobés : aussi ce rendez-vous particulier était-il pour elle un mystère, car on prévoyait bien qu'elle en serait jalouse. Elle le découvrit : ce ne fut, à l'entendre, rien de moins qu'une trahison. Elle en fit les hauts cris, accusant cette pauvre fille de lui soustraire ses amis, et déclarant qu'elle ne voulait plus nourrir ce serpent dans son sein.

» Leur séparation fut brusque ; mais mademoiselle de Lespinasse ne restait point abandonnée. Tous les amis de madame du Deffand étaient devenus les siens. Il lui fut facile de leur persuader que la colère de cette femme était injuste. Le président Hénault lui-même se déclara pour elle [1]. La duchesse de Luxembourg donna le tort à sa vieille amie, et fit présent d'un meuble complet à mademoiselle de Lespinasse, dans le logement qu'elle prit. Enfin le duc de Choiseul en obtint pour elle, du Roi, une gratification annuelle qui la mettait au-dessus du besoin [2],

---

tuant à réparer sa bévue, et s'enfonçant davantage, à chaque effort qu'il fait pour sortir de sa bêtise.

[1] Nous ne savons sur la foi de quelle autorité l'auteur de la *Notice* publiée en tête de la *Correspondance inédite* (1859) prétend que le président poussa la bonté jusqu'à offrir à la disgraciée de l'épouser. Pour quiconque connaît le président, sa situation à la cour, ses principes, c'est là une marque d'intérêt tout à fait invraisemblable et une assertion que nous avons, en l'absence de tout témoignage, le droit de qualifier de hasardée. Ce qui n'est pas douteux, c'est que le président s'intéressa à mademoiselle de Lespinasse ; mais de là à l'épouser, lui l'égoïste, lui le dévot, lui le courtisan, voilà qui n'est pas croyable. Le président n'était pas homme à faire ce que n'osèrent ni d'Alembert ni M. de Mora. On veut bien s'exposer à être charitable, mais non à être ridicule.

[2] Nous ignorons sur la foi de quelle autorité l'auteur de la *Notice* de la *Correspondance inédite* (1859) affirme que l'on découvrit que madame Geoffrin faisait pendant ses dernières années une pension de « mille écus à made-

et des sociétés de Paris les plus distinguées se disputèrent le bonheur de la posséder.

» D'Alembert, à qui madame du Deffand proposa impérieusement l'alternative de rompre avec mademoiselle de Lespinasse ou avec elle, n'hésita point, et se livra tout entier à sa jeune amie. »

Ainsi finit cette union de dix années, plus d'une fois troublée, sur laquelle planait de fâcheux augure des oppositions de M. de Vichy et des prévisions de madame de Luynes. Madame du Deffand et ses amis étaient loin de s'attendre à une pareille déception. Les plus clairvoyants s'y étaient trompés. Nul n'avait vu le volcan de cette imagination, de ce tempérament, de ce caractère, et n'avait pensé à une explosion possible des ambitions, de la vanité, de l'amour-propre de mademoiselle de Lespinasse.

Le 14 juillet 1755, madame du Deffand écrivait au chevalier d'Aydie :

« Mademoiselle de Lespinasse est bien vivement touchée des choses charmantes que vous dites d'elle; quand vous la connaîtrez davantage, vous verrez combien elle les mérite; chaque jour j'en suis plus contente. »

Et le chevalier répondait :

Par mademoiselle de Lespinasse vous retrouvez des yeux, et ce qui vous est encore plus nécessaire, madame, elle exerce la bonté et la sensibilité de votre cœur. Je me sais bon gré de l'opinion que j'ai d'abord conçue d'elle, et je vous supplie de continuer à me ménager quelque part à sa bienveillance. »

Et quelques années plus tard on se séparait avec scandale, à la suite de torts dont nous voulons bien donner quelques-uns à madame du Deffand, mais dont les plus graves reviennent à coup sûr à mademoiselle de Lespinasse.

La notice du *Recueil* de 1809, publiée sous une influence hostile à madame du Deffand, et d'après les indications de deux hommes qui avaient à se venger des dédains de la spirituelle douairière de Saint-Joseph, la Harpe et Marmontel[1], ajoute à tant d'assertions faites pour éveiller notre méfiance, une imputation évidemment calomnieuse et que nous ne retrouvons pas dans les *Mémoires* de Marmontel, auxquels les attribue gratuitement l'auteur de la *Notice* de la *Correspondance inédite* (1859) :

moiselle de Lespinasse ». Il est bien regrettable que cette *Notice* cite si rarement les témoignages sur lesquels elle s'appuie, et qu'il serait intéressant de vérifier.

[1] Elle avait dit de Marmontel, par exemple : « Ah ! mon Dieu, quel auteur ! » qu'il a de peine, qu'il se donne de tourment pour avoir de l'esprit ! Il n'est » qu'un gueux revêtu de guenilles. » (*Lettre* du 30 octobre 1771.)

« Par une suite des chagrins qu'elle éprouvait à Saint-Joseph, elle avait déjà cherché à finir ses peines en prenant soixante grains d'opium. Ils ne firent qu'irriter ses nerfs et lui causer une maladie assez grave. Madame du Deffand étant venue pleurer près de son lit, elle s'abstint de tout reproche et se contenta de lui dire : *Madame, il n'est plus temps.* »

Tout cela est malheureusement démenti par l'attitude humble, suppliante, repentante, que prend mademoiselle de Lespinasse dans cette lettre du 8 mai 1764, où elle sollicite la permission de revoir madame du Deffand, permission qui lui est inexorablement refusée. Dans cette correspondance révélatrice, madame du Deffand n'a pas seulement l'avantage de la situation, mais celui de la dignité.

XX.

Tels sont les deuils, tels sont les orages qui traversèrent, de 1758 à 1766, l'éclat toujours croissant d'un salon qui remplaçait par les plus brillantes recrues les vides qu'y faisait la mort ou la désertion, et qui devient une sorte d'institution, de puissance, dont il est intéressant et nécessaire d'examiner les rapports avec le salon ou plutôt le camp rival de mademoiselle de Lespinasse, le centre philosophique, sagement et prudemment gouverné par madame Geoffrin, et enfin le salon aristocratique de madame de Luxembourg, dont Rousseau est l'ours de génie. Chemin faisant, nous mentionnerons et esquisserons les personnages nouveaux qui, de 1755 à 1766, entrent dans l'intimité de madame du Deffand, les Beauvau, les Broglie, les Paulmy, les Choiseul, les Holderness, les Macdonald, les Brienne, et nous arriverons enfin à cette présentation de Walpole, de l'homme privilégié qui absorbera et tyrannisera la fin de la vie et le reste de la sensibilité de madame du Deffand, ne recevant pas la lumière, mais la donnant pour ainsi dire par son rayonnement aux autres hôtes de ce salon, tous changés en comparses depuis la venue du souverain ami, les Hume, les Ligne, les de l'Isle, etc.

En ce qui concerne mademoiselle de Lespinasse et son salon, voici quelle fut l'attitude des trois héros de la séparation de 1764. Mademoiselle de Lespinasse, discrète et réservée; d'Alembert injurieux d'abord, puis après la mort de son amie, revenant peu à peu à madame du Deffand, jusqu'à oser demander de ses nouvelles; enfin, madame du Deffand contenant sa haine, et ne la trahissant de temps en temps que par des ironies ou des colères brèves et aiguës, brillantes et froides comme des épées.

Le 25 octobre 1773, elle écrit, à propos de la mort de M. d'Ussé, qui lui avait préféré mademoiselle de Lespinasse, et de son testament.

« Je voudrais pouvoir vous mander quelque chose qui vous amusât; je ne sais que le testament de M. d'Ussé qui puisse vous divertir un peu. Vous rappelez-vous de l'avoir vu chez le président ou chez madame de Rochefort? C'était un vieillard de mon âge, distrait, ennuyeux, assez fou, et qui avait de l'esprit, grand partisan de mademoiselle de Lespinasse. Je lui laisse le *Dictionnaire* de Moréri, nouvelle édition. »

Le 25 juillet 1774, elle écrit à Walpole, à propos de l'avénement au ministère de M. Turgot :

« Je le voyais tous les jours, il y a quatorze ou quinze ans. La Lespinasse m'a brouillée avec lui, ainsi qu'avec tous les autres encyclopédistes ; il est l'ami intime de M. de Maurepas, à qui il n'est pas douteux qu'il ne doive cette place ; c'est un honnête homme.

» Nous allons être gouvernés par les philosophes, continue-t-elle le 20 septembre. J'ai bien du regret de n'avoir pas su ménager leur protection ; pour l'obtenir aujourd'hui, il me faudrait avoir recours à mademoiselle de Lespinasse ; me le conseillez-vous? »

Et comme Valpole avait pris la plaisanterie au sérieux, elle le détrompait avec indignation :

« La pensée que j'ai eu cette promesse (de *M. Shelburn*) est à peu près semblable à la pensée de revoir jamais cette fille. Je ne saurais comprendre comment vous n'avez pas vu que c'était une plaisanterie. *Je ne voudrais pas lui devoir de me sauver de l'échafaud.* Je suis pressée de vous ôter de la tête une opinion aussi *avilissante...* Elle est la seule personne que je pourrais regarder comme mon ennemie, si je ne dédaignais d'y penser ; c'est de quoi je ne me cache point[1]. »

Le 22 mai 1776, elle annonce en ces termes laconiques la mort de mademoiselle de Lespinasse :

« Mademoiselle de Lespinasse est morte cette nuit, à deux heures après minuit ; ç'aurait été pour moi autrefois un événement; aujourd'hui ce n'est rien du tout. »

Et une partie de la lettre du 9 juin 1776 est employée à analyser et à persifler son testament.

Selon la *Notice* du recueil de 1809, son premier mot, en apprenant cette mort, fut celui-ci : « Elle aurait bien dû mourir

[1] Lettre du 12 octobre 1774.

» quinze ans plus tôt ; je n'aurais pas perdu d'Alembert.. » Ce fut là toute l'oraison funèbre de mademoiselle de Lespinasse.

Pour madame Geoffrin, madame du Deffand paraît l'avoir regardée d'un œil assez indifférent : c'est à peine si, quand l'occasion s'en présente, elle daigne écraser la mère des philosophes de quelques brèves ironies [1]. Ce fut là son attitude vis-à-vis de madame Geoffrin, qui de son côté ne poussa peut-être pas la vengeance jusqu'à subventionner sa plus grande ennemie, quoique c'eût été là une vengeance spirituelle.

Les relations de madame du Deffand avec madame la maréchale de Luxembourg furent au contraire constamment familières et amicales, autant qu'on peut appliquer ce mot aux rapports de deux femmes qui avaient tant d'esprit et qui se connaissaient si bien, et se prolongèrent intimement jusqu'à la mort de madame du Deffand, dont la maréchale fut, avec madame de Mirepoix et madame de Choiseul, la dernière garde-malade et compagne de chevet.

XXI.

C'est le moment de peindre cette brillante et originale personne qui après avoir traversé tant de scandales, s'était fait, à force d'esprit, une considération, et partageait avec madame du Deffand le gouvernement de la société de son temps, lui cédant l'empire littéraire et gardant la tyrannie des manières, de la mode et du bon ton.

Il y a deux courants historiques sur madame de Luxembourg, l'un hostile jusqu'à la calomnie, l'autre favorable jusqu'à l'adulation, selon que l'auteur s'est souvenu davantage de la première partie de sa vie ou de la seconde, et a eu à s'en plaindre ou à s'en louer. Nous tâcherons de tenir le juste milieu.

Madeleine-Angélique de Neufville-Villeroy, née en 1707, morte en 1787, fille du duc, petite-fille du maréchal de Villeroy, gouverneur de Louis XV, avait épousé, le lundi 15 septembre 1721, Joseph-Marie duc de Boufflers, né en 1706.

Les deux époux avaient trop le même esprit, le même caractère et surtout le même tempérament, pour qu'à une époque comme la Régence leur union fût longtemps tranquille et digne. Dès le

---

[1] Voir ses lettres du 7 septembre 1776. Elle l'appelait la *reine mère* de Pologne, parce qu'elle avait protégé Poniatowski, qui la combla de reconnaissants égards. Elle appelait celui-ci : « *Le prince Geoffrin.* » Enfin, un jour, impatientée d'entendre exagérer l'influence et les mérites de cette bourgeoise rivale, elle s'écrie : « Voilà bien du bruit pour une omelette au lard ! »

mois d'août 1722, nous trouvons le mari compromis dans cette scène de débauche digne des jours les plus cyniques de la cour des Valois, qui souille les bosquets de Versailles et fait rougir jusqu'à l'impudeur du temps[1].

Nous n'avons pas à nous occuper davantage du mari, qui semble avoir voulu réparer par la gloire militaire les fautes de sa jeunesse, et qui, tombé dans le drapeau victorieux de Gênes, en 1747, au moment où le bâton de maréchal allait récompenser sa noble ambition et ses succès, mérita les regrets de la reine et l'éloge du duc de Luynes, du président Hénault et du marquis d'Argenson, confirmé par le deuil populaire.

Il mourut le 2 juillet 1747.

« C'est, dit le duc de Luynes, une vraie perte pour le roi et l'État. Il avait quarante et un ans; il avait de l'esprit, du courage, de la capacité et beaucoup de politesse[2]. »

Il laissait un fils qui prit après sa mort le titre de duc de Boufflers et épousa mademoiselle de Montmorency de Flandre. (Avril 1747).

Madame de Boufflers, riche de plus de quatre-vingt mille livres de rente[3], dont la mort de son fils allait (en septembre 1751) lui laisser l'entière disposition, possédant de nombreux amis[4], héritière auprès de la reine de la faveur de son mari[5], se retira, en juillet 1747, de la cour active, obtint la place de dame du palais pour sa belle-fille[6], et ne songea plus qu'à vivre dans le repos et la considération que donnent un grand mariage et un grand salon.

Dans la nuit du 26 au 27 juin 1750, elle épousa le duc de Luxembourg, à la paroisse de la Madeleine[7], et le vendredi 24 juillet, son mari prêta serment entre les mains du roi pour la charge de capitaine des gardes du corps.

A partir de ce moment, elle s'appliqua, par des prodiges de grâce et de tact, par des miracles d'habileté et de patience, à effacer le souvenir de ses trop nombreuses galanteries, et à se faire accorder la royauté de la mode et du goût.

Ce n'était pas là une petite affaire ni une facile victoire. Et il a fallu du génie à cette femme, jadis si décriée, dont la honte courait les

---

[1] *Journal de Barbier*, t. Ier, p. 227. — *Mémoires de Matthieu Marais*.
[2] *Mémoires du duc de Luynes*, t. VIII, p. 263.
[3] *Ibid.*, p. 270.
[4] *Ibid.*, p. 376.
[5] *Ibid.*, t. IX, p. 268.
[6] *Ibid.*, p. 457.
[7] *Mémoires du duc de Luynes*, t. X, p. 288.

rues, fredonnée par les palefreniers et les soldats aux gardes, qui savaient, comme tout Versailles, les malins couplets de Tressan, qui n'avait pas volé le soufflet dont ils lui furent payés :

> Sur l'air : *De l'amour tout subit les lois.*
>
> Quand Boufflers parut à la cour
> On crut voir la mère d'Amour ;
> Chacun s'empressait à lui plaire,
> Et chacun l'avait à son tour.

Eh bien ! en quelques années d'une lente et habile métamorphose, l'ancienne maîtresse de M. de Fimarcon, de M. de Riom, de Richelieu, de M. de Luxembourg (son futur mari), de M. de Duras, du comte de Pont-Saint-Maurice, du comte de Frise, de l'acteur Chassé ; cette femme « qu'il fallait que tout homme de bon air mît sur sa » liste[1] », et qui « s'était passé la fantaisie d'un nombre prodigieux » d'hommes à la mode[2] », cette femme dont Bezenval, dans ses *Mémoires*, a raconté l'histoire avec une verve de médisance et malheureusement une précision de détails qui ne permettent pas de croire à la calomnie,—avait triomphé du souvenir de ses égarements, de l'effet de ces couplets cités dans tous les sottisiers et jusque dans les *journaux de police*[3] ; et, par l'esprit, par la grâce, par la flatterie, par la crainte, par ces beaux yeux qui lui étaient restés, par cette langue de vipère qui ne faisait que des blessures mortelles, elle était arrivée non-seulement à la considération, mais au respect, et elle exerçait sur la jeune cour et sur la littérature elle-même une sorte de redoutable et despotique domination. Une présentation à la cour, en 1760, ne suffisait pas. Il fallait être agréé par madame de Luxembourg. L'aveu du roi donnait le rang, l'aveu de la maréchale faisait l'opinion.

Le président Hénault, dans ses *Mémoires*, a renoncé à la peindre, après avoir annoncé son portrait ; reculant ou devant la ressemblance ou devant la flatterie. Mais le marquis d'Argenson nous a donné quelques détails curieux et piquants sur la fondation de ce salon, dont le premier agrément, avant l'autorité et le crédit, est dû à des moyens qui attestent l'habitude de l'intrigue et l'expérience de la galanterie.

« La nouvelle duchesse de Luxembourg a résolu de tenir une bonne

---

[1] *Mémoires de Bezenval*, édit. Barrière, p. 48 à 57.
[2] *Ibid.*
[3] Voir à la suite du *Journal de Barbier*, t. VIII, le *Journal de police*, p. 209, 229.

maison cet hiver à Paris, et pour cela il y faut de beaux esprits; elle a obligé madame de la Vallière à renvoyer Jélyotte, chanteur de l'Opéra. Le duc de la Vallière a dit à Jélyotte : « Quoique vous ne soyez plus « désormais ami de ma femme, je veux que vous n'en soyez pas moins « des miens; nous vous aurons quelquefois à souper. » On a choisi un autre amant pour cette duchesse, c'est le comte le Bissy; et pour décorer la société il a été résolu de le faire de l'Académie française. On y a fondé ses prétentions sur une traduction de l'anglais du *Roi patriote*, de Bolingbroke; on a exigé de madame de Pompadour qu'elle remît la nomination de Piron à une autre fois, et la marquise a conduit ceci avec beaucoup de finesse en se tenant derrière le rideau, ce qui a pleinement réussi hier jeudi, M. de Bissy ayant été élu tout d'une voix pour remplacer l'abbé Terrasson à l'Académie. Par là, l'on prétend opposer l'hôtel de Luxembourg à l'hôtel de Duras et Bissy à Pont-de-Veyle. Nos mœurs françaises deviennent charmantes [1]. »

Qui reconnaîtrait cette héroïne favorite des coupletiers, dans la grand'mère de la céleste Amélie de Boufflers, dans la protectrice de Rousseau, de la Harpe, de Gentil-Bernard, dans celle dont Grimm a encensé la puissance et dont pas un ministre n'a osé braver les bons mots, enfin dans celle qui a posé devant le duc de Lévis, madame de Genlis, Jean-Jacques, madame du Deffand, de façon à leur imposer les portraits suivants?

« Lorsque j'ai connu la maréchale de Luxembourg, dit le duc de Lévis, elle était très-vieille; il n'était plus possible de s'apercevoir qu'elle avait été jolie, et les traces de son amabilité étaient presque entièrement disparues. Tout ce qui était resté d'elle, c'était un esprit encore piquant et un goût toujours sûr. A l'aide d'un grand nom, de beaucoup d'audace, et surtout d'une bonne maison, elle était parvenue à faire oublier une conduite plus que légère, et à s'établir arbitre souveraine des bienséances, du bon ton et de ces formes qui composent le fond de la politesse. Son empire sur la jeunesse des deux sexes était absolu; elle contenait l'étourderie des jeunes femmes, les forçait à une coquetterie générale, obligeait les jeunes gens à la retenue et aux égards; enfin elle entretenait le feu sacré de l'urbanité française; c'était chez elle que se conservait intacte la tradition des manières nobles et aisées que l'Europe entière venait admirer à Paris et tâchait en vain d'imiter. Jamais censeur romain n'a été plus utile aux mœurs de la république que la maréchale de Luxembourg l'a été à l'agrément de la société pendant les dernières années qui ont précédé la révolution française... »

Il faudrait, et nous ne le pouvons, citer tout entier ce portrait, un des meilleurs du noble observateur, où il nous montre madame de Luxembourg apaisée, attendrie, bonne malgré son esprit, et dévote malgré son expérience, fertile en saillies étincelantes et en

---

[1] *Mémoires du marquis d'Argenson*, édit. Rathery, t. VI, p. 292.

inventions originales, comme celle de cette chaise à porteurs qu'elle fit installer dans son salon, et où elle se trouva si bien qu'elle y demeura tout l'hiver. La différence de cette chaise à porteurs au tonneau de madame du Deffand est ce qui les distingue toutes les deux. L'une est plus femme de cour, l'autre plus femme d'esprit.

Madame de Genlis, qui avait connu la maréchale à l'Isle-Adam, chez le prince de Conti, parle d'elle exactement comme le duc de Lévis :

« La maréchale avait peu d'instruction, beaucoup d'esprit naturel, et cet esprit était rempli de finesse, de délicatesse et de grâce... Elle jugeait sans retour sur une expression de mauvais goût... Sa désapprobation, qu'elle n'exprimait jamais que par une moquerie laconique et piquante, était une sentence sans appel. Celui qui la recevait perdait communément cette espèce de considération personnelle qui faisait que l'on était recherché dans la société et toujours invité aux petits soupers, où l'on ne voulait rassembler que des personnes aimables et de bon air. Ce genre de considération était alors très-désirable et très-envié... La maréchale était véritablement l'institutrice de toute la jeunesse de la cour, qui mettait une grande importance à lui plaire[1]. »

L'*Esprit des usages et des étiquettes du dix-huitième siècle*, de madame de Genlis, n'est pas autre chose, de son aveu, que le recueil des décisions de la maréchale de Luxembourg, « cet oracle » du bon ton ».

Madame du Deffand a tracé un joli portrait de la maréchale, qui demeura jusqu'au bout son amie, avec des alternatives de tiédeur ou de recrudescence de part et d'autre, et pour laquelle elle conservera un goût que Walpole ne partageait pas, si l'on en juge par une courte esquisse dans une de ses lettres[2].

« Madame la duchesse de Boufflers est belle sans avoir l'air de s'en douter. Sa physionomie est vive et piquante ; son regard exprime tous les mouvements de son âme... Elle domine partout où elle se trouve, et elle fait toujours la sorte d'impression qu'elle veut faire... Elle est pénétrante à faire trembler ; la plus petite prétention, la plus légère affectation, un ton, un geste qui ne seront pas exactement naturels, sont sentis et jugés par elle à la dernière rigueur... Madame de Boufflers, en général, est plus crainte qu'aimée... Elle a beaucoup d'esprit et de gaieté ; elle est constante dans ses engagements, fidèle à ses amis, vraie, discrète, serviable, généreuse ; enfin, si elle était moins clairvoyante, ou si les hommes étaient moins ridicules, ils la trouveraient parfaite. »

[1] *Mémoires*, t. Ier, p. 296, 297, 298, 382, 383, 384.
[2] Voir notre t. Ier.

Il faut finir par le portrait de Rousseau, qui fut le protégé de la maréchale et l'ami du maréchal, jusqu'au jour où ses bizarreries et ses incartades lui enlevèrent ce double appui. Il a parlé des commencements de sa faveur, en 1759, en termes où l'on sent la main du maître.

« Je craignais excessivement madame de Luxembourg. Je savais qu'elle était aimable. Je l'avais vue plusieurs fois au spectacle et chez madame Dupin, il y avait dix ou douze ans, lorsqu'elle était duchesse de Boufflers et qu'elle brillait encore de sa première beauté. Mais elle passait pour méchante; et dans une aussi grande dame, cette réputation me faisait trembler. A peine l'eus-je vue, que je fus subjugué. Je la trouvai charmante de ce charme à l'épreuve du temps, le plus fait pour agir sur mon cœur. Je m'attendais à lui trouver un entretien mordant et plein d'épigrammes. Ce n'était point cela; c'était beaucoup mieux. La conversation de madame de Luxembourg ne pétille pas d'esprit. Ce ne sont pas des saillies, et ce n'est pas même proprement de la finesse; mais c'est une délicatesse exquise, qui ne frappe jamais et qui plaît toujours. Ses flatteries sont d'autant plus enivrantes qu'elles sont plus simples. On dirait qu'elles lui échappent sans qu'elle y pense, et que c'est son cœur qui s'épanche, uniquement parce qu'il est trop rempli[1]... »

XXII.

Si madame de Luxembourg sut apprivoiser l'ours de Montmorency, madame du Deffand n'eut pas le même bonheur; car il lui a décoché une de ses plus terribles et de ses plus injustes boutades :

« Outre l'abbé de Boufflers, qui ne m'aimait pas; outre madame de Boufflers, auprès de laquelle j'avais des torts que jamais les femmes ni les auteurs ne pardonnent, tous les autres amis de madame la maréchale m'ont toujours paru peu disposés à être des miens, entre autres M. le président Hénault, lequel, enrôlé parmi les auteurs, n'était pas exempt de leurs défauts; entre autres aussi madame du Deffand et mademoiselle de Lespinasse, toutes deux en grande liaison avec Voltaire et intimes amies de d'Alembert, avec lequel la dernière a même fini par vivre, s'entend en tout bien et en tout honneur; et cela même ne peut s'entendre autrement.

» J'avais d'abord commencé par m'intéresser fort à madame du Deffand, que la perte de ses yeux faisait aux miens un objet de considération; mais sa manière de vivre si contraire à la mienne, que l'heure du lever de l'un était presque celle du coucher de l'autre; sa passion sans bornes pour le petit bel esprit, l'importance qu'elle donnait, soit en bien, soit en mal, aux moindres torche-culs qui paraissaient; le despotisme et l'emportement de ses oracles, son engouement outré pour ou

---

[1] *Confessions*, édit. Charpentier, p. 511, 512.

contre toutes choses, qui ne lui permettait de parler de rien qu'avec des convulsions; ses préjugés incroyables, son invincible obstination, l'enthousiasme de déraison où la portait l'opiniâtreté de ses jugements passionnés; tout cela me rebuta bientôt des soins que je voulais lui rendre. Je la négligeai; elle s'en aperçut. C'en fut assez pour la mettre en fureur; et quoique je sentisse assez combien une femme de ce caractère pouvait être à craindre, j'aimai mieux encore m'exposer au fléau de sa haine qu'à celui de son amitié [1]. »

Ce portrait de madame du Deffand et ce tableau de son salon ne sont qu'une admirable caricature. Le caractère de Rousseau fait souvent tort à son goût, et il y a parfois un peu trop de bile dans son éloquence. Il s'est vengé, dans cette page regrettable des *Confessions*, d'une femme qui avait l'audace de lui préférer Voltaire, ce vrai, cet unique ami d'esprit de madame du Deffand, et qui avait pénétré trop profondément dans les ténèbres de l'âme humaine, que la réflexion rend claires aux aveugles qui pensent, pour plaindre sincèrement ce fanfaron de douleur, ce charlatan d'infortune. C'est le bon sens et la finesse impitoyable de madame du Deffand qui ont rebuté l'orgueilleux et farouche Rousseau, et c'est à elle que cet homme de la nature a fait expier les impertinences clairvoyantes et les tyrannies du salon. Quant à son cœur, il est plus innocent de l'avoir mal jugé. Le véritable, l'unique ami de cœur, Horace Walpole, n'était pas encore venu, et elle ne se connaissait pas elle-même ces ressources de tendresse et de passion, économies d'une vie égoïste, qu'elle allait prodiguer inutilement à un homme dont l'esprit avait gâté le cœur, que la crainte du ridicule rendait cruel, et qu'un perpétuel malentendu devait aveugler sur la valeur de ce dernier sacrifice, sur le parfum de ces fleurs d'amitié, écloses dans un dernier printemps de tendresse, qui ressemblait trop à celui de l'amour et qu'il foula aux pieds brutalement. Mais pour éclairer d'un coup, avec l'énergie des lumières subites, l'âme de madame du Deffand et son salon en 1766, citons les passages de ses premières lettres qui contiennent, à travers d'irrésistibles et importants aveux, le tableau de sa société et le portrait de ses amis. En nous trouvant transportés tout d'un coup sur le théâtre, à un dernier acte si différent des premiers, nous apprécierons mieux le chemin mystérieux fait par l'action, le changement du dialogue et des acteurs. Et ces détails donneront aussi plus de relief au nécessaire portrait du *Deus ex machina*, de cet homme bizarre et charmant, autour duquel,

---

[1] *Confessions*, p. 548, 549.

comme sur un pivot, allait désormais tourner toute l'existence de madame du Deffand.

Le samedi 19 avril 1766, madame du Deffand écrivait à Horace Walpole, qui avait quitté Paris le 17 avril, après y avoir fait un séjour de sept mois, et qui avait eu la galanterie de lui faire les avances de la première lettre en lui donnant de ses nouvelles :

« Je commence par vous assurer de ma prudence; je ne soupçonne aucun motif désobligeant à la recommandation que vous m'en faites ; personne ne sera au fait de notre correspondance; et je suivrai exactement tout ce que vous me prescrirez. J'ai déjà commencé par dissimuler mon chagrin; et, excepté le président et madame de Jonsac, à qui il a bien fallu que je parlasse de vous, je n'ai pas articulé votre nom. Avec tout autre que vous, je sentirais une sorte de répugnance à faire une pareille protestation ; mais vous êtes le meilleur des hommes, et plein de si bonnes intentions qu'aucune de vos actions, qu'aucune de vos paroles, ne peuvent jamais m'être suspectes. Si vous m'aviez fait plus tôt l'aveu de ce que vous pensez pour moi, j'aurais été plus calme, et par conséquent plus réservée. Le désir d'obtenir, et de pénétrer si l'on obtient, donne une activité qui rend imprudente : voilà mon histoire avec vous ; joignez à cela que mon âge, et que la confiance que j'ai de ne pas passer pour folle, doit donner naturellement la sécurité d'être à l'abri du ridicule. Tout est dit sur cet article; et comme personne ne nous entend, je veux être à mon aise et vous dire qu'on ne peut aimer plus tendrement que je vous aime; que je crois que l'on est récompensé tôt ou tard suivant ses mérites; et comme je crois avoir le cœur tendre et sincère, j'en recueille le prix à la fin de ma vie. Je ne veux point me laisser aller à vous dire tout ce que je pense, malgré le contentement que vous me donnez : ce bonheur est accompagné de tristesse, parce qu'il est impossible que votre absence ne soit bien longue. Je veux donc éviter ce qui rendrait cette lettre une élégie; je vous prie seulement de me tenir parole, de m'écrire avec la plus grande confiance, et d'être persuadé que je suis plus à vous qu'à moi-même. Je vous rendrai compte, de mon côté, de tout ce qui me regarde, et je causerai avec vous comme si nous étions tête à tête au coin du feu.....

» Je n'ai point du tout dormi de la nuit, et je vous ai écrit les quatre premières lignes de cette lettre avec une écritoire que je crois ne vous avoir pas montrée; je pourrai en faire usage quelquefois si vous ne les trouvez pas effacées[1]. »

Nous n'avons pas la réponse de Walpole. Elle est de ces lettres compromettantes pour son caractère, que miss Berry, avec cette religion de la mémoire dont les scrupules étaient à la fois inspirés par un esprit viril et un cœur féminin, a dérobées à l'indiscrète curiosité de la postérité. Mais nous pouvons juger de ce qu'elle

[1] Il s'agit ici d'une petite machine à écrire, de règles parallèles pour guider sa main, dont il est question dans les *Mémoires de madame de Genlis* et dans la lettre de Voltaire du 5 mai 1756.

devait être par cette lettre de madame du Deffand, du 21 avril 1766. Nous citons longuement, parce que tout est à noter dans ces commencements. Il en est de l'âme comme de la sensitive, qui, d'abord épanouie, se crispe et se referme farouchement au premier contact brutal. Profitons du moment où madame du Deffand se livre à nous tout entière.

« Si vous étiez Français, je ne balancerais pas à vous croire un grand fat; vous êtes Anglais, vous n'êtes donc qu'un grand fou. Où prenez-vous, je vous prie, que *je suis livrée à des indiscrétions et des emportements romanesques?* Des *indiscrétions*, encore passe : à toute force cela se peut dire; mais pour *des emportements romanesques*, cela me met en fureur, et je vous arracherais volontiers ces yeux qu'on dit être si beaux, mais qu'assurément vous ne pouvez pas soupçonner de m'avoir tourné la tête. Je cherche quelle injure je pourrais vous dire, mais il ne m'en vient point; c'est que je ne suis pas encore à mon aise en vous écrivant; vous êtes si affolé de cette sainte de Livry que cela me bride l'imagination; non pas que je prétende à lui être comparée, mais je me persuade que votre passion pour elle vous fait paraître sot et plat tout ce qui ne lui ressemble pas. Revenons aux emportements romanesques : moi, l'ennemie déclarée de tout ce qui en a le moindre trait, moi qui leur ai toujours déclaré la guerre, moi qui me suis fait des ennemis de tous ceux qui donnaient dans ce ridicule, c'est moi qui en suis *accusée* aujourd'hui? Et par qui le suis-je? par Horace Walpole, et par un certain petit Craufurd, qui n'ose pas s'expliquer si clairement, mais qui y donne un consentement tacite. Ah! fi, fi, messieurs, cela est bien vilain; je dirai comme mes chers compatriotes, quand on leur raconte quelque trait dur et féroce : *cela est bien Anglais;* mais apprenez, et retenez-le bien, que je ne vous aime pas plus qu'il ne faut, et je ne crois point par delà vos mérites. Soyez Abailard, si vous voulez, mais ne comptez pas que je sois jamais Héloïse. Est-ce que je ne vous ai jamais dit l'antipathie que j'ai pour ces lettres-là? J'ai été persécutée de toutes les traductions qu'on en a faites et qu'on me forçait d'entendre; ce mélange, ou plutôt ce galimatias de dévotion, de métaphysique, de physique, me paraissait faux, exagéré, dégoûtant. Choisissez d'être pour moi tout autre chose qu'Abeilard; soyez, si vous voulez, saint François de Sales; je l'aime assez; je serai volontiers votre Philothée. Mais laissons tout cela. »

Et dans cette même lettre, comme pour mieux attester la nature et le désintéressement de son affection, madame du Deffand annonçait à Walpole qu'elle avait été indignée et « dégoûtée » d'un petit ouvrage, de la façon de madame de Forcalquier, qui était une apologie de la vieillesse, par où elle prouvait qu'on pouvait être amoureux de quelqu'un de cent ans. Pendant plus d'un an, jusqu'à l'épuisement de toute espérance, jusqu'à la défaite complète, jusqu'au renoncement absolu, le cœur de madame du Deffand, subitement réveillé, chante comme un oiseau sur la neige, et par toutes sortes de caresses, de gentillesses, cherche à se faire pardonner cet hymne hors de saison. Bientôt, épuisé, étouffé, il ne bat plus que d'une aile et ne hasarde plus que quelques cris plaintifs. Enfin le froid égoïsme qui règne autour de lui le gagne peu à peu; mais jusqu'au dernier jour on le sent encore palpiter, et la mort seule le fera taire. C'est, sous forme de parabole, l'histoire exacte et navrante de ce duel entre madame du Deffand, qui aime pour la première fois à l'âge où il n'est pas permis d'aimer pour la dernière, et Walpole, qui proteste avec toute la morgue de sa nation et toute l'âpreté de son esprit, contre ces feux intempestifs, dont il s'exagère certainement les inconvénients. Mais la progression est établie, et nous ne ferons plus que citer, pour achever de donner à ceux qui nous ont suivi jusqu'au bout dans cette étude minutieuse et graduée, la surprise du changement de ton, de style, de l'accent pénétrant enfin de ces *novissima verba*, dont les variations, suivant les vicissitudes d'une passion tour à tour contenue ou débordante, épargnée ou combattue, sont tout un drame intime.

« Vous êtes le meilleur des hommes; ce doit être pour vous un grand plaisir de faire le bonheur de quelqu'un qui n'en a jamais eu dans sa vie [1]. »

« Je ne veux jamais rien faire sans votre aveu, je veux toujours être votre chère petite, et me laisser conduire comme un enfant; j'oublie que j'ai vécu; je n'ai que treize ans. Si vous ne changez point, et si vous venez me retrouver, il en résultera que ma vie aura été très-heureuse; vous effacerez tout le passé, et je ne daterai plus que du jour que je vous aurai connu.

» Si j'allais recevoir de vous une lettre à la glace, je serais bien fâchée et bien honteuse. Je ne sais point encore quel effet l'absence peut produire en vous. Votre amitié était peut-être un feu de paille; mais non, je ne le crois pas; quoi que vous m'ayez pu dire, je n'ai jamais pu penser que vous fussiez insensible; vous ne seriez point heureux ni aimable sans amitié, et je sais positivement ce qu'il vous convient d'aimer. N'allez pas me dire qu'il y a du roman dans ma tête; j'en suis à mille lieues; je le déteste. Tout ce qui ressemble à l'amour m'est odieux, et je suis presque bien aise d'être vieille et hideuse, pour ne pouvoir pas me méprendre aux sentiments qu'on a pour moi, et bien aise d'être aveugle, pour être bien sûre que je ne puis en avoir d'autres que ceux de la plus pure et de la plus sainte amitié; mais j'aime l'amitié à la folie, mon cœur n'a jamais été fait que pour elle. »

« Oh! non, non, je ne suis pas folle, ou du moins ma folie n'est pas la présomption ni la prétention, et je n'ai point à vous reprocher de m'induire à tomber dans cet inconvénient. Tout en badinant, tout en jouant, vous me faites entendre la vérité, et vous trouvez le moyen d'en envelopper l'amertume; mais je comprends très-bien que mes premières

[1] Voir notre t. Ier, p. 347.

lettres ne vous ont pas plu; je ne suis pourtant point fâchée de les avoir écrites; je n'en rougis point. J'ai connu une femme à qui on faisait quelques remontrances sur ce qu'elle n'avait pas un air assez réservé avec des personnages graves et à qui on devait du respect; elle répondit qu'elle avait vingt-neuf ans, et qu'à cet âge on avait toute *honte bue;* et moi je dis qu'à mon âge on ne pèche point contre la décence en se laissant aller à *des emportements* d'amitié; ils ne doivent point effrayer, quand il est bien démontré qu'on n'exige rien. »

Mais faisons intervenir Walpole dans ce monologue, qui aura ainsi l'intérêt du dialogue. Veut-on avoir tout de suite une idée des réponses de Walpole à ces lettres si suppliantes, si touchantes, si débordantes d'une affection exaltée?

« A mon retour de Strawberry-Hill, je trouve votre lettre, qui me cause on ne peut plus de chagrin. Est-ce que vos lamentations, madame, ne doivent jamais finir? Vous me faites bien repentir de ma franchise; il valait mieux m'en tenir au commerce simple; pourquoi vous ai-je voué mon amitié? C'était pour vous contenter, non pas pour augmenter vos ennuis. Des soupçons, des inquiétudes perpétuelles! — Vraiment, si l'amitié a tous les ennuis de l'amour sans en avoir les plaisirs, je ne vois rien qui invite à en tâter. Au lieu de me la montrer sous sa meilleure face, vous me la présentez dans tout son ténébreux. Je renonce à l'amitié si elle n'enfante que de l'amertume. Vous vous moquez des lettres d'Héloïse, et votre correspondance devient cette fois plus larmoyante. *Reprends ton Paris; je n'aime pas ma mie, au gué.* Oui, je l'aimerais assez *au gai,* mais très-peu au triste. Oui, oui, mamie, si vous voulez que notre commerce dure, montez-le sur un ton moins tragique; ne soyez pas comme la comtesse de la Suze, qui se répandait en élégies pour un objet bien ridicule. Suis-je fait pour être le héros d'un roman épistolaire? et comment est-il possible, madame, qu'avec autant d'esprit que vous en avez, vous donniez dans un style qui révolte votre Pylade, car vous ne voulez pas que je me prenne pour un Orondate? Parlez-moi en femme raisonnable, ou je copierai les réponses aux *Lettres portugaises.* »

Et madame du Deffand, étonnée, indignée, d'éclater en reproches, en plaintes, mais non en menaces. Car déjà elle ne pouvait songer, sans avoir envie de mourir, à la rupture d'un lien qui était pour elle celui même de la vie.

Paris, dimanche 25 mai 1766.

« Je ne sais pas si les Anglais sont durs et féroces, mais je sais qu'ils sont avantageux et insolents. Des témoignages d'amitié, de l'empressement, du désir de les revoir, de l'ennui, de la tristesse, du regret de leur séparation, — ils prennent tout cela pour une passion effrénée; ils en sont fatigués, et le déclarent avec si peu de ménagement, qu'on croit être surpris en flagrant délit; on rougit, on est honteux et confus, et l'on tirerait cent canons contre ceux qui ont une telle insolence. Voilà la disposition où je suis pour vous, et ce n'est que l'excès de votre folie qui vous fait obtenir grâce : ce qui me pique, c'est que vous me trouvez fort ridicule. Vous m'avez troublée et qui pis est gelée. Me comparer à madame de la Suze, me menacer de m'écrire pour réponse une *portugaise !* ce sont les deux choses du monde que je hais le plus ; l'une pour sa dégoûtante et monotone fadeur, et l'autre pour ses emportements indécents. Je suis triste, malade, vaporeuse, ennuyée ; je n'ai personne à qui parler : je crois avoir un ami, je me console en lui confiant mes peines, je trouve du plaisir à lui parler de mon amitié, du besoin que j'aurais de lui, de l'impatience que j'ai de le revoir ; et lui, loin de répondre à ma confiance, loin de m'en savoir gré, il se scandalise, me traite du haut en bas, me tourne en ridicule, et m'outrage de toutes les manières ! Ah ! fi, fi, cela est horrible. S'il n'y avait pas autant d'extravagance que de dureté dans vos lettres, on ne pourrait pas les supporter ; mais à la vérité elles sont si folles que je passe de la plus grande colère à éclater de rire : cependant j'éviterai de vous donner occasion d'en écrire de pareilles. »

Et en effet, avertie par les piquantes railleries de son correspondant, ce n'est désormais que sans s'en douter, et, comme elle le dit, quand elle ne peut pas faire autrement, que madame du Deffand se hasardera à parler l'ancien langage, à oser ces aveux si brusquement refoulés dans son cœur. Elle affecte l'indifférence ou du moins la résignation, elle joue avec sa douleur, elle plaisante avec sa tristesse, elle donne à ses sentiments le déguisement d'une forme ironique et badine, elle emploie les tournures indirectes, et, avec une humilité qui a encore sa coquetterie et dont l'habileté est imperturbable, elle dit ce qu'elle veut dire en s'excusant de n'oser le dire.

Il faut lire la lettre du 24 septembre, pour voir avec quelle grâce, quelle câlinerie, quelle coquetterie d'esprit et de cœur madame du Deffand cherche à apprivoiser ce philosophe du désabusement, qui pousse plus loin qu'elle la pratique de leurs maximes communes, et qui se défend d'une amitié tendre à la fois comme d'une absurdité et comme d'un ridicule. Elle lui envoie une boîte avec une lettre de madame de Sévigné qu'il adore, et dont elle a fait sa patronne auprès de lui ; elle fait apprendre l'anglais à Wiart, son secrétaire, elle lui propose de le lui envoyer quand il est malade, pour qu'elle puisse avoir de ses nouvelles sans fatigue pour lui. A la fin de septembre 1766, elle se ronge, faute de nouvelles de lui. Ce silence la tue, son cœur meurt d'inanition. Wiart prend le parti d'écrire à Walpole à son insu, et le bon et fidèle serviteur ne peut s'empêcher de dire respectueusement à l'homme dont l'orgueil cherche à dompter par le silence, à macérer dans l'humiliation une amitié qui lui semble trop fougueuse et trop tendre :

« Je puis vous répondre, monsieur, que s'il existe de véritables amis, vous pouvez vous vanter que vous avez trouvé une amie en madame comme il y a bien peu d'exemples. Tirez-la d'inquiétude le plus souvent qu'il sera possible : si vous voyiez comme moi l'état où elle est, elle vous ferait pitié; cela l'empêche de dormir et l'échauffe beaucoup. »

Le 30 septembre, c'est un long, admirable et attendrissant plaidoyer de madame du Deffand, où le sourire et les larmes se mêlent, et dont la sensibilité pétille d'esprit.

Mais toute cette lettre est à extraire, car elle achève l'enquête morale que nous voulions faire, elle clôt cette première crise dont le feu, couvant sous la cendre, ne jettera plus que quelques intermittentes étincelles.

> Mardi, 30 septembre 1766, à quatre heures du matin, écrite de ma propre main avant la lettre que j'attends par le courrier d'aujourd'hui.

« Non, non, vous ne m'abandonnerez point; si j'avais fait des fautes, vous me les pardonneriez, et je n'en ai fait aucune, si ce n'est en pensée; car pour en parole ou en action, je vous défie de m'en reprocher aucune. Vous m'avez écrit, me direz-vous, des lettres portugaises, des élégies de madame de la Suze; je vous avais interdit l'amitié, et vous osez en avoir; vous osez me l'avouer : je suis malade et voilà que la tête vous tourne; vous poussez l'extravagance jusqu'à désirer d'avoir de mes nouvelles deux fois la semaine; il est vrai que vous vous contenteriez que ce fussent de simples bulletins en anglais, et avant que d'avoir reçu mes réponses sur cette demande, vous avez le front, la hardiesse et l'indécence de songer à envoyer Wiart à Londres pour être votre résident. Miséricorde! que serais-je devenu? j'aurais été un héros de roman, un personnage de comédie, et quelle en serait l'héroïne? — Avez-vous tout dit, mon tuteur? Écoutez-moi à mon tour.

» J'ai voulu vous envoyer Wiart; ce projet n'était qu'une idée nullement extraordinaire dans les circonstances où je l'aurais exécuté; j'aurais eu la même pensée pour feu mon pauvre ami Formont[1], s'il avait été bien malade à Rouen, et qu'il n'eût eu personne pour me donner de ses nouvelles; voilà votre plus grand grief. Ah! un autre qui selon moi est bien pis, c'est l'ennui de mes lettres; vous y trouvez la fadeur, l'entortillé de tous nos plus fastidieux romans; peut-être avez-vous raison, et c'est sur cela que je m'avoue coupable. Je peux parler de l'amitié trop longtemps, trop souvent, trop longuement; mais, mon tuteur, c'est que je suis un pauvre génie; ma tête ne contient point plusieurs idées, une seule la remplit. Je trouve que j'écris fort mal, et quand on me dit le contraire, qu'on me veut louer, je dirais à ces gens-là : Vous ne vous y connaissez pas, vous n'avez point lu les lettres de Sévigné, de Voltaire et de mon tuteur. Par exemple, celle du 22, où vous me traitez avec une férocité sarmate, est écrite à ravir : — Mais venons à nos affaires; voilà le procès rapporté : soyez juge et partie, et je vous promets d'exé-

---

[1] Dont parle souvent Voltaire.

cuter votre sentence : prescrivez-moi exactement la conduite que vous voulez que je tienne ; vous ne pouvez rien sur mes pensées, parce qu'elles ne dépendent pas de moi, mais pour tout le reste vous en serez absolument le maître.

» J'intercède votre sainte [1], je la prie d'apaiser votre colère ; elle vous dira qu'elle a eu des sentiments aussi criminels que moi ; qu'elle n'en était pas moins honnête personne ; elle vous rendra votre bon sens, et vous fera voir clair comme le jour qu'une femme de soixante-dix ans, quand elle n'a donné aucune marque de folie ni de démence, n'est point soupçonnable de sentiments ridicules, et n'est point indigne qu'on ait de l'estime et de l'amitié pour elle. Mais finissons, mon cher tuteur, oublions le passé ; ne parlons plus que de balivernes, laissons à tout jamais les amours, amitiés et amourettes ; ne nous aimons point, mais intéressons-nous toujours l'un à l'autre sans nous écarter jamais de vos principes ; je les veux toujours suivre et respecter sans les comprendre ; vous serez content, mon tuteur, soyez-en sûr, et vous me rendrez parfaitement contente si vous ne me donnez point d'inquiétude sur votre santé, et si vous ne vous fâchez plus contre moi au point de m'appeler *Madame* ; ce mot gèle tous mes sens ; que je sois toujours *votre Petite* ; jamais titre n'a si bien convenu à personne, car je suis bien petite en effet.

» Ne *frémissez* point quand vous songez à votre retour à Paris ; vous souvenez-vous que je ne vous y ai causé nul embarras, que j'ai reçu avec plaisir et reconnaissance les soins que vous m'avez rendus, mais que je n'en exigeais aucun ? On s'est moqué de nous, dites-vous ; mais ici on se moque de tout, et l'on n'y pense pas l'instant d'après.

» Il me reste à vous faire faire une petite observation pour vous engager à être un peu plus doux et plus indulgent ; ce sont mes malheurs, mon grand âge, et je puis ajouter aujourd'hui mes infirmités ; s'il était en votre pouvoir de m'aider à supporter mon état, d'en adoucir l'amertume, vous y refuseriez-vous ? Et ne tiendrait-il qu'à la première caillette maligne ou jalouse de vous détourner de moi ? Non, non, mon tuteur, je vous connais bien, vous êtes un peu fou, mais votre cœur est excellent ; et quoique incapable d'amitié, il vaut mieux que celui de tous ceux qui la professent : grondez-moi tant que vous voudrez, je serai toujours votre pupille malgré l'envie.

» J'avais écrit tout cela de ma propre main, sans trop espérer qu'on pût le lire ; Wiart l'a déchiffré à merveille, et si facilement, que j'ai été tentée de vous envoyer mon brouillon ; mais je n'ai pas voulu vous donner cette fatigue.

» J'attends votre première lettre avec impatience pour savoir de vos nouvelles ; mais avec tremblement : m'attendant à beaucoup d'injures, j'ai été bien aise de les prévenir et vous préviens que je n'y répondrai pas. »

Mercredi 1er octobre, avant l'arrivée du courrier, et par conséquent point en réponse à votre lettre s'il m'en apporte, et que je ne puis encore avoir reçue.

« Vous avez raison, vous avez raison, enfin toute raison ; je ne suis plus soumise, mais je suis véritablement convertie. Un rayon de lumière

---

[1] Madame de Sévigné.

m'a frappée à la manière de saint Paul; il en fut renversé de son cheval, et moi je le suis de mes chimères. Je ne sais de quelle nature elles étaient, quel langage elles me faisaient tenir; mais j'avoue qu'elles devaient vous paraître ridicules, et l'effet qu'elles vous faisaient ne me choque plus aujourd'hui. Il y a déjà quelque temps qu'en me figurant votre retour ici, je sentais que votre présence me causerait de l'embarras. Je me disais : *Oh! mon Dieu, pourquoi?* et je trouvais que c'étaient vos réprimandes que mon jargon m'avait attirées qui me donneraient quelque honte. Brûlez toutes mes lettres (s'il vous en reste) qui pourraient laisser trace de tous ces galimatias; je suis votre amie, je n'ai jamais eu ni pensée ni sentiment par delà cela, et je ne comprends pas comment j'étais tombée à user d'un langage que j'ai toujours fui et proscrit, et que vous avez toute raison de détester. Voilà donc un nouveau baptême, et nous allons être l'un et l'autre bien plus à notre aise. »

Mercredi, après l'arrivée du courrier.

« O mon Dieu, que je suis contente! vous vous portez bien, voilà tout ce que je voulais; vous jugerez, par ce que j'ai écrit ce matin et hier, si je suis fâchée contre vous. Il ne me reste plus qu'à vous dire un mot : on ne croit point dans ce pays-ci qu'on puisse être l'amant d'une femme de soixante-dix ans, quand on n'en est pas payé; mais on croit qu'on peut être son ami, et je puis vous répondre qu'on ne trouvera nullement ridicule que vous soyez le mien. Je ne vous garantirai pas que l'on ne vous fasse quelques plaisanteries, mais c'est faire trop d'honneur à notre nation que d'y prendre garde. Je ne sais d'où peuvent venir toutes vos craintes, et vous deviez bien me parler avec la même confiance que je vous parle. J'ai dans la tête que c'est quelque mauvaise raillerie de madame la duchesse d'Aiguillon à milady Hervey, qui a troublé votre tête; je n'y ai pas donné le moindre lieu. Il y a longtemps que je connais sa jalousie, mais elle n'est nullement dangereuse. Je ne me suis laissée aller à parler de vous avec amitié et intérêt qu'à mesdames de Jonsac et de Forcalquier, qui vous aiment beaucoup l'une et l'autre, et sans jalousie..... Votre troisième lettre est parfaite; il n'y a rien à redire, si ce n'est les louanges que vous m'y donnez. O mon tuteur, pourquoi vous avisez-vous de flatter ma vanité? ne m'en avez-vous pas jugée exempte, et ne m'avez-vous pas traitée en conséquence? Si j'avais eu de l'amour-propre, il y a longtemps que vous l'auriez écrasé; mais c'est un sentiment que je n'ai point écouté avec vous; jamais votre franchise ne m'a blessée, jamais vous ne m'avez humiliée; je serai toujours fort aise que vous me disiez la vérité. Vos craintes sur le ridicule sont des terreurs paniques, mais on ne guérit point de la peur; je n'ai point une semblable faiblesse; je sais qu'à mon âge on est à l'abri de donner du scandale : si l'on aime, on n'a point à s'en cacher; l'amitié ne sera jamais un sentiment ridicule quand elle ne fait pas faire de folies; mais gardons-nous d'en proférer le nom, puisque vous avez de si bonnes raisons de la vouloir proscrire; soyons amis (si ce mot n'est pas malsonnant), mais amis sans amitié; c'est un système nouveau, mais dans le fond pas plus incompréhensible que la Trinité. »

Cette admirable lettre est pour ainsi dire la confession morale de madame du Deffand. C'est un vrai chef-d'œuvre d'esprit et de sentiment. Le triple caractère auquel on reconnaît les passions sincères, la foi, la soumission, le dévouement, s'y lit en traits saisissants ; et l'on est étonné de cet effet singulier de l'expérience sur les natures bien douées. Elle ne les dessèche pas, elle les attendrit dans son amertume salutaire. Jamais madame du Deffand n'a été aussi bonne, aussi douce, aussi délicate qu'à soixante-dix ans. Ce rajeunissement du cœur en pleine décrépitude est un phénomène moins rare qu'on ne pense et qu'il lui demeurera la gloire d'avoir éprouvé et d'avoir dépeint en grand moraliste et en grand écrivain.

Mais quel était cet homme dont madame du Deffand s'efforçait en vain de réchauffer l'ardeur, d'encourager la confiance, de satisfaire l'exigence ; cet homme dont la maturité et la vieillesse allaient tourner autour de ce pivot, la peur panique d'être ridicule, en se laissant aller à des sentiments incompatibles avec l'âge et avec l'expérience, crainte dont madame du Deffand fut la victime, mais dont elle n'était pas la cause ?

« Il y avait longtemps avant la date de notre connaissance que cette crainte du ridicule s'était plantée dans mon esprit, et vous devez assurément vous ressouvenir à quel point elle me possédait, et combien de fois je vous en ai entretenue. — N'allez pas lui chercher une naissance récente. Dès le moment que je cessai d'être jeune, j'ai eu une peur horrible de devenir un vieillard ridicule. »

XXIII

Horace Walpole n'est guère connu en France que par les lettres de madame du Deffand, et tant qu'une traduction digne de ce nom n'aura pas popularisé chez nous les *Mémoires* et les *Lettres* de l'homme qui, dans toute l'Angleterre du dix-huitième siècle, a eu incontestablement le plus d'esprit et le plus de goût, il devra se contenter de ce maigre et fâcheux rayon de célébrité qui ne le montre justement à nous que sous ses aspects les plus étroits et les plus défavorables. Les matériaux d'un portrait en pied ne nous manqueraient pas, car Walpole a eu plus d'un biographe, et il a été lui-même le meilleur de tous. Les limites de cet espace dont nous avons déjà abusé nous obligent de nous contenter d'une esquisse que nous essayerons plus particulièrement dans le but de réfuter ceux qui, ne tenant pas assez compte des circonstances qui ont précédé ou suivi le mot sur lequel ils le jugent, ont malignement diminué la valeur intellectuelle et littéraire de Walpole, ou ont honnêtement calomnié son cœur et son caractère. Ceux-ci l'ont accusé d'affectation et de frivolité; ceux-là l'ont taxé de sécheresse et d'égoïsme. Voyons si le personnage, tel qu'il résulte des témoignages authentiques et impartiaux, répond absolument à ce signalement, et si, dans cette dernière conquête le goût, de madame du Deffand a été aussi aveugle que ses yeux.

Il est facile de connaître intimement Horace Walpole, facile de l'attaquer, facile de le défendre. Il a eu, nous le répétons, de nombreux biographes, de nombreux détracteurs, de nombreux avocats. On a plus d'un récit de la vie qu'il menait à Strawberry-Hill, et il a pris la peine de nous donner lui-même la description de cette demeure caractéristique. Pinckerton, dans le *Walpoliana*, miss Hawking dans ses *Réminiscences*, ont décrit sa personne, ses habitudes, ses manières. Walter Scott et lord Dover ont écrit sa biographie. M. Elliot Warburton a publié sur lui des *Mémoires*. Dans l'édition de ses *Œuvres* en six volumes in-quarto, le sixième contient les lettres adressées par lui aux miss Berry avec une *Préface* de l'aînée, dans laquelle elle défend vivement et éloquemment la mémoire de son bienfaiteur contre les malveillantes insinuations de Macaulay, qui, passionné contre Walpole par toutes sortes d'antipathies littéraires et de rancunes politiques, s'est plu à épuiser contre lui tout un carquois de spirituelles épigrammes. Mais lord Byron, admirateur encore plus désirable que Macaulay n'est redoutable ennemi, a pansé, avec le baume du plus pur enthousiasme, les blessures faites par la verge de l'historien démocratique. On le voit par ce court exposé, il y en a pour tous les goûts. Que l'on prenne la route de l'éloge ou celle de la critique, on s'y trouvera en nombreuse et bonne compagnie. Essayons de tracer entre les deux un humble petit chemin indépendant et impartial.

Horace Walpole, né à Londres, le 5 octobre 1717, était le troisième et le plus jeune fils de sir Robert Walpole, un des grands ministres de l'Angleterre, et qui la gouverna glorieusement vingt et un ans. On a beaucoup discuté sur son génie, son caractère, les moyens vulgaires ou honteux de son influence. Ce n'est pas le lieu d'examiner ici ces griefs et de prendre parti entre Coxe et Smollett. Gouverner vingt et un ans un pays comme l'Angleterre, par quelques moyens que ce soit, n'est point d'un homme ordinaire.

La mère de Walpole, Catherine Shorter, était petite-fille de sir John Shorter, lord-maire de Londres, en 1688, l'année de la révolution. Les deux frères d'Horace, lord Walpole et sir Édouard, ne méritèrent jamais que l'histoire s'occupât d'eux. Horace semble avoir résumé et personnifié en lui le double génie de l'Angleterre ancienne et de l'Angleterre nouvelle, la double influence du père et de la mère, une certaine délicatesse de cœur, voilée et comme défendue par l'âpreté du caractère, une grande hardiesse d'idées, corrigée par une grande aristocratie de goûts. La santé d'Horace était faible, sa vie semblait fragile, quoiqu'elle ait duré quatre-vingts ans. Il était à la fois Saxon et Normand, de la race d'acier, souple et brillante, qui plie sans cesse et ne rompt jamais. Mais ce tempérament maladif et nerveux devait avoir, on le comprend, une influence durable sur son âme et sur sa vie. Il explique la contradiction apparente de ses idées et de ses goûts, de ses principes et de ses actions, de sa bonté foncière et de sa rudesse extérieure, il explique l'inconstance et la variété de ses manies, la susceptibilité et l'irritabilité d'un esprit et d'un cœur que l'horreur de la critique et la crainte du ridicule ont tourmenté sans relâche.

Une autre influence primordiale à noter, c'est l'éducation exclusive de la mère jusqu'à dix ans. Horace connut peu son père, absorbé par les affaires, et dont les rares loisirs étaient consacrés à des distractions grossières. Jusqu'à dix ans, il grandit sous l'aile de sa mère, qu'il adorait, et il est demeuré dans sa vie et dans ses écrits plus d'une trace de cette influence féminine, la subtilité, la coquetterie et même une certaine préciosité.

A dix ans, Horace Walpole entra au collége d'Eton, où son père avait été le compagnon d'études de lord Bolingbroke, cet autre esprit anglais cher à la France, précurseur d'Horace, d'un moindre attrait littéraire, mais d'une autre vigueur philosophique que lui. Les camarades de prédilection d'Horace furent Thomas Gray, le poëte lyrique à qui plus tard la seule vue d'Eton dans le lointain devait inspirer l'ode touchante où il célèbre leurs communs souvenirs d'enfance; Richard West, en qui une mort prématurée emporta, dit-on, l'espoir d'un grand poëte; Thomas Ashton, qui se consacra à l'Église et à la prédication. Cette quadruple amitié, cette quadruple alliance, comme l'appelaient nos jeunes écoliers, ne fut pas invulnérable au temps, inaccessible aux passions. Elle eut ses vicissitudes et ses décadences. L'ami d'enfance et de prédilection d'Horace, celui à qui il demeura fidèle jusqu'au bout, celui qui, aux yeux de la postérité, attestera son cœur, c'est Henri Seymour Conway, qui devait jouer un rôle distingué dans l'armée et le Parlement. Conway fut *l'alter ego* de Walpole, le la Boétie de ce Montaigne anglais. On le voit se refroidir ou rompre avec Gray, avec Bentley, avec le poëte Mason, même avec Georges Montagu, son camarade d'Eton et de Cambridge, auquel il cesse d'écrire avant que la mort les ait séparés à jamais. Pour Conway, ce caractère difficile n'a plus d'inégalités, cet esprit susceptible n'a plus d'ombrages. « Après la mémoire de son père, la fortune de Conway fut sa seule passion politique, » dit l'homme qui en France a le mieux parlé de Walpole [1].

En 1734, Horace était entré à l'université de Cambridge, où il avait retrouvé Gray et Montagu. Il poursuivit ses études à King's College. Elles n'étaient point finies, et il n'avait que vingt ans lorsqu'il perdit sa mère, qu'il pleura longtemps, qu'il regretta toujours, et à qui, dix-sept ans plus tard, il élevait dans Westminster un monument funéraire dont il composait l'inscription. Robert Walpole fut moins sensible à une mort qui lui rendait sa liberté. Mari facile, comme la plupart de ceux qui ont besoin d'indulgence pour eux-mêmes, il ne pouvait s'empêcher de trouver que son fils ressemblait un peu trop fidèlement à lord Hervey, homme d'un esprit remarquable, et frère de celui qui fut le rival de Pope. Pendant que son père épousait, après un deuil assez abrégé, la mère d'une fille naturelle qu'il aimait et qui devint lady Mary Churchill, Horace, pourvu par une bonne sinécure des moyens de soutenir son rang, faisait sur le continent le voyage qui complétait alors toute éducation aristocratique.

Le 10 mai 1739, il partit, en compagnie de Gray, pour Paris, où il devait retrouver son cousin Conway. Il paraît avoir jeté, à cette première visite, un coup d'œil assez superficiel sur nos institutions et sur nos idées, bornant son étude à ce que la pratique de nos plaisirs pouvait lui révéler de nos mœurs et de notre langue. Vers la fin de l'été, les deux amis étaient en Italie. Ils visitèrent Rome, Naples, Florence, Venise. Aidé de son compagnon, qui nous a laissé le *Mémorial* de ce voyage, Horace acquit le goût des arts et la passion de la curiosité. La différence de leurs caractères et surtout de leur rang ne tarda pas à brouiller les deux amis, qui se séparèrent à Reggio. Horace Walpole a avoué, trente-deux ans après, dans une lettre à William Mason, que les premiers torts vinrent de son côté, et que son conflit avec Gray eut pour cause la fougue de sa jeunesse avide de plaisirs et l'orgueil de son caractère, qui ne s'était pas encore assez accoutumé à sa qualité de fils d'un premier ministre pour ne pas la faire sentir aux autres. Sur la fin de sa vie, une réconciliation, ménagée par des amis communs, avait rapproché

---

[1] Ch. de Rémusat, *L'Angleterre au dix-huitième siècle*, t. II, p. 6.

les deux compagnons du voyage d'Italie, et Horace a déploré la mort de Gray dans une de ses plus éloquentes lettres.

C'est à Florence que Walpole s'arrêta le plus longtemps, retenu à la fois par le spectacle des chefs-d'œuvre de l'art et par le commerce, chez la princesse de Craon, de quelques Françaises spirituelles et d'un très-aimable diplomate, sir Horace Mann, envoyé anglais près la cour de Toscane, jusqu'en 1786. Pendant cette longue carrière, tout entière fournie au même lieu (excellente habitude de la diplomatie anglaise, qui explique l'expérience et le crédit de ses agents), Horace Walpole entretint avec sir Horace Mann une correspondance qui a duré quarante-cinq ans et est représentée par plus de huit cents lettres. Durant ces quarante-cinq ans, Horace Walpole et sir Horace Mann ne s'étaient pas revus. C'est avec raison que Walpole, le 25 août 1784, disait de cette longue correspondance entre deux absents, un des monuments épistolaires de la Grande-Bretagne, « qu'elle n'a pas sa pareille dans les annales de la poste aux lettres ».

Horace Walpole revint en Angleterre au mois de septembre 1741. Il y arrivait pour représenter, dans un nouveau parlement, élu au mois de juin précédent, le bourg de Callington, dans les Cornouailles. Nous n'avons pas à nous occuper de la carrière politique d'Horace Walpole, qui fut plus spectateur qu'acteur aux débats mémorables de son temps, et se contenta de s'y montrer le satellite dévoué de son père, occupé surtout de retracer pour l'avenir, avec une sceptique ironie, le tableau et les portraits du drame parlementaire auquel il assista. On trouve dans ses lettres à Horace Mann la peinture la plus fidèle, la plus libre et la plus instructive qui soit d'un gouvernement représentatif et de la lutte des intérêts et des ambitions qu'il substitue à la lutte des idées. Horace Walpole ne prit la parole qu'une fois, le 23 mars 1742, pour défendre son père, et Pitt combattit ses conclusions, tout en louant son talent et son caractère. Durant les vingt-sept ans qu'il siégea sur les bancs des communes, Walpole ne prit guère la parole que deux ou trois fois. Il était trop sceptique pour parler souvent, trop spirituel pour parler beaucoup, trop délicat pour parler longtemps.

Mais si Horace était indifférent aux succès de la tribune, il ne l'était pas au triomphe de la politique de son père, dont il soutint intrépidement le pouvoir et dont il partagea la retraite et consola la disgrâce, dans son château de Houghton, par tout ce que l'esprit le plus cultivé pouvait ajouter d'agrément aux mérites d'un loyal dévouement. Il séjournait souvent auprès de lui, au château de Hougton, en Norfolk, et il essaya en vain, par l'influence d'un beau site, le secours d'une belle bibliothèque, la vue d'une précieuse collection de tableaux, d'élever et de polir les goûts du fruste homme d'État, qui, hors la politique, ne se plaisait guère qu'à la chasse, à table ou au lit. Horace Walpole, à cet inutile apostolat, à ces fastidieuses compagnies, dut éprouver dans toute son amertume le dégoût d'un esprit difficile et mondain aux prises avec les contrastes de la vie de campagne dans la vieille Angleterre. Son caractère dut se ressentir de l'épreuve de cette longue contrainte, de cette quotidienne contradiction. Il a fait de son existence à cette époque une peinture humoristique et caractéristique, dans une lettre à M. Chute, du 20 août 1743.

En août 1743, Horace Walpole fit un dernier effort pour convertir son père à la religion de l'art. Il écrivit et lui dédia, sous le titre d'*Ædes Walpolianæ*, une description de Hougton-Hall et des collections qu'on y admirait... La collection de Walpole n'existe plus en Angleterre; elle fut vendue en 1780 par son insoucieux et besogneux petit-fils, à l'impératrice de Russie, pour 45,000 livres sterling. Elle contenait de très-belles choses, peut-être l'original de la *Joconde* de Léonard de Vinci. Les opinions d'Horace en fait d'art se montrent dans ce manifeste assez originales et même paradoxales. Dans son opinion, toutes les qualités du peintre parfait ne se sont jamais rencontrées que dans Raphaël, *le Guide* (!) et *Annibal Carrache* (!!).

C'est le cas de dire avec M. de Rémusat :

« Dans les arts comme en beaucoup d'autres choses, Horace Walpole avait du goût plutôt qu'un excellent goût. »

Robert Walpole mourut de la pierre, le 28 mars 1745, au milieu d'une recrudescence subite de popularité qui allait peut-être l'arracher de la retraite pour le reporter au pouvoir.

« Lord Orford, en mourant, ne laissa pas une fortune aussi considérable que le supposaient ses ennemis. Il devait plus d'un million de francs, et son revenu foncier était estimé nominalement à deux cent mille. Son fils aîné, qui héritait du titre et du domaine, et qui devait, six ans après, mourir fort dérangé, aurait été tout à fait gêné sans son oisive et productive place d'auditeur de l'Échiquier. C'était presque exclusivement aux dépens du trésor public que Walpole avait pourvu ses deux autres fils, sir Édouard et Horace. On sera peut-être curieux de connaître comment était constituée la fortune d'un troisième fils de premier ministre, et ce que permettaient alors les mœurs publiques et des usages qui n'ont pas encore complètement disparu. Horace reçut par testament cinq mille livres sterling d'argent comptant qu'il ne toucha pas en entier, et la jouissance temporaire de la maison où son père mourut, dans Arlington street et qu'il avait encore pour trente-six ans. Ainsi doté et dans sa condition, le jeune homme eût été pauvre si les sinécures n'y avaient mis ordre. Il avait reçu dans son enfance deux petites places qu'il garda toujours, celle de clerc des extraits et de contrôleur du grand rouleau de l'Échiquier, qui lui rapportaient trois cents livres par an. A vingt ans, il fut nommé huissier de l'Échiquier, titre qui valait annuellement de dix-huit cents à deux mille livres, et il y joignit un revenu de la moitié sur l'office de collecteur de la douane, accordé pour la vie à son père et à ses deux aînés [1]..... »

Pour donner en un mot une idée de la valeur totale de ces diverses places, lucratives surtout par les priviléges accessoires et abusifs qu'elles comportaient, nous dirons que Walpole, dans un *Mémoire* justificatif de 1782, que la réaction de l'opinion le força de donner au public, ne nie pas que la seule sinécure d'huissier de l'Échiquier ne lui ait rapporté une année 4,200 livres, c'est-à-dire 105,000 francs.

Grâce à ces faveurs de sa position, Horace Walpole, sans patrimoine, n'était pas sans fortune. Sa qualité de célibataire lui en laissait la libre et entière disposition, et il en fit le plus noble et le plus intelligent usage, la mettant au service de ses goûts d'archéologue et de curieux, sans se dispenser à l'occasion d'en offrir le partage à ses amis, comme il le fera pour madame du Deffand et Conway. Généreux sans prodigalité, hospitalier sans faste, il donna le premier à l'Angleterre le type et l'exemple de ces grandes existences, de ces *grandes vies* dont l'aristocratie anglaise a aujourd'hui multiplié les modèles. Cet idéal d'existence, trop rarement atteint en France par tant d'hommes qui seraient dignes de le réaliser, consistait à choisir, parmi les jouissances que permettent une grande fortune et un grand nom, les moins frivoles, les moins égoïstes, les plus intellectuelles. Des acquisitions de tableaux et de livres, une installation originale qui trahit à la fois l'indépendance et la culture de l'esprit, une société plus choisie que nombreuse, à laquelle on se consacre sans s'y absorber, une correspondance variée, des loisirs occupés de toutes les études qui ne permettent point d'être pédant, voilà le train de vie que mena Walpole, n'accordant aux passions et aux sens que le nécessaire et réservant à l'esprit tous les superflus. C'est dans un monde à son image, qu'il a admirablement peint, qu'il concentre une activité qu'il ne pousse jamais jusqu'à la fatigue, et un talent qui laisse sa trace sur tous les sujets

---

[1] Ch. de Rémusat, *l'Angleterre au dix-huitième siècle*, t. II, p. 44, 45.

sans y prendre ce vilain vernis d'habitude qui obscurcit et paralyse l'esprit. Il eut, en un mot, la sainte horreur de la *spécialité* et de la *publicité*. Il écrivait sur tout et ne publia presque rien de son vivant, pour ne pas subir les contraintes et embrasser les préjugés de l'état littéraire. Il aimait trop les lettres et les arts pour se réduire à les cultiver. La réputation même ne l'eût pas dédommagé de la perte de sa liberté. Il consentit à ne passer que pour un amateur, pour éviter de passer pour un auteur. Il s'aimait trop lui-même pour ne pas préférer ses amis au public et la tranquillité à la gloire.

La critique lui a reproché cet indifférence et cet éparpillement. Macaulay y a vu une affectation de plus dans un homme dont le génie ne lui semble fait que d'affectations. D'autres, plus modérés, ont regretté un système qui, favorable à son repos, l'est moins à sa mémoire, et qui fait que Walpole, « distingué en tant de choses, n'est, comme auteur, supérieur en aucune[1]. » Combien cette infériorité relative n'est-elle pas rachetée par sa supériorité incontestable dans un genre essentiellement français, qu'il a, avec Bolingbroke et Chesterfield, élevé en Angleterre à la hauteur d'une littérature ! Dans ce genre, qui ne comporte pas l'imitation ni la médiocrité, son indépendance d'esprit et de mœurs lui a assuré cette perfection réservée à ceux qui observent plus qu'ils ne jugent, qui voient plus qu'ils n'apprennent, et qui, tout en se ménageant dans le monde le poste d'observateur, s'y mêlent cependant assez pour observer impunément. Je parle du genre épistolaire, qui doit son honneur à des profanes, et dont les lettrés de profession, faute de ce désintéressement moral que donnent le loisir et la fortune, n'ont presque jamais attrapé le naturel.

« Ses œuvres, dit parfaitement M. de Rémusat, sont remarquables presque toujours, jamais excellentes, ou plutôt il n'a dû exceller que dans un genre, celui où il est permis de toucher à tout et interdit de rien approfondir, où la variété des tons doit s'unir à la diversité des sujets, où l'on peut être superficiel à propos et décider avec de l'esprit ce qui vient de l'étude et de l'expérience, où rien n'est défendu, excepté de s'appesantir et de s'étendre, où tout est permis, même le parfait, même le sublime, pourvu qu'on ne les ait pas cherchés et qu'on les rencontre en passant[2]. »

C'est déjà une assez belle gloire pour un homme qui demanda aux lettres et aux arts plutôt le plaisir que l'honneur de sa vie.

---

[1] *L'Angleterre au dix-huitième siècle*, t. II, p. 48.
[2] *Ibid.*, p. 49.

Macaulay l'a accusé d'instabilité politique, de contradiction. Il s'est plu à le montrer whig de naissance, de préjugés, d'affectation, mais au fond tory complaisant ou aveugle; partisan de la révolution anglaise et ennemi de la révolution de France. Il prend un malin plaisir à nous le faire voir suspendant aux côtés de son lit la *Grande Charte* et la sentence de mort de Charles Ier, déclarant à Georges Montagu que ses principes ne pourront jamais devenir monarchiques, et trouvant l'attentat de Damiens le plus excusable des assassinats; puis auteur gentilhomme et chroniqueur chambellan, se plaisant aux anecdotes et aux commérages de cour, collectionnant les ouvrages des rois littérateurs, et recherchant surtout, à Paris et dans la correspondance de madame du Deffand, la satisfaction d'une curiosité si essentiellement aristocratique, qu'elle ne trouve de l'intérêt qu'aux scandales qui ont déshonoré, au dix-huitième siècle, la monarchie et la société françaises.

Macaulay, au nom d'un parti dont l'unité et l'inflexibilité puritaines pourraient prendre pour symbole une ligne droite, triomphe trop aisément d'un adversaire qui mit l'unité dans la variété et ne fut fidèle qu'à sa fantaisie, mais surtout dans le domaine des choses littéraires ou artistiques, où la variété est un agrément fort permis et où l'inconstance n'est pas un crime. Politiquement, il est certain que Walpole demeura fidèle à lui-même, aux traditions de sa famille et à la hardiesse de ses idées, autant que le comporte la mobilité irrésistible de l'*homo duplex*, qu'il serait facile de trouver jusque dans les natures et dans les vies qui semblent le plus entières. Walpole n'aimait point Pitt, tout en l'admirant, et cela est permis; il crut à la liberté jusqu'à ce que le spectacle des excès de la Révolution française lui en eût démontré les dangers et les inconvénients. Ces réserves, ces restrictions, ces repentirs, ce désabusement, sont le fait naturel et légitime de l'âge et de l'expérience, et reprocher en ce sens à Walpole d'avoir changé, c'est lui faire un crime d'avoir vieilli. En tout cela, ce que Macaulay poursuit surtout en Walpole, c'est l'*amateur*, toujours peu choyé des littérateurs et des philosophes de profession. C'est l'homme qui a touché à tout pour ne s'appesantir sur rien, et qui s'est trouvé superficiel par mépris du pédantisme, fantaisiste par respect de sa liberté, aristocrate littéraire, enfin, par dégoût du salaire et du métier.

Lord Byron, qui a eu à souffrir des mêmes préventions et des mêmes reproches que Walpole, a très-bien vu le point par lequel il était surtout, en littérature comme en politique, odieux à certains critiques de son temps et du nôtre, par l'horreur de la discipline, l'impatience de la critique, le mépris du faux patriotisme, de la guerre inutile et de la vaine popularité, enfin, par l'ironie, le scepticisme, le ton frondeur et incrédule qu'il portait en toutes choses. Nous ne prétendons pas que l'hostilité éclairée et d'ailleurs désintéressée de Macaulay, devenu lord à son tour par l'autorité du talent et du travail, se soit inspirée de ces étroites rancunes et de ces jalousies frivoles. Mais on est toujours un peu l'homme de son parti, et c'est le parti dont lord Macaulay s'est trouvé l'organe qui a influencé son jugement. A son insu, il a très-spirituellement et très-noblement immolé Walpole à des griefs moins généreux et à des torts moins sérieux que lui.

« C'est la mode, dit lord Byron, de déprécier Horace Walpole, d'abord parce qu'il était *un nobleman* (un grand seigneur), et secondement, parce qu'il était *un gentleman* (un homme du monde). Mais pour ne rien dire de ses incomparables lettres, ni du *Château d'Otrante*, il est le dernier des Romains, l'auteur de la *Mère mystérieuse*, tragédie du premier ordre, qui n'est pas une langoureuse pièce d'amour. »

Dans les reproches dont Macaulay s'est fait l'habile organe, sinon dans ces reproches mêmes, il y a beaucoup de ces causes que dit Byron. Et le grand écrivain anglais, dans ce même article où il s'est fait l'accusateur plus que le critique d'Horace Walpole, n'a pas été tellement au delà de ses intentions, et n'a pas tellement enivré son goût et sa raison de l'ivresse de la satire, qu'il n'ait, au risque de se contredire lui aussi, reconnu à Walpole des qualités supérieures, entre autres, celle de n'être jamais ennuyeux. C'est déjà quelque chose, et dans le triple suffrage de Walter Scott, de lord Byron et de son plus digne adversaire lui-même, la mémoire littéraire de Walpole trouve un assez beau monument.

Dans le mois de mai 1747, Horace Walpole acheta Strawberry-Hill.

« Pour peu qu'on ait passé huit jours en Angleterre, on a vu Richmond, et si l'on a vu Richmond, on a remonté le cours tranquille de la Tamise, qui, d'un large bras de mer agité et noirci *par tous ces mille vaisseaux*, pressés entre deux lignes immenses de magasins couleur de suie, devient, à quelques milles de Londres, une jolie rivière toute champêtre, dont les eaux limpides et lentes baignent à pleins bords deux rives d'un vert éclatant. Là, les yeux enchantés n'aperçoivent qu'humides prairies, arbres épais, élégantes habitations, enfin le plus riche paysage de l'Angleterre noyant ses masses de verdure et de fraî-

---

[1] Voir aux *OEuvres diverses de lord Macaulay*, trad. Amédée Pichot (*Hachette*, 1860), t. 1er, le curieux et amusant *Essai* sur les deux Walpole, ressemblant un peu trop à la façon de la caricature, mais d'une caricature de maître.

cheur dans cette vapeur bleuâtre qui prête à la campagne un charme fantastique. Sur la rive gauche, en face de la colline de Richmond, dont Thompson a chanté la vue et les ombrages, s'étend le bourg de Twyckenham, illustré par la présence de Bacon et de Pope... Les grands noms de l'Angleterre historique et littéraire s'y trouvent à chaque pas, et la beauté du site est la perfection du paysage anglais.

» Là, sur cette allée de jardin qu'on appelle la route de Hampton-Court, il y avait, cent ans avant nous, une chétive maison des champs, séparée de la rivière par deux ou trois prés. Elle avait été bâtie en 1698 par le cocher d'un grand seigneur, puis habitée successivement par un poëte, par un évêque, par des pairs du royaume, et elle l'était enfin par une marchande fort en vogue à Londres, et qui la vendit à Walpole comme un des bijoux dont elle faisait le commerce. Du moins s'en empara-t-il avec une joie d'enfant, charmé d'avoir beaucoup à créer, car il n'y trouvait guère à conserver que la place, l'herbe et la vue. Il commença par lui donner, au lieu du nom vulgaire de Chopp'd Straw-Hall, un nom qu'il découvrit dans quelque vieux titre, celui de Strawberry-Hill (Colline aux fraises), et il s'occupa sans délai d'en faire une résidence à son gré. Une description complète et minutieuse nous serait facile. Comme il passa vingt-cinq années à l'agrandir, à l'embellir, et toute sa vie à l'admirer, ses lettres sont une continuelle peinture, tantôt du jardin, tantôt du bâtiment, avec toutes les merveilles et toutes les frivolités qu'il y avait réunies. Ses projets, ses travaux, ses plantations, ses constructions, la distribution des appartements, les détails de l'ameublement, il explique tout à ses amis; il demande leur avis, emploie leur talent, appelle des artistes, et ne proclame son œuvre finie qu'après l'année 1772.

» Alors, il ne peut résister au plaisir d'écrire et enfin d'imprimer une *Description de la villa de M. Horace Walpole.* Ce sont de nouvelles *Ædes Walpolianæ,* qui ne lui donnèrent que du plaisir; tandis qu'il eut un jour la douleur de voir Houghton abandonné et dépouillé de ses plus nobles ornements, il jouit jusqu'à la fin de Strawberry dans tout son éclat. Le précieux mobilier n'en a disparu qu'il y a quelques années, à la voix du crieur public, et la maison est restée debout, quoique dégradée, car c'était un bâtiment de fantaisie, une fabrique de jardin plutôt qu'un manoir durable. Elle dépérit à vue d'œil. Cependant on peut en juger encore l'architecture. La postérité, à laquelle, par des écrits durables, Walpole a recommandé son œuvre de prédilection, a beaucoup rabattu de l'admiration qu'il aurait voulu lui en suggérer. Elle trouve que le souvenir du maître du lieu vaut mieux que le lieu lui-même, et elle n'en peut guère aimer que ce qu'il n'a pas fait, ce que le temps ne détruit pas, le paysage. Mais, telle quelle est, cette habitation est un monument dans l'histoire de l'art des jardins, de cet art si cher aux Anglais, et le seul dans lequel ils soient des maîtres. Walpole s'y connaissait. Il était lié avec Kent, le célèbre dessinateur des parcs de son temps. Il a écrit sur l'art dont il l'appelle le Calvin, pour l'avoir réformé. Une partie intéressante de sa correspondance contient le récit de ses voyages dans quelques-uns des grands châteaux et des lieux pittoresques de l'Angleterre...

» Strawberry-Hill était sans histoire; mais la vue n'avait besoin que d'être encadrée par des massifs, et le jardin était fort joli, trop orné cependant, car le propriétaire aimait les bagatelles ; c'était un des faibles de son esprit. A ses admirations il mêlait des caprices, et il parle de ses poissons rouges avec autant de complaisance que de ses bustes antiques. C'est un peu ce goût pour le singulier et l'artificiel qui le porta à transformer un rustique cottage en monument gothique. Il eut le premier, un des premiers du moins, l'idée de relever ce style d'architecture du discrédit où l'avait jeté l'imitation des Italiens. Il en sentait vaguement les mérites, il en comprenait les raisons et les origines, il en étudiait même les âges et les formes, et il commençait, il cherchait du moins cette science du gothique qui fut retrouvée après lui, et qui fut une mode avant d'être une science...

» ..... L'essai d'Horace Walpole fut médiocrement heureux. Cet édifice en plâtre, avec ses tours, ses créneaux, ses galeries, ses ornements pointus, est un pastiche indécis et mesquin, lourd et maniéré, un peu château, un peu chapelle, une vraie décoration de théâtre, qui lui servait à signer indifféremment ses lettres : *le lord* ou *l'abbé* de Strawberry-Hill..... Le château de Walpole ne prétend pas même à l'illusion de la réalité ; il n'est pas construit en matériaux solides. C'est une croquade féodale souvent recrépie, souvent repeinte, fort inférieure aux derniers progrès de l'art rétrospectif dont elle est un début. Cet art contestable, on l'a perfectionné sans cesser d'en abuser.

» Mais il faut se rappeler que Walpole commençait. En cela, comme en beaucoup d'autres choses, il donnait l'éveil. Peut-être le gothique lui plaisait-il, parce que c'est ce que les gens du métier appellent un style amusant. Il s'amusait beaucoup, en effet, à Strawberry-Hill. Autels antiques, sculptures romaines, colonnettes ou moulures arrachées à d'anciens châteaux ou à de vieux monastères ; armures, lampes, vitraux, il mêlait tout, avec des escaliers, des cheminées, des fenêtres, des plafonds qu'il faisait dessiner par des artistes modernes, et il formait un assemblage incohérent de styles et de genres où se disputaient confondus le factice et le réel. A côté des objets d'un art véritable que sir Horace Mann lui envoyait de Florence ; à côté des tableaux d'Holbein ou de Van Dyck, des bronzes de Cellini, des émaux de Petitot, il accumulait des curiosités de bric-à-brac et toutes les raretés vulgaires qu'on recherche encore aujourd'hui et qui semblent plus faites pour une boutique que pour un musée [1]. »

Walpole convenait avec bonne foi et une bonne grâce un peu dédaigneuse de ce défaut de proportions, de ce manque d'harmonie. Il s'en excusait sur l'impossibilité absolue de reconstituer un édifice gothique dans l'entière fidélité du type primitif, sans se réduire en même temps aux modes, au costume, aux usages, aux mœurs dont cet édifice n'était autrefois que le cadre. Mais chez lui le dilettantisme n'allait pas jusqu'au sacrifice des commodités les plus élémentaires de la vie, et il aimait encore mieux le confortable que l'exactitude de la couleur locale.

[1] *L'Angleterre au dix-huitième siècle*, p. 53 à 59.

Strawberry-Hill devint la passion de son maître. Il fit bientôt à ce lieu favori, à ce castel gothique, une renommée qui le mit à la mode. Strawberry-Hill et son hôte aimable et bizarre firent souvent le sujet des conversations légèrement ironiques du grand monde, et l'imagination populaire ajouta à leur physionomie les détails fantastiques de la légende. Walpole recevait à son manoir un grand nombre d'amis, de voisins, notamment Ketty Clive, une actrice célèbre et spirituelle qui habitait Twyckenham et qui passait pour être un peu plus que l'amie de son hôte. Les beautés en vogue, les orateurs célèbres, les étrangers de distinction, des essaims de gracieuses Françaises venaient y goûter, au milieu des madrigaux (Walpole prenait sa revanche dans ses lettres), les bonnes fortunes de la curiosité et de la conversation.

Par ces visites incessantes qui animaient et renouvelaient sa société, par la diversité systématique de ses études et de ses plaisirs, Walpole avait fait de sa maison une sorte de caravansérail, et de sa vie oisive l'existence la plus occupée. Il établit une imprimerie à Strawberry-Hill, et de cette presse particulière est sortie, sous ses yeux, toute une petite bibliothèque qui porte le cachet du luxe, de l'art et du goût. C'est même la tentation de cette presse qui finit par triompher de sa paresse et de ses scrupules et par le rendre auteur; il devait en arriver autant au prince de Ligne.

Il commença par deux odes inédites de son ami Thomas Gray (1757); il se fit même éditeur d'ouvrages anciens, d'un Lucain, par exemple, annoté par Bentley. Enfin il songea à s'imprimer lui-même. Pendant longtemps il s'était borné à quelques petits vers, parfois jolis, le plus souvent médiocres, et à des compositions anonymes, insérées dans ce journal *The World* (*le Monde*), dont Macaulay a si cruellement raillé l'aristocratique rédaction. C'étaient en général des fictions satiriques sur les mœurs et les événements du jour, et quelques-unes eurent du succès. Il n'avait encore trouvé ni son rôle ni sa voie. On peut dire que ce furent les *Mémoires de Gramont*, ce chef-d'œuvre de la littérature de grand seigneur, qui lui révélèrent son génie et sa vocation.

» Ce livre, dit notre guide éminent dans cette étude sur Walpole, plaisait infiniment à son genre d'esprit, qui goûtait l'exquis, ne craignait pas le hasardé, et pouvait descendre jusqu'à la mauvaise frivolité, quand il avait épuisé la bonne... Walpole entreprit de tout rectifier, de tout éclaircir, et nous lui devons le premier essai d'une édition classique du livre que Chamfort appelait ironiquement le bréviaire de la noblesse française. On peut croire que le personnage du comte Hamilton était fort du goût de son éditeur, et que, sans se l'avouer, il n'était pas éloigné de se modeler sur lui. Écrire avec légèreté, observer avec finesse, avoir du talent autant qu'un homme du monde en peut montrer sans changer de condition, telle fut l'ambition constante de Walpole, et on le voit s'attacher de préférence aux auteurs qui ont eu le mérite dans le métier, et qui sont arrivés à la renommée sans faire état de la poursuivre. De là, son enthousiasme pour madame de Sévigné[1]..... »

Il portait cette aristocratie de goût jusque dans la bibliographie. Il a consenti à faire un catalogue d'auteurs, mais c'est le *Catalogue des auteurs royaux et nobles de l'Angleterre, avec la liste de leurs ouvrages* (1758). Les *Anecdots of Painting*, histoire critique et anecdotique de la peinture en Angleterre, ont une autre valeur et sont un des plus agréables et des plus utiles manuels de l'histoire de l'art dans un pays qu'il soit possible de feuilleter (1762). Enfin, il songea à mettre en roman les mœurs et les aventures dont son manoir eût pu être au moyen âge le théâtre, et il fit le *Château d'Otrante*, sorte de fiction fantastique et historique, tragique et grotesque, qu'il regardait comme l'inauguration d'un genre nouveau. C'est celui de ses ouvrages dont il fut le plus satisfait; celui dont le succès, faisant violence à son orgueilleuse modestie, l'obligea de déposer le masque de l'anonyme; celui enfin qui le place le plus haut dans l'estime des juges littéraires de son temps et du nôtre. Walter Scott et lord Byron l'ont tous deux, avec l'indulgence que donne la conscience de sa supériorité, déclaré un chef-d'œuvre, et Macaulay lui-même lui a donné en ces termes un brevet de lisibilité :

« Le roman, bon ou mauvais, marche toujours; pas de digressions, pas de descriptions hors de propos ni de longs discours. Chaque phrase fait avancer l'action, l'intérêt se soutient et se renouvelle; le merveilleux est absurde, les personnages sont insipides; mais aucun lecteur ne déclare le livre ennuyeux. »

C'est en 1765 que Walpole, dégoûté de la vie publique par la disgrâce de son ami Conway, averti par de plus fréquents accès de goutte de la décadence de sa jeunesse et de sa force, songea à aller en célébrer agréablement la fin à Paris et à y faire consacrer dans les salons la réputation de talent et d'originalité qu'il s'était faite en Angleterre. Lord Hertford, frère aîné de Conway, était alors ambassadeur d'Angleterre en France, et l'auteur du *Château d'Otrante* se trouvait, grâce à cette coïncidence, dans les meilleures conditions de commodité, de plaisir et de succès. Dans l'été de 1765, la chute de Grenville et les refus capricieux de Pitt venaient

---

[1] *L'Angleterre au dix-huitième siècle*, p. 62.

d'amener au pouvoir son ami le général Conway, avec le titre de secrétaire d'État, sous la direction du marquis de Buckingham. Walpole, qui avait défendu son ami disgracié de sa plume, et lui avait offert sa fortune, avait été consulté lors de la formation laborieuse du cabinet. Il espérait quelque chose de plus, décidé, dit-il, à refuser une offre qu'on ne lui fit pas, dans la prévision de ce refus. Walpole, pris au mot d'une indifférence plus artificielle que sincère, quitta, de dépit, Londres et Conway, qu'il abandonnait dans le pouvoir après l'avoir servi dans l'opposition. Il partit pour Paris le 9 septembre 1765, et y resta huit mois.

L'influence des sentiments qui précipitèrent son départ se lit trop facilement dans ses lettres de Paris, dont la misanthropie et la critique, plus juste que spirituelle, et plus spirituelle que profonde, peut se résumer dans cet aperçu :

« En tout, je ne voudrais pas n'être point venu ici, car puisque je suis condamné à vivre en Angleterre, c'est un soulagement que d'avoir vu que les Français sont dix fois plus méprisables que nous. »

Walpole n'en pensait pas un mot, mais il était de mauvaise humeur. Du reste, il faut le dire, le spectacle des querelles parlementaires et religieuses, le gaspillage des finances, le triomphe des favorites, le réveil menaçant de l'opinion, les témérités de nos philosophes, ce ton déclamatoire des idées et des mœurs n'étaient pas faits pour encourager à l'éloge un homme disposé à critiquer, et qui voyait la France à travers des lunettes jaunies par la bile. La décadence de la société française s'accusait déjà par des symptômes qu'il a d'ailleurs observés et rendus avec une sévère franchise. Il la sentait moins à côté des femmes, encore spirituelles et aimables, et qui avaient d'ailleurs le bon goût de lui faire sentir qu'il leur plaisait. Aussi ne fait-il aucune difficulté de les préférer aux hommes. Lady Hervey, une de ses amies, lui avait donné une lettre pour madame Geoffrin, dont il ne tarda pas à reconnaître le bon cœur et le bon esprit. C'est chez elle qu'il entendit parler pour la première fois, et probablement en termes peu favorables, de madame du Deffand.

« Toute femme a ici un ou deux auteurs plantés dans sa maison, et Dieu sait comme elle les arrose. Le vieux président Hénault est la pagode chez madame du Deffand, une vieille et aveugle débauchée d'esprit, chez qui j'ai soupé hier soir (5 octobre 1765). »

Trois mois après, il écrit à lady Hervey :

« Vous rirez tant qu'il vous plaira avec lord Holland de ma crainte

d'être trouvé *charmant*. Cependant je ne nierai pas mon effroi, et assurément, rien n'est si fort à redouter que d'avoir ses membres sur des béquilles et son intelligence en lisières. Le prince de Conti s'est moqué de moi l'autre jour à ce même sujet. Je me plaignais à la vieille aveugle charmante, madame du Deffand, de ce qu'elle me préférait M. Crawfurd. « Quoi! dit le prince, est-ce qu'elle ne vous aime pas?
» — Non, monsieur, lui dis-je, je ne lui plais pas plus que si elle
» m'avait vu. »

On le voit, dès les premiers jours, madame du Deffand avait trahi sa sympathie pour le brillant et original Anglais, et il ne se dérobait pas à ce succès, sur lequel il trouvait alors la plaisanterie de bonne guerre, avec la farouche brutalité qu'il mettra dans certaines de ses lettres. Il ne se trompait pas non plus sur la nature du sentiment qu'il inspirait et qu'on attendait de lui. Ce qui lui fit mettre le bâillon de la crainte à des expressions et à des confidences qui pouvaient être malignement interprétées, c'est qu'à Londres, où il vivait parmi des gens moins subtils et moins au courant des choses, il pouvait se dégager pour lui, à la suite de quelque indiscrétion de l'ambassade ou des journaux, un énorme ridicule de la situation qui à Paris était le plus flatteur des hommages, l'associait à l'autorité d'une femme qui faisait le goût public et qui donnait le ridicule, mais ne le recevait pas. Cette inviolabilité de Paris ne l'avait pas suivi à Londres, où il se sentait exposé à tous les dangers d'une divulgation malveillante de certains passages des lettres de madame du Deffand. Il ne faut pas l'oublier, personne n'ignorait et personne ne niait que les lettres ne fussent ouvertes à la poste, dans un double but de précaution politique et de frivole curiosité. Le secret de la poste n'existait plus, la violation des lettres était passée à l'état d'habitude, de règle, de droit préventif de l'État, et tous les jours le résultat du triage fait au cabinet noir allait amuser le Roi ou avertir les ministres. Ce n'est pas au caractère de Walpole qu'il faut donc attribuer ses craintes et ses brusqueries parfois cruelles, c'est sur le peu de garanties qu'offrait alors l'inviolabilité apparente de la lettre confiée à la poste, que doit retomber la responsabilité des torts de Walpole. Celui qu'il est difficile de nier ou d'atténuer, c'est l'impatience que donnaient à un homme égoïste et ennuyé les égoïstes confidences de son ennui, que ne lui épargnait pas assez madame du Deffand.

Au commencement de 1766[1], Walpole devenu plus intime avec

---

[1] Il est singulier que Walpole, dans ses lettres écrites de Paris à Georges Montagu, durant ce premier voyage de 1765-1766, n'y parle pas du tout de

madame du Deffand en traçait à lady Hervey un portrait dans lequel il n'hésite plus à lui donner l'avantage sur madame Geoffrin :

« Sa grande ennemie, madame du Deffand, qui a été pendant un temps très-court la maîtresse du Régent, est maintenant fort vieille et tout à fait aveugle; mais elle conserve tout : vivacité, esprit, mémoire, jugement, passion, agrément. Elle va à l'Opéra, aux spectacles, aux soupers et à Versailles; elle donne à souper elle-même deux fois par semaine, se fait lire toutes les nouveautés, compose des chansons et des épigrammes nouvelles, et se souvient de tout ce qui s'est passé depuis ses quatre-vingts dernières années. Elle correspond avec Voltaire, dicte pour lui de charmantes lettres, le contredit, n'est dévote ni à lui ni à personne, et se moque à la fois du clergé et des philosophes. Dans la dispute, et elle est sujette à y tomber, elle est très-animée, et pourtant presque jamais elle n'a tort. Son jugement sur tous les sujets est aussi juste que possible; sur toutes les questions de conduite aussi fautif que possible, car elle est toute amour et toute haine, passionnée pour ses amis jusqu'à l'enthousiasme, *encore en peine d'être aimée, non par des amants bien entendu*, et ennemie violente, mais ouverte. Comme elle ne peut avoir d'amusement que la conversation, la moindre sollicitude, le moindre ennui lui est insupportable, et la met à la discrétion de quelques êtres indignes qui mangent ses soupers, lorsqu'il n'y a personne d'un plus haut rang, qui devant elle se font des clignements d'yeux et se moquent d'elle; gens qui la haïssent parce qu'elle a dix fois plus d'esprit qu'eux, mais qui n'osent la haïr que parce qu'elle n'est pas riche. »

XXIV.

Nous sommes arrivés à l'époque qui ouvre la correspondance entre madame du Deffand et Walpole. Nous croyons que pour l'appréciation de celle de Walpole, le meilleur avis, le plus juste et le plus délicat est celui de l'écrivain qui a dit :

« Les lettres françaises de M. Walpole n'auraient pas déprécié son esprit, et elles auraient prouvé, elles prouveraient encore, que s'il eut dans ses rapports avec madame du Deffand les craintes puériles, les soupçons d'une vanité inquiète, et par suite, la sécheresse et la dureté que les hommes portent dans des affections plus vives et plus puissantes, il ne fut pas insensible à l'attachement qu'il inspirait. Il aima madame du Deffand comme on pouvait l'aimer, et comme il pouvait aimer. Il parle d'elle avec estime, avec respect, avec tendresse, à ses autres amis. Il est fier de lui plaire et ne s'en défend pas. Sa correspondance avec elle fut toujours exacte et soigneuse; il retourna quatre fois à Paris, et il ne cachait point que c'était pour elle. Il n'y revint plus lorsqu'il l'eut perdue. Il avait assurément la personnalité d'un vieux

madame du Deffand. Il ne sera question d'elle, dans cette série de *Lettres*, que dans celles du voyage de 1769.

garçon et cet ombrageux sentiment d'un certain décorum particulier à son pays; mais cela empêche-t-il d'être touché d'une affection vraie et d'y répondre sincèrement? Il était insupportable, d'accord; il n'était pas indifférent[1]. »

Madame du Deffand est plus à plaindre que Walpole n'est à blâmer. Tel est, croyons-nous, le vrai critérium pour apprécier sainement cette correspondance, où, entraînée par cette seconde jeunesse qui choque toujours ceux qu'elle ne charme pas, et qui a besoin pour être goûtée d'un cœur en proie au même subit épanouissement, madame du Deffand se montre aussi exigeante que Walpole est revêche. Où serait allé ce renouveau importun si Walpole ne l'avait étouffé dès les premiers jours sous la glace de ses remontrances et de ses mépris? Madame du Deffand avait trop d'esprit pour faire de cette amitié suprême une passion ridicule. Mais en y réfléchissant, on comprend et on excuse, sans trop l'approuver, l'exécution inexorable de Walpole, et on le trouve plus dur que coupable. Madame du Deffand elle-même finit par s'incliner sous l'ascendant de ce bon sens impérieux, et elle se résigne, non sans quelques protestations de plus en plus étouffées, contre cet arrêt plus raisonnable que galant, qui réduit ses sentiments à la mesure un peu étroite d'un affectueux commerce d'esprit. Tout en se plaignant de la sévérité de son tuteur, elle rend justice à sa loyauté. Il ne l'a ni dupée ni trompée. Il l'a avertie dès les premiers jours de ne mettre dans leurs relations, traversées par tant d'incompatibilités et par l'absence, que ce qu'il voulait y mettre lui-même.

Voici quelques extraits qui permettront au lecteur d'apprécier cette seconde phase de renoncement, de résignation, de soumission, de mise *sur le pied de paix* de sentiments trop vifs et trop militants. Jamais pénitence ne fut acceptée et variée et fraudée avec plus de grâce et plus d'esprit. Walpole lui en avait d'ailleurs sauvé toute l'humiliation, en lui en confiant franchement l'unique raison, « la prudence[2] ». Il aurait pu ajouter : et l'horreur de tout ce qui est déplacé, exagéré, affecté. Il avait, sur ce point, donné à Rousseau, dans une lettre fameuse écrite sous le nom du roi de Prusse, une leçon de discrétion et de modestie, où l'esprit français assaisonne une crudité un peu anglaise, et qui montre qu'il n'épargnait pas

---

[1] *L'Angleterre au dix-huitième siècle*, p. 85. Sur cette liaison d'Horace Walpole et de madame du Deffand, ses mystères et ses délicatesses, il faut lire et relire le maître inimitable en fait d'analyse morale et d'analyse littéraire, l'auteur de l'article exquis, *primus inter non pares*, consacré à madame du Deffand, dans les *Causeries du Lundi*, t. Ier, p. 420 à 431.

[2] Voir notre t. Ier, p. 385.

plus les déclamations de l'esprit que celles du cœur, et n'était pas plus tolérant pour les fautes du génie que pour les faiblesses de l'âge.

Madame du Deffand, qui avait applaudi à la leçon donnée à Rousseau, ne pouvait que se plaindre de celle qu'elle recevait elle-même, à tort ou à raison. Et c'est cette protestation de plus en plus humble, de plus en plus soumise, de plus en plus repentante, qui donne un caractère si touchant et un intérêt presque dramatique à ces passages de ses lettres qui ressemblent à des soupirs étouffés dans un sourire :

Paris, jeudi 30 octobre 1766.

« Ah ! quelle folie, quelle folie, d'avoir des amis d'outre-mer, et d'être dans la dépendance des caprices de Neptune et d'Éole ! Joignez à cela les fantaisies d'un tuteur, et voilà une pupille bien lotie. Il n'y a point eu de courrier ces jours-ci ; je m'en consolerais aisément si je n'étais pas inquiète de votre santé. Je vous assure qu'il n'y a plus de votre individu que ce seul point qui m'intéresse ; d'ailleurs, je crois que je ne me soucie plus de vous ; mais il m'est absolument nécessaire, aussi nécessaire que l'air que je respire, de savoir que vous vous portez bien : il faut que vous ayez la complaisance de me donner régulièrement de vos nouvelles par tous les courriers : remarquez bien que ce ne sont point des lettres que j'exige, mais de simples bulletins : si vous me refusez cette complaisance, aussitôt je dirai à Wiart : Partez, prenez vos bottes, allez à tire d'aile à Londres, publiez dans toutes les rues que vous y arrivez de ma part, que vous avez ordre de résider auprès d'Horace Walpole, qu'il est mon tuteur, que je suis sa pupille, que j'ai pour lui une passion effrénée, et que peut-être j'arriverai incessamment moi-même, que je m'établirai à Strawberry-Hill, et qu'il n'y a point de scandale que je ne sois prête à donner.

» Ah ! mon tuteur, prenez vite un flacon : vous êtes prêt à vous évanouir ; voilà pourtant ce qui vous arrivera, si je n'ai pas de vos nouvelles deux fois la semaine. »

« Votre lettre m'a si fort troublée, que je suis comme si j'étais ivre : je remets à demain à continuer celle-ci.

Samedi 1er novembre 1766, à quatre heures.

« C'est un malheur pour moi, et un très-grand malheur, que l'amitié que j'ai prise pour vous. Ah ! mon Dieu, qu'elle est loin du roman, et que vous m'avez peu connue quand vous m'en avez soupçonnée ! Je ne vous aime que parce que je vous estime, et que je crois avoir trouvé en vous des qualités que depuis cinquante ans j'ai cherchées vainement dans tout autre : cela m'a si fort charmée, que je n'ai pu me défendre de m'attacher à vous, malgré le bon sens qui me disait que je faisais une folie et que nous étions séparés par mille obstacles ; qu'il était impossible que je vous allasse trouver, et que je ne devais pas m'attendre que vous eussiez une amitié assez forte pour quitter votre pays, vos anciens amis, votre Strawberry-Hill, pour venir chercher, quoi ? une vieille sibylle retirée dans le coin d'un couvent. Ah! je me suis toujours fait justice dans le fond de mon âme. » (1er *novembre* 1766.)

« Tenez, mon tuteur, je ne puis pas m'empêcher de vous le dire, j'ai de l'amitié pour vous, et votre excessive franchise est ce qui m'attache le plus. Je ne vous suis bonne à rien, je dois passer le reste de ma vie loin de vous, mais ce m'est une consolation de savoir qu'il existe une personne qui mérite l'estime et qui en a pour moi. Vous me pardonnez bien cette petite douceur, elle n'excède point ce qui est d'usage pour tout le monde, il n'y a de différence que de la vérité au compliment. » (5 *juillet* 1767.)

« Adieu, mon tuteur, que je n'aie rien à combattre avec vous, n'ayez nulle espèce de défiance de moi, exceptez-moi, s'il se peut, des règles que vous vous êtes prescrites; n'ajoutez point volontairement de la froideur à l'indifférence. » (5 *juillet* 1767.)

« A propos de cinquante ans, il y a à peu près ce temps-là que j'ai été mariée; il était dans l'ordre des choses possibles que vous eussiez été mon fils, j'ai bien du regret que cela ne soit pas. » (5 *juillet* 1767.)

« L'expérience vous a amené à mépriser tous les hommes, vous fait détester l'amitié, vous a rendu insensible; et en même temps vous sacrifiez votre santé, votre tranquillité, votre vie aux intérêts de ceux dont vous ne vous souciez point! Ah! convenez que cela est incompréhensible. Votre conduite avec moi est bien plus intelligible, malgré toutes ses contradictions apparentes; aussi sais-je bien à quoi m'en tenir, et je ne vous demanderai jamais d'éclaircissements sur cet article; je sais pourquoi je vous suis attachée : ni le temps, ni l'absence, ni vos variations ne me feront jamais changer pour vous; vous êtes sincère et bon, vous êtes variable, mais constant, vous êtes dur, mais sensible, oui, sensible, et très-sensible, quoi que vous puissiez dire; vous êtes noble, fier, généreux, humain; eh bien! n'est-ce pas assez pour que vous puissiez être impunément fantasque, bizarre et quelquefois un peu fou? Ce portrait vous plaît-il plus que l'autre? » (3 *août* 1767.)

XXV.

Cette éternelle dispute, cette querelle à la fois comique et touchante, fait le fond, quelque peu monotone, de la correspondance de madame du Deffand avec Walpole, en dépit d'une admirable fécondité à varier son thème; fécondité qu'elle puise à la fois dans son esprit et dans son cœur, et malgré la broderie d'anecdotes, de jugements, de portraits dont elle orne la trame de cette perpétuelle déclaration. Nous avons insisté sur cet aspect des lettres, avec la préférence que, dans nos études, nous donnons toujours à ce qui révèle une âme sur ce qui ne nous montre qu'un esprit. Le principal et le plus puissant intérêt de la correspondance avec Walpole est là. C'est là qu'est le drame. Nous dédommagerons le lecteur d'une analyse un peu minutieuse, en le dispensant de l'ennui de nous voir compter et mesurer, pour lui, comme un *cicerone*, les beautés littéraires et les mérites historiques des lettres de madame du Deffand. Nous ne numéroterons pas les anecdotes, nous n'apprécierons pas les portraits, nous ne discuterons pas les jugements. Le lecteur saura bien trouver son bien où il est et s'arrêter, sans y être dressé, aux endroits agréables ou utiles.

Il ne nous reste plus, pour achever notre tâche, qu'à épuiser la veine biographique, à faire une dernière fois le tour du salon de madame du Deffand et le tour de son âme, et à la conduire à la fin de cette existence dont les seize dernières années tournent autour de Walpole, comme la terre tourne autour du soleil.

De 1766 à 1770, Walpole fit deux voyages à Paris.

Le premier voyage, la première visite à madame du Deffand, car il n'y venait guère que pour elle et ne s'en cachait pas, est du 23 août 1767 au 9 octobre suivant.

« Enfin, enfin, s'écrie madame du Deffand, le 23 août au matin, il n'y a plus de mer qui nous sépare. » Et elle s'ingénie en mille soins, mille prévenances, mille flatteries charmantes, et où respire une tendresse de cœur qu'elle s'efforce de contenir et qui déborde jusque dans ses efforts pour la dissimuler et la voiler de plaisanterie.

» Oh! je ne saurais me persuader qu'un homme de votre importance, qui tient dans sa main tous les ressorts d'un grand État, et par concomitance ceux de toute l'Europe, se soit déterminé à tout quitter pour venir trouver une vieille sibylle. Oh! cela est bien ridicule; c'est avoir toute *honte bue* que d'avoir pu prendre un tel parti; toutefois, je l'avoue, j'en suis bien aise. »

Mais elle s'est moins contenue qu'elle ne voulait. Elle a encore, malgré elle, laissé entrevoir son secret. Son cœur l'a trahie. Elle s'en accuse, s'en excuse, s'en corrige avec une franchise et une bonne volonté vraiment attendrissantes.

Paris, vendredi 9 octobre 1767,
à dix heures du matin.

Que de lâcheté, de faiblesse et de ridicule je vous ai laissé voir! Je m'étois bien promis le contraire; mais, mais... oubliez tout cela, pardonnez-le-moi, mon tuteur, et ne pensez plus à votre petite que pour vous dire qu'elle est raisonnable, obéissante, et par-dessus tout reconnaissante; que son respect, oui, je dis respect, que sa crainte, mais sa crainte filiale, son tendre, mais sérieux attachement, feront, jusqu'à son dernier moment, le bonheur de sa vie. Qu'importe d'être vieille, d'être aveugle? qu'importe le lieu qu'on habite? qu'importe que tout ce qui environne soit sot ou extravagant? Quand l'âme est fortement occupée, il ne lui manque rien que l'objet qui l'occupe; et quand cet objet répond à ce qu'on sent pour lui, on n'a plus rien à désirer. »

Paris, mardi 27 octobre 1767.

« Vous êtes content de ma première lettre, vous le serez de toutes les autres, au moins à certains égards; mais je ne vous réponds pas de suivre exactement votre exemple : je n'ai pas tant de dignité que vous; je ne suis ni aussi raisonnable ni aussi calme, parce que je ne suis pas aussi froide; mais, mon tuteur, pourvu que l'on fasse de son mieux, on n'est pas tenu à davantage.

» Épargnez-moi, je vous prie, toute espèce de réprimandes et de corrections, il ne dépend pas de moi d'être affectée comme vous voudriez que je le fusse; contentez-vous que je ne vous laisse voir ce que je pense, que quand je ne peux pas faire autrement. »

Mardi 12 janvier 1768, à cinq heures du soir.

« Au nom de Dieu, mon tuteur, finissez vos déclamations, vos protestations contre l'amitié. Ne nous tourmentons point l'un et l'autre, moi, en vous vantant ce que vous détestez, et vous, en blâmant ce que j'estime; laissons là l'amitié, bannissons-la; mais n'ignorons pas le lieu de son exil, pour la retrouver s'il en était besoin; voilà la grâce que je vous demande; et la promesse que je vous fais, c'est de ne jamais prendre son nom en vain. »

Et elle met, un autre jour, cette promesse en chanson, sur un vieil air qu'elle aime beaucoup :

>   Vous n'aurez plus à vous plaindre
>   De mon trop d'empressement,
>   Ouvrez mes lettres sans craindre
>   D'y trouver du sentiment.
>   Je sens, je sens
>   Que je peux, sans me contraindre,
>   Prendre un ton indifférent.

Paris, dimanche 30 octobre 1768.

« Ah! je suis bien éloignée de vous croire guéri, et je vous tiens encore plus malade de l'esprit que du corps; mes lettres sont pour vous ce que sont les pâtés de Périgueux que J. Wilkes reçoit dans sa prison; il les trouve remplis de poison, et s'il y en a en effet, c'est celui qu'il y met. Nous avons un dicton ici qui dit : Quand Dagobert voulait noyer ses chiens, il disait qu'ils étaient enragés. Pour moi, je crois que vous l'étiez un peu quand vous avez écrit cette charmante lettre que je reçois. La belle comparaison que vous faites d'une phrase de ma lettre, dans laquelle je dis que *craignant de vous perdre, je regarde comme un malheur de vous avoir connu!* Je ne crois pas que la religieuse portugaise d'abord eût un amant goutteux; et s'il le devenait, je crois qu'elle ne s'en soucierait plus guère. Mais, monsieur, j'ai cru qu'il n'était pas indécent, ni trop passionné, de dire de son ami ce qu'on dit tous les jours de son chien; je suis persuadée, par exemple, que si les couches de Rosette ont été fâcheuses, vous aurez dit dans ces instants que vous étiez fâché de vous y être attaché, etc. »

Paris, dimanche 13 novembre 1768.

Je vous dis, avec la plus grande vérité, que vous avez réussi dans votre projet; l'amitié, tout ainsi qu'à vous, m'est devenue odieuse; attendez-vous, si vous voulez, à en trouver dans mes lettres; vous verrez si je suis incorrigible. Oh! non, je ne le suis pas, l'injustice me révolte et me fait le même effet que vous fait le romanesque.

» Ne me grondez plus, mon ami, je vous en conjure, ne m'appelez plus *Madame*, c'est une punition qui m'est odieuse, c'est pour moi ce qu'est le fouet pour les enfants. Vous êtes un précepteur trop sévère, vous êtes intolérant.

» Je ne sais pas pourquoi je m'obstine à me soucier de vous. »

Dimanche 29 janvier 1769.

« Que répondre à votre lettre? rien du tout; c'est le parti que je prends pour celle-ci et pour toutes les autres; je n'ai point de promesse à vous faire, mais je m'en fais à moi-même et j'y serai fidèle. »

Le second voyage d'Horace Walpole à Paris eut lieu du 18 août au 5 octobre 1769. A ce moment, madame du Deffand est complétement résignée, sinon pacifiée, et son cœur, faute d'air, ne fera plus que palpiter. Nous aurons à noter les derniers soubresauts, les cris suprêmes de cette agonie du sentiment qui a trop tard renouvelé sa vie, et a, d'un rajeunissement inopportun, essayé en vain de vaincre le temps et de triompher de l'expérience :

« Je ne veux point parler de votre arrivée, je ne veux rien dissiper du plaisir que j'aurai de vous revoir, je renferme tout ce que je pense, je le réserve pour vous; mais ne craignez point les grandes effusions; vous devinerez ma joie, et mon plus grand soin sera de la contenir; nous aurons tant de sujets de conversation, qu'il me sera facile de ne vous pas parler de moi. »

Nous savons par les lettres d'Horace Walpole à Georges Montagu le secret de ses sentiments et de ses impressions, et il est incontestable, après l'avoir lu, que s'il ne donna pas à madame du Deffand en fait d'amitié selon la mesure de ses désirs, il lui donna du moins selon la mesure de ses forces. Qui pourrait se flatter, à l'âge de Walpole et dans sa situation, de faire plus pour une femme de soixante-treize ans qui a économisé son cœur pendant toute sa vie, et se trouve, à l'heure où l'on n'aime plus, aimer pour la première fois?

« Ma vieille amie a été charmée de votre souvenir : elle m'a fait promettre de vous adresser, en retour, mille compliments; elle ne peut concevoir pourquoi vous ne venez pas à Paris. N'ayant jamais trouvé par elle-même de différence entre vingt-trois et soixante-treize ans, elle s'imagine que rien au monde ne saurait empêcher un homme de faire

l.

sa volonté; et, si elle n'était point aveugle, nulle considération ne l'arrêterait : vous la verriez à Strawberry. Elle fait des couplets, elle les chante : elle se rappelle tous ceux qu'on a faits; et, ayant passé de l'âge des folies à l'âge de la raison, elle réunit toute l'amabilité du premier à la sensibilité du second, sans avoir la vanité de l'un ni l'impertinence pédantesque de l'autre. Je l'ai entendue discuter, avec toutes sortes de gens, sur toutes sortes de matières, et jamais je ne l'ai vue dans son tort. Elle humilie les savants, redresse leurs disciples, et trouve des sujets de conversation pour tout le monde. Tendre comme madame de Sévigné, elle n'a aucun de ses préjugés; son goût est même plus étendu. Malgré l'extrême faiblesse de sa constitution, son courage lui fait supporter une vie de fatigue, qui m'excéderait s'il me fallait demeurer avec elle; par exemple, après avoir soupé à la campagne, rentrons-nous à une heure du matin, elle propose d'aller promener sur les boulevards, par le motif qu'il est trop tôt pour se coucher; hier même, quoiqu'elle fût indisposée, j'eus beaucoup de peine à lui persuader de ne pas veiller jusqu'à trois heures, par amour pour la comète; elle avait, à cet effet, prié un astronome d'apporter ses télescopes chez le président Hénault, pensant que cela pourrait m'amuser : enfin sa bonté pour moi est telle, que, malgré mon âge, je ne suis pas honteux de me livrer à des plaisirs que j'avais abandonnés chez moi; non, je mens; j'en rougis, et je soupire après mon pauvre Strawberry, tout en songeant que je n'aurai probablement jamais le courage de venir revoir cette bonne et sincère amie, qui m'aime autant que le faisait ma mère. Mais quelle folie de penser à l'avenir! Ah! je l'avoue, cette idée m'afflige. »

XXVI.

Au moment où nous sommes parvenu, il est indispensable de jeter un dernier coup d'œil sur le salon de Saint-Joseph, de 1760 à 1770, et d'en énumérer, ne pouvant plus leur donner un portrait, les habitués, dont la foule a succédé à l'élite et l'empressement à l'affection.

Le président Hénault et Pont-de-Veyle demeurèrent toujours, depuis la mort de Formont, les deux habitués de fondation et de prépondérance. Mais il faut disputer le président à la cour et Pont-de-Veyle au prince de Conti, aux Duras et à d'autres. C'est de 1751[1] que datent ces premières infidélités du président, qui aujourd'hui, devenu courtisan et dévot, rend à Dieu et à la reine ce qu'il donnait autrefois à l'Opéra. Madame de Mirepoix, elle, va tomber du rôle d'amie de madame de Pompadour à celui de chaperon de madame du Barry. Madame de Forcalquier est à madame du Pin, à l'ambassadeur d'Angleterre, au duc d'Aiguillon.

---

[1] Voir la lettre de M. Saladin à notre t. Ier, p. 141. — V. aussi p. 188, lettre du chevalier d'Aydie (1753), et lettre de 1754 du baron de Scheffer (p. 213); enfin, lettre du chevalier d'Aydie du 29 juillet 1755.

Les vides de ces partages, de ces désertions, sont comblés par toute une société nouvelle qui tranche sur l'ancienne par plus de frivolité et de dissipation, et dont les évolutions, tout en donnant plus de mouvement au salon, lui enlèvent un peu son caractère intime et littéraire.

Dès le mois de juillet 1755[1], nous voyons apparaître successivement sur la scène le prince de Beauvau, dont il sera si souvent question depuis dans les *Lettres* de madame du Deffand, à propos de son purisme, de sa soumission à la femme impérieuse et éloquente qui en fait, malgré lui, une victime héroïque de la faveur de madame du Barry et de sa loyauté[2]; le chevalier de Laurency, gentilhomme du prince de Conti, qui se fait aux échecs une réputation de mathématicien, et du reflet de l'esprit de madame de Boufflers une sorte d'esprit[3]. Madame du Deffand en est arrivée à ce moment où une maîtresse de maison trouve que les gens de lettres sont peu aimables[4], et, en effet, ils sont en général trop préoccupés d'eux-mêmes pour être assez occupés des autres, et il lui faut des gens aimables pour soutenir le genre de vie qu'elle a adopté et qui consiste à se distraire perpétuellement d'elle-même[5]. Citons encore, parmi ces gens aimables, le marquis de Paulmy, fils du marquis d'Argenson, qui lui envoie des nouvelles de Varsovie plus amusantes que les *Éloges* de Thomas, plus naturelles que les *Épîtres* de Marmontel, et plus agréables que les indiscrétions de l'impertinente mémoire de Turgot[6]. On peut le dire, de tous les gens de lettres qu'elle a connus, madame du Deffand n'a guère réellement admiré et aimé que Voltaire, qui se dit aveugle pour lui faire la cour, et qui dissipe, de la vive lumière de son bon sens, les nuages de mélancolie entassés autour d'elle par les sombres réflexions d'une septuagénaire triste comme Job et qui n'a ni son énergie ni son espérance, qui appelle la mort sans la désirer, et qui souhaite le néant sans pouvoir y croire. Ces lettres de Voltaire sont admirables, et elles réussissent au rare tour de force de consoler une personne qui ne peut avoir d'autre plaisir que la société et en pense ce que la Rochefoucauld en disait : « Elle ne » rend pas heureux, mais empêche qu'on ne le soit ailleurs[7]. »

[1] Voir notre t. Ier, p. 227.
[2] Sur le prince de Beauvau, en outre des lettres de madame du Deffand à Walpole et à madame de Choiseul, voir les *Mémoires* de Marmontel et l'exquise *Étude* due à la vicomtesse de Noailles (Lahure, 1855).
[3] Sur le chevalier de Laurency, voir les *Confessions* de J. J. Rousseau.
[4] Lettre à Voltaire. Voir p. 264 de notre t. Ier.
[5] Lettre à Voltaire du 23 juillet 1760. Voir notre t. Ier, p. 266.
[6] Voir notre t. Ier, p. 287.
[7] Voir notre t. Ier, p. 298.

En 1764, il faut citer encore parmi les anciens et nouveaux amis de madame du Deffand : madame Harenc, qu'elle est réduite à appeler la meilleure de ses amies; milord Holderness, qui commence chez elle l'invasion de l'Angleterre illustre; David Hume, qui la continue, qu'elle goûte d'abord, qui se livre trop à son gré à la société du Temple, et qu'elle punira plus tard de ce mot terrible, arrêt sans appel dans la bouche d'une femme : « *Il m'a déplu !* »

C'est cependant Hume qui commencera son initiation aux habitudes et au caractère anglais, dont Walpole fera une sorte de religion. Elle semble pressentir sa venue bien plus que celle des Crawfurd, des Selwyn, des Gibbon, quand elle dit :

« Les esprits anglais valent mieux que les nôtres, c'est bien mon avis; je ne leur trouve point le ton dogmatique, impératif; ils disent des vérités plus fortes que nous n'en disons, mais ce n'est pas pour se distinguer, pour donner le ton, pour être célèbres [1]. »

Nous trouvons aussi, dès le mois de septembre 1764, madame du Deffand en relations avec ce spirituel et habile comte de Broglie, qui voulut devenir premier ministre avoué de Louis XV, après avoir été son conseiller officieux et le chef de ses correspondants secrets. Arrêté dans sa mine, au moment de réussir, par un subit camouflet de la fortune, il en fut pour l'honneur et le danger de ces lettres qu'il serait si précieux de posséder, puisqu'elles renferment le secret de la politique personnelle du Roi, et comme qui dirait la confession de son règne. Les lettres du comte de Broglie témoignent bien de cette hardiesse familière, de cette habile originalité qui devait le caractériser et le condamner à la traverse plus qu'à la grande route.

Nous y remarquons ce passage :

« Vous me paraissez contente de la douceur de votre vie actuelle; j'en suis enchanté, et je le suis aussi de voir votre sensibilité un peu diminuée. Malgré cela, je ne vous passe pas l'indifférence, à moins qu'elle ne soit que pour ceux à qui on fait même grâce en la leur accordant. »

Madame du Deffand répond par des éloges qui semblent mérités par cet homme « plein de passions et d'idées », et par des pronostics qui ne se réalisèrent pas. Louis XV était trop méfiant pour laisser prendre le pouvoir à un homme en qui il avait confiance. Et la coulisse demeura l'unique domaine de celui qui ne s'y était arrêté que pour attendre l'heure d'entrer en scène. Il s'était mûre-

---

[1] Lettre à Voltaire, du 25 juin 1764. Voir notre t. Ier, p. 304.

ment et sérieusement préparé à un rôle réformateur et rénovateur, si l'on en juge par sa lettre du 7 octobre 1764 au prince de Beauvau, où il tâte le pouls au corps social, dont la dissolution commence par la gangrène des abus administratifs, en médecin au moins sans illusions.

C'est à cette époque aussi que se renouent et se resserrent les relations intimes, quotidiennes de madame du Deffand avec le groupe des Choiseul, ce ministre léger, persifleur, inconstant, mais habile, d'une fierté vraiment française et ayant élevé parfois l'esprit jusqu'au génie; sa femme, jolie, frêle, énergique, raisonnable, sentimentale, le type de la femme aimable et de la femme honnête, en ce siècle de décadence où l'on pouvait être aimable sans imagination et vertueux sans religion. Madame de Gramont, l'altière, impérieuse, séduisante, entraînante rivale de sa belle-sœur (rivale d'influence, d'empire moral, bien entendu, n'en déplaise au cancanier Lauzun), la pétulante Junon de cette délicate Minerve qui finira par l'emporter. Enfin l'abbé Barthélemy, le plus spirituel et le plus honnête des sigisbés.

Nous n'avons pas le temps d'en dire davantage. L'histoire des Choiseul doit s'écrire en un volume ou en une page, et ce n'est qu'une page que nous pouvons donner, à notre grand regret, à cette charmante et décevante femme que Walpole admirait, que Rousseau eût exaltée, dont madame du Deffand dit que « la perfec- » tion était son seul défaut », et qui nous paraîtrait bien plus parfaite, si dans les deux volumes de ses lettres on trouvait *plus d'une fois* le nom de sa mère et le nom de Dieu. Mais nous ne pouvons oublier que, dans notre recueil, la correspondance de madame du Deffand et de celle qu'elle appelait sa grand'maman est bornée à quelques lettres, et que toutes ces lettres se ressemblent, et, par une même plainte monotone comme l'ennui qui la cause, appellent les mêmes consolations et les mêmes conseils.

« Savez-vous pourquoi vous vous ennuyez tant, ma chère enfant? C'est justement par la peine que vous prenez *d'éviter, de prévoir, de combattre* l'ennui. Vivez au jour la journée, prenez le temps comme il vient, profitez de tous les moments, et avec cela vous verrez que vous ne vous ennuierez pas. Si les circonstances vous sont contraires, cédez au torrent et ne prétendez pas y résister... Croyez-moi, le mal que l'on se résout à supporter est bientôt passé, et il n'en reste rien après lui : surtout, évitez le malheur toujours dupe et superflu de la crainte... »

Voltaire prétendait que dans l'ennui de madame du Deffand il entrait plus de *sensation* que de *raisonner*. On peut en dire autant de cette sagesse toute païenne de madame de Choiseul, qui consiste à *jouir*, même quand elle y ajoute, par une heureuse contradiction, la bonté et la justice qui sont des sacrifices.

Madame du Deffand, comme à son ordinaire, répond à ces conseils dont la forme seule variera, et qui font de madame de Choiseul un caractère original beaucoup plus qu'un talent, par des compliments ou par des plaintes qui se contredisent quelque peu. Dans ces plaintes, ce que je poursuis de préférence, c'est, à travers bien des confusions, peut-être bien des pudeurs, l'aveu de la situation morale d'où provient surtout l'ennui de madame du Deffand, et qui favorisera si précieusement, si opportunément, si irrésistiblement, le prestige et l'empire de ce Walpole, qui fut surtout victorieux parce qu'il vint à point. Ce n'est rien que d'être Messie, si on ne l'est à propos. Quand Walpole vint, madame du Deffand était dans l'état aigu de cette souffrance bien féminine qu'elle formule ainsi :

« Vous avez bien de l'expérience, mais il vous en manque une que j'espère que vous n'aurez jamais : *c'est la privation du sentiment, avec la douleur de ne s'en pouvoir passer.* L'explication de ceci serait longue et difficile ; vous en pourriez être fatiguée et ennuyée ; il vaut mieux que vous n'ayez jamais d'idée d'un tel état. »

La lettre est du 26 *mai* 1765, printemps de l'année, hiver de la vie, printemps du cœur. Madame de Choiseul complète la trinité des trois vrais amis de madame du Deffand : Voltaire son ami d'esprit, Walpole son ami de cœur, madame de Choiseul son amie d'esprit et cœur. Rien ne manqua au bonheur que madame du Deffand dut à l'affection de sa chère *grand'maman*, si sage, si sensée, si précoce, si coquette encore dans sa désillusion, si naïve dans son expérience, qu'une chose, mais ce rien est tout : madame du Deffand ne put jamais croire tout à fait au sentiment qu'elle inspirait[1]. Le doute n'empêche pas d'être aimable, mais il empêche d'être heureux, puisqu'il empêche de jouir de son bonheur, et que le bonheur est en nous, et n'est pas autre chose que l'opinion qu'on est heureux.

Enfin Walpole va venir, précédé par le mélancolique Mac-Donald et le jovial Crawfurd. Et comme secouée par l'attente de celui qui va renouveler sa vie et réjouir sa vieillesse, elle donne à sa conversation, à son hospitalité, cet air de tendresse, de coquetterie dont

[1] Elle disait souvent des sentiments de la duchesse de Choiseul pour elle : « Vous *savez* que vous m'aimez, mais vous ne le *sentez* pas. » (T. Ier, p. 421.)

Fac-simile d'un billet autographe de madame du Deffand, aveugle, à Horace Walpole.

Je veux essayer de vous écrire de ma main, sy vous pouves lire mon griffonage vous me le dires, et je men serviray dans l'occasion cela seroit fort heureux; mes insomnies deviendront mes bonnes nuits

le jeune Écossais, qui s'en allait mourir en Italie, était si digne de goûter le charme.

« Je serais retourné en Angleterre sans avoir eu l'idée de ce genre d'esprit qui est particulier à la nation française, si je n'avais pas été à Ferney et à Saint-Joseph. On apprend auprès de vous à goûter le parfait, mais on devient plus difficile sur le médiocre. »

C'est dans la réponse de madame du Deffand que nous trouvons pour la première fois la mention de Walpole. (27 octobre 1763.)

« M. Walpole ne se porte pas très-bien; je crois qu'il avait la goutte
» à votre départ. »

A ce moment, madame du Deffand n'est pas encore fixée dans son choix. Elle hésite entre les trois Anglais, à moins que cette apparente indifférence avec laquelle elle parle de Walpole, alors qu'elle n'émet aucune réserve dans l'expression de ses inquiétudes pour Crawfurd malade, de ses regrets pour Mac-Donald absent, ne veuille tout simplement dire que le choix est déjà fait, que Walpole est vainqueur, et que, selon l'habitude de son sexe, madame du Deffand le désigne par son silence.

On croirait que tout entière à l'enivrement de cette surprise et de cette joie de se sentir enfin aimer, espérer, et toute préoccupée de laisser à son affection et à son espérance ce noble horizon de l'éternité, madame du Deffand arrive, sinon à la foi, du moins au respect des consolations qu'elle donne. Le président Hénault avait écrit à Voltaire, ce fanfaron d'impiété, ce charlatan d'incrédulité, qui finira par se confesser comme un autre, une lettre noble, digne et ferme, dans laquelle il rend témoignage à la religion et invite Voltaire, qui lui doit ses plus belles inspirations, à enlever à ses admirateurs et à ses ennemis le regret et le prétexte de ses railleries sur ce qu'il a si bien glorifié :

Tu n'y peux faire un pas sans y trouver ton Dieu.

Madame du Deffand admire le style, la justesse, le goût de cette lettre, et, tout en évitant de se prononcer sur le fond, insiste sur la nécessité du respect des choses supérieures, et surtout sur le ridicule qu'il y aurait à être intolérant en prêchant la tolérance. Elle demande enfin nettement pour ce vieil ami qui y voit pour elle et pour qui elle entend, et avec qui elle traine sa vieillesse, la liberté de croire à sa guise et de voir *par ses lunettes*. Elle est moins réservée sur le culte de Rousseau, dont la gloire ne lui semble pas du tout inviolable, et elle fait confidence à Voltaire de la plaisanterie *d'un de ses amis* qu'elle ne nomme point. Il s'agit de cette lettre humoristique à J. J. Rousseau, qui fit le tour de Paris, et valut à Horace Walpole une réputation d'esprit méritée[1]. Ce dernier triomphe enleva le cœur de madame du Deffand, qui ne pouvait être à jamais gagné que par l'esprit.

A partir de 1766, il est à peu près impossible de faire le tableau de la société de madame du Deffand, qui se renouvelle sans cesse, et au recrutement de laquelle elle n'ajoute plus qu'un intérêt d'amour-propre ou de curiosité. Walpole a tout absorbé; sa correspondance occupe tout son temps. Tout ce qu'elle avait de ressources d'affection, de dévouement et de foi, elle l'a jeté sur cette suprême espérance, sur cette dernière carte de son jeu: Plaire à Horace Walpole. Hors cela, elle s'enfonce de plus en plus dans l'ennui et l'égoïsme qui en est la suite. C'est pour un seul qu'elle est riche d'économies de cœur et d'esprit. Pour les autres elle est ruinée, et n'accepte plus d'autres liens que ceux de l'habitude ou de la nouveauté. De là, dans son salon et ses habitudes, qui reviennent au souper et choisissent le dimanche, un changement correspondant à cette métamorphose de son cœur. Ce n'est plus une élite, c'est une foule qui se presse à sa table, devenue un peu banale. Les étrangers, les rois eux-mêmes, après avoir été présentés au roi, se font présenter à madame du Deffand. Les ambassadeurs y vont épier l'écho des Choiseul, ou tout simplement s'amuser à avoir ou à écouter de l'esprit. De là une variété qui n'est pas sans disparate, un mouvement qui n'est pas sans confusion. Madame du Deffand a remplacé la qualité par la quantité, le choix par le rang, le plaisir par la curiosité. C'est une chose remarquable, que c'est au moment où il commence à ne plus être digne de la domination, que le salon de madame du Deffand devient prépondérant, et qu'il est plus célèbre à mesure qu'on s'y amuse moins. Elle-même se surprend à s'ennuyer de ce spectacle, qui était autrefois sa seule distraction de l'ennui. Elle cherche à échapper à ses amis quand ils l'entourent, et quand la villégiature ou les voyages les séparent d'elle, elle court après eux. Également dégoûtée de ce qu'elle a et impatiente de ce qui la quitte, elle ne pardonne pas, malgré son indifférence, l'indifférence aux autres. Elle reproche amèrement à M. Élie de Beaumont, au baron de Breteuil et à M. de Guibert le crime de l'avoir négligée, et elle traite l'un comme un faquin, l'autre comme un sot, le troisième comme un

---

[1] Voir notre t. Ier, p. 333.

mal appris, pour avoir résisté à la tentation de venir l'ennuyer ou s'ennuyer. Quand Walpole l'a repoussée, refoulée, domptée par ses reproches et ses sarcasmes, la pauvre femme, que rien ne soutient plus au-dessus des glaces de l'âge, retombe tout entière dans « son abîme de vapeurs ». Elle devient comme la duchesse du Maine, elle veut des *particuliers* de cinquante personnes, *elle ne se soucie que de ce dont elle ne se soucie pas*. Elle fait, de propos délibéré, de nouvelles connaissances, comme madame de Staal, pour sucer le fruit et jeter l'écorce. Elle a le cynisme effrayant de cette curiosité désespérée, et elle en étonne Walpole et en afflige madame de Choiseul. Qui suffirait à la revue détaillée de ces relations que chaque jour renouvelle? qui la suivrait à travers ses froides infidélités, ses velléités de sentiment, ses *passades* d'amitié, et les vicissitudes d'un jugement qui n'est plus que l'expression de l'humeur du moment? Tour à tour, en dehors de son nœud d'habitude, sinon d'amitié, avec les deux maréchales et madame de la Vallière, elle se plait dans la société de madame de Forcalquier, pour qui elle a un dernier regain d'affection, qu'elle appelle *la Bellissima*, *Mie Triste*, etc., de madame de Choiseul-Betz, *la Petite Sainte*, de madame de Broglie, de madame de Villeroy, de madame de Valbelle, de madame d'Aiguillon (*Mie Gai*), de madame de Cambis, de madame de Beauvau elle-même, de madame de Valentinois, de madame de Caraman, de madame d'Anville, de madame de Lauzun, et enfin de madame d'Houdetot, de madame de Marchais et de madame Necker. Oui, à la fin, elle trouvera du génie à Necker et de l'esprit à sa femme. Il y a des jours où elle déclare madame de Jonsac la plus vertueuse des femmes, et où sa vertu la lui rend aimable. Il y a des jours où elle convient même des agréments de mademoiselle Sanadon, la compagne habituelle qui a succédé à mademoiselle de Lespinasse, et qui est à la fois trop fine et trop bête pour avoir à craindre sa disgrâce. Elle ne déteste avec constance, tout en la voyant quotidiennement, que l'*Idole* du Temple, madame de Boufflers. Elle donne, un jour, par un caprice du cœur, des larmes à madame de Crussol dont elle ne parle jamais, qu'elle voit à peine, et qu'elle regrette sans doute à cause de cela.

Parmi les hommes, elle erre aussi d'engouement en engouement. Son neveu l'archevêque de Toulouse, le prince de Beauvau, le duc de Choiseul, M. de Gontaut, le prince de Beauffremont, le duc de Guines, et Lauzun lui-même à son heure, le prince de Ligne, M. de Liancourt, le chevalier de l'Isle, les évêques de Saint-Omer, d'Arras, de Mirepoix, l'abbé Barthélemy, le président de Cotte,

M. de Bucq, M. Necker, se succèdent tour à tour dans l'honneur de ses préférences, bientôt expié par des boutades et des sécheresses dont sont seuls à l'abri l'inviolable Walpole, et sur la fin de sa vie, Pont-de-Veyle. Pour les étrangers, son goût de la nouveauté, du changement, et la verve de ses *virevousses,* n'ont rien des réserves qu'elle conserve et des ménagements qu'elle s'impose encore vis-à-vis des Français. Crawfurd, Selwyn, Hume, Fox, Gibbon, Burke, le duc de Richmond, les ambassadeurs d'Angleterre et de Sardaigne, lord Rochford et M. de Viry, l'ambassadeur de Naples, le fougueux, l'original, le bavard, l'éloquent, l'ennuyeux, l'adorable Caraccioli; les envoyés de Suède et de Danemark, M. de Gleichen et M. de Creutz, M. de Schouvaloff, ce Russe si Français, lui plaisent ou l'assomment, selon que la girouette a tourné. C'est le cas de dire, pour madame du Deffand comme pour les ministres, que la faveur du jour dépend de la façon dont elle a passé la nuit. Remarquons que le jour de madame du Deffand c'est la nuit, *et vice versa.* Elle va veiller jusqu'à quatre heures du matin chez madame de Luxembourg, *noctologophile* comme elle, et qui n'a de l'esprit qu'aux lumières. Plus tard, quand elle promet à Walpole de se ranger, elle ne peut que s'engager à se coucher à *minuit, s'il le faut!* C'est de bonne heure pour elle. A ces soupers presque quotidiens au Temple, dont le peintre familier[1] l'a placée au milieu des causeuses attitrées du prince de Conti, chez madame de Mirepoix, madame de Luxembourg, madame de la Vallière, le président, madame Dupin, madame de Valentinois et les Choiseul, quand ils reviendront à Paris, il faut ajouter les excursions de cette singulière promeneuse qui ne s'est jamais tant voiturée que depuis qu'elle est aveugle et infirme: à Montmorency, chez M. de Luxembourg; à Roissy, chez les Caraman; à Rueil, chez les d'Aiguillon; à Versailles, chez les Beauvau; à Châtillon, chez les Trudaine-Montigny; à Auteuil, chez madame de Boufflers; au Port-à-l'Anglais, chez madame de Mirepoix; à Saint-Ouen, chez les Necker.

Pour l'élément littéraire, il a fort diminué dans ces relations devenues presque exclusivement mondaines. En fait de gens de lettres, la Harpe, Marmontel, Dorat, Saurin, Beaumarchais, traverseront seuls le salon de Saint-Joseph, où mademoiselle Clairon, le Kain, mademoiselle Suin, diront quelques scènes, et où on essayera quelques airs de Gluck, tandis que Huber, de son magique

---

[1] Olivier, un petit maître inconnu, qui n'a pas de place au Louvre, et n'habite que Versailles, ce musée des grandeurs et des galanteries dont il a été le peintre ému, gracieux, *charmant.*

ciseau, découpera des silhouettes et des effigies dont la ressemblance et la physionomie étonnent.

XXVII

Si nous voulions confirmer péremptoirement notre assertion, que depuis le jour où Walpole « l'homme de fer, l'homme de neige » lui a enlevé sa dernière illusion, madame du Deffand s'enfonce de plus en plus profondément dans l'ennui et l'égoïsme; si nous voulions justifier ce que nous avons dit du caractère essentiellement variable, cosmopolite, bigarré et comme parasite de la société sans physionomie qui a succédé au cercle si homogène, si fidèle, si uni de la première période; nous emprunterions au hasard, aux lettres de madame du Deffand elle-même, quelques passages décisifs. Nous y trouverions le tableau de ce salon qui, depuis que Walpole est parti, semble un corps privé de son âme, et nous l'entendrions exprimer, avec une causticité vengeresse, le dégoût croissant que lui inspire une société dont elle ne voit plus les défauts qu'à travers les qualités de l'unique causeur, de l'unique correspondant, de l'unique ami, et le désespoir d'en être séparée. C'est à peine si elle demeurera femme et grande dame jusqu'au point de faire l'éloge du roi de Suède, du roi de Danemark, de l'empereur Joseph, qui ont voulu la voir, causer et souper avec elle, et ont incliné galamment leur sceptre devant cette royauté de l'esprit.

Prenons encore une fois au passage quelques traits de cette physionomie, peinte par elle-même, de sa société et de son âme. Un seul tableau et un seul portrait nous donneront la galerie tout entière, puisque nous connaitrons les procédés du peintre et que nous aurons, par l'ennui, le secret de son inspiration, et par la bile le secret de sa couleur.

Cette dernière et sommaire enquête achevée, il ne nous restera plus qu'à suivre la méthode purement biographique, voir disparaître successivement le président Hénault, Pont-de-Veyle, Voltaire, et enfin l'auteur et le destinataire de ces lettres immortelles où madame du Deffand n'a jamais déployé plus d'esprit qu'à mesure que le cœur lui a manqué, ce cœur que Walpole a laissé périr d'inanition. C'est à partir du moment où il ne fait plus que palpiter par rares intervalles, que l'esprit semble redoubler de lucidité, de vigueur et de verve. Jamais l'écrivain n'a été aussi complet, aussi admirable que dans cette *Gazette* remplie d'anecdotes *et de noms propres*, dans ces volumes qu'elle expédie à Walpole, qui se nourrit en gourmet de ces fines médisances et de ces scandales de première main, qui constituent, pour lui comme pour nous, la chronique inimitable du Paris de la décadence. C'est surtout depuis cette époque que la correspondance perd en effet son intérêt moral et psychologique, pour redoubler d'attrait au point de vue historique et littéraire.

« J'eus dimanche à souper seize personnes ; on ne pouvait pas se tourner dans ma chambre ; madame de Forcalquier était assurément celle que j'aime le mieux ; j'en suis assez contente : elle a cependant quelquefois des airs à la Walpole, mais je les lui passe en faveur de quelque autre ressemblance que je lui soupçonne. Pour M. de Sault, si l'on ôtait l'article de son nom, qu'on en changeât l'orthographe et qu'on n'y laissât que le son, il serait parfaitement bien nommé [1]. »

« Je soupai hier chez le président avec mesdames de Jonsac, d'Aubeterre et du Plessis-Châtillon ; nous jouâmes à des petits jeux de couvent ; je fis vos compliments au président et à madame de Jonsac ; le pauvre président s'affaiblit terriblement ; il aura bien de la peine à passer l'hiver [2]. »

« J'admirais hier au soir la nombreuse compagnie qui était chez moi ; hommes et femmes me paraissaient des machines à ressort, qui allaient, venaient, parlaient, riaient sans penser, sans réfléchir, sans sentir. Chacun jouait son rôle par habitude : madame la duchesse d'Aiguillon crevait de rire, madame de Forcalquier dédaignait tout, madame de la Vallière jabotait sur tout. Les hommes ne jouaient pas de meilleurs rôles, et moi, j'étais abîmée dans les réflexions les plus noires ; je pensais que j'avais passé ma vie dans les illusions ; que je m'étais creusé moi-même tous les abîmes dans lesquels j'étais tombée ; que tous mes jugements avaient été faux et téméraires, et toujours trop précipités, et qu'enfin je n'avais parfaitement bien connu personne ; que je n'en avais pas été connue non plus, et que peut-être je ne me connaissais pas moi-même. On désire un appui, on se laisse charmer par l'espérance de l'avoir trouvé ; c'est un songe que les circonstances dissipent et qui font l'effet du réveil. Je vous assure, mon tuteur, que c'est avec remords que je vous peins l'état de mon âme ; je prévois non-seulement l'ennui, mais à qui puis-je avoir recours [3] ? »

« Mais de ces amis-là je dis comme Socrate : *Mes amis, il n'y a point d'amis.* Ce mot-là est très-bon quand il est bien placé.

» A propos de Socrate, nous avons ici un comte de Paar, qui a, dit-on, une grande figure triste et froide ; il grasseye les *rr*, parle très-lentement et en hésitant. Il disait l'autre jour chez le président : Quel est ce Socrif qui s'empoisonna en mangeant ou buvant des cigales ? Eh bien, j'aime mieux entendre ces choses-là que les excellentes maximes de morale de madame de Verdelin, et les savantes dissertations de madame d'Houdetot ; les remarques fines de madame de Montigny : j'en ajouterais encore bien d'autres, mais vous me gronderiez [4]. »

[1] 26 mai 1766.
[2] 19 octobre 1766.
[3] 20 octobre 1766.
[4] 18 janvier 1767.

« Je soupai hier chez le président en nombreuse compagnie, les divinités du Temple, les maréchales; — je m'y ennuyai à la mort. Ce soir je donne à souper au Beauvau, avec l'archevêque et Pont-de-Veyle; demain ce sera mon assemblée des dimanches, où vos ambassadeurs sont maîtres de venir quand il leur plaît : des Italiens, des Suédois, des Lapons même y sont admis, tout me paraît égal; excepté la grand' maman, que je trouve cependant un peu trop métaphysicienne et abstraite, et madame de Jonsac, qui, à peu de chose près, est fort raisonnable, tout me paraît ridicule, insipide et ennuyeux[1]. »

« Je suis devenue très-prudente, mon tuteur, et je n'ai pas la plus légère indiscrétion à me reprocher sur ce qui vous regarde. Je ne vous trouve point déraisonnable d'exiger une grande réserve : on est environné d'armes et d'ennemis, et ceux qu'on nomme amis sont ceux par qui on n'a pas à craindre d'être assassiné, mais qui laisseraient faire les assassins. C'est une réflexion que nous fîmes hier, la grand'maman et moi : non pas à l'occasion de vos affaires, car il n'en fut pas dit un mot, mais sur le monde en général[2]. »

« Les spectacles de madame de Villeroy sont finis, ou du moins suspendus : je n'y ai pas grand regret, parce que je ne me soucie de rien[3]. »

« Vous voulez que j'espère vivre quatre-vingt-dix ans? Ah! bon Dieu, quelle maudite espérance! Ignorez-vous que je déteste la vie, que je me désole d'avoir tant vécu, et que je ne me console point d'être née? Je ne suis point faite pour ce monde-ci; je ne sais pas s'il y en a un autre; en cas que celui-ci soit, quel qu'il puisse être, je le crains; on ne peut être en paix ni avec les autres, ni avec soi-même; on mécontente tout le monde; les uns, parce qu'ils croient qu'on ne les estime ni ne les aime pas assez, les autres par la raison contraire; il faudrait se faire des sentiments à la guise de chacun, ou du moins les feindre, et c'est ce dont je ne suis pas capable; on vante la simplicité et le naturel, et on hait ceux qui le sont; on connaît tout cela, et malgré tout cela on craint la mort. Et pourquoi la craint-on? Ce n'est pas seulement par l'incertitude de l'avenir, c'est par une grande répugnance qu'on a pour sa destruction, que la raison ne saurait détruire. Ah! la raison, la raison! qu'est-ce que c'est que la raison? quel pouvoir a-t-elle? quand est-ce qu'elle parle? quand est-ce qu'on peut l'écouter? quel bien procure-t-elle? Elle triomphe des passions? cela n'est pas vrai; et si elle arrêtait les mouvements de notre âme, elle serait cent fois plus contraire à notre bonheur que les passions ne peuvent l'être : ce serait vivre pour sentir le néant, et le néant (dont je fais grand cas) n'est bon que parce qu'on ne le sent pas. Voilà de la métaphysique à quatre deniers, je vous en demande très-humblement pardon; vous êtes en droit de me dire : Contentez-vous de vous ennuyer, abstenez-vous d'ennuyer les autres. Oh! vous avez raison; changeons de conversation[4]. »

« J'eus hier douze personnes, et j'admirais la différence des genres et des nuances de la sottise; nous étions tous parfaitement sots, mais chacun

---

[1] 20 février 1767.
[2] 8 mars 1767.
[3] 3 mai 1767.
[4] 23 mai 1767.

à sa manière, tous semblables, à la vérité, par le peu d'intelligence, tous fort ennuyeux; tous me quittèrent à une heure, et tous me laissèrent sans regrets. Il y a trois jours que je n'ai soupé chez le président; je voulais y aller ce soir et m'envoyer excuser chez M. de Creutz, où il y aura vingt personnes; le président m'a rejetée en me mandant que madame de Jonsac, ne comptant point sur moi, avait prié madame du Roure, et apparemment cette madame du Roure qui a eu un procès avec feu madame de Luynes, pour lui avoir enlevé une succession, et qui craint de rencontrer une personne au fait de sa conduite. Quoi qu'il en soit, je n'irai pas, et je suis encore indécise de ce que je ferai : je pourrai souper tête à tête avec M. Craufurd; mais il me quitterait à onze heures. Aller chez M. de Creutz me paraît terrible; mais passer ma soirée seule est encore pis : dites-moi ce que je ferai[1]. »

« Je suis bien fâchée d'être aussi ignorante, d'avoir été si mal élevée, de n'avoir aucun talent, ou de n'être pas bête à manger du foin; cette dernière manière serait peut-être la meilleure, je m'ennuierais moins, je dormirais mieux et je ne ferais pas de mauvaises digestions; je passe presque toutes les nuits sans fermer l'œil; alors c'est un chaos que ma tête : je ne sais à quelle pensée m'arrêter; j'en ai de toutes sortes, elles se croisent, se contredisent, s'embrouillent; je voudrais n'être plus au monde, et je voudrais en même temps jouir du plaisir de n'y plus être. Je passe en revue tous les gens que je connais et ceux que j'ai connus qui ne sont plus; je n'en vois aucun sans défaut, et tout de suite je me crois pire qu'eux. Ensuite il me prend envie de faire des chansons; je m'impatiente de n'en avoir pas le talent[2]. »

« Mon Dieu, mon Dieu, qu'il y a peu de gens supportables! mais de gens qui plaisent, il n'y en a point. Plus ma prudence augmente, plus j'observe; car moins on parle, plus on réfléchit. Je trouve tout le monde détestable : celle-ci (*madame de Forcalquier*) est honnête personne, mais elle est bête, entortillée, obscure, pleine de galimatias qu'elle prend pour des pensées; celle-ci (*madame de Jonsac*) est raisonnable, mais elle est froide, commune; tout est conduite, ses propos, ses attentions; cette autre (*madame d'Aubeterre*) jabote comme une pie, son élocution est celle des filles d'Opéra; cette autre (*la duchesse d'Aiguillon*) parle comme une inspirée, ne sait presque jamais ce qu'elle dit; et tout ce qu'elle veut conclure, c'est qu'elle est un grand esprit, qu'elle est savante, brillante, etc... Voilà la peinture d'un cercle. Il y en aurait bien d'autres à peindre qui seraient encore bien pis, car du moins dans celui-ci il n'y a pas trop de fausseté, de jalousie ni de mauvais cœur. Il est très-vrai qu'il n'y a que la grand'maman qu'on puisse aimer et qui dégoûte de tout le reste[3]. »

« J'ai, dites-vous, l'esprit critique; et vous, vous l'avez orgueilleux : cela peut être, et je le crois; mais je m'ennuie, et vous, vous amusez; vous trouvez des ressources en vous; je ne trouve en moi que le néant, et il est aussi mauvais de trouver le néant en soi, qu'il serait heureux d'être resté dans le néant. Je suis donc forcée à chercher à m'en tirer;

---

[1] 30 novembre 1767.
[2] 23 février 1768.
[3] 21 mai 1768.

je m'accroche où je peux, et de là viennent toutes les méprises, tous les mécontentements journaliers, et un dégoût de la vie qui est peut-être bon à quelque chose : il me fait supporter patiemment les délabrements de la vieillesse, et diminue la vivacité et la sensibilité pour toutes choses[1]. »

Enfin, le 1er avril 1769, madame du Deffand écrit à Voltaire :

« Dites-moi pourquoi, détestant la vie, je redoute la mort? Rien ne m'indique que tout ne finira pas avec moi; au contraire, je m'aperçois du délabrement de mon esprit ainsi que de celui de mon corps. Tout ce qu'on dit pour ou contre ne me fait nulle impression. Je n'écoute que moi, et je ne trouve que doute et qu'obscurité. *Croyez*, dit-on, *c'est le plus sûr;* mais comment croit-on ce que l'on ne comprend pas? Ce que l'on ne comprend pas peut exister sans doute; aussi je ne le nie pas; je suis comme un sourd et un aveugle-né; il y a des sons, des couleurs, il en convient; mais sait-il de quoi il convient? S'il suffit de ne point nier, à la bonne heure, mais cela ne suffit pas. Comment peut-on se décider entre un commencement et une éternité, entre le plein et le vide? Aucun de mes sens ne peut me l'apprendre; que peut-on apprendre sans eux? Cependant si je ne crois pas ce qu'il faut croire, je suis menacée d'être mille et mille fois plus malheureuse après ma mort que je ne le suis pendant ma vie. A quoi se déterminer, et est-il possible de se déterminer? Je vous le demande, à vous qui avez un caractère si vrai, que vous devez, par sympathie, trouver la vérité, si elle est trouvable. C'est des nouvelles de l'autre monde qu'il faut m'apprendre, et me dire si nous sommes destinés à y jouer un rôle.

» Je fais mon affaire de vous entretenir de ce monde-ci. D'abord je vous dis qu'il est détestable, abominable, etc. Il y a quelques gens vertueux, du moins qui peuvent le paraître, tant qu'on n'attaque point leur passion dominante, qui est pour l'ordinaire dans ces gens-là l'amour de la gloire et de la réputation. Enivrés d'éloges, souvent ils paraissent modestes; mais le soin qu'ils prennent pour les obtenir en décèle le motif et laisse entrevoir la vanité et l'orgueil. Voilà le portrait des plus gens de bien. Dans les autres sont l'intérêt, l'envie, la jalousie, la cruauté, la méchanceté, la perfidie. Il n'y a pas une seule personne à qui on puisse confier ses peines, sans lui donner une maligne joie et sans s'avilir à ses yeux. Raconte-t-on ses plaisirs et ses succès? on fait naître la haine. Faites-vous du bien? la reconnaissance pèse, et l'on trouve des raisons pour s'en affranchir. *Faites-vous quelques fautes? Jamais elles ne s'effacent; rien ne peut les réparer.* Voyez-vous des gens d'esprit? Ils ne seront occupés que d'eux-mêmes; ils voudront vous éblouir, et ne se donneront pas la peine de vous éclairer. Avez-vous affaire à de petits esprits? Ils sont embarrassés de leur rôle; ils vous sauront mauvais gré de leur stérilité et de leur peu d'intelligence. Trouve-t-on, au défaut de l'esprit, des sentiments? Aucuns, ni de sincères, ni de constants. L'amitié est une chimère; on ne reconnaît que l'amour; et quel amour! Mais en voilà assez, je ne veux pas porter plus loin mes réflexions; elles sont le produit de l'insomnie; j'avoue qu'un rêve vaudrait mieux. »

[1] 26 juin 1768.

XXVII.

A la fin de 1770, madame du Deffand éprouva une perte dont l'effet sur elle a été controversé, mais qui, si elle ne fit pas un grand vide dans son cœur, en fit du moins un très-grand dans sa vie. Elle perdit le président Hénault. Peut-être sentit-elle moins cette disparition parce qu'elle s'y était accoutumée depuis longtemps par le spectacle d'une longue et progressive décadence. Dès le 23 décembre 1767, elle écrivait :

« Le président ne va pas bien ; il a de la fièvre, un gros rhume ; je ne crois pas qu'il passe l'hiver. Sa perte me causera du chagrin, et fera un changement dans ma vie. »

Le 22 février 1769, Voltaire, qui ne pardonnait pas au président la leçon qu'il en avait reçue, demandait, avec une compassion goguenarde :

« La montre du président Hénault est donc détraquée? C'est le sort de presque tous ceux qui vivent longtemps. »

Madame du Deffand le défend, plutôt par habitude que par affection, des railleries de Voltaire, mais elle était sans illusions, au moins, sur son esprit : elle déclare que de sa tragédie de *François II* elle n'avait jamais pu dépasser la *Préface*, et que le livre lui était tombé des mains.

Mais l'inexorable persifleur ne lâche point sa proie. Il la dispute en quelque sorte à la mort qui s'approche, et veut encore lui faire sentir la vie par le ridicule.

« On me mande que le président Hénault baisse beaucoup. J'en suis fâché ; mais il faut subir sa destinée. »

« Dites, je vous prie, au délabré président combien je m'intéresse à son âme aimable. »

Le 2 novembre 1769, madame du Deffand écrit à Walpole :

« Le président se porte toujours bien, mais sa tête s'affaiblit de jour en jour. Quel malheur de vieillir ! Qui est-ce qui peut espérer de trouver une madame de Jonsac? Sa patience, sa douceur, me comblent d'admiration. Ah! mon Dieu! la grande et estimable vertu que la bonté! Je fais tous les jours la résolution d'être bonne. Je ne sais si j'y fais des progrès. »

Cependant la catastrophe s'approche. C'est le commencement de la fin :

« Le président, depuis trois jours, a la fièvre, et la tête entièrement partie. Vernage cependant n'en est point inquiet; moi, je le suis, et je doute qu'il passe l'hiver. Sa perte apportera du changement dans ma vie; mais je ne veux point anticiper les choses désagréables; c'est bien assez de les supporter quand elles sont arrivées. »

Suivons l'agonie de cette longue vie et de cette courte passion, qui se traîne dans une égoïste pitié; c'est douloureux, mais instructif. Il est bon de savoir comment se dénouent les liens que le cœur n'a point forgés.

« Hier (le 13 juin 1770), écrit madame du Deffand, je traînai le président à un concert chez madame de Sauvigny, intendante de Paris. Mademoiselle le Maure y chantait; il ne l'entendait point, non plus que les instruments qui l'accompagnaient; il me demandait à tout moment si j'entendais quelque chose; il me suppose aussi sourde qu'aveugle, et aussi vieille que lui; sur ce dernier point il ne se trompe guère. »

Le 25 novembre 1770, madame du Deffand écrit à Walpole :

« Le président mourut hier à sept heures du matin. Je l'avais jugé à l'agonie dès le mercredi. Il n'avait ce jour-là, il n'a eu depuis, ni souffrance ni connaissance : jamais fin n'a été plus douce; il s'est éteint. Madame de Jonsac en a paru d'une douleur extrême; la mienne est plus modérée; j'avais tant de preuves de son peu d'amitié, que je crois n'avoir perdu qu'une connaissance. Cependant, comme cette connaissance était fort ancienne et que tout le monde nous croyait intimes (excepté quelques personnes qui savent quelques-uns des sujets dont j'avais à me plaindre), je reçois des compliments de toutes parts. Il ne tient qu'à moi de croire qu'on m'aime beaucoup; mais j'ai renoncé aux pompes et aux vanités de ce monde, et vous avez fait de moi une prosélyte parfaite. J'ai tout votre scepticisme sur l'amitié; cependant j'ai peine à l'étendre sur la grand'maman. »

Nous connaissons ces griefs que madame du Deffand n'avoue pas. Ce qu'elle ne pouvait pardonner au président Hénault, ce n'était pas son inconstance, sa légèreté, sa bienveillance vagabonde, ce n'était pas, en un mot, sa fugacité, qui l'avait séparée de bonne heure d'un ami aussi ondoyant et divers. Non, elle lui pardonnait sa courtisanerie et sa dévotion, qui se ressemblaient si bien. Mais ce qu'elle ne pouvait oublier, c'était d'avoir pris le parti de mademoiselle de Lespinasse; ce qu'elle ne pouvait oublier, c'est que, pour la première fois sincère dans le délire de l'agonie, interrogé par une indiscrète curiosité, il lui avait hautement préféré madame de Castelmoron, qu'il allait embrasser dans l'éternité. La scène est caractéristique et d'une haute et triste comédie. Si elle n'était pas racontée par Grimm elle serait encore meilleure, parce qu'on y croirait davantage. Grimm, donc, raconte que dans les derniers instants de la vie du président, et lorsqu'il n'avait plus bien sa tête, madame du Deffand, qui était dans sa chambre avec quelques amis, lui demanda, pour le tirer de son assoupissement, s'il se souvenait de madame de Castelmoron.

« Ce mot, dit Grimm, réveilla le président, qui répondit qu'il se la rappelait fort bien. Elle lui demanda ensuite s'il l'avait plus aimée que madame du Deffand. Quelle différence! s'écria le pauvre moribond. Et puis il se mit à faire le panégyrique de madame de Castelmoron, et toujours en comparant ses excellentes qualités aux vices de madame du Deffand. Ce radotage dura une demi-heure en présence de tout le monde, sans qu'il fût possible à madame du Deffand de faire taire son panégyriste ou de le faire changer de conversation. Ce fut le chant du cygne... »

Le président n'avait pas mis un seul mot pour aucun de ses amis dans son testament, qui ne contenait que des legs pour ses parents, pour ses domestiques. Madame du Deffand dut être froissée de cette humiliante omission, et on comprend, sans l'excuser, la sécheresse avec laquelle elle écrit au chevalier de l'Isle :

« Vous ne savez point, monsieur, la perte que j'ai faite du plus ancien de mes amis; vous partagerez certainement mon affliction; *je vous prie d'avance de me donner les jours que vous lui destiniez.* »

Voltaire, dès le 5 décembre, et avant tout avis de madame du Deffand, lui écrit une lettre de condoléance affectée. Il ne sait pas encore si madame du Deffand a lieu de se plaindre ou de se louer du testateur, et s'il faut danser ou pleurer sur la tombe. Aussi s'empresse-t-il de demander des nouvelles du testament :

« Je voudrais bien savoir s'il y a quelques particularités intéressantes dans le testament du président. Je serais bien fâché qu'il y eût encore quelque trait qui sentît encore le Père de l'Oratoire. Je voudrais que dans un testament on ne parlât jamais que de ses parents et de ses amis. »

Le 9 décembre, madame du Deffand lui écrit :

« Je ne doute pas de vos regrets; c'était un homme bien aimable; mais depuis deux ans il ne restait plus de lui que sa représentation. Vous savez qu'il était devenu dévot, ou plutôt qu'il en avait embrassé l'état. Son esprit n'était pas convaincu, ni son cœur n'était pas touché; mais il remplaçait les plaisirs et les amusements auxquels son âge le forçait de renoncer, par de certaines pratiques. La messe, le bréviaire, etc., toutes ces choses étaient pour lui comme la question; elles lui faisaient passer une heure ou deux. Son testament est de 1766; il avait alors son bon sens. De ses amis, il n'en parle point. »

Voltaire, sûr alors de ne point frapper à faux, s'en donne à cœur joie, et, comme on dit, il lâche ses chiens :

« Je m'en étais douté; il y a trente ans que son âme n'était que molle et point du tout sensible; qu'il concentrait tout dans sa petite vanité, qu'il avait l'esprit faible et le cœur dur, qu'il était content pourvu que la reine trouvât son style meilleur que celui de Moncrif et que deux femmes se le disputassent. Je ne le disais à personne; je ne disais pas même que les *Étrennes mignonnes* ont été commencées par du Mollard et faites par l'abbé Boudot. Je reprends toutes les louanges que je lui ai données.

> Je chante la palinodie,
> Sage du Deffand, je renie
> Votre président et le mien;
> A tout le monde il voulait plaire,
> Mais ce charlatan n'aimait rien:
> De plus, il disait son bréviaire.

» Quoi! ne pas vous laisser la moindre marque d'amitié dans son testament, après vous avoir dit pendant quarante ans qu'il vous aimait! »

L'attaque était si vive que madame du Deffand, suivant son habitude, juge nécessaire d'en prévenir le retour. Elle le fait avec une modération de bonne foi et qui a sa dignité.

« Je ne suis point contente du mal que vous me dites de notre ancien ami. Je conviens qu'il était faible, mais il avait eu l'esprit bien agréable, et le meilleur ton du monde; il avait fait son testament dans un temps où il s'était fort entêté d'une fille que j'avais auprès de moi, et qui était devenue mon ennemie. »

XXIX

Les larmes que madame du Deffand avait données à la perte du président n'étaient pas encore séchées, que la traitresse fortune des cours, par un coup qui cette fois atteignait directement et profondément son cœur, en rouvrit la source. Le 24 décembre 1770, M. de Choiseul reçut la lettre de cachet qu'il avait un peu trop défiée et qui l'exilait à Chanteloup, avec ordre de partir sur-le-champ. Il est difficile d'expliquer, sinon par un fâcheux aveuglement ou par un noble remords, l'imprudence et la contradiction du rôle qui fit du duc, courtisan assidu et sans scrupules de madame de Pompadour, l'adversaire de madame du Barry, dont il méconnut le pouvoir jusqu'à repousser ses avances. Ils disent tous, à un certain moment, ces premiers ministres : *Ils n'oseraient!* Qu'on dise cela d'un coup de poignard, passe encore; mais d'un coup d'éventail, alors que c'est à coups d'éventail qu'on gouverne la France! M. de Choiseul, dont l'éducation et même le pouvoir étaient l'œuvre des femmes plus que des livres, manqua certainement d'esprit le jour où pour la première fois il montra du cœur. Il avait oublié que la main de madame du Barry conduisait le bras de Louis XV. Il avait oublié ce que peut une femme outragée. Il avait oublié que les ministres n'ont jamais pu faire renvoyer une maîtresse, mais qu'une maîtresse a souvent fait congédier les ministres. Il fut puni de ce généreux oubli par la popularité, qui, hésitant à couronner sa prospérité, n'hésita plus à glorifier sa disgrâce. Il fut de bon ton d'aller à Chanteloup. L'exil eut une cour plus nombreuse que la royauté elle-même. Tout ce qui avait un nom, un mérite, une ambition, tint à honneur de faire une visite d'où l'on rapportait « de la considération ». Mais madame du Deffand, vieille, aveugle, pensionnaire du roi, pouvait difficilement suivre un tel exemple, et l'implacable bon sens de Walpole conseillait l'inaction à une amie qu'excusaient tant d'obstacles. Madame du Deffand devait lui désobéir noblement, non sans encourir la peine de cette rébellion. Mais en attendant qu'elle allât se retremper à Chanteloup, elle sentit plus vivement que toute autre le mal de la solitude où la plongeait de nouveau le départ de cette compagne, la seule aimée, la seule estimée « de son cachot éternel ».

C'est peu après, c'est-à-dire en février 1771, que nous voyons germer, dans ce levain amer de regrets, la pensée de la séparation définitive, du dernier adieu, amenée par tant d'adieux récents. Madame du Deffand songe à faire son testament; et elle en avertit Walpole, en lui demandant s'il ne lui sera point désagréable d'y être nommé, et s'il accepte ce legs de ses papiers, auxquels plus tard elle ajoutera celui, si touchant et si tendre, de son chien.

Ce testament, madame du Deffand l'entreprit sous l'impression encore douce du souvenir de la seule véritable joie, du seul rayon de soleil qu'elle ait dû à l'amitié de Walpole. Le seul jour où elle n'ait pas douté de lui, le seul jour où, en présence d'une de ces preuves que le cœur juge irrécusables, son sentiment pour Walpole, si froissé, si humilié, si découragé, ait quitté terre et touché le ciel, c'est le jour où elle reçut, en réponse à ses confidences sur l'état de sa fortune menacée, par les réductions impitoyables de l'abbé Terray, d'une diminution de trois mille livres de revenu, et à l'annonce de sa philosophique résignation sur cette épreuve peu sensible, où elle reçut cette belle lettre du 1er février. Après un pareil témoignage il n'est plus permis de calomnier son cœur et de nier son affection, fantasque mais sincère, pour cette vieille amie qu'il recommandait, à tous ses compatriotes partant pour Paris, en termes si touchants.

Ici, madame du Deffand ne pouvait pas s'y tromper. Il ne s'agissait plus de courtoisies banales, de prévenances futiles, de dédicace de l'édition des *Mémoires de Gramont*, d'envoi de son portrait, de présent de porcelaines, de toute cette menue monnaie de l'amitié. Il s'agissait d'une pièce d'or pur, frappée sous l'inspiration spontanée d'un véritable dévouement, à l'effigie d'un cœur généreux et d'un esprit délicat.

« Je ne saurais souffrir une telle diminution de votre bien. Où voulez-vous faire des retranchements? Où est-il possible que vous en fassiez? Excepté votre générosité, qu'avez-vous de superflu? Je suis indigné contre vos *parents*; je les nomme tels, car ils ne sont plus vos *amis*, s'ils vous laissent manquer un dédommagement. Je sens bien qu'ils peuvent avoir de la répugnance à solliciter le contrôleur général, mais tout dépend-il de lui? J'aime aussi peu que vous les sollicitiez. Je m'abaisserais à solliciter un inconnu plutôt qu'un ami qui n'aurait pas pensé à mes intérêts. Vous savez que je dis vrai. Bon Dieu! quelle différence entre les *parents* et l'excellent cœur de M. de Tourville! Dites-lui, je vous en prie, qu'au bout du monde il y a un homme qui l'adore; et ne me dites point que je suis votre unique ami : pourrais-je en approcher! Comment! un ami qui cède ses prétentions en faveur des vôtres! Non, non, ma petite, c'est un homme unique, et je suis transporté de joie que vous ayez un tel ami. Moquez-vous des faux amis et rendez toute la justice qui est due à la vertu de M. de Tourville. C'est là le vrai *philosophe sans le savoir*. Ayant un tel ami, et encore un autre qui, quoique fort inférieur, ne laisse pas de s'intéresser à vous, ne daignez pas faire un pas, s'il n'est pas fait, pour remplacer vos trois mille livres. Ayez assez d'amitié pour moi pour les accepter de ma part. Je voudrais que la somme ne me fût pas aussi indifférente qu'elle l'est, mais je vous jure qu'elle ne retranchera rien, pas même sur mes amusements. La prendriez-vous de la main de la grandeur, et la refuseriez-vous de moi? Vous me connaissez; faites ce sacrifice à mon orgueil, qui serait enchanté de vous avoir empêchée de vous abaisser jusqu'à la sollicitation. Votre mémoire me blesse. Quoi! vous! vous, réduite à représenter vos malheurs! Accordez-moi, je vous conjure, la grâce que je vous demande à genoux, et jouissez de la satisfaction de vous dire : J'ai un ami qui ne permettra jamais que je me jette aux pieds des grands. Ma petite, j'insiste. Voyez si vous aimez mieux me faire le plaisir le plus sensible, ou de devoir une grâce qui, ayant été sollicitée, arrivera toujours trop tard pour contenter l'amitié. Laissez-moi goûter la joie la plus pure, de vous avoir mise à votre aise, et que cette joie soit un secret profond entre nous deux. »

Madame du Deffand, comme il fallait s'y attendre, refuse la noble proposition de Walpole, mais elle en sent comme elle le doit la délicieuse surprise. Elle en savoure l'honneur et le bonheur.

« Si je n'avais pas perdu le don des larmes, elles m'en feraient bien répandre. Elles me causent (ses lettres du 9 et du 16) un attendrissement délicieux quoique triste. Ah! mon ami, pourquoi ne vous ai-je pas connu plus tôt? que ma vie eût été différente ! Mais oublions le passé pour parler du présent. Vous me faites éprouver ce que Voltaire a dit de l'amitié :

> Change en bien tous les maux où le ciel m'a soumis.

» Je n'en ai pas encore d'assez grands, à mon avis, puisque je ne suis pas dans le cas d'accepter vos offres. Croyez-moi, je vous supplie, je les accepterais non-seulement sans rougir, mais avec joie, mais avec délices, mais avec orgueil. Soyez-en sûr, mon ami; vous savez que je suis sincère. »

Le motif de ce refus, c'est que madame du Deffand avait trente-cinq mille livres de rente et que la perte subie par la réduction était insignifiante pour elle, étant compensée par le bénéfice de placements viagers et de conversions de rentes[1].

Quelque temps auparavant avait éclaté entre madame du Deffand et son ami, toujours à propos de ses excès de sollicitude ou de tendresse, un de ces conflits dont la trace est si nombreuse dans cette correspondance, où elle marque, comme la trace noire et fumeuse des tas d'herbes brûlés dans les champs, la place douloureuse où la flamme a passé.

Ces tranchantes leçons, ces rabrouades successives ont fini par obtenir le résultat de tous les caustiques. Le cœur de madame du Deffand s'est resserré, replié de plus en plus, et si elle eût vécu davantage, peut-être eût-elle fini par se corriger, par se déguiser trop complétement. Elle faillit même, lors du dernier choc, le plus cruel de tous, et qui eut lieu à l'occasion de ce voyage de Chanteloup qu'elle osa faire malgré les conseils et les reproches de son tyrannique ami, s'aguerrir au point de secouer le joug, de briser la chaîne trop lourde de ces relations si tyranniques. Mais ce fut en vain : le clou est entré trop avant, elle sent qu'elle ne pourrait l'arracher qu'avec la vie. Elle se soumet, se résigne, s'humilie, et expie par un sincère repentir et des avances suppliantes cette velléité d'impossible rébellion.

XXX

Quoi qu'il en soit, à partir de ce moment, le drame est fini. Son cœur, étouffé, *enveloppé*, comme elle dit, ne palpite plus que rarement. Walpole doit être content. Il a vaincu, il a fait la paix

[1] T. II, p. 43.

de l'égoïsme dans cette âme inquiète qui voulait se dévouer si tardivement à une affection passionnée. Dès 1771, la correspondance, comme je l'ai dit, n'aura que l'intérêt d'une gazette, mais d'une gazette chef-d'œuvre, telle que la pouvait écrire la femme-Voltaire.

Écoutez ces derniers soupirs de passion et de reproche qui s'éteignent dans un sourire, cette « queue de l'orage », comme le dit si spirituellement madame du Deffand.

C'est à propos d'une scène avec madame de Forcalquier, admirablement contée par madame du Deffand et à la suite de laquelle elles ont rompu, que Walpole reproche durement à son amie, à son élève, ses emportements critiques, ses exigences, son intolérance, etc. Il est sous l'influence de la bile que développent toujours certaines maladroites plaisanteries de madame d'Aiguillon ou d'Hervey, dans ce chatouilleux gentleman qu'on veut métamorphoser en amant ridicule. Par une fâcheuse coïncidence, madame du Deffand lui a proposé, à son prochain voyage, pour lui éviter l'ennui et l'incommodité du logement à l'auberge, chez madame Simonetti, un appartement à Saint-Joseph. Comme elle regrette cette imprudente algarade de son dévouement!

« C'est la réponse que vous y ferez (à ma lettre) que je prévois qui sera terrible. Je m'arme de courage pour en soutenir la lecture sans chagrin et sans colère. Mais je me promets bien de ne me plus exposer à telle aventure. »

Paris, 4 avril 1770.

« Mon ami, mon unique ami, au nom de Dieu, faisons la paix; j'aimais mieux vous croire fou qu'injuste, ne soyez ni l'un ni l'autre; rendez-moi toute votre amitié. Si j'avais tort, je vous l'avouerais, et vous me le pardonneriez; mais, en vérité, je ne suis point coupable, je ne parle jamais de vous; vos Anglais, qui ont été contents de moi, croient me marquer de la reconnaissance en vous parlant de mon estime pour vous; ceux qui vous aiment croient vous faire plaisir; ceux qui ne vous aiment pas cherchent à vous fâcher, s'ils se sont aperçus que cela vous déplaisait; mais je suis sûre que le bon (*Felton*) Hervey a cru faire des merveilles : je lui pardonne, malgré le mal qu'il m'a fait.

» J'espère, mon ami, qu'il en sera de même entre vous et moi, et qu'après cet éclaircissement-ci, nous ne troublerons plus nos pauvres têtes; nous voulons l'un et l'autre nous rendre heureux; je vais pour cet effet redoubler de prudence; de votre côté, tâchez d'avoir un peu d'indulgence, et ne me dites jamais que nous ne nous convenons point. Songez à la distance qui nous sépare; que quand je reçois une lettre sévère, pleine de reproches, de soupçons, de froideur, je suis huit jours malheureuse, et quand au bout de ce terme j'en reçois encore une plus fâcheuse, la tête me tourne tout à fait. Je n'aime pas le sentiment de la compassion : cependant rappelez-vous quelquefois mon âge et mes malheurs, et dites-vous en même temps qu'il ne tient qu'à vous, malgré tout cela, de me rendre très-heureuse. »

Paris, samedi 14 avril 1770.

« Je suis aussi contente de la lettre que je reçois qu'un pendu le serait d'obtenir sa grâce ; mais la corde m'a fait mal au cou, et si je n'avais été promptement secourue, c'était fait de moi. Oublions le passé ; j'aime mieux me laisser croire coupable, que de risquer de troubler de nouveau la paix ; je suis bien avec tout le monde. »

En 1771, madame du Deffand *revit* (on peut se servir de ce mot, quoiqu'elle fût aveugle, en se rappelant le mot charmant du président Hénault : « On eût dit que la vue était pour elle un sens de trop »), *revit* donc Horace Walpole pour la troisième fois. Il arriva à Paris le 10 juillet et quitta cette ville le 2 septembre suivant.

En 1774, madame du Deffand perdit Pont-de-Veyle, le dernier survivant de ses anciens amis, de ceux que rend si chers le souvenir de la jeunesse. Malgré la froideur du caractère et du visage que Walpole lui reproche malignement, et qui semble commune à presque tous les hommes vraiment comiques, et Pont-de-Veyle était un grand comédien, et qui eut le génie et le don du rire ; malgré ses infidélités pour les Duras et les *Idoles du Temple,* comme elle appelait mesdames de Boufflers et la société du prince de Conti, elle l'aimait, et elle le regretta sincèrement. Elle convient de ses légers défauts, mais elle rend justice à ses qualités.

Elle écrit, le 5 juillet 1767 :

« Ce pauvre Pont-de-Veyle ! Je suis fâchée qu'il ait fait un pacte avec ces gens-là ; mais c'est la crainte de l'ennui qui l'y a déterminé ; je l'aime beaucoup, ce Pont-de-Veyle, il m'a toujours été fidèle, et c'est peut-être la seule personne dont je n'aie jamais eu occasion de me plaindre ; nous nous connaissions il y a cinquante ans, avant que vous fussiez au monde. »

Le vendredi 15 février 1771, elle écrit à Walpole :

« Je suis inquiète aujourd'hui de mon ami Pont-de-Veyle ; il avait la fièvre hier. Il est aussi vieux que moi et se persuade être beaucoup plus jeune. Il mène la vie d'un homme de trente ans ; ce serait pour moi une grande perte ; c'est, à tout prendre, mon meilleur ami ; il y a cinquante-trois ou quatre ans que nous nous connaissons ; je le vois presque tous les jours ; il a l'esprit raisonnable, il juge les hommes tels qu'ils sont ; il se conduit selon vos principes et sans se faire d'efforts ; il vit uniquement pour lui, et c'est peut-être ce qui le rend plus sociable, parce qu'il ne fait dépendre son bonheur de qui que ce soit ; il n'exige rien de personne et ne s'assujettit à aucune pratique. Il n'est pas raisonneur ; mais il est philosophe dans la pratique ; à tout prendre, c'est l'homme qui me convient le mieux, et je serais très-fâchée de le perdre. »

Le 9 juillet 1774, elle ajoute :

« L'ami Pont-de-Veyle se rétablit tout doucement ; je n'ai point de meilleur ami ni de plus contrariant ; le pauvre homme ne peut consentir à vieillir ; il a tous les goûts de la jeunesse. Les spectacles, les grands soupers sont nécessaires à son bonheur ; mais ses jambes, sa poitrine et son estomac n'y sont pas d'accord. »

« Le pauvre Pont-de-Veyle dépérit à vue d'œil, continue-t-elle le 26 août ; il est actuellement comme était le président les derniers mois de sa vie : mais il ne peut consentir à se conduire selon son état ; c'est une belle leçon pour moi. Je vois qu'il est à charge à tout le monde, et il ne s'en aperçoit pas ; il compte aller à l'Isle-Adam le mois prochain. »

Enfin, le 4 septembre, la séparation est consommée, la toile est à jamais tirée entre elle et son dernier ami.

« *J'ai appris ce matin à mon réveil* la mort de mon pauvre ami : je l'avais quitté hier à huit heures du soir. Je l'avais trouvé très-mal ; mais je croyais qu'il durerait encore quelques jours ; il y en avait quatre ou cinq qu'il ne pouvait, pour ainsi dire, plus parler ; il avait cependant toute sa tête : je fais une très-grande perte ; une connaissance de cinquante-cinq ans, qui était devenue une liaison intime, est irréparable. Qu'est-ce que sont celles qu'on forme à mon âge ? Mais il est inutile de se plaindre ; il faut savoir supporter.....

» ..... Je m'aperçois bien de la perte de Pont-de-Veyle, et je ne le remplacerai pas. »

Madame du Deffand, qui ne reparle plus du président Hénault, reparlera plus d'une fois de Pont-de-Veyle, dont le souvenir est toujours par elle honoré d'un regret.

Le 6 septembre 1778 elle écrit, toujours à Walpole :

« J'ai perdu mon dernier ami en perdant Pont-de-Veyle. Il n'était point aimable, j'en conviens, mais je le voyais tous les jours. Il était de bon conseil, je lui étais nécessaire, et il me l'était aussi. Aujourd'hui je ne tiens à rien, je n'ai que ma valeur intrinsèque, et c'est être réduite à moins que rien. »

Et dans des lettres postérieures, n'étant plus retenue par cette pudeur de sensibilité, cette horreur de l'attendrissement que Walpole lui a rendu ridicule, elle verse son cœur avec ses pleurs dans une suprême effusion qui suffit à l'éloge de Pont-de-Veyle et à sa décharge de l'accusation d'égoïsme, formulée par le rancunier la Harpe et appuyée par lui de deux anecdotes dont la première est évidemment fausse, puisqu'il la place à un moment où madame du Deffand ignorait la mort de Pont-de-Veyle, *qui n'était pas encore mort*, et dont la seconde, plus vraisemblable, serait facilement discutable en prenant pour base le portrait même tracé de Pont-de-Veyle en 1774 par madame du Deffand et les larmes sincères des lettres de ces dernières années.

Quoi qu'il en soit, voici ces deux anecdotes, que la Harpe allègue à l'appui de son dire : qu'il était difficile d'avoir moins de sensibilité et plus d'égoïsme.

« M. de Pont-de-Veyle, avec qui elle vivait depuis quarante ans, était à peu près du même caractère. Ce petit dialogue les peint l'un et l'autre :

» — Pont-de-Veyle, lui dit-elle un jour, depuis que nous sommes amis, il n'y a jamais eu un nuage dans notre liaison.

» — Non, madame.

» — N'est-ce pas parce que nous ne nous aimons guère plus l'un que l'autre ?

» — Cela peut bien être, madame. »

« Lorsque celui-ci mourut, » ajoute M. de la Harpe, « elle vint souper
» en grande compagnie chez madame de Marchais, où j'étais ; et on lui
» parla de la perte qu'elle venait de faire. *Hélas ! il est mort ce soir à*
» *six heures ; sans cela, vous ne me verriez pas ici.* Ce furent ses
» propres paroles ; et elle soupa comme à son ordinaire, c'est-à-dire fort
» bien, car elle était très-gourmande. »

XXXI

Horace Walpole fit son dernier voyage à Paris du 19 août au 12 octobre 1775.

Le jour de son arrivée, au débotté, il voit accourir à son hôtel madame du Deffand, toujours douée de cette activité inquiète que secondait « sa faiblesse herculéenne ». Elle assiste à sa toilette, en vertu du privilége de sa cécité. Il soupe avec elle, et ne la quitte qu'à deux heures et demie dans la nuit, et le matin, avant d'avoir les yeux bien ouverts, il avait déjà une lettre à lire de sa part.

« Bref, dit-il, son âme est immortelle et force son corps à lui tenir compagnie. »

Cette dernière séparation s'accomplit sous l'empire de pressentiments mélancoliques.

Le 12 novembre 1774 Walpole écrivait à son ami Conway, sous l'impression d'un désir de voyage en France.

« Je lui porte en vérité tout l'attachement, toute l'affection qu'elle mérite, et je vous sais très-bon gré de vos attentions pour elle. Je compte bien la revoir encore, pour peu qu'elle soit en état de faire le voyage. Mais c'est toujours pour moi un plaisir mélancolique en pensant que ce sera probablement la dernière fois, et que nous nous dirons l'un à l'autre, dans un sens différent de celui où on l'entend d'ordinaire : Au revoir. »

Madame du Deffand cédait malgré elle, à cette triste appréhension, quand elle écrivit le 12 octobre, jour du départ de celui que dans ses lettres à la duchesse de Choiseul elle ne craint pas d'appeler *son Horace* :

« Adieu. Ce mot est bien triste. Souvenez-vous que vous laissez ici la personne dont vous êtes le plus aimé, et dont le bonheur et le malheur consistent dans ce que vous pensez pour elle..... »

Dans sa lettre du 31 mai 1778, madame du Deffand fait part avec une indifférence toute philosophique à Horace Walpole de la mort de Voltaire, tué par un excès d'opium et de gloire, et qui, né tué, comme il le disait, poussa néanmoins jusqu'à quatre-vingts ans le malin tour de force de vivre, au grand regret de ses ennemis et de ses débiteurs. Elle ne donne pas un regret à l'homme qu'elle n'estimait guère et dont la féline souplesse lui inspirait une sorte de répugnance. Mais la perte de l'écrivain, du correspondant, lui fut très-sensible, en lui enlevant ses derniers plaisirs d'esprit, les seuls qu'elle pût goûter. Elle était bien loin d'ailleurs de partager toutes les idées et surtout les mépris de ce fanfaron d'incrédulité qui lui laissait, en mourant confessé, l'exemple opportun d'une contradiction de bon goût.

C'est donc fort gratuitement qu'elle fut considérée comme responsable des hardiesses de cet ami philosophe, et que les pensionnaires de Saint-Joseph, animées par les religieuses d'un zèle aussi aveugle qu'intolérant, se crurent obligées à la bonne œuvre d'un charivari comique dont elles régalèrent mademoiselle Sanadon et madame du Deffand, pour les punir de sentiments qu'elles étaient loin de partager et de regrets qu'elles n'avaient pas.

Mais avant d'abaisser à notre tour la toile funèbre sur cette existence si remplie d'idées, un des plus beaux et des plus douloureux drames intérieurs qu'il soit donné de voir aux hommes que tentent les spectacles de la conscience, nous devons emprunter à quelques témoins de sa dernière phase une vue du salon de Saint-Joseph en 1780, et, en même temps, donner un dernier aperçu du caractère de madame du Deffand, à ce moment d'apaisement où sa passion amicale pour Walpole rentre dans son lit et nous apparaît justement, comme elle l'a fait au critique analyste, au pénétrant et subtil observateur M. Sainte-Beuve, avec les caractères respectables d'une passion maternelle qui s'est trompée d'heure.

« Et, en effet, on peut voir dans cette soudaine passion d'une vieillesse stérile une sorte de tendresse maternelle qui n'a jamais eu son objet, et qui tout à coup s'éveille sans savoir son vrai nom. Pour n'en être pas choqué et en saisir l'instinct secret, appelez-la une tendresse d'adoption. Elle aime Walpole comme la plus tendre des mères aurait aimé un fils longtemps perdu et tout à coup retrouvé. Beaucoup de ces passions singulières et bizarres, où la sensibilité s'abuse, ne sont souvent ainsi que des revanches de la nature, qui nous punit de n'avoir pas fait les choses simples en leur saison [1]. »

XXXII

Il ne faut demander ni cette pénétration ni cette impartialité aux observateurs superficiels ou prévenus, qui nous ont laissé de madame du Deffand une image noircie de leur malignité. Ni J. J. Rousseau, ni Marmontel, ni la Harpe, ni Grimm, ni Suard, ni Lauzun, n'ont vu juste dans l'intérieur de cette âme et de ce salon. Les préjugés et les rancunes traditionnels de la coterie encyclopédique, à jamais gagnée à l'idolâtrie intolérante des Geoffrin et des Lespinasse, ont aveuglé leur jugement, et il faudrait s'en méfier, quand bien même Rousseau, qui n'a fait qu'y passer; la Harpe, Marmontel, qui l'ont traversé seulement et qu'elle n'admirait pas; Suard, qui n'y est entré que deux fois; Grimm, qui n'y a certainement jamais mis les pieds, à la façon dont il la fait parler, eussent, par un commerce assidu, pu donner à leurs erreurs l'air d'une opinion.

Pour Lauzun, il traite madame du Deffand, chez laquelle il n'est allé que pour y rencontrer lady Sarah Barrymore, et qui a traité ce salon célèbre, ce sanctuaire d'esprit, comme une maison de rendez-vous, avec une outrecuidance qu'elle lui rend par l'indulgence insoucieuse du mépris.

Restent Chamfort, le duc de Lévis et madame de Genlis.

On trouve dans le recueil de *Portraits, caractères et anecdotes* de Chamfort, observateur pénétrant mais prévenu de la société de son temps, qui n'alla jamais chez madame du Deffand et qui n'avait aucun motif d'en dire du bien, une historiette tendante à faire croire que dans son salon l'homme de lettres n'était pas estimé selon son mérite mais selon son rang, et qu'il y était toléré plutôt qu'honoré. Chamfort a oublié les lettres où nous voyons d'Alembert, par exemple, traité d'égal à égal par les plus grands seigneurs et parlant avec l'autorité familière que donnaient déjà

---

[1] *Causeries du lundi*, t. Ier, p. 430.

le talent et la réputation, à des hommes de trop d'esprit pour ne pas admettre que la gloire, elle aussi, est une noblesse. Il nous cite une bévue d'un certain Fournier, trop naïve pour être injurieuse, et qui n'enlève rien à ce tact et à ce goût avec lequel les Beauvau, les Broglie, les la Vallière, et bien d'autres, traitaient des gens d'une valeur même très-inférieure à celle de d'Alembert. Il y a de l'ingratitude dans cet anachronisme malignement relevé. Jamais, autant qu'au dix-huitième siècle, un homme de lettres ne fut l'égal d'un grand seigneur. Mais Chamfort lui-même fut trop gâté sous ce rapport pour être juste, lui que M. de Vaudreuil appelait son ami.

« D'Alembert, jouissant déjà de la plus grande réputation, se trouvait chez madame du Deffand, où étaient M. le président Hénault et M. de Pont-de-Veyle. Arrive un médecin nommé Fournier, qui, en entrant, dit à madame du Deffand : « Madame, j'ai bien l'honneur de vous présenter » mes très-humbles respects » ; à M. le président Hénault : « Monsieur, » j'ai bien l'honneur de vous saluer » ; à M. de Pont-de-Veyle : « Mon- » sieur, je suis votre très-humble serviteur. », et à d'Alembert : « Bonjour, » monsieur ».

Le *decrescendo* de M. de Cambacérès disant à ses dîners, selon le rang du convive : Monsieur, aurai-je l'honneur de vous offrir de ce bœuf ? — Monsieur, vous offrirai-je du bœuf ? — Voulez-vous du bœuf ? et enfin — Bœuf ? tout court à quiconque n'avait pas un ruban ou une graine d'épinard, pourrait servir de pendant au formulaire de Fournier ; et tout cela ne prouve rien, sinon que dans tous les temps et sous tous les régimes les parvenus se ressemblent.

Voici maintenant le récit, par madame de Genlis, de sa visite à madame du Deffand en 1776. Notons, pour la moralité du récit, que madame de Genlis, par les Brulart, avait l'honneur d'être alliée de madame du Deffand, à qui elle avait inspiré de l'estime et de la sympathie, et qui fait l'éloge de son esprit et de ses ouvrages.

« Madame du Deffand était parente de MM. de Genlis ; mais comme elle avait eu, dans sa jeunesse et dans son âge mûr, une conduite très-philosophique, madame de Puisieux m'avait défendu de la voir ; c'était de sa part une vieille rancune de scandale, que les quatre-vingts ans de madame du Deffand auraient dû lui ôter. Madame du Deffand m'écrivit les plus aimables billets pour m'engager à l'aller voir, et j'en obtins la permission de madame de Puisieux.

» Je n'avais nulle envie de connaître madame du Deffand. Je me la représentais apprêtée, pédante, précieuse. J'étais surtout effrayée de l'idée que je me trouverais au milieu d'un cercle de philosophes. J'imaginais qu'étant ainsi en force, ils parleraient et disserteraient avec ce ton emphatique qu'ils prennent tour à tour dans leurs écrits, et je sentais que je ferais une bien triste figure dans cette étrange assemblée, présidée par une sibylle enthousiaste de toutes ces déclamations, et qu'il était impossible de contredire ouvertement, puisque, aveugle et octogénaire, elle était doublement respectable par la vieillesse et par le malheur.

» Enfin, je pris une courageuse résolution : je me rendis, le soir même, à Saint-Joseph, chez madame du Deffand. Il y avait assez de monde chez elle, et j'aperçus avec plaisir deux ou trois hommes de ma connaissance. Madame du Deffand me reçut à bras ouverts, et je fus agréablement surprise en lui trouvant beaucoup de naturel, et l'air de la bonhomie.

» C'était une petite femme maigre, pâle, blanche, qui n'a jamais dû être belle, parce qu'elle avait la tête trop grosse et les traits trop grands pour sa taille.

» Cependant elle ne paraissait pas aussi âgée qu'elle l'était en effet. Lorsqu'elle ne s'animait pas en causant, on voyait sur son visage l'expression d'une morne tristesse. En même temps, on remarquait sur sa physionomie et dans toute sa personne une sorte d'immobilité qui avait quelque chose de très-frappant. Quand on lui plaisait, elle était accueillante, elle avait même des manières très-affectueuses.

» On ne parla chez madame du Deffand ni de philosophie, ni même de littérature ; la compagnie était composée de gens de différents états ; les beaux esprits s'y trouvaient en petit nombre, et ceux qui vont dans le monde y sont communément aimables, quand ils n'y dominent pas. Madame du Deffand causait avec agrément ; bien différente de l'idée que je m'étais faite d'elle, jamais elle ne montrait de prétention à l'esprit ; il était impossible d'avoir un ton moins tranchant ; ayant très-peu réfléchi, elle n'était dominée que par la seule habitude. Elle eut, dit-on, sans aucun système, une conduite très-philosophique dans sa jeunesse. On était alors si peu éclairé, que madame du Deffand fut longtemps, sinon bannie de la société, du moins traitée avec cette sécheresse qui doit engager à s'en exiler soi-même. Trente ans après, la lumière commençant à se répandre, madame du Deffand crut se rétablir dans le monde en adoptant des principes qui la justifiaient. La philosophie sauvait l'humiliation de rougir du passé ; il était agréable de pouvoir tout à coup regarder en arrière, non-seulement sans regret ni sans honte, mais avec satisfaction et une sorte d'orgueil ; et au lieu d'avouer qu'on s'était conduit avec beaucoup d'imprudence et d'étourderie, de pouvoir se vanter d'avoir été, par une heureuse inspiration, disciple des philosophes à naître ; et enfin, il était beau d'avoir le droit de dire à tous les grands et célèbres moralistes du jour : Ce que vous prêchez, je l'ai fait avant que vous eussiez instruit l'univers.

» Madame du Deffand n'ayant de sa vie médité une opinion, au fond de l'âme n'en avait point ; elle n'était pas même sceptique. Pour douter, pour balancer, il faut du moins avoir superficiellement comparé, et fait quelque examen, et c'est une peine qu'elle n'avait jamais voulu prendre. Elle se peignait très-bien elle-même en disant qu'elle laissait flotter son esprit dans le vague. Triste situation à tous les âges, surtout à quatre-vingts ans ! Cette paresse d'esprit et cette insouciance lui donnaient dans la conversation tout l'agrément de la douceur. Elle ne disputait point ;

elle était si peu attachée au sentiment qu'elle énonçait, qu'elle ne le soutenait jamais qu'avec une sorte de distraction. Il était presque impossible de la contredire, elle n'écoutait pas, ou elle paraissait céder, et elle se hâtait de parler d'autre chose. Elle me fit promettre de revenir la voir à l'heure où, sortie de son lit, elle achevait de s'habiller; elle était alors toujours seule, c'est-à-dire entre trois et quatre heures après midi, car elle avait depuis longtemps perdu le sommeil. On lui faisait la lecture durant la nuit, et elle ne s'endormait pas avant le jour.

» J'y retournai le surlendemain. Je la trouvai dans son fauteuil; un valet de chambre, assis à côté d'elle, lui lisait tout haut un roman. Ce roman l'ennuyait, et elle parut charmée de ma visite; je restai deux ou trois heures avec elle, et j'écoutai presque toujours. Elle me parla de l'ancien temps, de la cour, de madame la duchesse du Maine, de Chaulieu, du marquis de la Fare, de l'ingénieux Lamothe, de madame de Staal, dont j'aime tant l'esprit, et elle me promit de me montrer une autre fois plusieurs petits manuscrits et beaucoup de lettres de l'impératrice de Russie. Madame du Deffand, au moyen d'une petite machine très-simple, écrivait fort bien et se passait de secrétaire; son écriture était grosse, mais très-lisible.

» Les jours suivants, elle me fit lire, par son valet de chambre, plusieurs petits morceaux de sa composition, des allégories et des portraits; c'était le goût du siècle dernier parmi les personnes spirituelles de la société. Ces portraits, tous faits avec l'intention de plaire et de flatter, sont assez insipides. Le plus joli que madame du Deffand ait écrit est celui de madame de Mirepoix, fait aussi, mais en vers, et d'une humeur très-agréable, par le président Hénault.

» On m'avait dit que madame du Deffand était méchante; c'est ce que je n'ai pas remarqué; elle n'était pas même médisante. Il y avait dans son caractère tant de faiblesse, d'insouciance et de légèreté, qu'un sentiment vif ne pouvait l'agiter longtemps; elle n'était pas plus capable de haïr que d'aimer. Brouillée avec d'Alembert, elle me parla de ses démêlés avec lui, mais sans aigreur et sans ressentiment; c'était un simple récit et non des plaintes. Son cœur avait bien vieilli, la philosophie l'avait tout à fait desséché, et son esprit n'avait point mûri; il était plus jeune qu'il n'aurait dû l'être, quand elle n'aurait eu que vingt-cinq ans. Elle avait craint confusément toute sa vie de réfléchir; cette crainte, devenue de la terreur, lui donnait une véritable aversion pour ce qui était solide; elle était accablée de vapeurs et d'une tristesse invincible, et elle redoutait mortellement les conversations sérieuses; elle les repoussait même avec sécheresse; il fallait, pour lui plaire, ne l'entretenir que de bagatelles. Tout ce qui ressemblait à la raison lui faisait peur; c'était une chose extraordinaire de voir une personne de cet âge, infirme, souffrante, mélancolique, exiger des autres une éternelle gaieté, qu'elle ne paraissait jamais partager, car elle ne jouait rien.

» La perte de la vue ne l'affectait pas du tout; elle me dit qu'elle aimait mieux être aveugle que d'avoir un rhumatisme douloureux. Quand elle perdit la vue, ce fut son violent chagrin, parce qu'elle conserva pendant plus de cinq ans l'espoir de la recouvrer; et lorsque, après avoir consulté tous les charlatans du monde, elle eut épuisé vainement tous les remèdes, elle prit facilement son parti sur son état; elle y était parfaitement accoutumée, ce n'était pas là ce qui l'attristait; elle écartait avec peine de funestes idées, inspirées par l'âge et par les souffrances. Un jour je hasardai de lui parler de la mort religieuse du président Hénault. Elle m'interrompit, et avec un ton ironique et un sourire forcé : « Est-ce un sermon que vous me proposez là? » dit-elle. Je me mis à rire, en l'assurant que j'aimais beaucoup mieux l'écouter que prêcher. Elle n'avait point de religion, mais elle n'était point impie; et malgré tout le pouvoir d'une grande habitude, elle n'était point philosophe. Son existence, comme celle de tant d'autres, n'a dépendu que de ses liaisons; on sentait que si elle eût vécu avec des gens religieux, elle eût été dévote; et ses derniers jours, que l'ennui consumait, que la crainte empoisonnait, auraient été paisibles, sereins, et se seraient écoulés doucement [1]. »

Outre ce portrait peu flatté et ressemblant par places, mais avec bien des faussetés de ton et des maladresses de touche, nous devons à madame de Genlis l'anecdote comique de la présentation de Gibbon. Le célèbre historien était gros, court, sa tête pléthorique reluisait, fleurissait, rubiconnait comme une énorme betterave, au-dessus d'un abdomen à la Falstaff. Des jambes inflexibles, boudinées, complétaient l'aspect de cet homme, dont l'embonpoint tournait au grotesque et lui donnait des allures de cucurbitacée. Madame du Deffand, dont le tact avait acquis toute la sûreté et toute la délicatesse du sens qu'elle avait perdu, avait l'habitude de tâter, de palper le visage des nouveaux venus; et elle prétendait, par cette inspection manuelle de leur physionomie, se faire une idée de leur caractère et même de leur esprit. Le joufflu Gibbon se prêta de bonne grâce à cette épreuve, et, en souriant, courba devant l'illustre aveugle sa face lisse et bouffie, sorte de mappemonde de chair. Au premier contact, madame du Deffand rougit, et se reculant vivement sur son fauteuil, s'écria avec indignation : « Voilà une infâme plaisanterie ! » Elle s'était figuré que Gibbon s'était présenté à rebours, et avait pris pour les *joues de derrière*, selon la périphrase allemande, ce qui était bien et dûment le visage de Gibbon, qui dut finir par rire de la méprise, avec tous les autres, quand madame du Deffand fut convaincue qu'il n'y avait pas d'irrévérence.

Nous terminons par ce croquis dû à la plume du la Rochefoucauld des salons, le duc de Lévis :

« Je me rappelle très-bien d'avoir été mené par la maréchale de Mirepoix chez madame du Deffand, dont les lettres viennent de rajeunir la célébrité. J'étais d'un âge à être plus frappé du tonneau qu'elle habitait que de l'agrément de son esprit; mais l'on m'a conté d'elle un trait qui

[1] *Mémoires de madame de Genlis*, t. III, p. 108 à 116.

n'est peut-être pas indigne d'être conservé. Elle n'aimait pas l'exagération, comme on en a la preuve dans sa correspondance, et pourtant elle était condamnée à voir sans cesse des personnes engouées, enthousiastes, et des prôneurs éternels, encore plus fatigants que tout le reste. Un jour, excédée des éloges excessifs que M. de *** faisait d'un homme très-médiocre, en ajoutant, par forme de refrain, que tout le monde pensait comme lui, elle répondit :

« Je fais, monsieur, assez peu de cas du *monde*, depuis que je me » suis aperçue qu'on pouvait le diviser en trois parts : *les trompeurs, les* » *trompés et les trompettes*. »

« M. de *** était évidemment dans cette dernière classe, et je ne le remarque jamais sans penser à cette saillie [1]. »

XXXIII

Depuis 1775, date de leurs derniers adieux anticipés, Walpole, qui, depuis 1768, avait quitté, par unique dégoût de la vie politique, le siége que, depuis plus de cinquante ans, le bourg de King's-Linn avait fidèlement réservé à sa famille, se retrancha de plus en plus dans ses goûts littéraires et artistiques. Toujours épris du paradoxe, et préférant ce qui est curieux à ce qui est vrai, amoureux de la *petite bête*, comme on dit aujourd'hui, il publia ses *Doutes historiques sur la vie et le règne de Richard III*, ingénieuse et spécieuse réhabilitation du tuteur assassin des enfants d'Édouard IV, du héros bossu, gouailleur, spirituellement scélérat de Shakspeare, embourgeoisé par Casimir Delavigne.

Il existe de ce livre une traduction attribuée à Louis XVI, qui était, comme on l'a remarqué avant nous, bien désintéressé dans la réhabilitation des tyrans.

La mort tragique de Chatterton, en août 1770, qui fut bien injustement attribuée à Walpole, coupable seulement de n'avoir pas cru à son génie et de lui avoir refusé ses services, ne contribua pas peu, avec ses démêlés avec la Société des antiquaires, à le dégoûter de la littérature. Il ne lui pardonnait pas cet affront de l'avoir mis en conflit avec des ennemis comme Rousseau et des adversaires comme Voltaire (querelle littéraire à l'occasion de la primauté de Shakspeare, qui finit par de mutuels compliments), et de l'avoir exposé à se défendre de la mort de cette orgueilleuse victime de l'ambition et de la pauvreté : le mystificateur littéraire des poésies du chanoine Rowley, l'émule de Macpherson, dont Chatterton n'avait eu que le tort d'esquiver la supercherie. Il se retira d'une

---

[1] *Souvenirs et portraits*; édit. Barrière, p. 280.

occupation aussi dangereuse par sa tragédie de la *Mère mystérieuse*, drame bizarre et parfois puissant, dont le sujet, emprunté aux *Contes de la reine de Navarre*, est celui d'un Œdipe en plein christianisme et en plein moyen âge. Depuis ce dernier essai, que Byron appelle un essai de maître, les presses de Strawberry-Hill ne travaillèrent plus que pour des ouvrages de luxe, de société ou d'érudition. Il en sortit une édition des *Mémoires de Gramont*, de *Cornélie Vestale*, mais il n'en sortit rien d'Horace Walpole. En revanche, il employait ses laborieux loisirs à écrire pour la postérité et à remplir ce coffre A et ce coffre B trouvés remplis, après sa mort, de manuscrits dont la partie publiée forme neuf volumes de *Lettres* et quatre ou cinq volumes de *Mémoires*, et où il doit être demeuré plus d'une œuvre inédite dont la mise au jour n'ajoutera rien, d'ailleurs, à une gloire consacrée, et qui, en Angleterre, fait partie du patrimoine de l'orgueil national.

La politique lui préparait des épreuves et des déceptions auxquelles il faut attribuer sa conversion au torysme, et ce subit amour des rois, que lui donna le dégoût des excès des peuples. Il n'y a pas dans cette évolution, dans cette transfiguration inévitable dans les longues vies qui tiennent compte de l'expérience, un crime aussi impardonnable qu'il l'a paru à Macaulay. Il suffit de songer à la guerre d'Amérique et à la Révolution française pour comprendre le découragement de philosophe et de patriote de l'homme qui s'écriait, en parlant de son temps : « C'est l'*âge des avortements*, » et qui, en parlant des Anglais, se demandait s'ils n'étaient plus que les restes d'un grand peuple; pour l'homme enfin qui répétait cette triste réflexion : « Le monde est une comédie » pour l'homme qui pense, une tragédie pour l'homme qui sent. » Ce découragement n'alla jamais jusqu'à l'indifférence, et il garda assez de justice, de goût et d'espérance pour admirer Fox et Pitt. Mais demeuré bienveillant et optimiste en pratique, il devint implacable pour les crimes de la théorie et les sanglants excès de la métaphysique. Il eût pu répondre, comme Alfieri à quelqu'un qui s'étonnait de le voir infidèle à ses anciennes idées républicaines : « Je connaissais les grands, je ne connaissais pas les petits. » Walpole nous a fait confidence de ses motifs de palinodie dans une lettre pleine d'un bon sens éloquent et d'une généreuse raison qui, dès 1776, nous le montre adversaire beaucoup plus sagace, beaucoup plus prévoyant et beaucoup plus modéré de la Révolution française que plus tard le grand Burke, ce Joseph de Maistre protestant. M. de Rémusat a fait de lui, dans cette dernière phase, un portrait ressemblant et idéal, dont le charme est à la fois tranquille et irrésistible, comme la plupart des morceaux marqués au sceau de cette raison ingénieuse et ornée.

« Quand on parcourt les appartements délabrés de sa villa tant prônée, il est facile de s'y représenter un gentilhomme mince et pâle, avec une physionomie intelligente, de beaux yeux noirs et vifs, un regard pénétrant, un sourire triste, un air de faiblesse maladive et même un peu féminine, des manières aisées, polies, distinguées, une démarche ralentie par la goutte, soigné dans sa mise, habillé de couleurs claires, la tête toujours nue, les cheveux sans poudre, du moins en été, et causant du matin au soir, d'une voix plus agréable que forte, sur tous les sujets qui permettent d'être spirituel. Délicat et sobre dans son régime un peu artificiel, il prolonge ses repas et ses soirées. Entouré de livres et de tableaux, de chefs-d'œuvre et de colifichets, des produits de l'Italie et de la Chine, des débris du moyen âge et de toutes les raretés que Voltaire célèbre dans le *Mondain*, il devise avec complaisance sur la politique, sur les arts, sur les souvenirs de l'histoire et sur les médisances de la journée. Il compte des anecdotes, aiguise des pensées, hasarde des jeux de mots, et fait le plus grand charme des réunions choisies qu'attirent chez lui la renommée du lieu et celle de l'hôte. Il aime peu, mais il cherche beaucoup à plaire, et donne à tous ses défauts un voile, à toutes ses qualités un relief : la coquetterie[1]. »

Cependant madame du Deffand s'enfonçait de plus en plus dans ce tonneau fameux (elle appelait ainsi son diogénique fauteuil), des alentours duquel l'admiration galante des souverains voyageurs, et les hommages d'une société d'illustres amis, ne parvenaient pas toujours à chasser les spectres de l'égoïsme et de l'ennui, tristes compagnons de ses dernières et dévorantes insomnies. Quand elle rentrait en elle-même, au milieu de cette solitude du grand monde, et qu'elle y remuait les problèmes du mystérieux avenir, de l'infini lendemain, qu'elle songeait enfin à ces quatre fins de l'homme, dont elle n'avait encore médité que le souper, elle se trouvait à la fois effrayée et découragée, sans la force de croire ni celle de nier, partagée entre la crainte et le mépris de la mort, le désir et l'horreur du néant. Cependant elle sentait que les satisfactions de la conscience ne sont pas toujours un témoignage sûr de l'accomplissement du devoir, et qu'une morale sans religion ne suffit point à l'âme pour lui donner le sentiment de l'accomplissement de sa destinée. La morale sans la religion, c'est la vertu sans le ciel, c'est l'homme sans Dieu, faisant le bien avec une sorte d'honnêteté mécanique, sans but, sans effort et sans espérance. Quant à la conscience, qui ne sait

[1] *L'Angleterre au dix-huitième siècle*, t. II, p. 107, 108.

qu'elle n'est presque jamais, surtout jusqu'au bout, un juge intelligent et incorruptible, qu'elle peut se tromper et être trompée; qu'il y a des hommes qui ont tué le remords, et d'autres qui n'entendent pas le murmure intérieur de cette pendule que la religion doit monter, pour qu'elle sonne juste, toutes les vingt-quatre heures? Pour traverser sans trop de frayeur ces abîmes de réflexion, madame du Deffand, qui sentait s'affaiblir ses forces morales au moment de l'angoisse suprême, de l'approche de l'ennemi, invoqua diverses mains pour s'appuyer et se préserver des vertiges de la solitude. Mademoiselle Sanadon, l'abbé Barthélemy, le marquis et la marquise d'Aulan, ses neveux, qu'elle appela en 1778 et qu'elle eut pour voisins et pour compagnons, tout, jusqu'au bras innocent du petit enfant de Wiart, dont elle aimait à avoir près d'elle le front préservateur, servit, comme elle le disait, de gardefou, de parapet à l'inquiète moribonde, durant cet obscur passage, sur ce pont si étroit qui mène à l'éternité.

Enfin, mécontente sans doute de l'état dans lequel la laissaient les ressources d'esprit qu'elle devait à la philosophie, elle prit le parti de se rapprocher des consolations de la religion, les seules dont elle n'eût pas usé. Elle fit connaissance d'un prêtre doux, persuasif, discret, habile aux ménagements qu'exigent les âmes blessées; ce même abbé Lenfant qui devait préparer Louis XVI aux épreuves de son martyre, et qui l'eût accompagné à l'échafaud, si les bourreaux de septembre ne l'eussent fait, dans leur impatience, aller devant dans la mort.

Les efforts de ce saint médecin de l'âme ne furent ni absolument stériles ni absolument féconds. Il en est de l'esprit comme du corps, les yeux ont besoin de s'accoutumer de bonne heure à la lumière, et la pensée tardive de Dieu brûle autant qu'elle éclaire. Les déplorables lacunes de l'éducation première de madame du Deffand, ses habitudes invétérées de critique et de méfiance, offraient bien des obstacles à une guérison morale qui souvent ne peut que suivre l'affaiblissement propice des facultés. C'est pour cela que les malades n'ont pas peur du prêtre, qui fait peur aux valides. Le prêtre, qui inquiète les uns, console les autres. L'abbé Lenfant ne put, malgré ses soins et la bonne volonté de la septuagénaire catéchumène, que préparer l'œuvre du curé porteur des derniers sacrements. Avec celui-là, il n'y avait plus moyen d'éluder, de temporiser, « de faire relâche », comme disait madame du Deffand, spirituelle jusqu'au bout. Malheureusement, madame du Deffand, quand le curé de Saint-Sulpice vint pour l'exhorter, n'avait plus assez de cette connaissance et de cette lucidité qu'elle avait gardées jusqu'aux derniers moments de sa courte maladie. On peut dire que sa fin, quoique prévue, fut subite, et que la mort, comme si elle avait craint que cette subtile victime ne lui échappât, précipita ses coups et la prit en traîtrise.

C'est à Wiart, au fidèle serviteur Wiart qu'il faut demander le récit authentique et touchant d'une agonie qu'avait précédée le dernier adieu adressé à ce Walpole devant qui elle s'était faite petite et humble depuis si longtemps, cette sceptique que l'affection eût réconciliée avec la foi, et qui se fût peut-être, si elle eût pu garder l'espoir de revoir son ami, réconciliée avec Dieu.

Le 22 août 1780, madame du Deffand écrivait à Walpole, sous l'impression de la maladie et de l'isolement :

« Je vous mandai dans ma dernière lettre que je ne me portais pas bien; c'est encore pis aujourd'hui. Je n'ai point de fièvre, du moins on le juge ainsi, mais je suis d'une faiblesse et d'un abattement excessifs; ma voix est éteinte; je ne puis me soutenir sur mes jambes; je ne puis me donner aucun mouvement; j'ai le cœur *enveloppé*. J'ai bien de la peine à croire que cet état n'annonce pas une fin prochaine; je n'ai pas la force d'en être effrayée, et ne vous devant revoir de ma vie, je n'ai rien à regretter. Les circonstances présentes font que je suis très-isolée, toutes mes connaissances sont dispersées.

» Divertissez-vous, mon ami, le plus que vous pourrez; ne vous affligez point de mon état, nous étions presque perdus l'un pour l'autre; nous ne devions jamais nous revoir. Vous me regretterez, parce qu'on est bien aise de se savoir aimé. »

Citons maintenant la lettre de Wiart, elle en vaut la peine. Il n'y a pas un mot à en retrancher. Nous n'y ajouterons que quelques détails de commentaire.

Paris, **22** octobre 1780.

« Vous me demandez, monsieur, des détails de la maladie et de la mort de votre digne amie. Si vous avez encore la dernière lettre qu'elle vous a écrite, relisez-la, vous y verrez qu'elle vous fait un éternel adieu, et cette lettre est, je crois, datée du 18 août. Elle n'avait point encore de fièvre alors, mais on voit qu'elle sentait sa fin approcher, puisqu'elle vous dit que vous n'auriez plus de ses nouvelles que par moi. Je ne puis vous dire la peine que j'éprouvais en écrivant cette lettre sous sa dictée; je ne pus jamais achever de la lui relire après l'avoir écrite, j'avais la parole entrecoupée de sanglots. Elle me dit : *Vous m'aimez donc ?* Cette scène fut plus triste pour moi qu'une vraie tragédie; parce que dans celle-ci on sait que c'est une fiction, et dans l'autre je ne voyais que trop qu'elle disait la vérité, et cette vérité me perçait l'âme. Sa mort est dans le cours de la nature, elle n'a point eu de maladie, ou du moins elle n'a point eu de souffrances; quand je l'entendais se plaindre, je lui demandais si elle souffrait de quelque part, elle m'a toujours répondu : Non. Les huit derniers jours de sa vie ont été une léthargie totale, elle n'avait plus de sensibilité; elle a eu la mort la plus douce, quoique la maladie ait été longue.

» Il s'en faut beaucoup, monsieur, qu'elle ait désiré des honneurs après sa mort; elle a ordonné par son testament l'enterrement le plus simple. Ses ordres ont été exécutés; elle a aussi demandé à être enterrée dans l'église de Saint-Sulpice, sa paroisse, et c'est où elle repose. On ne souffrirait pas dans la paroisse qu'elle fût décorée après sa mort de quelques marques de distinction; ces messieurs n'ont pas été parfaitement contents. Cependant, son curé l'a vue tous les jours, et avait même commencé sa confession, mais il n'a pas pu achever, parce que la tête s'est perdue, et qu'elle n'a pu recevoir ses sacrements : mais M. le curé s'est conduit à merveille, il a cru que sa fin n'était pas si prochaine. Je garderai Tonton jusqu'au départ de M. Thomas Walpole; j'en ai le plus grand soin. Il est très-doux, il ne mord personne, il n'était méchant qu'auprès de sa maîtresse. Je me souviens très-bien, monsieur, qu'elle vous a prié de vous en charger après elle. »

Il est certainement impossible de lire cette lettre sans les larmes avec lesquelles elle fut écrite. Elle redresse bien des erreurs et dévoile bien des mystères, avec la lucidité de l'affection servie par les involontaires confidences des dernières paroles. Nous connaissons aujourd'hui le secret de l'âme et de la vie de madame du Deffand, de ses fautes et de ses douleurs. Il n'est pas dans l'impuissance d'aimer, il est dans l'impuissance de croire être aimée. C'est là le doute rongeur de cette noble existence, le ver caché de ce brillant esprit. C'est la cause de ses irrésolutions, de ses contradictions, de ses inquiétudes, de ses méfiances, qui empoisonnent, pour elle, l'amitié de la duchesse de Choiseul, de Tourville, de Walpole, et troublent son plaisir au moment même où elle le sent. *Vous m'aimez donc ?* Dans cette question mêlée de surprise et de joie, dans ce frémissement d'un cœur qui voit enfin la vérité, il y a toute l'âme et toute la vie de madame du Deffand. Le lecteur nous pardonnera d'avoir concentré nos efforts sur ce côté trop principal de notre sujet, l'étude des phénomènes moraux de l'ennui, de l'égoïsme par doute et par désespoir, qui rend si dramatique cette vie qui n'eut pas d'événements. Il était important d'éclairer le lecteur sur cette maladie morale sans laquelle les *Lettres* sont à peu près incompréhensibles et rebutantes. Nous avons préféré lui donner la clef du cœur de madame du Deffand, plutôt que celle de son esprit, qu'il trouvera bien assez de lui-même.

Il résulte des renseignements que nous venons de lire, que la Harpe s'est trompé ou nous trompe quand il cite, avec une complaisance vraiment suspecte, le prétendu mot de madame du Deffand à propos de Paméla, ou son ultimatum au curé de Saint-Sulpice. Nous ne comprenons guère le sentiment qui peut pousser à profaner jusqu'à l'agonie par des mensonges ou des erreurs, à calomnier le dernier soupir des personnes illustres, et à semer des histoires controuvées autour des illustres mémoires, comme des ronces autour d'une tombe [1].

Dans une lettre de Walpole, du 4 mai 1785, nous lisons :

« Le petit chien de ma pauvre chère madame du Deffand est arrivé. Elle m'avait fait promettre d'en prendre soin, la dernière fois que je la vis. Ce que je ferai très-religieusement, et je rendrai la pauvre bête aussi heureuse que possible. »

Nous savons en effet que Tonton eut, à côté de *Fanny*, de *Rosette* et de la dynastie canine qui se prélassait sur les carreaux de velours de Strawberry-Hill, la place d'honneur due à sa qualité d'étranger et de pupille. L'humble protégé d'une illustre mémoire affichait par un embonpoint croissant, dont le pléthorique excès l'emporta vers 1790, la pieuse sollicitude de Walpole à remplir le vœu qui avait élevé à la hauteur d'un ami le dernier compagnon de la glorieuse aveugle de Saint-Joseph. Horace Walpole mourut le 2 mai 1797, dans sa quatre-vingtième année, et suivit dans la tombe l'amie dont l'amitié est une de ses gloires. De ces deux tombes, l'une est en Angleterre; l'autre en France, mais l'histoire réunira ce que la mort a divisé, et ces deux ombres illustres, séparées par tant d'obstacles, n'apparaîtront jamais qu'ensemble à ceux pour lesquels les grands esprits n'ont qu'une patrie, qui est le monde, et appartiennent à tous.

M. DE LESCURE.

---

[1] Nous ne donnons à ces assertions téméraires que l'hospitalité dédaigneuse de la note :

« Un jour elle disait à madame de Genlis, qui élevait, sous le nom de *Paméla*, une jeune Anglaise qu'elle avait prise en grande affection : *Vous aimez donc beaucoup cette enfant? — Oui, madame. — Cela est bien heureux ; je n'ai jamais pu rien aimer.* »

« Mais quelque instruit, quelque aimable même que fût ce directeur, madame du Deffand ne le garda pas six mois. Le langage ascétique, des entretiens de piété n'étaient ni au ton de ses conversations ordinaires, ni à l'unisson de son âme. Aussi, lorsque le curé de Saint-Sulpice vint la voir dans sa dernière maladie : *Monsieur le curé*, lui dit-elle, *vous serez content de moi ; mais faites-moi grâce de trois choses : ni questions, ni raisons, ni sermons.* »

NOTICE

CRITIQUE ET BIOGRAPHIQUE

SUR LES

DIVERSES ÉDITIONS ET LES DIVERS ÉDITEURS

DE LA

CORRESPONDANCE DE MADAME DU DEFFAND

SUR LES SUPPRESSIONS DE 1812 ET SUR SES MANUSCRITS.

I

Il nous a paru indispensable de donner ici quelques détails succincts et précis sur les éditions des *Lettres de madame du Deffand* antérieures à la nôtre, sur leurs défectuosités, leurs lacunes, leurs mérites; sur les efforts que nous avons faits pour corriger leurs défauts, réparer leurs erreurs, combler leurs vides, égaler et surpasser leurs qualités et leurs services. Ce sont là de ces examens de conscience qu'un éditeur sérieux se doit à lui-même, quand bien même il ne les devrait pas au public. Nous déclarons entreprendre ce travail de bonne foi, sans parti pris intéressé, sans intention maligne, sans arrière-pensée de dénigrement et de jalousie. Il est certain que nous avons cherché à mieux faire que nos devanciers. Il est certain que nos devanciers avaient laissé beaucoup à faire. Ceci dit, nous ne serons pas un successeur oublieux, un héritier ingrat, et nous ne marcherons pas, pour l'agrandir et le féconder, dans le sillon qu'ils ont tracé, sans rendre un sincère hommage à ceux qui y ont laissé avant nous leur sueur intellectuelle. Nous tiendrons compte du bien plutôt que du mal. Nous nous souviendrons qu'ils ont eu à lutter contre des obstacles qui n'existent plus, qu'ils ont subi des exigences qui nous sont épargnées, qu'ils ont eu affaire à des temps moins cléments, à des lecteurs moins éclairés, qu'ils sont partis dès le matin à l'aventure et que nous jouissons du bienfait d'un midi tranquille et de routes frayées. Nous songerons enfin à nos successeurs, qui, en vertu de la loi du progrès, feront mieux que nous.

I

Jusqu'en 1809, il n'est pas question de madame du Deffand, morte en 1780. Non-seulement la postérité n'a pas commencé pour elle, mais la publicité ne l'a point fait connaître. Anecdotiquement, la Harpe, Grimm, Marmontel, ont esquissé d'elle une première et vague physionomie. Mais aucune de ces lettres qui doivent la placer à côté de madame de Sévigné n'est entrée dans le domaine public, par suite de la réserve un peu égoïste qui lui en a fait dérober le trésor au premier éditeur d'un Voltaire complet, à Beaumarchais. C'est en 1809 qu'elle fait une courte et discrète apparition sur la scène de la publicité littéraire, où son début est étouffé par la voix de ses correspondants. Une femme d'un esprit délicat et hardi, dont le souvenir n'est encore qu'une tradition de famille et sera un jour, quand les *Mémoires* inédits qu'elle a laissés sur le Directoire et le Consulat seront sortis d'une trop longue quarantaine dans les eaux domestiques, une gloire littéraire comme celle des Caylus et des Staal, madame de Rémusat, qui ne nous est connue que par le fin portrait de M. Sainte-Beuve, nous a peint le désappointement mêlé d'admiration qui salua le recueil de 1809 [1].

Elle écrit, le 31 juillet de cette année, dans une lettre exquise qui nous est communiquée par M. Feuillet de Conches :

« Il ne manque aux *Lettres* de madame du Deffand que des lettres de madame du Deffand. C'est une friponnerie de libraire ; mais il y en a quelques-unes de madame de Staal, fort jolies, et quelques-unes de d'Alembert. Vraiment, les voulez-vous ? »

Madame de Rémusat ne parlait sans doute que d'après une première vue et sous le coup de la déception. Car dans ce recueil inaugural de 1809, il y a des lettres de madame du Deffand, il y en a même de typiques, de caractéristiques, d'indispensables pour l'intelligence de son âme et de son esprit. Mais en 1809, le parti réactionnaire, nourri des souvenirs et des regrets du passé, qui

[1] *Correspondance inédite de madame du Deffand avec d'Alembert, Montesquieu, le président Hénault, la duchesse du Maine, mesdames de Choiseul, de Staal, le marquis d'Argens, le chevalier d'Aydie, etc., suivie des lettres de M. de Voltaire à madame du Deffand.* 2 vol. in-8º. Paris, Léopold Collin, 1809.

seul portait quelque intérêt, au milieu de la France absorbée par la guerre et la gloire, aux choses de l'esprit, cherchait surtout, dans les nouvelles publications, des surprises pour sa curiosité et des ressources pour son opposition. Or, il faut le reconnaître, il n'y avait pas dans les *Lettres* de madame du Deffand et de ses correspondants, où celles datées de Forges, 1742, touchent seules à la chronique, le plus petit mot pour rire du gouvernement présent. Ce n'était pas, comme *l'Allemagne* de madame de Staël, une protestation généreuse et une satire indirecte. Le livre, enfin, ne valant pas la peine d'être saisi, ne valait pas celle d'être lu. La stérilité de notre époque et l'indifférence qui, en matière de politique, est peut-être le commencement de la sagesse, nous ont rendus plus accommodants, et pour nous il y a des perles dans ce fatras dédaigné de nos grand'mères. Il y a dans le *Recueil* de 1809, pour qui sait les y voir, le commencement d'une histoire de la vie de madame du Deffand, de son âme, de son salon et de la société française durant la seconde moitié du dix-huitième siècle.

Ce qu'il faut dire à la décharge du dédain de madame de Rémusat, c'est que le recueil de 1809, provenant des copies que madame du Deffand avait autorisé M. de Beauvau, son exécuteur testamentaire, à faire prendre de ses papiers ou plutôt du résidu de ses papiers, avant de les envoyer à Horace Walpole, ne contenait pas la fleur mais le fond du panier, et nous faisait prendre madame du Deffand par la fin et non par le commencement. Madame du Deffand ne commence à penser que lorsqu'elle commence à sentir. C'est son affection pour Walpole qui a éveillé en elle la passion, l'éloquence, le style, toutes les qualités que le président Hénault avait laissées dormir. Ce tardif et sénile amour, qui est l'unique émotion, le drame unique de son existence, a inspiré, on peut le dire, le génie de madame du Deffand. Avant, c'était une femme d'un grand esprit. Après, c'est un grand écrivain. Pour plaire à son dernier ami, pour le suivre jusque dans la postérité, elle déploie toutes les séductions, les seules qui lui restent, de son expérience, de sa finesse, de sa malice. Pour lui seul elle juge, pour lui seul elle raconte. Tant qu'Horace Walpole n'est pas là, le dieu est absent. Le recueil de 1809 nous montre une femme froide, sèche, égoïste, tyrannique, tourmentée par les nerfs et par le doute, une femme peu admirable, peu aimable, peu estimable même. L'ensemble est froid et terne, c'est une atmosphère de parloir, une conversation de malade ennuyée. Dans le salon de madame du Deffand, le lustre, la cheminée, le foyer ne s'allument et ne s'éclairent qu'en 1766.

Ajoutons que si la *Préface*, quoique très-superficielle, est, grâce à la Harpe, qui en est l'officieux et rancunier souffleur, suffisamment renseignée et contient des grains de mil bons encore à picorer pour le biographe, le désordre absolu, le défaut de logique et de progression, un classement sans soin et sans goût, la perpétuelle supercherie des dates, l'incorrection du texte, l'absence déplorable de tout éclaircissement et de toute *Table*, sont bien faits pour justifier le découragement et le dégoût du lecteur. Nous qui avons eu à remettre en ordre ce salon bouleversé, nous avouons que plus d'une fois la patience nous a manqué. Disons-le hautement néanmoins, le recueil de 1809, malgré ses défauts, a eu un grand mérite. Il a le premier lancé la renommée de madame du Deffand, il l'a le premier signalée à l'attention du moraliste et du critique. Quel que soit l'éditeur honteux (il ne s'est pas nommé) de ce recueil hâtif et disgracié, que ce soit M. Beuchot ou plutôt M. Auger, il lui reste l'honneur d'avoir inauguré une de nos gloires littéraires. Il a posé le piédestal.

III

Le Recueil de 1809 ne frappa point un coup inutile. Il ne comprenait, parmi quelques lettres de madame du Deffand, rares comme des palmiers dans les sables, que la correspondance tronquée de ses premiers correspondants, le président Hénault, Montesquieu, d'Alembert, le chevalier d'Aydie, M. de Formont, M. Scheffer, M. de Bernstorff, M. de Broglie, M. de Beauvau, etc., et quelques-uns des cadres de sa galerie de *Portraits et caractères*. En 1810, la correspondance avec Horace Walpole nous arrive d'Angleterre, et madame du Deffand est immortelle. Il importe de nous arrêter à cet ouvrage, type de toutes les éditions suivantes, et véritable monument de la gloire de madame du Deffand, celui qui apporta la statue et les bas-reliefs qui manquaient au piédestal. Le recueil est intitulé :

Letters of the marquise du Deffand to the Hon. Horace Walpole afterwards earl of Orford, from the year 1766 to the year 1780; c'est-à-dire : *Lettres de la marquise du Deffand à l'honorable Horace Walpole, plus tard comte d'Orford, depuis l'an 1766 jusqu'à l'an 1780* [1].

---

[1] 4 vol. in-12. London. Printed for Longman, Hurst, Rees, and Orme, 39, Paternoster-Row. Cette édition, qui nous était indispensable, est aujourd'hui rare et chère. Elle vaut une livre sterling.

Ce recueil était augmenté des lettres de madame du Deffand à Voltaire, de 1759 à 1775. Il était publié d'après les originaux des archives de Strawberry-Hill. Une bonne *Préface* biographique (en anglais), qui nous apprenait pour la première fois que madame du Deffand avait été la maîtresse du Régent (l'unique témoignage que nous en ayons est celui de Walpole, écho de ses confidences), des *notes* excellentes pour le temps, bonnes encore aujourd'hui, un *Portrait* d'après le croquis unique de Carmontelle, un fac-simile de l'autographe irrégulier de l'illustre aveugle, complétaient les mérites et l'attrait de ce curieux et intéressant ouvrage, sorte de testament authentique des mœurs anciennes, confession de la société évanouie dans le tourbillon révolutionnaire, et remplacée un peu brusquement par cette société nouvelle, plus militaire que civile, plus bourgeoise qu'aristocratique, sortie des moules éclectiques et bâtards du Directoire. Cette fois la bonne fortune était complète pour la curiosité et l'opposition, pour ceux qui regrettaient et pour ceux qui voulaient seulement connaître. Les quatre volumes parus à Londres en 1810 furent admirablement reçus. Les circonstances conspiraient avec leur mérite pour leur faire un succès bruyant. On les lut avidement, plus avidement qu'un roman de Ducray-Duminil ou de madame Cottin, plus avidement qu'un bulletin de la Grande Armée. A beaucoup, ces volumes qui rendaient des ancêtres à l'élite de la société française, qui reconstituaient la tradition des anciens salons et de l'antique politesse, firent oublier les enfants, plus incultes, mais plus héroïques que les pères. Dès 1811, l'ouvrage était traduit, et en 1812 il en paraissait une deuxième édition française.

Écoutons, sur cette impression d'admiration pour le passé, qui trouvait dans la critique du présent un si opportun point d'appui, le témoignage d'un contemporain qui est encore, grâce à Dieu! le nôtre.

« Les lettres de madame du Deffand à Horace Walpole parurent à Londres en 1810. Quand, un ou deux ans après, elles furent imprimées en France, elles produisirent dans le monde, je m'en souviens encore, une grande sensation. Comme dans un pays bien gouverné la littérature doit inspirer plus d'intérêt que la politique, elles occupèrent les salons de Paris plus que l'attente de la campagne de Russie, et l'on n'en parla guère moins que de l'incendie de Moscou et des désastres de la Bérézina. Grâce à cette précieuse liberté d'esprit, les lecteurs de 1812 accueillirent, avec la curiosité la plus vive et la moins distraite, ce nouveau témoignage des idées et des mœurs du siècle qui venait de finir, et l'on se plut à retourner par l'imagination jusqu'au milieu d'une société dont tous les contemporains n'avaient pas disparu. Une maîtresse du Régent, une correspondante de Voltaire, une amie du duc de Choiseul, racontant avec un esprit rare ses pensées et son temps, mêlant aux anecdotes et aux portraits de piquantes réflexions, était bien faite pour captiver l'attention d'un monde qui aimait encore la conversation et qui ne parlait pas du présent. »

Mais ce n'était pas là le seul attrait du livre, ou plutôt, par une singulière bonne fortune, il avait des attraits et presque des flatteries pour toutes les opinions et tous les partis. Pour les uns, c'était la peinture du passé, auquel la distance et le temps donnaient une sorte de majesté touchante et de grandeur regrettable; pour les autres, c'était la critique du passé et la justification du présent et surtout de l'avenir. Si l'ouvrage était de nature à faire regretter les salons, l'influence des femmes, de la littérature et de la politesse, il n'était pas de nature à faire estimer les philosophes, que madame du Deffand détestait avec d'autant plus d'autorité qu'elle n'était pas dévote. Les aristocrates et les anti-idéologues trouvaient également leur compte à cette apparition subite d'un si digne témoin du siècle des conquêtes et des excès de l'esprit.

« Madame du Deffand détestait les philosophes et ne savait guère que ce qu'ils lui avaient appris. Désabusée de tout, dégoûtée de ses souvenirs, sans foi comme sans espérance, elle s'ennuyait et s'irritait de l'empire même des opinions qu'elle partageait, et dont elle entrevoyait avec effroi la future application; elle jugeait avec une sagacité malveillante tout ce qui l'entourait, et dénonçait d'un ton chagrin son siècle à la postérité; elle présentait sous le sombre jour d'un déclin ce qui parut un moment briller de la lumière d'une belle aurore : elle aurait eu cent fois moins d'esprit, qu'elle se fût toujours fait lire avec avidité de la société incrédule et repentante qui fleurissait il y a quarante ans[1]. »

IV

A l'empressement universel pour ces archives de la politesse et de l'esprit français si opportunément retrouvées, devait répondre un mouvement proportionnel de résistance dans les sphères d'un pouvoir ombrageux comme tous les gouvernements nouveaux, et justement inquiet de ces subites prédilections pour le passé, qui ne sont le plus souvent que le déguisement de l'antipathie pour le présent. Mais nous nous empressons de le dire, et uniquement parce que c'est la vérité, et que nous ne reculons pas devant la vérité, même quand elle semble flatter celui qu'il fut si longtemps

[1] *L'Angleterre au dix-huitième siècle. Études et Portraits,* par M. Ch. de Rémusat. Paris, Didier, 1856, t. II, p. 1 et 2.

de bon goût de maudire ; il arrive souvent, surtout sous les régimes dits despotiques, que l'homme le plus libéral de son gouvernement est le despote lui-même, intéressé d'ailleurs à le paraître autant que ses agents le sont à le paraître peu, et ce que nous allons raconter à propos de madame du Deffand n'est pas la seule occasion où l'Empereur a fait preuve d'un bon sens et d'une tolérance inattendus. Il avait, comme tous les chefs de dynastie, obligés à la fois de se défendre et de séduire, l'esprit beaucoup plus large que les principes. Il faisait volontiers infidélité à ses maximes militaires et dictatoriales, il échappait autant qu'il le pouvait à son propre arbitraire, et dans les choses littéraires surtout, il se plaisait par de généreux contrastes, par de brusques bienfaits, par des accès irrésistiblement subis ou admirablement joués, d'insoucieuse clémence ou de féconde protection, à contredire, à modifier, à détendre, à amabiliser, à faire souriant et français, ce type inexorable du nouvel Auguste qui se gravait trop fidèlement dans les mémoires, et lui faisait payer trop cher le respect par la crainte. On n'a pas assez remarqué combien de fois le tyran lui-même, ennuyé de son rôle, a cherché à l'attendrir ou à l'égayer. Dominé par des circonstances qui l'obligeaient surtout d'être fort, Napoléon eût aimé à être juste, et il eût préféré à toutes les autres la protection de la popularité. Ce fut là le rêve de son génie, ce fut là la douleur secrète de son pouvoir. Ses derniers actes témoignent de cette estime profonde de la liberté, à laquelle rien n'est préférable que la sécurité. Après en avoir préparé et assuré le règne, il eût volontiers abdiqué entre ses mains tout ce qu'il est raisonnable de lui laisser. Ses conversations avec Benjamin Constant, son estime pour la Fayette, établissent qu'il entrait dans cette dernière phase de sa conviction qui l'eût changé en souverain constitutionnel, et qu'il eût volontiers payé à la France en liberté, durant la seconde moitié de son règne, ce qu'il lui avait payé durant la première, et jusqu'à satiété, en gloire. Il aimait du passé ce qui est aimable, et il en estimait ce qui est estimable. Ses avances, ses caresses, ses faveurs prodiguées aux Montesson, aux Narbonne, aux Genlis, aux Ségur, aux Rémusat, prouvent qu'il rendait justice à l'influence des salons et des femmes sur les mœurs, et aux charmes de l'ancienne politesse et de l'ancien esprit français. Il en donna la preuve frappante, à propos justement de ces lettres de madame du Deffand, où quelques insignifiantes suppressions, de pure convenance, ont si longtemps passé pour des lacunes profondes, creusées par un impitoyable arbitraire. Nous allons, en effet, trouver une leçon de discrétion et de tolérance donnée par l'Empereur au zèle excessif et importun de sa censure, là où l'on avait jusqu'ici signalé un chef-d'œuvre d'inquisition et un coup d'État de la tyrannie. Napoléon se donnait volontiers le malin plaisir d'être du parti du public et de l'opinion contre les susceptibilités souvent puériles des hommes qu'il avait placés aux frontières des choses de l'esprit non en sentinelles aveugles, mais en sentinelles intelligentes. Malheureusement, soit méfiance d'un piége, soit fatalité d'un rôle qui paralyse les plus éclairés, la censure tremblait de se laisser prendre à ces coquetteries libérales de l'Empereur, et redoublait de rigueur à mesure que le maître se déridait. C'est la perpétuelle contradiction, le permanent malentendu des gouvernements arbitraires. On aimait encore mieux se tromper contre le public qu'au détriment du pouvoir, et souvent on embarrassait le monarque victorieux, qui, las de conquérir l'Europe, songeait aussi à conquérir la France, de questions humiliantes et d'agaçantes vétilles, et le lion s'impatientait contre ces ardélions trop bien intentionnés et leur indiscret aiguillon, contre ces amis impatients de tuer l'esprit public sous prétexte de l'endormir. Que de fois il cita à ces compromettants serviteurs la fable de l'Ours, que de fois il leur rendit en dures semonces, en vertes volées d'épigrammes, l'ennui qu'ils donnaient consciencieusement au public et à lui-même ! Que de fois il écrivit des lettres semblables à celle qui clôt l'épisode curieux et instructif dont les lettres de madame du Deffand en 1812 furent l'occasion.

C'est à M. Artaud de Montor, dont les soins consciencieux avaient présidé à la publication de l'édition française de 1811 et de 1812, faite chez les libraires Treuttel et Wurtz, que nous devons le récit[1] des tribulations du Recueil de 1812, signalé enfin aux ombrages de la censure par un succès de mauvais exemple.

Dans une lettre de madame du Deffand, publiée intégralement dans l'édition originale anglaise, elle appelle Suard et Delille des *polissons*.

« M. Artaud (il ne se nomme pas, mais il est évident que c'est de lui qu'il parle), d'accord avec M. d'Hauterive, qui lui avait communiqué le livre, pensait qu'il fallait supprimer les mots si injurieux pour deux hommes de lettres vivants et d'un caractère honorable. Une autre personne, au contraire, voulait maintenir l'accusation, mais demandait des ratures considérables. La discussion alla jusqu'à Napoléon, ajoute M. Artaud : il devait partir pour sa malheureuse campagne de 1812 ; il ordonna qu'on mît dans sa voiture les épreuves de l'ouvrage qu'on avait

[1] Article *Roger*, du *Supplément* de la *Biographie universelle* de Michaud.

imprimé, sauf à supprimer ce qui déplairait, et il dit : « Je m'ennuie en
» route; je lirai ces volumes, et j'écrirai de Mayence ce qu'il y aura à
» faire. » On reçut de Mayence une lettre où il disait : « Ceux qui veulent
» ôter le mot de *polissons* ont raison; ceux qui veulent qu'on en ôte
» davantage n'ont pas le sens commun, et en cherchant à me plaire, ils
» n'auraient trouvé que le moyen de me déplaire. A deux mots près, il
» faut laisser la cour d'alors telle qu'elle était. »

« Il est certain pourtant que plusieurs autres passages furent supprimés; ce qui a fait dire au savant bibliographe M. Brunet, que cette édition avait été revue et mutilée par les soins de M. Artaud[1]. »

C'est là une accusation injuste, et il suffit de collationner comme nous l'avons fait l'édition de Londres avec toutes les éditions subséquentes françaises, pour constater, avec un étonnement dont la vérité exige l'aveu, dût-il diminuer nos mérites, que les suppressions de la censure de 1812 sont *peu nombreuses et insignifiantes*, et ne portent guère, dans le texte de madame du Deffand, que sur l'épithète plus familière qu'injurieuse de polisson, décernée à deux hommes dont le talent ne se privait pas des secours de l'intrigue... Les autres suppressions ont été faites sur le texte des réponses d'Horace Walpole, souvent cité en note par l'éditeur, et où il parlait des conquérants et des flatteurs avec une franchise d'autant plus inopportune qu'il était Anglais. Ce qui prouve le peu d'importance de ces suppressions, c'est que les passages altérés n'ont pas été rétablis en 1824 et en 1827, alors que la réaction leur assurait un succès de circonstance. M. Artaud de Montor n'a pas montré la même réserve de bon goût dans certaines appréciations de ses notes, systématiquement hostiles à l'Empereur et à l'Empire, et que nous avons, nous, très-résolûment biffées, non comme dangereuses, mais comme inutiles, parfois même comme ridicules. Il ne faut pas permettre aux passions politiques de passionner jusqu'aux lieux réservés du commentaire, et au scoliaste de dégénérer en tribun. Un livre comme les *Lettres de madame du Deffand* s'adresse à des lecteurs de tous les partis, et il ne doit en déranger aucun dans cette innocente jouissance d'un plaisir exclusivement littéraire.

Du reste, l'*Avis des éditeurs* de 1812 ne permettait aucun doute en ce qui touche ces suppressions ou corrections qu'on a si

---

[1] Ces détails sont empruntés à une *Note* adressée en 1860 à M. Ludovic Lalanne, directeur de la *Correspondance littéraire*, par M. Taillandier, conseiller à la cour de cassation, et un de nos érudits les plus distingués. — Voir dans le même recueil un excellent article de M. Rathery (n° du 10 décembre 1859), sur les *Lettres de M. le Blanc et de la duchesse de Choiseul*, à propos de la *Correspondance inédite de madame du Deffand*.

légèrement flétries du nom de mutilation. Ils disent formellement, et ils ne se fussent pas exposés à un trop facile démenti, qu'ils n'ont pas touché au texte de madame du Deffand et ont seulement modifié quelquefois le texte des *notes*, où l'éditeur anglais donnait des extraits abondants et même indiscrets des lettres de Walpole à madame du Deffand.

« Parmi ces notes cependant, disent-ils, il s'en est trouvé quelques-unes que *le goût national* et un *juste sentiment des convenances* devaient condamner; d'autres qu'une connaissance plus particulière des localités rendait superflues pour des Français.

» Quant aux lettres elles-mêmes, elles paraissent ici, aux fautes typographiques près, telles qu'elles ont été publiées à Londres. Quelque erronées que puissent avoir été dans certaines circonstances les opinions de madame du Deffand, par respect pour la mémoire d'une femme célèbre, on ne s'est permis aucune observation. »

C'est là une assertion dont, à très-peu de chose près, nous avons minutieusement vérifié l'exactitude, et nous avons constaté que, sauf quelques passages soigneusement relevés par nous et dont l'absence *n'altérait en rien* la physionomie morale ou littéraire de madame du Deffand et d'Horace Walpole, le texte de l'édition de Londres ne nous apportait, pour notre édition définitive, qu'une garantie d'authenticité et, chose humiliante à dire, de correction; car les éditeurs français ne se sont pas gardés de plus d'une faute évitée dans l'édition anglaise, et leur texte est incontestablement moins sûr. Nous avions d'abord l'intention de guillemeter ou de mettre entre crochets les passages supprimés par l'éditeur de 1812 et rétablis par nous, nous aurions voulu pouvoir dire victorieusement. Mais ces conquêtes sur l'arbitraire, ces rédemptions de l'oubli sont tellement insignifiantes, nous le répétons, que nous avons condamné à la modestie de la note, où nous les avons signalés, ces titres dérisoires à la curiosité du public. Un travail bien plus utile et bien plus obscur, ç'a été celui de l'échenillement grammatical, celui du redressement des phrases souvent tronquées, d'après le type si français et si littéraire du style habituel à madame du Deffand. Il a fallu bien de la peine et bien du dévouement à une illustre mémoire, pour entreprendre et pousser jusqu'au bout sur chaque phrase du texte, ce travail de minutieuse et pieuse restauration, de relèvement de la phrase d'après l'idée, comme on répare, d'après le modèle, une statue brisée.

L'édition de 1812 contenait une traduction de l'introduction biographique anglaise et une table des matières.

Il y a eu, en 1824 et en 1827, deux autres éditions des *Lettres de madame du Deffand à Horace Walpole*[1], avec des améliorations plutôt typographiques que littéraires.

L'édition de 1827, quoiqu'elle porte le nom du libraire Ponthieu, a été faite, croit-on, par les soins et aux frais de M. Schubart, qui, sans être breveté, se livrait à des opérations de librairie. La *Notice* sur madame du Deffand, placée en tête, est signée des initiales de deux hommes de lettres dont la destinée a été très-différente. On hésitait entre M. Adolphe Thiers et M. Adolphe Thibeaudeau. Enfin, le masque est tombé, et M. Thiers demeure l'auteur avoué de ce morceau, sur lequel la célébrité actuelle de son auteur a jeté un éclat rétrospectif. Ce « chef-d'œuvre en son genre » n'a, selon nous, rien que d'élégamment superficiel. C'est de la critique à fleur de peau, de l'observation avant l'expérience, et du talent avant le style. Chez les Chinois, les hommes illustres ennoblissent leurs ancêtres. Chez les Français, la gloire postérieure fait sortir de l'ombre bien des *juvenilia* aussi injustement exaltées que d'abord injustement dédaignées. Cette *Notice* agréable et légère, qu'en 1827 M. Thiers n'osa risquer que sous les initiales de son nom, ce chef-d'œuvre *incognito* est aujourd'hui célébré comme une merveille et imprimé comme un trophée. M. Thiers, qui a trop d'esprit pour ne pas se rendre justice, doit rire sous cape de ce fétichisme subit pour ses moindres commencements.

V

Combien il est plus juste et plus sage de rendre aux mérites et aux services de l'éditeur de Londres, qui le premier nous a mis en possession d'un des chefs-d'œuvre de la littérature du dix-huitième siècle, un sincère et respectueux hommage; car l'éditeur de Londres était une femme, une amie d'Horace Walpole, qui a mis à monter ces perles épistolaires un soin et une habileté toute féminine.

Madame du Deffand avait légué à Horace Walpole tous ses manuscrits, qu'elle avait eu un moment l'idée d'offrir à madame de Choiseul[2], ses lettres et ses livres de toute espèce, avec la permission au prince de Beauvau, son exécuteur testamentaire avec le marquis d'Aulan (son neveu), de faire un choix dans ses livres et de faire copier dans ses recueils les papiers qui pourraient lui faire plaisir.

[1] Ponthieu et Cie, libraires, au Palais-Royal, 4 vol. in-8°. — 1827, id.
[2] *Correspondance inédite*, 1859, t. II.

Dès les premiers jours de son commerce épistolaire avec Walpole, elle avait religieusement gardé ses lettres. Le 5 mai 1766, elle lui écrit :

« Il faut que je vous dise une chose que je répugne à vous dire ; je garde vos lettres, et je ne serais pas fâchée que vous gardassiez les miennes ; je me flatte que je n'ai pas besoin de vous assurer que ce n'est pas que je pense qu'elles en vaillent la peine ; mais c'est pour me préparer l'amusement de revoir par la suite ce que nous nous sommes dit l'un à l'autre. Je viens d'acquérir un petit coffre pour serrer les vôtres ; encore du roman, direz-vous. Allez, allez, mon tuteur, vous êtes insupportable. »

Le 2 janvier 1771, elle écrivait, au moment de faire son testament :

« Je vais incessamment avoir une occupation assez sérieuse ; mais il m'est nécessaire, avant de m'y mettre, que vous répondiez avec amitié à la demande que je vais vous faire. Je veux avoir votre consentement, avant que de rien commencer. Je désire de vous confier tous mes manuscrits ; je suis décidée à ne pas vouloir qu'ils soient en d'autres mains que les vôtres. Il n'y a certainement rien de précieux, et si vous ne les acceptez pas, je les jetterai tous au feu sans aucun regret. Vous comprenez bien dans quelle occasion ils vous seront remis. Ne craignez point que la façon dont j'énoncerai ma volonté puisse jeter sur vous le plus petit ridicule. Je sais trop combien vous êtes délicat sur cet article, pour vouloir continuer, par delà ma vie, à vous tourmenter et vous déplaire. Deux mots suffisent pour m'apprendre ce que je dois faire ; écrivez-les, je vous supplie, et c'est la dernière grâce que je vous demande ; ces mots sont : *J'y consens*. Commencez par là votre réponse, et qu'il n'en soit plus question dans le courant de la lettre. »

La lettre du 9 janvier contient un rappel de cette prière :

« Adieu, je compte trouver pour commencement dans votre première ou seconde lettre les mots que je vous ai demandés : *J'y consens*. »

Le 19 janvier, elle accusait réception de lettres de Walpole du 8 et du 12. L'une de ces deux lettres contenait l'acceptation sacramentelle de Walpole, car elle lui écrit par cette même lettre :

« Je suis contente au delà de toute expression, de ces deux mots : « *J'y consens*. » Je ne vous en parlerai plus jamais. »

Le dimanche 17 février 1771, madame du Deffand écrit à Walpole :

« J'oubliais de vous dire que mercredi dernier, jour des Cendres (13 *février*), je fis usage de votre « *J'y consens*. » Ce fut une scène assez comique ; j'étais avec deux messieurs qui étaient les acteurs, et j'avais Pont-de-Veyle pour spectateur. La scène, qui naturellement devait être sérieuse, fut fort gaie : les deux messieurs sont personnages de comédie[1], ils furent fort embarrassés à désigner le siège que j'occudais; ce n'était point, disaient-ils, une chaise, ni un fauteuil, ni un canapé, ni une bergère, ni une duchesse; un tonneau ou une ravaudeuse les auraient trop surpris; ils n'auraient pas voulu se servir de ces mots; enfin ils écrivirent *fauteuil*.

» J'ai une vraie satisfaction que cette affaire soit terminée, et jamais vous ne m'avez fait un plus véritable plaisir qu'en prononçant ces deux mots. J'en attends trois autres qui me rendraient bien contente : devinez-les. »

Ce qui nous étonne et ce que nous ne pouvons expliquer que par un nouveau testament ou un nouveau codicille, c'est que madame du Deffand, à une date très-éloignée du 13 février 1771..., le mercredi 5 mai 1773, dans une lettre à l'abbé Barthélemy[2], parle encore de dispositions et de notaire :

« Rien n'est plus surprenant; il n'est que deux heures après midi; je suis levée, ma toilette est faite, je suis établie dans mon tonneau; j'effile mes chiffons et je vous écris en attendant... Devinez qui?... Un notaire! Pour placer de l'argent? me direz-vous. Oh! pour cela, non. Pour emprunter? pas davantage. Mais pour faire mon testament. Je vous jure que je n'en suis pas attristée. »

Par une lettre à Walpole, du 28 octobre 1774, nous apprenons qu'Horace Walpole, toujours par suite de cette peur panique du ridicule qui semble avoir été le mobile et le tourment de sa vie morale, avait profité du séjour du général Conway, son meilleur ami, à Paris, pour se faire rendre par madame du Deffand les lettres qu'il lui avait écrites. Il faut même que, préoccupé exclusivement du but, il n'ait pas respecté toutes les convenances de ce sujet délicat; car madame du Deffand lui écrit ces lignes attristées, pleines de plaintes discrètes et d'indirects reproches.

« Je ne me flatte point de vous revoir l'année prochaine, et le renvoi que vous voulez que je vous fasse de vos lettres est ce qui m'en fait douter. Ne serait-il pas plus naturel, si vous deviez venir, que je vous les rendisse à vous-même? Car vous ne pensez pas que je puisse vivre encore un an. L'idée de ravoir vos lettres d'abord est singulière. Il n'était pas besoin de Pont-de-Veyle pour que vous fussiez sûr qu'elles vous fussent remises fidèlement; il y a longtemps que Wiart a ses instructions. Mais vous me faites croire, par votre méfiance, que vous avez en vue d'effacer toute trace de votre intelligence avec moi, et c'est ce qui m'a fait vous demander, dans ma dernière lettre, si vous

---

[1] Des notaires.
[2] *Correspondance inédite de madame du Deffand*, publiée par M. de Sainte-Aulaire, 1859, t. II, p. 201.

consentiez toujours à être nommé dans mon testament; expliquez-vous sur ce point très-nettement, pour que j'ordonne à Wiart de brûler tout ce qui sera de moi; et pour laisser à quelques autres de mes amis les manuscrits de recueils de différentes bagatelles; que la crainte de me fâcher ne vous arrête point. »

Mais nous avons la réponse de Walpole, car l'édition de Londres, qui confie volontiers au lecteur d'intéressants extraits de la correspondance littéraire ou morale de Walpole, a scrupuleusement réservé tout ce qui pouvait toucher à l'intimité du commerce entre Walpole et madame du Deffand, et qui était sans doute de nature à donner une fâcheuse idée de son caractère.

Le 12 février 1775, madame du Deffand lui écrit :

« Vous auriez longtemps de quoi allumer votre feu, surtout si vous joigniez à ce que j'avais de vous ce que vous avez de moi, et rien ne sera plus juste; mais je m'en rapporte à votre prudence; je ne suivrai pas l'exemple de méfiance que vous me donnez. »

Il résulte de ces divers passages, que madame du Deffand avait renvoyé à Walpole, sur sa demande, par le général Conway, les lettres qu'elle avait reçues de lui jusqu'à la fin de 1774. Ce paquet de lettres restituées était allé rejoindre, dans les coffres de Walpole, celles que, sous le coup d'une susceptibilité et d'une irritation fort excusables, elle lui avait renvoyées, et dont il est question en plusieurs endroits de ses lettres, notamment dans celle du 9 janvier 1771.

Le 22 juillet 1778, madame du Deffand annonce à Walpole une détermination qui semble la revanche du peu de galanterie de son procédé : elle va brûler les lettres qu'elle en a reçues depuis trois ans.

« Je me fais lire actuellement ma correspondance avec Voltaire. Je ne doute pas qu'on ne fasse un recueil de toutes ses lettres; mon recueil en pourra fournir plusieurs de très-bonnes, ce sera à vous à en faire le choix... A propos de cela, j'en ai un si grand amas des vôtres (*lettres*), que je compte les brûler; celles que j'aurais du plaisir à relire et que j'ai remises entre vos mains, le sont sans doute; celles qui subsistent dans les miennes, dont un grand nombre sont remplies d'esprit et d'idées, ne sont pas propres à satisfaire mon amour-propre ni mes sentiments, *si sentiment y a*. »

Le dimanche 6 septembre, elle annonce la consommation de l'auto-da-fé.

« Je suis fort aise que la grande chaleur vous ait été favorable, mais la voilà passée, et le froid qui y a succédé a été plus vif qu'on ne s'y attendait : il a fallu faire du feu, j'ai tenu parole, et le premier jour que j'en ai allumé, tout a été consumé. Il ne reste plus que certain portrait (*le sien sans doute*), dont l'objet et l'auteur sont anonymes et ne seront point reconnus. »

Au mois de septembre 1780, comme on le sait, madame du Deffand mourut en laissant à Walpole ses papiers et son petit chien Tonton, qui devint le favori de Walpole et qui afficha pendant dix ans, par un embonpoint toujours croissant, les soins hospitaliers dont il était comblé.

C'est sur ces manuscrits légués par madame du Deffand que fut faite l'édition de 1810. Mais il est bon de raconter par qui fut faite cette édition, et à quelles mains délicates Walpole avait confié le soin de sa mémoire.

Walpole avait soixante et onze ans, et, comme tous les vieillards moroses, ennuyés, désabusés, il ne trouvait quelque charme et quelque intérêt qu'au commerce de quelques femmes aimables dont il était le courtisan et le correspondant assidu. C'est ainsi qu'il avait remplacé ses amis d'enfance et de jeunesse, successivement disparus, Gray, Montagu, Cole, sir Horace Mann, toute cette famille de son esprit et de son cœur dont il ne restait que le vieux feld-maréchal Conway, par sa nièce, lady Waldegrave, que la beauté et l'esprit avaient élevée au rang de duchesse de Glocester; par mistress Damer, fille du dernier ami survivant Conway, et qui enrichit de ses dessins et de ses sculptures le musée de Strawberry-Hill; enfin par miss Hannah More et lady Ossory, c'est dans une lettre à cette dernière, du 11 octobre 1788, que nous trouvons le récit de ses premières relations avec les deux personnes dont le dévouement presque filial devait embellir ses derniers jours et honorer sa mémoire.

« Je n'ai pas recueilli de récente anecdote dans nos champs; mais j'ai fait, ce qui vaut beaucoup mieux pour moi, une précieuse acquisition : c'est la connaissance de deux demoiselles du nom de Berry, que j'ai rencontrées l'hiver dernier, et qui ont par hasard pris une maison ici avec leur père pour cette saison... Il les a conduites, il y a deux ou trois ans, en France, et elles en sont revenues les personnes de leur âge les plus accomplies et les plus instruites que j'aie vues. Elles sont extrêmement sensées, parfaitement naturelles, franches, sachant parler de tout. Rien d'aussi aisé et d'aussi agréable que leur entretien; rien de plus à propos que leurs réponses et leurs observations. L'aînée, à ce que j'ai découvert par hasard, entend le latin et parle français absolument comme une Française. La plus jeune dessine d'une manière charmante... Leur figure a tout ce qui plaît. Marie, la plus âgée, a un visage doux avec de beaux yeux noirs qui s'animent quand elle parle, et la régularité de ses traits emprunte à sa pâleur quelque chose d'intéressant. Agnès, la cadette, a une physionomie agréable, intelligente, qu'on ne peut dire belle, mais presque..... Le bon sens, l'instruction, la simplicité, la bonne grâce, caractérisent les Berry.... Je ne sais laquelle j'aime le mieux. »

Nous ne saurions mieux faire que de citer les paroles émues par lesquelles M. de Rémusat a peint la charmante surprise et les féconds résultats de cette dernière et tendre affection, dans laquelle Walpole mit le reste de son cœur et de son esprit.

« Ce fut une singulière bonne fortune pour Walpole que de rencontrer ainsi à la campagne et tout près de lui une société telle qu'il l'aurait cherchée, telle qu'il l'aurait choisie. Lui-même, il était pour ces nouvelles amies une ressource précieuse. Ses livres, ses tableaux, son jardin, et mieux encore, ses souvenirs et sa conversation, tout devait intéresser deux jeunes personnes distinguées qui recevaient là, pour ainsi dire, la dernière éducation de leur esprit. Il s'habitua à les aimer comme sa vraie famille ; il leur consacra les soins d'une amitié délicate, empressée, charmée. On dit même qu'il comprit mieux alors les sentiments que madame du Deffand avait éprouvés pour lui, et soit qu'il voulût assurer et relever la fortune d'une famille profondément intéressante, soit que la beauté et la jeunesse eussent produit sur son cœur une impression qu'il s'avouait à peine, il offrit à miss Mary Berry de prendre son nom. C'était lui proposer de devenir comtesse d'Orford, car bien qu'il n'eût jamais voulu se faire recevoir à la chambre des lords, il avait hérité, par la mort de son neveu, en 1791, du titre de son père et des restes de la fortune laissée à l'aîné de la famille. Mais il s'adressait à une âme élevée, sincère, et n'obtint qu'une tendre et pieuse reconnaissance que plus d'un demi-siècle n'a point affaiblie. Il n'y a guère que deux ans, on pouvait entretenir encore miss Mary Berry de l'homme remarquable dont la renommée doit tout à ses soins. Dans l'âge le plus avancé, privée depuis peu de la sœur tendrement aimée qui n'avait vécu que pour elle, elle conservait tous les souvenirs et toutes les facultés de l'esprit qu'admirait Walpole, et jusqu'à son dernier jour, elle est restée l'objet du respect et de l'affection de l'élite de la société anglaise. L'âge n'avait pas plus altéré sa bienveillance que son esprit [1]. »

Horace Walpole mourut le 2 mars 1797, dans sa quatre-vingtième année.

« Ses biens de famille passèrent au fils de sa sœur, à lord Cholmondeley, dont le représentant actuel était encore, dans ces derniers temps, propriétaire du domaine de Houghton. Strawberry-Hill fut légué pour sa vie à mistress Damer, et a passé par substitution, croyons-nous, aux héritiers de la comtesse douairière de Waldegrave.

» Au sud de Twyckenham, il y a, vers Teddington, un petit cottage élégant, longtemps habité par mistress Clive, cette actrice célèbre que

[1] Ch. de Rémusat, *L'Angleterre au dix-huitième siècle*, t. II, p. 110, 111.

Walpole avait aimée. Sur une urne de marbre, consacrée à sa mémoire, il y avait gravé une inscription en vers, et comme cette maison était devenue sa propriété, il en légua par testament la jouissance viagère à miss Mary et à miss Agnès Berry. Il y a bien peu d'années qu'elles l'habitaient encore. Mais Walpole a laissé d'autres biens; ce sont ses écrits. De ceux-là aussi il a disposé par dernière volonté, et ce legs devait nous valoir quelque chose de plus durable que le pavillon maniéré et le mobilier précieux de Strawberry-Hill. Longtemps avant sa mort, il avait projeté et commencé une édition de ses *OEuvres*. Ne l'ayant pas continuée, il en commit le principal soin à M. Robert Berry, le père de ses jeunes amies. L'aînée était éminemment propre à seconder et plus tard à remplacer son père dans le travail d'éditeur; elle a publié pour son compte un *Tableau* comparatif des mœurs et de la société en France et en Angleterre, et quelques écrits moins considérables qui n'ont pas été moins remarqués. Les papiers de lord Orford ne pouvaient pas être mieux placés qu'en ses mains. Dès l'année 1798, il parut une édition en cinq volumes in-quarto; elle contient tous les ouvrages littéraires, petits ou grands, et quelques lettres choisies; le temps seul pouvait permettre la publication du reste. En 1810, miss Berry donna à la France et à l'Angleterre les *Lettres de madame du Deffand*. Cette édition, plus complète qu'aucune de celles de Paris, car la censure française a prescrit d'inexplicables suppressions [1], laisse désirer les réponses de Walpole qu'on prétend perdues ou détruites, ce dont je m'obstine à douter [2]. »

Les réponses de Walpole à madame du Deffand ne sont ni perdues ni détruites. Miss Berry a donné au bas des pages des *Lettres de madame du Deffand*, dans son édition de 1810, de copieux passages de ces lettres, dont les originaux doivent faire partie de ses papiers, jusqu'en 1774. Nous savons que dès 1778 madame du Deffand brûla les lettres reçues de Walpole depuis la fin de 1774, et nous connaissons les motifs de cette destruction. Des scrupules du même genre ont dû empêcher miss Berry de publier dans les lettres de Walpole qui lui avaient été léguées, celles que déparaient par trop cette dureté et cette insensibilité qui tenaient, nous l'avons dit, à sa peur implacable du ridicule. Ces observations faites, nous ne pouvons que nous associer à ces regrets de M. de Rémusat :

« On a dit que les lettres de Walpole à madame du Deffand n'avaient pas été conservées; elles méritaient de l'être, à en juger par les passages cités *en note* au bas de celles de sa correspondante. L'Anglais était inquiet de son style; il craignait que son esprit ne perçât pas à travers son français. Peut-être aussi avait-il sur la conscience les ombrages et les rudesses dont il payait quelquefois le tendre dévouement, qui aurait

---

[1] Nous savons maintenant à quoi nous en tenir sur ce grief un peu imaginaire.
[2] *L'Angleterre au dix-huitième siècle*, t. II, p. 114.

dû désarmer l'orgueil, ne fût-ce que par la pitié. Il aura désiré de n'être pas jugé sur pièces, et ses éditeurs auront respecté ou partagé ses craintes. Nous doutons qu'ils aient eu raison. Cette réserve a pu leur nuire. Ses lettres françaises n'auraient pas déprécié son esprit, et elles auraient prouvé, elles prouveraient encore, que s'il eut dans ses rapports avec madame du Deffand des craintes puériles, les soupçons d'une vanité inquiète, et par suite la sécheresse et la dureté que les hommes portent même dans des affections plus vives et plus puissantes, il ne fut pas insensible à l'attachement qu'il inspirait....[1] »

Ce qui restait des papiers de madame du Deffand, légués à Walpole, déflorés par le premier choix du prince de Beauvau, d'où est résulté le Recueil de 1809, et par le second choix de miss Berry, auquel nous devons les quatre volumes de l'édition de Londres, 1810, a été adjugé pour une somme peu considérable (cent cinquante livres, croyons-nous), à la vente du mobilier de Strawberry-Hill en 184.., à M. Dyce Sombre, mort depuis, et dont la veuve, fille de lord Saint-Vincent, s'est remariée. Il y avait, dit-on, dans ce rebut quelques pièces dignes de l'impression, un *Journal* de madame du Deffand, par exemple. Nous ignorons si la publication par quelque heureux conquérant de cette Toison d'or littéraire serait une bonne fortune ou une déception. Nous penchons pour la seconde hypothèse, toujours en nous fondant sur ce que sans doute miss Berry n'a rien négligé en 1810 qui ne méritât son dédain.

VI

En 1859, le libraire Michel Lévy a publié deux volumes, intitulés : *Correspondance inédite de madame du Deffand, précédée d'une notice, par M. le marquis de Sainte-Aulaire*. Cet ouvrage, fort intéressant d'ailleurs, et dont la publication fait honneur au goût et aux lumières de son noble éditeur, a été pour ceux qui comptaient y trouver une madame du Deffand nouvelle, inconnue, ou au moins des traits nouveaux pour la physionomie ancienne, l'objet de la même déception qui avait paralysé le succès du recueil de 1809. Les lettres de madame du Deffand sont en effet peu nombreuses, et surtout d'une monotonie fort inattendue, dans ces deux volumes, dont le résultat a été exclusivement d'introduire sur la scène de la comédie sociale et littéraire au dix-huitième siècle deux personnages dont jusqu'à ce jour le rôle était perdu, l'abbé Barthélemy et madame la duchesse de Choiseul. Pour cette

---

[1] Ch. de Rémusat, *L'Angleterre au dix-huitième siècle*, t. II, p. 84, 85.

dernière, le recueil est toute une révélation, il lui assure un rang parmi les femmes les plus remarquables du dix-huitième siècle et nous la montre on ne peut plus digne d'avoir été la femme de son ministre le plus distingué, et très-capable de donner la réplique à madame du Deffand. Ç'a été là le véritable intérêt, le véritable succès d'un ouvrage où madame du Deffand ne gagne ni ne perd. On le comprendra sans peine, quand on saura qu'elle ne peut que s'y répéter, cette correspondance avec les Choiseul et avec l'abbé Barthélemy pendant l'exil et le séjour de Chanteloup[1] n'étant pour ainsi dire que l'écho et presque la copie de ses lettres du même temps à Horace Walpole et à Voltaire. Sa physionomie morale et littéraire reste la même après cette lecture qu'avant. Et comme détails de société, révélation de caractères, anecdotes, on peut dire que tout ce qu'elle dit à madame de Choiseul et à l'abbé Barthélemy, elle l'a déjà dit à Walpole et à Voltaire. Nous avons fait soigneusement ces rapprochements, dont nous épargnerons au lecteur le détail fastidieux. Notre conclusion est que M. de Sainte-Aulaire a rendu, par cette publication, un signalé et honorable service à l'histoire et aux lettres, mais qu'en ce qui touche à madame du Deffand, il n'a pu rien changer à la somme de connaissances acquises depuis 1810 sur son compte.

Ces conclusions, qui sont celles de M. Sainte-Beuve, dans les remarquables *Études* qu'il a consacrées à madame du Deffand et à madame de Choiseul, sont confirmées par le double témoignage qui leur donne la précieuse autorité de la vérité et de l'impartialité par madame du Deffand et madame de Choiseul elles-mêmes.

Le lundi 7 septembre 1776, madame du Deffand écrit à la duchesse de Choiseul[2] :

« J'ai relu ces jours-ci une de vos anciennes lettres, et j'ai été frappée de l'étendue et des lumières de votre esprit. Je confierai un jour au grand abbé le dépôt de ces lettres. Il en fera bien plus de cas, j'en suis sûre, que de toutes ses médailles. »

Le dimanche 16 août 1778[3], madame du Deffand écrit à la même duchesse de Choiseul :

« Non, non, chère grand'maman, je ne ferai point imprimer vos lettres à Voltaire, je ne les ferai même lire à personne ; mais je ne vous

---

[1] Cette *Correspondance inédite* va du 7 mai 1761 au 20 août 1780. Mais les lettres antérieures à avril 1766, époque où commencent les relations épistolaires avec Walpole, ne comprennent guère que quatorze pages.
[2] *Correspondance inédite*, t. II, p. 376.
[3] *Ibid.*, p. 420.

les renverrai point. Je vous les ai toutes rendues à mesure que j'en ai eu tiré copie. Elles sont dans un volume in-folio, et je crois que celles que vous m'offrez y sont inscrites. Je ne compte point du tout faire imprimer ma correspondance particulière, et je projetais ces jours-ci, en la relisant, de vous en laisser le manuscrit par mon testament. Je n'admets personne à la lecture que j'en fais. »

Les lettres de madame de Choiseul méritent l'éloge qu'en faisait la femme la plus compétente de son temps, madame du Deffand, et celles de madame du Deffand à madame de Choiseul et à l'abbé Barthélemy ne nous paraissent pas moins supérieurement et décisivement jugées, dans ce passage de sa lettre d'envoi de ses recueils manuscrits à l'évêque d'Alais (cardinal de Bausset), le 1er avril 1793 :

« Les lettres de madame du Deffand ont pour elles le charme du naturel, les expresions les plus heureuses, et la profondeur du sentiment dans l'ennui. Pauvre femme! elle m'en fait encore pitié. *Mais il y a peu de mouvement*, parce que les événements qui étaient hors d'elle n'étaient rien pour elle. En effet, il ne pouvait plus y avoir d'événements pour une femme de son âge; ainsi ses lettres se ressentent un peu de la monotonie de quelqu'un qui ne parle que de ses sentiments et qui en parle toujours à la même personne. Cependant l'abbé (*Barthélemy*) m'a assuré, monseigneur, qu'elles vous avaient intéressé, et je me suis fait un plaisir de vous en faire hommage [1]. »

Madame de Choiseul se trompait; ou plutôt ne voulait pas s'avouer la vérité tout entière. Si les lettres que madame du Deffand lui écrivait lui paraissent vides et monotones, la faute en est à Walpole, au curieux et impérieux Walpole, qui aimait les anecdotes, les nouvelles et les noms propres, qui en demandait sans cesse, et pour qui madame du Deffand faisait le quotidien effort d'interroger et d'apprendre. La fleur des nouvelles allait à l'insatiable ami qu'elle adorait comme un amant, ses restes et ses rebuts allaient à Chanteloup. Chanteloup n'a eu que les baguettes noircies du brillant feu d'artifice que l'esprit de madame du Deffand, complice de son cœur, a tiré pendant quatorze ans pour le plaisir égoïste d'Horace Walpole.

VII

En août 1864, MM. Firmin Didot ont publié deux volumes in-douze contenant la correspondance de madame du Deffand avec Horace Walpole, revue par l'ingénieux et spirituel éditeur de tant de *Mémoires* et rédacteur de tant de notices, M. F. Barrière, toujours

---

[1] *Correspondance inédite*, etc., t. Ier. *Notice préliminaire*, p. IV.

jeune vétéran du *Journal des Débats*. Les réponses de Voltaire à madame du Deffand, la plupart des Portraits de la galerie de contemporains dont madame du Deffand a esquissé la physionomie, manquent à cette édition portative et économique, qui remplira à merveille un objet de vulgarisation inférieur à celui que nous nous sommes proposé, et qui est un peu pompeusement précédée de la *Notice biographique* de l'édition de 1827, due, nous le savons maintenant, à la plume de M. Thiers, en ces heures difficiles et obscures où l'on produit plus qu'on ne travaille et où l'on devine plus qu'on ne sait.

VIII

Il nous reste à parler de nous, à dire ce que nous avons voulu faire et ce que nous avons fait. Nous le ferons sans haine et sans crainte, sans orgueil ni sans modestie, *sans phrases*, ne voulant nous exposer ni au ridicule de nous louer, ni à l'héroïsme de nous blâmer nous-mêmes.

Notre édition contient, même pour les yeux d'un ennemi, de plus que toutes les éditions précédentes :

1º Une *Introduction biographique et critique*, où sous ce titre : *Madame du Deffand, sa vie, ses amis, son salon, ses lettres*, nous avons dit sur ce quadruple sujet tout ce qu'on savait avant nous, et donné quelques détails nouveaux ou inconnus.

2º Une *Notice bibliographique et critique*, contenant l'histoire des éditions antérieures à la nôtre et celle des papiers de madame du Deffand.

3º Un *Avant-propos* explicatif et justificatif de notre classement. Nous avons fait tous nos efforts pour placer comme des trophées, à la suite de notre *Étude*, quelques pièces dont nous avons ardemment, et nous l'espérons encore, heureusement poursuivi la conquête. Les nombreuses investigations et négociations auxquelles nous nous sommes livré n'ont pu encore nous procurer l'acte de naissance de madame du Deffand; nous avons été plus heureux pour son acte de décès, son contrat de mariage, son testament, ses lettres inédites à MM. Scheffer, de Bernstorff et Saladin. Nous n'abandonnons point nos recherches, qui ont enfin, après bien des tâtonnements, bien des démarches, touché le but, et nous ferons, le cas échéant, fidèlement part à nos lecteurs, au moyen d'un *supplément*, des découvertes qui en auront été le résultat et la récompense. Mais nous ne pouvions tarder plus longtemps à les mettre en possession d'une édition complète et correcte de la *Correspondance de madame du Deffand*, réclamée par un public de plus en plus nombreux, de plus en plus impatient et rançonné par une hausse de prix telle, que, grâce à la rareté de l'offre et à l'abondance de la demande, les six volumes que nous donnons intégralement dans nos deux ne coûtaient pas à leur heureux conquérant moins de *quarante* ou *cinquante francs. Experto crede Roberto.*

4° Nous avons soigneusement et minutieusement revu notre texte sur toutes les éditions antérieures, depuis celle de Londres, 1810, jusqu'à celle de 1827 inclusivement. Nous osons en dire aujourd'hui la version authentique et la correction à peu près irréprochable. Nous affirmons aussi avoir rétabli les rares passages supprimés en 1812 et depuis.

5° Nous avons coordonné, numéroté et classé suivant l'ordre chronologique, le plus intéressant, le plus commode et le plus rationnel, les lettres des Recueils de 1809 et de l'édition de Londres.

6° Nous y avons ajouté des *lettres inédites* de madame du Deffand au chevalier de l'Isle, dont nous devons la libérale communication au digne descendant et héritier du correspondant de Voltaire, du commensal des Choiseul et des Polignac, de l'ami du prince de Ligne; du plus spirituel des capitaines de dragons qui aient jamais servi dans la littérature, — à M. Henri de l'Isle, officier comme son cousin, lettré comme lui, aimable comme lui, mais, à coup sûr, plus laborieux.

7° Nous avons éclairé d'un commentaire permanent les lettres nombreuses du Recueil de 1809, Recueil, comme nous le savons, irrégulier, désordonné, fautif, et en fait de commentaires :

.... Nu comme un plat d'église,
Nu comme etc.

Nous avons revu, corrigé, augmenté, multiplié les notes consciencieuses et instructives de l'éditeur de 1827, qui en a hérité de l'édition de Londres, sauf la peine de les traduire; comme nous en avons hérité nous-même, sauf à les corriger, et à leur enlever cette âpreté et cette aigreur antiphilosophique et parfois antilittéraire qu'expliquent sa qualité et les exigences d'une époque de réaction. Nous avons du reste loyalement, scrupuleusement dénoncé au lecteur, par une initiale indicatrice, ce qui, dans ce commentaire, est l'œuvre de M. Artaud et la nôtre. A ces heures d'enivrement et d'illusion où l'on rêve un livre complet comme son sujet, et où une généreuse ambition prête à l'œuvre qu'on commence les proportions d'un monument, nous avions pensé à donner des lettres de madame du Deffand une édition *princeps*, enrichie d'un de ces commentaires copieux, curieux, minutieux, qui ne permettent pas le moindre doute, qui satisfont la moindre question, qui ajoutent à chaque page comme un horizon d'idées et de faits. Vous vous souvenez, lecteurs, avec admiration et reconnaissance, de ces notes magistrales et ingénieuses, si savantes, si intéressantes, si amusantes, où les maîtres du genre : les Walckenaër, les Monmerqué, les Paulin Pâris, les Lavallée, ont déposé comme dans des ruches le miel d'une encyclopédique et infaillible érudition. Un pareil travail eût été trop long, trop volumineux et trop cher. Nous vivons à une époque terrible pour les gros livres. Il faut des lecteurs sédentaires à des auteurs bénédictins. Mais la France du chemin de fer, du télégraphe électrique, veut, même en littérature, des voyages rapides, faciles, la fleur des choses et la fleur des idées. Notre nécessaire faisait déjà un fort bagage, nous avons supprimé le superflu, chose si nécessaire à l'époque des diligences et des lettres à douze sous.

8° Nous avons, dans un *Appendice*, recueilli jusqu'aux moindres traces du talent de madame du Deffand pour les parodies et les chansons, et installé la galerie complète des portraits des personnes de sa société intime, le plus souvent tracés par madame du Deffand elle-même, et où, selon Walpole, il y a de vrais chefs-d'œuvre d'observation, de style et de ressemblance.

9° Ce qui n'était pas superflu, c'était une *Table analytique et alphabétique*, digne de ce nom : nous l'avons faite avec le même soin et la même peine que nous voudrions que prissent pour nous les auteurs de tant de bons livres dont cette lacune diminue le crédit et l'usage.

Enfin nous avons cru être agréable à nos lecteurs en leur donnant deux beaux portraits de madame du Deffand et d'Horace Walpole, gravés d'après Carmontelle et d'après Reynolds, par le burin délicat d'un de nos jeunes artistes les plus distingués, M. Adrien Nargeot, et le *fac-simile* de deux lettres, l'une de madame du Deffand, l'autre de Walpole (en français), dont nous devons la précieuse communication à l'obligeance d'un homme qui rend tous les jours, par ses ouvrages et ses conseils, tant de services aux lettres et aux lettrés, M. Feuillet de Conches.

M. DE LESCURE.

AVANT-PROPOS.

DU CLASSEMENT DES LETTRES DANS LA PRÉSENTE ÉDITION.

Le classement de la *Correspondance de madame du Deffand avec ses amis* a été pour nous l'objet de méditations approfondies. Il s'agissait, en effet, non pas d'en trouver un, mais de trouver le meilleur, le plus convenable, le plus commode, le plus rationnel, non pas seulement au point de vue de la logique ordinaire, mais de cette logique supérieure, de cet ordre en quelque sorte psychologique, de cette gradation morale, qui sont le principal attrait des *Correspondances*, qui en forment l'action, et qui en font comme un drame à cent actes divers, avec son intérêt et sa moralité. Il fallait disposer ces lettres si diverses, si variées, émanées de mains plus ou moins illustres, de façon à éclairer à la fois la vie extérieure et la vie intérieure de celle qui en personnifie l'unité, à peindre à la fois l'âme de madame du Deffand et sa société. Il fallait éviter la confusion, le pêle-mêle, la promiscuité d'épîtres dont le voisinage non ménagé serait une maladresse ou une profanation. D'un autre côté, il fallait aussi éviter de montrer par trop la main importune du commentateur et du critique, il fallait laisser à ce livre et aux lettres dont il se compose cette charmante irrégularité, ce piquant désordre de la conversation elle-même; il était dangereux de se trop montrer, de dissiper l'illusion, de troubler le rêve de ce monde évanoui, si cher au lecteur sincère.

Il en est d'une *Correspondance* comme d'un salon. Les lettres éparses y figurent les fauteuils placés çà et là, selon le hasard ou le choix, la répugnance ou la sympathie. On croit, avec un peu de bonne volonté, assister au spectacle de ces réunions célèbres. A force de regarder, on distingue chacune de ces ombres spirituelles, venant prendre leur place de causerie. Il demeure dans ce silence comme une dernière impression du discours qui vient de finir, comme un dernier murmure, comme un dernier sourire de contradiction ou de plaisanterie. Le premier des devoirs de l'éditeur n'est-il pas de respecter, de ménager ces apparences de vie, ces restes de mouvement, ces reflets du foyer, ces ombres de la lampe, ce bruit des pas et cette illusion du chuchotement, que donne une *Correspondance* rangée, par un naturel plein d'art, dans la liberté même du salon, où chacun prend la parole à son tour, quelquefois tous à la fois, où le dialogue a tant de droits, et où le monologue seul est interdit. De temps en temps, la porte s'ouvre et se ferme, et un nouveau venu, étranger ou habitué, fait son entrée solennelle ou discrète, selon le rang ou la réputation, l'humeur ou le mérite, et c'est là le charme éternel des *Recueils de lettres*.

D'un autre côté, car nous avons fouillé dans tous les sens et vu se dresser devant nous les doutes les plus spécieux, les scrupules les plus inconciliables, n'y a-t-il pas avantage, pour l'historien et le moraliste, à trouver les *Correspondances* préparées en quelque sorte pour leur analyse, c'est-à-dire groupées par ordre d'événements, de personnes, d'idées, offrant, dans leur progression savante, l'échelle en quelque sorte de la vie d'une personne illustre, la progression de ses sentiments, les degrés de son âme?

On le voit, le métier d'éditeur n'est pas toujours commode ni facile, et nous n'avons donné qu'une faible idée des inconvéments qu'il mêle à ses avantages, et des déceptions dont il gâte ses bonnes fortunes. Toute réflexion faite, nous nous sommes décidé, imitant des devanciers autorisés, et profitant d'une sorte de tradition, en matière de *Correspondances*, à adopter purement et simplement l'ordre le plus simple, celui qui reproduit le plus fidèlement la réalité, et qui donne aux *Recueils de lettres* le mouvement, la variété et la vie, l'*ordre chronologique*.

C'est dans cet ordre, qui peut donner matière à des comparaisons utiles, ou prétexte à des contrastes piquants, que nous publierons la *Correspondance de madame du Deffand*, c'est-à-dire les lettres dont elle est l'auteur, le but ou l'occasion, ses lettres et celles de ses amis. Souvent le dialogue sera réduit en monologue. L'absence de plusieurs réponses nous forcera de nous en tenir à la demande ; mais quand la demande est spirituelle, ingénieuse, pleine de faits et d'anecdotes, la réponse se devine. C'est un remerciment ou un compliment, et le lecteur, par sa satisfaction, suppléera facilement à la galanterie du destinataire.

Dans l'espèce, l'ordre chronologique a d'autant plus d'avantages qu'il aura, grâce à des circonstances particulières, peu d'inconvénients, peu surtout de celui que nous redoutions le plus.

Les trois principaux groupes de *Correspondances* du *Recueil*, les *Lettres* au président Hénault, celles à Voltaire[1] et celles à Horace Walpole, se suivent, à peu près sans interruption, par séries successives, dont, sauf de rares exceptions, aucune n'empiète sur l'autre. Il n'y a donc pas trop à craindre ce mélange et ce désordre qui nous avaient d'abord effrayé, et fait reculer devant l'exemple des éditeurs de madame de Sévigné.

---

[1] Nous n'imprimerons, parmi les lettres de Voltaire, que celles qui pourraient être inédites. Nous renverrons pour les autres, quand madame du Deffand y répond, à l'édition Beuchot. Les lettres de Voltaire sont dans toutes les bibliothèques, et auraient trop grossi notre recueil.

La *Correspondance de madame du Deffand* ressemblera ainsi à une armée divisée en trois corps, avec avant-garde et arrière-garde, éclaireurs sur les devants, tirailleurs sur les côtés. C'est dans cet ordre que continueront d'aller à la postérité ces lettres naturelles autant que spirituelles, si parfaites sans le chercher, si importantes sans le savoir, qui croyaient n'aller qu'à la poste, et qui n'en sont que meilleures.

M. DE LESCURE.

CORRESPONDANCE COMPLÈTE

DE MADAME

LA MARQUISE DU DEFFAND

LETTRE PREMIÈRE[1].

MADAME DE VINTIMILLE A MADAME LA MARQUISE DU DEFFAND.

Fontainebleau, 29 septembre 1739.

Que j'aime M. de Rupelmonde de m'avoir procuré une lettre de vous, et que je vous sais gré d'avoir suivi votre idée ! Est-il donc nécessaire, pour m'écrire, d'avoir beaucoup de choses à me dire ? Sachez qu'une marque de souvenir et d'amitié de votre part me comble de joie, et de plus mettez-vous bien dans la tête qu'il ne vous est pas possible de ne dire que des riens. Votre lettre est charmante. Que je serais heureuse, si tous les jours, à mon réveil, j'en recevais une semblable ! Vous me demandez ce que je fais, ce que je dis, et ce que je pense ? Pour répondre au premier, je vais à la chasse trois ou quatre fois la semaine, les autres jours je reste chez moi toute seule, par conséquent je ne parle point : ainsi voilà le second article éclairci ; ou bien, quand je fais tant que de parler le reste du temps, c'est pour le coup que je ne dis que des riens. A l'égard du troisième, vous jouez le principal rôle, car je pense souvent

---

[1] Notre *Introduction* devant comprendre, sous ce titre : *Madame du Deffand, sa vie, son salon, ses amis*, tous les détails nécessaires sur les principaux personnages de son intimité et tous les auteurs des lettres qui composent le *Recueil*, nous bornerons strictement ces *Notes* à ce qu'exige l'intelligence particulière de la *Lettre*, à la *Clef*, en un mot, des noms et des événements qui y sont mentionnés ou auxquels il est fait allusion. L'*Introduction* est notre commentaire *général*, synthétique. Les *Notes* qui vont suivre sont le commentaire *particulier*, anecdotique, littéraire ou moral. Ici le lecteur trouvera successivement les traits dont se composent les physionomies esquissées dans le tableau préliminaire du salon et de la société de la spirituelle marquise, qui est la Sévigné du dix-huitième siècle. Nous distinguerons par notre initiale ou la marque A. N. (*Ancienne Note*) la provenance de chaque observation. *Suum cuique.*

à vous. Croyez que vous n'êtes pas la seule qui faites des châteaux en Espagne ; je me trouve souvent dans la petite maison des jeudis au soir, où vous êtes maîtresse absolue. Adieu, ma reine. Qu'il serait joli que cela fût réel ! c'est ma seule ambition ; ce qui vous surprendra, c'est que je n'en désespère pas. Adieu, donnez-moi de vos nouvelles souvent, croyez que vous n'en donnerez jamais à quelqu'un qui vous aime plus tendrement [1].

LETTRE 2.

LA MÊME A LA MÊME.

Fontainebleau, 7 octobre 1739.

Vous êtes aussi aimable la nuit que le jour ; l'insomnie vous sied parfaitement : je ne saurais vous cacher que je ne suis pas trop fâchée de cette petite incommodité, pourvu qu'elle ne dure pas. Je suis extrêmement flattée que, pour vous amuser, vous ayez pensé à m'écrire. Tout ce que vous me mandez d'obligeant m'enchante. Quoique l'homme soit porté à avoir beaucoup d'amour-propre, je vous dirai franchement que je ne crois point avoir toutes les bonnes qualités que vous me prodiguez. Quand je lis vos lettres je m'imagine que je rêve, et je vous avoue que j'appréhende le réveil ; car il est agréable d'être loué par quelqu'un qui se connaît bien en mérite. Ce qui me fait croire que je n'en suis pas absolument dépourvue, c'est la connaissance que j'ai eue de vous, et qu'aussitôt que je vous ai vue, j'ai senti tout ce que vous valez : voilà sur quoi on me doit louer et sur quoi je prends bonne opinion de moi. Le reste, je l'attribue à l'amitié que vous avez pour quelqu'un dont nous

[1] Cette lettre et les suivantes émanent de Pauline-Félicité, la seconde des cinq filles du marquis de Nesle, toutes maîtresses, au moins quatre sur cinq, de Louis XV. Née en août 1712, elle venait d'épouser (septembre 1739) Jean-Baptiste-Félix-Hubert, comte de Vintimille, mestre de camp de cavalerie, neveu de l'archevêque de Paris et beau-frère de M. de Nicolaï, premier président de la Chambre des comptes. Madame de Vintimille mourut de suites de couches, en septembre 1741. M. de Rupelmonde « qui lui avait procuré une lettre de madame du Deffand » était le comte de Rupelmonde, maréchal de camp, tué au combat de Pfaffenhoffen, en 1745. Sa femme, encore jeune et jolie, dame du palais de la reine, prit le voile aux Carmélites de la rue de Grenelle, le 7 octobre 1751 (Barbier, t. V, p. 109). Elle était née Marie-Chrétienne-Christine de Grammont, fille du duc de ce nom. (L.)

n'ignorons pas les sentiments, et que vous savez qui vous est tendrement attaché[1].

Vous me reprochez de ne vous point mander de nouvelles, c'est qu'il n'y en a pas : nos voyages de *La Rivière*[2] sont fort simples ; les princesses y ont été, malgré leur différend avec la maîtresse de la maison[3]. Nous n'irons point à Choisy, pendant Fontainebleau : s'il y avait quelque chose de nouveau je vous le manderais, non par la poste, mais par Grillon ou M. de Rupelmonde, qui est chargé de vous rendre cette épître. Que je vous sais bon gré, ma reine, de parler de moi avec ces dames et le président ! Je serai très-aise de vous devoir leur estime et quelque part dans leur amitié ; comptez que je serais comblée de joie d'être à portée de les voir souvent, et vous savez que je les trouve aimables. Vous avez bien raison de croire que je ne suis pas parfaitement contente. Avant que de vous connaître je me croyais heureuse ; mais depuis que la connaissance est faite, je trouve que vous me manquez, et la distance qu'il y a entre nous met un noir et un ennui dans ma vie, qui ne se peut exprimer. Vous conclurez de là, avec raison, que vous faites mon bonheur et mon malheur. Je suis touchée, comme je le dois, de ce qu'on vous mande de Bretagne ; je pense de même sur la longueur du temps : la fin novembre n'est pas prochaine. Vous êtes étonnée, dites-vous, que les gens qui se conviennent ne soient pas assortis ; je ne vois que cela dans le monde : je ne sais d'où cela vient, si ce n'est que l'on nous assure que nous ne devons pas être parfaitement heureux dans cette vie ; je crois que l'étoile y fait beaucoup. Enfin je ne veux pas penser à tout cela ; je ne désespère pas d'être contente un jour, c'est-à-dire de vivre avec vous, avec votre société : voilà toute mon ambition. Vous me parlez de madame du Châtelet, je me meurs d'envie de la voir : actuellement que vous m'avez fait son portrait, je suis sûre de la connaître à fond. Je vous suis obligée de m'avoir dit ce que vous en pensiez, j'aime à être décidée par vous : je ferai en sorte de la voir, et le roi de Prusse fera

---

[1] Sans doute sa sœur, madame de Mailly. (L.)

[2] *La Rivière* appartenait à madame la comtesse de Toulouse. (L.)

[3] Voir sur ces différends, provoqués par des demandes de rang et de titres, réclamés par les princes *dits légitimés*, qui cherchaient à profiter de toute occasion pour se relever des déchéances de la Régence et sur ces séjours à *La Rivière*, les *Mémoires du duc de Luynes*, t. III, p. 218 et suiv., 258, 264. (L.)

le sujet de la conversation, si tant est qu'elle daigne m'écouter; car je crois que je lui paraîtrai fort sotte.

Adieu, ma reine; vous devez être excédée de mon rabâchage; mais je trouve qu'il arrive fort à propos. Lisez ma lettre le soir, à coup sûr elle vous servira d'opium; mais, par grâce, ne vous endormez pas à la fin, ou du moins promettez-moi de lire les dernières lignes : à votre réveil, je veux que vous sachiez que je vous aime, que je vous en assure, et que vous devez compter sur moi comme sur vous-même : que ne suis-je à portée de vous en donner des preuves!

Ma sœur me charge de vous faire mille compliments et amitiés : nous parlons souvent de vous. Faites mention de moi en Bretagne [1].

LETTRE 3.

LA MÊME A LA MÊME.

Compiègne, 30 juillet 1740.

Je suis persuadée, madame, que vous prenez part à ce qui me regarde : ainsi il ne me fallait pas d'excuse d'avoir tardé à me faire votre compliment sur la perte que je viens de faire [2]. Je me doutais bien que vous n'en saviez rien; je compte trop sur votre amitié, pour douter un moment que vous êtes capable de m'oublier, et, à vous parler franchement, je n'imagine jamais ce qui peut me faire de la peine : c'en serait une véritable pour moi, si je pouvais prévoir que vous fussiez un moment sans m'aimer. Sans fadeur, je vous trouve si aimable et si fort à mon gré, passez-moi ce terme, que je serais furieuse si vous étiez assez mal née pour n'avoir pas pour moi un peu de bonté; car, en vérité, vous avez peu de gens qui vous soient aussi tendrement attachés : je le disputerais quasi à madame de Rochefort, à qui je vous prie de faire mille compliments. Je ne vous en ferai point à vous en finissant ma lettre : je vous dirai tout crûment que je vous aime et que je vous embrasse de tout mon cœur.

[1] En réponse aux compliments des Forcalquier et des Brancas, alors en Bretagne pour la tenue des États. (L.)
[2] Son beau-père, le comte du Luc, frère de l'archevêque de Paris. V. *Mémoires du duc de Luynes*, t. III, p. 215. (L.)

LETTRE 4.

LA MÊME A LA MÊME.

Compiègne, 8 août 1740.

Je suis au comble de ma joie, madame. Cette façon de commencer une lettre vous paraît peut-être singulière ; mais quand vous saurez de quoi il s'agit, vous serez aussi contente que moi. Je vous dirai donc que j'ai trouvé le moment favorable de parler à ma sœur au sujet de M. de Forcalquier ; je lui ai dit ce que je pensais de la façon dont le roi le traite, et lui ai fait un grand détail avec beaucoup d'éloquence, qui dans toute autre occasion m'aurait surprise ; mais je trouve que l'on parle toujours bien quand on soutient une bonne cause, et surtout quand cela regarde quelqu'un à qui on s'intéresse ; enfin j'ai parlé et persuadé : je suis parfaitement contente de cette réponse. Elle m'a promis de parler ; je ne mets pas en doute qu'à son tour elle persuadera : je lui ai fait de grandes avances de la part de M. de Forcalquier, et l'ai assurée que s'il ne l'avait point encore vue chez elle, c'est qu'il n'avait osé. Elle m'a paru sensible à tout ce que je lui disais d'obligeant de sa part, et m'a dit que je lui ferais plaisir de le lui amener. Réellement elle s'est portée de si bonne grâce à tout ce que je lui disais, et si aise de trouver occasion de faire plaisir, que j'aurais voulu que vous fussiez témoin de notre conversation : si vous la connaissiez autant que moi, vous l'aimeriez à la folie ; elle a mille bonnes qualités et une façon d'obliger singulière. Que tout ceci ne vous passe pas, et remarquez qu'en femme prudente je ne vous écris pas par la poste : on y lit les lettres fort ordinairement. Après que vous vous serez ennuyée de la mienne, mettez-la au feu, je serais au désespoir qu'elle fût perdue.

Le duc d'Ayen m'a donné un *Mémoire* de votre part, je ferai ce qui dépendra de moi pour faire réussir votre affaire. M. le *Premier*[1] n'est point ici, je compte qu'il sera bientôt de retour : en attendant je parlerai à M. de Vassé[2]. Je compte bien aller souper dans votre petite maison, et je regrette beaucoup de n'être pas à portée de vous voir plus souvent. Je me flatte que vous pensez quelquefois à moi ; vous me devez un

---

[1] Henri-Camille, marquis de Beringhen, premier écuyer du roi. (L.)

[2] Frère du colonel du régiment Dauphin-Dragons, mort à Prague en juin 1742. (L.)

peu d'amitié, car on ne peut vous être plus tendrement attachée que je vous le suis. Je vous embrasse, madame, de tout mon cœur.

Voilà l'épître de Voltaire que je vous renvoie. Le duc d'Ayen me charge de vous rendre réponse pour lui, et de vous faire mille très-humbles compliments de sa part.

LETTRE 5.

LA MÊME A LA MÊME.

Compiègne, 19 août 1740.

J'ai parlé, madame, à M. le *Premier* au sujet de votre affaire : il m'a dit en premier lieu qu'il était fort peu au fait de ce que cela pouvait valoir, ne lui ayant jamais appartenu ; secondement que vous auriez beaucoup meilleur marché, si vous vouliez attendre la mort de madame de Vaugué. Je n'entends pas trop cela, à vous parler vrai : si vous vouliez lui en dire quelque chose, il est à Paris, et m'a même dit qu'il irait trouver M. votre frère pour voir ensemble ce dont il s'agit. Si vous désirez toujours la maison je lui en parlerai encore, et en tirerai le meilleur marché que je pourrai : il faudra que vous ayez la bonté de me mander le prix que vous y voulez mettre, et j'agirai en conséquence. Vous ne devez pas douter du plaisir que j'ai de vous rendre service ; comptez que vous me trouverez dans toutes les occasions, et je serais très-aise d'en trouver quelqu'une qui puisse vous prouver jusqu'à quel point je vous suis attachée. Je ne puis vous dire au juste le jour que j'aurai le plaisir de vous voir. Le Roi s'en va mercredi prochain à la Muette, et y reste jusqu'à samedi, et le mercredi d'ensuite, il s'en va à Choisy. Je tâcherai de prendre un des jours devant le voyage pour souper avec vous. J'ai un autre arrangement dans la tête, qui est de venir avec madame de Luynes le samedi, jour que le Roi retourne à Versailles, d'y rester jusqu'au mercredi, que je pars pour Choisy, et que, dans la semaine d'après, vous me donnerez à souper chez vous. Voyez si cela vous convient et mandez-le-moi. Adieu, madame, vous devez être excédée de moi ; je suis cependant charmée de vous dire que je vous aime, et que mon attachement et ma tendresse pour vous ne finiront qu'avec ma vie.

Je vous demande un grand secret sur ce que je vous ai mandé ; je vous en dirai la raison quand je vous verrai. J'ai mille choses à vous dire qui vous feront plaisir.

LETTRE 6.

M. LE PRÉSIDENT HÉNAULT A MADAME LA MARQUISE DU DEFFAND.

Lundi, 2 juillet 1742.

Je ne serai tranquille que quand j'aurai reçu de vos nouvelles, et je crains bien que ce ne puisse être que jeudi. Vous avez eu le plus beau temps du monde, s'il y en a un beau pour qui n'aime pas à aller. Aujourd'hui surtout, le soleil ne paraît qu'à peine, et l'air est chaud sans être brûlant. Je compte, si vous avez exécuté vos projets, que vous arriverez ce soir de bonne heure, et qu'à dix heures je pourrai vous donner le bonsoir. J'écrivis hier à Formont. Je suis fâché de ne vous avoir pas donné les *Lettres de Bayle* à emporter, cela vous aurait amusée, quoique je croie que vous les avez lues ; mais cela souffre une seconde lecture, et vous pourriez charger Formont de vous les apporter. Je lui ai mandé toutes vos aventures. Pour les miennes, elles se réduisent à un souper à Meudon, où nous allâmes hier, d'Ussé [1] et moi : j'avais vu la maréchale de Noailles qui était venue chez moi ; elle est fort aise du brevet et fort contente de la petite femme qui l'était venue consulter pour savoir si elle prierait madame d'Antin de venir à la présentation [2].

La maréchale n'en a point été d'avis ; mais elle lui a su gré de sa confiance. Nous partîmes donc d'Ussé et moi, sur les six heures : je m'imaginai être à l'année 1698, et que je m'en allais en vendange. D'abord nous parlâmes de vous et nous n'en dîmes pas à beaucoup près autant de mal que vous en dites vous-même. Nous trouvâmes, en arrivant, cour plénière : madame de Maurepas, madame de la Vallière, madame de Brancas, Cereste, l'abbé de Sade, la Boissière, l'évêque de Saint-Brieuc, l'intendant de Rennes, M. de Menou, etc. ; mais tout cela ne

---

[1] Le marquis d'Ussé, gendre du maréchal de Vauban, homme d'esprit, auteur de deux tragédies. (L.)

[2] Allusion au brevet d'honneur accordé par le roi à M. de Forcalquier, et au tabouret accordé également à sa femme, mademoiselle de Canisy, veuve du marquis d'Antin. V. *Mémoires du duc de Luynes*, t. IV, p. 185 et 193. (L.)

resta pas, et les quatre derniers s'en allèrent. Les dames étaient à la promenade. Le maréchal me reçut assez bien, pas trop pourtant; je le trouvai fort appesanti, quoi qu'ils en puissent dire. Le Forcalquier me fit beaucoup d'amitiés et me raconta comment tout cela s'était passé. Quelque juste que fût cette grâce, cependant il m'avoua qu'il avait eu une sorte d'inquiétude, mais qui fut bientôt calmée[1]. Pour madame de Brancas, c'est un personnage essentiel dans toute relation : elle avait été à Versailles, elle avait vu madame de Mailly qui ne savait rien (et effectivement elle n'avait rien dit au maréchal, ni au Forcalquier, qui l'avaient vue auparavant, et elle ne l'apprit que par les compliments qu'elle vit que l'on faisait devant elle à sa toilette). Madame de Brancas la vit donc. Vous comprenez qu'elle rassembla toute la politique dont elle avait besoin dans de pareilles circonstances. Madame de Mailly lui demanda si on ne verrait pas souvent madame de Forcalquier à la cour : elle éloigna cela avec une circonspection.... *que madame de Forcalquier était encore bien jeune* (du ton de Du Châtel), *qu'elle faisait compagnie au maréchal, qu'elle vivait beaucoup dans sa famille;* enfin il n'y a rien de si beau que tout ce qu'elle dit, et elle ne nous en cacha pas la moindre circonstance. Les dames arrivèrent de la promenade, et à l'instant commença la fête des chapeaux : c'est-à-dire que madame de Forcalquier nous les prit tous, et les fit voler de la terrasse en bas, d'environ cinq cents toises. Je m'approchai de madame de Rochefort, à qui je fis de grands reproches de ne m'avoir rien fait dire par vous : grandes amitiés de sa part, et puis ensuite grandes confidences. Je lui dis que d'Ussé commençait à prendre quelque ombrage de l'abbé de Sade. Je demandai où en était l'italien : il ne me parut pas que le précepteur ni la langue eussent fait de grands progrès. L'abbé relaye un peu le chevalier, et, excepté qu'il n'a point d'habit d'ordonnance, cela est assez du même ton. Nous jouâmes, madame de Maurepas, l'abbé de Sade, le Forcalquier et moi. Il me parut que madame de Maurepas et moi n'étions pas les plus forts; cependant il n'y eut que moi qui perdis : arriva enfin un homme extrêmement triste et qui ressemble à la crécelle qui annonce *Ténèbres :* c'était le maître

---

[1] M. de Mirepoix, qui aspirait aussi au titre de duc, n'avait pu voir avec indifférence les préférences dont M. de Forcalquier était l'objet, et il avait dû se remuer de façon à lui donner de l'inquiétude. V. *Mémoires du duc de Luynes*, t. IV, p. 185. (L.)

d'hôtel, qui, en effet, nous assembla autour d'une table où était servi le souper de Job. Le souper n'en fut pas moins gai; mais la pauvre Brancas tomba dans un abandon dont on ne s'aperçut que parce qu'elle avait mis sur son assiette toute une planche de salade pour lui servir de contenance. L'abbé de Sade lui demanda pourquoi elle mangeait sa salade si tristement : elle n'en put donner de bonnes raisons, et on se contenta de celles qu'elle donna. On parla du souper de M. de Rieux, où dit qu'il avait été détestable, et que c'était le cuisinier que venait de prendre madame d'Aiguillon qui l'avait fait; madame de Rochefort[1] dit qu'elle en était surprise, parce que vous lui aviez assuré qu'il était beaucoup meilleur que le mien. On répondit par rire, en disant que depuis huit jours il avait fait à souper chez madame d'Aiguillon à empoisonner le diable, et qu'il était auparavant chez M. de Livry, où l'on ne pouvait manger de rien. Le souper fini, nous achevâmes notre quadrille, et puis nous allâmes nous promener. Nous chantâmes beaucoup d'Ussé, Cereste et moi; et nous partîmes avec promesse de ma part d'y revenir une fois cette semaine, et d'y aller coucher de jeudi en huit, qui sera à leur retour de Versailles.

Vous conviendrez qu'on ne peut pas tirer un meilleur parti d'un souper, ni en parler plus longuement. Je compte que vous aurez fait comme quand vous lisez les romans, que vous en aurez passé les trois quarts pour voir vite si nous serons sortis de table.

Madame de Maurepas va mardi à Athis, je compte y aller souper mercredi, lui donner à souper vendredi, aller aujourd'hui à Orly, et le reste à la Providence. Madame de la Vallière était assez triste, peu fêtée : bon procédé de l'avoir; son mari est à Choisy. Pour moi, je l'ai priée pour vendredi; elle me fait amitié, et j'aime cela. On parla beaucoup à table de la harangue de M. de Richelieu, dont l'abbé de Sade nous dit des morceaux par cœur.

Pour de la politique, je ne vous en dirai rien; car je n'ai vu personne. D'Ussé causa un moment avec madame de Maurepas, mais on vint les interrompre : ainsi il n'en put rien savoir. Cereste avait aussi longtemps causé avec elle.

Je ne vous parlais pas du voyage de Bretagne. Le maréchal dit qu'il n'a jamais compté y mener sa petite femme, et que

---

[1] Fille du maréchal de Brancas, sœur de M. de Forcalquier. (L.)

c'était seulement pour l'amuser qu'il lui avait laissé espérer; au moyen de quoi, cela fait un effet diabolique dans la maison, parce qu'elle s'en prend à son mari de ce qu'elle n'y va point. D'ailleurs tout est dans l'accord le plus parfait. La nouvelle cuisine ne me paraît pas avoir pris du tout, et les premiers engagements sont plus forts que jamais. Le chevalier n'entend rien à tout cela. Le maréchal végète, l'abbé du Tailly rit de tout, et la Boissière avait une perruque plus blonde que le soleil. Bonjour; de vos nouvelles. Bien des respects à madame de Pecquigny.

LETTRE 7.

LE MÊME A LA MÊME.

Paris, mardi 3 juillet 1742.

Enfin, à moins d'un malheur, vous devez être à Forges, vous devez vous y reposer de la fatigue de votre voyage, et vous êtes hors d'inquiétude de l'accident que vous craigniez. J'espère que vous m'écrirez ce matin, et que je recevrai de vos nouvelles jeudi tout au plus tard; après quoi, si les lettres viennent tous les jours, je saurai exactement votre état. Je suis dans une véritable affliction : on a nouvelle que Mertrud[1] a dû partir de Plombières le 23, qui est le même jour que M. de Nivernois en est parti aussi. C'est aujourd'hui le 3, c'est-à-dire le dixième jour de son départ, et l'on n'en a ni vent ni voie. Toutes les lettres qu'on lui avait écrites à Plombières sont revenues ici; ce qu'il y a de plus affreux, c'est qu'hier madame de Livry dit au beau-frère de Mertrud que l'on avait écrit qu'il y avait eu un homme d'assassiné à cinq lieues de Plombières. Vous jugez aisément de l'état de sa femme à cette nouvelle; je courus sur-le-champ chez M. de Maurepas pour savoir comment on pourrait avoir quelques lumières sur cette malheureuse affaire : il attendait M. de Marville[2], qui vint et qui n'avait rien entendu dire, mais qui se chargea d'écrire à M. de Beaupré, à M. de Creil[3] et à M. de la Galaisière; et puis M. de Maurepas m'avisa d'aller trouver M. du Fort, parce que Mertrud ayant pris la poste, cela le regardait plus particulièrement et qu'il pourrait mieux m'instruire. J'y allai donc : il n'avait

---

[1] Fameux médecin empirique du temps. (L.)
[2] Lieutenant général de police. (L.)
[3] Jean-François de Creil, intendant de Metz. (L.)

entendu parler de rien, et il écrivit sur-le-champ trois lettres, à Châlons, à Nancy et à Remiremont : voilà où cela en est. Il faut convenir que, si le malheur est arrivé, voilà une étrange destinée; j'en suis consterné.

Les nouvelles ne contribuent pas à rendre plus gai, et quand l'âme est noircie, tous les objets s'en ressentent.

Voilà une copie d'un billet que l'on prétend que le roi de Prusse a écrit à M. de Belle-Isle. Si l'on en croit ce qui se répand, ce prince n'a fait aucune mention de ses alliés dans son traité, et on va jusqu'à dire que la Lorraine tiendra lieu à la reine de Hongrie de la Silésie qu'elle abandonne au roi de Prusse, au moyen qu'il payera aux Anglais vingt et un millions qu'elle a reçus d'eux. La cour, c'est-à-dire les plus zélés partisans de M. de Belle-Isle, l'ont abandonné[1]. Je ne saurais croire l'insolence de Duplessis, qui répand qu'il n'est pas surpris que le roi de Prusse ait fait son accommodement, parce qu'il a appris que le cardinal traitait avec la reine de Hongrie. Le contrôleur est toujours le même. Notre ami alla hier à Choisy : c'est ce qui fait que je ne le vis pas; car je l'allai chercher. On dit que M. de Broglie a reçu tout pouvoir de prendre tel parti qu'il voudra : le seul est de revenir; mais cela est devenu plus difficile encore, parce qu'on croit que les Autrichiens ont marché sur Égra, au moyen de quoi il faudrait aller remonter vers la Saxe. Figurez-vous ce que c'est que l'armée du roi, qui cherche à se cacher dans le fond de l'Allemagne, et quarante mille Français fugitifs devant des troupes ramassées de tous les pays. On a des lettres du 25 de M. d'Harcourt : il ne lui est rien arrivé et il a ordre de regagner Ingolstadt. Vous n'en aurez pas davantage pour aujourd'hui, car je suis noir et pesant. Bonjour; j'attends de vos nouvelles avec une grande impatience.

J'allai hier chez madame d'Aumont[2], et je vis madame d'Évreux[3] à la fenêtre de l'antichambre, comme une tourterelle sur la branche, à qui l'on a ôté sa compagne. Le petit de Valençay, neveu de M. Amelot, est mort. Le vicomte de Rohan est à l'extrémité.

---

[1] Il s'agit des préliminaires de la paix de Berlin, signés le 11 juin, à Breslau; la paix fut conclue le 28 juillet, à Berlin. (L.)

[2] Femme de Louis-Marie-Victor-Augustin, duc d'Aumont, premier gentilhomme de la chambre du roi. (L.)

[3] Femme de Henri-Louis de la Tour-d'Auvergne, comte d'Évreux. (L.)

LETTRE 8.

MADAME LA MARQUISE DU DEFFAND A M. LE PRÉSIDENT HÉNAULT.

De Forges, lundi 2 juillet 1742.

J'arrive dans l'instant à Forges sans aucun accident, et même sans une extrême fatigue : ce n'est pas que j'aie dormi cette nuit, et que nous n'ayons été bien cahotés aujourd'hui, depuis les huit heures du matin que nous sommes partis de Gisors, jusqu'à ce moment que nous arrivons ; il n'y a que pour quinze heures de chemin de Paris à Forges. Nous fîmes hier dix-sept lieues en neuf heures de temps, et aujourd'hui onze en six heures et demie ; les chemins ne sont nulle part dangereux dans ce temps-ci, mais on conçoit aisément qu'ils sont impraticables l'hiver. Je ne mangeai hier, pour la première fois du jour, qu'à onze heures du soir : bien m'en avait pris d'avoir porté des poulardes ; car nous ne trouvâmes rien à Gisors que quelques mauvais œufs et un petit morceau de veau dur comme du fer : j'avais grand'faim, je mangeai cependant peu, et je n'en ai pas mieux digéré ni dormi. Ce que je craignais n'est point encore arrivé, ainsi mon voyage s'est passé fort heureusement. Mais venons à un article bien plus intéressant, c'est ma compagne[1]. O mon Dieu ! qu'elle me déplaît ! Elle est radicalement folle : elle ne connaît point d'heure pour ses repas ; elle a déjeuné à Gisors à huit heures du matin, avec du veau froid ; à Gournay, elle a mangé du pain trempé dans le pot, pour nourrir un Limousin, ensuite un morceau de brioche, et puis trois assez grands biscuits. Nous arrivons, il n'est que deux heures et demie, et elle veut du riz et une capilotade ; elle mange comme un singe, ses mains ressemblent à leurs pattes ; elle ne cesse de bavarder. Sa prétention est d'avoir de l'imagination et de voir toutes choses sous des faces singulières, et comme la nouveauté des idées lui manque, elle y supplée par la bizarrerie de l'expression, sous prétexte qu'elle est naturelle. Elle me déclare toutes ses fantaisies, en m'assurant qu'elle ne veut que ce qui me convient ; mais je crains d'être forcée à être sa complaisante ; cependant je compte bien que cela ne s'étendra pas sur ce qui intéressera mon régime. Elle est avare

---

[1] L'étrange, l'originale, l'extravagante, la fantasque, la spirituelle Anne-Joseph Bonnier de la Mosson, mariée le 25 février 1734 à Michel-Ferdinand d'Albert d'Ailly, duc de Pecquigny, puis de Chaulnes. (L.)

et peu entendue, elle me paraît glorieuse, enfin elle me déplaît au possible. Elle comptait tout à l'heure s'établir dans ma chambre pour y faire ses repas, mais je lui ai dit que j'allais écrire : je l'ai priée de faire dire à madame la Roche les heures où elle voulait manger et ce qu'elle voudrait manger, et où elle voulait manger ; et que, pour moi, je comptais avoir la même liberté : en conséquence, je mangerai du riz et un poulet à huit heures du soir.

Notre maison est jolie, ma chambre assez belle, et mon lit et mon fauteuil me consoleront de bien des choses. Voilà tout ce que je peux vous mander aujourd'hui. Nous avons rencontré près de Forges deux messieurs qui s'en retournaient et qui ont déjà pris les eaux.

On dit qu'il y a ici un M. de Sommery et un autre homme dont on ne sait point le nom. Ce M. de Sommery pourrait bien être l'ami de M. du Deffand (je lui en connais un de ce nom), et il se pourrait faire que l'anonyme fût M. du Deffand : cela serait plaisant ; je vous manderai cela par le premier ordinaire. J'ai grand besoin de votre souvenir et que vous m'en donniez des marques en m'écrivant de longues lettres, pleines de détails de votre santé ; je vous passerai de n'être pas si exact sur vos amusements : vingt-huit lieues d'éloignement sont un rideau trop épais pour prétendre voir au travers. De plus, j'ai mis ma tête dans un sac, comme les chevaux de fiacre, et je ne songe plus qu'à bien prendre mes eaux. Adieu, je vais être longtemps sans vous voir, j'en suis plus fâchée que je n'en veux convenir avec moi-même.

LETTRE 9.

LA MÊME AU MÊME.

Mardi 3 juillet.

Savez-vous qu'il est près de minuit et que je ne suis point endormie ? je suis couchée depuis dix heures, je me meurs de chaud, et peut-être ne fermerai-je pas l'œil de la nuit : si cet accident m'arrive souvent, il ne me restera plus qu'à me pendre. Les journées sont si désagréables, que, pour peu qu'elles soient suivies d'insomnies, je ne sache nulle condition humaine qui n'y soit préférable. Ce que j'attends n'arrive point : c'est peut-être l'effet de la saignée, peut-être de la fatigue ; tout ce que je sais, c'est que je m'ennuie à la mort. Si vous voyez Silva [1], ne lui parlez pas du régime qu'observe madame de Pecquigny, elle m'en saurait mauvais gré. Elle m'a fait rester à table aujourd'hui tête à tête avec elle cinq grands quarts d'heure à la voir pignocher, éplucher et manger tout ce qu'elle a commencé par mettre au rebut : elle est insupportable ; je vous le dis pour la dernière fois, parce que je ne veux pas me donner la licence d'en parler davantage. Je sens que cela serait malsonnant, couchant sous le même toit et mangeant sur la même nappe. Ah! quel toit! ah! quelle nappe! Si jamais je quitte ce lieu-ci, je crois que je n'y reviendrai guère. Deux mois entiers, cela ne se peut pas, j'en deviendrais folle ; je me laisse mourir de faim pour qu'il ne me manque aucune privation ; encore si je commençais les eaux, ce serait une occupation : mais point du tout, il faut que j'attende je ne sais combien de jours.

J'ai vu aujourd'hui notre belle compagnie. M. du Deffand n'est pas du nombre ; il y a une religieuse de Fontevrault, qui s'appelle Tavannes ; un président du présidial d'Abbeville, qui a un habit d'écarlate galonné d'or avec des franges : rien n'est plus magnifique ni plus convenable au lieu et à la saison. On nous l'avait annoncé pour un gros joueur, et qui serait ravi de faire notre partie et de quitter le petit jeu qu'il avait été forcé de jouer. En effet, il a joué aujourd'hui au piquet au liard, et a consenti que sa femme jouât au quadrille au douze sous, à condition qu'il n'y aurait point de queue ; mais quoiqu'elle ait gagné un petit écu, il y aura une réforme, et demain nous ne jouerons qu'au deux ou trois sous. Tout ce que je vous mande là n'est-il pas bien intéressant? Cela est affreux, et en voilà cependant pour deux mois. Nous espérons M. et madame de Rosambeau, je voudrais qu'ils y fussent. Bonsoir, je vais essayer de dormir. Je reprendrai demain mon griffonnage.

Mercredi, à onze heures.

Je n'ai point dormi ; mais comme rien n'a encore paru, j'ai pris une pinte d'eau qui m'a très-bien passé : je sens que je dînerai avec appétit ; cette après-dînée j'irai faire des visites, et j'espère que je pourrai me coucher et m'endormir de bonne heure. Il n'y aurait pas de malheur plus grand que d'avoir ici des insomnies. Je n'ai point encore eu de nouvelles de Formont ; je n'ose espérer de l'avoir sitôt ; je n'ose pas me flatter

---

[1] Fameux médecin du temps. (L.)

non plus de recevoir aujourd'hui de vos nouvelles; la poste cependant vient ici et part tous les jours, tout le monde au moins m'en assure. Je crois que vous supportez patiemment mon absence; mais ce que je ne veux point croire, c'est que vous ne souhaitiez pas mon retour; je n'écouterai sur cela aucune idée triste : ce que j'ai sous les yeux est trop peu agréable pour y ajouter encore des malheurs qui seraient peut-être chimériques. Vous me direz pour me rassurer tout ce qu'il faudra me dire, et je me laisserai volontiers persuader. Bonjour, je vous souhaite autant de plaisir que j'ai d'ennui.

LETTRE 10.

LA MÊME AU MÊME.

Jeudi 5 juillet.

Enfin, me voilà débredouillée de toute façon. Premièrement, pour suivre les dates, ce que j'attendais est arrivé cette nuit, je m'en porte bien et je serai, Dieu merci, en état de commencer mes eaux, dimanche ou lundi. Secondement, j'ai reçu deux lettres pendant mon dîner. Ne croyez point que j'en use comme avec les romans, ce n'est qu'eux que je prends par la queue; je les ai lues selon leur rang : celle de lundi est ravissante, elle m'a fait désirer plus vivement Formont; car c'est un surcroît de plaisir que de lire avec quelqu'un des choses gaies et agréables. Notre Pecquigny n'a pas ce genre-là, elle n'y entendrait rien; elle veut toujours savoir qui l'a pondu, qui l'a couvé : c'est un esprit profond, mais nullement *gracieux*. Faites-moi des récits sans fin, sans cesse : c'est une œuvre de charité; si cela ne vous divertit pas, faites-vous-en un devoir, et ce sera le mieux pour moi; car je sais avec quel acharnement vous les remplissez. Ce que vous me mandez du pauvre Mertrud m'afflige et m'inquiète; vous n'êtes pas homme à oublier que vous m'en avez parlé, et à ne m'en plus rien dire, si vous en aviez des nouvelles; il faut de la suite dans vos lettres; pour les miennes, elles ne doivent et ne peuvent être que des bâtons rompus. Je n'ai pas le courage de vous parler de nos compagnies, il n'y a pas le mot pour rire; je ne sache que Pallu[1] qui en pût tirer parti pour en faire une lettre plaisante. Je ne saurais étudier

---

[1] Ami du président Hénault, conseiller au Parlement, maître des requêtes, intendant, etc. (L.)

des gens plats et sots, et le plus grand bien dont je jouisse en leur absence, c'est de n'y plus penser. Ils me sont cependant bons à quelque chose, à me faire voir la Pecquigny de meilleur œil. Je suis aujourd'hui bien moins noire qu'hier; premièrement parce que j'ai bien dormi, et secondement c'est que je commencerai bientôt les eaux, qui, jointes au régime que j'observe, me feront vraisemblablement grand bien. J'ai reçu aujourd'hui une lettre de madame de Luynes, dont je suis fort contente; quand vous la verrez, ne lui dites point que la Pecquigny me déplaît; il est dangereux de lui dire ce qu'on pense; ce sont des armes qu'on lui donne contre soi, et dont elle fait usage selon son caprice; dites-lui seulement qu'il ne vous paraît aucun engouement de ma part, que j'en parle fort bien, mais que vous doutez qu'il se forme jamais une liaison fort intime entre nous.

Mandez-moi toutes les nouvelles, même les politiques; cela m'établit une supériorité dont je profite pour ne me point lever de mon fauteuil, pour ne point faire de visites, etc.

Il est arrivé ici deux trains : l'un est une madame de Montigny, trésorière, dit-on, des États de Bourgogne; l'autre M. et madame le Ny : ceux-là débarquent dans la minute; je ne connais ni leurs titres ni leurs dignités.

Je n'ai nul regret aux *Lettres de Bayle*, je les ai lues, mais je ne me console point d'avoir lu *Paméla*[1] : ce serait une vraie ressource ici. S'il y a quelque nouveauté, je vous prie de me l'envoyer; vous ne sauriez croire le plaisir que cela me fera. J'ai vu avec douleur que j'étais aussi susceptible d'ennui que je l'étais jadis; j'ai seulement compris que la vie que je mène à Paris est encore plus agréable que je ne le pouvais croire, et que je serais infiniment malheureuse s'il m'y fallait renoncer : concluez de là que vous m'êtes aussi nécessaire que ma propre existence, puisque, tous les jours, je préfère d'être avec vous à être avec tous les gens que je vois : ce n'est pas une douceur que je prétends vous dire, c'est une démonstration géométrique que je prétends vous donner.

Il y a une phrase commencée et abandonnée tout de suite

---

[1] *Paméla, ou la Vertu récompensée*, par Richardson (Londres, 1740, 2 vol.), traduit en 1742 par l'abbé Prévost, 4 vol. in-12. Ce roman faisait grand bruit, non pas tant à cause du genre sentimental qu'il inaugurait, qu'à cause de la polémique dont il était l'objet. (V. *Journal de police*, à la suite du *Journal* de Barbier, t. VIII, p. 158.) (L.)

dans votre première lettre, qui me paraîtrait fort intéressante, si je la pouvais prendre pour autre chose que pour un tour de rhétorique que vous entendez fort bien. Enfin, quoi qu'il en soit, divertissez-vous en mon absence, *je le veux, j'y consens*, etc.; mais écrivez-moi souvent.

On n'a point ici de délicatesse : ce lieu ressemble assez au pays de *Rhadamiste*, mais il ne donne point des mœurs pareilles aux siennes; la jalousie ne me fera pas vous poignarder par précaution : ce mot de précaution m'avise que je m'y prendrais aujourd'hui un peu tard. Adieu.

LETTRE 11.

LE PRÉSIDENT HÉNAULT A MADAME LA MARQUISE DU DEFFAND.

Mercredi 4 juillet.

Mertrud est retrouvé, après s'être signalé à Plombières et avoir guéri sur sa route, ainsi que les apôtres, tout ce qu'il a rencontré : il vole, en arrivant, à de nouvelles conquêtes, et est parti, à la vérité, en pot-de-chambre, pour Versailles, où le contrôleur l'attend. Il m'a rapporté une lettre de M. de Nivernois, où l'on ne peut rien ajouter à la satisfaction dont il est, de la manière dont Mertrud l'a conduit. Il ne lui a pas laissé prendre les eaux comme aux autres malades; il s'est occupé, avec des recherches continues, à suivre l'effet des remèdes, et enfin son malade est guéri. Il ne me dit pas un mot dans sa lettre de celle que je lui ai écrite, mais il me charge de bien des compliments pour vous. Ce qui a été cause du retardement de Mertrud, c'est qu'il a des parents auprès de Langres, qu'il a été voir; mais cela n'aura servi qu'à le rendre encore plus célèbre, car toutes les provinces vont être remplies de son nom et des perquisitions que l'on va faire de sa personne.

On disait hier un nouvel arrangement des finances qui me paraît bien vraisemblable; M. le contrôleur général reste, et Boulogne signe et rapporte pour lui [1] : d'abord on disait qu'il était contrôleur général, mais je crois que cela se réduira à cela, et c'est bien assez. On en parlait déjà il y a deux jours, et cela se confirme. Vous me demanderez pourquoi je n'ai pas vu le D... et vous aurez raison; mais je l'ai cherché régulièrement

---

[1] Premier commis des finances, intendant des finances en mai 1744, puis contrôleur général. (L.)

tous les jours deux fois, sans avoir entendu parler de lui; je le verrai pourtant ce matin. Le Belle-Isle me paraît perdu, mais l'État l'est avec lui.

Je ne vous parlerai ni guerre ni politique, parce que cela vous ennuie et moi aussi. Vous saurez seulement que M. de Belle-Isle offre de servir sous M. de Broglie, comme un simple volontaire. Tout l'avantage est resté à ce dernier. C'est Montmartel qui a fait l'arrangement de Boulogne, s'il est vrai; car ce n'est encore qu'un bruit, lequel peut avoir du fondement, et être encore changé. Je vais ce soir à Athis avec MM. de Maurepas et Pont de Veyle[1]; je compte que j'aurai des nouvelles à vous mander.

Je viens à vous: je pense que s'il n'est rien survenu, vous aurez aujourd'hui commencé à prendre des eaux; le temps ne fut jamais si favorable, car, s'il vous traite comme nous, vous devez étouffer. J'ai bien de l'impatience d'apprendre comment se tourne votre nouveau ménage; je ne doute pas de l'envie que l'on aura de bien faire, et comme vous n'êtes pas si méchante que vous le croyez, vous y serez sûrement sensible.

Je reviens à Mertrud : je commençais à lui trouver quelque chose de funeste dans la physionomie, et je ne m'éloignais pas de croire à la métoposcopie.

L'*Ode de Voltaire* s'est multipliée à l'infini : tout le monde la trouve insensée; les belles strophes, où l'on trouve même à gloser et où l'on croit entrevoir de l'épigramme, sont noyées dans six ou sept, dont il y en a en effet d'inintelligibles. Madame de Mailly a trouvé très-ridicules les lettres de MM. de Luxembourg et de Boufflers, que l'on lui a lues, et il paraît que de ce côté-là la chance a totalement changé; mais qu'est-ce que tout cela nous fait?

Madame d'Évreux arrive dans le moment; toutes les bêtes se portent bien et elle aussi : elle me remet une lettre de monsieur votre frère, que j'ai pris la liberté d'ouvrir, comptant que j'y trouverais des nouvelles, et bien sûr qu'il n'y a rien que vous ne m'eussiez montré; je le plains de son état et de sa position, car, si ce que l'on dit est vrai, ils pourraient être attaqués.

Je ne vous mande rien de mes occupations : le chaud est si grand, que je ne sors de chez moi qu'à huit heures du soir.

---

[1] Antoine de Ferriol, comte de Pont de Veyle, fils aîné de madame de Ferriol, sœur de madame de Tencin, né à Paris le 1er octobre 1697, mort le 3 septembre 1774. (L.)

J'allai hier à Auteuil. A dire vrai, je commence à m'ennuyer déjà beaucoup, et vous m'êtes un mal nécessaire ; il y aurait bien de la métaphysique à faire sur cela, mais vous ne l'aimez pas mieux que la politique. Ce qu'il y a de vrai, c'est que l'idée de la liberté m'est beaucoup plus chère que la liberté même, et que dans le temps où je suis avec vous avec le plus de plaisir, la pensée que je ne serais pas le maître de n'y être pas, si j'avais autre chose que je crusse devoir faire et qui me fût moins agréable, cette pensée trouble mon bien-être ; cela revient à ces deux vers admirables de *Cornélie,* que vous trouvez si mauvais :

> Et ne pouvant souffrir la honte d'un lien,
> Il voudrait être au moins libre de n'aimer rien.

Bonjour, tâchez de me donner des nouvelles agréables de votre santé, c'est ce qui peut me faire le plus de plaisir.

LETTRE 12.

MADAME LA MARQUISE DU DEFFAND A M. LE PRÉSIDENT HÉNAULT.

Vendredi, 6 juillet.

Je suis ravie que Mertrud soit retrouvé, et de ses brillants succès. J'eus hier la même pensée que vous : il me semblait qu'il avait quelque chose d'assassinat dans la physionomie. Je vous ai écrit hier une grande lettre, ainsi vous n'aurez qu'un mot aujourd'hui. Tous vos sentiments pour moi sont d'autant plus beaux, qu'il n'y en a pas un qui ne soit naturel. Je crois ce que vous me dites, que le plaisir d'être avec moi est toujours empoisonné par le regret ou la contrainte où vous vous figurez être de ne pouvoir pas être ailleurs. Il serait bien difficile de pouvoir contenter quelqu'un de qui le bonheur ne peut être que surnaturel. Tout ce que je vous conseille, c'est de profiter pleinement de mon absence, d'être bien aise avec vos amies, et de garder vos regrets pour les changer en plaisirs simples et vrais, quand vous me reverrez. Pour moi, je suis fâchée de ne vous point voir ; mais je supporte ce malheur avec une sorte de courage, parce que je crois que vous ne le partagez pas beaucoup, et que tout vous est assez égal ; et puis je songe que je ne vous tyranniserai pas au moins pendant deux mois.

Je n'ai encore eu ni vent ni voie de Formont. Il m'est cependant bien nécessaire ; car la compagnie d'ici est pire que s'il n'y en avait pas. Notre ménage va couci, couci. Madame la Roche nous fait mourir de faim : il est impossible d'être moins entendue. Nous ne donnons ni ne donnerons un verre d'eau à personne, à moins qu'il n'y ait meilleure compagnie.

Adieu : divertissez-vous bien, je vous le conseille de tout mon cœur. Voyez beaucoup vos amies; ne craignez point de prendre une habitude que je puisse déranger : le genre de vie que je pourrai bien mener à mon retour détruira peut-être toutes les idées de contrainte que vous vous faites de vivre avec moi. De plus, je vous avoue, je ne suis pas tyrannique par caractère, et je ne sache personne que je voulusse contraindre. Je ne me crois pas plus mauvaise que je le suis, et je vais plus au-devant de ce qui convient à madame de Pecquigny que vous ne pouvez vous l'imaginer. Il y a des cas particuliers où l'on exige; mais vous savez bien quels ils sont. Comme cela vous est insupportable, et que vous me l'avez bien prouvé, je me crois parfaitement corrigée.

Adieu. Dites-vous bien que vous avez la clef des champs, et ne craignez pas que je veuille jamais la reprendre ; comme vous avez toujours un passe-partout, j'en connais toute l'inutilité.

Est-ce que les *Harangues*[1] ne paraissent point encore?

LETTRE 13.

LE PRÉSIDENT HÉNAULT A MADAME LA MARQUISE DU DEFFAND.

Vendredi, 6 juillet.

Je vous avoue que cela commence à me paraître surnaturel : il y a six jours que vous êtes partie, vous êtes à vingt-huit lieues de moi, et je n'ai point encore entendu parler de vous. J'en suis inquiet, et si je n'ai point de nouvelles aujourd'hui, je ne sais pas ce qu'il faudra faire pour en avoir. Je m'en prends toujours aux postes, qui peuvent n'être pas très-régulières dans une traverse; car enfin si vous étiez incommodée, ou vous m'auriez écrit un mot, ou mademoiselle d'Évreux s'en serait chargée, ou madame de Pecquigny aurait bien voulu me le faire savoir. L'impatience raisonne toujours mal et ne prévoit pas tout. Cependant j'imagine que la poste ne part pas tous les jours, que vous serez arrivée le lundi fort tard, que vous aurez écrit le mardi fort tard aussi, que c'est le mardi jour de poste,

---

[1] Les Harangues au Roi, à l'occasion de la paix. (L.)

et qu'après cela il n'en part plus que le jeudi, et qu'ainsi je pourrais recevoir aujourd'hui une lettre de mardi.

Je ne vous écrivis point hier, parce que je revins fort tard d'*Athis*, où j'étais allé le mercredi avec M. de Maurepas et Pont de Veyle. Il prit en arrivant un orage des plus violents que j'aie vus. Ce qu'il y eut de plus fâcheux, c'est qu'il fut accompagné de grêle grosse comme des balles. On allait en bateau dans toute la maison, et on fut obligé de se réfugier en haut. Voilà trois orages qui ont ruiné tous les environs de Paris, vignes, blés, cerises, etc. C'est une désolation générale, et nous n'avions pas besoin de cela.

M. de Belle-Isle reste à l'armée, et il y a ici des gens qui pensent qu'il est mieux que jamais, et que son apologie est portée en droiture aux dépens des plus hauts chênes. On ne comprend rien à tout ce qui se passe : tout est en soupçons, rien ne paraît stable, et les cèdres tremblent. Quand je dis que M. de Belle-Isle reste à l'armée, c'est-à-dire qu'il y reste avec M. de Broglie, sans que, sur toutes leurs divisions, on ait pris d'autre parti que de leur mander de bien vivre ensemble.

Mertrud a vu le contrôleur général[1] : il a été enfermé avec lui, tête à tête, une heure et demie, et le résultat a été que Mertrud l'entreprenait, sans qu'il ait pu obtenir que Silva ait été appelé en consultation : seulement il a rendu compte à Helvétius, qui a tout éprouvé ; Mais Mertrud a la seule confiance, et nous le verrons bientôt fermier général. Il m'a rendu compte de l'état du malade : il ne pense point du tout qu'il soit sans ressource, et je crois qu'il est persuadé qu'il le guérira.

Comme je me promenais hier, sur les huit heures du soir, dans le Palais-Royal avec M. d'Argenson, mon laquais vint me dire que madame de Luynes avait vu mon carrosse dans la grande cour, et qu'elle demandait à me voir. J'y allai, et je la trouvai dans le jardin, qui venait à moi avec M. de Luynes et madame de Chevreuse. Je lui demandai par quel hasard elle était à Paris, et depuis quand. Elle y était de mardi au soir, où elle était venue joindre M. de Luynes qui arrivait de Choisy. Vous jugez bien du cri que je fis de n'en avoir pas été averti. On se justifia de son mieux : on devait aller le mercredi à Saint-Maur ; l'orage en avait empêché, etc. Madame de Chevreuse

---

[1] Philibert Orry, contrôleur général des finances pendant quatorze ans, remercié en décembre 1745, remplacé par M. Machault d'Arnouville, mort, âgé de soixante ans, en novembre 1747. (L.)

venait de recevoir une lettre de son mari, par laquelle il lui mande que les Autrichiens sont vis-à-vis d'eux. Ainsi nous aurons nouvelle d'une action ou d'une retraite. On ne sait quel parti prend le roi de Pologne; il paraît pourtant qu'il ne nous abandonne pas encore. Il fait, dit-on, marcher vingt mille hommes, et il offre d'y en joindre quinze autres que nous payerons, sous la condition que quand ces trente-cinq mille hommes auront joint M. de Broglie, on marchera sur-le-champ aux Autrichiens, pour décider cette trop longue querelle. Cependant tous les écrits publics sont remplis du mépris de nos armes; et, pour le fait, les Anglais viennent de nous brûler cinq galères espagnoles dans un de nos ports de Provence. Leur but, c'est de nous insulter à tel point qu'ils nous fassent agir contre eux, parce qu'alors les Hollandais (avec lesquels ils ont traité de ligue défensive) ne pourront s'empêcher de se déclarer. Une autre insulte plus marquée, c'est qu'ils ont arrêté un bâtiment qui portait trois cents Français qui allaient relever le régiment de l'Auxerrois qui était dans Monaco, et qu'ils ont refusé de les rendre.

Madame de Luynes me prit hier à part, et me dit qu'elle n'avait pas le courage de demander un congé pour monsieur votre frère, et qu'elle vous avait écrit pour savoir votre dernière résolution. Je lui dis que vous n'en aviez point d'autre que de demander un congé, parce que monsieur votre frère n'était pas en état de se remuer, et qu'il fallait qu'il commençât par se guérir avant de pouvoir faire son métier.

M. de Luynes me dit que l'on se préparait à un voyage de Dampierre. Je le priai bien de me faire avertir. M. d'Argenson, qui s'était joint à nous, fut aussi invité, et puis les grands partirent bien vite pour aller trouver M. de Bayeux qui était arrivé à Versailles le matin, couvert des lauriers de Toulouse [1].

Au moment que je vous écris, il fait un tonnerre affreux. Mademoiselle de Tourbes est mieux, et Silva commence à croire qu'elle n'en mourra point. On n'a point encore de nouvelles de la mort du vicomte de Rohan. Le prince Cantimir

---

[1] Paul d'Albert de Luynes, évêque de Bayeux, frère du duc, auteur des *Mémoires*, était allé à Toulouse solliciter le jugement d'un procès important engagé contre madame de Caylus. « Il s'agissait, dit le duc, de terres en » Languedoc faisant partie de la donation faite par madame de Saissac à » M. de Grimberghen et par M. de Grimberghen à mon fils. » (*Mémoires*, t. IV, p. 176.) (L.)

donne une grande fête mercredi pour le couronnement de sa maîtresse. Madame de Mailly a un meuble charmant à Choisy. Meuse est resté à Versailles avec la goutte. Savez-vous ce qu'a fait d'Argenson l'aîné? Il a fait donner une assignation à l'Altesse royale, de la part de son fils, pour la succession de la reine d'Espagne. L'Altesse royale ne se tient pas de colère, et mon avis est que, pour réparation de cette insulte, elle le fasse chasser [1].

Adieu. Je m'imagine être en péché mortel quand je vous écris, et le tonnerre redouble.

Je vous parlerai une autre fois de Meudon. Madame de Chevreuse ne saurait s'empêcher de trouver un peu extraordinaire le voyage de M. de Pecquigny. Que voulez-vous... elle sait... bien... ce n'est pas son opinion.

LETTRE 14.

LE MÊME A LA MÊME.

Samedi, 7 juillet.

Voilà la chose du monde la plus incroyable : je ne reçus qu'hier vendredi, 6 du mois, à cinq heures du soir, votre lettre datée de Forges, de lundi 2 à deux heures et demie après midi. Je me creuse la tête pour comprendre ce que cela veut dire, et à la fin j'imagine que c'est que les lettres ne partent de Forges que trois fois la semaine, le lundi, le mercredi et le samedi; que, m'ayant écrit le lundi après midi, la lettre n'aura parti que le mercredi, au moyen de quoi je ne recevrai de lettre de vous que demain ou après. Je vous avoue que cela est fort désagréable.

Vous me chargez de faire un extrait de votre lettre pour madame de Flamarens. J'ai trouvé plus court de la lire hier à M. de Cereste qui soupa chez moi, et qui doit la voir aujourd'hui; mais comme vous lui avez écrit mardi, elle aura peut-être reçu votre lettre aussitôt que moi.

Enfin donc, vous voilà à Forges, arrivée saine et sauve : vous avez pris le seul parti raisonnable (de ne pas coucher à Pontoise). Votre maison ne vous déplaît pas, vous avez votre lit et votre fauteuil; en ajoutant à cela un verrou, vous n'aurez

---

[1] V. *Mémoires de d'Argenson*, édit. Rathery, t. IV, p. 17; par ce testament, le duc d'Orléans était institué légataire universel et la mère oubliée. (L).

à craindre ni les incursions du bel esprit, ni les entreprises conjugales. Prenez-y garde, au moins, les eaux de Forges sont spécifiques, et ce serait bien le diable d'être allé à Forges pour une grosseur, et d'en rapporter deux.

Je vis hier madame de Mirepoix, qui arriva dans la loge où j'étais, avec le chevalier de Brancas. Elle me demanda si elle aurait encore le temps d'aller à Forges, et je lui représentai qu'elle mettrait la charrue devant les bœufs. Son mari n'est pas encore parti, et elle se flatte qu'il ne partira point. J'eus hier à souper tous les Maurepas présents et à venir; *car je ne crois pas qu'il en survienne :* des Pierrots, d'Aumont, Pont de Veyle, etc. Le d'Argenson y vint, qui fut caustique, faute d'appétit. Cela se passa d'ailleurs assez bien. L'esturgeon était gâté, le souper assez médiocre, le temps parfait; mais les dames, qui sont toutes Hamadryades, n'osant pas se commettre à se promener dans le jardin, qui était charmant. Je vous avoue que j'aurais bien troqué tout cela contre vous toute seule. On regorgea de politique dans des tête-à-tête, et on ne dit que ce qu'on a dit cent fois. Voilà pourtant ce que l'on appelle le monde.

M. de Cereste a bien ri à l'article de M. du Deffand. Je meurs d'impatience de savoir ce qui en est; mais je n'ose m'en flatter, et puis, qu'on vienne trouver les rencontres de comédies hors du vraisemblable! Si cela était pourtant, qu'en feriez-vous? Je m'imagine qu'il prendrait son parti et qu'il ferait une troisième fugue[1]. C'est pourtant une plaisante destinée que d'avoir un mari et un amant qu'on retrouve comme cela à tout moment, et que l'on quitte de même! N'avez-vous pas quelque pressentiment sur son compte comme sur le mien? Moi, c'est *Momus fabuliste*; lui, ce doit être quelque opéra de La Coste, ou quelque tragédie de Pellegrin.

Il arrive un grand chagrin à la petite Forcalquier : toutes ses emplettes étaient faites pour partir pour Versailles, et ce devait être aujourd'hui, et justement, la vieille d'Antin se meurt; et voilà la présentation différée de trois mois. On m'a dit que le Forcalquier commençait à trouver que l'on parlait trop d'italien, et qu'il y avait eu de l'aigreur.

Vous avez donc enfin trouvé votre maître dans le genre du naturel, ou, pour mieux dire, on a contrefait votre édition. Je ne vois pas que cela soit embarrassant le moins du monde : vous n'avez qu'à faire comme le maître à danser de mademoiselle de

[1] La seconde est racontée par mademoiselle Aïssé. *Lettres,* p. 189 à 191. (L.)

Tourbes, chercher; je vous promets que vous pouvez la mettre au pis. Sérieusement, il n'y a qu'à répondre à toutes les fantaisies par en rire et par dire que vous les trouverez excellentes, pourvu que l'on vous permette, de votre côté, de suivre les vôtres; car c'est ainsi que, par grandeur d'âme, vous nommerez les vues sages, droites et uniformes qui déterminent vos actions.

Voilà deux lettres que je vous envoie, l'une de monsieur votre frère, et l'autre de madame de Saint-Pierre[1]; je n'ai ouvert ni l'une ni l'autre.

Il est fâcheux que la fatigue ne fasse que vous échauffer le sang, et ne vous procure point de sommeil; mais quand les eaux auront commencé à vous rafraîchir, cela se retrouvera, et la nécessité de se coucher de bonne heure, jointe au régime et à un peu plus d'exercice, doit vous remettre du calme.

On disait hier que le contrôleur général avait eu une mauvaise nuit, et on se moqua bien de moi, de l'inquiétude où j'avais été pour Mertrud, et de ce que j'avais entrepris cette cure. En tout cas, si cela ne fait pas le médecin, cela fera le guérisseur malgré lui.

Je compte que vous m'accuserez la réception de mes lettres. Je crains l'irrégularité des postes; celle-ci est la cinquième depuis votre départ; surtout n'ayez pas l'indifférence de les laisser traîner.

Vous me demandez des nouvelles de ma santé; elle est assez bonne, mais je mange trop, et je fais tous les matins un vœu de moins manger le soir, que je viole à chaque souper : hier, quand tout le monde fut en allé, je me promenai une heure tout seul dans mon jardin.

Bonjour, je vous embrasse, et je vous recommande sur toutes choses de vous bien ménager.

Je ne vous parle point de guerre, parce qu'il n'y a pas ici la moindre nouvelle. On a commencé à plaider avant-hier le procès de d'Ussé.

Vous ai-je dit que la maréchale de Villars me demanda de vos nouvelles quand j'y allai souper? Elle revient mercredi, pour ne plus retourner qu'à la fin d'août. La comtesse d'Estrées se meurt[2].

---

[1] Thérèse Colbert de Croissy, sœur du marquis de Torcy, mariée le 5 janvier 1704 au duc de Saint-Pierre, grand d'Espagne. Elle mourut en 1760. (L.)

[2] Elle ne tarda pas à mourir le 21 juillet 1742. Elle était sœur de madame

Olivier[1], que vous avez vu en cheveux naissants pendant le grand froid, a repris la perruque ces jours-ci, au grand étonnement de Cereste, qui l'a trouvé fondant en eau. Voilà toutes les nouvelles que je sais. Mes deux berceaux sont finis, et ils feront fort bien; je les trouve mieux proportionnés que les autres.

LETTRE 15.

MADAME LA MARQUISE DU DEFFAND A M. LE PRÉSIDENT HÉNAULT.

_ 8 juillet.

J'ai été ce matin à huit heures à la fontaine, j'y ai eu grand froid; il est vrai qu'il y a deux chambres où l'on fait faire du feu, et j'en ai usé. La compagnie y est terrible; je n'y trouvai qu'une dame d'Orléans qui m'ait intéressée, parce que sa maladie a quelque rapport avec la mienne. Il y a ici une madame la C. de Tienne qui est invisible; elle ne fait ni ne reçoit de visites; elle ne va point à la fontaine, et c'est la seule que je voudrais connaître. Elle a une grosseur ou squirrhe; je ferai des bassesses pour obtenir une entrevue. Nous donnons aujourd'hui un festin : nous nous y sommes déterminées, pour n'être pas prises en aversion; nous en donnerons encore un autre, et nous aurons eu tous les habitants de Forges qui ont figure humaine; après quoi, il n'en sera plus question, et notre prétexte sera que n'ayant point d'heures réglées pour nos repas, et ne mangeant pas même toujours ensemble, nous ne pouvons aller dîner dehors ni en donner. Quand madame de Rosambeau sera ici, nous verrons comment elle s'y prendra, et si l'on pourra faire société avec elle.

La nôtre va bien présentement, et ira toujours de même; c'est une chose facile de vivre avec des gens qui sont obligés au même régime : à l'égard d'autres convenances, en n'en cherchant pas on en trouve assez, ou bien l'on s'en passe.

Que dites-vous des lettres de Meudon? Elles me scandalisèrent plus peut-être qu'elles ne le devraient, et j'y fis hier

de Choiseul; elle est morte sans enfants de la poitrine. C'était une demoiselle Champagne. (*Mémoires du duc de Luynes*, t. IV, p. 194.) (L.)

[1] Olivier (Jean), littérateur français, né en 1722, à Paris, mort le 1er février 1748. On a de lui des épigrammes, des odes, adressées au prince de Conti et à M. de Maupeou, et deux ouvrages intitulés : *Essai historique sur le Louvre* et *La Métempsycose*, etc. (L.)

sur-le-champ la réponse que je vous ai envoyée; mais comme je me défie de mon premier mouvement, je m'en suis rapportée à vous : mais ne trouvez-vous pas cette plaisanterie d'un esprit morfondu? Est-ce comme cela qu'on écrit à ses amis, quand on doit avoir quelque inquiétude d'eux et qu'on y prend intérêt? Et puis est-il bien d'accabler de ridicule une femme avec qui je suis obligé de vivre? Encore si c'était chacun séparément qui m'eût écrit les mêmes choses! mais c'est une assemblée en forme, où chacun place son épigramme. Enfin, je crois bien que ma lettre est trop forte, et que vous ne l'aurez pas envoyée; mais je veux cependant qu'ils sachent que je ne suis pas contente d'eux.

Ce dimanche, à sept heures du soir.

Ma lettre a été interrompue par notre compagnie de dîner; nous avions six convives : voulez-vous savoir qui? M. et madame la présidente de Bancour, le chevalier de Sommery, M. Leroy, mademoiselle Desmazy, madame de Tavannes. Nous leur avons fait fort bonne chère; après quoi j'ai joué au quadrille, ensuite j'ai été me promener dans la forêt en carrosse; on est à chaque pas en danger de la vie, je n'y retournerai plus; ensuite je me suis promenée à pied *aux Capucins :* toutes les deux promenades avec madame de Tavannes et madame de Bancour, qui sont les seules à qui l'on puisse parler.

Madame de Pecquigny va tous les jours à cheval avec mademoiselle Desmazy, qui est une espèce de Cent-Suisse de soixante ans. Madame de Bancour a trente ans, elle n'est pas vilaine; elle est très-douce et très-polie, et ce n'est pas sa faute de n'être pas plus amusante; c'est faute d'avoir rien vu : car elle a du bon sens, n'a nulle prétention et est fort naturelle; son ton de voix est doux, naïf et même un peu niais dans le goût de Jeliot[1]; si elle avait vécu dans le monde, elle serait aimable : je lui fais conter sa vie; elle est occupée de ses devoirs, sans austérité ni ostentation; si elle ne m'ennuyait pas, elle me plairait assez.

Madame de Tavannes n'est pas bête; elle a plus l'air du monde, et sent sa fille de condition : elle me conte ses regrets de la mort de son abbesse, la peur qu'elle a de madame de Mont-

---

[1] Pierre Jélyotte, célèbre chanteur français, né près de Toulouse en 1711, mort à Paris en 1782. (L.)

morin., tout ce qui se passe à Fontevrault; mais tout cela est bien près d'être épuisé.

Pour nos hommes, ils sont affreux, et surtout le président de Bancour, qui a à Paris je ne sais combien de comtesses et de marquises qui sont ses cousines; qui connaît particulièrement M. de Rambures, sur le crédit duquel il fonde de grandes espérances. Il sait des particularités singulières sur toutes les choses dont on parle; M. de Gaumont, le conseiller d'État, lui a confié des choses importantes; il nous tire par la manche pour nous dire à demi-voix qu'il veut nous faire part d'une réponse fort plaisante que lui fit un jour un savetier; il lui demandait quel était son métier : Je suis cordonnier mineur, lui dit-il; il trouva cette réponse extrêmement comique, ainsi du reste; mais il compte vivre beaucoup avec madame de Pecquigny et moi, quand il viendra à Paris. J'ai cependant beaucoup baissé de considération auprès de lui, parce que j'ai eu l'imprudence de lui apprendre que je n'avais point d'équipage; mais comme il avait quelque disposition à faire cas de moi, il veut croire que c'est parce que je ne veux pas en avoir.

Ce lundi 9, à une heure après-midi.

Je reçois deux de vos lettres tout à la fois; celle de vendredi et celle de samedi; j'aurais dû recevoir hier celle de vendredi, mais je sais ce qui en a causé le retardement, et cela n'arrivera plus : à l'égard des miennes, je n'y comprends rien; on les porte tous les jours à Neufchâtel, d'où elles partent tous les jours pour Paris. Comme les premiers jours il n'y avait point de lettres qui vinssent ici de Neufchâtel, on pouvait bien n'y pas porter les nôtres; mais ce qui me confond, c'est que cela n'aurait dû faire de retardement que pour les premières, et vous en auriez dû recevoir plusieurs à la fois. Quoi qu'il en soit, écrivez-moi tous les jours, je vous écrirai de même; je recevrai les vôtres régulièrement, et comme vous ne devez pas être inquiet de ma santé, la date des miennes doit vous être assez indifférente. Je vous écrirai tantôt, et je ne fermerai ma lettre que demain matin. Je finis celle-ci pour qu'elle puisse être portée tout à l'heure à Neufchâtel. J'ai été à la fontaine, je m'en porte bien, et j'espère que les eaux me feront de bons effets.

Je reçois un mot de Formont de vendredi, qui m'annonce son arrivée dans huit jours. Je l'attends un peu impatiemment.

Qu'est-ce que c'est que le voyage de M. de Pecquigny ? Est-ce qu'il revient ici ? Mandez-moi naturellement de quoi il s'agit : sa femme n'en a pas encore reçu la moindre nouvelle.

LETTRE 16.

LE PRÉSIDENT HÉNAULT A MADAME LA MARQUISE DU DEFFAND.

8 juillet.

J'avais imaginé de ne vous point écrire aujourd'hui, dans l'indignation où je suis de la poste. Je ne reçus point hier de lettre de vous, et celle que je reçois dans le moment, datée du mardi et du mercredi, me remet en train; mais il faut bien que la poste ne parte pas tous les jours. Voilà un beau plaisir de recevoir une lettre datée de quatre jours, quand on pourrait et on devrait en avoir de la veille ! Voici ma sixième. Ne montrez pas ce que je vous ai écrit de politique, surtout ma dernière lettre. Tout est ici dans la plus profonde obscurité, et je crois que cela vient de ce que tout le monde, je dis tout le monde, a peur. Le contrôleur va plus mal : il est impossible qu'on ne prenne un parti. Boulogne est retourné aux Marionnettes ; mais on ne nomme personne. Notre ami se trouva un peu mal chez moi avant-hier au soir : il avait trop bu de bière. Nous allâmes hier nous promener à Auteuil : il était faible, parce qu'il avait pris les eaux de Vals le matin. Je revins de là souper chez le président Chauvelin. Paris est bien grand, et les mœurs du quinzième siècle ne sont pas plus différentes de celles du dix-huitième, que celles d'un quartier à l'autre. On parla de Le Normant[1], et on dit qu'on avait beau dire que c'était un homme de bonne compagnie, qu'il s'en fallait bien qu'il fût aussi agréable à table que dans son cabinet ; qu'il y avait bien des gens qui se vantaient d'avoir soupé avec lui, ou qui se le promettaient, mais que c'était par air. Voilà ce que je vous rends pour votre président d'Abbeville. Vous comprenez bien que tout cela se disait pour me montrer que l'on avait du monde ; et moi, comme le Pétrone du siècle, je souriais finement sans vouloir porter un jugement qui aurait écrasé le pauvre Le Normant. Tout cela fait pourtant que je me couche de meilleure heure.

Ne soyez point inquiète de ne pas dormir : on ne change

[1] Célèbre avocat du temps. (L.)

point de demeure et de lit impunément; mais comptez que vous dormirez, et persuadez-vous que votre ennui ne sera pas perdu, n'y eût-il que la reconnaissance que j'ai du soin que vous prendrez de vous.

Je suis fâché que nous n'ayons pas eu M. du Deffand pour vingt-quatre heures, cela nous aurait fourni des événements.

Je songe que c'est vieillir ses lettres que de répondre à celles que l'on reçoit, parce qu'on ne se souvient plus de ce qu'on a mandé, excepté seulement les articles essentiels.

Voilà qui est surnaturel, et je vous en sais un gré infini : une lettre qui me tombe par la cheminée! Cela serait plus juste si c'était par le commandeur de Solar, à cause des ramoneurs. Mais enfin, voilà donc une lettre! et c'est la troisième! Ce qui me fâche, c'est que vous me mandez que vous m'avez écrit le jeudi et le vendredi matin, que je n'ai pas reçu ces lettres, et que sans doute l'avenir sera de même. D'ailleurs ces lettres-là ne m'apprendront rien de nouveau sur votre santé : cela ne fait rien, ce seront toujours des lettres de vous.

Je vous ai mandé que c'était mercredi grande fête chez le prince Cantimir [1]. Je donnerai à souper ce jour-là à tout ce qui était à Athis. J'ai reçu un billet de Forcalquier pour aller à Meudon : je compte y aller coucher demain jusqu'à mercredi.

Je vous envoie l'*Éloge du cardinal de Polignac* que Mairan m'a envoyé : cela vous coûtera peut-être cent francs de port. Ce qui me divertit du style de ces messieurs, car j'y comprends M. de Maupertuis, c'est que l'on voit qu'ils prennent à tâche de temps en temps d'imiter Fontenelle : et c'est la patte de l'âne. J'ai trouvé cet ouvrage-ci d'un homme peu accoutumé à écrire et qui n'a pas de style; mais pourtant on y voit de temps en temps un homme qui pense. Pour les *Discours* de l'Académie, je ne sais ce qu'ils sont devenus, et puis ce n'est pas moi que vous avez chargé de vous les envoyer.

En recherchant hier mes paperasses, je retrouvai un *Recueil de poésies* de M. de Nevers. Ces quatre vers sont assez moraux :

---

[1] « Mercredi dernier, 11 de ce mois (juillet 1742), il y eut une fête chez M. le prince de Cantimir, ambassadeur de Russie, à l'occasion du couronnement de l'impératrice russienne; il y eut un grand dîner, où il n'y avait que des hommes, et le soir une grande illumination et un bal en masque. » (*Duc de Luynes*, t. IV, p. 190.) (L.)

> Tout homme audacieux qui prend un si grand vol,
>   Quoique son bonheur le soutienne,
>   Qu'il songe à lui, qu'il se souvienne
> Que la fête de Vaux se chôme à Pignerol.

Il y a deux autres vers bien singuliers dans la même pièce, sur un impôt que l'on avait mis sur le blé :

> Sur l'intacte Cérès tenter des monopoles,
> C'est au coin de la mort fabriquer des pistoles.

Vous ne me marquez point si vous avez reçu quelques lettres de ce pays-ci.

Mais ce qui m'a diverti, c'est la *Relation* d'un voyage à Limoges, écrite par M. de Saint-Aulaire, en forme de lettres, en 1663, c'est-à-dire il y a soixante-dix-neuf ans. Je vous assure qu'il y a de jolies choses. Ces lettres sont adressées à mademoiselle de la Force [1].

Pendant le voyage de madame du Maine à Versailles, le *Berger* était resté à Sceaux, et il a écrit une lettre de jalousie au cardinal (*de Polignac*), qui lui a répondu le plus galamment du monde qu'il ne donnait pas dans ce panneau-là, et que ces inquiétudes avaient l'air d'un homme bien sûr de son fait.

N'avez-vous pas ouï conter que madame de Brancas faisait élever le petit Maubec avec le petit Fronsac à écrire des lettres d'amour, à faire les rivaux, à supposer des rendez-vous, etc.? Je trouve que c'est l'autre bout.

Adieu; votre ennui m'afflige. Je trouve pourtant qu'il ressemble au conte du tonnerre, qui valut à un mari un embrassement qu'il n'avait pas reçu depuis longtemps. Je suis tout de même : vous croyez actuellement me regretter; mais d'ailleurs vous ne sauriez vous empêcher de songer que c'est à moi qu'il faut que vous disiez vos peines, parce que vous n'y croyez pas beaucoup de gens aussi sensibles, ou, pour dire vrai, parce que vous en êtes sûre.

Voilà une lettre de D... Si elle est aussi froide que celle qu'il m'a écrite en même temps, cela ne fera pas passer vos eaux. Ils n'ont pas le genre épistolaire dans la famille.

Ce lundi 9.

Voilà madame d'Évreux qui arrive dans la plus grande fureur

---

[1] Nous ne trouvons d'indications relatives à cette *Relation*, ni dans les *Mémoires* du président Hénault, ni dans l'*Éloge de d'Alembert*, ni dans les historiens de ces époques galantes, MM. Arsène Houssaye, des Noiresterres, etc. (L.)

du monde contre Louison. Je l'ai rassurée en lui apprenant de vos nouvelles. Elle m'a demandé si vous aviez commencé à prendre vos eaux. Je lui ai rendu compte de tout le monde de la maison, du lit, du fauteuil de madame la Roche. Elle a fini par me demander si vous logiez toujours avec madame de Pecquigny. Je lui ai dit que j'en étais persuadé. Elle n'avait pas aujourd'hui sa serviette à la main; mais elle avait une belle robe de soie gris de perle.

On ne sait aucune nouvelle. Bonjour. Je vous embrasse de tout mon cœur.

LETTRE 17.

MADAME LA MARQUISE DU DEFFAND A M. LE PRÉSIDENT HÉNAULT.

9 juillet.

Me voilà quitte de ma compagnie, et je vais vous écrire tant qu'il plaira à Dieu. Il fait trop vilain pour se promener : d'ailleurs j'ai la plante du pied droit très-enflée, cela me fait de la douleur dans la jambe et m'empêche de marcher. Quand vous rencontrerez Silva, demandez-lui ce que cela veut dire : ce n'est point un effet des eaux, je m'en ressentais auparavant. J'ai, ce matin, été à la fontaine, comme je vous l'ai mandé : je me suis établie dans une chambre où il y avait un bon feu; j'ai pris six verres ou dix demi-setiers de royale et un de cardinale ; le tout a bien passé : cependant cela m'a porté un moment à la tête, je me suis sentie un peu gaie et puis assoupie. J'ai dîné, qu'il était près de deux heures, avec appétit; j'ai mangé du riz, le bas d'une cuisse de poularde bouillie, un os de veau et une cuisse de lapereau avec assez de pain ; ensuite j'ai joué à la comète avec madame de Pecquigny, et puis j'ai fait tout de suite un quadrille avec mon amie madame de Bancourt, M. de Sommery et M. d'Erlevry : ce sont mes complaisants ; ils sont partis, et me voilà. Vos lettres me font un plaisir infini, et je dirai de vous, comme madame d'Autrey[1] de M. de Cereste : *vous avez l'absence délicieuse.* Mais cependant vous ne m'envoyez rien. Je comptais sur les Harangues de l'Académie ; peut-être n'ont-elle pas encore paru. Toutes les brochures nouvelles il faut me les envoyer. Imaginez-vous qu'il n'y a nul changement, et

---

[1] Femme de M. d'Autrey, petit-fils de M. d'Armenonville, garde des sceaux. (L.)

qu'à Forges ainsi qu'à Paris et partout ailleurs vous êtes ma seule ressource et le seul sur qui je compte, j'aurais dit *et de qui j'exige;* mais ces mots vous paraissent trop malsonnants. La Pecquigny n'est d'aucune ressource, et son esprit est comme l'espace : il y a étendue, profondeur, et peut-être toutes les autres dimensions que je ne saurais dire, parce que je ne les sais pas; mais cela n'est que du vide pour l'usage. Elle a tout senti, tout jugé, tout éprouvé, tout choisi, tout rejeté; elle est, dit-elle, d'une difficulté singulière en compagnie, et cependant elle est toute la journée avec toutes nos petites madames à jaboter comme une pie. Mais ce n'est pas cela qui me déplaît en elle : cela m'est commode dès aujourd'hui, et cela me sera très-agréable sitôt que Formont sera arrivé. Ce qui m'est insupportable, c'est le dîner : elle a l'air d'une folle en mangeant; elle dépèce une poularde dans le plat où on la sert, ensuite elle la met dans un autre, se fait rapporter du bouillon pour mettre dessus, tout semblable à celui qu'elle rend, et puis elle prend un haut d'aile, ensuite le corps dont elle ne mange que la moitié; et puis elle ne veut pas que l'on retourne le veau pour couper un os, de peur qu'on n'amollisse la peau; elle coupe un os avec toute la peine possible, elle le ronge à demi, puis retourne à sa poularde; après elle pèle tout le dessus du veau, ensuite elle revient à ronger sa poularde : cela dure deux heures. Elle a sur son assiette des morceaux d'os rongés, de peaux sucées, et pendant ce temps, ou je m'ennuie à la mort, ou je mange plus qu'il ne faudrait. C'est une curiosité de lui voir manger un biscuit; cela dure une demi-heure, et le total, c'est qu'elle mange comme un loup : il est vrai qu'elle fait un exercice enragé. Je suis fâchée que vous ayez de commun avec elle l'impossibilité de rester une minute en repos. Enfin voulez-vous que je vous le dise? elle est on ne peut pas moins aimable : elle a sans doute de l'esprit; mais tout cela est mal digéré, et je ne crois pas qu'elle vaille jamais davantage. Elle est aisée à vivre; mais je la défierais d'être difficile avec moi : je me soumets à toutes ses fantaisies, parce qu'elles ne me font rien; notre union présente n'aura nulle suite pour l'avenir. Si je n'avais pas l'occupation de vous écrire je m'ennuierais à la mort; mais cela remplit une bonne partie de la journée, et me voilà tout accoutumée à me coucher de bonne heure. Je crois avoir fait un excès quand dix heures et demie me surprennent debout.

Je ne réponds pas à vos lettres article par article, parce qu'à l'égard des nouvelles, elles sont déjà vieilles quand vous recevez mes réponses, et pour les choses de société elles sont froides quand elles ont huit jours, et vous ne pouvez recevoir de réponse à votre dernière lettre, qui était du samedi 7, que mercredi 11 au plus tôt. La lettre que j'ai fermée ce matin, et qui est partie d'ici à trois heures, ne partira que demain à la même heure pour Paris; pour celles que vous m'écrivez, je les reçois le surlendemain. Nous aurons du moins la satisfaction l'un et l'autre d'avoir tous les jours de nos nouvelles; les vôtres seront de fraîche date, et les miennes seront plus vieilles. Mon frère me mande qu'il va à Strasbourg par le conseil de tout le monde. Ouvrez toutes mes lettres à l'avenir; je suis bien aise que vous voyiez ce qu'on me mande, il y pourrait avoir telles choses sur lesquelles je serais bien aise que vous me donnassiez vos avis.

Je n'ai point encore entendu parler de madame de Flamarens. J'ai reçu aujourd'hui une lettre de madame de Rochefort dont je suis très-contente. C'est son frère qui m'a écrit ces belles pièces d'éloquence que je vous ai envoyées : moyennant cela, je les trouve moins impertinentes que si elles étaient de Sade. Je désapprouve assez la conduite du petit chat, et je suis fort aise de n'être pas à portée de recevoir des confidences : je n'aime pas la vérité jusqu'à la folie, et je suis quelquefois fort aise de n'être pas obligée à dire ce que je pense.

Je parie que le d'Ar... ne vous a pas demandé de mes nouvelles; c'est l'homme du monde le moins occupé de ce qui ne lui fait rien. Vous n'êtes pas de même, et je trouve que cela a bien son bon : ce sont les circonstances qui en décident; mais lorsqu'on est à Forges, il n'est pas douteux que cela ne paraisse une grande vertu. Ne vous en corrigez donc point : je crois bien que cela ne me doit rien faire; mais ce qui est encore plus sûr, c'est que cela ne peut me nuire.

Voilà ma Pecquigny qui rentre : à demain, ou peut-être à tantôt.

LETTRE 18.

M. LE PRÉSIDENT HÉNAULT A MADAME LA MARQUISE DU DEFFAND.

9 juillet.

Je vous ai déjà écrit ce matin; mais comme je m'en vais coucher à Meudon jusqu'à mercredi, je veux répondre, avant de partir, à deux lettres que je viens de recevoir de vous dans le même paquet, l'une de jeudi et l'autre de vendredi. Mon imagination dépend beaucoup de la vôtre, ou, quand je n'y ai pas à répondre, mes idées me suffisent; mais il y a des choses qui me déroutent la tête, et alors je ne sais plus que dire : c'est ce qui m'arrive aujourd'hui.

Votre lettre de jeudi m'a fait beaucoup de plaisir, parce que vous y êtes contente de moi; et si je n'avais eu que celle-là à répondre, il me semble que ma réponse aurait été fort gaie; mais la lettre de vendredi est toute je ne sais comment, et je m'en vais relire la première pour me remettre en haleine.

Vous dites que vous ne me prenez pas comme les romans : c'est en effet ce que vous pouvez faire de mieux, et je loue en cela votre prudence; mais il me semble qu'au style de mes lettres, vous ne devez pas m'exhorter à les continuer à titre d'œuvre pie : je ne crois pas qu'elles en aient l'air. Je pourrais même vous dire que j'ai converti mes soirées en matinées, et que le temps où je vous écris est le bon temps de ma journée. Je vous ajouterai encore que vous devez me voir dans mes lettres comme vous m'avez vu autrefois en présence, parce que rien ne m'offusque, et que je ne laisse à votre idée que ce qu'elle a de favorable pour moi. Il est vrai aussi qu'elles n'ont l'air ni faibles ni maigres, et que la poste flatte autant que Gobert [1]. Mais il faut que je vous parle de ce que je viens de voir : c'est Mertrud arrivant de Versailles. Figurez-vous d'abord qu'il est dans une chaise du contrôleur, qui ne fait que cela : il y va souper le soir et revient le matin toujours dans la même chaise. Il est plus bredouilleur que jamais, ne sait pas un nom propre, enfin est plus rustique que votre vue de Forges; mais il guérira le contrôleur : déjà il se lève, il joue *un médiateur*, il mange et il dort bien, c'est-à-dire six heures par nuit, et il ne dormait point du tout auparavant. Son mal est dans les nerfs, et Mertrud est sûr du remède. La Peyronnie en est tout *épeuté*. Helvétius crie miracle, la cour en enrage, le cardinal en est bien aise, et a repris ses sentiments pour lui, qu'il avait laissés là, comme mademoiselle Antier [2], pour les donner à d'autres. Les ministres, qui regardaient cela comme une charlatanerie, sont bien *ébaubis*. Le Roi en parle à toute heure et à tout mo-

---

[1] Peintre du temps. (L.)
[2] Marie Antier, née à Lyon en 1687, morte à Paris le 3 décembre 1747. Elle avait quitté le théâtre (l'Opéra) en 1741. (L.)

ment. On sait à présent l'histoire de l'assassinat. M. Dufort, qui avait écrit pour s'en informer, a rapporté tout l'itinéraire de Mertrud au contrôleur; on sait où il a dîné, où il a soupé, où il a passé, etc., et à tout cela Mertrud dit, comme le petit muphti, que cela est vrai.

Le contrôleur lui a dit qu'il se chargeait de sa fortune; mais ce qu'il y a de divin, c'est la relation de tout ce qui est dans la chambre du contrôleur. Celui sans exception dont il a le plus d'idée, c'est de M. de Marville: il prononce son nom à merveille, il dit qu'il l'embrasse à tout moment, et qu'il boit toujours à sa santé, car, s'il vous plaît, nous le faisions manger avec nos gens, et il dîne et soupe côte à côte de madame de Fulvy [1]. C'est que M. le contrôleur a un beau visage, qu'il a bien l'air d'un honnête homme; il dit tout bonnement ce qu'il pense; il est si blanc de visage : et puis il ne lanterne point pour vous parler. Pour *cet autre*... et... là... qu'on dit qui est son frère. — Vous voulez dire M. de Fulvy? — Oui, justement. — Eh! fi, c'est une bête. — Il y a là M. Fagon? — Est-ce le fils du médecin?... Oui, et il est bien maigre; mais il est bien de vos amis, nonobstant cela. Il m'a dit qu'on m'avait bien de l'obligation. Et puis madame de Fulvy, elle a bien ri quand elle a dit qu'on m'avait assassiné, et vous entendez bien que cela voulait dire que si on m'avait assassiné je ne serais pas là, et que si je n'étais pas là, je n'aurais pas guéri M. le contrôleur : vous comprenez bien cela? — Oui, fort bien. — Qu'est-ce qui était encore dans la chambre? — Oh! dame, elle ne désemplit pas : il y a un homme qui est quelque chose pour les bêtes féroces. — Qui? M. d'Ecquevilly [2]? — Bon! non; un... là... qui est pour le loup. — Ah! M. de Flamarens? — Justement. Celui-là a encore une bonne physionomie : il me questionne à tout moment, et c'est lui qui m'a dit qu'il parlait au cardinal de moi. Mais, mon cher monsieur, qu'il y a là un homme ridicule! C'est un abbé de Bro... d'Imbro... là... qui a un frère à l'armée. — De Broglie [3], n'est-ce pas? — Justement. Il a voulu parler anatomie avec moi : il ne sait rien du tout; tout ce qu'il dit ce n'est que des *babioles* : on s'est bien moqué de lui, et moi

---

[1] Belle-sœur du contrôleur général. (L.)

[2] Augustin-Vincent Hennequin, marquis d'Ecquevilly, capitaine du Vautrait. (L.)

[3] Voir sur l'abbé de Broglie, type d'intrigant achevé, d'abbé de cour, dans toute la force du terme, les *Mémoires du président Hénault*. (L.)

j'en étais honteux. J'ai encore disséqué une femme dans Versailles : ils étaient là tous ; ils ne savaient comment s'y prendre, et moi je vous l'ai ouverte tout d'un coup : on l'a dit au Roi, qui s'en est bien diverti.

Voilà la substance du récit de Mertrud, dont je ne vous rends pas la dixième partie. Mais, dans le vrai, je commence à croire qu'il guérira le contrôleur, et ce ne laisse pas d'être un événement considérable dans les circonstances présentes. Ce qui a fait que l'on a eu recours à lui, c'est qu'il a guéri un boulanger du roi d'Espagne, qu'il prétend aussi qui est secrétaire du roi (je ne sais comment cela s'accommode), lequel avait le même mal que M. de Buron, qui l'a dit au contrôleur, et que sur cela on lui a mandé de venir. Je m'en lave les mains.

Je suis fort aise du courage avec lequel vous m'assurez que vous partagez mon absence. A dire vrai, je m'en doutais, et je m'imagine que si vous étiez dans un beau lieu, bonne compagnie et un bon estomac, mon idée ne vous fatiguerait pas. Mais au milieu des bois, il vaut autant vous divertir de mes fadaises que de M. et madame le Roy, et même madame de Montigny.

Je ne vous ai pas dit que j'allai encore hier à l'Opéra, où j'eus un plaisir extrême. Là, le Maure et Jélyotte furent divins, et Dupré et Javillier dansèrent à l'envi : il n'y eut point jusqu'aux choses de *galanterie* qui m'y plurent. C'est, je crois, de demain en huit *Issé* [1] avec Chassé.

Pour des nouvelles de politique, il n'y en a aucune. On croit que le prince Charles a fait avancer des troupes de Moravie pour environner Prague par les derrières, afin de nous ôter toute subsistance.

Pour madame de Pecquigny, je vous conseille de ne demander à son caractère que ce qui s'y trouve, et comme vous êtes sûre que les intentions sont bonnes, de passer l'écorce, qui ressemble assez à du maroquin du Levant.

L'abbé Desfontaines dit des merveilles de *Paméla;* mais il se moque fort légèrement de l'*Avertissement* de Maupertuis. Il y a des *Aventures de Boulogne* que je vous enverrai. Pont de Veyle prétend que cela ressemble aux *Illustres Françaises.* Comme vous m'assurez que ce n'est pas votre intention de me prendre comme les romans, je ne vous dirai point que je vous embrasse de tout mon cœur. Je cherche à mettre en usage

---

[1] De la Motte-Houdart, musique de Destouches. (L.).

toutes les invitations que vous me faites de me bien divertir; mais je vous avoue que cela ne me réussit pas, et que, si je m'en croyais, je vous dirais que je m'ennuie beaucoup de ne vous pas voir; que rien ne vous remplace, parce que je ne sais ce que c'est que les remplacements, qu'ils sont impossibles à mon caractère, qui est invariable même contre le vent, en quoi je suis supérieur aux girouettes, quelque élevées qu'elles puissent être; que ce que j'aime, je l'aime pour toujours, et que c'est vous que j'aime ainsi; que si j'avais été à Forges, je n'aurais pressé ni madame Martel [1], ni la petite d'O [2], ni d'autres d'y venir; que tous mes défauts sont contre moi, et même mes bonnes qualités; que je sens profondément les torts que je puis avoir; mais que je sens avec la même vivacité les reproches mal fondés; en un mot, que, si cela se pouvait, j'aimerais encore mieux quelqu'un qui me dirait toute la journée qu'elle est sûre que je l'aime, que mon âme n'est capable de recevoir qu'une impression, et qu'il est aisé d'en juger à la vivacité dont elle en est frappée : voilà tout. Si vous voulez me faire plaisir, redites-moi tout cela, et parlez-moi beaucoup de moi par rapport à vous : vous y pouvez mêler quelque chose de vous; mais prenez-y bien garde, car je crois aussi bien que je sens.

LETTRE 19.

MADAME LA MARQUISE DU DEFFAND A M. LE PRÉSIDENT HÉNAULT.

11 juillet.

Me voilà à vous, dont en vérité je suis fort aise; j'ai congédié ma compagnie avec le secours de ma petite amie madame de Bancourt, qui a emmené tous mes hommes en leur disant que j'avais à écrire. Cette petite Bancourt est bonne femme, et dans le fond je m'en accommoderais bien mieux que de ma compagne. Celle-ci était aujourd'hui dans un accès de bavardage inouï; elle est à chevaucher dans les forêts avec une demoiselle Desmazis, de qui le sexe est mal décidé.

Quand vous voudrez m'affranchir le port des gros paquets, vous n'aurez qu'à les envoyer à la du Châtelet, j'en ai reçu une lettre aujourd'hui avec le *factum de M. de Joyeuse*. Elle me

---

[1] Voir sur madame Martel le joli portrait qu'en trace le président Hénault, *Mémoires*, p. 26. (L.)

[2] Voir sur madame d'O les *Mémoires du président Hénault*, p. 109, et les *Mémoires de Maurepas*. (L.)

mande que M. de Richelieu a suspendu l'impression de son discours, et que dès qu'il paraîtra elle me l'enverra. J'ai eu aujourd'hui une seconde lettre de madame de Rochefort et une de l'abbé de Sade, de six ou sept pages, que je n'ai pas encore lue. Je me sens fatiguée aujourd'hui ; j'ai dîné avec un appétit presque semblable au vôtre, et ma digestion me pèse un peu : mes eaux passent toujours bien ; mais il a fait un temps diabolique ces jours-ci. Je vais cependant à la fontaine, mais vêtue comme un oignon, et je ne sors pas du coin du feu. Il fait assez beau présentement. Je commence à être assez ennuyée de notre dame de Tavannes ; nous l'avons eue hier et aujourd'hui à dîner : en voilà pour quelque temps. Savez-vous qui est ici ? Lauzillières. Vous ne vous ressouvenez peut-être plus qui il est ; c'est un homme qui était ami de madame de Prie, et qui, sauf votre respect, avait l'honneur de..... [1] Il est vieux comme le monde, la tête lui branle : il est avec madame Harenc, qui est sa femme ou sa maîtresse. Voilà une chaise à quatre chevaux qui arrive, et une dame dedans ; Lafrance me dit que c'est madame de Rosambeau. Je vous plains de l'ennui de mes lettres ; mais inutilement je voudrais les rendre intéressantes et amusantes ; je végète toute la journée, et bien m'en prend d'être dans cette disposition. Je vais lire la lettre de l'abbé de Sade, peut-être me fournira-t-elle matière pour celle-ci, que je reprendrai après.

Je viens de lire la lettre de l'abbé ; elle est fort bien : il me dit qu'il fut question de m'envoyer deux relations, l'une de ce qui se passait à Forges et l'autre à Meudon ; que le Forcalquier fut chargé de la première, et lui qu'il entreprit la seconde. Il s'en acquitte bien : il me fait des portraits de mesdames de la Vallière, de Forcalquier et de Rochefort, qui sont démêlés, fins, et d'un style noble, net et facile ; mais je n'ai rien à répondre à tout cela, que de prier qu'on continue et qu'on n'exige rien de moi ; je suis hébétée. Je ne vois rien ici qui vaille la peine d'être peint, je n'entends rien qu'on puisse répéter, et je ne pense rien par moi-même : cet état est bon à la

---

[1] Le président Hénault, d'Argenson et Marais attribuent les dernières bonnes grâces de madame de Prie à un M. de Lestre, son cousin. Il n'est pas question de M. de Lauzillières. Marmontel l'avait beaucoup connu chez madame Harenc, dont il élevait le petit-fils. C'est dans ses *Mémoires*, édition Barrière, qu'il faut chercher des détails intéressants sur ce M. de l'Osilière (il écrit ainsi son nom) et sur madame Harenc, sa bienfaitrice, qui se lia avec madame du Deffand et la recevait à souper à Paris, ainsi que d'Alembert et mademoiselle de l'Espinasse. (*Mémoires*, p. 99, 155.) (L.)

santé; mais il est un peu surchargeant pour ceux à qui l'on écrit : il vous fera supporter patiemment les irrégularités de la poste. Adieu. Je vais écrire à madame de Luynes. Je mettrai ma lettre dans votre paquet, et vous l'y enverrez.

Je vous remercie de l'*Éloge du cardinal de Polignac* [1]. J'attendrai Formont pour le lire, car notre Pecquigny ne prend rien de tout cela. Envoyez-moi tous les rogatons, et informez-vous chez Prault [2] des livres nouveaux. Me voilà sur le pied de ne point sortir et de ne voir du monde qu'à l'issue du dîner. Premièrement, quand je resterais seule j'en serais bien aise, et j'ai été bien aise d'établir les choses sur ce pied-là avant l'arrivée de Formont. Si vous saviez les visites que l'on reçoit! cela est étonnant. L'autre jour il m'arriva cinq dames que l'on me nomma tant bien que mal : je les embrassai, je les reconduisis en grande cérémonie. L'une d'elles était la femme d'un procureur d'Amiens, et l'autre du pâtissier qui fait ces bons pâtés de canards. Ce qui m'a fâchée, c'est que j'ai appris depuis qu'elle avait une dartre vive sur le nez, et que je l'avais embrassée.

Je ne me réjouis point de l'arrivée de madame de Rosambeau : ce ne peut être qu'une petite contrainte de plus, et toute ma ressource ici, c'est une paresse énorme. Adieu, jusqu'au premier moment qu'il me viendra quelque chose à vous dire.

LETTRE 20.

M. LE PRÉSIDENT HÉNAULT A MADAME LA MARQUISE DU DEFFAND.

12 juillet.

J'allai hier à *Brutus*, il y avait assez de monde; je me confirmai bien dans ce que j'ai toujours pensé, que c'est la plus belle pièce de Voltaire. La Noue [3] y joua avec cette intelligence que vous n'aimez pas, parce qu'elle ne suppose point de feu : c'est comme quand on dit qu'une fille à marier joue

---

[1] Le cardinal de Polignac était mort dans la nuit du dimanche au lundi 20 novembre 1741, suivant le duc de Luynes, et non le 3 avril 1742, comme le dit la *Biographie Didot*. Il fut remplacé à l'Académie française par l'abbé de Saint-Cyr, sous-précepteur du Dauphin. De Boze et de Mairan ont fait son *Éloge*. (L.)

[2] Célèbre libraire du temps. (L.)

[3] Après s'être fait connaître avantageusement à Paris par ses pièces du *Retour de Mars* et de *Mahomet II*, La Noue, avide d'une autre gloire, débuta au Théâtre-Français le 14 mai 1742. (L.)

bien du clavecin, cela veut dire qu'elle n'est point jolie. Cependant je trouvai qu'il avait du feu : ce n'est point de cela qu'il manque, mais de force; en tout, j'en fus content. La Gaussin[1] joua à son ordinaire; mais de qui je fus enchanté, c'est de Sarrasin[2], qui mit dans le rôle de Brutus toute la noblesse, toutes les entrailles, tout le tragique que l'on y peut désirer. De là, je revins chez moi attendre ma compagnie, qui ne fut pas nombreuse, car nous n'étions que sept, la Maréchale, sa fille, son fils, madame de Maurepas, Céreste, Pont-de-Veyle et moi; notre souper fut excellent, et, ce qui vous surprendra, nous nous divertîmes. Je vous avoue qu'au sortir de là si j'avais su où vous trouver, j'aurais été vous chercher; il faisait le plus beau temps du monde, la lune était belle, et mon jardin semblait vous demander. Mais, comme dit Polyeucte, que sert de parler de ces matières à des cœurs que Dieu n'a pas touchés? Enfin je vous regrettais d'autant plus que je pouvais vous prêter des sentiments qu'il n'y a que votre présence seule qui puisse détruire.

Savez-vous la pièce qui court? C'est une lettre de Voltaire au roi de Prusse, la plus folle que l'on puisse imaginer. Il lui dit qu'il a bien fait de faire sa paix, que la moitié de Paris l'approuve, qu'il n'a fait que gagner le cardinal de vitesse; qu'il ne doit plus s'occuper à présent que de rappeler les plaisirs, enfants des arts, l'opéra, la comédie, etc. Il est vrai que cette lettre n'est pas aussi bien écrite que Voltaire a coutume d'écrire, mais ce sont ses idées et sa morale.

Voltaire, que Pont-de-Veyle a vu à la Comédie, a paru surpris de cette nouvelle : il a juré avec un grand air de bonne foi qu'il ne savait ce que c'était que cette pièce; qu'il était bien vrai qu'il avait fait réponse à une lettre du roi de Prusse, mais que personne n'avait vu cette réponse, pas même madame du Châtelet, et qu'il n'y avait rien dans sa lettre qui ressemblât à ce qui lui était imputé dans celle que l'on faisait courir. Cependant cela devient d'autant plus sérieux que tous les ministres étrangers en ont des copies, que M. Chambrier[3] en a trouvé

---

[1] Actrice aimable et touchante à la scène, et à la ville naïvement galante; elle avait débuté en 1731 à la Comédie française (le 28 avril) par le rôle de *Junie* de *Britannicus*. (L.)

[2] Sarrasin avait débuté le 3 mars 1729 par le rôle d'*Œdipe*, de Corneille. Excellent tyran et père pathétique. (L.)

[3] Ministre du roi de Prusse à Paris. (L.)

une à sa porte, et que le cardinal l'a lue. Si c'est une méchanceté qu'on lui a faite, comme il y a beaucoup d'apparence, vous conviendrez que voilà un tour bien noir. Il y a des gens que les aventures vont chercher, et qui rencontreraient des hasards à la Trappe. Il ne sait quel parti prendre, et il faut avouer que le conseil est difficile à donner; cependant, toute réflexion faite, il me semble qu'il n'y aurait qu'à écrire une deuxième lettre au roi de Prusse, dans laquelle il le supplierait de vouloir montrer celle qu'il lui a écrite à M. de Valori [1], et envoyer cette seconde lettre à M. Amelot [2], pour qu'il la fît tenir. Mais pour prendre ce parti, il faut deux conditions : la première, qu'il n'ait pas en effet écrit la lettre qu'on lui impute, et puis que celle qui est la véritable ne contienne rien dont on puisse être offensé ici, ce dont je ne répondrais pas.

Madame de Rochefort devait revenir hier à Paris, parce que la fièvre lui avait repris, et que Silva voulait qu'elle revînt : cependant rien de tout cela n'est arrivé, et en rentrant chez moi, j'ai trouvé que M. le maréchal de Brancas y avait passé pour me dire qu'il partait pour Meudon, où il m'attendrait avec un bon lit. Je compte y aller jusqu'à dimanche, que je reviendrai souper chez la maréchale avec la même compagnie qu'hier.

Vous serez bien étonnée quand je vous dirai que l'on ne parle pas plus de nouvelles que si l'on était en pleine paix; c'est une drôle de chose que ce pays-ci; je crois que la fin du monde ne fera pas une nouvelle au bout de trois jours.

Madame d'Évreux sort d'ici, qui m'a apporté le discours de M. de Mairan, qu'il vous a envoyé sous une enveloppe : j'ai ouvert le paquet devant elle, et je ne vous l'enverrai pas puisque vous l'avez déjà.

Madame du Châtelet était hier à la Comédie avec madame de Luxembourg; il ne faut pas trouver mauvais qu'elle arrive tard ordinairement, puisqu'elle manqua hier les deux tiers du premier acte. M. de Maurepas ne soupa pas chez moi, quoique je l'en eusse averti; apparemment qu'il soupait ailleurs : je trouve que je pourrais dire comme *Armide:*

> La gloire est une rivale,
> Qui doit toujours m'alarmer.

[1] Ministre de France à Berlin. (L.)
[2] Secrétaire d'État des affaires étrangères, surintendant des postes depuis février 1742. (L.)

En effet, elle n'a pas trop mal l'air d'une gloire d'opéra : il est vrai que je ne suis point jaloux.

La comtesse d'Estrées se meurt, et on croit que le vicomte de Rohan s'en tirera après vingt saignées ; mademoiselle de Tourbes a dû commencer le lait aujourd'hui : voilà toutes nos nouvelles. Je ne reçus point hier de lettre de vous.

LETTRE 21.

LE MÊME A LA MÊME.

13 juillet.

J'ai mis séparément la consultation de Silva, parce que c'est un papier à garder et que je suppose que vous brûlez mes lettres, non qu'elles ne fussent tout aussi bonnes à garder que celles de Bayle, où en vérité il y en a trop d'inutiles de recueillies. J'aimerais autant que l'on nous eût conservé les mémoires de la blanchisseuse.

Je vis hier du Châtel. Je ne sais comment vous aurez trouvé les *Harangues* à la lecture, mais il s'en faut bien qu'il en porte le même jugement que j'en ai porté : il y trouve de l'esprit sans doute ; mais ce n'est pas, selon lui, de la vraie éloquence, et la pièce n'est pas du genre académique. (Vous entendez bien que c'est de celle de M. de Richelieu dont je parle, car, pour l'autre, il l'a trouvée telle qu'elle est, c'est-à-dire médiocre.) Pour moi, je persiste toujours dans mon premier sentiment, et je trouve que c'est précisément le genre qui convient, parce que ce qu'on appelle éloquence ne doit et ne peut être employé que dans des sujets qui supportent une certaine étendue.

J'allai voir l'après-dînée madame du Châtel ; nous en parlâmes encore, et elle est totalement de l'avis de son mari ; je leur dis bien que je n'en étais pas : ils convinrent de toutes les beautés que je leur rappelai, excepté de ce qui est dit sur la langue, qu'ils ne trouvent point neuf, en quoi je ne suis pas encore du tout de leur avis. Cela m'apprend que c'est un malheur d'avoir à imprimer quelque chose, et je serais bien fâché à présent d'être dans le cas de produire ce que vous avez vu sur Fontenelle.

Il s'en faut bien que ce que vous me mandez sur vos compagnies m'ait passé comme vos eaux. Quand je resterais dans mon lit, cela me pèserait sur l'estomac, et je ne crois pas que je pusse le digérer. J'ai cru être dans le fond du Marais, rue d'Anjou, rue Saint-Claude, etc., et votre M. de Bancourt est un homme affreux. Je suis comme vous, il n'y a que madame de Tienne que j'aurais envie de voir ; car, pour madame de Bancourt et madame de Tavannes, cela me paraît du comique larmoyant.

Pour M. de Pecquigny, je n'en ai entendu parler en nulle façon : vous croyez bien que si j'avais su quelque chose je vous l'aurais mandé sur-le-champ ; mais soyez sûre qu'il n'y a rien. Et puis, je crois que tout ceci va finir. M. de Belle-Isle a noué une négociation avec M. de Kœnigseck, qui est en bon train ; il a repris par là le timon des affaires, et on croit qu'il y a un armistice de signé : ce qui le fait présumer, c'est que l'armée de Maillebois rentre en France et que ç'a été vraisemblablement la première condition que l'on a exigée. D'ailleurs il paraît que M. de Belle-Isle est aujourd'hui l'homme du plus grand crédit, beaucoup plus solide que par le passé, parce qu'il a été éprouvé sans avoir été seulement effleuré.

Ce n'est pas matière de lettre que cet article, quelque curieux qu'il fût à mander ; mais soyez sûre que tout cède à cette comète, qu'il donnera le neuf de carreau pour neuf, et que personne, je dis personne, n'est sûr de son état : tout au plus ceux que l'on traite comme Ibrahim, achèveront-ils leur carrière, mais sans être seulement consultés. Cela vous étonne sans doute, mais cela est pourtant vrai ; et puis après cela, comme disait Courcollet, faites voyager vos enfants ; soyez sages, prudents, conduisez-vous bien, prenez des mesures justes, aimez l'État, etc.

Tout le monde dit que le contrôleur n'en saurait revenir : j'ai de la peine à croire que Mertrud se soit trompé ; ce qu'il y a de vrai, c'est que je crois aussi qu'il pèse en sous-ordre et que s'il ne laisse pas de place vide bientôt, il n'y faut plus penser, attendu que la scène changera d'intérêt et d'acteurs. Ce que je vous dis c'est l'état actuel : on aurait pu croire que cela aurait changé dans d'autres temps, mais les impressions sont incrustées, et il n'y a plus de lime assez forte pour les effacer. Voilà tout ce que je puis vous mander sur cet article, passons à des choses plus importantes.

Chassé [1] rentre mardi dans *Issé ;* il reprend son rang, et Le

---

[1] Claude-Louis-Dominique de Chassé, né à Rennes en 1678, mort à Paris le 25 octobre 1786. Il avait débuté en 1721 et se retira en 1757. Excellente basse-taille, supérieur à Le Page, qui n'était pas cependant sans mérite. (L.)

Page et lui ne se sont combattus que de civilités. Pont-de-Veyle prétend que dans deux mois on reviendra à Le Page.

Du Châtel a été, comme moi, enchanté de *Brutus;* il trouve cette pièce la meilleure de Voltaire.

La prétendue lettre de ce dernier au roi de Prusse continue à faire bien du bruit. Suivant ce que vous me mandez, vous devez avoir Formont ce soir; j'en suis assurément bien aise, et voilà de quoi faire passer vos eaux; faites-le, je vous prie, souvenir de moi.

Je ne m'accoutume pas à ne recevoir vos lettres que le quatrième jour qu'elles sont écrites; vous avez beau dire que cela ne fait rien, cela fait beaucoup, parce que les miennes sont remplies de réponses aux articles des vôtres, et que, lorsqu'elles arrivent, vous avez oublié ou vous ne vous souciez plus de savoir ce que vous demandiez. Mais qu'y faire? Silva vous approuve fort toutes deux de votre régime, il vous invite à le continuer.

Je vais enfin ce soir à Meudon pour en revenir dimanche souper chez la Maréchale avec les mêmes personnes qui étaient chez moi. Le Roi part demain, et repartira encore jeudi : il n'a rien à faire ici, puisque tout se fait là-bas.

Madame de Bouville est morte subitement : c'est la mère[1]. J'ai demandé à Silva pour la première fois des nouvelles de mademoiselle de Tourbes; elle est mieux, mais cependant ce n'est pas une affaire finie.

Je ne sais pas si je pourrai vous écrire de Meudon; je ferai ce que je pourrai, car je comprends que vous devez être fort aise de recevoir des nouvelles. J'oubliais de vous dire que nous parlâmes hier beaucoup de vous, entre les du Châtel et moi, et c'est tout dire, qu'ils ne m'aient rien laissé à désirer l'un et l'autre sur ce qu'ils en ont dit. Le procès de d'Ussé continue à se plaider, et je crois qu'il aura lundi prochain un jugement.

J'ai vu hier notre ami, il est noir comme de l'encre; la grêle a fait des ravages affreux, la moitié de l'Ile de France a péri, et il y a beaucoup de dommage dans la petite Bourgogne. La paix! la paix! sans quoi on n'oserait prévoir l'avenir.

Madame Crozat[2] est plus mal. Pont-de-Veyle donne de-

---

[1] Elle était veuve de M. de Bouville, qui avait été maître des requêtes et intendant d'Orléans. Elle était sœur de mesdames de Béthune-Chabry, de Chauvelin et de Poyanne. (L.)

[2] Mère de M. du Châtel. (L.)

main à souper à mesdames de Luxembourg, de Boufflers et de Mirepoix; du Châtel en est. Le dîner de M. de Cantimir a été excellent; c'était M. de Nevers qui l'avait ordonné, mais il n'était pas assez grand. Le d'Argenson y a mangé comme s'il avait été entre quatre personnes et comme s'il n'avait pas été malade quatre jours auparavant.

LETTRE 22.

LE MÊME A LA MÊME.

14 juillet.

Je ne crois pas que je vous écrive une longue lettre; et si pourtant, il me semble que j'aurais beaucoup de choses à vous conter; mais j'ai oublié mon écritoire, et c'est avec celle du Forcalquier, à qui j'ai fait toute réparation d'écrire si mal, car ses plumes sont horribles. J'arrivai ici hier sur les six heures : j'y trouvai M. de Cereste et Maupertuis. Le chevalier était allé voir son régiment à Corbeil, et il revient ce soir. Madame de Rochefort, madame de Forcalquier, madame de Melesse et Cereste se promenaient en calèche. J'allai les chercher. Cereste descendit de la calèche : nous nous promenâmes ensemble, après quoi je pris sa place dans la calèche, d'où madame de Melesse descendit aussi. Nous étions donc le Forcalquier, les deux petites femmes et moi. On me parla de la lettre que l'on vous avait écrite, comme quoi on avait eu intention de vous amuser, et que n'ayant point de nouvelles à vous apprendre, on avait imaginé de vous faire des plaisanteries. On me cita quelques endroits de la lettre, et puis on me dit qu'à la réponse que vous aviez faite, il paraissait que vous n'en aviez pas été contente. J'écoutais en silence, mais avec un souris qui pouvait faire juger que je savais tout cela à fond. En effet, madame de Rochefort me dit : Bon! vous savez tout cela? Je répondis : Oh! pour cela, oui. — Eh bien! qu'en pensez-vous? — Que madame du Deffand a toute raison d'avoir été fâchée. Ce fut un grand étonnement de leur part. Et je repris la parole, et je dis : Je crois que vous avez assez éprouvé madame D. D. pour savoir qu'il n'y a de plaisanterie, de quelque genre et si forte soit-elle, que vous ne puissiez lui faire, parce que quand on s'aime autant, rien ne peut jamais être exclu; mais ce qui l'a justement irritée, c'est qu'elle a jugé que M. l'abbé de Sade était de moitié dans toutes ces plaisanteries-là, et qu'elle a trouvé aussi indécent qu'imprudent d'admettre un homme qui n'est que sa connaissance, à la familiarité extrême de choses qui sont excellentes entre amis, et qui peuvent avoir de très-grands inconvénients partout ailleurs; qu'il serait horrible que tout ce qu'elle vous a confié de ses terreurs sur sa compagne de voyage allât faire l'histoire de Paris, et revînt à madame de Luynes; que les autres personnes nommées dans la même lettre pourraient juger que toutes ces plaisanteries-là ne sont que des répétitions des siennes, et puis, que l'on irait dire qu'elle ne ménage personne, etc.; qu'il était si vrai que c'avait été là le motif de votre colère, que dès que vous aviez appris, par madame de R......, que cette lettre n'avait été qu'entre elle et son frère, sur-le-champ vous m'aviez mandé que vous n'aviez fait qu'en rire, et pour preuve je tirai votre lettre en date du mardi, que je venais de recevoir avant de partir. Ensuite on me demanda bien de vos nouvelles : on me dit que l'abbé de Sade vous avait écrit une lettre charmante il y a deux jours; et cet article fut fini.

Le Maréchal était allé chez le Grimberghen, et il arriva en même temps que nous : il avait la lettre de Voltaire, et vous jugez combien elle renouvela sa bile. On voulut dire qu'elle n'était pas de lui et qu'il la niait; mais il parut qu'il aurait été bien fâché de ne l'en pas croire l'auteur. A dire vrai, à la seconde lecture je n'ai pas trouvé de raison d'en douter. L'étonnant, c'est qu'elle court; mais la folie de l'avoir écrite l'aura fait montrer à quelqu'un, et il n'en faut pas davantage. Vous en jugerez, car M. de Cereste vous l'a envoyée.

La petite femme est grosse : cela est déclaré; les vomissements ont déjà commencé, par conséquent le voyage de Bretagne s'est rompu de lui-même; mais ce qui n'est pas rompu, c'est sa volonté. Le prétexte de son état a augmenté tous les genres d'empire qu'elle voulait exercer; et si le Forcalquier n'avait pas quitté le service, cela ferait une petite maréchale en herbe. Le Maréchal retournera à Paris vers le 20 d'août pour se préparer aux États : ainsi ils ne seront plus ici que jusque-là, et puis, pendant le séjour de Bretagne, les deux petites femmes seront à Paris. Madame de Rochefort est beaucoup mieux : je l'ai même trouvée en beauté. Nous avons soupé fort gaîment; l'après-soupée a été de même : je n'ai pas dormi, et puis on s'est séparé à minuit. Je suis couché dans la pièce où l'on se tient, et madame de Rochefort y est restée jusqu'à deux heures. Nous avons raisonné de toutes ses affaires, des terreurs de d'Ussé, de leur fondement. J'ai fait de la morale très-sévère, et d'elle-même elle m'a dit qu'elle avait eu tort de laisser trop durer une fantaisie, et de ne l'avoir pas dit d'abord à la personne intéressée; on ne peut être plus vraie qu'elle l'est, ni plus candide. J'ai parlé sur cela comme Ruyter aurait parlé d'une aventure arrivée sur la rivière de Seine, en se souvenant de ses combats sur mer; car ce n'est, à dire vrai, qu'une aventure d'eau douce, et il n'y a pas de matière à douter. J'ai parlé aussi des langues étrangères : on m'a dit de bout en bout tout ce qui en était. Pour de celui-là, le grand Chat s'en est avisé, tant il est fin. C'est une ressource très-grande à la campagne : on s'en amuse, on s'en moque, et, comme je crois vous l'avoir mandé, il est le chevalier de votre minet.

Je viens à votre lettre d'hier : elle est datée du lundi 9 juillet, à cinq heures, et du mardi à une heure. Je la relis pour raisonner avec vous de ce qu'elle contient; car je ne pense pas, comme vous, qu'il ne faille pas suivre une lettre que l'on nous écrit pour y répondre : cela prouve que l'on s'en est occupé; chacun a sa manière de sentir, ou plutôt les uns sentent et les autres s'amusent.

Je ne puis prendre que comme une plaisanterie le ton avec lequel vous me dites : *Comment! ne pouvez-vous me donner une demi-heure par jour?* Tant mieux que je ne vous ennuie pas à force de régularité et de longueur; c'est tout le prix que l'abbé de Sade et moi pouvons demander. Cependant si vous aviez répondu aux articles de mes lettres, vous auriez vu qu'il y en a un où je vous mande que mes soirées ont été changées en matinées, parce que c'est là le temps où je m'occupe de vous, et il y paraît bien; mais les choses douces ne sont pas votre genre avec moi, et vous avez sûrement cru avoir dit une ordure, quand vous me mandez aujourd'hui, comme l'excès de la passion, que je suis le seul sur qui vous comptiez. Votre vérité ne vous permet pas d'autre excès, et je me sais gré d'avoir jugé tout cela il y a longtemps.

Je serais bien fâché que ce ne fût pas par rencontre que je questionnasse Silva sur l'enflure de la plante de votre pied droit; il est vrai que cela était ainsi avant les eaux : mais n'importe, nous consulterons. Si M. Páris était encore à la mode, il vous ferait enfler le pied gauche.

Je suis ravi de voir comme les eaux vous passent; c'est en effet votre remède propre, et si jamais vous avez un jardin à vous, il faudra y faire faire une petite statue de la nymphe de Forges, que nous couronnerons de fleurs.

Je trouve que vous n'avez jamais si bien dit, que j'ai l'absence délicieuse; mais toutes vérités ne sont pas bonnes à dire. Je crois en effet que si vous aviez à arranger votre vie, vous en feriez deux parts, et que ce serait là la mienne. L'absence est comme les Champs-Élysées : tous les hommes y sont égaux, ou, pour mieux dire, je crois que j'y aurais quelque avantage, et que c'est la vraie position pour débiter son amour en chansons.

Je ne sais pas pourquoi je trouverais malsonnant le mot *j'exige :* il n'y en a pas de plus doux quand il vient de la confiance; mais vous êtes confiante, et puis vous ne l'êtes pas, suivant votre commodité. Je suis toujours votre lettre.

Le portrait que vous faites de la P..... est inimitable, et je le lirai aux Chats. Je ne crois pas qu'il y ait rien de plus plaisant, de plus neuf ni de plus démêlé.

Vous ne me mandez pas que vous avez du plaisir à m'écrire, mais que si vous n'aviez pas l'occupation de m'écrire vous vous ennuieriez à la mort; c'est précisément comme Caylus qui grave pour ne se pas pendre. Cependant je reconnais avec vérité que je dois être très-flatté de ce que vous croyez que je suis très-capable de sentir tout ce que vous écrivez, et je veux bien agréer, adopter cette louange.

Ne voilà-t-il pas que je croyais n'écrire qu'un mot? Mais vous penserez que c'est que je n'ai rien à faire : allez, je vous quitte de m'en savoir gré comme de tout le reste. Ne vous avais-je pas bien dit que vous vous accoutumeriez à vous coucher de bonne heure? Vous ne me dites pas si vous dormez, et c'est bon signe.

Madame de Flamarens se préparait, il y a environ huit jours, au grand voyage de Meudon. Enfin, M. de Cereste lui déclara avant-hier que ce jour était venu, et que ce serait le lendemain : elle frémit et elle demanda du temps pour s'y résoudre; ce temps sera vraisemblablement un peu long et gagnera le 20 août.

Si fait, le d'Arg..... s'est souvenu de vous. Je lui dis avant-hier que j'allai hier à Meudon, et il me dit de vous faire bien ses compliments. Mais c'est à Forges qu'elle est? Eh! oui, c'est cela que je veux dire. Vous trouvez que j'ai le pétillement de la Pecquigny, et moi je trouve que vous avez (je ne sais pas comment appeler cela) l'inonction du D.[1] Vous me comparez encore à lui, ou plutôt vous me dites que je ne suis pas comme lui, et que je m'occupe de ce qui ne me fait rien, et cela par rapport à vous. Eh! que diable avez-vous besoin de prétexte pour vous tenir quitte de tout sentiment? Vous avez trop d'élévation dans l'âme pour avoir recours à cela. Dites tout franchement : je sens, ou plutôt je vois que vous faites de votre mieux depuis dix ans pour que je vous aime; mais je vous déclare qu'il n'en sera rien. Voilà parler, cela. Au lieu de cela, vous me payez mes gages en air de méfiance. Il est vrai (comme le dit le *Faux sincère*[2]) que c'est toujours quelque chose que cela; mais il vaut mieux me laisser vous servir sur mes crochets. Je ne m'occupe que des choses dont je me soucie, et je ne suis point comme madame du Maine. Il est certain que je vous regrette beaucoup, et tout aussi certain, comme vous devez l'avoir remarqué si vous avez lu mes lettres, que je n'en ai pas mis plus grand pot-au-feu pour mes autres amis depuis votre départ. Je ferais mieux de ne vous rien dire de tout cela; mais, en vérité, si vous lisiez vos lettres à Paris, je crois qu'elles vous impatienteraient un peu. Pour madame la Roche, je n'aurais point de complaisance sur cet article. Souvenez-vous de l'état où vous étiez quand elle vous mit le marché à la main. On ne découvre la valeur des choses que quand on s'est exposé à les perdre par sa faute, et vous ne vous consoleriez pas de l'avoir renvoyée ou de l'avoir amenée à vous demander son congé.

Vous aurez vu, dans ma dernière lettre, la réponse de Silva à vos questions : je lui en parlerai encore.

Par rapport à votre laideur, je m'en console, pourvu que vous ne perdiez rien de votre douceur et de vos sentiments pour moi. Je ris de cet article. Voilà une belle consolation que je vous donne, de dire que cela ne me fait rien! Mais à dire vrai, c'est que je suis bien persuadé, au contraire, que vous serez beaucoup mieux après l'effet des eaux; car, si je ne le croyais pas, je n'aurais pas répondu à cet article, comme n'étant point de mon district.

Adieu; voilà votre lettre finie et la mienne aussi. J'ai mes

---

[1] D'Argenson (?). (L.)

[2] Le *Faux sincère*, comédie en cinq actes et en vers, ouvrage posthume de Dufresny, joué avec succès le 26 juin 1731, pendant un voyage de Fontainebleau. (L.)

accès de vérité tout comme un autre, et je n'ai pas le courage de vous faire des amitiés qui seraient pour vous comme votre très-humble et très-obéissant serviteur.

Les troupes du roi de Pologne se joignent à nous; mais je crois que ce n'est que pour avoir de meilleures conditions. D'ailleurs, il n'y a rien de nouveau, et on ignore où en est la négociation. Le traité du roi de Prusse est public : nous n'y sommes seulement pas nommés [1].

LETTRE 23.

MADAME LA MARQUISE DU DEFFAND A M. LE PRÉSIDENT HÉNAULT.

15 juillet.

Savez-vous que je commence à craindre que mes lettres ne vous ennuient? Je ne sais d'où cela vient; mais je sens que je deviens méfiante : je crois que c'est une suite de l'ennui. Cependant je crois que j'ai tort, et j'avoue que vos lettres sont de façon à devoir me rassurer; j'en suis on ne peut pas plus contente, et je sens qu'elles seules me soutiennent ici. Je ne sais ce que vous direz de celle que je vous écrivis hier; je n'étais point de mauvaise humeur, ni fâchée contre vous, mais j'étais dans un moment de franchise où il faut que je dise ce que je pense : ce qui est de certain, c'est que je vous aime et que mes sentiments sont indépendants de tout; tout ce que ma raison peut faire, c'est de m'empêcher de succomber aux chagrins que peut me causer ma méfiance, mais elle ne peut rien diminuer de ma tendresse. Je n'ai point été à la fontaine ce matin, comme je vous l'ai mandé; j'y ai été cinq jours de suite; il y faisait un temps affreux; je m'y fatiguais, je m'y ennuyais, et je crois que la fatigue m'est mortelle : tant qu'il fera vilain, je prendrai les eaux dans mon lit; elles passent une fois plus vite, et je suis bien plus forte, par conséquent en état de mieux digérer; je suis restée toute la journée dans ma robe à peigner. J'ai eu ce soir madame Harenc et Lauzillières; on peut causer avec eux, et ce sera ma ressource.

Nous avons voulu lire l'*Éloge du cardinal de Polignac,* mais les phrases m'ont paru si longues, que j'ai demandé qu'on cessât; il faut plus de force que je n'en ai pour soutenir cette lec-

[1] Voir *Mémoires du duc de Luynes,* t. IV, p. 184, et *Journal* de Barbier, t. III, p. 356, 357. (L.)

ture. Quand Formont sera arrivé, je tenterai l'entreprise. Envoyez-moi le plus tôt que vous pourrez toutes sortes de rogatons. J'ai déjà lu le *Voyage de Falaise* et la *Fausse comtesse d'Isemberg :* cela est excellent pour Forges. Je crains que les *Révolutions de Perse* ne soient trop sublimes.. Je suis au désespoir d'avoir lu *Paméla;* je suis le plus pauvre esprit du monde; je n'ai que ce que l'on lui communique, et depuis que je suis ici, je n'ai que de l'instinct : je ne regarde pas cela comme un malheur. Pour notre duchesse, c'est une bavarderie qui ne ressemble à rien; toute mon ambition c'est de vivre doucement avec elle, et de terminer notre voyage en paix et bonne intelligence; mais pour de liaisons, nous n'en aurons jamais ensemble. Elle m'est à rebrousse-poil sur toutes choses; elle engraisse à vue d'œil, et son visage en est plus ridicule.

Je suis très-inquiète de madame de Rochefort; je serais réellement au désespoir s'il lui arrivait le moindre mal; donnez-moi de ses nouvelles, et voyez-la le plus que vous pourrez. Savez-vous que le Forcalquier ne m'a pas écrit depuis sa belle relation? elle est pourtant moins impertinente venant de lui, que si ç'avait été de l'abbé de Sade.

Ce samedi 14.

Je reçois votre livre et votre lettre de jeudi : vous allez coucher à Meudon; vous ne m'écrirez donc point? C'est mon pain quotidien que vos lettres, je ne puis m'en passer; j'ai eu beaucoup de gonflements cette nuit, qui ont fait que je n'ai pas bien dormi; j'ai encore pris mes eaux ce matin dans mon lit, et j'en userai de même tant que je serai faible et qu'il fera aussi vilain. Je trouve que je maigris, et je vois engraisser tout le monde. Je voudrais bien avoir la réponse des consultations que je vous ai prié de faire à Silva; je ne sais si c'est une once ou deux de casse mondée qu'il faut prendre, et comme je ne soupe point du tout, dans quel temps la prendrai-je?

C'est le clair de lune, ce sont de certaines circonstances qui font que vous me désirez; je suis regrettée et souhaitée suivant les dispositions où la beauté du temps met votre âme; moi, je vous désire partout, et je ne sache aucune circonstance qui pût me rendre votre présence moins agréable. C'est que je n'ai ni tempérament ni roman.

LETTRE 24.

LE PRÉSIDENT HÉNAULT A MADAME LA MARQUISE DU DEFFAND.

15 juillet.

Je reçois en rentrant chez moi vos deux lettres, l'une du mercredi 11 juillet, à une heure, et l'autre du même jour à cinq heures et demie, dans laquelle est un petit billet du jeudi, une heure et demie. Vous me plaignez de l'ennui de vos lettres, et inutilement; dites-vous, vous voudriez les rendre intéressantes. Eh! mon Dieu, est-ce des nouvelles qu'il me faut pour cela? ou plutôt en serait-ce donc que vous avez beaucoup d'amitié pour moi, que vous savez que j'en ai beaucoup pour vous, que vous mourez d'envie de me voir, que vous regrettez de n'être pas dans mon jardin? Il me paraît que cela se peut écrire d'un désert comme de Paris. Ce qu'il y a de sûr, c'est que je pense cela, environné de tout ce qui est resté de compagnie dans ce pays-ci; et si mes lettres renferment d'autres choses, c'est que ce n'est pas assez de vous écrire pour moi, et qu'il est juste que je vous écrive pour vous. Je vais reprendre l'histoire de ma vie depuis vendredi jusqu'à ce moment.

J'arrivai vendredi sur les six heures à Meudon, et je vous écrivis samedi par Maupertuis, qui se chargea de porter ma lettre à Paris, laquelle sera partie ce matin : ainsi il y aura eu la lacune de samedi. Les Chats étaient, comme je vous l'ai mandé, fort en peine de la pancarte qui vous avait été envoyée; je les ai calmés après leur avoir bien représenté leurs torts, et pour leur donner une marque de confiance de votre part et de la mienne, je leur ai montré le portrait de la P..... qui commence par : Le vide, etc. Cela leur a plu infiniment : ils vont vous accabler de lettres; le petit Chat vous adore et son frère aussi. Hier samedi, il fit un temps diabolique à la campagne : la belle Ruffec[1] arriva sur les huit heures du soir; mais c'était une simple visite en passant, pour aller à Versailles et le lendemain à Saint-Léger. M. et madame de Mirepoix vinrent ensuite et restèrent à souper. (Je ne sais ce que je dis : madame de Ruffec était venue le vendredi). Hier donc, samedi, M. et madame de

[1] Marie-Catherine-Charlotte-Thérèse de Grammont; elle épousa en secondes noces, le 26 mars 1727, Jacques-Louis de Saint-Simon, duc de Ruffec, et mourut à Paris, le 21 mars 1755, à l'âge de quarante-huit ans. (L.)

Mirepoix vinrent souper : nous fîmes un quadrille, le Mirepoix, le Maréchal, l'abbé de Sade et moi; car l'abbé de Sade était venu de Versailles, le matin, dîner avec sa belle-sœur, laquelle est arrivée de Cologne[1].

Les Mirepoix furent fort bien reçus; on soupa, je m'endormis après le souper, les camouflets volèrent, cela ne me réveilla pas trop. Le Mirepoix me fit des miracles, me parut avoir grande envie de vivre avec moi, me fit des reproches, en reçut de ma part, etc. Il avait un Saint-Esprit de diamants que madame de Mirepoix lui avait fait monter, qui tient lieu de la broderie : cela lui rend l'estomac encore plus avancé; mais il aime sa femme à la folie et cela me plut.

Pendant le souper, le petit Chat reçut votre lettre du mercredi, et sitôt que tout le monde fut allé coucher, nous restâmes ensemble dans ma chambre et elle me donna votre lettre à lire : elle rit beaucoup de la mine que je fis à l'article où vous marquez que la vieillesse vous a ôté les sentiments. Je laissai tomber mes lunettes, et je fis un grand cri, en disant : Et moi donc..... Nous retraitâmes tout de nouveau ce qui la regarde : cela vous aurait peut-être ennuyée; mais ces matières me plaisent toujours, et pourvu que l'on me permette de répondre à ma pensée de temps en temps, je me prête assez volontiers à ce que l'on me dit de soi. Ce matin, nous avons eu à dîner M. et madame de Préval, M. de la Rivière, M. et madame de Rieux[2], etc. M. de Rieux nous a tiré des tabatières à chaque plat que l'on semait sur la table : je n'en ai jamais tant vu. Les diamants me sortent par les yeux, excepté qu'il n'en a pas sur les manchettes, d'ailleurs tout en est farci. Je trouve que c'est la punition de Midas, et qu'il ne peut rien toucher que cela ne devienne une escarboucle. Il a joué au quinze pour la première fois avec madame de Forcalquier et elle lui a gagné quatorze louis. Après le dîner, nous avons causé encore, madame de Rochefort et moi.

Il y a de grands projets de comédie pour cet hiver : on a élevé non pas autel, mais théâtre contre théâtre. M. de Mirepoix est de la nouvelle troupe. Ils débuteront par le *Misanthrope*, qui est, dit-on, le triomphe du Mirepoix, et ensuite on jouera la *Zoïde* de du Châtel. Madame de Mirepoix prendra le rôle de madame de Rochefort, le Mirepoix celui du Forcal-

---

[1] Où son mari était envoyé de France à la cour de l'Électeur. (L.)
[2] Le président Bernard de Rieux, fils du fameux Samuel Bernard. (L.)

quier, et du Châtel y conservera le sien. Figurez-vous quelle douceur pour madame de Luxembourg : on se passera de vous toutes. Cependant madame de Mirepoix a dit à madame de Rochefort qu'elle y assisterait, si elle voulait : et puis on a parlé de *La petite Maison*, et il a paru que pour la jouer on pourrait bien réunir les troupes, parce que l'on a bien jugé que sans cela je ne la donnerais pas ; et en ce cas madame de Mirepoix jouera votre rôle, et madame de Forcalquier *Javotte*. J'ai bien conseillé à madame de Rochefort de ne laisser voir sur cela nul empressement, afin que madame de Luxembourg ne pût jamais croire que l'on pensât à la rechercher. D'un autre côté, le Forcalquier a fini sa comédie, dont j'ai oublié le titre : ce sont ces deux amis qui aiment la même maîtresse. Il y a des choses fort agréables. Il a, comme de raison, envie que l'on la joue ; mais, pour cela, il n'a besoin que de madame de Mirepoix : bien entendu que tout cela sera pour cet hiver. Comme nous dînions, on nous a apporté la réponse du roi de Prusse à Voltaire : vous entendez bien que c'est une nouvelle niche qu'on lui a faite. M. de Forcalquier doit vous l'envoyer. Mais pour sa lettre, que je crois de lui, entre nous, elle fait un bien plus grand bruit que quand je suis parti : madame de Mailly jette feux et flammes, et demande une punition exemplaire. On ne sait ce que cela deviendra, et on craint bien que cela ne finisse par un décampement à Bruxelles. La pauvre du Châtelet devrait faire mettre dans le bail de toutes les maisons qu'elle loue, la clause de toutes les folies de Voltaire. Véritablement il est incroyable que l'on soit si inconsidéré. Pendant ce temps-là, il est porté aux nues à la Comédie, où *Brutus* a un plus grand succès qu'il ait encore eu.

Je vous dirai, entre nous, que le maréchal de Brancas est bonhomme, si vous voulez ; mais il est impossible d'être plus ennuyeux. Pendant tout le temps que j'ai été à Meudon, il a été, dit-on, de la plus belle humeur du monde : il n'a pas ouvert la bouche.

En sortant de Meudon, j'ai passé chez les Grimberghen[1]. Mon Dieu ! la jolie maison ! Ils m'ont fait toutes sortes d'accueils ; mais je les ai trouvés bien tristes, et en effet ils sont bien malheureux.

On dit tous les accords rompus : depuis trois semaines on

---

[1] Louis-Joseph d'Albert de Luynes, prince de Grimberghen. (L.)

n'a pu obtenir aucun ordre de ce pays-ci. Tout va là-bas à la bonne foi des généraux. M. d'Harcourt ne peut savoir si on veut qu'il reste, qu'il avance ou qu'il recule : il demande un général, on n'en envoie point; enfin c'est pis que jamais.

De là je suis arrivé chez la Maréchale, qui m'a reçu assez franchement. Il y avait chez elle son fils, madame d'Aumont, madame de Maurepas, madame de Mirepoix, M. de Mirepoix, M. de Cereste, Pont-de-Veyle, le Vaujour, le petit Salins et moi.

Le contrôleur est beaucoup plus mal, et madame de M..... m'a pris en particulier pour me dire qu'il fallait que notre ami tâchât d'aller demain à Issy, et que surtout il ne manquât point de venir auparavant chez elle, parce qu'il saurait ce que M. de M... aurait appris à son retour d'Issy, où il va demain : il n'est pas douteux qu'ils vont de bon pied. J'en ai parlé au Cereste, qui pense toujours de même, et je viens d'écrire en conséquence à notre ami. Le Mirepoix m'a prié à souper pour demain, et je lui ai promis : il en a aussi prié le Vaujour et sa femme. Voilà trois heures qui sonnent : bonsoir jusqu'à demain matin. Avant de finir, que je n'oublie pas de vous dire que j'ai vu madame de Flamarens chez la Maréchale. Je lui ai lu l'article de la P..., qui l'a divertie au delà de tout. Je lui ai bien demandé si je ne pourrais pas la voir chez elle, ne fût-ce qu'à la grille; car je trouve que cela a assez l'air d'un couvent; mais cela ne se peut pas. Elle a reçu je ne sais combien elle m'a dit de lettres de vous, et elle se prépare à vous écrire.

LETTRE 25.

MADAME LA MARQUISE DU DEFFAND A M. LE PRÉSIDENT HÉNAULT.

14 juillet.

Je suis saisie de la crainte de n'avoir pas demain de lettres de vous; cela me ferait une peine horrible : je suis accoutumée à les recevoir à la fin de mes eaux et de ma toilette; cette privation m'affligerait infiniment.

Ce que vous me mandez de la lettre de Voltaire me paraît terrible; mais il me semble qu'on doit bien juger que c'est une noirceur qu'on lui fait : j'imagine que c'est l'abbé Desfontaines. L'expédient que vous imaginez que le roi de Prusse le justifie, en montrant la véritable à M. de Valory, me paraît scabreux;

car, sans être un mauvais *patriote*, il se pourrait qu'il y eût plus de flatterie qu'il ne conviendrait à cette cour-ci. Je suis curieuse de la fin de cet événement.

Madame de Luynes me mande qu'elle va à Dampierre, le 23 de ce mois, pour quinze jours. Sans doute vous serez invité, sans doute vous y ferez un petit voyage, et je serai abandonnée pendant ce temps-là. Il me prend des étonnements funestes d'être ici : c'est comme la pensée de la mort; si je ne m'en distrayais, j'en mourrais réellement. Vous ne sauriez vous figurer la tristesse de ce séjour; mais si fait, puisque vous êtes allé à Plombières : mais non ; c'est que ce n'est point le lieu, c'est la compagnie dont il est impossible de faire aucun usage. Heureusement, depuis que je suis ici, j'ai un certain hébétement qui ferait que je n'entendrais pas le plus petit raisonnement; je végète. Si j'allais à la garde-robe, je crois que je ne serais pas absolument malheureuse; mais un corps glorieux est si mal assorti à mon âme, que cela me désole.

J'imagine que les *Soirées de Boulogne* me conviendraient bien; je ne les commencerai pas tout à l'heure, parce que je lis actuellement *Crémentine, reine de Sanga*, qui est de madame de Gomez et dédiée à monseigneur de Maurepas.

Savez-vous que je ne suis point étonnée que Mertrud guérisse le contrôleur? C'est notre étoile qui assure ces succès. Gardons-nous bien de le produire au d'Ar..... il le tuerait indubitablement. Mais pourquoi n'entreprendrait-il point de faire avoir un héritier à monseigneur de M...? Ce n'est pas que notre étoile ferait rien sur cela; ainsi je crois qu'il fera mieux de ne pas tenter ce prodige.

Croyez-vous que je vous revoie jamais? croyez-vous que je me retrouve jamais dans la rue de Beaune? croyez-vous que je soupe encore une fois chez vous? Toute ma frayeur c'est de mourir ici : ce serait une aventure triste que d'être enterrée aux Capucins, et d'être arrosée du pissat de tous les habitants d'Amiens, Abbeville, Orléans, etc.

J'aurai peut-être demain Formont. Le plaisir que je me fais de l'avoir est un peu troublé par la crainte que j'ai qu'il ne s'ennuie outrément. Cependant c'est comme bonne action qu'il vient; je l'ai préparé à tout ce qu'il trouvera : c'est un devoir qu'il me veut rendre, et, comme vous savez, le devoir est plus fort que l'amour. Je ne crois pas qu'aucun remède puisse être bon lorsqu'on s'ennuie autant que je fais : ce n'est pas que je ne supporte mon mal patiemment; mais jamais je ne suis bien aise, et ce n'est que parce que je végète que je suis tranquille : quand dix heures arrivent je suis ravie, je vois la fin de la journée avec délices. Si je n'avais pas mon lit et mon fauteuil, je serais cent fois plus malheureuse : j'ai du moins les aises du corps. Me plaignez-vous? Je vous jure bien que, guérie ou non guérie, Forges ne me reverra plus. Vous voyez bien que j'écris pour écrire, et que je commence à bavarder comme ma chère compagne, qui, par parenthèse, rentre, et que je vais écouter : elle me communiquera toutes les remarques fines qu'elle aura faites sur les différents caractères, et la désolation où elle est que M. Brisson, M. Philippe, etc., n'entendent pas la plaisanterie. Eh bien, vous ne le croirez pas, cela m'assomme plus que tout le reste. Adieu jusqu'à demain.

Ce dimanche, à une heure.

Formont vient d'arriver. Je vous écrirai tantôt, car le dîner est servi. La lettre de Voltaire, dont on m'a envoyé une copie, me paraît de lui, absolument de lui.

LETTRE 26.

LE PRÉSIDENT HÉNAULT A MADAME LA MARQUISE DU DEFFAND.

Je tombais de sommeil hier au soir quand je sortis de chez la Maréchale, où je laissai mesdames de Maurepas et d'Aumont [1]; le Vaujour me ramena. Madame de Mirepoix fut fêtée chez la Maréchale comme je n'ai vu personne l'être, son mari aussi : *l'un par l'autre ils furent nos vainqueurs,* car il n'y en eut que pour eux. Je me réveillai en chemin. Le Vaujour ne quitte point sa maison, et il entrevoit de l'espérance d'arrangement : je le souhaite fort. Votre *petit chat* l'aime beaucoup. Je viens à la réponse de vos lettres. J'ai oublié le signalement de madame de Bancourt, car il faut cela pour que les personnages intéressent. J'ai gardé vos lettres; mais je ne veux pas m'interrompre en les allant chercher. Vous dites que le sexe de mademoiselle Desmazis est mal décidé; et puisque madame P... est allée chevaucher avec elle dans la forêt, est-ce au propre ou au figuré? Je ne sais, il me semble que le Forc..... cherche à diminuer l'abbé de S...; car il m'a dit qu'il leur avait apporté le

[1] Victoire-Félicité de Durfort-Duras, veuve de Jacques, duc de Fitz-James, remariée le 23 avril 1727, à Louis-Marie-Augustin, duc d'Aumont. (L.)

brouillon de la lettre qu'il vous écrivait, qu'il y avait huit jours qu'il y travaillait, et que c'était mettre bien du temps à une lettre; mais cela prouve qu'il ne veut pas se commettre devant vous : et, après tout, dès que sa lettre est comme vous le dites, qu'importe?

Votre bon appétit prouve que les eaux vous sont très-bonnes. Cela sera joli de vous préparer un souper tout de mon mieux, et de songer que vous y mangerez avec plaisir.

Et à qui parlez-vous de Lauzillières? Est-ce que ce n'est pas lui qui cheminait avec madame de Prie, comme la P... avec mademoiselle Desmazis, le soir même qu'elle partit pour son exil?

Je suis très-aise de votre hébétement : tout cela prouve votre vocation pour Forges; car il faut laisser son âme dans son coffre en y arrivant, et ne la reprendre qu'au retour; mais cela ne me fait pas trouver bon les longueurs de la poste. Je commence à croire à présent que quand vous serez en paradis, vous ne vous lèverez pas même pour *Saint Jacques le Mineur;* car vous trouvez le secret de vous mettre à votre aise partout. Mais ce qui est d'une dame qui a bien du monde, c'est d'avoir reconduit la pâtissière : il est vrai que cela ne prouve rien pour une gourmande, et qu'Arlequin, eût-il été empereur dans la lune, en aurait fait autant.

Voilà une lettre de monsieur votre frère que j'ai ouverte comme vous le désirez. J'enverrai celle de madame de Luynes.

J'attends notre ami qui doit venir à midi; mais il faut que cette lettre parte auparavant : ainsi je ne pourrai vous mander de la politique que demain. Seulement on disait hier que les conférences étaient rompues. Il est vrai que le roi de Pologne promet des troupes; mais il veut que l'on agisse, et je ne crois pas que M. de Lans, son ministre ici, l'encourage beaucoup à nous servir, à la manière dont tout se passe; car on ne prend aucun parti de quelque nature que ce puisse être.

Madame de Forcalquier sera enfin présentée vendredi. Je puis vous assurer qu'en même temps le grand Chat[1] pense on ne peut pas plus raisonnablement sur tout ce qu'il doit faire pour la rendre heureuse; son âme est d'ailleurs absolument la même, et l'événement de son mariage n'a été qu'un renouvellement de sentiment, par les épreuves réciproques dont il a été l'occasion.

---

[1] Son mari. (L.)

La Maréchale vous fait bien des compliments; le Grimberghen m'a aussi chargé de vous en faire. Je vous ai mandé que je soupais ce soir chez M. de Mirepoix, je soupe demain chez Montigny[1], le cousin : je vous dirai la compagnie; cela est incroyable. Ainsi vous voyez que je profite bien mal de votre absence. Songez au moins que mes lettres ne traînent pas.

Vous verrez par la lettre de monsieur votre frère que le découragement est partout.

Adieu, en voilà assez pour cette fois. Mes lettres, malgré moi, se ressentent des vôtres, et pour peu qu'il ne me soit pas démontré que c'est de l'ennui pour vous que ce que je pense, il est bientôt à découvert.

LETTRE 27.

MADAME LA MARQUISE DU DEFFAND A M. LE PRÉSIDENT HÉNAULT.

J'ai joué aujourd'hui à la comète douze rois et puis un quadrille : cela m'a conduit jusqu'à l'heure qu'il est. Je suis ravie d'être quitte de mon monde pour causer avec vous. Je trouve que vous avez dit ce qu'il fallait dire aux Chats sur leurs relations, et sur les raisons qu'il y a à ne point s'attendre que j'écoute ni réponde à des plaisanteries sur la P... Je conviens que vous êtes le premier homme du monde pour se conduire avec décence et mettre l'à-propos dans toute chose. Croyez que je fais plus de cas de vous que vous ne pensez; et quand vous êtes dans votre naturel, que vous vous laissez aller, sans soin, sans art, je vous trouve on ne peut pas plus à mon gré. Par exemple, votre lettre d'aujourd'hui est charmante, elle me fait un plaisir inexprimable, et je veux y répondre tout de suite. L'article des chats est fini.

Il est certain que la lettre est de Voltaire : on ne peut avoir une idée assez présente de toutes ses façons de parler pour les si bien imiter. *Un petit citoyen fait de petites choses*, etc. Comment voulez-vous que cela s'imagine? et cette seule phrase ne permet pas de le méconnaître. Mais de comprendre comment elle court, c'est ce qui me paraît surnaturel. J'imagine cependant que, vu les circonstances présentes, on ne le punira pas. Je crois la du Châtelet dans une belle inquiétude.

Madame de Rochefort est très-vraie; mais elle ne l'est pas

[1] Exempt des gardes du corps, favori de M. le Dauphin. (L.)

plus que votre petite servante, ni plus fortement attachée. Le Forcalquier pourrait fort bien faire la même comparaison que vous (s'il voyait, s'il comparait), et je serais alors tout aussi bien *la Seine* qu'elle, et elle tout aussi bien *la Mer* que moi.

Je crois que l'abbé est le chevalier du minet; mais vous ne vous accommoderiez pas que j'eusse une pareille amusette : quand on est confident, on voit le dessous des cartes, qui est toujours très-beau à voir dans les personnes vraies et bien nées. Quand on est la personne intéressée, on est frappé de la superficie, qui quelquefois est variable et n'affiche pas aussi beau jeu qu'on se trouve l'avoir, quand on veut bien prendre la peine d'examiner. Mais vous savez de reste ce que je pense, ce que je suis et quels sont mes sujets de noise. Par exemple, êtes-vous de bonne foi quand vous me dites que je veux m'affranchir de la reconnaissance quand je parais douter de vos sentiments? Tout de bon, me croyez-vous un tel motif? Oh! que non : vous voyez clair comme le jour que lorsque je remarque en vous un grain de sentiment vrai, il fait le miracle du grain de moutarde de l'Évangile, il transporte les montagnes. Mais rarement me laissez-vous jouir de cette illusion ou de cette vérité : mais laissons cet article et ne troublons point mes eaux. Ces eaux réellement me feront du bien. Je crains seulement de trop manger; j'ai toujours un très-grand appétit, et c'est surtout le bœuf que j'aime; je ne saurais souffrir les poulardes et les poulets : le bœuf, le mouton, voilà ce qui me paraît délicieux. Je ne fais que dîner, et je ne prends rien du tout les soirs. Aujourd'hui je craignais d'avoir trop mangé, et je me sens l'estomac très-dégagé; ce qui achève de me déterminer de prendre demain ma médecine, qui ne sera que de deux onces de manne. Jeudi, je reprendrai mes eaux, et nous irons dîner chez les Rosambeau : cela me contraint assez; mais quelquefois la contrainte est plus salutaire contre l'ennui qu'on ne se l'imagine, et ce qui tire de l'uniformité (quand cette uniformité n'est pas excellente par elle-même) produit de la gaieté. La parenthèse était nécessaire, sans cela vous croiriez que j'adopte votre système, et tout système est réprouvé par moi, dès qu'il s'agit de sentiment.

Le d'Argenson me plaît dans l'oubli de bonne foi qu'il a des absents. Dites-lui, je vous prie, que je lui sais le meilleur gré du monde du peu de souci qu'il a de ce que je fais et de ce que je deviens : cela m'assure du plaisir qu'il aura de me revoir.

Je ferai un amusement tout neuf pour lui; il ne se sera pas épuisé en attentions, et je trouverai en lui toute la dose d'amitié dont il est capable : voilà comme je pense pour lui que j'aime beaucoup, et en vérité pour mes autres amis. Ne vous trouvez-vous pas bien malheureux d'être le seul excepté? Oui da, je le crois, mais vous n'oseriez le dire.

A propos, je n'enlaidis plus, surtout depuis ce matin : mon teint s'est fort éclairci; mais je suis mise ici comme une vendeuse de pommes : je me donne pour vieille, paresseuse et malade; je ne me lève plus pour ceux que j'ai vus une fois, je ne rends point de visites, enfin je prends toutes mes commodités, et je suis plus madame de Tonneins ici que dans la rue de Beaune.

Le pauvre Formont est tout seul dans un coin de ma chambre. Je vous quitte à regret; mais il faut bien lui tenir compagnie. Voulez-vous lui faire un grand plaisir, envoyez-moi les dernières *Observations*[1] de l'abbé Desfontaines, et toutes celles qui paraissent toutes les semaines. Adieu, à demain.

LETTRE 28.

LE PRÉSIDENT HÉNAULT A MADAME LA MARQUISE DU DEFFAND.

17 juillet.

Je reçus hier plus tôt qu'à l'ordinaire, car il n'était que midi, votre lettre du jeudi 12 et du vendredi. Je n'ai pas pu m'empêcher de lire au d'Argenson l'article qui le regarde, et quand il est venu à l'endroit où vous trouvez le secret de retourner contre moi le peu d'usage que je fais de votre absence, il n'a pu s'empêcher d'éclater de rire : il prétend qu'il ne faut plus s'étonner qu'on fasse pendre des innocents, et que Luther, Zwingle et Calvin ne vous venaient pas à la cheville du pied. Mais je vous pardonne tout cela, si cela vient, comme je n'en puis douter, de ce que vous vous occupez de moi, et je vous aime mille fois mieux injuste qu'indifférente. Donc, pour continuer à mieux tromper encore sur les motifs de ma conduite, je soupai hier chez madame de Mirepoix. J'avais été auparavant chez

---

[1] *Observations sur les écrits modernes* (du 1er mars 1735 au 31 août 1743). C'est le chef-d'œuvre polémique et critique du savant et caustique abbé, qui fit passer tant de mauvaises nuits à Voltaire, qui le lui rendit bien. 34 vol. in-12. (L.)

madame d'Aumont, où madame de Maurepas vint, et où nous parlâmes de notre ami : elles sont bien sûrement à lui; mais ce n'est pas assez. Ce que je puis vous dire, c'est que si l'abbaye se donne entre-ci huit jours, vous devez être sûre qu'il l'aura. Mais l'abbé ne veut pas se démettre, et tantôt on le croit mort, tantôt cela va mieux : le père Prieur en est las; mais il n'a pas la force de se déterminer.

J'allai donc de là chez madame de Mirepoix, où je soupai avec elle, son mari, M. et madame de la Vallière, madame de Flamarens, le président de Montesquieu et Pierrot. Notre souper fut fort gai : nous raisonnâmes beaucoup, nous causâmes, pas une épigramme, point d'escrime, un souper assez bon; ensuite nous jouâmes au piquet, madame de Mirepoix et madame de la Vallière contre Pierrot et moi. J'avais beaucoup causé avec madame de Flamarens avant le souper, et j'ai prié les mêmes personnes à souper pour samedi. Le Mirepoix est comme vous le connaissez, parlant des coudes, raisonnant du menton, marchant bien, bonhomme, dur, poli, sec, civil, etc. Je contai à madame de Flamarens l'érection du nouveau théâtre : comme elle est fidèle et curieuse, elle voudrait bien que les troupes se réunissent. Je lui ai dit que je pensais comme elle; mais qu'il fallait bien recevoir les avances, si on en faisait, sans en faire soi-même. Elle n'est pas sûre de pouvoir venir souper chez moi samedi, à cause de la présentation de madame de Forcalquier; mais elle s'en est excusée de très-bonne grâce, et si elle n'y vient point, ce ne sera pas sa faute.

Elle ne trouve pas le discours de l'abbé du Resnel[1] si mauvais qu'on l'a dit : elle est totalement de votre avis, et moi aussi. Vous ne m'avez pas parlé du discours de Mairan. M. de Richelieu part, dit-on, lundi pour le Languedoc; on prétend qu'il a eu peur que M. de Mirepoix n'y allât à sa place. Voltaire a écrit à madame de Mailly, et cela vaut mieux que d'avoir écrit au roi de Prusse. On dit qu'elle a promis de faire réponse; ainsi cela s'adoucit. *Brutus* continue à avoir le plus grand succès du monde : il y a de grands changements et des scènes entières nouvelles. En tout, c'est une des pièces les plus raisonnables qu'il y ait au théâtre, c'est la mieux écrite de Voltaire, et le cinquième acte me paraît très-touchant. Je viens à

---

[1] Jean-François du Bellay, sieur de Resnel, savant littérateur français. Né à Rouen le 29 juin 1692, reçu à l'Académie française en 1742; mort à Paris le 25 février 1761. (L).

votre lettre. Après m'avoir expliqué à votre façon les motifs de ma conduite, vous finissez par dire : *Mais me regrettez-vous? vous manque-t-il quelque chose? Je ne le crois pas*, etc. Vous vous trompez lourdement de ne le pas croire : je vous regrette, et vous me manquez beaucoup. Il est vrai que je me divertis, parce que je sais que vous vous portez bien, et que je suis sûr que vous vous porterez mieux. La moindre inquiétude sur cela empoisonnerait ma vie; mais, avec cette idée, je trouve tout agréable par la diversité; la bouche ne me ferme pas, c'est un dégel de tout ce que je retiens devant vous; je décide à tort et à travers, tout me paraît bien, et puis quand j'ai épuisé tout cela, je viens me renouveler en vous écrivant. Vous me mandez que vous dormez bien. Voilà un article essentiel; mais peut-être quand vous recevrez ma lettre, vous aurez eu une moins bonne nuit, et que cela vous mettra en colère contre moi.

Madame de la Vallière m'a donné à lire une lettre du Nivernais : figurez-vous qu'il n'a reçu qu'il y a huit jours la lettre que je lui écrivis il y a six semaines : il y a beaucoup de compliments pour vous, et la lettre est d'ailleurs remplie d'amitié, d'intérêt et de très-utiles conseils. Elle m'a aussi parlé d'un voyage à Champs avec madame de Mirepoix. Je vais demain souper avec eux à Meudon; mais devinez où je soupe ce soir? A propos, je crois que je vous l'ai dit : chez le cousin Montigny; mais les convives, vous ne les savez pas : M. Dufort[1], personnage essentiel dans les circonstances présentes pour vous envoyer des brochures; madame d'Aubeterre, madame de Sassenage, et notre Picarde gasconne, brochant sur le tout; une madame d'Étiolles[2], Jélyotte, etc. C'est mon cuisinier qui fait le souper : il en fit un fort bon il y a quelques jours chez Pont-de-Veyle, à ce qu'ils m'ont dit hier. C'est aujourd'hui *Issé*, et vous croyez bien que je n'y manquerai pas.

Il n'y a rien de nouveau en politique, sinon une inaction totale de notre part, je dis de la part de la cour : apparemment que l'on attend que le hasard continuera de s'en mêler; mais il nous mourrait encore cinq ou six têtes couronnées, que nous n'en ferions pas un meilleur usage.

Vous devez avoir Formont d'hier : je vous en fais mon compliment et à lui aussi. La brigade est donnée à M. de Pont-

---

[1] Fermier général et directeur des postes. (L.)
[2] Cette madame d'Étiolles devait être madame de Pompadour. (L.)

Saint-Pierre; et le procès de d'Ussé sera jugé lundi, c'est-à-dire pour la provision.

A propos, vous dites que je me fais une espèce de devoir de fréquenter vos amis; mais pourquoi ne voulez-vous pas qu'ils soient des miens, et que ce soit pour mon compte? Je vous suis obligé de vouloir bien entrer en part des soins que je leur rends, et assurément c'est une idée qui m'y accompagne; mais il me semble que je pourrais les voir sans cela, pour deux raisons assez bonnes : c'est qu'ils me plaisent et qu'ils me reçoivent fort bien. Sans doute que vous avez part aussi à la bonne réception que j'en reçois, et j'en suis encore plus aise que si je ne la devais qu'à moi; mais enfin j'en profite, et cela m'y attire. Tout cela ne veut dire autre chose, comme vous le voyez clairement, sinon que vous cherchez un peu à me trouver des torts; mais sûrement cela part d'un bon principe, et si vous m'aimez, vous savez que je sais pardonner. Bonjour; je vous embrasse mille fois.

LETTRE 29.

LE MÊME A LA MÊME.

18 juillet.

Vous *n'avez ni tempérament ni roman!* Je vous en plains beaucoup, et vous savez comme une autre le prix de cette perte; car je crois vous en avoir entendu parler. C'est que vous appelez roman, dans votre lettre, les souvenirs, le clair de lune, l'idée des lieux où l'on a vu quelqu'un que l'on aime, une situation d'âme qui fait que l'on y pense plus tendrement, une fête, un beau jour, etc., enfin tout ce que les poëtes ont dit à ce sujet; il me semblait que cela n'était point ridicule. Mais peut-être est-ce pour mon bien que vous n'aimez pas que je me mette toutes ces folies-là dans la tête. Eh bien! soit, je vous demande pardon pour tous les ruisseaux passés, présents et à venir, pour leurs frères les oiseaux, pour leurs cousins les ormeaux et pour leurs bisaïeuls les sentiments. M'en voilà corrigé, et mes lettres ne seront plus qu'agréables pour vous, par tout ce que je pourrai ramasser des nouvelles de la ville et que j'imaginerai qui pourra vous amuser. Je reprends donc le style historique, et je ne parlerai de moi que quand cela amènera des faits.

J'allai hier à l'Opéra : tout était plein comme vous avez vu à *Atys*. Jamais le Maure [1] n'a si bien chanté : ç'a été une admiration continue. Mais venons à Chassé. Il est un peu vieilli, sa voix n'est pas si belle que quand il a quitté ; mais il était enrhumé : d'ailleurs il a fait des progrès incroyables pour le jeu et pour l'expression. Il y a eu des moments où j'ai retrouvé Thevenard pour le douloureux et pour le sensible. La scène du troisième acte a été interrompue vingt fois, le *Sommeil* a été chanté à ravir, et j'ai eu véritablement du plaisir : tout le monde a été de même ; le seul Pont-de-Veyle, qui avait déjà son opinion formée, n'en veut point changer. J'ai été ensuite me promener dans le Palais-Royal, où j'ai trouvé madame de Mirepoix avec son mari et madame de la Vallière : celle-ci allait souper chez madame Dupin, et nos deux époux avaient l'air de devoir passer la soirée tête à tête. Il est vrai que M. de Richelieu part, mais ce n'est point par la crainte que l'on n'envoyât M. de Mirepoix à sa place : c'est qu'il y a des troubles en Languedoc, et que le roi de Sardaigne a soulevé les Cévennes. On craint aussi pour la Provence, et des lettres de ce pays-là font appréhender pour le château d'Est. La reine de Hongrie a déclaré qu'elle ne voulait d'autre médiateur que le roi d'Angleterre, qui était le seul prince de l'Europe qui l'avait secourue dans son malheur. D'ailleurs nous ne prenons point de parti ici, chose incroyable ! Le contrôleur général est infiniment mieux, et M. Dufort me dit hier que la Peyronnie l'avait assuré qu'il était guéri.

Nous ne nous aperçûmes point que Jélyotte eût chanté à l'Opéra : il me parut qu'il était en pays de connaissance. Mais je trouvai là une des plus jolies femmes que j'aie jamais vues ; c'est madame d'Étiolles : elle sait la musique parfaitement, elle chante avec toute la gaieté et tout le goût possible, sait cent chansons, joue la comédie à Étiolles sur un théâtre aussi beau que celui de l'Opéra, où il y a des machines et des changements. Paris est admirable pour la diversité incroyable de sociétés et pour les amusements sans nombre. On me pria beaucoup d'aller être témoin de tout cela dans un pays que j'ai beaucoup aimé, où j'ai passé ma jeunesse, et dans une maison qui est la même que mon père avait, mais où l'on a dépensé cent mille écus depuis [2]. Cette circonstance ne vous intéressera pas

---

[1] Catherine-Nicole le Maure, née à Paris le 31 août 1704, débuta en 1724 à l'Opéra dans *Phaéton* ; morte le 14 janvier 1786. (L.)

[2] Voir les *Mémoires du président Hénault*, p. 18. (L.)

plus que de vous dire que j'étais à l'Opéra dans ma place ordinaire, à côté de M. de Rouvroy, qui m'a inondé de sa pituite.

Il n'arrivera rien à Voltaire, par la même raison qui fait qu'il n'est rien arrivé à la reine de Hongrie : c'est qu'on ne prend point de parti, ce dont je suis assurément très-aise.

Il ne paraît point de brochures nouvelles. On attend bientôt madame d'Autrey ici. Madame du Châtelet est dans sa nouvelle maison.

J'avais envie de parler à madame de Mirepoix de ses comédies : si son mari n'y avait pas été, je l'aurais fait. Nous fîmes deux tours d'allée, M. de Mirepoix et moi, et nous ne sûmes que nous dire l'un à l'autre.

Madame de Rochefort est en très-bonne santé présentement. Son âme ne peut être attaquée que par un côté, et elle a raison d'être contente de ce côté-là : aussi le dit-elle bien, et son visage encore mieux.

De ce que la relation du Forcalquier est de lui, cela est moins impertinent pour vous ; mais il sent apparemment que sa lettre ne valait rien : car il a fait tout ce qu'il a pu pour donner du ridicule à l'apprêt que l'abbé de Sade a mis à la sienne.

La maigreur dont vous vous plaignez ne doit pas vous embarrasser : c'est souvent un effet des eaux qui désobstruent, et qui font que les nourritures passant mieux, viennent ensuite à nous rengraisser.

LETTRE 30.

MADAME LA MARQUISE DU DEFFAND A M. LE PRÉSIDENT HÉNAULT.

10 juillet.

Je n'eus pas hier un instant pour vous écrire : j'eus des visites toute la journée, et des gens qui me paraissent presque bonne compagnie, en comparaison de ceux que j'ai vus les premiers quinze jours. Ces gens sont madame de Rosambeau, madame Harenc, qui a du bon sens, assez de goût et est fort bonne femme ; Lauzillières, qui a un air en dessous, faux ou mystérieux, auquel on ne comprend rien ; mais il a de l'esprit. Ils restèrent chez moi fort tard. La P..... a eu ses grandes vapeurs. Cela fait horreur : elle fait des cris, des pleurs, elle devient d'un changement affreux. Je la soupçonne de prendre ses eaux tout de travers. Elle se purgea l'autre jour, et le même soir de sa médecine, elle prit de l'élixir d'un petit chirurgien qui est avec madame de Rosambeau; elle rendit tout ce qu'elle avait dans le corps, et depuis ce temps-là les eaux ne lui passent point. Hier nous nous arrangions, Formont et moi, sur le parti que je prendrais si elle venait à crever. C'est une folle, mais c'est au pied de la lettre. Ne dites rien de tout cela à Silva. Nous allons aujourd'hui dîner chez les Rosambeau, et je prends mes eaux de bonne heure, parce qu'on nous fera dîner à midi. Je vous écris en dépit de l'ordonnance; mais les eaux ne me portent jamais à la tête, et quand je n'écris pas, je fais des fleurs de chenilles : à propos, elles ont fait l'admiration de tout Forges.

Formont est un homme délicieux, surtout dans ce lieu-ci. La dissipation ni le désir des nouvelles connaissances ne l'entraînent point : il est occupé de moi, gai, complaisant, ne s'ennuyant pas un instant; il ne se fait point valoir; j'en suis charmée, et je vous avoue que cela m'était nécessaire. Il ne restera pas avec moi absolument tout le temps; mais je peux compter sur un mois pour le moins.

Je suis bien curieuse de votre lettre d'aujourd'hui, et c'est l'article politique qui m'intéresse, c'est-à-dire ce qui regarde notre ami. C'est un drôle d'homme que cet ami : il est au rebours des autres, il attrape par être essentiel; ses amis lui sont indifférents tant qu'il ne leur est bon à rien, et il ne se souvient pas même alors qu'ils existent. Je me sens de même pour lui : j'irais au bout du monde pour le servir, et je ne vous écrirais pas une ligne pour savoir de ses nouvelles, ou, pour parler plus juste, je ne me soucierais point du tout qu'il sût que je pense à lui et que je l'aime; car, pour ses nouvelles, voilà en quoi je ne lui rends pas la pareille : elles m'intéressent, et je serais fort inquiète s'il était malade.

Adieu; il faut que je vous quitte, parce que j'ai autre chose à faire qu'à jaser.

Formont vous fait mille et mille amitiés.

LETTRE 31.

LA MÊME AU MÊME.

20 juillet.

M. d'Arg..... trouve donc qu'il ne faut plus s'étonner si l'on fait pendre des innocents, et que mes subtilités et mes sophismes surpassent tous ceux de Luther, Calvin, etc. Mais ne vous douteriez-vous pas l'un et l'autre que vos textes sont assez obscurs pour que l'on puisse y donner telles interprétations que l'on voudra; et ne seraient-ce pas les auteurs qui seraient subtils et hérésiarques, et, comme tels, ne sentent-ils pas un peu le fagot; et si l'on les faisait pendre ou brûler, aurait-on à se reprocher d'avoir perdu des innocents? A vous dire le vrai, je n'en aurais pas de scrupule; mais j'y aurais beaucoup de regret, parce que j'espère toujours qu'ils deviendront orthodoxes.

Vous me donnez des espérances auxquelles je n'ose me livrer. Quoi! serait-il possible que notre ami eût si beau jeu! Non, je ne le veux pas croire, il ne m'est point ordinaire de voir arriver les choses que je désire autant.

Je suis fort aise que vous voyiez souvent madame de Mirepoix : elle est aimable; je crois son mari fort *conséquencieux*. Je suis bien de l'avis qu'il leur faut laisser élever leur théâtre sans avoir l'air de s'en soucier, et cela me sera d'autant plus facile qu'effectivement je ne m'en soucie pas.

Je reçus avant-hier une grande lettre de madame de Flamarens, pleine de tendresses. Son style est chaud, et je ne peux pas douter qu'elle ne m'aime : il y a une espèce de ton vif et animé qui a quelque parenté avec la passion. Elle me mandait qu'elle vous avait vu et qu'elle était très-contente de vous. Je lui avais peint la P... à peu près comme à vous : ainsi elle aura vu que je me répète, mais elle n'a eu que la copie et vous l'original.

J'ai trouvé le discours de M. de Richelieu [1] charmant : peut-être en effet est-il trop coupé pour la gravité du lieu et des circonstances; mais il joli, pathétique et de bon goût. Celui de l'abbé du Rainel est très-bien jusqu'à la fin de l'éloge de l'abbé du Bos, et cet éloge me paraît au mieux, quoique un peu long; mais le reste est d'un ennui insupportable. Pour celui de M. de Mairan, je n'ai point encore pu le lire : cependant je veux me faire cet effort; mais si tout ressemble aux six premières pages, rien n'est si mal écrit, si plat, si commun, si froid, etc.

Je crois que vous me regrettez, c'est-à-dire que vous pensez beaucoup à moi. Mais (comme de raison) vous vous divertissez fort bien : vous êtes comme les quiétistes, vous faites tout en moi, pour moi et par moi; mais le fait est que vous faites tout sans moi et que vos journées se passent gaîment, que vous jouissez d'une certaine liberté qui vous plaît, et vous êtes fort

[1] A l'Académie.

aise que pendant ce temps-là je travaille à me bien porter. Mes nuits ne sont pas trop bonnes, et je crois que c'est que je mange un peu trop : hier je me suis retranché le bœuf, aujourd'hui je compte réformer la quantité de pain.

Il y a longtemps que je n'ai eu des nouvelles de madame de la Vallière : j'en suis fâchée, car je l'aime beaucoup. J'avais une lettre à elle que j'ai brûlée : j'y ai du regret, car elle était écrite à ravir : j'aurais voulu vous la montrer. Le Nivernois ne la hait pas, et je crois qu'il n'en aime point d'*autres*.

J'attends un récit de votre souper de M. Dufort, cela me divertira. Il y aura aussi un article de l'Opéra, mais dont je me soucie moins; savez-vous pourquoi? C'est que l'Opéra a été souvent une occasion de noise entre nous, et que vous m'avez pardonné difficilement d'être d'un sentiment contraire au vôtre sur cela.

Je ne saurais croire qu'il y ait tant d'inaction sur les affaires politiques que vous le croyez; mais c'est qu'on garde le secret, et que les M... ne sont peut-être pas informés de ce qui se passe.

D'Ussé ne m'écrit point, et du Châtel, qui m'écrivait de Corse, ne daigne pas m'écrire de Paris; j'en suis scandalisée : il me semble qu'il devrait, ne fût-ce que par politesse, me demander comment je me trouve des eaux.

Sans doute que mes amis sont les vôtres, je ne vous ai jamais prêché d'autre évangile; mais vous ne m'avez jamais paru le vouloir croire. Tant mieux si vous en êtes persuadé aujourd'hui : il y a longtemps que cela aurait dû être, et que j'ai la certitude que je ne suis jamais entré pour rien dans leurs empressements pour vous; mais vous savez que vous m'avez toujours fait valoir vos attentions pour eux comme les ayant par rapport à moi, et que vous ne les nommiez pas autrement, en me parlant d'eux, que *vos amis*. Ne croyez donc pas que je veuille m'approprier rien de tout ce qu'ils ont fait et feront pour vous; si quelqu'un avait à gagner dans cette communauté, ce serait moi, et je suis intimement persuadée que vous serez toujours recherché pour vous seul et par préférence à tout.

Je dînai hier chez madame de Rosambeau. On prétend que le dîner était détestable, moi je le trouvai excellent; mais mon appétit est si franc que je ne sache rien que je pusse trouver mauvais. Nous donnerons à dîner dimanche; nous serons douze : ce sera les gens les plus conséquencieux que nous prierons; nous ferons grand'chère, cela est déjà ordonné.

Je remplis hier tous mes devoirs, et je vous envoie la liste de toutes les personnes que je vis : voyez s'il n'y en a point là de votre connaissance. Adieu. Je vous écris en prenant mes eaux ; mais comme il faut les rendre, je vous quitte.

Ce vendredi, à une heure et demie.

N'allez point vous corriger sur rien, j'aime que vous me parliez ormeaux, ruisseaux, moineaux, etc., et ce m'est une occasion très-agréable de vous donner des démentis, de vous confondre, de vous tourmenter, c'est, je crois, ce qui contribue le plus à me faire passer mes eaux.

Je viens de recevoir une lettre de du Châtel, la plus obscure et la plus tristement badine ; on n'y comprend rien. Je viens d'en recevoir une aussi de la du Châtelet, qui m'envoie les *Harangues* et l'*Éloge* de Mairan : elle me paraît pénétrée de douleur de l'aventure de Voltaire. Quand vous m'écrirez, parlez-moi de mon Maqui (que je trouve très-bien nommé), et dites-moi que vous n'êtes point surpris de tout ce que je vous en mande, qu'on ne peut avoir autant d'esprit sans que le caractère et l'humeur y répondent, etc.

Adieu ; à tantôt.

LETTRE 32.

LA MÊME AU MÊME.

21 juillet.

Je vous mandai hier que je vous priais de ne faire aucune réforme à vos lettres. Si quelque chose m'en déplaît, ce ne sont pas les sentiments, je n'attaque que les contradictions ; et quand j'ai l'air de me moquer de ce qui tient à la *rêvasserie,* c'est que cela me paraît de petites pratiques qui ne tiennent point lieu de l'essentiel, et elles ne m'éblouissent pas assez pour me faire perdre de vue les *points importants*. Ainsi soyez sûr que ce n'est point une répugnance naturelle que j'ai pour ces sortes de choses ; mais les circonstances, dépendances et accompagnements décident de leur valeur.

Je suis fort aise de ce que vous me dites de Chassé : j'ai eu ici une lettre qui lui rend le même témoignage. Ce que vous me mandez des raisons du départ de M. de Richelieu me paraît bien grave ; cela est-il certain ? N'allez pas nous faire infidélité pour madame d'Étiolles. Vous avez bien fait de ne pas parler à madame de Mirepoix de ses comédies : il faut que l'on soit bien convaincu de notre indifférence.

Non, je ne crois point que mes lettres vous ennuient, et j'ai eu tort de vous le mander : je suis persuadée, au contraire, qu'elles vous font plaisir et qu'elles tiennent bien leur coin dans votre journée; si je ne le pensais pas, je ne vous écrirais pas des volumes. Il est vrai que je me satisfais en vous écrivant; mais je ne forcerais pas ma nature comme je fais pour trouver le temps d'écrire cinq et six pages. Je suis persuadée aussi que vous vous amusez beaucoup en m'écrivant : l'étendue de vos lettres et leur style ne me permettent pas d'en douter.

Vous avez une vénération pour madame de Rochefort qui me divertit : c'est le contraire de *poutre en l'œil;* je crois que sa vanité est très-flattée de ces triomphes, et assurément ils ne sont pas équivoques, et ils sont glorieux : elle n'aurait peut-être pas été insensible à d'autres; mais je crois effectivement qu'il y aurait de certaines rivales qui ne l'inquiéteraient guère, et auxquelles elle ne daignerait pas penser : nous en avons eu la preuve dans la mère aux Gaines, à qui elle savait bien qu'on accordait la caristade; mais tout ce qui n'est point à vous vous paraît admirable, et la propriété diminue beaucoup à vos yeux la valeur des choses. Qu'importe? vous m'aimez à votre manière, je ne dois ni ne peux désirer que ce soit à celle d'un autre. J'ai toujours pensé que dans trente ans vous commenceriez à croire que je vous aime, et que vous n'auriez plus de défiance de ma légèreté.

Le Maqui a été à l'agonie de beaucoup de crevailles; mais elle vit actuellement de régime, ses eaux passent, les forces lui reviennent, et c'est aux dépens de nos oreilles; car sa bavarderie est au plus haut point; tout ce qu'elle nous rapporte de la fontaine est inouï : elle y fait des découvertes qui font extrêmement briller son esprit : elle connaît à fond le caractère de madame Coupe-sac, de M. de Banche; celui-ci l'exerce, elle lui dit bien son fait, et c'est un amusement sûr qu'elle a pour le reste du voyage : nous allons entreprendre, Formont et moi, de l'amener à désirer de partir à la fin d'août, c'est-à-dire le 26 ou le 27. Si elle différait, cela nous mènerait jusqu'au 5 ou 6 de septembre, mais il faudra beaucoup d'art pour la persuader, car ce séjour-ci est son centre; son âme est comme les chambres de cabaret, il ne lui faut de tapisseries que des enluminures. On trouve des choses bien bizarres en voyant de nouveaux objets, et la nature est inépuisable : celle-ci cependant tient un peu des monstres. Adieu, à tantôt.

À propos, j'ai, je crois, fait une assez bonne réponse à du Châtel, dont la lettre, comme je crois vous l'avoir dit, est *triste impertinentissima*.

A midi.

Je reçois votre lettre : la mort du petit d'Argenson est affreuse[1] ; j'en suis très-affligée par rapport à monsieur son père : je crois que je dois lui écrire ; je vous enverrai ma lettre, vous la rendrez, si vous le jugez à propos.

Votre lettre est sèche, d'où vient cela? Ne me boudez point ; je n'ai de vrai plaisir que le quart d'heure où je lis vos lettres : si vous les abrégez, si je n'y trouve pas ce naturel qui me charme, je serai tout affligée. Adieu.

LETTRE 33.

LE PRÉSIDENT HÉNAULT A MADAME LA MARQUISE DU DEFFAND.

20 juillet.

M. d'Argenson vint hier matin chez moi avec le Grand Prieur[2] qui l'était venu voir, et qui l'amena pour éviter les compliments qui sont insupportables quand on est véritablement affligé : ils restèrent avec moi tout le temps de ma toilette ; le Prieur s'en alla, et nous partîmes pour Auteuil, d'Argenson et moi. Il y dîna, nous y passâmes une partie de la journée, ensuite nous allâmes faire un tour dans le bois de Boulogne ; nous repassâmes à ma porte, où je trouvai une lettre de vous, et puis nous revînmes souper chez lui, avec madame d'Argenson, le Prieur, le Normant[3] et Moncrif. Voilà toute ma journée. Il y a tant de variation dans les nouvelles de tous les genres, que d'un jour à l'autre tout change de face. Pour commencer par

---

[1] « Je viens d'apprendre seulement une nouvelle bien triste. Il a fait ce mois-ci, à Prague, un orage affreux. Le chevalier d'Argenson, officier dans le Régiment du Roi, second fils de M. le comte d'Argenson, conseiller d'État, intendant de Paris, ci-devant chancelier de M. le duc d'Orléans, était à un poste avec des soldats. Le tonnerre a tombé, dont il a été tué avec quatorze autres hommes. Oh! parbleu, on ne va pas à la guerre pour être tué d'un coup de tonnerre. Cela est ridicule à tous égards. » (Barbier, juillet 1742, t. III, p. 363.) (L.)

[2] Fils naturel et reconnu du Régent et de la comtesse d'Argenton. (L.)

[3] Le célèbre avocat. (L.)

les générales, on frémit de songer à ce qui nous menace; les troubles des Cévennes sont bien sérieux; il y a plus de quatre mille hommes armés, et il n'y a pas cinq cents hommes de troupes dans tout le Languedoc. Nos côtes courent de grands risques, et on parle beaucoup de Dieppe. Le roi de Sardaigne a, dit-on, fait insinuer qu'il ne lui convenait pas que l'Infant restât plus longtemps en France.

LETTRE 34.

MADAME LA DUCHESSE DE CHAULNES A M. LE PRÉSIDENT HÉNAULT.

Chaulnes, 7 mai 1746.

Vraiment, mon cher président, vous êtes très-aimable de m'attaquer de conversation, et de me dire que vous êtes fâché de mon absence! A en juger par le peu de commerce que nous avons eu cet hiver, vous y perdez peu; mais l'été communément m'est plus favorable : on se croit et on en use comme à la campagne; on voisine, et quiconque n'est qu'à une petite lieue peut très-bien se voir tous les jours; aussi cette réflexion me fait-elle regretter Paris, malgré le plaisir que j'ai toujours à me trouver ici. Je suis absolument seule, *seule comme la main,* disait, il y a quinze jours, la femme du lieutenant du Roi de Péronne, ma voisine, bel esprit, imbécile, précieuse et fort aigre. Elle nous entendait dire qu'une petite fille que je venais de voir était toute nue, mais nue comme la main : elle crut que cette expression tenait toujours et partout lieu de superlatif, et, une heure après, elle nous dit qu'elle s'ennuierait beaucoup tout l'été, parce qu'elle allait dans une terre à elle, où elle serait toute seule comme la main. Vous savez que je ris à moins que cela.

Je suis donc toute seule, et bien m'en prend que vous n'exigiez que des détails de promenades : sans cette indulgence, nous ne pourrions avoir de commerce. Je suis bien plus ombre que vous, et encore champs bien plus Élysées que les vôtres; mais n'importe, malgré toute la matière qui vous reste, je veux bien traiter avec vous d'ombre à ombre. Pour heureuse, que vous en semble? La guerre est un furieux obstacle à mon bonheur, et je vous proteste que je n'ai pas plus d'envie que vous de choisir le quartier des héros, et de me mêler à leurs promenades. Pour les amants, je ne sais pas trop comment se comportent ceux que l'on a; mais à en juger par ceux que l'on n'a point, le commerce de ces messieurs est très-orageux, et toute cette espèce bonne à fuir. Je dirais d'eux volontiers, comme un pauvre honnête homme qui malheureusement avait choisi pour sa société deux ou trois voleurs de grand chemin : il fut arrêté et pris, quoique très-innocent, sur la simple apparence de leur liaison. Il les avait souvent exhortés à quitter ce vilain métier, et il crut que sa détention venait d'avoir été accusé par eux, pour se venger de ce qu'il n'avait jamais voulu les imiter. Il fut reconnu innocent, mis en liberté, et il disait toujours : J'ai pensé être pendu, parce que je n'ai pas voulu voler : si jamais je refuse un assassinat, je serai roué. Effectivement, dans cette compagnie, il n'y a que des coups de bâton à gagner; ainsi ne craignez pas que je la choisisse pour paradis. Je vous dirai même que le canton des amis a ses inconvénients : il n'y fait pas sûr. Je deviens assez comme un de mes parents, qui me disait d'un air chagrin : Ma cousine, vous avez beaucoup d'amis; c'est jeunesse, je vous passe encore cela : mais souvenez-vous qu'ils ne sont bons que pourvu qu'on ne les aime guère. Le conseil est bon, je vous assure, et j'en userai dès qu'il plaira à Dieu.

Je ne pense pas que vous me soupçonniez d'être moins lasse que vous de tout ce qui s'appelle tracas, tracasseries et tracassiers. Il y en a pour lesquels cette expression est bien modeste; et, sans la corruption du siècle, nous pourrions bien nous lâcher jusqu'à dire noirceur : à la conduite, au choix des gens et du sujet, à la vraisemblance et à la vérité près, cela aurait fait une très-belle catastrophe; mais quelle impertinence! Je n'ai pu vous voir à mon aise depuis, ni traiter à fond de la colère où j'étais d'abord : elle était merveilleuse, et je vous assure que vous avez beaucoup perdu : notre ami en a été témoin, ainsi que le stoïque M. de Ch...; qui en a beaucoup ri, à mon grand scandale. Avez-vous jamais rien vu de plus bête? Moi, trois, quatre, cinq, six, vingt amants, si vous voulez, et de vilains maux! Ah! fi, président, comme cela me va! Madame de Sévigné se plaignait de ce qu'on avait envoyé un gentilhomme qu'elle protégeait aux galères, et elle disait : Quelle injustice! c'est le plus honnête homme du monde, et propre aux galères comme à prendre la lune avec les dents. Eh bien! je suis à peu près de même pour tout ce vilain train-là : propre aux galères comme à prendre la lune avec les dents.

Je ne puis vous dire ma surprise de me trouver tout d'un

coup une autre, et comme cela jure dans ma tête avec mon opinion : vous jugez bien qu'elle n'en a pas baissé d'une ligne ; on peut s'en fier à moi sur cela : au contraire, je me suis crue dès lors fort au-dessus de ce que je croyais être ; car, à propos de botte, sans prétexte, sans ombre, sans rime ni raison, pourquoi, moi, qui ne suis ni ministre, ni maîtresse de roi, ni rien qui puisse me mettre à portée de tant d'honneurs; pourquoi, moi, des ennemis si enragés? Je ne suis concurrente de rien, ni prétendante à rien, ni malfaisante pour personne : cela me confond ; car je ne croyais mériter ni cet excès d'honneur, ni ces indignités.

Au demeurant, je suis très-flattée d'avoir, une fois en ma vie, inspiré un sentiment aussi vif que celui qui a fourni cette infernale bêtise ; je trouve seulement que son genre est un peu malhonnête pour moi : au demeurant, le ridicule a toujours ses droits, et j'en ai ri beaucoup, comme ceux qui m'entourent ; car après tout, pourvu qu'on se porte bien et qu'on soit heureux, on est vengé. Si par hasard on était aimé et aimable avec cela, il n'y aurait pas de mal ; mais ce qui vous en fera beaucoup, c'est la longueur de ma lettre ; vraiment, c'est bien le cas de dire : J'aimerais mieux être manteau de lit, que lettre de quatre pages; et précisément, parce qu'un manteau de lit est bien court.

J'ai trouvé la plaisanterie sur le *Temple de la Gloire* délicieuse. Il n'y a que vous au monde pour..... oh! pour tout ce qui est bien : aimable, agréable et bon, qui pis est; oui, vous êtes bonhomme par-dessus le marché, et notre pauvre ami aussi, qui a espéré toute sa vie être méchant sans en pouvoir venir à bout. Mandez-moi quand et pour combien de temps vous allez aux eaux. Je compte retourner à la cour pour les couches de madame la Dauphine[1] ; et s'il ne fallait avancer mon retour que de quelques jours pour vous trouver encore à Paris, je le ferais assurément bien volontiers.

J'ai eu une fausse alarme pour M. d'Argenson ; il a eu mal aux genoux, et la goutte, en commençant la campagne, m'a fait trembler : mais il est bien, il a été hier au conseil, et a bien dormi. Je suis ici dans la plus jolie position du monde; j'ai tous les jours des nouvelles de la veille, et d'assez bonne heure ;

---

[1] Madame la Dauphine (Marie-Thérèse-Antoinette d'Espagne) accoucha, le mardi 19 juillet 1746, d'une fille, Marie-Thérèse de France, appelée *Madame*. (L.)

moyennant quoi, puisqu'ils ont la rage de se battre, je trouve que la Flandre est mieux imaginée que toute autre frontière. Mais Plombières m'afflige. Adieu, mon cher président; donnez-moi de vos nouvelles, et je vous promets une très-grande exactitude. Pour de mon cœur, je ne vous en parle point : si vous ne savez pas encore qu'il est vôtre, vous ne valez pas la peine que je vous le dise. Jusqu'à présent, à en juger par les lettres que je reçois, M. Ch..... est plus ami de notre ami qu'il n'est aide de camp; ils sont intimes, et je crois que c'est à jamais.

LETTRE 35.

LE MARQUIS DU CHATEL A MADAME LA MARQUISE DU DEFFAND.

(Lettre sans date, mais de la première période.)

Êtes-vous enfin devenue, madame, aussi bonne actrice que la Beauval et la Champmeslé? Il me semble que le président a quelque inquiétude sur vos succès : il trouve que vos talents dans ce genre tardent un peu à se développer. Pour moi, je parierais qu'ils ne se développeront point. Vous êtes faite pour attraper la nature du premier bond, aussi propre qu'elle à créer; vous n'entendez rien à imiter. S'il était question de faire et d'exécuter des comédies sur-le-champ, ce serait à vous qu'il faudrait aller. J'ai souvent éprouvé ce plaisir au coin de votre feu : là, vous êtes admirable. Que de variétés, que d'oppositions dans le sentiment, dans le caractère et dans la façon de penser! que de naïveté, de force et de justesse, même en vous égarant! Rien n'y manque, il y a de quoi en devenir fou de plaisir, d'impatience et d'admiration. Vous êtes impayable pour un spectateur philosophe. Je vous jure cependant qu'il me tarde beaucoup de venir vous voir mal jouer votre rôle. J'espère que vous le rendrez pitoyablement, et que j'aurai bien du plaisir en vous voyant confondue de l'indulgence que le parterre daignera avoir pour vous. Vous serez, comme les enfants, honteuse sans être humiliée, et de là naîtra une foule de scènes originales entre l'auteur et vous, dont la société profitera. Madame du Châtel n'est point du tout de mon avis : elle assure que vous ferez des merveilles. Cette femme a une opinion de vos talents et de l'universalité de votre esprit, qui est extravagante. Je fais mon possible pour la modérer sur l'excès de cette aveugle prévention, je n'en puis venir à bout : elle se fâche, elle dit que je me donne les airs de tout désapprouver, que j'ai la fausse prétention d'être caustique, pour faire le bel esprit comme M. de Surgères, et que ce ton-là ne me va point. Vous voyez qu'elle en vient aussi aux injures. Je suis obligé de m'arrêter et de vous tout accorder, pour ne pas troubler la paix du ménage. Au reste, je suis chargé de vous faire mille amitiés de sa part : je sais bien qu'elle vous aime plus que vous ne croyez. Elle veut aussi que vous disiez pour elle tout plein de choses tendres à ce délicieux enfant que vous nommez votre petit chat, et qu'enfin vous présentiez ses plus profonds respects à madame de Flamarens. Adieu, madame. Malgré toutes les injures que je vous ai dites dans cette lettre, vous pouvez être sûre que personne au monde ne vous est plus respectueusement et plus tendrement attaché que moi [1].

LETTRE 36.

MADAME LA DUCHESSE DU MAINE A MADAME LA MARQUISE DU DEFFAND.

Dimanche, 7 juin (sans date).

Je n'ai reçu qu'aujourd'hui, madame, la lettre que vous avez pris la peine de m'écrire vendredi. Je l'ai reçue avec beaucoup de plaisir ; mais elle m'en eût fait encore davantage, si elle ne m'eût pas appris le retardement de votre retour à Sceaux : j'avais espéré de vous y revoir aujourd'hui, et je vous avoue que je suis très-fâchée qu'il faille attendre jusqu'à mercredi. Je comprends que madame de Luynes trouve votre compagnie assez agréable pour avoir désiré de vous garder plus longtemps auprès d'elle ; mais je me flatte que vous n'avez pas oublié la parole que vous m'avez donnée de n'être que huit jours à votre voyage, et que les deux que vous n'avez pu refuser à madame de Luynes ne seront suivis d'aucun autre délai. Je suis fort aise qu'elle se souvienne de moi ; mais, à vous dire le vrai, une amitié métaphysique n'est pas d'usage en ce monde-ci, et doit être réservée pour les purs esprits. Je ne puis croire, si elle avait les sentiments que vous dites qu'elle a pour moi, qu'elle eût entièrement retranché les petits voyages de Sceaux, et que M. de Luynes trouvât mauvais qu'elle remplît ces devoirs d'amitié. J'espère au moins, madame, que, pour m'en dédommager, elle vous laissera auprès de moi et ne vous attirera pas

---

[1] Les *Mémoires du président Hénault*, p. 181, éclaircissent cette lettre. (L.)

souvent à Dampierre. Je suis très-touchée de l'amitié que vous me témoignez, et de l'assurance que vous me donnez de réparer par votre assiduité à Sceaux le temps que vous en avez été éloignée. Je vous assure, madame, qu'il me paraît bien long, et que je vous attends mercredi avec grande impatience.

Je suis fort aise que M. de Charost vous ait parlé de moi avec amitié, et des bons offices que vous m'avez rendus auprès de lui. J'espère qu'à l'avenir vous m'écrirez plus familièrement, et que vous retrancherez ce grand cérémonial dont mon amitié pour vous ne s'accommode point. Faites, je vous prie, bien des compliments de ma part à madame de Luynes.

LETTRE 37.

MADAME DE STAAL A MADAME LA MARQUISE DU DEFFAND.

Sorel, samedi 20 juillet 1747.

Je lus avant-hier votre lettre, ma reine, à Son Altesse. Elle était dans un accès de frayeur du tonnerre, qui ne fit pas valoir vos galanteries. J'aurai soin une autre fois de ne vous pas exposer à l'orage. Nous nagions ces jours passés dans la joie, nous nageons à présent dans la pluie. Nos idées, devenues douces et agréables, vont reprendre toute leur noirceur. Par-dessus cela est arrivé, depuis deux jours, à notre princesse, un rhume avec de la fièvre : ce nonobstant et malgré le temps diabolique, la promenade va toujours son train. Il semble que la Providence prenne soin de construire pour les princes des corps à l'usage de leurs fantaisies, sans quoi ils ne pourraient attraper âge d'homme. Je suis réduite, comme vous voyez, ma reine, à vous entretenir du beau temps et de la pluie ; mais que faire de tout ce que nous avons ici ? Une Ribérac, trois Castellane, deux Caderousse, deux Malezieux, un Villeneuve et sa femme, puis les gens de la maison. Vous tireriez peut-être quelque chose de tout cela : pour moi, les bras me tombent, et je ne trouve rien à ramasser. Je fis pourtant, ces jours passés, une promenade avec Gruchet, qui me dit grossièrement des choses assez fines : cela me fit remarquer combien les moins clairvoyants pénètrent avant dans le caractère de leurs maîtres.

Nous avons appris avant-hier la mort du chevalier de Belle-

6.

Isle. J'ai peur que cet accident ne soit fort nuisible aux affaires d'Italie. Je ne sais ce que sera le maréchal sans son frère. Je suis ravie que le neveu du président soit sauvé : je le regarde comme tel, puisqu'on a trouvé la balle. Parlez-lui de moi et à M. de Cereste le plus souvent que vous pourrez. J'aime à être en bonne compagnie : c'est une façon de m'y mettre.

Qu'est-ce qui retarde votre voyage de Montmorency? Je me flatte que cela n'a pas rapport à votre santé, dont vous ne dites rien. Si vous trouvez l'occasion, lorsque vous y serez, de dire aux du Châtel combien j'ai été touchée de leur malheur, vous me ferez plaisir. Je me proposais de tâcher de les voir dans mon voyage manqué de Gennevilliers.

Madame de Saint-Maur est fort aise que vous vous souveniez d'elle : elle vous dit cent choses, toutes mieux les unes que les autres. Elle prospère toujours au cavagnole; mais sa faveur est en raison inverse de son gain.

En dépit d'un troisième orage plus violent que les deux précédents, nous arrivons d'une chasse : nous avons essuyé la bordée au beau milieu de la forêt. J'espérais éviter, comme à l'ordinaire, cette belle partie; mais on a adroitement tiré parti des raisons que j'avais alléguées pour m'en dispenser; ce qui m'a mise hors d'état de reculer. C'est dommage qu'un art si ingénieux soit employé à désoler les gens.

Dimanche 30.

Je reçois dans ce moment vos deux lettres, ma reine. Me voilà bien dédommagée de n'en avoir pas eu assez tôt; mais je vous prie de n'avoir nul égard à mes plaintes, et de vous laisser aller à la paresse quand elle s'empare de vous. J'aime vos lettres passionnément, mais je ne veux pas qu'il vous en coûte rien pour m'écrire. Le récit de votre conversation m'a fort divertie, et vos réflexions sur la vanité sont excellentes. Quant à ce que vous dites sur les distributions de la fortune, je vous renvoie à Pope, qui, ce me semble, apaise tous les murmures sur ce sujet, en disant que celui qui sème des vertus ne doit pas recueillir du froment. Par les détails qui nous sont venus de l'affaire d'Italie, elle me paraît des plus fâcheuses et témérairement entreprise.

J'ai lu à Son Altesse Sérénissime ce qui la regarde dans votre lettre. Elle vous sera fort obligée de bien solliciter l'affaire qui l'intéresse. Elle n'a plus de fièvre, mais elle est toujours fort enrhumée; elle est bien aise que son avis sur Gaurik ait des sectateurs de distinction. Elle a enfin achevé la pièce, et la trouve excellente. Ne lui écrirez-vous pas directement un de ces jours? Il me semble que cela est à propos.

Adieu, ma reine. Si j'avais quelque chose de bon à dire, je vous sacrifierais mon dîner; mais ce qui se présente à mon esprit est encore plus insipide que ce que je vais manger. Je perds toute idée quand je n'ai pas le temps à moi, mais non pas les sentiments; car je vois, ma reine, que je vous aime beaucoup.

LETTRE 38.
LA MÊME A LA MÊME.
1747 [1].

Son Altesse Sérénissime m'ordonne de vous dire, ma reine, que puisque vous lui défendez de vous écrire elle-même, et que vous la menacez, qui pis est, de ne lui plus écrire, elle me charge pour cette fois-ci de vous répondre; ce qu'elle ne pourrait faire qu'avec peine, étant véritablement malade d'un gros rhume qui lui donne les nuits un peu de fièvre, et, le jour, un grand accablement. Elle est infiniment sensible aux marques d'amitié que vous lui donnez, et très-éloignée de vous oublier. Elle désire passionnément que vous puissiez venir à Anet, et vous assure que rien ne lui peut faire autant de plaisir. Elle est tout à fait fâchée de ne pouvoir à présent vous donner sa loge : elle est engagée pour quatre vendredis de suite; dès qu'elle sera libre, vous l'aurez. Au surplus, madame vous prie, ma reine, pour que rien ne diminue le plaisir que lui font vos lettres, de lui écrire sur du papier non lustré; elles n'ont pas besoin de cette grâce extérieure; elles en ont assez par elles-mêmes, pour se passer d'ornements étrangers.

Ma commission faite, je vais à présent, ma reine, vous parler pour moi. Je regrette encore plus que vous ne pouvez faire notre séjour de Sceaux. Ce que j'ai ici n'est pas propre à m'en dédommager : il n'y a que peu de jours que je commence à y dormir, par la généreuse action de Jeanneton, qui de la moitié de son grabat a fortifié le mien. Je m'y suis opposée, comme vous croyez bien, de toutes mes forces; mais elle l'a emporté :

---

[1] Juillet. (L).

ce qui me fait voir que sa vertu surpasse de beaucoup la mienne.

Dites-moi donc pourquoi les du Châtel sont moins bien avec vous? Je suis très-fâchée que vous manquiez d'amusements : c'est un médicament nécessaire à la santé; notre princesse le pense bien; car étant véritablement malade, elle va sans fin, sans cesse, quelque temps qu'il fasse. Au demeurant, elle me traite si excessivement bien, que j'aurais mauvaise grâce de critiquer ce que j'approuve moins que sa conduite à mon égard. Je suis même dans les exercices de pénitence, qui me font faire des chansons, pour réparer le passé, et surtout la mauvaise humeur que je n'ai pu contenir les premiers jours.

Je suis transportée de joie que vous soyez réconciliée avec votre appartement de Saint-Joseph. Je ne craignais rien tant que votre déplaisance dans un lieu que vous n'auriez pu aisément abandonner. Il est fâcheux qu'il vous en coûte tant, mais rien n'est si nécessaire, surtout quand on est beaucoup chez soi, que d'y être commodément et agréablement.

Je suis ravie du projet que vous faites de venir passer un mois avec nous à Sceaux : je ne doute pas que vous n'ayez l'appartement que vous souhaitez; mais je crois qu'il vaut mieux n'en parler qu'un peu avant le temps d'y venir, pour ne pas laisser diminuer la chaleur du plaisir qu'on se fera de vous avoir. C'est bien de cette sorte que je pourrai mettre à profit tous les moments pour vous voir : je vais par ce joli point de vue dénoircir les objets qui m'approchent. Je voudrais bien aussi, ma reine, que vous pussiez faire un tour à Anet. Faites donc accoucher cette grande la Guiche [1] avant terme, s'il se peut; car j'ai bien de l'impatience de vous voir. Aurez-vous un voyage de Champs avec notre grande dame, qui croît toujours? Il n'y a rien de pis, quand on a déjà plus que la stature ordinaire; il me semble que vous seriez mieux avec nous.

Je me garderai bien de dire que vous avez fait connaissance avec madame la duchesse de Modène [2]; tout serait perdu : la

---

[1] Henriette, dite *mademoiselle de Verneuil*, légitimée de Bourbon, mariée le 17 novembre 1740 au comte de la Guiche. Ce mariage l'avait faite nièce à la mode de Bretagne du comte de Lassay, trop souvent confondu avec son père, l'aventureux et romanesque marquis de Lassay, un des rares originaux du grand siècle. Madame de la Guiche était fille naturelle de M. le Duc et de madame de Nesle. (V. *Mémoires du duc de Luynes*, t. III, p. 85, 164, 276.) (L.)

[2] La galante et spirituelle mademoiselle de Valois, fille du Régent. (L.)

duchesse vous a trop sacrifiée à sa vanité, et perdra par son indiscrétion ce renouvellement de telle partie.

Le secret de la du Châtelet est éventé, mais on ne fera pas semblant de l'avoir découvert. Elle voulait faire jouer ici le petit Boursault, le jour de Saint-Louis, impromptu; et pour que tout fût prêt, elle était convenue avec Vanture de faire transcrire les rôles et de les lui envoyer. Ledit Vanture, peu pécunieux, est fort prudent, et considère qu'un tel paquet, par la poste, serait sa ruine. Il a fait demander par Gaya, que certains papiers qui devaient lui être envoyés fussent mis sous l'enveloppe de Son Altesse Sérénissime, ce qu'elle a accordé sans information; mais le paquet étant arrivé, et le souvenir de la demande perdu, ces deux enveloppes ont été déchirées, et tout mis au jour. Cependant on ne pouvait comprendre le fond de ce mystère, que j'ai été obligée d'éclaircir, n'y ayant plus rien à ménager que la contenance de surprise qu'on se promet d'observer. La seconde enveloppe recachetée, le paquet a été remis secrètement à Vanture, qui s'applaudit d'avoir si heureusement concilié l'honnête et l'utile.

Je suis folle, ma reine, de me crever les yeux pour vous conter une aussi plate histoire : en reconnaissance d'un si grand service, songez à me procurer un secrétaire. Je suis surprise que Voltaire ait donné au public ses vers sur la dernière bataille. Comment n'a-t-il pas senti qu'ils sont indignes de lui[1]? Mais puisqu'il ne sent pas combien ces procédés le déshonorent, que peut-il sentir? Je suis effrayée du long séjour qu'ils doivent faire ici.

Je m'étais bien trompée sur la guérison de M. d'Aubeterre : je suis très-fâchée que le président le perde[2]. Je regrette aussi M. de Brienne, ne fût-ce que pour son courage, digne d'un Lacédémonien[3]. On nous avait déjà mandé sa belle action.

---

[1] Il s'agit ici de la bataille de Lawfeld, gagnée par le maréchal de Saxe, le 2 juillet 1747. Voir les vers de Voltaire au tome XIII de ses OEuvres, p. 177; édition Beuchot. (L.)

[2] Il était mourant et ne tarda pas à succomber. « J'ai oublié de marquer » la mort de M. le comte d'Aubeterre, lieutenant général et chevalier des » ordres du Roi. Il était fort âgé; il est mort le 16 ou le 17 de ce mois (de » janvier 1748). » *Duc de Luynes*, t. VIII, p. 432. (L.)

[3] Le 19 juillet, le chevalier de Belle-Isle ayant attaqué un retranchement piémontais entre Oulx et Exilles, y fut tué. « Il arriva ici un des gens de M. le » marquis de Brienne, colonel du régiment d'Artois, qui nous rapporte que » son maître a été tué à cette même action; il dit que M. de Brienne avait

Je n'ai rien de vous aujourd'hui, ma reine, et n'en pourrai rien avoir que dimanche. Je ne m'en plains pas; mais c'est un grand plaisir qui me manque : pensez du moins à moi, qui pense si bien à vous.

LETTRE 39.

LA MÊME A LA MÊME.

Sorel, samedi 5 août 1747.

J'espère que j'aurai demain de vos nouvelles, ma reine, et je manquerai peut-être de temps pour vous écrire; car c'est le jour de notre départ : et quoique ce voyage ne soit pas long, c'est toujours une transplantation et de nouveaux arrangements. Sorel est bon à faire désirer Anet [1] : aussi y vais-je avec grand plaisir. Ceci est pourtant un des jolis lieux du monde : rien n'est plus gai, plus riant que sa situation, mais rien n'est plus morne et plus triste que les habitants. La dame du château en est à désirer quelque pointe de tracasserie, pour réveiller la compagnie. Nous ferons ce soir un grand souper maigre sans poisson : cela ne sera pas plus plaisant que le reste. Enfin, depuis quinze jours que nous sommes ici, il ne s'y est passé aucune chose, ni tragique ni comique, dont j'aie pu vous faire part. J'ai pensé vous mander le mal de gorge de M. Dumont [2], comme l'événement le plus remarquable. Il voulait se faire saigner, madame ne le voulait pas. Les pleurs de sa femme, l'émotion de l'assemblée, la requête pour avoir M. Bouteille mise au néant, les mesures prises, et manquées, pour, à son défaut, introduire secrètement M. André; les plaintes d'une part, les dissertations de l'autre, tout cela serait merveilleusement étendu dans le vide. Enfin, Dumont est guéri malgré lui, sans faire de remèdes, et en est tout à fait humilié. Je me flatte que le séjour

» été cependant plus de trois heures sans recevoir aucune blessure; qu'il avait
» eu après cela le bras cassé, que les grenadiers à la tête desquels il était
» ayant voulu l'emmener, il leur avait dit de le laisser, qu'il lui restait encore
» un bras pour le service du Roi. Et qu'enfin il avait été tué tout roide d'un
» coup de feu dans la poitrine. » (*Duc de Luynes*, t. VIII, p. 272.) (L.)

[1] Sorel, à une lieue d'Anet, était une construction en briques, flanquée de deux pavillons, sur une hauteur dominant toute la campagne, le village et la rivière d'Eure, qui se trouve au delà du chemin de Dreux à Anet. (*Le Château d'Anet*, par le comte de Caraman; Paris, 1860; p. 7, 8.) (L.)

[2] Valet de chambre de madame du Maine. (A. N.)

d'Anet, où nous aurons beaucoup de monde, pourra fournir des incidents un peu plus intéressants que celui-ci.

J'ai eu un accès de fièvre avant-hier; j'ai résisté à l'insinuation de prendre du quinquina dès le premier jour : je saurai ce soir si j'ai bien ou mal fait, je vous le dirai demain.

Du 6.

Je ne reçois que dans ce moment votre lettre du 2. Voyez la jolie poste, ma reine, et combien cela fait languir le commerce! Nous ne serons pas mieux à cet égard à Anet, où nous serons dans quelques heures. La pluie nous a quittés, la fièvre ne m'est pas revenue. Tout va assez bien, hors la santé de la princesse, qui est toujours fort enrhumée, et n'en fait ni plus ni moins.

Il me semble que de la façon dont du Châtel vous a écrit, vous n'avez rien à attendre de plus pour aller chez lui; il peut même s'étonner que, n'ayant rien qui vous retienne, vous différiez si longtemps, et preniez sujet de là de ne vous pas presser davantage. Ne vous laissez point abîmer dans l'ennui : j'ai cru longtemps qu'il naissait de la crainte; mais je commence à croire qu'elle en sauve plus qu'elle n'en donne : sa véritable source est l'habitude d'une vie agréable qui s'est rendue nécessaire; la mienne, toujours exempte de plaisir, me le fait trouver si étranger, que je ne songe pas à lui.

La du Châtelet m'avait déjà communiqué son projet : je crois qu'elle parviendra à jouer son opéra; mais point de récidive.

Il y a longtemps que j'ai partagé, comme vous, le monde en fous et en sots; mais gardons-nous de prétendre le privilége exclusif : si nous ne pouvons voir notre folie, soyons assez sages pour la supposer.

Je vois, par ce que vous me marquez de mon petit écrit, qu'il est impossible de faire voir aux autres comme nous voyons nous-mêmes; il n'en est pas des yeux de l'esprit comme de ceux du corps. Je n'entreprendrai donc pas de vous persuader ce que je pense; mais je vous dirai encore un mot sur cela à mon premier loisir. Avez-vous montré au président cette brochure? Elle pourrait lui plaire plus qu'à vous; je serais bien aise de savoir ce qu'il en pense.

Nous avons, ce soir, la duchesse. Je n'en attends pas le moindre avantage; quelques devoirs à lui rendre qui me seront à charge, et puis c'est tout. J'en ai reçu des lettres tous les jours de poste pour savoir des nouvelles de Son Altesse Sérénissime. Il a fallu y répondre; cela m'a désolée. Il y a des gens dont la bonne et la mauvaise humeur sont également incommodes. J'ai été ici à l'abri de toute société; cela m'a fait supporter les autres inconvénients qui s'y trouvent : les commodités nécessaires me font désirer Anet, mais j'y jouirai moins de cette douceur. A propos de commodités, je suis bien fâchée que les vôtres vous coûtent cher : il en résulte un autre malaise. On me coupe la parole. Adieu, ma reine.

LETTRE 40.

LA MÊME A LA MÊME.

Anet, mardi 15 août 1747.

Votre lettre du 11, ma reine, que je reçois aujourd'hui, j'aurais dû l'avoir dimanche. J'aurais écrit si j'avais eu à répondre; je n'ai de moi-même pu rien fournir : le chaud qui m'accable, l'uniformité qui ne réveille pas, tout cela m'a laissée dans l'engourdissement. Voilà un peu de nouveauté. Madame de Saint-Pierre arriva hier; elle me dit la velléité que vous avez eue de venir avec elle. Mon premier mouvement a été le regret de l'inexécution. Je me suis apaisée quand j'ai vu que, n'ayant pas votre retraite assurée en cas de malaise ou de déplaisance, vous auriez pu être désespérée. Je ne veux point acheter mon plaisir de votre peine, pas même celui d'avoir de vos nouvelles; mais si Lassay peut venir, venez, ma reine, avec lui; vous saurez comment vous en aller.

Madame du Châtelet et Voltaire, qui s'étaient annoncés pour aujourd'hui et qu'on avait perdus de vue, parurent hier, sur le minuit, comme deux spectres, avec une odeur de corps embaumés qu'ils semblaient avoir apportée de leurs tombeaux. On sortait de table. C'étaient pourtant des spectres affamés : il leur fallut un souper, et qui plus est des lits qui n'étaient pas préparés. La concierge, déjà couchée, se leva à grande hâte. Gaya[1], qui avait offert son logement pour les cas pressants, fut forcé de le céder dans celui-ci, déménagea avec autant de précipitation et de déplaisir qu'une armée surprise dans son camp, laissant une partie de son bagage au pouvoir de l'ennemi. Voltaire s'est bien trouvé du gîte : cela n'a point du tout consolé Gaya. Pour la dame, son lit ne s'est pas trouvé bien fait;

---

[1] Le chevalier Gaya, de la maison de la duchesse du Maine. (L.)

il a fallu la déloger aujourd'hui. Notez que ce lit elle l'avait fait elle-même, faute de gens, et avait trouvé un défaut de...¹ dans les matelas, ce qui, je crois, a plus blessé son esprit exact que son corps peu délicat; elle a par intérim un appartement qui a été promis, qu'elle laissera vendredi ou samedi pour celui du maréchal de Maillebois, qui s'en va un de ces jours. Il est venu ici en même temps que nous avec sa fille et sa belle-fille : l'une est jolie, l'autre laide et triste. Il a chassé avec ses chiens un chevreuil et pris un faon de biche : voilà tout ce qui se peut tirer de là. Nos nouveaux hôtes fourniront plus abondamment : ils vont faire répéter leur comédie; c'est Vanture qui fait le comte de Boursouffle² : on ne dira pas que ce soient des armes parlantes, non plus que madame du Châtelet faisant mademoiselle de la Cochonnière, qui devrait être grosse et courte. Voilà assez parlé d'eux pour aujourd'hui. Venons à vous, ma reine : j'approuve fort le parti que vous avez pris d'écrire aux du Châtel; leur réponse vous décidera nettement sur votre voyage. Je suis épouvantée de tous ceux du président : qu'il ne consulte pas le médecin de M. de Pourceaugnac, il augurerait mal de l'inquiétude de changer de place.

Je suis fort fâchée que vous ne vous portiez pas bien : la méthode des indigestions accumulées me semble pernicieuse, et je pense, ma reine, que vous ferez beaucoup mieux de conserver vos forces, que de prêter des grâces à votre fauteuil. Vous avez écrit une lettre à notre princesse, dont elle est fort contente. Je crois que vous aurez la loge dans ses vacances, mais je n'ai pas encore la commission de vous le mander. Ce qui m'est bien recommandé, c'est de vous prier, en cas que vous voyiez jour à venir ici, d'en avertir d'avance, afin qu'on puisse vous bien loger; vous êtes extrêmement désirée, et l'on veut que vous soyez bien.

J'ai beaucoup ouï parler des tracasseries de l'armée; mais je ne suis pas moins persuadée que vous que le ministre s'en tirera bien. L'homme d'esprit a beau jeu vis-à-vis des sots. Qu'il ait des ennemis, cela est attaché aux grandes places, et suit toujours ceux qui les occupent. J'aime le bien des choses, et suis très-fâchée de cette mésintelligence, qui y nuit infiniment; j'ai peur que ce malheur soit moins grand que le cavagnole, instrument

---

¹ Nombre. (L.)
² Cette pièce, publiée dans le volume d'*OEuvres inédites* de Voltaire (Paris, Plon), a été, il n'y a pas longtemps, jouée à l'Odéon (1862). (L.)

de discorde entre les esprits que vous aviez si bien raccordés. O ma reine! que les hommes et leurs femelles sont de plaisants animaux! Je ris de leurs manœuvres le jour que j'ai bien dormi; quand le sommeil me manque, je suis prête à les assommer. Cette variété de mes dispositions me fait voir que je ne dégénère pas de mon espèce. Moquons-nous des autres, et qu'ils se moquent de nous, c'est bien fait de toute part.

Mercredi.

La soirée d'hier fut orageuse. La duchesse, apostrophée par Gaya, au cavagnole, fut douce comme un mouton. La paix que vous avez rétablie sera plus solide que je ne pensais. Travaillez, ma reine, à celle des puissances belligérantes, puisque vous avez la main si bonne : on en sera quitte, en effet, de la part de ladite duchesse, pour les importunités courantes, dont vous faites une exacte énumération. L'Altesse en a beaucoup ri; mais l'altercation susmentionnée l'avait replongée ce matin dans la détresse. Je lui ai fait observer la sérénité de l'air, cela en a remis dans son âme : elle est à la promenade en plein soleil, et tout va bien dans le moment présent.

Nos revenants ne se montrent point de jour. Ils apparurent hier, à dix heures du soir. Je ne pense pas qu'on les voie guère plus tôt aujourd'hui; l'un est à décrire de hauts faits, l'autre à commenter Newton. Ils ne veulent ni jouer ni se promener : ce sont bien des non-valeurs dans une société, où leurs doctes écrits ne sont d'aucun rapport. Voici bien pis : l'apparition de ce soir a produit une déclamation véhémente contre la licence de se choisir des tableaux au cavagnole; cela a été poussé sur un ton qui nous est tout à fait inouï, et soutenu avec une modération non moins surprenante : mais ce qui ne se peut endurer, ma reine, c'est l'excès de ma bavarderie. Je vous fais pourtant grâce de ma métaphysique. Pour répondre sur cet article, il faudrait que je susse plus nettement ce que vous entendez par : la nature, par : démontrer. Ce qui sert de principe et de règle de conduite n'est pas au rang des choses démontrées, à ce qu'il me semble, et n'en est pas moins d'usage. Adieu, ma reine, en voilà beaucoup trop.

LETTRE 41.

LA MÊME A LA MÊME.

Anet, 20 août 1747.

Vous ne vous portez pas bien, vous menez une vie triste : cela me fâche, ma reine. J'ai envie que vous fassiez votre voyage de Montmorency; quoique cela ne soit pas gai, c'est toujours une diversion : elle ne manque pas ici à nos ennuis : c'est le flux et reflux qui emporte nos compagnies et nous en ramène d'autres; les Maillebois, les Villeneuve sont partis; est arrivée madame du Four[1], exprès pour jouer le rôle de madame Barbe, gouvernante de mademoiselle de la Cochonnière, et, je crois, en même temps servante de basse-cour du baron de la Cochonnière. Voilà le nom que vous n'avez pu lire. Je crois en effet, ma reine, que vous avez bien de la peine à me déchiffrer. Nous attendons demain les Estillac[2], au nombre de quatre, car madame de Vaugué[3] et M. de Menou[4] en sont. Madame de Valbelle nous est aussi arrivée; la Malause s'est promise pour demain. Le cousin Soquence, aussi fier chasseur que Nemrod, n'est pas encore venu, et toutes nos chasses sont sans succès. La duchesse parle d'aller à Navarre, et ne peut s'y résoudre : M. de Bouillon la presse, dit-elle; si elle y va, elle n'y sera guère : c'est un prodige de douceur et de complaisance, elle ne manque pas une promenade. La pauvre Saint-Pierre, mangée de goutte, souffrant le martyre, s'y traîne tant qu'elle peut, mais non pas avec moi, qui ne vais pas sur terre, et semble un hydrophobe quand je suis sur l'eau.

Madame du Châtelet est d'hier à son troisième logement. Elle ne pouvait plus supporter celui qu'elle avait choisi; il y avait du bruit, de la fumée sans feu (il me semble que c'est son emblème). Le bruit, ce n'est pas la nuit qu'il l'incommode, à ce qu'elle m'a dit, mais le jour, au fort de son travail : cela dérange ses idées. Elle fait actuellement la revue de ses principes : c'est un exercice qu'elle réitère chaque année, sans quoi ils pourraient s'échapper, et peut-être s'en aller si loin

---

[1] Nourrice du Dauphin, première femme de la Dauphine. (L.)
[2] Nous croyons qu'il faut lire d'Estissac (Louis-François-Armand de la Rochefoucauld de Roye, duc d'Estissac) et sa famille. (L.)
[3] Femme de M. de Vogüé, exempt des gardes du corps. (L.)
[4] Exempt des gardes du corps, maréchal de camp en 1748. (L.)

qu'elle n'en retrouverait pas un seul. Je crois bien que sa tête est pour eux une maison de force, et non pas le lieu de leur naissance : c'est le cas de veiller soigneusement à leur garde. Elle préfère le bon air de cette occupation à tout amusement, et persiste à ne se montrer qu'à la nuit close. Voltaire a fait des vers galants[1], qui réparent un peu le mauvais effet de leur conduite inusitée.

Je suis ravie que vous soyez plus tranquille pour votre appartement; je voudrais bien plus encore que vous le fussiez sur votre santé. Vous êtes trop bonne d'avoir été en peine de la mienne : soyez sûre, ma reine, qu'il mourrait plutôt un bon chien de berger.

Son Altesse Sérénissime, que vous n'avez pas voulu qui vous écrivît elle-même, me charge de vous dire des choses fort tendres de sa part, et surtout combien elle désire vous voir. Que j'ai d'impatience, ma reine, que cette femme accouche heureusement, que Lassay puisse vous amener, et que nous vous ayons au moins quelques jours avec nous!

J'ai distribué vos compliments en partie, j'achèverai; ils ont été reçus avec grâce et reconnaissance. Si vous n'êtes pas contente de tous vos amis, je suis fort aise, ma reine, qu'il y en ait au moins quelques-uns qui fassent bien. Pour ceux qu'on ne peut attraper qu'en volant, c'est bien fait de se consoler quand on les manque, et de ne pas gâter sa physionomie.

Je garde vos lettres, ma reine, non pour disputer, mais pour me régayer au besoin. Croyez-moi très-persuadée que vous entendez parfaitement tout ce que vous voulez entendre, et si vous jouez aux échecs comme aux dés, c'est que le jeu ne vous plaît pas. Adieu, ma reine, portez-vous bien, amusez-vous, pensez à moi, et soyez sûre que je vous le rends au centuple.

---

[1] Entre autres ceux-ci, naturellement cités par M. de Sainte-Aulaire. (*Correspondance inédite de madame du Deffand*, Michel Lévy, 1859; t. I, p. xxvi, *Préface*.)

> J'ai la chambre de Sainte-Aulaire
> Sans en avoir les agréments.
> Peut-être à quatre-vingt-dix ans
> J'aurai le cœur de sa bergère;
> Il faut tout attendre du temps,
> Et surtout du désir de plaire.

VOLTAIRE, *OEuvres* (éd. Beuchot), t. XIV, p. 330, 395. (L.)

LETTRE 42.

LA MÊME A LA MÊME.

Anet, 24 août 1747.

J'espérais quelque chose de vous aujourd'hui, ma reine! je n'ai rien. Je vous crois à Montmorency; vous n'aurez aussi presque rien de moi, car le temps me manque. Vous saurez seulement que nos deux ombres, croquées[1] par M. de Richelieu, disparaîtront demain; il ne peut aller à Gênes sans les avoir consultées : rien n'est si pressant. La comédie, qu'on ne devait voir que demain, sera vue aujourd'hui, pour hâter le départ. Je vous rendrai compte du spectacle et des dernières circonstances du séjour; mais, je vous prie, ne laissez pas traîner mes lettres sur votre cheminée. Madame la duchesse du Maine en a écrit une très-pressante à Lassay pour l'engager à venir ici avec vous tout le plus tôt qu'il pourra. Dieu veuille que cela se puisse bien vite, car j'ai grande envie de vous voir, ma reine!

LETTRE 43.

LA MÊME A LA MÊME.

Anet, dimanche 27 août 1747.

Je reçois dans le moment votre lettre du 23, ma reine. Je suis extrêmement fâchée que vous ayez encore eu votre accident. Je veux toujours me flatter que vous en êtes quitte, et je vois avec chagrin que je me suis trompée; cependant je suis fort aise que vous n'ayez pas souffert.

J'ai été interrompue pour descendre. Je viens de faire vos remercîments à Son Altesse Sérénissime de la loge; elle m'a montré une lettre du président, dont elle est fort contente, fort fâchée en même temps que vous ayez été malade. Elle pense, comme moi, que cet accident passé vous met en sûreté pour un temps que vous devriez prendre pour nous venir voir; mais Lassay, les couches de madame de la Guiche! c'est la mer à boire. Ne pourriez-vous point engager le président, qui chemine si volontiers, à faire ici une course légère et à vous y amener? Cela serait charmant; faites-y tout ce qui se pourra : on ne peut être plus désiré que vous l'êtes.

[1] Évoquées. (L.)

Je vous ai mandé jeudi que nos du Châtelet partaient le lendemain, et que la pièce se jouait le soir ; tout cela s'est fait. Je ne puis vous rendre Boursouffle que mincement. Mademoiselle de la Cochonnière a si parfaitement exécuté l'extravagance de son rôle, que j'y ai pris un vrai plaisir. Mais Vanture n'a mis que sa propre fatuité au personnage de Boursouffle, qui demandait au delà ; il a joué naturellement dans une pièce où tout doit être aussi forcé que le sujet. Paris[1] a joué en honnête homme le rôle de Maraudin, dont le nom exprime le caractère. Motel a bien fait le baron de la Cochonnière, d'Estissac un chevalier, Duplessis[2] un valet. Tout cela n'a pas mal été, et l'on peut dire que cette farce a été bien rendue ; l'auteur l'a ennoblie d'un prologue qu'il a joué lui-même et très-bien avec notre du Four, qui, sans cette action brillante, ne pouvait digérer d'être madame Barbe ; elle n'a pu se soumettre à la simplicité d'habillement qu'exigeait son rôle ; non plus que la principale actrice, qui, préférant les intérêts de sa figure à ceux de la pièce, a paru sur le théâtre avec tout l'éclat et l'élégante parure d'une dame de la cour : elle a eu sur ce point maille à partir avec Voltaire ; mais c'est la souveraine, et lui l'esclave. Je suis très-fâchée de leur départ, quoique excédée de ses diverses volontés, dont elle m'avait remis l'exécution.

Le plaisir de faire rire d'aussi honnêtes gens que ceux que vous me marquez s'être divertis de mes lettres, me ferait encore supporter cette onéreuse charge ; mais voilà la scène finie et mes récits terminés. Il y a bien encore de leur part quelques ridicules éparpillés, que je pourrai vous ramasser au premier moment de loisir ; pour aujourd'hui, je ne puis aller plus loin.

Adieu, ma reine ; je vous prie de vous guérir parfaitement et de me mander avec la plus grande exactitude comment vous vous portez.

LETTRE 44.

LA MÊME A LA MÊME.

Anet, mercredi 30 août 1747.

J'espérais apprendre hier de vos nouvelles, ma reine. Si je n'en ai pas demain, je serai tout à fait en peine de vous. Notre

---

[1] Secrétaire de la duchesse d'Estrées. (L.)
[2] Officier de la maison du duc du Maine. (L.)

princesse a écrit au président, et l'invite à venir ici et à vous y amener : vous savez cela sans doute? J'ai fait ce que j'ai pu pour la détourner de cette démarche, qui pourra être infructueuse et dont le mauvais succès la fâchera. Si votre santé et les dispositions du président se trouvent favorables, cela sera charmant; en tout cas, on vous garde un bon appartement : c'est celui dont madame du Châtelet, après une revue exacte de toute la maison, s'était emparée. Il y aura un peu moins de meubles qu'elle n'y en avait mis; car elle avait dévasté tous ceux par où elle avait passé, pour garnir celui-là. On y a retrouvé six ou sept tables : il lui en faut de toutes les grandeurs, d'immenses pour étaler ses papiers, de solides pour soutenir son nécessaire, de plus légères pour les pompons, pour les bijoux; et cette belle ordonnance ne l'a pas garantie d'un accident pareil à celui qui arriva à Philippe II, quand, après avoir passé la nuit à écrire, on répandit une bouteille d'encre sur ses dépêches. La dame ne s'est pas piquée d'imiter la modération de ce prince : aussi n'avait-il écrit que sur des affaires d'État; et ce qu'on lui a barbouillé, c'était de l'algèbre, bien plus difficile à remettre au net.

En voilà trop sur le même sujet, qui doit être épuisé; je vous en dirai pourtant encore un mot, et cela sera fini. Le lendemain du départ, je reçois une lettre de quatre pages, de plus un billet dans le même paquet, qui m'annonce un grand désarroi. M. de Voltaire a égaré sa pièce, oublié de retirer les rôles, et perdu le prologue; il m'est enjoint de retrouver le tout, d'envoyer au plus vite le prologue, non par la poste, *parce qu'on le copierait*, de garder les rôles, crainte du même accident, et d'enfermer la pièce *sous cent clefs*. J'aurais cru un loquet suffisant pour garder ce trésor! J'ai bien et dûment exécuté les ordres reçus.

Ah! voilà votre lettre de lundi, ma reine : vous avez grand tort de croire que je sois fâchée contre vous, et qu'en conséquence je suspende mes lettres. Je vous ai écrit tous les ordinaires; souvenez-vous que ce n'est que deux fois la semaine que nos lettres vont à Dreux. Je suis véritablement affligée de l'état triste où vous êtes; tâchez d'en sortir, mais ne vous absteniez pas de m'en parler; il n'y a rien que je veuille si bien savoir que tout ce qui vous regarde. Je viens de lire votre lettre, qui est charmante, à Son Altesse Sérénissime; elle s'est beaucoup divertie de votre récit, et m'a paru véritablement touchée du témoignage de votre amitié; elle m'a chargée de vous donner toutes sortes d'assurances de la sienne : elle meurt d'envie de vous voir, et s'il vous est absolument impossible de venir ici, elle se fera un grand plaisir de vous trouver à Sceaux. Vous me direz, ma reine, si vous êtes toujours dans le dessein de préférer, comme je le souhaite, le grand au petit château, afin que j'en parle à temps.

La duchesse vous fait mille compliments : elle a soutenu avec un grand courage l'accident de madame de Modène, et résisté avec beaucoup de fermeté aux instances de M. de Bouillon pour aller à Navarre. Vous voyez que ce que vous faites est bien fait, ma reine. Adieu : je vous aime mieux qu'à moi n'appartient, et en vérité fort tendrement.

LETTRE 45.

LA MÊME A LA MÊME.

Anet, jeudi matin 6 septembre 1747.

Eh bien, ma reine, vous ne voulez donc me rien dire? Aussi vous dirai-je peu, non par dépit, mais par disette. Nous faisons, nous disons toujours les mêmes choses : les promenades, les observations sur le vent, le cavagnole, les remarques sur la perte et le gain, les mesures pour tenir les portes fermées quelque chaud qu'il fasse, la désolation de ce qu'on appelle les étouffés, au nombre desquels je suis, et dont vous n'êtes pas, qualité qui redouble le désir de votre société. Les nôtres changent sans nous rien apporter de nouveau. Mais, dites donc, n'y a-t-il nulle espérance de vous voir? Vous n'irez point à Montmorency, puisque le mari part et que la femme revient : son état fait peine à imaginer. Cependant je suis bien aise pour du Châtel qu'il ne s'enterre pas tout vivant; il se serait dévoré lui-même, comme ceux à qui cet accident arrive réellement. Quels sont donc les beaux ouvrages que lui et ses amis ont faits?

Je suis fort aise de la bonne santé de M. de Cereste : je souhaite encore qu'il se souvienne de moi.

Irez-vous à Champs, ma reine? Peut-être y êtes-vous déjà : je ne sais rien de vous; mais, pourvu que vous vous portiez bien, j'approuve tout. La duchesse d'Estrées fit hier une lourde chute, ne pouvant pas en faire de légère; elle prétend que sa tête fit un bruit de tonnerre en frappant une marche du degré, dont elle dit en avoir dégringolé cinq; elle se fit saigner, vint ensuite jouer au cavagnole, et fut souper en bas : je suppose qu'elle soupa bien, et que les suites de cet accident ne seront pas fâcheuses. On a joué, la semaine passée, nos vieilles comédies; on nous en promet de toutes neuves, dont je vous rendrai compte, si compte il y a à rendre.

Je reçois enfin votre lettre de dimanche, par laquelle je vois que vous n'êtes pas rétablie de votre dernier accident. Je vous avoue, ma reine, que le prologue ne m'a pas déplu, quoique je n'aie pris le compliment qu'il me fait que comme une ironie. Le développement de leurs caractères est parfaitement bien fait dans votre lettre, et d'une utile instruction; ils se sont fait détester ici, en n'ayant de politesses ni d'attentions pour personne.

J'ai bien jugé que le président ne se rendrait pas à l'invitation; mais s'il ne répond en aucune sorte, et ne donne pas quelque excuse, cela sera tout à fait malhonnête. J'approuve que vous m'écriviez sur l'appartement de Sceaux, comme vous me le dites; je suis persuadée que vous l'aurez aux conditions qu'il vous plaira, si ce n'est qu'il faudra vous montrer un peu plus dans la journée. C'est avec grand regret que je perds l'espérance de vous voir ici. Adieu, ma reine : j'ai tout donné à mon goût, ne comptez point sur ma reconnaissance, il ne me reste rien pour elle.

LETTRE 46.

LA MÊME A LA MÊME.

Anet, 10 septembre 1747.

Qu'elle accouche donc vite, cette femme, puisque vous êtes disposée à venir, ma reine; mais si cela tarde, pourquoi n'oseriez-vous pas venir? Vos accidents sont fort adoucis, et le pis du pis, s'il vous arrivait d'y tomber ici, vous ne seriez pas plus mal qu'ailleurs; vous ne recourez point aux médecins dans ce cas-là, et vous ne manqueriez pas des autres choses : on trouve partout de quoi faire diète, qui est votre remède unique; vous verriez ou ne verriez pas qui il vous plairait. J'ai dit à Son Altesse Sérénissime ce que vous me mandez sur son retour à Sceaux : elle m'a dit qu'elle est ici, qu'elle vous y souhaite, que les projets pour l'avenir ne siéent pas aux mortels; qu'au milieu de la vicissitude des choses de ce monde, on ne peut répondre de ce qu'on fera; que cependant, s'il n'arrive pas d'événements contraires, elle reviendra à Sceaux, à peu près dans le temps que vous désirez. Je vous dirai, moi, qu'elle y sera avant le 15 octobre; elle partira plus tôt, mais vraisemblablement elle ira passer deux ou trois jours à Steuil, et cela mènera au temps que je vous marque : j'ai peur qu'alors vous n'aimiez mieux votre appartement de Paris que celui de Sceaux; vous aurez envie de jouir, de goûter le fruit de vos soins, et vous nous laisserez là pour un autre temps.

Vous avez trouvé le vrai secret pour conserver ses amis : passer tout et ne rien prétendre. Toute belle et bonne qu'est votre philosophie, si, en vous détachant des autres, vous n'en tenez que plus fortement à vous, vous n'y gagnerez rien. Pour être bien en repos, il faut ne se soucier guère de soi ni des autres; je crois que cela n'est pas tout à fait impossible, et dans le train où vous êtes, peut-être y arriverez-vous.

Je vous dirai, ma reine, que je suis si bête, que je n'ai pas remarqué dans le prologue ce qui regarde *François II*[1] : mais n'y aurait-il point quelque addition depuis que je l'ai vu? Madame la duchesse du Maine ne s'en est pas aperçue non plus.

Je croyais que madame du Châtel revenait à Paris. Comment vous êtes-vous enrhumée par le chaud qu'il a fait?

Portez-vous bien, je vous prie, et m'aimez. Je suis ravie de ne pas entrer dans le plan de votre philosophie; vous êtes bien exceptée de la mienne, ma reine.

LETTRE 47.

LA MÊME A LA MÊME.

Anet, mercredi 13 décembre[2] 1747.

Madame la duchesse du Maine a lu votre lettre, ma reine, et m'a dit de vous mander que si le mauvais temps vous rend incommode votre logement du petit château, vous aurez, de préférence à tout le monde, celui que vous souhaitez, à moins que madame de Sandwich, qui l'a toujours occupé, ne voulût venir passer quelque temps à Sceaux. Au surplus, je vous dirai que si vos voyages à Paris doivent être longs et fréquents, je

---

[1] Tragédie historique du président Hénault. (L.)
[2] Septembre. (L.)

crois qu'on serait peiné de garder au grand château un appartement souvent vide : c'est à quoi on se résout moins volontiers. Quant au moment du retour, je ne puis vous le dire précisément; mais j'ai ordre de vous marquer que ce ne sera pas plus tard que le 15 octobre, et je crois que je vous l'ai mandé.

Si madame de la Guiche voulait accoucher[1]; si vous vous portiez bien, ma reine, il serait charmant de vous voir à Anet. Son Altesse Sérénissime a reçu la lettre du président, tout agréable et point satisfaisante; il dit qu'il ne peut être plus de trois jours hors de Paris. Vous savez ce qui en est; mais on s'excuse comme on peut. Votre découverte est fort curieuse, j'en ai recommandé le secret. En vérité, c'est se charger d'un digne emploi!

J'ai dit à la duchesse d'Estrées ce que vous me mandez pour elle; elle vous dit aussi cent choses, entre autres qu'elle vous désire ici passionnément. Je ne l'ai jamais vue plus satisfaite et si complaisante; ses concurrentes dessèchent de cette heureuse paix. Madame de Saint-Pierre s'en va mardi; elle est d'un commerce doux et paisible, et vaut mieux que tout ce qui nous reste. Je n'en ai pourtant pas fait grand usage; c'est souvent ce qui conserve la bonne opinion qu'on a les uns des autres. J'ai fait une promenade si longue que j'en suis tout éperdue. Je vous dis adieu, ma reine, n'ayant rien de mieux à dire.

LETTRE 48.

LA MÊME A LA MÊME.

Anet, dimanche 17 septembre 1747.

On ne peut être plus touché que je le suis, ma reine, de votre amitié; mais je suis un peu fâchée de la trop bonne opinion que vous avez de moi : elle me fait craindre que je ne sois fausse; car, si vous ne voyez pas mes défauts, il faut que je les cache : et c'est bien pis que de les avoir.

J'ai lu votre lettre à Son Altesse Sérénissime; depuis qu'elle croit que vous ne viendrez pas à Anet, elle vous aime la moitié moins : c'est un soupçon que j'ai, qui me paraît plus fondé que le vôtre sur le prologue de Voltaire : je l'ai reçu, et je crois toujours qu'il n'en a voulu qu'à *Venise sauvée*[2]. Quelque peu me-

---

[1] Elle accoucha le 24 septembre d'un garçon, son second fils. (V. *Mémoires du duc de Luynes*, t. VIII, p. 296. (L.)

[2] Tragédie imitée de l'anglais d'Ottway, et représentée pour la première

suré qu'il soit, se serait-il avisé de vous régaler d'une pièce offensante pour vos amis? J'ai mis votre conscience en sûreté sur le séjour à Passy : j'ai cru qu'on en recevrait une grande édification; mais la disposition actuelle a fait passer cet article sans remarque; peut-être cela vient-il de la pluie d'hier et de la hauteur du baromètre : ce qui est de certain, c'est que l'humeur n'est pas belle. M. de Lassay a mandé qu'il viendrait, en quelque temps que ce fût, quand même il n'amènerait personne. L'on voudrait toujours qu'il vous amenât; car, en vous trouvant peut-être moins aimable, on ne désire pas moins de vous voir. Le désir d'être entouré augmente de jour en jour, et je prévois que si vous tenez un appartement sans l'occuper, on aura grand regret à ce que vous ferez perdre, quoi que ce puisse être. Les grands, à force de s'étendre, deviennent si minces qu'on voit le jour au travers : c'est une belle étude de les contempler, je ne sais rien qui ramène plus à la philosophie. Je passe bien à la vôtre de ne se pas départir des commodités; mais je désapprouve qu'on se fasse un tourment du soin d'être à son aise, comme je le vois souvent. Je vois aussi que la délicatesse augmente à mesure qu'on la sert, et l'on est mal à force de vouloir être bien. Il faut prendre le temps et les gens, et les choses aussi, comme tout cela se trouve, et bien s'en trouve-t-on soi-même. Depuis que je ne veux plus rien, je me trouve mieux que si j'avais tout ce que j'ai jamais désiré : mais si je persisterai dans cet heureux état, qui le sait? Ce n'est pas moi : je ne m'en inquiéterai pas d'avance.

Voilà trop de morale, venons à la comédie. On joua hier *la Mode*[1], en vérité fort bien, et à la suite une pièce de Senneterre assez bouffonne. Duplessis, habillé en vieille, joua très-plaisamment la baronne du Goulay. La connaissez-vous? C'est une bonne figure : son ajustement, son chant, sa danse, la rendirent très-comique. Les facéties ont un succès plus sûr et bien plus général que les choses plus travaillées; mais n'en fait pas qui veut : il me serait aussi impossible de faire une jolie farce qu'une belle tragédie.

Il faut que je finisse mon bavardage, malgré que j'en aie. Adieu, ma reine; j'ai grande envie de vous voir à Sceaux, s'il est

fois le 5 décembre 1746 avec succès. C'est la première pièce de M. de La Place, auteur de la traduction du *Théâtre anglais*. (L.)

[1] Comédie en un acte, en prose, avec divertissements, par Fuzelier, représentée au Théâtre-Italien le 21 mai 1719. (L.)

impossible que ce soit ici, puis à Saint-Joseph à moitié ermite :
j'y voudrais être avec vous, et ne vous quitter jamais.

LETTRE 49.

LA MÊME A LA MÊME.

Anet, jeudi 21 septembre 1747.

Votre prétendue disgrâce, ma reine, n'est que le chagrin de ce que vous n'êtes pas ici. Vous n'avez pu y venir; mais peut-être croira-t-on que vous ne l'avez guère voulu, et toutes vos douceurs ne répareront pas ce démérite. Je soupçonne aussi que la crainte d'avoir un habitant de moins, en vous livrant un appartement de plus, nuit à l'affection qu'on vous porte; car notre passion dominante est la multitude : ce goût augmente et se fortifie peut-être à mesure qu'on trouve moins de ressource en soi-même. On m'a dit que vous aviez écrit une lettre fort tendre. Je ne l'ai point vue; on me la montrera ce soir vraisemblablement. Mais il faut que la mienne parte tout à l'heure, pour que vous soyez avertie assez tôt de m'écrire un petit mot que je puisse montrer, dans lequel vous me fassiez la proposition de la loge pour le 6 octobre ou le 13, en cas d'engagement. Je n'en puis parler sur votre lettre d'aujourd'hui, qu'on voudrait voir, et dont je me suis bien gardée de faire aucune mention. Je sacrifie mon dîner à la nécessité d'y répondre promptement : ce n'est pas grand'chose; j'aurai beaucoup plus de plaisir à vous entretenir quelques moments. Nous venons de faire une longue promenade qui m'a pris tout mon temps.

Je suis ravie de la prise de Berg-op-Zoom, et plus encore de l'espérance de la paix, que je désire de tout mon cœur.

Vous n'aurez pas, ma reine, une froide réception; on vous aimera dès qu'on vous verra. Pour moi, qui vous aime toujours, je serai transportée de joie de me retrouver avec vous; j'aurais d'ailleurs peu d'impatience de mon retour. Je ne me suis point ennuyée ici : ce sont les intervalles de plaisir qui font l'ennui; dès qu'on y est accoutumé, on ne le sent plus. Vous le prouvez. Cet exemple est bien fort de votre part; car c'était, en effet, votre poison. Si j'ai bien dit sur l'extension des grands, vous avez encore mieux répondu. Entassons-nous, replions-nous sur nous-mêmes, vous n'y perdrez rien du côté de l'esprit; en lui donnant moins de champ, il n'en a que plus de force : le feu et les grâces du vôtre ne l'abandonneront jamais. Ce que vous dites sur les gens vifs, abondants, pétulants, etc., est exquis, et toute votre lettre charmante. Pourquoi Formont se laisse-t-il engourdir au point que vous me marquez? Il a grand besoin que vous lui rendiez l'existence. Quand sera-t-il à Paris?

Adieu, ma reine; l'heure me presse, et ne me permet que de vous dire combien je vous aime.

Je ne soupçonne point qu'on vous ait fait aucune tracasserie.

LETTRE 50.

LA MÊME A LA MÊME.

Anet, vendredi 22 septembre 1747.

Son Altesse Sérénissime, qui a plus mal aux yeux qu'à l'ordinaire, m'a ordonné, ma reine, en attendant qu'elle puisse vous écrire elle-même, de vous marquer combien elle est sensible à toute l'amitié que vous lui témoignez : elle vous assure de la sienne et de l'extrême impatience qu'elle a de vous voir. Elle sait très-mauvais gré à madame de la Guiche de n'être pas accouchée, et plus encore au président Hénault, dont c'est bien plus la faute, de n'avoir pas voulu vous amener ici : il aurait pu vous y déposer, faire ses tours à Versailles ou ailleurs, et vous y venir reprendre, et même vous auriez pu trouver, sans lui, quelqu'un qui vous eût ramenée; enfin, l'on ne peut se consoler de ne vous avoir pas à Anet. Je compte m'en dépiquer à Sceaux : j'ai grande impatience de vous y voir, ma reine. Vous ne me dites rien de votre santé : je me flatte que vous en êtes plus contente, et je le souhaite de tout mon cœur. J'attends le petit mot que je vous ai demandé dans ma lettre d'hier, pour exécuter votre commission. C'est uniquement pour remplir celle que j'ai reçue, que je vous écris aujourd'hui, ma reine : vous n'aurez ni pis ni mieux.

LETTRE 51.

LA MÊME A LA MÊME.

Anet, dimanche 24 septembre 1747.

Votre lettre du 22 a bien réussi, ma reine : je viens de la lire à Son Altesse Sérénissime, qui m'a dit de vous mander qu'elle ne s'en est point du tout prise à vous du refus du président, ni compté que vous dussiez venir à vos frais. Mais voilà madame de la Guiche accouchée : si elle se porte bien, et vous aussi, et que Lassay soit disposé à venir vers le 1er octobre, ne pourriez-vous pas encore venir ici pour y passer une huitaine de jours? Voyez ce que vous pourrez faire sans préjudice de votre santé. Au surplus, madame la duchesse du Maine vous assure qu'elle vous aime autant que jamais, et vous donnera l'appartement que vous souhaitez, comme je vous l'ai marqué. Voilà ce que j'ai ordre de vous dire. J'y ajoute, de vous à moi, que si au grand château vous ne paraissez que le soir, et que vous soyez beaucoup à Paris, on vous en saura très-mauvais gré, ne fût-ce que le mauvais exemple de faire sa volonté dans cette enceinte. Ainsi je vous conseille, ma reine, malgré la commodité que j'y trouverais pour moi, de ne point accepter cette habitation, à moins que vous ne vouliez prendre sur vous plus que vous ne faites dans l'autre.

Voilà un billet que je vous envoie pour mademoiselle d'Avranches, pour la loge : vous y verrez de quoi il s'agit à cet égard.

Adieu, ma reine; je n'ai pas le loisir de vous dire un mot de plus, j'en suis bien fâchée.

LETTRE 52.

LA MÊME A LA MÊME.

Anet, dimanche 1er octobre 1747.

Eh bien, ma reine, malgré l'occasion pressante, vous n'êtes pas venue. On me paraît persuadée que vous ne l'avez pu; Lassay et votre lettre ont parlé à merveille sur cela : elle me donnerait une grande inquiétude sur votre santé, si je croyais que vous n'avez pas pris soin de diminuer les inconvénients qui vous servent d'excuse. Vous auriez pu les augmenter beaucoup en voyageant par un aussi mauvais temps, et je ne puis être fâchée que vous ne soyez pas venue nous consoler, persuadée, comme je le suis, que cet ouvrage s'achèvera bien sans vous. On enterre ici, cette après-dînée, cette pauvre duchesse d'Estrées; et puis la toile sera baissée, on n'en parlera plus. Paris[1] était bien malade dans le temps de cette malheureuse aventure,

---

[1] Son secrétaire.

et n'en a su qu'hier la triste catastrophe. J'ai peur que le nouveau règne ne fasse beaucoup regretter le précédent : ceux qui veulent s'en emparer s'empressent grandement. Cela ne me fait personnellement rien, si ce n'est que le mauvais train des choses me déplaît.

Donnez-moi de vos nouvelles, ma reine, et surtout de votre chère santé, dont je suis en peine, malgré ce qui peut à cet égard me rassurer.

Je ne sais pas encore le jour de notre départ; on attend le comte d'Eu pour le fixer : je vous le manderai, ma reine, dès que je le saurai.

LETTRE 53.

LA MÊME A LA MÊME.

Anet, ce 2 octobre 1747.

J'ai reçu aujourd'hui, par la guinguette, votre lettre du 29, ma reine, par laquelle je vois que vous avez su notre déplorable aventure, le jour même qu'elle est arrivée. Je vois aussi que le coup qui nous a frappés a retenti dans votre âme, peut-être plus que sur les lieux. Je pense, comme vous, que c'est un malheur pour cette maison, et je trouve que vous en exprimez parfaitement la nature, en disant que la perte est plus grande que n'était la valeur de la chose perdue; cependant, je n'ai vu d'autres sentiments que la frayeur d'un pareil accident : ce qui peut y être de plus est absorbé par là. La distraction, prise par goût et pour remède, aura bientôt tout emporté.

Je vous mandai hier sommairement comment la chose est arrivée, et je vais vous en faire un détail plus exact, puisque vous le souhaitez. La chute précédente n'a eu nulle influence sur ceci; la tête, soutenue par un bras qui a été fort meurtri, n'avait pas porté : c'était une circonstance ajoutée pour rendre le fait plus grave, et le souper, que j'avais supposé, à vue de pays, immodéré, ne le fut pas; aucun signe de danger ne suivit cet accident, ni mal de cœur, ni éblouissements, et l'on peut tenir pour certain qu'il n'a nulle part à ce qui l'a suivi, dont voici le commencement. Il y eut samedi huit jours que la duchesse d'Estrées[1] fut prise d'une douleur dans le bras, non

---

[1] Diane-Adélaïde-Philippe Mancini-Mazarini, spirituelle, gourmande, galante, l'*Api* de l'ordre de la Mouche à miel, la joviale et ingénieuse orga-

celui où était la contusion de sa chute : cette douleur était si vive, qu'elle faisait des cris comme une femme qui accouche. J'allai la voir, ne sachant pas qu'elle fût incommodée, mais parce qu'on m'avait dit qu'elle n'était pas à la promenade, où elle allait tous les jours : je fus fort surprise d'entendre ses clameurs, et trouvant quelque chose de singulier dans cette espèce de mal, je l'exhortai et la pressai même, avec toutes sortes d'instances, de faire venir ce médecin de Dreux que vous fîtes venir pour moi l'année passée, et dont je l'assurai que j'avais été fort contente : je lui en proposai encore d'autres, estimés dans ce pays-ci, je n'y pus rien gagner. Notre petite Faculté lui proposa force lavements, elle en prit sept ou huit, qui lui firent rendre une quantité immense de mauvaise nourriture non digérée. La douleur de son bras diminua alors beaucoup; mais des espèces de points qu'elle avait sentis en même temps dans le sein et dans la poitrine, continuèrent, et se firent sentir plus vivement qu'ils n'avaient fait d'abord; elle se plaignait aussi de maux de cœur, d'étourdissements et de battements de cœur, mais point de fièvre. Je la pressai beaucoup de prendre médecine, que j'aurais voulue très-forte; elle se contenta de prendre de la manne, et retarda jusqu'au mardi. Elle passa tout ce temps-là sans rien prendre, pas même de bouillon, et ne put se résoudre à rien boire. Enfin cette légère médecine produisit une grande évacuation, et ses douleurs cessèrent; mais il lui restait des maux de cœur et des battements de cœur, et elle se trouvait fort faible : elle recommença à prendre un peu de nourriture, et le jeudi, veille de sa mort, elle mangea, à dîner, du potage, des œufs, et encore quelque autre chose; elle se leva le soir pour souper chez elle avec madame de Fervaques : ce fut un léger repas, mais pourtant trop fort pour l'état où elle était; elle mangea fort gaiement, et madame de Fervaques l'ayant quittée à minuit, elle se prépara à se remettre dans son lit. Elle avait été si bien toute cette journée, que j'avais passée en partie chez elle, que madame la duchesse du Maine, qui l'allait voir tous les jours, lui dit en plaisantant qu'elle n'y viendrait plus, et qu'il fallait qu'elle descendît le lendemain : ce qu'elle parut très-disposée à faire. Je me suis un peu écartée : j'en étais

nisatrice des fameuses *Nuits* de Sceaux. Elle avait épousé le 17 août 1707 Louis-Armand d'Estrées de Lauzières-Thémines, duc d'Estrées. Voir sur l'accident qui termina sa vie, à soixante ans, les *Mémoires du duc de Luynes*, t. VIII, p. 302. (L.)

au moment qu'elle prit sa chemise pour se coucher; elle dit à ses femmes que les jambes lui manquaient, et qu'elle ne pouvait se soutenir; elles la traînèrent jusqu'à son lit, et la jetèrent dedans : il était à peu près une heure. A peine fut-elle couchée, que faisant une espèce de râlement, ses femmes se rapprochèrent d'elle, et la trouvèrent la tête penchée sur son sein, la bouche ouverte, et les yeux à moitié ouverts, sans mouvement et sans connaissance. On vint avertir madame la duchesse du Maine, qui monta aussitôt chez elle avec tout ce qui était dans le salon, car le jeu n'était pas fini : le chirurgien, le curé, l'apothicaire, tout se trouva en même temps dans la chambre de cette pauvre femme, qui demeura toujours dans la même situation. On lui donna de l'illium, des gouttes d'Angleterre, on la saigna du pied; le sang vint bien mais sans rappeler la connaissance; beaucoup d'émétique qui n'opéra pas davantage; elle fit pourtant quelques efforts pour vomir, et même vomit un peu; cela nous donna un moment d'espérance : enfin on lui donna l'extrême-onction, sans que madame la duchesse du Maine voulût sortir de la chambre; on l'obligea ensuite de passer dans le cabinet à côté, où nous restâmes jusqu'au dernier moment, qui fut à peu près à quatre heures du matin. Son Altesse Sérénissime, tout éperdue, retourna dans son appartement, et se mit dans son lit : madame de Saint-Maur et moi, nous restâmes auprès d'elle jusqu'à six heures.

Voilà, ma reine, le triste détail que vous me demandez : il est peut-être trop circonstancié pour une chose qui n'est propre qu'à fournir des idées noires, que vous n'avez que trop de disposition à saisir, comme il me paraît par votre dernière lettre. Ne vous laissez pas gagner par des pensées aussi lugubres : j'espère que vous les laisserez à la Sainte-Chapelle, au lieu de votre personne, qui jouira agréablement et longtemps de son nouveau gîte.

J'ai fait vos compliments à Paris, qui est très-touché de votre attention pour lui : il est encore malade, sa maîtresse lui donne mille francs de pension et ses équipages par son testament, qui est fort sage; M. de Nevers[1] est légataire universel. Quant à moi, ma reine, je la regrette; elle en usait fort bien avec moi, et l'ascendant que vous aviez pris sur son esprit nous répondait de l'avenir; enfin je trouve qu'elle seyait bien ici : d'ailleurs,

---

[1] Frère de la duchesse d'Estrées. (L.)

sa fin est si tragique, qu'il est impossible qu'on n'en soit pas attendri. Je suis fort contente d'avoir vu en vous le même sentiment, qui devient si rare, que c'est merveille de le trouver quelque part.

Jeudi, 5 octobre.

Ce n'est pas ma faute, ma reine, si vous n'avez pas eu plus tôt ce récit, mais celle de la poste; il ne m'a rien coûté, parce que je l'ai fait pour vous. Ne soyez pas en peine de moi; je n'ai eu que deux mauvaises nuits : tout a repris dès le lendemain le train ordinaire. Je ne suis pas surprise que vous ne l'ayez pas deviné : il y a des choses qu'il faut voir pour les croire. Je voudrais répondre à votre dernière lettre, et je ne le puis, car il faut que celle-ci parte.

Ce que vous dites de l'état monarchique et républicain est excellent, et me donnerait matière de jaser; mais il faut que je sois en bas, et me voilà en haut : on va à la chasse, malgré un rhumatisme.

LETTRE 54.

LA MÊME A LA MÊME.

Anet, vendredi 6 octobre 1747.

Enfin, ma reine, nous partons de demain en huit, samedi, 14 de ce mois, pour aller à Steuil[1]; nous y serons jusqu'au mardi, qu'on va coucher à la Queue[2], et le lendemain à Sceaux, qui sera le mercredi 18. Il n'a pas été possible de reculer davantage, et rien n'a pu, comme vous voyez, nous dégoûter d'Anet. Si je vous trouve à Sceaux, comme je l'espère, cela réparera tout. Je suis en peine de vous, avec plus de raison que vous ne l'êtes de moi. Je terminai hier si brusquement ma longue lettre, que je ne pus vous dire combien je souhaite que vous me rendiez un compte exact de votre santé; marquez-moi tout ce qui vous regarde, ma reine, avec assurance que je n'y prends pas moins de part que vous-même. Je suis bien éloignée d'être aussi parfaite que vous le pensez! Je fis mauvaise mine, ne pouvant véritablement me traîner, la seconde nuit qu'on m'envoya chercher; j'en reçus le lendemain des reproches fort secs

---

[1] Près Mantes, château du comte d'Eu. (L.)
[2] A quatre lieues de Paris; château du prince de Dombes. (L.)

en présence de beaucoup de témoins : cela me déplut. J'avais prié M. de Lassay, qui y était, d'en faire de ma part une petite plainte douce et honnête, il en manqua le moment : je crois qu'il ne l'a pas retrouvé; ne lui en parlez pas, si vous le voyez, car à présent cela ne serait plus bon à rien. Il en est résulté qu'on m'a laissée fort en repos, et peut-être qu'un peu de dégoût, supposé que je ne l'aie pas mérité, vaut mieux que beaucoup de fatigue que j'aurais pu avoir à l'occasion d'un rhumatisme qui tourmente les nuits, dont on se plaint fort sans y rien sacrifier. Ne me répondez rien sur ceci. On m'a recommandé de vous mander bien vite l'arrangement pris, afin que vous puissiez faire le vôtre, pour être à Sceaux en même temps que nous. On voudra voir votre première lettre : il est bon qu'elle ne contienne rien que de louable. Son Altesse Sérénissime en a reçu une de M. le président Hénault; elle m'a dit de vous prier de lui en faire ses remercîments, et ses excuses de ce qu'elle ne lui fait pas réponse elle-même, étant si incommodée qu'elle ne peut écrire. Je puis encore avoir de vos nouvelles mardi et jeudi, j'en espère du moins encore une fois avant notre départ. Que j'aurai de joie de vous revoir, ma reine! Que de choses nous aurons à nous dire! Je ne vois encore rien sur la forme du gouvernement; mais je pense, comme vous, que le pire des états est l'état populaire.

Adieu, ma reine, portez-vous bien, aimez-moi, et soyez sûre que je vous aime.

LETTRE 55.

LA MÊME A LA MÊME.

Anet, dimanche 8 octobre 1747.

Je suis sensiblement touchée de votre amitié, ma reine; mais l'illusion où elle vous mène me fâche sérieusement. Je vois que ce n'est pas moi que vous aimez, mais une idée qui vous appartient uniquement et que vous avez rendue digne de vous, et trop peu ressemblante à la chétive créature à qui vous en faites présent. Vous me réduirez enfin à ma juste valeur. J'espère cependant qu'accoutumée à m'aimer, et touchée de mes sentiments, vous ne m'en aimerez pas moins.

Je vous ai mandé, samedi, par Lassay, notre marche, et que nous serons mercredi 18 à Sceaux. Nous allons samedi à Steuil;

j'y trouverai Lacour qui y est actuellement, et que je ne pourrai voir que là; je lui demanderai quel jour il sera à Paris, et je vous le manderai : je ne crois pas que ce soit avant que nous soyons arrivés à Sceaux. Si vous n'y pouvez guère rester, tâchez, ma reine, de vous contenter de votre petit château, pour éviter des murmures et peut-être des plaintes qui vous déplairaient. Tâchons qu'il n'arrive rien qui nous sépare encore plus que nous le sommes. Si vous vous résolvez d'habiter ce lieu froid et humide, ordonnez qu'on y fasse bon feu plusieurs jours avant que vous y veniez.

J'ai bien cru, ma reine, que le remède de dissipation que nous croyions nécessaire pour tempérer nos frayeurs ne serait pas généralement approuvé. Il est pourtant vrai qu'on n'a joué aucune comédie depuis l'affreux spectacle que nous avons vu; mais je ne vous réponds pas qu'avant notre départ nous ne revoyions la farce de M. de Senneterre. Heureusement pour moi je n'y prends ni n'y mets : je gémis, je m'étonne encore, et ne puis remédier à rien. Il faut convenir que nous allons un peu au delà de l'humaine nature. Je vois d'ici ma pompe funèbre; si le regret est plus grand, les ornements seront en proportion. Que nous importe? Il faut toujours bien faire, et ne s'embarrasser que de cela.

Je n'ai pas encore vu le pauvre Pâris, qui est toujours malade dans le village où on le transporta pour lui dérober la connaissance de son malheur. J'aurais voulu, comme vous, qu'on eût fait plus pour lui, et peut-être était-ce l'intention de cette pauvre femme, qui dit, quelques jours avant sa mort, qu'elle avait des choses à mettre sur son testament.

Je suis bien aise que vous aimiez madame de Saint-Maur; c'est la seule personne raisonnable et décente que nous ayons chez nous : elle sera bien flattée de ce que vous me mandez pour elle, je n'ai pu encore le lui dire. Je me presse de vous répondre, de peur que le temps ne m'en soit ôté. Le seul plaisir de ma vie est d'être avec vous, ma reine, de façon ou d'autre.

Je ne pourrai plus recevoir de vos lettres ici, passé jeudi. Si vous avez par delà quelque chose à me dire, ou simplement envie de m'écrire, adressez vos lettres chez M. le comte d'Eu, à Steuil par Mantes : cette poste va tous les jours; mais nous n'y serons que jusqu'à mardi, que nous allons coucher à la Queue. Je vous embrasserai le lendemain, n'est-ce pas, ma reine?

LETTRE 56.

LA MÊME A LA MÊME.

Anet, mardi 10 octobre 1747.

Notre arrivée, ma reine, est retardée d'un jour, parce que le départ du roi pour Fontainebleau empêche qu'on ait des chevaux de Versailles pour mener notre suite le jour qu'il le fallait. Nous partons toujours samedi pour aller à Steuil; mais nous n'arriverons que jeudi 19 à Scéaux. Je n'en suis pas si fâchée, puisque c'est un jour de plus pour assurer votre état avant notre embarquement. J'espère que vous viendrez, et que ce sera sans inquiétude : c'est tout ce que je désire. Je ne puis vous dissimuler qu'on est étonné que vous regardiez comme une perte ce qu'on envisage peut-être en gain. Vos premières lettres à ce sujet avaient déjà mal réussi; mais on n'a pu tenir à cette dernière, et l'on s'est tant récrié, que j'ai été obligée de dire que ce dont on avait tant de peine à se passer avait pu vous paraître nécessaire : on m'a répondu à cela ce que je sais il y a longtemps. La vanité, parmi de certaines gens, retient ce que le cœur rejette. On a fini par me dire qu'on vous avait été fort obligée de ce que vous aviez fait, parce que, vu les circonstances, cela était bon, et qu'on mettrait tout en œuvre pour le maintenir bon; mais qu'enfin il n'en était plus question, et qu'il ne fallait plus parler de tout cela. C'est avec peine que je vous rends ceci : mais il m'a paru nécessaire que vous sussiez les dispositions, pour régler vos propos : sans quoi, ils paraîtraient insoutenables.

Nous n'aurons point de comédies, j'en suis fort aise; car j'adopte la leçon que fait Arnolphe à Alain et à Georgette : il y a eu seulement un petit brimborion dans les bosquets, qui me déplut si fort, que, sans les fortes remontrances de madame de Saint-Maur, je ne m'y serais pas trouvée : elle m'a dit de vous mander, ma reine, qu'elle vous aimerait quand même vous ne le voudriez pas, et que vous jugiez si vous en seriez refusée.

Au reste, j'ai fait des réflexions qui me consolent de la bonne opinion que vous avez de moi : j'y trouve un nouvel engagement à faire tout de mon mieux, et j'en cherche de tout côté. Si la vanité est le principe de cette disposition, qui paraît bonne, autant vaudrait peut-être faire du pis qu'on peut.

Je suis fâchée des embarras que vous donne votre logement : je ne sais pourtant s'il ne vaut pas mieux s'impatienter quelquefois que de n'avoir aucun sentiment. Vous n'aurez votre tapissier que lorsque nous serons arrivés : je ne vois nul moyen de vous le procurer plus tôt. Pourvu que vous vous portiez bien, c'est le principal, les autres inconvénients sont légers et passagers. Adieu, reine; j'attends avec grande impatience le moment de vous voir. J'ai encore fait dire à Paris que vous souhaitiez le voir dès qu'il serait à Paris.

LETTRE 57.

LA MÊME A LA MÊME.

Vendredi 13 octobre 1747.

Rien n'est égal à la surprise et au chagrin où l'on est, ma reine, d'avoir appris que vous avez été chez madame la duchesse de Modène. Un amant bien passionné et bien jaloux supporte plus tranquillement les démarches les plus suspectes, qu'on n'endure celle-ci de votre part. « Vous allez vous dévouer là, abandonner tout le reste, voilà à quoi on était réservé : aussi est-on l'exemple du malheur, les tourments dont on se croyait quitte vont renaître par vous, et toujours la même pierre d'achoppement : c'est une destinée bien cruelle! » etc. J'ai dit ce qu'il y avait à dire pour ramener le calme; on n'a voulu rien entendre. Quoique je ne doive plus m'étonner, cette scène a encore trouvé moyen de me surprendre. Venez, je vous conjure, ma reine, nous rassurer contre cette alarme : ne louez point la personne dont il s'agit, et surtout ne parlez pas de son affliction; car cela serait pris pour un reproche. Je comprends que vous serez tentée d'abandonner une route si scabreuse; mais songez que si vous preniez ce parti, tout retomberait sur moi, que vous laisseriez à l'abandon. On est déjà fort mal disposé à mon égard, et je vous demande en grâce de vous prêter, dans les circonstances présentes, à ce qui est nécessaire pour remettre les choses dans un meilleur état. Si, par la suite, vous n'y pouvez tenir (car je sens combien cela est difficile), vous dénouerez doucement, sans rompre. Je n'exigerai pas de votre amitié que vous rendiez votre vie épineuse et désagréable, c'est assez que la mienne le soit : le partage que vous feriez de mes peines, loin de les soulager, les doublerait.

Nous partons toujours demain, et nous arriverons jeudi, comme je vous l'ai mandé. Je désire passionnément de vous trouver à notre débarquée. Je n'eus jamais tant de besoin de vous, ma reine.

LETTRE 58.

LE COMTE DES ALLEURS, AMBASSADEUR DE FRANCE A CONSTANTINOPLE, A MADAME LA MARQUISE DU DEFFAND [1].

Constantinople, 15 octobre 1748.

Madame, M. d'Alembert a écrit ici que vous voulez bien entrer en correspondance avec moi, que cependant je ne devais pas m'en flatter, si je n'avais l'honneur de vous écrire le premier. Cette condition n'a rien que de juste et de facile : elle est trop agréable et trop avantageuse pour moi, pour n'en pas profiter avec un empressement infini. Je puis donc espérer, madame, d'avoir de vos nouvelles particulières qui m'intéressent véritablement, et peut-être, par égard pour l'éloignement où je suis, l'ignorance et la solitude où vous me croyez, y ajouterez-vous quelque chose de ce qui se passe dans le monde. Il n'y a nulle égalité pour vous dans ce commerce : dois-je me flatter d'un intérêt réciproque de votre part? Et, réduit à vous parler de moi, ou de ce pays-ci, n'est-ce pas vous ennuyer à coup sûr? Je le ferai cependant, plutôt que de me résoudre à garder un silence qui me priverait du plaisir de recevoir de vos lettres.

Je ne vous dirai rien de mon voyage; il y a trop longtemps que je suis arrivé, pour n'avoir pas oublié toutes les peines qu'il m'a données. Je ne vous parlerai point non plus des femmes turques : vous savez qu'on ne les voit pas, à moins qu'on ne les recherche par des aventures, dont la fin n'a jamais été trop de mon goût, et qui conviennent moins que jamais à mon âge, à mon état et à mon inclination.

Quant aux hommes, il y a trop de choses à en dire pour entrer sur cela dans un grand détail : je me bornerai à vous en donner une légère esquisse, afin que vous voyiez les gens à qui j'ai affaire. Le commun est très-grossier, très-ignorant, très-superstitieux; les gens lettrés, parmi eux, très-taciturnes et

[1] Il s'agit ici du comte des Alleurs, fils de celui (également ambassadeur à Constantinople, où il avait remplacé M. de Ferriol depuis novembre 1710) dont Saint-Simon a tracé un court et vif portrait (t. Ier, p. 304, 305). M. des Alleurs avait succédé à Constantinople à M. de Castellane, lequel avait lui-même succédé à M. de Villeneuve. (L.)

très-silencieux; tous fort intéressés, d'assez bonne foi cependant; demandant avec bassesse, recevant avec orgueil; assez reconnaissants quand on les a obligés et qu'on en a besoin; philosophes sans art, mais par tempérament; aujourd'hui grands, demain dans le néant, toujours égaux; le peuple, dévot de bonne foi à Mahomet; les grands, déistes, mais hypocrites à l'excès; assez polis, pourvu que l'on convienne qu'on peut être poli sans révérences et sans compliments, et qu'on ne s'arrête qu'à des choses dites avec simplicité, qui paraissent naturelles, et venir du cœur.

Quant à ce qui me regarde personnellement, ma vie est assez douce et uniforme. Je passe une partie de l'année, soit ici, soit à une fort belle campagne, dans une retraite très-scrupuleuse, à cause de la peste, fléau que vous ne connaissez pas, et avec lequel je ne vous conseille pas de faire connaissance: il est insupportable, non-seulement par ses horreurs, mais encore par les précautions qu'il faut prendre, surtout contre les domestiques, tous et toujours désespérés d'être enfermés. Lorsque ce mal veut bien cesser, ce qui arrive ordinairement quand le froid commence, on sort comme la colombe de l'arche, on devient plus hardi, et l'on se rassemble enfin tout à fait. Le roi étant le plus grand prince de l'Europe, son ambassadeur est ici le premier, et a toute l'endosse d'un assemblage tumultueux: sa maison est le rendez-vous des ennuyeux; il y a tous les jours du monde à dîner, point de soupers, des quadrilles ou reversis, peu de conversation. Les ambassadeurs ou ministres, toujours occupés du cérémonial, gênent ou fatiguent beaucoup. Les négociants, plus instruits de leurs intérêts que d'autre chose, ne sont pas d'une grande ressource.

Le carnaval est un peu plus animé; il y a bal au palais de France tous les dimanches. Quelquefois cinquante ou soixante femmes viennent y danser, et y soupent ce jour-là; ce qui fait un assez beau spectacle, par leurs coiffures à la grecque, que je trouve assez belles. Peut-être que l'illusion ne consiste que dans la nouveauté de ce coup d'œil. La plus grande partie de ces femmes parlent assez mal l'italien; je l'entends un peu, mais je ne le parle point; elles parlent très-bien grec, moi point du tout. En général, elles parlent peu, pensent encore moins: il n'y a que ce qui regarde leur vanité, leur jalousie, enfin toutes leurs passions, qu'elles conduisent tout comme en France.

Ma femme est chargée de faire tous les honneurs; elle aime

à danser : ce qui fait qu'elle s'amuse, se fatigue et s'ennuie alternativement. Pour moi, je ne prends nulle part à ces plaisirs bruyants ; occupé uniquement de mes affaires, je n'ai pas le temps de m'ennuyer, ayant d'ailleurs tout ce que je puis désirer. Je ne serais nullement à plaindre, si je n'avais de véritables chagrins des pertes que j'ai faites en France de parents, d'amis et de société : cela m'a rendu très-indifférent sur mon éloignement, me fait supporter mon exil non-seulement avec patience, mais m'a même déterminé, puisque c'est ma ressource, à l'embellir de mon mieux. Je suis très-bien logé : je vois du palais de France, par un côté, un faubourg de Constantinople, en amphithéâtre avec des jardins ; cette vue est terminée par le sérail des icoglans, ou pages du Grand Seigneur. D'un autre, on voit deux mers différentes, couvertes de vaisseaux de guerre et marchands, ou de petits bateaux, plus communs que les carrosses à Paris. Vis-à-vis de moi, c'est le sérail du Grand Seigneur et la ville de Constantinople, dont je ne suis séparé que par un bras d'une de ces deux mers. Cette vue est tellement supérieure à toute autre, qu'elle paraît toujours nouvelle.

Ce qu'il y a ici de plus singulier, c'est la tranquillité journalière : tout dort à neuf heures du soir, et on croirait, au silence et à l'obscurité, que cette ville, habitée par un million d'âmes, est entièrement déserte. J'ai aussi de très-beaux jardins que j'ai fait accommoder, dont je jouis beaucoup : le climat est très-beau, un peu inégal ; lorsque le vent du midi règne, ce sont des chaleurs insupportables, mais tempérées tous les soirs par un vent de nord qui occasionne quelquefois un froid assez sensible ; ce qui sert aux médecins à rendre raison de toutes les maladies, qu'ils attribuent à cette variation, plutôt que de convenir de leur ignorance.

On fait très-bonne chère : le mouton est délicieux, le gibier excellent, le poisson abondant, les légumes parfaits, les fruits médiocres. J'entre dans ce détail parce que je sais qu'il ne vous est pas indifférent, même dans vos plus grandes diètes ; je compte qu'il sera d'autant mieux reçu, que j'espère que vous en êtes dehors, que vous ne voyez plus M. de Vernage[1] que par bons procédés de sa part et comme ami, et que vous jouissez d'une santé parfaite : du moins je le souhaite infiniment.

Faites, je vous prie, dans les occasions, ma cour à M. le

---

[1] Fameux médecin du temps. (L.)

comte d'Argenson, non que je lui demande rien; mais je lui suis trop attaché par le cœur, pour ne pas chercher à le lui faire connaître par toutes sortes de voies : en passant par vos mains, cela ne peut qu'acquérir tout le mérite qu'il faut pour lui plaire. On ne peut le connaître sans l'aimer, et sans lui souhaiter un crédit et une autorité dont il n'abuse jamais, des biens dont il use toujours, des honneurs qu'il méprise lui-même, enfin des éloges qui lui sont dus et dont il fait aussi peu de cas.

Mille compliments, je vous prie, à M. le président Hénault, à l'indifférent et philosophe Formont, au prodigieux et aimable d'Alembert : j'ai fait pour son ami, à sa considération d'abord, ensuite pour ses talents, tout ce qui a dépendu de moi. Si vous voyez le chevalier d'Aydie, faites-lui mille amitiés de ma part. Ce pays est fait pour lui, l'air est très-bon à l'asthme : on y peut manger, bouder et philosopher impunément.

Ma femme me charge de vous dire mille choses de sa part. Elle a du courage comme un lion, en voyage et contre la peste; elle travaille tout le jour à mille choses pour n'être pas gagnée par l'ennui; enfin elle est raisonnable, ce qui est rare, même en France, où c'est peut-être l'unique chose qui manque. Mais je m'aperçois que je vous écris, et que vous êtes l'exception à la règle.

Ma lettre est trop longue pour ne vous pas faire d'excuses sur mon écriture peu lisible; mais j'ai mieux aimé vous donner un peu de peine que de mettre un secrétaire dans ma confidence, et il me semble que je vous exprime mieux de cette façon l'inviolable, sincère et respectueux attachement avec lesquels je suis, etc.

LETTRE 59.

LE MÊME A LA MÊME.

Constantinople, 17 avril 1749.

Vous croyez bien, madame, que j'ai été très-flatté de recevoir des marques de votre exactitude, et quoique éloigné, ou pour mieux dire séparé, comme je le suis, du monde, j'ai été très-aise d'apprendre, et par vous avec les grâces que vous y savez joindre, des nouvelles de ce qui se passe; mais ce qui m'a fait un vrai plaisir, c'est d'apercevoir dans une très-longue lettre (dont, en vérité, je n'ai aucune envie de me plaindre) des marques d'une véritable amitié. J'avoue que l'inégalité que je sentais que je devais nécessairement mettre dans un commerce de lettres avec vous, me faisait balancer à le commencer; je craignais, avec raison, de vous ennuyer par des détails peu intéressants sur les Turcs, par des choses qui me sont personnelles, ou enfin par une morale turque et ennuyeuse que la solitude inspire ici, malgré qu'on en ait, et que l'amour-propre, qui est de tous les pays, me fait prendre quelquefois pour une bonne et sage philosophie. Puisque votre bon esprit vous rend curieuse, que votre amitié vous rend indulgente, je me donnerai carrière sans scrupule.

Je ne commencerai pas par ce que vous voulez savoir, mais par ce qui m'intéresse le plus : c'est ce qui vous regarde personnellement. Je suis très-aise que vous soyez quitte de ce vilain temps critique. Quand vous n'y auriez gagné que de n'être plus assujettie à ces diètes outrées, ce serait beaucoup; et si votre santé est déjà meilleure après les grands dangers passés, vous devez vous flatter qu'elle se fortifiera de jour en jour. Je suis charmé que vous soyez contente de votre logement de Saint-Joseph : je vous vois d'ici dans cet appartement, admirant la moire jaune et les nœuds couleur de feu. Je vous passe d'aimer la propriété : c'est la seule façon de jouir de quelque chose. Je vous connaissais un vis-à-vis avant de partir. Vous méritez, madame, d'avoir du bien, non-seulement par le bon usage que vous en faites, mais par l'ordre avec lequel vous le conduisez. Je profiterai de vos avis et de vos exemples, et j'espère, à mon retour en France, être en état de me passer de tout le monde. La pauvreté a mille inconvénients, dont, à mon gré, la dépendance qui en est inséparable est le plus grand. Quant à la santé, le premier de tous les biens, malheureusement elle ne dépend pas de nous : c'est un présent que la nature fait sans choix et assez volontiers à des gens qui en font un mauvais usage : elle se plaît à le refuser à ceux qui s'en serviraient pour être utiles et agréables dans la société. Au défaut de cet heureux état, un bon régime et une grande tranquillité d'esprit préviennent les grandes maladies et rendent les incommodités supportables. Ce qui m'étonne, je vous l'avoue, c'est de me trouver vieux, sans savoir quelquefois comment cela m'est arrivé, à moins que je ne réfléchisse sérieusement sur tous les événements dont j'ai été le témoin ou l'acteur : récapitulation qui n'est pas toujours fort agréable.

Puisque les nouvelles de ce pays-ci ne vous ennuient point, que même jusqu'à celles de l'ambassadeur turc peuvent vous intéresser, je vous en dirai volontiers; mais je vous prie, quoique tout ce que je vous écris soit peu important, d'avoir la bonté de n'en faire part qu'à M. le président Hénault et à notre ami Formont. J'ai des raisons pour être réservé : mes ennemis (et je n'en manque pas) feraient un monstre d'indiscrétion d'une chose que je regarde avec raison comme très-indifférente.

Sayd-Effendi est revêtu ici d'une charge honorable, mais peu importante, et il a peu de crédit : il vit entièrement retiré avec ses femmes, n'osant, parce qu'il a été employé dans les cours étrangères et qu'il a été la seconde personne de cet empire, communiquer avec des ambassadeurs. Cette intimité serait suspecte, et on lui croirait des sentiments ou des goûts pour le christianisme, ce qui est ici un crime capital; du reste, il prend, comme tous les Turcs, son mal en patience. Ils sont accoutumés à s'élever et à déchoir de sang-froid; ni l'estime ni le mépris ne sont attachés à ces deux états, et personne enfin ne meurt ici de ce qu'on appelle en France la maladie des ministres. Je ne connais ni son fils ni son gendre, mais je sais qu'ils regrettent tous deux Paris.

On ne voit pas ici le grand vizir avec la même facilité et la même familiarité qui s'observent en Europe. Ce personnage, tant qu'il existe (ce qui est toujours très-incertain), est ici au-dessus de tous les ministres, et ne peut se comparer à ceux des autres pays par son autorité, son crédit, sa suite, et ses richesses imaginaires. Tout roule sur lui : c'est une espèce d'associé à l'empire, que le Sultan détruit quand il lui plaît, quand il lui cause le moindre ombrage, ou enfin quand il juge à propos de le sacrifier au mécontentement du peuple. Il le dépossède de sa charge et de son bien. Anciennement il lui en coûtait la vie, aujourd'hui les choses se passent plus doucement. Les ambassadeurs ne voient jamais le grand vizir qu'à leur première audience pour faire reconnaître leur caractère, ou à leur dernière, pour les congédier. Toutes les affaires se traitent ensuite entre le grand vizir et l'ambassadeur par des interprètes; s'il survient quelque affaire importante, l'ambassadeur fait demander audience, et on la lui accorde. C'est dans cette première et dernière audience que se passent les honneurs du sofa, dont je vous envoie un petit détail à part pour M. le président Hénault, avec la même condition de réserve. Ces audiences se passent avec un grand appareil. L'ambassadeur est précédé de beaucoup d'officiers du Grand Seigneur, suivi de six interprètes de sa maison, de sa livrée, et la marche est fermée par la nation française, qui est nombreuse, et par les protégés de France : ce qui fait un assez beau cortége, surtout quand l'ambassadeur vient par mer, tous les officiers des deux vaisseaux étant obligés de l'accompagner. Trois ou quatre jours après, l'audience du Grand Seigneur se passe dans le même appareil. L'ambassadeur traverse avec sa suite tout Constantinople, à cheval : c'est le Grand Seigneur qui envoie les chevaux ; on passe plusieurs cours du sérail à cheval, et d'autres à pied. Lorsqu'on est à la dernière, on revêt l'ambassadeur d'une robe de chambre de drap, doublée de martre zibeline, dont le Grand Seigneur fait présent : c'est la robe nuptiale, sans laquelle on ne peut entrer ; il passe au travers d'une haie d'eunuques blancs, et d'une autre d'eunuques noirs, spectacle assez hideux. Il arrive enfin dans la chambre du Grand Seigneur, qui est sur son trône, magnifiquement vêtu, avec un turban rempli de diamants, surtout une très-belle aigrette : le vizir est au pied du trône. L'ambassadeur alors déploie les voiles de l'éloquence : son compliment est ordinairement respectueux et fade, plein de mots et dépourvu de choses. Le Sultan, du moins celui qui règne aujourd'hui, qui est un prince très-affable, répond des choses amicales et décentes pour le roi, assez obligeantes pour l'ambassadeur. Pendant que cette harangue dure, il faut faire la révérence en avant toutes les fois qu'on prononce le nom du roi ou celui du Grand Seigneur. Deux capigi-bachis, qui sont des espèces de gentilshommes de la chambre, soutiennent l'ambassadeur sous les bras ; ce qui ressemble beaucoup à la cérémonie du mamamouchi français. Il faut du sang-froid pour n'être pas déconcerté ou surpris de ce faste oriental ; ou du sérieux, pour ne pas rire, lorsqu'on a de la disposition à voir les choses du côté comique.

Vous croyez peut-être que je suis très-fâché de voir aussi rarement le Grand Seigneur ou le grand vizir ? Vous vous trompez, si vous le pensez. Vous ne sauriez croire avec quelle facilité je trouve qu'on s'accoutume à voir peu les souverains, surtout celui chez lequel on est envoyé ; j'avais beaucoup plus de peine à me faire à l'usage de la Pologne, où on a continuellement l'ennuyeux esclavage d'une cour.

Nous avons trop souvent parlé ensemble de Voltaire, pour s'étendre là-dessus. On peut admirer ses vers, on doit faire cas de son esprit; mais son caractère dégoûtera toujours de ses talents. En fait d'esprit, tous les hommes sont républicains, et Voltaire est trop despotique. Avant de recevoir votre lettre, une personne de beaucoup d'esprit m'avait déjà parlé de *Catilina*[1]. J'en aurais usé tout comme vous à son égard, et je m'en serais tenu à la première entrevue : je l'ai lu avec attention; j'y ai trouvé de beaux vers. Je ne suis pas surpris que des courtisans le louent, mais ce qui m'étonne, c'est que des gens désintéressés, qui ne doivent tenir qu'à la vérité, puissent applaudir au rôle de commode qu'on fait jouer à Cicéron, ce qui ne s'accorde ni avec l'histoire, ni avec le caractère du consul, et qu'on ne soit pas révolté d'être obligé de porter son admiration sur le plus vicieux et le plus scélérat des hommes, qui au milieu des plus noirs complots, mais des plus grands desseins du monde, à la vérité, mêle l'amour le plus déplacé, le moins vraisemblable et le moins intéressant.

Je savais déjà l'histoire des plaques de cheminée[2]. Je me suis toujours attendu à une fin tragi-comique de la part des principaux acteurs de cette pièce; le mari est vain, non emporté; la femme menteuse, romanesque, intrigante; le favori de Mars et de Vénus, quoique très-aimable, a toujours été, dans ses amours, hardi, bruyant, ingénieux; le dénoûment a répondu à tous ces caractères. Un accommodement est ce qu'il y a de mieux pour elle; elle sera peut-être assez mal conseillée pour faire de plus grands éclats, qui augmenteront sa confusion sans rien ajouter à ses intérêts. J'ai beaucoup ri de voir que pour rentrer chez les maris offensés et jaloux, il faut les mêmes personnages dont on se sert pour réduire les ennemis de l'État. Le peu de succès qu'ils ont eu en plaidant une aussi mauvaise cause doit convaincre que chacun a ses talents, et qu'il faut à l'avenir laisser faire ces démarches à des huissiers ou à des avo-

---

[1] Il y a deux tragédies de ce nom : l'une de l'abbé Pellegrin, non représentée, imprimée en 1742; et l'autre de M. de Crébillon, attendue depuis longtemps, et enfin vue et reçue avec applaudissements, le 21 décembre 1748. Elle a été jouée vingt fois de suite sur le Théâtre-Français, ce qui alors était un grand succès. (L.)

[2] Il s'agit ici de la fameuse aventure de madame de la Popelinière (mademoiselle Dancourt), femme du fermier général, avec le duc de Richelieu. On la trouve racontée dans les *Mémoires de Marmontel* et dans les *Mémoires du duc de Richelieu* (par Soulavie), et sa *Vie privée* (par Faur). Elle est si connue, que nous nous bornons à indiquer ces ouvrages. V. aussi le *Journal de Barbier*, t. IV, p. 327, 328.) (L.)

cats. Comme il n'y a pas eu de sang répandu dans l'arrêt du prince Édouard[1], cela ne fait pas une pièce tragique dans les règles; il a voulu, comme Charles XII avec les Turcs, se donner un petit air d'entêtement : son imprudence a été corrigée, et deviendra peut-être plus modérée à l'avenir avec ceux qui ont le pouvoir de punir. Ce qui me paraît le plus tragique, c'est l'état de M. le comte d'Argenson. Je crains tous les remèdes contre la goutte; lorsqu'ils soulagent les douleurs, ils attaquent sourdement d'autres parties et font de plus grands ravages. Mon attachement pour lui, et l'envie de le voir très-longtemps, me feraient désirer qu'il pût souffrir avec patience; mais comment souhaiter de sang-froid des douleurs à quelqu'un qu'on aime, et comment être patient, lorsqu'on est accablé de grandes affaires? Je trouve que la goutte a tort de l'attaquer, quoiqu'il ait un peu fait ce qu'il fallait pour l'attirer; mais l'État a besoin de ses lumières, ses amis ont besoin de sa société, et lui voudrait bien être toujours un peu gourmand : voilà bien des contradictions. Je ne serai parfaitement tranquille et content sur son compte que lorsque j'apprendrai qu'il se porte mieux, et qu'il aura une partie de ce qu'il mérite.

Je ris quelquefois ici tout seul de voir la facilité avec laquelle d'autres ont acquis des honneurs et des richesses, et le peu qu'ils y ont mis du leur, et de voir des gens du premier ordre, en tout genre, languir aussi longtemps après des grâces qui devraient les prévenir. Vous me ferez plaisir de lui parler de moi; je l'excepte, comme vous croyez bien, de la réserve que je vous ai recommandée, et vous me ferez plaisir de lui montrer ma lettre.

Je reviens à mes moutons, turcs ou domestiques. Ma femme, qui vous est fort obligée de l'honneur de votre souvenir, me charge de vous en faire mille remerciments, et de vous offrir ses services ici pour vos commissions. Elle s'occupe actuellement d'habiller plusieurs poupées à la grecque, à la turque, à la juive, à l'arménienne, pour les porter en France; je crois qu'elle se défera, dans trois mois, d'une poupée plus incommode, mais qui l'amusera par la suite; car, entre vous et moi, il faut ici de l'occupation; on ne peut pas toujours lire ou travailler, et les soins d'un ménage siéent bien à une femme rai-

---

[1] Le prince Charles-Édouard, le Prétendant, enlevé de vive force le 10 décembre 1748 à l'Opéra, conduit à Vincennes, puis expulsé. V. Barbier, t. IV, p. 329, et les *Mémoires du marquis d'Argenson*, t. V, p. 308-319. (L.)

sonnable. Je vous avoue naturellement que je n'ai jamais pensé m'en occuper comme je fais et avec autant de satisfaction. Je n'ai pas le temps d'être oisif ici; j'ai des affaires assez honnêtement, des visites à faire ou à rendre : c'est la croix de mon état. Mes délassements les plus agréables et mes grands plaisirs consistent dans la lecture, dans la tranquillité domestique, dans la bonne chère, que je ne fais que chez moi, ou des promenades dans un très-beau jardin, où j'ai fait des embellissements et bâti un *kiosque* à la turque, pour être à couvert du soleil. J'y jouis d'une vue que les plus grands souverains pourraient m'envier avec raison ; c'est là que je fais des réflexions de toute espèce, excepté de celles qui sont tout à fait noires, que j'écarte le plus qu'il m'est possible.

Je vous serai très-obligé de réitérer mes compliments au chevalier d'Aydie ; je suis charmé de pouvoir me flatter qu'il a de l'amitié pour moi. S'il a quelque trouble dans sa digestion, je ne suis pas surpris qu'il ait un peu d'humeur ; il aimait de trop bonne foi à souper, pour soutenir cette privation avec patience. Son humeur m'a toujours paru plus supportable que celle des autres, et souvent bien plus aimable que leur gaieté : d'ailleurs, ses bonnes qualités et la tournure de son esprit faisaient un composé très-sociable et très-aimable.

Je suis fâché pour vous et pour M. d'Alembert que vous vous voyiez plus rarement depuis que vous êtes à Saint-Joseph. L'assiduité d'un homme aussi gai, aussi essentiel, aussi diversifié, quoique géomètre sublime, n'est pas une chose aisée à remplacer dans votre faubourg Saint-Germain ; je n'en excepte pas la solidité et la précision de l'abbé du Gué, ni l'aimable inconstance de Maupertuis.

Je m'aperçois qu'en vous annonçant que je vous parlerais de ce pays-ci, je vous parle de tout autres choses, et peut-être avec l'incongruité d'un homme à qui elles sont devenues étrangères ; mais, tout bien considéré, je compte trop sur votre indulgence et votre amitié, pour que je me pique de quelque ordre, ni de bien écrire ; j'ai, au contraire, un plaisir infini de sortir des règles où je ne suis que trop assujetti, et de profiter de la carte blanche que vous m'avez donnée, pour laisser aller ma plume vagabonde sur tous les objets que mon imagination me présente. Accoutumé aux caprices de la fortune, aucun ne peut me surprendre. A propos de celle de M. de la V...[1] et des bon-

---

[1] De la Vauguyon ou de la Vallière. (L.)

neurs qu'il a acquis, je me souviens de ce que la Varenne, valet de chambre de Henri IV, disait au chancelier, que si son maître était plus jeune il ne troquerait pas d'emploi. L'application de la prophétie n'est pas difficile à faire, pour quelqu'un qui devine toutes les énigmes avec autant de facilité.

Si je ne vous ai point parlé de M. de Bernstorff[1], ce n'est pas que je ne l'aime infiniment, et que je ne pense sur ses bonnes et aimables qualités tout comme vous, peut-être même avec des additions ; mais mon silence n'a été causé que par l'incertitude où j'étais si vous le voyez souvent. Sa galanterie assez universelle, mais pleine de discrétion, son goût pour la société, ses connaissances, sa facilité, le feraient toujours recevoir agréablement dans les soupers élégants ; mais son petit estomac refusera bientôt le service. Il faut de la santé pour être homme à bonnes fortunes.

Je vous suis très-obligé de l'attention que vous me faites espérer d'aller voir ma fille. J'y serai d'autant plus sensible que je ne pourrai douter qu'elle m'est bien personnelle, puisque je suis sûr que vous ne connaissez qu'elle dans la rue de Charonne ; dites-moi comment vous l'aurez trouvée, tout naturellement, et assurez, je vous prie, madame de Crussol[2] de mes respects : elle le mérite bien.

Quant à l'opium, voici ce que j'en sais, en supposant que vous savez vous-même qu'il se tire ici, comme en France, des têtes de pavot ; la grande différence, c'est que la chaleur du soleil le rend ici meilleur, et lui donne des effets différents. Il met le sang en mouvement, donne les idées les plus gaies, remplit l'âme d'espérances flatteuses ; dès que son action cesse, il jette dans la langueur, la mélancolie et l'assoupissement. Les gens qui en prennent n'ont d'esprit que dans l'effet ; il faut en augmenter la dose tous les trois mois au moins ; il diminue l'appétit, il attaque les nerfs ; ceux qui en font usage deviennent maigres et jaunes ; ils vont rarement à l'âge de cinquante ans, quand ils en prennent dans leur jeunesse ; lorsque de jaunes ils deviennent un peu verts, la mort n'est pas éloignée. Avez-vous envie d'en prendre ? En ce cas, je tâcherai de vous dire une autre fois des choses plus attrayantes.

Il y a raison partout : c'est abuser de la permission, et je garde ce qui reste de blanc pour écrire à M. de Formont ; j'es-

---

[1] Envoyé de Danemark. (L.)
[2] Née d'Armenonville. (L.)

père que vous me saurez gré l'un et l'autre de ne vous pas séparer. Je finis ce qui vous regarde, madame, par des protestations bien sincères de mon inviolable attachement, de ma reconnaissance, enfin, sans compliment et sans signature. Usez-en de même, votre style et mes sentiments vous décèleront suffisamment, etc.

LETTRE 60.

LE COMTE DE BERNSTORFF[1] A MADAME LA MARQUISE DU DEFFAND.

Copenhague, 9 mars 1751.

Si je faisais quelque cas de mes lettres, et si je les pouvais croire par quelque endroit dignes de votre attention, madame, je vous alléguerais toutes les raisons qui pendant si longtemps m'ont empêché de vous écrire; mais, comme je ne sais si je ne devrais pas plutôt chercher à m'excuser lorsque je romps que lorsque je garde le silence, je pense ne pouvoir mieux faire que de m'en remettre uniquement à vos bontés, et de vous prier de me pardonner ou la faute que j'ai commise, ou celle que je commets; daignez décider entre les deux, et m'en avertir, madame; et comptez que je ne retomberai plus dans celle que vous m'aurez pardonnée.

Mais ne pensez pas, je vous supplie, que, pour m'être tu pendant deux mois, j'aie été moins occupé de vous : l'intérêt que je prends à tout ce qui vous touche ne saurait être plus vif ni plus constant; il ne s'affaiblit point par le temps ni l'absence; et comme dans l'éloignement où je suis il ne saurait vous importuner, je ne me verrai jamais réduit à lui mettre des bornes : c'est en conséquence de ce sentiment que j'ai été alarmé pour la santé de madame la duchesse du Maine, et que je crains le départ de madame la duchesse de Modène; je vous ai vue assez attachée, surtout à la dernière, pour ne voir qu'avec peine cet éloignement, et je suis bien sûr que vous augmenterez infiniment ses regrets lorsqu'elle sera au moment de s'arracher à ses amis et à sa patrie.

Nous voici enfin au bout d'un hiver qui a été bien rude, et

---

[1] M. de Bernstorff, ministre du Danemark à Paris, avait été rappelé, à son grand regret, par son souverain, qui lui destinait le ministère des affaires étrangères. Il fut remplacé à Paris par M. de Reventlaw. (*Mémoires du duc de Luynes*, t. XI, p. 64, 106.) (L.)

funeste à bien des gens. Des maladies presque épidémiques ont régné ici et ont ou frappé ou menacé presque tout le monde : je m'en suis tiré heureusement, et ma santé a bien mieux soutenu ce climat et sa rigueur que je n'osais l'espérer. Aussitôt que la saison sera bien assurée, je me propose d'exécuter enfin le voyage à ma campagne projeté depuis si longtemps; et ce sera de là que je compte avoir l'honneur de vous rendre compte d'un sort incertain encore, mais qui ne le sera plus alors, et auquel je vous supplie de prendre toujours quelque part.

J'ai l'honneur de vous assurer d'un respect et d'un attachement inviolable.

LETTRE 61.

MILORD BATH [1] A MADAME LA MARQUISE DU DEFFAND.

25 avril 1751.

Madame, je suis très-sensible à l'honneur de votre lettre, et je me reproche de m'être laissé prévenir. Croyez-moi, madame, si je ne vous ai pas écrit plus tôt, et le premier, c'est uniquement parce j'ai craint de ne pouvoir m'en acquitter aussi bien que je le voudrais envers une personne dont je souhaiterai toujours de conserver l'estime au plus haut degré. Je me rappelle souvent les agréables soupers que j'ai faits chez vous avec la société la plus aimable, et dont la conversation était toujours aussi engageante qu'utile. Je me souviens particulièrement d'un soir qu'elle tomba par hasard sur notre histoire d'Angleterre : combien ne fus-je pas tout à la fois surpris et confus d'y voir que les personnes qui composaient la compagnie la savaient toutes mieux que moi-même !

La mort du prince de Galles [2] vient de nous mettre dans la triste nécessité de recourir à cette histoire, pour s'informer de

---

[1] « Il y a eu aujourd'hui, dit le duc de Luynes, à la date du 26 octobre » 1749, un seigneur anglais présenté que l'on appelle milord Bath; il est plus » connu sous le nom de Pulteney; il a soixante-douze ans; il vient voir la » France, où il restera jusqu'au mois de mai. C'est celui qui a toujours été » l'ennemi juré et déclaré de M. de Walpole. » Né en 1682, mort le 8 juillet 1764. (L.)

[2] Le prince de Galles était mort le 31 mars, à dix heures du soir, d'une fluxion de poitrine. Il était âgé de quarante-quatre ans. Il avait épousé une princesse de Saxe-Gotha, plus jeune que lui de onze ou douze ans, dont il avait cinq princes et trois princesses. (L.)

ce qui s'est passé dans les temps de minorité. Il est bien singulier que, dans l'espace d'environ sept cents ans, c'est-à-dire depuis la conquête des Normands, il n'y ait eu que cinq minorités, que toutes aient été très-malheureuses pour le prince monté sur le trône, et toutes fatales au pays, par les différentes prétentions à la régence de la part des princes du sang, ou les dissensions ou disputes des autres grands du royaume, qui prétendaient participer à l'autorité; ce qui dégénérait souvent en guerres civiles.

Le Parlement va, en conséquence d'une commission particulière du roi, délibérer et prendre les mesures convenables, en cas de sa mort avant la majorité du prince son successeur. Je crois qu'on fera une loi pour l'avenir (si pareil cas arrive), que la mère sera établie toujours seule régente du royaume, ainsi qu'en France, assistée néanmoins du conseil de personnes qui se trouveront occuper de certaines charges éminentes qu'on désignera dans le bill.

La princesse de Galles, qui est universellement et infiniment aimée dans le pays, sera nommée régente, en cas de la mort prématurée du roi, et le jeune prince de Galles sera déclaré capable d'agir par lui-même et comme en pleine majorité, lorsqu'il aura atteint l'âge de dix-huit ans.

Jugez, madame, si l'extrême envie que j'ai de voir encore une fois la France, quelque grande qu'elle soit, doit, ou peut, dans des circonstances aussi critiques et aussi délicates que celles où se trouve le royaume, l'emporter dans mon cœur, et m'engager à quitter mon pays dans une pareille conjoncture. Mes affaires particulières demandent mon attention; mais celui qui affectionne vraiment sa patrie, et dont la présence peut être de quelque peu d'utilité, ne doit jamais la perdre de vue, encore moins l'abandonner dans de telles circonstances. Je serais certainement bien flatté, et, si j'ose le dire, je languis même de me revoir avec vous, de renouveler de vive voix ma reconnaissance aux différentes personnes qui m'ont comblé d'amitié lorsque j'étais en France. C'est même une très-grande mortification pour moi de ne pouvoir déférer à l'invitation que vous m'en faites; mais les raisons que je viens de vous donner sont plus que suffisantes pour me justifier dans l'esprit d'une personne pénétrée d'aussi justes sentiments d'honneur et d'amour de la patrie que vous l'êtes.

Je vous prie, madame, de faire mes compliments à MM. les

présidents Hénault et Montesquieu, à M. le général Buckley[1] et à ceux qui avaient coutume de se trouver aux soupers des lundis. J'espère que le thé sera bon : je l'ai fait mettre dans de grandes boîtes, parce qu'il se conserve mieux lorsqu'il est en grande quantité ensemble. Quand vous en voudrez davantage, ou quelque autre chose que ce soit d'Angleterre, ayez la bonté de me donner vos ordres; je serai d'autant plus ponctuel à les exécuter, que je m'en tiendrai fort honoré, et qu'ils me procureront l'occasion de vous prouver le réel attachement et le respect sincère avec lesquels je suis, etc.

P. S. J'espère que madame la duchesse du Maine est tout à fait rétablie, et je vous supplie de me faire l'honneur de l'assurer des souhaits que je fais pour la continuation de sa santé, et de lui présenter mes très-humbles respects. Nous allons changer notre style; mais pour le présent, il faut se servir du vieux style, c'est-à-dire : avril, le 25e, 1751 : de Londres.

LETTRE 62.

M. DE BERNSTORFF A MADAME LA MARQUISE DU DEFFAND.

Friedembourg, 11 mai 1751.

On ne vous oublie jamais, madame, lorsqu'on a eu l'honneur de vous connaître. Je vous supplie de le croire, et je sais bien que les heures que j'ai passées à vous voir et à vous entendre, occupent sans cesse mon souvenir et mes regrets.

Il serait cependant bien heureux pour moi, si je pouvais en perdre la trop vive idée! les espérances que j'avais conservées jusque-là de revoir le pays charmant que vous habitez, se sont évanouies, ou au moins sont bien reculées. Mon sort est décidé, je reste ici; je viens d'être nommé ministre d'État, et je dois prendre après-demain séance au conseil. Dès ce moment il ne me sera plus permis de former des projets que pour un terme et des événements que je dois croire éloignés, quelque prochains qu'ils soient peut-être. Bien des gens vont me porter envie, qui me plaindraient souvent, s'ils lisaient dans mon cœur. Mais brisons sur un sujet sur lequel je ne dois plus m'exprimer, et sur lequel j'ai tant de peine à me taire.

---

[1] François, comte de Bulckeley, lieutenant général des armées du roi, né à Londres le 11 septembre 1686, mort le 14 janvier 1756. Il était beau-frère du maréchal de Berwick. (L.)

Je suis désolé, madame, de voir que vous n'êtes pas contente de votre santé : sans elle la vie ne peut avoir de douceurs, et l'esprit ne sert souvent qu'à faire sentir mieux ses amertumes. J'espère et je souhaite vivement que la vôtre se raccommodera, et que vous jouirez sans trouble et sans interruption de ce que le repos, l'esprit, les connaissances et l'amitié peuvent procurer d'agrément. Mandez-moi souvent, je vous supplie, que mes vœux sont remplis.

Je n'ai pas encore lu le livre de Duclos, quoique je l'aie demandé[1]. Je n'ai pas été heureux à cet égard cette année : de trois transports de livres que j'ai demandés, et dont le dernier est parti le 20 janvier, il ne m'en est encore arrivé qu'un ; mais je compte être mieux servi cet été ; et comme je vais faire venir enfin ce qui me restait d'effets à Paris, j'espère que, par cette occasion, mon commissionnaire me fera tenir ce qui me manque de productions de l'année. C'est un secours que j'espère ne pas perdre, et que je me ménagerai avec soin, tant que je pourrai. Oui, madame, je le sais, nos amis sont en grande et étroite liaison ensemble ; peu de choses m'ont fait autant de plaisir que celles-là. Je compte que cette liaison durera autant qu'eux, et rien ne me paraît plus sage et mieux entendu de part et d'autre.

J'ai *Clarisse*[2] en anglais, mais je vous avoue ne l'avoir pas lue encore. C'est une entreprise un peu forte que cette lecture : six ou sept tomes, petit caractère ! Je l'ai réservée pour me tenir compagnie pendant un voyage que je vais faire à ma campagne, où j'ai la permission de passer le temps indispensablement nécessaire pour l'arrangement de mes affaires domestiques, et dès que j'en serai venu à bout, j'aurai l'honneur de vous rendre compte de ce que j'en pense. Vous ne m'apprenez pas le jugement que vous en portez, et j'en suis bien fâché, car il aurait éclairé et guidé le mien.

Comptez toujours, madame, je vous supplie, sur mon respect et mon attachement inviolable. Faites-moi la grâce de me rappeler quelquefois au souvenir de M. le président ; j'ose dire que je mérite qu'il ne m'oublie pas.

---

[1] Il s'agit des *Mémoires pour servir à l'histoire des mœurs du dix-huitième siècle*, qui semblent servir de complément aux *Considérations sur les mœurs*. (L.)

[2] *Clarisse Harlowe* de Richardson. (L.)

LETTRE 63.

M. DE MONTESQUIEU A MADAME LA MARQUISE DU DEFFAND.

A la Brède, 15 juin 1751.

Je vous avais promis, madame, de vous écrire; mais que vous manderai-je dont vous puissiez vous soucier? Je vous offre tous les regrets que j'ai de ne plus vous voir. A présent que je n'ai que des objets tristes, je m'occupe à lire des romans; quand je serai plus heureux, je lirai de vieilles chroniques pour tempérer les biens et les maux; mais je sens qu'il n'y a pas de lectures qui puissent remplacer un quart d'heure de ces soupers qui faisaient mes délices. Je vous prie de parler de moi à madame du Châtel[1].

J'apprends que les Requêtes du Palais n'ont pas été favorables à madame de Stainville; dites-lui combien je suis sensible à tout ce qui la touche, et cette personne charmante qui n'aura jamais de rivale aux yeux de personne que madame sa mère. Parlez aussi de moi à ce président qui me touche comme les Grâces et m'instruit comme Machiavel, qui ne se soucie point de moi, parce qu'il se soucie de tout le monde, et dont j'espère toujours acquérir l'estime, sans jamais pouvoir espérer les sentiments. Je n'aurais jamais fini si je voulais suivre cette phrase; mais c'est assez le désobliger pour le mal que je lui veux.

Je n'entends ici parler que de vignes, de misère et de procès, et je suis heureusement assez sot pour m'amuser de tout cela, c'est-à-dire, pour m'y intéresser. Mais je ne songe pas que je vous ennuie à la mort, et que la chose du monde qui vous fait le plus de mal, c'est l'ennui; et je ne dois pas vous tuer, comme font les Italiens, par une lettre.

Je vous supplie, madame, d'agréer mon respect.

LETTRE 64.

M. SALADIN A MADAME LA MARQUISE DU DEFFAND.

Genève, ce 18 juin 1751[2].

Je ne doute pas, madame, que vous n'ayez eu le projet de

[1] Marie-Thérèse Gouffier de Heilly, mariée en 1722 à Louis-François Crozat, marquis du Châtel. La duchesse de Choiseul, femme du célèbre ministre de Louis XV, était sa fille. (L.)

[2] Datée fautivement de 1750 dans l'édition de 1809. (L.)

me piquer au vif, et vous y avez parfaitement réussi. J'ai pourtant plus de reconnaissance que de ressentiment : vous n'auriez pas pris la peine de vous fâcher et de me blâmer, si je ne vous avais paru le mériter. Mais si mon amour-propre me fait trouver de la consolation jusque dans votre colère, jugez du bonheur que j'aurais goûté en faisant des choses qui eussent pu vous plaire et en précipitant moins un zèle de patrie que je n'ai pas su mettre à son vrai prix! Je trouve ici des hommes dignes d'être vus de près. On a sous sa main des savants du premier ordre ; la liberté du pays étend leurs idées. Ils ont tous voyagé, et pris le ton de politesse qui convient ; tout ce qui se découvre et se fait de nouveau leur est promptement connu, de quelque part qu'il vienne ; et à qui n'aurait jamais connu Paris, on ne fait pas un mauvais tour de le clouer à Genève. Je ne dis rien des femmes : la bonne compagnie est, dit-on, à la campagne, et je n'ai pas eu jusqu'ici le temps de l'aller chercher.

Je plains bien madame du Châtel d'avoir encore plusieurs semaines à passer entre la crainte et l'espérance. Mon amitié pour M. de Thiers[1] m'avait peut-être fait envisager la question avec un esprit de prévention que je ne dois plus avoir. Le combat des premiers juges est déjà une bonne preuve qu'il y a dans le point de droit plus de problèmes que je ne pensais ; et si, dans le doute, on peut écouter les considérations, elles insistent bien plus assurément pour les filles de l'aîné que pour celles du cadet. Cette affaire me fit une peine extrême dès son commencement, et j'ai regardé comme un soulagement pour moi d'être hors de Paris lorsqu'elle serait jugée en dernier ressort. Quand le cœur n'est pas d'accord avec l'esprit, l'on est mal à son aise : c'est une position à laquelle je devrais me faire depuis ma métamorphose ; mais, pour que cela arrivât en partie, il faudrait que je pusse croire que mes lettres vous feront quelque plaisir, que vous ne serez pas trop impatiente de la peine d'y répondre quelquefois, et que je pusse enfin apercevoir dans vos lettres que vous avez le cœur aussi philosophe que l'esprit, et que vous êtes aussi heureuse que vous le méritez.

---

[1] Et non Tugny, comme disait fautivement le texte. (L.)

LETTRE 65.

DU MÊME A LA MÊME.

Genève, 6 juillet 1751 [1].

Je ne mettrai pas, madame, un seul moment d'intervalle entre l'arrivée de votre lettre et ma réponse : premièrement, parce que vos lettres m'enchantent, et ensuite parce qu'il est du devoir de la société d'aider, en ce que l'on peut, au bonheur et au calme des gens qu'on aime et qu'on estime. C'est une fatalité de mon étoile d'avoir passé vingt-cinq années dans Paris, et de n'avoir été connu de vous que dans la dernière; car je ne serais pas où je suis. Ce n'est pas que j'aie la présomption de croire que j'eusse pu remplacer, ni dans votre cœur ni dans votre esprit, les deux présidents que vous me nommez, ni aucun autre de vos amis; mais je m'attache plus qu'eux, et j'ai moins besoin de variété et de dissipation. Le sort en a disposé autrement. Je m'impose un silence éternel; mais c'est en acceptant à bras ouverts la condition que vous me proposez d'une correspondance exacte et suivie. Heureux si, dans mon éloignement, je puis avoir des idées qui vous paraissent justes et de quelque utilité! Vous savez du reste que quand vous parlez aux autres ou des autres, personne ne vous égale en lumières et en sagacité : je laisse à part l'agrément. Mais vous n'avez ni la même justesse ni la même justice quand il s'agit de vous juger : vous vous humiliez de ce qui ne devrait faire que l'humiliation des autres, et l'humiliation est toujours un sentiment très-désagréable, de quelque part qu'elle vienne. Vous vous faites un tort du malaise que vous éprouvez quelquefois, qui ne vient sûrement que du vice de votre estomac, dont vous n'êtes pas responsable; et dans le temps que chacun pèche par se croire plus d'esprit qu'il n'en a, vous vous accusez d'orgueil quand vous n'êtes que déraisonnablement humble. Sachez, madame, une fois pour toutes, que vous avez tiré le gros lot en fait d'esprit. S'il y avait quelque chose à désirer pour vous à cet égard, ce serait d'en avoir moins, et beaucoup moins, parce que vous seriez moins frappée du vice et du néant des autres :

---

[1] Cette lettre est datée, dans l'édition de 1809, de juillet 1750, ce qui est impossible, puisque la retraite d'Helvétius et la prise de voile de madame de Rupelmonde, qui y sont racontées dans leur nouveauté, sont de juillet et d'octobre 1751. Madame de Rupelmonde avait fait précéder ses vœux d'un noviciat de trois mois. (L.)

vous ne savez pas gré de celui que vous avez, parce qu'il ne suffit pas à votre bonheur actuel. Daignez considérer cependant combien, dans votre vie, il vous a fait passer d'agréables moments, combien il vous a élevée au-dessus des autres, combien il vous a attiré d'hommages! La figure seule n'a pas tout fait, et sûrement le temps a fait plus de bien à l'un que de mal à l'autre : il ne s'agit que de s'en persuader soi-même au point de vérité où la chose est. Je ne sais ce que je ne donnerais point pour que de bonnes et solides raisons pussent vous faire donner au séjour de Chamron la préférence sur celui de Paris ; mais n'imaginez pas être dans le vrai quand vous pensez que s'ennuyer dans le lieu des amusements soit cent fois pis que de s'ennuyer dans la retraite. Ce serait comparer un violent mal de dents à un ulcère : il y a tel moment où l'on peut pâtir plus de l'un que de l'autre ; mais les deux états ne se ressemblent point. Paris a et aura toujours une abondance où l'on n'a qu'à puiser : l'on peut dans des temps avoir les bras engourdis ; mais ce léger mal a son terme. Je juge encore mieux de Paris à présent que quand j'y étais ; et si ne pourrais-je, sans ingratitude, me plaindre de ce qui m'environne.

La retraite de M. Helvétius[1] à la campagne, avec une jeune et belle femme, me paraît un parti qu'il aura plus de peine à soutenir, que madame de Rupelmonde n'en aura à soutenir le sien[2]. Tout ouvrira les yeux au premier sur le poids dont il vient de se charger, et tout affermira l'autre dans l'opinion qu'elle a bien fait.

[1] Claude-Adrien Helvétius, littérateur et philosophe français, auteur du fameux livre de l'*Esprit*, né à Paris en janvier 1715, mort le 26 décembre 1771. Il était fils du célèbre premier médecin de la Reine. Fermier général à vingt-trois ans, possesseur d'un revenu de cent mille écus, consacré au plaisir et à la bienfaisance, Helvétius, amoureux des choses de l'esprit et amoureux de sa femme, renonça subitement au monde et se retira à la campagne pour y aimer et y travailler à son aise. Il donna, au grand étonnement de la ville et de la cour, sa démission de fermier général et de maître d'hôtel de la Reine, et se retira dans sa terre de Voré, dans le Perche, où il séjourna invariablement, depuis lors, huit mois de l'année. Il avait épousé en juillet 1751, grâce à sa belle figure, à son esprit et à sa fortune, une fille d'une des premières maisons de Lorraine, mademoiselle de Ligneville, « qui ressemble en blond, dit » le duc de Luynes, à madame de Flavacourt, qui est aussi grande qu'elle, et » a la taille admirable, l'air noble, modeste, timide et sans embarras ». (L.)

[2] Madame de Rupelmonde, veuve de trente-trois ans, encore belle, était entrée aux Carmélites. Ces divers événements font dire au duc de Luynes :

« On a fait cette année une remarque, qui peut trouver sa place dans ce » *Journal*. C'est qu'il s'y est passé quatre événements assez rares : un cardinal-

Lorsqu'un dépit amoureux conduit dans le cloître, il est à craindre que le temps ne fasse reconnaître que le remède est pire que le mal ; mais quand c'est un désir calme de faire son salut, je suis bien moins étonné du parti qu'on prend, que de l'opinion commune où l'on est chez vous, que plus on est mal dans ce monde, plus on plaît à Celui qui l'a créé.

Il me tarde fort de lire la *Préface* de *l'Encyclopédie* : je prendrai la liberté de vous en dire mon avis, et celui d'un bon nombre de connaisseurs que nous avons ici. Je suis fort aise du plaisir que vous avez à sentir que vous en aimez une fois mieux M. d'Alembert ; cela fait deux plaisirs au lieu d'un : il n'y a que Paris pour ces multiplications-là.

LETTRE 66.

LE BARON SCHEFFER[1] A MADAME DU DEFFAND.

Compiègne, 6 juillet 1751.

J'ai eu, madame, de si grandes preuves de vos bontés dans les occasions les plus intéressantes pour moi, que je regarde comme un devoir, en même temps que je trouve une consolation infinie, de vous faire part des malheurs affreux qui m'arrivent. M. de Chambrier[2] est mort à Wesel ; la nouvelle ne m'en est parvenue que ce matin. Vous savez comme je pensais pour lui ; mais je ne pourrai jamais assez vous dire combien j'avais de raisons pour lui être attaché : c'était la vertu même ; la douceur, la sensibilité de son caractère égalaient les lumières de son esprit, et son amitié pour moi était sans bornes. Je plains autant que moi plusieurs pauvres familles à Paris, qui ne subsistaient que par ses charités. Je ne l'ai jamais dit tant qu'il vivait ; mais je dois le publier aujourd'hui, ne serait-ce que pour le bien que peut faire un tel exemple. Il entretenait dans sa maison une femme dont la fidélité lui était connue, et qui n'avait

---

» ministre qui s'est retiré, un chevalier de l'Ordre et même ambassadeur qui
» s'est fait père de l'Oratoire, un fermier général, jeune et se portant bien,
» qui a quitté, une dame du palais qui s'est faite Carmélite. » (*Mémoires du duc de Luynes*, t. XI, p. 303.) (L.)

[1] Envoyé de Suède en France depuis 1744. Nommé sénateur, il dut retourner à Stockholm en 1752. Son audience de congé est de mars 1752. (L.)

[2] Ministre de Prusse en France depuis vingt ans. Mort le 26 juin à Wesel, où il était allé joindre son souverain. Wesel est à trois lieues de Cologne, sur le Rhin et la Lippe. Le duc de Luynes fait son éloge. (L.)

d'autre fonction que de visiter tous les jours les pauvres à qui il faisait des pensions, pour lui rapporter tous leurs besoins, et leur distribuer les secours dont ces mêmes besoins étaient la seule mesure.

Je vous demande mille pardons, madame, d'entrer dans tous ces détails : vous êtes sensible, et vous connaissez sans doute combien on trouve de plaisir à faire honneur à ses amis. Je souhaite de tout mon cœur que vous ne connaissiez jamais celui de les faire valoir après leur mort. Il me serait bien doux de pouvoir jouir dans ce moment du bonheur de vous voir et de vous entendre; il m'est cependant impossible de m'éloigner d'ici, et je suis réduit à vous offrir seulement mes hommages de loin : je vous supplie de les faire agréer à madame du Châtel, et d'être garante de mon respect et de mon admiration pour elle.

J'en appelle, madame, à votre justice sur tout ce qui regarde mon inviolable et très-respectueux attachement pour vous.

LETTRE 67.

LE MÊME A LA MÊME.

Compiègne, 14 juillet 1751.

Vous m'avez écrit, madame, la plus belle lettre du monde, et j'ai l'honneur de vous assurer que, dans mon extrême affliction, j'ai trouvé un grand soulagement à voir avec quelle bonté vous voulez bien vous intéresser à ce qui me regarde. Je ne suis pas encore assez heureux pour pouvoir appliquer à mon mal le grand remède dont vous me dites un mot en passant, mais pour l'usage duquel il faut plus qu'une conviction purement intellectuelle, telle que la mienne. Il ne me reste donc que la ressource de l'amitié; vous me l'offrez en me permettant d'avoir l'honneur de vous écrire, et je profite de ce secours avec d'autant plus de plaisir, qu'il est bien vrai que vous avez, madame, par les agréments de votre esprit et par la sensibilité de votre cœur, tout ce qui peut satisfaire davantage le goût et les sentiments de ceux que vous voulez bien admettre au nombre de vos amis. Si vous continuez à me trouver digne de vos bontés et de votre confiance, je sens que je me plaindrai infiniment moins de la perte dont j'ai osé vous parler dans la première vivacité de ma douleur. Nous avons vu mourir ici, ce matin, l'ambassadeur d'Espagne, avec qui nous avons tous dîné avant-hier. Tout le monde est consterné : on accuse, comme à l'ordinaire, les médecins, qui sont, je crois, fort innocents de toutes les morts auxquelles ils contribuent; il y a sans doute un arrangement que leur capacité ou leur ignorance ne peut point changer. Je n'ignore point tout ce qui peut se dire contre cette thèse; mais je sais aussi qu'il y a des choses très-fortes à répondre.

Au reste, madame, je ne vous dirai rien de ce pays-ci, où vous avez des correspondants plus instruits que moi. Vous savez qu'il y a une belle édition des *Mémoires de Brandebourg*, faite à Berlin, avec une *Épître dédicatoire* et une *Préface* où notre aimable président est nommé d'une manière qui fait tant d'honneur au goût du roi de Prusse, que je suis persuadé qu'il ne souffrira plus longtemps une maison qui porte le nom de *Sans-Souci*, ni une société composée de M. d'Argens et de ses pareils. Quand ce grand monarque aura ajouté cette réforme à toutes ses connaissances et à ses talents, il sera sans contredit le plus rare génie de son siècle. Mais, pour revenir aux *Mémoires de Brandebourg*, tâchez, madame, je vous en supplie, d'avoir la nouvelle édition de Berlin, et faites-moi la grâce de me dire ce que vous pensez des morceaux dont elle est augmentée.

Si vous voyez M. le chevalier d'Aydie, vous aurez bien la bonté de me rappeler à son souvenir. Je ne nomme plus madame la marquise du Châtel que pour vous supplier, une fois pour toutes, de me ménager la continuation de ses bontés. Vous n'accorderez jamais les vôtres, madame, à personne qui soit plus pénétré que moi du respect infini et de tous les sentiments qui vous sont dus.

LETTRE 68.

M. DE MONTESQUIEU A MADAME LA MARQUISE DU DEFFAND.

Clérac en Agénois, 15 juillet 1751.

Vous vous moquez de moi : ce n'est pas le premier président que je crains, c'est le président; ce n'est pas celui qui croit dire tout ce que vous voulez, c'est celui qui dit tout ce qu'il veut. J'aime bien ce que vous dites, que vous n'avez suivi vos compagnes que pour tuer le temps, et que vous n'avez jamais tant trouvé qu'il mérite de l'être. Eh bien, soit, tuons-le; mais je le connais, il reviendra nous faire enrager. Je suis enchanté que vous ayez fait mon *apologie :* vous me couvrirez de votre égide, et, ce qui sera singulier, les Grâces y seront peintes. Je vous demande en grâce de me l'envoyer par le premier courrier avec une lettre de vous, s'il se peut.

Le chevalier d'Aydie m'a mandé qu'il avait gagné son procès. Le père bénédictin dont je savais si bien le nom et que j'ai oublié n'avait donc évité des coups de pied dans le ventre que pour tomber dans l'infamie de perdre un procès avec lequel il tuait le temps et le chevalier[1]. Je vous prie, madame, de vouloir bien parler de moi : c'est au chevalier. Je vous prie de parler aussi de moi à madame du Châtel. Je lui sais bon gré de vous avoir inspiré de me communiquer le secret. Mais pourquoi dis-je que je lui sais bon gré de cela? Je lui sais bon gré de tout. L'abbé Guasco me barbouille toute cette histoire : il me dit que c'est M. de Révol, conseiller au parlement, qui a donné le manuscrit, qui est, dit-il, très-savant. C'est depuis qu'il a une dignité dans le chapitre de Tournai qu'il ne sait ce qu'il dit. Je vous prie, madame, de vouloir bien remercier M. d'Alembert de la mention qu'il a faite de moi dans sa *Préface*[2]. Je lui dois encore un remercîment pour avoir fait cette *Préface* si belle : je la lirai à mon arrivée à Bordeaux. Agréez, je vous prie, etc.

LETTRE 69.

LE BARON SCHEFFER A MADAME LA MARQUISE DU DEFFAND.

18 juillet 1751.

Ma dernière lettre ne vous était donc pas parvenue, madame, lorsque vous m'avez fait la grâce de m'écrire le 15 de ce mois? Je me flatte cependant qu'elle ne sera pas perdue. Vous me donnez une nouvelle preuve de vos bontés pour moi, en vous intéressant à ce qui vient d'arriver à Stockholm : c'est un désastre affreux et sans exemple; ma maison est une des huit qui ont été sauvées dans une des plus belles rues de la ville, qui, à ces maisons près, a été entièrement réduite en cendres. L'ambassadeur de France occupe une autre de ces huit maisons. Nous ne pouvons pas douter de la source de tous nos malheurs;

---

[1] Voir aux *OEuvres de Montesquieu*, les *Lettres* au chevalier d'Aydie. (L.).
[2] Voir aux *OEuvres de d'Alembert* (éd. *Bossange*, 1821), t. Ier, p. 80. (L.)

mais il y a des choses qu'il faut ignorer jusqu'au moment où l'on se trouve en état d'en tirer vengeance.

Ma vie ici est très-uniforme et serait assez à mon goût, si vous étiez ici, madame, et votre société dont on ne trouve pas à se dédommager dans ce pays-ci, où vous savez qu'il n'y en a aucune. Les habitants de Bellechasse n'ont point été à Paris, comme on vous l'a dit. Je souhaite fort de m'y retrouver; vous avez la meilleure part à ce souhait, et vous jugez trop bien ceux qui ont l'honneur d'être connus de vous, pour en douter.

En apparence, nous n'avons rien ici de nouveau; mais vous croyez bien que dans un pays où il y a tant d'intérêts divers, et où tout le monde s'occupe de ses intérêts, il y aurait toujours beaucoup à dire, si l'on pouvait tout dire. Ce sera à mon retour à Paris que j'aurai le plaisir de vous prouver cette vérité, et de vous faire part de toutes mes observations. Je vous conjure, madame, de ne me point oublier avec vos amis, et de compter sur mon respect, sur mon attachement les plus inviolables.

LETTRE 70.

M. SALADIN A MADAME LA MARQUISE DU DEFFAND.

24 juillet 1751 [1].

Je ne suis pas assez présomptueux, madame, pour croire que j'aie pu contribuer par mes réflexions à vous rendre plus contente de vous-même et de votre position; mais je suis charmé de voir que, vous rendant enfin plus de justice, vous ne formerez plus de plans nouveaux, et que vous vous laisserez aller au cours naturel de la vie de Paris et de vos sociétés, dont on ne sent jamais mieux l'agrément intrinsèque et le besoin qu'à une certaine distance, et après un certain temps passé ailleurs. J'avais hasardé une comparaison dans ma lettre précédente, qui me revint dans l'esprit après que la lettre fut partie. Je craignais qu'elle ne fût ignoble et dégoûtante; mais vous me l'avez passée, vous avez eu la bonté même de me la rappeler : cela m'a fait un plaisir que je ne puis vous dire. Il est si aisé à certaines gens et à certains lieux de se rouiller, qu'on est charmé de voir qu'on n'a pas été si sot qu'on l'appréhendait. C'est encore là un avantage de Paris, qui n'est pas médiocre. Quand on y est et qu'on écrit, on n'a qu'à laisser aller sa plume : elle

[1] Cette lettre est datée à tort, dans l'édition de 1809, du 24 juillet 1750. (L.)

va toujours bien et intéresse toujours plus ou moins ceux à qui elle parle. A peine ose-t-on se nommer quand on écrit de la province; c'est presque un malheur de n'y être pas par lettre de cachet, le séjour en serait tout excusé, et l'on pourrait y être insolent tout à son aise. L'on pourrait se permettre de gloser sur ce qui se passe et sur ce qui se dit à Paris; mais il y aurait de l'indécence d'en user de même lorsqu'on est absent par un exil volontaire.

Je vous avais pourtant promis l'avis de nos gens d'esprit sur la *Préface* de l'*Encyclopédie* : on me l'avait dit arrivée ici; mais on se trompait, et l'on n'avait que le programme. J'espère que le retard ne sera pas long; car je suis sûr que la pièce est en chemin.

On me mande que la mort de l'ambassadeur d'Espagne [1] est attribuée à la bonne chère qu'il a faite à Séchelles : je ne crains pas que votre président ait donné dans le panneau; ce qu'il y a pourtant de vrai, c'est que la subtilité de l'air de Séchelles donne un appétit qui peut d'autant plus aisément se tourner en perfidie, que la chère est grande et les honneurs de la table faits avec séduction : j'y étais l'année dernière avec le chevalier de Tencin [2], qui ne pensait, peut-être alors, pas plus que moi, qu'il s'en trouverait à cent lieues l'année suivante. Ainsi va le monde. Je souhaite et crains d'apprendre l'événement du procès : je crois que Thiers a raison, et j'aime bien madame du Châtel [3]. Je ne pense pas, comme vous, que les femmes soient des enfants éternels : 1° elles cessent de l'être avant nous, et d'ailleurs elles se retirent bien plus tôt que nous d'une certaine dissipation. Il est aussi commun aux hommes d'avoir des vapeurs qu'aux femmes. Celles de Paris m'ont toujours paru moins frivoles que les hommes, qui pourraient être leur parallèle. Vous ne vous taxez de frivolité, d'enfance, que parce que vous descendez en vous-même, et qu'il peut vous arriver de vous prendre sur le fait. Madame, au nom de Dieu, comparez, et ne vous

---

[1] Don François Pignatelli, mort le mercredi 14 juillet 1751. (V. *Mémoires du duc de Luynes*, t. XI, p. 186, 187, 188.) (L.)

[2] Le chevalier, puis bailli de Tencin, ambassadeur de la religion à Rome, venait d'être gratifié d'une bonne commanderie. Il était fils d'un frère de la célèbre madame de Tencin. (*Mém. du duc de Luynes*, t. XI, p. 46, 88.) (L.)

[3] Il s'agissait d'un procès à l'occasion de la succession de M. du Châtel, entre M. de Gontaut et madame de Stainville, et M. de Thiers, leur oncle, et M. de Béthune, son gendre. M. de Gontaut gagna son procès en août 1751. (V. *Mémoires du duc de Luynes*, t. XI, p. 144, 206.) (L.)

lassez pas de me répondre. Je ne suis que trop sûr que cela arrivera ; mais je suis assez solide pour en écarter l'idée.

LETTRE 71.

LE MÊME A LA MÊME.

Genève, 15 août 1751 [1]..

Au nom de Dieu, madame, ne vous en prenez qu'à ma grande humilité et à la connaissance que j'ai du mérite de toutes vos relations, si j'ai prévu le cas où vous vous lasseriez d'écrire à un habitant de la plus petite de toutes les républiques. Je ne souhaite rien plus ardemment que de m'être trompé : la crainte de perdre ce qu'on aime le mieux fait souvent faire des imprudences par excès de précaution et de défiance. Je suis précisément dans ce cas : flatté, comme je le suis, de votre correspondance et enchanté de chacune de vos lettres, je vous défie de pouvoir me prêter avec justice la disposition d'esprit dont vous me parlez ; bien loin d'être refroidie par la conjecture que vous aviez faite, j'espère qu'après en avoir reconnu la fausseté, elle vous animera d'un nouveau zèle en ma faveur, et que, sûre de mon attachement et de ma reconnaissance, aussi bien que de ma franchise et de ma discrétion, vous trouverez toujours une sorte de satisfaction à vous ouvrir avec moi sur vos mouvements intérieurs, et à savoir ce que j'en pense. Ne pouvant avoir aucune idée du pays où je suis, je ne vous en parlerai guère ; l'amour de Paris et le regret de l'avoir quitté font une partie de mon existence : j'y ai vécu trop longtemps et en trop bonne compagnie, pour ne m'être pas attendu d'avance aux regrets éternels que j'aurais de l'avoir quitté. J'éprouve cependant ce que vous me dites : le désœuvrement est un grand mal ; une vie honnêtement et diversement occupée est par conséquent une sorte de nécessité pour un homme qui n'est pas né paresseux et qui ne s'entend pas aux bagatelles. J'avoue que la plupart des questions sur lesquelles j'ai à donner tous les jours mon avis, ne roulant que sur de petits objets, paraîtraient insoutenables à bien des gens ; mais qu'il s'agisse de mille écus ou de cent mille écus quand on juge, je tiens qu'il est plus doux d'être juge dans le premier que dans le second, et sur toutes les matières d'État. J'ai vu de si près les mauvais quarts d'heure

---

[1] Datée à tort de 1750 dans l'édition de 1809. (L.)

de nos ministres de Versailles, dont le suffrage n'est jamais que consultatif, et qui ont toujours à se garer des piéges qu'on leur tend, que je les compare à ceux qui vont en patins sur une grande mer, tandis que je marche sur un chemin étroit, pavé et tout uni.

Vous gagneriez bien votre pari, si vous trouviez quelqu'un avec qui faire la gageure dont vous me parlez. Il y a une différence essentielle de lui à moi; j'ai toujours du plaisir à ce que je fais, je n'ai de peine que par la nécessité de changer d'attitude, et à lui c'est toute sa consolation; je me suis toujours trouvé plus heureux que je ne méritais, et il ne se trouve pas bien traité par la Providence; il est plus flatté des entrées du Louvre que d'être possesseur de tant d'avantages qui le mettent au-dessus des autres : c'est une sage compensation du maître des destinées. Les femmes sont dans une situation particulière : exclues de l'administration extérieure, il fallait que l'inspection de leurs enfants et de leurs domestiques leur servît d'amusement ou de consolation pour tous les âges. Le bon air et l'opulence de Paris ne permettent guère les détails aux femmes de condition, quand elles n'ont point d'enfants à regretter : c'est réellement une privation, mais c'est qu'il faut qu'elles s'en consolent par la considération des mauvais moments qui en sont souvent inséparables. Il faut, pour bien faire, regarder ce monde comme une comédie; et pourvu que le corps ne souffre pas, on ne souffre pas trop à être persuadé qu'on n'a pas tiré un mauvais billet. Il est plus aisé, selon moi, à un homme raisonnable de s'accommoder à la vie des provinces, qu'aux femmes qui ont vécu dans le grand monde; l'article des regrets leur est immanquable : je ne connais que l'impuissance d'aller au bout de l'an dans l'état qu'on a, qui puisse faire un devoir à une femme raisonnable de quitter Paris pour aucune ville de province que ce puisse être.

Je me représente toute l'agitation où le marquis du Châtel et les Thiers doivent être, à la veille d'une décision aussi intéressante; j'en ai peur d'ici pour les uns et les autres : il est fâcheux que la minorité des parties n'ait pas permis un accommodement : c'était le cas, ou jamais, de terminer toutes les prétentions par une transaction. Ce que j'y trouve de consolant, c'est qu'il y a assez d'étoffe pour que toutes ces dames, mariées ou à marier, aient été les meilleurs partis de Paris.

Je vois avec peine le tintamarre que cause l'affaire des hôpitaux[1] : si quelque chose pouvait devenir sérieux en France, ce serait celle-là; car de part et d'autre l'on s'est bien avancé et bien aigri; mais quand même cette affaire serait finie, vous en verriez bientôt renaître quelque autre, par le zèle de votre prélat. Il ne suffit pas d'avoir de bonnes mœurs, une bonne doctrine et de bonnes intentions : il y a quelque chose de plus nécessaire que tout cela dans la place importante qu'il occupe, c'est de l'esprit.

Les commencements de l'*Encyclopédie* ne sont point encore arrivés ici : je vous promets de vous en dire l'avis de nos savants d'ici, qui sont les meilleurs juges qu'il puisse y avoir dans ce genre, et qui ont l'avantage de n'avoir ni intérêt ni prévention. Paris est le lieu du monde où l'on a le moins de liberté sur les ouvrages des gens qui tiennent un certain coin.

J'ai plus manqué de sens que de sentiment en n'écrivant pas à madame Harenc; je savais qu'elle était fort occupée, et je craignis de la fatiguer. J'ai mille grâces à vous rendre d'avoir bien voulu me mettre en état de réparer ma faute.

Je reviens à l'*Encyclopédie*. Il y a bien de la sévérité à ceux qui ont critiqué l'expression : « qu'Adam était chef du genre humain, *selon l'Écriture;* » il n'y a, *ce me semble*, que ceux qui ne croient point à l'Écriture, et qui voudraient passer pour orthodoxes, qui aient pu prendre ce mot en mauvaise part. Le malheur est que ce livre vient après plusieurs autres, dont le mérite n'était pas dans un certain respect pour l'Écriture, que les gens d'esprit sont facilement suspects de déisme dans l'esprit des dévots, et qu'en gros, l'on ne demande qu'à blâmer. Je n'appréhende pas que nous manquions de livres, mais j'admire bien plus le courage que le savoir de ceux qui en font.

Je souhaite que vous soyez actuellement occupée à voir les illuminations d'un duc de Bourgogne[2]. Ce souhait vous paraîtra bien bourgeois et d'un homme bien oisif; il est pourtant vrai que j'attache une grande importance à cet événement, et que je le souhaite de tout mon cœur.

[1] Il s'agit d'un conflit entre le Parlement, l'archevêque de Paris et la Cour, à l'occasion d'une déclaration du Roi en dix-huit articles, réglant à nouveau l'administration des hôpitaux. Cette affaire, aigrie et envenimée par toutes sortes de rivalités et d'hostilités, passionna longtemps les esprits. (V. *Mémoires du duc de Luynes*, t. XI, p. 193, 313, 315.) Voir surtout le *Journal de Barbier*, t. V. (L.)

[2] Le duc de Bourgogne, frère aîné de Louis XVI, naquit dans la nuit du dimanche au lundi 13 septembre 1751, et mourut le 22 mars 1761. (L.)

Au reste, n'appelez point vos lettres décousues : la variété n'est rien moins que décousue. Vous ne connaissez vos lettres que par la peine qu'elles vous donnent; celui qui les reçoit en juge autrement, et quand je vous jure en homme d'honneur qu'une de mes craintes était d'en recevoir plus rarement, c'est la meilleure preuve que je ne les trouve que divines, et que je vous aime de tout mon cœur.

LETTRE 72.

LE PRÉSIDENT DE MONTESQUIEU A MADAME LA MARQUISE DU DEFFAND.

A la Brède, 12 août 1752[1].

Bon cela : le chevalier de Laurency, je l'adorerais s'il ne venait pas de si bonne heure; mais je vois que vous êtes arrivée à un tel point de perfection que cela ne vous fait rien. Je suis ravi, madame, d'apprendre que vous avez de la gaieté : vous en aviez assez pour nous. J'ai, je vous assure, un grand désir de vous revoir. Voilà bien des changements de place : ce sont les quatre coins.

J'ai reçu une lettre de madame la duchesse de Mirepoix. J'ai cru quelque temps qu'elle me querellerait de ce qu'elle ne m'avait pas fait réponse. Madame, je voudrais être à Paris, être votre philosophe et ne l'être point, vous chercher, marcher à votre suite et vous voir beaucoup. J'ai l'honneur, madame, de vous présenter mes respects.   MONTESQUIEU.

LETTRE 73.

LE MÊME A LA MÊME.

Au château de la Brède, 12 septembre 1751.

Vous dites, madame, que rien n'est heureux, depuis l'ange jusqu'à l'huître : il faut distinguer. Les séraphins ne sont point heureux, ils sont trop sublimes : ils sont comme Voltaire et Maupertuis, et je suis persuadé qu'ils se font là-haut de mauvaises affaires; mais vous ne pouvez douter que les chérubins ne soient très-heureux. L'huître n'est pas si malheureuse que nous, on

---

[1] C'est ici le lieu de faire remarquer de nouveau avec quelle ignorance sont datées, dans le recueil de 1809, les lettres à madame du Deffand. Toutes celles de Montesquieu notamment, qui sont en réalité de 1751 et 1752, y sont datées de 1741 et de 1742. A dix ans près, c'est exact. (L.)

l'avale sans qu'elle s'en doute; mais pour nous, on vient nous dire que nous allons être avalés, et on nous fait toucher au doigt et à l'œil que nous serons digérés éternellement. Je pourrais parler, à vous qui êtes gourmande, de ces créatures qui ont trois estomacs : ce serait bien le diable si dans ces trois il n'y en avait pas un de bon. Je reviens à l'huître : elle est malheureuse quand quelque longue maladie fait qu'elle devient perle : c'est précisément le bonheur de l'ambition. On n'est pas mieux quand on est huître verte; ce n'est pas seulement un mauvais fond de teint, c'est un corps mal constitué.

Vous dites que je n'ai point écrit à madame la duchesse de Mirepoix[1]; j'en ai découvert deux raisons : c'est qu'elle est malade, et qu'elle est dans les embarras de la cour. A l'égard de d'Alembert, j'ai plus d'envie que lui, et autant d'envie que vous de le voir de l'Académie; car je suis le chevalier de l'ordre du Mérite. Il est vrai qu'à la dernière élection il y eut quelque espèce de composition faite, qui barbouille un peu l'élection prochaine; mais je vous parlerai de tout cela à mon retour, qui sera vers le 15 ou la fin de novembre. Je suis pourtant bien ici; mais les hommes ne quittent-ils pas sans cesse les lieux où ils savent qu'ils sont bien, pour ceux où ils espèrent être mieux? J'irai vous marquer ma reconnaissance des choses charmantes que vous nous dites toujours, et qui nous plaisent toujours plus qu'à vous. Je vous félicite d'être chez madame de Betz[2]. Nous sommes dans des maisons de même goût; car je me trouve au milieu des bois que j'ai semés et de ceux que j'ai envoyés aux airs. Je vous prie de vouloir bien faire mes compliments aux maîtres de la maison, et d'agréer, madame, le respect et l'amitié la plus tendre.   MONTESQUIEU.

LETTRE 74.

LE MÊME A LA MÊME.

A la Brède, 13 septembre 1752.

Je commence par votre apostille. Vous dites que vous êtes aveugle! Ne voyez-vous pas que nous étions autrefois, vous et

---

[1] Anne-Marguerite-Gabrielle de Beauvau-Craon, née le 28 avril 1707, mariée le 2 janvier 1739, à Pierre-Louis de Lévis, marquis, puis duc de Mirepoix. (L.)

[2] Femme de Lallemand de Betz, fermier général. Intime amie de madame du Deffand, qui en parle dans plusieurs de ses lettres. (L.)

moi, de petits esprits rebelles qui furent condamnés aux ténèbres? Ce qui doit nous consoler, c'est que ceux qui voient clair ne sont pas pour cela lumineux. Je suis bien aise que vous vous accommodiez du savant bailli [1]; si vous pouvez gagner ce point, que vous ne l'amusiez pas trop, vous êtes bien; et quand cela ira trop loin, vous pourrez l'envoyer à Chaulnes.

Je ferai sur la place de l'Académie ce que voudront madame de Mirepoix, d'Alembert et vous; mais je ne vous réponds pas de M. de Saint-Maur : car jamais homme n'a tant été à lui, que lui. Je suis bien aise que ma *Défense* ait plu à M. le Monnier. Je sens que ce qui y plaît est de voir, non pas mettre les vénérables théologiens à terre, mais de les y voir couler doucement.

Il est très-singulier qu'une dame qui a un mercredi n'ait point de nouvelles. Je m'en passerai. Je suis, ici, accablé d'affaires : mon frère est mort. Je ne lis pas un livre, je me promène beaucoup, je pense souvent à vous, je vous aime, je vous présente mes respects. MONTESQUIEU.

LETTRE 75.

M. D'ALEMBERT A M. LE MARQUIS D'ARGENS [2].

Paris, 16 septembre 1752.

On ne peut être plus sensible, monsieur, que je ne le suis, aux bontés dont le roi m'honore : je n'en avais pas besoin pour lui être tendrement et inviolablement attaché. Le respect et l'admiration que ses actions m'ont inspirés ne suffisent pas à mon cœur; c'est un sentiment que je partage avec toute l'Europe : un monarque tel que lui est digne d'en inspirer de plus doux, et j'ose dire que je le dispute sur ce point à tous ceux qui ont

---

[1] De Froullay. Louis-Gabriel de Froullay, bailli de l'ordre de Malte, général des galères, ambassadeur de l'Ordre en France. Il mourut à soixante-douze ans, le 26 août 1766. Il est question de lui dans les *Lettres* de Voltaire, de madame Aïssé, de madame de Créqui (sa nièce), à Sénac de Meilhan. Il était l'ami intime du chevalier d'Aydie. (L.)

[2] Nous avons cru devoir publier cette *Correspondance* de d'Alembert et du marquis d'Argens, parce qu'elle est comprise dans l'édition de 1809 de la *Correspondance inédite de madame du Deffand*, faite sur ses papiers, parce qu'elle honore le caractère de d'Alembert en particulier, et en général, la dignité littéraire, à une époque où elle s'humilie trop souvent; enfin, parce que d'Alembert, à cette époque, était de la société intime de madame du Deffand, et que ces *Lettres* jettent du jour sur leur âme et sur leur vie. (L.)

l'honneur de l'approcher. Jugez donc, monsieur, du désir que j'aurais de jouir de ses bienfaits, si les circonstances où je me trouve pouvaient me le permettre; mais elles ne me laissent que le regret de ne pouvoir en profiter, et ce regret ne fait qu'augmenter ma reconnaissance.

Permettez-moi, monsieur, d'entrer là-dessus dans quelques détails avec vous, et de vous ouvrir mon cœur, comme à un ami digne de ma confiance et de mon estime. J'ose prendre ce titre avec vous; tout semble m'y inviter; la lettre pleine de bonté que vous m'avez fait l'honneur de m'écrire, la générosité de vos procédés envers M. l'abbé de Prades, auquel je m'intéresse très-vivement, et qui se loue, dans toutes ses lettres, de vous plus que de personne; enfin la réputation dont vous jouissez à si juste titre, par vos lumières, par vos connaissances, par la noblesse de vos sentiments, et par une probité d'autant plus précieuse qu'elle est plus rare.

La situation où je suis serait peut-être, monsieur, un motif suffisant pour bien d'autres, de renoncer à leur pays: Ma fortune est au-dessous du médiocre; dix-sept cents livres de rente font tout mon revenu: entièrement indépendant et maître de mes volontés, je n'ai point de famille qui s'y oppose; oublié du gouvernement, comme tant de gens le sont de la Providence, persécuté même autant qu'on peut l'être quand on évite de donner trop d'avantages sur soi à la méchanceté des hommes, je n'ai aucune part aux récompenses qui pleuvent ici sur les gens de lettres, avec plus de profusion que de lumière. Une pension très-modique, qui vraisemblablement me viendra fort tard, et qui à peine un jour me suffira, si j'ai le malheur de parvenir à la vieillesse, est la seule chose que je puisse raisonnablement espérer: encore cette ressource n'est-elle pas trop certaine, si la Cour de France, comme on me l'assure, est aussi mal disposée pour moi que celle de Prusse l'est favorablement. Malgré tout cela, monsieur, la tranquillité dont je jouis est si parfaite et si douce, que je ne puis me résoudre à lui faire courir le moindre risque.

Supérieur à la mauvaise fortune, les épreuves de toute espèce que j'ai essuyées dans ce genre m'ont endurci à l'indigence et au malheur, et ne m'ont laissé de sensibilité que pour ceux qui me ressemblent; à force de privations, je me suis accoutumé sans effort à me contenter du plus étroit nécessaire, et je serais même en état de partager mon peu de fortune avec d'honnêtes gens plus pauvres que moi. J'ai commencé, comme les autres hommes, par désirer les places et les richesses ; j'ai fini par y renoncer absolument, et de jour en jour je m'en trouve mieux. La vie retirée et assez obscure que je mène est parfaitement conforme à mon caractère, à mon amour extrême pour l'indépendance, et peut-être même à un peu d'éloignement que les événements de ma vie m'ont inspiré pour les hommes. La retraite ou le régime que me prescrivent mon état et mon goût m'ont procuré la santé la plus parfaite et la plus égale, c'est-à-dire le premier bien d'un philosophe ; enfin j'ai le bonheur de jouir d'un petit nombre d'amis, dont le commerce et la confiance font la consolation et le charme de ma vie. Jugez maintenant vous-même, monsieur, s'il m'est possible de renoncer à ces avantages, et de changer un bonheur sûr pour une situation toujours incertaine, quelque brillante qu'elle puisse être. Je ne doute nullement des bontés du roi, et de tout ce qu'il peut faire pour me rendre agréable mon nouvel état ; mais, malheureusement pour moi, toutes les circonstances essentielles à mon bonheur ne sont pas en son pouvoir. L'exemple de M. de Maupertuis m'effraye avec juste raison : j'aurais d'autant plus lieu de craindre la rigueur du climat de Berlin et de Potsdam, que la nature m'a donné un corps très-faible et qui a besoin de tous les ménagements possibles. Si ma santé venait à s'altérer, ce qui ne serait que trop à craindre, que deviendrais-je alors ? Incapable de me rendre utile au roi, je me verrais forcé à aller finir mes jours loin de lui, et à reprendre dans ma patrie, ou ailleurs, mon ancien état, qui aurait perdu ses premiers charmes. Peut-être même n'aurais-je plus la consolation de retrouver en France les amis que j'y aurais laissés, et à qui je percerais le cœur par mon départ. Je vous avoue, monsieur, que cette dernière raison seule peut tout sur moi. Le roi est trop philosophe et trop grand pour ne pas en sentir le prix ; il connaît l'amitié, il la ressent et il la mérite : qu'il soit lui-même mon juge.

A ces motifs, monsieur, dont le pouvoir est le plus grand sans doute, je pourrais en ajouter d'autres. Je ne dois rien, il est vrai, au gouvernement de France, dont je crains tout sans en rien espérer ; mais je dois quelque chose à ma nation, qui m'a toujours bien traité, qui me récompense autant qu'il est en elle par son estime, et que je ne pourrais abandonner sans une espèce d'ingratitude. Je suis d'ailleurs, comme vous le savez, chargé, conjointement avec M. Diderot, d'un grand ouvrage, pour lequel nous avons pris avec le public les engagements les plus solennels, et pour lequel ma présence est indispensable. Il est absolument nécessaire que cet ouvrage se fasse et s'imprime sous nos yeux, que nous nous voyions souvent et que nous travaillions de concert. Vous connaissez trop, monsieur, les détails d'une si grande entreprise pour que j'insiste davantage là-dessus. Enfin (et je vous prie d'être persuadé que je ne cherche point à me parer ici d'une fausse modestie) je doute que je fusse aussi propre à cette place que Sa Majesté veut bien le croire. Livré dès mon enfance à des études continuelles, je n'ai que dans la théorie la connaissance des hommes, qui est si nécessaire dans la pratique quand on a affaire à eux. La tranquillité, et, si je l'ose dire, l'oisiveté du cabinet m'ont rendu absolument incapable des détails auxquels le chef d'un corps doit se livrer. D'ailleurs, dans les différents objets dont l'Académie s'occupe, il en est qui me sont entièrement inconnus, comme la chimie, l'histoire naturelle, et plusieurs autres, sur lesquels par conséquent je ne pourrais être aussi utile que je le désirerais. Enfin, une place aussi brillante que celle dont le roi veut m'honorer oblige à une sorte de représentation tout à fait éloignée du train de vie que j'ai pris jusqu'ici ; elle engage à un grand nombre de devoirs, et les devoirs sont les entraves d'un homme libre. Je ne parle point de ceux qu'on rend au roi : le mot de devoir n'est pas fait pour lui : les plaisirs qu'on goûte dans sa société sont faits pour consoler des devoirs et du temps qu'on met à les remplir. Enfin, monsieur, je ne suis absolument propre, par mon caractère, qu'à l'étude, à la retraite et à la société la plus bornée et la plus libre. Je ne vous parle point des chagrins, grands ou petits, nécessairement attachés aux places où l'on a des hommes, et surtout des gens de lettres, dans sa dépendance. Sans doute le plaisir de faire des heureux et de récompenser le mérite serait très-sensible pour moi ; mais il est fort incertain que je fisse des heureux, et il est infaillible que je ferais des mécontents et des ingrats. Ainsi, sans perdre les ennemis que je puis avoir en France, où je ne suis cependant sur le chemin de personne, j'irais à trois cents lieues en chercher de nouveaux : j'en trouverais, dès mon arrivée, dans ceux qui auraient pu aspirer à cette place, dans leurs partisans et dans leurs créatures, et toutes mes précautions n'empêcheraient pas que bien des gens ne se plaignissent et ne cherchassent à me rendre la vie désagréable. Selon ma manière de penser, ce serait pour moi un poison lent, que la fortune et la considération attachées à ma place ne pourraient déraciner.

Je n'ai pas besoin d'ajouter, monsieur, que rien ne pourrait me résoudre à accepter, du vivant de M. de Maupertuis, sa survivance, et à venir, pour ainsi dire, à Berlin recueillir sa succession. Il était mon ami. Je ne puis croire, comme on me l'a mandé, qu'il ait cherché, malgré ma recommandation, à nuire à M. l'abbé de Prades; mais, quand j'aurais ce reproche à lui faire, l'état déplorable où il est suffirait pour m'engager à une plus grande délicatesse dans les procédés. Cependant cet état, quelque fâcheux qu'il soit, peut durer longtemps, et peut demander qu'on lui donne dès à présent un coadjuteur : en ce cas, ce serait un nouveau motif pour moi de ne pas me déplacer.

Voilà, monsieur, les raisons qui me retiennent dans ma patrie : je serais au désespoir que Sa Majesté les désapprouvât. Je me flatte, au contraire, que ma philosophie et ma franchise, bien loin de me nuire auprès du roi, m'affermiront dans son estime. Plein de confiance en sa bonté, sa sagesse et sa vertu, bien plus chères à mes yeux que sa couronne, je me jette à ses pieds, et je le supplie d'être persuadé qu'un des plus grands regrets que j'aurai de ma vie sera de ne pouvoir profiter des bienfaits d'un prince aussi digne de l'être, aussi fait pour commander aux hommes et pour les éclairer. Je m'attendris en vous écrivant. Je vous prie d'assurer le roi que je conserverai toute ma vie pour sa personne l'attachement le plus tendre, le plus fidèle et le plus respectueux, et que je serai toujours son sujet, au moins dans le cœur, puisque c'est la seule façon dont je puisse l'être. Si la persécution et le malheur m'obligent un jour à quitter ma patrie et mes amis, ce sera dans ses États que j'irai chercher un asile : je ne lui demanderai que la satisfaction d'aller mourir auprès de lui, libre et pauvre.

Au reste, je ne dois point vous dissimuler, monsieur, que, longtemps avant le dessein que le roi vous a confié, le bruit s'est répandu, sans fondement comme tant d'autres, que Sa Majesté songeait à moi pour la place de président. J'ai répondu à ceux qui m'en ont parlé que je n'avais entendu parler de rien, et qu'on me faisait beaucoup plus d'honneur que je ne méritais. Je continuerai, si on m'en parle, à répondre de même, parce que, dans ces circonstances, les réponses les plus simples sont les meilleures. Ainsi, monsieur, vous pouvez assurer Sa Majesté que son secret sera inviolable. Je le respecte autant que sa personne, et mes amis ignoreront toujours le sacrifice que je leur fais. J'ai l'honneur d'être, etc.

LETTRE 76.

M. SCHEFFER A MADAME LA MARQUISE DU DEFFAND.

Berlin, 26 septembre 1752.

Je suis parti de Paris, madame, sans avoir eu l'honneur de prendre congé de vous, et j'espère que vous me le pardonnerez ; mes peines étaient si vives et si sincères qu'il me fut impossible de me distraire un seul moment : je ne vous aurais parlé que de ma douleur, et je pensais que par l'intérêt même que vous daignez prendre à moi, je devais vous épargner le chagrin de lire une si triste élégie. Je tâche aujourd'hui de réparer ma faute, en vous envoyant la lettre ci-jointe de M. de Voltaire[1] ; elle vous amusera, par le charme inséparable de tout ce qu'il écrit, et vous serez plus instruite de ce qui le regarde, que je ne le suis après avoir passé deux jours avec lui ; je ne l'ai vu qu'en la compagnie de gens devant qui il n'aurait pu me parler fort naturellement de sa situation. Si les bontés de son maître ne lui tiennent pas lieu de tout, il me paraît fort à plaindre ; car en vérité, hors le maître, ce pays-ci ne peut pas retenir quelqu'un qui a connu la bonne compagnie du pays où vous êtes. M. de Maupertuis se meurt de la poitrine ; il prend le lait d'ânesse, qui commence cependant à lui faire quelque bien. Il se flatte de regagner assez de forces pour entreprendre un voyage en France et pour y passer l'hiver ; celui de Berlin le tuera infailliblement, s'il y reste.

A présent, madame, que je vous ai rendu compte de tout ce qui peut vous intéresser dans les lieux d'où j'ai l'honneur de vous écrire, permettez-moi de vous parler un peu de la France : il est bien certain que j'en serai occupé toute ma vie. Je m'imagine que si cette lettre vous trouve encore à Chamron, ce sera du moins à la veille de votre retour à Paris : vous aurez bien la bonté alors de me donner de vos nouvelles et de celles de tous les gens qui ont l'honneur de composer votre société. Je

---

[1] Cette lettre de Voltaire n'a pas été publiée. (L.)

vous supplie de m'écrire sur Stockholm, où je serai dans trois semaines d'ici.

Adieu, madame : vous connaissez mon respect et mon attachement pour vous; mais vous ne pouvez pas connaître encore ma constance, que j'espère vous prouver en vous demeurant attaché, malgré les espaces immenses qui nous sépareront.

LETTRE 77.

M. LE MARQUIS D'ARGENS A M. D'ALEMBERT.

Potsdam, 20 octobre 1752.

J'ai montré, monsieur, la lettre que vous m'avez fait l'honneur de m'écrire, au roi : elle a accru la bonne opinion que Sa Majesté avait de votre caractère, et elle a augmenté, par conséquent, l'envie qu'elle a de vous avoir à son service. Le roi m'a chargé, monsieur, de vous écrire de nouveau de sa part, et de répondre aux difficultés que vous croyez insurmontables, et qui, à vous dire le vrai, ne me paraissent pas aussi grandes que vous le pensez.

La santé de M. de Maupertuis, malgré ce qu'on peut en avoir écrit à Paris, est toujours plus mauvaise. Il veut aller en France; mais il n'ose partir : car il sent bien qu'il n'aura pas la force d'achever son voyage. Supposons que, par un hasard inespéré, il vînt à se rétablir, vous serez auprès du roi avec douze mille livres de pension, vous aurez un logement dans le château de Potsdam, et vous serez désigné à la présidence de l'Académie. Il n'y a rien dans tout cela à quoi M. de Maupertuis puisse trouver à redire; et c'est, en vérité, porter votre délicatesse trop loin : d'ailleurs le roi m'a assuré que M. de Maupertuis serait charmé de son choix. Quant aux ennemis que vous craignez que votre poste ne vous fasse dans ce pays, soyez persuadé que vous n'y aurez que des admirateurs parmi les honnêtes gens; les autres seront trop heureux de dissimuler et de rechercher votre amitié. Les bontés dont le roi vous honorera seront trop marquées pour que vous ayez rien à redouter des cabales, qui d'ailleurs ne font pas fortune ici.

Si vous passiez à Londres ou à Vienne, vous pourriez craindre qu'on ne vous accusât d'avoir manqué à votre patrie; mais vous venez chez le premier et le plus intime allié de votre nation, chez un roi qui l'aime, et qui a déjà attiré auprès de lui plusieurs de vos amis et de vos compatriotes.

Vous aimez la tranquillité, vous la trouverez ici : vous n'êtes obligé à aucune représentation; vous verrez le roi comme un philosophe, de qui vous serez chéri et estimé.

Le climat de ce pays-ci n'est pas plus froid que celui de la Bretagne. J'ose vous assurer qu'il est plus beau que celui de Paris, parce qu'il est beaucoup plus serein.

Quant à l'*Encyclopédie*, vous pourriez travailler ici aux articles que vous faites, et laisser la direction de l'ouvrage à M. Diderot; et si, lorsqu'il sera fini, il voulait venir à Berlin, je ne doute pas que le roi ne fût charmé de faire l'acquisition d'un homme de son mérite : tous les gens qui pensent seraient portés à lui rendre service.

Si je suis assez malheureux, monsieur, pour que mes raisons ne vous persuadent pas, j'aurai du moins l'avantage de vous avoir montré que personne ne vous est plus attaché que moi, et que plein d'admiration pour vos lumières et pour votre caractère, je n'ai rien oublié pour procurer à Berlin un homme qui en eût illustré l'Académie.

Comme tout le monde commence à savoir que le roi a souhaité de vous avoir, je crois que le mystère devient aujourd'hui inutile. Je suis, etc.

LETTRE 78.

M. D'ALEMBERT A M. LE MARQUIS D'ARGENS.

Paris, 20 novembre 1752.

Si j'ai tardé, monsieur, à répondre à votre seconde lettre, ce n'est point par une négligence que les bontés extrêmes de Sa Majesté rendraient inexcusable, c'est parce que ces bontés mêmes semblaient exiger de moi de nouveau que je ne prisse pas trop promptement mon dernier parti dans une circonstance qui sera peut-être, à tous égards, une des plus critiques de ma vie. J'ai donc fait, monsieur, de nouvelles réflexions; mais, soit raison, soit fatalité, elles n'ont pu vaincre la résolution où je suis de ne point renoncer à ma patrie que ma patrie ne renonce à moi. Je pourrais insister sur quelques-unes des objections auxquelles vous avez bien voulu répondre; mais il en est une, la plus puissante de toutes pour moi, et à laquelle vous ne répondez pas : c'est mon attachement pour mes amis, et j'ajoute pour cette obscurité et cette retraite si précieuses aux sages. J'apprends d'ailleurs que M. de Maupertuis est mieux, et je commence à croire que l'Académie et la Prusse pourront enfin le conserver. La délicatesse dont je vous ai parlé à son égard est aussi une chose sur laquelle je ne pourrais me vaincre, quand même des motifs encore plus forts ne s'y joindraient pas. Ainsi, monsieur, je supplie Sa Majesté de ne plus penser à moi pour remplir une place que je crois au-dessus de mes forces corporelles, spirituelles et morales; mais vous ne pouvez lui peindre que faiblement mon respect, mon attachement et ma vive reconnaissance. Si le malheur m'exilait de France, je serais trop heureux d'aller à Berlin pour lui seul, sans aucun motif d'intérêt, pour le voir, l'entendre, l'admirer, et dire ensuite à la Prusse : *Viderunt oculi mei salutare tuum;* mes yeux ont vu votre sauveur.

Si j'avais l'honneur d'être connu de vous, monsieur, vous sentiriez combien cette manière de penser est sincère. Je sais vivre de peu et me passer de tout, excepté d'amis; mais je sais encore mieux que les princes comme lui ne se trouvent nulle part, et seraient capables de rendre l'amitié incommode, si elle pouvait l'être. Au reste, monsieur, quoiqu'on sache à Berlin la proposition que le roi m'a fait faire, on l'ignore encore à Paris, et certainement on ne le saura jamais par moi. Mais permettez-moi de me féliciter au moins de ce qu'elle m'a procuré l'occasion d'être connu d'une personne que j'estime autant que vous, monsieur, et de liér avec vous un commerce que je désire ardemment de cultiver.

LETTRE 79.

M. D'ALEMBERT A MADAME LA MARQUISE DU DEFFAND.

Paris, 4 décembre 1752.

Je serais bien fâché, madame, que vous crussiez m'avoir perdu; mais, malgré toute l'envie que j'ai de vous écrire souvent, il ne m'a pas été possible, depuis deux mois, de satisfaire ce désir aussi souvent que je l'aurais voulu. J'ai été fort occupé à différents ouvrages : j'ai achevé une grande diablerie de géométrie sur le système du monde, à laquelle il ne manque plus que la préface; j'ai fait des articles de mathématiques étendus et raisonnés, pour l'*Encyclopédie;* j'ai répondu à un homme qui avait attaqué mes *Éléments de musique,* et ma réponse est sous presse : cela vous ennuiera. Ce qui vous ennuiera peut-être moins, mais dont je vous supplie très-instamment de ne parler à personne, ce sont deux volumes de *Mélanges de littérature, d'histoire et de philosophie* que je fais imprimer, et qui paraîtront à la fin de ce mois. Je voudrais que vous m'indiquassiez une occasion pour vous les faire tenir promptement. A la tête de ces *Mélanges,* est un *Avertissement* assez philosophique, ensuite viennent le *Discours préliminaire* de l'*Encyclopédie,* et l'*Éloge de l'abbé Terrasson;* celui de Bernouilli est fort augmenté de détails que tout le monde pourra lire; le second volume est entièrement neuf : il contient des *Réflexions et Anecdotes sur la reine Christine,* un *Essai sur les gens de lettres, les grands et les Mécènes,* et la traduction d'une douzaine des plus beaux morceaux de Tacite, qui m'encouragera à traduire le reste, si cette traduction est goûtée. Je viens d'envoyer le reste de mon manuscrit à l'imprimeur, et je n'y pense plus. Je vous supplie encore une fois de me garder un grand secret sur cet ouvrage, et surtout de n'en rien écrire à Paris : très-peu de personnes sont ici dans ma confidence, et je hâte l'impression le plus qu'il m'est possible.

Mais c'est assez et trop vous parler de moi. Je vois, par votre dernière lettre, que Chamron ne vous a pas guérie : vous me paraissez avoir l'âme triste jusqu'à la mort; et de quoi, madame? Pourquoi craignez-vous de vous retrouver chez vous? Avec votre esprit et votre revenu, pourrez-vous y manquer de connaissances? Je ne vous parle point d'amis, car je sais combien cette denrée-là est rare; mais je vous parle de connaissances agréables. Avec un bon souper, on a qui on veut, et, si on le juge à propos, on se moque encore après de ses convives. Je dirais presque de votre tristesse ce que Maupertuis disait de la gaieté de madame de la Ferté-Imbault [1], qu'elle n'était fondée sur rien. A propos de Maupertuis, nous ne l'aurons point cet hiver; il est actuellement malade, et accablé de brochures que l'on fait contre lui en Allemagne et en Hollande, au sujet d'un certain Kœnig [2], avec qui il vient d'avoir, assez mal à propos, une affaire

[1] Fille de madame Geoffrin. (L.)
[2] Samuel Kœnig, mathématicien allemand, né en 1712 à Buedingen (comté d'Isenbourg), mort le 21 août 1757, à Zuilestein (Hollande). Pendant son séjour à la Haye, où il occupa en 1749 la chaire de philosophie et de droit

désagréable pour tous les deux : cela vous ennuierait, et ne m'amuserait guère à vous conter. Le roi de Prusse est fort occupé à lui chercher un successeur dans la place de président, et c'est encore ici un secret que je vous demande et que je ne vous dirais pas, si je n'avais pas la liberté de le dire aujourd'hui à mes amis. Il y a plus de trois mois que le roi de Prusse m'a fait écrire par le marquis d'Argens, pour m'offrir cette place, de la manière la plus gracieuse : j'ai répondu en remerciant le roi de ses bontés et de sa place. Je voudrais pouvoir vous faire lire ma réponse; elle a touché le roi, et n'a fait qu'augmenter l'envie qu'il avait de m'avoir. M. d'Argens m'a récrit, a répondu tant bien que mal à mes objections : j'ai fait réponse, et j'ai remercié une seconde fois. Voltaire vient d'écrire encore pour cela à madame Denis, mais je persiste et je persisterai dans ma résolution. Ce n'est pas que je sois fort content du ministère, et surtout de l'ami, ou soi-disant tel, de votre président : il s'en faut beaucoup. Je sais, à n'en pouvoir douter, qu'il est très-mal disposé pour moi, et j'ignore absolument pour quelle raison : mais que m'importe? Je resterai à Paris, j'y mangerai du pain et des noix, j'y mourrai pauvre, mais aussi j'y vivrai libre. Je vis de jour en jour plus retiré; je dîne et soupe chez moi, je vais voir mon abbé à l'Opéra, je me couche à neuf heures, et je travaille avec plaisir, quoique sans espérance.

Je vous supplie instamment de ne rien écrire au président, ni à personne, des propositions qu'on me fait de Berlin, quoique M. d'Argens me mande que le secret est à présent inutile; je suis trop reconnaissant des bontés du roi pour me parer de cette petite vanité.

On a eu raison de vous mander beaucoup de bien de l'*Apologie* de l'abbé de Prades[1]; mais je ne sais si elle vous amusera

---

naturel, il eut avec Maupertuis une querelle qui fit sensation dans le monde savant. On en trouve les détails dans l'*Appel au public* que Kœnig publia en 1752 dans le *Maupertuisiana*, et dans la revue allemande intitulée *Neues Gelehrtes Europa*, t. XIII, p. 26-75, et 260-272. (L.)

[1] Jean-Martin de Prades, né vers 1720 à Castel-Sarrazin, mort en 1782 à Glogau. Sorti de Saint-Sulpice, il se lia avec les fondateurs de l'*Encyclopédie* et leur fournit des articles. Une thèse des plus originales et des plus hardies, qu'il soutint en Sorbonne, le 18 novembre 1751, l'ayant exposé à la fois aux anathèmes ecclésiastiques et aux poursuites du Parlement, il se réfugia en Hollande, puis à Berlin (1752), et y publia son *Apologie* (1752, 3 part., in-8º), à laquelle Diderot ajouta une *Réfutation* d'un mandement de l'évêque d'Auxerre. (L.)

beaucoup : la Réponse à l'évêque d'Auxerre est ce qui vous ennuiera le moins, et la fin surtout de cette réponse me paraît un morceau très-éloquent.

J'ai ajouté dans le *Discours préliminaire* de *l'Encyclopédie* quelques traits à l'éloge du président de Montesquieu, parce qu'il le mérite, et parce qu'il est persécuté. J'ai lu, ces jours-ci, une petite *Apologie* que Voltaire a faite de milord Bolingbroke contre je ne sais quel journaliste : cela est charmant, à deux ou trois mots près; mais cela est fort rare. Je demanderai à madame Denis si elle a envoyé votre lettre. Cette pauvre madame Denis a retiré sa pièce des mains des comédiens, après avoir été ballottée pendant trois mois : elle aurait mieux fait de ne la pas donner.

Que vous dirai-je des sottises des Chaulnes? Et puis tout cela vous étonne-t-il? On assure que les États[1] ont manqué de respect à madame la duchesse, et l'ont taxée à quinze cents liv. : ce n'est pas là une nuit de fille. Duclos s'est un peu barbouillé aussi dans tout cela; j'en suis fâché, car je le crois au fond bon diable : c'est peut-être parce qu'il me fait amitié! Mais de quoi s'avise-t-il aussi de vouloir être à la fois courtisan et philosophe? Cela ne saurait aller ensemble. Nous avons ici, depuis trois mois, des intermèdes italiens dont la musique est excellente : c'est, en vérité, une langue dont nous n'avions pas l'idée, que cette musique! Mais c'est une langue expressive, pleine de vivacité, toujours vraie, et bien plus vivement que la nôtre. Cela est prêt à faire un schisme dans l'Opéra, comme les billets de confession dans l'Église.

Adieu, madame; croyez que le temps ni l'absence ne diminueront rien du respectueux attachement que je vous ai voué pour toute ma vie.

LETTRE 80.

LE MÊME A LA MÊME.

Paris, 22 décembre 1752.

Voilà, madame, un bien gros paquet, qui ne vous dédommagera guère de ce qu'il vous coûtera de port; mais puisque vous voulez avoir mes lettres et celles de M. d'Argens sur la proposition que le roi de Prusse m'a faite, les voilà : je vous prie de

---

[1] De Bretagne. (L.)

me les renvoyer quand vous n'en aurez plus affaire[1]. Le bruit commence à se répandre ici que j'ai refusé cette présidence. Une personne que je connais à peine, me dit hier qu'elle en avait reçu la nouvelle par une lettre de Berlin; je lui répondis que je ne savais pas ce qu'elle me voulait dire. Après tout, que cela se répande ou ne se répande pas, je n'en suis ni fâché ni bien aise. Je garderai au roi de Prusse son secret, même lorsqu'il ne l'exige plus, et vous verrez aisément que mes lettres n'ont pas été faites pour être vues du ministère de France; je suis bien résolu de ne lui pas demander plus de grâces qu'aux ministres du roi de Congo, et je me contenterai que la postérité lise sur mon tombeau : *Il fut estimé des honnêtes gens, et est mort pauvre, parce qu'il l'a bien voulu.* Voilà, madame, de quelle manière je pense. Je ne veux braver ni aussi flatter les gens qui m'ont fait du mal, ou qui sont dans la disposition de m'en faire ; mais je me conduirai de manière que je les réduirai seulement à ne me pas faire du bien. Vous trouverez dans l'ouvrage que je vous donne des choses vraies et hardies, mais sages ; j'ai surtout évité d'y offenser personne, mais j'ai peint nos ridicules et nos mœurs, surtout celles des Mécènes, avec la franchise

D'un soldat qui sait mal farder la vérité.

Vous recevrez vraisemblablement mes Opuscules vers le 15 du mois prochain; je compte que l'impression sera achevée dans quinze jours, et je ne perdrai point de temps pour vous les faire parvenir par la voie que vous m'indiquez.

Votre lettre m'a fait d'autant plus de plaisir, qu'elle me fait croire que vous vous portez mieux. Il fallait en vérité être bien malade, pour ne pas s'ennuyer à la vie que vous meniez depuis neuf mois, et je commence à croire que vous ne l'êtes plus, puisque cette vie commence à vous déplaire. Vous parlez de votre état passé avec un effroi qui me divertit ; je me flatte qu'au moins cet effroi servira à ne vous y pas replonger. Au reste vous faites très-bien de ne vous en pas vanter, quoiqu'au fond vous n'ayez rien fait que de très-raisonnable. Vous vous déplaisiez à Paris; vous avez cru que vous vous trouveriez mieux à Chamron, vous y avez été : cela est naturel; vous vous êtes

---

[1] Voilà comment cette *Correspondance* ou une copie de cette *Correspondance* a été trouvée par l'éditeur de 1809 dans les papiers de madame du Deffand ou plutôt la copie faite par les soins de M. de Beauvau. (L.)

ennuyée à Chamron, vous avez essayé de Mâcon, vous ne vous en trouvez guère mieux; vous brûlez de revoir Paris : cela est naturel (voilà la confession de mademoiselle de Clermont). En vérité, il vous est très-aisé, même en dînant, de mener à Paris une vie agréable : je vous y verrai le plus souvent qu'il me sera possible, mais je n'irai guère dîner avec vous que quand vous ne craindrez pas que je vous ennuie tête à tête; car je suis devenu cent fois plus amoureux de la retraite et de la solitude, que je ne l'étais quand vous avez quitté Paris. Je dîne et soupe chez moi tous les jours, ou presque tous les jours, et je me trouve très-bien de cette manière de vivre. Je vous verrai donc quand vous n'aurez personne, et aux heures où je pourrai espérer de vous trouver seule; dans d'autres temps, j'y rencontrerais votre président, qui m'embarrasserait parce qu'il croirait avoir des reproches à me faire, que je ne crois point en mériter, et que je ne veux pas être dans le cas de le désobliger, en me justifiant auprès de lui. Ce que vous me demandez pour lui est impossible, et je puis vous assurer qu'il est bien impossible, puisque je ne fais pas cela pour vous. En premier lieu, le *Discours préliminaire* est imprimé, il y a plus de six semaines : ainsi je ne pourrais pas l'y fourrer aujourd'hui, même quand je le voudrais. En second lieu, pensez-vous de bonne foi, madame, que dans un ouvrage destiné à célébrer les grands génies de la nation et les ouvrages qui ont véritablement contribué aux progrès des lettres et des sciences, je doive parler de l'*Abrégé chronologique?* C'est un ouvrage utile, j'en conviens, et assez commode; mais voilà tout en vérité : c'est là ce que les gens de lettres en pensent, c'est là ce qu'on en dira quand le président ne sera plus : et quand je ne serai plus, moi, je suis jaloux qu'on ne me reproche pas d'avoir donné d'éloges excessifs à personne. Si vous prenez la peine de relire mon *Discours préliminaire*, vous y verrez que je n'y ai loué Fontenelle que sur la méthode, la clarté et la précision avec laquelle il a su traiter des matières difficiles : et c'est là en effet son vrai talent; Buffon, que sur la noblesse et l'élévation avec laquelle il a écrit les vérités philosophiques : et cela est vrai; Maupertuis, que sur l'avantage qu'il a d'avoir été le premier sectateur de Newton en France : et cela est vrai; Voltaire, que sur son talent éminent pour écrire : et cela est vrai; le président de Montesquieu, que sur le cas qu'on fait dans toute l'Europe, et avec justice, de l'*Esprit des lois* : et cela est vrai,

Rameau, que sur ses symphonies et ses livres : cela est vrai. En un mot, madame, je puis vous assurer qu'en écrivant cet ouvrage j'avais à chaque ligne la postérité devant les yeux, et j'ai tâché de ne porter que des jugements qui fussent ratifiés par elle.

Celui qui fera l'article *Chronologie* dans l'*Encyclopédie*, est bien le maître de dire ce qu'il voudra du président; mais cela ne me regarde pas, et je n'entreprendrai pas même d'en parler, parce que je n'en pourrais dire autre chose, sinon que son livre est utile, commode, et s'est bien vendu. Je doute que cet éloge le contentât. J'ai d'ailleurs été choqué à l'excès du ressentiment qu'il a eu contre moi à cette occasion. Je lui ai envoyé mon livre sur les *Fluides*, il n'a pas seulement daigné m'en remercier. C'est à vous, beaucoup plus qu'à lui, que je dois mes entrées à l'Opéra, auxquelles, d'ailleurs, je ne tiens guère, parce qu'on me les a accordées de mauvaise grâce, et qu'on me les a bien fait payer depuis, par la manière dont on s'est conduit dans l'affaire de l'*Encyclopédie,* et par les discours qu'on a tenus à mon sujet, mais qui ne m'inquiètent guère.

Je n'ai point travaillé à l'*Apologie* de l'abbé de Prades, mais cela n'empêche point l'ouvrage d'être bon : je doute pourtant qu'il vous amuse. La fin de la *Réponse à l'évêque d'Auxerre* et plusieurs endroits de cette réponse sont autant de chefs-d'œuvre d'éloquence et de raisonnement. Les propositions sont très-bien justifiées dans la seconde partie, et la première est une histoire vraie et bien écrite de son affaire, et de toutes les noirceurs qu'on lui a faites. Je doute au reste que cela vous amuse. Vous pouvez lire la préface de la première partie, la fin de la troisième et les péroraisons de la première et de la seconde partie. Il y a un passage de Cicéron qui est très-beau, et que vous vous ferez expliquer, si vous trouvez à *Mâcon* quelqu'un qui sache le latin. Je pense, comme vous, sur les premières *Lettres* de Bolingbroke[1] : le second volume vaut mieux ; encore cela est-il trop long. Voltaire vient d'en faire une apologie fort plaisante, sur l'article de la religion : Julien[2] aura cela et vous l'enverra. Il a fait aussi *le Tombeau de la fortune*, qui est l'histoire de l'abbé de Prades : cela ne vaut pas l'*Apo-*

---

[1] *Lettres sur l'histoire*, traduites en français en 1752 par M. Barbou du Bourg, docteur en médecine. (L.)

[2] Distributeur de nouvelles à la main et de brochures clandestines, pour les curieux de qualité. (L.)

logie de Bolingbroke; mais cela est encore bon. Madame Denis m'a dit qu'elle ne vous avait point fait réponse, parce qu'elle ignorait votre adresse, mais que votre lettre avait été envoyée sur-le-champ. Je lui demanderai un *Essai* sur le Siècle de Louis XIV, et je tâcherai de vous l'envoyer, avec mes *Opuscules*, pour qui cet ouvrage sera un bien mauvais voisin.

Vous avez bien raison sur l'abbé de Bernis : j'ai voulu lire ses vers, et le papier m'est tombé des mains. Toute cette galanterie me paraît bien froide : et les Zéphyrs, et l'Amour, et Cythère, et Paphos! ah! mon Dieu! que tout cela est fade et usé! Vous pourrez continuer M. Rollin, dont vous jugez, ce me semble, très-bien. Ses derniers volumes sont à peu près comme les premiers, et d'ailleurs le sujet les rend agréables : c'est l'histoire des Macédoniens et des Grecs. Je vous exhorte à ménager beaucoup vos yeux : c'est un mal réel que d'avoir mauvaise *vue;* mais ce n'est point un mal, et c'est quelquefois un bien, que de ne pas voir beaucoup de gens. C'en serait en vérité un de ne pas entendre et voir toutes les sottises qui se font ici, et les billets de confession, et l'archevêque, et le Parlement! Nous avons été fort occupés pendant quinze jours d'une sœur Perpétue, de la communauté de Sainte-Agathe, à qui le Parlement a voulu faire donner les sacrements, et à qui l'archevêque les refusait. Le temporel de l'archevêque a été saisi vingt-quatre heures. (Pour son spirituel, on aurait été fort embarrassé de le trouver.) Le roi a donné mainlevée de la saisie, et a empêché la convocation des pairs.

La sœur Perpétue se porte mieux : elle a fait dire au Parlement qu'elle n'était plus en danger, qu'elle le remerciait de ses attentions, et tout cela s'est terminé par bien des politesses de part et d'autre. Nous sommes menacés d'un autre schisme sur la musique. On prétend que je suis à la tête de la faction italienne; mais je n'ai point de goût exclusif, et j'approuverai toujours dans la musique française ce qu'elle aura d'agréable : il est vrai que je crois que nous sommes à cent lieues des Italiens sur cet article. Le Parlement veut leur renvoyer leur constitution, il faudrait au moins prendre leur musique en échange. Adieu, madame. Voilà une grande diable de lettre qui vous ennuiera, mais le plaisir de m'entretenir avec vous m'a entraîné plus loin que je ne voulais : ayez soin de votre santé et de vos yeux, et soyez bien persuadée de mon respectueux attachement.

LETTRE 81.

M. SCHEFFER A MADAME LA MARQUISE DU DEFFAND.

Stockholm, 15 décembre 1752.

Quand je considère, madame, par quel espace immense nous sommes à présent séparés, je suis surpris que vos lettres puissent venir jusqu'à moi; cependant j'ai bien reçu celle que vous m'avez fait la grâce de m'écrire le 8 du mois passé. Votre constance à vous passer de Paris me confirme dans l'opinion que j'ai toujours eue de votre caractère. Quand l'esprit est éclairé jusqu'à un certain point, on voit la valeur des choses, en bien ou en mal, avec une si grande évidence, qu'on les cherche ou qu'on les fuit bien plus déterminément que ne le font les esprits médiocres. Vous avez connu le grand monde mieux que personne, je ne suis pas étonné que vous ayez pris du dégoût pour lui et que vous en ayez plus que personne. Peut-être suis-je plus digne encore que M. l'évêque de Mâcon de vivre avec vous dans les dispositions où vous êtes. Je suis désolé, madame, de n'être pas dans votre voisinage, ainsi que lui. Si cela ne vous dit pas assez ce que je pense de mon nouveau genre de vie, j'ajouterai encore, pour répondre à la question que vous me faites, que chaque jour et chaque moment augmentent mes regrets : je sens que ma perte est très-réelle, et que l'équivalent que je croyais trouver n'est que de la fumée. Vous voyez, madame, que je ne cherche pas à paraître à vos yeux plus courageux ou plus philosophe que je ne le suis. Je sais que vous daignez prendre quelque intérêt à mon sort, et je trouve une consolation infinie à vous avouer combien je suis malheureux; c'est un aveu que vous croyez bien que je ne ferais pas à tout le monde : je prends au contraire sur moi pour cacher ma douleur, en même temps que je me surcharge de travail et d'occupations pour la vaincre. La perte de ma santé est tout ce que j'attends de ces efforts, et, dans ma présente situation, j'y serai peu sensible. Mais en voilà assez et beaucoup trop sur ce sujet. Je vous conjure, madame, de me rendre la pareille : l'article sur vous-même ne saurait être trop long dans vos lettres.

Celle de Voltaire a dû vous amuser; mais quelque art qu'il ait pu mettre dans la peinture qu'il vous a faite de son bonheur, je vois bien qu'il ne vous a pas persuadée, et vous n'avez pas dû l'être. Je l'ai vu de près, je puis vous assurer que son sort n'est pas digne d'envie. Il passe toute la journée seul dans sa chambre, non par goût, mais par nécessité; il soupe ensuite avec le roi de Prusse, par nécessité aussi beaucoup plus que par goût. Il sent bien qu'il n'est là qu'à peu près comme les acteurs de l'Opéra à Paris, dans le temps que la bonne compagnie les admettait seulement pour chanter à table. Je suis fort trompé, ou il ne tiendra pas longtemps contre l'ennui qu'il mène. Il est bien certain que vous ne tiendrez pas non plus contre celui de ma lettre, si je ne finis bientôt : ainsi j'ajouterai seulement que vous devez, madame, quelque retour de bontés à mon respect et à mon extrême attachement pour vous.

LETTRE 82.

D'ALEMBERT A MADAME LA MARQUISE DU DEFFAND.

Paris, 17 janvier 1753.

Eh bien, madame, puisque vous êtes si contente de mes lettres, je vous permets de les garder et de les faire lire à Formont, pourvu que d'autres ne soient pas du secret.

Je crois que vous tenez à présent mon livre, et je serais fort flatté que vous en fussiez aussi contente que vous l'avez été de mes lettres. Depuis huit jours qu'il est en vente, il s'en est déjà enlevé sept à huit cents. Il fait, ce me semble, plusieurs enthousiastes, surtout parmi les gens de lettres et quelques frondeurs qui croient que j'ai voulu les peindre, quoique je ne leur aie jamais fait l'honneur de penser à eux.

Tout ce qu'on vous a mandé de Voltaire est très-vrai. Il est on ne peut pas plus mal avec le roi de Prusse. Il a fait contre Maupertuis une brochure injurieuse qui a été brûlée par la main du bourreau, ce qu'on n'avait point vu à Berlin de mémoire d'homme. Il a nié d'en être l'auteur, et ne l'a avoué que lorsque le roi de Prusse l'a menacé d'une amende qui le réduirait à l'aumône.

Je ne vous chasse point, lui a dit le roi, *parce que je vous ai appelé; je ne vous ôte point votre pension, parce que je vous l'ai donnée; mais je vous défends de paraître jamais devant moi.* Il est actuellement un des plus malheureux hommes de la terre.

Je n'ai aucune part à la brochure en style de prophétie, ni Diderot non plus, quoiqu'on la lui ait attribuée; mais je la trouve, comme vous, très-plaisante. La musique française prend actuellement le dessus sur la musique italienne; car l'opéra nouveau de Mondonville[1] (quoique très-médiocre) r éussit beaucoup. Cela changera peut-être la semaine prochaine, car dans ce pays-ci il ne faut compter sur rien.

J'ai bien mal interprété votre dernière lettre : j'avais cru y voir une espèce d'effroi de votre état passé; mais j'aime encore mieux que cet état n'ait rien d'effrayant pour vous. Je vis hier Pont-de-Veyle à l'Opéra : nous parlâmes beaucoup de vous. Je lui dis que vous n'aviez commencé à être malheureuse que depuis que vous aviez été plus à votre aise, et que cela me faisait grand'peur de devenir riche. Il est vrai que cette peur-là est un peu gratuite; car ma conduite, mes lettres et mes écrits y mettent bon ordre. Adieu, madame. J'attends votre jugement sur mon ouvrage.

LETTRE 83.

LE MÊME A LA MÊME.

Paris, 27 janvier 1753.

Je suis, madame, d'autant plus sensible à votre suffrage, qu'en vérité je désirais ardemment de l'obtenir. Votre approbation me flatte infiniment, parce que je vous connais un goût très-sûr et très-juste : je n'ai pas attendu, pour vous le dire, que je fisse des livres et que vous les trouvassiez bons. Vous me rendez justice, en ne trouvant dans mon ouvrage ni malice ni satire. Tout le monde, ici, n'en pense pas de même. On m'assure que les Bissy-Brancas, etc., etc., etc., crient beaucoup contre moi. Ils me feraient beaucoup plus d'honneur de ne pas plus penser à moi que je n'ai pensé à eux. Mais que m'importe, puisque vis-à-vis de moi-même je n'ai rien à me reprocher?

Je ne sais si j'aurais bien fait de mettre l'*Essai sur les gens de lettres* en portraits et en maximes, comme vous le voulez. Outre que nous avons déjà bien des livres en ce genre, on aurait encore bien plus pensé à faire des applications. Cette forme n'aurait d'ailleurs convenu ni au ton que je voulais prendre dans cet ouvrage, ni à la liaison que je voulais mettre dans les idées; et il me semble, si j'en crois du moins tous ceux

---

[1] *Titon et l'Aurore*, pastorale héroïque en trois actes, avec un prologue, paroles de l'abbé de la Marre, donnée pour la première fois le 9 janvier 1753. (L.)

qui m'en parlent, que ce ton et cette liaison rendent le morceau plus intéressant encore à une seconde lecture. Les pédants disent le plus de mal qu'ils peuvent de ma traduction de Tacite ; mais je puis vous répondre que leur critique ne m'effraye pas, et que je voudrais bien les voir à pareille besogne. Je ne crois pas que l'original perde beaucoup à ma traduction ; mais j'avoue de bonne foi que je le crois au moins aussi beau. Je pense exactement de Tacite ce que j'en ai dit dans mon *Avertissement*, que je vous prie de lire, si vous ne l'avez pas fait. Quel homme que ce Tacite! demandez plutôt à Formont. A propos de lui, je serais bien aise de savoir son avis sur mes deux volumes. Si vous relisez le premier volume, vous trouverez dans l'*Éloge de Bernouilli* des additions que je crois assez intéressantes.

Je viens d'avoir mes entrées à la Comédie française : c'est une galanterie que mademoiselle Clairon m'a faite, sur la lecture de mon livre ; car je ne la connaissais que pour lui avoir parlé une fois dans sa loge. Latour a voulu absolument faire mon portrait, et je serai au salon de cette année avec la Chaussée, qu'il a peint aussi, et un des bouffons italiens : je serai là en gaie et triste compagnie.

J'ai déjà eu l'honneur de vous mander que vous pouviez garder mes lettres et les faire lire à Formont, mais à lui seul ; très-peu de personnes les ont vues, et vous seule en avez copie. C'est, de tout ce que j'ai fait en ma vie, la seule chose que je désire qui subsiste quand je ne serai plus.

Je vis, ces jours passés, à l'Opéra, M. de la Croix, qui me donna des nouvelles de votre santé, et avec qui je parlai beaucoup de vous. Il dit que vous vous couchez fort tard. Ce n'est pas là le moyen de dîner quand vous serez à Paris. Au surplus, je crois que vous vous porterez mieux, quelque genre de vie que vous suiviez, pourvu que vous vous observiez sur le manger ; car, comme dit Vernage, il ne faut point trop manger.

A propos, quel compliment faut-il vous faire sur la mort de madame la duchesse du Maine? Voilà le moment d'imprimer les *Mémoires* de madame de Staal. Adieu, madame ; soyez persuadée du tendre attachement que je vous ai voué pour toute ma vie.

LETTRE 84.

LE MÊME A LA MÊME.

Paris, 16 février 1753[1].

J'attends, madame, avec beaucoup d'impatience les remarques que vous me promettez : je les crois d'avance fort justes, et je vous réponds de toute ma docilité. Le déchaînement contre moi et contre mon ouvrage est prodigieux. L'intérêt que vous y prenez suffirait pour m'en consoler, si je n'avais de la philosophie de reste pour supporter patiemment et écouter très-indifféremment tout le mal que j'en entends dire; mais ce qui vous surprendra, ce n'est pas tant le mal que j'ai dit des grands, que le bien que j'ai dit de la musique italienne, qui m'a fait une nuée d'ennemis. Je croyais qu'on pouvait aimer jusqu'aux marionnettes inclusivement, sans que cela fît de tort à personne; mais je me suis trompé : une faction puissante et redoutable, à la tête de laquelle sont MM. Jélyotte et le président Hénault, va clabaudant de maison en maison contre moi. Jugez de toute l'impression que cela m'a faite, et combien j'aurais besoin, en cette occasion, de mon stoïcisme, si je n'avais cru devoir le garder pour des conjonctures encore plus importantes. M. de Forcalquier, dit-on, était aussi fort élevé contre moi : je ne sais par quelle raison. Pour celui-là, il est mort, Dieu merci, et nous n'entendrons plus dire à tout le monde : *Comment se porte M. de Forcalquier?* comme s'il était question de Turenne ou de Newton! Pour les Bissy et compagnie, je crois que c'est comme *grands* et comme *Mécènes* qu'ils m'en veulent, quoiqu'on pût, comme vous dites fort bien, leur disputer ce titre. On dit que le comte de Bissy a pris pour lui le commencement de la page 157 du deuxième volume. Cela ne le regarde pas plus qu'un autre; mais il est vrai que cela lui convient assez. Vous voyez, madame, qu'il n'y a qu'heur et malheur. Vous me savez bon gré d'avoir évité la satire dans mon ouvrage, et on me regarde ici comme le plus satirique des écrivains. Vis-à-vis

---

[1] Cette lettre, postérieure à la publication du *Discours préliminaire de l'Encyclopédie*, qui est de juillet 1752, et contemporaine de la publication de l'*Essai sur la société des gens de lettres avec les grands*, est datée par erreur, croyons-nous, du 10 février 1752, dans les OEuvres de d'Alembert (édition Bossange). Les *Mélanges de littérature, d'histoire et de philosophie*, où se trouve l'*Essai* qui souleva tant de tempêtes, n'ont paru qu'en janvier 1753. (L.)

de moi-même je n'ai rien à me reprocher; et vivant retiré, sans voir personne, que m'importent tous les discours que l'on tient? Mon ouvrage est public, il s'est un peu vendu, les frais de l'impression sont retirés; les éloges, les critiques et l'argent viendront quand ils voudront. J'ai fait avec mes libraires un assez plat marché : c'est qu'ils feront les frais, et que nous partagerons le profit. Je n'ai encore rien touché. Je vous manderai ce que je gagnerai. Il n'y a pas d'apparence que cela se monte fort haut; il n'y a pas d'apparence non plus que je continue à travailler dans ce genre. *Je ferai de la géométrie et je lirai Tacite.* Il me semble qu'on a grande envie que je me taise, et en vérité je ne demande pas mieux. Quand ma petite fortune ne suffira plus à ma subsistance, je me retirerai dans quelque endroit où je puisse vivre et mourir à bon marché. Adieu, madame. Estimez, comme moi, les hommes ce qu'ils valent, et il ne vous manquera rien pour être heureuse. On dit Voltaire raccommodé avec le roi de Prusse, et Maupertuis retombé. Ma foi! les hommes sont bien fous, à commencer par les sages.

LETTRE 85.

M. SCHEFFER A MADAME LA MARQUISE DU DEFFAND.

Stockholm, 9 mars 1753.

Il est bien vrai, madame, que vos lettres contribuent très-essentiellement à ma consolation. Si je faisais plus de cas des miennes, vous en recevriez plus souvent : je trouve un plaisir extrême à vous faire ma cour. Vous m'avez persuadé que vous avez la bonté de prendre quelque intérêt à ma situation : cette idée redouble l'attachement que je vous avais déjà voué, et donne un nouveau degré de vivacité à ma confiance en vous. Les nouvelles que vous m'avez fait la grâce de me donner de votre santé, et de votre projet de retourner à Paris, sont les plus agréables que je pouvais recevoir. Il n'était donc question absolument que de vapeurs? J'avoue que je croyais ce mal physique accompagné d'un mal moral encore plus difficile à guérir, d'un dégoût du monde qui nourrissait et aigrissait vos vapeurs. Je reconnais mon erreur avec une véritable satisfaction. Dieu veuille que vous ne retombiez plus jamais dans un pareil état!

Les dernières aventures de Voltaire sont sans doute pitoyables; cependant, de la manière dont elles ont tourné, je trouve que Voltaire n'est pas encore celui qui s'est déshonoré le plus. La *Diatribe* est, à mon avis, un ouvrage de mauvais goût, qui aurait fait bien plus de tort à la réputation de son auteur, si le roi de Prusse ne l'eût jamais fait brûler. Ces actes, et toutes les suites, donnent de la célébrité à une méchanceté très-plate, dont Voltaire eût été cruellement puni, si elle fût tombée d'abord dans le mépris qu'elle méritait. Ce que vous dites, madame, de la séparation de ce bel esprit d'avec le roi de Prusse, est un trait digne de lui. Il n'a rien dit de mieux dans le temps qu'il avait encore du goût, et qu'il travaillait pour la gloire qu'il a perdue.

Je suis au désespoir de n'avoir pas vu encore l'ouvrage de votre petit ami d'Alembert : je l'attends incessamment, et je suis bien sûr qu'un esprit si sage et une si excellente plume ne peuvent rien produire que de très-bon.

On vient de m'envoyer la *Vie de madame de Maintenon*[1], qu'on ne lit pas avec le même plaisir que ses *Lettres*. Quand vous serez de retour à Paris, je vous demanderai la permission de vous parler plus au long de tout ce qui paraîtra de nouveau. En attendant, je vous supplie, madame, d'être persuadée que je ne renonce pas encore au plaisir de vous revoir, et que j'en aurai un bien sensible, lorsque je me retrouverai à portée de vous prouver par mes assiduités, qu'on ne peut vous être plus respectueusement et, si j'ose le dire, plus tendrement attaché que je ne le suis. M. de Bernstorff a toujours sacrifié tout à l'utile, il m'est impossible de ne pas toujours préférer l'agréable.

LETTRE 86.

M. D'ALEMBERT A MADAME LA MARQUISE DU DEFFAND.

Paris, 10 mars 1753.

Je viens d'apprendre, madame, dans le même moment, votre maladie et votre convalescence. M. de la Croix m'a dit que vous aviez eu un accès de fièvre très-fort qui vous avait fort agitée et fort inquiétée, mais que cet accès n'avait pas eu heureusement de suites fâcheuses.

---

[1] Il s'agit ici sans doute de la première et plus ancienne édition de l'ouvrage de La Beaumelle, qui, pour sonder le goût public ou l'allécher, avait donné (Nancy, 1752) un volume de la *Vie* abrégée et deux volumes de *Lettres*. (L.)

Savez-vous bien que l'abbé de Canaye[1], à qui j'ai lu quelques-unes de vos lettres, raffole de vous, de votre esprit et de votre manière de penser? Cela est au point que je ne désespère pas de l'engager à vous voir; et je puis vous assurer que cela serait bientôt fait, sans les obstacles insurmontables que son genre de vie y mettra toujours.

Je vous suis très-obligé des remarques que vous m'avez envoyées, et je vous supplie d'en faire mes remercîments à l'auteur. Toutes ces remarques sont certainement d'un homme d'esprit; quelques-unes m'ont paru très-justes : il me semble qu'on pourrait en chicaner quelques autres; mais, sur cet article, un auteur doit toujours être suspect. J'attends avec impatience le jugement de Formont : ce n'est pas la peine de lui écrire pour cela, et d'ailleurs il vous écrira encore plus librement qu'à moi. Je suis bien surpris que le président lui ait mandé tant de bien de mon livre. Il n'a pas tenu le même langage à tout le monde; mais, au fond, qu'importe? Me voilà claquemuré pour longtemps, et vraisemblablement pour toujours, dans ma triste, mais très-chère et très-paisible géométrie. Je suis fort content de trouver un prétexte pour ne plus rien faire, dans le déchaînement que mon livre a excité contre moi. Je n'ai pourtant ni attaqué personne, ni même désigné qui que ce soit, plus que n'a fait l'auteur du *Méchant*[2], et vingt autres contre lesquels personne ne s'est déchaîné. Mais il n'y a qu'heur et malheur. Je n'ai besoin ni de l'amitié de tous ces gens-là, puisque assurément je ne veux rien leur demander, ni de leur estime, puisque j'ai bien résolu de ne jamais vivre avec eux : aussi je les mets à pis faire.

J'ai déjà tiré de mon livre cinq cents livres de profit net et quitte : cela pourra aller à deux mille livres en tout quand l'ouvrage sera vendu; mais il n'est encore qu'à moitié. Adieu, madame; hâtez votre retour. Que ne savez-vous de la géométrie! qu'avec elle on se passe de bien des choses!

[1] Étienne, abbé de Canaye, oratorien et savant français, né à Paris, le 7 septembre 1694, mort dans la même ville, le 12 mars 1782. Grand ami de Foncemagne et de d'Alembert. Il était de l'Académie des inscriptions. Il a beaucoup lu et peu écrit. C'était un épicurien d'esprit. (L.)

[2] Gresset. (L.)

LETTRE 87.

MADAME LA MARQUISE DU DEFFAND A M. D'ALEMBERT.

Mâcon, 22 mars 1753.

Si vous avez jamais entendu parler du greffier de Vaugirard, faites-m'en l'application. Vous vous avisez de me dire que vous avez fait voir de mes lettres à l'abbé de Canaye, et qu'il en a été content. Comment voulez-vous que je continue à vous écrire? Cela me dérange l'imagination. Mais comme vous ne lui montrerez pas ma lettre, si vous trouvez qu'elle n'en vaut pas la peine, je me dis qu'il ne verra pas celle-ci, et cela me met à mon aise. Je serai ravie si vous pouvez engager cet abbé à faire connaissance avec moi; mais vous n'en viendrez point à bout: il en sera tout au plus comme de Diderot, qui en a eu assez d'une visite : je n'ai point d'atomes accrochants.

J'ai écrit à Formont qu'il vous mandât lui-même son avis sur vos ouvrages. Il pense à peu près comme moi : il trouve votre *Essai sur les grands, les Mécènes*, etc., traité un peu trop longuement; mais il est enchanté du style : il prétend que le genre de la Bruyère aurait été plus convenable; il convient que vous n'avez pas eu tort de ne le point suivre, parce que trop de gens s'en sont mêlés. Il serait désespéré, ainsi que moi, que vous vous claquemurassiez dans votre géométrie : c'est tout ce que les prétendus beaux esprits et les petits auteurs désirent, et à quoi ils cherchent à parvenir, en déclamant contre vous. Soyez philosophe jusqu'au point de ne vous pas soucier de le paraître; que votre mépris pour les hommes soit assez sincère pour pouvoir leur ôter les moyens et l'espérance de vous offenser.

Je compte vous revoir bientôt, c'est-à-dire, plus tôt que je ne le prévoyais, à moins qu'il ne me survienne quelque accident que je ne saurais prévoir. Je serai à Paris dans le courant du mois de juin; je serai fort fâchée si, en y arrivant, j'apprends que vous soyez à la campagne. J'ai une véritable impatience de vous voir, de causer avec vous; la vie que je mènerai vous conviendra, à ce que j'espère; nous dînerons souvent ensemble, tête à tête, et nous nous confirmerons l'un et l'autre dans la résolution de ne faire dépendre notre bonheur que de nous-mêmes; je vous apprendrai peut-être à supporter les hommes, et vous, vous m'apprendrez à m'en passer. Cherchez-moi quelque secret contre l'ennui, et je vous aurai plus d'obligation que si vous me donniez celui de la pierre philosophale. Ma santé n'est pas absolument mauvaise, mais je deviens aveugle. Je compte aller la semaine prochaine à Lyon; j'y verrai le cardinal. Je doute que la pourpre qui l'environne le rende aussi heureux que l'est dans son tonneau un certain neveu qu'il a par le monde. Que ce voyage que je vous annonce ne vous empêche pas de m'écrire; il sera fort court, et je recevrai également vos lettres. Adieu. Travaillez de votre mieux auprès de l'abbé de Canaye pour l'engager à faire connaissance avec moi : je ne sais d'où vient que sa nièce et lui m'ont toujours donné l'idée de *Thérèse philosophe*[1]. Vous ne connaissez peut-être pas ce livre-là : si vous vous en informez, n'allez pas dire que c'est parce que je vous en parle.

LETTRE 88.

LE PRÉSIDENT HÉNAULT A MADAME LA MARQUISE DU DEFFAND.

Paris, 5 avril 1753.

J'attendais votre lettre de Lyon avec une grande impatience, et je prévoyais que tout ce que vous m'en écririez me serait agréable. J'avoue que je ne concevais pas les obstacles que l'on voulait y mettre, et que les scrupules de Pont-de-Veyle me semblaient trop délicats; enfin, tout cela a disparu, et ce qui devait être a été. Vous me recommandez de vous écrire encore à Lyon, et en même temps vous me mandez que vous en repartez samedi. Jamais ma lettre n'aurait eu le temps d'arriver; elle aurait peut-être couru risque d'être perdue : ainsi je prends le parti de vous écrire à Chamron.

Mon rhume est toujours dans le même état, et me défend des sollicitations fréquentes d'aller à la cour qui m'est devenue à charge, sans qu'assurément aucune des raisons qui m'y attireraient ait changé; mais les choses qui ne font que flatter n'ont pas assez de ressort, et il n'appartient qu'aux passions de l'emporter sur la paresse et les commodités journalières. M. d'Argenson m'a répété les mêmes choses, il ne vous trompe point, mais sa volonté n'est pas en proportion avec son pouvoir; nous en dirons davantage à votre retour. Votre cardinal a au moins

---

[1] « C'était, dit Barbier, une brochure qui a paru sous le titre de *Thérèse philosophe*, qui contient l'histoire du père Girard, jésuite, et de la demoiselle la Cadière, à Aix en Provence, qui a fait tant de bruit. Dans ce livre, qui est charmant, très-bien écrit, il y a des conversations sur la religion naturelle, de la dernière force et très-dangereuses. » (*Journal de Barbier*, t. IV, p. 378). Ce livre, attribué à Diderot, était de Montigny. (L.)

autant de considération qu'il en a eu, si c'était le temps de la considération; mais elle est réunie dans un seul point, et au delà tout est compliments, bonté, puissance, désirs inutiles : voilà le beau ; et puis cabales, intrigues, entreprises, etc.

Je ne crois pas que l'on puisse être heureux en province quand on a passé sa vie à Paris; mais heureux qui n'a jamais connu Paris, et qui n'ajoute pas nécessairement à cette vie les maux chimériques, qui sont les plus grands! car on peut guérir un seigneur qui gémit de ce qu'il a été grêlé, en lui faisant voir qu'il se trompe, et que sa vigne est couverte de raisin; mais la grêle métaphysique ne peut être combattue. La nature, ou la Providence, n'est pas si injuste qu'on le veut dire; n'y mettons rien du nôtre, et nous serons moins à plaindre : et puis regardons le terme qui approche, le marteau qui va frapper l'heure, et pensons que tout cela va disparaître.

Ah! l'inconcevable Pont-de-Veyle! il vient de donner une parade chez M. le duc d'Orléans : cette scène que vous connaissez du vendeur d'orviétan. Au lieu du Forcalquier, c'était le petit Gauffin qui faisait le Gilles; et Pont-de-Veyle a distribué au moins deux cents boîtes avec un couplet pour tout le monde : il est plus jeune que quand vous l'avez vu la première fois; il s'amuse de tout, n'aime rien, et n'a conservé de la mémoire de la défunte que la haine pour la musique française.

Madame du Châtel est véritablement une excellente compagnie : je l'ai vue souvent à l'occasion de la maladie de sa fille. Elle a bien de l'esprit; mais elle sera toujours malheureuse, pendant que madame d'Aubercourt et madame d'Armenonville ne le sont pas. Pour d'Ussé, il est plus d'Ussé qu'il ne l'a jamais été, et moins lui, de beaucoup, que quand vous l'accusiez de ne l'être pas. Caylus vient de donner un bien bel ouvrage; c'est un recueil d'antiquités : cela est curieux, philosophique et savant. Vous ne me dites pas ce que la mission de M. de Mâcon a fait sur vous. Adieu. Je vous embrasse de tout mon cœur.

LETTRE 89.

M. D'ALEMBERT A MADAME LA MARQUISE DU DEFFAND.

Paris, 14 avril 1753.

Quoique je vous croie à Lyon, madame, je vous adresse cette lettre à Mâcon, parce que j'espère qu'elle vous sera envoyée, et qu'ainsi vous ne l'aurez guère plus tard.

L'abbé de Canaye trouve que vous ne ressemblez point du tout au greffier de Vaugirard; il est enchanté de vos lettres, et de votre manière d'envisager et de rendre tout; et en vérité il faudrait qu'il fût bien difficile. Vous me demandez une recette contre l'ennui, je vous répondrai d'écrire toujours des lettres quand vous n'aurez rien de mieux à faire; car on ne peut pas s'ennuyer quand on écrit de la sorte.

Eh bien! vous ne voulez donc pas, ni Formont non plus, que je me claquemure dans ma géométrie? J'en suis pourtant bien tenté. Si vous saviez combien cette géométrie est une retraite douce à la paresse! et puis les sots ne vous lisent point, et par conséquent ne vous blâment ni ne vous louent: et comptez-vous cet avantage-là pour rien? En tout cas, j'ai de la géométrie pour un an, tout au moins. Ah! que je fais à présent de belles choses que personne ne lira!

J'ai bien quelques morceaux de littérature à traiter, qui seraient peut-être assez agréables; mais je chasse tout cela de ma tête, comme mauvais train. La géométrie est ma femme, et je me suis remis en ménage.

Je ne tirerai pas grand argent de mon livre, et cela ne me fait encore rien. J'avais compté (comme vous savez que je compte) sur deux mille écus environ, que j'étais bien honteux de gagner, car je n'en saurais que faire, et je n'en ai touché encore que cinq cents livres, pas même tout à fait: avec cela, j'ai plus d'argent devant moi que je n'en puis dépenser. Ma foi, on est bien fou de se tant tourmenter pour des choses qui ne rendent pas plus heureux. On a bien plus tôt fait de dire: Ne pourrais-je pas me passer de cela? Et c'est la recette dont j'use depuis longtemps.

J'attends avec impatience le mois de juin, où vous m'annoncez votre retour. Je serais enchanté de vous mener l'abbé; mais je doute qu'il puisse obtenir un congé de *Thérèse philosophe*. Je lui disais, il y a quelque temps, que je l'avais été recommander aux religieux de la Merci pour la rédemption des captifs. Il y en a à Maroc et à Tunis de moins esclaves que lui: avec cela il est content, se moque de tout, est fou à lier, et a près de soixante ans. Je mourrais de passer un jour comme il passe l'année.

Adieu, madame: avec mon abbé, ou sans lui, je serai toujours enchanté de vous revoir.

LETTRE 90.

M. DE BULKLEY A MADAME LA MARQUISE DU DEFFAND.

30 avril 1753.

Je vous demande mille pardons, madame, si je réponds si tard à la dernière lettre dont vous m'avez honoré, mais, outre que j'ai passé plusieurs jours à la campagne, j'ai été si occupé du funeste accident qui nous a enlevé ce pauvre lord Hide, qu'il ne m'a pas été possible d'écrire plus tôt. Vous aurez sûrement appris sa chute de cheval et même sa mort. Rien n'a pu le sauver : on lui a trouvé la table intérieure du crâne fêlée ; il en sortait même des esquilles et un épanchement de sang caillé sur le devant de la tête, dont il se plaignait le plus dans sa maladie, mais bien confusément, car il n'a presque point eu de connaissance, et il est mort sans souffrir, fort tranquillement. Je ne saurais vous exprimer à quel point j'en suis touché, et je le regretterai toute ma vie. Quelle cruelle destinée, madame, pour un homme de tant de mérite, de candeur et de toutes les vertus sociales ! Personne ne pensait plus noblement, et ses talents étaient bien supérieurs à l'usage qu'il en a fait; mais la malheureuse qualité de son sang le rendait distrait et inquiet; il n'a jamais été heureux quatre heures de suite, et s'il avait vécu, il serait sûrement tombé dans le malheur de sa famille, par la seule crainte qu'il en avait. Voilà donc les Clarendon éteints! Belle leçon pour les ambitieux et pour ceux qui travaillent pour leur postérité. Mais quittons un si triste sujet, pour parler de vous, madame. J'espère que vous êtes bien rétablie de l'incommodité que vous avez eue à Lyon, et que les beaux jours vous mettront en état de faire gaiement le voyage de Paris, où vous êtes bien désirée. Je suis encore dans mon couvent, mais le mois d'octobre m'en chassera. Dieu sait où je pourrai me mettre à couvert : mais je serais très-fâché de quitter ce quartier, où sont presque toutes mes connaissances et où j'ai la commodité de vous faire plus souvent ma cour. Partout où je serai, ce sera pour moi l'objet le plus agréable, et de vous prouver de plus en plus, madame, le sincère respect et attachement avec lesquels j'ai l'honneur de vous être dévoué toute ma vie.

LETTRE 91.

M. SCHEFFER A MADAME LA MARQUISE DU DEFFAND.

Stockholm, 6 juin 1753.

J'admire, madame, l'industrie des hommes, et je suis prêt à élever une statue à l'inventeur des postes, en recevant aujourd'hui votre lettre de Mâcon, au fond d'une province de Suède, où je suis venu passer une quinzaine de jours dans des terres que je n'avais pas vues depuis vingt ans. Je trouve réellement admirable qu'on puisse se parler de si loin avec une certitude entière d'être entendu, et qu'au moyen de cette merveilleuse invention, tous les vivants soient devenus le même peuple, ainsi que les anciens sont devenus nos contemporains par l'imprimerie. Vous pardonnerez cette réflexion assez commune à la joie extrême que j'ai eue de recevoir dans ma solitude une marque de votre souvenir, et de lire la belle lettre dont vous m'avez honoré. Elle est, madame, si pleine de vérité et de la meilleure philosophie, que, loin de dissiper ce qu'il vous plaît appeler illusion dans mon attachement et dans mon admiration pour vous, elle augmente et fortifie encore tous ces sentiments que personne n'a jamais mérités autant que vous, par la réunion de tout ce qui les inspire. J'espère que vous aurez trouvé, à votre retour à Paris, plus de satisfaction que vous n'y en avez attendu. Il y a certainement beaucoup de faux airs dans ce pays-là, et une grande ivresse de toutes sortes de passions incommodes et insupportables pour ceux qui n'en ont aucune; mais il y a aussi de la raison pour ceux qui en ont, et des gens vraiment aimables, au milieu de tant d'autres qui n'en ont pas seulement l'apparence. Vous avez, madame, des amis d'un mérite si rare, si reconnu et si distingué, que Paris doit être pour vous un séjour délicieux. Les personnes dont l'attachement faible et passager a pu vous donner des sujets de plainte et de dégoût, seront pour vous comme si elles n'existaient point, si ce n'est qu'elles vous donneront peut-être de nouveaux sujets de consolation, supposé que vous en ayez besoin encore. Après cela, que votre santé soit bonne, et je m'imagine que vous ne regretterez plus la campagne, image de la simplicité et de l'innocence, qui ne peut pas avoir de grands attraits pour nous, qui ne sommes plus malheureusement ni simples ni innocents. D'ailleurs, madame, il me semble que l'intérêt que l'on prend à nous est une des sources les plus abondantes du bonheur, et en ce cas vous serez plus heureuse à Paris qu'en province. Vos amis seront plus à portée de vous marquer cet intérêt, vous-même vous en jouirez plus pleinement. Hélas! que ne suis-je au nombre de ceux qui contribueront à vous faire connaître la vérité de ce que j'avance!

Ce que vous me faites l'honneur de me dire du cardinal de Tencin me fait beaucoup de plaisir; j'aime à en entendre dire du bien, par la reconnaissance que je conserve de l'amitié qu'il m'a toujours témoignée. S'il ne regrette pas le sacrifice qu'il a fait, il est sans doute heureux; s'il fait seulement semblant de ne le pas regretter, il jouit du moins de la considération que donne cette indifférence apparente : celle qu'il avait acquise par sa retraite ne pouvait être altérée que par le repentir.

L'aventure de milord Hide m'a pénétré de douleur. J'estimais infiniment ses talents et ses vertus; j'aimais sa douceur, sa simplicité, sa modestie. C'était, en vérité, un homme d'un rare mérite et comme on en trouve peu dans le monde. Sa fin si tragique, si prématurée, m'a fait faire bien des réflexions sur le néant de tous les avantages de ce monde; mais, sans un miracle de la grâce, ces avantages conservent pourtant toujours leur prix aux yeux de ceux qui les ont ou qui croient pouvoir les acquérir. Je finis à regret cette lettre déjà si longue, et qui contient cependant si peu. Vous aurez quelque indulgence en faveur d'un pays où il n'y a nul événement. Vous n'aurez pas, madame, cette plainte à faire dans celui où vous êtes; la fermentation y a été grande tout ce temps-ci : peut-être au moment que j'ai l'honneur de vous écrire, avez-vous déjà vu les plus remarquables changements; tout, en effet, y est sujet, excepté mon tendre et respectueux attachement pour vous.

LETTRE 92.

LE MÊME A LA MÊME.

Stockholm, 24 août 1753.

La bonté que vous avez, madame, d'approuver et de louer même mes lettres, me fait, je l'avoue, un plaisir infini. J'ai toujours désiré de vous plaire, j'ai ambitionné votre suffrage, que j'ai toujours vu dicté par le goût le plus sûr et le jugement le plus exquis; il ne pouvait donc me rien arriver qui me flattât davantage, que d'en recevoir l'assurance de votre propre bouche. Cependant il est vrai que ce bonheur a aussi ses peines. Je crains aujourd'hui de ne pas savoir conserver ce que j'ai acquis; je ne suis point sûr de mon fait, je tremble presque en vous écrivant. Malgré cela, j'écrirai toujours, tant que vous ne me défendrez pas bien expressément de vous offrir ces faibles marques de ma reconnaissance et du plaisir sensible que je trouve à vous rendre hommage.

Je vous ai paru plus philosophe dans ma dernière lettre que dans les précédentes, et vous en concluez, madame, que je commence à regretter un peu moins la France. Plût à Dieu que ce fût là le fondement de ma philosophie! Mais non, je suis encore bien loin d'être si raisonnable. Je regrette la France comme le jour même que j'en suis parti; et pour vous peindre au juste ma situation, la partie intellectuelle de mon âme (pardonnez ce terme de l'école!) est ici fort occupée à des objets même fort satisfaisants; mais la partie sensible serait réduite au néant, si elle n'existait pas sur le souvenir du passé. Je dois cependant vous avouer aussi que les liaisons d'amitié que j'ai eu le bonheur de former en France sont aujourd'hui celles qui m'affectent le plus : vous savez que ce sont celles qui souffrent le moins par l'absence, et elles se fortifient même à mesure que les autres s'évanouissent. Je me flatte que cet aveu vous engagera à ne me point abandonner, à m'honorer de votre souvenir et de vos nouvelles, et à compter sur mon attachement, qui, en vérité, n'aura de bornes que celles de ma vie.

Votre goût pour Voltaire, que je connais et que je trouve fort juste, m'a fait souvent regretter, pendant tout ce temps passé, de n'être pas à portée de causer avec vous sur les cruelles persécutions qu'il a essuyées. Je mandai, il y a huit jours, à M. le président Hénault[1], qu'il avait été enlevé et conduit dans une forteresse du roi de Prusse. Cette nouvelle ne s'est pas trouvée vraie, et j'en suis enchanté; nous aurions perdu toutes les bonnes choses qu'il nous donnera sans doute, s'il conserve sa liberté. Le voilà guéri de la folie d'avoir des cordons et des clefs de chambellan, de souper avec les rois et de se croire un seigneur de leur cour; il saura apprécier aujourd'hui la tranquillité et le bonheur d'un homme de lettres, et ses ouvrages n'en vaudront que mieux. Je vous supplie, madame, de me

---

[1] On trouve une lettre de M. Scheffer au président Hénault, datée du 15 mai 1753, dans les *Mémoires du duc de Luynes*, t. XII, p. 465. (L.)

dire quelles nouvelles vous en avez à présent : écrivez-moi seulement deux mots, afin que je sois autorisé à vous faire réponse. Je désire vivement que notre correspondance soit un peu plus animée. Je n'ose cependant pas donner le ton, c'est à moi à le recevoir; mais la conversation ne languira pas par ma faute, si tant est que vous me permettiez d'en avoir une suivie avec vous.

Vos affaires publiques m'affligent beaucoup. J'aime la gloire de la France ; mon amour pour la nation me fait penser souvent que je suis Français, et je souffre d'entendre les raisonnements que l'on fait sur tout ce qui se passe chez vous. Ou l'autorité royale est respectée en France, ou elle ne l'est pas : si elle l'est, qu'on l'emploie à rétablir les anciennes formes, ou à en établir de nouvelles qui soient reçues. Si, au contraire, l'autorité royale est bornée par des lois et par des usages, qu'elle se contente donc de les observer ; la France n'en sera ni moins puissante, ni son roi moins considéré en Europe. Adieu, madame. Je vous aime, vous respecte et vous suis attaché plus que personne au monde.

LETTRE 93.

LE MÊME A LA MÊME.

Blanc-Ménil, 3 septembre.

Il m'a été impossible, madame, d'avoir l'honneur de vous voir à Paris, quelque envie que j'en eusse ; car je suis parti mercredi matin pour Blanc-Ménil, où je suis à présent. Je suis très-sensible à toutes vos bontés et à tout ce que vous avez dit pour moi à M. d'Arg......; mais je vous supplie de ne point penser à la place de secrétaire de l'Académie[1]. Quand cette place serait aussi facile à obtenir qu'elle l'est peu, je n'en serais pas plus disposé à faire aucune démarche pour y parvenir : j'y suis beaucoup moins propre que vous ne l'imaginez. Elle demande beaucoup de sujétion et d'exactitude, et vous me connaissez assez pour savoir que ma liberté est ce que j'aime le mieux ; elle demande d'ailleurs beaucoup de connaissances de chimie, d'anatomie, de botanique, etc... que je n'ai point, et que je n'ai guère d'empressement d'acquérir ; elle met dans le cas de louer sou-

---

[1] D'Alembert ne fut secrétaire perpétuel qu'en 1772. Il s'agit ici, sans doute, de la place de secrétaire de l'Académie des Sciences. (L.)

vent des choses et des personnes fort médiocres, et je ne sais comment on peut se résoudre à louer ce qui ne mérite pas de l'être, ni comment on en vient à bout ; cette besogne-là est trop difficile pour moi. Le public, d'ailleurs, est accoutumé, depuis M. de Fontenelle, à voir faire cette besogne d'une certaine manière qui ne serait pas du tout la mienne, et il y aurait trop de risque à vouloir lui faire changer d'allure quand une fois il en a pris une, bonne ou mauvaise. Ainsi je vous supplie, madame, d'oublier les vues que vous avez sur moi pour remplir cette place, et que M. de Saint-Marc vous a inspirées, à mon grand regret. Si j'ai quelque talent pour écrire, il me sera fort aisé de l'exercer sans être secrétaire de l'Académie, et j'en aurai plus de temps pour la géométrie, à laquelle je serais bien fâché de renoncer ; c'est une ressource sûre : avec elle on ne s'ennuie guère ; on ne fait pas grand bruit, mais on a peu d'ennemis. La place que je tiens dans le monde n'est pas grande, et je travaille tous les jours à la rétrécir. Le moyen d'être heureux est de ne se trouver sur le chemin de personne. Je n'en suis pas moins sensible à tout ce que vous voulez faire pour moi ; mais M. de Maur....[1] et madame de Tenc...[2] m'ont appris à me passer de place, de fortune et de considération.

Je reviendrai à Paris vers le 12, et, si vous y êtes, j'aurai l'honneur de vous voir.

LETTRE 94.

M. D'ALEMBERT A MADAME LA MARQUISE DU DEFFAND.

Blanc-Ménil, 11 octobre 1753.[3]

J'avais appris, madame, par M. Duché, une partie de votre conversation avec M. de Paulmy. Je trouve tout simple que sa cousine sollicite pour l'abbé de Condillac, pour qui, en cas de besoin, je solliciterais moi-même ; mais je trouve un peu extraordinaire qu'elle aille disant que je suis assez jeune pour attendre ; ma conduite avec elle lui prouvera du moins que je ne suis pas assez jeune pour attendre longtemps.

Vous ne me mandez point que vous avez dormi quatorze

---

[1] Maurepas.
[2] Tencin.
[3] Cette lettre est datée d'Anet, mercredi 13 décembre 1747, dans l'absurde édition de 1809. (L.)

heures en arrivant à Nanteau; cette nouvelle-là en valait cependant bien une autre : c'est reste à huit heures sur les vingt-deux que vous voudriez dormir par jour, et peut-être que ces huit heures-là viendront. Je vous les souhaite, pourvu que vous me permettiez de passer avec vous les deux autres. Vous avez mandé à M. de Mâcon que vous étiez fort contente de ce que vous aviez vu, et que vous n'aviez rien vu encore : je crois cette recette-là fort bonne de ne rien regarder, pour être satisfait de ce qu'on voit.

Nous sommes à Blanc-Ménil, Duché et moi, depuis hier, et nous retournons ce soir à Paris.

L'*Encyclopédie* paraît d'hier : ainsi vous pouvez faire lire l'*Avertissement* à qui vous voudrez. Priez Dieu pour nous, qui allons peut-être bien faire crier les hommes, et qui ne nous en soucions guère. J'ai lu à Duché votre lettre et l'endroit qui le regarde surtout; il vous aime à la folie, et je pense qu'il a bien raison. Le chevalier de Laurency est venu me voir; il faut absolument que je vous le présente cet hiver : il meurt d'envie de faire connaissance avec vous, et vous n'en auriez guère moins, si vous saviez comme il pense sur votre compte.

La reine a fait promettre à Hardion sa voix pour Bougainville, et elle a fait écrire Hardion à l'abbé Sallier. Nous soupçonnons, Duché et moi, quelqu'un de votre connaissance d'être du complot. Franchement, il ne peut nous souffrir; et pourquoi se dissimuler cela, quand cela n'empêche ni de dormir ni de digérer? Je lui ai envoyé mon *Avertissement :* si vous aviez été à Paris, il ne l'aurait reçu que par vous. J'ai une confession à vous faire : j'ai parlé de lui dans l'*Encyclopédie*, non pas à *Chronologie,* car cela est pour Newton, Petau et Scaliger, mais à *Chronologique.* J'y dis que nous avons, en notre langue, plusieurs bons *Abrégés chronologiques :* le sien, un autre qui vaut pour le moins autant, et un troisième qui vaut mieux. Cela n'est pas dit si crûment, ainsi ne vous fâchez pas. Il trouvera la louange bien mince, surtout la partageant avec d'autres; mais Dieu et vous, et même vous toute seule, ne me feraient pas changer de langage.

Nous irons certainement à Fontainebleau, et certainement aussi au Boulay[1]. Dites, je vous prie, bien des choses pour moi

---

[1] Chez M. Bénigne-Jérôme du Trousset d'Héricourt, marquis du Boulay, intendant de la marine à Marseille, puis à Toulon. Il est connu par la *Correspondance* de madame de Simiane, petite-fille de madame de Sévigné, et

à madame d'Héricourt, et assurez-la bien de l'impatience que j'ai de lui faire ma cour chez elle. Je pourrai bien voir Quesnay à Fontainebleau; je lui parlerai de votre affaire, certainement. Si madame de Pompadour veut me voir, je lui ferai dire que je crains de l'importuner encore pour l'affaire de l'abbé Sigorgne[1], dont je sais qu'elle ne veut point se mêler, quoiqu'elle m'eût promis le contraire. Voilà comme il faut traiter ces gens-là. On n'est point de l'Académie, mais on est quaker, et on passe le chapeau sur la tête devant l'Académie et devant ceux qui en sont. Donnez-moi, je vous prie, de vos nouvelles. Je ne crois pas que nous partions pour Fontainebleau que vers le temps des fêtes, c'est-à-dire vers le 22 ou le 23. Ce n'est pas que nous nous soucions de ces fêtes-là, que peut-être nous ne verrons pas; mais nous sommes tentés d'aller braver la musique française jusque sur le trône, soit en l'écoutant, soit en ne l'écoutant pas. A propos, dites-moi ce que vous pensez du père *mat*, et de son confrère, qui doit s'appeler le père *échec*. Je vais écrire à Maupertuis; je laisse un peu de place à Duché, pour qu'il vous dise lui-même tout ce qu'il sent pour vous.

DE M. DUCHÉ.

Votre absence, madame, augmente, comme vous voyez, la quakrerie de mon confrère; mais je puis vous assurer qu'elle ne diminue rien de son attachement pour vous. Depuis qu'une certaine péronnelle ne lui tourne plus la tête, il nous aime tous bien davantage. L'amitié dort pendant l'amour, mais elle en profite après. Pour moi, madame, dont rien ne fait dormir la mienne, je vous supplie de croire qu'elle sera toujours très-éveillée pour vous, et que je conserverai précieusement ce sentiment, comme celui qui peut me faire et plus d'honneur et plus de plaisir.

plus encore par sa *Correspondance* avec madame de Staal (de Launay). La terre du Boulay, qui appartient aujourd'hui au marquis d'Harcourt, fut érigée en marquisat en sa faveur, par lettres patentes enregistrées au Parlement de Paris le 17 janvier 1749. (L.)

[1] Professeur de philosophie au collége du Plessis, né en 1719, mort en 1809; grand vicaire de l'évêque de Mâcon, qu'on accusait d'avoir composé ou répandu des vers satiriques contre le Roi. Peut-être est-ce une autre affaire, car celle-là est rapportée par Barbier en février 1749. (*Journal de Barbier*, t. IV, p. 377.) (L.)

LETTRE 95.

M. D'ALEMBERT A MADAME LA MARQUISE DU DEFFAND.

Paris, 19 octobre 1753.

Votre lettre, madame, est venue fort à propos, car j'étais en peine de vous, et je vous aurais même écrit, si je n'avais attendu de vos nouvelles. Vous aviez écrit une lettre à M. de Mâcon, plus noire que le Tartare, et plus triste que les Champs-Élysées. Je m'imagine que le secrétaire Wiart est mieux, car vous ne m'en parlez pas. Ne vous effarouchez point trop de ce que je vous ai mandé sur l'article *Chronologie*. Je crois bien que le président Hénault ne m'en remerciera pas; il le devrait pourtant, car je dis que nous avons en notre langue plusieurs bons ouvrages en ce genre; le sien, celui d'un nommé Macquer (qui vaut mieux, quoique je ne le dise pas), et celui de deux bénédictins (qui vaut mieux que les deux précédents), mais que je me contente de nommer. Il fera sur l'Académie tout ce qui lui plaira; ma conduite prouve que je ne désire point d'en être, et en vérité, je le serais sans lui, si j'en avais bien envie; mais le plaisir de dire la vérité librement quand on n'outrage ni n'attaque personne vaut mieux que toutes les académies du monde, depuis la française, jusqu'à celle de Dugast. Il m'a écrit, sur ma *Préface*, une lettre de compliment fort entortillée, et ne m'a pas dit ni fait dire un mot de ce qu'il vous a mandé. L'affaire du *Journal des Savants* est claire pour les gens de lettres et pour les personnes intéressées, et voilà, ce me semble, tout ce qu'il faut pour cet endroit-là. A l'égard des critiques, la raison qui m'a fait m'étendre, c'est que plusieurs nous ont été faites, que quelques-unes avaient fait impression dans le public, qu'elles regardent un ouvrage important, sur lequel la nation a les yeux, et qu'enfin aucune ne tombe sur moi personnellement. Si elles m'avaient regardé, j'aurais été fort court et je n'aurais rien dit. Je suis au reste très-flatté que vous soyez contente de cet ouvrage. Des gens qui se disent mes amis, comme Condillac et Grimm, n'en parlent pas de même, à ce qu'on m'assure; mais je sais d'où cela vient : ils ne sont pourtant pas faits ni l'un ni l'autre pour être l'écho d'un oison; cependant je leur pardonne, s'ils ont été plus heureux ou plus sots que moi, mais je ne leur envie ni leur bonheur ni leur docilité.

Nous irons sûrement à Fontainebleau la semaine prochaine, et nous y resterons peu ; je vous manderai, à point nommé, le jour de notre arrivée : je verrai Quesnay, et presserai de nouveau pour l'abbé Sigorgne. Je jouis actuellement d'une tranquillité qui me rend fort heureux ; je mène une vie fort retirée et je m'en trouve à merveille : il ne me manque que de vous voir. Ne vous inquiétez point de ma quakrerie, elle ne sera jamais pour vous : au contraire, plus on est quaker avec les gens qu'on méprise, plus on est sensible à l'amitié des personnes qu'on aime et qu'on estime. Duché me charge de vous assurer de son respect et de son attachement, et, pour moi, on ne saurait rien ajouter à tout ce que je sens pour vous.

LETTRE 96.

LE MÊME A LA MÊME.

Paris, 21 octobre 1753.

Premièrement, madame, vous avez tort de vous fâcher contre moi, car je n'ai point tort ; la liste des postes m'a trompé : elle dit que le courrier de Nemours part le vendredi à minuit, et je vous ai écrit le vendredi matin. J'aurais bien voulu partir le vendredi matin, mais quelques affaires retiennent Duché à Paris ; nous partirons donc jeudi, et nous serons au Boulay dimanche ou lundi prochain, pour y passer toute la semaine. Je me suis arrangé avec mes imprimeurs pour qu'ils puissent se passer de moi pendant huit jours, et les quatre fêtes me donnent encore quatre jours de plus. Il faut avoir autant d'envie que j'en ai de vous voir, pour quitter la solitude où je vis, et où je suis l'homme du monde le plus heureux. Les convalescences de l'âme sont comme celles du corps : on en sent bien mieux le prix que celui de la santé. Je ne sais pas comment sont les chats dans la classe desquels vous me faites l'honneur de me ranger : mais je les plains beaucoup s'ils souffrent autant que j'ai souffert. Je suis bien aise de vous dire, par parenthèse, que tout autant de fois que vous m'appellerez chat moral, c'est tout autant de droits que vous faites acquérir à mademoiselle Rousseau, que vous avez prise si fort en aversion ; franchement je vous aime à la folie, demandez plutôt à Duché : je meurs d'envie de vous revoir, et je ne verrai guère, cet hiver, que vous et l'abbé de Canaye. C'est dommage que votre diable de

Saint-Joseph soit si loin : enfin nous ferons comme nous pourrons. J'espère voir Quesnay à Fontainebleau, et je vous rendrai compte de notre entretien.

Que diable avez-vous donc écrit au président sur mon compte? Est-ce encore pour l'Académie? Eh! au nom de Dieu! laissez tout cela en repos; j'en serai si on m'en met : voilà tout. Puisque je suis déjà d'une académie, c'est un petit agrément de plus que d'être des autres : mais si j'avais mon expérience, et quinze ans de moins, je vous réponds que je ne serais d'aucune. Adieu, madame, comptez pour toute l'éternité sur mon tendre et respectueux attachement. Je vous manderai, en partant pour Fontainebleau, le jour précis de notre arrivée au Boulay.

LETTRE 97.

LE MÊME A LA MÊME[1].

J'ai été, madame, dès lundi, prendre une souscription pour vous. Vous aurez votre volume lundi prochain, ou mercredi au plus tard. J'aurais eu l'honneur de vous le mander tout de suite, si j'avais eu un moment pour respirer. Il me semble que la *Préface* réussit. J'en suis fort aise, surtout à cause de l'ouvrage, auquel les persécutions des Jésuites m'ont vivement intéressé : nous allons voir comment ils en parleront. On dit qu'ils commencent à changer de ton. Nous avons fait patte de velours avec eux dans le premier volume; mais s'ils n'en sont pas reconnaissants, nous avons dans les autres volumes six ou sept cents articles à leur service : *Chinois, Confucius, Ballet, Rhétorique,* etc. J'ai eu tort de ne vous pas envoyer l'Épître dédicatoire : la voici.

MONSEIGNEUR,

L'autorité suffit à un ministre pour lui attirer l'hommage aveugle et suspect des courtisans; mais elle ne peut rien sur le suffrage du public, des étrangers et de la postérité. C'est à la Nation éclairée des gens de lettres, et surtout à la Nation libre et désintéressée des philosophes, que vous devez, monseigneur, l'estime générale, si flatteuse pour qui sait penser, parce qu'on ne l'obtient que de ceux qui pensent. C'est à eux qu'il appartient de célébrer, sans s'avilir par des motifs méprisables, la

[1] Fin d'octobre ou commencement de novembre 1753. (L.)

considération distinguée que vous marquez pour les talents : considération qui leur rend précieux un homme d'État, quand il sait, comme vous, leur faire sentir que ce n'est point par vanité, mais pour eux-mêmes qu'il les honore. Puisse, monseigneur, cet ouvrage auquel plusieurs savants et artistes célèbres ont bien voulu concourir avec nous, et que nous vous présentons en leur nom, être un monument durable de la reconnaissance que les Lettres vous doivent et qu'elles cherchent à vous témoigner! Les siècles futurs, si notre *Encyclopédie* a le bonheur d'y parvenir, parleront avec éloge de la protection que vous lui avez accordée dès sa naissance, moins sans doute pour ce qu'elle est aujourd'hui qu'en faveur de ce qu'elle peut devenir un jour. Nous sommes avec un profond respect, etc.

LETTRE 98.

LE MÊME A LA MÊME.

Ce samedi.

Je reçus hier, madame, en arrivant de la campagne, une lettre de l'abbé de Canaye, qui m'instruit de la tracasserie que M. de Saint-Marc m'a faite avec vous, et de la lettre qu'il vous a écrite pour me justifier. Comme il ne vous a demandé sûrement que la vérité, je me flatte que vous êtes pleinement détrompée. Je n'ai donc rien à ajouter, madame, à ce qu'il a pu vous mander, sinon que je suis toujours, et plus que jamais, dans les dispositions où vous m'avez vu de ne rien demander; que je ne pense point du tout et n'ai jamais pensé à la place de secrétaire de l'Académie; que je serais très-fâché, quand je le pourrais, d'en dépouiller celui qui la remplit bien ou mal; que je ne veux point non plus aller sur les brisées de Montigny, qui, je crois, pense à cette place, en cas que Dieu ou M. d'Argenson, sous sa figure, disposent du titulaire; que, si j'avais pensé à cette place, j'aurais cru vous manquer que de vous en faire parler par un autre que par moi, et moins par M. de Saint-Marc que par un autre; que si j'ai fait la *Préface* de l'*Encyclopédie*, ç'a été pour contribuer de mon mieux au bien de l'ouvrage; qu'à l'égard des deux *Éloges*, je ne les ai faits que parce que les auteurs du *Mercure* me les ont demandés dans le temps; que je n'ai eu dans tout cela aucune vue d'intérêt ni de fortune, et point d'autre que de prouver qu'on peut être géomètre et avoir le sens commun : ce qu'il fallait démontrer. Êtes-vous contente à présent, madame, et me condamnerez-vous sur la parole de M. de Saint-Marc? Car, selon ce que l'abbé de Canaye m'écrit, je vois que vous étiez fort en colère. Je lui pardonne cette démarche, parce qu'il n'a point eu d'envie de me désobliger; je vous pardonne même de l'avoir cru, mais je ne vous pardonnerais pas de le croire encore. Si j'avais eu un moment de temps, j'aurais été vous dire tout cela; mais je ne fais que passer à Paris : et d'ailleurs, afin de vous ôter tout sujet de plainte, j'aime encore mieux vous écrire et vous signer mes dispositions, que de vous les dire de vive voix. Si je suis à Paris encore quelques jours, j'aurai l'honneur de vous assurer de mon respectueux attachement.

M. l'abbé de Canaye vous prie de ne point parler de sa lettre au Saint-Marc.

LETTRE 99.

M. SCHEFFER A MADAME LA MARQUISE DU DEFFAND.

Stockholm, 2 novembre 1753.

Vous me défendez, madame, de vous louer, c'est-à-dire de vous parler aussi naturellement et aussi sincèrement que je l'ai fait dans mes lettres précédentes. Vous serez obéie; mais je vous supplie d'être persuadée qu'il n'y a que mon respect et mon extrême attachement pour vous qui puissent m'imposer une si dure contrainte : je supporterai tout, je me soumettrai à tout, plutôt que de sacrifier le plaisir de vous rendre mes hommages et de recevoir des marques de vos bontés et de votre souvenir.

Il est bien vrai que le parti que vous avez pris de dîner peut être aussi recommandable pour la société que pour la santé : on s'assemble de meilleure heure, et assez volontiers les gens qui dînent ont acquis une tranquillité fort agréable pour ceux avec qui ils vivent. J'ai vu, en vérité, plus de dîners que de soupers gais; j'ai fait souvent à ces dîners la réflexion que puisque la gaieté est le partage de ceux qui pour leur âge ou pour leur santé ont déjà fait de grands sacrifices, on ne doit pas tant s'effrayer du moment qui amène la nécessité de les faire. De là, je suis venu aussi à penser que Montaigne peut bien n'avoir pas eu raison lorsqu'il a dit que la mort de la jeunesse en nous est en vérité plus dure que la mort naturelle. Mon ami, M. de Chambrier, dont j'ai si souvent eu l'honneur de vous parler, m'a dit plus d'une fois qu'il avait éprouvé le contraire, et qu'ayant conservé une bonne santé longtemps après avoir perdu les autres avantages de la jeunesse, il s'était trouvé, dans cette renonciation et dans la tranquillité qu'elle a à sa suite, mille fois plus heureux que dans les plaisirs et dans l'agitation du printemps de son âge. J'approche tous les jours davantage du temps où je pourrai décider cette question par ma propre expérience. J'aurai l'honneur de vous en parler alors, madame, avec autant de vérité qu'il y en avait sûrement dans ce que me disait mon ami. En attendant, je reviens au sujet dont je me suis écarté, et je vous rends mille grâces de ce qu'à l'occasion de votre nouveau régime, vous avez bien voulu m'apprendre que votre santé est meilleure. Plût à Dieu que je fusse à portée de vous en faire mes compliments de vive voix. Que j'aurais de plaisir à assister à ces dîners, où sans doute l'esprit, la liberté, la confiance et la gaieté assureront le succès de madame la Roche, que je suppose encore à vous, parce que je n'imagine pas où elle pourrait être mieux. Je me tromperais moi-même, si je me flattais de pouvoir acquérir avant deux ans d'ici la liberté qui m'est nécessaire pour aller devenir un de vos convives; mais je m'engage, ce terme passé, à vous en demander la permission et à en profiter, si vous me l'accordez. L'espérance seule de ce bonheur me garantit du désespoir que j'aurais, sans cela, d'avoir quitté le plus agréable de tous les pays, un pays que vous habitez, madame. Je ne saurais exprimer mieux combien j'ai de raisons de le regretter.

Vous avez sans doute toujours les mêmes amis, ainsi j'ose vous supplier de leur parler quelquefois de moi. Il y a longtemps que je n'ai eu de nouvelles de M. le président Hénault; je souhaite qu'il se porte bien, et qu'il vive longtemps pour l'honneur et pour l'instruction du genre humain. Je ne doute pas que vous n'ayez vu M. de Pont-de-Veyle chez M. et madame de Betz : je ne doute pas qu'il ne soit, à son ordinaire, très-gai et très-aimable.

Mon frère [1], qui est bien coupable d'avoir tant tardé à vous

---

[1] M. Scheffer, le cadet, était en France. On lit dans les *Mémoires du duc de Luynes*, t. XII, p. 112, à la date du samedi 22 juin 1752 : « Ce même » jour mardi, M. le baron de Scheffer, le cadet, eut sa première audience, qui » fut une audience particulière. » Il avait remplacé son frère comme envoyé de Suède. (L.)

faire sa cour, vous dira, madame, plus au long combien je vous suis dévoué.

LETTRE 100.

M. DE MONTESQUIEU A M. D'ALEMBERT.

Bordeaux, 16 novembre 1753.

Vous prenez le bon parti; en fait d'huître on ne peut faire mieux. Dites, je vous prie, à madame du Deffand, que si je continue à écrire sur la philosophie, elle sera ma *marquise*. Vous avez beau vous défendre de l'Académie, nous avons des matérialistes aussi; témoin l'abbé d'Olivet, qui pèse au centre et à la circonférence; au lieu que vous, vous ne pesez point du tout. Vous m'avez donné de grands plaisirs. J'ai lu et relu votre *Discours préliminaire* : c'est une chose forte, c'est une chose charmante, c'est une chose précise, plus de pensées que de mots, du sentiment comme des pensées, et je ne finirais point.

Quant à mon introduction dans l'*Encyclopédie,* c'est un beau palais où je serais bien glorieux de mettre les pieds; mais pour les deux articles *Démocratie* et *Despotisme,* je ne voudrais pas prendre ceux-là; j'ai tiré, sur ces articles, de mon cerveau tout ce qui y était. L'esprit que j'ai est un moule, on n'en tire jamais que les mêmes portraits : ainsi je ne vous dirais que ce que j'ai dit, et peut-être plus mal que je ne l'ai dit. Ainsi, si vous voulez de moi, laissez à mon esprit le choix de quelques articles; et si vous voulez ce choix, ce sera chez madame du Deffand avec du marasquin. Le père Castel dit qu'il ne peut pas se corriger, parce qu'en corrigeant son ouvrage, il en fait un autre, et moi je ne puis pas me corriger, parce que je chante toujours la même chose. Il me vient dans l'esprit que je pourrais prendre peut-être l'article *Goût*, et je prouverai bien que *difficile est proprie communia dicere.*

Adieu, monsieur. Agréez, je vous prie, les sentiments de la plus tendre amitié. MONTESQUIEU.

LETTRE 101.

LE CHEVALIER D'AYDIE A MADAME LA MARQUISE DU DEFFAND.

Mayac, 29 décembre 1753.

Que je ne réponde pas, madame, à la lettre que vous me faites l'honneur de m'écrire! Oh! madame, cela vous est bien aisé à dire; je ne vous ferais pas grand tort; mais cela m'est impossible. S'il n'y avait dans cette lettre que les choses agréables dont elle est remplie, encore ne sais-je si je pourrais m'en tenir; car, quelque stupide que je sois et que je veuille être, je ne crois pas que je devienne insensible au plaisir qu'elle donne, et inaccessible à l'activité que communique un genre d'esprit si piquant. Mais, madame, pour me réveiller, vous faites agir un ressort bien plus puissant, lorsque vous m'assurez d'une manière si touchante que vous avez de l'amitié pour moi. A ce mot me voilà pris; car vous qui devez me connaître, vous savez bien, madame, que personne ne m'a jamais aimé que je ne le lui aie bien rendu. C'est un sentiment auquel je ne résiste point; c'est la chaine qui me retient ici; c'est l'appât avec lequel vous me conduirez, où, quand, et comme il vous plaira, d'autant plus infailliblement, qu'assurément on ne vous a jamais refusé d'avoir tous les charmes qui sont propres à soumettre les cœurs les plus rebelles, et à fixer les goûts les plus délicats. Pourquoi ne m'avez-vous pas donné plus tôt, madame, l'espérance dont vous me flattez aujourd'hui? car j'ai bien été toujours un de vos adorateurs; mais je n'osais présumer que je pourrais m'élever au premier rang de vos amis : je me trouvais trop lourd. Cette considération arrêtait les mouvements de mon cœur, et me jetait, contre mon inclination, dans des distractions dont je me repens aujourd'hui, puisque enfin je puis m'assurer que vous avez véritablement de l'amitié pour moi; car vous me le dites, madame, et je sais que vous êtes sincère. De ma part, je me promets de vous être attaché toute ma vie avec tout le respect et la fidélité dont je suis capable.

Je suis très-fâché de la maladie du président Hénault; car je l'aime beaucoup; peut-être gratuitement. En effet, je n'ignore pas qu'un homme de cour, si fêté, si recherché, n'a guère le temps de penser à un provincial enseveli dans l'obscurité. Quoi qu'il en soit, j'ai toujours raison de l'aimer, puisqu'il est très-aimable. Quand ce point est une fois accordé, on ne doit plus regimber contre son penchant, et chercher, par de vains sophismes que l'amour-propre inspire, à se détacher des sentiments que nous concevons pour les gens qui nous plaisent. Je garde donc sans scrupule tous ceux que j'ai pour notre président.

Le tour qu'on a joué à Bougainville est très-plaisamment imaginé. Mais pourquoi donner ce ridicule à ce pauvre prince[1]? N'eût-il pas été plus décent et plus honorable pour l'Académie, sans recourir à cette espièglerie, de suivre l'esprit de son institution, et de donner avec fermeté la préférence à d'Alembert sur tous les autres, puisque c'est lui qui en est, sans comparaison, le plus digne, et que le cri public le désignait? Il ne s'en soucie guère. Vraiment, je le crois bien. Comment l'émulation subsisterait-elle en voyant le choix que l'on fait en tout genre? Je voudrais pourtant qu'il n'achevât pas de se dégoûter : premièrement, pour l'honneur de l'Académie et de la nation; et en second lieu, parce que je souhaite à notre ami d'Alembert des désirs qui ne peuvent manquer d'être bientôt satisfaits, si l'Académie cesse de vouloir se faire siffler par tous les gens raisonnables.

Le jugement que prononcera la commission qui doit examiner le *Testament* du père Berruyer[2] fera sans doute sur le public une belle impression, et proportionnée à l'opinion qu'on a du mérite et de la capacité des membres qui la composent. Au reste, je n'ai point lu ce livre, et ne sais ce que c'est. Le brave Julien m'a totalement abandonné : il ne m'envoie ni livres, ni

---

[1] Le comte de Clermont (Louis de Bourbon-Condé), qu'on fit élire à l'Académie française, où il prit place le 26 mars 1754, sans daigner prononcer de discours. Quant au tour qu'on a joué à Bougainville, le voici : il voulait arriver à l'Académie française avant d'Alembert. Il ne négligeait aucun moyen, et sa faiblesse de santé lui servait même à propos pour sa candidature. Il devait laisser bien vite, disait-il, la place vacante; ce qui lui attira le mot de Duclos, que ce n'était pas à l'Académie à donner l'extrême-onction. Mais, lorsqu'on vit qu'il allait arriver, on fit surgir le comte de Clermont, qui le rejeta à distance et lui coupa l'herbe sous le pied, comme on dit. Bougainville ne fut d'ailleurs reculé que de peu, et il obtint, le 27 avril 1754, le fauteuil vacant par la mort de la Chaussée. (*Note de M. Ravenel dans les Lettres du chevalier d'Aydie à la suite des Lettres de mademoiselle Aïssé*, p. 280.

[2] Le père Berruyer, jésuite, ayant publié en 1753 la seconde partie de son *Histoire du peuple de Dieu*, renfermant l'*Histoire du Nouveau Testament*, une assemblée de vingt-deux prélats, auxquels s'adjoignirent deux agents généraux du clergé, nomma des commissaires pour examiner l'ouvrage. Un mandement de l'archevêque de Paris en défendit provisoirement la lecture à tous les fidèles. (*Note de M. Ravenel.*)

nouvelles, et il faut avouer qu'il me traite assez comme je le mérite; car je ne lis aujourd'hui que comme d'Ussé, qui disait qu'il n'avait le temps de lire que pendant que son laquais attachait les boucles de ses souliers. J'ai vraiment bien mieux à faire, madame : je chasse, je joue, je me divertis du matin jusqu'au soir avec mes frères et nos enfants, et je vous avouerai tout naïvement que je n'ai jamais été plus heureux, et dans une compagnie qui me plaise davantage. Pour vous acquérir tout d'un coup le cœur de mon frère aîné, je me suis servi d'un expédient très-prompt et très-sûr : je lui ai fait lire votre lettre : il en a été charmé, et il me charge, madame, très-expressément de vous présenter ses respects. L'abbé est enchanté de votre souvenir, madame de Nanthia toute glorieuse d'avoir quelque part à votre bienveillance; et moi, très-touché et très-attendri des grâces que vous nous faites à tous. Je vous souhaite donc, madame, la bonne année, et à tous vos bons amis, entre lesquels je compte bien distinctement madame la duchesse de Mirepoix et madame du Châtel.

Que direz-vous de la longueur de ce barbouillage, auquel je me suis livré sans miséricorde pour vos pauvres yeux, et sans penser à l'ennui qu'il doit vous causer? Excuserez-vous mon indiscrétion en faveur du plaisir que j'ai trouvé à vous entretenir? Pardonnez-moi, madame, ce premier accès. Je serai plus circonspect, s'il m'est possible, une autre fois.

Mon frère aîné dit que puisqu'on fait M. le comte de Clermont académicien, on devrait au moins faire d'Alembert prince du sang, et que cela serait plus juste et à propos.

LETTRE 102.

M. SCHEFFER A MADAME LA MARQUISE DU DEFFAND.

Stockholm, 4 janvier 1754.

J'avais, il y a quelque temps, madame, à me louer beaucoup des postes, qui m'apportaient de vos nouvelles presque au bout du monde, où je me trouvais alors. Aujourd'hui, j'ai infiniment à m'en plaindre : vos lettres ne m'arrivent plus, ou du moins si tard, que je crains bien que vous ne soyez à la fin dégoûtée d'une correspondance si difficile à suivre. Au nom de Dieu, ne vous livrez cependant pas à ce dégoût, vous me priveriez d'un plaisir qui fait en vérité une partie très-essentielle du bonheur de ma vie. Vous êtes bien aimable d'accepter le rendez-vous que j'ai pris la liberté de vous proposer dans deux ans d'ici. Je conviens qu'il faut que cette proposition vienne de deux mille lieues pour n'être pas trop ridicule, mais je souhaite encore plus que vous ne la trouviez pas chimérique; et, pour cet effet, je vous supplie d'être persuadée que ma patience et ma constance sont absolument à toute épreuve. Comme ce dernier mot pourrait peut-être vous confirmer dans l'opinion que vous paraissez avoir de quelques sentiments profanes dont vous croyez encore ma philosophie atteinte, je suis bien aise de vous assurer, madame, que, dans le projet de mon retour en France, je n'ai point la cour en vue, mais uniquement la vie douce et tranquille d'un homme que les passions n'enivrent plus. Il n'y a certainement que les gens de cette espèce qui sont faits pour la société, et j'ai déjà la plus haute opinion de celle dans laquelle vous me promettez de m'introduire. Permettez-moi néanmoins, dès aujourd'hui, de vous demander qui sont les nouvelles connaissances que vous avez faites depuis mon départ. Je croirai vivre en quelque sorte avec vous quand je saurai avec qui vous vivez, et quand vous me mettrez à portée de prendre part à tout ce qui vous occupe. En attendant, j'admire très-sincèrement votre courage en perdant la vue. J'espère que vous ne ferez jamais cette perte dans le sens littéral et absolu; mais je sens combien il est malheureux d'en avoir seulement l'appréhension, et il faut estimer heureux ceux qui peuvent la supporter.

M. de Formont sera donc avec vous, madame, lorsque vous recevrez cette lettre! Je devrais être effrayé de la menace que vous me faites de lui montrer toutes les miennes; mais comme je les ai écrites sans prétention, le meilleur juge ne peut pas me faire peur. Les lettres que l'esprit enfante sont souvent sans esprit; celles que le cœur dicte ne peuvent point être sans sentiment, et elles ont alors tout le mérite que leur demande celui qui les reçoit; du moins, je sais que vous avez la bonté de ne m'en pas demander davantage : c'est aussi ce qui fait que je ne crains pas de manquer jamais de ressources pour ce commerce, tant que vous agréerez des hommages aussi simples et aussi sincères que les miens. Au reste, je vous supplie de dire à M. de Formont que j'ai été fort sensible à la perte que j'apprends qu'il a faite d'un de ses parents, employé ci-devant à Berlin avec tout le succès possible. Le ministre de Prusse, qui est ici, me dit l'autre jour que la nouvelle de sa mort a causé des regrets à tout Berlin : c'est, ce me semble, le meilleur éloge qu'il eût pu en faire.

Comment se consolera madame du Châtel de l'absence de sa fille, qui sans doute va suivre son mari à Rome[1], et comment se consoleront de ce voyage d'autres belles dames de Paris, à qui il ne pourra pas être indifférent? Je m'attends que vous me répondrez qu'elles ne seront point inconsolables, et il est vrai que j'aurais dû le supposer, par la raison seule que le voyage a lieu. Des gens qui s'aiment beaucoup ne cherchent pas des occasions de se quitter.

Adieu, madame; il n'est pas possible de vous être plus sincèrement et plus respectueusement attaché que je le suis. Je souhaite fort que l'hiver soit plus traitable à Paris qu'il ne l'est ici.

LETTRE 103.

LE CHEVALIER D'AYDIE A MADAME LA MARQUISE DU DEFFAND.

Mayac, 28 janvier 1754.

Je vous félicite, madame, du plaisir que vous avez de revoir M. de Formont et M. de Montesquieu : vous avez sans doute beaucoup de part à leur retour; car je sais l'attachement que le premier a pour vous; et l'autre m'a souvent dit avec sa naïveté et sa sincérité ordinaire : « J'aime cette femme de tout mon cœur; elle me plaît, elle me divertit; il n'est pas possible de s'ennuyer un moment avec elle. » S'il vous aime donc, madame, si vous le divertissez, il y a apparence qu'il vous divertit aussi, et que vous l'aimez et le voyez souvent. Eh! qui n'aimerait pas cet homme, ce bon homme, ce grand homme, original dans ses ouvrages, dans son caractère, dans ses manières, et toujours ou digne d'admiration ou admirable[2]? J'aime aussi beaucoup M. de Formont : il joint, ce me semble, à beaucoup d'esprit une simplicité charmante, sans prétentions; celles des autres ne le blessent ni ne l'incommodent; il paraît

---

[1] Le marquis de Stainville, le futur et célèbre duc de Choiseul, avait été nommé ambassadeur à Rome en remplacement du duc de Nivernois. Sa femme était fille de madame du Châtel. Elle prit congé le 15 septembre 1754 et son mari le 22. (L.)

[2] L'éditeur des *Lettres* de mademoiselle Aïssé pense qu'il faut lire : ou adorable. (L.)

à son aise avec tout le monde, et tout le monde y est avec lui. Quand je pense donc à vous premièrement, madame, et à tout ce que vous rassemblez chez vous, mesdames de Mirepoix, du Châtel, le président Hénault, MM. de Bulkley, d'Alembert, etc., j'enrage d'être à cent lieues de vous; car je n'ai ni l'ambition ni la vanité de César. J'aime mieux être le dernier, et seulement souffert dans la plus excellente compagnie, que d'être le premier et le plus considéré dans la mauvaise, et même dans la commune; mais si je n'ose dire que je suis ici dans le premier cas, je puis au moins vous assurer que je ne suis pas dans le second. J'y trouve avec qui parler, rire et raisonner autant et plus que ne s'étendent les facultés de mon pauvre entendement, et l'exercice que je prétends lui donner. Il est vrai que nous ne traitons point les mêmes questions qu'on agite à Paris. Nous ignorons les démarches du gouvernement, du Parlement, du Châtelet, les querelles de l'Académie, etc.; mais, madame, est-ce un si grand malheur? A propos de cela, Julien est-il mort? Il m'a bien averti que les ministres lui ont fait défendre d'écrire les nouvelles; mais il m'avait promis de me mander celles qui regardent la santé de madame du Châtel et de ses amis, et de continuer à m'envoyer le *Mercure*, auquel je comptais qu'il joindrait un almanach, suivant sa coutume. Or, les ministres ne peuvent pas s'opposer à cela; car encore faut-il que nous sachions si ce sont les mêmes, non s'ils sont les mêmes, nous ne sommes point en peine de cela, mais s'ils sont à la même place.

Je ne vous dis rien de mon retour, madame, parce que je n'ai encore aucun projet arrêté sur cet article. Je puis seulement vous assurer qu'en quelque lieu que le sort m'arrête ou me conduise, je vous aimerai et vous respecterai partout, madame, et de tout mon cœur.

Voilà encore une lettre immense : je ravale pourtant mille choses que je voudrais vous dire, et dont je vous fais grâce, pour ne pas trop vous aviser combien il est dangereux d'attaquer un provincial oisif, qui ne finirait jamais, s'il se laissait entièrement aller aux effusions de son cœur et à son babil, quand quelques marques de vos bontés viennent le réveiller. Il faut cependant que j'ajoute, madame, que j'ai l'honneur de vous envoyer un pâté, et que mon frère et madame de Nanthia[1] vous présentent leurs très-humbles respects.

[1] La fille d'Aïssé et du chevalier d'Aydie, mariée par lui le 16 octobre 1740 à Pierre de Joubert, deuxième du nom, vicomte de Nanthia. (L.)

LETTRE 104.

MADAME LA MARQUISE DU DEFFAND A MADEMOISELLE DE LESPINASSE.

13 février 1754.

Je suis fort aise, ma reine, que vous soyez contente de mes lettres et du parti que vous avez pris de faire expliquer nettement M. d'Albon; je ne suis point de votre avis sur le succès que vous en attendez. Je suis persuadée qu'il se déterminera à vous assurer une pension, il se ferait jeter la pierre par tout le monde s'il en usait autrement; ainsi, je vois mes projets bien éloignés, mais en cas qu'il vous refuse, vous y gagnerez la liberté entière de faire toutes vos volontés, et alors je souhaite que vous ayez toujours celle de vivre avec moi; mais il faudra, ma reine, vous bien examiner, et être bien sûre que vous ne vous en repentirez point. Vous m'écrivez dans votre dernière lettre les choses les plus tendres et les plus flatteuses, mais vous ressouvenez-vous qu'il y a deux ou trois mois que vous ne pensiez pas de même? et que vous m'avouâtes que vous étiez effrayée de l'ennui que je vous faisais prévoir, et que, quoique vous y fussiez accoutumée, il vous deviendrait plus insupportable au milieu du grand monde, qu'il ne vous l'était dans votre retraite; que vous tomberiez alors dans un découragement qui vous rendrait insupportable, m'inspirerait du dégoût et du repentir? C'étaient vos expressions, et c'est apparemment cette faute que vous voulez que je vous pardonne, et que vous me priez d'oublier; mais, ma reine, ce n'est point une faute de dire sa pensée et d'expliquer ses dispositions, c'est au contraire tout ce qu'on peut faire de mieux; aussi, bien loin de vous en faire des reproches, je vous mandai que je vous savais bon gré de votre sincérité, et que quoiqu'elle me fît abandonner mes projets, je ne vous en aimerais pas moins tendrement; je vous répète aujourd'hui la même chose; réfléchissez sur le parti que vous prendrez. Je vous ai déjà dit la vie que vous mèneriez avec moi, je vais vous le répéter encore, pour que vous ne puissiez pas être dans la moindre erreur.

Je n'annoncerai votre arrivée à personne, je dirai aux gens qui vous verront d'abord, que vous êtes une demoiselle de ma province qui veut entrer dans un couvent, et que je vous ai offert un logement en attendant que vous ayez trouvé ce qui vous convient. Je vous traiterai non-seulement avec politesse, mais même avec compliment devant le monde, pour accoutumer d'abord à la considération que l'on doit avoir pour vous; je confierai mes véritables intentions à un très-petit nombre d'amis, et après l'espace de trois, quatre ou cinq mois, nous saurons l'une et l'autre comment nous nous accommodons ensemble, et alors nous pourrons nous conduire avec moins de réserve. Je n'aurai point l'air, dans aucun temps, de chercher à vous introduire; je prétends vous faire désirer, et si vous me connaissez bien, vous ne devez point avoir d'inquiétude sur la façon dont je traiterai votre amour-propre; mais il faudra vous en rapporter à la connaissance que j'ai du monde. Si l'on croyait d'abord que vous fussiez établie auprès de moi, on ne saurait (quand même je serais une bien plus grande dame) de quelle manière on devrait traiter avec vous; les uns pourraient vous croire ma propre fille, les autres ma complaisante, etc., et sur cela faire des commentaires impertinents. Il faut donc que l'on connaisse votre mérite et vos agréments avant toute autre chose. C'est à quoi vous parviendrez aisément, aidée de mes soins et de ceux de mes amis; mais il faut vous préparer à supporter patiemment l'ennui des premiers temps. Il y a un second article sur lequel il faut que je m'explique avec vous, c'est que le moindre artifice, et même le plus petit art que vous mettriez dans votre conduite avec moi me serait insupportable. Je suis naturellement défiante, et tous ceux en qui je crois de la finesse me deviennent suspects au point de ne pouvoir plus prendre aucune confiance en eux. J'ai deux amis intimes, qui sont Formont et d'Alembert; je les aime passionnément, moins par leur agrément, et par leur amitié pour moi, que par leur extrême vérité. Je pourrais y ajouter Devreux[1], parce que le vrai mérite rend tout égal, et que je fais par cette raison plus de cas d'elle que de tous les potentats de l'univers. Il faut donc, ma reine, vous résoudre à vivre avec moi avec la plus grande vérité et sincérité, ne jamais user d'insinuation, ni d'exagération, en un mot, ne vous point écarter, et ne jamais perdre un des plus grands agréments de la jeunesse, qui est la naïveté. Vous avez beaucoup d'esprit, vous avez de la gaieté, vous êtes capable de sentiments; avec toutes ces qualités vous serez charmante, tant que vous vous laisserez aller à votre naturel et que vous serez sans prétention et sans entortillage.

---

[1] Sa femme de chambre. (L.)

Je ne doute point de votre désintéressement, et c'est une raison de plus pour moi de faire pour vous tout ce qui sera en mon pouvoir.

Quand vous aurez vu M. D., vous me rendrez compte du résultat de votre conversation. Jusqu'à ce que j'en sois instruite, je n'ai rien à vous dire de plus.

Devreux m'a montré la lettre que vous lui avez écrite; elle est remplie d'amitié, mais la quantité de *mademoiselle* que vous y avez placée est une espèce d'annulant. Vous me trouverez bien épilogueuse, mais je vous jure que je ne le suis sur rien, excepté sur ce qui altère la sincérité; mais sur cet article, je suis sans miséricorde. Adieu, ma reine; vous pouvez montrer cette lettre à notre ami. Je ne lui cache rien de ce que je pense.

LETTRE 105.

LE CHEVALIER D'AYDIE A MADAME LA MARQUISE DU DEFFAND.

Mayac, 27 février 1754.

Je serais, madame, bien ingrat et bien stupide, si je ne recevais pas avec beaucoup de reconnaissance et de plaisir les lettres que vous me faites l'honneur de m'écrire. Je vous dirai plus, madame, j'y réponds sans peine. La crainte de me priver des témoignages que vous me donnez de la continuation de vos bontés, me guérit de ma paresse, et l'emporte aussi sur les réflexions que mon amour-propre devait m'engager à faire; ainsi, notre commerce durera tant que vous voudrez.

Je ne retournerai vraisemblablement à Paris que dans la belle saison. Je vous avoue même que, vieux et goutteux comme me voilà, et par conséquent peu agréable à la société, et parfaitement inutile à tous égards, je pense souvent que je ferais très-sagement d'achever ici ma carrière; mais le désir de revoir les amis qui me restent à Paris, et l'opinion que j'ai de leur indulgence en ma faveur, me soutiennent encore, et m'empêcheront apparemment de prendre résolûment ce parti.

Le pauvre M. de Châtillon[1] est donc mort! Si la fin de sa disgrâce n'a pu prolonger ses jours, elle aura au moins commencé

---

[1] Le duc de Châtillon, gouverneur du Dauphin, fils de Louis XV, avait été disgracié à la suite du voyage que le Dauphin avait fait à Metz, lors de la maladie qui faillit emporter Louis XV. Il mourut le jeudi 14 février 1754. (L.)

à lui faire sentir les joies du paradis, et je doute même qu'il ait imaginé de trouver rien de plus délicieux dans l'autre monde; car, pour un courtisan, le retour de la faveur a des attraits plus touchants que tout ce que nous promettent la loi et les prophètes.

Je suis fâché que l'état de la santé de M. d'Argenson exige de notre président des soins si assidus et si pénibles; mais il a raison, madame, de dire qu'il ne peut pas s'en dispenser. Il est en effet inouï que les ministres, tandis qu'ils sont en place, soient négligés de leurs amis; ils ont cet avantage, et tant d'agréments d'ailleurs, qu'ils seraient trop heureux s'ils pouvaient obtenir le privilége que je leur souhaite, d'être exempts de la goutte et de la v.....

Je vous remercie très-humblement, madame, de la bonté que vous avez de faire mention de moi avec vos amis. Je les honore tous; il me semble que ce n'est qu'avec vous et avec eux qu'on goûte véritablement les délices de Paris, et qu'on sent la supériorité de ce séjour sur tous les autres lieux du monde. Je ne me croirai donc bien heureux que lorsque j'aurai l'honneur de vous faire ma cour, et de vous assurer sans cesse, madame, de mon respect et de mon attachement.

LETTRE 106.

M. SCHEFFER A MADAME LA MARQUISE DU DEFFAND.

Stockholm, 19 mars 1754.

Vous faites sans doute, madame, le bonheur et les délices de ceux que vous voyez; mais j'ose vous assurer que vous me rendez encore plus heureux lorsque vous me faites la grâce de m'écrire. Cela ne veut pourtant pas dire que je sois assez injuste pour prétendre que vous leur dérobiez des moments pour me les donner; je sens bien la différence qu'il y a pour vous, de parler à quelqu'un qui ne vous répond qu'au bout de deux mois, et qui vous fait peut-être alors une assez mauvaise réponse, ou de vous entretenir avec ceux qui animent et égayent votre esprit par celui qu'ils mettent dans leur conversation. Mais comme vous êtes juste, et que vous avez quelques bontés pour moi, je dois me flatter que l'intérêt de ma satisfaction et de mes plaisirs vous touchera assez pour m'accorder du moins les moments qui sont perdus pour les autres. Vous me confierez alors vos réflexions et vos pensées; vous aurez une espèce de compagnie dans la solitude même, et il n'y aura plus un seul instant de votre vie qui ne soit employé à faire des heureux.

Il est vrai, madame, je ne suis plus ivre de la manière que vous prétendiez que je l'étais à Paris; mais l'ivresse me paraît si nécessaire pour s'étourdir sur les misères de cette vie, que je me suis abandonné à la fumée du patriotisme, qui porte à la tête tout autant que l'amour et les autres passions. La liberté est devenue mon idole, c'est sur son autel que je brûle aujourd'hui tout mon encens. Les Anglais, libres par leurs lois, sont réellement esclaves par la corruption de leurs mœurs, et leur ineptie est si grande, qu'ils se vendent à leur roi pour l'argent qu'ils lui ont eux-mêmes donné. Les Français paraissent aujourd'hui connaître le prix de la liberté, ils en adoptent les principes et les suivent; mais les lois de l'Angleterre leur manquent, et ce défaut rendra vraisemblablement leurs efforts inutiles. La Suède est encore libre par les lois et par les mœurs tout ensemble; mais, comme le premier magistrat de la république porte le titre de roi, et que, par la nature des choses, ces trois lettres ont toujours à leur suite une tendance continuelle à l'accroissement du pouvoir, il faut, dans un État ainsi constitué, des citoyens vigilants et toujours occupés à diriger les esprits vers la défense de la conservation de la liberté. Si vous croyez, madame, m'avoir mandé des choses obscures, vous m'avouerez, je crois, que je n'ai pas mal su prendre le ton que vous m'avez donné.

On m'écrit que le voyage du prince de Beauvau en Lorraine, dont vous me faites l'honneur de me parler, est un voyage de désespoir[1]. Je voudrais savoir si celui du comte d'Estrées en Saxe a été entrepris par les mêmes motifs.

Je vous félicite beaucoup de l'acquisition de madame de Clermont[2] à vos soupers : je me suis trouvé quelquefois en société avec elle, peu de femmes m'ont paru plus aimables à tous égards. Si mon bonheur me ramène encore chez vous, comme je l'espère, je tâcherai d'y apporter tout le froid de mon climat, afin de ne pas courir le risque de voyager de nouveau malgré moi.

[1] Ce voyage s'expliquait trop bien par l'état de maladie du prince de Craon, père du prince de Beauvau, dont on apprit, en effet, la mort, le 14 mars à Versailles. Il était père de M. de Beauvau, de mesdames de Mirepoix, de Boufflers, de Chimay, etc. (L.)

[2] Dame d'atour de Mesdames. (L.)

J'ai l'honneur de joindre ici un ouvrage du roi de Prusse, qui n'est point encore imprimé : vous ne le trouverez pas fort intéressant quant au sujet qu'il traite; mais tout ce qui sort de la plume d'un auteur-roi me semble au moins digne de la curiosité de ceux qui aiment à lire. Peut-être a-t-on eu tort de me recommander de ne pas donner des copies de cet écrit : cependant, puisque je l'ai promis, je vous supplie de ne pas me faire accuser d'avoir manqué à ma parole. Le dernier trait semble adressé à M. de Voltaire, dont je vous demande en grâce de m'apprendre quelque nouvelle : on l'a dit mort, et il faut bien qu'il se meure, puisqu'on n'en parle pas davantage.

Adieu, madame; rien ne peut exprimer mon tendre et respectueux attachement pour vous.

LETTRE 107.

MADAME LA MARQUISE DU DEFFAND A MADEMOISELLE DE LESPINASSE.

Paris, 29 mars 1754.

Je reçois dans ce moment votre lettre du 26, en réponse à la mienne du 20; ce fut le lendemain de cette dernière lettre, que je fus informée de la résolution où mon frère était d'écrire à madame de Luynes, comme je vous l'ai mandé. Je fus fort fâchée d'avoir fait partir ma lettre pour vous; je trouvai cruel de vous avoir donné des espérances si prochaines, tandis que l'affaire n'était point encore absolument décidée. Je n'ai point encore envoyé ma lettre à madame de Luynes, j'attends pour cela que le président Hénault soit à Versailles; je lui écrirai à lui une lettre ostensible, qui servira de supplément à celle de madame de Luynes. J'insiste beaucoup sur la demande de neutralité, je ne saurais croire qu'elle me refuse; enfin si ce contre-temps nous arrivait, j'aurais recours à M. le cardinal de Tencin pour la persuader. Je vous recommande, ma reine, de ne laisser pénétrer vos projets par personne, il est très-essentiel que nous ne soyons pas prévenus. Une grâce que j'ai encore à vous demander (et qui est la plus importante de toutes), c'est de ne point penser à venir auprès de moi, si vous n'avez pas parfaitement oublié qui vous êtes, et si vous n'êtes pas dans la ferme résolution de ne jamais penser à changer d'état. Il y aurait de la perfidie à faire usage de mon amitié pour me couvrir de honte, m'exposer aux reproches de tous les honnêtes gens, et à me rendre l'ennemie irréconciliable de toute ma famille; la plus petite tentative que vous pourriez faire étant auprès de moi serait un crime irrémissible. J'espère, ma reine, que vous n'avez pas besoin de vous consulter de nouveau. Il y a longtemps que vous m'avez promis tout ce que je pouvais désirer sur cet article; je suis dans la plus parfaite certitude que toutes vos entreprises seraient vaines, mais il ne serait pas moins affreux pour moi que vous en fissiez aucune, et, je vous le répète, je ne vous le pardonnerais jamais; écrivez-moi sur cela une lettre que je puisse faire voir à madame de Luynes, s'il en était besoin. M. de Mâcon est à Versailles, il n'en reviendra, je crois, que demain; il ne se veut mêler de rien, et il a raison. C'est un très-bon ami, j'en suis on ne peut pas plus contente, à ses colères près, qui nuisent beaucoup à la conversation. Il prétend que c'est moi qui m'emporte; tout cela ne fait rien quand on finit par être d'accord.

Adieu, ma reine, ne faites point de noir, j'espère que dans le courant du mois de mai, nous serons contentes l'une et l'autre, et l'une de l'autre.

LETTRE 108.

LA MÊME A LA MÊME.

J'ai enfin pris ma résolution, ma reine, d'écrire à madame de Luynes. Vous trouverez sans doute que je suis assez vieille pour ne devoir pas avoir besoin de permission; mais j'aime beaucoup madame de Luynes, elle me marque de la bonté et elle est très-raisonnable; d'ailleurs je connais trop bien madame de Vichy pour croire qu'elle restera tranquille. Pour prévenir donc tout inconvénient, je suis entrée dans les plus grands détails, et je n'ai omis aucune circonstance.

Je suis ravie de la continuation de protection que vous accorde M. le Cardinal, je viens de lui écrire pour l'en remercier; moyennant cela, ma reine, quand j'aurai satisfait à ce que je me dois à moi-même en parlant à madame de Luynes, rien ne nous manquera, et vous pourrez faire vos paquets; mais avant que de partir, je vous demande en grâce de vous bien examiner, et d'abandonner le projet de venir auprès de moi, si vous n'avez pas parfaitement oublié qui vous êtes, et si vous n'êtes pas dans la résolution inébranlable de ne jamais penser à changer d'état. Je vous demande pardon de vous parler de choses si peu agréables, mais c'est pour n'y plus revenir jamais.

Adieu, ma reine, j'attends votre réponse à cette lettre; je ne serais pas fâchée de la pouvoir montrer à madame de Luynes, s'il en était besoin.

LETTRE 109.

MADAME LA MARQUISE DU DEFFAND A MADAME LA DUCHESSE DE LUYNES.

30 mars 1754.

Ce n'est point, madame, comme à la personne du monde que je respecte le plus, ni à celle de qui je me fais un devoir de dépendre, mais comme à la plus tendre et à la plus sincère amie que j'aie, que je me détermine à vous parler aujourd'hui avec la plus extrême confiance. Je commence par vous promettre une vérité exacte, et une entière soumission.

Je suis aveugle, madame; on me loue de mon courage, mais que gagnerais-je à me désespérer? Cependant je sens tout le malheur de ma situation, et il est bien naturel que je cherche des moyens de l'adoucir. Rien n'y serait plus propre que d'avoir auprès de moi quelqu'un qui pût me tenir compagnie, et me sauver de l'ennui de la solitude : je l'ai toujours crainte, actuellement elle m'est insupportable.

Le hasard m'a fait rencontrer une personne dont l'esprit, le caractère, la fortune, me conviendraient extrêmement. C'est une fille de vingt-deux ans, qui n'a point de parents qui l'avouent ou du moins qui veuillent et qui doivent l'avouer; cela vous apprend assez son état; c'est à Chamrond que je l'ai trouvée, elle n'en partit que trois semaines ou un mois avant moi; il y avait quatre ans qu'elle y était, elle s'y était établie après la mort de madame d'Albon, mère de ma belle-sœur, qui l'avait élevée, et qui, malgré sa jeunesse, lui avait donné des marques de la plus grande amitié. En mourant elle lui laissa, par son testament, cent écus de rente viagère, et lui confia la clef d'un bureau où elle avait une somme d'argent assez considérable, lui ordonnant de la garder pour elle. Cette fille, qui avait passé sa jeunesse avec M. d'Albon, frère de madame de Vichy, n'hésita pas un seul instant : elle mena M. d'Albon audit bureau, lui en donna la clef, et lui remit tout l'argent qui y était. Je ne sais si madame de Vichy eut connaissance de cette circonstance, je sais seulement que voyant l'affliction de cette fille, mon frère et elle lui proposèrent de les suivre à Chamrond, ce qu'elle accepta avec beaucoup de joie. Ceci, je crois, se passa en 1747 ou 48. M. et madame de Vichy vinrent à Paris en 1749, et quoique cette fille n'eût alors que dix-sept ou dix-huit ans, ils la laissèrent à Chamrond, et lui confièrent leur fille et leur petit garçon. Quand j'arrivai à Chamrond, ils m'en firent des éloges infinis, ils me vantèrent son esprit, son caractère; ils me dirent toutes les obligations qu'ils lui avaient, les soins qu'elle se donnait pour l'éducation de leur fille. Je trouvai qu'elle méritait en effet tout le bien qu'ils me disaient d'elle, je m'aperçus seulement qu'elle était fort triste et qu'elle avait souvent les larmes aux yeux. Enfin, mon frère m'apprit qu'elle voulait les quitter et se retirer dans un couvent. Il me dit qu'il ne s'en soucierait guère, sans l'extrême affliction où en était madame de Vichy. Je leur offris mes services pour l'en dissuader, ils acceptèrent; je la pressai alors fort vivement d'abandonner son projet, mais je la trouvai inébranlable. Elle me dit qu'il ne lui était plus possible de rester avec M. et madame de Vichy, qu'elle en éprouvait depuis longtemps les traitements les plus durs et les plus humiliants, que sa patience était à bout; qu'il y avait plus d'un an qu'elle avait déclaré à madame de Vichy qu'elle voulait se retirer, mais qu'elle avait consenti à différer encore de quelques mois, pour lui donner une marque de déférence, mais qu'elle ne pouvait plus soutenir les scènes que l'on lui faisait tous les jours; qu'elle avait écrit à M. d'Albon, sur l'amitié duquel elle comptait beaucoup, pour le prier de lui arrêter un logement dans un couvent et pour l'envoyer chercher. Je lui représentai les regrets de mes parents, qui devaient lui prouver l'amitié qu'ils avaient pour elle, l'ennui qu'elle aurait dans un couvent, et la misère qu'elle y éprouverait, n'ayant que les cent écus de pension que lui avait laissés madame d'Albon par son testament. Elle me répondit à cela, qu'il n'y avait rien au monde qu'elle ne préférât à rester à Chamrond; qu'elle espérait beaucoup de l'amitié de M. d'Albon qui l'avait toujours traitée comme sa propre sœur, qu'elle ne doutait point qu'il ne reconnût ce qu'elle avait fait pour lui, en lui remettant l'argent de madame d'Albon, et qu'indubitablement il lui ferait quelque rente viagère, qui, jointe à ses cent écus, la mettrait à portée de vivre dans un couvent; qu'enfin sa résolution était inébranlable. Je rendis compte à M. et à madame de Vichy du peu de succès de ma négociation; je ne pensais point encore à elle dans ces temps-là, et ce ne fut que peu de jours avant son départ, que m'ayant marqué beaucoup de chagrin de me quitter, et beaucoup de répugnance d'aller dans une ville où de certaines choses fort désagréables pour elle étaient de notoriété publique, il me vint dans l'esprit qu'elle pourrait bien se mettre dans un couvent à Paris. Je n'étais pas alors fort éloignée d'y penser pour moi, et c'était une compagnie toute trouvée, en cas que je prisse ce parti; je lui en dis un mot, il me parut que ce serait pour elle le comble du bonheur. Voilà où nous en étions ensemble à la fin d'octobre, qui fut le temps où M. d'Albon l'envoya chercher; je fus témoin des pleurs de mon frère et de ma belle-sœur, et des supplications qu'ils lui firent de ne les point abandonner, ou du moins de leur promettre de venir passer tous les étés avec eux : les enfants, toute la maison étaient en larmes. J'ai l'honneur de vous dire ces circonstances, parce qu'elles prouvent qu'elle était aimée, estimée, et qu'elle ne se séparait point d'eux désagréablement. Elle me demanda en grâce de lui donner de mes nouvelles, et de trouver bon qu'elle m'écrivît; j'y consentis avec plaisir. A peine fut-elle arrivée dans son couvent à Lyon, qu'elle écrivit à madame de Vichy, qui lui fit réponse. Pour moi, depuis ce temps, j'ai été en commerce de lettres avec elle. Je partis de Chamrond à la fin de novembre, et je ne fus à Lyon qu'au mois d'avril. J'y restai dix jours, pendant lesquels je la vis tous les jours; elle arrivait chez moi à onze heures du matin, et ne me quittait qu'à six heures du soir, qui était l'heure où il fallait rentrer dans son couvent. M. le cardinal de Tencin la rencontra chez moi dans la visite qu'il me rendit, il me demanda qui elle était, je ne fis pas difficulté de lui en faire la confidence, il n'y avait dans la ville personne de qui il n'eût pu l'apprendre. Je le priai de lui accorder sa protection pour lui faire obtenir dans son couvent une chambre particulière, ce qu'il eut la bonté de m'accorder en écrivant une lettre à l'abbesse, qu'il envoya par M. l'abbé de Puisignieux, son neveu. Les remercîments que je fis au cardinal occasionnèrent entre lui et moi une conversation sur cette fille. Il me dit le premier que je devrais me l'attacher, et que dans le malheur dont j'étais menacée, elle me serait utile et nécessaire; que mes parents et M. d'Albon devaient le désirer eux-mêmes, parce que c'était le plus sûr moyen de s'assurer d'elle. Nous pesâmes tous les inconvénients qu'il pourrait y avoir, et nous n'en vîmes aucun qu'il ne fût aisé de prévenir et de détruire. Si M. d'Albon avait été à Lyon je lui aurais parlé sur-le-champ; mais n'y étant pas, je m'adressai à une femme de la ville qui avait toute sa confiance. Je lui dis le dessein où j'étais de m'attacher mademoiselle de Lespinasse (car c'est son nom), que je la traiterais comme ma propre fille, qu'elle serait plus dépaysée à Paris qu'à Lyon, que je la ferais passer pour une demoiselle de province. Cette femme ne parut point goûter ma proposition, et je jugeai qu'elle n'était nullement propre à cette négociation. Je partis de Lyon peu de jours après, et je dis à mademoiselle de Lespinasse, en la quittant, qu'il fallait qu'elle écrivît à M. d'Albon que je lui offrais de la prendre auprès de moi, et de lui assurer en ce cas quatre cents livres de rente viagère. De retour à Mâcon, je pris la résolution d'écrire à mon frère pour lui communiquer mon projet, plus par politesse que par devoir. Cette fille ne dépend point de lui ni de sa femme, ils n'ont acquis aucun droit sur elle par leurs bienfaits; j'avais été témoin de la façon dont elle les avait quittés, ainsi rien ne devait m'engager à cette démarche qu'une délicatesse de bons procédés. Ma lettre était prête à partir quand j'en reçus une de mon frère, qui m'empêcha de lui envoyer la mienne. J'ai gardé sa lettre, et j'aurai l'honneur de vous la faire voir, ainsi que ma réponse, si vous le jugez à propos. Il me mandait qu'on lui écrivait de Lyon le dessein que j'avais de prendre mademoiselle de Lespinasse, et qu'il s'y opposait formellement. Quoique ses raisons n'eussent aucune apparence de justice, et que je n'y entrevisse que du mécontentement de ce que cette fille les avait quittés, et le désir de s'en venger, celui de conserver la paix et l'espérance de le persuader par l'amitié ou par la raison, m'ont fait différer l'exécution de mon projet. M. d'Albon, de son côté, a refusé son consentement à mademoiselle de Lespinasse, mais comme elle n'est pas plus dépendante de lui que de madame de Vichy, cela ne l'arrêterait pas, si je consentais à la recevoir. C'est ce que je ne veux point faire, madame, sans être sûre que vous ne me désapprouverez pas. Je ne vous demande point de m'autoriser, mais seulement de vouloir bien être neutre dans cette occasion, et de considérer quel est l'excès de mon malheur d'avoir perdu la vue, et combien il est cruel qu'on s'oppose au seul moyen que j'ai d'adoucir mon état. L'existence de cette fille n'est d'aucun danger pour eux ; j'ai fait sur cela les informations les plus exactes, et s'il y avait quelques inconvénients à craindre d'elle, son séjour auprès de moi est précisément ce qui devrait le plus les rassurer, et rien ne devrait plus les alarmer que son séjour à Lyon. Peut-être penserez-vous, madame, que je ferais mieux de prendre quelque autre personne, et d'éviter par là toutes sortes de dissensions, mais ce n'est point un domestique que je prends, c'est une compagne que je cherche, et vous savez qu'il n'est pas facile en ce genre de trouver ce qui convient. J'avoue qu'il sera fâcheux pour moi de déplaire à mes parents, mais après leur avoir donné autant de marques d'amitié, s'ils manquent de complaisance et d'égard dans une occasion qui m'est aussi essentielle, et où ils ne mettent que de l'humeur, je crois pouvoir m'en tenir quitte envers eux à mon tour. Toute la province rendra témoignage de mes attentions pour eux, que je me louais de tout, que je me conformais à tous leurs usages, que loin de causer de l'embarras dans la maison, mes domestiques leur étaient plus utiles que les leurs. Enfin, madame, ce qui doit vous prouver combien ils étaient contents de moi, et combien ils comptaient sur mon amitié, c'est la bonne grâce et le plaisir avec lesquels ils ont reçu les petits présents que j'étais à portée de leur faire. Si aujourd'hui le mécontentement de me voir prendre cette fille leur faisait oublier mes bons procédés, et s'ils s'échappaient, madame, à vous en écrire, je vous prierais alors de chercher à démêler la vérité, en prenant des informations des gens de la province. Il ne sortira jamais de ma bouche, fût-ce même pour avoir raison, aucune parole qui puisse leur être contraire ; je ne veux point avoir à me faire le reproche que le voyage que j'ai fait chez eux puisse jamais leur nuire ; il est vrai que je leur déplairai en prenant cette fille, mais je ne fais que choquer une fantaisie, pour me procurer un bonheur essentiel, et en vérité il n'y a pas de proportion.

Voilà, madame, le fond de mon âme : vous m'aimez, je suis malheureuse, et vous êtes aussi compatissante que vous êtes juste. Je n'ajouterai rien à cet énorme volume, sinon mille pardons de l'ennui qu'il vous a causé. Je remets à un autre jour les assurances de mon tendre et respectueux attachement.

LETTRE 110.

MADAME LA DUCHESSE DE LUYNES A MADAME DU DEFFAND.

Versailles, 7 avril 1754.

Je sens, madame, avec la plus sensible reconnaissance, les nouvelles preuves de votre confiance et de votre amitié dans la consultation que vous voulez bien me faire, et dont il n'y a que votre cœur qui en ait besoin. J'ai raisonné de vos projets avec le président et M. de Mâcon, étant tous trois dans les mêmes sentiments pour vous, et le même désir de votre bonheur, et de tout ce qui peut soulager votre état. Ainsi, personne ne peut mieux que vous décider de quelle utilité et de quelle ressource vous sera cette compagnie. Je sais en général qu'il y a beaucoup d'inconvénients à s'attacher une complaisante : les commencements en sont d'ordinaire merveilleux, mais souvent l'ennui et le dégoût viennent; d'abord on le dissimule, et puis il se fait sentir avec amertume. J'en ai vu un exemple bien sensible entre mesdames de Tourbes et de Vildre, qui étaient même d'une espèce bien plus considérable. Enfin vous y ferez vos réflexions. Si l'établissement de mademoiselle de Lespinasse était dans un couvent d'où vous l'enverriez chercher souvent, et même passer quelquefois plusieurs jours avec vous, cela serait différent, parce que sans embarras vous seriez la maîtresse d'augmenter ou de diminuer votre liaison autant et si peu qu'il vous plairait. A l'égard de la répugnance que monsieur votre frère et madame votre belle-sœur paraissent avoir à votre projet sur cela, comme vous ne m'en mandez pas les raisons, je n'en imagine qu'une de bonne, c'est la crainte que dans Paris elle ne trouve des conseils et des ressources pour se donner un état, et il ne faut pas se flatter que tout ce que vous pourriez dire, ni votre colère, ni votre indignation, pût l'arrêter un moment. Ce serait un si grand avantage pour elle que rien ne la pourrait engager à le sacrifier, et vous seriez bien fâchée d'y avoir contribué en la faisant valoir et lui ayant donné des amis qui pourraient la protéger dans cette entreprise, dont vous savez qu'il y a plusieurs exemples. D'un autre côté, si vous croyez qu'en vous l'attachant ce soit une barrière insurmontable à cette idée, c'est peut-être un service que vous rendez à votre famille, cela peut être utile. C'est à vous à bien peser toutes ces raisons. M. et madame de Vichy ne m'ont rien mandé sur cela, quoique j'aie eu de leurs nouvelles ces jours-ci; ainsi j'en conclus que cela ne leur tient pas trop à cœur. Voilà, ma chère nièce, des réflexions que j'ai cru devoir vous exposer pour répondre à votre confiance, ne souhaitant d'ailleurs que tout ce qui peut adoucir votre état et vous rendre heureuse; c'est l'objet des vœux d'un cœur qui vous est très-tendrement attaché.

LETTRE III.

MADAME DU DEFFAND A MADAME LA DUCHESSE DE LUYNES.

8 avril 1754.

Il n'y a point de malheur, madame, dont vos bontés et votre amitié ne puissent me consoler; je l'éprouve dans l'instant, par le plaisir infini que m'a fait votre lettre. Si je n'avais pas la crainte de rendre celle-ci trop longue, je me laisserais aller aux épanchements de mon cœur et de ma reconnaissance, mais vous n'en sauriez douter, et je dois vous épargner l'ennui d'un second volume.

Toutes vos réflexions sont judicieuses et raisonnables. J'en conçois toute l'importance, aussi suis-je bien déterminée à prévenir, autant qu'il sera possible, tous les genres d'inconvénients que j'ai à craindre. D'abord, je dirai que cette fille est une demoiselle de ma province que je n'ai chez moi qu'en attendant qu'elle ait trouvé un logement dans un couvent, et pour y mettre plus de vérité, je vais tout à l'heure m'assurer de la première chambre vacante dans l'intérieur de Saint-Joseph. Je la lui ferai occuper dans de certaines occasions, lorsque j'irai à la campagne. Ainsi, madame, si nous ne nous convenions pas, notre séparation ne fera point un événement; je ne pourrais prendre le parti de la mettre tout à fait dans un couvent sans une augmentation de dépense qui me serait un peu à charge, et que je suis forcée d'éviter. L'article le plus important est l'état de cette fille; il est inquiétant, je l'avoue, mais c'est encore une raison de plus pour me déterminer à l'avoir auprès de moi, plutôt qu'à la mettre dans un couvent, parce que dans le couvent je ne pourrais pas savoir ce qu'elle ferait comme je le saurai quand elle sera auprès de moi, où, sous prétexte de bienséance et de considération pour elle, je ne la laisserai jamais sortir qu'avec des personnes de confiance, ou bien accompagnée de quelqu'un de mes gens. Je ne suis pas assez sotte pour me flatter qu'aucune raison d'amitié, de reconnaissance ou de crainte pût l'empêcher de réclamer son état si elle y trouvait de la possibilité, mais comme il n'y en a aucune, et qu'elle a beaucoup d'esprit, j'ai tout lieu de croire qu'elle ne fera aucune tentative; le désespoir seul pourrait l'y porter; au lieu que menant une vie douce et heureuse, elle s'en contentera. Enfin, si je me trompais dans ces conjectures, je serai du moins à portée de savoir ses démarches, et d'en instruire ceux qui y sont intéressés. Je suis persuadée que c'est leur avantage que cette fille soit auprès de moi; c'est l'avis de tous les gens sensés à qui j'en ai parlé, de M. le cardinal de Tencin, de M. de Mâcon, du président, etc. Les oppositions de mon frère et de ma belle-sœur ne peuvent être fondées que sur le ressentiment qu'ils ont de ce que cette fille a voulu les quitter, et ils me sauront gré par la suite de ce qui leur déplaît dans le moment présent. Je reçus ces jours passés une lettre de M. le cardinal de Tencin, qui m'offrait de faire partir cette fille après Pâques, et de la confier au procureur et à la procureuse générale de Lyon qui venaient à Paris par la diligence. Je viens de lui écrire tout à l'heure que j'acceptais ses offres; j'attendais pour cela votre réponse.

Je finis, madame, en vous répétant que je suis comblée de vos bontés, que je vous en demande la continuation, et que de toutes les marques que vous voudrez bien m'en donner, celle à laquelle je serai le plus sensible, seront vos conseils, dont vous jugerez que je suis digne par la promptitude avec laquelle je m'y soumettrai.

Je vous suis, madame, bien respectueusement et inviolablement attachée.

LETTRE 112.

MADAME DU DEFFAND A MADEMOISELLE DE LESPINASSE.

Lundi, 8 avril 1754.

Je reçois dans le moment, ma reine, la réponse de madame de Luynes, elle est absolument telle que je la pouvais désirer, remplie de reconnaissance de ma confiance, de réflexions sur les inconvénients où je m'expose, et d'intérêt et d'amitié qui lui font désirer toutes les choses qui me conviennent. J'espère, ma reine, que je n'aurai jamais à me repentir de ce que je fais pour vous, et que vous ne prendriez point le parti de venir auprès de moi, si vous ne vous étiez pas bien consultée vous-même, et si vous n'étiez pas bien décidée à ne faire jamais aucune tentative. Vous ne savez que trop combien elles seraient inutiles, mais aujourd'hui, étant auprès de moi, elles deviendraient bien funestes pour vous; le chagrin qu'elles me causeraient vous attirerait de puissants ennemis, et vous vous trouveriez dans un abandon où il n'y aurait plus de ressource. Cela dit, il ne me reste plus qu'à vous parler de la joie que j'aurai de vous voir, et de vivre avec vous. Je vais écrire tout à l'heure à M. le Cardinal, pour le prier de vous faire partir tout le plus tôt qu'il lui sera possible. Faites en sorte qu'on ne sache votre départ que le jour même que vous partirez; mandez-moi le jour où il sera arrêté, et quand vous serez en route, faites partir une lettre de Châlons qui puisse m'apprendre que vous êtes en chemin, pour que je puisse savoir le jour de votre arrivée, et que je me fasse le mérite auprès des Vaubans de leur en faire confidence.

Adieu, ma reine, faites vos paquets, et venez faire le bonheur et la consolation de ma vie; il ne tiendra pas à moi que cela ne soit bien réciproque.

LETTRE 113.

M. SCHEFFER A MADAME LA MARQUISE DU DEFFAND.

Stockholm, 17 mai 1754.

Je regarde, en vérité, comme un miracle que vous daigniez, madame, vous souvenir de quelqu'un qui malheureusement est devenu aussi inutile pour vous que je le suis. Il faut bien qu'avec toutes les qualités qui vous distinguent du commun des hommes, vous ayez encore l'avantage d'être exempte de leurs défauts. Plût à Dieu qu'il me fût permis de vous aller retrouver dès demain : vous verriez, par mes assiduités, combien j'ai appris à connaître Paris depuis que je n'y suis plus. S'il est vrai que la réputation soit toujours incertaine jusqu'à la mort, il est du moins vrai aussi que l'amitié est incertaine jusqu'à l'absence.

A juger par tout ce que vous me faites l'honneur de me dire dans votre dernière lettre, votre vue est donc totalement perdue? J'admire, madame, le courage avec lequel vous soutenez une perte si sensible. C'est là que l'on connaît la force de l'âme, bien plus que dans ces entreprises appelées grandes et courageuses, où cependant toutes les passions des hommes concourent à inspirer du courage. Je souhaite du fond de mon cœur que vous conserviez toujours le vôtre, et je dois l'espérer, puisqu'en pareil cas il est bien moins difficile de conserver que d'acquérir. Vous m'avez fait faire à cette occasion une réflexion sur l'effet du regard dans la conversation, qui me paraît extrêmement juste, et que je n'avais pourtant jamais faite.

La mort de M. de Cereste[1] m'a infiniment touché. Quand je pense au grand nombre de gens de connaissance qui sont morts depuis mon départ de Paris, je serais tenté de croire que vous avez été ravagés par la peste ou par quelque autre fléau public : je sais bien du moins que pendant les neuf années que j'ai demeuré avec vous, la mort n'a pas fait un si grand dégât que pendant les dix-neuf mois qu'il y a à présent que je vous ai quittées. Pour revenir à M. de Cereste, il est certain qu'il était estimable et aimable autant qu'on peut l'être. Je vous supplie cependant de remarquer qu'en rassemblant toutes les qualités qui font les hommes supérieurs, il ne possédait aucune de ces qualités à un degré éminent. Duclos, si je m'en souviens bien, a déjà fait cette observation dans le portrait qu'il nous en a donné ; mais il me semble qu'il n'a pas assez appuyé sur la rareté de cet assemblage, qu'en effet je n'ai jamais vu en aucun autre homme. Il est si ordinaire qu'on s'abandonne au désir de briller ! Enfin, on s'aperçoit que ce n'est pas par là qu'on arrive au bonheur, ni même à la considération, qu'on obtient plus sûrement en excitant moins de jalousie.

Si Voltaire avait jamais pu être frappé de cette vérité, il ne serait pas aujourd'hui dans la situation trop déplorable où nous le voyons. Ce qui m'afflige le plus est de le voir si près de tomber en mépris : un génie de cet ordre devait du moins être à l'abri de ce malheur ; mais il fallait sans doute un exemple si éclatant pour mettre l'imperfection humaine dans tout son jour. Je n'ai pas vu encore cette *Histoire universelle* qui lui fait tant de tort. La *Lettre au Père de Menou* est bien misérable. Je sais qu'elle a fait beaucoup de plaisir à Berlin, où l'on commence à ne plus craindre une plume déjà si fort avilie. Il est pourtant bien vrai que Maupertuis ne s'honore guère plus par les écrits

---

[1] Frère cadet du maréchal de Brancas. Il était né en 1697 et mourut le jeudi 25 avril 1754. (L.)

qu'il nous donne aujourd'hui. J'ai trouvé dans ses dernières lettres des choses qui m'ont paru tout à fait insoutenables.

Je vous supplie, madame, de me rappeler quelquefois dans le souvenir de M. le président Hénault; je serais au désespoir d'en être oublié : c'est l'homme du monde que j'aime et que je respecte le plus. Vous le voyez sans doute peu quand vous n'êtes point à Versailles, où je m'imagine qu'il passe sa vie.

Je plains beaucoup madame de Lambert [1]. Elle n'aura plus une si bonne maison, et il lui sera plus difficile qu'à une autre de s'en passer; elle restera pourtant, je crois, fort aisée. Avant de finir, permettez-moi, madame, de vous remercier de tout le bien que vous me dites de mon frère; il faut que je l'aime autant que je le fais pour ne lui point envier le bonheur qu'il a de vous faire sa cour.

LETTRE 114.

M. DE FORMONT A MADAME LA MARQUISE DU DEFFAND.

Rouen, ce mardi [2].

Vous vous établissez donc à Sceaux, madame, avec d'Alembert? Je suis fâché que madame de Staal [3] n'y puisse être en tiers : vous trois en vaudriez bien d'autres; vos conversations n'auraient sûrement pas le tour de celles des Br... Vous avez grande raison dans le jugement que vous en portez, ils sont toujours occupés à être fins, et les choses les plus rondes ils les rendent pointues par les paroles; ce qui, comme vous dites, est de très-mauvais goût, et de plus fort aisé. C'est le tour d'esprit du temps, et surtout de leur petite académie, où l'on regarde le siècle passé comme n'étant qu'à l'enfance de l'esprit. Madame de R... redeviendrait aimable entre vos mains, parce que la nature l'a faite pour l'être, et qu'elle est assez bien née pour suivre de bons guides; mais elle n'a pas d'elle-même assez de lumières pour reconnaître le mauvais. Je conçois que vous vous êtes laissée aller au premier mouvement; mais je ne comprends

---

[1] M. de Lambert, fils de la fameuse marquise, était mort le 20 avril 1754. Il avait épousé en premières noces madame veuve de Locmaria, née de Rochefort; et peu d'années avant sa mort, madame de Menou, sœur de madame de Jumilhac et de madame de Langeron. (L.)

[2] Toutes les lettres de M. de Formont sont sans date. Celle-ci doit remonter à 1752. (L.)

[3] Madame de Staal était morte le 15 juin 1750. (L.)

pas comme elle y a résisté. Il faut que ceci soit la suite de quelque grand système de conduite ; car ce sont encore de grands philosophes en fait de conduite, comme il y a assez paru : quoi qu'il en soit, il faut attendre, et très-tranquillement.

J'aurais été charmé de vous voir cette année : madame Formont s'en faisait une fête ; mais si vos arrangements ne s'ajustent pas avec ce voyage, il faut remettre ce plaisir à l'année prochaine, d'autant plus que depuis quelque temps mon beau-père ne va pas bien. Je ne crois pas qu'il puisse aller bien loin, et si cela arrivait pendant notre voyage, ce serait un contretemps. Adieu, madame. Je viens de me lever avec un soupçon de migraine : elle se confirme assez fortement, et je vais me renfermer dans mes quatre rideaux.

LETTRE 115.

LE MÊME A LA MÊME.

Paris, vendredi au soir [1].

J'aurais été charmé, madame, d'aller mardi à la cour pour vous faire la mienne ; mais j'espère que ce qui est différé ne sera pas perdu, au moins pour moi. J'aurai un vrai plaisir de me trouver à Versailles, d'être un provincial, et de n'y être curieux que de vous : je braverai le trône et le plus superbe lieu du monde en faveur du mérite et de l'amitié. Voilà sans doute du beau style, et ce que je vous écris ressemblerait assez à des fadeurs, s'il ne vous était pas adressé. Si vous me connaissiez moins, vous n'en croiriez pas un mot ; car vous ne respirez guère l'air où vous vivez : vous n'aimez à dire et à écouter que la vérité.

> Dans le pays des compliments
> Vous portez votre humeur sincère ;
> Au milieu des déguisements,
> Jamais votre langue n'altère
> Le fond pur de vos sentiments :
> Par le vrai seul vous voulez plaire.
> Vous l'embellissez d'agréments,
> De crainte que son ton sévère
> N'effarouchât les courtisans ;
> Mais vous préférez le grand sens,
> Qui, brillant peu, toujours éclaire,

[1] Cette lettre, sans date, a été rejetée par approximation.

A ces frivoles ornements
Dont on enchante le vulgaire.

Le faux règne en tout à présent.
Si l'on veut louer, on encense;
La critique a le ton pédant,
Et quand on badine on offense.
Le goût, l'esprit, le cœur, tout ment.
L'œil n'aperçoit plus la nuance,
Qui, séparant chaque talent,
Par un seul trait borne souvent
D'un genre à l'autre la distance.

A l'Opéra, d'une cadence
On orne un tendre sentiment;
Melpomène a le tour brillant,
Et les successeurs de Térence
Font parler Thalie en pleurant.
Qui ne croirait que la nature
Eût au moins conservé l'amour?
Mais le faux air et l'imposture
Le bannissent de ce séjour.
On prend pour lui ce goût volage
Qui ne sait courir qu'aux plaisirs;
On parle, un coup d'œil encourage,
Et, sans attendre les désirs,
L'amant jouit et se dégage.

Grands dieux! arbitres de nos jours,
Livrez-nous à notre ignorance,
Laissez-nous fuir les vains détours
Où guide une fausse éloquence,
Mais rendez-nous les vrais amours.

Aussitôt que je vous ai eu quittée, le hasard m'a fait avoir un billet de madame le Marchand : j'y ai vu jouer l'*Auteur*[1], et vous voyez bien que j'y ai gagné son mal. Je suis revenu à mon triste coin du feu, et j'ai cru que vous me permettriez de dissiper deux heures d'ennui par tout ce fatras qui ne vous ennuiera que quatre minutes. J'étais si bien en train, que cela n'aurait pas fini sitôt; mais j'ai eu pitié de vous : moquez-vous donc de moi et jetez-moi au feu. L'*Auteur* est ingénieux et neuf; mais il n'y a pas de ces fous-là. Je trouve, en général, aux comédies de Coypel que ses caractères sont chargés et que son comique ne l'est pas assez. Leur jeu est d'un naturel admirable, mais si naturel, que le plaisir qui naît de l'imitation en diminue un peu. Vous serez encore de mardi en huit à Versailles, et je compte y aller vous voir. Adieu, madame. Vous savez, etc.

[1] Il n'y a de ce nom que l'*Auteur superstitieux* de M. de Boissy (1732). (L.)

LETTRE 116.

LE MÊME A LA MÊME.

Rouen, 12 juillet.

Je reçois, madame, votre lettre dans le moment, et j'y réponds sur-le-champ. Elle est fort noire, comme vous dites; mais je suis bien aise que cette noirceur ne vienne pas de votre mauvaise santé. Les maladies de l'âme se guérissent souvent par un tour d'imagination, et toujours par le temps et l'habitude, qui apprivoisent tout. Pour le corps, il n'en est pas de même; car le temps est son plus cruel ennemi. Il est vrai que quand ce dernier est malade on travaille à le guérir, et que les maladies de l'esprit consistent en partie à se livrer à son mal et à ne pas vouloir chercher des remèdes; mais enfin on guérit tout seul, et, en parlant un peu extraordinairement, on peut dire que la jouissance du chagrin l'use, comme elle use le plaisir. Vous ne faites point assez d'usage des forces et des lumières de votre esprit; vous ne songez qu'à vos pertes, sans penser aux ressources qui sont en votre pouvoir. Il faut tenir tête à ses ennemis, dissimuler avec de faux amis, et regarder les hommes comme une fausse monnaie, mais avec laquelle on ne laisse pas que d'acheter de l'amusement et de la distraction. Je suis aussi troublé que vous lorsque je crains un malheur; mais quand il est arrivé, je me soumets à la nécessité, et je ne songe qu'à y remédier ou à ne le pas sentir; car il n'y a point de plus grande folie que... d'être malheureux. C'est une perte irréparable que celle d'un ami de vingt ans, et c'est à cause qu'elle est irréparable qu'on doit s'évertuer et tâcher non de la réparer, mais d'y suppléer. Vous me direz que tout cela se dit, s'écrit, mais reste court dans la pratique. Je soutiens que non, et qu'en s'imprimant fortement cette résolution dans l'esprit, on parvient à effacer les anciennes traces. Vous m'avez envoyé des jérémiades, je vous renvoie des sermons : l'un est aussi triste que l'autre. Au reste, vous avez bien raison de dire que vous seriez folle et injuste de ne pas compter sur moi : oui, madame, je vous serai attaché toujours, toujours; soyez-en sûre.

Rien ne prouve plus que M. D... ne trouve pas les procédés, que de ne vouloir pas entrer en éclaircissement; je le crois un des hommes du monde les plus disposés à se servir de la fausse monnaie, s'il ne l'est pas à en faire.

J'ai reçu une lettre de M. de Stainville de Plombières avec force amitiés.

Adieu, madame, votre lettre m'a touché. J'espère que cela se passera.

LETTRE 117.

MADEMOISELLE DE LESPINASSE A MADAME LA MARQUISE DU DEFFAND,
A MONTMORENCY.

Vendredi, neuf heures[1].

Enfin, madame, j'ai eu de vos nouvelles, et quoiqu'il soit assez simple que je n'en aie reçu qu'aujourd'hui, j'étais prête à me plaindre de ce que vous me faisiez souffrir une privation qui m'était aussi sensible. Si vous pouviez juger de tout ce que votre absence me coûte, cela me vaudrait sinon un second baptême, du moins une seconde agonie. Il est singulier, mais il est pourtant vrai, que c'est un des moments les plus heureux de ma vie que celui de cette agonie, puisque j'ai le bonheur de vous convaincre de la tendresse et de la sincérité de mon attachement. C'est ce même sentiment qui fait que j'apprends avec chagrin que vous ne vous portez pas mieux que quand vous êtes partie ; mais, madame, êtes-vous de bien bonne foi avec vous-même, quand vous dites que vous n'avez rien à vous reprocher? Non, sans doute, vous ne mangez point trop, peut-être même pas assez, mais ne pourrait-on point trouver à redire à l'espèce et à la qualité des choses dont vous mangez? Je vous avoue que je le crains, et je vous assure que c'est après avoir mieux examiné que cet homme qui faisait des représentations à M. le président. Je suis bien flattée, madame, et encore plus touchée, s'il est possible, de la bonté et de l'amitié dont votre lettre est remplie ; vous m'avez fait sentir que la santé n'est pas le premier bien, car s'il est vrai, comme vous voulez bien me le dire, que mon absence vous ait été un peu pénible, j'ai un vrai regret de ne vous l'avoir pas sacrifiée, mais assurément j'aurais été désolée d'avoir pris aujourd'hui des pilules à Montmorency ; jamais je n'en ai été aussi fatiguée et aussi malade. Je ne suis pas sortie de ma chambre, et si je ne suis pas mieux demain, je ne sortirai pas de mon lit, quoique je sois priée à souper chez M. de Boufflers. J'ai l'honneur de vous souhaiter le bon

[1] 1754. (L.)

soir, madame; Dieu veuille que votre nuit soit meilleure que la dernière.

J'ai envoyé *Cassandre* à M. de Clermont; j'ai donné vos ordres à M. Deschamps; non-seulement je ne vous manderai point de nouvelles, mais je ne sais pas même s'il y en a. On conte une belle histoire d'un chat et d'un savetier de la paroisse de Saint-Roch, mais comme elle m'a paru un peu longue, je n'en ai écouté que la moitié, mais j'espère bien qu'elle me reviendra; pour lors, madame, si vous ne la savez point, j'aurai l'honneur de vous la conter moins ennuyeusement, s'il m'est possible, que je ne l'ai entendue aujourd'hui. J'avais bien envie de vous nommer les gens que j'avais vus, mais, madame, vous choisiriez et nommeriez le conteur. Voyons donc cependant si vous ne vous méprendrez *point :* j'ai vu M. Bourgelat; *j'ai vu* M. de Condom; *j'ai vu* M. d'Ussé; *j'ai vu* mademoiselle Sanadon. Non, madame, celui que vous pensiez n'y était point.

LETTRE 118.

LA MÊME A LA MÊME.

A Montmorency, samedi, trois heures.

Je sors de chez mademoiselle de Courton, où j'ai dîné avec mademoiselle Sanadon : elles m'ont chargée, madame, l'une et l'autre, de vous faire mille très-humbles compliments. Mademoiselle de Courton va partir pour Grosbois, et mademoiselle Sanadon va venir aux Tuileries avec moi.

Il me tarde bien d'apprendre que votre nuit a été meilleure. Vous voyez bien que je n'avais pas tort de dire que vous aviez quelques reproches à vous faire; du gâteau, de la médecine et de la brioche ne sont pas faits pour votre estomac.

Non, madame, je n'oublierai point ce que vous avez ordonné pour lundi, et je ferai de mon mieux pour vous mener M. d'Alembert; je dois le voir aujourd'hui, et même passer une partie de la soirée avec lui chez madame de Boufflers; c'est ce qui fait que j'ai l'honneur de vous écrire à l'heure qu'il est, pour ne pas déranger l'ordre établi d'aller tous les matins à l'hôtel de Luxembourg. Je suis bien reconnaissante des bontés de madame la duchesse de Boufflers, et je regrette bien de n'être pas à portée de cultiver celles de mademoiselle Amélie.

Vous savez bien que madame de Châtillon est accouchée d'une fille.

Voilà cette histoire que je vous ai promise, madame.

Samedi, à une heure après minuit.

Il est trop tard pour conter; je sors de chez madame de Boufflers où j'ai soupé, ou plutôt ont soupé MM. les abbés Erfai et Bon, M. Turgot, M. d'Alembert et madame de Bezons. La soirée a été très-gaie, je suis persuadée que vous vous seriez divertie. Je suis bien trompée si l'abbé Bon ne vous plaisait beaucoup; il m'a paru d'une conversation facile, raisonnable, avec une gaieté douce et un bon ton; vous vous moquerez de moi d'oser juger, mais, madame, je proteste contre la décision, ainsi vous me pardonnerez.

Je vais sans doute vous surprendre en vous apprenant que M. d'Alembert part demain pour Saint-Martin pour ne revenir que jeudi. On ne lui a point demandé s'il voulait faire ce voyage, on lui a dit qu'il le fallait, et en conséquence madame de Boufflers dit qu'elle l'enlève demain. Il m'a fait promettre de vous mander qu'il avait beaucoup de regret au voyage de Montmorency, car il comptait bien y venir; il se faisait un grand plaisir d'avoir l'honneur de faire la cour à M. et à madame la maréchale, et il s'afflige, madame, d'être aussi longtemps sans vous voir.

M. de Condom a dû vous remettre les factums pour et contre madame Aliot, j'ai pensé que vous pourriez en être curieuse; je vous supplie de vouloir bien ne les pas prêter, parce que je ne les ai point lus, et que je dois les rendre. Il est bien heureux (et je vous en fais mon compliment) que madame la maréchale ait abandonné le projet du voyage de Lorraine; j'espère que vous en profiterez et qu'elle n'y substituera point d'autres absences. J'ai dit à M. Deschamps ce que vous lui ordonniez. Je vais me coucher, il est un peu tard, ayant un bain et une messe dans ma matinée.

Je relis ma lettre, et je ne comprends pas ce qui a pu me porter à vous parler de madame de Châtillon. Vous savez mieux que moi la séparation de madame la duchesse de Grammont; je l'ai apprise ce soir à l'hôtel de Gouffier.

LETTRE 119.

M. DE FORMONT A MADAME LA MARQUISE DU DEFFAND.

Rouen, 17 juin [1].

Vous m'avez fait un plaisir inexprimable, madame, en ayant eu la bonté de m'apprendre sur-le-champ la pension de d'Alembert. Je serais charmé de voir les lettres et les réponses. J'aime à voir tout ce qui vient de lui et qui a rapport à lui; car c'est toujours une raison de plus pour l'aimer. Je serais bien fâché, comme vous, s'il prenait fantaisie à la cour d'avoir la dignité d'ordonner qu'il refusât cette pension; mais, si j'étais le roi, pour m'apprendre à m'en aviser le premier, je défendrais de la recevoir, et j'en donnerais une double.

Je suis ravi que vous vous soyez si bien divertie à votre dernier mercredi : cela prouve que votre santé va bien. Vous n'aviez pas besoin de moi à un pareil souper; mais moi et bien d'autres auraient grand besoin d'en trouver quelquefois qui y ressemblassent. Au reste, je suis bien déchu de ma gloire pour la santé : en moins de huit jours j'ai eu deux migraines; la dernière a été une des plus fortes que j'aie eues depuis un an. L'appétit ne va point. Je vais reprendre les eaux de Cauterets. Comme je n'ai pas eu trop de confiance dans la prospérité, ainsi je ne me décourage pas : tout cela se remettra.

Permettez-moi de faire mille remerciments ici à madame de Clermont[2], de la bonté qu'elle a de se souvenir de moi. Je lui demande, un mercredi par mois, de se rappeler que je suis encore au monde, et je lui promets de penser qu'elle en est l'ornement, tous les jours de ma vie.

Madame de Mirepoix était donc de semaine, puisqu'elle n'était point là? M. de Bulkley est-il à Calais? vous écrit-il souvent? Faites-lui mention de moi. Permettez-moi de faire ici un petit mot à d'Alembert. Qu'est-ce donc que cette nouvelle péronnelle?

« Madame du Deffand, mon cher ami, vous montrera ce que je pense et ce que je sens sur la pension que vous accorde le roi de Prusse. Tant que vous recevrez ses pensions à Paris, je serai bien content de lui et de vous. Madame du Deffand vous

---

[1] 1754. (L.)
[2] Depuis princesse de Beauvau. (A. N.)

fait une très-mauvaise querelle sur ce que vous me parlez des succès de M. l'abbé de Canaye auprès d'elle, sans dire un mot des siens auprès de lui : cela n'allait-il pas sans dire, et n'aurait-ce pas été me traiter trop en provincial que de se croire obligé de m'en informer? Si elle avait bien rencontré, en trouvant que je ressemble un peu à l'abbé de Canaye, tout le bon marché est de mon côté. Quand ce ne serait que ce bon rapport, cela me fait espérer que vous continuerez à m'aimer un peu. Adieu. Vous avez beau être un grand homme que les Salomon du Nord viennent chercher, je ne vous en aimerai pas moins familièrement. Vous avez beau être un chat moral, un chat sauvage, si l'on veut, un chat-huant, je ne vous en aimerai pas moins tendrement. »

LETTRE 120.

LE CHEVALIER D'AYDIE A MADAME LA MARQUISE DU DEFFAND.

Mayac, 27 juin 1754.

Votre dernière lettre, madame, m'a fait encore plus de plaisir que les autres : elle est plus longue ; elle remet sous mes yeux les allures et l'image de presque toutes les personnes qui composent votre société. Elle vous représente si parfaitement vous-même, qu'à tout moment je mourais d'envie de vous embrasser. Il faut pourtant, madame, passer légèrement, et ne pas faire semblant d'entendre quelques articles où vous me paraissez avoir toujours un peu le diable au corps, n'en déplaise à vos prétendues réticences. Je vous avertirai seulement qu'une personne comme vous qui a voulu être dévote et qui (soit dit sans reproches) n'a jamais pu le devenir, doit juger et parler des gens de Dieu avec modestie et révérence; et qu'enfin votre pénétration sur leur compte et sur les sentiments qu'ils m'inspirent est toujours en défaut.

Je ne suis pas surpris que madame de Mirepoix aime la cour : c'est son élément; et si je voulais représenter ce qu'est et ce que doit être une dame de la cour, je la dessinerais sur ce modèle. Nous la verrons donc marcher légèrement et avec dignité dans un chemin où les personnes dont ce n'est pas le métier broncheraient à chaque pas, se rendraient ridicules ou s'aviliraient, sans peut-être arriver à leur but. Elle aura toujours l'air d'être immédiatement la compagnie du maître, parce qu'elle est faite pour cela.

Le bien, madame, que vous dites aussi du prince, son frère [1], me fait beaucoup de plaisir. J'ai naturellement du goût pour lui, et si aux qualités que personne ne lui refuse, et aux agréments qu'il a, il joint encore les vertus consciencieuses, il faut avouer que c'est un homme rare et très-accompli.

J'imagine que la maison que va prendre madame du Châtel, en la rapprochant de vous, cette facilité de vous voir, jointe aux autres convenances, réchauffera encore votre commerce. Est-il bien vrai, madame, qu'elle me fait quelquefois l'honneur de penser à moi? Voilà encore une de ces amorces auxquelles ma modestie ne peut résister; car je désire avec passion d'avoir quelque part à l'estime et à la bienveillance de madame du Châtel.

Que prétend madame de Betz en se vouant au blanc? En est-elle là? est-ce le dernier remède qu'on lui a conseillé? Je serais, en vérité, bien fâché que les médecins n'en trouvassent pas de plus efficace; car c'est une très-bonne femme et que je regretterais beaucoup.

Le président Hénault fait, à mon sens, très-bien de beaucoup se remuer : ce mouvement est utile à sa santé ; d'ailleurs il est sûr de marcher *de conquête en conquête*, et ceux qui ont, comme lui, le talent de s'accommoder de tout et de plaire à tous ne doivent pas être insensibles aux louanges que méritent la facilité de leurs mœurs et la flexibilité de leur esprit. Mais je suis sûr qu'il revient toujours chez vous, madame, avec empressement, et que c'est là qu'il goûte le plus vivement ce qu'a de vrai la maxime que vous établissez : Qu'il faut changer de plaisirs et d'objets. Oui, madame, cela est bon pour quelqu'un qui a beaucoup de jambes et point d'humeurs : mais que feriez-vous d'un homme que la goutte rend si souvent impotent et renfrogné? Nous verrons cela, s'il plaît à Dieu, quelque jour; car n'imaginez pas que je renonce, tant que je respirerai, au dessein d'aller vous faire ma cour. Mais je ne me consolerai point d'avoir manqué l'occasion de passer un été avec notre ami Formont : je partagerais de si bon cœur avec vous le plaisir que donnent sa compagnie, ses rires, ses bons mots! Je n'aurais pas été, entre vous et lui, un personnage inutile. N'est-ce donc rien que d'écouter avec intérêt, de goûter et de rire?

---

[1] Le prince de Beauvau. (L.)

Cette pauvre douairière sans douaire me fait pourtant pitié. Ah! que vous allez trouver cela bien provincial! car l'usage de Paris est de ne point s'arrêter à l'objet principal, quand il est lamentable, et de tourner sa vue sur quelques accessoires, quelques circonstances plaisantes, et de finir toujours par rire de tout. Heureux pays! ce n'est point la misanthropie qui me dicte cette réflexion, c'est au contraire une raison de plus pour désirer de te revoir.

Ce n'est pas sans effort, et sans regret apparemment, que M. d'Alembert a quitté son cabinet, et surtout le vôtre, pour aller à Wesel. Cet acte de reconnaissance qu'il doit au roi de Prusse ne peut manquer de confirmer ce monarque dans les préjugés qu'il a déjà conçus en faveur de notre philosophe. Je souhaite qu'il lui donne de nouvelles marques de son estime et de sa bienveillance.

Voilà une lettre, je pourrais dire une brochure, qu'il faut pourtant finir : elle pourrait vous coûter plus à lire qu'elle ne m'a coûté à écrire; car je ne trouve rien de si doux et de si aisé que de causer avec vous, madame. On n'a besoin ni d'esprit ni d'imagination : il n'y a qu'à répondre ou qu'à suivre le texte intéressant que vous fournissez, et c'est encore plus naturellement, et par un mouvement qui part de mon cœur, que j'ai l'honneur de vous assurer que je vous aime passionnément et que je vous respecte infiniment.

LETTRE 121.

LE PRINCE DE BEAUVAU A MADAME LA MARQUISE DU DEFFAND.

Commercy, 29 juillet 1754.

Madame, il n'y a rien de si agréable que vos lettres; car c'est bien vous qui écrivez comme vous parlez. Aussi suis-je enchanté de ce que vous avez bien voulu me dire le 22, et j'aurais bien voulu y répondre plus tôt; mais je suis condamné à passer encore quelques jours ici, quoique pressé, par des intérêts de toutes les espèces, de retourner à Paris. J'ai chargé madame de Mirepoix, mon agent à la cour, de me jeter à la tête de tous ceux qui peuvent en faire employer d'autres; et comme le maréchal de Belle-Isle vient ici dans très-peu de temps, je ne peux me dispenser de l'attendre pour lui offrir moi-même mon zèle. Cette démarche faite, je ne perdrai pas un moment dans ce pays-ci, et j'entrevois que je pourrai en partir le 6, si tout me succède.

Quelque grands que puissent être les petits cochons, je n'en aurai jamais trouvé de si bons : la sûreté de votre goût était bien établie selon le mien. Au reste, il ne faut pas l'avoir bien fin pour trouver très-mauvaise la cuisine que madame de Mirepoix approuve : elle est bien heureuse, madame, qu'en faveur de quelques charmes vous fassiez grâce à tant de légèreté; mais elle est dans un moment excusable et où la cour doit nécessairement l'emporter. Je crois que tout y est dans une belle fermentation, et même que cela aura gagné Paris. Il n'y a rien de si tendre et par conséquent de plus flatteur que ce que les apparences de guerre me valent de votre part. J'ai très-bien senti, par ce voyage-ci, tout ce que je perdrai aux événements qui me sépareront de vous, et la morale de cela sera toujours de m'en rapprocher tant que je pourrai.

Je ne vous ai chargé de rien, madame, pour madame du Châtel : cela est vrai, et cela serait très-mal si je n'avais pas pour elle un fonds d'attachement et de reconnaissance si solide, qu'il me répond à moi-même de ma sensibilité. C'est une des femmes du monde qui m'a toujours paru rassembler le plus de mérite et d'agrément, et je me tiens bien honoré des bontés qu'elle a pour moi. C'est une bonne affaire pour vous deux, madame, que son changement de quartier; sans cela, j'aurais un peu de regret de sa belle maison.

Je suis très-fâché, d'abord pour vous, ensuite pour moi, du départ de M. de Formont : c'est un homme de bien bonne compagnie que vous perdez. Voulez-vous bien qu'à propos de celle qui vous reste, je présente mes hommages à mademoiselle de Lespinasse?

LETTRE 122.

M. SCHEFFER A MADAME LA MARQUISE DU DEFFAND.

Stockholm, 17 septembre 1754.

Vous conviendrez, madame, que je ne suis pas né pour être heureux. Vous m'avez vu perdre en France le meilleur de mes amis; vous m'avez vu obligé de quitter un pays à qui j'étais attaché par mille liens : aujourd'hui la mort m'enlève une mère, qui, depuis mon retour ici, était ma seule consolation. Les premiers mouvements ne dépendent jamais de nous. J'avoue que cette dernière perte m'a affligé au delà peut-être de ce qui était raisonnable, quand on a eu le bonheur de conserver sa mère jusqu'à l'âge que j'ai, et jusqu'à celui qu'elle avait. Ces réflexions commencent à me rendre un peu plus tranquille. J'ai été surtout honteux de mon abattement, à la vue du courage avec lequel vous supportez votre situation. Mais ce qui achève de m'en donner, c'est l'amitié que vous daignez toujours me conserver, et l'intérêt que vous voulez bien prendre à ce qui me regarde : il est très-vrai, madame, que j'y suis sensible au delà de toute expression. Je vois de plus en plus que tous les autres plaisirs sont moins purs et infiniment moins durables que celui de l'amitié. Je sens que je serais capable de voir de sang-froid, jusqu'à un certain point, tous les autres revers de la vie, pourvu que je ne me visse point abandonné de mes amis. Vous me faites donc un plaisir extrême de m'assurer qu'on ne m'oublie point chez vous. Quant à moi, je ne perds jamais de vue mon retour dans un pays à qui je suis tendrement attaché, et je suis persuadé qu'avec de la constance, avec de la suite dans sa conduite, avec quelque connaissance des hommes et du monde, on ne forme jamais sans succès des projets qui sont dans l'ordre des choses possibles et raisonnables. J'espère qu'on ne trouvera pas qu'un voyage en France soit impossible ni déraisonnable, de quelque côté qu'on l'envisage.

Vous avez eu bien du remuement dans votre ministère : vous avez rappelé votre Parlement, vous voyez votre maison royale affermie par un prince nouveau-né. Vous n'avez pas à vous plaindre de manquer d'événements heureux et agréables. Cependant je m'imagine, madame, que ce qui arrive dans l'intérieur de votre société vous touche infiniment davantage, et, par cette raison, je prends la liberté de vous demander si c'est de votre aveu que M. d'Alembert est allé en Prusse. Il me semble que le caractère de ce savant et sa bonne philosophie devaient le détourner de ce voyage, non pas que je ne sois persuadé qu'il en reviendra tout autrement que Voltaire. Sa bonne tête sera à l'épreuve des caresses qui la tournent à tant d'autres, tout comme son âme sera à l'épreuve de l'intérêt par lequel on cherchera à le tenter ; mais je suis fâché de voir courir après les grands un philosophe qui a si justement censuré le commerce des savants avec eux ; je suis fâché de voir le plus illustre des gens de lettres de notre siècle, assis, à Potsdam, à côté du marquis d'Argens et de ses pareils.

Je n'ose plus guère espérer, madame, que vous me fassiez quelquefois l'honneur de me donner de vos nouvelles. Il est pourtant vrai que je désirerais fort cette faveur, si elle pouvait ne vous rien coûter, et que vous ne sauriez rien accorder à personne qui en fût plus reconnaissant que je ne le serais. Tant que je vivrai, je serai occupé à mériter la continuation de votre souvenir et de vos bontés.

LETTRE 123.

M. DE FORMONT A MADAME LA MARQUISE DU DEFFAND.

Rouen, 4 décembre[1].

Non, madame, je n'ai point été paresseux; je ne vous ai point oubliée. Mais depuis quinze jours j'ai été sans cesse de ma campagne à Rouen pour une petite affaire; ensuite il a fallu déménager pour venir nous établir à Rouen, où je suis arrivé hier.

Je suis enchanté de l'élection de d'Alembert : il semble qu'il ne fallait que le montrer, et que c'était une chose faite. Cependant vous avez eu besoin de tous les talents que vous avez pour la négociation ; mais on n'est plus surpris quand on fait réflexion que vous aviez affaire à l'illustre, à la savante duchesse de Chaulnes. Après avoir eu le succès que chacun sait en Bretagne, elle s'est donnée en spectacle à la Normandie, où elle a acheté une terre ; elle s'y est montrée fort grande dame, fort impertinente, et encore plus ce que vous savez. L'abbé de Boismont commence à trouver qu'il est bien plus aisé de prêcher un carême que de faire longtemps sa cour à madame la duchesse. Il a senti le besoin de troupes auxiliaires ; il a donc fait venir un chanoine de Rouen de ses amis, qui a été parfaitement bien reçu et *à bras ouverts* : il en est revenu avec une belle boîte. Celui-ci ne vise point au bel esprit ; et si elle se donne des mouvements en sa faveur, ce ne sera point pour le faire entrer à l'Académie. Voilà ce que j'ai appris du public, son confident ordinaire.

Puisque d'Alembert est bien aise d'être de l'Académie, il faut qu'il fasse à présent des ouvrages intelligibles au vulgaire. Il a assez travaillé pour être admiré des calculateurs : il est temps

[1] 1754. (L.)

qu'il songe à plaire aux ignorants aimables, pour qui il est fait autant que pour les autres. Je lui ai écrit aujourd'hui, et j'écrirai demain au président.

LETTRE 124.

M. DE MONTESQUIEU A M. LE PRÉSIDENT HÉNAULT.

La Brède, 11 août 1754[1].

Je voudrais bien, monsieur mon illustre confrère, donner trois ou quatre livres de l'*Esprit des lois* pour savoir écrire une lettre comme la vôtre; et pour vos sentiments d'estime, je vous en rends bien d'admiration. Vous donnez la vie à mon âme qui est languissante et morte, et qui ne sait plus que se reposer. Avoir pu vous amuser à Compiègne, c'est pour moi la vraie gloire. Mon cher président, permettez-moi de vous aimer, permettez-moi de me souvenir des charmes de votre société, comme on se souvient des lieux que l'on a vus dans sa jeunesse, et dont on dit : J'étais heureux alors! Vous faites des lectures sérieuses à la cour, et la cour ne perd rien de vos agréments; et moi, qui n'ai rien à faire, je ne puis me résoudre à faire quelque chose. J'ai toujours senti cela : moins on travaille, moins on a de force pour travailler. Vous êtes dans le pays des changements; ici, autour de nous, tout est immobile. La marine, les affaires étrangères, les finances, tout nous semble la même chose. Il est vrai que nous n'avons pas une grande finesse dans le tact. J'apprends que nous avons eu à Bordeaux plusieurs conseillers au Parlement de Paris, qui, depuis le rappel, sont venus admirer les beautés de notre ville, outre qu'une ville où l'on n'est point exilé est plus belle qu'une autre. Mon cher président, je vous aimerai toute ma vie.

MONTESQUIEU.

LETTRE 125.

M. DE FORMONT A M. D'ALEMBERT.

4 décembre[2].

Sous prétexte que vous êtes un des premiers hommes de l'Europe, vous vous donnez donc les airs, monsieur, de l'em-

[1] Et non 1744, comme elle est datée dans l'édition de 1809. (L.)
[2] 1754. (L.)

porter sur un Normand, sur notre Bourdaloue? Vous vous imaginez qu'il n'y a qu'à se présenter à l'Académie pour y être admis; mais il faudrait pour cela qu'il n'y eût pas de duchesse de Chaulnes au monde. Apprenez que, malgré tous vos talents, vous n'auriez pas été reçu seulement à sa cour. Elle pense peut-être qu'il vous en manque quelques-uns qu'elle regarde comme indispensables à un grand homme. Elle a dit que vous n'étiez qu'un enfant: on entend cela; elle croit que, même dans un sérail, vous traîneriez une éternelle enfance. Je ne le crois pas, au moins; et je suis persuadé que vous vous tirerez toujours très-bien de ce que vous entreprendrez, même du compliment que vous allez faire à l'Académie : ce qui me paraît une opération encore plus difficile que celle de contenter une duchesse. Et ces six boules noires? qui sont ces gens-là? Six dévots apparemment, à qui les philosophes font peur; comme si Newton n'avait pas commenté l'*Apocalypse*, et Locke l'*Épître aux Galates*! Le pauvre Trublet va donc retourner à Saint-Malo? Jamais de l'Académie, toujours archidiacre : voilà assurément de quoi empoisonner la vie; et c'est là le cas du refrain de madame du Deffand.

Sérieusement, mon cher ami, je suis ravi qu'on vous ait rendu justice. Je suis fâché, pour l'Académie et pour la nation, que vous n'ayez pas été élu par acclamation; mais celle de toute la France et de toute l'Europe vous en récompensera bien. Je vous embrasse mille et mille fois.

LETTRE 126.

M. DE FORMONT A MADAME LA MARQUISE DU DEFFAND.

Rouen, 29 décembre[1].

Oui, madame, je serai très-sincère en vous disant que le discours de d'Alembert mérite le succès qu'il a eu. Son morceau sur l'éloquence en général et sur celle de la chaire en particulier est très-beau. Il évite, autant qu'il est possible, ces lieux communs dont on ne se lasse point, depuis quatre-vingts ans, de lasser le public; il va droit et vite à ce qu'il faut dire. Mais ce qui me charme, c'est son ton fier et mutin. A la face du public et de la cour, il prêche la tolérance, et contre les inquisiteurs le respect des incrédules; il parle contre les procédés lâches et

[1] 1754. (L.)

les basses intrigues des gens de lettres, en présence des donneurs de boules noires; il peint l'éloquence comme un sentiment profond du vrai et du grand, aux yeux de tous les faiseurs d'épigrammes dont l'Académie est farcie; et enfin, pour marquer sa reconnaissance à l'Académie, il dit qu'il a tant de choses à dire qu'il ne lui dira rien. Je ne sais point à quoi la menue critique s'attachera; peut-être aux transitions qui sont brusques. Il faudra la laisser faire; mais tous les gens de goût conviendront, à ce que je crois, que dans ce discours la raison parle sa vraie langue, c'est-à-dire avec vérité.

LETTRE 127.

LE PRINCE DE BEAUVAU A MADAME LA MARQUISE DU DEFFAND.

Lunéville, 6 juillet 1755.

J'arrive, madame, d'un pays perdu où j'ai passé dix jours à mon régiment, et où j'ai reçu les deux lettres dont vous m'avez honoré. J'ai été charmé des reproches de la première, parce qu'en la recevant je ne les méritais plus, et ils n'auraient jamais pu porter que sur ma circonspection, qui me faisait craindre de vous ennuyer de moi. Mais puisque vous m'encouragez par tant de bontés à vous dire tout ce que je pense pour vous, je vous assure, madame, que vous aurez de mes lettres tant que vous voudrez. Premièrement, je ne pourrai jamais vous remercier assez des vôtres; et puis la réputation de madame de Ma... me fait peur: je n'ai point de Crécy pour m'excuser, ni de chevalier de Laurency pour me défendre; et quelque galant que soit son billet, je lui trouverai toujours le tort de vous l'avoir trop fait attendre. Pour moi, je n'attends plus rien d'elle; elle me traite avec un mépris que je mérite peut-être, mais que j'ai quelque peine à souffrir: ce n'est pas qu'elle ne m'ait écrit une belle lettre, mais c'est qu'elle ne m'en a écrit qu'une; et, comme vous dites, on ne peut pas lui pardonner ses péchés parce qu'elle a beaucoup aimé, ni parce qu'elle a beaucoup écrit.

Quant à mon retour, madame, quoique ce ne soit pas un événement, il faut pourtant le préparer; c'est-à-dire qu'il faut que j'engage le roi de Pologne à me laisser partir, et ma mère à ne pas trouver que je pars trop tôt: c'est à cela que je vais m'appliquer. Je ne peux pas précisément leur donner pour raison qu'il y a des petits cochons qui m'attendent: c'est pourtant une de mes bonnes; mais il faudrait vous connaitre pour la goûter.

Me permettez-vous de vous demander, madame, si M. d'Alembert est revenu de Wesel et ce qu'il pense du roi de Prusse? Il me semble qu'il est intéressant de voir un homme aussi singulier jugé par un homme aussi raisonnable.

Je vous remercie encore une fois, madame, des bontés dont vous me comblez, et je vous assure que je les sentirai toute ma vie. C'est la seule façon dont je puisse répondre aux choses trop flatteuses que vous voulez bien me dire: il faudrait en effet les mériter pour être digne de vous plaire; mais je trouve qu'on peut être fort au-dessous et cependant vous être très-tendrement attaché.

Oserais-je vous prier de faire souvenir quelquefois de moi M. le président Hénault?

LETTRE 128.

MADAME LA MARQUISE DU DEFFAND AU CHEVALIER D'AYDIE[1].

Ce lundi, 14 juillet 1755.

Votre lettre est charmante, mon cher chevalier[2], elle a fait l'admiration de tous ceux à qui je l'ai lue; je vous retrouve tel que vous étiez dans vos plus beaux jours; il serait bien dommage de nous priver de vous; il n'est point encore temps de songer à la retraite. Si toutes choses se passaient suivant l'ordre, je gagnerais la province, tandis que vous reviendriez à Paris; ce ne serait pas cependant mon compte, car tout ce que je désire le plus vivement, c'est de vivre avec vous. Vous trouverez en moi de quoi exercer ce que vous appelez sentiment, et ce que je nomme vertu (car c'est là la méprise que vous me reprochez); je deviens triste, pesante; et ce qui va bien augmenter en moi ces défauts, c'est que mon ami Formont est parti. Il devait rester encore ici un mois; mais il a été contraint d'aller trouver

---

1 *Lettres de mademoiselle Aïssé*, édition Ravenel, p. 216.

2 Cette lettre si charmante et si louée de madame du Deffand et de toute sa société, est malheureusement perdue; son succès aura fait sa perte, et à force de courir de main en main, elle ne sera pas revenue à son adresse. Elle manque dans la *Correspondance inédite de madame du Deffand*, 1809. (*Ravenel.*)

sa mère, qui se meurt. Le président[1] est à Compiègne depuis plus de quinze jours, Dieu sait quand il en reviendra. Je lui ai fait vos compliments; il me charge de vous dire mille choses.

J'ai fait lire votre lettre par d'Alembert à mesdames du Châtel et de Mirepoix. On l'a fait recommencer deux ou trois fois de suite; on ne pouvait s'en lasser: en effet, c'est un chef-d'œuvre. Je la conserverai précieusement toute ma vie, et je vous la ferai relire, quand je serai contente de vous. C'est à vous qu'il appartient de peindre; personne n'a plus que vous le style de sa pensée; c'est-à-dire que vos pensées sont à vous, qu'elles sont originales et que vous n'avez pas besoin d'avoir recours à la recherche de l'expression pour leur donner l'air de la nouveauté. Vous avez réveillé en moi, mon cher chevalier, tout mon engouement pour vous; mais en même temps l'impatience de vous revoir en devient insupportable, et il y aura de la cruauté à vous, si vous ne donnez pas un terme pour vous attendre.

Madame de Mirepoix a senti les louanges que vous lui donnez avec l'esprit et la finesse que vous lui connaissez; elle dit que vous lui faites voir tout le danger de sa situation et qu'elle n'ose espérer de s'en tirer aussi bien que vous le lui promettez. Elle s'est peut-être trop engagée; mais il était difficile d'enrayer, et la vanité des autres était si intéressée à la faire aller en avant, qu'elle ne pouvait ni reculer ni s'arrêter sans risquer de choquer et de déplaire. Enfin, je suis de votre avis. J'espère qu'elle s'en tirera bien, et je le désire de tout mon cœur; c'est la personne sans contredit la plus aimable que j'ai vue de ma vie.

Madame du Châtel est à Courbevoie, chez Bombarde, depuis trois ou quatre jours; elle y restera jusqu'à vendredi, qu'elle vient coucher dans sa nouvelle maison. Je la verrai plus facilement, surtout en hiver; mais pour plus souvent, j'en doute. Vous la connaissez, elle ne laisse point établir une certaine familiarité qui fait l'aisance et le plaisir de la société; on ne peut point passer la soirée chez elle qu'elle n'y invite; mais d'ailleurs elle est charmante, je l'aime passionnément, et il n'y a point de marques d'amitié que je n'en reçoive.

D'Alembert est très-content du roi de Prusse, il lui trouve beaucoup d'esprit, de bonté et de bénignité. Ce sont ses termes. Il voulait l'engager à aller passer quinze jours à Potsdam. Il

---

[1] Le président Hénault. (L.)

s'en est défendu, et le roi ne lui en a pas su mauvais gré. *M. de Nigposem*, envoyé de Prusse[1], a rendu compte ici aux ministres de la conduite de d'Alembert, l'on en est fort content. Il a dit au président Hénault que le roi le traiterait bien ; je l'espère, mais jusqu'à présent il n'a rien touché de sa pension, et il lui en a coûté quatre-vingts louis pour son voyage. Le bailli de Froulay a eu toutes sortes de bontés pour lui ; vous devriez lui en marquer de la reconnaissance.

Mademoiselle de Lespinasse est bien vivement touchée des choses charmantes que vous dites d'elle ; quand vous la connaîtrez davantage, vous verrez combien elle les mérite : chaque jour j'en suis plus contente.

Il me semble, mon cher chevalier, que s'il n'y avait point de Normandie[2] ni de Périgord dans le monde, et que vous fussiez contraint de vivre à Paris, je regretterais moins la lumière, la société : l'amitié peut tenir lieu de tout.

Dans le moment que je vous écris, je suis très-incommodée ; je n'ose vous dire de quoi ; c'est un mal fort douloureux, fort attristant, et dont il me semble que vous vous plaignez quelquefois.

Vous me demandez ce que fait notre abbé[3], il fait ce que faisait le bonhomme Saint-Aulaire à l'âge de quatre-vingt-dix ans. Je crois qu'il pourrait se plaindre des mêmes choses que ce bonhomme se plaignait à vous. Vous en souvenez-vous ? Il trouvait de certaines choses trop grosses et d'autres trop plates. L'abbé ignore que je sache ses déportements ; j'en garde le secret, excepté à vous. Je lui ai dit seulement que je vous manderais ce qu'il faisait, et il ne le craint pas, parce qu'il croit que je l'ignore.

Adieu, mon cher chevalier, il faut que je vous aime autant que je le fais pour pouvoir me résoudre à vous envoyer une si mauvaise lettre ; mais je serais bien fâchée d'être obligée à me rechercher avec vous, et à ne me pas laisser voir telle que je suis.

---

[1] Son vrai nom était le baron de Knyphausen. (*Ravenel.*)

[2] C'est en Normandie qu'allait Formont lorsqu'il quittait madame du Deffand. (*Ravenel.*)

[3] L'abbé d'Aydie ; il était très-voltairien de principes ; et, à ce qu'on entrevoit ici, non moins léger sur le reste. (*Ravenel.*)

LETTRE 129.

LE CHEVALIER D'AYDIE A MADAME LA MARQUISE DU DEFFAND.

Mayac, 29 juillet 1755.

Je l'avais toujours bien ouï dire, madame, qu'il est très-agréable d'être loué par une personne d'esprit, et sur un article où elle est elle-même très-louable. Je vous remercie, madame, de m'avoir fait sentir ce plaisir. Je le trouve en effet délicieux; et c'est avec beaucoup de regret que je pense qu'il me rendrait ridicule, si je le goûtais avec confiance, et sans faire réflexion que je ne dois ce que vous me dites de flatteur qu'à l'excès de vos bontés pour moi.

Je suis très-fâché d'apprendre que M. de Formont est retourné en Normandie. Je conçois le chagrin que vous cause son éloignement, et combien un homme de si bonne compagnie, et si assidu à profiter de la vôtre, mérite que vous le regrettiez. Je le plains, lui, doublement de vous avoir quittée, et d'être rappelé par la maladie de sa mère. Dieu vous devait la consolation que vous donnent les soins de mademoiselle de Lespinasse. Voltaire a très-bien dit que l'amitié multiplie notre être, et supplée à tous nos besoins.

Par mademoiselle de Lespinasse vous retrouvez des yeux; et, ce qui vous est encore plus nécessaire, madame, elle exerce la bonté et la sensibilité de votre cœur. Je me sais bon gré de l'opinion que j'ai d'abord conçue d'elle, et je vous supplie de continuer à me ménager quelque part à sa bienveillance.

Mon bailli m'a mandé la bonne fortune qu'il a eue de trouver M. d'Alembert à Wesel, et de le recevoir après à Vaillempont. J'étais bien sûr que le roi de Prusse, en le voyant, prendrait autant de goût pour sa personne qu'il en avait déjà pour ses ouvrages; mais je suis fâché que Sa Majesté, dans cette occasion, ait oublié que c'est au poids de l'or que les rois donnent aux philosophes qu'on mesure le cas qu'ils font de la philosophie. Nous serions, de notre part, des ingrats, si nous ne le récompensions pas de la constante préférence qu'il nous a donnée, et de la résistance qu'il a faite aux invitations du monarque.

Je crois comme vous, madame, que le voisinage n'est pas un droit dont on doive abuser avec madame du Châtel; mais vous avez tant d'autres titres auprès d'elle! Son indépendance même doit tourner à votre profit. Vous aurez donc le plaisir de la voir souvent, et tout à la fois celui de sentir que c'est autant par son choix que par le vôtre. Il ne m'appartient pas d'avoir les mêmes prétentions que vous : je ne puis néanmoins m'empêcher de me réjouir, en imaginant que quand je serai à Paris, logé si près d'elle, je pourrai lui rendre plus souvent mes respects; car j'ai au moins cela de commun avec vous : j'aime passionnément madame du Châtel, et j'ose aussi me flatter qu'elle a de l'amitié pour moi.

Mon goût et mes vœux pour madame de Mirepoix sont d'accord avec les vôtres. Il me semble qu'elle danse actuellement sur la corde; et, quoique je sois bien persuadé qu'elle ne perdra pas l'équilibre, j'ai beaucoup d'impatience de la voir dans une assiette plus tranquille; mais peut-être serait-elle moins à son aise. Les âmes d'une certaine trempe ne jouissent jamais si heureusement d'elles-mêmes que dans l'agitation et le danger. Le grand Condé n'était de sang-froid qu'au milieu des batailles.

Quant à notre président, madame, c'est l'aide de camp général des ambitieux : il aime à voir de près leurs passions, leurs manœuvres, leur gloire. C'est un spectacle très-digne des considérations d'un philosophe, assez sage pour ne pas entrer trop avant dans la mêlée, et si aimé et si considéré de tous les partis, qu'il est toujours sûr d'être bien traité des vainqueurs.

J'avais fait mon plan, moi, madame, de m'enfoncer dans une vie si obscure, que je pourrais désormais ne songer qu'à manger et à dormir sans souci; mais je m'aperçois que c'est un projet chimérique : il n'y a point d'asile sûr et inaccessible aux peines et aux chagrins. Me voilà aussi troublé par les procès de ma famille que je l'étais par les miens. J'ai avec cela actuellement deux de mes frères malades, et il faut que je coure continuellement de l'un à l'autre.

En vérité, j'abuse de la permission. Je défie toute votre politesse et toute votre patience de résister à l'ennui que doit vous causer l'excès de ma bavarderie. J'en rougis quand je pense que mademoiselle de Lespinasse va s'épuiser à lire tout ce barbouillage. Pardonnez-moi, mademoiselle, c'est la faute de madame, et en votre faveur je vais finir, sans écouter l'envie que je me sens de l'entretenir encore deux autres heures du respect et de l'attachement que j'ai pour elle. Ah! il faut que je vous assure, madame, qu'en vérité vous vous trompez sur les jugements que vous faites de l'abbé : il n'est retenu à Paris que par un maudit procès qu'il a contre ses moines. Si j'étais vindicatif, j'userais de représailles, et rirais à mon tour des ennuis qu'il lui donne; mais je n'en ai pas le courage, et je le plains, surtout s'il ne lui laisse pas le temps de vous faire sa cour aussi souvent qu'il le désire.

LETTRE 130.

MADAME LA MARQUISE DU DEFFAND AU CHEVALIER D'AYDIE[1].

De Paris, ce 3 octobre 1755.

Vous recevrez, mon cher chevalier, par cet ordinaire-ci, l'*Éloge* du président de Montesquieu; c'est par un malentendu que vous ne l'avez pas eu plus tôt. Vous êtes cause que d'Alembert et moi nous nous sommes fort querellés; il croyait m'avoir chargée du soin de vous l'envoyer, et moi j'étais persuadée qu'il m'avait dit qu'il en chargerait le bailli. Je ne doute pas que vous n'en soyez fort content, et que vous ne trouviez notre président aussi parfaitement loué qu'il était digne de l'être. Madame d'Aiguillon dit que c'est son apothéose.

Vous aurez appris la mort de M. le prince de Dombes; elle a été presque subite, mais on vous en aura mandé plus de détails que je ne suis en état de faire. Le roi n'a encore disposé d'aucune de ses charges, et l'on dit que ce ne sera qu'après Fontainebleau. Il me semble que tout se dispose à la paix. Je ne me charge pas des nouvelles publiques. Votre bailli est bien mieux instruit que moi. Je suis inquiète de madame du Châtel. Je soupai avec elle hier au soir chez madame de Betz; ses forces ne reviennent point et elle avait fort mal à la tête. Après les alarmes qu'elle m'a données, je ne saurais être tranquille quand je lui vois la plus petite incommodité; l'idée de sa perte me renverse la tête. Je n'ai nulle nouvelle de madame de Mirepoix; je lui ai envoyé l'*Éloge*, je lui ai écrit deux fois; pas un mot de réponse. La reine revient le 13, et madame de Mirepoix viendra à Paris le lendemain.

Madame de Betz a la jaunisse depuis dix ou douze jours. Pont-de-Veyle a toujours sa fièvre quarte.

Donnez-moi de vos nouvelles souvent, je vous en supplie; priez madame de Nanthia d'en prendre la peine. Vous devriez

---

[1] *Lettres de mademoiselle Aïssé*, édition Ravenel, p. 306, 307.

bien revenir nous trouver. J'ai si peu de temps à jouir de la société de mes amis, elle m'est si nécessaire, qu'il y a de la cruauté à m'abandonner. Soyez sûre que je ne désire rien autant que votre retour. Adieu.

LETTRE 131.

MADAME LA MARQUISE DU DEFFAND A MADAME DE NANTHIA[1].

De Paris, ce 10 octobre 1755.

Notre abbé[2], madame, m'avait annoncé votre lettre, et je l'attendais avec impatience. Je suis charmée de la correspondance que vous voulez bien qui soit entre nous. Le chevalier pourra être paresseux en sûreté de conscience; j'aurai plus souvent de ses nouvelles, et vous vous accoutumerez à avoir un peu de bonté et d'amitié pour moi. C'est de très-bon cœur que je vous offre un petit logement chez moi, et je désire sincèrement que vous l'acceptiez; ce serait le moyen d'être d'accord ensemble; vous ne vous sépareriez point de mon chevalier, et vous ne m'en priveriez pas; j'aurais le plaisir de vivre avec vous, et vous trouveriez chez moi une jeune personne fort empressée à vous plaire, et dont la compagnie vous serait agréable. Ne détournez donc point, madame, le chevalier de revenir ici; mais employez votre crédit sur lui à lui faire trouver bon que vous y veniez avec lui; je ne saurais vous dire à quel point cela me ferait plaisir.

L'abbé m'a raconté quelle était la vie que vous meniez; il n'y a rien de si agréable et de plus délicieux. Je comprends la difficulté qu'il y a d'y renoncer; ne pouvant la partager, j'y porte grande envie. Si j'avais le plus petit prétexte pour y être admise, je n'hésiterais pas un moment à demander une petite chambre à Mayac. Je m'en fais l'idée du séjour d'Astrée. Je m'imagine que M. le comte d'Aydie est le grand druide Adamas; le chevalier, Silvandre; je ne saurais faire de Bousta un Céladon ni un Hylas; pour vous, madame, et mesdames vos cousines, vous êtes Astrée, Diane et Sylvie. Si vous n'avez point lu ce roman-là, vous ne comprendrez rien à tout ce que je vous dis, et je ne vous conseille pas de le lire pour pouvoir m'entendre.

J'ai bien envie de savoir ce que le chevalier pense de l'*Éloge*

---

[1] *Lettres de mademoiselle Aïssé*, édition Ravenel, p. 308, 309, 310, 311.
[2] L'abbé d'Aydie.

du président de Montesquieu. Je me flatte qu'il en aura été content. Nous aurons, je crois, bientôt celui qu'en a fait M. de Maupertuis, mais j'ai peur qu'il ne soit pas séparé du *Recueil* de ses ouvrages, dont on fait une édition à Lyon. Si on l'imprime séparément, je l'enverrai acheter dès qu'il paraîtra. J'ai jugé, par ce que l'abbé m'a dit, que l'on n'a pas été chez vous fort content des *Mémoires* de madame de Staal; ils ont eu beaucoup de succès ici. Dites au chevalier, madame, je vous supplie, que madame du Châtel se porte très-bien; elle espérait, ainsi que moi, le revoir cet hiver, et nous sommes fort affligées l'une et l'autre d'être forcées d'y renoncer.

Madame de Mirepoix est perdue sans ressource; elle ne quitte plus la cour; l'on ne saurait dire d'elle ce que madame d'Autrey disait de M. de Cereste, qu'il avait l'absence délicieuse; elle ne l'a que silencieuse, et si elle n'était pas la plus aimable du monde, elle deviendrait la plus indifférente; rien n'est si prouvé que son peu de sentiment; mais quand on la voit, on n'y peut résister, et, malgré qu'on en ait, on l'aime.

Il court de bien mauvais bruits de certain ministre; j'en aurais eu autrefois beaucoup d'inquiétude, mais d'autres temps, d'autres soins; je ne voudrais aujourd'hui qu'une seule chose, être à Mayac, ou que Mayac fût ici. Il faudrait y admettre mon ami Formont; le chevalier y consentirait bien volontiers.

Voilà bien des paroles oiseuses, mais je dirai avec Fontenelle:

> *Souvent* par des fantômes vains
> La raison *quelquefois* s'égare.

Je finis, madame, en vous assurant que je vous suis tendrement attachée; la meilleure preuve que j'en puisse donner, c'est de vous pardonner de retenir mon chevalier. Ne suivez point l'exemple de sa paresse, et donnez-moi souvent de ses nouvelles et des vôtres.

LETTRE 132.

M. LE MARQUIS D'ARGENS A M. D'ALEMBERT.

Potsdam, 20 novembre 1758[1].

J'ai montré au roi, monsieur, la lettre que vous m'avez fait l'honneur de m'écrire au sujet de M. Toussaint: elle a produit l'effet qu'il était naturel qu'elle produisît. Sa Majesté m'a dit,

---
[1] Datée à tort de 1753 dans l'édition de 1809. (L.)

après l'avoir lue, qu'elle ferait venir, au commencement du printemps, M. Toussaint à Berlin. J'écris en conséquence à M. de Beausobre ; mais quoique je regarde cette affaire comme terminée entièrement, je crois qu'il est à propos de ne la divulguer qu'au moment du départ de M. Toussaint. Vous connaissez les intrigues des cours, il est toujours sage de les éviter, même dans les choses dont la réussite paraît la plus assurée.

Le roi me charge d'une autre commission, dans laquelle il me serait glorieux de pouvoir réussir, c'est de vous engager à venir passer quelques mois à Berlin, puisque vous ne voulez pas y fixer votre demeure : vous pourriez faire ce voyage au commencement de la belle saison. Quoique Sa Majesté connaisse parfaitement votre désintéressement, elle sait qu'il convient à un grand roi de répandre ses bienfaits sur des savants illustres : ainsi elle aura soin de pourvoir aux frais de votre voyage dès que vous m'aurez instruit de votre intention, et je vous prie de me la faire savoir.

Qu'est devenu Voltaire ? On dit qu'il est retiré dans une maison de campagne en Alsace, où il va écrire l'histoire d'Allemagne : elle sera nécessairement dans le goût du *Siècle de Louis XIV*, car il aura encore moins de secours pour cet ouvrage qu'il n'en a eu pour l'autre ; il compilera et abrégera ce qu'ont dit les historiens ; il dira du mal de ces mêmes historiens qu'il aura pillés, et étranglera les matières ; il hasardera quelques anecdotes, dont il ne sera instruit qu'à demi ; il mêlera à cela quelques traits d'épigrammes, et il appellera cet ouvrage l'*Histoire d'Allemagne*.

Pourquoi faut-il que l'auteur de la *Henriade* soit celui du *Temple du Goût*, que celui d'*Alzire* ou de *Zaïre* soit celui des *Éléments de Newton*, et celui de tant de charmantes petites pièces celui de la sèche et décharnée *Histoire du siècle de Louis XIV* ? Quel homme que Voltaire, s'il n'eût voulu être que poëte ! Il a fait plusieurs tentatives pour retourner ici, mais le roi n'a pas voulu entendre parler de lui : il avait employé, pour faire sa paix, la margrave de Bareuth et la duchesse de Saxe-Gotha.

Maupertuis a écrit ici que sa santé était entièrement rétablie : je souhaite que sa tranquillité le soit aussi ; mais du caractère dont il est, j'ai peine à le croire : je crains bien qu'il ne soit éternellement la victime de son amour-propre. Avec un peu plus de douceur, il eût eu à Berlin parmi les gens de lettres le rang de dictateur : il n'a eu que celui de tribun ; il a cabalé et a été la dupe de ses cabales.

Si vous ne venez pas à Berlin ce printemps, je crains bien de n'avoir jamais le plaisir de vous voir : ma santé s'affaiblit tous les jours de plus en plus, et je me dispose à aller faire bientôt mes révérences au Père éternel ; mais tant que je resterai dans ce monde, je serai le plus zélé de vos admirateurs.

LETTRE 133.

M. D'ALEMBERT A M. LE MARQUIS D'ARGENS.

Paris, 1753 [1].

Je suis, monsieur, pénétré au delà de toute expression des marques de bonté dont Sa Majesté me comble sans cesse. Mon tendre et respectueux attachement, et ma reconnaissance qui ne finira qu'avec ma vie, ne peuvent m'acquitter envers elle que bien faiblement : aussi ne doit-elle point douter du désir extrême que j'aurais d'aller lui témoigner des sentiments si vrais et si justes, supérieurs encore à mon admiration pour elle. Heureux si par ces sentiments et ma conduite je pouvais contribuer à effacer, à affaiblir du moins les idées désavantageuses qu'elle a conçues avec justice de quelques hommes de lettres de ma nation ! Mais quand je n'aurais pas, monsieur, de si puissantes raisons pour souhaiter avec empressement de faire ma cour à Sa Majesté et d'aller mettre à ses pieds mes profonds respects, le désir seul de voir un monarque tel que lui serait pour moi un motif plus que suffisant, Je ne prétends pas faire valoir ce désir auprès de Sa Majesté ; il m'est commun avec tout ce qu'il y a de gens en Europe qui pensent : le commerce et l'entretien d'un prince aussi célèbre et aussi rare sont assurément le plus digne objet des voyages d'un philosophe. Je ne désire de vivre, monsieur, que dans l'espérance de jouir de cet avantage ; je ne désirerais d'être riche que pour en jouir souvent, et je n'ai d'autre regret que de ne pouvoir accepter sur-le-champ les offres généreuses et pleines de bonté que Sa Majesté veut bien me faire : mais je me trouve arrêté par des liens qui m'obligent de différer un voyage aussi agréable et aussi flatteur. Ces liens, monsieur, sont les engagements que j'ai pris pour

[1] Cette lettre est datée, dans les *OEuvres de d'Alembert* (édition Bossange), du 22 décembre 1758. (L.)

l'*Encyclopédie*, et qu'il ne m'est possible ni de rompre ni de suspendre. L'ouvrage paraît attirer de plus en plus l'attention du public et même de l'Europe, et mérite par là tous nos soins. Les circonstances où nous nous sommes trouvés et le désir de perfectionner ce dictionnaire le plus qu'il nous est possible, nous ont forcés de retarder la publication de chaque volume; mais nous devons au moins à nos engagements, à l'empressement et à la confiance de la nation, et aux avances considérables des libraires, de ne rien faire qui puisse ajouter de nouveaux obstacles à l'*Encyclopédie*.

Dans cette position, monsieur, je vois avec beaucoup de peine que mon voyage et mon séjour à Berlin seraient nécessairement préjudiciables à cette grande entreprise : les détails immenses de l'exécution demandent indispensablement la présence des deux éditeurs, et me permettent à peine de m'éloigner de Paris à de très-petites distances et pour quelques jours.

S'il était possible, et si j'étais assez heureux pour que des événements que je ne puis prévoir me laissassent libre quelques mois, je profiterais avec ardeur de ce moment de loisir pour aller en faire hommage au roi; mais tout ce que je puis faire dans ma situation présente, c'est d'accélérer, autant qu'il sera en moi, l'édition de l'*Encyclopédie*, et surtout de ne prendre aucun nouvel engagement qui m'empêche de pouvoir allier un jour (et peut-être bientôt) mon plaisir et mon devoir. Le roi seul est capable de me tirer de la retraite où je m'enfonce de plus en plus, et où je me trouve de jour en jour plus tranquille et plus heureux. Le bonheur que j'ai eu de me faire connaître de lui par mes ouvrages est la seule chose qui m'empêche de regretter l'obscurité; je ne veux plus sortir de ma solitude que pour lui, et pour dire ensuite en y rentrant : *C'est maintenant, Seigneur, que vous laissez aller votre serviteur en paix.*

Voilà, monsieur, dans la plus grande sincérité, quelles sont mes dispositions : puis-je me flatter que Sa Majesté voudra bien en être touchée et me conserver les bontés dont elle m'honore? Mon plus grand désir serait de pouvoir en profiter et surtout de m'en rendre digne. Je crains qu'elle n'ait conçu de mes talents une opinion trop favorable; mais elle ne saurait être trop persuadée de mon attachement inviolable pour sa personne : je m'exposerais volontiers au risque de la détromper sur mon esprit, pour l'assurer des sentiments de mon cœur et pour mériter du moins à cet égard une estime aussi précieuse que la sienne, dont je suis infiniment plus jaloux que de ses bienfaits.

J'ai l'honneur d'être, etc.

P. S. J'aurai l'honneur de vous répondre incessamment sur les autres articles de votre lettre; celui dont il s'agit m'a paru mériter une réponse particulière.

LETTRE 134.

MADAME LA MARQUISE DU DEFFAND A M. DE VOLTAIRE.

Sans date[1].

Je croyais que vous m'aviez oubliée, monsieur : je m'en affligeais sans me plaindre, mais la plus grande perte que je pouvais jamais faire, et qui met le comble à mes malheurs, m'a rappelée à votre souvenir. Nul autre que vous n'a si parfaitement parlé de l'amitié; la connaissant si bien, vous devez juger de ma douleur. L'ami que je regretterai toute ma vie me faisait sentir la vérité de ces vers qui sont dans votre discours de *la Modération*.

O divine amitié! félicité parfaite! etc.

Je le disais sans cesse avec délices; je le dirai présentement avec amertume et douleur! Mais, monsieur, pourquoi refusez-vous à mon ami un mot d'éloge? Sûrement, vous l'en avez trouvé digne : vous faisiez cas de son esprit, de son goût, de son jugement, de son cœur et de son caractère. Il n'était point de ces philosophes in-folio qui enseignent à mépriser le public, à détester les grands, qui voudraient n'en reconnaître dans aucun genre, et qui se plaisent à bouleverser les têtes par des sophismes et par des paradoxes fatigants et ennuyeux; il était bien éloigné de ces extravagances : c'était le plus sincère de vos admirateurs, et, je crois, un des plus éclairés. Mais, monsieur, pourquoi ne serait-il loué que par moi? Quatre lignes de vous, soit en vers, soit en prose, honoreraient sa mémoire et seraient pour moi une vraie consolation.

Si vous êtes mort, comme vous le dites, il ne doit plus rester de doute sur l'immortalité de l'âme : jamais sur terre on n'eut tant d'âme que vous en avez dans le tombeau! Je vous crois fort heureux. Me trompé-je? Le pays où vous êtes semble

[1] Novembre 1758. (L.)

avoir été fait pour vous : les gens qui l'habitent sont les vrais descendants d'Ismaël, ne servant ni Baal ni le Dieu d'Israël. On y estime et admire vos talents sans vous haïr ni vous persécuter. Vous jouissez encore d'un fort grand avantage, beaucoup d'opulence, qui vous rend indépendant de tout et vous donne la facilité de satisfaire vos goûts et vos fantaisies. Je trouve que personne n'a si habilement joué que vous : tous les hasards ne vous ont pas été heureux, mais vous avez su corriger les mauvais, et vous avez tiré un bien bon parti des favorables.

Enfin, monsieur, si votre santé est bonne, si vous jouissez des douceurs de l'amitié, le roi de Prusse a raison : vous êtes mille fois plus heureux que lui, malgré la gloire qui l'environne et la honte de ses ennemis.

Le président fait toute la consolation de ma vie ; mais il en fait aussi tout le tourment, par la crainte que j'ai de le perdre. Nous parlons de vous bien souvent. Vous êtes cruel de nous dire que vous ne nous reverrez jamais ! Jamais ! C'est effectivement le discours d'un mort ; mais, Dieu merci, vous êtes bien en vie, et je ne renonce point à l'espérance de vous revoir.

Je me rappelle peut-être un peu trop tard que vous avez été dégoûté d'entretenir un commerce de lettres avec moi ; la longueur de celle-ci va m'exposer aux mêmes inconvénients.

Adieu, monsieur. Personne n'a pour vous plus de goût, plus d'estime, plus d'amitié : il y a quarante ans que je pense de même.

LETTRE 135.

M. DE VOLTAIRE A MADAME LA MARQUISE DU DEFFAND [1].

Aux Délices, 12 janvier 1759.

> Libre d'ambition, de soins et d'esclavage,
> Des sottises du monde éclairé spectateur,
> Il se garda bien d'être acteur,
> Et fut heureux autant que sage.
> Il fuyait le vain nom d'auteur ;
> Il dédaigna de vivre au temple de Mémoire,
> Mais il vivra dans notre cœur :
> C'est sans doute assez pour sa gloire.

[1] La *Correspondance* de Voltaire est dans toutes les bibliothèques. Elle eût donc, reproduite intégralement, inutilement gonflé un recueil dont le plan

Les fleurs que je jette, madame, sur le tombeau de notre ami *Formont* sont sèches et fanées comme moi. Le talent s'en va, l'âge détruit tout. Que pouvez-vous attendre d'un campagnard qui ne sait plus que planter et semer dans la saison ? J'ai conservé de la sensibilité : c'est tout ce qui me reste, et ce reste est pour vous ; mais je n'écris guère que dans les occasions.

Que vous dirais-je du fond de ma retraite ? Vous ne me manderiez aucune nouvelle de la roue de fortune sur laquelle tournent nos ministres du haut en bas, ni des sottises publiques et particulières. Les lettres, qui étaient autrefois la peinture du cœur, la consolation de l'absence et le langage de la vérité, ne sont plus à présent que de tristes et vains témoignages de la crainte d'en trop dire et de la contrainte de l'esprit. On tremble de laisser échapper un mot qui peut être mal interprété : on ne peut plus penser par la poste.

Je n'écris point au président *Hénault* ; mais je lui souhaite, comme à vous, une vie longue et saine. Je dois la mienne au parti que j'ai pris. Si j'osais, je me croirais sage, tant je suis heureux. Je n'ai vécu que du jour où j'ai choisi ma retraite : tout autre genre de vie me serait insupportable. Paris vous est nécessaire ; il me serait mortel : il faut que chacun reste dans son élément. Je suis très-fâché que le mien soit incompatible avec le vôtre, et c'est assurément ma seule affliction.

Vous avez voulu aussi essayer de la campagne ; mais, ma-

---

sagement consciencieux, prétend mériter le titre de *complet*, non à force de ne rien omettre, mais en n'omettant rien d'essentiel. L'excès contraire à cette mesure et à ce choix nous semble, pour la mémoire littéraire qu'il s'agit de faire revivre, un hommage maladroit et un dangereux service. Les éditeurs de *Correspondances* servent moins les intérêts de leur auteur en publiant indistinctement tout ce qui a été écrit, qu'en se bornant à ce qui doit être lu. Nous comprenons l'intérêt et la variété que jettent dans un recueil les *Lettres* de Voltaire, si vives, si alertes et si piquantes. Ne pouvant, après réflexion, nous décider au sacrifice, qui nous avait paru d'abord nécessaire, de toutes les lettres de Voltaire sans exception, nous avons résolu de borner notre reproduction à celles qui répondent à madame du Deffand ou auxquelles elle répond. Celles-là peuvent être utiles, outre leur agrément, et elles éclairent leurs voisines mieux que tout commentaire. Nous renvoyons aux *Œuvres* de Voltaire pour les quelques lettres de 1732 à 1757 dont la réponse par madame du Deffand nous manque, ou qui répondent à des lettres d'elle que nous n'avons pas. Qu'est-ce qu'une *Correspondance* où manquent la demande ou la réponse ? Qu'est-ce qu'une conversation, en effet, dont l'interlocuteur est absent ou invisible ? Un monologue, c'est-à-dire ce qu'il y a de plus ennuyeux au monde. (L.)

dame, elle ne vous convient pas : il vous faut une société de gens aimables, comme il fallait à *Rameau* des connaisseurs en musique. Le goût de la propriété et du travail est d'ailleurs absolument nécessaire dans des terres. J'ai de très-vastes possessions que je cultive. Je fais plus de cas de votre appartement que de mes blés et de mes pâturages; mais ma destinée était de finir entre un semoir, des vaches et des Genevois. Ces Genevois ont tous une raison cultivée. Ils sont si raisonnables qu'ils viennent chez moi, et qu'ils trouvent bon que je n'aille jamais chez eux. On ne peut, à moins d'être madame de Pompadour, vivre plus commodément.

Voilà ma vie, madame, telle que vous l'avez devinée, tranquille et occupée, opulente et philosophique, et surtout entièrement libre. Elle vous est entièrement consacrée dans le fond de mon cœur, avec le respect le plus tendre et l'attachement le plus inviolable.

LETTRE 136.

MADAME LA MARQUISE DU DEFFAND A M. DE VOLTAIRE.

Paris, 1er octobre 1759.

Je me plaignais à vous, monsieur, de ce que je ne savais que lire; eh bien, le gouvernement y a pourvu; on vient de publier dix ou douze édits, qui font bien trois quarts d'heure de lecture; je ne vous en ferai pas le détail, ils ne taxent pas encore l'air que nous respirons; hors cela, je ne sache rien sur quoi ils ne portent. Malgré le profit immense que l'on accorde à ceux qui avanceront les sommes, on craint d'être dans l'impossibilité de les trouver; la vicissitude des choses de ce monde donne un peu de méfiance; ainsi, pour rassurer le public, et lui démontrer combien l'on est content des talents du contrôleur général [1], on vient de lui donner soixante mille livres de rente viagère, dont il y a vingt sur la tête de sa femme.

Quel conseil me donnez-vous? lire l'*Ancien Testament!* c'est donc parce qu'on n'aura pas le moyen de faire le sien? Non, monsieur, je ne ferai pas cette lecture, je m'en tiendrai au respect qu'elle mérite, et auquel il n'y a rien à ajouter; je suis

[1] M. de Silhouette. (L.)

surprise qu'on ose y penser. Savez-vous que je vous trouve encore bien jeune, rien n'est usé pour vous; mais, bon! laissez là les sots et leurs opinions, livrez-vous à vos talents, traitez des sujets agréables ou intéressants; vos voyages, vos séjours, vos observations, vos réflexions sur les mœurs, les usages, les portraits des personnages que vous avez vus, voilà ce qui me ferait grand plaisir. Vos jugements sur les ouvrages seraient surtout ce qui me plairait infiniment, parce que je sens et pense tout comme vous.

Il y a quelques années que j'eus des vapeurs affreuses, et dont le souvenir me donne encore de la terreur; rien ne pouvait me tirer du néant où mon âme était plongée, que la lecture de vos ouvrages. J'ai beaucoup lu d'histoires, mais elles sont épuisées; je n'ai point lu les de Thou, les Daniel, les Griffet, je crois tout cela ennuyeux; je n'aime point à sentir que l'auteur que je lis songe à faire un livre, je veux imaginer qu'il cause avec moi. Sans la facilité, tout ouvrage m'ennuie à la mort. Nos écrivains d'aujourd'hui ont des corps de fer, non pas en fait de santé, mais en fait de style.

Monsieur, vous n'avez point lu les romans anglais; vous ne les mépriseriez pas, si vous les connaissiez. Ils sont trop longs, je l'avoue, et vous faites un meilleur emploi du temps. La morale y est en action, et n'a jamais été traitée d'une manière plus intéressante. On meurt d'envie d'être parfait avec cette lecture, et l'on croit que rien n'est si aisé. Mais je m'aperçois que je suis bien impertinente de vous entretenir de tout ce que je pense; ce serait le moyen de vous dégoûter bien vite d'une correspondance que mon cœur désire, et qui serait un grand amusement pour moi, auquel il faut vous prêter, si vous avez de la bonté et de l'humanité.

Le président (*Hénault*) se porte assez bien, mais il devient bien sourd, ce qui, joint à l'âge qui avance, le rend souvent triste; il est cependant encore quelquefois gai, et alors il est cent fois de meilleure compagnie que ce qu'on appelle aujourd'hui la bonne compagnie. Il n'y a plus de gaieté, monsieur, il n'y a plus de grâces. Les sots sont plats et froids, ils ne sont point absurdes ni extravagants comme ils étaient autrefois. Les gens d'esprit sont pédants, corrects, sentencieux. Il n'y a plus de goût non plus; enfin il n'y a rien, les têtes sont vides, et l'on veut que les bourses le deviennent aussi... Oh! que vous êtes heureux d'être Voltaire! vous avez tous les bonheurs; les talents, qui font l'occupation et la réputation; les richesses, qui font l'indépendance.

Je conçois le goût que vous avez pour les soins domestiques; il y a du plaisir à voir croître ses choux. Est-ce que la basse-cour ne vous occupe pas? je l'aimerais; mais en vérité en voilà assez, il ne faut pas mettre votre patience à bout.

Envoyez-moi, monsieur, quelques brimborions, mais rien sur les prophètes, je tiens pour arrivé tout ce qu'ils ont prédit.

On vient de déclarer M. le duc de Broglie général de l'armée.

LETTRE 137.

M. DE VOLTAIRE A MADAME LA MARQUISE DU DEFFAND.

Aux Délices, 13 octobre 1759.

Il est bien triste, madame, pour un homme qui vit avec vous, d'être un peu sourd; je vous plains moins d'être aveugle. Voilà le procès des aveugles et des sourds décidé : certainement c'est celui qui ne vous entend point qui est le plus malheureux.

Je n'écris à Paris qu'à vous, madame, parce que votre imagination a toujours été selon mon cœur; mais je ne vous passe point de vouloir me faire lire les romans anglais, quand vous ne voulez pas lire l'*Ancien Testament*. Dites-moi donc, s'il vous plaît, où vous trouvez une histoire plus intéressante que celle de Joseph, devenu contrôleur général en Égypte, et reconnaissant ses frères? Comptez-vous pour rien Daniel, qui confond si finement les deux vieillards? Quoique Tobie ne soit pas si bon, cependant cela me paraît meilleur que Tom Jones, dans lequel il n'y a rien de passable que le caractère d'un barbier.

Vous me demandez ce que vous devez lire, comme les malades demandent ce qu'ils doivent manger; mais il faut avoir de l'appétit, et vous avez peu d'appétit avec beaucoup de goût. Heureux qui a assez faim pour dévorer l'*Ancien Testament*! Ne vous en moquez point : ce livre fait cent fois mieux connaître qu'Homère les mœurs de l'ancienne Asie; c'est de tous les monuments antiques le plus précieux. Y a-t-il rien de plus digne d'attention qu'un peuple entier, situé entre Babylone, Tyr et l'Égypte, qui ignore pendant six cents ans le dogme de l'immortalité de l'âme, reçu à Memphis, à Babylone et à Tyr?

Quand on lit pour s'instruire, on voit tout ce qui a échappé lorsqu'on ne lisait qu'avec les yeux.

Mais vous qui ne vous souciez pas de l'histoire de votre pays, quel plaisir prendrez-vous à celle des Juifs, de l'Égypte et de Babylone? J'aime les mœurs des patriarches, non parce qu'ils couchaient tous avec leurs servantes, mais parce qu'ils cultivaient la terre comme moi. Laissez-moi lire l'*Écriture sainte*, et n'en parlons plus.

Mais vous, madame, prétendez-vous lire comme on fait la conversation? prendre un livre comme on demande des nouvelles, le lire et le laisser là; en prendre un autre qui n'a aucun rapport avec le premier, et le quitter pour un troisième? En ce cas, vous n'avez pas grand plaisir.

Pour avoir du plaisir, il faut un peu de passion; il faut un grand objet qui intéresse, une envie de s'instruire déterminée, qui occupe l'âme continuellement : cela est difficile à trouver, et ne se donne point. Vous êtes dégoûtée, vous voulez seulement vous amuser, je le vois bien, et les amusements sont encore assez rares.

Si vous étiez assez heureuse pour savoir l'italien, vous seriez sûre d'un bon mois de plaisir avec l'Arioste : vous vous pâmeriez de joie; vous verriez la poésie la plus élégante et la plus facile, qui orne sans effort la plus féconde imagination dont la nature ait jamais fait présent à aucun homme. Tout roman devient insipide auprès de l'Arioste : tout est plat devant lui, et surtout la traduction de notre Mirabaud.

Si vous êtes une honnête personne, madame, comme je l'ai toujours cru, j'aurai l'honneur de vous envoyer un chant ou deux de la *Pucelle*, que personne ne connaît, et dans lequel l'auteur a tâché d'imiter, quoique très-faiblement, la manière naïve et le pinceau facile de ce grand homme : je n'en approche point du tout; mais j'ai donné au moins une légère idée de cette école de peinture. Il faut que votre ami soit votre lecteur, ce sera un quart d'heure d'amusement pour vous deux, et c'est beaucoup. Vous lirez cela quand vous n'aurez rien à faire du tout, quand votre âme aura besoin de bagatelles; car point de plaisir sans besoin.

Si vous aimez un tableau très-fidèle de ce vilain monde, vous en trouverez un quelque jour dans l'Histoire générale des sottises du genre humain que j'ai achevée très-impartialement. J'avais donné, par dépit, l'esquisse de cette histoire, parce qu'on en avait déjà imprimé quelques fragments; mais je suis devenu depuis plus hardi que je n'étais : j'ai peint les hommes comme ils sont.

La demi-liberté avec laquelle on commence à écrire en France n'est encore qu'une chaîne honteuse. Toutes vos grandes histoires de France sont diaboliques, non-seulement parce que le fond en est horriblement sec et petit, mais parce que les Daniel sont plus petits encore. C'est un bien plat préjugé de prétendre que la France ait été quelque chose dans le monde : depuis Raoul et Eudes, jusqu'à la personne de Henri IV, et au grand siècle de Louis XIV, nous avons été de sots barbares, en comparaison des Italiens, dans la carrière de tous les arts.

Nous n'avons même que depuis trente ans appris un peu de bonne philosophie des Anglais. Il n'y a aucune invention qui vienne de nous. Les Espagnols ont conquis un nouveau monde; les Portugais ont trouvé le chemin des Indes par les mers d'Afrique; les Arabes et les Turcs ont fondé les plus puissants empires; mon ami le czar Pierre a créé, en vingt ans, un empire de deux mille lieues; les Scythes de mon impératrice Élisabeth viennent de battre mon roi de Prusse, tandis que nos armées sont chassées par les paysans de Zell et de Wolfenbuttel.

Nous avons eu l'esprit de nous établir en Canada, sur des neiges, entre des ours et des castors, après que les Anglais ont peuplé de leurs florissantes colonies quatre cents lieues du plus beau pays de la terre; et on nous chasse encore de notre Canada.

Nous bâtissons encore de temps en temps quelques vaisseaux pour les Anglais; mais nous les bâtissons mal; et quand ils daignent les prendre, ils se plaignent que nous ne leur donnons que de mauvais voiliers.

Jugez, après cela, si l'histoire de France est un beau morceau à traiter amplement et à lire.

Ce qui fait le grand mérite de la France, son seul mérite, son unique supériorité, c'est un petit nombre de génies sublimes ou aimables, qui font qu'on parle français à Vienne, à Stockholm et Moscou. Vos ministres, vos intendants et vos premiers commis n'ont aucune part à cette gloire.

Que lirez-vous donc, madame? Le duc d'Orléans, régent, daigna un jour causer avec moi au bal de l'Opéra : il me fit un grand éloge de Rabelais; et je le pris pour un prince de mauvaise compagnie qui avait le goût gâté. J'avais alors un souverain mépris pour Rabelais. Je l'ai repris depuis; et comme j'ai plus approfondi toutes les choses dont il se moque, j'avoue qu'aux bassesses près, dont il est trop rempli, une bonne partie de son livre m'a fait un plaisir extrême. Si vous en voulez faire une étude sérieuse, il ne tiendra qu'à vous; mais j'ai peur que vous ne soyez pas assez savante, et que vous ne soyez trop délicate.

Je voudrais que quelqu'un eût élagué, en français, les *OEuvres philosophiques* de feu milord Bolingbroke : c'est un prolixe personnage, et sans aucune méthode; mais on en pourrait faire un ouvrage bien terrible pour les préjugés, et bien utile pour la raison. Il y a un autre Anglais qui vaut bien mieux que lui : c'est Hume, dont on a traduit quelque chose avec trop de réserve. Nous traduisons les Anglais aussi mal que nous nous battons contre eux sur mer.

Plût à Dieu, madame, pour le bien que je vous veux, qu'on eût pu au moins copier fidèlement le conte du *Tonneau*, du doyen Swift : c'est un trésor de plaisanterie dont il n'y a point d'idée ailleurs. Pascal n'amuse qu'aux dépens des jésuites; Swift divertit et instruit aux dépens du genre humain. Que j'aime la hardiesse anglaise! que j'aime les gens qui disent ce qu'ils pensent! C'est ne vivre qu'à demi, que de n'oser penser qu'à demi.

Avez-vous jamais lu, madame, la faible traduction du faible *Anti-Lucrèce* du cardinal de Polignac? Il m'en avait autrefois lu vingt vers qui me parurent fort beaux : l'abbé de Rothelin m'assura que tout le reste était bien au-dessus. Je pris le cardinal de Polignac pour un ancien Romain, et pour un homme supérieur à Virgile; mais quand son poëme fut imprimé, je le pris pour ce qu'il est : poëme sans poésie, et philosophie sans raison.

Indépendamment des tableaux admirables qui se trouvent dans Lucrèce, et qui feront passer son livre à la dernière postérité, il y a un troisième chant dont les raisonnements n'ont jamais été éclaircis par les traducteurs, et méritent bien d'être mis dans leur jour. Nous n'en avons qu'une mauvaise traduction par un baron des Coutures. Je mettrai, si je vis, ce troisième chant en vers, ou je ne pourrai.

En attendant, seriez-vous assez hardie pour vous faire lire seulement quarante ou cinquante pages de ce des Coutures? Par exemple, livre III, page 281, tome I, à commencer par les mots : *On ne s'aperçoit point;* il y a en marge : *Douzième argument.* Examinez ce douzième argument jusqu'au vingt-septième avec un peu d'attention, si la chose vous parait en valoir la peine.

Nous avons tous un procès avec la nature, qui sera terminé dans peu de temps, et presque personne n'examine les pièces de ce grand procès. Je ne vous demande que la lecture de cinquante pages de ce troisième livre : c'est le plus beau préservatif contre les sottes idées du vulgaire; c'est le plus ferme rempart contre la misérable superstition. Et quand on songe que les trois quarts du sénat romain, à commencer par César, pensaient comme Lucrèce, il faut avouer que nous sommes de grands polissons, à commencer par Joly de Fleury.

Vous me demandez ce que je pense, madame? Je pense que nous sommes bien méprisables, et qu'il n'y a qu'un petit nombre d'hommes répandus sur la terre qui osent avoir le sens commun. Je pense que vous êtes de ce petit nombre; mais à quoi cela sert-il? à rien du tout. Lisez la parabole du Bramin, que j'ai eu l'honneur de vous envoyer; et je vous exhorte à jouir, autant que vous pourrez, de la vie qui est peu de chose, sans craindre la mort qui n'est rien.

Comme vous n'avez guère que des rentes viagères, l'ennuyeux ouvrage dont vous me parlez tombe moins sur vous que sur un autre. Sauve qui peut! Demandez à votre ami, si en 1708 et en 1709 on n'était pas cent fois plus mal : ces souvenirs consolent.

La première scène de la pièce de Silhouette a été bien applaudie : le reste est sifflé; mais il se peut très-bien que le parterre ait tort. Il est clair qu'il faut de l'argent pour se défendre, puisque les Anglais se ruinent pour nous attaquer.

Ma lettre est devenue un livre, et un mauvais livre : jetez-le au feu, et vivez heureuse, autant que la pauvre machine humaine le comporte.

LETTRE 138.

MADAME LA MARQUISE DU DEFFAND A M. DE VOLTAIRE.

Paris, **28** octobre **1759.**

Votre dernière lettre, monsieur, est divine. Si vous m'en écriviez souvent de semblables, je serais la plus heureuse du monde et je ne me plaindrais pas de manquer de lecture ; savez-vous l'envie qu'elle m'a donnée, ainsi que votre parabole du Bramin? c'est de jeter au feu tous les immenses volumes de philosophie, excepté Montaigne, qui est le père à tous ; mais à mon avis, il a fait de sots et ennuyeux enfants.

Je lis l'histoire parce qu'il faut savoir les faits jusqu'à un certain point, et puis parce qu'elle fait connaître les hommes ; c'est la seule science qui excite ma curiosité, parce qu'on ne saurait se passer de vivre avec eux.

Votre parabole du Bramin est charmante, c'est le résultat de toute la philosophie. Je ne sais lequel je préférerais, d'être le Bramin, ou d'être la vieille Indienne. Est-ce que vous croyez que les capucins et les religieuses n'aient pas de grands chagrins? ils ne s'embarrassent pas, si vous voulez, de ce que c'est que leur âme, mais leur âme les tourmente. Toutes les conditions, toutes les espèces me paraissent également malheureuses, depuis l'ange jusqu'à l'huître ; le fâcheux, c'est d'être né, et l'on peut pourtant dire de ce malheur-là que le remède est pire que le mal.

Je lirai ce que vous me marquez de la traduction de *Lucrèce*, mais je ne vous ferai point part de mes réflexions, ce serait abuser de votre patience et me donner des airs *à la Praline* (c'est une expression de madame de Luxembourg) ; je dois me borner à ne vous dire que ce qui peut vous exciter à me parler. Mais, monsieur, si vous aviez autant de bonté que je voudrais, vous auriez un cahier de papier sur votre bureau, où vous écririez dans vos moments de loisir tout ce qui vous passerait par la tête. Ce serait un recueil de pensées, d'idées, de réflexions que vous n'auriez pas encore mis en ordre. C'est de toute vérité qu'il n'y a que votre esprit qui me satisfasse, parce qu'il n'y a que vous en qui une qualité ne soit pas aux dépens d'une autre ; mais je ne veux pas vous louer vif.

Certainement je ne lirai point Rabelais ; pour l'Arioste, je l'aime beaucoup ; je l'ai toujours préféré au Tasse ; celui-ci me paraît une beauté plus languissante que touchante, plus gourmée que majestueuse, et puis je hais les diables à la mort. Je ne saurais vous dire le plaisir que j'ai eu de trouver dans *Candide* tout le mal que vous dites de Milton ; j'ai cru avoir pensé tout cela, car je l'ai toujours eu en horreur. Enfin, quand je lis vos jugements, sur quelque chose que ce puisse être, j'augmente de bonne opinion de moi-même, parce que les miens y sont absolument conformes. Je ne vous parle plus des romans anglais, sûrement ils vous paraîtraient trop longs ; il faut peut-être n'avoir rien à faire pour se plaire à cette lecture, mais je trouve que ce sont des traités de morale en action, qui sont très-intéressants et peuvent être fort utiles ; c'est *Paméla*, *Clarisse* et *Grandisson*; l'auteur est Richardson, il me paraît avoir bien de l'esprit.

Savez-vous, monsieur, ce qui me prouve le plus la supériorité du vôtre et ce qui fait que je vous trouve un grand philosophe? c'est que vous êtes devenu riche. Tous ceux qui disent qu'on peut être heureux et libre dans la pauvreté, sont des menteurs, des fous et des sots.

Ne protégez point, je vous prie, nos projets de finances ; non-seulement ils nous mèneront à l'hôpital, mais ils diminuent les revenus du roi. Depuis l'augmentation du tabac et des ports de lettres, on s'en aperçoit sensiblement, tout le monde se retranche. Il vient de paraître de nouveaux arrêts, qui ordonnent de porter au Trésor royal tous les fonds destinés à rembourser les billets de loterie des fermiers généraux, etc., etc. Enfin on n'a rien oublié de tout ce qui peut absolument détruire le crédit, aussi ne trouverait-on pas aujourd'hui à emprunter un écu ; nous verrons ce que fera le Parlement à sa rentrée.

Le Canada est pris ; M. de Moncalm est tué, enfin la France est madame Job. Avez-vous des nouvelles de votre roi de Prusse? Je serais bien curieuse de voir les lettres que vous en recevez ; je vous promets la plus grande fidélité. Adieu, monsieur.

LETTRE 139.

M. DE VOLTAIRE A MADAME LA MARQUISE DU DEFFAND.

3 décembre (1759).

Je ne vous ai point dépêché, madame, ce vieux chant de la *Pucelle* que le roi de Prusse m'a renvoyé ; unique restitution qu'il ait faite en sa vie. Ses plaisanteries ne m'ont pas paru de saison. Il faut que les lettres et les vers arrivent du moins à propos. Je suis persuadé qu'ils seraient mal reçus immédiatement après la lecture de quelque arrêt du conseil qui vous ôterait la moitié de votre bien, et je crains toujours qu'on ne se trouve dans ce cas. Je ne conçois pas non plus comment on a le front de donner à Paris des pièces nouvelles. Cela n'est pardonnable qu'à moi, dans mon enceinte des Alpes et du mont Jura. Il m'est permis de faire construire un petit théâtre, de jouer avec mes amis et devant mes amis ; mais je ne voudrais pas me hasarder dans Paris avec des gens de mauvaise humeur. Je voudrais que l'assemblée fût composée d'âmes plus contentes et plus tranquilles. D'ailleurs, vous m'apprenez que les personnes qui ont du goût ne vont plus guère aux spectacles, et je ne sais si le goût n'est point changé comme tout le reste, dans ceux qui les fréquentent. Je ne reconnais plus la France ni sur terre, ni sur mer, ni en vers, ni en prose.

Vous me demandez ce que vous pouvez lire d'intéressant ; madame, lisez les *Gazettes*, tout y est surprenant comme dans un roman. On y voit des vaisseaux chargés de jésuites [1], et on ne se lasse point d'admirer qu'ils ne soient encore chassés que d'un seul royaume ; on y voit les Français battus dans les quatre parties du monde ; le marquis de Brandebourg [2] faisant tête tout seul à quatre grands royaumes armés contre lui, nos ministres dégringolant l'un après l'autre comme les personnages de la lanterne magique, nos bateaux plats, nos descentes dans la rivière de la Vilaine. Une récapitulation de tout cela pourrait composer un volume qui ne serait pas gai, mais qui occuperait l'imagination.

Je croyais qu'on donnerait les finances à l'abbé du Resnel ; car puisqu'il a traduit le *Tout est bien* de Pope, en vers, il doit en savoir plus que Silhouette, qui ne l'a traduit qu'en prose. Ce n'est pas que de M. de Silhouette n'ait de l'esprit et même du génie, et qu'il ne soit fort instruit ; mais il paraît qu'il n'a connu ni la nation, ni les financiers, ni la cour ; qu'il a voulu gouverner en temps de guerre, comme à peine on le pourrait faire en temps de paix, et qu'il a ruiné le crédit qu'il cherchait, comptant pouvoir suffire aux besoins de l'État avec un argent qu'il n'avait pas. Ses idées m'ont paru très-belles, mais employées très-mal à propos. Je croyais sa tête formée sur les principes de l'Angleterre, mais il a fait tout le contraire de ce qu'on fait à Londres, où il avait vécu un an chez mon banquier Benezet. L'Angleterre se soutient par le crédit ; et ce crédit est si grand que le gouvernement n'emprunte qu'à quatre pour cent tout au

---

[1] Le 3 septembre 1759, jour anniversaire de l'attentat commis sur Joseph Ier en 1758, six cents jésuites furent expulsés du Portugal. Malagrida ne fut mis à mort qu'en septembre 1761. (*Note de l'éditeur de Voltaire.*)

[2] Le roi de Prusse. (L.)

plus. Nous n'avons pas encore su imiter les Anglais ni en finance, ni en marine, ni en philosophie, ni en agriculture; Il ne manque plus à ma chère patrie que de se battre pour *des billets de confession*, pour des places à l'hôpital, et de se jeter à la tête la faïence *à cul noir* sur laquelle elle mange, après avoir vendu sa vaisselle d'argent. Vous m'avez parlé, madame, de la Lorraine et de la terre de Craon. Vous me la faites regretter, puisque vous prétendez que vous pourriez quelque jour aller en Lorraine. Je me serais volontiers accommodé de Craon, et je m'étais flatté d'avoir l'honneur de vous y recevoir avec madame la maréchale de Mirepoix. Mais ce sont là de beaux rêves.

Ce n'est pas la faute du jésuite Menoux si je n'ai pas eu Craon; je crois que la véritable raison est que madame la maréchale de Mirepoix n'a pas pu terminer cette affaire. Le jésuite Menoux n'est point un sot comme vous le soupçonnez, c'est tout le contraire; il a attrapé un million au roi Stanislas sous prétexte de faire des missions dans des villages lorrains, qui n'en ont que faire; il s'est fait bâtir un palais à Nancy. Il fit croire au goguenard pape Benoît XIV, auteur de trois livres ennuyeux in-folio [1], qu'il les traduisait tous trois; il lui en montra deux pages, en obtint un bon bénéfice dont il dépouilla les bénédictins, et se moqua ainsi de Benoît XIV et de saint Benoît.

Au reste, il est grand cabaleur, grand intrigant, alerte, serviable, ennemi dangereux et grand convertisseur. Je me tiens pour plus habile que lui, puisque, sans être jésuite, je me suis fait une petite retraite de deux lieues de pays à moi appartenantes. J'en ai l'obligation à M. le duc de Choiseul, le plus généreux des hommes. Libre et indépendant, je ne me troquerais pas contre le général des jésuites.

Jouissez, madame, des douceurs d'une vie tout opposée; conversez avec vos amis; nourrissez votre âme. Les charrues qui fendent la terre, les troupeaux qui l'engraissent; les greniers et les pressoirs, les prairies qui bordent les forêts, ne valent pas un moment de votre conversation.

Quand il gèlera bien fort, lorsqu'on ne pourra plus se battre ni en Canada ni en Allemagne; quand on aura passé quinze jours sans avoir un nouveau ministre ou un nouvel édit; quand la conversation ne roulera plus sur les malheurs publics; quand

---

[1] Les *Œuvres de Benoît XIV* étaient déjà plus volumineuses. Elles forment aujourd'hui quinze volumes in-folio. (*Note de l'éditeur de Voltaire.*)

vous n'aurez rien à faire, donnez-moi vos ordres, madame, et je vous enverrai de quoi vous amuser et de quoi me censurer.

Je voudrais pouvoir vous apporter ces pauvretés moi-même et jouir de la consolation de vous revoir; mais je n'aime ni Paris ni la vie qu'on y mène, ni la figure que j'y ferais, ni même celle qu'on y fait. Je dois aimer, madame, la retraite et vous. Je vous présente mon très-humble respect.

LETTRE 140.

MADAME LA MARQUISE DU DEFFAND A M. DE VOLTAIRE.

Paris, 8 février 1760.

Vous comptez avec moi bien ric à ric, monsieur, et vous ne m'écririez jamais si ce n'était en réponse. Depuis votre dernière lettre, j'ai presque toujours été malade. J'aurais eu grand besoin que vous eussiez pris soin de moi; tout ce qui me vient de vous me tire de la léthargie qui devient presque mon état habituel; jamais vos lettres ni vos ouvrages ne peuvent arriver mal à propos, je vous trouve le seul homme vivant qui soit sur terre; tout ce qu'on lit, tout ce qu'on entend, est semblable aux commentateurs de votre *Temple du goût,* qui disent ce qu'on pensa, mais qui ne pensent point; enfin tout ceci ressemble aux limbes. Au nom de Dieu, tirez-moi de mon ennui, et soyez sûr que quand même on attaquerait les rentes viagères, vos lettres et vos ouvrages ne m'en feraient pas moins plaisir.

On m'a dit qu'on travaillait à une nouvelle édition de toutes vos œuvres, et qui sera plus complète que celle que vous avez donnée en dernier lieu; mandez-moi si cela est vrai. Comme je n'ai point eu cette dernière, j'attendrai celle-là; ce n'est point vous, à ce qu'on dit, qui la faites faire; mais ne pourrez-vous pas toujours avoir soin qu'elle soit bien faite?

Je vous dirai que je suis très-convaincue que *la Mort et l'Apparition du père Berthier* n'est pas de M. Grimm, ni de quelque autre à qui l'on en a donné le blâme, et à qui, moi, je n'en fais pas honneur; j'ai porté mon jugement sur cette petite brochure, et vous prendriez vous-même une peine inutile en voulant m'en faire revenir. Pour *la Femme qui a raison,* vous savez de qui elle est, et je ne le devine pas.

Nous avons les *Poésies* du roi de Prusse; j'en ai lu très-peu de chose, et je vous prie de ne me point condamner à en lire davantage.

Si vous reveniez dans ce pays-ci, monsieur, vous ne le reconnaîtriez pas. Je suis réellement fâchée que vous n'ayez point acheté Craon; le projet de vous y voir n'aurait point été une chimère. Madame de Mirepoix aurait été ravie de faire ce marché avec vous, ce n'est point sa faute s'il n'a pas réussi. Elle trouve le portrait que vous m'avez fait du père de Menoux très-exact et très-fidèle.

Je comprends très-aisément que vous ne regrettiez point ce pays-ci; mais je vous prie d'avoir assez bonne opinion de moi pour comprendre combien je vous regrette. Vous seriez bien nécessaire pour empêcher la perte totale du goût.

Je ne vous parle point des affaires publiques et politiques; les gazettes vous en instruisent : vous voyez comme tout cela va. L'apparition de M. Silhouette détruit le crédit, et semble avoir ôté toute ressource. On nous menace tous les jours d'impôts terribles, mais on ne sait comment s'y prendre pour les établir. Mais qu'est-ce que tout cela nous fait, pour quatre jours qu'il nous reste à vivre? Il ne s'agit que de se bien porter, et de ne point s'ennuyer; c'est à vous seul que j'ai recours pour ce dernier article; vous êtes le seul saint devant qui je brûle ma chandelle. Au nom de Dieu, envoyez-moi tout ce que vous faites, tout ce que vous avez fait que je ne connais pas, et tout ce que vous ferez; soyez sûr que je n'en mésuserai pas; ma société est fort circonscrite, et ce n'est qu'à elle que je fais part de vos lettres et de ce qui me vient de vous.

J'ai trouvé la petite histoire du Bramin dans une maison; vous l'avez envoyée ou donnée à d'autres qu'à moi. On m'a parlé aussi d'un dialogue d'un jésuite et d'un bramin; on m'a promis de me le faire avoir.

Je vous prie, monsieur, de m'accorder toute préférence; je vous paraîtrai bien vaine, mais je ne puis m'empêcher de vous dire que je la mérite. Je suis accoutumée à votre ton, à votre style, et j'éprouve tous les jours que, quoique fort inférieure en lumière à ceux avec qui je raisonne, j'ai le goût plus sûr qu'eux.

Adieu, monsieur, c'est assez me louer; vous m'apprendrez si j'ai tort ou raison, par la façon dont vous me traiterez. N'aurons-nous pas incessamment la *Vie du Czar*?

LETTRE 141.

M. DE VOLTAIRE A MADAME LA MARQUISE DU DEFFAND.

18 février (1760).

L'éloquent Cicéron, madame, sans lequel aucun Français ne peut penser, commençait toujours ses lettres par ces mots : « Si vous vous portez bien, j'en suis bien aise; pour moi, je me porte bien. »

J'ai le malheur d'être tout le contraire de Cicéron : si vous vous portez mal, j'en suis fâché; pour moi, je me porte mal. Heureusement je me suis fait une niche dans laquelle on peut vivre et mourir à sa fantaisie. C'est une consolation que je n'aurais pas eue à Craon, auprès du R. P. Stanislas et de *Frère Jean des Entommeures* de Menou[1]. C'est encore une grande consolation de s'être formé une société de gens qui ont une âme ferme et un bon cœur; la chose est rare, même dans Paris. Cependant j'imagine que c'est à peu près ce que vous avez trouvé.

J'ai l'honneur de vous envoyer quelques rogatons assez plats par M. Bouret. Votre imagination les embellira. Un ouvrage quel qu'il soit est toujours assez passable quand il donne occasion de penser.

Puisque vous avez, madame, les *Poésies* de ce roi qui a pillé tant de vers et tant de villes, lisez donc son *Épître au maréchal Keith*, sur la mortalité de l'âme; il n'y a qu'un roi, chez nous autres chrétiens, qui puisse faire une telle épître. Maître Joly de Fleury assemblerait les chambres contre tout autre et on lacérerait l'écrit scandaleux; mais apparemment qu'on craint encore des aventures de Rosbach, et qu'on ne veut pas fâcher un homme qui a fait tant de peur à nos âmes immortelles. Le singulier de tout ceci est que cet homme, qui a perdu la moitié de ses États et qui défend l'autre par les manœuvres du plus habile général, fait tous les jours encore plus de vers que l'abbé Pellegrin. Il ferait bien mieux de faire la paix, dont il a, je crois, tout autant de besoin que nous.

J'aime encore mieux avoir des rentes sur la France que sur la Prusse. Notre destinée est de faire toujours des sottises et de

---

[1] Le *Frère des Entommeures* est le principal acteur dans le chapitre XXVII du livre Ier de *Gargantua* (L.)

nous relever. Nous ne manquons presque jamais une occasion de nous ruiner et de nous faire battre; mais au bout de quelques années, il n'y paraît pas. L'industrie de la nation répare les balourdises du ministère. Nous n'avons pas aujourd'hui de grands génies dans les beaux-arts, à moins que ce ne soit M. Le Franc de Pompignan[1] et M. l'évêque son frère; mais nous aurons toujours des commerçants et des agriculteurs. Il n'y a qu'à vivre, et tout ira bien.

Je conçois que la vie est prodigieusement ennuyeuse quand elle est uniforme; vous avez à Paris la consolation de l'histoire du jour, et surtout la société de vos amis; moi j'ai ma charrue et des livres anglais, car j'aime autant les livres de cette nation que j'aime peu leurs personnes. Ces gens-là n'ont, pour la plupart, du mérite que pour eux-mêmes. Il y en a bien peu qui ressemblent à Bolingbroke; celui-là valait mieux que ses livres; mais pour les autres Anglais, leurs livres valent mieux qu'eux.

J'ai l'honneur de vous écrire rarement, madame; ce n'est pas seulement ma mauvaise santé et ma charrue qui en sont cause; je suis absorbé dans un compte que je me rends à moi-même par ordre alphabétique[2] de tout ce que je dois penser sur ce monde-ci et sur l'autre, le tout pour mon usage et peut-être, après ma mort, pour celui des honnêtes gens. Je vais dans ma besogne aussi franchement que Montaigne va dans la sienne; et si je m'égare, c'est en marchant d'un pas un peu plus ferme.

Si nous étions à Craon, je me flatte que quelques-uns des articles de ce *Dictionnaire* d'idées ne vous déplairaient pas; car je m'imagine que je pense comme vous sur tous les points que j'examine. Si j'étais homme à venir faire un tour à Paris, ce serait pour vous faire ma cour; mais je déteste Paris sincèrement et autant que je vous suis attaché. Songez à votre santé, madame; elle sera toujours précieuse à ceux qui ont le bonheur de vous voir et à ceux qui s'en souviennent avec le plus grand respect.

---

[1] Élu en septembre 1759 par l'Académie française. Il prononça son discours de réception le 10 mars 1760. (L.)

[2] Le *Dictionnaire philosophique*. (L.)

LETTRE 142.

MADAME LA MARQUISE DU DEFFAND A M. DE VOLTAIRE.

Paris, 24 mars 1760.

Ce que vous appelez vos rogatons, monsieur, m'ont fait un grand plaisir; vous devriez bien m'envoyer des articles du dictionnaire de vos idées, cela serait délicieux, et c'est cela qui me ferait penser. Vous devriez bien aussi un peu plus répondre aux questions que je vous fais; mais vous ne me croyez pas digne de votre confiance et vous avez tort; il n'y a peut-être personne au monde, pas même votre ami d'Argental, qui soit plus votre prosélyte que moi; jugez, moyennant cela, l'estime que j'ai pour MM. de Pompignan. Je n'ai point lu le discours de l'Académie, je n'ai pu m'y résoudre; il suffit de l'ennui qu'on ne peut éviter, il est fou d'en aller chercher.

On nous donne des tragédies, des romans abominables, et qui ne laissent pas d'avoir des admirateurs; le goût est perdu. J'aurais une grande joie de vous revoir, et j'aurais le courage de vous aller chercher, si je n'étais pas condamnée, par le malheur de mon état, à une vie sédentaire. Je ne suis à mon aise que dans les lieux que je connais : j'ai un très-joli logement, fort commode; je ne sors que pour souper, je ne découche jamais, et je ne fais point de visites. Ma société n'est pas nombreuse, mais je suis persuadée qu'elle vous plairait, et que si vous étiez ici, vous en feriez la vôtre. J'ai vu pendant quelque temps plusieurs savants et gens de lettres; je n'ai pas trouvé leur commerce délicieux. J'irais volontiers aux spectacles s'ils étaient bons, mais ils sont devenus abominables; l'Opéra est indigne, et la comédie ne vaut guère mieux; elle est fort peu au-dessus d'une troupe bourgeoise, et le jeu naturel que M. Diderot a prêché a produit le bon effet de faire jouer Agrippine avec le ton d'une harengère. Ni mademoiselle Clairon, ni M. Lekain ne sont de vrais acteurs; ils jouent tous d'après leur naturel et leur état, et non pas d'après celui du personnage qu'ils représentent. Le comique vaut mieux : mademoiselle Dangeville est excellente, et Préville charmant, quoiqu'un peu uniforme. Nous avons eu en dernier lieu une tragédie nouvelle, *Spartacus*, de M. Saurin; elle ne vaut pas la critique; enfin, de tous nos auteurs nouveaux, en y comprenant M. de Pompignan, c'est Châteaubrun[1], sans contredit, celui que j'aime le mieux; s'il n'a pas plus de génie que les autres, du moins il a plus de bon sens et un peu plus de goût.

Vous ne voulez donc point me dire si l'on fait une nouvelle édition de vos ouvrages? Vous m'allez trouver bien impertinente; mais je vous prie de corriger un vers de la *Henriade*, c'est dans le portrait de Catherine de Médicis :

> Possédant en un mot, pour n'en pas dire plus,
> Les défauts de son sexe et peu de ses vertus.

Il me semble qu'on ne dit point *posséder des défauts*.

Envoyez-moi quelques articles de votre dictionnaire, je vous le demande à deux genoux; ayez soin de mon amusement; je suis l'âme la plus délaissée du purgatoire de ce monde-ci. Soyez persuadé que, si je pouvais vous voir, je ferais volontiers cent lieues pour vous aller entendre. Souvenez-vous que je suis votre plus ancienne connaissance, et les vieilles connaissances valent mieux que les nouveaux amis. Enfin, monsieur, je voudrais vous persuader d'avoir beaucoup d'attention pour moi; mais je crains de n'y pas réussir. J'aurais tout l'avantage, et vous n'y en trouveriez aucun si l'estime la plus parfaite et l'amitié la plus tendre que je vous ai vouées pour ma vie ne pouvaient pas me servir de compensation.

LETTRE 143.

M. DE VOLTAIRE A MADAME LA MARQUISE DU DEFFAND.

Aux Délices, 12 d'avril 1760.

Je ne vous ai envoyé, madame, aucune de ces bagatelles dont vous daignez vous amuser un moment. J'ai rompu avec le genre humain pendant plus de six semaines; je me suis enterré dans mon imagination; ensuite sont venus les ouvrages de la campagne et puis la fièvre; moyennant tout ce beau

---

[1] Jean-Baptiste Vivien de Châteaubrun était né à Angoulême en 1686. En 1753 il fut reçu membre de l'Académie française, et mourut à Paris en 1775, à l'âge de quatre-vingt-neuf ans. Sa première tragédie, *Mahomet*, parut en 1714; et quarante ans après, il donna les *Troyennes*, pièce qui, dans le temps, eut un grand succès, et est restée au théâtre. Le rôle d'Andromaque de cette dernière tragédie était un des rôles les plus favorables au talent de la célèbre mademoiselle Gaussin. (A. N.)

régime, vous n'avez rien eu et probablement vous n'aurez rien de quelque temps.

Il faudra seulement me faire écrire : « Madame veut s'amuser, elle se porte bien, elle est en train, elle est de bonne humeur, elle ordonne qu'on lui envoie quelques rogatons; » et alors on fera partir quelques paquets scientifiques, ou comiques, ou philosophiques, ou poétiques, selon l'espèce d'amusement que voudra madame, à condition qu'elle les jettera au feu dès qu'elle se les sera fait lire.

Madame était si enthousiasmée de *Clarisse*, que je l'ai lue, pour me délasser de mes travaux, pendant ma fièvre. Cette lecture m'allumait le sang. Il est cruel pour un homme aussi vif que je le suis, de lire neuf volumes entiers, dans lesquels on ne trouve rien du tout, et qui servent seulement à faire entrevoir que mademoiselle Clarisse aime un débauché nommé M. Lovelace. Je disais : Quand tous ces gens-là seraient mes parents et mes amis, je ne pourrais m'intéresser à eux. Je ne vois dans l'auteur qu'un homme adroit, qui connaît la curiosité du genre humain, et qui promet toujours quelque chose de volume en volume, pour les vendre. Enfin, j'ai rencontré Clarisse dans un mauvais lieu, au dixième volume, et cela m'a fort touché.

La *Théodore* de P. Corneille, qui veut absolument entrer chez la Fillon, par un principe de christianisme, n'approche pas de Clarisse, de sa situation et de ses sentiments; mais excepté le mauvais lieu où se trouve cette belle Anglaise, j'avoue que le reste ne m'a fait aucun plaisir, et que je ne voudrais pas être condamné à relire ce roman : il n'y a de bon, ce me semble, que ce qu'on peut relire sans dégoût.

Les seuls bons livres de cette espèce sont ceux qui peignent continuellement quelque chose à l'imagination, et qui flattent l'oreille par l'harmonie. Il faut aux hommes musique et peinture, avec quelques petits préceptes philosophiques entremêlés de temps en temps avec une honnête discrétion. C'est pourquoi Horace, Virgile et Ovide plairont toujours, excepté dans les traductions qui les gâtent.

J'ai relu, après *Clarisse*, quelques chapitres de Rabelais, comme le combat de frère Jean des Entommeures, et la tenue du conseil de Picrochole; je les sais pourtant presque par cœur; mais je les ai relus avec un très-grand plaisir, parce que c'est la peinture du monde la plus vive.

Ce n'est pas que je mette Rabelais à côté d'Horace, mais si Horace est le premier des faiseurs de bonnes épîtres, Rabelais, quand il est bon, est le premier des bons bouffons : il ne faut pas qu'il y ait deux hommes de ce métier dans une nation; mais il faut qu'il y en ait un. Je me repens d'avoir dit autrefois trop de mal de lui. Il y a un plaisir bien préférable à tout cela; c'est celui de voir verdir de vastes prairies et croître de belles moissons; c'est la véritable vie de l'homme; tout le reste est illusion.

Je vous demande pardon, madame, de vous parler d'un plaisir qu'on goûte avec ses deux yeux; vous ne connaissez plus que ceux de l'âme. Je vous trouve admirable de soutenir si bien votre état; vous jouissez au moins de toutes les douceurs de la société! Il est vrai que cela se réduit presque à dire son avis sur les nouvelles du jour; il me semble qu'à la longue cela est bien insipide : il n'y a que les goûts et les passions qui nous soutiennent dans ce monde. Vous mettez à la place de ces passions la philosophie, qui ne les vaut pas; et moi, madame, j'y mets le tendre et respectueux attachement que j'aurai toujours pour vous. Je souhaite à votre ami de la santé, et je voudrais qu'il se souvînt un peu de moi.

LETTRE 144.

MADAME LA MARQUISE DU DEFFAND A M. DE VOLTAIRE.

Paris, 16 avril 1760.

Vous ne savez pas, monsieur, pourquoi j'ai l'honneur de vous écrire aujourd'hui? c'est pour vous dire que je suis transportée de joie de ce que vous êtes en vie. Jamais on n'a été plus affligé que je le fus samedi dernier à l'ouverture d'une lettre où l'on m'apprenait que vous étiez mort subitement; je fis un cri, j'eus un saisissement qui sont des preuves bien sûres de tout ce que je pense pour vous : je fus dans ce moment aussi touchée, aussi pénétrée qu'on le peut être de la perte de l'ami le plus intime avec qui l'on passe sa vie. A ce sentiment il s'en joignit mille autres; tout me sembla perdu pour notre nation, tout me parut rentrer dans le chaos, et je vis avec édification que cette nouvelle fit la même impression sur tout le monde. Je ne sais pas si vous avez des ennemis, des envieux, etc., mais je sais bien qu'à la nouvelle de votre mort vous n'aviez plus que des admirateurs; chacun parla dans ce moment suivant sa conscience.

Mais savez-vous ce qui vous serait arrivé si vous étiez mort? Vous auriez eu pour successeur l'évêque de Limoges[1]; il aurait été bien embarrassé de faire de vous un saint. Savez-vous ce qui vous arrivera, si vous ne m'écrivez pas? je vous tiendrai pour mort, et je ferai dire des messes pour le repos de votre âme dans tous les couvents des jésuites; je vous ferai louer, célébrer, canoniser par tous les Pompignan; je vous attribuerai tous les petits écrits que l'on débite dans les maisons sous votre nom, et je ne me révolterai plus, comme j'ai fait jusqu'à cette heure, que tous nos sophistes de philosophes prétendent faire cause commune avec vous. Ces pauvres gens-là sont bien morts de leur vivant, et vous, tout au contraire, vous vivez, et vivrez toujours après votre mort.

Vous êtes le plus ingrat et le plus indigne des hommes, si vous ne répondez point à l'amitié que j'ai pour vous, et si vous ne vous faites pas une obligation et un plaisir d'avoir soin de mon amusement.

Tancrède, *Zulime*, la *Vie du Czar*, le *Recueil* de vos idées, ne verrai-je rien de tout cela?

LETTRE 145.

LA MÊME AU MÊME.

Samedi 5 juillet 1760.

Le président, qui est aux Ormes chez M. d'Argenson, me mande qu'il vient de recevoir de vous une lettre charmante, où vous lui parlez de moi, et où vous vous plaignez de ce que je ne vous écris plus; je suis bien aise que vous vous en soyez aperçu, c'était mon intention. Je vous boudais, mais cette petite agacerie me fait changer de dessein; j'aime mieux vous dire tous les griefs que j'ai contre vous. Vous ne répondez jamais aux choses que je vous écris, aux questions que je vous fais; vous avez l'air de la défiance ou du dédain. On est inondé ici de petites brochures qu'on vous attribue toutes, sous prétexte qu'en effet il y en a quelques-unes de vous. Si vous me traitiez comme vous devez, c'est-à-dire comme votre véritable amie, ne devrais-je pas recevoir de vous-même ce que

---

[1] L'abbé de Coetlosquet. (A. N.)

vous envoyez certainement à d'autres? J'ai pris le parti de nier qu'aucuns de ces ouvrages fussent de vous; ce n'est pas qu'il n'y en ait quelques-uns où je n'aie cru vous reconnaître; mais je désapprouve si fort que vous soyez pour quelque chose dans la guerre des rats et des grenouilles (comme vous la nommez fort bien), que je ne puis consentir à flatter la vanité d'un des deux partis, et même de tous les deux, en vous croyant l'ami des uns, et l'ennemi des autres. J'aurais pourtant été bien aise que vous m'eussiez envoyé le *Pauvre diable;* je ne puis pas parvenir à l'avoir. Voilà madame de Robecq [1] morte, mais elle a trop tardé; six mois plus tôt nous auraient épargné une immensité de mauvais ouvrages; cependant je serais fâchée que nous n'eussions pas *la Vision* [2]. D'ailleurs, monsieur, soyez sûr qu'il n'y a rien de plus ennuyeux, de plus fastidieux, que tous ces écrits et tous leurs auteurs; des cyniques, des pédants, voilà les beaux esprits d'aujourd'hui; votre nom ne devrait jamais se trouver dans leurs querelles. Je trouve aussi que vous avez fait beaucoup trop d'honneur à M. de Pompignan. Si vous reveniez ici, monsieur, je serais bien étonnée si aucun de tous ces gens-là vous paraissait aimable et digne de votre protection. Il y en a d'honnêtes gens, j'en conviens, et même qui ont du goût et de l'esprit, mais nul usage du monde, nulle politesse, nulle gaieté, nul agrément.

Je suis au désespoir de n'avoir pas pu prévoir les malheurs qui me sont arrivés, et de n'avoir pas connu ce que c'était que l'état de la vieillesse avec une fortune des plus médiocres.

---

[1] Cette princesse de Robecq, d'une foi vive et d'une imagination exaltée, voulant rendre un solennel témoignage de sa fidélité et de son dévouement aux principes de la religion chrétienne, auxquels elle s'attachait avec la passion désespérée des dévotes moribondes, avait suscité, créé, animé de sa haine et de sa pieuse malice, le plus spirituel adversaire de l'esprit nouveau et de ses abus. Cet Antechrist des Encyclopédistes, ce monstre narquois, funeste à leur évangile, ce fut Palissot. Sa comédie des *Philosophes*, un des chefs-d'œuvre de la satire dramatique, mit le feu aux esprits, et par ses ardentes invectives, ses audacieuses personnalités, sema la déroute dans le camp des esprits forts. Les incrédules, surpris de voir secouer si rudement leurs idoles, appelèrent Voltaire à leur secours, et pendant qu'il essayait de remettre les rieurs de leur côté, la frêle femme qui avait soufflé, de ses derniers souffles de vie, cette tempête vengeresse et mis le diable au corps à Palissot, s'éteignit pulmonique, à trente-deux ans, en bénissant Dieu de lui avoir laissé voir cette grande victoire. (V. *Journal* de Barbier, t. VII, p. 249-266.) (L.)

[2] *Les Visions de M. Palissot*, pamphlet de l'abbé Morellet contre Palissot. (L.)

J'aurais quitté Paris, je me serais établie en province ; là j'aurais joui d'une plus grande aisance, et je ne me serais pas aperçue d'une grande différence pour la société et la compagnie.

Je ne sais plus que lire. Vous pourriez m'envoyer bien des choses, mais vous ne m'en trouvez pas digne. Je jugerai, par votre réponse, si vous souhaitez véritablement maintenir notre correspondance ; il faut qu'elle soit fondée sur l'amitié et la confiance ; sans cela, ce n'est pas la peine. Je vous aimerai, je vous admirerai toujours ; mais je m'interdirai de vous le dire.

Permettez-moi de finir par un conseil. Lisez la fable du *Rat, de la Grenouille et de l'Aigle*.

LETTRE 146.

M. DE VOLTAIRE A MADAME LA MARQUISE DU DEFFAND.

14 juillet (1760).

Si vous aviez voulu, madame, avoir le *Pauvre Diable*, le *Russe à Paris*, et autres drogues, vous m'auriez donné vos ordres ; vous auriez du moins accusé la réception de mes paquets. Vous ne m'avez point répondu et vous vous plaignez. J'ai mandé à votre ami[1] que vous êtes assez comme les personnes de votre sexe qui font des agaceries, et qui plantent là les gens après les avoir subjugués.

Il faut vous mettre un peu au fait de la guerre des rats et des grenouilles[2] ; elle est plus furieuse que vous ne pensez. Le Franc de Pompignan (page 9) a voulu succéder à M. le président Hénault dans la charge de surintendant de la Reine, et être encore sous-précepteur ou précepteur des Enfants de France, ou mettre l'évêque son frère dans ce poste. Ce *Moïse* et cet *Aaron*, pour se rendre plus dignes des faveurs de la cour, ont fait ce beau discours à l'Académie qui leur a valu les sifflets de tout Paris. Leur projet était d'armer le gouvernement contre tous ceux qu'ils accusaient d'être *philosophes*, de me faire exclure de l'Académie, de faire élire à ma place l'évêque du Puy, et de purifier ainsi le sanctuaire profané. Je n'en ai fait que rire, parce que, Dieu merci, je ris de tout. Je n'ai dit qu'un mot, et ce mot a fait éclore vingt brochures, parmi lesquelles il y en a quelques-unes de bonnes et beaucoup de mauvaises

---

[1] Le président Hénault. (L.)
[2] Sujet de la *Batrachomyomachie*, poëme grotesque attribué à Homère (L.)

Pendant ce temps-là est arrivé le scandale de la comédie des *Philosophes*. Madame de Robecq a eu le malheur de protéger cette pièce et de la faire jouer. Cette malheureuse démarche a empoisonné ses derniers jours. On m'a mandé[1] que vous vous étiez jointe à elle; cette nouvelle m'a fort affligé. Si vous êtes coupable, avouez-le-moi, et je vous donnerai l'absolution.

Si vous voulez vous amuser, lisez le *Pauvre diable* et le *Russe à Paris*. J'imagine que le *Russe* vous plaira davantage, parce qu'il est sur un ton plus noble.

Vous lisez les ordures de Fréron, c'est une preuve que vous aimez la lecture; mais cela prouve aussi que vous ne haïssez pas les combats des rats et des grenouilles.

Vous dites que la plupart des gens de lettres sont peu aimables, et vous avez raison. Il faut être homme du monde avant d'être homme de lettres. Voilà le mérite du président Hénault. On ne devinerait pas qu'il a travaillé comme un bénédictin[2].

Vous me demandez comment il faut faire pour vous amuser. Il faut venir chez moi, madame : on y joue des pièces nouvelles, on y rit des sottises de Paris, et Tronchin guérit les gens quand on a trop mangé. Mais vous vous donnerez bien de garde de venir sur les bords de mon lac: vous n'êtes pas encore assez philosophe, assez détachée, assez détrompée. Cependant vous avez un grand courage, puisque vous supportez votre état; mais j'ai peur que vous n'ayez pas le courage de supporter les gens et les choses qui vous ennuient.

---

[1] C'est d'Alembert, déjà brouillé *in petto* avec madame du Deffand par les intérêts de la philosophie et de mademoiselle de Lespinasse, et qui parlait d'elle, dans ses lettres à Voltaire, avec un cynisme indigne d'elle et de lui. Le bilieux et intolérant *philosophe*, que nous verrons guetter le dernier moment des sages pour leur faire, de gré ou de force, renvoyer ce prêtre qu'il déteste, eût mieux fait d'imiter le bon goût et la réserve de mademoiselle de Lespinasse et de madame du Deffand, qui, quelques années plus tard, définitivement et irréconciliablement ennemies, ne parlaient l'une de l'autre qu'avec décence et modération. Voici la phrase de d'Alembert (6 mai) : « Les protecteurs (femelles) déclarés de cette pièce sont mesdames de Villeroy, de Robecq et du Deffand, votre amie, et ci-devant la mienne. Ainsi la pièce a pour elle des p...... en fonctions et des p...... honoraires. » Tant de fiel peut-il entrer dans l'âme d'un géomètre? (L.)

[2] Avec l'aide et la collaboration de l'abbé Boudot. (L.)

LETTRE 147.

MADAME LA MARQUISE DU DEFFAND A M. DE VOLTAIRE.

Paris, 23 juillet 1760.

Je pourrais vous dire que (*vanité* à part) je ne suis pas parfaitement contente de vous. D'où vient ne m'avoir pas envoyé la *Vanité* ? je l'ai trouvée charmante ; je ne doute pas qu'elle ne soit de vous, et le Pompignan y est encore mieux traité que dans les deux autres pièces. Ce pauvre homme vous devra toute sa célébrité ; sans vous, on n'aurait fait que bâiller en parlant de lui et en lisant ses ouvrages ; il a mérité le traitement qu'il éprouve. Passe pour être fat, mais hypocrite et méchant, c'est trop ; le voilà écrasé sous les montagnes de ridicule que vous entassez sur lui : sa naissance et sa dévotion ne lui feront pas tenter d'escalader ni le ciel ni la cour. Dieu le bénisse ! c'est un sot et un froid personnage.

Je ne sais pas lequel j'aime le mieux de votre *Russe*, ou de votre *Pauvre diable* : celui-ci est plus plaisant, l'autre est plus noble ; je suis fort contente de l'un et de l'autre.

Venons au procès que vous me faites. J'étais en colère contre vous, et au lieu de remerciments, vous n'auriez eu que des reproches, parce que j'appris que vous envoyiez à toutes sortes de gens toutes sortes de nouveautés ; mon amitié en fut blessée ; je vous trouvai coupable du crime d'Ananie et de Saphire ; vous mentiez au Saint-Esprit, et ne pouvant pas vous punir de mort subite, je pris la résolution de ne vous plus écrire. Cela me coûtait beaucoup, et vous pouvez en juger, puisqu'à la première agacerie je suis revenue tout courant à vous.

Je vous aime beaucoup, monsieur, parce que personne en vérité ne me plaît autant que vous, et je suis bien sûre que vous ne plaisez à personne autant qu'à moi.

On vous a donc bien dit du mal de moi ? je passe donc dans votre esprit pour l'admiratrice des Fréron et des Palissot, et pour l'ennemie déclarée des Encyclopédistes ? Je ne mérite ni cet excès d'honneur, ni cette indignité.

Vous me demandez ma confession et vous me promettez votre absolution. Apprenez donc que je ne me suis point jointe à madame de Robecq, qu'à peine je la connaissais, et que je n'ai jamais eu le désir de la connaître davantage. J'ai fort blâmé sa vengeance et le choix de ses vengeurs. J'ai été bien aise du peu de succès de sa comédie, et de la maladresse de son auteur; il n'a pas su rendre ridicules les gens qu'il voulait peindre, il a manqué son objet; en les attaquant sur l'honneur et la probité, il ne leur a pas effleuré l'épiderme. J'ai été à une représentation de cette pièce, je l'ai lue une fois; j'ai dit très-naturellement que je n'en étais pas contente, et qu'à la place des philosophes, j'aurais beaucoup plus de mépris que d'indignation contre un tel ouvrage. Si cela ne paraît pas suffisant, et s'il faut crier *tolle* contre leurs ennemis, j'avoue que je n'ai point pris ce parti, et que je me trouverais très-ridicule d'élever ma voix pour ou contre aucun parti; il n'y a que l'amitié qui puisse engager dans ces sortes de querelles. Il y a quelques années, j'en conviens, que l'amitié m'aurait peut-être fait faire beaucoup d'imprudences; mais pour aujourd'hui, je verrais avec indifférence la guerre des dieux et des géants, à plus forte raison celle des rats et des grenouilles; je lis ce qui s'écrit pour ou contre. Il y a quelques articles de Fréron qui m'ont assez divertie; le mot Encyclopédie, par exemple, qui est, je crois, dans sa quinzième feuille, m'a paru assez plaisant; j'aime mieux son style que celui de l'abbé Desfontaines. Voilà l'aveu de tous mes crimes, j'attends votre *ego te absolvo*. Je finis ce long article par vous dire que je suis bien sûre que si j'étais avec vous, je serais toujours de votre avis, sans que ce fût par la soumission et la déférence qui est due à votre esprit et à vos lumières.

Ah! mon Dieu, monsieur, que je serais aise de passer ma vie aux Délices! Si c'est la philosophie qui donne le dégoût du monde, je suis une grande philosophe. Rien ne me retient ici, et je n'ai pour y rester d'autres raisons que celle de la chèvre: où elle est attachée, il faut qu'elle broute. Cependant si je n'étais pas aveugle, j'irais certainement vous voir; il n'y a rien au monde qui me fît autant de plaisir que d'être avec vous. J'aurais grand besoin de M. Tronchin, si la vie m'était plus chère; mais ce serait une folie à moi de chercher à la prolonger. Eh, mon Dieu, pourquoi? pour éprouver de nouveaux malheurs. Je me contente de rendre les moments présents supportables: je vis avec plusieurs personnes aimables, qui ont de l'humanité, de la compassion; il en résulte l'apparence de l'amitié; je m'en contente, j'écarte la tristesse autant qu'il m'est possible, je me livre à toutes les dissipations qui se présentent; enfin, à tout prendre, je suis moins malheureuse que je ne devrais l'être. Vous ne seriez pas mécontent de moi, si je vous rendais compte de ma façon de penser, et ce serait un grand plaisir que j'aurais. Mais ne nous retrouverons-nous jamais ensemble, monsieur? Cette absence éternelle, ainsi que la perte de mon ami, sont deux malheurs irréparables, et dont je ne me consolerai jamais. Écrivez-moi souvent, et envoyez-moi tout ce que vous ferez. Qu'est-ce que c'est que la sœur du Pot, dont tout le monde parle et que personne n'a vue?

LETTRE 148.

LE MARQUIS DE PAULMY A MADAME LA MARQUISE DU DEFFAND.

Varsovie, 27 juillet 1760.

J'ai reçu avant-hier, madame, la lettre que vous m'avez fait l'honneur de m'écrire le 27 juin. Voilà un début bien sérieux; mais il prouve que les lettres mises un certain jour à la poste à Paris arrivent un mois après à Varsovie. J'ajoute qu'avec tout cela c'est encore la meilleure voie que la poste et la plus simple. J'espère que depuis le 27 juin vous me rendez plus de justice et que vous aurez bien vu que je n'ai pas pris ma résolution de n'écrire qu'en réponse. J'ai reçu, il y a déjà quelque temps, et répondu à cette certaine grande lettre adressée à Vienne. Le président m'a écrit qu'il partait pour les Ormes, et je lui ai écrit, de mon côté, comme si ma lettre devait l'y trouver. J'ai des correspondants si scrupuleux, qu'ils ne m'ont envoyé ni *Visions*, ni *Prière universelle*, ni *Pauvre diable*. Heureusement j'ai trouvé ici-même, à Varsovie, la *Vision*. Cela ne ressemble-t-il pas à l'abbé de Choisy, qui trouva le *Mercure galant* à Batavia? Mais pour la *Prière universelle*, il n'y a ici que des Heures, encore sont-elles en polonais ou en esclavon, parce que, soit dit par parenthèse et pour vous instruire en passant, la moitié du monde en Pologne est juifs, et ceux-là n'ont point d'Heures; et l'autre moitié des chrétiens est du rite grec; mais ces Grecs-là savent ne pas le grec et ils prient Dieu en esclavon, qu'ils ne savent pas non plus; et nous avons encore ici des Arméniens et puis beaucoup de mahométans en Lithuanie, et puis encore quelques pauvres diables de païens, que je voudrais bien qu'on conservât, parce que j'aime les antiquités; mais il n'y a ici que ces pauvres diables-là, ou d'autres, mais point du tout celui de Voltaire. Ne voilà-t-il pas, madame, une belle digression et une belle transition ! Tant y a que je suis ici très-mal fourni des nouveautés, même les plus piquantes et du plus petit volume. Si l'abbé Boudot a quelquefois l'honneur de vous faire sa cour, madame la marquise, en l'absence de l'autre madame la marquise qui est à Caen, faites-en, je vous en prie, des reproches à cet homme de lettres, ou plutôt de livres, pour qui je connais vos bontés.

Parlons plus sérieusement. Le prince de B...[1] s'est fait grand honneur à la bataille, à ce que m'a mandé M. le maréchal de Broglie. Il est arrivé très à propos pour combattre et vaincre. Cet article de la relation ne m'a pas échappé. Vous ne me dites point que madame la maréchale, sa sœur, va en Lorraine : est-ce que cela ne serait pas vrai? J'en serais très-aise pour vous. Quant à moi, qui suis au bout du monde, je suis toujours bien aise d'imaginer mes amis ensemble, contents, s'il se peut, et se souvenant de moi, s'il leur plaît.

Vous me rendez grand service en me mandant des nouvelles ici ; mais je ne suis guère en état de riposter, et vous ne vous y attendez apparemment pas. Cependant je pourrais bien vous intéresser par le récit véritable et très-affligeant de l'état où je vois ici le roi de Pologne et les Saxons qui l'y ont suivi.

Le roi de Prusse brûle Dresde, depuis cinq à six jours, à la barbe de M. le maréchal Daun. Tantôt l'un, tantôt l'autre de nos Saxons apprend que sa maison ou celle de son père, de son frère est ruinée. Les uns se désolent, les autres font bonne contenance, beaucoup se plaignent, et, comme vous jugez bien, le roi et la cour sont fort tristes. Comme il faut tirer de tout parti et morale, offrez ce tableau à ceux qui se plaignent encore de M. Silhouette, de la perte de leur vaisselle et du retard de leurs pensions. Mais je tomberais dans le noir, si je traitais plus longtemps ce chapitre, et j'ai besoin d'être distrait et consolé. Vos lettres me consoleront toujours, et votre amitié, madame, me tiendra toujours lieu de bien des choses ; mais il m'en manque beaucoup.

[1] Beauvau. (L.)

LETTRE 149.

MADAME LA MARQUISE DU DEFFAND AU MARQUIS DE PAULMY.

Paris, 5 septembre 1760.

J'étais en colère contre vous ; votre dernière lettre m'avait déplu ; vous m'y annonciez que vous ne m'enverriez plus rien, vous me reprochiez d'aimer Fréron ; vous me traitiez comme l'amie ou l'alliée des Pompignan et des Palissot ; j'en ai été indignée et on le serait à moins ; mais faisons la paix ; venez, que je vous embrasse.

Je fus avant-hier à la première représentation de *Tancrède*. J'y ai pleuré à chaudes larmes ; j'avais été quelques semaines auparavant à l'*Écossaise*, qui m'avait fait un plaisir extrême. Vous avez balayé notre théâtre de tous les marmousets d'auteurs qui l'avilissaient et le salissaient depuis deux ou trois ans. Je suis folle de vous, et eussiez-vous mille fois plus de torts avec moi, je vous admirerais toujours et n'admirerais que vous, je vous le déclare net ; je ne puis révérer de certaines choses que vous approuvez tant, je suis comme Mardochée :

> Je n'ai devant Aman pu fléchir les genoux,
> Ni lui rendre un honneur que l'on ne doit qu'à vous.

J'entends par Aman, nombre d'auteurs que vous honorez de votre protection et que je trouve fort ennuyeux et fort orgueilleux. Mademoiselle Clairon joue à ravir. Il y a un « *Eh bien, mon père,* » qui remue l'âme depuis le bout des pieds jusqu'à la pointe des cheveux.

Préville est charmant dans le rôle de *Freeport;* enfin, vous m'avez fait rire et pleurer, ce qu'il y avait longtemps qui ne m'était arrivé et que je n'espérais plus ; je vous en fais mille et mille remerciments. Je soupai hier avec Marmontel ; je lui ai parlé de vous sans fin, sans cesse ; il dit que vous vous portez à merveille, et que vous n'êtes point du tout changé. Il n'en est pas ainsi de moi, mais si j'étais avec vous, je prendrais patience. Aurez-vous bien la cruauté de ne me rien envoyer ? Je ne me paye point de vos raisons, ce ne sont que des prétextes.

LETTRE 150.

M. DE VOLTAIRE A MADAME LA MARQUISE DU DEFFAND.

Aux Délices, 12 septembre 1760.

Vous êtes une grande et aimable enfant, madame; comment n'avez-vous pas senti que je pense comme vous [1]? Mais songez que je suis d'un parti, et d'un parti persécuté, qui, tout persécuté qu'il est, a pourtant obtenu à la fin le plus grand avantage qu'on puisse avoir sur ses ennemis, celui de les rendre à la fois ridicules et odieux.

Vous sentez donc ce qu'on doit aux gens de son parti, M. le duc d'Orléans disait qu'il fallait avoir la foi des Bohêmes.

Je ne sais si vous avez vu une lettre de moi au roi de Pologne Stanislas. Elle court le monde. C'est pour le remercier d'un livre qu'il a fait de moitié avec le cher frère Menoux, intitulé : *l'Incrédulité combattue par le simple bon sens.*

Si vous ne l'avez point, je vous l'enverrai, et je chercherai, d'ailleurs, madame, tout ce qui pourra vous amuser, car c'est à l'amusement qu'il faut toujours revenir, et sans ce point-là, l'existence serait à charge. C'est ce qui fait que les cartes emploient le loisir de la prétendue bonne compagnie, d'un bout de l'Europe à l'autre; c'est ce qui fait vendre tant de romans. On ne peut guère rester sérieusement avec soi-même. Si la nature ne nous avait faits un peu frivoles, nous serions très-malheureux; c'est parce qu'on est frivole que la plupart des gens ne se pendent pas.

Je vous adresserai dans quelque temps un exemplaire de l'*Histoire* de toutes les Russies [2]. Il y a une *Préface* à faire pouffer de rire, ce qui vous consolera de l'ennui du livre.

Adieu, madame; je suis malade, portez-vous bien, soyez aussi gaie que votre état le permet, et ne boudez plus votre ancien ami, qui vous est tendrement attaché pour toujours.

[1] Voltaire fait ici allusion à ces médiocrités littéraires, ambitieuses et orgueilleuses que, *pour l'intérêt de la cause*, il se faisait un devoir de protéger, sauf à s'en moquer tout bas. (L.)

[2] *Saggio di lettere sopra la Russia*, d'Algarotti. Ce recueil fut publié à Paris en 1760. (L.)

LETTRE 151.

MADAME LA MARQUISE DU DEFFAND A M. DE VOLTAIRE.

Paris, 20 septembre 1760.

Non, non, monsieur, je ne suis pas une grande enfant; je suis une petite vieille qui ai tous les apanages de la vieillesse, excepté la mauvaise humeur. Je blâme M. de Voltaire quand il s'associe ou plutôt se fait chef d'un parti qui n'a rien de commun avec lui qu'un seul article; car pour la morale et les agréments, il n'y a nulle ressemblance ni conformité : d'ailleurs, si cela vous divertit, vous avez raison, n'en parlons plus.

Dites-moi, je vous prie, pourquoi vous ne répondez jamais à ce que je vous écris? Je vous parle de votre tragédie, de votre comédie, vous ne daignez pas m'en dire un mot. J'ai lieu de croire que mes lettres vous ennuient; j'en serais fâchée, parce que les vôtres me font plaisir. J'attends avec impatience votre histoire du czar; j'ai grand besoin de lecture qui m'amuse; je lis six ou sept heures par jour ou par nuit, et j'ai tout épuisé. J'ai été très-contente de l'histoire des Stuarts [1]; elle est un peu fatigante, mais il y a des morceaux sublimes.

Si vous aviez de l'amitié pour moi, comme vous voulez m'en flatter, vous pourriez m'envoyer beaucoup de choses, j'en suis sûre, mais vous me traitez un peu comme une caillette.

Il arriva hier un courrier qui nous apporta la nouvelle d'un petit avantage que M. de Stainville a remporté sur le prince héréditaire; c'est être débredouillé.

Votre lettre au roi de Pologne est imprimée, je ne crois pas que ce soit par l'ordre du frère Menoux. Adieu, monsieur, je vous aime beaucoup, et je crois que vous ne m'aimez guère.

Le président veut que je vous dise qu'il vous désapprouve infiniment de donner le premier tome de votre histoire du Czar avant le second; je crois effectivement qu'il n'a pas tort, mais si le second nous faisait trop attendre le premier, ne suivez pas son conseil, je suis pressée de vivre.

---

[1] *L'Histoire de la maison de Stuart*, par Hume, traduite en 1760 par l'abbé Prévost. (A. N.)

LETTRE 152.

M. DE VOLTAIRE A MADAME LA MARQUISE DU DEFFAND.

Aux Délices, 27 octobre (1760).

Ceci n'est point une lettre, madame, c'est seulement pour vous demander si vous avez reçu deux volumes de l'ennuyeuse *Histoire de Russie*, l'un pour vous, l'autre pour M. le président Hénault. M. Bouret ou M. Le Normand[1] doit vous avoir fait remettre ce paquet. J'ignore pareillement si M. d'Alembert a reçu le sien. Voulez-vous, madame, avoir la bonté de lui faire demander s'il lui est parvenu? Il vous fait quelquefois sa cour, et je vous en félicite tous deux; vous ne trouverez assurément personne qui ait plus d'esprit, plus d'imagination et plus de connaissances que lui.

Je vous disais, madame, que je ne vous écrirais point, mais je veux vous écrire. J'ai pourtant bien des affaires; un laboureur qui bâtit une église et un théâtre, qui fait des pièces et des acteurs et qui visite ses champs, n'est pas un homme oisif. N'importe, il faut que je vous dise que je viens de crier : Vive le roi! en apprenant que les Français ont tué quatre mille Anglais à coups de baïonnette[2]. Cela n'est pas humain, mais cela était fort nécessaire.

Je ne sais pas si le roi de Prusse aura la vanité de payer régulièrement sa pension à M. d'Alembert; ce serait aux Russes à la payer, sur les huit millions qu'ils viennent de prendre à Berlin. Dieu merci, il ne s'est pas encore passé une semaine sans grandes aventures depuis que j'ai quitté le poëte de *Sans-Souci*; j'ai peur de lui avoir porté malheur. Je souhaite qu'il finisse sa vie aussi sagement et aussi tranquillement que moi; mais il n'en fera rien.

Je n'ai nulle nouvelle du frère Menoux, ni du frère Malagrida, ni du frère Berthier, ni d'Omer de Fleury, ni de Fréron. J'aurai l'honneur de vous envoyer quelque *insolence* le plus tôt que je pourrai.

[1] Directeur général des postes. (L.)
[2] Le marquis de Castries avait mis en fuite, le 16 octobre, aux environs de Wesel, 15,000 Hanovriens commandés par le prince héréditaire de Brunswick, lequel servait sous les ordres du prince Ferdinand, son oncle, général en chef des troupes anglaises et hanovriennes. (*Note de l'éditeur de Voltaire.*)

Prenez toujours la vie en patience, madame, et s'il y a quelques bons moments, jouissez-en gaiement. Je me plains à tout le monde de mademoiselle Clairon, qui a la fantaisie de vouloir qu'on lui mette un échafaud tendu de noir sur le théâtre parce qu'elle est soupçonnée d'avoir fait une infidélité à son fiancé. Cette imagination abominable n'est bonne que pour le théâtre anglais. Si l'échafaud était pour Fréron, encore passe; mais pour Clairon, je ne le puis souffrir.

Ne voilà-t-il pas une belle idée de vouloir changer la scène française en place de Grève? Je sais bien que la plupart de nos tragédies ne sont que des conversations assez insipides, et que nous avons manqué jusqu'ici d'action et d'appareil; mais quel appareil, pour une nation polie, qu'une potence et des valets de bourreau!

Je vous adresse mes plaintes, madame, parce que vous avez du goût, et je vous prie de crier à pleine tête contre cette barbarie. Voilà ma lettre finie; je vais voir mes greniers et mes granges.

Je vous présente mon tendre respect et je vous aime encore plus que mon blé et mon vin: j'ai fait pourtant d'assez bon vin et beaucoup. Je parie, madame, que vous ne vous en souciez guère; voilà comme l'on est à Paris.

LETTRE 153.

MADAME LA MARQUISE DU DEFFAND A M. DE VOLTAIRE.

1er novembre 1760.

Oui, monsieur, j'ai reçu votre beau présent; c'est M. Le Normand qui me l'a envoyé. Je donnai le même jour au président son exemplaire. Vous avez dû recevoir, il y a déjà longtemps, son remercîment. D'Alembert n'a eu votre livre que ces jours-ci. Ne croyez point, je vous prie, que j'ai tort si vous n'avez pas eu de mes nouvelles; mon premier soin fut de lire votre *Préface* et deux ou trois chapitres. Je vous écrivis sur-le-champ, de ma propre main, une lettre de huit pages, et j'employai à cet ouvrage une de mes insomnies. Au réveil de mon secrétaire, je le lui donnai à lire; il n'en put presque rien déchiffrer. Je ne me souvenais plus de ce que j'avais écrit. Je fus si dépitée que je résolus d'attendre, pour vous écrire, que j'eusse entièrement fini votre livre. Ce qui est plaisant, c'est qu'hier, en finissant la dernière page, j'ai reçu votre dernière lettre. C'est immense, monsieur, ce que j'ai à vous dire ; d'abord je vous déclare que vous n'avez ni jugement ni goût, si vous n'êtes pas content de votre *Histoire* ; la préface est charmante ; vous traitez messieurs les faiseurs de recherches comme ils le méritent ; il y a tant de manières d'être ennuyeux, qu'en vérité cela crie vengeance de se mettre à la torture pour en chercher de nouvelles. Je ne pense pas absolument comme vous sur les portraits et anecdotes, mais à l'explication il se trouverait peut-être que nous pensons de même. Les portraits imaginés, et les anecdotes fausses ou falsifiées, font de l'histoire d'indignes romans.

Vos descriptions de l'empire de Russie, les établissements, les réformes, les voyages du czar, tout cela m'a paru admirable. Ce qui regarde la guerre ne m'a pas fait autant de plaisir ; mais c'est que vous aviez tout dit sur cet article dans la *Vie de Charles XII*. Je l'ai reçu en même temps que le czar. Je ne souffre pas qu'on dise qu'il y ait la moindre contradiction.

Je vois, monsieur, que vous êtes fort au fait de ce que je fais ; je voudrais que vous le fussiez aussi bien de tout ce que je pense ; vous ne trouveriez rien à redire, et vous conviendriez que je ne suis point injuste dans les jugements que je porte, ni déraisonnable dans ma conduite. J'ai mis beaucoup d'impartialité dans la guerre des philosophes ; je ne saurais adorer leur encyclopédie, qui peut-être est adorable, mais dont quelques articles que j'ai lus m'ont ennuyée à la mort. Je ne saurais admettre pour législateurs des gens qui n'ont que de l'esprit, peu de talent et point de goût ; qui, quoique très-honnêtes gens, écrivent les choses les plus malsonnantes sur la morale ; dont tous les raisonnements sont des sophismes, des paradoxes. On voit clairement qu'ils n'ont d'autre but que de courir après une célébrité où ils ne parviendront jamais ; ils ne jouiront pas même de la gloriole des Fontenelle et la Motte, qui sont oubliés depuis leur mort ; mais eux, ils le seront de leur vivant ; j'en excepte, à toutes sortes d'égards, M. d'Alembert, quoiqu'il ait été mon délateur auprès de vous ; mais c'est un égarement que je lui pardonne, et dont la cause mérite quelque indulgence ; c'est le plus honnête homme du monde, qui a le cœur bon, un excellent esprit, beaucoup de justesse, du goût sur bien des choses ; mais il y a de certains articles qui sont devenus pour lui affaires de parti, et sur lesquels je ne lui trouve pas le sens commun : par exemple, l'échafaud de mademoiselle Clairon, sur lequel je n'ai pas attendu vos ordres pour me transporter de colère. J'ai dit mot pour mot les mêmes choses que vous me dites, et d'Alembert sera bien surpris quand je lui donnerai à lire votre lettre; ce sera un grand triomphe. Mais, monsieur, apprenez qu'il n'y a plus rien à faire; tout est perdu dans ce pays-ci, tout est en anarchie; chacun se croit le premier dans son genre, et chacun croit posséder tous les genres, et moi je dirai ce qu'un refrain de chanson disait d'un premier ministre de Perse, à son retour d'un exil :

Lui à l'écart, tous les hommes étaient égaux.

Vous avez actuellement avec vous un homme de ma connaissance, M. Turgot; c'est un homme d'esprit, mais qui n'est pas absolument de votre genre.

Comment s'appelle cet homme qui a fait cent cinquante lieues pour vous venir trouver et qui est depuis six mois avec vous? Je l'en estime et l'en aime tant, que je serais presque tentée de lui en faire faire des compliments.

N'oubliez pas que vous me promettez des *insolences*. Au nom de..... tout ce que vous n'aimez pas, ayez soin de mon amusement, et soyez bien persuadé que, hors vous, tout me paraît languissant, fade et ennuyeux. Je crains bien que cette lettre n'ait tous ces défauts.

LETTRE 154.

M. D'ALEMBERT A MADAME LA MARQUISE DU DEFFAND.

Sans-Souci, le 25 juin 1763 [1].

Vous m'avez permis, madame, de *vous donner de mes nouvelles*, et de vous demander des vôtres. Je n'ai rien de plus pressé que d'user de cette permission. Je suis arrivé ici le 22, après un voyage très-heureux et très-agréable. Ce voyage n'a pas même été aussi fatigant que j'aurais pu le craindre, quoi-

---

[1] Nous prenons cette lettre, qui n'est pas dans la *Correspondance inédite* de 1809, aux Œuvres de d'Alembert, édition Bossange, t. V, p. 41. Elle nous a paru importante comme résumant les impressions du philosophe pendant sa visite au roi philosophe, et comme étant la dernière de ce commerce d'abord si intime avec madame du Deffand, et qui s'éteignit si brusquement quand mademoiselle de Lespinasse voulut avoir son salon et déserta Saint-Joseph, suivie de tous ses amis, parmi lesquels d'Alembert a une place à part. (L.)

que j'aie souvent couru jour et nuit; mais le désir que j'avais de voir le roi, et l'ordre de le suivre depuis Gueldres où je l'ai trouvé, jusqu'ici, m'a donné de la force et du courage. Je ne vous ferai point d'éloges de ce prince; ils seraient suspects dans ma bouche. Je vous raconterai seulement deux traits qui vous feront juger de sa manière de penser et de sentir. Quand je lui ai parlé de la gloire qu'il s'est acquise, il m'a dit, avec la plus grande simplicité: qu'il y avait furieusement à rabattre de cette gloire; que le hasard y était presque pour tout, et qu'il aimerait bien mieux avoir fait *Athalie* que toute cette guerre; *Athalie* est en effet l'ouvrage qu'il aime et qu'il relit le plus. Je crois que vous ne désapprouverez pas son goût en cela, comme sur toute œuvre de notre littérature, dont je voudrais que vous l'entendissiez juger. L'autre trait que j'ai à vous dire de ce prince, c'est que le jour de la conclusion de cette paix si glorieuse qu'il vient de faire, quelqu'un lui disant que c'était là le plus beau jour de sa vie: *Le plus beau jour de la vie*, répondit-il, *est celui où on la quitte*. Cela revient à peu près, madame, à ce que vous me dites si souvent: *que le plus grand malheur est d'être né*.

Je ne parlerai point, madame, des bontés infinies dont ce prince m'honore, vous ne pourriez le croire, et ma vanité vous épargne cet ennui. Je ne parlerai point non plus de l'accueil que madame la duchesse de Brunswick, sœur du roi, et toute la maison de Brunswick, a bien voulu me faire; je me contenterai de vous assurer que dans l'espèce de tourbillon où je suis je n'oublie point vos bontés et l'amitié dont vous voulez bien m'honorer; je me flatte de la mériter un peu par mon respectueux attachement pour vous. Comme je sais que rien ne vous ennuie davantage que d'écrire des lettres, je n'ose vous demander de vos nouvelles directement; mais j'espère que mademoiselle de Lespinasse voudra bien m'en donner. J'oubliais de vous dire que le roi m'a parlé de vous, de votre esprit, de vos bons mots, et m'a demandé de vos nouvelles. Je n'ai point encore vu Berlin; mais Potsdam est une très-belle ville; et le château où je suis est de la plus grande magnificence et du meilleur goût. Adieu, madame, conservez votre santé; la mienne est toujours bonne. Oserais-je vous prier de me rappeler au souvenir de M. le maréchal et de madame la maréchale de Luxembourg?

LETTRE 155.

L'AVEUGLE VOLTAIRE A L'AVEUGLE MARQUISE DU DEFFAND.

A Ferney, 19 auguste (car il est trop barbare
d'écrire aoust et de prononcer oût) (1763).

Les gens de notre espèce, madame, devraient se parler au lieu de s'écrire, et nous devrions nous donner rendez-vous aux *Quinze-Vingts*, d'autant plus qu'ils sont dans le voisinage de M. le président Hénault. On m'a mandé qu'il avait été dangereusement malade ces jours passés, mais qu'il se porte mieux. Je m'intéresse bien vivement à votre santé et à la sienne; car enfin il faut que ce qui reste à Paris de gens aimables vive longtemps, quand ce ne serait que pour l'honneur du pays.

Êtes-vous de l'avis de Mécène, qui disait : Que je sois goutteux, sourd et aveugle, pourvu que je vive, tout va bien [1]. Pour moi, je ne suis pas tout à fait de son opinion, et j'estime qu'il vaut mieux n'être pas que d'être si horriblement mal. Mais quand on n'a que deux yeux et une oreille de moins, on peut encore soutenir son existence tout doucement.

J'ai eu grande dispute avec M. le président Hénault au sujet de *François II* [2], et je vous en fais juge.

Je voudrais que quand il se portera bien et qu'il n'aura rien à faire, il remaniât un peu cet ouvrage, qu'il pressât le dialogue, qu'il y jetât plus de terreur et de pitié, et même qu'il se donnât le plaisir de le faire en vers blancs, c'est-à-dire en vers non rimés. Je suis persuadé que cette pièce vaudrait mieux que toutes les pièces historiques de Shakspeare, et qu'on pourrait traiter les principaux événements de notre histoire dans ce goût.

Mais il faudrait pour cela un peu de cette liberté anglaise qui nous manque. Les Français n'ont encore jamais osé dire la vérité tout entière. Nous sommes de jolis oiseaux à qui on a rogné les ailes. Nous voletons, mais nous ne volons pas.

Je vous supplie, madame, de lui dire combien je lui suis attaché. Adieu, madame; je ne sais si nous avons bien joui de

---

[1] Sept vers de Mécène, à ce sujet, ont été conservés par Sénèque (*Épître CI*), et imités par la Fontaine, livre Ier, fable xv. (*Note de l'éditeur de Voltaire.*)

[2] *François II*, roi de France, tragédie en cinq actes et en prose (par le président Hénault), 1747, in-8°. L'auteur en donna en 1768 une deuxième édition enrichie de notes nouvelles. (*Beuchot.*)

la vie, mais tâchons de la supporter. Je m'amuse à entendre sauter, courir, déraisonner mademoiselle Corneille, son petit mari, sa petite sœur, dans mon petit château, pendant que je dicte des commentaires sur *Agésilas* et *Attila*. Et vous, madame, à quoi vous amusez-vous? Je vous présente mon très-tendre respect.

LETTRE 156.

L'AVEUGLE DU DEFFAND AU SOI-DISANT AVEUGLE MAIS TRÈS-CLAIRVOYANT VOLTAIRE.

Paris, 30 septembre 1763.

Je ne vous dirai point pourquoi j'ai tant tardé à vous répondre. Si vous avez appris la mort de madame de Luynes [1], vous avez dû deviner quelles étaient mes raisons; vous en faire le détail serait un grand ennui pour vous et une grande fatigue pour moi. J'aime bien mieux vous raconter ce qui se passa l'autre jour chez le roi de Pologne. La reine y était, la cour était nombreuse, on parla de l'*Instruction pastorale de l'évêque du Puy* [2]; on loua l'ouvrage, on exalta l'auteur. C'est un saint, disait le roi de Pologne; c'est un homme bien savant, disait l'autre. Tout cela est vrai, dit M. le prince de Beauvau, mais il n'aura jamais la célébrité de son frère [3].

Platon est revenu de la cour de Denis; il en dit des merveilles. Il prétend que ce n'est point à ses pieds qu'on doit chercher ses oreilles, enfin il est comblé de gloire, en attendant qu'il soit vêtu de moire.

J'aimerais à la folie avoir une correspondance avec vous, si vous étiez bien aise d'en avoir avec moi, mais vous n'avez jamais rien à me dire; ce n'est que par le public que j'apprends ce que vous pensez, ce que vous dites, ce que vous faites; vous ne me jugez digne d'aucune confiance.

Laissons *François II* tel qu'il est; c'est un genre qu'il est difficile de perfectionner; il est plus court de ne pas l'admettre.

Oh! M. de Voltaire, avez-vous lu M. Thomas? Il devait dire avant son discours : Allons, faquins, il vous faut du sublime!

---

[1] Tante de madame du Deffand. (L.)
[2] L'abbé de Pompignan. (L.)
[3] Le Franc de Pompignan, que Voltaire a rendu célèbre par ses plaisanteries et ses satires. (A. N.)

Je suis indignée de l'éloquence régnante, j'aime mieux le style des halles. La pièce de Saurin[1] vient de tomber à plat.

Adieu, monsieur; ne m'oubliez pas, et envoyez-moi quelque chose qui m'amuse, j'en ai besoin : je péris de langueur et d'ennui.

LETTRE 157.

M. DE VOLTAIRE A MADAME LA MARQUISE DU DEFFAND.

Ferney, 6 janvier (1764).

Je ne m'étonne plus, madame, que vous n'ayez pas reçu la *Jeanne* que je vous avais envoyée par la poste, sous le contreseing d'un des administrateurs. Aucun livre ne peut entrer par la poste, en France, sans être saisi par des commis qui se font, depuis quelque temps, une assez jolie bibliothèque et qui deviendront, en tout sens, des gens de lettres. On n'ose pas même envoyer des livres à l'adresse des ministres. Enfin, madame, comptez que la poste est infiniment curieuse; et à moins que M. le président Hénault ne se serve du nom de la reine[2] pour vous faire avoir une *Pucelle*, je ne vois pas comment vous pourrez parvenir à en avoir des pays étrangers.

Je m'amusais à faire des contes de *Ma mère l'Oie*, ne pouvant plus lire du tout. Je ne suis pas précisément comme vous, madame; mais vous souvenez-vous des yeux de l'abbé de Chaulieu, les deux dernières années de sa vie? Figurez-vous un état mitoyen entre vous et lui; c'est précisément ma situation.

Je pense avec vous, madame, que quand on veut être aveugle, il faut l'être à Paris; il est ridicule de l'être dans une campagne, avec un des plus beaux aspects de l'Europe

On a besoin, absolument dans cet état, de la consolation de la société. Vous jouissez de cet avantage; la meilleure compagnie se rend chez vous et vous avez le plaisir de dire votre avis sur toutes les sottises qu'on fait et qu'on imprime. Je sens bien que cette consolation est médiocre. Rarement le dernier âge de la vie est-il bien agréable; on a toujours espéré assez vainement de jouir de la vie; et à la fin tout ce qu'on peut faire c'est de la supporter. Soutenez ce fardeau, madame, tant que vous

---

[1] *Blanche et Guiscard*. (L.)
[2] Le président Hénault était surintendant de la maison de la Reine. (L.).

pourrez; il n'y a que les grandes souffrances qui le rendent intolérable.

On a encore en vieillissant un grand plaisir qui n'est pas à négliger, c'est de compter les impertinents et les impertinentes qu'on a vus mourir, les ministres qu'on a vu renvoyer, et la foule des ridicules qui ont passé devant les yeux. Si de cinquante ouvrages nouveaux qui paraissent tous les mois il y en a encore un de passable, on se le fait lire, et c'est encore un petit amusement. Tout cela n'est pas le ciel ouvert; mais enfin on n'a pas mieux et c'est un parti forcé.

Pour M. le président Hénault, c'est tout autre chose; il rajeunit, il court le monde, il est gai et il sera gai jusqu'à quatre-vingts ans; tandis que Moncrif et moi nous sommes probablement fort sérieux. Dieu donne ses grâces comme il lui plait.

Avez-vous le plaisir de voir quelquefois M. d'Alembert? Non-seulement il a beaucoup d'esprit, mais il l'a très-décidé et c'est beaucoup; car le monde est plein de gens d'esprit qui ne savent comment ils doivent penser.

Adieu; madame; songez, je vous prie, que vous me devez quelque respect; car si dans le royaume des aveugles les borgnes sont rois, je suis assurément plus que borgne, mais que ce respect ne diminue rien de vos bontés.

Il y a longtemps que je suis privé du bonheur de vous voir et de vous entendre; je mourrai probablement sans cette joie. Tâchons, en attendant, de jouer avec la vie; mais c'est ne jouer qu'à colin-maillard.

LETTRE 158.

MADAME LA MARQUISE DU DEFFAND A M. DE VOLTAIRE.

Paris, 14 janvier 1764.

Oui, oui, monsieur, je vous respecterai comme roi; il ne me manquait plus pour vous que ce genre de respect; je suis fâchée qu'il vous en coûte tant pour l'acquérir.

Vous m'indiquez toutes les sortes de consolations propres à mon état et à mon âge; je conviens qu'il n'y en a point d'autres; mais c'est pour la santé de l'âme ce que sont les infusions de tilleul, de camomille, de bouillon blanc, etc., etc., pour la santé du corps; ce qu'est aussi l'eau bénite contre les tentations du diable. La vieillesse serait supportable si l'on avait à qui parler, mais il me semble que tous les hommes aujourd'hui sont des fous ou des bêtes. Je me dis souvent que c'est peut-être moi qui suis l'un et l'autre, que je suis comme ceux qui ont une jaunisse qui leur fait voir tout jaune; qu'il est impossible que je sois meilleur juge que tous ceux qui ont tant de célébrité : ainsi, après avoir été mécontente de tout le monde, je conclus, je finis par l'être encore plus de moi-même.

Vous voyez que je ne me peins pas avec des couleurs trop favorables, et que je vous donne de moi l'idée d'une vieille bien triste, bien atrabilaire et bien ennuyeuse. Rabattez-en, je vous prie, quelque chose, et croyez que si je passais quelques heures avec vous, j'aurais autant de gaieté que j'en avais dans ma jeunesse.

Je vois assez souvent d'Alembert; je lui trouve, ainsi que vous, beaucoup d'esprit.

Le président se porte à merveille; son goût pour le monde ne s'affaiblit point : il est toujours fort recherché, parce qu'il est toujours fort aimable, mais il devient bien sourd. Il rendrait la reine encore plus sourde que lui, s'il lui nommait la *Pucelle;* mais ne croyez pas en être quitte pour une bonne plaisanterie.

Chargez-vous de mon amusement; je ne peux plus rien lire de tout ce qu'on écrit. Ce n'est pas que je veuille faire la merveilleuse, ni le bel esprit; mais c'est que l'ennui me surmonte. On me propose de relire les remontrances, les mandements, les instructions; je réponds : Qu'est-ce que tout cela me fait? J'ai cependant essayé d'en lire; mais le peu de bons raisonnements, de vérité qu'on y trouve, sont noyés dans un fatras d'éloquence, de style académique, à qui je préfère celui de la Bibliothèque bleue.

Vous ne connaitrez plus, monsieur, ce qui est aujourd'hui le bon goût, le bon ton, la bonne compagnie; que faire à cela? Prendre patience, et, comme vous le dites, mépriser les hommes et les tolérer. Il n'y a d'heureux que ceux qui naissent avec des talents; ils n'ont pas besoin de ceux des autres; ils portent partout leur bonheur, et peuvent se passer de tout.

Souvenez-vous, monsieur, et soyez-en bien persuadé, que votre souvenir, votre amitié, me sont absolument nécessaires.

LETTRE 159.

M. DE VOLTAIRE A MADAME LA MARQUISE DU DEFFAND.

Aux Délices, 27 janvier 1764.

Oui, je perds les deux yeux : vous les avez perdus,
O sage du Deffand! est-ce une grande perte?
  Du moins nous ne reverrons plus
  Les sots dont la terre est couverte.
Et puis tout est aveugle en cet humain séjour;
On ne va qu'à tâtons sur la machine ronde.
On a les yeux bouchés à la ville, à la cour :
  Plutus, la Fortune et l'Amour
Sont trois aveugles-nés qui gouvernent le monde.
Si d'un de nos cinq sens nous sommes dégarnis,
Nous en possédons quatre; et c'est un avantage
Que la nature laisse à peu de ses amis,
  Lorsqu'ils parviennent à notre âge.
Nous avons vu mourir les papes et les rois :
Nous vivons, nous pensons, et notre âme nous reste.
Épicure et les siens prétendaient autrefois
Que ce sixième sens était un don céleste
  Qui les valait tous à la fois.
Mais quand notre âme aurait des lumières parfaites,
  Peut-être il serait encor mieux
  Que nous eussions gardé nos yeux,
  Dussions-nous porter des lunettes.

Vous voyez, madame, que je suis un confrère assez occupé des affaires de notre petite république des Quinze-Vingts. Vous m'assurez que les gens ne sont plus si aimables qu'autrefois; cependant les perdrix et les gélinottes ont tout autant de fumet aujourd'hui qu'elles en avaient dans votre jeunesse; les fleurs ont les mêmes couleurs. Il n'en est pas ainsi des hommes : le fond en est toujours le même, mais les talents ne sont pas de tous les temps; et le talent d'être aimable, qui a toujours été assez rare, dégénère comme un autre. Ce n'est pas vous qui avez changé, c'est la cour et la ville, à ce que j'entends dire aux connaisseurs. Cela vient peut-être de ce que l'on ne lit pas assez les *Moyens de plaire* de Moncrif. On n'est occupé que des énormes sottises qu'on fait de tous côtés.

  Le raisonner tristement s'accrédite.

Comment voulez-vous que la société soit agréable avec tout ce fatras pédantesque?

Vraiment, on vous doit l'hommage d'une *Pucelle*. Un de vos bons mots est cité dans les notes de cet ouvrage théologique [1]. Il n'y a pas moyen de vous l'envoyer, comme vous dites, sous le couvert de la reine ; on n'aurait pas même osé l'adresser à la reine *Berthe*. Mais sachez que dans le temps présent il est impossible de faire parvenir aucun livre imprimé des pays étrangers à Paris, quand ce serait le Nouveau Testament. Le ministre même dont vous me parlez ne veut pas que j'envoie rien, ni sous son enveloppe, ni à lui-même. On est effarouché et je ne sais pourquoi.

Prenez votre parti. Si dans quinze jours je ne vous envoie pas *Jeanne* par quelque honnête voyageur, dites à M. le président *Hénault* qu'il vous en fasse trouver une par quelque colporteur. Cela doit coûter trente ou quarante sous ; il n'y a pas de livre de théologie moins cher.

Je suis fâché que votre ami soit si couru ; vous en jouissez moins de sa société, et c'est une grande perte pour tous deux. J'achève doucement ma vie dans la retraite et dans la famille que je me suis faite.

Adieu, madame, courage. *Faisons de nécessité vertu.* Savez-vous que c'est un proverbe de Cicéron ?

LETTRE 160.

MADAME LA MARQUISE DU DEFFAND A M. DE VOLTAIRE.

Mercredi, 7 mars 1764.

Je me reproche tous les jours, monsieur, de n'avoir point l'honneur de vous écrire. Savez-vous ce qui m'en empêche ? c'est que je m'en trouve indigne. Votre dernière lettre m'a ravie, mais elle m'a ôté le courage d'y répondre. Qu'il est heureux d'être né avec un grand esprit et de grands talents ! et qu'on est à plaindre quand ce que l'on en a ne fait qu'empêcher de végéter ! Voilà la classe où je me trouve, et où je suis en grande compagnie. La seule différence qu'il y a de moi à mes confrères, c'est qu'ils sont contents d'eux, et que je suis bien éloignée de l'être d'eux, et encore moins de moi.

Votre lettre est charmante ; tout le monde m'en demande des copies. Vous me consolez presque d'être aveugle ; mais,

---

[1] Sur saint Denis, qui portait sa tête dans ses mains et la baisait tendrement. (Voyez les notes de la *Pucelle*, chant Ier.) (L.)

monsieur, vous n'êtes point de notre confrérie. J'ai beaucoup interrogé M. le duc de Villars; vous jouissez de tous vos cinq sens comme à trente ans, et surtout de ce sixième dont vous me parlez, qui fait votre bonheur, mais qui fait le malheur de bien d'autres.

J'ai lu vos quatre contes, dont vous ne m'avez envoyé que le premier. L'*Éducation d'une fille* et *Macare* sont imprimés; ainsi je les ai! mais je n'ai pu parvenir à avoir les *Trois manières*. C'est bien mal à vous, monsieur, de n'accorder vos faveurs qu'à demi. J'aime Théone à la folie, c'est un bijou; Églé est fort aimable; pour Apamisse, je la trouve un peu sérieuse. Je n'ai lu ce dernier conte qu'une fois, et je n'ai pu en obtenir de copie; on dit qu'il ne sera point imprimé avant que vous ayez fait un nombre de contes suffisant pour en faire un volume. Ne me distinguerez-vous point du public?

Nous sommes ici dans de grandes alarmes; madame de Pompadour est très-malade : je ne fermerai ma lettre qu'après avoir eu de ses nouvelles.

J'aimerais bien mieux être aux Délices que d'être à Choisy; c'est aux Délices que *Macare* habite, et où, s'il était possible, j'irais bien volontiers le chercher. Vos lettres me le font entrevoir, et je ne le trouve que dans ce que vous écrivez : envoyez-le-moi donc souvent par la poste et que je l'aperçoive quelquefois. Adieu, monsieur, je vous prie d'être persuadé qu'il n'y a que vous que j'adore, tout le reste sont de faux dieux.

Les dernières nouvelles de madame de Pompadour sont fort bonnes, mais elle n'est point hors d'affaire; je serais très-fâchée s'il en arrivait malheur, et ce pourrait bien en être un plus grand que l'on ne pense [1].

LETTRE 161.

M. DE VOLTAIRE A MADAME LA MARQUISE DU DEFFAND.

Aux Délices, 7 mars 1764.

Vous dites de bons mots, madame, et moi, je fais de mauvais textes; mais votre imagination doit avoir de l'indulgence pour la mienne, attendu que les grands doivent protéger les petits.

---

[1] Elle veut dire que la mort de madame de Pompadour pourrait entraîner la disgrâce du duc de Choiseul, alors ministre des affaires étrangères. (L.)

Vous m'avez ordonné expressément de vous envoyer quelquefois des rogatons ; j'obéis, mais je vous avertis qu'il faut aimer passionnément les vers pour goûter ces bagatelles [1]. Si ce pauvre Formont vivait encore, il me favoriserait auprès de vous ; il vous ferait souvenir de votre ancienne indulgence pour moi, et vous dirait qu'un demi-*Quinze-Vingt* a droit à vos bontés.

Je pense bien que j'y compte encore un peu, puisque j'ose vous envoyer de telles fadaises. J'ose même me flatter que vous n'en direz du mal qu'à moi. C'est là le comble de la vertu pour une femme d'esprit.

Vous me répondrez que la chose est bien difficile, et que la société serait perdue si l'on ne se moquait pas un peu de ceux qui nous sont le plus attachés.

C'est le train du monde, mais ce n'est pas le vôtre ; et nous n'avons, dans l'état où nous sommes, vous et moi, de plus grand besoin que de nous consoler l'un l'autre.

Je voudrais vous amuser davantage et plus souvent, mais songez que vous êtes dans le tourbillon de Paris, et que je suis au milieu de quatre rangs de montagnes couvertes de neige. Les jésuites, les remontrances, les réquisitoires, l'histoire du jour, servent à vous distraire, et moi je suis dans la Sibérie.

Cependant, vous avez voulu que ce fût moi qui me chargeasse quelquefois de vos amusements. Pardonnez-moi donc quand je ne réussis pas dans l'emploi que vous m'avez donné ; c'est à vous que je prêche la tolérance : un de vos plus anciens serviteurs, et assurément un des plus attachés, en mérite un peu.

LETTRE 162.

MADAME LA MARQUISE DU DEFFAND A M. DE VOLTAIRE.

Paris, 14 mars 1764.

Je vous rends mille et mille grâces de vos *Manières*. Il n'y en a point de bonnes que vous n'ayez pour moi, excepté quand vous me demandez mon approbation ; mais il faut bien vous pardonner quelques petites moqueries. Vous avez toute mon admiration, monsieur, et vous ne la devez point à la prévention ; je vous dois le peu de goût que j'ai ; vous êtes pour moi

---

[1] *Les trois manières.* Voy. Voltaire, **OEuvres**, éd. Beuchot, t. XIV.

la pierre de touche; tout ce qui s'éloigne de votre *manière* me paraît mauvais. Jugez de ce qui me paraît bon aujourd'hui, où tout est cynique ou pédant; nulle grâce, nulle facilité, point d'imagination, tout est à la glace; de la hardiesse sans force, de la licence sans gaieté; point de talent, beaucoup de présomption, voilà le tableau du moment présent.

Vous êtes charmant dans tous les genres! Pourquoi abandonnez-vous celui des fables? Permettez que je vous donne un sujet.

Il y avait un lion à Chantilly à qui on jetait tous les roquets qu'on aurait jetés dans la rivière; il les étranglait tous. Une seule petite chienne, qui se trouva pleine, eut grâce devant ses yeux : il la lécha, la caressa, lui fit part de sa nourriture : elle accoucha. Il ne fit aucun mal à toute sa petite famille, et je ne sais ce qu'elle devint; mais il arriva un jour que des mâtins vinrent aboyer le lion à la grille de sa loge. La petite chienne se joignit à eux et aboya, et lui tira les oreilles : la punition fut prompte; il l'étrangla : mais le repentir suivit de près. Il ne la mangea point; il se coucha auprès d'elle, et parut pénétré de la plus grande tristesse. On espéra qu'une inclination nouvelle pourrait le consoler; on se trompa : il étrangla sans miséricorde tous les chiens qu'on lui donna.

Ne vous paraît-il pas qu'on peut tirer beaucoup de morale de ce fait (qui est de la plus grande vérité) sur l'ingratitude, sur le besoin que l'on a d'aimer, ou du moins d'avoir de la société? Le regret qu'a le lion d'avoir puni son amie, quoique ingrate, vous fournira sûrement beaucoup d'idées.

On trouve madame de Pompadour beaucoup mieux; mais sa maladie n'est pas près d'être finie, et je n'ose pas prendre beaucoup d'espérance. Je crois que sa perte serait un fort grand malheur : en mon particulier, elle m'affligerait beaucoup, non par aucune raison qui me soit directe, mais par rapport à des gens que j'aime beaucoup; et puis, qu'est-ce qu'il arriverait de tout ceci?

Ah! j'oubliais de vous dire que je suis furieuse de ce qui vient d'arriver : on a imprimé, sans mon consentement, à mon insu, la lettre que vous m'avez écrite avant la dernière [1]. Heureusement on a retranché le nom de la reine; mais Moncrif y est tout de son long. Cette aventure me rendra sage, et je vous

---

[1] Voy. les *OEuvres de Voltaire*, vol. LVIII, page 228. (L.)

promets bien que tout ce que vous m'écrirez, et tout ce que vous m'enverrez, ne sortira jamais de mes mains, et que je mettrai bon ordre qu'on n'en puisse jamais prendre de copie, ni même qu'on l'apprenne par cœur, parce que je ne les lirai point à ceux qui ont ce talent-là.

Adieu, monsieur; aimez-moi un peu; c'est justice, c'est reconnaissance, vous aimant, je vous jure, tendrement.

LETTRE 163.

M. DE VOLTAIRE A MADAME LA MARQUISE DU DEFFAND.

21 mars 1754.

Je ne vous dirai pas, madame, que nous sommes plus heureux que sages; car nous sommes aussi sages qu'heureux. Vous tremblez que quelque malintentionné n'ait pris le petit mot qui regardait mon confrère Moncrif pour une mauvaise plaisanterie. J'ai reçu de lui une lettre remplie des plus tendres remercîments. S'il n'est pas le plus dissimulé de tous les hommes, il est le plus satisfait. C'est un grand courtisan, je l'avoue; mais ne serait-ce pas prodiguer la politique que de me remercier si cordialement d'une chose dont il serait fâché? Pour moi, je m'en tiens, comme lui, au pied de la lettre, et je lui suppose la même naïveté que j'ai eue quand je vous ai écrit cette malheureuse lettre que des corsaires ont publiée [1].

Sérieusement, je serais très-fâché qu'un de mes confrères, et surtout un homme qui parle à la reine, fût mécontent de moi; cela me ruinerait à la cour, et me ferait manquer les places importantes auxquelles je pourrai parvenir avec le temps, car enfin je n'ai que dix ans de moins que Moncrif, et l'exemple du cardinal de Fleury, qui commença sa fortune à soixante-quatorze ans, me donne les plus grandes espérances.

Vous ferez fort bien, madame, de ne plus confier vos secrets à ceux qui les font imprimer, et qui violent ainsi le droit des gens. Je savais votre histoire du lion; elle est fort singulière, mais elle ne vaut pas l'histoire du lion d'Androclès [2]? D'ailleurs, mon goût pour les contes est absolument tombé : c'était

[1] La lettre du 27 janvier avait été imprimée indiscrètement sous ce titre singulier : *Aux Plaisirs*, 27 janvier 1764. On a mis à la suite les vers de M. de la Harpe à mademoiselle Dumesnil. 8 pages in-8º. (*Beuchot.*)

[2] L'histoire d'Androclès a été mise en vers par L. Racine et faisait partie de la première de ses *Épîtres sur l'âme des bêtes.* Mais ce passage a été depuis

une fantaisie que les longues soirées d'hiver m'avaient inspirée. Je pense différemment à l'équinoxe. L'esprit souffle où il veut, comme dit l'autre [1].

Je me suis souvent aperçu qu'on n'est le maître de rien : jamais on ne s'est donné un goût; cela ne dépend pas plus de nous que notre taille et notre visage. N'avez-vous jamais bien fait réflexion que nous sommes de pauvres machines? J'ai senti cette vérité par une expérience continue : sentiment, passions, goût, talent, manière de penser, de parler, de marcher, tout nous vient je ne sais comment, tout est comme les idées que nous avons dans un rêve; elles nous viennent sans que nous nous en mêlions. Méditez cela; car nous autres, qui avons la vue basse, nous sommes plus faits pour la méditation que les autres hommes, qui sont distraits par les objets.

Vous devriez dicter ce que vous pensez quand vous êtes seule et me l'envoyer; je suis persuadé qu'on y trouverait plus de vraie philosophie que dans tous les systèmes dont on nous berce. Ce serait la philosophie de la nature; vous ne prendriez point vos idées ailleurs que chez vous, vous ne chercheriez point à vous tromper vous-même. Quiconque a comme vous de l'imagination et de la justesse dans l'esprit, peut trouver dans lui seul, sans autre secours, la connaissance de la nature humaine; car tous les hommes se ressemblent par le fond, et la différence des nuances ne change rien du tout à la couleur primitive.

Je vous assure, madame, que je voudrais bien voir une petite esquisse de votre façon. Dictez quelque chose, je vous prie, quand vous n'aurez rien à faire : quel plus bel emploi de votre temps que de penser? Vous ne pouvez ni jouer ni courir, ni avoir compagnie toute la journée. Ce ne sera pas une médiocre satisfaction pour moi de voir la supériorité d'une âme naïve et vraie, sur tant de philosophes orgueilleux et obscurs : je vous promets d'ailleurs le secret.

Vous sentez bien, madame, que la belle place que vous me donnez dans notre siècle n'est point faite pour moi; je donne, sans difficulté, la première à la personne à qui vous accordez la seconde. Mais permettez-moi d'en demander une dans votre cœur; car je vous assure que vous êtes dans le mien.

---

retranché; on le trouve dans le tome VI de la *Continuation des Mémoires de littérature et d'histoire*, par le P. Desmolets. (*Beuchot.*)

[1] Jean, ch. III, verset 8. (*Beuchot.*)

Je finis, madame, parce que je suis bien malade, et que je crains de vous ennuyer. Agréez mon tendre respect, et empêchez que M. le président Hénault ne m'oublie.

LETTRE 164.

MADAME LA MARQUISE DU DEFFAND A M. DE VOLTAIRE.

2 mai 1764.

Je ne me flatte pas, monsieur, que vous vous soyez aperçu du temps qu'il y a que je n'ai eu l'honneur de vous écrire ; mais si par hasard vous l'avez remarqué, il faut que vous en sachiez la cause. Premièrement, le président a été malade, et m'a donné beaucoup d'inquiétude ; ensuite la maladie et la mort de madame de Pompadour, qui m'ont occupée et intéressée autant que tant d'autres à qui cela ne faisait rien, et puis des peines et des embarras domestiques qui ont troublé mon faible génie. Je voulais attendre d'être un peu plus calme, pour pouvoir causer avec vous.

Votre dernière lettre (dont vous ne vous souvenez sûrement pas) est charmante. Vous me dites que vous voulez que je vous fasse part de mes réflexions. Ah ! monsieur, que me demandez-vous ? Elles se bornent à une seule : elle est bien triste ; c'est qu'il n'y a, à le bien prendre, qu'un seul malheur dans la vie, qui est celui d'être né. Il n'y a aucun état, quel qu'il puisse être, qui me paraisse préférable au néant. Et vous-même, qui êtes M. de Voltaire, nom qui renferme tous les genres de bonheur, réputation, considération, célébrité, tous les préservatifs contre l'ennui, trouvant en vous toutes sortes de ressources, une philosophie bien entendue, qui vous a fait prévoir que le bien était nécessaire dans la vieillesse ; eh bien, monsieur, malgré tous ces avantages, il vaudrait mieux n'être pas né, par la raison qu'il faut mourir, qu'on en a la certitude, et que la nature y répugne si fort que tous les hommes sont comme le bûcheron.

Vous voyez combien j'ai l'âme triste, et que je prends bien mal mon temps pour vous écrire ; mais, monsieur, consolez-moi ; écartez les vapeurs noires qui m'environnent.

Je viens de lire une *Histoire d'Écosse*, qui n'est, pour ainsi dire, que la vie de Marie Stuart : elle a mis le comble à ma tristesse ; j'espère que votre Corneille me tirera de cet état. Je n'ai encore lu que l'épître à l'Académie et la préface. On est tout étonné, en lisant ce que vous écrivez, que tout le monde n'écrive pas bien : il semble qu'il n'y a rien de si facile que d'écrire comme vous, et cependant personne au monde n'en approche; il n'y a que Cicéron qui, après vous, est tout ce que j'aime le mieux.

Adieu, monsieur; je me sens indigne de vous occuper plus longtemps.

LETTRE 165.

MADEMOISELLE DE LESPINASSE A MADAME LA MARQUISE DU DEFFAND, A SAINT-JOSEPH.

Mardi, 8 mai 1764.

Vous m'avez fixé un terme, madame, pour avoir l'honneur de vous voir; ce terme me paraît bien long, et je serais bien heureuse si vous vouliez l'abréger; je n'ai rien de plus à cœur que de mériter vos bontés; daignez me les accorder et m'en donner la preuve la plus chère, en m'accordant la permission de vous aller renouveler moi-même l'assurance d'un respect et d'un attachement qui ne finira qu'avec ma vie, et avec lesquels j'ai l'honneur d'être, madame, votre très-humble et très-obéissante servante,

LESPINASSE.

LETTRE 166.

MADAME LA MARQUISE DU DEFFAND A MADEMOISELLE DE LESPINASSE.

Mercredi, 9 mai 1764.

Je ne puis consentir à vous revoir sitôt, mademoiselle; la conversation que j'ai eue avec vous, et qui a déterminé notre séparation, m'est dans le moment encore trop présente. Je ne saurais croire que ce soient des sentiments d'amitié qui vous fassent désirer de me voir, il est impossible d'aimer ceux dont on sait qu'on est détesté, abhorré, etc., etc., par qui l'amour-propre est sans cesse humilié, écrasé, etc., etc., etc., ce sont vos propres expressions, et la suite des impressions que vous receviez depuis longtemps de ceux que vous dites être vos véritables amis; ils peuvent l'être en effet, et je souhaite de tout mon cœur qu'ils vous procurent tous les avantages que vous en attendez; agrément, fortune, considération, etc., etc. Que feriez-vous de moi, aujourd'hui, de quelle utilité pourrais-je vous être? Ma présence ne vous serait point agréable; elle ne servirait qu'à vous rappeler les premiers temps de notre connaissance, les années qui l'ont suivie, et tout cela n'est bon qu'à oublier. Cependant, si par la suite vous veniez à vous en souvenir avec plaisir, et que ce souvenir produisît en vous quelque remords, quelque regret, je ne me pique point d'une fermeté austère et sauvage, je ne suis point insensible, je démêle assez bien la vérité; un retour sincère pourrait me toucher et réveiller en moi le goût et la tendresse que j'ai eus pour vous; mais en attendant, mademoiselle, restons comme nous sommes, et contentez-vous des souhaits que je fais pour votre bonheur.

LETTRE 167.

M. DE VOLTAIRE A MADAME LA MARQUISE DU DEFFAND.

Aux Délices, 9 mai (1764).

C'est moi, madame, qui vous demande pardon de n'avoir pas eu l'honneur de vous écrire, et ce n'est pas à vous, s'il vous plaît, à me dire que vous n'avez pas eu l'honneur de m'écrire. Voilà un plaisant honneur, vraiment; il s'agit entre nous de choses plus sérieuses, attendu notre état, notre âge et notre façon de penser. Je ne connais que Judas dont on ait dit qu'il eût mieux valu pour lui de n'être pas né [1], et encore est-ce l'Évangile qui le dit. Mécène et la Fontaine ont dit tout le contraire :

> Mieux vaut souffrir que mourir,
> C'est la devise des hommes.
>
> (*Fables*, liv. Ier, fable xvi.)

Je conviens avec vous que la vie est très-courte et assez malheureuse; mais il faut que je vous dise que j'ai chez moi un parent de vingt-trois ans [2], beau, bien fait, vigoureux; et voici ce qui lui est arrivé : il tombe un jour de cheval à la chasse et se meurtrit un peu la cuisse, on lui fait une petite incision, et le voilà paralytique pour le reste de ses jours, non pas paralytique d'une partie de son corps, mais paralytique à ne pouvoir se servir d'aucun de ses membres, à ne pouvoir soulever sa tête,

---

[1] Marc, xiv, 21. (L.)
[2] Daumart. Voy. t. LVII, p. 269, de l'éd. Beuchot. (L.)

avec la certitude entière de ne pouvoir jamais avoir le moindre soulagement : il s'est accoutumé à son état, et il aime la vie comme un fou.

Ce n'est pas que le néant n'ait du bon ; mais je crois qu'il est impossible d'aimer véritablement le néant, malgré ses bonnes qualités.

Quant à la mort, raisonnons un peu, je vous prie : il est très-certain qu'on ne la sent point ; ce n'est point un moment douloureux, elle ressemble au sommeil comme deux gouttes d'eau ; ce n'est que l'idée qu'on ne se réveillera plus qui fait de la peine ; c'est l'appareil de la mort qui est horrible, c'est la barbarie de l'extrême-onction, c'est la cruauté qu'on a de nous avertir que tout est fini pour nous.

A quoi bon venir nous prononcer notre sentence? elle s'exécutera bien sans que le notaire et les prêtres s'en mêlent. Il faut avoir fait ses dispositions de bonne heure et ensuite n'y plus penser du tout.

On dit quelquefois d'un homme : Il est mort comme un chien ; mais vraiment un chien est très-heureux de mourir sans tout cet attirail dont on persécute le dernier moment de notre vie. Si on avait un peu de charité pour nous, on nous laisserait mourir sans nous en rien dire. Ce qu'il y a de pis encore, c'est qu'on est entouré alors d'hypocrites qui vous obsèdent pour vous faire penser comme ils ne pensent point, ou d'imbéciles qui veulent que vous soyez aussi sots qu'eux ; tout cela est bien dégoûtant. Le seul plaisir de la vie à Genève, c'est qu'on peut y mourir comme on veut. Beaucoup d'honnêtes gens n'appellent point de prêtres. On se tue si on veut, sans que personne y trouve à redire, ou l'on attend le moment sans que personne vous importune.

Madame de Pompadour a eu toutes les horreurs de l'appareil et celle de la certitude de se voir condamnée à quitter la plus agréable situation où une femme puisse être. Je ne savais pas, madame, que vous fussiez en liaison avec elle ; mais je devine que madame de M...[1] avait contribué à vous en faire une amie. Ainsi vous avez fait une très-grande perte, car elle aimait à rendre service. Je crois qu'elle sera regrettée, excepté de ceux à qui elle a été obligée de faire du mal[2], parce qu'ils voulaient lui en faire ; elle était philosophe.

[1] Mirepoix. (L.)
[2] Les jésuites. (L.)

Je me flatte que votre ami, qui a été malade, est philosophe aussi[1]; il a trop d'esprit, trop de raison, pour ne pas mépriser ce qui est très-méprisable. S'il m'en croit, il vivra pour vous et pour lui, sans se donner tant de peines pour d'autres. Je veux qu'il pousse sa carrière aussi loin que Fontenelle, et que dans son agréable vie il soit toujours occupé des consolations de la vôtre.

Vous vous amusez donc, madame, des *Commentaires sur Corneille?* Vous vous faites lire sans doute le texte, sans quoi les notes vous ennuieraient beaucoup. On me reproche d'avoir été trop sévère; mais j'ai voulu être utile, et j'ai été souvent très-discret. Le nombre prodigieux de fautes contre la langue, contre la netteté des idées et des expressions, contre les convenances, enfin contre l'intérêt, m'a si fort épouvanté, que je n'ai pas dit la moitié de ce que j'aurais dû dire. Ce travail est fort ingrat et fort désagréable, mais il a servi à marier deux filles[2], ce qui n'était arrivé à aucun commentateur et ce qui n'arrivera plus.

Adieu, madame; supportons la vie, qui n'est pas grand'chose; ne craignons pas la mort, qui n'est rien du tout; et soyez bien persuadée que mon seul chagrin est de ne pouvoir m'entretenir avec vous, et vous assurer, dans votre couvent, de mon très-tendre et très-sincère respect et de mon inviolable attachement.

LETTRE 168.

MADAME LA MARQUISE DU DEFFAND A M. DE VOLTAIRE.

Paris, 16 mai 1764.

Je suis ravie, monsieur, que *l'honneur* vous déplaise : il y a longtemps qu'il me choque; il refroidit, il nuit à la familiarité, et ôte l'air de vérité. Je proposai, il y a quelque temps, à une personne de mes amis, de le bannir de notre correspondance;

---

[1] Le président Hénault n'était point philosophe, ou ne le demeura point. La maladie est une grâce qui éclaire ceux qu'elle n'aveugle point. Comme à bien d'autres, la douleur apprit l'humilité à un homme qui n'avait jamais été trop orgueilleux, et la pensée du futur inconnu lui enseigna cette confiance qu'on appelle foi, quoiqu'elle soit plutôt un besoin du cœur qu'un effort de l'esprit, et qui précipite dans les bras de Dieu les désabusés de ce monde. La profession de foi du président converti amena entre lui et Voltaire une sorte de conflit où l'avantage de la raison et de la dignité n'est point à Voltaire, qui, lui aussi, finit par croire en Dieu, quand il fut malade. (L.)

[2] Mademoiselle Corneille, puis sa belle-sœur mademoiselle Dupuits. (L.)

elle me répondit : *faisons plus que François Ier, perdons jusqu'à l'honneur.*

Vous avez bien mal lu ma dernière lettre, puisque vous avez compris que j'étais en liaison avec madame de Pompadour. Je » vous mandais « que j'avais été fort occupée de sa maladie et » de sa mort, et que je m'y intéressais autant que tant d'autres » à qui cela ne faisait rien. »

Jamais je ne l'avais vue ni rencontrée; mais je lui avais cependant de l'obligation, et, par rapport à mes amis, j'appréhendais fort sa perte : il n'y a pas d'apparence, jusqu'à présent, qu'elle produise aucun changement dans leur situation [1]. Voilà M. d'Alby archevêque de Cambrai [2]. Voilà des dames qui suivent le roi à son premier voyage de Saint-Hubert, et ce sont mesdames de Mirepoix, de Gramont et d'Ecquevilly [3]. Je me chargerais volontiers de vous mander ces sortes de nouvelles, si je croyais qu'elles vous fissent plaisir, et que vous n'eussiez pas de meilleures correspondances que moi.

Un autre article de ma lettre que vous avez encore mal entendu, c'est que je vous disais que le plus grand de tous les malheurs était d'être né. Je suis persuadée de cette vérité, et qu'elle n'est pas particulière à Judas, Job et moi; mais à vous, mais à feu madame de Pompadour, à tout ce qui a été, à tout ce qui est, et à tout ce qui sera. Vivre sans aimer la vie ne fait pas désirer sa fin, et même ne diminue guère la crainte de la perdre. Ceux de qui la vie est heureuse, ont un point de vue bien triste; ils ont la certitude qu'elle finira. Tout cela sont des réflexions bien oiseuses, mais il est certain que si nous n'avions pas de plaisir il y a cent ans, nous n'avions ni peines ni chagrins; et des vingt-quatre heures de la journée, celles où l'on dort me paraissent les plus heureuses. Vous ne savez point, et vous ne pouvez savoir par vous-même, quel est l'état de ceux qui pensent, qui réfléchissent, qui ont quelque activité, et qui sont en même temps sans talent, sans passion, sans occupation, sans dissipation : qui ont eu des amis, qui les ont perdus sans pouvoir les remplacer; joignez à cela de la délicatesse dans le goût, un

---

[1] Elle veut dire dans celle du duc de Choiseul, qui, comme on le supposait, fut nommé ministre des affaires étrangères par l'influence de madame de Pompadour. (A. N.)

[2] L'abbé de Choiseul, frère du duc de Choiseul, d'abord évêque d'Évreux, ensuite archevêque d'Alby. (A. N.)

[3] La marquise d'Ecquevilly, née Durfort. (A. N.)

peu de discernement, beaucoup d'amour pour la vérité ; crevez les yeux à ces gens-là, et placez-les au milieu de Paris, de Pékin, enfin où vous voudrez, et je vous soutiendrai qu'il serait heureux pour eux de n'être pas nés. L'exemple que vous me donnez de votre jeune homme est singulier ; mais tous les maux physiques, quelque grands qu'ils soient (excepté les douleurs), attristent et abattent moins l'âme que le chagrin que nous causent le commerce et la société des hommes. Votre jeune homme est avec vous, sans doute qu'il vous aime ; vous lui rendez des soins, vous lui marquez de l'intérêt, il n'est point abandonné à lui-même, je comprends qu'il peut être heureux. Je vous surprendrais, si je vous avouais que de toutes mes peines mon aveuglement et ma vieillesse sont les moindres. Vous conclurez peut-être de là que je n'ai pas une bonne tête, mais ne me dites point que c'est ma faute, si vous ne voulez pas vous contredire vous-même. Vous m'avez écrit, dans une de vos dernières lettres, que nous n'étions pas plus maîtres de nos affections, de nos sentiments, de nos actions, de notre maintien, de notre marche, que de nos rêves. Vous avez bien raison et rien n'est si vrai. Que conclure de tout cela? Rien, et mille fois rien ; il faut finir sa carrière en végétant le plus qu'il est possible.

Une seule chose me ferait plaisir, c'est de vous lire. Si j'étais avec vous, j'aurais l'audace de vous faire quelques représentations sur quelques-unes de vos critiques sur Corneille. Je les trouve presque toutes fort judicieuses ; mais il y en a une dans les *Horaces* à laquelle je ne saurais souscrire ; mais vous, vous moqueriez de moi si j'entreprenais une dissertation.

Ayez bien soin de votre santé ; vous adoucissez mes malheurs par l'assurance que vous me donnez de votre amitié et le plaisir que me font vos lettres.

LETTRE 169.

M. DE VOLTAIRE A MADAME LA MARQUISE DU DEFFAND.

24 mai 1764.

Vous me faites une peine extrême, madame ; car vos tristes idées ne sont pas seulement du raisonner : c'est de la sensation. Je conviens avec vous que le néant est, généralement parlant, préférable à la vie ; le néant a du bon. Consolons-nous ; d'habiles gens prétendent que nous en tâterons : il est bien clair, disent-ils d'après Sénèque et Lucrèce, que nous serons après notre mort ce que nous étions avant de naître ; mais pour les deux ou trois minutes de notre existence, qu'en ferons-nous ? Nous sommes, à ce qu'on prétend, de petites roues de la grande machine, de petits animaux à deux pieds et à deux mains comme les singes, moins agiles qu'eux, aussi comiques et ayant une mesure d'idées plus grande. Nous sommes emportés dans le mouvement général imprimé par le Maître de la nature : nous ne nous donnons rien, nous recevons tout ; nous ne sommes pas plus les maîtres de nos idées que de la circulation du sang dans nos veines : chaque être, chaque manière d'être, tient nécessairement à la loi universelle. Il est ridicule, dit-on, et impossible que l'homme puisse se donner quelque chose, quand la foule des astres ne se donne rien. C'est bien à nous d'être maîtres absolus de nos actions et de nos volontés, quand l'univers est esclave !

Voilà une bonne chienne de condition ! direz-vous : je souffre, je me débats contre mon existence que je maudis et que j'aime ; je hais la vie et la mort : qui me consolera ? qui me soutiendra ? La nature entière est impuissante à me soulager.

Voici peut-être, madame, ce que j'imaginerais pour remède. Il n'a dépendu ni de vous ni de moi de perdre les yeux, d'être privés de nos amis, d'être dans la situation où nous sommes. Toutes vos privations, tous vos sentiments, toutes vos idées, sont des choses absolument nécessaires. Vous ne pouviez vous empêcher de m'écrire la très-philosophique et très-triste lettre que j'ai reçue de vous ; et moi je vous écris nécessairement que le courage, la résignation aux lois de la nature, le profond mépris pour toutes les superstitions, le plaisir noble de se sentir d'une autre nature que les sots, l'exercice de la faculté de penser, sont des consolations véritables. Cette idée, que j'étais destiné à vous représenter, rappelle nécessairement dans vous votre philosophie. Je deviens un instrument qui en affermit un autre par lequel je serai raffermi à mon tour ; heureuses les machines qui peuvent s'aider mutuellement !

Votre machine est une des meilleures de ce monde. N'est-il pas vrai que s'il vous fallait choisir entre la lumière et la pensée, vous ne balanceriez pas, et que vous préféreriez les yeux de l'âme à ceux du corps ? J'ai toujours désiré que vous dictassiez la manière dont vous voyez les choses et que vous m'en fissiez part; car vous voyez très-bien et peignez de même.

J'écris rarement, parce que je suis agriculteur. Vous ne vous doutez pas de ce métier-là; c'est pourtant celui de nos premiers pères. J'ai toujours été accablé d'occupations assez frivoles qui engloutissaient tous mes moments; mais les plus agréables sont ceux où je reçois de vos nouvelles, et où je peux vous dire combien votre âme plaît à la mienne et à quel point je vous regrette. Tout le monde n'est pas comme *Fontenelle*. Allons, madame, courage; traînons notre lien jusqu'au bout.

Soyez bien persuadée du véritable intérêt que mon cœur prend à vous et de mon très-tendre respect.

P. S. Je suis très-aise que rien ne soit changé pour les personnes auxquelles vous vous intéressez. Voilà un conseiller du parlement (*M. de Laverdy*)[1] intendant des finances. Il n'y en avait point d'exemple. Les finances vont être gouvernées en forme. L'État, qui a été aussi malade que vous et moi, reprendra sa santé.

LETTRE 170.

MADAME LA MARQUISE DU DEFFAND A M. DE VOLTAIRE.

Paris, lundi 29 mai 1764.

Non, monsieur, je ne préférerais pas la pensée à la lumière, les yeux de l'âme à ceux du corps. Je consentirais bien plutôt à un aveuglement total. Toutes mes observations me font juger que moins on pense, moins on réfléchit, plus on est heureux; je le sais même par expérience. Quand on a eu une grande maladie, qu'on a souffert de grandes douleurs, l'état où l'on se trouve dans la convalescence est un état très-heureux; on ne désire rien, on n'a nulle activité, le repos seul est nécessaire. Je me suis trouvée dans cette situation, j'en sentais tout le prix, et j'aurais voulu y rester toute ma vie. Tous les raisonnements que vous me faites sont excellents, il n'y a pas un mot qui ne soit de la plus grande vérité. Il faut se résigner à suivre notre destination dans l'ordre général, et songer, comme vous dites, que le rôle que nous y jouons ne dure que quelques minutes. Si l'on n'avait qu'à se défendre de la superstition pour

---

[1] Clément-Charles-François de Laverdy, né vers 1730, fut nommé contrôleur général des finances le 12 décembre 1763. Il se retira en 1768 et mourut sur l'échafaud en 1794. (L.)

se mettre au-dessus de tout, on serait bien heureux. Mais il faut vivre avec les hommes; on en veut être considéré; on désire de trouver en eux du bon sens, de la justice, de la bienveillance, de la franchise, et l'on ne trouve que tous les défauts et les vices contraires. Vous ne pouvez jamais connaître le malheur, et, comme je vous l'ai déjà dit, quand on a beaucoup d'esprit et de talent, on doit trouver en soi de grandes ressources. Il faut être Voltaire, ou végéter. Quel plaisir pourrais-je trouver à mettre mes pensées par écrit? Elles ne servent qu'à me tourmenter, et cela satisferait peu ma vanité. Allez, monsieur, croyez-moi, je suis abandonnée de Dieu et des médecins, mais cependant ne m'abandonnez pas. Vos lettres me font un plaisir infini, vous avez une âme sensible, vous ne dites point des choses vagues; le moment où je reçois vos lettres, celui où j'y réponds, me consolent, m'occupent, et même m'encouragent. Si j'étais plus jeune, je chercherais peut-être à me rapprocher de vous; rien ne m'attache dans ce pays-ci, et la société où je me trouve engagée me ferait dire ce que M. de la Rochefoucauld dit de la cour : *Elle ne rend pas heureux, mais elle empêche qu'on ne le soit ailleurs.*

Je n'attribue pas mes peines et mes chagrins à tout ce qui m'environne, je sais que c'est presque toujours notre caractère qui contribue le plus à notre bonheur; mais, comme vous savez, nous l'avons reçu de la nature. Que conclure de tout cela? c'est qu'il faut se soumettre. Il n'y aurait qu'un remède, ce serait d'avoir un ami à qui l'on pourrait dire :

« Change en bien tous les maux où le ciel m'a soumis. »

Je n'en suis pas là, mais bien à dire sans cesse :

« Sans toi tout homme est seul. »

Finissons, monsieur, cette triste élégie, qui est cent fois plus triste et plus ennuyeuse que celles d'Ovide.

Vous voulez que je vous dise mon sentiment sur votre Corneille, c'est certainement vous moquer de moi. Si je vous voyais, je hasarderais peut-être de vous obéir, mais comment aurais-je la témérité de vous critiquer par écrit? Il faut que vous réitériez encore cet ordre pour que j'y puisse consentir. Je vous dirai seulement que vous êtes cause que je relis toutes les pièces de Corneille. Je n'en suis encore qu'à *Héraclius*. Je suis enchantée de la sublimité de son génie, et dans le plus grand étonnement qu'on puisse être en même temps si dépourvu de goût. Ce ne sont point les choses basses et familières qui me surprennent et qui me choquent, je les attribue au peu de connaissance qu'il avait du monde et de ses usages; mais c'est la manière dont il tourne et retourne la même pensée, qui est bien contraire au génie, et qui est presque toujours la marque d'un petit esprit. Vous devriez bien m'envoyer toutes les choses que vous faites, je ne les ai jamais qu'après tout le monde.

Vous savez toutes nos nouvelles. La mort de M. de Luxembourg [1] m'a fort occupée; madame de Luxembourg est très-affligée. Je serais bien aise de lui pouvoir montrer quelque ligne de vous qui lui marquât l'intérêt que vous prenez à sa situation et que vous partagez mes regrets; persuadez-vous que vous êtes destiné à me donner de la considération, à me marquer de l'amitié et à adoucir mes peines. Pour moi, je sens, monsieur, que de toute éternité je devais naître pour vous révérer et pour vous aimer.

M. le cardinal de Bernis a l'archevêché d'Alby. Le curé de Saint-Sulpice a donné sa démission, moyennant quinze mille livres de rente; c'est un M. Noguet, son vicaire, qui le remplace [2].

LETTRE 171.

M. DE VOLTAIRE A MADAME LA MARQUISE DU DEFFAND.

Aux Délices, 4 juin (1764).

J'écris avec grand plaisir, madame, quand j'ai un sujet. Écrire vaguement et sans avoir rien à dire, c'est mâcher à vide, c'est parler pour parler; et les deux correspondants s'ennuient mutuellement, et cessent bientôt de s'écrire.

Nous avons un grand sujet à traiter; il s'agit de bonheur ou du moins d'être le moins malheureux qu'on peut dans ce monde. Je ne saurais souffrir que vous me disiez que plus on pense, plus on est malheureux. Cela est vrai pour les gens qui pensent mal; je ne dis pas pour ceux qui pensent mal de leur prochain, cela est quelquefois très-amusant; je dis pour ceux qui pensent tout de travers; ceux-ci sont à plaindre sans doute,

---

[1] Le maréchal duc de Luxembourg, époux de la maréchale de Luxembourg dont il est si souvent parlé dans les lettres de madame du Deffand. (A. N.)

[2] Cet arrangement n'a pas eu lieu. (A. N.)

parce qu'ils ont une maladie de l'âme, et que toute maladie est un état triste.

Mais vous, dont l'âme se porte le mieux du monde, sentez, s'il vous plaît, ce que vous devez à la nature. N'est-ce donc rien d'être guéri des malheureux préjugés qui mettent à la chaîne la plupart des hommes, et surtout des femmes? de ne pas mettre son âme entre les mains d'un charlatan? de ne pas déshonorer son être par des terreurs et des superstitions indignes de tout être pensant? d'être dans une indépendance qui vous délivre de la nécessité d'être hypocrite? de n'avoir de cour à faire à personne, et d'ouvrir librement votre âme à vos amis?

Voilà pourtant votre état. Vous vous trompez vous-même quand vous dites que vous voudriez vous borner à végéter : c'est comme si vous disiez que vous voudriez vous ennuyer. L'ennui est le pire de tous les états. Vous n'avez certainement autre chose à faire, autre parti à prendre, qu'à continuer de rassembler autour de vous vos amis; vous en avez qui sont dignes de vous.

La douceur et la sûreté de la conversation est un plaisir aussi réel que celui d'un rendez-vous dans la jeunesse. Faites bonne chère, ayez soin de votre santé, amusez-vous quelquefois à dicter vos idées, pour comparer ce que vous pensiez la veille à ce que vous pensez aujourd'hui; vous aurez deux très-grands plaisirs, celui de vivre avec la meilleure compagnie de Paris, et celui de vivre avec vous-même. Je vous défie d'imaginer rien de mieux.

Il faut que je vous console encore, en vous disant que je crois votre situation fort supérieure à la mienne. Je me trouve dans un pays situé tout juste au milieu de l'Europe. Tous les passants viennent chez moi. Il faut que je tienne tête à des Allemands, à des Anglais, à des Italiens et même à des Français, que je ne verrai plus; et vous ne parlez qu'avec des personnes que vous aimez.

Vous cherchez des consolations; je suis persuadé que c'est vous qui en fournissez à madame la maréchale de Luxembourg. Je lui ai connu une imagination bien brillante, et l'esprit du monde le plus aimable; j'ai cru même entrevoir chez elle de beaux rayons de philosophie; il faut qu'elle devienne absolument philosophe; il n'y a que ce parti-là pour les belles âmes. Voyez la misérable vie qu'a menée madame la maréchale de Villars dans ses dernières années; la pauvre femme allait au salut, et lisait en bâillant les *Méditations* du père Croiset.

Vous qui relisez Corneille, mandez-moi, je vous prie, ce que vous pensez de mes remarques, et je vous dirai ensuite mon secret. Daignez toujours aimer un peu votre directeur, qui se ferait un grand honneur d'être dirigé par vous.

LETTRE 172.

MADAME LA MARQUISE DU DEFFAND A M. DE VOLTAIRE.

Paris, 17 juin 1764.

Mon secrétaire a recouvré la vue, et je ne perds pas un moment à reprendre notre correspondance. Ne parlons plus de bonheur, c'est la pierre philosophale, qui ruine ceux qui la cherchent. On ne se rend point heureux par système; il n'y a de bonnes recettes pour le trouver que celle d'une de mes grand'tantes, de prendre le temps comme il vient et les gens comme ils sont; j'y ajouterais encore une chose qui me semble plus nécessaire : être bien avec soi-même.

Ah! si vous étiez ici, je vous prendrais bien en effet pour mon directeur; mais vous n'y consentiriez pas, je vous ennuierais trop. Vous avez dit quelque part que tous les genres pouvaient être bons, excepté l'ennuyeux, et c'est celui auquel je m'adonne; je me flatte que vous croyez bien que ce n'est pas par choix.

Nous allons voir M. d'Argenson[1]; on lui a envoyé hier la permission de revenir pour vaquer aux affaires que lui occasionne le testament de feu sa femme, et pour se trouver aux couches de madame de Voyer. C'est une grande joie pour le président; sa tête rajeunit tous les jours, mais ses jambes n'en font pas de même; elles sont fort à plaindre de tout le chemin que leur fait faire la tête qui les gouverne. Vous n'avez su ce que vous disiez quand vous avez écrit : *Qui n'a pas l'esprit de son âge, de son âge a tout le malheur.* Ah! le président vous en donnerait le démenti. Ce n'est pas que je le croie exempt de peines et de chagrins, mais c'est de ceux que l'on a dans la jeu-

---

[1] Le comte d'Argenson, qui avait été ministre de la guerre. Il était tombé en disgrâce en 1757, et avait été exilé à sa terre aux Ormes, dans la ci-devant province de Poitou. Il était frère du marquis d'Argenson, qui avait été ministre des affaires étrangères et qui est mort en 1756. (A. N.)

nesse; il est toujours dehors, il ne rentre jamais en lui-même. Je vous crois pourtant encore plus heureux que lui; je préférerais vos occupations à ses dissipations.

Je comprends le plaisir que vous donne l'agriculture. Si je n'étais pas aveugle, je voudrais avoir une campagne où il y eût un potager, une basse-cour; j'ai toujours eu du goût pour tout cela. J'aimais aussi l'ouvrage, je ne haïssais pas le jeu; tout cela me manque; il ne me reste que la conversation. Avec qui la faire? Y a-t-il rien de plus triste?

Je viens de relire *Héraclius;* j'approuve toutes vos critiques; mais, malgré cela, cette pièce fait un grand effet sur le théâtre; c'est comme ces statues qui sont faites pour le cintre, et non pour la paroi : je conviens qu'il y a des défauts considérables, qui choquent à la lecture, et qui échappent à la représentation; cela n'excuse pas les fautes, il faut les faire sentir, et la critique est très-nécessaire pour maintenir le goût. Ce que j'ai pris la liberté de condamner, c'est ce que vous dites dans les *Horaces* sur le monologue de Camille, qui précède sa scène avec Horace. Vous trouvez qu'il n'est pas naturel qu'elle excite sa fureur, en se rappelant tout ce qui peut l'augmenter. J'ai prêté ce volume-là, et j'en suis fâchée, parce que je vous dirais bien plus clairement le jugement que j'en ai porté. En général, je trouve que Corneille démêle avec beaucoup de justesse et exprime avec beaucoup de force les grandes passions et tous leurs différents mouvements; il est incompréhensible qu'un génie aussi sublime soit si dépourvu de goût.

Avez-vous lu la dernière lettre de Rousseau où il parle de M. de Luxembourg? J'ai fait lire à madame de Luxembourg ce que vous m'avez écrit pour elle; cela a été reçu *cosi cosi;* vous êtes, dit-elle, le plus grand ennemi de Jean-Jacques, et elle se pique d'un grand amour pour lui. On vient de donner le recueil de ses ouvrages en huit volumes, je ne ferai point cette emplette; il applique sans instruire, et l'utilité de tout ce qu'il dit est zéro.

Je suis accablée de la chaleur, ce qui me rend beaucoup plus bête qu'à l'ordinaire. Ne vous dégoûtez point de moi; pensez à mon état, et tâchez de l'adoucir en m'écrivant très-souvent.

LETTRE 173.

M. DE VOLTAIRE A MADAME LA MARQUISE DU DEFFAND.

Aux Délices, le 20 juin (1764).

Il faut, madame, que je vous parle net[1]. Je ne vois pas qu'il y ait un homme au monde moins capable que moi de donner du plaisir à une femme de vingt-cinq ans en quelque genre que ce puisse être. Je ne sors jamais; je commence ma journée par souffrir trois ou quatre heures, sans en rien dire à M. Tronchin.

Quand j'ai bien travaillé, je n'en peux plus. On vient dîner chez moi, et la plupart du temps je ne me mets point à table; madame Denis est chargée de toutes les cérémonies et de faire les honneurs de ma cabane à des personnes qu'elle ne reverra plus.

Elle est allée voir madame de Jaucourt; et c'est pour elle un très-grand effort, car elle est malade et paresseuse. Pour moi, je n'ai pu en faire autant qu'elle, parce que j'ai été quinze jours au lit avec un mal de gorge horrible. Il faut vous dire encore, madame, que je ne vais jamais à Genève. Ce n'est pas seulement parce que c'est une ville d'hérétiques, mais parce qu'on y ferme les portes de très-bonne heure, et que mon train de vie campagnard est l'antipode des villes. Je reste donc chez moi, occupé de souffrances, de travaux et de charrue, avec madame Denis, la nièce à Pierre Corneille, son mari, et un ex-jésuite[2] qui nous dit la messe et qui joue aux échecs.

Quand je peux tenir quelque pédant comme moi, qui se moque de toutes les fables qu'on nous donne pour des histoires, et de toutes les bêtises qu'on nous donne pour des raisons, et de toutes les coutumes qu'on nous donne pour des lois admirables, je suis alors au comble de ma joie.

Jugez de tout cela, madame, si je suis un homme fait pour madame de Jaucourt. Il m'est impossible de parler à une jeune femme plus d'un demi-quart d'heure; si elle était philosophe et qu'elle voulût mépriser également saint Augustin et Calvin, j'aurais alors de belles conférences avec elle.

Pour M. Hume, c'est tout autre chose: vous n'avez qu'à me l'envoyer, je lui parlerai, et surtout je l'écouterai. Nos malheu-

---

[1] *Le Misanthrope*, acte II, scène 1re. (L.)
[2] Le P. Adam. (L.)

reux Welches n'écriront jamais l'histoire comme lui; ils sont continuellement gênés et garrottés par trois sortes de chaînes: celles de la Cour, celles de l'Église et celles des tribunaux appelés Parlements.

On écrit l'histoire en France comme on fait un compliment à l'Académie française. On cherche à arranger les mots de façon qu'ils ne puissent choquer personne. Et puis, je ne sais si notre histoire mérite d'être écrite.

J'aime bien autant encore la philosophie de M. Hume que ses ouvrages historiques. Le bon de l'affaire, c'est qu'Helvétius, qui, dans son livre *De l'Esprit*, n'a pas dit la vingtième partie des choses sages, utiles et hardies dont on sait gré à M. Hume et à vingt autres Anglais, a été persécuté chez les Welches et que son livre y a été brûlé. Tout cela prouve que les Anglais sont des hommes et les Français des enfants.

Je suis un vieil enfant plein d'un tendre et respectueux attachement pour vous, madame.

LETTRE 174.

MADAME LA MARQUISE DU DEFFAND A M. DE VOLTAIRE[1].

Paris, 25 juin 1764.

Vous êtes bien récalcitrant, de refuser de voir madame de Jaucourt, la petite-fille de madame de Harenc[2], la meilleure de mes amies, qui m'avait priée d'obtenir cette faveur. Comme je ne veux point vous tromper, je ne vous dirai point ce qu'elle pense de saint Augustin et de Calvin; mais j'ai peine à croire qu'elle ne les sacrifiât pas volontiers au plaisir de passer une journée chez vous. Ah! vous la verrez, j'en suis sûre; vous ne voudriez pas que je vous eusse sollicité en vain; elle a assez d'esprit pour être charmée de vous, et sûrement assez de vanité pour se faire un grand honneur de vous avoir vu; après ceci je ne vous en parlerai plus.

[1] L'éditeur de l'édition de Londres et de celle de Paris, 1827, indiquent cette lettre comme répondant à une lettre de Voltaire du 22 avril (t. LVIII, p. 330). Cette lettre de Voltaire porte dans l'édition Beuchot la date plus plausible du 20 juin, et cette édition n'en contient aucune à la date indiquée par l'éditeur de 1811 et de 1827. Nous ne possédons pas la lettre où madame du Deffand sollicitait bon accueil pour madame de Jaucourt. (L.)

[2] La même, madame de Harenc dont il est parlé si souvent dans les *Mémoires* de Marmontel. (A. N.)

J'ai vu un homme qui est bien content d'une visite qu'il vous a rendue à Ferney; c'est milord Holderness. Il dit que vous n'avez que vingt-cinq ans, que vous êtes gai, vif, animé, abondant, enfin que vous l'avez charmé. Je charmerai ce soir M. Hume, en lui lisant votre lettre. Vous êtes content de ses ouvrages, vous le seriez de sa personne; il est gai, simple et bon. Les esprits anglais valent mieux que les nôtres, c'est bien mon avis; je ne leur trouve point le ton dogmatique, impératif; ils disent des vérités plus fortes que nous n'en disons; mais ce n'est pas pour se distinguer, pour donner le ton, pour être célèbres. Nos auteurs révoltent par leur orgueil, leurs bravades; et quoique presque tout ce qu'ils disent soit vrai, on est choqué de la manière, qui sent moins la liberté que la licence; et puis ils tombent souvent dans le paradoxe et dans les sophismes, et c'est mon horreur. Jean-Jacques m'est antipathique, il remettrait tout dans le chaos; je n'ai rien vu de plus contraire au bon sens que son *Émile*, rien de plus contraire aux bonnes mœurs que son *Héloïse*, et de plus ennuyeux et de plus obscur que son *Contrat social*.

J'aime beaucoup ce que vous dites sur nos historiens: qu'est-ce que l'histoire, si elle n'a pas l'air de la plus grande vérité? Mais quoique l'esprit philosophique soit bon à tout et partout, je n'aime pas qu'on le fasse trop sentir dans l'histoire; cela peut rendre les faits suspects et faire penser que l'historien les ajuste à ses systèmes.

Convenez, monsieur de Voltaire, que j'abuse bien de l'ordre que vous m'avez donné de vous communiquer toutes mes pensées, et que je suis bien sotte de vous obéir. Je ne sais pas écrire, je n'ai pas l'abondance des mots qui est nécessaire pour bien s'exprimer. Je crois bien que cela peut venir du peu de force et de profondeur de mes idées, qui tiennent de ma complexion qui est fort faible, et sur laquelle les bonnes ou mauvaises digestions font un très-grand effet, et font que je suis affectée tout différemment d'un jour à l'autre.

Oui, si vous étiez ici, vous seriez mon directeur; je ne trouve que vous qui soyez digne de l'être, parce que je ne trouve que vous qui touchiez toujours droit au but; tous les autres sont en deçà ou par delà.

A propos, il y a, à ce qu'on dit, dans votre dernière lettre, deux lignes de votre main: voilà donc comme vous êtes aveugle! Je suis ravie que vous ne soyez point mon confrère, et qu'aucune lumière ne vous soit refusée. Communiquez-moi toutes celles dont je suis susceptible, et ne m'abandonnez point dans le chaos où je suis condamnée.

LETTRE 175.

M. DE VOLTAIRE A MADAME LA MARQUISE DU DEFFAND.

A Ferney, 27 juin 1764.

Notre commerce à tâtons devient vif, madame; votre grand'-tante faisait très-bien de prendre le temps comme il vient et les hommes comme ils sont; mais quand le temps est mauvais il faut un abri, et quand les hommes sont méchants ou prévenus, il faut ou les fuir ou les détromper; c'est le cas où je me trouve.

Vous ne vous attendiez pas à être chargée d'une négociation, madame. C'est ici où le *Quinze-Vingt* des Alpes a besoin des bontés de la très-judicieuse *Quinze-Vingt* de Saint-Joseph.

Rousseau, dont vous me parlez, m'écrivit, il y a trois ans, de Montmorency, ces propres mots : « Je ne vous aime point. » Vous donnez chez vous des spectacles; vous corrompez les » mœurs de ma patrie, pour prix de l'asile qu'elle vous a donné. » Je ne vous aime point, monsieur; et je ne rends pas moins » justice à vos talents [1]. »

Une telle lettre de la part d'un homme avec qui je n'étais point en commerce me parut merveilleusement folle, absurde et offensante. Comment un homme qui avait fait des comédies, pouvait-il me reprocher d'avoir des spectacles chez moi, en France? Pourquoi me faisait-il l'outrage de me dire que Genève m'avait donné un asile? Eh! j'en donne quelquefois; je vis dans ma terre, je ne vais point à Genève; en un mot, je ne comprends point sur quel prétexte Rousseau put m'écrire une pareille lettre. Il a sans doute bien senti qu'il m'avait offensé, et il a cru que je m'en devais venger; c'est en quoi il me connaît bien mal.

Quand on brûla son livre à Genève [2] et qu'il y fut décrété de prise de corps, il s'imagina que j'avais fait une brigue contre lui, moi qui ne vais jamais à Genève.

---

[1] Voir le texte même de la lettre de Rousseau aux *OEuvres de Voltaire* (éd. Beuchot), t. LVIII, p. 445-446. (L.)

[2] Le 19 juin 1762. (L.)

Il écrit à madame la duchesse de Luxembourg que je me suis déclaré son plus mortel ennemi[1]; il imprime que je suis le plus violent et le plus adroit de ses persécuteurs. Moi persécuteur? C'est Jeannot-Lapin qui est un foudre de guerre. Moi j'aurais été un petit père Le Tellier! quelle folie! Sérieusement parlant, je ne crois pas qu'on puisse faire à un homme une injure plus atroce que de l'appeler persécuteur.

Si jamais j'ai parlé de Rousseau autrement que pour donner un sens très-favorable à son *Vicaire savoyard*, pour lequel on l'a condamné, je veux être regardé comme le plus méchant des hommes. Je n'ai pas même voulu lire un seul des écrits qu'on a faits contre lui, dans cette circonstance cruelle où l'on devait respecter le malheur et estimer son génie.

Je fais madame la maréchale de Luxembourg juge du procédé de Rousseau envers moi et du mien envers lui: je me confie à son équité et je vous supplie de rapporter le procès devant elle. J'ambitionne trop son estime pour la laisser douter un moment que je sois capable de me déclarer contre un infortuné.

Je suis si sensiblement touché, que je ne puis cette fois-ci vous parler d'autre chose.

Vous avez sans doute chez vous M. d'Argenson, et vous vous consolerez tous deux du mal que la fortune a fait à l'un et que la nature a fait à l'autre.

Adieu, madame; je serai consolé si vous me défendez de l'imputation calomnieuse que j'essuie. Comptez sur mon très-tendre et très-sincère attachement.

LETTRE 176.

LE MÊME A LA MÊME.

A Ferney, ce 1er juillet (1764).

Je passe ma vie à me tromper, madame; mais aussi il y a des moments où vous n'avez pas raison en tout. Vous me dites que je ne veux pas voir madame de Jaucourt. Je serai assurément charmé si je peux l'attirer chez moi, mais je suis à deux grandes lieues d'elle; je ne sors point et je ne peux sortir. Ma nièce est allée la voir et madame de Jaucourt ne lui a pas rendu sa visite. Tout cela s'arrangera comme on pourra, ainsi que toutes les bagatelles de ce monde.

[1] Lettre du 28 mai 1764. (L.)

Un autre reproche que vous me faites, c'est que je me suis vanté d'être votre confrère, et que je ne le suis pas tout à fait. Voici mon état :

J'ai des fluxions sur les yeux qui m'ont ôté l'usage de la vue des mois entiers; elles se promènent quelquefois dans les oreilles, et alors je vois, mais je suis sourd; elles tombent sur la gorge et je deviens muet. Voilà un plaisant état pour courir chez une jeune femme à deux lieues de ma retraite! Les Parisiennes vont chez Esculape-Tronchin comme on va aux eaux de Forges; mais l'air des Alpes fait plus de mal que Tronchin ne fait de bien. Il faut un corps d'Hercule pour vivre ici, mais j'y suis libre, et j'ai trouvé que la liberté valait mieux que la santé. M'y voilà établi. Je m'y suis fait une famille, je ne me transporterai point, je mourrai, comme Abraham, dans le coin de terre que j'ai habité, et ce sera ma seule ressemblance avec le père des croyants.

Vous avez vu, madame, par une de mes lettres, que le caractère de Jean-Jacques est aussi inconséquent que ses ouvrages. J'espère que madame la maréchale de Luxembourg me rendra la justice de croire que je ne hais point un homme qu'elle protége et que je suis bien loin de persécuter un homme si à plaindre. Il n'a même été persécuté que pour des sentiments qui sont les miens, et je serais une âme bien sotte et bien noire, de vouloir avilir une philosophie que j'aime, et de faire punir un homme accusé précisément des choses qu'on m'impute.

J'aime mieux vous parler de Corneille que de Rousseau; j'avoue encore que j'aime mille fois mieux Racine. Faites-vous relire les pièces de ce dernier, si vous ne les savez pas par cœur, et vous verrez si après avoir entendu dix vers, vous n'avez pas une forte passion de continuer. Dites-moi si au contraire le dégoût ne vous saisit pas à tout moment quand on vous lit Corneille. Trouvez-vous chez lui des personnages qui soient dans la nature, excepté *Rodrigue* et *Chimène*, qui ne sont pas de lui?

Cette *Cornélie*, tant vantée autrefois, n'est-elle pas en cent endroits une diseuse de galimatias, et une faiseuse de rodomontades? Il y a des vers heureux dans Corneille, des vers pleins de force, tels que Rotrou en faisait avant lui et même plus nerveux que ceux de Rotrou; il y a du raisonner, mais, en vérité, il y a bien rarement de la pitié et de la terreur, qui sont l'âme de la vraie tragédie. Enfin, quelle foule de mauvais vers, d'expressions ridicules et basses, de pensées alambiquées et retournées, comme vous dites, en trois ou quatre façons également mauvaises. Corneille a des éclairs dans une nuit profonde, et ces éclairs furent un beau jour pour une nation composée alors de petits maîtres grossiers, et de pédants plus grossiers encore qui voulaient sortir de la barbarie [1].

Je n'ai commencé ce fatras que pour marier mademoiselle Corneille; c'est peut-être la seule occasion où les préjugés aient été bons à quelque chose. Je ne me passionne point pour Ra-

[1] Quand Voltaire est bien inspiré, quand son bon sens s'arrête dans le vrai et le juste, il est véritablement inimitable, et son style net et clair emporte la conviction comme l'évidence. C'est la raison même qui parle. Par ces temps de caprices critiques et archaïques, il est peut-être dangereux de toucher à ce temple de la gloire et du génie de Corneille, que quelques admirateurs maladroits transforment en exclusive chapelle où ils font leurs dévotions de mauvais goût. Mais nous ne pouvons nous empêcher de souscrire à cet avis de Voltaire, frappé dans cette langue vive et courante qui donne à l'idée l'effigie correcte et la facile circulation d'une monnaie populaire. Avec un peu de passion et une sorte d'indignation du goût, il déclare préférer Racine à Corneille, et il déduit les causes de sa supériorité. Voltaire, génie français par excellence, nourri de moelle classique, devait en effet préférer l'auteur ingénieux, délicat, harmonieux, humain, d'*Esther*, d'*Athalie*, d'*Andromaque* et de *Phèdre*, son intrigue facile, ses caractères homogènes, sa netteté de dialogue, sa perfection de style, son émotion douce, sa sensibilité profonde, son art exquis du contraste à la fois et de la mesure, aux sublimes éclairs et aux écarts parfois brutaux de la muse cornélienne, enivrée de passion espagnole. L'admiration pour Shakspeare a renouvelé, en la justifiant en quelque sorte, l'admiration pour Corneille. D'ailleurs, par ses qualités et ses défauts surtout, Corneille est plus facilement accessible à la masse. Il plaît davantage à tout le monde. Racine demeure le favori des délicats, le poëte de prédilection des raffinés, de ceux qui goûtent l'alliance du naturel et de l'art, le mélange exquis des formes grecques et des traditions chrétiennes, l'éclectique du Pinde et du Thabor, le lyrique tempéré, qui se souvient à la fois de Pindare et de David, de l'Anthologie et du Cantique des cantiques. Racine a peint les nuances, il est souple et varié. Corneille est souvent monotone. Sa gamme austère n'a pas de demitons. Son ciel n'a que des rayons ou des ombres, sans crépuscule et sans demijour. Il ne semble avoir connu que les passions caractéristiques, typiques, fatales, et les avoir éprouvées de tête plus que de cœur, dans son cabinet plus que dans la vie. Il ignore les sentiments que Racine peint si admirablement, en homme qui les a tous éprouvés. Racine a sur Corneille, au point de vue moral, la supériorité de l'expérience. Au point de vue littéraire, il l'emporte par le goût, le choix, la méthode, le style. Pour nous, nous sommes de l'avis de Voltaire, et fier de nous tromper, si tromper il y a, en si haute compagnie, nous n'hésitons pas à déclarer que nous préférons le bercement harmonieux, véritable volupté d'esprit, au plaisir violent et troublé du char aux brusques cahots. Pour nous, Racine c'est Virgile, et Corneille c'est Lucain. (L.)

cine. Que m'importe sa personne? Je n'ai vécu ni avec lui ni avec Corneille. Je ne vais point chercher de quelle mine sort un diamant que j'achète. Je regarde à son poids, à sa grosseur, à son brillant et à ses taches. Enfin, je ne puis ni sentir qu'avec mon goût, ni juger qu'avec mon esprit.

Racine m'enchante et Corneille m'ennuie; je vous avouerai même que je n'ai jamais lu ni ne lirai jamais une douzaine de ses pièces que je n'ai point commentées. Ah! madame, quand vous voudrez avoir du plaisir, faites-vous relire Racine par quelqu'un qui soit digne de le lire; mais pour le bien goûter, rappelez-vous vos belles années; car Montaigne a dit : « Crois-tu qu'un malade rechigné goûte beaucoup les chansons » d'Anacréon et de Sapho[1]? »

Je vous ai trop parlé de vers; une autre fois je vous parlerai philosophie.

Mille tendres respects.

LETTRE 177.

MADAME LA MARQUISE DU DEFFAND A M. DE VOLTAIRE.

Paris, 18 juillet 1764.

Vous vous trouvez peut-être fort bien de l'interruption de notre correspondance; mais ne m'en faites jamais l'aveu, je vous prie. Je n'ai point de plus sensible plaisir que de recevoir de vos lettres, ni d'occupations plus agréables que d'y répondre; je sais bien que le marché n'est point égal entre nous, mais qu'est-ce que cela fait? ce n'est point à vous à compter ric à ric.

Je vous en demande très-humblement pardon, mais je vous trouve un peu injuste sur Corneille. Je conviens de tous les défauts que vous lui reprochez, excepté quand vous dites qu'il ne peint jamais la nature. Convenez du moins qu'il la peint suivant ce que l'éducation et les mœurs du pays peuvent l'embellir ou la défigurer, et qu'il n'y a point dans ses personnages l'uniformité qu'on trouve dans presque toutes les pièces de Racine. Cornélie est plus grande que nature, j'en conviens, mais telles étaient les Romaines; et presque toutes les grandes actions des Romains étaient le résultat de sentiments et de raisonnements qui s'éloignaient du vrai. Il n'y a peut-être que

---

1 « Pensez-vous que les vers de Catulle ou de Sappho rient à un vieillard avaricieux et rechigné? » (Montaigne, livre II, ch. xii.) (L.)

l'amour qui soit une passion naturelle, et c'est presque la seule que Racine ait peinte et rendue, et presque toujours à la manière française. Son style est enchanteur et continûment admirable. Corneille n'a, comme vous dites, que des éclairs; mais qui enlèvent, et qui font que, malgré l'énormité de ses défauts, on a pour lui du respect et de la vénération. Il faut être bien téméraire pour oser vous dire si librement son avis. Mais permettez-moi de n'en pas rester là, et souffrez que je vous juge ainsi que ces deux grands hommes. Vous avez la variété de Corneille, l'excellence du goût de Racine, et un style qui vous rend préférable à tous les deux, parce qu'il n'est ni ampoulé, ni sophistiqué, ni monotone; enfin vous êtes pour moi ce qu'était pour l'abbé Pellegrin sa *Péloppée*[1].

Adieu, monsieur; soyez persuadé que personne n'est à vous aussi parfaitement que moi.

LETTRE 178.

MILORD HOLDERNESS A M. LE PRÉSIDENT HÉNAULT.

Sion hill, 24 juillet 1764.

Brantôme a conservé et transmis à la postérité les tendres adieux de Marie d'Écosse lorsqu'elle quitta la France. Je répétai, mon cher président, en sortant du même port, les paroles de cette belle reine : *Adieu, France! adieu, chère France!* Je les prononçai aussi sincèrement et presque aussi tristement que cette malheureuse princesse. J'ai l'âme trop sensible pour un voyageur : je n'aurais jamais dû m'exposer à connaître des personnes aussi aimables que celles que j'ai eu l'honneur de fréquenter à Paris. Il ne me reste, hélas! que le souvenir de leurs bienfaits et le plaisir d'une triste reconnaissance : mon cœur en est rempli. De grâce, mon aimable président, soyez-en le garant et l'interprète : parlez quelquefois de mes regrets; n'oubliez pas celui qui vous chérit, faites-le revivre dans la mémoire de vos amis.

J'ai trouvé votre lettre en arrivant à Londres. Je ne puis vous exprimer le plaisir qu'elle m'a fait, ni la tendresse avec laquelle je l'ai lue. Je la conserverai précieusement, elle excitera lady

---

[1] Tragédie reçue par les comédiens français le 2 décembre 1731 et représentée pour la première fois le 18 juillet 1733. C'est la moins mauvaise de cet ecclésiastique dramaturge *qui dînait de l'autel et soupait du théâtre*. (L.)

Amalie à mériter un jour vos éloges. La mère et la fille me chargent de leurs tendres compliments pour vous. Nous voici dans notre paisible retraite, où nous jouissons des simples beautés de la nature. Ce que nous avons quitté sera souvent le sujet de nos entretiens; nous parlerons souvent des vertus, des agréments de notre cher président. Le sujet me rendra éloquent. Veut-il, de son côté, se souvenir de l'attachement sincère, de la tendre amitié de son fidèle serviteur?

LETTRE 179.

M. DE VOLTAIRE A MADAME LA MARQUISE DU DEFFAND.

A Ferney, 31 d'auguste 1764.

J'apprends, madame, que vous avez perdu M. d'Argenson. Si cette nouvelle est vraie, je m'en afflige avec vous. Nous sommes tous comme des prisonniers condamnés à mort, qui s'amusent un moment sur le préau jusqu'à ce qu'on vienne les chercher pour les expédier. Cette idée est plus vraie que consolante. La première leçon que je crois qu'il faut donner aux hommes, c'est de leur inspirer du courage dans l'esprit; et puisque nous sommes nés pour souffrir et pour mourir, il faut se familiariser avec cette dure destinée.

Je voudrais bien savoir si M. d'Argenson est mort en philosophe ou en poule mouillée[1]. Les derniers moments sont accompagnés, dans une partie de l'Europe, de circonstances si dégoûtantes et si ridicules, qu'il est fort difficile de savoir ce que pensent les mourants. Ils passent tous par les mêmes cérémonies. Il y a eu des jésuites assez impudents pour dire que Montesquieu était mort en imbécile, et ils s'en faisaient un droit pour engager les autres à mourir de même.

Il faut avouer que les anciens, nos maîtres en tout, avaient sur nous un grand avantage : ils ne troublaient point la vie et la mort par des assujettissements qui rendent l'une et l'autre funestes. On vivait du temps des Scipion et des César, on pensait et on mourait comme on voulait; mais pour nous autres, on nous traite comme des marionnettes.

Je vous crois assez philosophe, madame, pour être de mon

[1] Par la lettre du 10 septembre, on voit qu'il passa les cinq dernières heures de sa vie avec un prêtre. Cependant d'Alembert disait qu'il était mort assez joliment. (L.)

avis. Si vous ne l'êtes pas, brûlez ma lettre, mais conservez-moi toujours un peu d'amitié pour le peu de temps que j'ai encore à ramper sur ce tas de boue où la nature nous a mis.

LETTRE 180.

MADAME LA MARQUISE DU DEFFAND A M. DE VOLTAIRE.

Paris, 10 septembre 1764.

M. d'Argenson arriva ici le 12 de juillet, à demi mort, une fièvre lente, la poitrine affectée; son état empirait tous les jours, mais insensiblement; le 22 du mois dernier on s'aperçut qu'il était à l'extrémité, on envoya chercher le curé, qui resta avec lui jusqu'à cinq heures du soir qu'il mourut. De toutes les pratiques accoutumées, il ne fut question que de l'extrême-onction; on n'a pu savoir ce qu'il pensait, n'ayant point parlé; ainsi on en peut porter tel jugement que l'on voudra. Le président de Montesquieu fit tout ce qu'on a coutume de faire, et dit tout ce qu'on voulut lui faire dire. Je trouve que la manière dont on meurt ne prouve pas grand'chose, et ne peut être une autorité ni pour ni contre; un tour d'imagination en décide, et bien sot est celui qui se contraint dans ses derniers moments. N'écrivez-vous point au président? M. d'Argenson lui a laissé un manuscrit des lettres de Henri IV; il a reçu des compliments de tout le monde.

Vous n'aurez que cela de moi aujourd'hui; un autre jour, nous philosopherons.

LETTRE 181.

LE COMTE DE BROGLIE A MADAME LA MARQUISE DU DEFFAND.

Ruffec, 16 septembre 1764.

Je suis un peu mécontent, madame, que vous craigniez d'avoir à vous repentir de m'avoir accordé trop promptement vos bontés et votre amitié. J'espère que vous ne serez jamais dans ce cas-là; car je désire infiniment de la mériter de plus en plus et de la conserver. Je ne mérite pas de même toutes les choses obligeantes dont votre lettre est remplie; et quant à la facilité que vous m'attribuez et que vous faites tant valoir, elle ne mérite pas beaucoup d'éloges, et elle vient de l'habitude où je suis depuis mon enfance de vivre avec tant de caractères différents. Vous me croyez aussi capable d'adoucir les animaux les plus féroces de la société. Je ne me suis jamais reconnu ce talent, j'en ai même vu quelquefois qui passaient pour être de l'espèce la plus pacifique et que je n'ai pu apprivoiser. Mais, en vérité, c'est trop parler de moi : parlons de vous, madame; cela vaut beaucoup mieux.

Vous me paraissez contente de la douceur de votre vie actuelle : j'en suis enchanté, et je le suis aussi de voir votre sensibilité un peu diminuée. Malgré cela, je ne vous passe pas l'indifférence, à moins qu'elle ne soit que pour ceux à qui on fait même grâce en la leur accordant.

Vous approuvez mes occupations champêtres. Elles sont très-nécessaires à ma fortune et ne contrarient pas mon goût : c'est le seul moyen de se rendre indépendant, que de s'occuper à mettre son bien dans la plus grande valeur, et on est bien sûr de ne pas perdre sa peine. Le seul regret, c'est d'être éloigné de ses amis; mais comme il est bien difficile de les avoir rassemblés, c'est presque un mal sans remède. D'ailleurs quand on les rejoint on en sent bien plus vivement l'agrément, et je goûte presque d'avance celui que je retrouverai, madame, à vous rejoindre et à vous renouveler le plus souvent que je pourrai les assurances les plus sincères de mon tendre et respectueux attachement.

Voulez-vous bien recevoir les remercîments et les hommages de madame de Broglie?

LETTRE 182.

MADAME LA MARQUISE DU DEFFAND A M. LE COMTE DE BROGLIE.

Paris, 22 septembre 1764.

Non, monsieur le comte, on ne sait ce qu'on choisirait, si on en était le maître, d'être sensible ou indifférent. C'est la vie ou la mort : la vie accompagnée de souffrances, la mort qui n'est pas assez complète pour ne pas sentir l'horreur du néant; enfin, nous ne sommes pas maîtres du choix. Tout ce qui semble dépendre de nous, c'est de prendre le temps comme il vient, les gens comme ils sont, de se supporter soi-même; et cet article est le plus difficile, surtout aux gens qui sont, comme moi, de vraies poules mouillées. Pour vous, monsieur le comte, qui êtes un lion, un aigle, rien n'est plus fort que vous, rien n'est au-dessus de votre courage, de vos lumières. Vous avez le temps d'attendre. Si vous vous trouvez jamais à armes égales (et cela arrivera), vous terrasserez tout. En attendant, conduisez votre charrue, multipliez votre race, que ce genre de succès soit le pronostic des autres. Vous voyez qu'il ne me manque rien pour être une vraie sibylle.

Je serai ravie de vous revoir; mais il manquera toujours quelque chose à mon plaisir (et cette chose est importante) : c'est que vous ne le partagerez point. Je ne puis vous en faire de reproches : trop d'idées, trop de passions remplissent votre âme; je ne tiens à aucune par aucun fil : je n'ai que ma valeur intrinsèque, et cette valeur est si petite, si petite, qu'il n'y a que l'amitié, ou du moins l'habitude qui puisse la faire apercevoir, et lui tenir lieu, pour ainsi dire, de microscope.

Mais je fais une réflexion, c'est que lorsqu'on est à cent lieues de Paris, on aime mieux les plus pitoyables nouvelles que les plus beaux discours. Je vais donc tâcher de vous dire tout ce que je sais, qui n'est pas grand'chose. Je commence par ma main droite. Madame de Mirepoix, comme à l'ordinaire, est de tous les voyages. Elle revint jeudi de Choisy, elle soupa chez madame de Valentinois, où j'étais. Je revins chez moi de bonne heure attendre madame la duchesse de Choiseul, avec qui je causai longtemps; je trouvai à placer une profession d'estime et d'amitié pour vous, et d'autres petites choses peu importantes, mais assez adroites. C'est toujours en attendant mieux.

Madame de Mirepoix repartit hier pour l'Ile-Adam, elle en revient demain. Je crois qu'elle soupera, ainsi que moi, M. et madame de Beauvau, à l'hôtel de Luxembourg, ou bien chez moi, si madame de Luxembourg, par quelque hasard, restait à Villeroy, où elle est depuis le 12 de ce mois, et où elle est restée deux ou trois jours de plus qu'elle ne comptait, parce que M. de Villeroy a été un peu malade; mais elle m'a mandé qu'elle revenait demain.

Voilà tout ce qui a rapport à ma droite : venons à ma gauche. L'ambassadeur d'Espagne se meurt d'une fluxion de poitrine : il a reçu hier matin ses sacrements. Madame de Valentinois est reprise de ses clous; on lui a déjà donné plusieurs coups de lancette : elle est d'une douceur et d'une patience qui intéressent. Voilà ce qui regarde mon voisinage : allons plus loin. L'ambassadeur de Sardaigne est en train de guérison depuis qu'il fait les remèdes de l'empirique du Dauphiné : sa plaie, qui était plus large de beaucoup qu'un écu de six francs, et dont les chairs qui l'entouraient étaient en bourrelet, n'est pas plus large qu'un louis aujourd'hui, et la peau est très-unie. Madame de Duras n'est point encore morte. Elle ne voit plus personne : elle boit pour le moins deux ou trois bouteilles de vin par jour, et mange à proportion ; mais elle n'est pas pour cela en train de guérison.

Madame la duchesse de Grammont et madame de Choiseul-la-Baume partent aujourd'hui pour Chanteloup. M. le duc de Choiseul partira demain ; il n'y restera que jusqu'à mercredi, qu'il ira à la Flèche voir l'école militaire et les carabiniers ; il sera de retour samedi à Versailles. M. et madame de Staremberg doivent aller à Chanteloup, ainsi que MM. de Stanley, d'Armentières, du Châtelet, etc., etc. Il y en a qui disent que madame de Grammont doit aller à Richelieu ; mais cela est douteux.

Le roi va lundi à Choisy : mesdames de Mirepoix, duchesse de Choiseul, de Château-Renault et du Roure seront du voyage : on en reviendra jeudi ou vendredi. Le roi partira mardi pour Fontainebleau, et la reine le mercredi 3.

M. et madame de Beauvau reviennent demain dimanche à Paris. Je compte, comme je vous l'ai dit, souper avec eux. J'apprendrai sans doute ce qu'ils feront ; mais jusqu'à présent je l'ignore.

Je n'en sais pas davantage, monsieur le comte : je finis bien vite. Cette lettre ressemble aux récits de M. le prince de Montauban, que M. de Charost trouvait *ridiculo ridiculoso*.

Il faut cependant bien, avant de finir, que j'assure madame la comtesse de Broglie de mon respect, de mon amour, de mon amitié, de mon estime, enfin de tous les sentiments qu'elle mérite et que je lui ai voués pour ma vie. Si vous avez M. l'abbé avec vous, parlez-lui de moi, si vous croyez que cela ne l'ennuie pas.

M. et madame de Staremberg n'iront point à Chanteloup, parce que M. de Choiseul y restera très-peu.

LETTRE 183.

M. LE COMTE DE BROGLIE A M. LE PRINCE DE BEAUVAU.

Ruffec, le 7 octobre 1764.

Quelque envie que j'aie, cher prince, de vous voir avant votre départ pour la Lorraine, je ne puis guère m'en flatter; car j'ai ici des affaires par-dessus la tête, et très-intéressantes pour moi, et je ne pourrai guère retourner à Paris que dans le mois de décembre; mais comme vos voyages à Lunéville seront courts, j'espère que vous ne tarderez pas à y revenir après mon retour. La princesse est-elle de cette seconde caravane? Cela me paraîtrait bien léger pour sa santé.

Je suis arrivé hier d'une petite tournée que j'ai faite sur les côtes du pays d'Aunis. J'ai vu Rochefort, l'île d'Aix, la Rochelle et l'île de Ré. M. le vicomte de Chabot a eu l'honnêteté de venir avec nous : il vous pourra mander combien on trouve sur son chemin d'objets affligeants. Si j'étais avec M. de Choiseul comme avec vous, je pourrais lui mander la désolation et l'anéantissement où en est la marine; le brigandage qui se commet dans l'administration, qu'on attribue entièrement aux bureaux; ce qu'on dit d'un nouveau marché pour les bois, dont on est scandalisé pour la cherté; le discrédit où est la Cayenne, qu'on regarde comme un gouffre pour la dépense, sans espérance de succès; enfin on ne voit et on n'entend que des choses désolantes pour un citoyen. A la Rochelle, pour le commerce, on trouve le second tome de tout cela : on y voit un port qui se comble, une ville qui se dépeuple à vue d'œil, et lorsqu'on examine la facilité qu'il y aurait à ce que cela fût autrement, que voulez-vous qu'on fasse, sinon de murmurer pour les uns et de gémir pour les autres? Mais cela ne remédie à rien. Croiriez-vous qu'à Rochefort les décomptes de ce qu'on appelle des armements ne sont pas faits depuis 1756, excepté pour l'année 1760, qui a été soldée par un extraordinaire? Croiriez-vous que les appointements de quinze mois sont dus à tous les officiers; qu'on ne paye pas mieux les marins, qui exactement demandent l'aumône et désertent; que l'intendant et le commandant de la marine n'ont pas pu trouver un crédit de dix écus pour acheter je ne sais pas quoi pour finir l'armement des flûtes qui vont transporter M. Turgot? Si tout cela est su, il n'est pas possible qu'on n'y apporte remède; mais ce qui est pis encore, c'est le traitement fait à des colonies d'Allemands qu'on a fait venir pour Cayenne, qu'on n'y peut pas envoyer, parce qu'il n'y a rien pour les nourrir, qui ont été ici dans des écuries, mourant de faim et de chagrin, qu'on dit qu'on va envoyer à grands frais à Saint-Domingue et à la Martinique où ils mourront tous, et où, s'ils vivaient, ils seraient inutiles. Le bruit du pays est que le chevalier Turgot a proposé de les donner à son frère pour les faire travailler aux grands chemins de la province, dont le travail est payé par abonnement, moyennant quoi ils vivraient sans qu'il en coûtât rien à personne, répandraient de l'argent dans le pays et seraient très-utiles, et y pourraient attendre que la colonie de Cayenne, où il n'y a pas d'hommes, fût en état de les recevoir. Cela a été, dit-on, sans aucune réponse. Voilà, cher prince, des vérités. Demandez au vicomte si cela est exagéré. Je vous assure que je n'ai pas questionné, je n'ai fait qu'entendre ce qui se dit à très-haute voix. J'ajouterai que l'entreprise des bois révolte. J'entendis dire à M. d'Aligre que Jélyotte était fort intéressé dans cette entreprise. Quant à moi, comme je vous dis, j'ai vu et écouté ; j'ai fixé mon attention sur la partie militaire, afin de savoir où l'arrière-ban pourra être utile la guerre prochaine. Comme c'est avec ces troupes que je peux tout au plus marcher, il est bon de connaître son poste ; car, toute plaisanterie cessante, je ne doute pas que les Anglais ne viennent prendre et détruire Rochefort, comme ils l'auraient pu faire cette guerre-ci. Il serait cependant possible d'y mettre ordre ; mais le contraire s'y fait tous les jours. Au milieu de ces vilains spectacles, j'ai eu la consolation de voir l'île de Ré augmentant de population et d'industrie, parce qu'il n'y a ni taille, ni gabelle, ni traite. Les habitants en sont heureux et contents sous le gouvernement du chevalier d'Aulan, qui en est le père, le juge, presque le roi : il y est adoré, craint et obéi sur tous les points. Quelles délices, si ce petit modèle pouvait être mis en grand ! Alors la France serait aussi florissante qu'elle est anéantie. Je voudrais, cher prince, vous avoir entretenu plus gaiement ; mais la vérité est presque toujours triste.

Adieu. Je vous embrasse tendrement. Mes hommages respectueux à la princesse.

LETTRE 184.

M. LE COMTE DE BROGLIE A MADAME LA MARQUISE DU DEFFAND.

Ruffec, 14 octobre 1764.

Un voyage de plus de quinze jours que j'ai fait, madame, à Rochefort, la Rochelle et l'île de Ré, m'a empêché de répondre plus tôt à la lettre charmante dont vous m'avez honoré, du 27 septembre. Je ne mérite rien, à aucun égard, de tout ce que vous m'y dites d'obligeant; mais je n'en suis pas moins sensible à toutes ces marques de bonté.

Vous n'êtes pas, madame, dans le cas des correspondances qui ont besoin de nouvelles pour être rendues agréables. Malgré cela, vous voulez bien compatir à la curiosité provinciale, et votre lettre m'a plus appris de détails de société, qui par là deviennent intéressants, que je n'en avais su depuis mon départ. Il me paraît que tout est dans l'ordre ordinaire, et que les événements qui amusent les spectateurs et font trembler les acteurs sont extrêmement rares. On n'en peut pas dire autant de ce qui regarde les États. L'impératrice de Russie continue à donner à l'Europe des spectacles qu'on n'aurait pas dû attendre d'une princesse née dans des climats plus policés que la Sibérie : elle extermine la race des vrais souverains de son empire. Elle en donne un par la force à un royaume voisin, et elle ne regarde pas qu'une couronne puisse être mieux placée que sur la tête de celui qui a eu le bonheur de lui plaire. Si elle se croit obligée de traiter de même tous ceux qui ont eu ou auront le même avantage, il n'y en aura pas assez en Europe pour remplir cet objet. Mais ce qui me charme, c'est la patience avec laquelle tout le monde voit cette conduite, sans songer que cet événement et les suites immanquables qu'il aura vont donner une nouvelle forme à tout le Nord.

Mais de quoi m'avisé-je de politiquer ? C'est un reste de goût du métier. J'espère, d'ailleurs, que vous me pardonnerez de songer encore à la Pologne, parce qu'il y a un certain chapeau que j'ai de la peine à perdre de vue. Je ne sais si vous aurez appris que le roi a bien voulu permettre à mon frère de solliciter la confirmation de cette grâce, et qu'en conséquence il a envoyé son petit ambassadeur à Varsovie. Nous ignorons le succès de cette importante négociation : nous avons la justice pour nous, mais c'est un faible avocat dans tout pays.

Je ne vous dirai rien de mon voyage sur les côtes; je n'y ai rien vu que d'affligeant pour une âme française et patriotique; ce détail ne pourrait que vous ennuyer: mais ce sera avec plaisir que je vous ferai le tableau de l'île de Ré, qui a l'air d'être un pays d'une autre domination. Pendant que la France se dépeuple presque partout, et que les campagnes y deviennent incultes et désertes, ce petit pays augmente, à vue d'œil, d'habitants; il n'y a pas grand comme la main de terrain qui n'y soit cultivé: tout le monde y est riche et content, il n'y a ni taille ni commis, et, pour comble de bonheur, elle est gouvernée par le plus aimable et le plus respectable des hommes; il y est adoré; il est le juge, le père, en vérité le souverain de l'île: il est obéi sans examen sur tout ce qu'il ordonne; enfin c'est un pays de délices, et où j'ai passé, ainsi que madame de Broglie, une journée avec la plus grande satisfaction. Le chevalier d'Aulan nous a reçus cent fois mieux que nous ne le méritions, si ce n'est par l'empressement que nous avions de l'aller voir. Nous avons beaucoup parlé de vous, pour que rien ne manquât à notre commune satisfaction. L'abbé porteur de cette lettre, et qui a été de notre voyage, vous fera un plus long détail, et il me promet de ne pas oublier de vous présenter les assurances de la reconnaissance de madame de Broglie et celles de mon tendre et respectueux attachement.

LETTRE 185.

MADAME LA DUCHESSE DE CHOISEUL A MADAME LA MARQUISE
DU DEFFAND.

Chanteloup, 23 mai 1765.

Savez-vous pourquoi vous vous ennuyez tant, ma chère enfant? C'est justement par la peine que vous prenez *d'éviter, de prévoir, de combattre* l'ennui. Vivez au jour la journée, prenez le temps comme il vient, profitez de tous les moments, et avec cela vous verrez que vous ne vous ennuierez pas: si les circonstances vous sont contraires, cédez au torrent et ne prétendez pas y résister. Si l'on oppose une digue trop faible, en comparaison du volume d'eau qu'elle doit contenir, elle sera brisée; mais ouvrez la digue, l'eau s'écoulera, et la digue ne sera seulement pas endommagée. Croyez-moi, le mal que l'on se résout à supporter est bientôt passé, et il n'en reste rien après lui : surtout évitez le malheur, toujours dupe et superflu, de la crainte. Celui-là n'est pas dans la nature des choses ; il n'est que dans la nôtre, et nous doublons le mal par l'action rétroactive que nous lui donnons en le craignant. Je ne prétends pas vous dire que j'en sois déjà venue au point de suivre exactement la morale que je vous prêche ; mais en vérité, à force de réflexion, et j'ose dire de courage, je suis bien près de la mettre en pratique. Avec un cœur chaud, qui a besoin d'aliment, une imagination vive, qui a besoin de pâture, j'étais plus disposée aux malheurs et à l'ennui que personne : cependant je suis heureuse, et je ne m'ennuie pas. Jugez de là, ma chère enfant, qu'il vous est possible aussi d'être heureuse, et soyez-le, je vous en prie. Je vous l'ai déjà dit, j'ai vieilli avant le temps ; mais comme mon expérience m'est heureusement venue dans la force de l'âge, il me donne le temps et le ressort de la mettre à profit, et par conséquent mes conseils à cet égard ne sont pas à dédaigner.

Je m'aperçois, ma chère enfant, que je vous dis des choses bien communes ; mais accoutumez-vous à les supporter, 1° parce que je ne suis pas en état de vous en dire d'autres ; 2° parce qu'en morale elles sont toujours les plus vraies, parce qu'elles tiennent à la nature. Après avoir bien exercé son esprit, le philosophe le plus éclairé sera obligé d'en revenir, à cet égard, à l'axiome du plus grand sot, de même qu'il partage avec lui l'air qu'il respire, de même qu'il possède en commun avec les derniers des hommes le besoin et les facultés naturelles. Les préjugés se multiplient, les arts s'accroissent, les sciences s'approfondissent ; mais la morale est toujours la même, parce que la nature ne change pas ; elle est toujours réduite à ces deux points : être juste pour être bon, être sage pour être heureux. Saadi, poëte persan, dit que *la sagesse est de jouir, la bonté de faire jouir :* j'y ajoute la justice.

Je vois que vous ne croyez pas trop au tableau que je vous ai fait de la vie que je mène ici. Vous vous trompez si vous croyez qu'elle est occupée : elle n'est que remplie, et cela vaut bien mieux, mais si bien remplie, que je n'ai pas le temps de lire, et qu'à peine ai-je celui d'écrire à mes amis. Mes ouvrages et mes ouvriers sont les seules choses qui m'amusent véritablement ; mais vous sentez bien que ce ne peut être ni tous les jours ni toute la journée. J'y ai cependant des intérêts très-pressants : mon agrément, ma commodité, et l'amour-propre de bien faire. D'ailleurs ma vie est la plus uniforme possible ; mais de cette uniformité même naissent une infinité de petites variétés qui tiennent à sa nature, qui ne coûtent pas de peine à arranger, ni de fatigue pour en jouir, et qui n'en sont que plus douces. Enfin, si nos plaisirs ne sont pas grands, du moins nos peines sont légères. Je suis bien et très-bien, et si bien que je m'abonnerais à être toujours comme cela : ce qui prouve que je n'ai pas encore acquis le dernier période de ma philosophie, car elle devrait me rendre tous les lieux et tous les genres de vie égaux.

Je suis bien fâchée de la mort de ce pauvre Clairault, pour lui que je connaissais un peu, et surtout pour vous qui l'aimiez. Hélas! je n'ai pas de remèdes à vous donner contre les peines du cœur, et, si j'en avais, je vous les refuserais. Conservez vos facultés sensitives, c'est la source de tous les plaisirs, et un seul plaisir dédommage de bien des peines; mais il en faut savoir jouir : le seul art est de s'y livrer entièrement.

J'ai écrit à M. de Choiseul pour monsieur votre neveu. Je suis étonnée que vous n'ayez pas entendu parler de lui ; mais je vous prie, ma chère enfant, rejetez toutes ses fautes sur le manque de temps, et non sur le manque de sentiments, et croyez que quand on vous aime une fois, il faut vous aimer toute la vie.

LETTRE 186.

MADAME LA MARQUISE DU DEFFAND A MADAME LA DUCHESSE
DE CHOISEUL.

Paris, 26 mai 1765.

Prenez-vous-en à vous-même, chère grand'maman, si vous êtes importunée de mes lettres. Comment pourriez-vous croire qu'il fût possible de ne pas répondre à celle que je viens de recevoir? Il n'y aurait qu'un seul sentiment qui pourrait m'en détourner, celui de la vanité; mais elle ne se fait point entendre quand la distance est infinie. Non, je le dis avec vérité, et je vous demande pardon de vous le dire à vous-même : je suis étonnée, émerveillée de la profondeur et de la solidité de votre esprit, de la force de votre imagination et de la justesse de vos sentiments. On ne vous croit que vingt-sept ans, et moi je vous en crois deux mille. C'est vous qui avez enseigné tous les philosophes qui ont jamais vécu; ce ne sont les pensées de qui que ce soit que vous rendez : tout est neuf, tout est original en vous ; et quoique votre métaphysique soit des plus profondes, soit des plus sublimes et des plus subtiles, vous ne dites que ce que vous sentez : c'est votre cœur qui vous a tout appris, et qui, étant secondé par les lumières de votre esprit, vous a acquis autant d'expérience qu'en aurait pu avoir Mathusalem, s'il avait eu tous les talents et tous les avantages que vous avez reçus de la nature. Ah! mon Dieu, mon Dieu! pour qui le bonheur serait-il fait, s'il ne l'était pas pour vous? Mais qu'est-ce qui est digne de vous? qu'est-ce qui peut sentir tout ce que vous valez? Voilà où je me laisse aller à l'orgueil. Je m'imagine que c'est moi, chère grand'maman; mais je vous avoue en même temps que je rougirais pour vous, si vous n'aviez qu'une telle admiratrice : aussi cela n'est-il pas. La voix publique est la réunion de tous les suffrages particuliers : l'impression générale que fait le mérite vaut mieux qu'une approbation accordée et fondée sur l'examen.

Je lis, depuis un mois, tous les jours deux chapitres de M. Nicole. Je le trouvais un bon raisonneur, il me faisait quelque bien; mais je le laisse là, je ne veux plus lire que votre lettre : vous ne sauriez vous imaginer, chère grand'maman, quel calme elle a mis dans mon âme. Je vous crois réellement ma grand'maman, votre âme est certainement la grand'mère de la mienne : je ne suis qu'une enfant vis-à-vis de vous, mais une enfant assez bien née pour sentir la vérité et l'excellence de vos réflexions et de vos préceptes. Vous ne vous ennuyez donc point, chère grand'maman? et je le crois, puisque vous le dites. *Votre vie n'est point occupée, mais elle est remplie.* Permettez-moi de vous dire ce que je pense : c'est que si elle n'était pas occupée, elle ne serait pas remplie. Vous avez bien de l'expérience, mais il vous en manque une que j'espère que vous n'aurez jamais : c'est la privation du sentiment, avec la douleur de ne s'en pouvoir passer. L'explication de ceci serait longue et difficile, vous en pourriez être fatiguée et ennuyée : il vaut mieux que vous n'ayez jamais l'idée d'un tel état.

Vous êtes bien bonne, chère grand'maman, d'avoir parlé de moi à M. de Choiseul. Dans le moment que vous en preniez la peine, il m'écrivait une lettre très-honnête pour s'excuser de n'avoir rien fait pour mon neveu. Il ne lui a fait aucune injustice, et je ne suis pas certainement en droit de me plaindre; mais je lui devrai toute ma vie une reconnaissance infinie. Peut-être aurai-je l'honneur de le voir demain. Je vais souper à Versailles, et j'ai bien du regret de ce que je ne vous y trouverai pas.

Vous ne me parlez ni de votre santé ni de votre retour. J'espère que l'une est bonne; je voudrais que l'autre fût prompt.

LETTRE 187.

MADAME LA DUCHESSE DE CHOISEUL A MADAME LA MARQUISE DU DEFFAND.

Mai 1765.

Je suis en effet, ma chère enfant, la plus solitaire des grand'-mamans; mais pourquoi êtes-vous la plus triste des petites-filles? Cela m'affligerait fort, et ajouterait à ma dénomination de solitaire celle de désolée. On ne doit pas être malheureuse quand on est aimable; et être triste, c'est être malheureuse. Vous n'êtes point vieille non plus, et ne le serez jamais, quoi que vous en disiez : c'est le froid de l'imagination, la sécheresse de l'esprit et la faiblesse du corps qui font la vieillesse. Ah! je sais bien à qui ce portrait conviendrait bien mieux! à celle à qui vous dites : *Vous ne savez pas ce que c'est que d'être vieille.*

Je n'ai jamais eu de la jeunesse que cette heureuse duperie que l'on m'a sitôt et si inhumainement arrachée; mais ce n'est pas le regret de sa perte qui me fait chercher la solitude. Quoique les connaissances que j'ai acquises ne me dédommagent pas de l'ignorance que j'ai perdue, j'ai assez d'autres dédommagements d'ailleurs pour me trouver aussi heureuse que si j'étais jeune et dupe. Je vis dans l'espérance de l'être encore (dupe s'entend); et ce moment de plaisir vaut bien la peine d'être acheté, et sera toujours autant de pris sur l'ennemi. Mais c'est l'active et bruyante oisiveté de ma vie journalière qui m'oblige à chercher ces moments de repos, aussi nécessaires à mon âme qu'à mon corps. Il y a trois choses dont vous dites que les femmes ne conviennent jamais : l'une d'entre elles est de s'ennuyer. Je n'en conviens pas non plus ici : malgré vos soupçons, je vois mes ouvriers, je crois conduire leurs ouvrages. A ma toilette, j'ai cette petite Corbie qui est laide, mais fraîche comme une pêche, folle comme un jeune chien; qui chante, qui rit, qui joue du clavecin, qui danse, qui saute au lieu de marcher, qui ne sait ce qu'elle fait, et fait tout avec grâce, qui ne sait ce qu'elle dit, et dit tout avec esprit, et surtout une naïveté charmante. La nuit je dors, le jour je rêve, et ces plaisirs si doux, si passifs, si bêtes, sont précisément ceux qui me conviennent le mieux.

Madame de Maintenon, quoique femme, avouait qu'elle connaissait l'ennui, et disait que rien ne mettait au-dessus de ce mal redoutable; c'est que madame de Maintenon ne connaissait ni vous ni vos lettres, elles seules suffiraient pour charmer l'ennui de ma solitude; ainsi, ma chère enfant, cette citation n'était pas la transition la plus heureuse que vous puissiez trouver pour terminer votre épître.

J'ai trouvé ici la suite de mon rêve. Il y a dans ma chambre une tapisserie qui est reployée par le haut, et dont le rempli ne laisse passer que le bas des corps dont je vous ai laissé les bustes à consulter : il est vrai que mes bustes étaient d'hommes faits et que mes corps sont d'enfants; mais votre lumineuse explication (à laquelle je crois) m'a donné une si haute opinion de vos talents, que je ne doute pas que vous ne trouviez le moyen de me recoudre ces corps à ces têtes, comme s'ils étaient faits l'un pour l'autre.

Voilà bien du bavardage et de l'enfantillage, ma chère enfant; ce qui est plus sérieux et moins fantastique, ce sont mes tendres sentiments pour vous : soyez sûre qu'ils ne s'évanouiront pas comme l'erreur d'un songe.

LETTRE 188.

M. DE VOLTAIRE A MADAME LA MARQUISE DU DEFFAND.

16 octobre (1765).

J'ai vu, madame, votre Écossais[1] qui aurait droit d'être fier comme un Écossais, si on pouvait être fier en proportion de ses connaissances et de son mérite. Il m'a dit que malgré la mélancolie dont vous me parlez, vous conservez une imagination charmante dans la société. Il n'y a point de dédommagements pour les deux yeux; mais il y a de grandes consolations.

---

[1] James Mac-Donald, baronnet, mort à Frascati, en Italie, le 26 juillet 1766, âgé d'environ vingt-quatre ans. Voir sur ce savant, mélancolique et aimable jeune homme, emporté par une mort précoce, la *Correspondance de Grimm*, 1er septembre 1766. (L.)

Voici bientôt le temps où je vais perdre la vue; mes détestables fluxions me reprennent dans l'automne et l'hiver; je suis précisément comme Pollux, qui ne voyait le jour que six mois de l'année.

Nous avons beaucoup parlé de vous et de M. le président Hénault. Vous savez bien que je m'intéresserai tendrement à vous et à l'autre jusqu'au dernier moment de ma vie. Il me mande par sa dernière lettre que tout doit finir. Rien n'est plus vrai; tous les êtres animés ne sont nés qu'à cette condition; mais il faut bien se souvenir que Cicéron, qui était premier président du parlement de Rome, dit souvent dans ses lettres, et quelquefois même au Sénat romain, que la mort n'est que la fin des douleurs. César, qui a conquis et gouverné votre pays de Welches, pensait de même, et ces deux messieurs valaient bien le père Élisée[1].

En attendant, il faut s'amuser. Madame de Florian, ma nièce, vous fera tenir avec cette lettre quelques feuilles imprimées[2], que j'ai trouvées chez un curieux. Il y a une lettre sur mademoiselle de Lenclos, écrite à un ministre huguenot, qui pourra vous égayer quelques minutes. Il y a quelques chapitres métaphysiques qui pourront vous ennuyer, et d'autres où l'on ne dit que des choses que vous savez et que vous dites beaucoup mieux.

J'y joins un autre ouvrage qu'on appelle le *Dictionnaire philosophique*. Des méchants me l'ont imputé; c'est une calomnie atroce dont je vous demande justice. Je suis fâché qu'un livre si dangereux soit si commode pour le lecteur; on l'ouvre et on le ferme sans déranger les idées. Les chapitres sont variés comme ceux de Montaigne, et ne sont pas si longs.

On m'assure que cette édition-ci est plus ample et plus insolente que toutes les autres. Je ne l'ai pas vue, vous en jugerez: et je la condamne s'il y a du mal.

Je vous dirai cependant, à ma honte, que j'aime assez en général tous les petits chapitres qui ne fatiguent point l'esprit. Je vais faire chercher encore une *Pucelle* pour vous amuser;

---

[1] Jean-François Copel, connu sous le nom de père Élisée, carme prédicateur, demi-Bossuet, fort goûté des dévotes de la haute société, et même des lettrés autres que d'Alembert et Voltaire. Né à Besançon en 1726, il mourut à Pontarlier en 1783. Ses sermons ont été imprimés. (L.)

[2] C'était le tome III des *Nouveaux mélanges* contenant le morceau sur *Mademoiselle de Lenclos*. (V. *OEuvres*, éd. Beuchot, t. XXXIX, p. 401.) (L.)

mais je doute que j'aie le temps de la trouver avant le départ de madame de Florian. On trouve rarement des pucelles chez ces marauds de huguenots de Genève.

Je ne sors jamais de chez moi, et je m'en trouve bien : on a tous ses moments à soi, et la vie est si courte, qu'il n'en faut pas perdre un quart d'heure.

Je suis fâché que vous preniez en aversion nos pauvres philosophes. Si vous croyez qu'ils marchent un peu sur mes traces, je vous prie de ne pas battre ma livrée.

Je sais toute l'histoire de la petite vérole de madame la duchesse de Boufflers. S'il était vrai qu'elle eût été en effet bien inoculée, et qu'elle eût eu la petite vérole naturelle après l'artificielle, cela serait triste pour elle[1]; mais ce serait un exemple unique entre vingt mille; et les exceptions rares n'ôtent rien à la force des lois générales.

Je n'étais pas instruit de la maladie de madame la maréchale de Luxembourg. Elle n'a point répondu à une lettre qui méritait assurément une réponse, mais je m'intéresserai toujours à elle comme si elle répondait.

Adieu, madame; je vous aimerai toujours sans la plus légère diminution. Je souhaite que vous soyez la moins malheureuse qu'on puisse être sur ce ridicule petit globe.

LETTRE 189.

MADAME LA MARQUISE DU DEFFAND A M. DE VOLTAIRE.

Paris, samedi 26 octobre 1765.

M. de Florian a pris la peine de m'apporter lui-même le paquet dont vous l'aviez chargé. Je ne puis exprimer le plaisir que j'ai eu; mais comme il est écrit que je ne saurais avoir de joie parfaite, il se trouve qu'il manque à la lettre sur mademoiselle de Lenclos depuis la page 12 jusqu'à la page 61 inclusivement. Voyez quel malheur! Si vous ne réparez pas cet accident, je serai au désespoir. J'ai fait cent mille questions à M. de Florian, mais j'en ai beaucoup encore à lui faire; j'ai obtenu de lui et de madame votre nièce qu'ils souperont jeudi chez moi; j'ai déjà l'honneur de connaître un peu madame de Florian;

---

[1] Voir la lettre du docteur Gatti, imprimée dans la *Gazette littéraire* du 1er septembre 1765, et contenant l'histoire de l'inoculation de madame de Boufflers. (*Beuchot*.)

j'entrerai dans les plus grands détails avec elle; je veux savoir tout ce que vous faites; c'est être en quelque sorte avec ses amis que de pouvoir les suivre en idée. Je ne sors point d'étonnement de tout ce que je sais de vous; vous renversez toutes mes opinions sur la philosophie. J'avais cru, jusqu'à présent, qu'elle consistait à détruire toutes les passions, vous me faites penser aujourd'hui qu'il faut les avoir toutes, et qu'il ne s'agit que de bien choisir leurs objets. Vous êtes un être bien singulier et tel qu'il n'y en a jamais eu de semblable. Je me rappelle le temps de notre première connaissance, dont il y a en vérité près de cinquante ans. Tout ce que vous avez fait, tout ce que vous avez vu, tout ce qui vous est arrivé, ferait une vie assez remplie pour deux ou trois cents hommes.

Vous me priez de ne point attaquer votre livrée; je serais bien fâchée de n'avoir rien à démêler avec elle; elle a tous les attributs de celle des grands seigneurs; elle me fait souvent souvenir d'une chanson que madame la duchesse du Maine avait faite sur un intendant de M. le duc du Maine, qui dans ses audiences affectait toutes les manières de son maître. Cette chanson finissait ainsi :

« Chacun dit, connaissant Brian, la faridondaine, etc.
» Voilà Monseigneur travesti, biribi, etc. »

J'étais bien persuadée que vous seriez content du chevalier Macdonald. Il m'écrit qu'il est émerveillé de vous. Vous ne me dites rien de M. Craufurd[1]; est-ce que vous ne lui trouvez pas bien de l'esprit? Il a une santé déplorable et qui m'inquiète; je l'aime beaucoup, et c'est un de vos plus grands admirateurs. J'ai été fort aise de ce que vous m'avez écrit sur le président; il y a été extrêmement sensible. Sa santé est très-bonne; il voit pour moi, j'entends pour lui, et nous traînons notre misérable vieillesse, tandis que la vôtre paraît vous soutenir.

Adieu, monsieur : envoyez-moi ce qui me manque sur la lettre de mademoiselle de Lenclos. Soyez persuadé que je ne laisserai prendre aucune copie de vos lettres, mon secrétaire est de la plus exacte fidélité. Écrivez-moi le plus souvent que vous pourrez. Je voudrais devoir vos soins à votre amitié; que je les doive du moins à vos vertus.

[1] Le même dont il est souvent parlé dans les lettres à M. Walpole. (*Voir notre Introduction.*) Son nom est écrit tour à tour Crawfort et Craufurd. (L.)

LETTRE 190.

LE CHEVALIER MACDONALD A MADAME LA MARQUISE DU DEFFAND.

Genève, 16 octobre 1765.

Je suis arrivé ici, madame, dimanche dernier, après avoir fait un séjour de cinq jours à Lyon. Le lendemain de mon arrivée, j'ai eu l'honneur de remettre votre lettre à M. de Voltaire, qui m'a paru enchanté d'avoir de vos nouvelles, et qui m'a fort bien reçu en conséquence : elle l'avait mis, je crois, en meilleure humeur qu'à son ordinaire; car il est impossible d'être plus agréable, ni d'avoir plus d'esprit et de grâces qu'il n'en a eu toute la journée. J'y ai retourné une fois depuis, et je compte y faire encore une visite avant lundi prochain que j'ai fixé mon départ. Je serais retourné en Angleterre sans avoir eu l'idée de ce genre d'esprit qui est particulier à la nation française, si je n'avais pas été à Ferney et à Saint-Joseph. Je n'ai pas moins goûté la société de Voltaire pour avoir beaucoup vécu avec vous; car cela m'avait mis en train de m'y plaire plus que je n'aurais fait si j'y étais arrivé tout brut. On apprend auprès de vous à goûter le parfait; mais on devient plus difficile sur le médiocre.

Il a paru ici, depuis peu, une suite de petites brochures de Voltaire sur les miracles, sur lesquels il fait des questions à un théologien, sous le nom d'un proposant. Il s'est trouvé ici, par hasard, un certain M. Needham, Anglais, prêtre catholique, qui s'est avisé d'y répondre avec chaleur. Voltaire a fondu sur ce pauvre homme, et s'est amusé à le déchirer dans une demi-douzaine de lettres, etc. Le recueil n'est curieux qu'autant qu'il montre l'acharnement d'un vieux antéchrist à la sotte bigoterie d'un prêtre persuadé. Ce Needham est d'ailleurs le meilleur homme du monde; mais j'aurais voulu, pour lui et pour Voltaire, qu'il ne se fût pas mêlé de nous faire croire aux miracles.

Je me plais assez ici; car madame la duchesse d'Enville a bien voulu me donner un logement chez elle, qui me met à portée de voir tous les gens de mérite ici, et il paraît qu'il y en a plusieurs. Je ne serais pas pourtant fort tenté d'y rester longtemps, et en tout cas la saison presse pour passer les Alpes. Pourrai-je espérer que vous me donniez de vos nouvelles quand je serai en Italie? J'aurai l'honneur de vous écrire de ce pays-là; mais, pour que vous sachiez mon adresse d'avance, permettez-moi de vous dire que c'est chez MM. Jonas, négociants à Turin.

Voulez-vous bien avoir la bonté de dire à Crawfurd que M. de Voltaire parle toujours de lui avec le plus grand intérêt, et que je me suis fait valoir auprès de lui en lui disant que j'avais une amitié véritable pour Crawfurd. Il est très-fâché d'apprendre le mauvais état de sa santé.

Les tracasseries intérieures de la république de Genève ne peuvent pas vous intéresser, et je crois qu'il vous est assez égal que le peuple ou le magnifique Conseil ait le dessus. Puisque les nouvelles d'ici roulent sur cette matière, si peu amusante ailleurs, permettez que je me dispense de vous ennuyer en vous parlant de ce qui doit vous être indifférent, et de vous assurer de ce qui ne l'est pas, de mon estime et de mon attachement inviolables.

Je me souviens que vous n'avez pas voulu que je vous parlasse d'honneur. Je pourrai au moins vous dire que c'est avec un plaisir infini que je suis et serai toujours, madame, votre, etc.

LETTRE 191.

MADAME LA MARQUISE DU DEFFAND AU CHEVALIER MACDONALD.

Paris, 27 octobre 1765.

J'étais fort inquiète, monsieur, de ne point recevoir de vos nouvelles. Je comptais les jours depuis celui de votre départ, et il me semblait (tant ma confiance en votre amitié est grande) que vous ne pouviez pas être si longtemps sans me donner de vos nouvelles, à moins que vous ne fussiez malade. Je reçus hier votre lettre du 22. Je n'oserais vous dire tout le plaisir qu'elle m'a fait, vous croiriez peut-être que l'amour-propre y a trop de part, et que je prends trop au-pied de la lettre tout ce que vous me dites de flatteur et d'obligeant : j'ai trop d'opinion de votre discernement pour me laisser aller à cette pensée. Si j'ai mérité de vous que vous ayez de moi quelque bonne opinion, c'est par les sentiments d'estime et d'attachement que vous avez connu m'avoir inspirés.

Voltaire m'écrit ces propres termes : « J'ai vu votre Écossais, » qui aurait droit d'être fier comme un Écossais, si on pouvait » être fier en proportion de ses connaissances et de son mérite. » Il ajoute à toutes les choses obligeantes que vous avez bien voulu dire de moi : je vous regrette bien sincèrement, monsieur le chevalier, et je ne me console point de ce que nous avons différente patrie. Bien peu de chose m'attache aujourd'hui à la mienne : elle peut avoir des agréments dans la jeunesse, mais elle n'est pas bonne pour y vieillir. Je n'en veux cependant pas dire de mal : c'est un des grands défauts de la vieillesse, que d'être mécontente de tout.

Je suis fort inquiète de M. Crawfurd. Depuis huit jours il est fort malade de la dyssenterie, il a été traité jusqu'à présent par deux médecins anglais : il doit voir aujourd'hui Bouvart. Je serais très-affligée s'il lui arrivait malheur. M. Walpole ne se porte pas trop bien. Je crois qu'il avait la goutte à votre départ : il n'est pas encore sorti depuis ce temps-là. Madame de Luxembourg est toujours dans le même état. Le président va assez bien, et la première fois que vous m'écrirez, vous me ferez plaisir de me dire un mot pour lui : il sera sensible à votre souvenir et aux marques de votre estime. Revenons à Voltaire.

Il m'a envoyé une nouvelle édition du *Dictionnaire philosophique*, une lettre sur mademoiselle de Lenclos et d'autres petites brochures. C'est un M. de Florian, mari de sa nièce, et que vous avez vu chez lui, qui m'a apporté ce paquet. Il me paraît qu'il a été charmé de vos conversations avec Voltaire, et je juge, par tout ce qu'il m'a dit, que vous avez fait toute l'impression à laquelle je m'attendais, et que vous avez été bien jugé. Voltaire ne me parle point de sa lettre sur les miracles. Je comprends, par ce que vous m'en dites, que ce n'est pas son plus bel ouvrage. Je viens de lui écrire que vous avez été émerveillé de lui. S'il voyait comme vous écrivez en français, il serait encore plus émerveillé de vous. Vous prouvez que pour ceux qui pensent il n'y a point de langues étrangères. Je serai charmée, si vous voulez établir entre nous une correspondance suivie et exacte : le marché n'est bon que pour moi ; mais vous êtes assez généreux pour ne pas consulter votre intérêt. Je sens que je n'ai point encore la facilité et l'aisance en vous écrivant que j'aurai par la suite, et peut-être mes lettres deviendront moins ennuyeuses que ne l'est celle d'aujourd'hui ; plus les vôtres seront négligées, plus elles me mettront à mon aise : j'aurai du plaisir d'écrire à mon ami, et j'aurais de la crainte d'écrire à un homme d'esprit. Ce serait un grand ridicule à moi d'avoir des prétentions, aussi en suis-je bien loin ; mais je voudrais ne pas me soigner, et être aussi décousue dans mes lettres que je le suis dans la conversation.

Ne me donnez plus jamais aucune louange : malgré qu'on en ait, elles font une sorte d'impression nuisible : elles font penser à soi, arrêtent le premier mouvement, et l'on est moins naturelle. Si vous m'aimez un peu, vous ne sauriez trop me le dire ; c'est un baume pour mon âme, qui est fort menacée de dessèchement. Mandez-moi aussi tout ce que vous faites, tout ce que vous voyez : j'aimerais fort une espèce de journal. Personne ne voit que mieux vous : je n'oserais dire personne ne juge mieux que vous, vous m'avez ôté le pouvoir de le dire. Personne, monsieur le chevalier, ne vous aime plus que je vous aime : que ce soit mon mérite auprès de vous, je n'en ambitionne point d'autre. Adieu.

LETTRE 192.

MADAME LA MARQUISE DU DEFFAND A M. DE VOLTAIRE.

28 décembre 1765.

La lettre que je vous envoie[1] m'a bien étonnée ; j'imagine qu'elle vous fera le même effet. Le style, la justesse, le goût, tout cela fait-il deviner un octogénaire? Un homme de trente ans écrirait-il avec plus de force, d'élégance et de délicatesse? La première partie surtout m'a charmée ; la dernière sent un peu plus l'âge mûr, j'en conviens. Mais, monsieur de Voltaire, ayant déclaré de la vérité, dites-moi de bonne foi, l'avez-vous trouvée? Vous combattez et détruisez toutes les erreurs ; mais que mettez-vous à leur place? Existe-t-il quelque chose de réel? Tout n'est-il pas illusion? Fontenelle a dit : Il est des hochets pour tout âge. Il me semble que j'ai sur cela les plus belles pensées du monde ; mais je deviendrais ridicule à montrer au doigt, si je faisais la philosophe avec vous ; il vous serait trop aisé de me confondre et de m'ôter toute réplique. Je me souviens que dans ma jeunesse, étant au couvent, madame de Luynes m'envoya le père Massillon ; mon génie trembla devant le sien : ce ne fut pas à la force de ses raisons que je me soumis, mais à l'importance du raisonneur. Tous discours sur certaine matière me paraissent inutiles ; le peuple ne les entend point, la jeunesse

[1] Une lettre du président Hénault, dont le style et le goût méritent l'éloge que madame du Deffand en fait, mais qu'il faut admirer surtout pour les excellents principes qu'on y trouve ; ce qui a déterminé l'éditeur à la donner ici. (A. N.)

ne s'en soucie guère, les gens d'esprit n'en ont pas besoin, et peut-on se soucier d'éclairer les sots? Que chacun pense et vive à sa guise, et laissons chacun voir par ses lunettes. Ne nous flattons jamais d'établir la tolérance; les persécutés la prêcheront toujours, et s'ils cessaient de l'être, ils ne l'exerceraient pas. Quelque opinion qu'aient les hommes, ils y veulent soumettre tout le monde.

Tout ce que vous écrivez a un charme qui séduit et entraîne; mais je regrette toujours de vous voir occupé de certains sujets que je voudrais qu'on respectât assez pour n'en jamais parler, et même pour n'y jamais penser.

Savez-vous que Jean-Jacques est ici? M. Hume lui a ménagé un établissement en Angleterre, il doit l'y conduire ces jours-ci. Plusieurs personnes s'empressent à lui rendre des soins et à l'honorer, dans l'espérance de participer un peu à sa célébrité. Pour moi qui n'ai point d'ambition, je me borne à avoir quelques-uns de ses livres sur mes tablettes, dont il y a une partie que je n'ai point lue, et une autre que je ne relirai jamais. Je vous envoie une plaisanterie d'un de mes amis[1]; je vous le nommerai s'il y consent; je lui en demanderai la permission avant que de fermer cette lettre.

Adieu, monsieur; votre amitié, votre correspondance, voilà ce qui m'attache le plus à la vie : c'est le seul plaisir qui me reste.

---

[1] La lettre de M. Walpole à J. J. Rousseau, au nom du roi de Prusse. Voici cette lettre publiée dans le *Journal de l'Empire* du 5 février 1812. (A. N.)

« Mon cher Jean-Jacques, vous avez renoncé à Genève votre patrie : vous
» vous êtes fait chasser de la Suisse, pays tant vanté par vos écrits; la France
» vous a décrété : venez chez moi; j'admire vos talents, je m'amuse de vos
» rêveries, qui (soit dit en passant) vous occupent trop et trop longtemps. Il
» faut à la fin être sage et heureux; vous avez assez fait parler de vous par vos
» singularités peu convenables à un véritable grand homme; démontrez à vos
» ennemis que vous pouvez avoir quelquefois le sens commun; cela les fâchera
» sans vous faire tort. Je vous veux du bien, et je vous en ferai si vous le
» trouvez bon; mais si vous vous obstinez à rejeter mon secours, attendez-
» vous que je ne le dirai à personne. Si vous persistez à vous creuser l'esprit
» pour trouver de nouveaux malheurs, choisissez-les tels que vous voudrez; je
» suis roi, je puis vous en procurer au gré de vos souhaits; et ce qui sûrement
» ne vous arrivera pas, vis-à-vis de vos ennemis, je cesserai de vous persécuter
» quand vous cesserez de mettre votre gloire à l'être.

» Votre bon ami Frédéric. »

M. LE PRÉSIDENT HÉNAULT A M. DE VOLTAIRE.

28 décembre 1765.

Je ne saurais me faire un mérite, mon cher confrère, de vous avoir admiré dans le premier moment [1]. Ce premier moment a eu un éclat qui n'a fait qu'augmenter; et chargé d'une grande réputation, vous l'avez soutenue. Digne de vos modèles, vous les avez souvent égalés; plein de ressources, vous ne vous êtes jamais ressemblé. Vous n'avez point passé par les mêmes filières dont Racine ne s'est point assez garanti; ce ne sont plus des parties carrées que l'on retrouve trop souvent. Si vous en exceptez *Mithridate*, *Iphigénie*, *Britannicus* et *Athalie*, il y a toujours deux maîtresses et deux rivaux. A Dieu ne plaise que j'attaque cet homme immortel, que j'admire bien sincèrement, et qui vous a formé quelquefois à la vérité, comme Pélée fut le père d'Achille! Notre théâtre ne se soutient plus que par vous, jusqu'à ce que vous deveniez ancien à votre tour, et que (s'il est possible) vous ayez un successeur.

J'ajoute à cela que vous y avez joint le secret d'être heureux, et de vous procurer la vieillesse la plus honorable; ce qui prouve la vraie philosophie. Chacun de vos ouvrages a conservé votre cachet, et la dernière fois que j'allai à la Comédie, je pensai me trouver mal au moment où mademoiselle Clairon se jette aux pieds de Tancrède. Vous n'avez besoin que des passions des hommes pour intéresser: voilà la vraie tragédie, et tout le merveilleux n'est qu'indigence. Enfin, un de vos derniers ouvrages est votre *Corneille*. Ah! mon Dieu! loin de le dégrader, vous y avez démêlé des finesses qui avaient échappé, et vous avez fait connaître que sa hauteur ne lui faisait pas dédaigner la délicatesse des passions.

Par rapport à d'autres ouvrages sans nom d'auteur, je n'en dirai qu'un mot. C'est à M. l'abbé Basin que je m'adresse: Dieu veuille avoir son âme! Chanoine de Saint-Honoré, je crains que le corps du cardinal Dubois qui y repose ne lui ait porté malheur, et que son âme ne revienne autour de son corps pour infecter le voisinage. Qu'a-t-il voulu, ce M. Basin? On n'écrit que pour instruire ou pour amuser, pour l'utile ou pour l'agréable. J'ouvre son livre, je n'y vois que la solitude ou le

---

[1] La première représentation d'*Adélaïde du Guesclin*. (A. N.)

désespoir. S'il avait lu *Zaïre,* il aurait trouvé ce beau vers :

> Tu n'y peux faire un pas sans rencontrer ton Dieu.

Je ne suis point théologien, ainsi je ne m'aviserai pas de lui répondre; mais je suis homme, et je m'intéresse à l'humanité. Je trouve, je vous l'avoue, une barbarie insigne dans ces sortes d'ouvrages. Que lui a fait ce malheureux qui vient de perdre son bien, dont la femme vertueuse vient de mourir, suivie d'un fils unique qui donnait les plus grandes espérances? Que va-t-il devenir? Il avait le secours de la religion, il pouvait se sauver dans les bras de l'espérance, et attendre de la Providence, qui avait permis ce concours de malheurs pour éprouver sa constance, de l'en dédommager par le bonheur à venir. Point du tout, M. l'abbé Basin lui ravit cette ressource, et lui ordonne d'aller se noyer, car il n'a pas d'autre chose à faire. Que lui ont fait ce mari trahi par sa femme, cette fille devenue libertine, ces valets devenus voleurs? Rien ne les arrête plus; la religion est détruite; elle seule tenait bon contre les passions, elle seule avait droit d'aller jusqu'à leur cœur, où les lois ne peuvent atteindre; c'est fait de tous les devoirs de la société, de l'harmonie de l'univers : M. Basin n'y laisse que des brigands. Ah! du moins la religion des païens avait-elle des ressources. Pandore nous avait laissé une boîte au fond de laquelle était l'espérance; elle était cachée sous tous les maux, comme si elle était réservée pour en être la réparation; et nous autres, plus barbares mille fois, nous anéantissons tout; nous n'avons conservé que les malheurs; nous détruisons toute spiritualité; l'univers n'est plus qu'une matière insensible formée par le hasard; rien ne nous parle, tout est sourd, nous ne sommes plus environnés que de débris!... Ah! quel triste spectacle! c'est la Méduse des poëtes qui change tout en rocher. Je me sauve de cette horreur dans la *Henriade,* dans *Brutus,* etc. Adieu, mon cher confrère; Dieu vous fasse la grâce de couronner tous les dons dont il vous a comblé par une véritable gloire qui n'aura point de fin! Pardonnez-moi d'être raisonnable et recevez ce dernier gage de mon amitié. Avouez que j'ai bien de l'obligation à madame du Deffand; sans elle vous m'auriez tout à fait oublié : c'est elle dont l'amitié entretient une certaine habitude à laquelle vous n'oserez vous refuser, tandis qu'elle et moi ne cessons de vous publier, et qu'elle n'a de mérite au-dessus de moi que celui de vous faire plus d'honneur.

LETTRE 193.

MADAME LA MARQUISE DU DEFFAND A M. DE VOLTAIRE.

Paris, 14 janvier 1766.

Je n'ai ni votre érudition, ni vos lumières, mais mes opinions n'en sont pas moins conformes aux vôtres. A la vérité, il ne me paraît pas de la dernière importance que tout le monde pense de même. Il serait fort avantageux que tous ceux qui gouvernent, depuis les rois jusqu'au dernier bailli de village, n'eussent pour principe et pour système que la plus saine morale, elle seule peut rendre les hommes heureux et tolérants. Mais le peuple connaît-il la morale? J'entends par le peuple le plus grand nombre des hommes. La cour en est pleine ainsi que la ville et les champs. Si vous ôtez à ces sortes de gens leur préjugé, que leur restera-t-il? C'est leur ressource dans leur malheur (et c'est en quoi je voudrais leur ressembler); c'est leur bride et leur frein dans leur conduite, et c'est ce qui doit faire désirer qu'on ne les éclaire pas; et puis pourrait-on les éclairer? Toute personne qui parvenue à l'âge de raison n'est pas choquée des absurdités et n'entrevoit pas la vérité, ne se laissera jamais instruire ni persuader. Qu'est-ce que la foi? C'est de croire fermement ce que l'on ne comprend pas. Il faut laisser le don du ciel à qui il l'a accordé. Voilà en gros ce que je pense; si je causais avec vous, je me flatte que vous ne penseriez pas que je préférasse les charlatans aux bons médecins. Je serai toujours ravie de recevoir de vous des instructions et des recettes; donnez-m'en contre l'ennui, voilà de quoi j'ai besoin. La recherche de la vérité est pour vous la médecine universelle; elle l'est pour moi aussi, non dans le même sens qu'elle est pour vous; vous croyez l'avoir trouvée, et moi, je crois qu'elle est introuvable. Vous voulez faire entendre que vous êtes persuadé de certaines opinions que l'on avait avant Moïse, et que lui n'avait point, ou du moins qu'il n'a pas transmises. De ce que des peuples ont eu cette opinion, en devient-elle plus claire et plus vraisemblable? Qu'importe qu'elle soit vraie? Si elle l'était, serait-ce une consolation? J'en doute fort. Ce n'en serait pas une du moins pour ceux qui croient qu'il n'y a qu'un malheur, celui d'être né.

M. l'abbé Basin est un habile homme; je l'honore, je le révère, mais il se donne trop de peine et de soins; il ne sait pas le conte de La Couture, qui n'aimait pas les sermons. Laissons tous les hommes suivre leur sens commun, il est pour chacun d'eux leur loi et leur prophète.

A l'égard de vos philosophes modernes, jamais il n'y a eu d'hommes moins philosophes et moins tolérants, ils écraseraient tous ceux qui ne se prosternent pas devant eux ; j'ai, à mes dépens, appris à les connaître ; que je sois, je vous prie, à tout jamais à l'abri de leurs tracasseries auprès de vous. Votre correspondance m'honore infiniment, mais je n'ai pas la vanité d'en faire trophée ; ils n'ont nulle connaissance de ce que vous m'écrivez. La lettre sur Moncrif n'est devenue publique que par eux, dont l'un d'eux l'avait retenue pour l'avoir entendu lire une seule fois [1] ; cette conduite, qui prouve la sévérité de leur morale, m'a appris à les connaître et à ne m'y jamais confier.

Le président a été fort content de votre lettre, mais il voit par ses *lunettes*, il ne veut point en changer. Je suis bien sûre qu'il fait cas des vôtres, il s'en servait autrefois ; sa vue n'est pas baissée, mais enfin il veut s'en tenir aux lunettes qu'il a prises aujourd'hui ; il vous estime, il vous honore, il vous aime, nous sommes parfaitement d'accord dans cette façon de penser et de sentir ; nous voudrions bien souvent vous avoir en tiers ; un quart d'heure de conversation avec vous nous paraîtrait d'une bien plus grande valeur que toute l'*Encyclopédie*.

Adieu, monsieur, soyez persuadé de ma tendre amitié ; elle est plus tendre et plus sincère que celle de vos académiciens et de vos philosophes.

LETTRE 194.

M. DE VOLTAIRE A MADAME LA MARQUISE DU DEFFAND.

19 février 1766.

Il y a un mois, madame, que j'ai envie de vous écrire tous les jours ; mais je me suis plongé dans la métaphysique la plus triste et la plus épineuse, et j'ai vu que je n'étais pas digne de vous écrire.

Vous me mandâtes, par votre dernière lettre, que nous étions assez d'accord tous deux sur ce qui n'est pas ; je me suis mis à rechercher ce qui est. C'est une terrible besogne, mais la cu-

---

[1] M. Turgot. (L.)

riosité est la maladie de l'esprit humain. J'ai eu du moins la consolation de voir que tous les fabricateurs de systèmes n'en savaient pas plus que moi, mais ils font tous les importants et je ne veux pas l'être : j'avoue franchement mon ignorance.

Je trouve d'ailleurs dans cette recherche, quelque vaine qu'elle puisse être, un assez grand avantage. L'étude des choses qui sont si fort au-dessus de nous rend les intérêts de ce monde bien petits à nos yeux, et quand on a le plaisir de se perdre dans l'immensité, on ne se soucie guère de ce qui se passe dans les rues de Paris.

L'étude a cela de bon qu'elle nous fait vivre tout doucement avec nous-mêmes, qu'elle nous délivre du fardeau de notre oisiveté et qu'elle nous empêche de courir hors de chez nous, pour aller dire et écouter des riens d'un bout de la ville à l'autre. Ainsi, au milieu de quatre-vingts lieues de montagnes de neige, assiégé par un très-rude hiver, et mes yeux me refusant le service, j'ai passé tout mon temps à méditer.

Ne méditez-vous pas aussi, madame? Ne vous vient-il pas aussi quelquefois cent idées sur l'éternité du monde, sur la matière, sur la pensée, sur l'espace, sur l'infini? Je suis tenté de croire qu'on pense à tout cela quand on n'a plus de passions, et que tout le monde est comme *Matthieu Garo*, qui recherche pourquoi les citrouilles ne viennent pas au haut des chênes.

Si vous ne passez pas votre temps à méditer quand vous êtes seule, je vous envoie un petit imprimé sur quelques sottises de ce monde, lequel m'est tombé entre les mains.

L'auteur est un goguenard de Neuchâtel, et les plaisants de Neuchâtel pourront fort bien vous paraître insipides ; d'ailleurs on ne rit point du ridicule des gens qu'on ne connaît point. Voilà pourquoi M. de Mazarin disait qu'il ne se moquait jamais que de ses parents et de ses amis. Heureusement ce que je vous envoie n'est pas long ; et, s'il vous ennuie, vous pourrez le jeter au feu.

Je vous souhaite, madame, une vie longue, un bon estomac, et toutes les consolations qui peuvent rendre votre état supportable; j'en suis toujours pénétré; je vous prie de dire à M. le président *Hénault* que je ne cesserai jamais de l'estimer de tout mon esprit, et de l'aimer de tout mon cœur. Permettez-moi les mêmes sentiments pour vous, qui ne finiront qu'avec ma vie.

LETTRE 195.

MADAME LA MARQUISE DU DEFFAND A M. DE VOLTAIRE.

Paris, 28 février 1766.

Vos lettres, et surtout la dernière, me font faire une réflexion. Vous croyez donc qu'il y a des vérités que vous ne connaissez pas et qu'il est important de connaître? Vous pensez donc qu'il ne suffit pas de savoir ce qui n'est pas, puisque vous cherchez à savoir ce qui est? Vous pensez apparemment que cela est possible, pensez-vous que cela soit nécessaire? Voilà ce que je vous supplie de me dire. Je me suis figuré jusqu'à présent que nos connaissances étaient bornées au pouvoir, aux facultés et à l'étendue de nos sens; je sais que nos sens sont sujets à l'illusion, mais quel autre guide peut-on avoir? Dites-moi très-clairement quel penchant ou quel motif vous entraîne aux recherches qui vous occupent? Est-ce la simple curiosité, et comment ce seul sentiment peut-il vous garantir de tous les objets qui vous environnent? Quelque puérils qu'ils soient par eux-mêmes, il est naturel que nous en soyons plus affectés que d'idées vagues qui sont pour nous le chaos, ou même le néant. Pour moi, monsieur, je l'avoue, je n'ai qu'une pensée fixe, qu'un sentiment, qu'un chagrin, qu'un malheur, c'est la douleur d'être née; il n'y a point de rôle qu'on puisse jouer sur le théâtre du monde auquel je ne préférasse le néant, et ce qui vous paraîtra bien inconséquent, c'est que quand j'aurais la dernière évidence d'y devoir rentrer, je n'en aurais pas moins d'horreur pour la mort. Expliquez-moi à moi-même, éclairez-moi, faites-moi part des vérités que vous découvrirez; enseignez-moi le moyen de supporter la vie, ou d'en voir la fin sans répugnance. Vous avez toujours des idées claires et justes; il n'y a que vous avec qui je voudrais raisonner; mais malgré l'opinion que j'ai de vos lumières, je serai fort trompée si vous pouvez satisfaire aux choses que je vous demande.

Votre petit imprimé m'a fait plaisir. J'admire votre gaieté; vous n'en auriez pas tant, si vous étiez dans ce pays-ci. On dit que Jean-Jacques ne fait pas un grand effet en Angleterre. On y est un peu plus occupé de l'affaire des colonies que de lui, de ses ouvrages, de sa servante et de son habit d'Arménien.

Le président vous fait mille tendres compliments, et moi, monsieur, je vous dis, avec la plus grande vérité, que je vous aime tendrement.

LETTRE 196.

MADAME LA MARQUISE DU DEFFAND A M. HORACE WALPOLE.

Samedi, 19 avril 1766 [1].

J'ai été bien surprise hier en recevant votre lettre : je ne m'y attendais pas ; mais je vois que l'on peut tout attendre de vous.

Je commence par vous assurer de ma prudence ; je ne soupçonne aucun motif désobligeant à la recommandation que vous m'en faites ; personne ne sera au fait de notre correspondance, et je suivrai exactement tout ce que vous me prescrirez. J'ai déjà commencé par dissimuler mon chagrin ; et, excepté le président et madame de Jonsac [2], à qui il a bien fallu que je parlasse de vous, je n'ai pas articulé votre nom. Avec tout autre que vous, je sentirais une sorte de répugnance à faire une pareille protestation ; mais vous êtes le meilleur des hommes, et plein de si bonnes intentions qu'aucune de vos actions, qu'aucune de vos paroles, ne peuvent jamais m'être suspectes. Si vous m'aviez fait plus tôt l'aveu de ce que vous pensez pour moi, j'aurais été plus calme, et par conséquent plus réservée. Le désir d'obtenir, et de pénétrer si l'on obtient, donne une activité qui rend imprudente : voilà mon histoire avec vous ; joignez à cela que mon âge, et que la confiance que j'ai de ne pas passer pour folle, doit donner naturellement la sécurité d'être à l'abri du ridicule. Tout est dit sur cet article ; et, comme personne ne nous entend, je veux être à mon aise, et vous dire qu'on ne peut aimer plus tendrement que je vous aime ; que je crois que l'on est récompensé tôt ou tard suivant ses mérites ; et comme je crois avoir le cœur tendre et sincère, j'en recueille le prix à la fin de ma vie. Je ne veux point me laisser aller à vous dire tout ce que je pense, malgré le contentement que vous me donnez : ce bonheur est accompagné de

---

[1] M. Walpole avait quitté Paris le 17 avril, après avoir fait un séjour de sept mois dans cette ville, où il était arrivé le 14 septembre 1765. (A. N.)

[2] La sœur du président Hénault, qui tenait sa maison. (A. N.)

tristesse, parce qu'il est impossible que votre absence ne soit bien longue. Je veux donc éviter ce qui rendrait cette lettre une élégie ; je vous prie seulement de me tenir parole, de m'écrire avec la plus grande confiance, et d'être persuadé que je suis plus à vous qu'à moi-même. Je vous rendrai compte, de mon côté, de tout ce qui me regarde, et je causerai avec vous comme si nous étions tête à tête au coin du feu.

Mes excuses d'aller à Montmorency [1] ont été très-bien reçues, et peut-être irai-je lundi. Mon rhume n'a point eu de suite, ce n'a été qu'une fonte. Je soupai hier chez le président [2] avec madame de Mirepoix, M. et madame de Caraman [3], *votre bonne amie* madame de Valentinois [4], et M. Schouwaloff [5] ; on ne proféra pas votre nom. Je soupe ce soir chez madame Dupin [6], avec madame de Forcalquier, et demain je ne souperai pas avec vous [7]. J'ai regardé sur mon livre de poste, et j'ai aussi vu qu'il est très-possible que vous soyez dimanche de bonne heure à Londres : ce que j'ai vu dans ce même livre, c'est que la poste de Paris pour Calais ne part que le dimanche, mais celle de Calais pour Paris arrive le mardi et le samedi.

Je ne vous prie point de m'écrire souvent : saint Augustin a

---

[1] La maison de plaisance de M. le maréchal duc de Luxembourg. (A. N.)

[2] Cette dénomination indique toujours le président Hénault lorsqu'elle n'est pas accompagnée de quelque autre. (A. N.)

[3] Madame de Caraman était la sœur du prince de Chimay, et nièce maternelle de madame de Mirepoix. (A. N.)

[4] La comtesse de Valentinois, belle-sœur du prince de Monaco ; elle affectait de haïr les Anglais. (A. N.)

[5] M. le comte de Schouwaloff. — *Il fut le favori, l'on croit le mari de la czarine Élisabeth de Russie, et pendant douze ans de faveur il ne se fit point un ennemi.* (Note de M. Walpole sur la lettre de madame du Deffand.)

[6] Madame Dupin, femme de Dupin, fermier général. Elle était fille de Samuel Bernard. Rousseau prétend que c'est la seule des trois sœurs à qui l'on n'ait point reproché d'écart dans sa conduite. Lord Chesterfield écrivait à son fils, le 23 octobre 1771 : « Je vous conseille de débuter par madame Dupin, qui a encore de la beauté plus qu'il n'en faut pour un jeune drôle comme vous ; son âge ne lui laisse pas absolument le choix de ses amants, et je vous réponds qu'elle ne rejetterait pas les offres de vos très-humbles services.... Si la place n'est pas prise, soyez sûr qu'à la longue elle est prenable. » Rousseau avait été le secrétaire de cette dame, que fréquentaient tous les beaux esprits. Elle eut un fils qui prit le nom de Chenonceaux. Il fit beaucoup de sottises, et l'on fut obligé de l'exiler à l'île de France, où il mourut. (A. N.) — C'est la femme d'un fils de son mari, Dupin de Francueil, qui fut la grand'mère de George Sand. (L.)

[7] Madame du Deffand donnait, dans ce temps, tous les dimanches, un souper auquel M. Walpole se trouvait toujours, pendant son séjour à Paris. (A. N.)

dit : « Aimez, et faites ce qu'il vous plaira. « C'est certainement ce qu'il a dit de mieux.

Je n'ai pas du tout dormi de la nuit, et je vous ai écrit les quatre premières lignes de cette lettre avec une écritoire [1] que je crois ne pas vous avoir montrée : je pourrai en faire usage quelquefois, si vous ne les trouvez pas effacées.

Souvenez-vous que vous êtes mon tuteur, mon gouverneur; n'abandonnez pas mon éducation; je serai toujours très-soumise, mais surtout ne me laissez jamais ignorer tout ce que je dois faire et dire qui pourra contribuer à faciliter et à accélérer votre retour. Je croyais que Wiart [2] avait commencé cette lettre après ce que j'avais écrit; il n'aurait pas pu, à ce qu'il dit ; aussi je vous l'envoie séparément.

LETTRE 197.

LA MÊME AU MÊME.

Lundi 21 avril 1766, en réponse à votre lettre d'Amiens.

Si vous étiez Français, je ne balancerais pas à vous croire un grand fat; vous êtes Anglais, vous n'êtes donc qu'un grand fou. Où prenez-vous, je vous prie, que *je suis livrée à des indiscrétions et des emportements romanesques?* Des *indiscrétions*, encore passe : à toute force cela se peut dire; mais pour *des emportements romanesques*, cela me met en fureur, et je vous arracherais volontiers ces yeux qu'on dit être si beaux, mais qu'assurément vous ne pouvez pas soupçonner de m'avoir tourné la tête. Je cherche quelle injure je pourrais vous dire, mais il ne m'en vient point; c'est que je ne suis pas encore à mon aise en vous écrivant; vous êtes si affolé de cette sainte de Livry [3] que cela me bride l'imagination; non pas que je prétende à lui être comparée, mais je me persuade que votre passion pour elle vous fait paraître sot et plat tout ce qui ne lui

---

[1] Il s'agit ici d'une petite machine à écrire, une sorte de règle creuse dont madame du Deffand se servait pour guider sa main et suppléer à ses yeux aveugles. Madame de Genlis en parle dans ses *Mémoires* sans la décrire. (L.)

[2] Le valet de chambre de madame du Deffand, et qui lui servait en même temps de secrétaire. Il entra à son service avant l'année 1758, demeura avec elle jusqu'à sa mort, en 1780; il paraît avoir été un fidèle et zélé serviteur. (A. N.)

[3] Madame de Sévigné, que M. Walpole avait coutume d'appeler *Notre-Dame-de-Livry*. (A. N.)

ressemble pas. Revenons aux emportements romanesques : moi, l'ennemie déclarée de tout ce qui en a le moindre trait, moi qui leur ai toujours déclaré la guerre, moi qui me suis fait des ennemis de tous ceux qui donnaient dans ce ridicule, c'est moi qui en suis *accusée* aujourd'hui ! Et par qui le suis-je ? par Horace Walpole, et par un certain petit Craufurd [1], qui n'ose pas s'expliquer si clairement, mais qui y donne un consentement tacite. Ah ! fi, fi, messieurs, cela est bien vilain ; je dirai comme mes chers compatriotes, quand on leur raconte quelque trait dur et féroce : *cela est bien anglais;* mais apprenez, et retenez-le bien, que je ne vous aime pas plus qu'il ne faut, et je ne crois point par-delà vos mérites. Revenez, revenez à Paris, et vous verrez comme je me conduirai. J'ai, je vous l'avoue, une grande impatience que vous puissiez juger par vous-même du succès de vos leçons et des effets de mon indignation. Je commence dès à présent un nouveau plan de conduite ; je ne prononce plus votre nom ; cela m'ennuie un peu, je vous l'avoue ; j'aurais bien du plaisir de pouvoir lire vos lettres avec quelqu'un qui en sentirait le mérite, et avec qui j'en pourrais rire ; mais en vérité, quand je me livrerais, à bride abattue, à toute mon imprudence naturelle, je ne trouverais personne qui fût digne de cette confidence. Depuis votre départ, tout ce qui m'environne me paraît être devenu encore plus sot ; je crains de tomber dans un ennui insupportable. Quand vous étiez dans les mêmes lieux que moi, je devinais ce que vous pensiez, vous saviez ce que je pensais, et nous ne tardions pas à nous le dire. Ce temps est passé, et Dieu sait quand il reviendra. Soyez Abailard, si vous voulez, mais ne comptez pas que je sois jamais Héloïse. Est-ce que je ne vous ai jamais dit l'antipathie que j'ai pour ces lettres-là ? J'ai été persécutée de toutes les traductions qu'on en a faites et qu'on me forçait d'entendre ; ce mélange, ou plutôt ce galimatias de dévotion, de métaphysique, de physique, me paraissait faux, exagéré, dégoûtant. Choisissez d'être pour moi tout autre chose qu'Abailard ; soyez,

---

[1] Jean Craufurd, Esq., d'Auchinames, en Écosse, de la même famille que M. Craufurd, mort à Paris il y a un an. Ce dernier, connu par sa grande intimité avec M. de Talleyrand, avait épousé une demoiselle Sullivan, qu'il avait retirée de l'Opéra, où elle figurait dans les chœurs de la danse. De ce mariage est née madame la comtesse d'Orsay, mère de madame la duchesse de Guiche. Le duc de Guiche est fils du duc de Gramont, capitaine de l'une des compagnies des gardes du corps du roi (1827). (A. N.)

si vous voulez, saint François de Sales; je l'aime assez, et je serai volontiers votre Philothée [1]. Mais laissons tout cela.

Savez-vous que j'espère une lettre de vous, de Calais? mais celle que j'attends avec le plus d'impatience, c'est celle qui sera datée de Londres.

Mon dimanche, hier, fut pitoyable; je comptais sur trois Broglie [2] qui ne vinrent point, parce que leur vieil oncle l'abbé était à l'agonie, et il est mort aujourd'hui à six heures du matin; madame d'Aiguillon [3] ne vint point. Je remplaçai tout cela par le duc de Villars [4] et par M. Schouwaloff. Je veux qu'on dise de ce dernier que j'en ai la tête tournée, et que j'ai absolument oublié les Anglais pour les Russes. Mais je me laisse aller à un sot babil, et j'oublie Jean-Jacques. J'approuve vos réflexions; mais la gentillesse de votre lettre, une petite pointe de malignité, étouffaient en moi le sentiment intérieur que ce n'était pas bien de tourmenter un malheureux qui n'avait eu aucun tort avec vous [5]. Si madame de Forcalquier en était digne, je vous demanderais la permission de la lui faire voir; mais elle n'entend rien à rien, et je vois avec beaucoup de chagrin que le premier jugement qu'en avait porté M. Craufurd était la pure vérité. Elle me lut, samedi dernier que je soupai avec elle chez sa bonne amie madame Dupin, un petit ouvrage de sa façon en forme de lettres, qui est une apologie de la vieillesse, par où elle prouvait qu'on pouvait être amoureux de quelqu'un de cent ans; cela me dégoûta si fort,

---

[1] Madame de Chantal. Voltaire dit dans une épitre à madame de Saint-Julien, née de la Tour du Pin :

> Il n'est point de François de Sales
> Sans une dame de Chantal.
> Tout dévot peut songer à mal,
> Mais ne cause point de scandales. (A. N.)

[2] Le maréchal, le comte et l'abbé de Broglie, qui étaient frères. La famille de Broglie est d'origine piémontaise. (A. N.)

[3] La duchesse douairière d'Aiguillon, née Chabot, était la mère du duc d'Aiguillon, qui fut ministre des affaires étrangères après la chute du duc de Choiseul. (A. N.)

[4] Fils du maréchal de Villars. (A. N.)

[5] Une lettre que M. Walpole avait écrite à J. J. Rousseau, sous le nom d'Émile, en réponse à une lettre de Rousseau à l'éditeur du *Morning Chronicle*, dans laquelle il se plaint sérieusement de la publication d'une lettre que M. Walpole lui avait adressée sous le nom du roi de Prusse. — M. Walpole n'a jamais fait imprimer cette seconde lettre, et ne l'a jamais rendue publique, pour les raisons qu'on vient de lire. (A. N.) — Nous la donnons plus loin. (L.)

que je fus sur le point de chercher à lui démontrer qu'on ne pouvait pas l'être de quelqu'un de quarante. Ce bel ouvrage m'était adressé; je la pressais de me le donner, mais elle fit semblant de le jeter au feu, et moi de croire qu'il était brûlé; cela vous épargnera l'ennui de le lire, car je comptais bien vous l'envoyer.

Donnez-moi quelques instructions sur les jours qu'il faut mettre mes lettres à la poste.

LETTRE 198.

LA MÊME AU MÊME.

Paris, lundi 5 mai 1766, à midi.

J'ai un million de choses à vous dire, et j'ai une extinction de voix, et peut-être un peu de fièvre. Mon voyage de Versailles s'est passé à merveille; je n'ai point vu la reine: elle se porte fort bien, mais elle ne voit encore personne. J'ai été plus d'une grande heure tête à tête avec la grand'maman[1]; elle a

---

[1] La duchesse de Choiseul, née du Châtel. Le duc son époux a été premier ministre en France, après l'exil du cardinal de Bernis, en 1758. Nous rappelons qu'elle était, par sa grand'mère, alliée, à un degré éloigné, avec le duc de Choiseul, et que c'est là la raison pour laquelle elle appelait M. et madame de Choiseul son grand-papa et sa grand'maman, noms par lesquels ils sont toujours désignés dans cette correspondance.

M. Walpole fait le portrait suivant de la duchesse de Choiseul, dans une lettre écrite cette année de Paris à M. Gray :

« La duchesse de Choiseul n'est pas fort jolie, mais elle a de beaux yeux, et c'est un petit modèle en cire, qui, pendant quelque temps, n'ayant pas eu la permission de parler, comme en étant incapable, a contracté une modestie qui ne s'est point perdue à la cour, et une hésitation qui est compensée par le plus intéressant son de voix, et effacée par l'expression la plus convenable. Oh! c'est la plus gentille, la plus aimable et la plus honnête petite créature qui soit jamais sortie d'un œuf enchanté! si correcte dans ses expressions et dans ses pensées! d'un caractère si attentif, si bon! Tout le monde l'aime excepté son mari, qui lui préfère sa propre sœur, la duchesse de Gramont, espèce d'Amazone, d'un caractère fier et hautain, également arbitraire dans son amour et dans sa haine, et qui est détestée. Madame de Choiseul, qui aimait avec passion son mari, fut martyre de cette préférence, à laquelle elle se soumit à la fin de bonne grâce; ce qui a servi à la remettre un peu dans son esprit, et l'on croit qu'elle l'adore toujours. Mais j'en doute. Elle prend trop de peine à le persuader. » *Voyez* les *OEuvres* de lord Oxford, vol. V, p. 365.

Les remarques suivantes, sur les portraits de la duchesse de Choiseul et de la duchesse de Gramont, sont d'un prélat français[*], distingué et fort respec-

[*] L'éditeur ne nomme pas ce prélat. (L.)

été charmante : concluez de là qu'elle m'a beaucoup parlé de vous, et comme il me convient qu'on en parle : son mari est prévenu que vous êtes très-aimable. Madame de Beauvau[1], chez qui j'ai soupé, vous aime autant que feu mon ami Formont, c'est-à-dire à la folie. Pont-de-Veyle[2] ne cesse de vous

table, qui a vécu longtemps dans la société de ces deux dames, ainsi que dans celle de madame du Deffand. C'est à son esprit observateur et à sa grande mémoire que les premiers éditeurs des *Lettres* de madame du Deffand ont dû plusieurs notes que nous avons conservées après en avoir vérifié l'exactitude.

« La duchesse de Choiseul était telle que l'a peinte M. Walpole, et mérite tout le bien qu'il en dit : son mari, sans avoir pour elle un amour égal à celui qu'elle avait pour lui, avait néanmoins envers elle les plus justes égards et la plus grande considération; il n'a jamais cessé de les lui marquer. Par la dernière disposition de son testament, il veut que son corps et celui de madame la duchesse de Choiseul soient enfermés dans la même tombe, à côté de laquelle sera planté un cyprès; il se plait dans la pensée qu'il reposera, après sa mort, à côté de celle qu'il a tant chérie et respectée pendant sa vie.

« L'extérieur de madame la duchesse de Gramont semblerait justifier ce qu'en dit M. Walpole. Sa personne était grasse et forte, son teint éclatant, ses yeux vifs et petits, sa voix rauque; son abord et son maintien pouvaient, au premier coup d'œil, paraître repoussants; mais les qualités intérieures étaient bien différentes de ce qu'en pensaient ceux dont parle M. Walpole. Son âme était élevée, généreuse et vraie, douce, franche et pleine de charmes pour ses amis et sa société en général; son caractère fort et décidé, son affection vive, ferme et attentive à tout ce qui pouvait être utile ou agréable à ceux qui la possédaient; on ne perdait son amitié que par des actions basses, ou par une conduite perfide. Elle ne manqua jamais aux égards que méritait madame la duchesse de Choiseul, et elle était bonne et affectionnée pour sa nombreuse famille. Madame la duchesse de Gramont se conduisit devant le tribunal révolutionnaire avec une dignité et une noblesse qui étonnèrent ses juges. Elle ne dit pas un mot pour sa propre défense, et ne manifesta son énergie que pour sauver son amie la duchesse du Châtelet, traduite comme elle devant le même tribunal, lequel condamna l'une et l'autre à périr sur le même échafaud. » (A. N.)

[1] La princesse de Beauvau, née Rohan-Chabot, mariée d'abord au comte de Clermont d'Amboise, et ensuite au prince de Beauvau. — *Voyez* son portrait dans les *Mémoires* de Marmontel, t. III, p. 156.

[2] M. Walpole dépeint ainsi la personne et le caractère de Pont-de-Veyle :

« Elle (il parle de madame du Deffand) a un vieil ami dont je dois faire mention : c'est M. de Pont-de-Veyle, auteur du *Fat puni* et du *Complaisant*, ainsi que des jolis contes du *Comte de Comminges*, du *Siége de Calais*, et des *Malheurs de l'Amour*. Ne vous imaginez cependant pas que ce soit un vieillard fort aimable : il peut l'être, mais il l'est rarement. Il possède un autre talent fort différent et fort amusant, l'art de parodier. Il est unique en ce genre; il compose des contes sur les airs de longues danses; il a entre autres adapté le *Daphnis et Chloé* du Régent à l'un de ces airs, et l'a rendu dix fois plus indécent; mais il est si vieux, et le chante si bien, qu'on lui permet de le faire entendre dans toutes sortes de compagnies. C'est dans les *Caractères de la danse*

louer; enfin tout ce qui m'environne vous regrette, vous désire et est charmé de vous. Jugez, mon cher tuteur, combien cela me rend heureuse! Expédiez toutes vos affaires, et revenez me trouver; vous aurez mille et mille agréments dans ce pays-ci, je vous en suis caution. Un motif de plus doit vous y engager; vous êtes le meilleur des hommes du monde; ce doit être pour vous un grand plaisir de faire le bonheur de quelqu'un qui n'en a jamais eu de véritable dans sa vie. Notre paysan[1] devient déjà celui de tout le monde; on rit des succès qu'il a eus. Il y

surtout, auxquels il a adapté des paroles qui expriment toutes les nuances de l'amour, qu'il a réussi le mieux. Mais il n'a pas le moindre talent d'animer la conversation : il ne parle que rarement, si ce n'est sur des objets sérieux, et même peu encore. Il est bizarre, morose, et plein d'admiration pour son propre pays, comme le seul où l'on puisse juger de son mérite. Son air et son regard sont froids et repoussants; mais lorsqu'on le prie de chanter ou qu'on loue ses ouvrages, ses yeux brillent aussitôt et ses traits s'épanouissent. En un mot, vous le verrez bien exactement représenté, en jetant les yeux sur le poëte extasié de son propre mérite, dans la seconde planche de la *Vie du libertin* de Hogarth, auquel il ressemble si parfaitement par ses traits et par sa perruque même, que vous ne pourriez manquer de le reconnaître sur-le-champ, si vous veniez dans ce pays, car il n'ira certainement pas dans celui où vous êtes. »

Nous avons cité dans notre *Introduction* son portrait par madame du Deffand en 1774. (L.)

[1] David Hume, l'historien, né à Édimbourg en 1711, et mort dans la même ville en 1776. On le destinait au commerce, son goût l'entraîna vers les lettres. Il voyagea longtemps en France et en Europe. Il fut secrétaire d'ambassade à Paris, lorsque le comte de Hertfort y était ambassadeur de la Grande-Bretagne. Dans la société de madame du Deffand, on lui donna le sobriquet de *Paysan du Danube*, parce qu'il était d'un extérieur lourd et grossier. Il paraît même que ce célèbre historien n'était guère estimé à sa juste valeur dans cette société frivole; son compatriote, Horace Walpole, bien qu'il lui témoignât amitié, ne lui rendit pas justice; car lorsque madame Belot et l'abbé Prévost publièrent la traduction de son Histoire d'Angleterre, Horace Walpole écrivit : « Le goût des Français est on ne peut plus mauvais. Croiriez-vous que Hume est un de leurs auteurs favoris? Son histoire, si falsifiée en maint endroit, si partiale en d'autres, si incohérente dans ses parties, passe à Paris pour un modèle. » Horace Walpole dit ailleurs : « Je ne suis pas du nombre de ceux qui admirent Hume. Dans la conversation il était on ne peut plus épais. Je crois qu'il n'entendait guère un sujet avant d'avoir écrit dessus. » On lit en outre dans une des lettres d'Horace Walpole à Georges Montagu : « Les Jésuites, les Méthodistes, les Philosophes, les Politiques, Rousseau l'Hypocrite, Voltaire le Railleur, les Encyclopédistes, les *Hume*, les Frédéric, tous ne sont à mes yeux que des imposteurs. L'espèce en varie; voilà tout. Ils n'ont pour but que la renommée et l'intérêt. »

Si Hume eût l'intérêt en vue, il dut être satisfait; car il se retira à Édimbourg avec plus de dix mille livres sterling de rente, que lui avaient valu ses ouvrages; et cependant il avait tellement fait la fortune de ses libraires, qu'aa un autre homme ici, un Irlandais[1], à qui je ne veux pas de bien, mais qui va avoir du chagrin : sa protection et celle de son frère[2] ne sauveront pas leur parent[3]; les conclusions du rapporteur concluent à la mort, et il sera interrogé aujourd'hui sur la sellette; toutes les apparences annoncent sa condamnation, et on dit qu'il sera jugé mercredi.

Je vis aussi hier le mari[4] de la grand'maman et la belle-sœur[5]; il est question d'un souper chez moi pour la fin de la semaine prochaine : je fus contente de tout le monde, mais pour la grand'maman, elle n'est qu'adorable; elle aime mon tuteur, comme si elle avait autant de discernement que moi. Donnez-moi donc vite la permission de lui lire la lettre d'Émile[6]; elle est digne de cette confidence, et je vous réponds de sa discrétion; je ne veux jamais rien faire sans votre aveu, je veux toujours être votre chère petite, et me laisser conduire comme un enfant : j'oublie que j'ai vécu, je n'ai que treize ans. Si vous ne changez point, et si vous venez me retrouver, il en résultera que ma vie aura été très-heureuse; vous effacerez tout le passé, et je ne daterai plus que du jour que je vous aurai connu.

Si j'allais recevoir de vous une lettre à la glace, je serais bien fâchée et bien honteuse. Je ne sais point encore quel effet

près sa retraite ceux-ci lui écrivirent pour l'engager à travailler encore pour eux : mais il refusa, disant qu'il était trop paresseux, trop vieux, trop gras et trop riche. (A. N.)

[1] M. Dillon, archevêque de Narbonne. (A. N.)
[2] Lord Dillon. (A. N.)
[3] Le comte de Lally, qui a commandé à Pondichéry, si fameux par son affreux supplice. Il était le père de M. de Lally Tollendal, aujourd'hui pair de France. On ne peut songer au supplice de Lally sans se rappeler le tableau énergique tracé par Gilbert, dans sa *Satire du xviiie siècle*, de ces femmes d'alors dont les nerfs délicats et les habitudes vaporeuses se conciliaient avec les terribles émotions de la place de Grève.

> Chacun parle d'Iris, chacun la prône et l'aime;
> C'est un cœur, mais un cœur!... C'est l'humanité même.
> Si d'un pied étourdi quelque jeune éventé
> Frappe en courant son chien qui jappe à son côté,
> Elle meurt aussitôt de tendresse et d'alarmes :
> Un papillon souffrant lui fait verser des larmes.
> Il est vrai; mais aussi, qu'à la mort condamné,
> Lally soit en spectacle à l'échafaud traîné,
> Elle ira la première à cette horrible fête
> Acheter le plaisir de voir tomber sa tête. (A. N.)

[4] Le duc de Choiseul. (A. N.)
[5] La duchesse de Gramont, sœur du duc de Choiseul. (A. N.)
[6] La lettre à Rousseau sous le nom d'Émile. (A. N.)

l'absence peut produire en vous; votre amitié était peut-être un feu de paille : mais non, je ne le crois pas; quoi que vous m'ayez pu dire, je n'ai jamais pu penser que vous fussiez insensible; vous ne seriez point heureux ni aimable sans amitié, et je suis positivement ce qu'il vous convient d'aimer. N'allez pas me dire qu'il y a du roman dans ma tête; j'en suis à mille lieues, je le déteste; tout ce qui ressemble à l'amour m'est odieux, et je suis presque bien aise d'être vieille et hideuse, pour ne pouvoir pas me méprendre aux sentiments qu'on a pour moi, et bien aise d'être aveugle pour être bien sûre que je ne puis en avoir d'autres que ceux de la plus pure et sainte amitié; mais j'aime l'amitié à la folie; mon cœur n'a jamais été fait que pour elle. Mais voilà assez parlé de moi; parlons de vous et de vos affaires. Avez-vous vu votre cousin [1]? quelle est sa position? en est-il content? êtes-vous content de lui? Je ne suis pas assez au fait des choses que je désire savoir, pour pouvoir vous bien interroger : dites-moi tout ce qui vous intéresse, si vous voulez me satisfaire. Adieu pour le moment présent; je reprendrai cette lettre demain après l'arrivée du facteur, pour vous répondre ou pour me plaindre.

Mardi 6, à trois heures et demie.

Voilà le facteur, voilà une lettre; dois-je dire me voilà contente? je n'en sais rien. Ou vous êtes au point que je désire, ou vous vous jouez de moi; je ne sais pas lequel c'est des deux; est-ce vérité, est-ce contre-vérité? suis-je à vos yeux intéressante ou ridicule?

Vous êtes pour moi un logogriphe; j'en tiens tous les rapports, toutes les lettres, et je n'en puis composer le mot; je n'ignorais pas que vous eussiez infiniment d'esprit, mais je n'en connaissais pas tous les genres; vous m'en découvrez un nouveau; il m'étonne, il m'embarrasse; le Walpole d'Angleterre n'est pas le Walpole de Paris; enfin, enfin vous troublez mon pauvre génie : les emportements que vous ne cessez de me reprocher, cette discrétion que vous jugez si nécessaire, tout cela m'est un peu suspect; mon amour-propre en est un peu blessé; j'aimerais mieux la vérité toute crue ou toute nue; je n'ai pas besoin

---

[1] Feu Henri Seymour Conway, feld-maréchal de l'armée anglaise, alors secrétaire d'État au département des affaires étrangères; il l'était depuis 1765 et fut remplacé en 1768 par lord Weymouth. Il rendit des services à Rousseau et ne partagea pas la haine de Hume contre ce philosophe. Il vint à Paris en 1774. Madame du Deffand en parle à cette époque. (A. N.)

qu'on me dore la pilule. Écrivez-moi donc comme à une bête, mais à une bête bonne enfant, à qui l'on peut tout dire, pourvu qu'on lui dise la vérité. Est-ce que vous pensez que je croie devoir être aimée de préférence à tout? non, non, je me rends plus de justice, et je suis bien décidée à me contenter de tout, à me résoudre à tout, et je m'attends à tout. Ne serait-ce pas une folie à moi de prétendre trouver en vous ce que vous prétendez qui est en moi, du roman, de la folie, des chimères, etc.?

Vous êtes donc assez content de l'état des affaires? Tant mieux; je m'intéresse à votre gouvernement plus qu'au nôtre[1]; M. de Lally est actuellement sur la sellette; il sera peut-être jugé dès aujourd'hui; je vous dirai son sort avant de fermer cette lettre.

Adieu, mon cher tuteur; ne m'inspirez pas tant de crainte ni de respect.

Il faut que je vous dise une chose que je répugne à vous dire; je garde vos lettres, et je ne serais pas fâchée que vous gardassiez les miennes; je me flatte que je n'ai pas besoin de vous assurer que ce n'est pas que je pense qu'elles en vaillent la peine, mais c'est pour me préparer l'amusement de revoir par la suite ce que nous nous sommes dit l'un à l'autre; je viens d'acquérir un petit coffre pour serrer les vôtres : encore un roman, direz-vous; allez, allez, mon tuteur, vous êtes insupportable.

Mercredi, à dix heures du matin.

M. de Lally fut hier jugé à trois heures et demie, voilà sa sentence : ils étaient trente-cinq juges, toutes les voix ont été à la mort, et deux à la roue; les gens du roi, au nombre de quatre, délibérèrent pour leurs conclusions; il y en eut trois pour la mort et un à l'absolue décharge : tous les Dillon et leurs amis partirent pour Versailles immédiatement après le jugement : on dit qu'ils n'obtiendront point la grâce[2].

[1] Voici qui donne une bonne idée du patriotisme de la bonne compagnie d'alors. Avec de tels sentiments, on pouvait se faire aimer d'un Anglais; pouvait-on s'en faire estimer, et n'est-ce pas justifier ceux qui nous appelaient alors une nation de maîtres à danser? (A. N.)

[2] On est étonné de la légèreté avec laquelle madame du Deffand parle de cet événement, dans lequel on a vu, selon l'expression de M. Sénac de Meilhan, l'élévation du rang devenir fatale à un homme malheureusement célèbre. « M. de Lally, dit-il, paraissant sur la sellette en cordon rouge; Lally, regardé comme un roi dans l'Inde, était un trophée pour la vanité de ses juges. Celui qui connaît les replis secrets du cœur humain sera porté à penser que

« La Cour, etc. déclare Thomas-Arthur Lally dûment
» atteint et convaincu d'avoir trahi les intérêts du roi, son état
» et la compagnie des Indes; d'abus d'autorité, et de plusieurs
» exactions et vexations envers les sujets du roi, étrangers et
» habitants de Pondichéry; pour réparation de quoi et autres
» cas résultant du procès, l'a privé de son état, honneur et
» dignité; l'a condamné et condamne à avoir la tête tranchée
» sur un échafaud, qui pour cet effet sera placé en place de
» Grève; ses biens acquis et confisqués au profit du roi; sur
» iceux préalablement levé dix mille francs au profit des pauvres
» de la Conciergerie, et trois cent mille livres aux pauvres de
» Pondichéry, suivant la distribution qui en sera ordonnée par
» le roi. »

LETTRE 199.

LA MÊME AU MÊME.

Paris, samedi 10 janvier 1766[1],
à quatre heures après midi.

Vous ne sauriez imaginer à quel point je vous respecte et je vous suis soumise. Je réprime tous mes premiers mouvements de haine, de colère, d'impatience; vous jugez bien que ce n'est que de ce dernier que j'ai à me défendre avec vous. Il est quatre heures; j'avais résolu de ne point demander si le facteur avait des lettres; et j'ai exécuté pendant trois heures cette résolution; à la fin j'ai succombé en mourant de peur de faillir inutilement; me voilà bien rassurée. Je suis on ne peut plus contente de votre lettre du 5; j'en avais besoin. Mille nuages s'étaient formés dans ma tête; j'avais relu ces jours-ci toutes vos lettres; je ne sais dans quelle disposition j'étais, mais j'en avais conclu que vous me trouviez une folle, une extravagante, une ridicule. Je prenais le parti de ne vous jamais écrire plus d'une page; je ne voulais plus abuser de votre patience ni de votre excessive bonté, je ne voulais rien devoir à vos vertus.

l'orgueil d'avoir à prononcer sur le sort d'un homme élevé en dignité et si supérieur aux accusés qui paraissent d'ordinaire sur le même théâtre, a pu déterminer l'extrême et injuste rigueur du tribunal. » (A. N.)

[1] Cette lettre, datée du 10 janvier 1766 dans l'édition de Londres et du 10 janvier 1769 dans l'édition française de 1812 et de 1827, est en réalité du 10 mai 1766. On voit que nos devanciers ne nous ont pas épargné les erreurs. (L.)

Je me flatte peut-être trop aujourd'hui, mais je suis rassurée; je vous jure, je vous promets, mon cher tuteur, de ne me jamais fâcher contre vous; je vous avoue que je serai attristée et ennuyée quand je n'aurai point de vos nouvelles, mais je serai très-persuadée que vous n'aurez pas eu le temps de m'en donner. Je sais aussi que vous n'abusez point de l'excès de cette confiance et de cette facilité.

Je puis donc me dire, pendant mes insomnies et dans tous les moments de la journée, que j'ai un ami sincère et fidèle, qui ne changera jamais parce que je ne puis changer; il connaît mes défauts, mes désagréments, qu'est-ce que le temps peut y ajouter? Rien, cela est impossible.

Je ne puis concevoir ce que le peu d'habitude que vous avez de notre langue peut vous empêcher de dire; personne, non, personne au monde ne s'exprime mieux que vous, avec plus de clarté, plus de facilité et d'énergie; vous serez ravi de revoir vos lettres, je vous en réponds. Vous peignez le tourbillon où vous êtes, de façon que je crois vous y voir[1]. Il vous fatigue, j'en conviens, mais il ne vous ennuie pas; vous aurez trop de peine à le quitter. Comme vous ne voulez pas me tromper, vous ne me dites pas un mot de vos projets de retour; ce que vous en écrivez aux autres ne me persuade point; si je perdais l'espérance de vous revoir, je tomberais dans l'abîme des vapeurs. Depuis quelques jours il n'y a que votre idée qui m'en garantit; je ne me porte pas bien, mais cela ira mieux à l'avenir.

Je suis obligée d'interrompre cette lettre, parce qu'il faut que je me lève; demain je la reprendrai, et je vous parlerai de Lally, et je vous donnerai des nouvelles de la reine; le président[2] est allé la voir aujourd'hui.

Dimanche, à deux heures.

La reine est guérie, mais elle est encore faible, elle a reçu le président à merveille, et lui a demandé quand je pourrais la

---

[1] M. Walpole avait dit: « Je vis dans un tourbillon dont il m'est impossible de vous rendre compte. Je vais à la cour, je reçois des visites, j'en rends, je cours toute la matinée, je dîne, je joue, j'entends parler de politique, on me demande des conseils, je les donne, on ne les suit pas.—Enfin, comment vous détailler tout cela? Si vous avez des fois trouvé ma tête troublée, actuellement c'est un chaos. » (A. N.)

[2] Le président Hénault était surintendant de la maison de la reine Marie Leczinska, épouse de Louis XV. (A. N.)

voir; ce ne sera pas sitôt : elle n'a pas encore vu les princes du sang.

Lally fut exécuté avant-hier, vendredi, à cinq heures du soir; le roi avait accordé à sa famille qu'il le serait à la nuit. Il fit plusieurs tentatives pour se tuer; la première fut un coup qu'il se donna, à deux doigts au-dessous du cœur, avec la moitié d'un compas qu'il avait caché dans la doublure de sa redingote; la seconde, en voulant avaler un petit instrument de fer, que les uns disent avoir été fait exprès, et d'autres que ce n'était qu'un cure-dent; enfin la crainte qu'il ne trouvât quelque moyen de finir avant l'exécution, et de perdre une telle occasion pour l'exemple, détermina à envoyer à Choisy représenter au roi cet inconvénient. Il ordonna qu'on avançât l'exécution, et comme on eut peur aussi qu'il n'avalât sa langue, on lui mit un bâillon. Il est mort comme un enragé. Il devait être conduit à l'échafaud dans un carrosse noir; mais comme il n'arriva pas à temps (l'heure étant avancée), on le mit dans un tombereau; il a reçu deux coups; le peuple battait des mains pendant l'exécution. On a jugé hier trois autres officiers, Cadeville, Chaponnay et Pouilly; le premier à être blâmé, les deux autres hors de cour et de procès. Le public craignait que Lally n'obtînt sa grâce, ou qu'on ne commuât sa peine; il voulait son supplice, et on a été content de tout ce qui l'a rendu plus ignominieux, du tombereau, des menottes, du bâillon [1]; ce

---

[1] M. Walpole, en réponse à cela, dit : « Ah! madame, madame, quelles horreurs me racontez-vous là ! Qu'on ne dise jamais que les Anglais sont durs et féroces. — Véritablement ce sont les Français qui le sont. Oui, oui, vous êtes des sauvages, des Iroquois, vous autres. On a bien massacré des gens chez nous, mais a-t-on jamais vu battre des mains pendant qu'on mettait à mort un pauvre malheureux, un officier général qui avait langui pendant deux ans en prison? un homme, enfin, si sensible à l'honneur, qu'il n'avait pas voulu se sauver! si touché de la disgrace, qu'il cherche à avaler les grilles de sa prison plutôt que de se voir exposé à l'ignominie publique, et c'est exactement cette honnête pudeur qui fait qu'on le traîne dans un tombereau, et qu'on lui met un bâillon à la bouche comme au dernier des scélérats. Mon Dieu! que je suis aise d'avoir quitté Paris avant cette horrible scène! je me serais fait déchirer, ou mettre à la Bastille. » Une infamie n'en justifie pas une autre; mais si Horace Walpole vivait actuellement, que dirait-il de son compatriote sir Hudson Lowe, prolongeant pendant plus de quatre ans le supplice d'un homme bien autrement élevé que ne le fut M. de Lally? (A. N.)

M. de Meilhan a raconté les particularités suivantes sur la mort de M. de Lally :

« J'étais un soir chez madame la duchesse de Gramont, où se trouvait aussi madame la maréchale de Beauvau. M. de Choiseul entre par une petite

dernier a rassuré le confesseur, qui craignait d'être mordu ; il a été seulement envoyé par delà des monts. Il y a quelques personnes qui sont affligées, mais en petit nombre ; c'était un grand fripon, et de plus, il était fort désagréable ; il a été condamné tout d'une voix. Cet événement est l'unique objet des conversations.

LETTRE 200.

LA MÊME AU MÊME.

Paris, mercredi 21 mai 1766 [1].

Il n'y eut point hier de courrier d'Angleterre ; il arrivera sans doute aujourd'hui : je ne compte pas qu'il m'apporte rien. Ce qui vous surprendra, c'est que je ne serai point du tout fâchée ; tout au contraire, je serai ravie que vous vous mettiez bien à votre aise avec moi, et que vous ne m'écriviez jamais que quand vous n'avez rien à faire. Vos lettres me feront mille fois plus de plaisir, parce qu'alors elles auront été un amuse-

---

porte avec un air triste et un papier à la main. Qu'avez-vous, mon frère ? lui demanda la duchesse. — Voilà l'arrêt de Lally que je porte au Roi ; et il se met en devoir de le lire ; puis me regardant : C'est de votre compétence ceci, monsieur, me dit-il ; voulez-vous bien lire et nous dire votre avis ? Je lis, et quand je suis à ces paroles : *atteint et convaincu d'avoir trahi les intérêts du Roi, de l'État et de la compagnie*, je demeure surpris et indigné. Eh bien ! dit M. de Choiseul, continuez. — Je n'ai pas besoin, répliquai-je, monsieur le duc, d'aller plus loin pour voir que cet arrêt est la plus atroce des iniquités. On peut trahir les intérêts du roi par un excès de zèle, ignorance ou impéritie. Une phrase aussi équivoque montre l'embarras des juges, qui n'ont pu le convaincre de *trahison*. S'ils en avaient eu la preuve, ils se seraient exprimés positivement. Tout homme qui entre en contrebande une perdrix ou une bouteille de vin, trahit les intérêts du Roi, ceux de l'État et ceux de la compagnie des fermes. Suivant l'horrible dispositif de cet arrêt, il mérite donc la mort ? Mon avis fit quelque impression. M. de Choiseul monta chez le Roi, tâcha de le fléchir, mais le trouva trop fortement prévenu contre l'infortuné Lally pour obtenir grâce. »

M. de Lally-Tollendal, dans une lettre éloquente, insérée le 30 septembre 1811 dans le *Journal de l'Empire*, a réclamé avec autant de force que d'indignation contre cette lettre de madame du Deffand, et rappelle que le 25 mai 1778, soixante-huit conseillers d'État ou maîtres des requêtes cassèrent l'arrêt de condamnation de M. de Lally, sur le rapport de M. Lambert, l'un des magistrats les plus recommandables de son temps, et après trente-deux séances de commissaires nommés à l'effet de reviser cette cause importante. (A. N.)

[1] Lettre datée fautivement, dans l'édition française, de 1768. (L.)

ment pour vous, et non pas une gêne; pour moi, je veux vous écrire tant qu'il me plaira : je n'ai rien à faire; je n'ai ni de princesse Amélie, ni d'ambassadeurs, ni de bals, ni de jeux, ni de Strawberry-Hill; je n'ai que mon effilage et mon chien. Je fais l'un sans y penser, et je ne pense guère plus à l'autre.

Presque toutes les fois que je réponds à vos lettres, que l'on a fermé mon paquet, qu'il est à la poste, je m'avise que je vous ai dit mille inutilités, et que j'ai omis de vous dire tout ce qui était le plus important et le plus nécessaire. Par exemple, dans ma dernière lettre, je n'ai point répondu à la vôtre du 13, aux articles qui en valaient bien la peine. Qui m'a dit, dites-vous, que ce n'est que par *complaisance* que vous m'avez lâché le mot d'*amitié*? Eh bien, je n'en doute pas; mais je doute que vous aimiez ceux qui vous haïssent : je crois que vous ne pensez point du tout être obligé de me rendre compte de vos pensées, de vos occupations, projets, etc., etc., mais je vous prie de croire que je suis bien éloignée de l'exiger. Oh! non, non, je ne suis pas folle, ou du moins ma folie n'est pas la présomption ni la prétention, et je n'ai point à vous reprocher de m'induire à tomber dans cet inconvénient. Tout en badinant, tout en jouant, vous me faites entendre la vérité, et vous trouvez le moyen d'en envelopper l'amertume; mais je comprends très-bien que mes premières lettres ne vous ont pas plu : je ne suis pourtant point fâchée de les avoir écrites; je n'en rougis point. J'ai connu une femme à qui on faisait quelques remontrances sur ce qu'elle n'avait pas un air assez réservé avec des personnages graves et à qui on devait du respect : elle répondit qu'elle avait vingt-neuf ans, et qu'à cet âge on avait *toute honte bue;* et moi je dis qu'à mon âge on ne pèche point contre la décence en se laissant aller à des *emportements* d'amitié, et ils ne doivent point effrayer, quand il est bien démontré qu'on n'exige rien. Je ne vous connais pas, ajoutez-vous; peut-être me trompé-je à votre caractère comme je fais à votre esprit. Vous ne me donnez pas beaucoup d'inquiétude d'avoir porté un faux jugement : je ne me suis point trompée à votre esprit; mais je pourrai me tromper à votre caractère. Cependant permettez-moi de croire que vous n'êtes ni *volage*, ni *ingrat*, ni *méchant:* vous êtes singulièrement bon, et vous êtes, ainsi que feu mon ami Formont, la bonté incarnée, le plus reconnaissant des hommes et le plus éloigné de toute méchanceté. C'est cette connaissance que j'ai de votre caractère qui me fait et qui me fera toujours vous dire tout ce que je pense, qui me fait applaudir de vous avoir donné mon amitié : il ne peut y avoir qu'un seul inconvénient, qui est grand, il est vrai, mais qu'on ne peut pas appeler dangereux, c'est de ne vous plus revoir. Si cela arrive, je pourrai avoir à me reprocher de m'être laissée aller au goût que j'ai pris pour vous, mais non pas d'avoir fait un mauvais choix, ni d'avoir été indiscrète en vous donnant toute ma confiance.

Je suis comme était le feu Régent[1], je ne vois que des sots ou des fripons ; tous les jugements que j'entends porter me sont insupportables ; quelques personnes qui paraissent assez raisonnables parlent de vous, vous louent à peu près bien : j'écoute, j'approuve, je suis contente, et l'instant d'après on vante M. K... : il a bien de l'esprit, dit-on, de la force, du nerf, mais il est bien Anglais ; il n'est pas si aimable que M. Walpole. Celui-ci a bien plus de douceur, de politesse, bien plus d'envie de plaire : oh! il est *tout à fait Français*. Je me mords les lèvres, je me tords les mains, je me tais, mais j'enrage, et il me prend un dégoût pour ces gens-là, que je voudrais ne leur parler de ma vie ; cependant je n'ai rien de mieux à faire que de vivre avec eux. Allez, allez, mon tuteur, ne me recommandez pas de parler de vous ; à qui voulez-vous donc que j'en parle ? Sera-ce à madame de Luxembourg[2], qui n'a d'estime et de vénération que pour l'Idole[3] ? sera-ce à madame de Mire-

---

[1] Le duc d'Orléans, qui disait que la société était composée de deux classes d'hommes, les sots et les fripons. Le Régent était un homme d'esprit. (A. N.)

[2] La maréchale duchesse de Luxembourg. Elle était la sœur du duc de Villeroy, et avait épousé en premières noces le duc de Boufflers, de qui elle eut un fils, qui mourut à Gênes de la petite vérole. Elle fut ensuite mariée au maréchal duc de Luxembourg, à la terre duquel (à Montmorency) J. J. Rousseau demeura longtemps. — *Voyez* ses Confessions, ainsi que ses Lettres à madame la maréchale de Luxembourg, dans le volume de *Lettres originales de J. J. Rousseau*, publiées à Paris en 1798. Voici le portrait que fait M. Walpole de madame de Luxembourg, dans une lettre écrite de Paris en 1765 : « Elle a été fort jolie, fort adonnée au plaisir et fort malicieuse. Sa beauté est passée, elle n'a plus d'amants, et craint l'approche du diable. Cette situation a adouci son caractère, et l'a rendu plus agréable ; car elle a de l'esprit et de bonnes manières. Mais en voyant son agitation continuelle et les inquiétudes qu'elle ne saurait cacher, on serait tenté de croire qu'elle a signé un pacte avec l'esprit malin, et qu'elle s'attend à devoir le remplir dans une huitaine de jours. » *Voyez* les OEuvres du lord Orford, t. V, p. 366. (A. N.)

[3] La comtesse de Boufflers, née Saujon, était l'amie intime du dernier prince de Conti, et cherchait à s'en faire épouser. Comme ce prince était grand prieur de l'ordre de Malte en France, et qu'il habitait le Temple, ma-

poix[1], pour qui tout est lanterne magique? sera-ce à madame de Beauvau[2], qui est toujours dans l'enivrement de ses succès? qui, malgré son attachement pour son mari, veut plaire à tout le monde, sans choix, sans discernement? sera-ce à madame de Jonsac[3]? elle est un être d'une espèce différente de la nôtre; elle est impassible, c'est-à-dire sans passion, sans sentiment; et si elle n'était pas si souvent enrhumée, je croirais que son corps est comme son âme, qu'elle ne sent ni froid ni chaud. Sera-ce enfin à madame de Forcalquier[4]? ce pourrait être à elle plus qu'à personne; mais sa madame du Pin, et peut-être aussi son miroir lui ont persuadé qu'elle n'est pas dans la région commune. On démêle cependant qu'elle a de la sensibilité, et la lettre qu'elle m'a chargée de vous envoyer en peut servir de preuve; car assurément tout ce qu'elle vous dit de moi n'est pas une suite des confidences que je lui ai faites; je ne lui parle jamais de vous que pour lui répondre, et je n'ai point avec elle, non plus qu'avec nulle autre, des *effusions* de cœur.

Encore un autre article à traiter : je dois de la reconnaissance à l'Omnipotence. Je vous écrivais il y a quelque temps que je reconnaissais sa providence; mais si je lâchais la bride comme Voltaire, je dirais que j'ai bien à m'en plaindre. Quel esprit m'a-t-il donné? celui qui fait qu'on ne peut être content de soi ni des autres. J'aimerais bien mieux qu'il m'eût traitée comme

dame de Boufflers devint, dans l'imagination vive de madame du Deffand, l'*idole du Temple*; et c'est sous le nom d'*idole* qu'elle la désigne toujours dans sa correspondance.

M. Walpole parle d'elle de la manière suivante dans une lettre écrite de Paris : « Madame de Boufflers, qui a été en Angleterre, est une savante, maîtresse du prince de Conti, dont elle désire beaucoup de devenir la femme. Elle est un composé de deux femmes, celle d'en haut et celle d'en bas. Il est inutile de vous dire que celle d'en bas est galante et forme encore des prétentions. Celle d'en haut est également fort sensible, et possède une éloquence mesurée, qui est juste et qui plaît; mais tout est gâté par une prétention continuelle d'obtenir des louanges. On dirait qu'elle est toujours posée pour faire tirer son portrait par son biographe. »

Elle passa une seconde fois en Angleterre au commencement de la révolution de France, en 1789, et demeura quelque temps à Londres avec sa belle-fille la comtesse Amélie de Boufflers, petite-fille de la maréchale de Luxembourg et duchesse de Lauzun. (A. N.)

[1] La maréchale duchesse de Mirepoix. (L.)
[2] La princesse de Beauvau. (L.)
[3] La comtesse de Jonsac, sœur du président Hénault. (L.)
[4] La comtesse de Forcalquier. (L.)

M. de Sault[1] ou comme l'Idole, qui toujours s'aime et s'admire, et qui dans cette contemplation ne voit et ne sent rien que ce qui peut augmenter sa gloire. Que je suis différente d'elle, mon cher tuteur! tout m'abat, tout m'accable; si je ne fais pas cas des autres, j'en fais encore moins de moi.

L'héréditaire[2] dîna chez M. de Paulmy[3]; il y avait vingt-deux personnes; il avait demandé M. d'Alembert, il l'avait déjà vu à l'Académie des sciences, et l'avait comblé de louanges et de caresses. Le président donne un pareil dîner samedi prochain. On tuera votre héréditaire à force de repas; son succès est prodigieux: le grand feu de Paris a pourtant fait tomber celui de la Cour. Je n'ai vu ni entendu parler de la grand'maman, depuis le 4 de ce mois que je la vis à Versailles; il n'est plus question de la lettre[4]; le moment de la faire voir est manqué; vous ne vous souciez pas qu'on y revienne. Belles nouvelles à vous apprendre: les capucins se donnent les airs d'imiter les Anglais: le gardien du couvent de Saint-Jacques, ces jours-ci, s'est coupé la gorge. Vous n'êtes pas curieux de savoir pourquoi, ni moi non plus. Pour le coup, adieu; je finis en vous disant que je suis femme, très-femme, et femmelette et nullement Française.

LETTRE 201.

LA MÊME AU MÊME.

Paris, dimanche 25 mai 1766.

Je ne sais pas si les Anglais sont durs et féroces, mais je sais qu'ils sont avantageux et insolents. Des témoignages d'amitié, de l'empressement, du désir de les revoir, de l'ennui, de la tristesse, du regret de leur séparation, — ils prennent tout cela pour une passion effrénée; ils en sont fatigués, et le déclarent

---

[1] M. de Sault-Tavannes. Il se plaignait un jour à M. de Lambert de ce que quelqu'un du nom de Sault voulait prendre le nom de Tavannes. « Il a tort, dit M. de Lambert, tous les Tavannes sont Sault, mais tous les Sault ne sont pas Tavannes. » (A. N.)

[2] Feu le duc de Brunswick, alors prince héréditaire, mort en 1806. (A. N.)

[3] Le marquis de Paulmy, fils du comte d'Argenson, ministre d'État. Il avait été lui-même ministre de la guerre en 1736. Il était de l'Académie française et bel esprit. (A. N.)

[4] La lettre déjà mentionnée, adressée à Rousseau sous le nom d'Émile. (A. N.)

avec si peu de ménagement, qu'on croit être surpris en flagrant délit; on rougit, on est honteux et confus, et l'on tirerait cent canons contre ceux qui ont une telle insolence. Voilà la disposition où je suis pour vous, et ce n'est que l'excès de votre folie qui vous fait obtenir grâce : ce qui me pique, c'est que vous me trouvez fort ridicule[1]. Je ne sais pas comment vous aurez trouvé ma dernière lettre; c'était un examen de conscience; elle vous aura peut-être ennuyé à la mort, mais je m'amusai beaucoup à l'écrire : je suis devenue si dissimulée depuis votre départ, que, quand je vous écris, je me laisse aller à dire tout ce qui me passe par la tête : s'il faut encore que je me contraigne, même avec vous, cela m'attristera bien. Vous voulez toujours rire; l'extravagance est votre élément, et moi je suis triste et mélancolique; de plus, je ne me porte pas bien; je vous l'avais mandé, mais cela ne vous fait rien; vous ne vous informez pas seulement de mes nouvelles. Vous êtes un original où je ne comprends rien; je crois quelquefois que vous avez de l'amitié pour moi, et puis tout de suite je pense tout le contraire : je n'aime point tous ces virevousses-là; cependant, à tout prendre, vous me divertissez.

Vous êtes étonnant avec votre Lally. Si vous saviez toutes les horreurs dont il était coupable, combien il a ruiné et fait périr de malheureux! Joignez à cela que le public était persuadé que son argent le tirerait d'affaire, vous conviendrez

[1] Voici comment M. Walpole s'était exprimé : « A mon retour de Strawberry-Hill, je trouve votre lettre, qui me cause on ne peut plus de chagrin. Est-ce que vos lamentations, madame, ne doivent jamais finir? Vous me faites bien repentir de ma franchise; il valait mieux m'en tenir au commerce simple; pourquoi vous ai-je voué mon amitié? C'était pour vous contenter, non pas pour augmenter vos ennuis. Des soupçons, des inquiétudes perpétuelles! — Vraiment, si l'amitié a tous les ennuis de l'amour sans en avoir les plaisirs, je ne vois rien qui invite à en tâter. Au lieu de me la montrer sous sa meilleure face, vous me la présentez dans tout son ténébreux. Je renonce à l'amitié si elle n'enfante que de l'amertume. Vous vous moquez des lettres d'Héloïse, et votre correspondance devient cent fois plus larmoyante. *Reprends ton Paris; je n'aime pas ma mie au gué.* Oui, je l'aimerais assez *au gai*, mais très-peu au triste. Oui, oui, m'amie, si vous voulez que notre commerce dure, montez-le sur un ton moins tragique; ne soyez pas comme la comtesse de la Suze, qui se répandait en élégies pour un objet bien ridicule. Suis-je fait pour être le héros d'un roman épistolaire? et comment est-il possible, madame, qu'avec autant d'esprit que vous en avez, vous donniez dans un style qui révolte votre Pylade, car vous ne voulez pas que je me prenne pour un Orondate? Parlez-moi en femme raisonnable, ou je copierai les réponses aux *Lettres portugaises.* » (A. N.)

qu'il fallait un exemple : qu'importe qu'il fût officier général ? il en méritait davantage un plus grand châtiment. Je suis persuadée que Pondichéry n'a été pris que par ses trahisons; enfin on ne devrait jamais condamner au supplice aucun malfaiteur si on lui avait fait grâce. A l'égard des trois années qu'il a été en prison, elles ont été nécessaires pour l'information de son procès; il fallait faire venir les preuves des Indes; enfin, je suis, je crois, tout aussi compatissante que vous, je ne pense pas qu'il soit selon la loi naturelle de faire mourir personne; mais puisque la loi civile s'en est arrogé le droit, M. de Lally a dû avoir la tête tranchée. A l'égard du bâillon et du tombereau, je les désapprouve; mais ne croyez point qu'il y ait été fort sensible; il a fini en enragé : de tous les hommes c'était le moins intéressant, et je crois le plus coupable. Je me perds dans votre esprit; qu'importe, je veux toujours vous dire ce que je pense.

Vous ne *reprendrez pas Paris à cause de vos mies* tant gaies que tristes; j'aurai ce soir votre *mie gaie* d'Aiguillon, et votre *mie triste* Forcalquier, et votre *mie ténébreuse* du Deffand aura quatorze personnes à souper, parce que madame de Mirepoix lui en a envoyé demander, ainsi que madame de Montrevel. Voilà votre monnaie; j'aimerais mieux *vous* pour toute pièce, quoique vous ne soyez pas assurément de bon aloi.

Ne m'écrivez plus d'impertinences; il y a tel moment où elles me feraient beaucoup de peine. Ne me parlez plus de votre retour; il y a cinq mois d'ici au mois de novembre, et sept jusqu'au mois de février; je ne veux pas plus penser à cela qu'à l'éternité.

Je vous prie d'être infiniment persuadé que vous ne m'avez point tourné la tête, et que je prétends bien ne me pas plus soucier de vous que vous ne vous souciez de moi : adieu.

LETTRE 202.

LA MÊME AU MÊME.

Lundi 26 mai 1766.

Vous m'avez irritée, troublée, et, qui pis est, gelée : me comparer à madame de la Suze [1]! me menacer de m'écrire pour

---

[1] Henriette de Coligny, marquise de la Suze, était la fille du maréchal de Coligny. Elle florissait à Paris, comme bel esprit, au milieu du dix-septième siècle; écrivit des élégies, des madrigaux, admirés par les demi-connaisseurs de son temps, et négligés par le nôtre. Elle mourut à Paris en 1673. (A. N.)

réponse une *Portugaise* ¹ ! ce sont les deux choses du monde que je hais le plus ; l'une pour sa dégoûtante et monotone fadeur, et l'autre pour ses emportements indécents. Je suis triste, malade, vaporeuse, ennuyée ; je n'ai personne à qui parler : je crois avoir un ami, je me console en lui confiant mes peines, je trouve du plaisir à lui parler de mon amitié, du besoin que j'aurais de lui, de l'impatience que j'ai de le revoir ; et lui, loin de répondre à ma confiance, loin de m'en savoir gré, il se scandalise, me traite du haut en bas, me tourne en ridicule, et m'outrage de toutes les manières ! Ah ! fi, fi ! cela est horrible ; s'il n'y avait pas autant d'extravagance que de dureté dans vos lettres, on ne pourrait pas les supporter ; mais à la vérité elles sont si folles que je passe de la plus grande colère à éclater de rire : cependant j'éviterai de vous donner occasion d'en écrire de pareilles.

J'eus dimanche à souper seize personnes ; on ne pouvait pas se tourner dans ma chambre ; madame de Forcalquier était assurément celle que j'aime le mieux ; j'en suis assez contente : elle a cependant quelquefois des airs à la Walpole, mais je les lui passe en faveur de quelque autre ressemblance que je lui soupçonne. Pour M. de Sault, si l'on ôtait l'article de son nom, qu'on en changeât l'orthographe, et qu'on n'y laissât que le son, il serait parfaitement bien nommé. A propos, je me souviens que l'autre jour, pensant à vous, je vous comparais à un logographe ; on en tient tous les rapports, on a toutes les lettres, et on n'en trouve pas le mot. Est-ce là le style qu'il vous faut, et à quoi me comparez-vous ! à un amphigouri, à une parade ; j'aime encore mieux cela qu'aux élégies de madame de la Suze, aux *Lettres portugaises*, et aux romans de mademoiselle Scudéri.

Mardi 27.

Je vous prends et je vous quitte comme il me plaît ; voyez ce qui m'est arrivé hier au soir : je fais copier la lettre que j'ai écrite au président, pour ne pas faire deux éditions.

« Je vais vous causer un moment de trouble, mais il ne
» durera pas : je ramenai hier madame de Forcalquier ; elle
» était dans le fond du carrosse, et moi sur le devant. Vis-à-vis

---

¹ *Lettres d'amour d'une religieuse portugaise, écrites au chevalier de C...., officier français en Portugal.* Tel est le titre d'un petit volume de lettres publiées à La Haye en 1688, qui méritent bien la manière dont madame du Deffand en parle ici. (A. N.)

» M. de Praslin [1], l'essieu de derrière rompit tout auprès de
» la roue; la roue tomba, nous versâmes sans que la glace de
» devant, ni que celle de la portière, du côté que la voiture
» versa, aient été cassées : mon cocher fut jeté par terre,
» ainsi que les trois laquais qui étaient derrière, personne n'a
» été blessé, et les chevaux, à qui tout cela ne fit rien, s'en
» revinrent tout seuls avec l'avant-train à la porte de Saint-
» Joseph : le portier les reçut très-honnêtement, et leur tint
» compagnie jusqu'à ce que mes gens les vinssent rechercher
» pour ramener la voiture. Nous ne fûmes pas si heureuses,
» madame de Forcalquier et moi; le suisse de M. de Praslin
» nous refusa l'hospitalité : Monseigneur trouverait mauvais
» qu'il nous reçût; monseigneur n'était point rentré : nous le
» prîmes sur le haut ton; nous entrâmes malgré lui; le pauvre
» homme était tout tremblant : monseigneur rentra; madame
» de Forcalquier proposa à ce suisse de lui aller dire que nous
» étions là. — Oh! je n'en ferai rien. — Et pourquoi donc,
» s'il vous plaît? — Parce que je n'oserais; monseigneur le
» trouverait mauvais; je ne dois pas quitter mon poste. Un
» laquais d'une mine superbe passe devant la porte; madame
» de Forcalquier lui demanda un verre d'eau. — Je n'ai ni
» verre ni eau. — Mais nous en voudrions avoir. — Où voulez-
» vous que j'en prenne? — Allez dire à M. de Praslin que nous
» sommes là. — Je m'en garderai bien; monseigneur est retiré.
» Pendant ce temps-là, madame de Valentinois, qui revenait
» de la campagne, et qui était à six chevaux, passe devant
» l'hôtel de Praslin, voit notre voiture, demande à qui elle est,
» vient nous chercher, et nous tire de la chambre du suisse, et
» nous ramène chez nous. Il est bien dommage que M. le che-
» valier de Boufflers [2] ne soit pas ici; beau sujet de couplets :
» il est bon d'avertir les voyageurs de pas verser devant l'hôtel
» de monseigneur de Praslin. »

Le président me mande : « Le feu ministre de la paix est un
» faquin, ainsi que tout ce qui a l'honneur de lui appartenir.

---

1 L'hôtel du duc de Praslin, cousin du duc de Choiseul, et alors ministre des affaires étrangères. Cet hôtel est situé rue de Bourbon, au coin de la rue du Bac; il donne sur le quai d'Orsay. (A. N.)

2 Le deuxième fils de la marquise de Boufflers, connu avantageusement par la vivacité de son esprit et par son talent pour la poésie. Il avait d'abord été abbé; pendant la révolution il épousa madame de Sabran. Il est mort il y a quatre ans (1827); il était membre de l'Académie française. (A. N.)

» Si le successeur ¹ avait été à sa place, les choses ne se seraient
» pas passées de même, et madame de Forcalquier en aurait
» reçu tout au plus quelque demande honnête pour le droit de
» gîte : il faudrait faire la lecture de votre relation à l'assem-
» blée du dimanche des ambassadeurs. »

La suite de cette aventure est que monseigneur n'a pas compromis sa dignité en envoyant savoir de nos nouvelles : madame de Forcalquier, ainsi que moi, s'en porte bien : mon
cocher a une bosse à la tête et a été saigné : ainsi finit l'histoire.

Je vis hier madame de Luxembourg; elle était revenue la
veille au soir de l'Ile-Adam ²; il y a eu des plaisirs ineffables;
elle donne à souper jeudi au prince héréditaire.

LETTRE 203.

LA MÊME AU MÊME.

Paris, mardi 3 juin 1766.

En cas que le courrier ait une de vos lettres, je ne la recevrai que demain; il y a toujours un jour de retard, et comme
je vais demain à Montmorency, je n'aurai pas le temps de vous
écrire : je prends donc mes précautions, parce qu'il me semble
que j'ai beaucoup de choses à vous dire. Je commence par
vous rappeler l'aventure de notre versade, il y eut hier huit
jours; je vous envoyai la lettre que j'écrivis au président; cette
lettre a été lue par tous ceux qui ont été chez lui, et tous ceux
qui ont été chez lui l'ont contée à tous ceux qu'ils ont vus :
ainsi rien n'a fait tant de bruit que cette aventure, et n'a donné
tant de ridicule à monseigneur de Praslin. Tout le monde
s'étonnait qu'il n'eût pas jeté la faute sur ses gens, et qu'il ne
fût pas venu ou qu'il n'eût pas envoyé chez madame de Forcalquier et chez moi nous faire des excuses; il y vint hier, qui
était justement le jour de l'octave.

Je vis hier M. le duc de Choiseul, qui arriva chez madame de
Mirepoix comme j'en sortais. Il me prit par le bras, me fit rentrer, et nous eûmes ensemble une vraie scène de comédie. J'ai
fait copier la lettre que j'ai écrite ce matin à madame de Choiseul, pour m'épargner la peine de vous en faire le récit, et je

¹ Le duc de Choiseul. (A. N.)
² La résidence la plus habituelle du prince de Conti. Le château a été détruit pendant la révolution. (A. N.)

vous l'envoie[1]. Jamais on n'a dit autant d'injures que je lui en ai dit; je l'appelai esprit borné, pédant, enfin excrément du ministère : il fit des cris, des rires outrés : je voulus qu'il se mit à genoux pour me demander pardon; il me dit qu'il y était; je lui fis baiser ma main, je lui pardonnai, et nous sommes pour le présent moment les meilleurs amis du monde. Tout cela vous aurait bien diverti si vous aviez été ici; mais vraiment il y a une autre histoire qui fait bien tomber la nôtre : c'est celle de M. de *** et de madame de ***. Il y a trois semaines qu'elle est arrivée, et il n'y a que quatre jours qu'on la sait : ces deux personnes étant allées souper chez madame de Beuvron[2], ne voulurent point se mettre à table, et au lieu de rester dans la chambre ou dans le cabinet, elles allèrent dans un petit boudoir tout au bout de l'appartement. Après le souper, madame de *** aborda madame de Beuvron avec l'air tout troublé et tout déconcerté; elle lui dit qu'il lui était arrivé le plus grand malheur du monde. Ah! vous avez cassé mes porcelaines? il n'y a pas grand mal. — Non, madame, cela est bien pis. — Vous avez donc gâté mon ottomane? — Ah! mon dieu non, cela est encore bien pis! — Mais qu'est-ce donc qui est arrivé? qu'avez-vous pu faire? — J'ai vu un très-joli secrétaire, nous avons eu la curiosité de voir comme il était en dedans; nous avons essayé nos clefs pour tâcher de l'ouvrir; il s'en est cassé une dans la serrure. — Ah! madame, cela est-il possible? il faut que vous le disiez vous-même pour que cela puisse se croire. Un valet de chambre que l'on soupçonnait d'avoir vu cette opération, fut sollicité par prières et promesses d'aller chercher un serrurier pour raccommoder la serrure; il n'en voulut rien faire, et dit qu'il se garderait bien de toucher à ce qui appartenait à sa maîtresse : la crainte, ou plutôt la certitude d'être dénoncée par cet homme, détermina à le prévenir, en en faisant l'aveu. Voudriez-vous être à la place de M. ***? Pour moi, j'aimerais mieux avoir été surprise en mettant la main dans la poche; il y aurait du moins de l'adresse et moins de perfidie; cela est horrible : comment peut-on rester dans le lieu où l'on s'est couvert d'une pareille infamie[3]?

[1] On n'a pas trouvé cette lettre. (A. N.)
[2] La comtesse de Beuvron, née Rouillé, mariée au comte de Beuvron, frère du duc d'Harcourt, et ensuite duc d'Harcourt lui-même. (A. N.)
[3] M. Walpole, en réponse, dit : « Je ne soufflerai pas un mot de l'histoire de la dame qui est si curieuse sur le dedans d'un secrétaire : mylord H... se

LETTRE 204.

LA MÊME AU MÊME.

Paris, mardi 17 juin 1766, à 3 heures.

Nous avons tous les deux un pied de nez; vous, de ne m'avoir pas devinée[1]; et moi, de ne l'avoir point été; je voudrais savoir qui vous avez pu soupçonner : oubliez votre méprise, je vous la pardonne.

Je suis persuadée que vous êtes fort aise de trouver que ce soit moi, et que l'amitié l'emporte sur la vanité. Si le succès de cette folie n'a pas été tel que je l'espérais, elle m'a du moins bien divertie dans le temps : j'en avais fait le projet plus d'un mois avant votre départ. Rappelez-vous que vous allâtes chez un M. Doumeny, que vous fûtes mécontent du portrait que vous y vîtes. Madame de Turenne[2], à qui je le dis, offrit de me prêter une boîte de M. de Bouillon; je l'acceptai; je la donnai à madame de Forcalquier; elle vous la fit voir dans mon petit cabinet bleu; vous reconnûtes madame de Sévigné, vous en parûtes content. Le lendemain je remis ce portrait entre les mains de madame de Jonsac, qui se chargea d'en faire faire la

pendrait s'il la savait. Mais réellement le cavalier était bien maladroit d'employer si lourdement son temps dans un boudoir avec la plus jolie femme de France, et une femme un peu disposée à la curiosité. Mon dévot cousin s'y serait pris d'une autre façon. » (A. N.)

[1] Ceci fait allusion à une tabatière portant dans le couvercle le portrait de madame de Sévigné, et renfermant une lettre adressée à M. Walpole en son nom, qu'il ne soupçonna pas d'abord de venir de madame du Deffand, mais qu'il crut lui avoir été adressée par la duchesse de Choiseul. (A. N.)

[2] La princesse de Turenne, la bru du duc de Bouillon. La maison de Bouillon est éteinte, le dernier prince de cette famille était cul-de-jatte. C'est à lui qu'appartenait la terre de Navarre, cédée à la maison de Bouillon par Louis XIV en échange du comté de Sedan. Pendant la révolution, M. Roy, l'un des derniers ministres des finances, fut chargé des affaires de M. de Bouillon.

Sous le règne de Louis XIV, messieurs de Bouillon avaient fait dresser et imprimer leur généalogie avec beaucoup de magnificence et de faste. Ils en avaient fait distribuer des exemplaires à la Cour. Lorsqu'on vint à en parler au souper du roi : Sire, dit le prince de Condé, si l'on en croit cette généalogie, messieurs de Bouillon sont bien plus nobles que nous; car elle les fait descendre des premiers ducs d'Aquitaine qui étaient souverains, tandis que le grand-père de Hugues Capet n'était qu'un simple particulier. Mais, après tout, ajouta le prince de Condé, ce n'est pas à moi à leur dire ce que j'en pense, je ne suis que le cadet; c'est vous, sire, qui êtes l'aîné. Le roi s'étant fait représenter cette généalogie, en ordonna la suppression. (A. N.)

copie; on dit qu'elle est bien. Elle ordonna la boite, elle a transcrit la lettre; enfin elle a tout fait; vous lui devez un mot de remerciment. Mandez-lui que je vous ai conté tous ses soins, elle a beaucoup d'estime et de goût pour vous. Toute cette besogne étant finie, il fallait que cela vous parvînt, et je voulais que ce fût mystérieusement. J'eus dessein de m'adresser à M. Craufurd[1]; je vous priai de me mander s'il était à Londres, et puis je pensai que je lui causerais bien de l'embarras; j'eus recours à la grand'maman; et avec sa bonté ordinaire, elle entra dans toutes mes vues; elle les perfectionna, se chargea de mon paquet, l'adressa à M. de Guerchy[2], lui écrivit ses instructions, et lui demanda de lui en apprendre la réussite. Je juge par votre récit que c'est un très-habile ministre, et qu'il a suivi très-exactement ce qui lui avait été prescrit. J'écrirai incessamment à la grand'maman pour la remercier, et je transcrirai ce que vous m'avez mandé à l'occasion de sa lettre : pourquoi ne me l'envoyez-vous pas, cette lettre? je ne le comprends pas; elle m'a envoyé la vôtre que je lui ai renvoyée; j'en ferai de même de la sienne; je vous la renverrai.

Voilà toute l'histoire. Si vous m'aviez devinée, comme je n'en doutais pas, rien n'aurait manqué à mon plaisir; mais mon tuteur n'a pas reconnu sa pupille. Voilà la plus utile leçon que j'aie jamais reçue de lui.

LETTRE 205.

LA MÊME AU MÊME.

Paris, mercredi 9 juillet 1766.

Vous voyez quel est le quantième du mois, et ce n'est qu'à cet instant que je reçois votre lettre du 1er et du 3. Vous avez si bien fait par vos leçons, vos préceptes, vos gronderies, et, le pis de tout, par vos ironies, que vous êtes presque parvenu à me rendre fausse, ou pour le moins fort dissimulée : je m'interdis de vous dire ce que je pense; quand je suis prête à me laisser aller à vous dire quelques douceurs, je crois entendre ces paroles du Seigneur aux trois Marie (à ce que je crois) : *Noli me tangere.*

---

[1] Le même M. Craufurd dont il a déjà été parlé. (A. N.)

[2] Alors ambassadeur de France en Angleterre, plus célèbre par ses différends avec le chevalier d'Éon que par ses mérites diplomatiques ou autres. (L.)

Je possède plus l'Évangile qu'Horace. Oh non, je ne pourrai jamais dire *mon Horace* comme chacun dit; je ne possède point *Horace*, je ne connais point *Horace;* je sais qu'on l'estime, qu'on le prône, qu'on le vante; je ne dis pas qu'on ait tort, mais je ne le connais pas.

Vivez, vivez en paix avec votre sainte[1]; livrez-vous tout entier à votre passion pour elle; en conséquence, lisez et relisez ses lettres, et jugez si l'amitié ne peut pas faire sentir et dire des choses mille fois plus tendres que tous les romans du monde? Savez-vous ce qui me fâche le plus contre vous aujourd'hui? c'est que vous ne répondiez point à ce tour mystique que j'avais pris pour vous forcer à me dire ce que je serais bien aise que vous me dissiez[2] : apparemment que vous improuvez cette tournure, car vous m'avez écrit que, quand vous ne répondiez pas à quelque article de mes lettres, c'était une marque d'improbation. Ah! vous êtes un plaisant personnage; je vous dirais volontiers comme la capricieuse dans le *Philosophe marié;* après avoir fait à son amant l'énumération de tous ses vices, de tous ses ridicules, elle termine ainsi sa longue kyrielle : « Mais, malgré vos défauts, je vous aime à la rage. » Ah! cette citation est *d'une petite emportée,* mais non pas d'une ennuyeuse héroïne de roman.

Non, non, vous vous trompez très-fort, si vous croyez que j'eusse été fâchée de ne pas réussir à vous attraper; mais je vais vous citer l'opéra :

> Les dieux punissent la fierté;
> Il n'est point de grandeur que le ciel irrité
> N'abaisse quand il veut, et ne réduise en poudre.

Vous m'avez rendue poussière; je vous le pardonne, n'en parlons plus.

J'ai une chose étonnante à vous dire, et qui le devient cent fois davantage depuis que j'ai reçu votre lettre, parce que vous ne me dites pas un mot de l'affaire dont il s'agit; voici le fait. Le baron d'Holbach[3] a reçu, samedi dernier, une lettre de

---

[1] Madame de Sévigné. (A. N.)

[2] Elle entend parler de la lettre écrite sous le nom de madame de Sévigné, où on l'engage de revenir au plus tôt à Paris. (A. N.)

[3] Seigneur allemand établi à Paris, dont l'hôtel était le rendez-vous de tous les encyclopédistes, et de ceux qu'on appelait alors *philosophes* à Paris. Le baron d'Holbach, né à Heidelsheim dans le Palatinat, est mort à Paris, en 1789, à l'âge de soixante-six ans. Il y était venu dès son enfance et y passa

M. Hume, remplie de plaintes, de fureurs, contre Jean-Jacques : il va faire, dit-il, un pamphlet pour instruire le public de toutes ses atrocités; je n'ai encore vu personne qui ait lu cette lettre[1], mais on dit que M. d'Alembert l'a lue; il en court des extraits par tout Paris. Milord Holderness avait reçu une lettre de sa femme, le même ordinaire, qui lui mandait avoir donné à dîner la veille à M. Hume, et elle ne lui mande point qu'il lui ait dit un mot de Jean-Jacques; vous ne m'en dites rien non plus, tout cela me paraît incompréhensible. Donnez-moi, je vous prie, tous les éclaircissements possibles sur cette affaire, et une fois pour toutes, ne craignez de moi aucune indiscrétion : je pousse la réserve sur tout ce qui me vient de vous jusqu'à la plus grande puérilité. Je garderais vos secrets, si vous me jugiez digne de m'en confier, et je vous sauverai du ridicule de l'intimité d'une liaison qui pourrait nuire à votre considération, et vous faire éprouver des froideurs de l'Idole et de ses adhérents.

LETTRE 206.

MADAME LA MARQUISE DU DEFFAND A M. DE VOLTAIRE.

18 septembre 1766 [2].

L'ennui me prend, monsieur, de ne plus entendre parler de vous; vous me croyez peut-être morte, je ne le suis pas encore; il est vrai qu'il ne s'en faut de guère; mais je suis cependant

la plus grande partie de sa vie. Marié avec mademoiselle d'Aine, sœur de l'intendant de Tours, il la perdit presque aussitôt, et obtint à prix d'argent de la cour de Rome la permission d'épouser la sœur de sa femme, qui n'est morte qu'en 1814 à plus de quatre-vingts ans.
Comme Helvétius, le baron d'Holbach faisait sa société des gens de lettres; il se rendit célèbre par son *athéisme pur*, et par plusieurs ouvrages, entre autres son fameux *Système de la nature*, auquel il est probable que coopérèrent plusieurs de ses convives. Après avoir recherché la société de Jean-Jacques, il se brouilla avec lui, et on mit généralement les torts du côté du baron. On ne peut nier qu'il n'eût du savoir et des connaissances, et il suffit pour n'en point douter du témoignage de Rousseau : « C'était, dit-il, un fils » de parvenu, qui jouissait d'une assez grande fortune dont il usait noble- » ment, recevant chez lui des gens de lettres, et par son savoir et ses con- » naissances tenant bien sa place au milieu d'eux. » (A. N.)

[1] M. Walpole a donné, dans le tome IV de ses *OEuvres*, édition in-4°, un récit détaillé de cette malheureuse querelle entre Rousseau et M. Hume, qui, selon Marmontel, avait été prédite par M. le baron d'Holbach. (A. N.)

[2] Voyez la réponse de Voltaire à cette lettre, vol. LIX, page 473. Cette réponse commence ainsi : Ennuyez-vous souvent, madame. (A. N.)

encore assez en vie pour avoir plus besoin de vos lettres que de prières. Comment vous portez-vous? Que faites-vous? que pensez-vous? Il a couru ici le bruit que vous vouliez aller à Wesel; cela est-il vrai?

Que dites-vous du procès de Jean-Jacques et de M. Hume? Avez-vous lu la lettre de dix-huit pages de celui-là à celui-ci? Existe-t-il dans le monde un aussi triste fou que ce Jean-Jacques? C'est bien la peine d'avoir de l'esprit et des talents, pour en faire un pareil usage! C'est une plaisante ambition que de vouloir se rendre célèbre par les malheurs; il n'aura bientôt plus d'asile qu'aux Petites-Maisons. Ses protectrices sont bien embarrassées. Pour vous, monsieur, vous êtes mon sage, et je voudrais bien que vous fussiez mon ami; vous ne l'êtes point, puisque vous n'avez point soin de moi.

J'ai lu en dernier lieu le *Philosophe ignorant;* on dit qu'il y a encore quelque chose de nouveau, mais dont je ne sais pas le titre; je voudrais avoir tout cela. Je ne sais plus que lire. Voilà pour la quatrième fois que je fais la tentative de lire M. de Buffon, et je ne puis pas tenir à l'ennui que cela me cause. Enfin, sans le *Journal encyclopédique,* je ne saurais que devenir. N'en faites-vous pas assez de cas? C'est en fait de lecture, ce qu'est la dissipation dans la vie; cela ne vaut pas l'occupation ni la société, mais cela y supplée.

Écrivez-moi, réveillez-moi, aimez-moi, ou faites-en le semblant; moi, je vous aime tout de bon, et je ne veux plus être si longtemps sans vous le dire.

LETTRE 207.

MADAME LA MARQUISE DU DEFFAND A M. HORACE WALPOLE.

Paris, 24 septembre 1766.

J'avais résolu de ne vous point écrire; non pas que vous soyez mal avec moi, tout au contraire; mais par la crainte que ce ne soit une fatigue, dans l'état de faiblesse où vous êtes, de recevoir des lettres : vous aurez tout au plus celle de la lire, car je prétends bien non-seulement vous dispenser d'y répondre, mais je vous demande en grâce de n'y point penser. Je vous crois très-malade, et le récit que vous m'avez fait de votre état me donne beaucoup d'inquiétude[1], et à tel point que vous ne

---

[1] M. Walpole souffrait alors d'une forte attaque de goutte. (A. N.)

pouvez, sans manquer à l'amitié, ne me pas donner de nouvelles deux fois la semaine, comme je vous en ai prié dans ma dernière lettre. Je ne veux pas un seul mot de votre main, mais je vous aurai une vraie obligation de dicter en anglais un bulletin très-circonstancié et très-véridique de votre situation du moment. Je crois vous avoir mandé que Wiart apprenait l'anglais; j'ai eu la précaution de fixer l'heure de ses leçons à celle où le facteur apporte les lettres, pour que celles que je recevrai de vous en anglais puissent être traduites sur-le-champ. Consentez donc, mon tuteur, à m'envoyer régulièrement des bulletins deux fois la semaine : je ne doute pas que la poste de Bath à Londres ne soit régulière; M. de Guerchy me l'a assuré. Si vous restez aux eaux tout le mois de novembre, lui et sa femme vous iront rendre visite. Je voudrais bien être de la partie; mais savez-vous ce que je désirerais? ce serait d'être un vieillard à la place d'une vieille; j'irais, je vous jure, à Bath pour vous tenir compagnie et vous soigner : je suis très-persuadée, et même je n'en puis douter, que vous ne méritez pas tout ce que je pense pour vous; mais qu'y faire? Ce n'est ni votre faute ni la mienne; nous devons mutuellement, moi, vous épargner les reproches, et vous, m'épargner les réprimandes.

J'ai peur que vos médecins ne soient détestables; je les crois pires que les nôtres : les uns et les autres peuvent être des empoisonneurs, mais leurs poisons sont différents; les nôtres sont lents, et les vôtres prompts et violents. Donner à un homme comme vous, aussi faible, aussi maigre, pour le guérir de la goutte, des drogues chaudes, et le mettre à l'usage du vin, cela me paraît comme un coup de pistolet dans la tête pour guérir de la migraine. J'attends beaucoup des eaux de Bath; mais je ne ferai pas une goutte de bon sang que je n'aie reçu un bulletin en anglais tel que je vous le demande. Ajoutez à ce bulletin un aveu franc et délibéré de l'effet que vous font mes lettres, si elles vous ennuient, si elles vous fatiguent; rien ne peut me déplaire, rien ne peut me fâcher, que votre mauvaise santé. Adieu : vous ne vous souciez guère de nos nouvelles, ni moi non plus, en vérité.

LETTRE 208.

M. DE VOLTAIRE A MADAME LA MARQUISE DU DEFFAND.

Ferney, 24 septembre 1766.

Ennuyez-vous souvent, madame, car alors vous m'écrirez. Vous me demandez ce que je fais : j'embellis ma retraite, je meuble de jolis appartements où je voudrais vous recevoir; j'entreprends un nouveau procès dans le goût de celui de Calas, et je n'ai pas pu m'en dispenser, parce qu'un père, une mère et deux filles, remplis de vertu et condamnés au dernier supplice, se sont réfugiés à ma porte, dans les larmes et dans le désespoir.

C'est une des petites aventures dignes du meilleur des mondes possible. Je vous demande en grâce de vous faire lire le Mémoire que M. de Beaumont a fait pour cette famille aussi respectable qu'infortunée. Il sera bientôt imprimé. Je prie M. le président Hénault de le lire attentivement.

Vos suffrages serviront beaucoup à déterminer celui du public, et le public influera sur le conseil du roi. La belle âme de M. de Choiseul nous protége; je ne connais point de cœur plus noble et plus généreux que le sien; car, quoi qu'en dise Jean-Jacques, nous avons de très-honnêtes ministres. J'aimerais mieux assurément être jugé par le prince de Soubise et par M. le duc de Praslin que par le parlement de Toulouse.

Il faudrait, madame, que je fusse aussi fou que l'ami Jean-Jacques pour aller à Wesel. Voici le fait : le roi de Prusse m'ayant envoyé cent écus d'aumône pour cette malheureuse famille des Sirven, et m'ayant mandé qu'il leur offrait un asile à Wesel ou à Clèves, je le remerciai comme je le devais; je lui dis que j'aurais voulu lui présenter moi-même ces pauvres gens auxquels il promettait sa protection. Il lut ma lettre devant un fils de M. Tronchin, qui est secrétaire de l'envoyé d'Angleterre à Berlin. Le petit Tronchin, qui ne pense pas que j'ai soixante-treize ans, et que je ne peux sortir de chez moi, crut entendre que j'irais trouver le roi de Prusse; il le manda à son père; ce père l'a dit à Paris; les gazetiers en ont beaucoup raisonné; *et voilà comme on écrit l'histoire; puis fiez-vous à messieurs les savants.*

Il faut que je vous dise, pour vous amuser, que le roi de Prusse m'a mandé qu'on avait rebâti huit mille maisons en

Silésie. La réponse est bien naturelle : « Sire, on les avait donc
» détruites; il y avait donc huit mille familles désespérées? Vous
» autres rois, vous êtes de plaisants philosophes! »

Jean-Jacques du moins ne fait de mal qu'à lui, car je ne
crois pas qu'il ait pu m'en faire; et madame la maréchale de
Luxembourg ne peut pas croire que j'aie jamais pu me joindre
aux persécuteurs du *Vicaire savoyard*. Jean-Jacques ne le croit
pas lui-même; mais il est comme *Chiant-Pot-la-Perruque*, qui
disait que tout le monde lui en voulait.

Savez-vous que l'horrible aventure du chevalier de la Barre
a été causée par le tendre amour? Savez-vous qu'un vieux ma-
raud d'Abbeville, nommé Belleval, amoureux de l'abbesse de
Vignancourt, et maltraité, comme de raison, a été le seul mobile de cette horrible catastrophe? Ma nièce de Florian, qui a
l'honneur de vous connaître, et dont les terres sont auprès
d'Abbeville, est bien instruite de toutes ces horreurs; elles font
dresser les cheveux à la tête.

Savez-vous encore que feu monsieur le dauphin, qu'on ne peut
assez regretter, lisait Locke dans sa dernière maladie? J'ai appris,
avec bien de l'étonnement, qu'il savait toute la tragédie de
Mahomet par cœur. Si ce siècle n'est pas celui des grands
talents, il est celui des esprits cultivés.

Je crois que M. le président Hénault a été aussi enthousiasmé
que moi de M. le prince de Brunswick. Il y a un roi de Pologne
philosophe qui se fait une grande réputation. Et que dirons-
nous de mon impératrice de Russie?

Je m'aperçois que ma lettre est un éloge de têtes couronnées;
mais, en vérité, ce n'est pas fadeur, car j'aime encore mieux
leurs valets de chambre.

Il m'est venu un premier valet de chambre du roi, nommé
M. de la Borde[1], qui fait de la musique, et à qui Monsieur le
Dauphin avait conseillé de mettre en musique l'opéra de *Pandore*. C'est de tous les opéras, sans exception, le plus susceptible d'un grand fracas. Faites-vous lire les paroles qui sont
dans mes *OEuvres*, et vous verrez s'il n'y a pas là bien du tapage.

---

[1] Jean-Benjamin de la Borde, musicien et polygraphe français, né à Paris
le 5 septembre 1734, mort dans la même ville le 22 juillet 1794. Il fut, après
Bachelier, le premier valet de chambre et le favori de Louis XV. A la mort
de son maître, il devint fermier général. On a de lui une foule d'ouvrages,
en général relatifs à l'histoire de la musique, entre autres : *Choix de chansons
mises en musique*, Paris, 1773, 4 vol. in-8°, recherché à cause de très-jolies

Je croyais que M. de la Borde faisait de la musique comme un premier valet de chambre en doit faire, de la petite musique de cour et de ruelle; je l'ai fait exécuter : j'ai entendu des choses dignes de Rameau. Ma mère Denis en est tout aussi étonnée que moi; et son jugement est bien plus important que le mien, car elle est excellente musicienne.

Vous en ai-je assez conté, madame? vous ai-je assez ennuyée? suis-je assez bavard? Souffrez que je finisse en disant que je vous aimerai jusqu'au dernier moment de ma vie, de tout mon cœur, avec le plus sincère respect.

LETTRE 209.

LE SECRÉTAIRE DE MADAME LA MARQUISE DU DEFFAND
A M. HORACE WALPOLE.

Paris, mercredi 24 septembre 1766.

MONSIEUR,

J'ose vous supplier très-humblement de vouloir bien ordonner à un de vos gens de mettre à la poste deux fois la semaine le bulletin de l'état de votre santé; je ne puis vous dire à quel point madame en est inquiète. Je prends la liberté de vous mander ceci à son insu, parce que je sais qu'elle est dans la résolution de ne vous point écrire pour ne vous pas mettre dans le cas de lui faire réponse, ce qui vous fatiguerait beaucoup dans l'état de faiblesse où vous êtes; mais, monsieur, je vous demande en grâce de faire mettre un petit bulletin en anglais deux fois par semaine. J'ai actuellement un maître d'anglais qui vient me donner des leçons tous les jours, et qui traduira ce que vous aurez la bonté de faire mander : ne vous donnez point la peine, monsieur, d'écrire vous-même.

Je ne puis vous exprimer l'inquiétude où est madame de votre état : elle me dit à tout moment qu'il faudrait que je partisse pour l'Angleterre; que je pourrais peut-être vous être de quelque utilité, et qu'à elle je lui serais d'une grande ressource.

gravures. — *Essai sur la musique ancienne et moderne*, 1786, 4 vol. in-4°. Très-bon musicien lui-même, la Borde jouit d'une grande vogue dans le genre chanson et romance. Son *Recueil d'airs* en 4 vol. in-8°, orné de gravures magnifiques, est un des monuments du genre. Il fit avec Berton la musique d'*Adèle de Ponthieu*, opéra de Saint-Marc. Il fit seul celle d'*Ismène et Isménias*, d'*Annette et Lubin* de Marmontel, d'*Amphion*, de la *Cinquantaine*, de l'*Amadis* de Quinault, etc. (L.)

Je me trouverais très-heureux, monsieur, si je pouvais espérer de vous être bon à quelque chose ; je ne tarderais pas un moment à partir : je puis vous assurer que cela est très-vrai et très-sincère.

Je puis vous répondre, monsieur, que s'il existe de véritables amis, vous pouvez vous vanter que vous avez trouvé une amie en madame comme il y a bien peu d'exemples. Tirez-la d'inquiétude le plus souvent qu'il sera possible : si vous voyiez comme moi l'état où elle est, elle vous ferait pitié ; cela l'empêche de dormir et l'échauffe beaucoup.

Je porte une très-grande application à la langue anglaise, pour être en état de traduire vos lettres, mais je prévois que ce ne pourra être que dans quatre ou cinq mois : mais, monsieur, je vous le répète, ne vous donnez pas la peine d'écrire vous-même ; un de vos gens écrira le bulletin en anglais, et mon maître, qui est tous les jours ici à l'heure que le facteur apporte les lettres, le traduira sur-le-champ.

Je vous demande mille pardons, monsieur, de la liberté que je prends ; mais j'ai cru qu'il était de mon devoir de vous informer de l'inquiétude où est madame de votre santé ; cela me donne occasion, monsieur, de vous remercier des bontés que vous daignez avoir pour moi. Je vous supplie d'être persuadé de mon attachement et de mon respect. WIART.

LETTRE 210.

MADAME LA MARQUISE DU DEFFAND A M. HORACE WALPOLE.

Mardi, 30 septembre 1766, à quatre heures
du matin, écrite de ma propre main avant
la lettre que j'attends par le courrier
d'aujourd'hui.

Non, non, vous ne m'abandonnerez point ; si j'avais fait des fautes, vous me les pardonneriez, et je n'en ai fait aucune, si ce n'est en pensée ; car pour en parole ou en action, je vous défie de m'en reprocher aucune. Vous m'avez écrit, me direz-vous, des *Lettres portugaises*, des élégies de madame de la Suze ; je vous avais interdit l'amitié, et vous osez en avoir, vous osez me l'avouer : je suis malade et voilà que la tête vous tourne ; vous poussez l'extravagance jusqu'à désirer d'avoir de mes nouvelles deux fois la semaine ; il est vrai que vous vous contenteriez que ce fussent de simples bulletins en anglais, et avant que d'avoir reçu mes réponses sur cette demande, vous avez le front, la hardiesse et l'indécence de songer à envoyer Wiart à Londres pour être votre résident. Miséricorde! que serais-je devenu? j'aurais été un héros de roman, un personnage de comédie, et quelle en serait l'héroïne? — Avez-vous tout dit, mon tuteur? Écoutez-moi à mon tour.

J'ai voulu vous envoyer Wiart; ce projet n'était qu'une idée nullement extraordinaire dans les circonstances où je l'aurais exécuté; j'aurais eu la même pensée pour feu mon pauvre ami Formont [1], s'il avait été bien malade à Rouen, et qu'il n'eût eu personne pour me donner de ses nouvelles; voilà votre plus grand grief. Ah! un autre qui selon moi est bien pis, c'est l'ennui de mes lettres; vous y trouvez la fadeur, l'entortillé de tous nos plus fastidieux romans; peut-être avez-vous raison, et c'est sur cela que je m'avoue coupable. Je peux parler de l'amitié trop longtemps, trop souvent, trop longuement; mais, mon tuteur, c'est que je suis un pauvre génie; ma tête ne contient point plusieurs idées, une seule la remplit. Je trouve que j'écris fort mal, et quand on me dit le contraire, qu'on me veut louer, je dirais à ces gens-là : Vous ne vous y connaissez pas, vous n'avez point lu les lettres de Sévigné, de Voltaire et de mon tuteur. Par exemple, celle du 22, où vous me traitez avec une férocité sarmate, est écrite à ravir. — Mais venons à nos affaires; voilà le procès rapporté : soyez juge et partie, et je vous promets d'exécuter votre sentence : prescrivez-moi exactement la conduite que vous voulez que je tienne; vous ne pouvez rien sur mes pensées, parce qu'elles ne dépendent pas de moi, mais pour tout le reste vous en serez absolument le maître.

J'intercède votre sainte [2], je la prie d'apaiser votre colère; elle vous dira qu'elle a eu des sentiments aussi criminels que moi; qu'elle n'en était pas moins honnête personne; elle vous rendra votre bon sens, et vous fera voir clair comme le jour qu'une femme de soixante-dix ans, quand elle n'a donné aucune marque de folie ni de démence, n'est point soupçonnable de sentiments ridicules, et n'est point indigne qu'on ait de l'estime et de l'amitié pour elle. Mais finissons, mon cher tuteur, oublions le passé; ne parlons plus que de balivernes, laissons à tout jamais les amours, amitiés et amourettes; ne nous aimons

---

[1] Dont parle souvent Voltaire. (A.-N.)

[2] Madame de Sévigné. (A. N.)

point, mais intéressons-nous toujours l'un à l'autre sans nous écarter jamais de vos principes; je les veux toujours suivre et respecter sans les comprendre; vous serez content, mon tuteur, soyez-en sûr, et vous me rendrez parfaitement contente si vous ne me donnez point d'inquiétude sur votre santé, et si vous ne vous fâchez plus contre moi au point de m'appeler *Madame;* ce mot gèle tous mes sens; que je sois toujours *votre Petite;* jamais titre n'a si bien convenu à personne, car je suis bien petite en effet.

Ne *frémissez* point quand vous songez à votre retour à Paris; vous souvenez-vous que je ne vous y ai causé nul embarras, que j'ai reçu avec plaisir et reconnaissance les soins que vous m'avez rendus, mais que je n'en exigeais aucun? On s'est moqué de nous, dites-vous, mais ici on se moque de tout, et l'on n'y pense pas l'instant d'après.

Il me reste à vous faire faire une petite observation pour vous engager à être un peu plus doux et plus indulgent; ce sont mes malheurs, mon grand âge, et je puis ajouter aujourd'hui mes infirmités; s'il était en votre pouvoir de m'aider à supporter mon état, d'en adoucir l'amertume, vous y refuseriez-vous? Et ne tiendrait-il qu'à la première caillette maligne ou jalouse, de vous détourner de moi? Non, non, mon tuteur, je vous connais bien, vous êtes un peu fou, mais votre cœur est excellent; et quoique incapable d'amitié, il vaut mieux que celui de tous ceux qui la professent : grondez-moi tant que vous voudrez, je serai toujours votre pupille malgré l'envie.

J'avais écrit tout cela de ma propre main, sans trop espérer qu'on pût le lire; Wiart l'a déchiffré à merveillle, et si facilement que j'ai été tentée de vous envoyer mon brouillon; mais je n'ai pas voulu vous donner cette fatigue.

J'attends votre première lettre avec impatience pour savoir de vos nouvelles; mais avec tremblement : m'attendant à beaucoup d'injures, j'ai été bien aise de les prévenir et vous préviens que je n'y répondrai pas.

Mercredi 1er octobre, avant l'arrivée du courrier, et par conséquent point en réponse à votre lettre s'il m'en apporte, et que je ne puis encore avoir reçue.

Vous avez raison, vous avez raison, enfin toute raison; je ne suis plus soumise, mais je suis véritablement convertie. Un rayon de lumière m'a frappée à la manière de saint Paul; il en fut renversé de son cheval, et moi je le suis de mes chimères. Je ne sais de quelle nature elles étaient, quel langage elles me faisaient tenir; mais j'avoue qu'elles devaient vous paraître ridicules, et l'effet qu'elles vous faisaient ne me choque plus aujourd'hui. Il y a déjà quelque temps qu'en me figurant votre retour ici, je sentais que votre présence me causerait de l'embarras. Je me disais : *Oh! mon Dieu, pourquoi?* et je trouvais que c'étaient vos réprimandes que mon jargon m'avait attirées qui me donneraient quelque honte. Brûlez toutes mes lettres (s'il vous en reste) qui pourraient laisser traces de tous ces galimatias; je suis votre amie, je n'ai jamais eu ni pensée ni sentiment par delà cela, et je ne comprends pas comment j'étais tombée à user d'un langage que j'ai toujours fui et proscrit, et que vous avez toute raison de détester. Voilà donc un nouveau baptême, et nous allons être l'un et l'autre bien plus à notre aise.

J'ai fait connaissance avec deux ambassadeurs; celui de Venise [1], qui est un homme tout rond, tout franc; celui de Sardaigne [2], tout sensé, tout sérieux, qui a été deux ans dans votre pays et qui cause assez bien.

Nous allons perdre madame Greville [3]; je ne veux pas vous écrire tout ce que j'en pense; je réserve à vous le dire.

Il me prend une terreur; c'est que vous ne voyiez que trop clairement que cette lettre a été écrite avant que j'aie reçu la vôtre. Si j'allais apprendre que vous êtes encore bien malade! — Cette pensée me coupe la parole.

Mercredi, après l'arrivée du courrier.

Quelquefois les lettres qu'on doit recevoir le mardi n'arrivent que le jeudi; je fermerai celle-ci après l'arrivée du facteur.

O mon Dieu, que je suis contente! vous vous portez bien, voilà tout ce que je voulais; vous jugerez par ce que j'ai écrit ce matin et hier, si je suis fâchée contre vous. Il ne me reste plus qu'à vous dire un mot : on ne croit point dans ce pays-ci qu'on puisse être l'amant d'une femme de soixante-dix ans, quand on n'en est pas payé; mais on croit qu'on peut être son ami, et je puis vous répondre qu'on ne trouvera nullement

---

[1] Barthélemy Gradenigo. (A. N.)

[2] M. de Marmora. Cette famille existe encore à Turin; un jeune de Marmora a été page du prince Borghèse. (A. N.)

[3] ..... Macartney, femme de feu M. Fulke Greville. Elle mourut en 1789. (A. N.)

ridicule que vous soyez le mien. Je ne vous garantirai pas que l'on ne vous fasse quelques plaisanteries, mais c'est faire trop d'honneur à notre nation que d'y prendre garde. Je ne sais d'où peuvent venir toutes nos craintes, et vous deviez bien me parler avec la même confiance que je vous parle. J'ai dans la tête que c'est quelque mauvaise raillerie de madame la duchesse d'Aiguillon à milady Hervey [1], qui a troublé votre tête; je n'y ai pas donné le moindre lieu. Il y a longtemps que je connais sa jalousie, mais elle n'est nullement dangereuse. Je ne me suis laissée aller à parler de vous avec amitié et intérêt qu'à mesdames de Jonsac et de Forcalquier, qui vous aiment beaucoup l'une et l'autre, et sans jalousie.

LETTRE 211.

LA MÊME AU MÊME.

Paris, dimanche 19 octobre 1766.

Jugez si je suis bien corrigée; j'ai été depuis le dimanche 5 jusqu'au jeudi 16 sans recevoir de vos nouvelles, sans proférer votre nom et sans songer à vous écrire, si ce n'est en vous envoyant la suite de *la Chalotais* [2] par M. Jenkinson [3].

J'ai reçu, jeudi 16, deux lettres, l'une du 3, l'autre du 6, et hier, une du 10; toutes trois m'ont fait plaisir. La première

---

[1] Marie Lepel, baronne d'Hervey, qui avait longtemps résidé à Paris, et qui fut dans une correspondance suivie avec la duchesse douairière d'Aiguillon. Elle mourut au mois d'août 1768; elle avait été de la société de madame Dupin; c'est chez cette dame que Rousseau, qui en parle, l'avait connue. (A. N.)

[2] *Mémoire de M. de la Chalotais, procureur général au parlement de Bretagne, avec addition.* C'est le premier du nombre infini des pamphlets, factums, exposés, qui parurent sur l'infâme persécution que M. de la Chalotais souffrit de la part du duc d'Aiguillon, commandant pour le Roi en Bretagne, et, sous ses ordres, de la part de M. de Calonne. — Ces Mémoires sont datés du château de Saint-Malo, prison d'État, où leur auteur se trouvait si étroitement et si rigoureusement détenu, qu'il déclare les avoir écrits « avec une plume » faite d'un cure-dent, de l'encre composée d'eau, de suie de cheminée, de » vinaigre et de suif, sur des papiers d'enveloppe de sucre et de chocolat; » ils commencent ainsi : « Je suis dans les fers, je trouve le moyen de former » un mémoire, je l'abandonne à la Providence. S'il peut tomber entre les » mains de quelque honnête citoyen, je le prie de le faire passer au Roi, s'il » est possible, et même de le rendre public pour ma justification et celle de » mon fils. » M. Kératry, député du Finistère, est allié de M. de la Chalotais. (A. N.)

[3] Le feu comte de Liverpool. (A. N.)

(quoique infiniment sèche) est celle qui m'en a fait le plus, parce qu'elle me tirait de l'inquiétude où j'étais de votre santé. La seconde n'était ni bien ni mal. La troisième est parfaite; il n'y a rien à redire, si ce n'est les louanges que vous m'y donnez. O mon tuteur, pourquoi vous avisez-vous de flatter ma vanité? ne m'en avez-vous pas jugée exempte, et ne m'avez-vous pas traitée en conséquence? Si j'avais eu de l'amour-propre, il y a longtemps que vous l'auriez écrasé; mais c'est un sentiment que je n'ai point écouté avec vous; jamais votre franchise ne m'a blessée, jamais vous ne m'avez humiliée; je serai toujours fort aise que vous me disiez la vérité. Vos craintes sur le ridicule sont des terreurs paniques, mais on ne guérit point de la peur[1]; je n'ai point une semblable faiblesse; je sais qu'à mon âge on est à l'abri de donner du scandale : si l'on aime, on n'a point à s'en cacher; l'amitié ne sera jamais un sentiment ridicule quand elle ne fait pas faire des folies; mais gardons-nous d'en proférer le nom, puisque vous avez de si bonnes raisons de la vouloir proscrire; soyons amis (si ce mot n'est pas mal sonnant), mais amis sans amitié; c'est un système nouveau; mais dans le fond pas plus incompréhensible que la Trinité.

Vous vous portez donc bien?—voilà de quoi il est question; aucun de vos compatriotes ne pourra vous dire que j'en suis bien aise, et s'ils étaient observateurs, ils auraient peut-être trouvé une sorte d'affectation dans l'indifférence que j'ai montrée quand ils ont parlé de vous. J'ai donné à souper à M. et à madame Fitz-Roy[2] et à mademoiselle Lloyd[3], à M. Selwyn[4] et à son petit milord[5]; peut-être aurai-je ce soir ces deux derniers. Je les en ai laissés les maîtres; j'aimerais autant qu'ils ne vinssent pas, parce que je crains d'avoir beaucoup de monde; non-seulement j'aurai madame d'Aiguillon, sur qui je ne comptais

---

[1] Dans la lettre dont il est question, M. Walpole s'était exprimé sur ce sujet comme il suit : « Il y avait longtemps avant la date de notre connaissance que cette crainte de ridicule s'était plantée dans mon esprit, et vous devez assurément vous ressouvenir à quel point elle me possédait, et combien de fois je vous en ai entretenue.—N'allez pas lui chercher une naissance récente. Dès le moment que je cessai d'être jeune, j'ai eu une peur horrible de devenir un vieillard ridicule. » (A. N.)

[2] Charles Fitz-Roy, le premier lord Southampton, et son épouse. (A. N.)

[3] Mademoiselle Rachel Lloyd, qui fut longtemps employée au palais de Kensington. (A. N.)

[4] Feu Georges Auguste Selwyn. (A. N.)

[5] Le présent comte de Carlisle. (A. N.)

pas, mais j'imagine qu'elle amènera M. de Richelieu[1]. Je ferai vos compliments à madame de Forcalquier ; elle se donne l'air d'être dans vos principes, mais elle n'est pas comme vous ; elle joue ce qu'elle est, et vous, vous jouez ce que vous voulez être et ce que vous n'êtes pas.

Je fus jeudi dernier passer une partie de la journée et la soirée chez elle à une petite maison qu'elle a à Boulogne ; j'y menai madame de Greville : je remets à vous dire ce que je pense de celle-ci, si jamais je vous revois ; mais je ne veux pas vous en écrire, si ce n'est que je lui trouve beaucoup d'esprit. Nous passâmes une très-agréable soirée. Le lendemain vendredi, je soupai chez la grand'maman, à qui je dis que j'avais eu de vos nouvelles ; elle s'informa avec empressement, me répéta qu'elle vous avait écrit, me demanda si vous me parliez d'elle ; je lui dis que non, elle fut fâchée, et n'en marqua pas moins de désir de vous revoir, et me chargea de vous faire des reproches : elle me marque beaucoup d'amitié ; et comme elle n'en a point et que je n'en ai pas plus pour elle, il nous est permis de nous dire les choses les plus tendres ; n'est-ce pas comme cela, mon tuteur, que vous l'entendez ?

Je soupai hier chez le président avec mesdames de Jonsac, d'Aubeterre[2] et du Plessis-Châtillon[3] ; nous jouâmes à des petits jeux de couvent : je fis vos compliments au président et à madame de Jonsac : le pauvre président s'affaiblit terriblement ; il aura bien de la peine à passer l'hiver.

Voilà, mon tuteur, tout ce que je puis vous apprendre ; j'apprendrai apparemment, par votre première lettre, quand vous serez de retour à Londres. Ne vous embarrassez point de ce que je pense de vous ; laissez-moi mon libre arbitre sur mes pensées ; contentez-vous de diriger mes paroles et mes actions, et soyez parfaitement convaincu que ni les unes ni les autres ne vous attireront jamais aucun ridicule. Ne *frémissez*[4] point

---

[1] Le maréchal duc de Richelieu. (A. N.)

[2] La marquise d'Aubeterre. Son mari était le frère aîné du comte de Jonsac, qui avait épousé la sœur du président Hénault. Elle avait épousé en secondes noces le marquis d'Aubeterre. C'est elle qui fut la première à s'apercevoir de la liaison de madame d'Houdetot, dont elle était l'amie, avec Saint-Lambert. (A. N.)

[3] Madame du Plessis-Châtillon était la fille du marquis de Torcy, ministre des affaires étrangères à la fin du règne de Louis XIV. (A. N.)

[4] Mot dont M. Walpole s'était servi dans une de ses lettres et qui avait fort déplu à madame du Deffand. (A. N.)

de revenir en France; que ce ne soit point moi, du moins, qui vous empêche d'y revenir; tout ce que je vous dis n'est qu'après vos textes : il est vrai, vos lettres sont comme l'Evangile, qui fournit des textes pour toutes les sectes. Si je ne craignais de faire une trop longue lettre, je vous intenterais un procès sur le jugement que vous portez de Montaigne [1]. Adieu, mon tuteur.

LETTRE 212.

LA MÊME AU MÊME.

Lundi, 20 octobre 1766.

Je suis dans une grande inquiétude; M. Selwyn vint hier chez moi, et me dit qu'un Anglais avait reçu une lettre qui lui apprenait que M. Craufurd [2] était mort en Écosse. Je vous laisse à juger l'effet que cela me fit. M. et madame de Fitz-Roy et leur demoiselle [3] arrivèrent au même instant; ils tâchèrent de me persuader que cette nouvelle était fausse. Ce matin, à dix heures, un nommé M. Dikinson est venu chez moi; il avait appris hier au soir le chagrin où j'étais, et il a eu la bonté d'aller aux informations, et par tout ce qu'il m'a rapporté, il en résulte que je suis dans le doute; mais je vous avoue que je suis du moins bien inquiète, et que mon âme est bien troublée, non-seulement par rapport à M. Craufurd, que j'estime et que j'aime beaucoup, mais cela m'a jeté un noir dans l'âme sur tout ce qui m'intéresse. Ah, mon Dieu! que vous avez bien raison! l'abominable, la détestable chose que l'amitié! Par où vient-elle? à quoi mène-t-elle? sur quoi est-elle fondée? quel bien en peut-on attendre ou espérer? ce que vous m'avez dit est vrai, mais pourquoi sommes-nous sur terre, et surtout pourquoi vieillit-on? O mon tuteur, pardonnez-le-moi, je déteste la vie.

J'admirais hier au soir la nombreuse compagnie qui était chez moi; hommes et femmes me paraissaient des machines à ressort, qui allaient, venaient, parlaient, riaient, sans penser,

---

[1] Il avait dit dans la lettre ci-dessus mentionnée, et qui était datée de Bath : « Je lis les *Essais* de Montaigne, et m'en ennuie encore plus que de Bath; — c'est un vrai radotage de pédant, une rapsodie de lieux communs, même sans liaison. — Son Sénèque et lui se tuent à apprendre à mourir, — la chose du monde qu'on est le plus sûr de faire sans l'avoir apprise. » (A. N.)

[2] M. John Craufurd, d'Auchinames en Écosse. (A. N.)

[3] Mademoiselle R. Lloyd. (A. N.)

sans réfléchir, sans sentir; chacun jouait son rôle par habitude : madame la duchesse d'Aiguillon crevait de rire, madame de Forcalquier dédaignait tout, madame de la Vallière [1] jabotait sur tout. Les hommes ne jouaient pas de meilleurs rôles, et moi j'étais abîmée dans les réflexions les plus noires; je pensais que j'avais passé ma vie dans les illusions; que je m'étais creusé moi-même tous les abîmes dans lesquels j'étais tombée; que tous mes jugements avaient été faux et téméraires, et toujours trop précipités, et qu'enfin je n'avais parfaitement bien connu personne; que je n'en avais pas été connue non plus, et que peut-être je ne me connaissais pas moi-même. On désire un appui, on se laisse charmer par l'espérance de l'avoir trouvé; c'est un songe que les circonstances dissipent et qui font l'effet du réveil. Je vous assure, mon tuteur, que c'est avec remords que je vous peins l'état de mon âme; je prévois non-seulement l'ennui, mais à qui puis-je avoir recours? Vous penserez, si vous ne l'articulez pas : pourquoi faut-il que ce soit à moi? pourquoi faut-il que des soins, des attentions que la bonté de mon caractère m'ont portée à avoir, aient pour moi l'inconvénient d'être devenus l'objet d'une correspondance aussi triste? Vous avez raison, mon tuteur, et vous aurez grande patience si vous consentez à la continuer.

Le frère [2] du duc de Buccleugh mourut hier après dîner : les Georges [3] sont revenus d'Aubigny [4] pour consoler le duc; il loge chez eux, et il est dans la plus excessive douleur : je crois qu'ils partiront tous vendredi.

Je compte faire partir ce soir cette lettre avec l'histoire de M. Hume et de Jean-Jacques; les éditeurs passent pour être le baron d'Holbach et M. Suard [5], mais tout le monde y reconnaît

[1] La duchesse de la Vallière, fille du duc d'Uzès; elle avait été une des plus belles femmes de France, et a conservé sa beauté dans un âge fort avancé. Elle est morte vers 1793, âgée de quatre-vingts ans. (A. N.)

[2] Le lord Henry Scott. (A. N.)

[3] Lord et lady Georges Lenox. Lord Lenox était le frère unique du feu duc de Richmond. (A. N.)

[4] D'Aubigny, terre de son frère le duc d'Aubigny. Le duc de Richmond est rentré en possession de la terre d'Aubigny par le traité de paix de 1815. Il est en même temps pair d'Angleterre et pair de France, mais n'a jamais siégé dans la chambre française.—Son titre en France est celui de duc d'Aubigny. (1827.) (A. N.)

[5] L'inimitié de M. Suard contre Rousseau commença à faire rejaillir sur lui quelques parcelles de la célébrité de ce grand homme. Nul ne sut mieux que M. Suard faire servir la littérature à l'intrigue et l'intrigue à ses succès

d'Alembert. Pour madame de Luxembourg, elle ne doute pas que la préface ne soit de M. Hume; cela serait bien ridicule de se louer soi-même de cette force : ce qui n'est pas douteux, c'est qu'il a fourni des faits, et qu'elle lui a été communiquée. Tous ces gens-là sont bien modestes et bien philosophes, et justifient bien le choix qu'ils ont fait de leurs idoles et de la protection qu'elles leur accordent. A l'égard de la déclaration de M. d'Alembert, vous verrez combien il vous désapprouve[1], et qu'il ne veut pas vous faire l'honneur du style; il dit que vous convenez de le devoir à une personne que vous ne voulez pas nommer, mais qu'elle devrait bien se faire connaître : madame de Luxembourg m'a dit que c'était apparemment moi qu'il voulait désigner; — cela pourrait bien être, madame, lui ai-je répondu, je ne doute pas que ce ne soit son intention, mais je ne vois pas bien pourquoi ni moi ni tout autre devraient bien se faire connaître; mais lui, d'Alembert, devrait nommer les gens à qui M. Walpole a dit qu'il avait fait corriger le style de sa lettre; je suis très-certaine que telle qu'elle est, elle est entièrement de lui, parce qu'il me l'a dit, et que je le connais incapable du plus petit mensonge. — Que pensez-vous de tout cela? m'a-t-elle dit. — Que rien n'est plus misérable, madame, et plus rempli de puérilités et de sottes vanités : — et ajoutez de venin, m'a-t-elle dit.

littéraires. Il a fait en ce genre des élèves qui lui font honneur aujourd'hui.

Né à Besançon, le 15 janvier 1734, il est mort à Paris, le 20 juillet 1817. Il apportait dans la société cette souplesse d'esprit qui plait tant à l'orgueil de la médiocrité. Le baron d'Holbach le chérissait comme un frère, et M. Necker l'emmena trois fois avec lui en Angleterre. Pensionné pour ces voyages, pensionné pour le *Journal de Paris*, pensionné pour la censure, pensionné enfin pour lui et pour sa femme par le ministère des affaires étrangères, il fut décoré de l'ordre de Saint-Michel et mourut académicien. (A. N.)

[1] Relativement à la lettre de M. Walpole à Rousseau, sous le nom du roi de Prusse, qui avait été écrite et répandue à Paris, et dans la composition de laquelle on supposa qu'il avait été assisté par madame du Deffand; mais cette supposition n'était point fondée, ainsi qu'on le verra par l'extrait d'une lettre adressée au maréchal Conway :

« Je m'amusai un soir dans la société de madame Geoffrin à plaisanter sur les prétentions et les contradictions de Rousseau, et avançai quelques propositions qui divertirent la compagnie. De retour chez moi, j'en formai une lettre que je fis voir le lendemain matin à Helvétius et au duc de Nivernois, qui en furent si contents, qu'après m'avoir indiqué quelques fautes de langage à corriger, ils m'engagèrent à la faire voir. » Voyez *OEuvres* de lord Orford, t. V, p. 129. (A. N.)

Ah! que les hommes sont fous! qu'ils sont méchants! et qui pis est, qu'ils sont ennuyeux!

J'ai regret de laisser les deux tiers de cette page, mais en vérité je n'ai plus rien à dire, si ce n'est de vous recommander d'avoir le soin le plus excessif de votre santé; car quoique sans amitié, je suis toute capable de mourir de douleur si je perdais ce qui m'est aussi indifférent que vous.

LETTRE 213.

LA MÊME AU MÊME.

Paris, 27 octobre 1766.

Pour commencer ainsi que vous, je ne suis pas contente, mon tuteur, que vous fassiez faux bond à la prudence, en finissant vos eaux huit ou dix jours plus tôt qu'il ne serait à propos pour qu'elles vous fissent du bien. Vous avez toujours des maux d'estomac, des langueurs; vous me paraissez dans le même état où vous étiez avant de tomber dans les grands accidents où vous avez pensé succomber. Loin de faire ce qu'il faudrait pour les prévenir, vous vous jetez tout au travers les choux; vous allez entrer au parlement. Je me suis fait expliquer quelle était la vie que cela faisait mener; je vous crois un homme perdu; jamais vous ne résisterez à tous les inconvénients qui surviennent; des séances quelquefois de huit ou dix heures [1], une chaleur infernale dans la salle, un froid glacial quand on en sort; voilà le physique. Une agitation d'esprit, toutes les passions en mouvement; voilà le moral. Mon pauvre tuteur n'a certainement pas la force de résister à tout cela.

Je suis très-contente de la milady Georges [2]; elle m'a fort bien fait tous ces derniers temps-ci; elle a un certain revêche qu'on est flatté d'apprivoiser; c'est elle qui vous rendra cette lettre avec la brochure dont je vous ai parlé. La déclaration de d'Alembert aux éditeurs est trouvée de la dernière impertinence. J'ai du regret à madame Greville; c'est une femme qui a véritablement beaucoup d'esprit, mais je n'ai point voulu précipiter mon jugement sur son caractère : je veux savoir de

---

[1] Les séances du parlement anglais commencent à cinq heures de l'après-midi et ne finissent souvent qu'à deux et trois heures du matin. (A. N.)

[2] Lady Louise Ker, sœur du marquis de Lothian, et mariée au lord Georges Lenox, frère unique du défunt duc de Richmond. (A. N.)

vous ce que j'en dois juger : les apparences m'en ont donné bonne opinion : j'ai cru remarquer que nous évitions également l'une et l'autre de parler de vous : la conduite était semblable, mais les motifs pouvaient bien être différents. Je crois sa situation malheureuse, son âme sensible : j'ai trouvé des rapports entre nous qui ne m'ont cependant point entraînée à aucune confiance; nous nous sommes plu mutuellement en nous observant et en nous tenant l'une et l'autre dans une assez grande réserve. Madame de Mirepoix fait un grand cas d'elle, et m'en a fait de grands éloges.

Madame d'Aiguillon me dit hier que madame Hervey lui mandait que vous vous portiez à merveille, et que vous lui aviez écrit de Bath la lettre la plus charmante et la plus gaie : pour celles que vous m'écrivez, mon tuteur, je les trouve d'un genre tout particulier; tout y est nouveau, tout y est neuf; vos réflexions sur la prudence, ce qu'elle devait être dans l'âge d'or, ce qui la rend vertu aujourd'hui, est senti, pesé, et d'une vérité extrême [1].

Je suis bien sûre que vous vous accoutumerez à Montaigne; on y trouve tout ce qu'on a jamais pensé, et nul style n'est aussi énergique : il n'enseigne rien, parce qu'il ne décide de rien; c'est l'opposé du dogmatisme : il est vain, et tous les hommes ne le sont-ils pas? et ceux qui paraissent modestes ne sont-ils pas doublement vains? Le *je* et le *moi* sont à chaque ligne, mais quelles sont les connaissances qu'on peut avoir, si ce n'est pas le *je* et le *moi?* Allez, allez, mon tuteur, c'est le seul bon philosophe et le seul bon métaphysicien qu'il y ait jamais eu. Ce sont des rapsodies, si vous voulez, des contradictions perpétuelles; mais il n'établit aucun système; il cherche, il observe, et reste dans le doute : il n'est utile à rien, j'en conviens, mais il détache de toute opinion, et détruit la présomption du savoir.

Adieu, mon tuteur, je crois que ma lettre du 21 vous aura fort déplu; mais je vous avertis que si vous m'appelez jamais *madame,* je ne vous appellerai jamais mon tuteur : je ne puis

---

[1] M. Walpole avait dit : « Je suis charmé que vous commenciez à faire bon accueil à la prudence. Il ne vous manquait que cette . . . . . mais non, ce n'est pas vertu; ce n'est qu'une cuirasse qui sert de garde contre les méchants. Il fallait que le monde fourmillât de crimes, avant qu'on eût pensé à ériger la prudence en vertu. Si jamais il y eut un siècle d'or, la prudence aurait dû passer pour de la fausse monnaie. » (A. N.)

souffrir de votre part aucune punition; pour des réprimandes, à la bonne heure.

Ah! mon Dieu! je me rappelle que vous me dites que, si j'étais malade, vous m'enverriez votre Wiart; comment pouvez-vous faire aujourd'hui une plaisanterie de ce qui vous a précédemment pensé coûter la vie, et vous avait inspiré pour moi la plus horrible aversion? Cela est fâcheux, mon tuteur, mais vous avez certainement des accès de folie : je ne veux point croire que la politique aujourd'hui soit de ce nombre, mais j'en aurais cependant quelque soupçon, par la certitude que j'ai de votre désintéressement personnel : vous êtes un être bien singulier, qu'il faudrait n'avoir jamais connu, si on ne doit jamais le revoir.

LETTRE 214.

LA MÊME AU MÊME.

Paris, jeudi 30 octobre 1766.

Ah! quelle folie, quelle folie, d'avoir des amis d'outre-mer, et d'être dans la dépendance des caprices de Neptune et d'Éole! Joignez à cela les fantaisies d'un tuteur, et voilà une pupille bien lotie. Il n'y a point eu de courrier ces jours-ci; je m'en consolerais aisément si je n'étais pas inquiète de votre santé. Je vous assure qu'il n'y a plus de votre individu que ce seul point qui m'intéresse; d'ailleurs, je crois que je ne me soucie plus de vous, mais il m'est absolument nécessaire, aussi nécessaire que l'air que je respire, de savoir que vous vous portez bien : il faut que vous ayez la complaisance de me donner régulièrement de vos nouvelles par tous les courriers : remarquez bien que ce ne sont point des lettres que j'exige, mais de simples bulletins. Si vous me refusez cette complaisance, aussitôt je dirai à Wiart : « Partez, prenez vos bottes, allez à tire-d'aile à Londres, publiez dans toutes les rues que vous y arrivez de ma part, que vous avez ordre de résider auprès d'Horace Walpole, qu'il est mon tuteur, que je suis sa pupille, que j'ai pour lui une passion effrénée, et que peut-être j'arriverai incessamment moi-même, que je m'établirai à Strawberry-Hill, et qu'il n'y a point de scandale que je ne sois prête à donner. »

Ah! mon tuteur, prenez vite un flacon; vous êtes prêt à vous évanouir; voilà pourtant ce qui vous arrivera, si je n'ai pas de vos nouvelles deux fois la semaine.

Je ne doute pas que vous ne soyez persuadé que la personne de France qui vous aime le mieux c'est moi; eh bien! vous vous trompez; il y en a une autre qui vous aime cent fois davantage, et d'un amour si aveugle, qu'elle ne vous croit aucun défaut, et certainement je ne suis pas de même. Avant de vous la nommer, il faut que je vous y prépare par une petite histoire que peut-être vous savez, car tout Paris la sait; mais vous pouvez l'avoir oubliée, et le pis, c'est que vous l'entendiez pour la seconde fois. — La voici :

L'archevêque de Toulouse avait un grand-père, ce grand-père était mon oncle, cet oncle était un sot, et ce sot m'aimait beaucoup; il me venait voir souvent. Un jour il me dit : « Ma nièce, je vais vous apprendre une chose qui vous fera grand plaisir; il y a un homme de beaucoup d'esprit, du plus grand mérite, qui fait de vous un cas infini; il vous est parfaitement attaché; vous pouvez le regarder comme votre meilleur ami, vous le trouverez dans toute occasion; il n'a pas été à portée de vous dire lui-même ce qu'il pense pour vous, mais je me suis chargé de vous l'apprendre. » — « Ah! mon oncle, nommez-le-moi donc bien vite. » — « C'est, ma nièce,...... c'est le *sacristain des Minimes*. » Eh bien, mon tuteur, cette personne qui vous aime tant, c'est mademoiselle Devreux [1]; c'est à son état qu'il faut attribuer cet apologue, car sa personne et son mérite la rendent bien préférable à toutes les princesses et idoles de comtesses. Cette pauvre Devreux vous adore, et elle ne veut pas que je sois jamais fâchée contre vous; elle trouve que vous avez toujours raison.

Savez-vous, mon tuteur, à quoi je vais m'amuser? à faire des portraits. Je fis hier celui de l'archevêque de Toulouse [2]; on le lut en lui donnant à deviner de qui il était; il s'y reconnut,

---

[1] Femme de chambre de madame du Deffand. (A. N.)

[2] Madame du Deffand a tracé de l'archevêque de Toulouse un portrait qu'il est permis de ne pas croire d'une extrême ressemblance, puisqu'elle le lui adresse à lui-même. Voici ce portrait :

« Je vous ai promis votre horoscope. Je ne vous demande point l'heure de votre naissance; je n'ai pas besoin de consulter les astres; il me suffit d'observer votre caractère pour vous prédire affirmativement une grande fortune.

» Vous avez beaucoup d'esprit, et surtout une sagacité étonnante qui vous fait tout pénétrer, tout savoir, sans avoir, pour ainsi dire, besoin d'aucune application ni d'aucune étude. Vous avez le goût et le talent des affaires, une s

comme s'il s'était vu dans un miroir. Si vous le connaissiez davantage, je vous enverrais ce portrait, et je ne sais si je ferais bien, car vous ne faites pas grand cas des productions de ma Minerve. Je pourrai bien quelque jour chercher à vous peindre, mais je ne sais pas si je vous connais bien ; enfin, nous verrons.

Votre parlement me tourne la tête : quelle idée il vous a pris de vous jeter dans le chaos des affaires? Mais à quoi servirait tout ce que je pourrais vous dire sur cela, qu'à vous impatienter et à augmenter le dégoût que je m'aperçois que depuis longtemps vous avez pris pour moi? Faites donc ce que vous voudrez : je n'exige de vous que des bulletins de votre santé.

Vendredi à deux heures.

Un ange ou un diable m'apporte votre lettre de Strawberry-Hill, du 22 : c'est celle qui devait arriver le mardi 28. Je ne

grande activité et tant de facilité pour le travail, que, quelque surchargé que vous puissiez être, on dirait que vous avez toujours du temps de reste.

» Vous avez beaucoup de vivacité jointe à beaucoup de sang-froid ; jamais vous n'êtes troublé, jamais vous ne faites un pas en avant que vous n'ayez pensé où il pourra vous conduire. Si par un hasard très-rare, vous êtes forcé de reculer, votre dextérité, qui est extrême, vous fera trouver le moyen de réparer ce petit inconvénient.

» Vous êtes hardi, sans être téméraire ; franc, sans être imprudent. Jamais vous ne faites ni ne dites rien d'inutile ; vos paroles ne sont jamais vagues, votre conversation jamais ennuyeuse ; quelquefois elle est sèche. Votre esprit est trop occupé pour que vous ne soyez pas souvent distrait.

» L'ambition est le seul sentiment qui remplisse votre âme ; je dis sentiment, car je ne crois pas que l'ambition soit en vous une passion. L'ambition est née avec vous ; c'est pour ainsi dire un penchant que vous avez reçu de la nature ; rien ne vous en détourne, vous suivez le chemin que vous croyez le plus sûr, vous cédez aux obstacles, vous ne cherchez point à les surmonter par la violence, mais rien ne vous rebute ; votre âme n'est sujette à aucune secousse, votre humeur à aucune inégalité ; votre discernement ne s'exerce que sur ce qui a rapport à vous ; vous ne cherchez à connaître que ce qui peut être utile à votre fortune ou à votre plaisir ; vous savez très-bien les allier tous les deux, apprécier les circonstances qui doivent faire donner la préférence à l'une sur l'autre.

» Je ne vous crois pas incapable d'amitié, mais elle sera toujours subordonnée à l'ambition et aux plaisirs. Vous cherchez la considération, vous l'avez obtenue ; mais votre état, assez contraire à vos goûts, vous en a rendu les moyens difficiles, et c'est en quoi votre dextérité vous est encore fort utile.

» Voilà ce que je pense de vous, et qui rend indubitable la fortune que je vous prédis. »

L'archevêque de Toulouse, M. de Loménie de Brienne, fut ensuite archevêque de Sens. C'est lui qui, un peu avant la Révolution, fut un si déplorable ministre des finances. (A N.)

puis vous peindre quel est mon étonnement, premièrement de ce que je ne comptais en recevoir que demain, ou même dimanche : et ce qui me surprend à l'excès, c'est ce qu'elle contient. Quoi donc, *monsieur?* êtes-vous devenu tout à fait fou? Voulez-vous m'éprouver? voulez-vous déranger ma tête? Que prétendez-vous? *que voulez-vous de moi? n'avez-vous pas quarante-neuf ans?* n'en ai-je pas *soixante-dix?* Est-il permis à ces âges-là d'avoir des *sentiments?* Qu'est-ce que c'est que ceux de l'amitié? ce n'est qu'un amour déguisé qui couvre de ridicule. Qu'est-ce que c'est encore que cette inquiétude sur ma santé? que vous importe que je vive ou que je meure? votre projet est-il de me voir? n'êtes-vous pas uniquement occupé de la chose publique? serait-il raisonnable que vous l'abandonnassiez pour moi, quand vous consentez à y sacrifier votre vie? Ah! *monsieur*, faites des réflexions solides, et ne m'exposez pas au *ridicule* de laisser croire que je compte sur votre amitié. Ne dois-je pas penser tout cela? — Mais non, non, mon tuteur, je suis bien loin de le penser, votre lettre me charme et ne me surprend pas : vos injures, vos duretés, vos cruautés même, ne m'ont point fait me méprendre à la bonté et à la sensibilité de votre cœur;—mais je ne veux pas vous en dire davantage : vous êtes sujet à des retours qui me mettent en garde contre moi-même et contre vous. Tout ce que je me permets de vous dire, c'est que je suis heureuse dans ce moment-ci, mais que je pourrais l'être bien plus parfaitement si vous le vouliez : je n'articulerai point ce qu'il faudrait que vous fissiez pour cela; vous le devinez de reste.

Ce que vous me dites de M. Selwyn est parfait [1] : j'y ajoute qu'il n'a que de l'esprit de tête, et pas un brin du cœur : vous définiriez bien mieux que moi ce que je veux dire.

Votre lettre m'a si fort troublée, que je suis comme si j'étais ivre : je remets à demain à continuer celle-ci.

Samedi 1er novembre, à quatre heures.

C'est un malheur pour moi, et un très-grand malheur, que l'amitié que j'ai prise pour vous. Ah! mon Dieu, qu'elle est loin du roman, et que vous m'avez peu connue quand vous

---

[1] M. Walpole avait dit : « De tous les Anglais que vous verrez, c'est M. Selwyn qui a le plus véritablement de l'esprit; mais il faudra le démontrer; faites en sorte qu'il vous parle mauvais français. Il fait tant d'efforts pour parler votre langue en vrai académicien, qu'il oublie totalement d'y joindre des idées. C'est un beau vernis pour faire briller des riens. » (A. N.)

m'en avez soupçonnée ! Je ne vous aime que parce que je vous estime, et que je crois avoir trouvé en vous des qualités que depuis cinquante ans j'ai cherchées vainement dans tout autre : cela m'a si fort charmée, que je n'ai pu me défendre de m'attacher à vous, malgré le bon sens qui me disait que je faisais une folie et que nous étions séparés par mille obstacles ; qu'il était impossible que je vous allasse trouver, et que je ne devais pas m'attendre que vous eussiez une amitié assez forte pour quitter votre pays, vos anciens amis, votre Strawberry-Hill, pour venir chercher, quoi? une vieille sibylle retirée dans le coin d'un couvent. Ah! je me suis toujours fait justice dans le fond de mon âme. Votre lettre de Chantilly m'avait donné de l'espérance, mais presque toutes celles qui l'ont suivie l'ont si bien détruite, que votre dernière, qui est charmante, ne peut la faire renaître. Non, je ne vous reverrai plus : vous vous annoncez pour le mois de février ; mille et mille inconvénients surviendront de votre part ; et puis ne peut-il pas y en avoir un bien grand de la mienne? Ah! mon tuteur, j'aurais bien désiré qu'avant le grand voyage que je ne suis pas bien éloignée de faire, vous en eussiez pu faire un en France. Vous voyez à quel point je suis triste ; ne m'en sachez pas mauvais gré, et donnez-moi la liberté de me montrer à vous telle que je suis. — Y a-t-il un autre plaisir, un autre bonheur, que d'épancher son cœur avec un ami sur lequel on compte uniquement? Adieu, mon tuteur ; le papier me manque.

LETTRE 215.

MADAME LA MARQUISE DU DEFFAND A M. DE VOLTAIRE.

Paris, 13 novembre 1766.

Rien n'est si vrai, je ne peux avoir de plaisir que par vous. Je finis dans l'instant la lecture de vos lettres à M. Hume et à Jean-Jacques ; elles sont mille fois plus agréables que ne l'ont été les *Provinciales* pour le plus passionné janséniste. Comment est-il possible que le bon ton, que le bon goût, se perdent dans un siècle où on a Voltaire? C'est pourtant ce qui arrive. L'on reçoit tout d'une voix à l'Académie, et comme par acclamation, un M. Thomas, pour remplacer, il est vrai, un M. Hardion. Quels beaux discours, quels beaux éloges cela nous annonce! Comprenez-vous que la prétention au bel esprit puisse résoudre des gens à écrire et à lire des choses ennuyeuses? Ah! monsieur de Voltaire, croyez-moi; abandonnez le fanatisme; vous l'avez attaqué par tous les bouts, vous en avez sapé les fondements; il est infaillible qu'il sera bientôt renversé. Tenez-vous-en là; que pourriez-vous dire de plus? Ceux qui ont du bon sens n'ont pas été difficiles à persuader, et ce n'est que le charme de votre style qui leur fait trouver aujourd'hui du plaisir dans ce que vous écrivez sur cette matière, car le fond de cette matière ne les intéresse pas plus que la mythologie des anciens.

A trois heures après midi.

Rien n'est plus plaisant; comme j'en étais là de ma lettre, je reçois la vôtre du 8, avec vos lettres à M. Hume et à Jean-Jacques; je vous en fais mille remercîments, et je suis reconnaissante de ce présent autant qu'il le mérite. Je vous ai dit tout le plaisir que j'ai eu, ainsi je reprends où j'en étais. Laissez donc là les prêtres et tout ce qui s'ensuit; travaillez à rétablir le bon goût; délivrez-nous de la fausse éloquence; donnez des préceptes, puisque votre exemple ne suffit pas; prenez les rênes de votre empire, et chassez de votre ministère ceux qui abusent de l'autorité que vous leur avez donnée, et qui, sans connaissance du monde, sans bienséance, sans égards, sans politesse, sans grâces, sans agrément, sans vertus, sans morale, se font dictateurs, et jugent en souverains (bien ou mal) du bien et du mal. C'est vous qui les avez créés, imitez celui en qui vous croyez, repentez-vous de votre ouvrage.

Ne pensez pas que je me porte mieux que vous; mais je ne suis pas assez malade pour prévoir une fin prochaine; je vivrai trop longtemps, si je dois survivre à mes amis.

Je ferai tous vos compliments au président; sa santé n'est pas trop bonne, je lui porterai ce soir vos lettres, qui le charmeront; elles réussiront en Angleterre, j'en suis bien sûre. Y a-t-il un lieu sur terre où l'on puisse ne pas sentir le charme de vos écrits, et comment n'êtes-vous pas la pierre de touche pour apprendre à juger ceux des autres?

Oh! pour cela je ne peux pas m'empêcher de rire de l'espérance que vous avez que madame de Luxembourg va être bien persuadée de vos bons procédés pour Jean-Jacques; je me suis bien gardée de lui parler de cette insensée tracasserie; je n'ai point voulu m'y mêler, et je trouve que M. Hume aurait bien fait de ne pas laisser imprimer cette impertinente histoire; du moins il aurait dû en faire supprimer le commencement et la fin. Oh! pour la fin, vous conviendrez que le ton en est important, pour ne pas dire insolent.

Adieu, mon cher et ancien ami, le seul orthodoxe du bon goût, et le seul en qui je crois.

A 7 heures du soir.

Je viens de relire les deux lettres : il n'y a pas sous le ciel une plus grande étourderie. Je ne m'étais point aperçue que vous jurez que la lettre à Jean-Jacques n'est pas de vous. Je devrais recommencer ma lettre, mais je n'en ferai rien; je me contente de rétracter ce que j'ai dit sur la perte du goût. Je trouve que vous avez de bons imitateurs, et quoique je susse à la seconde lecture que cette lettre n'était pas de vous, je ne l'en ai pas trouvée moins bonne; dites-moi si j'ai tort.

LETTRE 216.

MADAME LA MARQUISE DU DEFFAND A M. HORACE WALPOLE.

Paris, 20 novembre 1766.

Mes numéros[1] vont grand train, ils courent comme un lièvre, tandis que les vôtres marchent à pas de tortue : mais cela est dans l'ordre, votre intention n'est pas de m'attraper : vous serez à cinquante quand je serai à cent, et sans lire nos lettres, les dates suffiront pour faire notre histoire. Vous m'avez demandé votre portrait, j'ai cru que c'était la chose impossible, mais comme il faut que je fasse vos volontés, et que je me soumette à toutes vos fantaisies, je viens de vous peindre : c'est une vraie enluminure, vous n'en serez pas content, il est mal écrit, mais comme il n'y aura que vous qui le verrez, je ne me soucie pas qu'il soit plus éloquent. Je n'ai ni médité ni réfléchi pour le faire; mandez-moi naturellement si vous en êtes content; la vérité, la vérité est tout ce que je désire et que j'attends de vous, c'est votre langage ordinaire, et je m'aperçois que dans ce moment c'est un article que j'ai omis dans votre portrait : c'est pourtant de toutes vos bonnes qualités celle dont je fais le plus de cas, et qui m'attache le plus à vous.

Il faut, mon tuteur, que vous ayez une complaisance, c'est de faire mon portrait et de n'avoir aucun ménagement pour

---

[1] M. Walpole et madame du Deffand numérotaient tous deux leurs lettres. (A. N.)

mon amour-propre, je vous en saurai un gré infini; que ce soit au courant de la plume, cela ne sera point inutile, et nous nous en trouverons peut-être fort bien l'un et l'autre.

M. de la Chalotais est à la Bastille[1], ainsi que tous les autres prisonniers : je ne suis point en état de vous rendre compte de tout ce qui regarde cette affaire, je ne saurais m'occuper que de ce qui m'intéresse.

Je soupai l'autre jour chez madame d'Aiguillon[2], elle nous lut la traduction de la *lettre d'Héloïse* de Pope, et d'un chant du poëme de *Salomon*, de Prior; elle écrit admirablement bien, j'en étais réellement dans l'enthousiasme : dites-le à milady Hervey, je ne serais pas fâchée que cela revînt à madame d'Aiguillon. Je voudrais aussi que vous fissiez de temps en temps quelque mention de moi aux Guerchy[3]. — N'approuvez-vous pas ce désir de conciliation?

Votre duchesse de Northumberland[4] est ici depuis cinq ou six jours; elle ne fait pas encore grand bruit.

LETTRE 217.

M. DE VOLTAIRE A MADAME LA MARQUISE DU DEFFAND.

21 novembre 1766.

La lettre au docteur *Pansophe,* madame, est de l'abbé Coyer; j'en suis très-certain, non-seulement parce que ceux qui en sont certains me l'ont assuré, mais parce qu'ayant été au commen-

---

[1] Par la vengeance du duc d'Aiguillon. (A. N.)
[2] La mère du duc d'Aiguillon, dont le caractère, à ce qu'il parait, ne ressemblait nullement à celui de son fils. (A. N.)
[3] La famille du comte de Guerchy, alors ambassadeur de France en Angleterre. Le comte de Guerchy, mort en 1778, laissa un fils et une fille. Son fils, après avoir eu plusieurs enfants d'un premier lit, fit, pendant la Révolution, un mariage disproportionné. L'ambassadeur laissa aussi une fille. Celle-ci épousa le comte d'Ossonville, père de M. le comte d'Ossonville, aujourd'hui pair de France. Ce dernier a épousé mademoiselle de la Blache, célèbre par ses fiançailles avec le jeune Charles de Sombreuil, l'une des plus intéressantes victimes de la Révolution.
Il existe aujourd'hui un petit-fils du comte de Guerchy. Sous l'Empire il était maréchal des logis du palais des Tuileries; depuis il s'est fait architecte, et a secondé, avec beaucoup de talent, M. Debray dans la construction de la salle de l'Opéra, de celle du Gymnase et de plusieurs autres ouvrages importants. (1827.) (A. N.)
[4] Elisabeth Seymour, duchesse de Northumberland, mère du duc actuel de ce nom. (1824.) (A. N.)

cement de l'année en Angleterre, il n'y a que lui qui puisse connaître les noms anglais qui sont cités dans cette lettre. Je connais d'ailleurs son style; en un mot, je suis sûr de mon fait.

Il est fort mal à lui, qui se dit mon ami, de s'être servi de mon nom, et de feindre que j'écris une lettre à Jean-Jacques, quand je dis qu'il y a sept ans que je ne lui ai écrit. Je me ferais sans doute honneur de cette lettre au docteur *Pansophe*, si elle était de moi. Il y a des choses charmantes et de la meilleure plaisanterie; il y a pourtant des longueurs, des répétitions et quelques endroits un peu louches. Il faut avouer, en général, que le ton de la plaisanterie est, de toutes les clefs de la musique française, celle qui se chante le plus aisément. On doit être sûr du succès, quand on se moque gaiement de son prochain, et je m'étonne qu'il y ait à présent si peu de bons plaisants dans un pays où l'on tourne tout en raillerie.

Pour moi, je vous assure, madame, que je n'ai point du tout songé à railler, quand j'ai écrit à David Hume : c'est une lettre que je lui ai réellement envoyée; elle a été écrite au courant de la plume. Je n'avais que des faits et des dates à lui apprendre; il fallait absolument me justifier des calomnies dont ce fou de Jean-Jacques m'avait chargé.

C'est un méchant fou que Jean-Jacques; il est un peu calomniateur de son métier; il ment avec des distinctions de jésuite, et avec l'impudence d'un janséniste.

Connaissez-vous, madame, un petit *Abrégé de l'Histoire de l'Église*, orné d'une préface du roi de Prusse? Il parle en homme qui est à la tête de cent quarante mille vainqueurs, et s'exprime avec plus de fierté et de mépris que l'empereur Julien. Quoiqu'il verse le sang humain dans les batailles, il a été cruellement indigné de celui qu'on a répandu dans Abbeville.

L'assassinat juridique des Calas et le meurtre du chevalier de la Barre n'ont pas fait honneur aux Welches dans les pays étrangers. Votre nation est partagée en deux espèces : l'une de singes oisifs qui se moquent de tout, et l'autre de tigres qui déchirent. Plus la raison fait de progrès d'un côté, et plus, de l'autre, le fanatisme grince des dents. Je suis quelquefois profondément attristé, et puis je me console en faisant mes tours de singe sur la corde.

Pour vous, madame, qui n'êtes ni de l'espèce des tigres ni de celle des singes, et qui vous consolez au coin de votre feu, avec des amis dignes de vous, de toutes les horreurs et de toutes les folies de ce monde, prolongez en paix votre carrière. Je fais mille vœux pour vous et pour M. le président Hénault. Mille tendres respects.

LETTRE 218.

MADAME LA MARQUISE DU DEFFAND A M. HORACE WALPOLE.

Dimanche 4 janvier 1767.

Ah! ne vous épuisez plus en imprécations contre l'amitié. Pourquoi me rappeler sans cesse ce que vous m'avez dit et écrit qui pouvait me détourner d'en prendre pour vous? Que vous importe ce que je pense, quand vous êtes libre de penser ce que vous voulez? C'est, dites-vous, la peur que je ne me rende malheureuse; c'est une précaution que vous prenez pour moi dans le genre de celle de Gribouille, qui se jette dans l'eau de peur de la pluie [1].

J'aurais des choses infinies à vous raconter, qui, selon toute vraisemblance (si vous étiez fait comme un autre), devraient vous être fort agréables; mais on ne sait sur quel pied danser avec vous : ainsi j'ai résolu de remettre à vous dire à vous-même, quand je vous reverrai, toutes ces sortes de choses : je ne veux rien hasarder dans mes lettres.

Je suis persuadée que vous n'êtes point content de votre portrait; quand je serai en humeur, j'y retoucherai : je retrancherai d'abord tout ce qui peut avoir rapport à moi, parce qu'en effet cela le gâte, et que cela est très-ridicule; excepté cela, je n'y ferai aucun changement : vous pouvez ne vous y pas reconnaître, mais c'est ainsi que je vous vois.

Vous recevrez dans le paquet que vous portera M. Selwyn le portrait de la grand'maman [2]; j'imagine que vous en serez content, quoique je n'aie point un style original comme vous :

[1] Proverbe populaire. (A. N.)
[2] La duchesse de Choiseul. Voici ce portrait :

Vous me demandez votre portrait, vous n'en connaissez pas la difficulté. Tout le monde le prendra pour le portrait d'un être imaginaire : les hommes ne sont point accoutumés à croire au mérite qu'ils n'ont pas, mais il faut vous obéir; le voici :

« Il n'y a pas un habitant du ciel qui vous ait surpassée en vertus, mais ils vous ont surpassée par leurs intentions et leurs motifs.

» Vous êtes aussi pure, aussi juste, aussi charitable, aussi humble qu'ils ont pu l'être; si vous devenez aussi bonne chrétienne, vous deviendrez tout de

ce que j'écris est sans feu et sans vie, mon style sent l'imitation; s'il est assez correct, ce dont je doute fort, il est lâche et froid, je le sais bien; c'est ce qui vous déplaît souverainement, et vous avez raison. N'allez pas croire que je quête des louanges; je n'en veux de vous moins que de personne. Vous me combleriez de plaisir si vous preniez la peine de faire de moi un portrait à la rigueur. Pourquoi, quand vous êtes seul à Strawberry-Hill, n'auriez-vous pas cette complaisance? N'allez pas me faire un crime de cette demande.

J'ai quelque petit chagrin de voir partir M. Selwyn; je ne l'ai pas vu fort souvent; je le trouve assez aimable; il est malin, mais je ne le crois pas méchant. Je n'ai encore vu

suite une aussi grande sainte; en attendant, contentez-vous d'être ici-bas l'exemple et le modèle des femmes.

» Vous avez infiniment d'esprit, surtout de la pénétration, de la profondeur et de la justesse, vous observez tous les mouvements de votre âme.

» Vous voulez en connaître tous les replis; cette idée n'apporte aucune contrainte à vos manières, et ne vous rend que plus facile et plus indulgente pour les autres.

» La nature vous a fait naître avec tant de chaleur et de passion, qu'on juge que si elle ne vous avait pas aussi donné infiniment de raison, et que vous ne l'eussiez pas fortifiée par de continuelles et solides réflexions, vous auriez eu bien de la peine à devenir aussi parfaite, et c'est peut-être ce qui fait qu'on vous pardonne de l'être. L'habitude où vous êtes de réfléchir vous a rendue maîtresse de vous-même; vous tenez, pour ainsi dire, tous les ressorts de votre âme dans vos mains; et sans rien perdre de l'agrément du naturel, vous résistez et vous surmontez toutes les impressions qui pourraient nuire à la sagesse et à l'égalité de votre conduite.

» Vous avez de la force et du courage sans avoir l'air de faire jamais aucun effort. Vous êtes parvenue, suivant toute apparence, à être heureuse; ce n'est point votre élévation ni votre éclat qui fait votre bonheur, c'est la paix de la bonne conscience, c'est de n'avoir point à vous reprocher d'avoir offensé ni désobligé personne; vous recueillez le fruit de vos bonnes qualités par l'approbation et l'estime générales; vous avez désarmé l'envie, personne n'oserait dire et même penser qu'il mérite autant que vous la réputation et la fortune dont vous jouissez.

» Il n'est pas besoin de parler de la bonté de votre cœur; on doit conclure par tout ce qui précède combien il est rempli de sentiments.

» Tant de vertus et tant d'excellentes qualités inspirent du respect et de l'admiration, mais ce n'est pas ce que vous voulez; votre modestie, qui est extrême, vous fait désirer de n'être jamais distinguée, et vous faites tout ce qui dépend de vous pour que chacun se croie votre égal.

» Comment se peut-il qu'avec tant de vertus et de charmantes qualités, vous n'excitiez pas un empressement général? C'est qu'on se voit arrêté par une sorte de crainte et d'embarras; vous êtes, pour ainsi dire, la pierre de touche qui fait connaître aux autres leur juste valeur, par la différence qu'ils ne peuvent s'empêcher de trouver qu'il y a de vous à eux. » (A. N.)

qu'une seule fois milady S***; elle ne partira que dans trois semaines ou un mois; elle me paraît aimable, mais elle est bien jeune; j'ai vu davantage l'ambassadrice¹ : elle a beaucoup de babil et de politesse; je n'ai eu nulle conversation avec l'ambassadeur; ils logent tout auprès de chez moi, et vraisemblablement je les verrai assez souvent.

Je vous prie de me mander si vous avez connaissance d'une brochure en deux volumes, qui a pour titre : *Testament du chevalier Robert Walpole* ². Il y a au commencement vingt ou trente lettres de monsieur votre père; mon opinion est qu'elles sont de lui, mais qu'il y en a deux ou trois de falsifiées, et que le commencement du testament est aussi de lui : je mettrai cette brochure dans le paquet que vous portera M. Selwyn, j'y joindrai les mémoires du procès de la Chalotais, votre traduction des Patagons ³, et les lettres de madame de Sévigné sur M. Fouquet ⁴, que j'ai fait copier, n'ayant pas pu en trouver un exemplaire imprimé. Mandez-moi si vous voulez *le Philosophe ignorant* de Voltaire; je vous l'enverrai par milady S***; enfin, chargez-moi de toutes vos commissions; cela ne tire à aucune conséquence.

LETTRE 219.

LA MÊME AU MÊME.

Dimanche matin, 18 janvier 1767.

Enfin M. Selwyn part aujourd'hui à midi, chargé de deux paquets pour vous; il prétend qu'il sera vendredi à Londres, et qu'il vous les remettra le même jour.

---

¹ La jeune vicomtesse Rochford : le lord Rochford était dans ce temps ambassadeur d'Angleterre en France. (A. N.)

² C'était une pièce *forgée* à Paris (par Maubert de Gouvest), à laquelle H. Walpole fit une réponse sous le titre de *Detection of a late forgery*, etc., et qu'on trouve dans le second volume de ses *OEuvres* in-4°. Les *Mémoires* de Robert Walpole ont été publiés depuis par William Coxe, sur les papiers remis à celui-ci par la famille Walpole. (A. N.)

³ Le chevalier Redmond, officier irlandais au service de France, avait traduit la lettre de M. Walpole sur les Patagons, qui se trouve dans le second volume de ses *OEuvres* in-4°. (A. N.)

⁴ On avait dit à Walpole que madame de Sévigné avait écrit une relation du procès de M. Fouquet; madame du Deffand lui répondit : « Il n'y a point de procès de M. Fouquet par madame de Sévigné; mais il y a une petite brochure de quelques-unes de ses lettres où il en est question. »

Ces lettres, adressées à M. de Pomponne, ont été publiées depuis dans l'édi-

Je prie le bon Dieu de vous mettre dans une disposition favorable, et de vous rendre un lecteur bénévole ; vous verrez du moins qu'il n'est pas impossible, et qu'il est même très-facile d'écrire, quoiqu'il semble qu'on manque de sujet : il n'y a qu'à se laisser aller à dire tout ce qui passe par la tête.

Ah! mon Dieu, que la tête de ce pauvre président est en mauvais état! Je viens de recevoir un billet de sa propre main, dans lequel il me raconte une chute qu'il fit hier dans sa chambre, dont il m'avait fait lui-même le récit hier au soir. Il n'a plus du tout de mémoire ; cela me serre le cœur, et me dégoûte bien de la vie. Peut-on désirer de vieillir? Mais parlons d'autre chose.

Je soupai hier au soir chez madame de Forcalquier ; il y avait la duchesse de Villeroy [1], avec qui j'ai lié connaissance. Je l'ai priée à souper demain chez le président, et je la prierai dans huit jours à souper chez moi : elle ne devine pas mon intention ; c'est à cause des comédies qu'elle a souvent chez elle, où joue mademoiselle Clairon [2] ; et puis c'est une hurluberlue, un drôle de corps, que vous ne serez pas fâché de connaître ; elle ne donne point dans l'*idolâtrie* [3] ; enfin, si cela n'est pas excellent, cela est du moins sans inconvénient.

La maréchale de Mirepoix donne vendredi un bal à tous les jeunes gens de la cour et de la ville. Sa figure suit la marche ordinaire, et elle atteindra soixante ans au mois d'avril prochain ; mais son esprit rétrograde, et aujourd'hui il n'a guère plus de quinze ans ; il est inouï d'avoir une aussi mauvaise tête. Elle est brouillée avec M. de Choiseul ; elle a refroidi tous ses amis, ses connaissances, et elle a éteint la tendre amitié que j'avais pour elle ; il me reste encore quelque pointe de goût, mais je ne m'y livrerai pas. J'ai trop, à mes périls, appris à la connaître ; je suis cependant fort bien avec elle, ainsi qu'avec l'autre maréchale [4] ; mais de ces amis-là je dis comme Socrate :

---

tion des *Lettres* de madame de Sévigné, donnée à Paris par M. Grouvelle, en 1806, et dans les éditions suivantes, parmi lesquelles celle de M. de Monmerqué tient un rang distingué. (A. N.)

[1] Sœur du duc d'Aumont. (A. N.)

[2] Qui était retirée du théâtre. La vie de mademoiselle Clairon est trop connue pour qu'il soit nécessaire d'en parler ici. (A. N.)

[3] Elle veut dire qu'elle n'était pas de la société du prince de Conti au Temple. (A. N.)

[4] De Luxembourg. (A. N.)

Mes amis, il n'y a point d'amis. Ce mot-là est très-bon quand il est bien placé.

A propos de Socrate, nous avons ici un comte de Paar, qui a, dit-on, une grande figure triste et froide ; il grasseye les *rr*, parle très-lentement et en hésitant. Il disait l'autre jour chez le président : « Quel est ce Socrif qui s'empoisonna en mangeant ou buvant des cigales? » Eh bien, j'aime mieux entendre ces choses-là que les excellentes maximes de morale de madame de Verdelin[1], et les savantes dissertations de madame d'Houdetot[2] ; les remarques fines de madame de Montigny[3] : j'en ajouterais encore bien d'autres, mais vous me gronderiez.

[1] La marquise de Verdelin, dame qui fréquentait beaucoup la maréchale de Luxembourg. Madame de Verdelin était fille du comte d'Ars, qui la maria aux quinze mille livres de rente du marquis de Verdelin, vieux, laid, sourd, dur, borgne et brutal. Rousseau parle avec éloge de son esprit et de sa facilité à produire des traits malins et des épigrammes, ce qui ne s'accorde pas avec ce qu'en dit ici madame du Deffand. (A. N.)

[2] Madame d'Houdetot (Sophie Lalive de Bellegarde) fut mariée à l'âge de dix-huit ans avec le comte d'Houdetot, homme fort insignifiant qui n'eut pour sa femme que de l'amitié, et n'exigea point d'elle d'autre sentiment. Avant son mariage elle était élevée chez madame d'Esclavelles, sa tante, mère de madame d'Épinay. Rien n'est plus connu que sa liaison avec Saint-Lambert, liaison que sa durée rendit presque respectable, puisqu'elle commença trois ans après le mariage de madame d'Houdetot et ne finit qu'à la mort de Saint-Lambert, en 1802. Madame d'Houdetot lui survécut jusqu'en 1813. Jean-Jacques parle beaucoup, dans ses *Confessions*, de la vive passion qu'elle lui avait inspirée et des efforts qu'il fit pour l'enlever à Saint-Lambert. Cependant elle n'était point jolie, mais elle était douée d'un esprit naturel très-agréable, elle abondait en saillies charmantes qu'elle ne recherchait point et qui lui venaient quelquefois malgré elle. L'amour que Rousseau éprouva pour madame d'Houdetot date du printemps de 1757. Quand ils furent brouillés, Rousseau, en rendant les lettres qu'il avait reçues, redemanda celles qu'il avait écrites ; madame d'Houdetot répondit qu'elle les avait brûlées. « On ne brûle point de pareilles lettres, s'écria-t-il ; on a trouvé brûlantes celles de Julie, eh! Dieu! qu'aurait-on dit de celles-là! » Laclos, dont le défaut n'est point d'être indulgent, en fait un long éloge qu'il termine ainsi : « Madame d'Houdetot vécut avec des athées, avec des dévots, avec des prudes, avec des étourdis, et vécut avec tous sans jamais leur sacrifier rien de son caractère primitif : tous n'eurent pas également à s'en louer, aucun n'eut à s'en plaindre. »

La famille de madame d'Houdetot fut fort malheureuse pendant la Révolution, jusqu'au moment où l'une de ses petites-filles épousa le fils d'un traitant nommé Germain. Celui-ci devint comte et chambellan sous l'Empire, et est mort pair de France il y a deux ans. Un autre des petites-filles de madame d'Houdetot est madame la baronne de Barante, dont le mari fut fait pair par M. le duc Decazes. (A. N.)

[3] L'épouse de M. de Montigny-Trudaine, fils de M. de Trudaine, intendant des finances. (A. N.)

Enfin, mon tuteur, j'ai le malheur de passer pour un bel esprit, et cette impertinente et malheureuse réputation me met en butte à tous les étalages et à toute l'émulation de ceux qui y prétendent. Je leur romps souvent en visière, et voilà l'occasion où je m'écarte de vos préceptes de prudence. Cependant, hier, chez le président, je fus d'une sagesse admirable, je me dis : Je suis à la comédie; écoutons les acteurs, et gardons-nous bien de devenir actrices en leur disant un seul mot. Je m'en allai avec la tranquillité de la bonne conscience, c'est-à-dire avec la sécurité de n'avoir choqué personne.

Je ne fermerai ma lettre qu'à six heures du soir. Que sait-on? — j'en recevrai peut-être une d'ici à ce temps-là qui me fera ajouter quelque chose à celle-ci. Sinon, adieu, tout est dit.

LETTRE 220.

LA MÊME AU MÊME.

Jeudi, 22 janvier 1767.

Le courrier d'Angleterre arriva hier et ne m'apporta rien. Je fus, suivant ma louable coutume, fort inquiète, mais je résistai à l'envie que j'avais de vous écrire, ne voulant pas vous accabler.

Venons à mon portrait [1]; il est le plus charmant du monde; mais ce qui m'en plaît le plus, c'est : *Censeur, tais-toi, etc.;* cela fait que je me flatte que vous pensez ce qui précède. Mais, mon tuteur, ce n'est pas comme cela que je voudrais être peinte par vous; je voudrais entendre des vérités dures; c'est-à-dire, que vous ne me fissiez grâce d'aucun de mes défauts, tel que vous l'auriez fait dans vos moments de colère. N'y en aurait-il point un par hasard? Si cela était vrai, envoyez-le-moi; soyez bien sûr que vous ne me fâcherez point. Je ne compterais point sur vous, si je n'étais pas bien persuadée que vous me voyez telle que je suis, et par conséquent parfaitement imparfaite. Je suis convaincue que je vous plairais bien moins si j'étais exempte

---

[1] Le portrait en vers de madame du Deffand, par M. Walpole, commençant par ces mots :

Where do wit and memory dwell.

V. *Madame du Deffand, sa vie, son salon, ses amis,* en tête de la présente édition. (L.)

de défauts; j'en juge par la grand'maman; je l'aimerais bien mieux, si avec toutes ses vertus elle avait quelques faiblesses; elle s'est trop perfectionnée elle-même; toutes les qualités qu'on acquiert ne sont pas d'un aussi grand prix que les premiers mouvements. Mais pour vous, mon pauvre tuteur, vous me serrez le cœur quand vous vous épanchez sur la haine que vous avez pour le genre humain; Comment est-il possible que vous ayez eu tant de sujet de vous en plaindre? Vous avez donc rencontré des monstres, des hyènes, des crocodiles? Pour moi, je n'ai rencontré et je ne rencontre encore que des fous, des sots, des menteurs, des envieux, quelquefois des perfides; eh bien! cela ne m'a pas découragée, et ma persévérance à croire qu'il n'était pas impossible de trouver un honnête homme me l'a fait rencontrer. Ne vous avisez pas de me demander qui c'est; c'est un secret que je ne révélerai à vous ni à personne; je vois bien que vous croyez le deviner; si cela est, je m'en lave les mains, ce n'est pas ma faute.

Voilà ce que vous aurez pour aujourd'hui; je voulais vous parler de vous et de moi; demain nous dirons autre chose; cette lettre se continuera jusqu'à dimanche inclusivement.

Vendredi 23.

Voulez-vous savoir nos nouvelles? Madame de Mirepoix donne aujourd'hui un bal à l'hôtel de Brancas; il y a vingt-quatre danseurs et vingt-quatre danseuses; les habits sont de caractères chinois, indiens, matelots, vestales, sultanes, etc. Chaque femme a son partenaire; les danseurs et danseuses sont divisés en six bandes, chaque bande de quatre hommes et quatre femmes; M. le duc de Chartres [1] et madame d'Egmont [2] sont à la tête de la première. On répète les danses depuis huit jours chez madame de Mirepoix. La coupable et infortunée madame de Stainville, qui devait figurer avec M. d'Hénin [3], a été tous les jours à ces répétitions. Mardi elle soupa chez madame de Valentinois, avec toutes ses compagnes et camarades de danse; elle était fort triste; elle avait les yeux remplis de larmes; ce n'était pas sans sujet, car à trois heures du matin, son mari la fit entrer dans une chaise avec lui pour la mener à

---

[1] Le dernier duc d'Orléans. (A. N.)
[2] La comtesse d'Egmont était fille du maréchal duc de Richelieu. (A. N.)
[3] Le prince d'Hénin, frère cadet du prince de Chimay, et neveu de madame de Mirepoix. Comme *le prince d'Hénin* était fort petit, on l'appelait *le nain des princes*. (A. N.)

Nancy, et la confiner dans un couvent [1]. Vous conviendrez que l'imprudence ne peut aller plus loin, et qu'on ne pouvait pas choisir un moment plus convenable pour faire un scandale public. Ses parents ont fait tout ce qu'ils ont pu pour l'en détourner, mais ils n'ont pu le persuader. On a pris une autre femme à sa place. Je vous manderai demain des nouvelles du bal.

Je soupai mardi chez la grand'maman, dans un petit appartement au premier, qu'elle a fait accommoder pour l'hiver : elle n'y peut recevoir que très-peu de monde : nous n'étions que quatre : elle, madame de Mirepoix, l'abbé Barthélemy [2] et moi. Elle m'ordonna de ne point sortir de la journée le lendemain mercredi, qu'elle avait ses raisons pour cela : elle devait souper chez moi. Je lui obéis; elle arriva à huit heures, et dit à Wiart de ne laisser entrer personne : elle était avec l'abbé Barthélemy. Vers les neuf heures, on m'annonça M. de Mor-

---

[1] La comtesse de Choiseul-Stainville, née Clermont d'Amboise, mariée au frère du duc de Choiseul. Son mari en avait déjà été très-jaloux et malheureusement non sans cause. Cependant il avait paru s'habituer à ses galanteries, suivant en cela l'insouciance de la plupart des seigneurs de la cour. Tout à coup, la jalousie le reprit à l'occasion d'une liaison qui, si elle était prouvée, ferait croire que la comtesse de Stainville aurait dérogé, puisqu'il s'agissait du comédien Clairval. Voici la version rapportée par le duc de Lauzun dans ses *Mémoires* :

« Trouvant un jour madame de Stainville baignée de larmes et dans l'état le plus déplorable, je la pressai tellement de me dire ce qui causait ses peines qu'elle m'avoua en sanglotant qu'elle aimait Clairval et qu'elle l'adorait. Elle s'était dit mille fois tout ce que je pouvais lui dire contre une inclination si honteuse et dont les suites ne pouvaient qu'être funestes. » M. de Lauzun se loue ensuite de la conduite de Clairval dans cette affaire. Quoi qu'il en soit, le comte de Stainville, qui alors commandait en Lorraine, obtint facilement une lettre de cachet, et madame de Stainville fut renfermée pour le reste de sa vie dans le couvent des filles de Sainte-Marie à Nancy.

La comtesse de Choiseul-Stainville laissa deux filles, dont l'une fut mariée à son cousin le duc de Choiseul-Stainville, pair de France. Il en eut deux enfants : Étienne de Choiseul, jeune homme très-distingué, qui fut tué dans la campagne de 1807, étant aide de camp du maréchal Berthier, et madame la comtesse de Marnier, femme du pair de France.

La seconde fille de la comtesse de Choiseul-Stainville épousa le prince Joseph de Monaco, mort il y a neuf ans. Il était frère cadet du duc de Valentinois. M. de Monaco a eu de mademoiselle de Choiseul-Stainville deux filles : l'une est madame la duchesse de Louvois, femme du pair de France, et l'autre la belle marquise René de la Tour du Pin, dont le mari est membre de la Chambre des députés. (1827.) (A. N.)

[2] Le célèbre auteur du *Voyage du jeune Anacharsis en Grèce*. Né en 1716; mort en 1795. (A. N.)

fontaine[1]; je pris un air mécontent, je dis tout bas à la grand'-maman : « J'espère qu'il ne compte pas souper ici ; » et puis, je fis des politesses à ce M. de Morfontaine. Notre conversation dura deux ou trois minutes : après quoi, je pouffai de rire, et je dis : « Non, ce n'est point M. de Morfontaine, ce n'est point sa voix ; c'est M. de Choiseul, j'en suis sûre. » Je me levai et lui sautai au cou. C'était lui, en effet, mais je n'eus pas le mérite de le deviner, car j'étais prévenue : il n'y eut que lui et la grand'-maman d'attrapés par le semblant que je fis de l'être. Il marqua beaucoup de regret de ne pouvoir rester à souper avec nous. La conversation fut fort bonne ; il me parut avoir acquis de la solidité ; il fit de bons raisonnements : je vous raconterai tout cela quand je vous verrai. Adieu jusqu'à demain.

Samedi 24.

Je viens de relire ce que j'écrivis hier. Ah ! mon Dieu, quel galimatias ! Vous n'y comprendrez rien : heureusement vous pouvez vous en passer. Le fait est que madame de Stainville a été enlevée par son mari, la nuit du 20 au 21, muni d'un ordre du roi pour la faire recevoir dans un couvent, à Nancy. Tous ses domestiques ont été renvoyés, une de ses femmes menée à Sainte-Pélagie, maison de force. Cette aventure fait grand bruit ; on ne parla que de cela au bal d'hier, et excepté la grand'maman[2], qu'on respecte, tous ceux qui lui appartiennent ne sont pas épargnés.

Le bal fut charmant, il a duré jusqu'à neuf heures du matin. Le prix de la beauté a été accordé à madame de Saint-Maigrin[3]. La princesse d'Hénin[4], qui était le principal prétexte du bal, fut prise hier, dans l'après-dînée, d'un herpès miliaire.

Adieu, mon tuteur : si je n'ai point de vos nouvelles demain, je n'ajouterai rien à cette lettre. Je suis indigne de vous écrire, tant je me sens bête.

---

[1] M. de Morfontaine était intendant de Soissons, et se trouvait alors à Paris. Il différait probablement beaucoup de M. de Choiseul, par ses manières et sa conversation. (A. N.) — On trouve sur ce personnage original, prévôt des marchands sous Louis XVI, de curieux et amusants détails dans les *Souvenirs de madame Vigée le Brun*, t. I, p. 155, 292. (L.)

[2] La duchesse de Choiseul, qui était belle-sœur de la comtesse de Stainville. (A. N.)

[3] La marquise de Saint-Maigrin, née de Pons, épouse du fils aîné du duc de la Vauguyon. (A. N.)

[4] Fille de madame de Monconseil. (A. N.)

Dimanche 25, à trois heures.

Voici une lettre : j'exécuterai tous les ordres qu'elle contient.

Le prix de la beauté n'a point été accordé à madame de Saint-Maigrin ; c'était une opinion très-particulière, et qui s'est trouvée unique ; madame d'Egmont l'a emporté unanimement, et son partenaire, M. le duc de Chartres [1], était fort bien, et le seul homme qu'on ait pu regarder.

Serai-je longtemps sans savoir de vos nouvelles?

LETTRE 221.

LA MÊME AU MÊME.

Mardi, 3 février 1767.

L'irrégularité de la poste est insupportable ; on ne reçoit que le lundi les lettres qui devraient au plus tard être rendues le dimanche. Ainsi il se passe un courrier sans qu'on puisse faire réponse. C'est un petit inconvénient pour vous, parce que votre tiédeur est un bon préservatif contre l'impatience.

M. Selwyn aura une de mes lettres avant que vous receviez celle-ci, parce que je lui ai répondu à celle qu'il m'avait écrite de Calais ; mais je ne vous ferai plus la chronologie des lettres que je recevrai et que j'écrirai ; cela m'ennuie à la mort, et me fait faire des galimatias.

Les Beauvau reviendront ici vers le 20 ; j'en suis bien aise, mais pas trop cependant ; je sais bien les gens qui me déplaisent, mais je ne sais pas ceux qui me plaisent.

Madame de Jonsac, je l'aime assez, parce qu'elle souhaite ce que je désire. Ecrivez-moi quelques lignes pour elle que je lui puisse montrer, et traitez-la de votre bonne amie ; cette façon lui plaît : réellement je crois qu'elle est ce qui vaut le mieux, je dirais après la grand'maman ; mais la cour, la cour ôte la fleur du naturel.

Mon Dieu, mon tuteur, vous avez beau dire, nous voyons de même, nous sentons de même, et cela me fait peur ; j'en conclus que je ne saurais vous plaire, car tous les défauts me choquent et souvent me dégoûtent ; mais en quoi je diffère de vous, c'est sur Montaigne. De qui vouliez-vous qu'il parlât, s'il n'avait pas parlé de lui? il était tout seul à son Strawberry-

---

[1] Le duc d'Orléans, père du duc actuel. (1827.) (A. N.)

Hill, il ne faisait aucun système, il n'épousait aucune opinion, il n'avait point de passions, il rêvait, il songeait, aucune idée ne le fixait; il disait : Que sais-je? et que sait-on en effet? Allez, allez, Horace ressemble plus à Michel qu'il ne croit. Pour moi, je suis la servante très-affectionnée de tous les deux; mais il avait un ami [1], ce Michel : il croyait à l'amitié, et voilà sa différence d'avec Horace.

Adieu, je suis fatiguée, et persuadée qu'il faudra jeter au feu tout ce que j'écris : et à qui est-ce que j'écris? à un Scythe, à un homme de pierre ou de neige, en un mot à un Anglais qui le serait par système, s'il ne l'était par naissance.

Je soupai hier au soir chez madame de Valentinois avec un des plus malheureux et des plus décontenancés des maris, M. de Stainville. Je crois vous avoir mandé qu'il avait mené lui-même sa femme aux filles de Sainte-Marie de Nancy, où il l'a laissée, et il était de retour à Paris quatre jours après. Il a rendu tout le bien, a fait nommer un tuteur qui doit donner à madame de Stainville toutes les choses nécessaires, et même satisfaire toutes ses fantaisies, mais on ne lui donnera pas un écu. Il y a une somme réglée pour l'entretien de ses deux filles; le reste du revenu sera mis en séquestre à leur profit. Cette aventure a fait jusqu'à présent le sujet de tous les entretiens, mais aujourd'hui on ne parle plus que du mariage de M. de Lamballe [2] et des procédés de M. le prince de Conti [3].

J'ai une faible espérance d'avoir aujourd'hui une de vos lettres; j'attendrai le passage du facteur avant de fermer celle-ci.

A quatre heures.

Je ne me suis point trompée, et voilà deux lettres; une de M. Walpole, l'autre de M. Selwyn : — commencez par celle-ci;

---

[1] Étienne de la Boétie. (A. N.)

[2] Le prince de Lamballe, fils unique du duc de Penthièvre, épousa une sœur du prince de Carignan, de la maison royale de Sardaigne. Elle fut, sous le règne suivant, nommée surintendante de la maison de la reine Marie-Antoinette, et devint, à cause de son intimité avec cette princesse, et comme prétendue complice des intrigues de la cour, une des victimes qui périrent dans les affreuses journées de septembre 1792. (A. N.) — Voir sur cette princesse infortunée, sur cette meilleure amie de Marie-Antoinette, le livre que nous lui avons consacré. (*La princesse de Lamballe*, etc., Paris, Giraud, 1864.) (L.)

[3] Il fut accusé d'avoir un peu manqué de politesse ou d'attentions envers les dames qui se trouvèrent à son mariage. (A. N.)

— elle est de M. Fitzroy. L'autre est-elle bien longue? — de six pages. Je ne dis mot, je me recueille, et je suis bien aise; et puis je suis fâchée de ce que, dans six pages, mon tuteur ne me dit pas un mot de la santé de milord Chatham[1] et de ce qui doit s'ensuivre. Vous êtes véritablement tout aussi philosophe que Montaigne : c'est pour moi la suprême louange, car malgré mon excessive partialité, malgré l'ascendant de votre génie sur le mien, je ne trouve aucun esprit aussi éclairé et aussi parfaitement juste que celui de Montaigne. Il n'avait pas comme vous les passions très-fortes; vous avez le courage d'y résister, de leur tenir tête; mais comme vous ne pouvez en détruire le germe, elles produisent aujourd'hui des caprices, et parfois des folies : mais je suis fâchée de n'avoir pas le temps de vous dire toutes les réflexions que vos aveux, ou pour mieux dire, votre confession générale, me font faire : il me semble qu'on ne vous tient que par un fil; on a beau se flatter de l'idée qu'on ait le seul fil, ce n'en est pas moins un fil. J'ai senti une sorte de terreur quand vous m'avez dit que votre dernier voyage de Paris avait dû être votre dernière escapade : vous avez changé d'avis, mais ce qui vous attire est bien faible contre ce qui peut vous retenir : il faut s'abandonner à la Providence, et vous laisser le maître. Mais je crois sentir, mon tuteur, qu'on aurait moins de peine à quitter la vie si l'âme était contente et satisfaite; on penserait moins à soi, on s'apitoierait moins sur soi-même. Vous riez, vous vous moquez de moi, et vous dites : « Toute cette métaphysique n'est que pour me presser de revenir ». Eh bien! il est vrai, je crains de mourir avant de vous revoir.

Tout ce que vous dites de madame de Choiseul est charmant, à une phrase près qui gâte tout, et qui fait que je ne puis pas transcrire cet article pour le lui envoyer. Pourquoi dites-vous qu'on ne peut pas en devenir amoureux? il n'y a point de femme qui, avant quarante ans, puisse s'accommoder de cette manière d'être louée. Vous me direz à cela de corriger cette phrase, mais vous avez un pinceau qui ne souffre pas que d'autres y joignent le leur; c'est comme si Coypel, que je suis, avait voulu changer quelque trait de Raphaël, que vous êtes.

Oh! vraiment oui, M. et madame de Choiseul ont été dans une belle colère contre Fréron, et je vous enverrai ces jours-ci la réparation de ce petit faquin, qui lui a été dictée par la

---

[1] Le père de Pitt. (A. N.)

grand'maman : j'ai l'histoire de toute cette affaire que je vous montrerai ; elle a été conduite de ma part et de celle de la grand'maman avec une sublime prudence[1].

Madame de Forcalquier s'apprivoise terriblement ; elle a été excessivement fêtée à la noce Lamballe ; le prince (vous entendez que c'est le Conti) l'a extrêmement courtisée ; madame de Luxembourg l'a louée, flattée, caressée, admirée ; gare le fromage[2] ! Sa prudence, sa philosophie, qu'on peut peut-être y comparer, pourraient bien tomber par terre. Elle vient de m'envoyer dire tout à l'heure que, si le souper avait été chez moi ce soir, elle m'aurait demandé d'y venir ; je lui ai répondu qu'il était égal que ce fût chez le président, qu'elle pouvait y venir de même, et je lui ai fait la peinture de tout l'effet qu'elle produirait sur chaque personne. Gare, gare le fromage ! ils me l'enlèveront, cette belle comtesse, et l'idole la séduira : il faudra s'en consoler et aller au café Saint-Jacques[3].

Madame de Villeroi, à qui Pont-de-Veyle a demandé pourquoi elle ne m'avait pas priée à sa comédie, vient de m'envoyer

[1] Fréron fut sans doute fort injuste envers Voltaire, qui l'associa à son immortalité en lui prodiguant sans cesse des épigrammes, qui toutes ne sont pas du meilleur goût. Quelle qu'ait d'ailleurs été l'injustice des critiques de Fréron, elles ne furent point inutiles à Voltaire, et lorsque les fumées de son amour-propre blessé étaient apaisées, Voltaire rendait justice à la sévérité du goût de Fréron. Ce critique célèbre était né à Quimper, en 1719, et mourut à Paris en 1776. Il fut moins acharné contre Rousseau que contre Voltaire, et prit même parti pour le philosophe genevois dans sa querelle avec Hume. Ce que dit dans cette lettre madame du Deffand se rapporte à un passage de l'Année littéraire dans lequel Fréron avait attaqué la lettre de Walpole à M. Hume. Mais Horace Walpole était si éloigné de prendre part à la colère de madame du Deffand, qu'il s'exprime de la manière suivante à ce sujet :
« Je suis encore redevable à vous et à la duchesse de Choiseul de cette affaire de Fréron, mais elle ne laisse pas de me fâcher. Nous aimons tant la liberté de l'imprimerie, que j'aimerais mieux en être maltraité que de la supprimer. De plus, c'est moi qui avais commencé cette ridicule guerre ; il est injuste que j'empêche les autres de prendre la même liberté avec moi. Je ne sais ce que Fréron a dit ; je ne m'en soucie pas : c'est ma règle constante de ne faire jamais réponse à des libelles, et je serais au désespoir qu'on crût que je me fusse intéressé à attirer des réprimandes à ces gens-là. » (A. N.)

[2] Madame du Deffand fait ici allusion à la seconde fable du premier livre des Fables de la Fontaine, commençant par ce vers :
Maitre corbeau sur un arbre perché.

[3] Ceci a rapport à l'histoire que M. Walpole avait contée à madame du Deffand, d'un Anglais qui, en allant consoler quelqu'un de la mort d'un ami, lui dit : Lorsque j'ai le malheur de perdre un de mes amis, je vais sur-le-champ au café de Saint-Jacques pour en prendre un autre. (A. N.)

dire qu'elle était au désespoir de n'avoir point imaginé que j'aurais été bien aise d'y venir, qu'elle m'aurait gardé une bonne place, mais qu'actuellement il n'y en avait pas une. Cette femme ne vous déplaira pas, c'est le tintamarre personnifié : elle ne manque pas d'esprit; elle pourrait bien être étourdissante et fatigante à la longue, mais on ne la voit qu'en passade; elle a tant d'affaires, tant de mouvements! — c'est un ouragan sous la figure d'un vent coulis : — mais nous aurons des places à sa comédie.

Nouvelle brochure qu'on m'apporte; *Bélisaire*, histoire romanesque par M. de Marmontel. Ce Marmontel est le protégé et l'âme damnée de d'Alembert; ce M. de Creutz, envoyé de Suède, dont je vous ai parlé, l'a présenté à votre ambassadrice. Si elle se laisse entourer de ces sortes de gens, je ne la verrai guère : d'ailleurs il me semble que je ne prends point avec eux; elle me baragouine des compliments, mais elle ne sait trop que me dire. Je n'ai pas le vol de vos ambassadeurs; votre milady Hertfort ne faisait nul cas de moi; cela ne m'empêchait pas de la trouver bonne femme : pour son mari, il ne m'a jamais parlé.

Je reprends encore ma lettre pour vous dire que les carabiniers sont à Saumur, et que ces braves gens, remplis de zèle et d'amour pour la chose publique, ont fait une mission dans un couvent; ils ont prêché la population avec tant d'éloquence, et ils ont eu tant de succès, qu'il en résulte pour l'État sept citoyens de plus.

LETTRE 222.

LA MÊME AU MÊME.

Paris, **20 février 1767.**

Je fus hier à la représentation de Molé[1] : mon Dieu, que je vous regrettai! Mademoiselle Clairon fut admirable; c'était vé-

[1] Molé, acteur de la Comédie française, dont le talent a été justement admiré. Ayant été dangereusement malade et longtemps hors d'état de jouer, mademoiselle Clairon, la célèbre tragédienne, qui était retirée du théâtre, proposa de donner une représentation au bénéfice de Molé, sur un des théâtres privés de Paris, où elle s'offrait de jouer. Ce projet fut appuyé par plusieurs dames du premier rang, et tellement favorisé, qu'on distribua plus de six cents billets. La représentation eut lieu sur le théâtre du baron d'Esclapon, dans le faubourg Saint-Germain, et son produit fut évalué à un millier de louis pour Molé. (A. N.)

ritablement Melpomène; la pièce était *Zelmire*, de l'auteur du *Siége de Calais*[1] : elle est faiblement écrite, mais les sentiments, les situations, sont du plus grand intérêt. J'aurais voulu entendre Corneille, lui seul avait l'énergie, la force et l'élévation qui rendent les grandes passions et la sublimité des grands sentiments. Le jeu de mademoiselle Clairon y suppléa autant qu'il était possible; cette pièce, avec de grands défauts, fait un plaisir extrême; le courage, la générosité, la fierté y sont bien rendus. Je fus transportée, ravie; j'aurais voulu tout de suite rentrer chez moi, me mettre à vous écrire tout ce qui se passait dans mon âme; elle était remplie de tristesse, mais d'une tristesse préférable aux plaisirs de tous les autres spectateurs; j'y résistai, je fus chez le président, que je trouvai occupé de ce que la comtesse de Noailles venait de lui mander que la marquise de Duras, sa fille, venait d'être nommée dame du palais; de ce qu'il avait eu à dîner l'archevêque de Cambrai[2]; de ce qu'il avait vu le matin le prince de Beauvau; qu'il aurait ce soir mesdames les maréchales[3], etc.; enfin, mille petites vanités qu'aucun microscope ne pourrait vous faire apercevoir. Mon Dieu, mon Dieu, quelle différence il y a d'une âme à une autre! J'y en trouve une aussi grande que d'un ange à une huître.

De chez le président, je fus chez la grand'maman, que je trouvai entre l'abbé Barthélemy et le docteur Gatti[4]; la petite Lauzun[5] y arriva; nous soupâmes tous les cinq; le docteur et

---

[1] De Belloy. Né à Saint-Flour, en Auvergne, en 1727, mort en 1775. C'est un auteur plus estimable qu'estimé; et c'est à lui que l'on doit le choix de sujets nationaux pour le théâtre français. On citera toujours de lui ce vers de *Gabrielle de Vergy* :

Hélas! qu'aux cœurs heureux les vertus sont faciles! (A. N.)

[2] Frère du duc de Choiseul. (A. N.)

[3] De Luxembourg et de Mirepoix. (A. N.)

[4] Médecin de Florence, l'un de ceux qui pratiquèrent les premiers l'inoculation de la petite vérole en Italie. (A. N.)

[5] La duchesse de Lauzun, Amélie de Boufflers, fille unique et seule héritière du duc de Boufflers, qui mourut à Gênes. On a vu dans une note précédente qu'elle fut élevée par la maréchale de Luxembourg, mère de ce dernier, chez laquelle elle continua de vivre après son mariage avec le duc de Lauzun. Sa femme, dont il était depuis longtemps séparé, fit deux voyages en Angleterre, sous le nom de duchesse de Biron, le duc de Lauzun ayant pris ce titre à la mort de son oncle le maréchal de Biron. Sa fatale destinée la ramena en France en 1793. Ni sa vertu, ni sa beauté, ne trouvèrent grâce devant ses bourreaux; elle porta avec courage sur l'échafaud une tête dont parle ainsi J. J. Rousseau : « Amélie de Boufflers, dit-il, a une figure, une douceur, une

la petite femme s'allèrent coucher de bonne heure : le docteur ne manque pas d'esprit; la petite femme est un petit oiseau qui n'a encore appris aucun des airs qu'on lui siffle; elle fait de petits sons qui n'aboutissent à rien; mais comme son plumage est joli, on l'admire, on la loue sans cesse; sa timidité plaît, son petit air effarouché intéresse; mais moi je n'en augure pas trop bien. C'est l'idole[1] qui l'apprivoise, et avec qui elle paraît se plaire; cette idole va tranquillement dîner entre le mari et la femme; elle croit que cela lui donne de la considération. Mon Dieu, que le monde est sot et que j'aurais de plaisir à vous communiquer toutes mes pensées, et mille fois davantage à entendre et découvrir toutes les vôtres! A une heure après minuit, je restai seule avec la grand'maman; elle fut parfaitement à son aise avec moi; je trouvai des rapports infinis entre sa façon de penser et la mienne; elle enfile une plus profonde métaphysique que moi, parce que son esprit a plus de force, et qu'elle se plaît à l'exercer; mais nos sentiments sont les mêmes : elle en veut découvrir la source, le germe, et moi je ne suis pas si curieuse; je m'en tiens aux effets. Elle me montra des choses fort bien écrites, peut-être un peu trop abstraites; je lui dis : Grand'maman, il faudra montrer tout cela à M. Walpole : — Oh! très-volontiers, dit-elle, mais jamais rien qu'à vous et à lui.

J'avais vu la veille M. de Choiseul chez madame de Beauvau, où il y avait M. le duc d'Orléans, M. le duc de Chartres et un monde infini : je voulus m'en aller; Pont-de-Veyle vint pour me donner la main; M. de Choiseul se leva, repoussa Pont-de-Veyle, me donna son bras et me conduisit jusqu'à l'antichambre où étaient mes gens; je lui dis que je souperais le lendemain

timidité de vierge. Rien de plus aimable et de plus intéressant que sa figure, rien de plus tendre et de plus chaste que les sentiments qu'elle inspire. » Elle avait été heureuse sous son premier nom, et paya bien cher un mariage de convenance, car le duc de Lauzun possédait toutes les qualités, excepté celle de bon mari. On voit que madame du Deffand en parle avec une grande sévérité, mais elle n'était indulgente pour personne, surtout pour les femmes. H. Walpole fait au contraire l'éloge du caractère et de l'amabilité de la duchesse de Lauzun. (A. N.) — Le témoignage de Walpole est corroboré par l'admiration enthousiaste exprimée par madame Necker (*Mélanges*, t. I, p. 376), et par madame de Genlis (*Mémoires*, t. I, p. 382). Madame du Deffand oublie d'ailleurs que mariée depuis le 4 février seulement (la lettre est du 20), madame la duchesse de Lauzun était en quelque sorte à peine femme. Mais du temps de madame du Deffand, cela allait vite. (L.)

[1] La marquise de Boufflers. (A. N.)

avec la grand'maman, et il promit de m'y rendre une visite en rentrant, et qu'il me priait de l'attendre. Il ne rentra qu'à deux heures, et il resta avec nous jusqu'à près de trois heures et demie. Je ne puis vous rendre compte de la conversation, mais elle fut aisée, gaie et franche, familière, enfin tout au mieux : il me parla de vous, il reprocha à sa femme de ne lui avoir pas fait faire connaissance avec vous ; il me demanda quand vous arriveriez ; il en marqua de l'impatience : j'observais mes mots, mes paroles, jusqu'à ma contenance, comme si vous aviez été derrière une jalousie à m'écouter et à m'examiner.

Le petit Lauzun n'est point bien avec lui ; il en est mécontent parce qu'il a joué le rôle d'un sot dans l'aventure de madame de Stainville[1] ; il trouve son voyage[2] ridicule ; il n'a pas voulu lui confier ses dépêches, et il a écrit à M. de Guerchy pour lui recommander d'avoir attention sur sa conduite : la grand'maman l'aime assez : nous avions soupé il y a quelques jours avec lui (je crois vous l'avoir mandé), et nous le trouvâmes assez plaisant : ayez quelques attentions pour lui, mais ne vous en gênez pas le moins du monde[3].

Madame d'Aiguillon est enchantée de la lettre que vous lui avez écrite ; elle m'en a écorché la traduction. Ah ! c'est bien dommage, mon tuteur, de ce que vous ne reviendrez jamais ici ; mais non, vous y reviendrez, mais ce sera quand je n'y serai plus. Ne vous fâchez point, ce n'est point pour vous presser de revenir ; je ne suis point assez personnelle pour désirer que vous avanciez d'un jour votre départ : je ne suis pas assez

---

[1] « Mon père m'envoya chercher. Je trouvai M. de Choiseul chez lui, qui
» me reprocha d'avoir été dans la confidence de madame de Stainville. Je lui
» répondis qu'il y avait une grande différence entre favoriser la mauvaise con-
» duite de quelqu'un et garder son secret. Il me demanda les lettres déposées
» chez moi ; je les refusai avec fermeté. Mon père voulait y mettre son au-
» torité, qui n'eut pas plus de succès. On me dit des choses piquantes. J'en
» répondis peut-être avec plus de fondement, et je sortis de cette conversation
» absolument brouillé avec tous deux. » (Lauzun, *Mémoires,* p. 50.) (L.)

[2] En Angleterre.

[3] L'auteur, dans ses *Mémoires,* ne traite pas madame du Deffand elle-même avec plus de façon. Il ne va chez elle que pour y faire la cour à lady Sarah Bambury, qui y soupe. « Quoique je n'eusse pas été chez *cette* madame du
» *Deffand* depuis cinq ou six ans, je parvins à m'y faire mener par madame
» de Luxembourg, qui y soupait aussi. » Voilà en quels termes cavaliers M. de Lauzun, qui appréciait médiocrement les bonnes fortunes d'esprit, parle de sa visite à ce salon de Saint-Joseph qui a été un des sanctuaires d'esprit du dix-huitième siècle. (L.)

extravagante pour exiger rien de vous; je n'ai aucun droit sur vous, aucune raison ne vous oblige à rien faire pour moi; je recevrai tout ce qui me viendra de vous comme une grâce et non comme une dette.

Samedi matin.

Je soupai hier chez le président en nombreuse compagnie, les divinités du Temple [1], les maréchales [2]; — je m'y ennuyai à la mort. Ce soir je donne à souper aux Beauvau, avec l'archevêque [3] et Pont-de-Veyle; demain ce sera mon assemblée des dimanches, où vos ambassadeurs sont maîtres de venir quand il leur plaît : des Italiens, des Suédois, des Lapons même y sont admis, tout me paraît égal; excepté la grand'maman, que je trouve cependant un peu trop métaphysicienne et abstraite, et madame de Jonsac, qui, à peu de chose près, est fort raisonnable, tout me paraît ridicule, insipide et ennuyeux.

Ne sachant plus que lire, je me suis jetée dans le théâtre de Corneille; il me ravit d'admiration; je lui pardonne tous ses défauts : il n'a jamais la faiblesse de notre nation, mais il manque souvent de l'élégance de notre style.

Adieu pour aujourd'hui; demain je pourrai reprendre cette lettre, surtout s'il m'en arrive une de vous.

Dimanche, à quatre heures.

Je n'espérais point de lettre, et en voilà une; j'en avais bon besoin, car je suis bien triste : je ne puis vous peindre mon état qu'en vous disant que je me sens le besoin de mourir comme on sent le besoin de dormir. Vous m'avez un peu ranimée; l'idée de vous revoir me donne quelque courage, mais je ne puis plus tenir à l'ennui.

Mon souper d'hier ne m'a fait nul plaisir; la dame,[4] est d'une

---

[1] Le prince de Conti et la duchesse de Boufflers. (A. N.)

[2] De Luxembourg et de Mirepoix. (A. N.)

[3] L'archevêque de Toulouse, petit-neveu de madame du Deffand. (A. N.)

[4] La princesse de Beauvau. Ce que dit ici madame du Deffand de la princesse et du prince de Beauvau peut être regardé comme d'une grande vérité, et nous en trouvons la preuve dans une lettre que Marmontel adressa à la princesse le 25 mai 1793, et dans une autre lettre de la maréchale elle-même, après la mort de son mari.

« La seule présence de M. le maréchal de Beauvau, dit Marmontel, recommandait dans les assemblées de l'Académie la décence, le calme, l'union, la modération, l'amour de l'ordre et du travail. Sa bonté, sa politesse noble et délicate, avertissaient les gens de lettres de la bienveillance et des égards qu'ils se devaient les uns aux autres. Si dans des temps de trouble et de désordre,

personnalité intolérable, le mari d'une soumission aveugle, plus par paresse et par indifférence que par excès de passion; le prélat [1] a de la vivacité et de la justesse; il a encore assez de droiture parce qu'il n'a pas encore besoin d'en manquer; mon ami Pont-de-Veyle ne se soucie de rien que de s'étourdir, de s'amuser; il préfère ceux qui lui peuvent procurer de la dissipation, c'est pour cela qu'il est si attaché au prince [2].

Oh! ne me demandez point les détails des tracasseries du mariage Lamballe! Ce sont de pures misères que je vous raconterai si je vous revois, et vous me ferez taire. Je ne sais si j'irai demain au Temple, je m'y sens une grande répugnance, mais ce qui me pousse à y aller, c'est que je ne veux pas, en cas que vous veniez, que vous me trouviez mal avec personne, afin de n'être pas pour vous l'occasion du plus petit embarras. J'ai la vertu de l'humilité au plus haut degré, et je vous en ai l'obligation; ce n'est pas assurément que vous n'ayez flatté mon amour-propre par l'endroit le plus sensible, en ayant pour moi des préférences et des attentions que vous n'avez pour per-

---

l'Académie a conservé son caractère de dignité, de sagesse et de bienséance, elle en est surtout redevable à l'exemple que lui donnait le plus considérable de ses membres. Le moindre mérite de M. le maréchal, aux yeux de ses confrères, fut d'être un excellent académicien. »

Lorsqu'en 1800 on publia les *Mémoires* de Marmontel, madame de Beauvau, qui vivait encore, ne fut point contente de la manière dont Marmontel faisait son éloge un peu aux dépens du caractère d'homme du maréchal, et elle écrivit à cette occasion une lettre adressée à sa fille, la princesse de Poix, et dont voici un fragment :

« Je viens de lire dans les *Mémoires* de Marmontel un portrait ou plutôt un éloge de moi; ce portrait est trop flatté pour être flatteur, et la seule satisfaction qu'il m'a donnée a été de me faire sentir combien un attachement tendre, profond, passionné, peut anéantir tout amour-propre. Si l'auteur vivait encore, il m'eût été impossible de ne pas lui témoigner plus de mécontentement que de reconnaissance. Comment un homme qui a connu M. de Beauvau, qui révère sa mémoire, peut-il se borner à excuser la *dignité froide* de son maintien, en ajoutant seulement qu'il était bon, serviable et obligeant sans chercher à se faire valoir? Ce genre d'éloge, si fort au-dessous de celui qu'il méritait (c'est madame de Beauvau qui parle), m'a fait éprouver un sentiment douloureux; mais c'est surtout lorsque, continuant à me louer, il dit : » Son grand art, comme son attention la plus continuelle, était d'honorer son époux, de le faire valoir, de s'effacer pour le mettre à sa place. » Il faut convenir que si madame de Beauvau a mérité l'éloge de Marmontel, elle a voulu le mériter encore davantage après la mort de son mari, et telle était l'opinion de l'abbé Morellet. (A. N.)

[1] L'archevêque de Toulouse. (A. N.)
[2] De Conti. (A. N.)

sonne, mais elles me font connaître la bonté de votre cœur, votre sensibilité, votre humanité, et ne relèvent point l'opinion que j'ai de moi-même : je savais bien, mais vous m'avez empêchée d'en jamais douter, que je ne dois pas espérer de trouver dans l'amitié ce qui tient au goût. Ce n'est pas la faute de l'âge ; le goût que j'entends tient moins à la jeunesse qu'à tout autre âge : ce n'est point une séduction des sens, c'est un rapport, c'est une convenance ; enfin, enfin, ce ne serait plus qu'un galimatias, si je continuais à vouloir le définir, et mon tuteur se moquerait de moi.

Oh! cela est bien plaisant; je suis tout comme vous, malgré mes plaidoyers pour Montaigne, je ne saurais le lire, mais en m'ennuyant je souscris à tout ce qu'il dit. Pour M. Marmontel, vous le définissez à merveille. Enfin vos lettres sont la traduction de mes pensées, vous les éclaircissez, vous les rendez avec vérité et énergie, tandis que je ne fais que les annoncer, les bégayer.

LETTRE 223.

LA MÊME AU MÊME.

Paris, dimanche 8 mars 1767, à 4 heures du soir.

Je vous écris par M. de Fronsac [1] ; madame d'Aiguillon vint hier chez moi me demander si je n'avais rien à envoyer, je lui dis que non. Je comptais alors vous écrire par la poste ou ne point vous écrire en cas que je n'eusse point de vos nouvelles aujourd'hui : je vais envoyer cette lettre chez elle, et je la prierai, s'il en est encore temps, de la mettre dans le paquet qu'elle

---

[1] Le duc de Fronsac, fils aîné du duc de Richelieu. Il eut toutes les mauvaises qualités de son père, sans posséder aucune de celles qui pouvaient les faire pardonner. Un trait fera connaitre quel était son respect filial. Le maréchal avait, comme l'on sait, conservé dans sa vieillesse le besoin de paraître jeune, et cela à un tel point, qu'il avait fait adapter un ressort au marchepied de sa voiture, pour avoir l'air d'y monter lestement. Il portait toujours des habits richement brodés. Pendant la longue maladie pour laquelle on l'entourait d'une peau de veau fraîche, Louis XV demanda un jour au duc de Fronsac des nouvelles de son père. « Mon père, répondit celui-ci, hélas! Sire, ce n'est plus qu'un vieux bouquin relié en veau et doré sur tranche. » Le duc de Fronsac fut le père du dernier duc de Richelieu, mort par suite de chagrins dont l'un, entre autres, fut le rappel à la cour du général Donnadieu, qui, sous son ministère et celui du duc Decazes, avait reçu la défense de se présenter aux Tuileries. (A. N.)

donne à M. de Fronsac, et si ce paquet est fermé, de recommander que M. de Fronsac envoie ma lettre directement chez vous.

Je suis devenue très-prudente, mon tuteur, et je n'ai pas la plus légère indiscrétion à me reprocher sur ce qui vous regarde. Je ne vous trouve point déraisonnable d'exiger une grande réserve : on est environné d'armes et d'ennemis, et ceux qu'on nomme amis sont ceux par qui on n'a pas à craindre d'être assassiné, mais qui laisseraient faire les assassins. C'est une réflexion que nous fîmes hier, la grand'maman et moi, non pas à l'occasion de vos affaires, car il n'en fut pas dit un mot, mais sur le monde en général.

Je soupai hier avec cette grand'maman, l'abbé Barthélemy et un M. de Castellane : ce sont deux hommes avec qui l'on peut causer : nous ne proférâmes pas votre nom devant le Castellane; mais quand il fut parti, je fis lire à la grand'maman l'article de votre lettre qui la regardait (dont j'avais retranché que vous m'aimiez cent fois plus qu'elle); elle en fut on ne peut pas plus contente.

Nous parlâmes ensuite d'une brochure nouvelle, qui a pour titre : *Le Château d'Otrante, par Horace Walpole* : elle n'en avait pas entendu parler, mais je l'avais déjà lue deux fois. J'aurais voulu qu'on eût supprimé la préface, qui est celle de la seconde édition : il y est dit que Shakspeare a beaucoup plus d'esprit que Voltaire : ce trait vous met à l'abri de la critique de Fréron; mais ne peut manquer de vous en attirer bien d'autres [1]. Nous avons tenu conseil, la grand'maman, l'abbé Barthélemy et moi, car nous sommes tous trois votre ministère, et nous conduisons fort bien vos affaires. Nous avons donc conclu qu'il ne fallait rien dire sur cette brochure, ni la louer, ni la blâmer; et surtout qu'il ne fallait pas employer la police pour interdire la critique. Vous pouvez compter sur quatre amis fort prudents et fort zélés, nous trois, et j'y ajoute madame de Jonsac; je pourrais y ajouter aussi l'ami Pont-de-Veyle, car il

---

[1] H. Walpole, en réponse, dit : « On a donc traduit mon *Château d'Otrante*; c'était apparemment pour me donner un ridicule; à la bonne heure, tenez-vous au parti de n'en point parler; laissez aller les critiques; elles ne me fâcheront point; je ne l'ai point écrit pour ce siècle-ci, qui ne veut que de la *raison froide*. Je vous avoue, ma petite, et vous m'en trouverez plus fou que jamais, que de tous mes ouvrages, c'est l'unique où je me sois plu; j'ai laissé courir mon imagination; les visions et les passions m'échauffaient. Je l'ai fait en dépit des règles, des critiques et des philosophes; et il me semble qu'il n'en vaille que mieux. Je suis même persuadé que dans quelque temps d'ici, quand

vous aime fort. Ce sont les brochures sur Jean-Jacques et M. Hume qui m'ont fait connaître leurs sentiments pour vous, car *sur la chose publique*, je suis aussi muette que je suis aveugle. M. de Choiseul, en rentrant, monta chez la grand'maman; je suis parfaitement bien avec lui : il ne cesse de dire du bien de moi, mais il me trouve, dit-il, devenue trop circonspecte; j'en fis des plaisanteries avec lui. Pour lui, je le trouve tout aussi gai et tout aussi léger qu'il l'a jamais été. Quand il fut parti, je dis à la grand'maman que je ne pouvais pas désapprouver la sorte de crainte que vous aviez de faire connaissance avec lui, elle me dit que j'avais tort, et l'abbé dit qu'il faudrait que vous vinssiez dîner avec lui à Paris; qu'il n'y avait jamais que deux ou trois personnes, et que vous y seriez fort à votre aise. Moi je ne le crois pas; mais alors comme alors, nous en délibérerons. Pour ce qui me regarde, mon tuteur, je ne sais pas quel parti je prendrai; aucun régime ne me réussit, et mes insomnies ne font qu'empirer. Je ne mange presque plus, et le seul bien que je tire de ma diète, c'est d'avoir moins de vapeurs mais pas plus de sommeil : cela me fâche d'autant plus, que cela m'oblige à me lever fort tard : peut-être que d'ici à votre arrivée cela changera. J'y fais de mon mieux, et, je vous assure, par rapport à vous; car sans vous je ne me soucierais guère de vivre : tout me choque, tout me déplaît, tout m'ennuie. J'ai eu un ami, M. Formont, pendant trente ans; je l'ai perdu : j'ai aimé deux femmes passionnément; l'une est morte, c'était madame de Flamarens; l'autre est vivante et a été infidèle, c'est madame de Rochefort. Le hasard m'a fait faire votre connaissance; vous avez remplacé ces trois pertes, mais vous êtes un étranger, toujours à la veille de devenir notre ennemi : et puis l'Océan, vos affaires, et qui pis est, votre santé, nécessairement nous séparent. Cependant je suis bien aise de vous avoir connu; c'est mourir tous les jours que de vivre sans aimer

le goût reprendra sa place, que la philosophie occupe, mon pauvre *Château* trouvera des admirateurs : il en a actuellement chez nous; j'en viens de donner la troisième édition. Ce que je viens de dire n'est pas pour mendier votre suffrage; je vous ai constamment dit que vous ne l'aimeriez pas; vos visions sont d'un genre différent. Je ne suis pas tout à fait fâché qu'on ait donné la seconde préface, cependant la première répond mieux à la fiction; j'ai voulu qu'elle passât pour ancienne, et presque tout le monde en fut la dupe. Je ne cherche pas querelle avec Voltaire; mais je dirai jusqu'à la mort que notre Shakspeare est mille piques au-dessus. » (A. N.)

rien, et « plutôt souffrir que mourir », c'est la devise des hommes, dit la Fontaine.

Il serait obligeant de ne me pas laisser dans l'inquiétude sur tout ce qui vous regarde. Je n'exige rien; je m'en rapporte à votre amitié.

Madame la Dauphine[1] a été administrée ce matin; on ne croit pas qu'elle passe la semaine : elle ne sera regrettée que de quatre personnes, mesdames de Marsan et de Caumont, MM. de la Vauyugon et l'évêque de Verdun. — Elle brutalisa l'autre jour madame de Lauraguais, sa dame d'atour, qui dit à quelqu'un qui était auprès d'elle : *Cette princesse est si bonne qu'elle ne veut pas que sa mort soit un malheur pour personne.*

Adieu, mon bon ami; adieu, mon tuteur, venez le plus tôt que vous pourrez. Je crois que ce qui fait ma mauvaise santé, c'est que mon âme a trop de mouvement pour l'étui qui la renferme.

LETTRE 224.

LA MÊME AU MÊME.

Dimanche, 26 avril 1767.

Vous faites beaucoup d'honneur aux *Scythes*[2]; je trouve qu'ils ne valent pas la critique : cet ouvrage est d'un commençant qui n'annoncerait aucun talent ni génie. Ces Scythes sont des paysans de Chaillot ou de Vaugirard; les Persans, des gens de fortune devenus gentilshommes; la Zobéide est une assez honnête fille, dont l'âme n'a pas un grand mouvement, et à qui l'obéissance ne coûte guère : elle se tue parce qu'il faut faire une fin.

Je ne vous aurais jamais envoyé *la Guerre de Genève*. C'est un rabâchage de *la Pucelle :* vous n'avez apparemment vu que le premier chant, il n'y a point de second, mais il y en a un troisième qui est encore au-dessous du premier.

Je vais entendre tout à l'heure la comédie de *Henri IV*[3], chez madame de Villeroy; je vous en rendrai compte dans ma première lettre.

---

[1] Marie-Josèphe de Saxe, seconde épouse du Dauphin, fils de Louis XV. (A. N.)
[2] Tragédie de Voltaire. (A. N.)
[3] *La partie de chasse de Henri IV*, par Collé. (A. N.)

Je soupai hier chez votre ambassadeur [1] : il lui manqua sept personnes que M. le prince de Conti avait retenues à l'Ile-Adam, d'où il revient aujourd'hui : nous n'étions que neuf. Madame l'ambassadrice était dans son lit avec la fièvre. Ces neuf étaient mesdames de la Vallière, de Forcalquier, la vicomtesse de Narbonne et moi ; le maître de la maison, les ambassadeurs de Sardaigne et de Venise, M. de Lauzun et monsieur votre neveu [2]. Je l'ai prié à souper pour d'aujourd'hui en huit : l'ambassadeur l'aime et le traite comme son fils.

Ce que vous me dites de vos affaires ne m'éclaircit pas beaucoup plus que ce que j'en apprends dans les gazettes ; mais heureusement il n'est pas nécessaire que j'en sache davantage. Il ne se passe rien ici qui puisse vous intéresser ; mais c'est une espèce d'événement pour nous, que l'appartement à Versailles de feu madame la Dauphine, qui était vacant depuis sa mort, et qui précédemment avait été à madame de Pompadour, vient d'être donné à madame Victoire [3] : il ne reste plus à attendre que le voyage de Marly, qui sera pour le 7. Nous verrons ce qu'il produira : j'en attends l'issue sans aucune impatience [4].

La grand'maman part de demain en huit pour Chanteloup : elle est transportée de joie. Je ne crois pas en effet que sa métaphysique soit semblable à celle de votre ambassadrice. Cette pauvre ambassadrice est abîmée de fluxions et d'ennui : son mari est assez aimable.

Je pourrai vous envoyer une épître d'un nommé la Harpe ; c'est un moine de la Trappe qu'il fait écrire à l'abbé de Rancé, pour lui reprocher la folie de son institut. Il y a, à mon gré, de fort bonnes choses ; mais vous ne devez pas avoir le temps de lire, et je ne conçois pas que vous en ayez trouvé pour *les Scythes* et *Genève*. Votre Parlement viendra à bout de vous. Si vous le jugez à propos, vous me donnerez de vos nouvelles.

Vous allez avoir M. de Sarcefield [5].

Voulez-vous que je vous envoie la comédie de *Henri IV*?

---

[1] Lord Rochford. (A. N.)

[2] Fils d'Edouard Walpole, qui mourut bientôt après. (A. N.)

[3] Une des filles de Louis XV. (A. N.)

[4] Madame du Deffand a certainement ici en vue quelques changements politiques qui devaient avoir lieu pendant le séjour du roi à Marly. (A. N.)

[5] Comme ambassadeur de France à Londres. Cette mission n'eut pas lieu. (A. N.)

LETTRE 225.

MADAME LA MARQUISE DU DEFFAND A M. HORACE WALPOLE.

Paris, dimanche 3 mai 1767.

Il faut commencer par répondre à votre lettre ; et puis après je vous dirai cent mille choses dont peut-être pas une ne vous intéressera ni ne vous sera agréable, car, sauf votre respect, il est assez difficile d'attraper ce qui peut vous plaire.

Votre parlement ne finira point : votre cousin [1] ne se déterminera à rien tant qu'il pourra rester dans l'indécision, et vous ne parviendrez point à justifier votre Richard III [2]. Comment avez-vous formé un si étrange projet ? Et comment se peut-il que vous vous en promettiez beaucoup d'amusement ? Oh ! votre tête est ineffable ; il n'y a que le cardinal de Luynes qui pourrait me l'expliquer, parce qu'il a le talent de faire entendre en un demi-quart d'heure ce que c'est que l'essence et l'existence de Dieu. Tout ce que je comprends, c'est que, grâce à toutes vos fantaisies, vous ne devez jamais vous ennuyer, et vous jouissez de l'avantage le plus grand qu'il y ait au monde. Si l'on me disait de choisir ce que je désire, de former un seul souhait et qu'il me serait accordé, je dirais, sans hésiter, de ne jamais m'ennuyer ; mais s'il en fallait choisir les moyens, jamais je ne me déciderais. Nous ne sommes pas assez stables dans nos façons de penser pour pouvoir compter que telle ou telle chose puisse nous rendre heureux ; le vrai bonheur est d'être exempt d'ennui ; tout ce qui en préserve est également bon. Gouverner un État ou jouer à la toupie, me paraît égal ; mais c'est la pierre philosophale que de s'assurer de ne s'ennuyer jamais. Oh ! mon Dieu, bien loin de cela, on doit être bien sûr qu'on s'ennuiera toujours. Mais je m'aperçois que je suis votre méthode quand vous parlez contre l'amitié : pour prouver qu'elle est dangereuse, vous faites éprouver combien elle l'est en effet ; je fais de même en vous parlant de l'ennui. Nous ne sommes pas sans inconvénient l'un pour l'autre, il en faut convenir.

---

[1] Le général Conway. (A. N.)

[2] M. Walpole lui avait annoncé son intention en ces termes :

« Dans ce moment même je voudrais me donner tout entier à la recherche d'un fait dans notre histoire qui m'intéresse infiniment, et que je n'ai pas le temps d'approfondir ; c'est le règne de notre Richard III, qu'on nous donne pour le plus abominable des hommes : un monument authentique de son sacre que j'ai découvert met extrêmement en doute l'assassinat de ses neveux. »

Je ne suis point étonnée du bon accueil que vous a fait l'héréditaire[1] : vous n'êtes point dans l'obscurité dont vous vous flattez ; vous auriez plus de calme et moins d'inégalité, si en effet vous étiez un homme obscur : vous êtes envié, estimé, craint, recherché ; je ne dirai point haï, parce qu'il faudrait ajouter *aimé*: ce mot est trop mal sonnant, trop indécent pour qu'une honnête femme puisse le prononcer et qu'un honnête homme puisse l'entendre.

Le M. de Surgères qui est mort n'est point le fils de madame de Surgères ; il n'avait ce nom que parce qu'il en avait la terre : il s'appelait Pudion ; il était je ne sais pas quoi dans la maison de M. le Dauphin. Voilà votre lettre répondue.

Je vous promis dans ma dernière lettre de vous rendre compte de la comédie de *Henri IV*. La pièce ne vaut rien ; le premier acte est exécrable et m'ennuya à la mort : dans le second il y a deux scènes d'un paysan avec deux petites filles qui sont charmantes, et jamais on n'a si parfaitement bien joué que l'acteur qui faisait Lucas. Le troisième acte me fit un plaisir extrême, j'y pleurai de tout mon cœur ; ce ne furent point des larmes douloureuses et amères, mais des larmes de plaisir et d'attendrissement. Lisez la pièce ; madame Hervey l'a ; c'est pourquoi je ne vous l'ai pas envoyée, et vous jugerez qu'étant bien jouée, elle doit être fort touchante.

Les spectacles de madame de Villeroy sont finis, ou du moins suspendus : je n'y ai pas grand regret, parce que je ne me soucie de rien.

La grand'maman n'est pas encore partie, mais elle part demain à cinq heures du matin ; elle fera ses soixante-deux lieues tout de suite, et couchera à Chanteloup ; elle est transportée de joie du séjour qu'elle y va faire ; elle y restera jusqu'à

---

[1] Le duc de Brunswick, mort des suites des blessures reçues à la bataille d'Iéna, alors prince héréditaire. M. Walpole a donné le récit suivant de la conduite de ce prince envers lui :

« Hier j'ai dîné avec vingt-trois personnes chez les Guerchy ; j'y trouvai le prince héréditaire ; c'était un peu incommode, ne lui ayant pas été présenté. Je priai M. de Guerchy de lui faire mes excuses ; que l'année passée j'avais été en France ; je prétextai une maladie ; mon visage et ma maigreur y donnaient un grand air de vérité. — Il me combla de politesse, me dit qu'il avait tant entendu parler de moi, qu'il avait eu la plus grande impatience de faire connaissance avec moi ; enfin tout s'est passé à merveille. Je mets ma prétendue renommée sur le compte de Paris ; car assurément je ne joue pas un rôle fort brillant ici, et de jour en jour je cherche à me soustraire à la foule. Qu'a-t-on fait dans le grand monde quand on n'y a rien à faire ? » (A. N.)

Compiègne¹, c'est-à-dire deux mois et plus. Je la regrette; depuis quelque temps je l'ai beaucoup vue; elle croyait m'aimer, elle me le disait, et je lui répondais : Ma grand'maman, vous *savez* que vous m'aimez, mais vous ne le *sentez* pas. Je soupai hier au soir chez elle avec son mari, son oncle, M. de Thiers, l'abbé Barthélemy et madame de Choiseul-Betz²; cette petite femme mit quelque gêne et quelque contrainte, cependant nous ne nous sommes séparés qu'à deux heures, et, à tout prendre, la soirée fut assez agréable.

LETTRE 226.

LA MÊME AU MÊME.

Paris, dimanche 17 mai 1767.

Si j'ai donné dans le travers de chercher la pierre philosophale³, je n'en rougirai point, et je ne m'en repentirai peut-être pas. Si ne pouvant trouver à faire de l'or, on est parvenu à trouver d'autres secrets, on n'a pas perdu son temps : il n'y a de recette contre l'ennui que l'exercice du corps, l'application de l'esprit, ou l'occupation du cœur; c'est être automate que de se passer de tous les trois; mais on le devient, ou du moins on doit le devenir, quand on pousse sa carrière plus loin qu'il ne faudrait.

Bon Dieu, quelle différence de votre pays au nôtre! Je serais tentée de vous envoyer le discours que l'abbé Chauvelin⁴ a fait au parlement pour lui dénoncer la *sanction pragmatique;* nos forcenés sont à la glace; jamais ils ne perdent de vue la prétention du bel esprit et du beau langage; on enragerait chez nous avec *urbanité;* ce qu'on appelle aujourd'hui éloquence m'est devenu si odieux que j'y préférerais le langage des halles; à force de rechercher l'esprit, on l'étouffe. Vous autres Anglais, vous ne vous soumettez à aucune règle, à aucune méthode;

---

¹ Elle veut dire, jusqu'à ce que la cour aille à Compiègne. (A. N.)
² La comtesse de Choiseul, née Lallemand de Betz, mère de M. de Choiseul-Gouffier, longtemps ambassadeur de France à Constantinople, auteur du *Voyage pittoresque de la Grèce.* (A. N.)
³ D'espérer de trouver un parfait ami. (A. N.)
⁴ Conseiller au parlement de Paris. Henri-Philippe de Chauvelin, abbé de Montier-Ramey, chanoine de Notre-Dame et conseiller au parlement de Paris, acquit une grande célébrité par l'audace avec laquelle il attaqua les Jésuites. (A. N.)

vous laissez croître le génie sans le contraindre à prendre telle ou telle forme; vous auriez tout l'esprit que vous avez, si personne n'en avait eu avant vous. Oh! nous ne sommes pas comme cela; nous avons des livres; les uns sont l'art de penser; d'autres l'art de parler, d'écrire, de comparer, de juger, etc., etc. Nous sommes les enfants de l'art : quelqu'un de parfaitement naturel chez nous devrait être montré à la foire; enfin ce serait un phénomène, mais il n'en paraîtra jamais.

Je fus avant-hier, vendredi, entendre mademoiselle Clairon dans *Bajazet*, chez la duchesse de Villeroy; elle joua bien, mais elle ne cache pas assez son art; aussi on l'admire, mais elle ne touche pas; le reste des acteurs était affreux, et déshonora la pièce au point que je la trouvai très-mauvaise, et en effet elle pourrait bien ne pas valoir grand'chose : elle est certainement de mauvais goût, puisque le bon goût est ce qui approche de la nature, ou ce qui imite parfaitement ce qu'on veut représenter. Si vous saviez votre d'Urfé [1] aussi bien que moi mon Scudéry, vous trouveriez que la scène de *Bajazet* devrait être au bord du Lignon, qu'Acomat est le grand druide Adamas; Bajazet, Céladon; et Atalide, la bergère Astrée.

Quoi! vous avez le front d'être content du troisième chant de *la Guerre de Genève?* Oh! cela me surprend bien. Je n'aurais jamais osé vous envoyer une telle rapsodie, de telles ordures, de pareilles infamies, qui ne sont sauvées par aucun trait d'esprit. Je ne me mêle plus de ce qui vous regarde, sans quoi je vous aurais envoyé une épître d'un moine de la Trappe, où il y a, à mon gré, de grandes beautés; mais j'ai supprimé avec vous tous soins et toutes attentions. En ne faisant rien, en ne disant rien, et même ne pensant rien (car il est à propos d'aller jusque-là), on évite de déplaire, on se procure de la tranquillité à soi-même, on ouvre les lettres qu'on reçoit sans crainte et sans terreur, on est sûr de n'y rien trouver qui choque; on s'en tient là, parce qu'à toute force on se passe de ce qui fait plaisir.

[1] Elle veut dire que si M. Walpole connaissait aussi bien les ouvrages de d'Urfé, fameux romancier qui vivait au commencement du xviie siècle, qu'il la supposait connaître ceux de mademoiselle de Scudéry, il aurait trouvé de la ressemblance entre le caractère de *Bajazet* de Racine, et celui d'*Astrée*, roman pastoral de d'Urfé.

Les Anglais ont eu, vers le milieu du xviie siècle, un poëte du nom de d'Urfey, auteur de trente et une comédies et d'un grand nombre de chansons, dont Pope et Dryden se sont moqués dans leurs écrits. (A. N.)

Je vous remercie de vos livres[1], j'en ferai la distribution. Quelle idée que votre Richard III ! J'aurais passé cette fantaisie à notre abbé de Longuerue[2] ; mais votre tête, votre tête ! ah ! je ne dis pas ce que j'en pense.

LETTRE 227.

M. DE VOLTAIRE A MADAME LA MARQUISE DU DEFFAND.

18 mai 1767.

Il y a plus de six semaines, madame, que je suis toujours prêt à vous écrire, à m'informer de votre santé, à vous demander comment vous supportez la vie, vous et M. le président Hénault, et à m'entretenir avec vous sur toutes les illusions de ce monde ; mais je me suis trouvé exposé à tous les fléaux de la guerre et à celui de trente pieds de neige dont j'ai été longtemps environné. Les neiges et les glaces me privent tous les ans de la vue pendant quatre mois ; j'ai l'honneur d'être alors, comme vous le savez, votre confrère des Quinze-Vingts ; mais les Quinze-Vingts ne souffrent pas, et j'éprouve des douleurs très-cuisantes. Je renais au printemps, et je passe de la Sibérie à Naples, sans changer de lieu ; voilà ma destinée.

Pardonnez-moi, madame, si j'ai passé tant de temps sans vous écrire ; vous savez que je vous aimerai toujours. Vous me direz : « Montrez-moi votre foi par vos œuvres ; on écrit quand on aime. » Cela est vrai ; mais pour écrire des choses agréables, il faut que l'âme et le corps soient à leur aise ; et j'en ai été bien loin. Vous me mandez que vous vous ennuyez, et moi je

---

[1] Quelques-uns des livres imprimés à Strawberry-Hill, que madame du Deffand avait demandés à M. Walpole pour M. l'abbé Barthélemy et M. de Pont-de-Veyle. (A. N.)

[2] L'abbé de Longuerue, l'un des plus savants hommes de son temps, né en 1652, a écrit un grand nombre d'ouvrages sur des points obscurs de l'histoire, auxquels madame du Deffand compare les doutes de M. Walpole sur l'histoire de Richard III.

L'abbé de Longuerue mourut à Paris en 1733. C'était un homme sec et tranchant, et d'une conversation pleine de saillies.

Un jour, les moines de l'abbaye du Jard lui ayant demandé le nom de son confesseur, il leur répondit : Je vous le dirai, quand vous m'aurez dit qui » était celui de notre père saint Augustin. »

C'est l'abbé de Longuerue qui disait des tragédies de Racine : « Qu'est-ce » que cela prouve ? » (A. N.)

vous réponds que j'enrage. Voilà les deux pivots de la vie, de l'insipidité ou du trouble.

Quand je vous dis que j'enrage, c'est un peu exagérer; cela veut dire seulement que j'ai de quoi enrager. Les troubles de Genève ont dérangé tous mes plans : j'ai été exposé pendant quelque temps à la famine; il ne m'a manqué que la peste; mais les fluxions sur les yeux m'en ont tenu lieu. Je me dépique actuellement en jouant la comédie. Je joue assez bien le rôle de vieillard, et cela d'après nature; et je dicte ma lettre en essayant mon habit de théâtre.

Vous vous êtes fait lire, sans doute, le quinzième chapitre de *Bélisaire* : c'est le meilleur de tout l'ouvrage, ou je m'y connais bien mal. Mais n'avez-vous pas été étonnée de la décision de la Sorbonne qui condamne cette proposition? « La vérité luit » de sa propre lumière, et on n'éclaire point les hommes par les » flammes des bûchers. » Si la Sorbonne a raison, les bourreaux seront donc les seuls apôtres?

Je ne conçois pas comment on peut hasarder quelque chose d'aussi sot et d'aussi abominable. Je ne sais comment il arrive que les compagnies disent et font de plus énormes sottises que les particuliers; c'est peut-être parce qu'un particulier a tout à craindre, et que les compagnies ne craignent rien. Chaque membre rejette le blâme sur son confrère.

A propos de sottises, je vous ferai présenter très-humblement, de ma part, une sottise des *Scythes,* dont on fait une nouvelle édition, et je vous prierai d'en juger, pourvu que vous vous la fassiez lire par quelqu'un qui sache lire des vers; c'est un talent aussi rare que celui d'en faire de bons.

De toutes les sottises énormes que j'ai vues dans ma vie, je n'en connais point de plus grande que celle des Jésuites. Ils passaient pour de fins politiques, et ils ont trouvé le secret de se faire chasser déjà de trois royaumes, en attendant mieux. Vous voyez qu'ils étaient bien loin de mériter leur réputation.

Il y a une femme qui s'en fait une bien grande; c'est la Sémiramis du Nord, qui fait marcher cinquante mille hommes en Pologne, pour établir la tolérance et la liberté de conscience. C'est une chose unique dans l'histoire de ce monde, et je vous réponds que cela ira loin. Je me vante à vous d'être un peu dans ses bonnes grâces; je suis son chevalier envers et contre tous. Je sais bien qu'on lui reproche quelque bagatelle au sujet de son mari; mais ce sont des affaires de famille, dont je ne

me mêle pas; et d'ailleurs il n'est pas mal qu'on ait une faute
à réparer : cela engage à faire de grands efforts pour forcer le
public à l'estime et à l'admiration, et assurément son vilain mari
n'aurait fait aucune des grandes choses que ma Catherine fait
tous les jours.

Il me prend envie, madame, pour vous désennuyer, de vous
envoyer un petit ouvrage concernant Catherine : et Dieu veuille
qu'il ne vous ennuie pas! Je m'imagine que les femmes ne sont
pas fâchées qu'on loue leur espèce et qu'on les croie capables
de grandes choses. Vous saurez d'ailleurs qu'elle va faire le tour
de son vaste empire. Elle m'a promis de m'écrire des extré-
mités de l'Asie; cela forme un beau spectacle.

Il y a loin de l'impératrice de Russie à nos dames du Marais,
qui font des visites de quartier. J'aime tout ce qui est grand, et
je suis fâché que nos Welches soient si petites. Nous avons
pourtant encore un prodigieux avantage, c'est qu'on parle
français à Astrakan, et qu'il y a des professeurs en langue française à Moscou. Je trouve cela plus honorable encore que
d'avoir chassé les Jésuites. C'est une belle époque, sans doute,
que l'expulsion de ces renards; mais convenez que Catherine a
fait cent fois plus en réduisant tout le clergé de son empire à
être uniquement à ses gages.

Adieu, madame; si j'étais à Paris, je préférerais votre société
à tout ce qui se fait en Europe et en Asie.

LETTRE 228.

MADAME LA MARQUISE DU DEFFAND A M. HORACE WALPOLE.

Paris, samedi 23 mai 1767.

Vous voulez que j'espère vivre quatre-vingt-dix ans? Ah! bon
Dieu, quelle maudite espérance! Ignorez-vous que je déteste la
vie, que je me désole d'avoir tant vécu, et que je ne me console point d'être née? Je ne suis point faite pour ce monde-ci;
je ne sais pas s'il y en a un autre; en cas que celui-ci soit, quel
qu'il puisse être, je le crains. On ne peut être en paix ni avec
les autres, ni avec soi-même; on mécontente tout le monde :
les uns, parce qu'ils croient qu'on ne les estime ni ne les aime
pas assez, les autres par la raison contraire; il faudrait se faire
des sentiments à la guise de chacun, ou du moins les feindre, et
c'est ce dont je ne suis pas capable; on vante la simplicité et

le naturel, et on hait ceux qui le sont; on connaît tout cela; et malgré tout cela on craint la mort, et pourquoi la craint-on? Ce n'est pas seulement par l'incertitude de l'avenir, c'est par une grande répugnance qu'on a pour sa destruction, que la raison ne saurait détruire. Ah! la raison, la raison! Qu'est-ce que c'est que la raison? quel pouvoir a-t-elle? quand est-ce qu'elle parle? quand est-ce qu'on peut l'écouter? quel bien procure-t-elle? Elle triomphe des passions? cela n'est pas vrai; et si elle arrêtait les mouvements de notre âme, elle serait cent fois plus contraire à notre bonheur que les passions ne peuvent l'être; ce serait vivre pour sentir le néant, et le néant (dont je fais grand cas) n'est bon que parce qu'on ne le sent pas. Voilà de la métaphysique à quatre deniers, je vous en demande très-humblement pardon; vous êtes en droit de me dire : « Contentez-vous de vous ennuyer, abstenez-vous d'ennuyer les autres. » Oh! vous avez raison; changeons de conversation.

Vous m'avez alarmée pour votre sourde[1], mais je ne sais pas quel est le mal Saint-Antoine; je l'ai demandé (non pas encore à un médecin), et l'on m'a dit que c'était une manière de peste; s'il est vrai, cela doit être contagieux, je suis ravie qu'elle soit guérie. Je le suis aussi, quoique j'aie toujours des insomnies, et passablement de vapeurs; mais je m'y accoutume.

J'ai reçu avant-hier une lettre de Voltaire; je serais assez tentée de vous l'envoyer; elle vaut mieux que son poëme de Genève; mais je me contenterai de vous en transcrire un article, il me fait l'éloge de la czarine : « Je suis, dit-il, son chevalier » envers et contre tous. Je sais bien qu'on lui reproche quelques » bagatelles au sujet de son mari; mais ce sont des affaires de » famille dont je ne me mêle point; et d'ailleurs, il n'est pas » mal qu'on ait une faute à réparer, cela engage à faire de grands » efforts pour forcer le public à l'estime et à l'admiration[2]. » Il joint à sa lettre un petit imprimé sur les panégyriques, plein d'éloges de cette Catherine.

Jean-Jacques est un grand fou; il vous donne quelques remords; je le comprends aisément : on doit éviter de faire

---

[1] Henriette Hobart, comtesse douairière de Suffolk, demeurant alors à Marble-Hill, près de Twickenham. (A..N.)

[2] « Voltaire, répond Walpole, me fait horreur avec sa Catherine. Le beau sujet de badinage que l'assassinat d'un mari et l'usurpation de son trône! Il n'est pas mal, dit-il, qu'on ait une faute à réparer. Eh! comment répare-t-on un meurtre? Est-ce en retenant des poëtes à ses gages? en payant des histo-

le malheur de personne, mais surtout de ceux qui nous estiment et nous aiment. Je ne sais ce que c'est que mon bon mot de saint Denis, je ne sache pas en avoir jamais dit.

LETTRE 229.

MADAME LA MARQUISE DU DEFFAND A M. DE VOLTAIRE.

26 mai 1767.

Ne résistez jamais, monsieur, au désir de m'écrire; vous ne sauriez vous imaginer le bien que me font vos lettres; la dernière surtout a produit un effet admirable, elle a chassé les vapeurs dont j'étais obsédée. Il n'y a point d'humeur noire qui puisse tenir à l'éloge que vous faites de votre Sémiramis du Nord; *ces bagatelles que l'on dit d'elle au sujet de son mari, et desquelles vous ne vous mêlez pas, ne voulant point entrer dans des affaires de famille*, feraient même rire le défunt; mais le pauvre petit Ninyas voyage-t-il avec madame sa mère? Je voudrais qu'elle vous le confiât; j'aimerais mieux pour lui vos instructions que ses beaux exemples. J'admire son zèle pour la tolérance, elle ne se contente pas de l'avoir établie dans ses États, elle l'envoie prêcher chez ses voisins par cinquante mille missionnaires armés de pied en cap. Oh! c'est la véritable éloquence! Qu'en dira la Sorbonne? Ses décrets me font grand plaisir. Cette compagnie vous sert à souhait, et elle concourt, autant qu'il lui est possible, au succès de vos écrits. Le fanatisme dans tous les genres fait dire et faire bien des absurdités; il n'y a point d'extravagance dont on doive s'étonner. Celle de Jean-Jacques est à son comble, il vient de s'enfuir d'Angleterre, brouillé avec son hôte, ayant laissé sur la table une lettre où il lui chante pouille, et puis étant arrivé à un port de mer, il a écrit au chancelier pour lui demander un garde, qui le conduisît en sûreté jusqu'à Douvres. On ne savait pas seulement qu'il fût parti; on n'avait ni dessein de l'arrêter, ni envie de le retenir; on ne sait où il va. Je lui conseille d'aller trouver les jésuites, de se mettre à leur tête; leur politique et sa philosophie se conviennent admirablement bien. Ah! mon-

riens mercenaires et en soudoyant des philosophes ridicules à mille lieues de son pays? Ce sont ces âmes viles qui chantent un Auguste et se taisent sur ses proscriptions. » (*Note de l'édition de Londres, non reproduite dans les éditions françaises.* (L.)

sieur, si on n'avait pas à vivre avec soi-même, on serait trop heureux, on aurait bien des sujets de se divertir et de rire. Mais que devenez-vous avec votre *Guerre de Genève?* On disait ici que vous songiez à vous établir à Lyon. Je ne vous le conseille pas, vous seriez dans une ville, et vous êtes dans un temple. Je me plains de ce que vous ne me parlez point de ce qui vous regarde; douteriez-vous que je m'y intéresse?

Je vous remercie d'avance du présent que vous me promettez, *les Scythes;* je chercherai un bon lecteur. Votre petit écrit sur les panégyriques m'a fait grand plaisir.

J'approuve fort le grand Bossuet de l'importance qu'il a mise au rêve de la Palatine, et de l'avoir célébrée en chaire; je fais grand cas des rêves, je n'avais pas imaginé qu'ils pussent être utiles dans ces occasions, mais je suis convaincue aujourd'hui qu'ils doivent avoir toute préférence sur les raisonnements.

Il faut, monsieur, avant que je finisse cette lettre, que j'obtienne de vous une grâce, mais il faut que ce soit tout à l'heure : c'est votre statue ou votre buste qu'on a fait à Saint-Claude; on dit que vous y êtes parfaitement ressemblant, j'ai la plus extrême impatience de l'avoir. Ne m'alléguez point que je suis aveugle; on jouit du plaisir des autres, on voit en quelque sorte par leurs yeux, et puis la gloire, monsieur, la gloire, la comptez-vous pour rien? Croyez-vous que je ne serais pas extrêmement flattée que vous décoriez mon appartement? Vous en imposerez à tous ceux qui y entreront; combien de sottises peut-être m'éviterez-vous de dire et d'entendre!

Le président vous aime toujours, et me charge de vous le dire; il se porte bien, mais il porte quatre-vingt-deux ans, c'est une charge bien pesante. Moi, qui en ai douze de moins à porter, j'en suis accablée. Si j'essayais, comme vous, un habit de théâtre, et qu'il me fallût dicter en même temps, je dicterais mes billets d'enterrement; mais vous êtes un prodige en tout genre. Adieu, mon cher et ancien ami.

LETTRE 230.

MADAME LA MARQUISE DU DEFFAND A M. HORACE WALPOLE.

Paris, dimanche 31 mai 1767.

Rien dans le monde ne peut me procurer de sommeil; et quoique vous l'espériez, vos lettres n'auront point cette gloire;

elles me font beaucoup de plaisir, mais elles me laissent comme elles me trouvent; c'est l'effet que vous en désirez, et j'ose me flatter d'être très-conforme en tout point à ce que vous souhaitez que je sois, que je reconnais être très-raisonnable, et qui sera, je vous le jure, un état permanent.

L'histoire de Jean-Jacques est admirable [1], elle n'a pas fait grande sensation sur tous les gens que j'ai vus; il est si décidé fou, que personne n'oserait chercher quelque ombre de bon sens dans tout ce qu'il a jamais fait : il m'est revenu que l'idole [2] est la première à raconter toutes ses folies; pour le prince [3], qui pousse les principes encore plus loin, il persévère à n'en pas dire un mot.

Je ne puis vous dire à quel point je suis étonnée des éloges que vous faites du poëme de Genève; si j'étais à portée de le lire avec vous, je ne vous laisserais point de repos que vous ne me fissiez comprendre et sentir ce que vous y trouvez de si charmant et de si spirituel. J'aurais pu vous envoyer, par monsieur votre neveu, une épitre d'un nommé la Harpe, où il y a des choses qui me plaisent infiniment [4]. Je pourrais charger le chevalier de Barfort [5], qui part demain avec madame de Chabot, de la lettre que j'ai reçue de Voltaire, et d'un petit écrit sur les panégyriques qu'il m'a envoyés, et aussi du dernier mémoire de la Chalotais; mais je crois plus à propos de supprimer toute espèce de soins et d'attentions, de conformer ma

---

[1] C'était sa fuite de la maison de M. Davenport, dans le Derbyshire, sans en avoir prévenu, et en laissant une lettre pleine d'injures pour son hôte obligeant. (A. N.)

[2] Elle (la comtesse de Boufflers) avait été un de ses plus grands admirateurs. (A. N.)

[3] De Conti. Le prince de Conti (Louis-François de Bourbon), quatrième descendant du frère du grand Condé. Il naquit à Paris le 13 août 1717, fit ses premières armes en qualité de lieutenant général du maréchal de Belle-Isle, dans la guerre de 1744. Il aimait les lettres et ceux qui les cultivaient. Ses liaisons avec les personnes qui blâmaient les opérations de la cour éloignèrent de lui Louis XV, qui cessa de l'employer, quoiqu'il eût montré quelques talents pour la guerre. Dans sa jeunesse, il avait eu du goût pour la poésie, et l'on a conservé de lui des vers qu'il fit à l'occasion de l'Œdipe de Voltaire. Il mourut le 2 août 1776. Quelque temps avant sa mort, il se fit apporter son cercueil, s'y plaça lui-même, et plaisanta sur ce qu'il s'y trouvait à l'étroit. (A. N.)

[4] L'épitre d'un moine de la Trappe à l'abbé de Rancé. (A. N.)

[5] Le chevalier Jermingham, oncle de sir William Jermingham, de Cossey, dans le Norfolk, avait été élevé en France, et entra au service de France sous le nom de chevalier de Barfort. Madame de Chabot était sa proche parente, étant la fille du dernier comte de Stafford. (A. N.)

conduite à la vôtre, en ne chargeant point les gens de mon pays, de vous parler de moi, comme vous ne chargez point ceux qui reviennent du vôtre de me parler de vous; enfin, enfin, jamais prédicateurs, ni chez vous, ni chez nous, ne peuvent se vanter d'avoir fait une plus belle conversion; je n'y trouve de fâcheux que la honte et les remords qui restent. Oh! les justes doivent être bien plus heureux que les pécheurs pénitents!

Je n'aime point les arrangements que vous prévoyez, je voudrais que votre cousin ne quittât point sa place[1], je le désirerais pour lui, et encore plus pour vous : on a plus besoin d'occupations que vous ne pensez, et celles qu'on recherche ne nous garantissent pas si certainement de l'ennui que celles qui nous viennent chercher. Votre Richard III ne suppléera point à l'occupation que vous donnent les affaires : peut-être me trompé-je, mais je suis comme le jardinier dans la comédie de *l'Esprit de contradiction*, je juge le monde et les hommes par mon jardin. Votre scène avec votre Irlandaise est charmante, elle m'aurait bien divertie[2]; j'aime à la folie à voir bien contrefaire; c'est un talent qu'a d'Alembert, et qui fait que je le regrette[3].

---

[1] Le général Conway, qui était ministre des affaires étrangères. (A. N.)

[2] M. Walpole l'avait décrite comme il suit : « Après dîner, ma comédienne (madame Clive) m'a proposé de passer chez elle. J'y ai trouvé un de mes neveux (feu M. Robert Cholmondeley) et sa femme, qui a de l'esprit; une autre femme (madame Griffiths) qui a fait des comédies, et qui est très-précieuse; et une jeune et jolie Irlandaise (madame Balfour), sauvage comme une Iroquoise, parlant sans cesse par bonté de cœur, et avec le patois le plus marqué qu'il est possible; les autres riaient à gorge déployée, et la pauvre petite créature était charmée qu'on la trouvât si aimable. Moi, je souffrais mort et passion, j'étouffais de rire, je craignais de la choquer, et je trouvais très-malhonnête que la compagnie en usât de la sorte. Elle caressait mon chien, demandait son nom, le prononçait de la manière la plus gauche, me contait les visites qu'on lui avait rendues sur son mariage; enfin, elle était si naturelle, si naïve et si franche, et se servait d'exclamations si burlesques, que je restais immobile, ne sachant si je devais l'aimer ou la croire une imbécile. Tout d'un coup ma nièce (madame Cholmondeley) a crié : Allons, madame, quittons ce personnage. — Non, de mes jours je n'ai jamais été si surpris; c'était une dame très-bien née, très-polie, et qui a les manières les plus comme il faut. Il est vrai qu'elle était née en Irlande, mais elle n'en a pas le moindre accent. C'était une scène qu'on avait ménagée pour me divertir, et j'en ai été si parfaitement la dupe, que tous les éclats de la compagnie ne m'avaient pas dessillé les yeux. »

[3] Elle avait cessé de voir d'Alembert depuis la querelle qu'elle avait eue avec mademoiselle de Lespinasse et leur séparation. (A. N.)

Je dois souper mercredi chez Montigny¹, ils m'ont offert de prier mademoiselle Clairon, je l'ai accepté. Je rêve à ce que je lui demanderai de réciter ; ce pourra bien être le songe d'*Athalie,* et peut-être le rôle de Viriate dans *Sertorius*, qu'on dit être son triomphe. Je vous rendrai compte d'aujourd'hui en huit de ce que j'aurai entendu. Vous ne me parlez point de votre sourde, se porte-t-elle bien?

Madame de Peyre² est morte ce matin à sept heures et demie; elle envoya, il y a deux jours, son perroquet à madame de la Vallière, et son catacoa³ à madame d'Aiguillon : ces dames étaient ses amies intimes, mais les perroquets les consoleront. Madame d'Aiguillon la jeune est arrivée hier à Paris, son mari est encore en Bretagne, en horreur à toute la province.

Ma correspondance avec la grand'maman est assez vive, mais elle aura demain son mari, il y restera jusqu'à jeudi ou vendredi. Je vois avec plaisir qu'elle est heureuse, elle a de la raison et de la jeunesse, et il en résulte de la force et du courage. Sa santé est bonne ; l'abbé Barthélemy lui est véritablement attaché, et c'est un homme tel qu'il le faut pour une compagnie journalière ; elle a aussi Gatti et un M. de Castellane dont elle fait plus de cas qu'il ne mérite : elle ne reviendra que pour Compiègne, c'est-à-dire, les premiers jours de juillet.

On dit que votre ambassadeur⁴ partira à la fin de cette semaine pour Londres; il y a huit jours que je n'ai entendu parler d'eux; c'est madame de Forcalquier qui est leur favorite ; elle fait des petits soupers fins chez eux, et elle leur trouve prodigieusement d'esprit. Monsieur votre neveu était aussi fort empressé pour elle; je ne sais si j'aurai Leurs Excellences pour ce soir, je les ai priées pour mes dimanches une fois pour toutes.

Le prince, l'idole et toute leur clique reviennent aujourd'hui de l'Ile-Adam; le prince, sa belle-fille⁵ et l'idole partiront

---

¹ M. de Montigny-Trudaine, qui avait succédé à son père, M. de Trudaine, dans sa place d'intendant des finances. (A. N.)

² Fille de M. de Gassion et d'une sœur de M. de Morville, par conséquent petite-fille de M. d'Armenonville qui fut garde des sceaux. Son fils était gouverneur du Bourbonnais. (L.)

³ Cacatoës. (L.)

⁴ Lord Rochford.

⁵ La comtesse de la Marche, née princesse de Modène, mariée au fils unique du prince de Conti. (A. N.)

le 20 de juin pour les eaux de Pougues, où ils resteront tout le mois de juillet; la cour partira le 7 de juillet pour Compiègne, où elle restera jusqu'au 29 août. Vous ne me parlez point de vos Patagons, que la gazette dit être arrivés en Angleterre.

LETTRE 231.

LA MÊME AU MÊME.
Paris, samedi 6 juin 1767, à trois heures après midi.

Votre lettre, du 30 et du 2, que je reçois dans le moment, n'a pour ainsi dire point interrompu la lecture que je fais depuis cinq ou six jours, elle m'en a semblé la continuation; ce sont les *Lettres de Pline*. Je me proposais de vous en beaucoup parler, mais je les laisse là, aimant bien mieux parler de la vôtre. Je suis cependant bien peu en état aujourd'hui d'écrire et de penser; mon âme, tout immortelle qu'elle est, est terriblement soumise à son enveloppe, et j'aurais bien du penchant à ne l'en pas distinguer; mais je n'ai sur cela aucun système, et j'approuve extrêmement votre opinion sur vos réflexions et les conséquences que vous en tirez[1]; ce sujet entrera dans nos conversations. Soyez bien sûr que tout ce que vous pourrez me conter m'intéressera; vous serez plus tôt fatigué de mes questions que je ne le serai de vos histoires : osez-vous craindre de mettre ma patience à bout après les épreuves où vous l'avez mise? Pouvez-vous ignorer?... mais.... jem e tais.

Soyez certain que je n'ai point l'intention de vous picoter ni de vous faire aucun reproche. Il y a trop de malentendus entre nous, et rien n'est plus nécessaire pour constater à tout jamais notre amitié que de nous entretenir avec la plus parfaite confiance; vous valez mille fois mieux que moi, et loin que je prétende m'humilier par cet aveu, ma vanité y trouve son compte, parce que tout de suite je crois que je suis la seule personne digne de vous avoir pour ami, et d'être le vôtre. Je vous dirai toutes vos vérités, c'est-à-dire, tout ce que je pense de vous;

---

[1] Voici comment M. Walpole s'était exprimé : « Je crois à une vie future; Dieu a tant fait de bon et de beau, qu'on devrait se fier à lui sur le reste. Il ne faut pas avoir le dessein de l'offenser. La vertu doit lui plaire; donc il faut être vertueux. Mais notre nature ne comporte pas la perfection. Dieu ne demandera donc pas une perfection qui n'est pas naturelle. Voilà ma croyance; elle est fort simple et fort courte. Je crains peu, parce que je ne sers pas un tyran. » (A. N.)

vous me rendrez la pareille, et nous ne nous tromperons ni l'un ni l'autre. Votre âme est plus ferme que la mienne ; mais la mienne est moins variable que la vôtre : mais c'est assez parler de votre valeur intrinsèque.

Vous me demandez mon mot de saint Denis, cela est bien plat à raconter, mais vous le voulez.

M. le cardinal de Polignac[1], beau diseur, grand conteur, et d'une excessive crédulité, parlait de saint Denis, et disait que quand il eut la tête coupée, il la prit et la porta entre ses mains. Tout le monde sait cela ; mais tout le monde ne sait pas qu'ayant été martyrisé sur la montagne de Montmartre, il porta sa tête de Montmartre à Saint-Denis, ce qui fait l'espace de deux grandes lieues..... « Ah ! lui dis-je, monseigneur, je crois que dans une telle situation *il n'y a que le premier pas qui coûte.* »

Cela est conté à faire horreur, je ne sais rien faire de commande, et je suis bien loin dans ce moment-ci d'avoir de la facilité.

LETTRE 232.

LA MÊME AU MÊME.

Paris, dimanche 5 juillet 1767, à dix heures du matin.

Vous n'étiez pas dans la plus agréable disposition le 29 et le 30, qui sont les dates de votre dernière lettre. Ce n'est pas que je m'en plaigne, elle est froidement honnête, et vous ne m'y grondez plus, ainsi je n'ai rien à dire ; mais je voudrais savoir si je suis enfin parvenue à vous contenter, et si je suis parfaitement corrigée de tout ce qui vous déplaisait. Ce qui me fait craindre que cela ne soit pas, c'est que je crois entrevoir que votre séjour ici vous inquiète, et que la complaisance qui vous y amène vous coûte beaucoup ; mais, mon tuteur, songez au plaisir que vous me ferez, quelle sera ma reconnaissance. Je ne vous dirai point combien cette visite m'est nécessaire ; vous jugerez par vous-même si je vous en ai imposé sur rien, et si vous pourrez jamais vous repentir des marques d'amitié que vous m'avez données. Vous faites une récapitulation des personnes que vous pourrez voir : vous n'aurez d'embarras que le choix, et le choix sera extrêmement libre. Vous avez beau me dire que vous ne

[1] L'auteur de l'*Anti-Lucrèce*. (L.)

viendrez ici que pour moi, je ne m'en souviendrai que pour vous en être obligée, et non pas pour exiger de vous de me voir un quart d'heure de plus qu'il ne vous conviendra. Vous vivrez avec mes connaissances, si cela vous convient; avec les Rochefort, Maurepas [1] et d'Egmont [2], si cela vous est plus agréable; enfin, je resterai tranquille dans ma cellule; vous m'y viendrez trouver quand vous voudrez, et jamais vous n'entendrez ni plaintes, ni reproches, ni raisonnements, ni sentiments, ni romans. Nous dirons un jour le diable de la jeunesse, le lendemain nous trouverons qu'il n'y a qu'elle d'aimable; mais je persisterai toujours à vous dire que vous ne devez pas craindre la grand'maman, qu'elle a un goût infini pour vous, et que vous serez ingrat si vous ne lui marquez pas de l'empressement et de l'amitié. Elle est aujourd'hui la seule personne qui en soit digne; elle est revenue mercredi de Chanteloup, je l'ai vue tous les jours. Avant-hier, je soupai chez elle avec la petite Lauzun et l'abbé Barthélemy; nous n'étions que nous quatre; vous fûtes regretté; elle a retenu la phrase de votre lettre sur la Czarine, où vous me dites positivement les mêmes choses qu'elle m'en avait écrites, elle l'a retenue mot pour mot. Je m'étais malheureusement engagée hier à souper chez madame de Forcalquier, laquelle, par parenthèse, s'est réchauffée pour moi; la grand'maman [3] m'envoya prier de la part de son époux de venir souper chez elle, je ne pus accepter, mais j'y fus à minuit; le ministre me demanda quand vous viendriez, et j'eus le chagrin de répondre que je n'en savais rien. La grand'maman partira jeudi ou vendredi pour Compiègne. L'idole [4] et son temple sont aux eaux jusqu'à la fin du mois, madame de Luxembourg partira samedi pour une campagne où elle sera douze ou quinze jours, les Mirepoix, les Beauvau iront à Compiègne le 15, où ils resteront tout le voyage, qui sera jusqu'au 26 d'août; vos ambassadeurs iront dans le même temps, ainsi que tous les étrangers que je vois : il ne me restera que madame d'Aiguillon (qui est tantôt à Rueil, tantôt à Paris, et avec qui je

---

[1] Le comte de Maurepas, alors ex-ministre. Il reprit le ministère après l'avénement de Louis XVI. (A. N.)

[2] La comtesse d'Egmont, fille du duc de Richelieu. C'était une des plus belles femmes de son temps, l'une de celles à qui Rousseau lut ses *Confessions*, et la seule, dit-il, qui, à cette lecture, parut émue et tressaillit visiblement. (A. N.)

[3] La duchesse de Choiseul. (L.)

[4] La duchesse de Boufflers. (L.)

suis fort bien), mesdames de la Vallière [1], de Forcalquier, de Crussol, etc., et puis la maison du président, que madame de Jonsac me rend très-agréable. Voilà, mon tuteur, l'état des choses; je me flatte que vous ne vous ennuierez point. Je dois vous prévenir que vous me trouverez très-près de la décrépitude; cela ne devra point vous surprendre ni vous fâcher, je n'en suis pas de plus mauvaise humeur, je me soumets paisiblement, et avec assez de courage, aux malheurs qu'on ne peut éviter, et j'aurais bien du plaisir à pouvoir vous dire un vers de Voltaire sur l'amitié :

> Change en bien tous les maux où le ciel m'a soumis.

A propos de Voltaire, je vous garde sa lettre et ma réponse, dont la grand'maman a été très-contente; il n'y a point répliqué, et c'est ce qui m'étonne.

Mon Dieu, que nous aurons de sujets de conversation! Nous n'aurons pas besoin de recourir à la métaphysique; je vous accablerai de questions, et je compte bien me mettre au fait de ce qui me regarde et vous intéresse : notre commerce en deviendra par la suite beaucoup plus agréable et plus intelligible. Tenez, mon tuteur, je ne puis pas m'empêcher de vous le dire, j'ai de l'amitié pour vous, et votre excessive franchise est ce qui m'attache le plus. Je ne vous suis bonne à rien, je dois passer le reste de ma vie loin de vous, mais ce m'est une consolation de savoir qu'il existe une personne qui mérite l'estime et qui en a pour moi. Vous me pardonnez bien cette petite douceur, elle n'excède point ce qui est d'usage pour tout le monde; il n'y a de différence que de la vérité au compliment.

Je finis, parce que je ne veux pas fatiguer plus longtemps mon secrétaire; il n'est rentré dans ses fonctions que d'aujourd'hui, il a été très-malade, et m'a causé des inquiétudes mortelles.

Adieu, mon tuteur, que je n'aie rien à combattre avec vous, n'ayez nulle espèce de défiance de moi, exceptez-moi, s'il se peut, des règles que vous vous êtes prescrites; n'ajoutez point volontairement de la froideur à l'indifférence.

---

[1] Voltaire a fait des vers pour mettre au bas de son portrait et lui en a adressé plusieurs fois. (A. N.)

A trois heures après midi.

J'ai laissé reposer Wiart, je reprends ma lettre. Le ministre[1] me dit hier que rien n'était plus étonnant qu'on eût donné une pension à Jean-Jacques, qu'on n'avait point d'argent à jeter par les fenêtres; à la sollicitation de qui? en vertu de quoi? que cela n'avait pas de bon sens; effectivement je trouve ses réflexions justes[2]; nous ne donnerions point ici une pension à un

---

[1] Le duc de Choiseul. (L.)

[2] M. Walpole a dit dans sa réponse : « Le ministre ne doit pas s'étonner que nous ayons donné une pension à Jean-Jacques, il est Suisse, il n'est pas Français. Personne n'a sollicité pour lui; lui-même il l'a demandée. Il est vrai que j'ai appuyé la demande. Mon cousin (M. Conway) l'a procurée, à ma prière et à celle de M. Hume. Mais tenez, que votre cour en donne l'équivalent à Wilkes; le pauvre diable en a bien besoin. A vous parler sérieusement, il me semble que Rousseau ne compte pas fort sur la pension, car il n'a pas même envoyé son adresse à M. Conway. »

M. Wilkes a trop marqué dans l'opposition du parlement d'Angleterre pour que nous ne parlions pas ici avec quelque détail de ce personnage célèbre. Il était à Paris à l'époque où écrit madame du Deffand. Horace Walpole supposait que M. Wilkes recevait une pension du ministère français. Les moyens de corruption étaient assez fréquemment employés pour donner lieu à cette supposition.

Jean Wilkes naquit en 1727 à Clerkenwell, où son père était distillateur. Il fit ses études à Leyde, et, à son retour en Angleterre, épousa une femme riche, dont il ne tarda pas à se séparer. Il obtint bientôt le rang de colonel dans la milice du duché de Buckingham, et en 1761 les électeurs d'Aylesbury le nommèrent membre de la chambre des communes. Mais ayant attaqué avec trop de virulence le gouvernement du roi, il en fut exclu. L'historien Belsham, l'un des whigs les plus prononcés parmi les historiens anglais, dans ses *Mémoires du règne de George III*, dit, entre autres choses remarquables, que l'on ne reconnut point dans le libelle imputé à Wilkes une attaque directe contre George III, mais, ce qui est devenu fort piquant depuis le terme consacré dans l'une des lois françaises, tout au plus une *tendance* à troubler la paix, *tendency to disturb the peace*.

Wilkes se trouva dans une position singulière; sa qualité de membre du parlement fut respectée par les tribunaux, qui déclarèrent que puisque le délit dont il était accusé (d'avoir publié dans le *North Briton* une critique virulente d'un discours du roi adressé à la chambre des communes, après le traité de 1763) n'était ni une trahison ni une félonie, il conservait le droit d'être jugé par le parlement. Mais ce qui n'avait paru aux tribunaux qu'une tendance à troubler la paix, le fit exclure de la chambre des communes. Ce fut alors, et après avoir publié son *Essay on women*, qu'il se réfugia en France, où il resta jusqu'en 1768, époque à laquelle il fut nommé membre du parlement par le comté de Middlesex. Mais ayant été condamné à la prison par la cour du banc du roi, cet événement occasionna des troubles considérables dans Saint-George's Field, un des quartiers de Londres. Sa popularité était alors

banni de chez vous, mais on dit que cette pension ne sera pas payée, non par mauvaise volonté, mais par impossibilité : je vous conseille de ne vous en pas mettre en peine, vos réparations vont bien par delà vos torts.

Je m'aperçois que je n'ai point répondu à l'article principal de

si grande, qu'une souscription ouverte pour payer ses dettes produisit des sommes énormes. En 1770, la Cité de Londres le choisit pour alderman, et en 1774, il fut élevé à la haute dignité populaire de lord-maire. Le comté de Middlesex l'appela dans la même année à siéger, pour la seconde fois, au parlement, où il fut admis sans nouvelle opposition. On l'avait, lors de son procès, enfermé à la tour de Londres, et, à sa sortie, il obtint des dédommagements pour sa captivité. Lord Bute, ministre à cette époque, n'avait point eu de plus violent antagoniste. Après la mort de Wilkes, arrivée le 26 décembre 1797, on publia cinq volumes contenant ses lettres et l'histoire de sa vie; mais après avoir occupé tout le monde du bruit de sa réputation, Wilkes mourut dans une obscurité qui n'est pas tout à fait injuste. En 1769, un de ses compatriotes en a tracé le portrait suivant, que nous empruntons à la *Correspondance* de la Harpe.

« L'histoire a fait souvent justice des favoris des rois, il est bon de faire connaître un homme qui est devenu l'idole du peuple anglais. Chez lui l'enthousiasme est plus austère et plus dangereux que dans un autre pays, et un homme y a plus de liberté pour devenir méchant et factieux. Wilkes le sait, et convient souvent qu'il n'eût osé être ce qu'il est s'il n'eût connu son pays. Sa naissance est obscure et sa laideur célèbre : ses portraits, qui sont en grand nombre, en donnent une faible idée. Il est louche; ses dents sont mêlées et crochues; son rire a quelque chose d'infernal; toutes ses passions se peignent avec énergie sur son visage, mais sa physionomie fait pardonner ses traits. Il aime beaucoup les femmes, et se sent, dit-il, capable de les aimer toutes, excepté la sienne. Il a employé avec succès les moyens ordinaires de se ruiner vite. La nécessité l'a fait écrire et son goût l'a rendu écrivain factieux. Son esprit est inventif en petites ressources pour animer sans cesse le zèle inconstant du peuple; il supplée par ses écrits au talent de parler en public, que la nature lui a refusé. Son style est clair, énergique et pur, quoique figuré à l'excès. Il a publié une introduction à l'histoire d'Angleterre. On dit que la logique de l'intérêt est courte; c'est la sienne : mais son intrépidité brave tous les événements. Il s'est montré avec courage dans quelques affaires d'honneur, et qui osera l'attaquer doit le tuer ou être déshonoré par lui. Un pareil homme doit compter pour rien le repos des autres; aussi parle-t-il tranquillement d'une guerre civile. Comme le cardinal de Retz, il s'est fait factieux sans objet. C'est un hypocrite politique qui se rit de sa cause, de ses principes; qui avoue qu'il ne se soucie ni de l'Angleterre ni des Anglais, et qui se moque du peuple dont il s'est fait l'idole. Il m'a paru capable d'amitié; il a cette partie de la politesse qui consiste à vouloir plaire et être utile. Sa conversation est vive et spirituelle, mais il y mêle sans cesse des propos audacieux et des bouffonneries messéantes. Il a osé faire mettre dans les papiers publics un parallèle de lui avec Brutus, libérateur de Rome, et un autre de son histoire avec celle de Hume. Il a souvent insulté ce grand écrivain, qui le compare non pas à Brutus, mais à Masaniello. » (A. N.)

votre lettre, votre *plaidoyer pour la jeunesse*[1]. Il est vrai pour l'ordinaire que la jeunesse n'est pas corrompue, que ses fautes sont moins criminelles, parce qu'elles ne sont pas réfléchies, ni de propos délibéré; les agréments de la figure lui tiennent lieu de bon sens et d'esprit; mais toutes les liaisons qu'on peut former avec la jeunesse ne tiennent qu'aux sens, et c'est peut-être tout ce qu'il y a de réel pour bien des gens; et je crois avoir remarqué, sans me tromper, que ceux qui dans leur jeunesse n'ont eu que des affections de ce genre, perdent toute existence dans leur vieillesse; ils ne tiennent à rien, et leur âme est pour ainsi dire dans un désert, quoiqu'ils soient environnés de connaissances, de parents et d'amis. Je plains ces gens-là, ce n'est pas leur faute; nous sommes tels que la nature nous a faits; on peut, *peut-être* (et c'est un peut-être), régler sa conduite, mais non pas changer ses sentiments ni son caractère.

Je n'ai pas bien entendu ce que vous me dites sur la grand'maman; elle a toute la vérité et la naïveté de la première jeunesse, mais elle y joint les réflexions de l'expérience : elle est vieille, elle est jeune, elle est enfant; je serais bien étonnée si en la voyant un peu souvent, vous ne vous en accommodiez pas extrêmement.

J'aime cent mille fois mieux César qu'Alexandre; la folie ne me fera jamais excuser les crimes; enfin, quelque soumission que je me sente entraînée à avoir pour toutes vos pensées, je ne suis point de votre avis sur bien des points de votre lettre[2].

J'en reçois une dans ce moment de Pont-de-Veyle, qui est avec le prince[3]. L'idole lui a débité toutes les nouvelles de notre pays; que M. Pitt[4] est devenu imbécile; que M. de Bedford

---

[1] M. Walpole avait dit : « On veut imposer quand on cesse de plaire, et quand on est à l'âge de plaire, assurément on ne s'avise pas de plaire par la sagesse. La jeunesse, qu'on prétend ne rien savoir, sait son intérêt sur cet article essentiel. Ah! ma petite, passé vingt-cinq ans, que vaut tout le reste? La science, le pouvoir, l'ambition, l'avarice, la gloire, les talents, ne troqueraient-ils pas leurs plus grandes possessions contre les folies et la gaieté, contre les défauts mêmes de la jeunesse? »

[2] Dans cette lettre M. Walpole disait : « Savez-vous que de quasi tous les grands hommes, je ne pardonne volontiers qu'à Alexandre. Il était jeune, fou, ivre, amoureux, et il avait conquis le monde avant que de savoir ce qu'il faisait. Mais je déteste les Charles-Quint, les Philippe II, qui prennent médecine et concertent des plans pour faire massacrer cent mille hommes. » (*Note de l'édition de Londres, non reproduite dans les éditions françaises.* (L.)

[3] M. de Conti, aux eaux de Pougues. (A. N.)

[4] William Pitt, comte de Chatham depuis l'année 1766, né en novembre

prend le dessus, que les affaires sont plus embrouillées que jamais, ce qui retardera la fin du parlement, et que M. Conway sera bien traité. Ce pauvre Pont-de-Veyle! je suis fâchée qu'il ait fait un pacte avec ces gens-là; mais c'est la crainte de l'ennui qui l'y a déterminé; je l'aime beaucoup, ce Pont-de-Veyle, il m'a toujours été fidèle, et c'est peut-être la seule personne dont je n'aie jamais eu occasion de me plaindre; nous nous connaissions il y a cinquante ans avant que vous fussiez au monde. A propos de cinquante ans, il y a à peu près ce temps-là que j'ai été mariée; il était dans l'ordre des choses possibles que vous eussiez été mon fils; j'ai bien du regret que cela ne soit pas.

Adieu; Wiart n'est pas en état d'écrire plus longtemps des balivernes, j'ai d'autres lettres à écrire, je vais changer de secrétaire. Wiart ne *saute que pour vous*.

LETTRE 233.

LA MÊME AU MÊME.

Lundi, 3 août 1767, à sept heures du matin.

Votre pauvre sourde[1]! Ah! mon Dieu, que j'en suis fâchée, c'est une véritable perte et je la partage. J'aimais qu'elle vécût, j'aimais son amitié pour vous, j'aimais votre attachement pour elle, tout cela, ce me semble, m'était bon. Il n'en est pas de même du cousinage[2]; je trouve qu'il m'est bien contraire,

1708, mort en avril 1778, père du célèbre ministre William Pitt, né le 28 mai 1759, premier lord de la trésorerie et chancelier de l'Échiquier en 1783, mort le 23 janvier 1806 et enterré à l'église de Westminster. Nous aurons peut-être occasion de reparler du dernier Pitt, mais nous consignerons ici une remarque qui pourra faire apprécier deux des familles les plus illustres, et les plus récemment illustres de l'Angleterre. Sous le ministère de lord Holland, le comte de Chatham était le chef de l'opposition britannique; quand le fils du comte de Chatham, M. Pitt, fut appelé au ministère, ce fut le fils de lord Holland, M. Fox, qui devint chef de l'opposition, ce qui n'empêcha pas ce dernier d'être aussi ministre à la mort de Pitt, comme si l'homme qui avait su s'opposer à ce ministre était seul digne de le remplacer. (A. N.)

[1] Henriette Hobart, comtesse douairière de Suffolk, qui mourut à Marble-Hill, le 24 juillet 1767. (A. N.)

[2] Elle parle ici du général Conway et de sa famille. Henri Seymour Conway était né en 1720; il se distingua dans la guerre de sept ans et fut adjoint au ministère du duc de Grafton après avoir été membre de la chambre des communes. En 1782, il eut le commandement en chef des armées britanniques et mourut en 1795. On a de lui quelques brochures politiques et une comédie intitulée *Les fausses apparences*. (A. N.)

c'est lui qui vous met tout à travers les choux; sans lui, qu'auriez-vous été faire dans cette galère? Votre Strawberry-Hill, suivant ce que vous dites vous-même, vous aurait suffi; mais vous êtes devenu politique, ambitieux; pour vos cousins, sans y avoir aucun intérêt personnel, et ce qui est ineffable, sans une amitié fort tendre, si l'on vous en croit. Oh! vous aurez bien des choses à m'apprendre; mais la première, et dont je suis la plus curieuse, ce sera de me définir votre caractère, car je veux mourir si j'y comprends rien. Je ne saurais douter de votre sincérité, et j'y ai autant de foi qu'à la mienne; cependant, comment accorder vos contradictions? Votre expérience vous a amené à mépriser tous les hommes, vous fait détester l'amitié, vous a rendu insensible; et en même temps vous sacrifiez votre santé, votre tranquillité, votre vie aux intérêts de ceux dont vous ne vous souciez point! Ah! convenez que cela est incompréhensible. Votre conduite avec moi est bien plus intelligible, malgré toutes ses contradictions apparentes; aussi sais-je bien à quoi m'en tenir, et je ne vous demanderai jamais d'éclaircissements sur cet article. Je sais pourquoi je vous suis attachée : ni le temps, ni l'absence, ni vos variations ne me feront jamais changer pour vous. Vous êtes sincère et bon, vous êtes variable, mais constant, vous êtes dur, mais sensible, oui, sensible, et très-sensible, quoi que vous puissiez dire; vous êtes noble, fier, généreux, humain; eh bien! n'est-ce pas assez pour que vous puissiez être impunément fantasque, bizarre et quelquefois un peu fou? ce portrait vous plaît-il plus que l'autre?

Vous avez, dites-vous, relu mes lettres. Ah! c'est à quoi je ne me serais pas attendue; je n'aurais jamais imaginé que ce qui vous a été si ennuyeux en détail, eût pu vous plaire en total; mais il faut que ce soit comme les aliments, ils ne sont ni bons ni mauvais par eux-mêmes, et ils ne font du bien ou du mal que suivant la disposition où l'on est.

J'aime vos lettres à la folie, mais je me garde bien de les relire; il y a des nuances si différentes, qu'elles forment des époques; mais laissons tout cela, je ne vous ai que trop parlé de vous et de moi : parlons de votre duc d'York[1].

J'avais peur qu'on ne le critiquât, qu'on ne se moquât de lui; on n'en est point charmé, comme on l'a été du prince héréditaire de Brunswick, mais on n'en dit point de mal : il se

---

[1] Édouard, duc d'York, frère de George III. Il mourut à Monaco, le 17 septembre suivant. (A. N.)

conduisit fort bien avec le roi ; on en rapporte seulement quelques ingénuités, celle-ci par exemple : on lui nomma mesdames de Choiseul, de Gramont, de Mirepoix, de Beauvau et de Château-Renaud (celle-ci a soixante-sept ou soixante-huit ans) ; on lui dit que c'étaient les dames du roi, il comprit que c'étaient ses maîtresses ; il approuva madame de Choiseul, ne désapprouva pas mesdames de Gramont et de Beauvau, toléra même madame de Mirepoix ; mais pour madame de Château-Renaud, il avoua qu'il ne pouvait le comprendre ; cela a beaucoup fait rire.

Le prince de Ligne n'est point le beau-fils de la princesse de Ligne du Luxembourg, c'est son cousin ; il est de ma connaissance, je le vois quelquefois ; il est doux, poli, bon enfant, un peu fou ; il voudrait, je crois, ressembler au chevalier de Boufflers, mais il n'a pas, à beaucoup près, autant d'esprit ; il est son Gilles [1].

Vous aurez à Londres, le 13 ou le 12 de ce mois, un homme

---

[1] Ce jugement de madame du Deffand ferait tort à son goût, si elle avait vu et entendu plus souvent le prince de Ligne. Elle l'aura vu seulement dans ses mauvais jours, ceux où le feu d'artifice est mouillé. (L.) — Le prince Charles de Ligne, dont parle ici madame du Deffand, est celui dont madame de Staël a publié, en 1809, un volume de *Lettres et pensées*. Ce volume n'était qu'un extrait des très-nombreux ouvrages écrits par le prince de Ligne. Il naquit à Bruxelles en 1735, et montra dès sa jeunesse un goût presque également décidé pour la littérature et pour l'art militaire. Pendant la guerre de sept ans il servit dans l'armée autrichienne et commanda le régiment wallon qui portait son nom. Le prince de Ligne fit aussi la campagne contre les Turcs, et celle de la succession de Bavière, en 1778. Ses services et sa conduite distinguée le firent élever au grade de feld-maréchal, et on lui donna fréquemment la qualification de maréchal prince de Ligne. Sa vocation pour les plaisirs, son caractère galant et chevaleresque l'avaient appelé à la cour de Versailles : il y eut les plus grands succès, et jamais aucun étranger ne se montra plus Français que lui. Il apportait dans le monde tout ce qu'il fallait pour jouir du hasard heureux d'une naissance illustre, et assez de valeur personnelle pour dédaigner ces avantages de convention. Brave à l'armée, loyal dans la société, digne avec les grands, prévenant avec ses inférieurs, poli avec tout le monde, grave sans rudesse à la cour du grand Frédéric, et galant sans fadeur à celle de Catherine II, il fut aimé de tous les souverains qui le connurent, et honoré de l'amitié de Voltaire.

Le prince de Ligne excellait à faire des portraits, et nous n'avons pas la prétention d'avoir seulement esquissé le sien. Lorsqu'en 1814 il termina à Vienne sa longue carrière, il était devenu le Nestor des lettres et des camps. Avant de mourir, il assista à la chute de l'empire français, et n'avait point vu sans admiration le triomphe sans égal de ses armées. Il fut présenté à Marie-Louise et à son fils, après leur arrivée à Vienne. Comme on annonça le maréchal

de mes amis, c'est M. Poissonnier[1]; il est médecin, il dessale l'eau de mer, il a été en Russie; je l'ai chargé d'un livre pour vous; ce sont des *Lettres du président de Montesquieu*[2]; celui à qui elles s'adressent les a fait imprimer par fatuité; mais quoique ces lettres ne fussent pas faites pour soutenir l'impression, elles ne m'ont pas ennuyée, et la célébrité de l'auteur leur donne quelque valeur.

LETTRE 234.

LA MÊME AU MÊME.

Dimanche, 23 août 1767, à sept heures du matin.

Enfin, enfin, il n'y a plus de mer qui nous sépare; j'ai l'espérance de vous voir dès aujourd'hui[3]; j'aurais été certainement tête à tête sans vos variations; mais comptant que vous partiriez le lundi 17, et que vous arriveriez le jeudi 20, je n'avais point contre-mandé mon dimanche, et j'avais seulement eu soin de n'avoir que vos plus particulières connaissances, excepté madame de Villeroy, qui était engagée quinze jours d'avance, et j'avais prié mademoiselle Clairon; je l'aurai donc aujourd'hui à sept heures; les spectateurs seront mesdames de Villeroy, d'Aiguillon, de Chabrillant, de la Vallière, de Forcalquier, de Montigny. Les hommes, de Sault, et Pont-de-Veyle, le président et madame de Jonsac, qui ne resteront point à souper.

---

prince de Ligne, l'enfant s'écria : « Ah! maman, est-ce que c'est un des maréchaux qui ont trahi mon papa? » Le prince de Ligne a dit du trop fameux congrès de Vienne : « Il danse, mais il ne marche pas. » (A. N.)—Aujourd'hui les congrès ne dansent plus, mais n'en marchent pas davantage. (L.)

[1] Poissonnier. Voltaire en parle dans sa *Correspondance*. Il trouva le secret de rendre potable l'eau de mer. (A. N.)

[2] *Lettres familières du président de Montesquieu, baron de la Brède, à divers amis d'Italie*. Tel est le titre d'un petit volume de lettres, publiées en 1767, sans date et sans nom d'imprimeur et de lieu. Voici ce que M. Walpole en dit dans sa réponse à madame du Deffand : « Savez-vous qu'il y a plus de trois mois que j'ai eu les lettres de Montesquieu? On me les avait envoyées de Florence, et il n'y a que depuis dix jours qu'on les vend publiquement à Londres, que j'en ai proféré une parole. Il y a des notes, et un portrait de madame Geoffrin, qui, je savais, feraient de la peine à milady Hervey; on me les aurait empruntées, et je ne voulais pas qu'on dit que je les eusse distribuées... Les lettres sont écrites avec gentillesse, et voilà tout. » (A. N.)

[3] M. Walpole arriva à Paris le 23 août 1767, et quitta cette ville le 9 octobre suivant. (A. N.)

J'ai fait prier, hier, madame Simonetti[1] d'envoyer chez moi au moment de votre arrivée; si vous voulez venir chez moi, comme je l'espère, vous aurez sur-le-champ mon carrosse; mais si, comme je le crains, vous voulez rester chez vous, je vous enverrai à souper, du riz, un poulet, des œufs frais, en un mot ce qui vous conviendra.

Je me flatte que demain vous dînerez et souperez avec moi tête à tête; nous en aurons bien à dire. Je suis comblée de joie : mais j'ai en même temps une peur terrible; attendez-vous à me trouver bien bâton rompu.

Sans cette maudite compagnie que j'ai si sottement rassemblée, et qui, comme je vous l'ai dit, doit arriver à sept heures, vous m'auriez trouvée chez vous à la descente de votre chaise; cela vous aurait fort déplu, mais je m'en serais moquée.

Allons, mon tuteur, si vous n'êtes pas las à mourir, venez souper chez moi, ou du moins venez me voir un moment. Mais, bon! qu'est-ce que je dis, vous n'arriverez point aujourd'hui; j'ai calculé les postes, et si vous avez couché à Arras, vous aurez quarante et une lieues à faire. Enfin, si vous arrivez, et que vous ne vouliez pas me voir aujourd'hui, que j'aie du moins de vos nouvelles avant de me coucher. Mandez-moi ce que vous voulez pour votre dîner de demain, et quelle est votre heure.

Vous trouverez chez vous tous vos charmants bijoux *Julienne*[2], et un misérable petit déjeuner, une petite jatte, et un petit pot au lait pour votre usage journalier, et aussi pour moi, quand j'aurai la fantaisie d'aller prendre du thé avec vous.

Oh! je ne saurais me persuader qu'un homme de votre importance, qui tient dans sa main tous les ressorts d'un grand État, et, par concomitance, ceux de toute l'Europe, se soit déterminé à tout quitter pour venir trouver une vieille sibylle. Oh!

---

[1] Madame Simonetti tenait hôtel garni du Parc-Royal, rue du Colombier, où M. Walpole logeait ordinairement pendant ses séjours à Paris. Dans le *Journal* qu'il a fait de son voyage en 1767, on lit son arrivée comme il suit :

« Le 23 août, arrivé à Paris un quart avant sept heures; à huit heures rendu chez madame du Deffand; trouvé la Clairon, qui jouait les rôles de Phèdre et d'Agrippine. Elle n'est pas grande : je goûtai son jeu plus que je ne m'y attendais. Soupé là avec elle et avec les duchesses de Villeroy et d'Aiguillon, etc. » (A. N.)

[2] Un tableau et quelques autres articles achetés à la vente de M. de Julienne. (A. N.)

cela est bien ridicule; c'est avoir toute *honte bue* que d'avoir pu prendre un tel parti; toutefois, je l'avoue, j'en suis bien aise.

LETTRE 235.

LA MÊME AU MÊME.

Paris, vendredi 9 octobre 1767,
à dix heures du matin.

Que de lâcheté, de faiblesse et de ridicule je vous ai laissé voir[1]! je m'étais bien promis le contraire; mais, mais... Oubliez tout cela, pardonnez-le-moi, mon tuteur, et ne pensez plus à votre petite que pour vous dire qu'elle est raisonnable, obéissante, et par-dessus tout reconnaissante; que son respect, oui, je dis respect, que sa crainte, mais sa crainte filiale, son tendre, mais sérieux attachement, feront, jusqu'à son dernier moment, le bonheur de sa vie. Qu'importe d'être vieille, d'être aveugle? qu'importe le lieu qu'on habite? qu'importe que tout ce qui environne soit sot ou extravagant? Quand l'âme est fortement occupée, il ne lui manque rien que l'objet qui l'occupe; et quand cet objet répond à ce qu'on sent pour lui, on n'a plus rien à désirer.

Après votre départ je restai un peu interdite, je montai dans ma chambre. M. Craufurd m'avait mandé qu'il viendrait entre quatre et cinq, et il ne vint qu'entre six et sept. Je reçus la visite de madame de Luxembourg, qui vint avec la marquise de Boufflers[2]; celle-ci a toujours l'air de venir d'être surprise en flagrant délit, elle est toujours troublée, mais son trouble ne ressemble pas à celui du tuteur. Elle fit, ainsi que tout le monde, des exclamations sur les mouchettes; je dis à la maréchale que j'étais fâchée qu'elle ne fût pas venue seule (à l'oreille s'entend). Elle me proposa d'aller avec elle à l'Opéra-Comique. J'hésitai, je lui dis que je n'étais point habillée : elle me dit que je viendrais la trouver quand je voudrais; mais comme elle vit mon indécision, elle se fâcha, je lui promis que j'irais; j'avais peine à m'y résoudre, parce que j'attendais M. Craufurd; je ne voulais point perdre sa visite, j'attendais de lui des choses un peu plus intéressantes qu'un opéra-comique; cependant je trouvai beau et héroïque d'aller au spectacle avec les maréchales,

---

[1] M. Walpole avait quitté Paris ce jour. (A. N.)
[2] Sœur du prince de Beauvau, et mère du chevalier de Boufflers. (A. N.)

dans les circonstances où j'étais; je fis donc courir après la maréchale, qui était déjà dans son carrosse, pour lui dire que j'irais sûrement, mais que je lui demandais la permission d'y mener M. Craufurd, à quoi elle consentit de très-bonne grâce, et avec plaisir. Adieu, j'attends votre lettre.

Samedi 10, à une heure après-midi.

Voilà cette lettre de Chantilly que j'attendais hier, et qui apparemment trouva le paquet fermé quand elle fut portée à la poste; je commence par vous en remercier, et par vous assurer que j'en suis très-contente; je serais bien tentée de vous faire une citation de *mon frère* Quinault, mais vous me gronderiez, et je ne me permettrai plus rien qui puisse vous fâcher, et jamais, jamais je ne vous écrirai un mot qui puisse vous forcer à me causer du chagrin par vos réponses. J'aime mieux étouffer toutes mes pensées que de vous en laisser voir aucune qui puisse vous fatiguer, ou vous ennuyer, ou vous déplaire. Ce que je pense pour vous est tellement devenu ma propre existence, que tant que je vivrai il est impossible que j'aie aucune idée différente; mais vous, mon tuteur, qui avez six ou sept choses dans la tête, et de qui tous les jours de la semaine sont différents les uns des autres, votre style doit être plus varié que le mien; tout ce que vous m'écrirez me sera également agréable. Laissez-vous aller à me dire tout ce qui vous passera dans l'esprit; ne songez point à moi en m'écrivant, ne me parlez que de vous, ne vous occupez point de mon bonheur; n'ayez point de conduite avec moi; laissez-vous aller tout naturellement, mais surtout, surtout n'ayez jamais le dessein de rien changer à ma façon de penser pour vous; ce serait inutilement que vous y travailleriez; vous détruiriez mon bonheur en voulant l'assurer.

Vous ne savez pas la folie qui me passe par la tête? Si vous pouviez donner à vos lettres le son de votre voix, votre prononciation, je serais aussi heureuse une fois la semaine que je le suis tous les jours quand vous êtes ici. Oh! voilà, direz-vous, la petite qui s'égare; *hé po-int du tout, au contr-aire* [1], et pour preuve parlons d'autre chose.

Ah! mon tuteur, que le petit Craufurd est fou, et quel dommage! je désespère qu'il devienne jamais raisonnable, il me

---

[1] Ces mots en lettres italiques sont divisés selon la manière dont M. Walpole les prononçait en parlant français. (A. N.)

confirme bien dans ce que je pense sur les Anglais; je crois qu'il n'y a chez eux que les imbéciles qui ne soient pas extrêmes : ceux qui ont de l'esprit sont ou excellents, ou détestables, ou insensés.

LETTRE 236.

LA MÊME AU MÊME.

Paris, mardi 27 octobre 1767.

Vous êtes content de ma première lettre, vous le serez de toutes les autres, au moins à certains égards; mais je ne vous réponds pas de suivre exactement votre exemple : je n'ai pas tant de dignité que vous; je ne suis ni aussi raisonnable ni aussi calme, parce que je ne suis pas aussi froide; mais, mon tuteur, pourvu que l'on fasse de son mieux, on n'est pas tenu à davantage.

Je soupai hier avec la grand'maman [1]; je lui remis votre lettre qu'elle m'avait envoyée sur-le-champ; elle en est charmée; elle la fit lire tout haut par l'abbé Barthélemy, en présence du Selwyn et du président (*Hénault*), à qui elle était venue rendre une petite visite avant souper.

J'écrivis hier au soir au comte de Broglie; je lui fis le récit d'une petite aventure; et pour n'avoir pas l'embarras de la dicter deux fois, j'en ai fait faire une copie que je vous envoie.

M. du Châtelet [2] a le régiment du roi; on ne sait pourquoi on a tant tardé à le nommer.

Adieu, mon tuteur, je suis trop engourdie aujourd'hui, demain je serai peut-être plus animée.

Mercredi, à dix heures du matin.

Je vous ai annoncé hier une histoire; je croyais qu'on n'aurait qu'à la copier; on a fait partir ma lettre, il faut la dicter de nouveau, ce qui m'est très-pénible; cependant je la fis raconter hier par M. de Choiseul; je pourrai vous l'écrire cette après-dînée, mais j'attendrai que le facteur soit passé. Si par hasard il m'apportait une lettre, cela me mettrait de bonne

---

[1] La duchesse de Choiseul. (A. N.)

[2] Le marquis du Châtelet était le fils de la marquise du Châtelet, qui a fait un Commentaire sur Newton; c'est la célèbre *Émilie* de Voltaire. Son fils fut nommé ambassadeur de France en Angleterre après le rappel du comte de Guerchy. (A. N.)

humeur, et vous auriez l'histoire; si je n'ai point de lettre, vous vous en passerez; adieu; à tantôt.

A quatre heures.

Point de courrier. Voici l'histoire : elle est d'environ huit jours. Le roi, après souper, va chez madame Victoire; il appelle un garçon de la chambre, lui donne une lettre, en lui disant : « Jacques, portez cette lettre au duc de Choiseul, et » qu'il la remette tout à l'heure à l'évêque d'Orléans. » Jacques va chez M. de Choiseul, on lui dit qu'il est chez M. de Penthièvre[1], il y va; M. de Choiseul est averti, reçoit la lettre, trouve sous sa main Cadet, premier laquais de madame de Choiseul. Il lui ordonne d'aller chercher partout l'évêque, de lui venir promptement dire où il est. Cadet, au bout d'une heure et demie, revient, dit qu'il a d'abord été chez monseigneur, qu'il a frappé de toutes ses forces à la porte, que personne n'a répondu; qu'il a été par toute la ville sans trouver ni rien apprendre de monseigneur. Le duc prend le parti d'aller à l'appartement dudit évêque, il monte cent vingt-huit marches, et donne de si furieux coups à la porte, qu'un ou deux domestiques s'éveillent et viennent ouvrir en chemise. Où est l'évêque?... Il est dans son lit depuis dix heures du soir... Ouvrez-moi sa porte... L'évêque s'éveille. Qu'est-ce qui est là?... — C'est moi, c'est une lettre du roi... — Une lettre du roi! eh! mon Dieu, quelle heure est-il?... Deux heures... et prend la lettre. Je ne puis lire sans lunettes... — Où sont-elles?... — Dans mes culottes. Le ministre va les chercher, et, pendant ce temps-là, ils se disaient : Qu'est-ce que peut contenir cette lettre? L'archevêque de Paris est-il mort subitement? quelque évêque s'est-il pendu? Ils n'étaient ni l'un ni l'autre sans inquiétudes. L'évêque prend la lettre; le ministre offre de la lire; l'évêque croit plus prudent de la lire d'abord; il n'en peut venir à bout, et la rend au ministre, qui lut ces mots : « Monseigneur l'évêque d'Orléans, » mes filles ont envie d'avoir du cotignac[2]; elles veulent de » très-petites boîtes, envoyez-en chercher si vous n'en avez pas, » je vous prie... » Dans cet endroit de la lettre, il y avait une chaise à porteur dessinée; au-dessous de la chaise, « d'envoyer » sur-le-champ dans votre ville épiscopale en chercher, et que

[1] Père du prince de Lamballe et de la dernière duchesse douairière d'Orléans. (A. N.)

[2] Marmelade de coings pour laquelle la ville d'Orléans est en réputation. (A. N.)

» ce soit de très-petites boites. Sur ce, monsieur l'évêque d'Or-
» léans, Dieu vous ait en sa sainte garde. Signé, LOUIS. »

Et puis plus bas, en post-scriptum : « La chaise à porteur
» ne signifie rien ; elle était dessinée par mes filles sur cette
» feuille que j'ai trouvée sous ma main. »

Vous jugez de l'étonnement des deux ministres ; on fit partir sur-le-champ un courrier ; le cotignac arriva le lendemain : on ne s'en souciait plus. Le roi lui-même a conté l'histoire, dont les ministres n'avaient point voulu parler les premiers. Si nos historiens étaient aussi fidèles que l'est ce récit, on leur devrait toute croyance. M. de Choiseul nous dit que le roi avait fort bien traité M. du Châtelet [1], quand il lui a fait son remercîment ; qu'il avait toujours eu l'intention de lui donner son régiment ; mais qu'il avait voulu faire toutes les informations, que toutes lui avaient été très-favorables, et qu'il comptait sur ses soins pour maintenir son régiment, etc., etc.

LETTRE 237.

LA MÊME AU MÊME.

Paris, dimanche 8 novembre 1767.

Vos lettres sont très-plaisantes, et je ne conçois pas trop bien que vous ayez tant de répugnance à écrire ; on dirait que c'est un divertissement pour vous ; c'en est un du moins pour ceux qui les reçoivent.

Je voudrais avoir à vous mander des nouvelles de la cour de Louis XIV, je serais sûre de ne vous point ennuyer ; mais à la place de cela, je ne puis vous parler que de ce que je fais, et rendre mes lettres des journaux très-plats. Vous me direz, avec votre vérité ordinaire, si ce genre vous ennuie ; je vais vous en faire faire l'essai, et je commence, pour vous rendre compte de ma semaine, par dimanche, premier de ce mois. J'eus ce jour-là à souper quatorze personnes, dont M. et madame de Beauvau et madame de Poix [2] étaient du nombre. Madame de Beauvau

[1] Le marquis du Châtelet fut créé duc sous Louis XVI. C'est lui qui remplaça le maréchal de Biron dans le commandement des gardes françaises. On dit qu'il avait la prétention d'être le fils de Voltaire. Il avait peu d'esprit, et si sa prétention était fondée, il faudrait en conclure qu'il en est de l'esprit comme de la goutte, qui saute toujours une génération. (A. N.)

[2] La princesse de Poix. Elle était la fille unique du prince de Beauvau, de son premier mariage avec une sœur du duc de Bouillon, et mariée au prince

me demanda de vos nouvelles, me chargea de vous faire ses compliments.

Le mardi, j'étais engagée chez madame de Valentinois, je préférai de rester chez le président, et je ne fus chez elle qu'à minuit.

Le mercredi, je passai la soirée, moi sixième, chez votre ambassadeur; il y avait milady Holland[1], les milords Clanbrassill et Carlisle; Selwyn était chez madame de Praslin[2]; il vint nous trouver à minuit. Madame de Forcalquier vint à la même heure; elle avait été priée, mais elle resta avec sa bonne amie madame Dupin, pour la consoler; elle venait d'apprendre que son fils était mort le 3 de mai à l'île de France, où il était relégué; mais les entrailles de mère dans les âmes vertueuses, sensibles, honnêtes! et puis quand on a de grands principes, on a de grandes douleurs, on fait de profondes réflexions; — enfin on retient madame de Forcalquier, qui rend tout cela d'une manière fort pathétique.

Le jeudi, les Beauvau et leur fille, la comtesse de Noailles et sa fille soupèrent chez le président; j'y fus admise pour diminuer l'ennui de madame de Beauvau.

Le vendredi, encore chez le président avec mesdames de Luxembourg, de Lauzun, l'Idole[3] : je ne me souviens pas du reste. Hier samedi, encore chez le président avec mesdames de Maillebois[4], de Biron et de Broglie[5]; je voudrais que celle-ci

de Poix; le fils aîné du maréchal de Mouchy-Noailles. La princesse de Poix vivait encore à Paris en 1813. (A. N.) — Il existe une *Vie* de la princesse de Poix, née Beauvau, par madame la vicomtesse de Noailles, sa petite-fille, véritable chef-d'œuvre de tact, de grâce et d'esprit, où l'histoire d'un des derniers salons de l'ancienne société française et des mœurs encore brillantes de la décadence, encadre un admirable portrait de famille à la fois pieusement et librement touché. Cet opuscule trop rare a été imprimé chez Lahure, en 1855, et réservé aux amis. On a été trop modeste. Pourquoi priver le public de cette bonne fortune de respirer cette odeur de l'ancienne société française, si admirablement conservée dans un flacon choisi? (L.)

[1] Lady-Caroline Lenox, sœur du feu duc de Richmond et de lady Sarah Bunbury. Elle avait épousé le premier lord Holland, père du célèbre Charles Fox. (A. N.)

[2] La duchesse de Praslin, épouse du ministre des affaires étrangères. (A. N.)

[3] Madame de Boufflers. (A. N.)

[4] La comtesse de Maillebois, née Le Voyer d'Argenson, sœur du marquis de Paulmy, et mariée au comte de Maillebois, fils du maréchal de Maillebois. (A. N.)

[5] La comtesse de Broglie, née Montmorency, tante maternelle de la duchesse de Lauzun. (A. N.)

fût aimable, parce qu'il me paraît qu'elle me trouve telle. Avant tous ces soupers que je vous raconte, j'ai fait une visite tous les jours chez le petit Craufurd, et j'y ai trouvé éternellement milord March [1]; il n'est pas sans prétention à l'esprit, mais il s'y perd; je l'aime mieux que M. de Sault, mais pas tant que M. de Saint-Laurent. J'y rencontrai M. de Lauraguais [2], M. Craufurd dit qu'il a de l'esprit, il n'eut pas ce qui s'appelle le sens commun; pédanterie, extravagance, dissertations, galimatias, étalage de science, il n'omit rien pour se montrer le plus sot homme de France. Écoutez ce que madame de Belzunce m'en a raconté et dont elle a été témoin. M. de Maurepas lui disait : « Monsieur le comte, vous savez tout ce qu'on peut savoir en fait d'art et de science; vous savez sans doute plusieurs langues? savez-vous le grec? » — « Non, dit-il en hésitant, je ne m'y suis point appliqué; ce que j'en sais, *c'est par sentiment.* »

Comment trouvez-vous tout ce que je viens d'écrire? Il est bien plaisant de remplir tant de pages de tant de riens; mais en vous écrivant actuellement je crois danser sur la corde, avoir entre mes mains un équilibre, de peur de tomber à droite ou à gauche. Tant que cet exercice ne vous déplaira pas, je m'y tiendrai; naturellement j'aimerais mieux dire mes pensées que mes actions, mais il faut conserver ses amis à quelque prix que ce soit.

LETTRE 238.

LA MÊME AU MÊME.

Paris, vendredi 30 novembre 1767.

Le pauvre Selwyn partit hier à cinq heures. Il ne voulut point me voir, il m'écrivit un petit billet tout embrouillé; il ne visait pas à l'Académie dans cet instant, mais il était tout troublé, tout affligé; réellement il nous regrette, il me manquera beaucoup. C'est un journalier excellent; j'éprouve en toute occasion la vérité de tout ce que vous me dites. Il prétend qu'il sera ici au mois de mai; il a été question entre lui et moi d'une plaisanterie, que je ne veux pas absolument qui ait aucune suite; il devait m'envoyer sept poupées, représentant le roi, le chan-

---

[1] Le duc de Queensberry actuel. (1827.) (A. N.)

[2] Le comte de Lauraguais, aujourd'hui duc de Brancas et pair de France, né en 1735. Il s'est occupé de littérature, mais ses ouvrages sont oubliés. (A. N.)

celier, un pair, etc. Je ne souffrirais pas certainement qu'il m'en fît présent, il serait impossible que chaque poupée ne coûtât pour le moins un louis; cette plaisanterie deviendrait fort chère et fort ridicule, je ne jouirais pas du plaisir de les voir, et ce serait payer bien cher le plaisir de les montrer, et certainement, très-certainement, je voudrais les payer, et suis très-résolue de ne les point recevoir en présent; je me confie à vous, mon tuteur, pour lui faire perdre cette idée, et qu'il n'en soit plus question.

Il y a une femme qui me fait à merveille : elle me marque de l'estime, du goût, de l'empressement ; vous lui trouvez de l'esprit, et moi aussi; elle a du trait, de l'éloquence; mais elle a une véhémence, une force, une autorité qui épouvante, qui atterre; ce sont des ouragans, des tempêtes; elle animerait douze corps comme le mien : enfin, je suis avec elle si frêle, si débile, si imbécile, que je me fais pitié. Je suis dans l'incertitude du parti que je prendrai; je serais bien aise d'avoir quelque liaison suivie. Serait-elle mon fait? je n'en sais rien; ce qui est de fâcheux, c'est que je n'ai pas à choisir; dites-m'en votre avis : ne comprenez-vous pas que c'est madame de Broglie?

Lundi, à sept heures du soir.

J'eus hier douze personnes, et j'admirais la différence des genres et des nuances de la sottise : nous étions tous parfaitement sots, mais chacun à sa manière; tous semblables, à la vérité, par le peu d'intelligence, tous fort ennuyeux; tous me quittèrent à une heure, et tous me laissèrent sans regret. Il y a trois jours que je n'ai soupé chez le président; je voulais y aller ce soir et m'envoyer excuser chez M. de Creutz, où il y aura vingt personnes; le président m'a rejetée en me mandant que madame de Jonsac, ne comptant point sur moi, avait prié madame du Roure, et apparemment cette madame du Roure qui a eu un procès avec feu madame de Luynes[1], pour lui avoir enlevé une succession, et qui craint de rencontrer une personne au fait de sa conduite. Quoi qu'il en soit, je n'irai pas, et je suis encore indécise de ce que je ferai: je pourrais souper tête à tête avec M. Craufurd; mais il me quitterait à onze heures. Aller chez M. de Creutz[2] me paraît terrible; mais passer ma soirée seule est encore pis : dites-moi ce que je ferai,

---

[1] La duchesse de Luynes, tante de madame du Deffand. (A. N.)
[2] Le comte de Creutz, ministre de Suède à Paris. (L.)

mon tuteur; mais quoique je me pique de vous deviner dans cette occasion-ci, je n'entends point votre réponse. Ah! mon Dieu, pourquoi sommes-nous de différentes nations? pourquoi n'avoir pas la même patrie? il ne m'importerait que vous fussiez Gascon, Normand, Picard, je trouverais des accommodements à tout cela; mais avec un Anglais, il faut jeter son bonnet par-dessus les moulins. C'est un mauvais dicton, qui veut dire : n'y plus penser, ne s'en plus soucier, etc.

Mercredi, à neuf heures du matin.

J'ai soupé hier chez la grand'maman; ma disposition était fort triste, et la compagnie que je trouvai ne l'égaya pas; c'est la première fois que je me suis ennuyée chez elle. Je rentrai chez moi à une heure, pénétrée, persuadée qu'on ne peut être content de personne. Je crois que je ne recevrai plus jamais de vos nouvelles, et si je veux me rassurer contre la crainte de votre oubli, je tombe dans la crainte que vous ne soyez malade. Peut-être serai-je rassurée, et que c'est par quelque inconvénient étranger à tout cela que je n'ai point eu de lettres; mais jusqu'à ce que j'en reçoive, je serai bien malheureuse. Épargnez-moi, je vous prie, toute espèce de réprimandes et de corrections, il ne dépend pas de moi d'être affectée comme vous voudriez que je le fusse; contentez-vous que je ne vous laisse voir ce que je pense que quand je ne peux pas faire autrement.

LETTRE 239.

LA MÊME AU MÊME.

Paris, vendredi 11 décembre 1767, à deux heures.

Je reprends pour cette fois le journal; j'ai trouvé un lecteur pour votre *Richard III*; ainsi ne tardez pas un seul moment à me l'envoyer. Ce lecteur est un nommé M. Mallet, Genevois [1]; c'est une connaissance que M. Craufurd m'a fait faire, et dont je crois que je me trouverai fort bien. Mon étoile est singulière,

[1] Très-connu sous le nom de *Mallet-du-Pan*. Il rédigeait, au commencement de la Révolution française, la partie politique du *Mercure*. Il mourut à Richmond en 1800. — Voir sur cet homme trop peu connu sa *Correspondance* et ses *Mémoires*, publiés par M. A. Sayous, et où on assiste à la lutte intrépide et dramatique de ce raisonnable ami de la liberté, devenu par cela même l'adversaire de la Révolution française. (L.)

ce n'est que dans les autres nations que je trouve ce qui me convient; il y a une princesse Lubomirska, qui me plaît beaucoup, et à qui je ne déplais pas, qui serait pour moi une très-bonne société, et elle s'en retournera en Pologne dans le courant de l'année prochaine. Tous mes compatriotes ne me sont ni ne me peuvent être d'aucune ressource; mais je me dis, pour me consoler, qu'il serait bien tard pour former des liaisons, et qu'il me suffit aujourd'hui de m'assurer du lendemain; cependant, mon tuteur, je ne saurais m'empêcher de porter mes vues un peu plus loin, et d'espérer au printemps ou à l'été prochain. Je me fais un plaisir d'entendre votre *Richard III*. Je maudis bien mon éducation; on fait quelquefois la question si l'on voudrait revenir à tel âge : oh! je ne voudrais pas redevenir jeune, à la condition d'être élevée comme je l'ai été, de ne vivre qu'avec les gens avec lesquels j'ai vécu, et d'avoir le genre d'esprit et de caractère que j'ai; j'aurais tous les mêmes malheurs que j'ai eus; mais j'accepterais avec grand plaisir de revenir à quatre ans, d'avoir pour gouverneur un Horace qui me ferait tout apprendre, langues, sciences, etc., et qui m'empêcherait bien de devenir pédante ou précieuse. Il me formerait le goût, le jugement, le discernement; il m'apprendrait à connaître le monde, à m'en méfier, à le mépriser et à m'en amuser; il ne briderait point mon imagination, il n'éteindrait point mes passions, il ne refroidirait point mon âme; mais il serait comme les bons maîtres à danser, qui conservent le maintien naturel et y ajoutent la bonne grâce. Ces pensées causent des regrets, font faire de tristes réflexions, et confirment l'idée que j'ai toujours eue, que personne n'a tout l'esprit et tout le mérite qu'il aurait pu avoir.

Il va paraître une estampe coloriée de Louis XV; on dit qu'elle est fort belle; en êtes-vous curieux? Vous ne pourrez l'avoir que le mois prochain.

Une présidente d'Aligre [1], grande amie et protectrice de la demoiselle Lespinasse, vient de mourir; je croyais qu'elle lui laisserait quelque rente; jusqu'à présent on n'en a pas connaissance.

Cette présidente d'Aligre n'a rien laissé à la demoiselle; on

---

[1] Épouse du président d'Aligre, depuis premier président du parlement de Paris, mère de M. d'Aligre, pair de France, et l'un des plus riches propriétaires du royaume. Ce dernier a été chambellan de l'ex-reine de Naples, Caroline Murat. (A. N.)

prétend qu'elle s'enivrait les derniers jours de sa vie pour éviter les horreurs de la mort. M. le prince de Conti affiche de grands regrets de sa perte ; il avait eu, dit-on, ses bonnes grâces.

Je n'ai point encore entendu parler de mademoiselle Lloyd [1] ; cela m'impatiente. J'ai grande envie d'avoir vos estampes. La grand'maman vient à Paris mardi ; elle m'a dit que l'époux lui avait demandé à souper avec moi mercredi ; vous ne saurez des nouvelles de ce souper que dans trois semaines ; cela ne fait pas une correspondance fort vive, mais le proverbe italien dit : *Chi va piano, va sano, et chi va sano, va lontano.*

Mardi 15, à huit heures du matin.

Enfin j'ai vu mademoiselle Lloyd ; j'ai vu les trois Horace [2] ; ils sont entre les mains de M. Mariette, pour les faire encadrer. Vous êtes extrêmement ressemblant. Qu'est-ce que cela me fait? J'en suis cependant fort aise. J'eus hier la visite de milady Pembroke [3], et de son frère [4] ; ils souperont tous chez moi dimanche. Je vous dirai, dans quelques jours, quel succès a sa beauté : peu de gens l'ont encore vue.

LETTRE 240.

LA MÊME AU MÊME.

Paris, mercredi 23 décembre 1767.

Il y a longtemps que je n'ai lu les lettres de madame de Sévigné à M. de Pomponne ; mais, autant qu'il peut m'en souvenir, elles sont beaucoup plus tendres que les miennes. Il y a des gens dont l'amitié a ce caractère : l'agrément du style peut sauver l'ennui de ce langage, et le faire paraître simple et naturel ; il ne choque que bien peu de personnes dans madame de Sévigné. Il est vrai que dans les lettres de madame de Scudéry à Bussy [5], les tendresses dont elles sont pleines sont

---

[1] Feu mademoiselle Rachel Lloyd, qui se trouvait alors de nouveau à Paris avec lord et lady Pembroke. (A. N.)

[2] Trois gravures du portrait de M. Walpole, qu'il avait envoyées à madame du Deffand par mademoiselle Lloyd. (A. N.)

[3] Élisabeth Spencer, sœur du duc actuel de Marlborough, et veuve de feu le comte de Pembroke. (A. N.)

[4] Lord Robert Spencer. (A. N.)

[5] Rien ne se ressemble moins que les lettres de madame du Deffand et celles de mademoiselle de Scudéry au comte de Bussy ; ces lettres ne sont,

un jargon insupportable. Je ne sais pas si vous les avez lues, je les trouve odieuses; apparemment que les miennes y ressemblent : cela me surprend, mais il faut qu'on ne puisse pas se juger soi-même. Vous n'avez nul intérêt à me trouver des ridicules que je n'ai pas; et puisque vous trouvez mes lettres ridicules, il faut en effet qu'elles le soient. Ah! je puis dire, avec la dernière vérité, que jamais je ne les ai crues ni bonnes ni amusantes, et que je vous ai toujours su un gré infini de votre complaisance à vouloir bien en recevoir, et à vous donner la peine d'y répondre; je tâcherai d'en retrancher tout ce qui vous y choque, de les rendre une simple gazette; nos lettres, moyennant cela, deviendront des nouvelles à la main; nous y parlerons de nous-mêmes avec la même indifférence que l'on parle de tout ce qui se passe. Sera-t-il permis de faire des questions sur ce qui intéresse? Oui-da, je le crois; et pour en faire l'essai, je vous prie de me mander comment se porte monsieur votre frère[1], si sa santé ne vous donne plus d'inquiétude, et si vous profiterez de la situation présente des affaires pour arranger les vôtres. Je ne suis point en peine des miennes; la grand'maman y veille pour moi. Je lui donnai hier à souper avec mesdames de Mirepoix et de la Vallière, et quelques hommes de ses familiers. J'aurais bien des choses à vous dire, si la confiance m'était permise; mais c'est la plus forte marque de tendresse, par conséquent il faut se l'interdire.

Le président ne va pas bien; il a de la fièvre, un gros rhume; je ne crois pas qu'il passe l'hiver; sa perte me causera du chagrin, et fera un changement dans ma vie. La reine est très-mal, sa fin est très-prochaine.

Je suis surprise de ne point entendre parler de M. Selwyn : est-ce que je l'ai excédé aussi de mes tendresses? Je suis en vérité une vieille bien ridicule. Adieu.

dans un langage précieux, qu'un tissu de compliments sur les écrits, le caractère, l'esprit, etc., de son correspondant. Il faut cependant convenir que Horace Walpole, bien qu'il portât la crainte du ridicule jusqu'au ridicule, a pu être plus d'une fois impatienté du rabâchage d'amitié auquel se livre quelquefois madame du Deffand. En amour, on ne saurait trop s'entendre dire : *je vous aime*, même quand il n'en est rien; en amitié, c'est assez d'une fois, surtout quand cela est vrai. (A. N.)

[1] Sir Édouard Walpole. (A. N.)

LETTRE 241.

LA MÊME AU MÊME.

Mardi, 12 janvier 1768, à cinq heures du soir.

Au nom de Dieu, mon tuteur, finissez vos déclamations, vos protestations contre l'amitié. Ne nous tourmentons point l'un et l'autre, moi, en vous vantant ce que vous détestez, et vous, en blâmant ce que j'estime. Laissons là l'amitié, bannissons-la ; mais n'ignorons pas le lieu de son exil, pour la retrouver s'il en était besoin ; voilà la grâce que je vous demande ; et la promesse que je vous fais, c'est de ne jamais prendre son nom en vain.

Je me flatte que vous remercierez la grand'maman de la lettre de madame de Sévigné[1], elle s'est donné mille soins pour l'avoir ; ce n'est pas sa faute si elle ne vous a fait nul plaisir, mais vos envies sont comme celles des femmes grosses, ce ne sont que des caprices ; si on ne les satisfait pas sur-le-champ, il n'est plus temps d'y revenir.

Je ne sais en vérité plus quel homme vous êtes ; le panégyriste de *Richard III*, et l'auteur du *Château d'Otrante*, doit être un être bien singulier : des rêves, ou des paradoxes historiques, voilà donc à quoi vous allez employer votre loisir ; et Catherine II, ne vous réconcilierez-vous point avec elle ?

Je vous demande pardon du jugement que j'ai porté sur M. Montagu[2], ce n'a été que sur ce que vous m'en aviez dit précédemment que je l'ai cru votre ami ; actuellement je ne ferai plus de semblables fautes. Mais Fanny et Rosette[3], comment sont-elles avec vous ? Sont-elles comprises dans la proscription ? Selon Voltaire, vous devez vous trouver seul dans l'univers ; on croirait difficilement trouver la félicité dans cet état, mais vous dites qu'il fait la félicité de votre vie. Félicité ! ô le grand mot ! Hélas ! mon tuteur, que je vous crois loin de la connaître ! Vous m'avez souvent accusée d'affectation ;

---

[1] Une des lettres manuscrites de madame de Sévigné, qui se trouve dans le recueil conservé à Strawberry-Hill. (A. N.)

[2] Feu Frédéric Montagu. Ceci a rapport à une lettre de madame du Deffand, qu'on ne publie pas, et dans laquelle elle félicitait M. Walpole de posséder un ami tel qu'est M. Montagu, d'après le portrait qu'il en a fait. L'on doit supposer qu'elle plaisantait sur ce qu'il condamnait tout sentiment, et affectait une indifférence qu'il n'avait pas. (A. N.)

[3] Deux chiennes favorites de M. Walpole. (A. N.)

n'en seriez-vous pas plus coupable que moi? Oh! je n'ai pas d'affectation, moi, et surtout avec vous; aujourd'hui qu'il faut que je m'observe, notre commerce m'en devient bien moins agréable; mais n'importe, je serais fâchée de le perdre. Vous me paraissez un être si supérieur à moi, que je ne sais quel langage il faudrait vous tenir, ni de quoi je pourrais vous entretenir. Les affaires de votre chose publique ne vous intéressent plus, à plus forte raison celles de la mienne; les détails de société vous paraîtraient puérils, cela est embarrassant; il faut pourtant essayer de tout.

Il est arrivé ici ces jours passés un fils du duc de Courlande; on l'a arrêté depuis quatre jours, et on l'a mis à la Bastille; on dit que c'est pour de fausses lettres de change, et d'autres escroqueries.

Mademoiselle Sanadon [1] s'occupe de son ameublement; elle logera, à Pâques, dans le dehors du couvent; l'appartement est fort joli; elle est comblée de joie, et me témoigne sa reconnaissance d'une manière fort sensible et naturelle. Je suis extrémement contente de lui avoir rendu service, j'en recueillerai le fruit, car elle me sera une grande ressource; ce sera un fond de compagnie qui m'en procurera d'autres, je retiendrai plus aisément quelqu'un à souper, ayant quelqu'un avec moi, que si j'étais seule. Enfin, moi, qui ne fais point de *Château d'Otrante*, et qui m'intéresse encore moins aux morts qu'aux vivants, qui n'ai point de *Richard III* qui m'occupe, qui n'ai enfin ni goût ni talent, qui ne peux ni jouer ni travailler, qui ne trouve aucune lecture qui me plaise, et qui ne peux pas supporter l'ennui, je m'accroche où je peux; une mademoiselle Sanadon me devient une ressource.

Ne soyez point choqué de la manière peu respectueuse dont je vous parle de vos ouvrages, j'en fais beaucoup de cas : voilà la troisième fois que j'achète *le Monde* [2], à cause de vos huit discours; je l'avais prêté, on ne me l'a pas rendu. J'aime fort

---

[1] Mademoiselle Sanadon était la nièce du père Sanadon, connu par une traduction d'Horace et des poésies latines. Le père Sanadon était jésuite. Il fut chargé de l'éducation du prince de Conti, après la mort du père Du Cerceau. (A. N.)

[2] *The World*, ouvrage périodique dans le genre du *Spectateur* d'Addison. Horace Walpole y a fait insérer plusieurs morceaux qui ont été réimprimés dans ses *OEuvres*. M. Monod a traduit *The World* en français, sous le titre : *le Monde, où l'on voit un portrait naïf des mœurs de ce siècle*. Paris, 1768; trois volumes in-12. (A. N.)

vos réflexions, et mille fois mieux que vos rêves ou votre savoir, et par-dessus tout, vos lettres, même quand elles m'outragent. Adieu.

LETTRE 242.

LA MÊME AU MÊME.

Paris, mercredi 30 janvier 1768.

Bon! comment cela se fait-il? Je reçus hier une lettre de Selwyn, j'en reçois aujourd'hui une de vous; cette aventure est sans exemple; mais qu'importe, quand le bien arrive, qu'on s'y soit attendu ou non?

Je me suis pressée de répondre à Selwyn, et de lui donner mes commissions pour vous et le petit Craufurd. Il faut bien vous le répéter : M. du Châtelet [1] sera à Londres vendredi ou samedi au plus tard; si ma lettre le prévient, épiez son arrivée, et ne différez pas à vous faire remettre ce qu'il a pour vous. Il y a un ballot de la grand'maman; savoir ce qu'il contient n'est pas mon affaire [2]; la mienne a été de vous envoyer un petit paquet pour M. Craufurd et le second chant de la *Guerre de Genève*.

Il y a des nouveautés sans doute; il y en a de Voltaire, toujours sur les mêmes sujets; il y a des recueils, des romans, des tragédies : notre littérature est aussi abondante en productions qu'elle est stérile en imagination. Est-ce que vous voulez que je vous envoie ces rapsodies? Mon goût ne doit pas être bon, il est souvent contraire au vôtre. Vous m'avez fait relire les romans de Crébillon, ce sont les mauvais lieux de la métaphysique; il n'y a rien de plus dégoûtant, de plus entortillé, de plus précieux et de plus obscène; est-il possible que quelqu'un qui aime le style de madame de Sévigné (qui en excepte seulement les tendresses), estime Crébillon et conseille de le

---

[1] Le marquis du Châtelet, alors ambassadeur de France en Angleterre, où il avait remplacé le comte de Guerchy. (A. N.)

[2] Ce ballot contenait les portraits au lavis de la duchesse de Choiseul et de madame du Deffand, dans les caractères de grand'maman et de petite-fille ; madame de Choiseul donnant une poupée à madame du Deffand. Le lieu de la scène est le salon de madame du Deffand. Ce dessin a été fait par M. de Carmontelle, lecteur du prince de Condé, et connu par plusieurs petites pièces de théâtre, et surtout par ses *Proverbes*, qui sont encore ce qu'il y a de mieux dans ce genre léger et peut-être très-difficile. (A. N.)

lire? Je fus hier à une tragédie chez la duchesse de Villeroy;
elle fut applaudie à tout rompre; tout le monde était devenu
fontaine en la lisant, et l'on fut aux sanglots en l'écoutant; ni la
lecture ni la représentation ne m'ont causé la plus petite émotion. Cette pièce s'appelle *l'Honnête criminel;* l'auteur s'appelle Fenouillot, la grand'maman dit *Fouille au pot.* Il y a un
rôle qui est excellent: c'est un misanthrope, qui est plus fondé à
l'être que celui de Molière; il n'a pas tant d'esprit, il n'est pas si
éloquent, mais il est encore plus naturel, et en vérité il me
plaît davantage: tout le reste de la pièce a des situations forcées, d'où il naît des sentiments faux, outrés et nullement intéressants. Je suis fâchée de ne vous l'avoir pas envoyée; vous
l'aurez par la première occasion.

J'attends votre *Richard;* j'ai déjà prevenu madame de Meynières[1] avec qui je suis fort bien; je n'ai pas osé la prier de le
traduire, cela est aujourd'hui au-dessous de sa dignité; mais je
lui ai demandé un traducteur; elle me propose un nommé
Suard. Je vous ai déjà dit que M. de Montigny s'offrait lui-
même; mais je n'ai pas opinion de son style; enfin, que *Richard* arrive, et nous verrons ce que nous en ferons.

Ah! ah! mais j'en suis fort aise; tout l'attirail de la grandeur[2]; on veut pouvoir dire: *c'est toi qui l'as nommé;* je vous
exhorte à vous défendre d'une fausse modestie, c'est de tous
les genres de gloriole celle qui me choque le plus; j'aime mieux
l'orgueil à découvert que celui qui a le masque de la modestie.
Vous ne devez pas être ravi, mais il serait ridicule que vous
fussiez fâché. Mais de quoi est-ce que je me mêle? C'est bien à
moi d'enseigner! Je voudrais que vous fussiez bien avec elle,
qu'elle se souvînt qu'elle est *du sang d'Hector,* que c'était
bien de l'honneur pour elle, et qu'elle s'en honorât encore
aujourd'hui. Je voudrais savoir ce que dira l'Idole; voilà

[1] Madame la présidente de Meynières, ci-devant madame Belot. Après la
mort de l'abbé Prévost, elle avait continué la traduction de l'*Histoire d'Angleterre* de Hume. Elle est morte à Chaillot en 1805. (A. N.)

[2] Ceci a rapport au mariage de la nièce d'Horace Walpole, la comtesse
douairière de Waldegrave, fille naturelle de sir Édouard Walpole, avec le feu
duc de Glocester, duquel M. Walpole avait dit, dans une lettre à laquelle
celle-ci sert de réponse: « Il y a un certain mariage qui commence à faire du
bruit. Je vous proteste que je ne suis pas du secret, ou je ne vous en parlerais
pas. Mais on a pris une fille d'honneur (mademoiselle Wriothesley, depuis
madame Pigot), qui est logée à l'hôtel; et le portrait du mari se voit ouvertement dans le grand cabinet. »

un bel exemple [1]; elle a bien une dame d'honneur, elle ne manquera pas de portraits, mais ce sera tout, ou je suis trompée.

LETTRE 243.

M. DE VOLTAIRE A MADAME LA MARQUISE DU DEFFAND.

Ferney, 8 février 1768.

Je n'écris point, madame, cela est vrai; et la raison en est que la journée n'a que vingt-quatre heures, que d'ordinaire j'en mets dix ou douze à souffrir, et que le reste est occupé par des sottises qui m'accablent comme si elles étaient sérieuses. Je n'écris point, mais je vous aime de tout mon cœur. Quand je vois quelqu'un qui a eu le bonheur d'être admis chez vous, je l'interroge une heure entière. Mon fils adoptif Dupuits est pénétré de vos bontés; il a dû vous rendre compte de la vie ridicule que je mène. Il y a trois ans que je ne suis sorti de ma maison; il y a un an que je ne sors point de mon cabinet, et six mois que je ne sors guère de mon lit.

M. de Chabrillant a été chez moi six semaines; il peut vous dire que je ne me suis pas mis à table avec lui une seule fois. La faculté digérante étant absolument anéantie chez moi, je ne m'expose plus au danger. J'attends tout doucement la dissolution de mon être, remerciant très-sincèrement la nature de m'avoir fait vivre jusqu'à soixante-quatorze ans, petite faveur à laquelle je ne me serais pas attendu.

Vivez longtemps, madame, vous qui avez un bon estomac et de l'esprit, vous qui avez regagné en idées ce que vous avez perdu en rayons visuels, vous que la bonne compagnie environne, vous qui trouvez mille ressources dans votre courage d'esprit et dans la fécondité de votre imagination.

Je suis mort au monde. On m'attribue tous les jours mille petits bâtards posthumes, que je ne connais point. Je suis mort, vous dis-je, mais du fond de mon tombeau je fais des vœux pour vous. Je suis occupé de votre état. Je suis en colère contre la nature qui m'a trop bien traité en me laissant voir le soleil et en me permettant de lire, tant bien que mal, jusqu'à la fin, mais qui vous a ravi ce qu'elle vous devait.

[1] Elle entend parler du mariage de la comtesse de Boufflers avec le prince de Conti. (L.)

Cela seul me fait détester les romans, qui supposent que nous sommes dans le meilleur des mondes possible. Si cela était, on ne perdrait pas la meilleure partie de soi-même longtemps avant de perdre tout le reste. Le nombre des souffrants est infini; la nature se moque des individus. Pourvu que la grande machine de l'univers aille son train, les cirons qui l'habitent ne lui importent guère.

Je suis de tous les cirons le plus anciennement attaché à vous; et comme je disais fort bien dans le commencement de ma lettre, malgré mon respect pour vous, madame, je vous aime de tout mon cœur.

LETTRE 244.

MADAME LA MARQUISE DU DEFFAND A M. HORACE WALPOLE.

Mardi, 23 février, à six heures du matin.

Votre *Richard* devrait être arrivé; je suis fâchée qu'il n'y en ait pour moi qu'un exemplaire, j'en aurais voulu donner un à madame de Meynières, et à deux ou trois autres personnes à qui j'aurais fait plaisir : j'en aurais gardé un que Wiart aurait traduit. S'il partait quelqu'un de Londres pour venir ici, envoyez-m'en trois ou quatre exemplaires. Madame de Meynières a beaucoup d'empressement de le lire; elle me propose de le faire traduire par un nommé M. Suard, qui a fait des journaux; il écrit bien, à ce que l'on dit. Si cela vous convient, madame de Meynières lui parlera, lui donnera mon exemplaire, il traduira tout de suite et préviendra les mauvaises traductions qu'on en pourrait faire.

Je suis bien fâchée d'être aussi ignorante, d'avoir été si mal élevée, de n'avoir aucun talent, ou de n'être pas bête à manger du foin. Cette dernière manière serait peut-être la meilleure, je m'ennuierais moins, je dormirais mieux et je ne ferais pas de mauvaises digestions; je passe presque toutes les nuits sans fermer l'œil; alors c'est un chaos que ma tête : je ne sais à quelle pensée m'arrêter; j'en ai de toutes sortes, elles se croisent, se contredisent, s'embrouillent; je voudrais n'être plus au monde, et je voudrais en même temps jouir du plaisir de n'y plus être. Je passe en revue tous les gens que je connais et ceux que j'ai connus qui ne sont plus; je n'en vois aucun sans défaut, et tout de suite je me crois pire qu'eux. Ensuite il me prend envie de faire des chansons, je m'impatiente de n'en avoir pas le talent ; en voici cependant une qui ne m'a pas coûté, vous le croirez aisément ; c'est sur un vieil air que j'aime beaucoup :

> Vous n'aurez plus à vous plaindre
> De mon trop d'empressement,
> Ouvrez mes lettres sans craindre
> D'y trouver du sentiment.
> Je sens, je sens
> Que je peux, sans me contraindre,
> Prendre un ton indifférent.

Que dites-vous de l'excommunication du duc de Parme[1]? on dit que le premier mouvement ici a été de renvoyer le nonce. Le parlement agira-t-il? Qu'est-ce qu'il fera? je n'en sais rien et je ne m'en soucie guère. Il est malheureux pour vous que j'aie si peu de curiosité et si peu de talent pour raconter : aussi ne me canoniserez-vous jamais[2].

Adieu ; je ne continuerai cette lettre qu'après en avoir reçu une de vous.

Mercredi 24, à cinq heures du soir.

Voici votre lettre. Vous avez donc ce beau tableau[3]? je suis aussi piquée que vous, que la grand'maman soit aussi peu res-

---

[1] Le duc Ferdinand de Parme, petit-fils de Louis XV, et élève du célèbre abbé de Condillac, frère de l'abbé de Mably, succéda en 1765 à son père don Philippe, infant d'Espagne et duc de Parme. En 1768 le pape Clément XIII ayant voulu exercer dans les États de Parme une juridiction qui n'appartient qu'au souverain, le duc Ferdinand s'y opposa, et fut excommunié par le Saint-Père. Les cours de France, d'Espagne et des Deux-Siciles en témoignèrent leur mécontentement. La France se saisit d'Avignon, Naples s'empara de Bénévent, qui ne furent rendus au Saint-Siége que sous Clément XIV, qui se réconcilia avec les cours de France, d'Espagne, de Portugal et des Deux-Siciles, en diminuant ses prétentions et en supprimant les jésuites par un bref du 21 juillet 1773.

M. Walpole dit à ce sujet, dans sa réponse : « Je n'ai rien à dire à l'excommunication de M. de Parme ; je ne me soucie guère ni de lui ni du pape. Bientôt ce sera comme si Jupiter défendait l'entrée du Capitole à l'évêque de Londres. Votre pape est une vieille coquette qui, par bienséance, congédie un amant qui l'avait quitté. » (A. N.)

[2] Comme il avait fait en donnant à madame de Sévigné le nom de *Notre-Dame de Livry*.

[3] Le portrait d'elle-même, et celui de madame de Choiseul, au sujet desquels M. Walpole s'était exprimé comme suit : « Me voici le plus content des hommes ; je viens de recevoir le tableau. J'ai arraché toutes les enveloppes dont il était barricadé, et enfin je vous retrouve. Oui, vous, vous-même. Je savais, par inspiration, que M. de Carmontelle devait vous peindre mieux que jamais Raphaël n'a su prendre une ressemblance ; cela se trouve exactement

semblante. Je vous remercie du contentement que vous me marquez de ce que la mienne est parfaite; vous me trouverez digne d'être le pendant de l'hôtel de Carnavalet[1]; et nous figurerons fort bien l'une et l'autre dans un château gothique.

Je ne pus m'empêcher de vous regretter hier au soir. Je soupai chez les Montigny avec les Pembroke. J'avais arrangé cette partie pour leur faire entendre mademoiselle Clairon; elle joua deux scènes de *Phèdre* dans la perfection. Je demandai à M. de Montigny s'il n'avait point reçu le ballot que vous m'envoyez. Rien n'arrive d'Angleterre, c'est l'Amérique. Milord Pembroke m'a confirmé qu'il irait à Londres le mois prochain, il y sera fort peu; ne manquez pas à m'envoyer par lui trois ou quatre exemplaires de votre *Richard*, en cas que vous ne trouviez pas une occasion plus prompte. On en a déjà vu ici des extraits dans les papiers d'Angleterre; on dit du bien du style.

LETTRE 245.

LA MÊME AU MÊME.

Paris, mercredi 16 mars 1768.

En vérité, si je voyais votre lettre du 11 entre toutes autres mains que les miennes, j'en rirais de bon cœur; votre insolence et votre gaieté y sont tout à leur aise. Je vous attraperais bien si je faisais cesser notre correspondance, vous perdriez un des plus grands plaisirs que vous puissiez avoir, celui de dire avec un ton délibéré toutes les folies qui vous passent par la tête. J'eus la sottise hier de me fâcher à la lecture de votre lettre, mais en la relisant ce matin elle m'a fait un effet bien diffé-

---

vrai au pied de la lettre. Vous êtes ici en personne; je vous parle : il ne manque que votre impatience à répondre. La tulipe, votre tonneau, vos meubles, votre chambre, tout y est, et de la plus grande vérité. Jamais une idée ne s'est si bien rendue. Mais voilà tout! Pour la chère grand'maman, rien de plus manqué. Jamais, non jamais, je ne l'aurais devinée. C'est une figure des plus communes. Rien de cette délicatesse mignonne, de cet esprit personnifié, de cette finesse sans méchanceté et sans affectation; rien de cette beauté qui paraît une émanation de l'âme, qui vient se placer sur le visage, de peur qu'on ne la craigne au lieu de l'aimer. Enfin, enfin, j'en suis bien mécontent. » (A. N.)

[1] L'hôtel de madame de Sévigné à Paris, dont M. Walpole avait un dessin qui se trouve maintenant à Strawberry-Hill, dans la même chambre turque où est le portrait de madame du Deffand. Cet hôtel est situé au Marais, rue Culture-Sainte-Catherine. (A. N.)

rent[1]; le portrait que vous faites de vous-même me fait regretter ne pouvoir pas juger s'il est fidèle; avec le jaune, les rides et la maigreur, vous devez avoir quelque chose de fou dans la physionomie; car, Monsieur, vous devez savoir qu'il n'y en a point de trompeuse; mais comment mon portrait vous a-t-il permis de me dire tant d'impertinences? osez-vous, en le regardant, vous moquer d'une aussi jeune et belle dame? En vérité vous n'y pensez pas. Vous allez donc vous adonner aux bals; on me lisait hier dans les *Mémoires* de Gourville, qu'on le trouva avec son maître à danser qui lui apprenait la courante, quand on vint l'arrêter pour le mettre à la Bastille. Plusieurs années après, étant exilé en Angoumois, il donnait des bals? s'adonnait à la danse; il se tirait bien de toutes, excepté de la courante, qu'il n'avait point rapprise depuis la Bastille. Si vous n'avez point lu ces *Mémoires*, lisez-les; il y a des endroits très-divertissants. Ah! je voudrais bien vous faire lire ce que je lis actuellement et que le petit-fils[2] m'a prêté; ce sont des lettres de madame de Maintenon à madame des Ursins, depuis 1706 jusqu'au second mariage de Philippe V[3] : il ne tiendra qu'à vous de les lire. Vous ne me faites point perdre l'envie de lire votre tragédie[4], tout au contraire, traduisez-m'en du moins quelque chose. Je m'attends à des reproches au lieu de remercîments, pour les brochures que je vous ai envoyées; vous avez

[1] Cette lettre n'a pas été trouvée. (A. N.)
[2] Le duc de Choiseul. (A. N.)
[3] Ces lettres ont été publiées depuis. (A. N.)
[4] La *Mère mystérieuse*, dont M. Walpole lui avait rendu le compte suivant, à l'occasion de l'*Honnête criminel*, qu'elle lui avait envoyé :
« L'*Honnête criminel* me paraît assez médiocre. La religion protestante n'y a que faire. Je m'étais attendu à quelque dénoûment beaucoup plus intéressant. Je ne suis pas même charmé du comte d'Olban, qui a trouvé grâce à vos yeux. Il me semble qu'il ne dit rien que de fort commun. Mais ce que je trouve détestable, c'est le langage, qui est partout d'un prosaïque bas et même rampant. Ma propre tragédie a de bien plus grands défauts, mais au moins elle ne ressemble pas au ton compassé et réglé du siècle. Je n'ai pas le temps de vous en parler aujourd'hui, et je ne sais pas si je dois vous en parler. Elle ne vous plairait pas assurément : il n'y a pas de beaux sentiments; il n'y a que des passions sans enveloppe; des crimes, des repentirs et des horreurs. Il y a des hardiesses qui sont à moi, et des scènes très-faibles et très-longues, qui sont à moi aussi; du gothique, que ne comporterait pas votre théâtre, et des allusions qui devraient faire grand effet, et qui peut-être n'en feraient aucun. Je crois qu'il y a beaucoup plus de mauvais que de bon; et je sais sûrement que depuis le premier acte jusqu'à la dernière scène l'intérêt languit au lieu d'augmenter : peut-il y avoir un plus grand défaut? »

déjà reçu le *Galérien*. Vous avez beau dire, le comte d'Olban [1] est un très-bon homme, c'est faire le délicat que de n'en être pas content. J'ai assisté hier à la lecture du *Joueur* [2], à l'imitation de l'anglais; tout le monde y a fondu en larmes, excepté moi: je l'ai trouvée très-ennuyeuse; quand elle sera imprimée, vous l'aurez; c'est mon affaire que de calmer votre gaieté.

Je suis bien fâchée que mon amour-propre soit intéressé à cacher votre lettre; si vous m'y traitiez un peu moins mal, que vous ne me rendissiez pas un personnage si ridicule, j'aurais beaucoup de plaisir à la montrer à la grand'maman, avec qui je soupe ce soir.

J'ai reçu une lettre du petit Craufurd en même temps que la vôtre, j'en suis fort contente; il dit qu'il est toujours fort malade, mais à son style, je juge qu'il se porte mieux; il croit que son père ne sera pas des nouvelles élections, et apparemment ni lui non plus; j'aime bien mieux que vous soyez danseur que sénateur.

Adieu, *mon mignon* (cela répond à *m'amie* [3]); dansez toujours et ne grondez jamais. Je ne trouve plus rien à vous dire; il faut que le ton élégiaque me soit plus naturel que le bouffon; mais patience, peut-être cela changera-t-il.

LETTRE 246.

LA MÊME AU MÊME.

Paris, lundi 21 mars 1768, à trois heures après midi.

Mademoiselle Sanadon dîne en ville [4]; je me suis fait lire toute la matinée, je ne sais que faire; par désœuvrement, pour chasser l'ennui, je vais vous écrire tout ce qui me passera par la tête; ce ne sera pas grand'chose, et sur cette annonce je vous conseille de jeter ma lettre au feu sans vous donner l'ennui de la lire.

Mes soupers des dimanches sont déplorables, j'en faisais hier

---

[1] Personnage de l'*Honnête criminel.* (A. N.)

[2] Le *Beverley* de Saurin. Cette pièce horrible, souvent remise au théâtre, a été reprise à la Comédie française en 1820. Le jeu pathétique de Talma, qui ne craignit pas de prostituer son talent dans ce drame, n'a pu lui donner qu'un petit nombre de représentations. (A. N.)

[3] M. Walpole lui avait donné ce nom dans la lettre à laquelle celle-ci sert de réponse. (A. N.)

[4] Mademoiselle Sanadon était alors établie auprès de madame du Deffand. (A. N.)

la réflexion ; je me tourmente pour avoir du monde, nous étions douze, il n'y avait personne que j'écoutasse ni dont j'eusse envie de me faire écouter, et cependant, je l'avoue, j'aime mieux cela que d'être seule. Je n'ai point mal dormi cette nuit, et ce matin j'ai lu une trentaine de lettres de madame de Maintenon. Ce recueil est curieux, il contient neuf années, depuis 1706 jusqu'à 1715. Je persiste à trouver que cette femme n'était point fausse, mais elle était sèche, austère, insensible, sans passion ; elle raconte tous les événements de ce temps-là, qui étaient affreux pour la France et pour l'Espagne, comme si elle n'y avait pas un intérêt particulier ; elle a plus l'air de l'ennui que de l'intérêt. Ses lettres sont réfléchies ; il y a beaucoup d'esprit, un style fort simple ; mais elles ne sont point animées, et il s'en faut beaucoup qu'elles soient aussi agréables que celles de madame de Sévigné. Tout est passion, tout est en action dans celles de cette dernière, elle prend part à tout, tout l'affecte, tout l'intéresse : madame de Maintenon, tout au contraire, raconte les plus grands événements, où elle jouait un rôle, avec le plus parfait sang-froid ; on voit qu'elle n'aimait ni le roi, ni ses amis, ni ses parents, ni même sa place. Sans sentiment, sans imagination, elle ne se fait point d'illusions, elle connaît la valeur intrinsèque de toutes choses, elle s'ennuie de la vie et elle dit : *il n'y a que la mort qui termine nettement les chagrins et les malheurs.* Un autre trait d'elle qui m'a fait plaisir : *il y a dans la droiture autant d'habileté que de vertu.* Il me reste de cette lecture beaucoup d'opinion de son esprit, peu d'estime de son cœur, et nul goût pour sa personne ; mais je le dis, je persiste à ne la pas croire fausse. Autant que je puis vous connaître, je crois que ces lettres vous feraient plaisir ; cependant je n'en sais rien, car depuis feu Protée, personne n'a été si dissemblable d'un jour à l'autre que vous l'êtes [1].

Vous avez actuellement votre Pétrarque [2], je ne comprends pas qu'on puisse faire un aussi gros volume à son occasion. Le fade auteur ! que sa Laure était sotte et précieuse ! que la cour d'amour était fastidieuse ! que tout cela était recherché, *agri-*

---

[1] C'est vraiment un chef-d'œuvre que ce portrait d'une femme peint par une femme. Jamais peut-être madame de Maintenon n'a été mieux jugée : les femmes savent très-bien s'apprécier quand elles ne sont point contemporaines. (A. N.)

[2] Le premier volume des *Mémoires pour servir à la vie de Pétrarque*, par l'abbé de Sade. (A. N.)

mâché, maniéré! et tout cela vous plaît! Convenez que vous savez bien allier les contraires.

On joue cette semaine cinq comédies chez madame de Villeroy, peut-être irai-je demain si je me porte bien et si je n'ai rien à faire : peut-être souperai-je avec la grand'maman chez madame d'Anville[1]. Cette femme ne vous déplairait peut-être pas, elle n'a pas les grands airs de nos grandes dames, elle a le ton assez animé, elle est un peu entichée de la philosophie moderne : mais elle la pratique plus qu'elle ne la prêche.

Madame la duchesse d'Antin mourut hier; c'était la sœur de feu M. de Luxembourg. Cette perte sera très-indifférente à la maréchale[2], à moins qu'elle ne l'empêche d'aller voir aujourd'hui jouer le *Galérien* chez madame de Villeroy.

J'eus il y a deux jours la visite de madame Denis et de M. et madame Dupuis[3]; ils disent qu'ils retourneront dans deux ou trois mois retrouver Voltaire, qui les a envoyés à Paris pour solliciter le payement d'argent qui lui est dû : ils pourraient bien mentir, je n'ai pas assez de sagacité pour démêler ce qui en est; il y a des choses plus intéressantes que je ne cherche point à pénétrer; tout ce qui me paraît difficile à comprendre, je l'abandonne.

Adieu. Je ne sais quand je reprendrai cette lettre ni même si je la continuerai.

Mardi 22.

Oh! oui, je la continuerai, parce que la demoiselle Sanadon dîne encore dehors.

J'ai fait plusieurs connaissances nouvelles; je suis comme madame de Staal, qui cherchait à en faire, parce qu'elle était, disait-elle, fort lasse des anciennes; on parierait, sans crainte de perdre, qu'on ne serait pas plus content des unes que des autres, mais il y a le piquant de la nouveauté.

Je viens d'écrire à Voltaire, je lui demande s'il n'a pas le projet d'aller voir sa Catherine; je lui dis que ce serait le

---

[1] La duchesse d'Anville, née La Rochefoucauld. Elle était la mère de l'infortuné duc de La Rochefoucauld, lequel, quoiqu'il se fût déclaré, au commencement de la Révolution, pour le parti populaire, fut assassiné entre sa mère et son épouse sur la route de Normandie, à peu de distance de son château de la Roche-Guyon. (A. N.)

[2] De Luxembourg, sa veuve. (A. N.)

[3] Madame Dupuis était la petite-nièce de Corneille, protégée par Voltaire, et mariée par lui. On supposait à cette époque, mais à tort, que M. et madame Dupuis et madame Denis s'étaient pris de querelle. (A. N.)

comble de la folie; on soupçonne que c'est son projet, mais je ne le crois pas.

On dit qu'il va paraître un arrêt du Parlement pour diminuer le nombre des couvents et fixer l'âge où l'on pourra faire des vœux; ce sera l'ouvrage de M. de Toulouse[1]; je vous renvoie à a gazette pour ces sortes de nouvelles, je ne saurais m'occuper de ce qui ne m'intéresse point. Je suis à peu près comme un homme que connaissait mon pauvre ami Formont; il disait : *Apprenez que je ne m'intéresse qu'aux choses qui me regardent.* Tout le monde est peut-être de même, mais il y a des gens qui étendent les regards sur beaucoup d'objets. Les miens sont fort circonscrits; et de la chose publique, il n'y a que les rentes et les pensions qui m'intéressent. Ces sentiments sont un peu bas, mais du moins ils sont naturels. En voilà assez pour aujourd'hui, je ne fermerai cette lettre qu'après avoir reçu la vôtre; c'est le vent d'ouest, à ce qu'on m'a dit, qui les amène le mardi et le samedi; celui de nord est le plus fréquent, ainsi je ne les attends jamais que le mercredi ou le dimanche.

Dites-moi comment vous trouvez cette phrase de ma lettre à Voltaire.

« Ne voyez jamais votre Catherine que par le télescope de
» votre imagination; laissez toujours entre elle et vous la dis-
» tance des lieux à la place de celle du temps; faites un roman
» de son histoire et rendez-la aussi intéressante, si vous le
» pouvez, que la Sémiramis de votre tragédie. »

Mercredi matin, 23.

Cette maison de La Rochefoucauld est une tribu d'Israël, ce sont d'honnêtes et bonnes gens. La grand'maman s'accommode fort de madame d'Anville. Il n'y a point de morgue dans toute cette famille; il y a du bon sens, de la simplicité; mais je ne prévois pas que je forme une grande liaison avec eux. Si j'étais moins vieille, cela se pourrait, mais à mon âge on ne construit rien; c'est le temps où tout s'écroule. S'il ne me vient point de lettres, celle-ci sera finie.

[1] L'archevêque de Toulouse. Il avait été élevé à la Sorbonne avec Turgot et l'abbé Morellet. Il descendait des Loménie, secrétaires d'État sous les règnes de Henri III, Henri IV, Louis XIII et Louis XIV. Étant très-jeune, il pensait déjà à devenir ministre et puisait ses principes d'homme d'État dans les *Mémoires* du cardinal de Retz. (A. N.)

LETTRE 247.

MADAME LA MARQUISE DU DEFFAND A M. DE VOLTAIRE.

De Saint-Joseph, mardi 22 mars 1768.
(*Ma date servira de signature.*)

J'ai eu la visite de madame Denis, de M. et de madame Dupuis[1]; jugez, monsieur, du plaisir que j'ai eu à parler de vous. Je les ai accablés de questions de votre santé, de la vie que vous menez, de la façon dont j'étais avec vous; si vous pensiez à me donner votre statue ou votre buste? J'ai été contente de leurs réponses. Votre santé est bonne; vous ne vous ennuyez point, et vous décorerez mon cabinet; souffrez à présent que je vous interroge. Pourquoi vous êtes-vous séparé de votre compagnie? Je n'ai point été contente des raisons qu'on m'en a données. Comment, à nos âges, peut-on renoncer à des habitudes? Ce n'est point par une vaine curiosité que je vous prie de m'informer de vos motifs, mais par l'intérêt véritable que je prends à vous. Oui, monsieur de Voltaire, rien n'est si vrai, je suis et serai toujours la meilleure de vos amies. Il y a cinquante ans que je vous connais, et par conséquent que je vous admire; cette admiration n'a fait que croître et s'embellir par la comparaison de vous à vos contemporains, destinés à être vos successeurs. Je bénis le ciel d'être aussi vieille; il n'y a plus de plaisir à vivre; on n'entend plus que des lieux communs ou des extravagances. Si j'étais plus jeune, j'irais vous voir, et je m'accommoderais fort bien d'être en tiers entre vous et le père Adam; mais comme cela ne se peut pas, je vous renouvelle la demande que je vous ai déjà faite de m'envoyer toutes vos nouvelles productions; vous pouvez compter sur ma fidélité. Je n'ai jamais donné copie de vos lettres, ni de ce que vous m'avez envoyé; je les ai montrées à fort peu de personnes, et s'il y en a eu une d'imprimée, ce fut un certain M. Turgot, que je ne vois plus, qui a une mémoire diabolique, qui me joua ce tour. La *Princesse de Babylone* paraît, à ce qu'on m'a dit, et encore d'autres petits ouvrages; envoyez-moi tout cela, je vous conjure, sous l'adresse de M. ou de madame de Choiseul; j'ai leur consentement. Il faut que je vous avoue, monsieur, une grande inquiétude que j'ai. Vous aimez si fort votre Catherine, qu'il

---

[1] Madame Dupuis était la petite-nièce de Corneille, que Voltaire avait protégée, et qui vivait chez lui avec son mari. (A. N.)

pourrait bien vous passer par la tête... Ah! ce serait une grande folie! Ne la voyez jamais que par le télescope de votre imagination, faites-nous un beau roman de son histoire, rendez-la aussi intéressante que la Sémiramis de votre tragédie; mais laissez toujours entre elle et vous la distance des lieux, à la place de celle du temps. Si vous avez à voyager, venez aux bords de la Seine; venez dans ma cellule, ce me serait un grand plaisir de vous embrasser et de passer mes derniers jours avec vous.

LETTRE 248.

M. DE VOLTAIRE A MADAME LA MARQUISE DU DEFFAND.

30 mars 1768.

Quand j'ai un objet, madame, quand on me donne un thème, comme, par exemple, de savoir si l'âme des puces est immortelle; si le mouvement est essentiel à la matière; si les opéras-comiques sont préférables à *Cinna* et à *Phèdre*, ou pourquoi madame Denis est à Paris, et moi entre les Alpes et le mont Jura; alors j'écris régulièrement, et ma plume va comme une folle.

L'amitié dont vous m'honorez me sera bien chère jusqu'à mon dernier souffle, et je vais vous ouvrir mon cœur.

J'ai été pendant quatorze ans l'aubergiste de l'Europe, et je me suis lassé de cette profession. J'ai reçu chez moi trois ou quatre cents Anglais qui sont tous si amoureux de leur patrie, que presque pas un ne s'est souvenu de moi après mon départ, excepté un prêtre écossais nommé Brown, ennemi de M. Hume, qui a écrit contre moi, et qui m'a reproché d'aller à confesse, ce qui est assurément bien dur.

J'ai eu chez moi des colonels français, avec tous leurs officiers, pendant plus d'un mois; ils servent si bien le roi, qu'ils n'ont pas eu seulement le temps d'écrire ni à madame Denis ni à moi.

J'ai bâti un château comme Béchamel, et une église comme Le Franc de Pompignan. J'ai dépensé cinq cent mille francs à ces œuvres profanes et pies; enfin, d'illustres débiteurs de Paris et d'Allemagne, croyant que ces munificences ne me convenaient point, ont jugé à propos de me retrancher les vivres pour me rendre sage. Je me suis trouvé tout d'un coup presque réduit à la philosophie; j'ai envoyé madame Denis solliciter les généreux Français, et je me suis chargé des généreux Allemands.

Mon âge de soixante-quatorze ans et des maladies continuelles me condamnent au régime et à la retraite. Cette vie ne peut convenir à madame Denis, qui avait forcé la nature pour vivre avec moi à la campagne. Il lui fallait des fêtes continuelles pour lui faire supporter l'horreur de mes déserts, qui, de l'aveu des Russes, sont pires que la Sibérie pendant cinq mois de l'année. On voit de sa fenêtre trente lieues de pays; mais ce sont trente lieues de montagnes, de neige et de précipices : c'est Naples en été et la Laponie en hiver.

Madame Denis avait besoin de Paris; la petite Corneille en avait encore plus besoin; elle ne l'a vu que dans un temps où ni son âge ni sa situation ne lui permettaient de le connaître. J'ai fait un effort pour me séparer d'elles et pour leur procurer des plaisirs, dont le premier est celui qu'elles ont eu de vous rendre leurs devoirs. Voilà, madame, l'exacte vérité, sur laquelle on a bâti bien des fables, selon la louable coutume de votre pays, et je crois même de tous les pays.

J'ai reçu de Hollande une *Princesse de Babylone;* j'aime mieux les *Quarante écus,* que je ne vous envoie point, parce que vous n'êtes pas arithméticienne, et que vous ne vous souciez guère de savoir si la France est riche ou pauvre. La *Princesse* part sous l'enveloppe de madame la duchesse de Choiseul; si elle vous amuse, je ferai plus de cas de l'Euphrate que de la Seine.

J'ai reçu une petite lettre de madame de Choiseul : elle me paraît digne de vous aimer. Je suis fâché contre M. le président Hénault; mais j'ai cent fois plus d'estime et d'amitié pour lui que je n'ai de colère.

Adieu, madame : tolérez la vie, je la tolère bien. Il ne vous manque que des yeux, et tout me manque. Mais assurément les sentiments que je vous dois et que je vous ai voués ne me manquent pas.

LETTRE 249.

MADAME LA MARQUISE DU DEFFAND A M. HORACE WALPOLE.

Paris, dimanche 3 avril 1768.

Votre lettre du 24 mars n'a pas été mise à la poste sur-le-champ, puisqu'elle ne me parvient qu'aujourd'hui. Je viens de recevoir en même temps une lettre de Voltaire; je satisferai votre curiosité en vous en faisant l'extrait :

« Quand j'ai un objet, madame, quand on me donne un » thème, comme, par exemple, de savoir si l'âme des puces est » immortelle; si le mouvement est essentiel à la matière; si les » opéras-comiques sont préférables à *Cinna* et à *Phèdre*, ou » pourquoi madame Denis est à Paris, et moi entre les Alpes et » le mont Jura; alors j'écris régulièrement, et ma plume va » comme une folle[1]. »

Je n'ai point encore reçu cette *Princesse de Babylone*, mais je l'ai lue; il y a quelques traits plaisants, mais c'est un mauvais ouvrage, et, contre son ordinaire, fort ennuyeux. Il ne me répond point sur l'article de ma lettre où je lui parlais de la Czarine; je ne serais point étonnée qu'il l'allât trouver. On m'attribue un bon mot sur les philosophes modernes, dont je ne me souviens point, mais je l'adopterais volontiers. On disait que le roi de Prusse ou le roi de Pologne vantait beaucoup nos philosophes d'avoir abattu la forêt de préjugés qui nous cachait la vérité; on prétend que je répondis : *Ah! voilà donc pourquoi ils nous débitent tant de fagots?*

Il est arrivé un accident effroyable ces jours-ci dans un couvent appelé la Présentation. Sept petites filles couchant dans la même chambre, une d'elles mit une chandelle sous son pot de chambre pour la reprendre quand les religieuses qui avaient soin d'elles seraient retirées : elle s'endormit en lisant; le feu prit à son lit qui était à côté de la porte, le feu gagna la porte et tous les autres lits. Cinq ont été absolument brûlées, deux autres se jetèrent par la fenêtre; l'une a le visage brûlé et l'autre les pieds et beaucoup d'autres parties du corps; on ne put entrer dans la chambre, parce que la porte était en feu; jugez quelle désolation pour les pères et mères de ces enfants. Il y avait trois demoiselles de Ligny, c'est l'aînée qui a mis le feu; la cadette, qui n'a que dix ans, est une de celles qui se sont sauvées, l'autre est mademoiselle de Modave; les trois autres brûlées s'appellent Lusignan, Briancourt, Bélanger; il y avait beaucoup de filles de condition dans cette maison.

Milady Pembroke part aujourd'hui pour l'Ile-Adam, elle y restera tout le voyage; on n'en reviendra que dimanche. La pauvre Lloyd est laissée pour les gages.

---

[1] Madame du Deffand cite ainsi *in extenso* la lettre du 20 mars qui précède et que nous jugeons inutile de répéter. (L.)

Le Chabrillant, petit-gendre de madame d'Aiguillon, a perdu, au trente et quarante, soixante-treize mille francs; il avait dépensé, depuis son mariage, quarante mille écus en équipages, en habits, etc. Le jeu ici est terrible; M. de la Trémouille, à la même séance que le petit Chabrillant, qui se passait chez un M. de Boisgelin, cousin de celui qui est chez vous, perdit cent cinquante-six mille livres, et le maître de la maison, quarante-huit; c'est un M. le chevalier de Franc qui a gagné toutes ces sommes. Il n'y avait que ces quatre personnes. Je ne saurais comprendre comment, dans un pays policé, on ne puisse pas trouver quelque expédient pour remédier à un tel dérèglement.

La reine et le président vont fort mal.

LETTRE 250.

LA MÊME AU MÊME.

Paris, mardi 2 avril 1768.

Vous m'avez cité la *Nouvelle Héloïse*; permettez, à mon tour, que je vous raconte une petite histoire. Feu le cardinal d'Estrées, âgé de soixante-dix, quatre-vingts ou cent ans, c'est tout de même, se trouva un jour avec madame de Courcillon, plus belle qu'un ange, plus précieuse que tout l'hôtel de Rambouillet, d'un maintien, d'une sagesse, d'une réputation merveilleux. Les charmes de cette belle dame ragaillardirent le vieux cardinal; il avait de l'esprit, de la grâce : il lui dit des galanteries, il voulut même baiser sa main; elle prit un ton sévère, le repoussa, le traita fort mal : « Ah! madame, madame! s'écria le vieux cardinal, *vous prodiguez vos rigueurs.* » Soudain sa flamme s'éteignit, et, comme dit madame de Sévigné, *il lui vit des cornes.*

Je n'en verrai jamais à la grand'maman : elle n'est que trop bonne, trop indulgente, trop modeste; elle veut être parfaite, c'est son défaut, et le seul qu'elle puisse avoir. Quoique je compte assez sur ses bontés pour l'avouer de tout ce qu'elle peut dire de moi, j'affirme et je proteste qu'elle n'a point concerté avec moi ni ne m'a communiqué la lettre que vous avez reçue d'elle : apparemment c'était une réponse à ce que vous lui avez écrit; je ne lui parle jamais de vous, que quand elle m'interroge; si vous ne vous en rapportez pas à ma prudence, rapportez-vous-en du moins à mon amour-propre; mais laissons là toutes ces noises et ces chicanes, elles sont ennuyeuses pour vous, et fort peu divertissantes pour moi; il vaut bien mieux conter des histoires; en voici une tragique et bien singulière.

Un certain comte de Sade [1], neveu de l'abbé auteur de *Pétrarque*, rencontra, le mardi de Pâques, une femme grande et bien faite, âgée de trente ans, qui lui demanda l'aumône; il lui fit beaucoup de questions, lui marqua de l'intérêt, lui proposa de la tirer de sa misère, et de la faire concierge d'une petite maison qu'il a auprès de Paris. Cette femme l'accepta; il lui dit de venir le lendemain matin l'y trouver; elle y fut; il la conduisit d'abord dans toutes les chambres de la maison, dans tous les coins et recoins, et puis il la mena dans le grenier; arrivés là, il s'enferma avec elle, lui ordonna de se mettre toute nue; elle résista à cette proposition, se jeta à ses pieds, lui dit qu'elle était une honnête femme; il lui montra un pistolet qu'il tira de sa poche, et lui dit d'obéir, ce qu'elle fit sur-le-champ; alors, il lui lia les mains, et la fustigea cruellement. Quand elle fut tout en sang, il tira un pot d'onguent de sa poche, en pansa ses plaies, et la laissa; je ne sais s'il la fit boire et manger, mais il ne la revit que le lendemain matin. Il examina ses plaies, et vit que l'onguent avait fait l'effet qu'il en attendait; alors, il prit un canif, et lui déchiqueta tout le corps : il prit ensuite le même onguent, en couvrit toutes les blessures, et s'en alla. Cette femme désespérée se démena de façon qu'elle rompit ses liens, et se jeta par la fenêtre qui donnait sur la rue. On ne dit point qu'elle se soit blessée en tombant; tout le peuple s'attroupa autour d'elle; le lieutenant de police a été informé de ce fait; on a arrêté M. de Sade, il est, dit-on, dans le château de Saumur. L'on ne sait pas ce que deviendra cette affaire, et si l'on se bornera à cette punition, ce qui pourrait bien être, parce qu'il appartient à des gens assez considérables et en crédit; on dit que le motif de cette exécrable action était de faire l'expérience de son onguent.

Voici la tragédie, tâchez de vous en distraire, et écoutez ce petit conte :

---

[1] Le trop fameux érotomane dont les ouvrages ne se nomment pas, quoique se vendant fort bien (sous le manteau), et dont les cruelles et lâches débauches ne se racontent pas. Tout ce qu'on peut en dire se trouve dans les *Curiosités de l'histoire de France* (*Procès célèbres*), par le bibliophile Jacob. Paris, Delahays, 1858, p. 225 à 243. (L.)

Un curé de village élevait un petit garçon nommé Raimond; quand il en était content, il l'appelait Raimonet. Raimond était gourmand : il allait dans le jardin manger les fruits; le curé ne le trouvait pas bon. Un matin, avant que de dire sa messe, le curé s'alla promener et surprit Raimond à un espalier de muscat, dont il mangeait avec grand appétit. Le curé fut en grande colère, et fouetta bien fort le petit Raimond; et puis tout de suite il alla à la paroisse dire sa messe, et ordonna au petit Raimond de venir lui répondre, comme il avait coutume. Le petit drôle, bouffi de colère, fut obligé d'obéir; le curé commence sa messe, se retourne, dit : *Dominus vobiscum.* Point de réponse..... *Dominus vobiscum; Raimond, réponds donc.* Point de réponse..... *Dominus vobiscum; Raimonet, réponds donc :* — *Et cum spiritu tuo, fichu flatteur!* Il faudrait que cela fût bien conté, pour faire rire.

Mercredi 13, à onze heures.

Depuis hier j'ai appris la suite de M. de Sade. Le village où est sa petite maison, c'est Arcueil; il fouetta et déchiqueta la malheureuse le même jour, et tout de suite il lui versa du baume dans ses plaies et sur ses écorchures; il lui délia les mains, l'enveloppa dans beaucoup de linges, et la coucha dans un bon lit. A peine fut-elle seule, qu'elle se servit de ses draps et de ses couvertures pour se sauver par la fenêtre. Le juge d'Arcueil lui dit de porter ses plaintes au procureur général et au lieutenant de police. Ce dernier envoya chercher M. de Sade, qui, loin de désavouer et de rougir de son crime, prétendit avoir fait une très-belle action, et avoir rendu un grand service au public par la découverte d'un baume qui guérissait sur-le-champ les blessures; il est vrai qu'il a produit cet effet sur cette femme. Elle s'est désistée de poursuivre son assassin, apparemment moyennant quelque argent; ainsi il y a tout lieu de croire qu'il en sera quitte pour la prison.

Le fils de l'Idole, qui n'est pas encore de retour de ses voyages, mais qui arrive bientôt, doit épouser mademoiselle des Alleurs, fille de celui qui a été à Constantinople; sa mère est Lubomirska, qui s'est remariée à M. de Liré; elle en est séparée, et elle est dans un couvent; sa fille a dix-sept ans [1]; elle est jolie, elle a vingt-deux mille livres de rente, elle est

---

[1] La fille de madame des Alleurs. (A. N.)

nièce de madame Sonin, et c'est Pont-de-Veyle qui fait ce mariage.

Je soupai, hier au soir, chez le président avec la milady [1], que de plus en plus je trouve aimable, et avec ma bonne amie Lloyd, qui ne m'a pas encore démis le poignet [2] : mais à la fin elle y parviendra.

Si je reçois cette après-dinée une lettre, je joindrai la réponse à ceci; sinon ceci partira toujours.

La traduction de *Tacite*, par l'abbé de la Bletterie, auteur de la *Vie de Julien*, paraît depuis quelques jours; on en a tiré deux mille exemplaires, qui sont tous enlevés; j'en ai pris deux, un pour moi, l'autre pour vous, si vous en avez envie.

J'ai fait une réponse à Voltaire, dont la grand'maman est fort contente; mais je ne vous l'enverrai pas que vous ne me la demandiez.

A deux heures.

Voilà votre lettre, j'en suis contente. Considérez, je vous prie, qu'on n'a pas le temps de se brouiller et de se raccommoder à mon âge.

Vous ne me répondez point sur le portrait que je vous ai fait de madame de Maintenon; vous n'en êtes peut-être pas content; je ne le suis pas des épithètes que vous mettriez sous les quatre portraits [3]. Voici celles que j'y mettrais : à madame

---

[1] Lady Pembroke. En parlant de cette dame, dans une autre lettre qu'on ne publie pas, madame du Deffand dit : « J'aime beaucoup la milady (Pembrocke); plus je la vois, plus je la trouve aimable. Sa simplicité, son naturel, sa douceur, sa modestie, ont quelque chose de piquant. Sans être vive, elle est animée; elle a de la justesse dans les jugements qu'elle porte, et je lui crois du discernement. Sa politesse, toutes ses manières, sont extrêmement nobles. J'ai le projet d'aller souper dimanche à son hôtel garni, entre elle et ma bonne amie Lloyd. Si j'en reviens sans que mes poignets soient démis, je vous prierai d'en rendre grâce à Dieu. »

[2] Elle veut dire : en secouant sa main, manière de saluer générale en Angleterre dans toutes les classes. Cet usage, presque inconnu en France il y a cinquante ans, s'est introduit au commencement de la révolution, et entre chaque jour davantage dans nos habitudes sociales. (A. N.)

[3] M. Walpole avait dit dans sa lettre, à laquelle celle-ci sert de réponse : « Je serais charmé, à mon retour en France, de lire les *Lettres* de madame de Maintenon et de la princesse des Ursins. Je ne crois pas cependant que ces lettres ressemblent aux vôtres et à celles de madame de Sévigné. Que de fausseté, d'hypocrisie, ne doit-on pas trouver dans la correspondance de ces deux créatures ambitieuses, adroites, glorieuses, pleines de bon sens, et cherchant à l'envi à se tromper et à se surpasser l'une l'autre! Je voudrais avoir les portraits de ces deux femmes ensemble, non pas pour faire pendant, mais pour

de Maintenon, prudence, persévérance. Madame des Ursins, à peu près la même que vous. Celle de la grand'maman, j'ajouterais à la raison, la justice et la bonté. Et pour moi, l'affectation, le roman, etc. On m'y reconnaîtrait d'abord:

LETTRE 251.

MADAME LA MARQUISE DU DEFFAND A M. DE VOLTAIRE.

Paris, 10 avril 1768.

Vraiment, vraiment, monsieur, j'ai bien d'autres questions à vous faire que sur l'âme des puces, sur le mouvement de la matière, sur l'opéra-comique, et même sur le départ de madame Denis. Ma curiosité ne porte jamais sur les choses incompréhensibles, ou sur celles qui ne tiennent qu'au caprice. Vous m'avez satisfaite sur madame Denis, satisfaites-moi aujourd'hui sur un bruit qui court et que je ne saurais croire. On dit que vous vous êtes confessé et que vous avez communié; on l'affirme comme certain. Vous devez à mon amitié cet aveu, et de me dire quels ont été vos motifs, vos pensées, comment vous vous en trouvez aujourd'hui, et si vous vous en tiendrez à la sainte table, ayant réformé la vôtre. J'ai la plus extrême curiosité de savoir la vérité de ce fait; s'il est vrai, quel trouble vous allez mettre dans toutes les têtes, quel triomphe et quelle édification! quelle indignation, quel scandale, et pour tous en général quel étonnement! Ce sera, sans contredit, faire un grand bruit.

J'ai reçu votre *Princesse de Babylone*, qui m'a fait grand plaisir. Il y a bien de nouvelles brochures dont on m'a parlé, et que vous devriez m'envoyer; je suis plus curieuse de ce qui vient de vous (et à plus juste titre), que vous ne pouvez ni ne devez l'être des prétendues merveilles du Nord. Vous avez lu *l'Honnête criminel*; vous a-t-il fait fondre en larmes? C'est l'effet général qu'il a produit, excepté sur quelques mauvais cœurs comme moi, qui, pour justifier leur insensibilité, prétendent qu'il n'y a pas un sentiment naturel.

---

opposer au tableau de vous et de la grand'maman. J'y écrirais sous le vôtre, le naturel; sous celui de la grand'maman, la raison; sous la Maintenon, l'artifice; et sous la princesse, l'ambition. Savez-vous ce qui s'ensuivrait? le grand nombre aimerait, leur vie durant, à être les dernières, et après leur mort, d'avoir été les premières. » (A. N.)

Le monde est devenu bien sot depuis que vous l'avez quitté ; il semble que chacun cherche à tâtons le vrai et le beau, et que personne ne l'attrape ; mais il n'y a personne qui puisse juger des méprises. Je ne prétends pas à cet avantage ; je ne suis pas plus éclairée qu'un autre, mais j'ai des modèles du beau, du bon et du vrai, et tout ce qui ne leur ressemble pas ne saurait me séduire.

Quand je ne vous lis pas, savez-vous quelle est ma lecture favorite ? C'est le *Journal encyclopédique*; j'en ai fait l'acquisition depuis peu ; c'est le seul journal que j'aie jamais lu avec plaisir. Ai-je tort ou raison ? Mais, monsieur, ai-je tort ou raison, de causer si familièrement avec vous, et appartient-il à une vieille sibylle, renfermée dans sa cellule, assise dans un tonneau, d'interroger et de fatiguer l'Apollon, le philosophe, enfin le seul homme de ce siècle ? Je crains que nous ne perdions bientôt celui qui était peut-être le plus aimable, le pauvre président ; il s'affaiblit tous les jours ; je lui ai lu votre lettre, il ne m'a point fait voir la vôtre, il m'a seulement dit que vous n'aviez pas lu le supplément à son article *Tolérance*.

Ah ! monsieur, si vous connaissiez madame la duchesse de Choiseul, vous ne diriez pas *qu'elle est digne de m'aimer*, mais vous diriez que personne n'est digne d'être aimé d'elle, et qu'elle est aussi supérieure à toutes les femmes passées, présentes et à venir, que vous l'êtes à tous les beaux esprits de ce siècle.

Adieu, monsieur ; en me répondant, laissez courir votre plume comme une folle, vous me prouverez que vous m'aimez ; vous me divertirez et vous me ferez grand bien.

LETTRE 252.

MADAME LA MARQUISE DU DEFFAND A M. HORACE WALPOLE.

Paris, dimanche 22 mai 1768.

Du taffetas pour *des coupures* ne voudrait rien dire ; mais s'il y a pour des coupures, on peut bien ne pas le comprendre, si on n'en a jamais entendu parler ; mais on voit bien que cela veut dire quelque chose, et on s'informe [1]. Enfin tout est

[1] La duchesse de Choiseul avait fait prier M. Walpole, par madame du Deffand, de lui envoyer du *taffetas pour des coupures*. M. Walpole, qui n'avait pas compris qu'il s'agissait du taffetas d'Angleterre pour mettre sur les coupures (*black sticking plaister*), envoya des coupures de taffetas de différentes espèces, méprise qui amusa beaucoup madame de Choiseul. (A. N.)

éclairci, cela a extrêmement diverti la grand'maman, et sauf votre respect et la soumission que j'ai à vos décisions, je crois que vous feriez bien de lui écrire un mot. Elle est à Chanteloup, fort occupée à faire un petit ouvrage sur un pot de chambre et des petits pois que j'ai reçus, il y a aujourd'hui quinze jours, sous le nom de la grand'maman, avec une lettre de l'abbé Barthélemy; le tout imaginé, donné et composé par madame de la Vallière. M. de Choiseul était dans la confidence; il y a eu des lettres à l'infini; l'abbé a recueilli toutes les pièces, il en formera un roman, une histoire ou un poëme, qui sera dédié à M. de Choiseul.

Ce chevalier de Listenay [1], dont je vous ai parlé, est positivement celui avec lequel vous avez soupé; il est parti aujourd'hui pour Chanteloup. Je le trouve un bon homme, doux, facile, complaisant; en fait d'esprit, il a à peu près le nécessaire, sans sel, sans sève, sans chaleur, un certain son de voix ennuyeux; quand il ouvre la bouche, on croit qu'il bâille, et qu'il va faire bâiller; on est agréablement surpris que ce qu'il dit n'est ni sot, ni long, ni bête; et vu le temps qui court, on conclut qu'il est assez aimable.

Je ne connais point M. de Monaco [2]; mais il y a vingt-cinq ans que je lui trouvais l'air d'un héros de roman, non pas d'*Astrée* ni de *Clélie*, mais de la *Princesse de Clèves*, ou de la reine de Navarre. Je ne connais pas non plus le petit Rochechouart; M. Selwyn m'en paraît coiffé. Je crois que vous voyez un peu en beau le baron de Breteuil [3]; homme d'esprit, c'est

---

[1] A la mort de son frère aîné, il devint prince de Beaufremont. Son fils épousa mademoiselle Pauline de la Vauguyon, fille du duc de la Vauguyon, pair de France. (A. N.)

[2] Le prince de Monaco, qui se trouvait alors en Angleterre, père du prince Joseph de Monaco, marié, comme nous l'avons dit plus haut, à l'une des filles de la duchesse de Stainville. (A. N.)

[3] Alors en Angleterre. Il fut depuis ambassadeur à Naples et à Vienne. Revenu en France en 1783, le baron de Breteuil fut nommé ministre d'État au département de Paris et de la maison du roi. Il montra beaucoup d'acharnement contre le cardinal de Rohan dans l'affaire du *Collier*. En 1787, l'archevêque de Toulouse le força à donner sa démission du ministère de la maison du roi. Il emporta, cependant, dans sa retraite, la confiance du roi et de la reine; aussi fut-il mis, en 1789, à la tête du ministère, après le renvoi de M. Necker, qui ne dura que trois jours. L'époque du retour de ce ministre fut celle du départ de M. de Breteuil. Après qu'il eut quitté la France, Louis XVI lui confia un pouvoir illimité pour traiter avec les cours étrangères. En 1802, il rentra en France, et il est mort à Paris en 1807. (A. N.)

beaucoup dire; sa manière ne me déplaît pas, et il m'aurait peut-être plu davantage, s'il m'avait paru faire plus de cas de moi, mais après m'avoir vue quelquefois, il m'a laissée là. On a beau se flatter qu'on juge sans prévention, notre amour-propre entre toujours dans les jugements que nous portons.

Je ne puis vous rendre raison de la conduite de madame de Guerchy; je me suis enfin lassée d'envoyer et de me faire écrire chez elle, elle ne voit encore que ses parents et ses plus intimes amis. Il n'y avait que treize ou quatorze personnes à la noce de sa fille (avec le comte d'Ossonville), et jamais enterrement ne fut plus triste. Je trouve M. Élie de Beaumont[1] un impertinent; il y a quelque temps que je le rencontrai avec sa femme chez votre ambassadrice : ils me parlèrent l'un et l'autre de votre *Richard,* qu'ils louèrent; ils devaient me venir voir, et je n'en ai point entendu parler. M. de Nivernois est, ce me semble, le mâle de l'Idole[2]; tout cela est ridicule. Mon Dieu, mon Dieu! qu'il y a peu de gens supportables! mais de gens qui plaisent, il n'y en a point. Plus ma prudence augmente, plus j'observe; car moins on parle, plus on réfléchit. Je trouve tout le monde détestable : celle-ci (madame de Forcalquier) est honnête personne, mais elle est bête, entortillée, obscure, pleine de galimatias qu'elle prend pour des pensées; celle-là (madame de Jonsac)[3] est raisonnable, mais elle est froide, commune; tout est conduite, ses propos, ses attentions; cette autre (madame d'Aubeterre)[4] jabote comme une pie, son élocution est celle des filles d'opéra; cette autre (la duchesse d'Aiguillon) parle comme une inspirée, ne sait presque jamais ce qu'elle dit; et tout ce qu'elle veut

---

[1] Homme de robe et homme de lettres, qui a commencé à se faire connaître par son *Mémoire pour la famille de Calas,* dont Voltaire avait embrassé la cause avec tant de chaleur. Madame Élie de Beaumont, sa femme, s'est également distinguée dans le monde littéraire, par les *Lettres du marquis de Rozelle,* roman qui n'est pas sans mérite, et par quelques autres ouvrages. (A. N.)

[2] Le duc de Nivernois, Louis-Jules-Mancini, né à Paris en 1716. Il fut un des plus magnifiques seigneurs et l'un des hommes les plus aimables de son temps. On a souvent cité l'éclat de son ambassade à Londres, où il fut appelé en 1763. A son retour il fut nommé membre de l'Académie des inscriptions et belles-lettres. La collection de ses Œuvres comprend huit volumes in-8°. Mais on ne lit plus guère de lui qu'un certain nombre de poésies fugitives et de fables écrites avec grâce et avec esprit. (A. N.)

[3] Sœur du président Hénault. (A. N.)

[4] Nièce du président et de madame de Jonsac. (A. N.)

conclure, c'est qu'elle est un grand esprit, qu'elle est savante, brillante, etc., etc. Voilà la peinture d'un cercle. Il y en aurait bien d'autres à peindre qui seraient encore bien pis, car du moins dans celui-ci il n'y a pas trop de fausseté, de jalousie, ni de mauvais cœur. Il est très-vrai qu'il n'y a que la grand'maman qu'on puisse aimer, et qui dégoûte de tout le reste.

Enfin, vous êtes donc content de cette lettre de madame de Sévigné [1]. Je souhaite que vous puissiez avoir les trente-trois autres; mais j'en doute. La première, qui vous a tant déplu, venait de M. de Castellane, c'était de celles qu'on avait mises au rebut; il n'en a que de celles à sa fille, et elle fut prise au hasard.

La reine [2] reçut avant-hier l'extrême-onction; elle est peut-être morte au moment présent. On dit que le roi ira à Marly tout de suite, et y passera six semaines, et qu'ensuite il ira à Compiègne; ces arrangements ne m'intéressent que par rapport à la grand'maman; son retour en est dépendant.

J'ai fait vos compliments à madame de Forcalquier; elle les a reçus très-agréablement, et consent avec plaisir à vous donner la troisième place dans notre loge. Je vis hier votre ambassadrice; l'ambassadeur [3] ne voit encore personne; il a été fort malade. J'aurai ce soir à souper peut-être vingt personnes, entre autres M. Saint-John, qui m'apporta du thé, du taffetas pour des coupures, avec une grande lettre de M. Selwyn. Il me paraît qu'il n'a pas le projet de venir ici cette année. Il me dit qu'il ne compte plus retrouver le président; mais qu'il espère encore me revoir, que je suis moins vieille que sa mère, qui se porte bien, et qui ne mourra pas si tôt.

C'est une chose assez fâcheuse que toutes les lettres soient ouvertes; cela gêne beaucoup. Mandez-moi où en est la *Cornélie* [4] du président; je suis fâchée que vous ayez entrepris cet ouvrage.

---

[1] Cette lettre est une des trente-quatre lettres originales de madame de Sévigné, qui étaient entre les mains de deux dames âgées, de Montpellier, et que le comte de Grave, ami de madame du Deffand, obtint d'elles pour M. Walpole. Toutes ces lettres se trouvent à Strawberry-Hill, et ont été publiées depuis. (A. N.)

[2] Marie Leczinska, fille de Stanislas, roi de Pologne, et femme de Louis XV. (A. N.)

[3] Le comte d'Harcourt, père du comte actuel de ce nom, a succédé au lord Rochford comme ambassadeur d'Angleterre en France. (1827.) (A. N.)

[4] Tragédie du président Hénault, qu'il avait composée dans sa première

LETTRE 253.

LA MÊME AU MÊME.

Paris, dimanche 26 juin 1768.

Vous êtes un être ineffable, vous êtes l'éternité ou le commencement, le vide ou le plein, incompréhensible de toute manière. J'abandonne la recherche de tout ce qui est de ce genre, et je conclus qu'il ne m'est pas nécessaire de le comprendre. Vous êtes un second Daniel : vous devinez fort bien ce qu'on a rêvé; mais votre science ne va pas si loin que la sienne, puisque vous n'en tirez pas le pronostic.

Ah! oui, je vous permets toute licence; mon indulgence est extrême, elle va jusqu'à souffrir ce qu'on ne peut empêcher.

Le grand-papa se porte bien; mais la reine n'est plus; elle mourut vendredi 24, entre dix et onze heures du soir. Le roi est à Marly pour plusieurs jours. Je crois que la grand'maman reviendra la semaine prochaine. Je suis très-déterminée à ne lui pas dire un mot de ma pension[1]. Je ne doute pas qu'elle ne fasse son devoir de grand'maman, ainsi que son époux celui de grand-papa : si l'amitié ne les y engage pas, mes sollicitations seraient inutiles ; je suis fort tranquille sur cet article.

Voulez-vous que je vous envoie notre pièce du *Joueur*? Je l'ai excessivement approuvée. L'auteur, qui est M. Saurin, en a été flatté et me l'a apportée avec de jolis vers. Je ne vous envoie plus rien de Voltaire, parce qu'il dit toujours les mêmes choses, et je trouve que la prédiction du chevalier de Boufflers, pour dans cinquante ans, est déjà arrivée; que tous les écrits sur cette matière sont aussi superflus, aussi plats et aussi ennuyeux que s'ils étaient contre les sorciers et les magiciens.

Votre *Cornélie*[2] n'est point encore arrivée; mais M. de

jeunesse, et dont M. Walpole a fait imprimer un certain nombre d'exemplaires à Strawberry-Hill. Cette tragédie n'a point été imprimée en France dans les OEuvres du président Hénault, où l'on trouve seulement son *Marius à Scyrthe*. Voltaire a dit du président :

> Les femmes l'ont pris fort souvent
> Pour un ignorant agréable;
> Les gens en *us* pour un savant. (A. N.)

[1] Madame du Deffand jouissait d'une pension de six mille livres, que lui faisait Marie Leczinska. (A. N.)

[2] Les exemplaires de la tragédie du président Hénault, imprimée à Strawberry-Hill. (A. N.)

Montigny en a eu des nouvelles, et il m'a dit qu'elle ne pouvait pas tarder. Le président est fort sensible à cette marque d'amitié, mais il est dans la crainte que cet ouvrage ne lui attire des critiques. Madame de Jonsac et moi nous le rassurons, en lui disant que, comme elle ne sera pas en vente, il sera le maître de ne la donner qu'à qui il voudra. Je voudrais que madame Greville en reçût un exemplaire de ma part.

J'ai, dites-vous, l'esprit critique, et vous, vous l'avez orgueilleux : cela peut être, et je le crois; mais je m'ennuie, et vous, vous amusez; vous trouvez des ressources en vous; je ne trouve en moi que le néant, et il est aussi mauvais de trouver le néant en soi, qu'il serait heureux d'être resté dans le néant. Je suis donc forcée à chercher à m'en tirer ; je m'accroche où je peux, et de là viennent toutes les méprises, tous les mécontentements journaliers, et un dégoût de la vie qui est peut-être bon à quelque chose ; il me fait supporter patiemment les délabrements de la vieillesse, et diminue la vivacité et la sensibilité pour toutes choses.

Ne sachant que lire, j'ai repris, à votre exemple, l'*Héloïse* de Rousseau ; il y a des endroits fort bons ; mais ils sont noyés dans un océan d'éloquence verbiageuse. Je crayonne les endroits qui me plaisent : ils sont en petit nombre, en voici un :

« Les âmes mâles ont un idiome dont les âmes faibles n'ont
» pas la grammaire. »

Dites-moi quel est un Anglais dont madame de Forcalquier m'a donné la connaissance ; il me paraît comme un assez bon homme ; on l'appelle le général Irwin [1]. Je regrette tant soit peu la milady Pembroke et la bonne fille Lloyd ; je les aimais mieux que deux princesses polonaises, dont l'une s'appelle Radziwil, et l'autre Lubomirska. Je suis quelquefois effrayée quand je passe en revue tout ce que je connais ; je ne suis plus étonnée qu'il y ait si peu d'élus ; pour peu que Dieu fût plus difficile que moi, il n'y en aurait point du tout.

Ma relation avec la grand'maman n'est plus de la même vivacité que dans les commencements : c'est plus ma faute que

---

[1] Le général Irwin entra dans le monde comme page d'honneur de Lionel, duc de Dorset, lorsque ce seigneur occupait la place de lord lieutenant d'Irlande. Par la protection de ce duc, il fut poussé dans l'armée, et obtint un régiment. Il se maria ensuite, et se livra à de folles dépenses, qui finirent par le mettre dans de grands embarras. (A. N.)

la sienne; je n'aime point à écrire : vous direz avec raison que vous n'êtes pas payé pour le croire. Adieu.

Je vais tout à l'heure chercher dans les *Nouvelles* de la reine de Navarre le sujet de votre tragédie¹.

LETTRE 254.

MADAME LA MARQUISE DU DEFFAND A M. DE VOLTAIRE.

Dimanche, 3 juillet 1768.

Vous vous applaudissez peut-être, monsieur, de m'avoir perdue. Oh! que non, de telles bonnes fortunes ne sont pas faites pour vous, vous ne me perdrez jamais. Soyez saint ou profane, je ne cesserai point d'entretenir une correspondance qui me fait tant de plaisir; je ne savais cependant comment m'y prendre pour la renouer; mais voilà le président qui m'en fournit une occasion admirable. M. Walpole, qui a une très-belle presse à sa campagne², vient de lui faire la galanterie d'imprimer son premier ouvrage³; il veut que ce soit moi qui vous l'envoie; il n'oserait pas, dit-il, vous faire lui-même un tel présent. Cette pièce et votre *OEdipe* sont des productions du même âge, mais qui ne sont pas faites, dit-il, pour être comparées.

« Je ne décide point entre Genève et Rome. »

L'amitié que j'ai pour les deux auteurs me garantit de toute partialité.

Aurai-je toujours à me plaindre de vous, monsieur? Sans madame la duchesse de Choiseul, j'aurais la honte, et encore plus l'ennui, de ne rien lire de vous; est-ce ainsi qu'on traite sa plus ancienne amie? Vous êtes pis que Lamotte et Fontenelle; ils préféraient les modernes aux anciens, mais ces anciens étaient morts, et les modernes étaient eux-mêmes. Moi, je suis vivante, et ceux que vous me préférez ne vous ressemblent point, mais point du tout, monsieur, soyez-en persuadé; protégez-les comme votre livrée et rien par delà. L'humeur que j'ai contre vous me rend caustique; faisons la paix, et reprenons notre commerce.

¹ *La mère mystérieuse.* (A. N.)
² A Strawberry-Hill. (A. N.)
³ *Cornélie*, tragédie. (A. N.)

J'enverrai mon paquet à madame Denis; j'imagine qu'elle a des moyens pour vous faire tenir ce qu'elle veut. Je suis très-contente du discours à votre vaisseau; mais pourquoi des coups de patte à ce pauvre La Bletterie? ne savez-vous pas par qui il est protégé[1]?

« Enfants du même Dieu, vivez du moins en frères. »

J'aime votre galimatias pindarique, et par-dessus tout je vous aime, mon cher et ancien ami.

LETTRE 255.

M. DE VOLTAIRE A MADAME LA MARQUISE DU DEFFAND.

Du 13 juillet 1768.

Vous me donnez un thème, madame, et je vais le remplir, car vous savez que je ne peux écrire pour écrire. C'est perdre son temps et le faire perdre aux autres. Je vous suis attaché depuis quarante-cinq ans[2]. J'aime passionnément à m'entretenir avec vous; mais encore une fois, il faut un sujet de conversation.

Je vous remercie d'abord de *Cornélie Vestale*. Je me souviens de l'avoir vu jouer il y a cinquante ans; puisse l'auteur la voir représenter encore dans cinquante ans d'ici! Mais malheureusement ses ouvrages dureront plus que lui; c'est la seule vérité triste qu'on puisse lui dire.

Saint ou profane, dites-vous, madame. Hélas! je ne suis ni dévot ni impie; je suis un solitaire, un cultivateur enterré dans un pays barbare. Beaucoup d'hommes à Paris ressemblent à des singes; ici ils sont des ours. J'évite autant que je peux les uns et les autres; et cependant les ongles et les dents de la persécution se sont allongés jusque dans ma retraite; on a voulu empoisonner mes derniers jours. Ne vous acquittez pas d'un usage prescrit, vous êtes un monstre d'athéisme; acquittez-vous-en, vous êtes un monstre d'hypocrisie. Telle est la logique de l'envie et de la calomnie. Mais le roi, qui certainement n'est jaloux ni de mes mauvais vers ni de ma mauvaise prose, n'en croira pas ceux qui veulent m'immoler à leur rage. Il ne se

---

[1] Par le duc de Choiseul. (A. N.)
[2] La liaison de Voltaire et de madame du Deffand avait donc commencé en 1723. (L.)

servira pas de son pouvoir pour expatrier, dans sa soixante-quinzième année, un malade qui n'a fait que du bien dans le pays sauvage qu'il habite.

Oui, madame, je sais très-bien que le janséniste la Bletterie demande la protection de M. le duc de Choiseul; mais je sais aussi qu'il m'a insulté dans les notes de sa ridicule traduction de Tacite. Je n'ai jamais attaqué personne; mais je puis me défendre. C'est le comble de l'insolence janséniste que ce prêtre m'attaque; il trouve mauvais que je le sente. D'ailleurs, s'il demande l'aumône dans la rue à M. le duc de Choiseul, pourquoi me dit-il des injures en passant, à moi, pour qui M. le duc de Choiseul a eu de la bonté avant de savoir que la Bletterie existât? Il dit, dans sa *Préface*, que Tacite et lui ne pouvaient se quitter; il faut apprendre à ce capelan que Tacite n'aimait pas la mauvaise compagnie.

On croira que je suis devenu dévot, car je ne pardonne point; mais à qui refusé-je grâce? C'est aux méchants, c'est aux insolents calomniateurs. La Bletterie est de ce nombre. Il m'impute les ouvrages hardis dont vous me parlez, et que je ne connais ni ne veux connaître. Il s'est mis au rang de mes persécuteurs les plus acharnés.

Quant aux petites pièces innocentes et gaies dont vous me parlez, s'il m'en tombait quelqu'une entre les mains dans ma profonde retraite, je vous les enverrais sans doute; mais par qui et comment? et si on vous les lit devant le monde, est-il bien sûr que ce monde ne les envenimera pas? La société à Paris a-t-elle d'autres aliments que la médisance, la plaisanterie et la malignité? Ne s'y fait-on pas un jeu de déchirer, dans son oisiveté, tous ceux dont on parle? Y a-t-il une autre ressource contre l'ennui actif et passif, dont votre inutile beau monde est accablé sans cesse? Si vous n'étiez pas plongée dans l'horrible malheur d'avoir perdu les yeux (seul malheur que je redoute), je vous dirais: Lisez et méprisez; allez au spectacle et jugez; jouissez des beautés de la nature et de l'art. Je vous plains tous les jours, madame; je voudrais contribuer à vos consolations. Que ne vous entendez-vous avec madame la duchesse de Choiseul pour vous amuser des bagatelles que vous désirez? Mais il faut alors que vous soyez seules ensemble; il faut qu'elle me donne des ordres très-positifs, et que je sois à l'abri du poison de la crainte, qui glace le sang dans les veines usées. Montrez-lui ma lettre, je vous en supplie; je sais qu'elle a, outre les grâces, justesse dans l'esprit et justice dans le cœur; je m'en rapporterai entièrement à elle.

Adieu, madame, je vous respecte et je vous aime autant que je vous plains, et je vous aimerai jusqu'au dernier moment de notre courte et misérable durée.

LETTRE 256.

MADAME LA MARQUISE DU DEFFAND A M. HORACE WALPOLE.

Paris, mardi 28 juin 1768.

Vous me faites beaucoup plus d'honneur que je ne mérite; vous ne savez pas que quand on me demande mon avis[1], je ne sais plus quel il est; toutes mes lumières sont premiers mouvements; je ne juge que par sentiment; si je demande à mon esprit une opération quelconque, je reconnais alors que je n'en ai point du tout. Cependant le désir de vous complaire va me faire parler; je vous demande de me pardonner tout ce que je dirai de travers.

Le style me paraît très-bien; si j'y trouve quelques fautes, je les attribue à la traduction[2], ce sont des riens; il y a une seule phrase qui, quoique noble et juste, pourra choquer Voltaire; la voici:

« *N'ayant rien dit que ce que je pensais, rien de malhonnête ni messéant à un homme de condition, etc.* »

Ces mots « *homme de condition* » blessent une oreille bourgeoise; ils lui paraîtront une vanité, et peut-être il dira qu'il ne savait pas que les gens de condition eussent des priviléges différents des autres, quand ils se font auteurs[3]. Voilà la critique

---

[1] M. Walpole avait communiqué à madame du Deffand la lettre qu'il avait reçue de Voltaire, en date du 8 juin, et sa réponse du 21 du même mois, sur laquelle il lui demande son opinion. (L.)

[2] La lettre de M. Walpole à Voltaire était écrite en anglais; il l'avait traduite pour madame du Deffand, qui n'entendait pas cette langue. (A. N.)

[3] C'était une faute commise dans la traduction, que M. Walpole explique à madame du Deffand comme il suit: « Ne soyez pas en peine de l'*homme de condition* (gentleman); c'est la faute de ma traduction, et non pas de ma lettre. Il fallait traduire *honnête homme*; mais venant d'employer le mot *malhonnête*, et ne voulant pas le répéter, je me suis servi d'un mot qui ne rendait pas le véritable sens de ce que j'avais dit. C'était avec raison que je craignais de me servir de termes équivoques, ce qui m'a fait écrire en anglais, dont je me trouve bien.

» Du reste, n'allez pas dire des injures de votre jugement. C'est précisé-

que vous avez à craindre de lui, et il n'y a pas grand mal : d'ailleurs votre lettre est charmante, rien n'est plus poli, plus élégant; enfin j'en suis enchantée. Vous ne pouviez pas vous dispenser de lui parler de votre préface[1]. Je viens de me la faire relire, elle est terrible; il n'est pas vraisemblable qu'il l'ignore; mais s'il l'ignorait, il l'apprendrait un jour, et en ce cas il est bon de le prévenir : il y a de la noblesse et de la franchise dans ce procédé. Vous vous tirez d'affaire aussi bien qu'il est possible, et cela était très-embarrassant; car, je le répète, elle est terrible, et je ne conçois pas, le connaissant comme je fais, que s'il l'a lue, il vous l'ait pardonnée.

Il me vient dans l'esprit que n'ayant rien à faire, il ne serait pas fâché de vous attirer à une correspondance littéraire, qui se tournerait en discussion, en dispute, et lui donnerait l'occasion de se venger de vous. Vous avez décidé que Shakspeare avait plus d'esprit que lui : croyez-vous qu'il vous le pardonne? c'est tout ce que je peux faire, moi, de vous le pardonner; mais malgré cela votre lettre est très-bien : vous déclarez qu'il serait indigne de vous rétracter, que vous n'avez dit que ce que vous pensiez, qu'il n'a pas besoin d'être flatté, etc. Tout cela est à merveille, et vous prendrez le parti qu'il vous plaira, suivant la conduite qu'il aura.

Vous auriez très-mal fait de lui parler de votre lettre à J.-Jacques. Eh, mon Dieu! pourquoi lui en auriez-vous parlé? Pour lui faire votre cour, pour l'adoucir? Oh! vous êtes trop fier, et vous êtes incapable d'une pareille lâcheté.

J'aurais été bien aise et très-honorée que vous lui eussiez parlé de moi[2]; le motif qui vous en a empêché est une marque

ment votre pensée que je vous demande, parce que je sais qu'elle est toujours juste, quand vous parlez ou raisonnez de sang-froid. Si je ne faisais pas cas de ce jugement-là, vous savez très-bien que je ne vous le demanderais point.

» Je ne vois pas le moyen de lui dérober la préface après avoir donné promesse de la lui envoyer. Il aurait fallu donner une autre tournure à ma lettre. Je crois, comme vous, qu'elle le fâchera. Mais est-il possible qu'il s'avoue offensé de ce qu'on lui conteste le rang du premier génie? Moi, je me ferais brûler pour la primauté de Shakspeare. C'est le plus beau génie qu'ait jamais enfanté la nature. » (A. N.)

[1] La préface du *Château d'Otrante*, roman de M. Walpole, publié longtemps auparavant. (A. N.)

[2] M. Walpole avait dit dans sa lettre à madame du Deffand : « J'avais voulu lui vanter l'amitié dont vous m'honorez; mais de peur qu'il ne vous sût mauvais gré de ne lui avoir point parlé de cette préface, j'ai bu ma gloire, et n'en ai pas soufflé. » (A. N.)

d'amitié à laquelle je suis fort sensible; mais je ne crains point d'entrer dans vos querelles, d'épouser tous vos intérêts : ainsi, à l'avenir, ayez moins de ménagement, et donnez-moi toutes sortes de marques de confiance, excepté celle de demander mes avis. Hélas! hélas! en puis-je donner, moi qui ai besoin de guide et de conseil à tous les instants de ma vie?

Je ne sais si vous devez envoyer votre préface à Voltaire, et si vous ne feriez pas aussi bien de ne lui en plus parler. S'il l'a lue, c'est inutile; s'il ne l'a pas lue, pourquoi le forcer à la lire? ne suffit-il pas de lui en avoir fait l'aveu? ne serait-ce pas une sorte de bravade, si vous en faisiez davantage? Je suis fâchée d'avoir laissé tomber mon commerce avec lui; ce n'est pas le moment de le reprendre, il y aurait de l'affectation.

LETTRE 257.

LA MÊME AU MÊME.

Paris, mardi 19 juillet 1768.

Vous voilà donc revenu de chez M. de Richmond[1], et peut-être êtes-vous de retour aujourd'hui de chez M. Conway. J'aime assez que toutes vos courses soient finies; mais savez-vous, mon cher monsieur, ce que je n'aime point du tout? C'est l'ironie. C'est votre genre favori : gardez-le pour vos ennemis, et ne l'employez jamais pour moi. Vous vous récriez; sur quoi est fondé ce reproche? le voici : sur ce que je dois être accablée, dites-vous, de l'abondance de vos lettres; il y avait aujourd'hui huit jours que je n'en avais reçu; et si je ne m'étais pas interdit d'épiloguer, et si je n'étais pas décidée à trouver tout bon, je pourrais critiquer le petit papier où il n'y a pas trois pages complètes; mais je dis, comme le Barnabite des épigrammes de Rousseau :

> Ceci pour nous n'est encor que trop bon;

c'est bien moi qui vous accable de lettres; mais comme je n'exige point de réponse, je ne vous en fais point d'excuse. Je me divertis à vous écrire : ne me lisez pas si vous voulez; mais laissez-moi jaser tant qu'il me plaît.

Je suis bien aise que vous ayez écrit à la grand'maman; cela me plaît dans tous les sens et de toutes les façons. Je ne l'ai

---

[1] De Goodwood, château du duc de Richmond. (A. N.)

encore vue qu'une fois, qui était samedi, le grand-papa y était : mais demain je soupe avec elle; et s'il n'y a que notre petit cercle, je lui lirai la lettre de Voltaire et votre réponse; je l'ai fait voir hier au grand abbé, qui en a été très-content; j'ai supprimé *l'homme de condition*.

Vraiment, vraiment, je savais la grossesse de milady S... Je loue votre discrétion; c'est apparemment parce que vous vous défiez de la mienne, que vous ne voulez pas m'apprendre ce qui regarde milord *** : je l'apprendrai, je le crois, mais ce ne sera pas par des Anglais; je n'en vois plus, excepté votre général [1]. Il a l'air d'un juge du peuple de Dieu; je le crois peu instruit de ce qui regarde les filles d'Israël; le grand-papa en sait plus long que lui, et c'est lui que j'interrogerai. Adieu.

Bon! je croyais n'avoir plus rien à vous dire; je viens de relire votre lettre, elle me fournit beaucoup d'autres choses. J'ai eu mille fois envie de vous envoyer l'écrit de Saint-Foix sur le Masque de fer; mais j'ai craint vos dédains; je vois que vous le savez par cœur; vous voulez pourtant l'avoir, je vous l'enverrai par la première occasion; je me ferais scrupule de vous en faire payer le port. Les trois suppositions qu'il fait sont toutes trois absurdes, mais la troisième, qui est le duc de Monmouth, est la plus absurde de toutes, elle n'a pas le sens commun : le fait est vrai, et ce Masque de fer pouvait devenir un homme bien considérable, s'il avait connu sa naissance, ou, pour mieux dire, s'il avait pu la révéler [2] : il ne mourut qu'en

[1] Le général Irwin.
[2] Madame du Deffand a ici en vue une autre supposition au sujet du *Masque de fer*, la seule qui ne soit pas en contradiction avec le sens commun ou avec la notoriété générale, et qui, depuis qu'il est certain qu'un tel personnage a existé, prouve assez la nécessité où l'on fut de le dérober à la société, et la convenance de le traiter avec les égards qu'on lui a montrés. Cette supposition, une fois admise, paraît véritablement être confirmée par toutes les petites circonstances qu'on connaît sur l'air, les habitudes et les particularités de ce prisonnier mystérieux.

Madame du Deffand a donc supposé que ce personnage ne pouvait être que le frère, et le frère aîné de Louis XIV, un fils de la reine Anne d'Autriche, qui, d'après la manière dont elle vivait alors avec le roi son époux, ne pouvait être regardé comme son enfant.

L'éditeur de la *Vie de Voltaire*, par M. de Condorcet, donne, dans une note sur cet ouvrage, le développement de cette idée : « Le Masque de fer était sans doute un frère, et un frère aîné de Louis XIV, dont la mère (Anne d'Autriche) avait ce goût pour le linge fin sur lequel M. de Voltaire s'appuie. Ce fut en lisant les Mémoires de ce temps qui rapportent cette anecdote au sujet de la reine, que, me rappelant ce même goût du Masque de fer, je ne

1704; et je me souviens d'en avoir entendu parler dans ma jeunesse et dans mon enfance; ce serait un sujet de conversation en allant ou en revenant de Rueil.

doutai plus qu'il ne fût son fils; ce dont toutes les autres circonstances m'avaient déjà persuadé. On sait que Louis XIII n'habitait plus depuis longtemps avec la reine; que la naissance de Louis XIV ne fut due qu'à un heureux hasard, habilement amené, hasard qui obligea absolument le roi à coucher au même lit avec la reine. Voici donc comme je crois que la chose sera arrivée.

» La reine aura pu s'imaginer que c'était par sa faute qu'il ne naissait point d'héritiers à Louis XIII. La naissance du Masque de fer l'aura détrompée. Le cardinal (de Richelieu), à qui elle aura fait confidence du fait, aura su, pour plus d'une raison, tirer parti de ce secret. Il aura imaginé de tourner cet événement à son profit et à celui de l'État. Persuadé par cet exemple que la reine pouvait donner des enfants au roi, la partie qui produisit le hasard d'un seul lit pour le roi et la reine fut arrangée en conséquence. Mais la reine et le cardinal, également pénétrés de la nécessité de cacher à Louis XIII l'existence du Masque de fer, l'auront fait élever en secret. Ce secret en aura été un pour Louis XIV jusqu'à la mort du cardinal Mazarin. Mais ce monarque, apprenant alors qu'il avait un frère, et un frère aîné, que sa mère ne pouvait désavouer, qui peut-être portait d'ailleurs des traits marqués qui annonçaient son origine; faisant réflexion que cet enfant, né durant le mariage, ne pouvait, sans de grands inconvénients et sans un horrible scandale, être déclaré illégitime après la mort de Louis XIII, Louis XIV aura jugé ne pouvoir user d'un moyen plus sage et plus juste que celui qu'il employa pour assurer sa propre tranquillité et le repos de l'État; moyen qui dispensait de commettre une cruauté que la politique aurait représentée comme nécessaire à un monarque moins consciencieux et moins magnanime que Louis XIV. Il me semble que plus on est instruit de l'histoire de ces temps-là, plus on doit être frappé de la réunion de toutes les circonstances qui prouvent en faveur de cette supposition. »

L'existence de ce prisonnier d'État ne fut connue dans le monde qu'en 1704. Lorsqu'on le transporta du château de Pignerol à l'île de Sainte-Marguerite, on a remarqué avec justesse qu'aucun personnage distingué n'avait disparu en Europe; de sorte que ce ne pouvait être aucun homme qui eût déjà joué un rôle important sur le théâtre du monde. Les trois suppositions de M. de Saint-Foix, que c'était ou M. le duc de Beaufort, le héros de la fronde; ou le comte de Vermandois, le fils naturel de Louis XIV et de la duchesse de la Vallière; ou le duc de Monmouth, paraissent donc également contraires au bon sens et à toute possibilité. On ne doit pas regarder comme moins ridicule l'idée produite par quelques écrivains de ces derniers temps, que c'était un certain Magni ou Mattioli, secrétaire ou ministre d'un duc de Mantoue, qui avait contrarié les intérêts et trahi les secrets de la France. Les ministres et la police de ce temps-là n'avaient pas coutume de traiter des ennemis subalternes avec tant de cérémonie et d'égards. Mais quand on admettra que ce mystérieux personnage avait des droits sacrés et imprescriptibles; que la découverte de son existence (quels que fussent d'ailleurs son origine ou son état) pouvait devenir dangereuse pour le prince qui occupait le trône, il faudra convenir que, placé

LETTRE 258.

LA MÊME AU MÊME.

Jeudi 21, à 8 heures du matin.

Comme je n'ai pas d'autre manière de juger des autres qu'en les jugeant par moi-même, je suis persuadée que vous avez la plus grande impatience d'avoir la réponse de Voltaire. — Eh bien, eh bien, la voici; c'est à la grand'maman qu'il l'a envoyée : elle l'avait reçue hier matin; le soir nous en fîmes la lecture, je la priai de me la remettre, et de me donner la lettre de Voltaire pour elle, parce que la poste partait ce matin, et que je serais bien aise qu'il n'y eût pas un moment de perdu; vous recevrez donc le tout dimanche ou lundi.

Je n'ai point eu le temps d'examiner la lettre de Voltaire, elle m'a paru extrêmement polie; mais c'est la première escarmouche, pour établir une petite guerre entre vous et lui, sur Shakspeare. Au nom de Dieu, ne donnez point dans ce panneau; tirez-vous de cette affaire le plus poliment qu'il vous sera possible, mais évitez la guerre; c'est le sentiment et le conseil de la grand'maman; c'est celui du grand abbé, et par-dessus tout, c'est le mien; je suis bien sûre que ce sera aussi le vôtre [1].

dans des circonstances fort délicates et fort difficiles, Louis XIV a adopté les moyens les moins cruels pour assurer sa propre conservation.
Toutes les hypothèses, plus ou moins vraisemblables sur le Masque de fer se trouvent réunies dans la *Biographie universelle*, t. XXVII, à l'article *Masque de fer*. M. le comte de Valori a composé un ouvrage qui jusqu'ici n'a point été publié, et dans lequel il prétend démontrer, d'après des pièces originales, que l'homme au masque de fer était, non point Mattioli, mais don Jean de Gonzague, frère naturel de Ferdinand duc de Mantoue, dont Mattioli fut le secrétaire. Sous le consulat, on essaya de publier un petit volume dans lequel on faisait descendre Bonaparte du Masque de fer. Le premier Consul trouva l'ouvrage si ridicule et cette flatterie si gauche, que Fouché eut ordre d'en faire arrêter la publication. Il en circula cependant quelques exemplaires. (A. N.)

[1] L'extrait suivant de la réponse de M. Walpole prouve que c'était bien le parti qu'il voulait prendre. « Venons à la lettre de Voltaire, elle est très-belle, mais ne me persuade nullement que les merveilleuses beautés de Shakspeare ne rachètent pas ses fautes. Ce que Voltaire n'arrivera jamais à me persuader encore, c'est que ces deux vers de Racine* ne soient parfaitement ridicules; et si vos bienséances et la rime réduisent vos poètes à la nécessité de faire le plan de l'hôtel, je dirai que cette gêne-là est très-absurde. Mais ce que je vois encore moins,

* De son appartement cette porte est prochaine,
Et cette autre conduit dans celui de la reine.
(*Titus et Bérénice*.)

J'ai résisté, comme de raison, au désir de faire faire une copie de ce que je vous envoie, parce que, la poste partant ce matin, je n'ai pas voulu risquer de manquer son départ; j'aurais pu attendre un courrier de M. du Châtelet, il ne vous aurait point coûté de port; mais j'ai cru que vous ne regretteriez pas les frais, et que vous êtes plus impatient qu'avare.

Voici la grâce que je vous demande : c'est de me renvoyer la lettre de Voltaire à la grand'maman, de me faire faire une copie de sa lettre à vous, et de votre réponse, et tout cela le plus promptement qu'il vous sera possible.

Je viens de relire la grande lettre de Voltaire; en vérité je la trouve parfaitement bien; celle qui est pour la grand'maman vous choquera beaucoup [1], mais vous sentez bien que Voltaire

c'est pourquoi il fallait entrer dans ce détail minutieux de ce que Titus et Bérénice représentaient Louis XIV et sa belle-sœur. Voltaire voulait faire parade de son information, et prétendait faire passer une anecdote pour un argument. Mais vous verrez, par ma réponse, que je lui passe tout ce qu'il veut. Je n'ai jamais pensé entrer en lice avec lui.

« Quant à cette lettre à la grand'maman, vous voyez la bonne foi de cet homme-là! Il me recherche, il me demande mon *Richard*, je le lui envoie, et puis il en parle comme si je m'étais intrigué à le lui faire lire. Sa vanité est blessée de ce qu'on a osé lui donner un rival, et il a la faiblesse de se démasquer, et la faiblesse plus grande encore de vouloir le rejeter sur la part qu'il prend à l'honneur de Corneille et de Racine. »

[1] Voici la lettre de Voltaire à madame la duchesse de Choiseul; elle est du 15 juillet 1768. A cette lettre était jointe une longue réplique de Voltaire à la réponse d'Horace Walpole dont nous allons donner quelques extraits, ainsi que de la lettre à Horace Walpole (voyez ci-après la note *a*).

« La femme du protecteur est protectrice; la femme du ministre de la France pourra prendre le parti des Français contre les Anglais, avec qui je suis en guerre. Daignez juger, madame, entre M. Walpole et moi. Il m'a envoyé ses ouvrages dans lesquels il justifie le tyran Richard III, dont ni vous ni moi ne nous soucions guère; mais il donne la préférence à son grossier bouffon Shakspeare sur Racine et sur Corneille; et c'est de quoi je me soucie beaucoup.

« Je ne sais par quelle voie M. Walpole m'a envoyé sa déclaration de guerre; il faut que ce soit par M. le duc de Choiseul, car elle est très-spirituelle et très-polie. Si vous voulez, madame, être médiatrice de la paix, il ne tient qu'à vous. J'en passerai par tout ce que vous voudrez. Je vous supplie d'être juge du combat. Je prends la liberté de vous envoyer ma réponse. Si vous la trouvez raisonnable, permettez que je prenne encore une autre liberté, c'est de vous supplier de lui faire parvenir ma lettre, soit par la poste, soit par M. le comte du Châtelet.

« Vous me trouverez bien hardi; mais vous pardonnerez à un vieux soldat qui combat pour sa patrie, et qui, s'il a du goût, aura combattu sous vos ordres. »

ne doit pas savoir que vous en avez connaissance : ne laissez donc rien échapper dans votre réponse qui puisse le lui faire soupçonner, et surtout renvoyez-la-moi promptement.

NOTE DE LA LETTRE 258.

(a) Dans une lettre du 6 juin 1768, Voltaire avait écrit à Horace Walpole pour le féliciter d'avoir, à l'occasion des guerres de la Rose rouge et de la Rose blanche, soutenu le dogme du pyrrhonisme de l'histoire, dogme dont Voltaire était très-fort partisan. « Il y a cinquante ans, dit-il dans cette lettre, que j'ai fait vœu de douter. J'ose vous supplier, monsieur, de m'aider à accomplir mon vœu! Je vous suis peut-être inconnu, quoique j'aie été honoré autrefois de l'amitié *of the two brother*, (les deux frères, Robert et Horace Walpole, père et oncle d'Horace).

Voltaire assure ensuite à Walpole qu'il ne peut lui offrir d'autre recommandation que l'envie de s'instruire, et l'on peut apprécier la franchise de cette assurance. Voltaire prie ensuite Walpole de lui envoyer son ouvrage sur *Richard III*, dont il est question dans les lettres de madame du Deffand.

Horace Walpole se hâta d'envoyer son ouvrage à Voltaire et fit précéder son envoi d'une lettre écrite en anglais, dont il a déjà été fait mention dans une des notes de la lettre 256. Nous en traduisons ou plutôt imitons quelques passages.

Après s'être excusé d'écrire en anglais, dans la crainte, dit Walpole, de ne pas bien rendre dans une langue qui lui est étrangère tous les sentiments dont il est pénétré, il témoigne à son célèbre correspondant la frayeur que lui fait éprouver le premier génie du monde, par son illustration dans les sciences, et assure que si ses propres écrits ont quelque mérite, ils le doivent entièrement à la lecture qu'il a faite de ceux de Voltaire : « Je suis loin, poursuit-il, de cet état de barbarie que vous me supposez, lorsque vous me dites dans votre lettre que vous m'êtes peut-être inconnu. Je me rappelle que la maison de mon père a été honorée de votre présence; mais, moi, je suis un homme fort ignoré. Si donc je n'ai rien à vous dire en ma faveur, je puis au moins m'accuser près de vous. Il y a quelque temps que j'ai pris la liberté, en publiant quelques critiques, de trouver que vous n'aviez pas rendu justice à notre Shakspeare. Cette liberté peut sans doute être ignorée de vous ; je m'y suis abandonné dans la préface d'un roman indigne de vos regards, mais que cependant j'aurai l'honneur de vous adresser, car sans cela je me regarderais comme indigne de recevoir vos lettres : je pourrais me rétracter ici et m'excuser auprès de vous ; mais n'ayant rien dit que je ne pense, rien d'inconvenant envers un *gentleman*, il y aurait de l'impertinence à moi si je pensais que mes observations aient pu vous offenser. Vous êtes, monsieur, autant au-dessus des hommes qui ont besoin de flatterie que je suis moi-même au-dessus de ceux qui flattent. »

Horace Walpole avait daté sa lettre de Strawberry-Hill; Voltaire ne manqua pas de dater la sienne de son château de Ferney. Sa réplique est du 15 juillet. C'est un véritable chef-d'œuvre littéraire, c'est une poétique abrégée sur les anciens et les modernes, et jamais peut-être dans sa correspondance il ne mit mieux en jeu la riche variété de ses connaissances, l'atticisme de son style, et cette coquetterie d'esprit inséparable compagne de la souplesse de son caractère.

Nous avons déjà dit dans une note précitée que cette lettre était fort longue, nous n'en rapporterons donc que les fragments qui concernent plus spécialement Horace Walpole et Voltaire.

« Je viens de lire la préface de votre histoire de *Richard III*, elle me paraît trop courte : quand on a si visiblement raison, et qu'on joint à ses connaissances une philosophie si ferme et un style si mâle, je voudrais qu'on me parlât plus longtemps. Votre père était un grand ministre et un bon orateur, mais je doute qu'il eût pu écrire comme vous. Vous ne pouvez pas dire : *quia pater major me est…*

« Après avoir lu la préface de votre histoire, j'ai lu celle de votre roman. Vous vous y moquez un peu de moi : les Français entendent la raillerie, mais je vais vous répondre sérieusement.

« Vous avez fait accroire à votre nation que je méprise Shakspeare. Je suis le premier qui ait fait connaître Shakspeare aux Français; j'en ai traduit des passages il y a quarante ans, ainsi que de Milton, de Walter, de Rochester, de Dyrden et de Pope. Je peux vous assurer qu'avant moi presque personne en France ne connaissait la poésie anglaise. A peine avait-on même entendu parler de Locke. J'ai été persécuté pendant trente ans par une nuée de fanatiques pour avoir dit que Locke est l'Hercule de la métaphysique qui a posé les bornes de l'esprit humain.

« Ma destinée a encore voulu que je fusse le premier qui ait expliqué à mes concitoyens les découvertes du grand Newton, que quelques sots parmi nous appellent encore des systèmes. J'ai été votre apôtre et votre martyr. En vérité, il n'est pas juste que les Anglais se plaignent de moi.

« J'avais dit, il y a très-longtemps, que si Shakspeare était venu dans le siècle d'Addison, il aurait joint à son génie l'élégance et la pureté qui rendent Addison recommandable; j'avais dit, *que son génie était à lui, et que ses fautes étaient à son siècle*. Il est précisément à mon avis comme le Lopez de Vega des Espagnols, et comme le Calderon; c'est une belle nature, mais sauvage; nulle régularité, nulle bienséance, nul art; de la bassesse avec de la grandeur, de la bouffonnerie avec du terrible; c'est le chaos de la tragédie, dans lequel il y a cent traits de lumière. Les Italiens, qui restaurèrent la tragédie un siècle avant les Anglais et les Espagnols, ne sont point tombés dans ce défaut; ils ont mieux imité les Grecs; il n'y a point de bouffons dans l'OEdipe et dans l'Électre de Sophocle. Je soupçonne fort que cette grossièreté eut son origine dans nos fous de cour. Nous étions un peu barbares, tous tant que nous sommes, en deçà des Alpes. Chaque prince avait son fou en titre d'office. Des rois ignorants, élevés par des ignorants, ne pouvaient connaître les plaisirs nobles de l'esprit; ils dégradèrent la nature humaine au point de payer des gens pour leur dire des sottises. De là vient notre *Mère sotte;* et avant Molière il y avait un fou de cour dans presque toutes les comédies. Cette méthode est abominable.

« J'ai dit, il est vrai, monsieur, ainsi que vous le rapportez, qu'il y a des comédies sérieuses, telles que le *Misanthrope*, qui sont des chefs-d'œuvre; qu'il y en a de très-plaisantes, comme *Georges Dandin;* que la plaisanterie, le sérieux, l'attendrissement, peuvent très-bien s'accorder dans la même comédie.

« J'ai dit que tous les genres sont bons, hors le genre ennuyeux. Oui, monsieur, mais la grossièreté n'est point un genre. *Il y a beaucoup de logements dans la maison de mon père;* mais je n'ai jamais prétendu qu'il fut honnête de loger dans la même chambre Charles-Quint et don Japhet d'Arménie, Auguste et un matelot ivre, Marc-Aurèle et un bouffon des rues. Il me semble qu'Horace pensait ainsi dans le plus beau des siècles; consultez son *Art poétique.* Toute l'Europe éclairée pense de même aujourd'hui, et les Espagnols commencent à se défaire à la fois du mauvais goût comme de l'inquisition, car le bon esprit proscrit également l'une et l'autre. »

Après d'autres considérations littéraires et philosophiques qui trouveront mieux leur place dans un choix des lettres d'Horace Walpole, si nous les publions quelque jour, Voltaire termine ainsi :

« Avant le départ de ma lettre, j'ai eu le temps, monsieur, de lire votre *Richard III.* Vous seriez un excellent attorney général : vous pesez toutes les probabilités; mais il paraît que vous avez une inclination secrète pour ce bossu. Vous voulez qu'il ait été beau garçon et même galant homme. Le bénédictin Calmet a fait une dissertation pour prouver que Jésus-Christ avait un fort beau visage. Je veux croire avec vous que Richard III n'était ni si laid ni si méchant qu'on le dit; mais je n'aurais pas voulu avoir affaire à lui. Votre Rose blanche et votre Rose rouge avaient de terribles épines pour la nation. » (A. N.)

LETTRE 259.

MADAME LA MARQUISE DU DEFFAND A M. DE VOLTAIRE.

14 août 1768.

Ah! j'ai un thème pour vous écrire; j'ai entre mes mains la copie de votre lettre à M. Walpole[1]. C'est un chef-d'œuvre de goût, de bon sens, d'esprit, d'éloquence, de politesse, etc., etc. Je ne suis pas étonnée des révolutions que vous faites dans tous les esprits. Je ne vous parlerai plus de la Bletterie, j'aurais voulu que vous n'en eussiez pas parlé. Quel mal peut-il vous faire?

Né ministre du Dieu qu'en ce temple on adore,

vous en êtes quitte à bon marché. Ah! qu'il vous serait aisé de mépriser vos critiques! qui est-ce qui les écoute?

Je suis au comble de ma joie; je viens de recevoir, pour bouquet de ma fête, les sept premiers volumes de votre dernière édition; je m'en suis fait lire les tables. Tous vos ouvrages seront-ils compris dans la suite? Je ne veux que cette seule lecture et le *Journal encyclopédique,* pour avoir connaissance des autres livres, bien déterminée à n'en lire aucun entièrement. C'est madame de Luxembourg qui m'a fait ce beau pré-

---

[1] Voyez l'édition in-4° des *OEuvres du lord Orford,* t. V, p. 632.

sent : je ne vois, je n'aime que ceux qui vous admirent. M. de Walpole est bien converti[1] ; il faut lui pardonner ses erreurs passées. L'orgueil national est grand dans les Anglais ; ils ont de la peine à nous accorder la supériorité dans les choses de goût, tandis que sans vous nous reconnaîtrions en eux toute supériorité dans les choses de raisonnement.

Faites usage, je vous supplie, du consentement de madame la duchesse de Choiseul ; envoyez-moi, sous son enveloppe, tout ce que vous aurez de nouveau. Il n'y a que vous qui me tiriez de l'ennui ; vous me plaignez sans cesse. Je vous dirai comme Hylas, dans *Issé :*

> C'est une cruauté de plaindre
> Des maux que l'on peut soulager.

Adieu, mon ancien ami, vous êtes ingrat si vous ne m'aimez pas.

LETTRE 260.

MADAME LA MARQUISE DU DEFFAND A M. HORACE WALPOLE.

Paris, mardi 23 août 1768.

Il y a aujourd'hui un an que ce ne fut point une lettre qui m'arriva, mais une personne qui interrompit les belles scènes de *Phèdre* que récitait mademoiselle Clairon ; vous en souvenez-vous[2] ? Ah, mon Dieu, non ! Ce sont les gens oisifs, les têtes romanesques qui font de telles remarques.

Il faut que vous ayez fait en votre vie grand usage des finesses et des astuces, vous en trouvez partout. J'ai voulu savoir s'il ne fallait pas remettre à votre retour à vous faire voir toutes les misérables petites brochures qui ne méritent pas beaucoup d'impatience ; au lieu de me dire si vous les voulez, vous ne songez qu'à vous défendre des pièges que je vous tends. Oh ! ils sont très-inutiles avec vous ; on n'a nulle difficulté à découvrir ce que vous pensez, et si l'on s'y trompe, ce n'est pas assurément votre faute, c'est qu'on est volontairement aveugle. Je me contente de l'aveuglement où le sort m'a condamnée ; et

---

[1] Sur l'original de cette lettre on lit la note suivante, de la main de M. Walpole : « L'amitié de madame du Deffand pour moi lui dictait cette expression, qu'assurément je n'ai jamais autorisée. J'avais rompu tout commerce avec Voltaire, indigné de ses mensonges et de ses bassesses. » (A. N.)

[2] Elle entend parler de l'arrivée de M. Walpole, le 23 août 1767. (L.)

heureusement, ou malheureusement, je n'en ai pas d'autres.

La description que vous me faites de votre petit monarque [1] est très-plaisante ; je vois d'ici le révérencieux Bernstorff : cet homme n'est pas sans mérite ; mais il s'en faut bien qu'il en ait

[1] Le roi de Danemark, Christian VII, qui se trouvait alors en Angleterre. M. Walpole le dépeint à madame du Deffand comme il suit : « Ah! ma petite, on vous a trompée ; ce n'est point le roi de Danemark qui vient de débarquer dans notre île, c'est l'empereur des Fées. C'est une poupée que la grand'maman pourrait vous présenter dans un tableau. Son visage n'est pas mal ; il est assez bien fait, et son air, dans un microscope, est très-imposant. Il est poli, sérieux, fort attentif, et sa curiosité déjà usée. Il est accompagné d'une chevalerie entière de cordons blancs, ce qui fait que cette cour ambulante a tout l'air d'une croisade. Le premier ministre (le baron de Bernstorff), cordon bleu comme le roi, est un Hanovrien, personnage assez matériel, mais qui plie sa matérialité à chaque parole ; car il se prosterne quasi à terre quand il parle à son maître. Au-dessus du premier ministre est le favori (le comte Holke), jeune fat, à qui la faveur tourne la tête, et qui, je crois, est charmé de montrer à nous autres qu'il ose être favori en titre d'office. L'incognito est très-mal observé ; la majesté du diadème perce les nuées du mystère.

« Voilà de grands mots ; si vous n'en voulez pas, gardez-les pour madame Dupin. Hier, le petit monarque fut à l'Opéra et s'y ennuya comme les sultans de Crébillon. Il n'a point d'oreilles pour la musique ; peut-être qu'il aimera la vôtre. Pardonnez cette escapade ; mais vous savez que je suis incorrigible sur votre opéra. »

La famille des comtes de Bernstorff est effectivement originaire du Hanovre, ainsi que le fait observer Horace Walpole ; on peut remarquer la facilité avec laquelle ils quittent leur pays pour un ministère. Celui dont parle madame du Deffand et qu'elle nomme *le révérencieux*, était un homme d'un grand mérite, et l'un des hommes d'État les plus distingués du dernier siècle. Il est né en 1712, et commença par visiter toutes les cours de l'Europe ; ayant été apprécié par Frédéric V, roi de Danemark, il céda aux instances de ce prince et se fixa auprès de lui. Le comte de Bernstorff devint bientôt premier ministre, améliora sensiblement l'administration intérieure de sa nouvelle patrie, protégea les lettres et l'agriculture, et sut si bien ménager tous les intérêts politiques, qu'il maintint la neutralité du Danemark pendant la guerre de sept ans ; et, à la conclusion de la paix, fit passer le Holstein sous la domination danoise. Lorsqu'en 1770, Struensée, médecin de Christian VII, accusé de galanterie avec l'infortunée sœur de George III, Mathilde-Caroline, eut pris un ascendant sans bornes sur l'esprit de son maître, M. de Bernstorff fut éloigné des affaires, et mourut en 1772 d'une attaque d'apoplexie. Son neveu, Pierre de Bernstorff, fut appelé au ministère des affaires étrangères après la chute de Struensée et les malheurs de la reine. Jusqu'à sa mort, arrivée en 1797, Pierre de Bernstorff ne cessa de se conformer aux plans et aux principes politiques de son oncle. Le fils de Pierre est le comte de Bernstorff actuel, qui, après avoir été aussi ministre des affaires étrangères en Danemark, quitta en 1817 la patrie adoptive de son grand-oncle pour le même ministère en Prusse. Il assista en cette qualité aux différents congrès qui ont eu lieu en Europe, depuis et compris le congrès..... (A. N.)

autant qu'on lui en trouve ici; c'est un homme factice, il n'a rien de simple ni de naturel, mais il veut être honnête homme, judicieux, solide, etc., etc., et je crois qu'il l'est devenu ; mais c'est son ouvrage, et non, je crois, celui de la nature. Je vous renverrais à madame Dupin, si vous la connaissiez, pour vous expliquer ce galimatias.

Je vous vois occupé pendant huit ou dix jours de votre petit Poinçon[1]. Quand nous arrivera-t-il ? On se prépare ici à le très-bien recevoir, et à lui rendre tous les honneurs qu'il voudra admettre à son *incognito*. Il sera pour moi comme s'il était à Londres, je ne le connaîtrai que par récit, et je préférerai ceux de Londres à ceux de Paris. On me conta hier un trait du chevalier de Montbarey[2] qui me parut plaisant. Il y a un M. du Hautoy qui a perdu un procès; il est condamné à payer douze ou treize cent mille francs : il s'en faut de plus de cent mille écus que tout son bien monte à cette somme. On en parlait au jeu de Mesdames, elles le plaignaient extrêmement, et tout le monde, à l'envi, marquait y prendre un grand intérêt, entre autres une certaine femme qu'on appelle madame Bercheny[3], qui est enthousiaste, exagérative, hardie, etc. Le chevalier de Montbarey, qui était présent, dit d'un ton tranquille, qu'il espérait qu'il arriverait à M. du Hautoy ce qu'il avait vu arriver à plusieurs autres, à qui leur malheur avait causé leur fortune, par les grâces qu'on leur avait accordées, pour les dédommager de leur perte. Le lendemain, le chevalier passant dans la galerie, fut abordé par cette dame Bercheny, qui lui dit d'un ton fier et arrogant : « Apprenez, monsieur le chevalier, que vous ne fîtes et ne dites hier que des sottises. » Lui, sans s'émouvoir, avec un regard assez méprisant, lui dit : *Ah ! Madame, il fait trop chaud pour faire des sottises ; il m'arrive quelquefois d'en entendre, et vous me prenez sur le fait.*

Nous avons une oraison funèbre de la reine, par M. de Pompignan, évêque du Puy[4], qui est le chef-d'œuvre de la platitude.

---

[1] Voyez les *Contes de la mère l'Oie*. (A. N.)

[2] Oncle du prince de Montbarey, depuis ministre de la guerre. (L.)

[3] Madame Bercheny était l'épouse d'un maréchal Bercheny, au service de Hongrie. Elle était une des dames d'honneur de Mesdames, filles de Louis XV. Il y avait un régiment de hussards de Bercheny au service de France. (A. N.)

[4] Frère de M. le Franc de Pompignan, premier président de la cour des aides de Montauban, plus connu actuellement par les sarcasmes de Voltaire que par les ouvrages littéraires qui les lui ont attirés. Son frère, l'évêque du Puy, n'était sans doute pas plus célèbre par son éloquence de la chaire, puis-

Je suis fâchée d'avoir commencé la cinquième page, parce que j'ai regret à laisser du papier blanc.

Je pourrais remplir cette page de discussions sur nos théâtres, sur nos ouvrages dramatiques, etc., mais je m'en tirerais mal : tout ce que je sais, c'est que Voltaire a raison et que vous n'avez pas tort, c'est-à-dire que je suis de votre avis sur l'exposition qu'il ne faut pas rendre trop claire, et sur l'unité de lieu dont il ne faut pas faire le plan ; mais il faut se garder de croire que l'extrême licence soit nécessaire au génie, et doive l'augmenter[1] : les règles sont des maîtres à danser qui perfectionnent la bonne grâce qu'on a reçue de la nature.

Je lis de nouveaux Mémoires de Bussy qui m'amusent assez.

Voilà la liste des brochures que je peux vous envoyer, marquez-moi celles que vous désirez.

« *Le Masque de fer. La Relation de la mort du chevalier de
» la Barre. L'Expulsion des jésuites de la Chine. La Profession
» de foi du théiste. Conseils à l'abbé Bergier. Discours aux
» confédérés de Pologne*[2]. »

que les beaux esprits de Paris disaient : Cette oraison funèbre a été composée *à la fraîcheur du Puits*. (A. N.)

[1] M. Walpole avait dit dans sa lettre, à laquelle celle-ci sert de réponse : « J'admire, comme vous, le style et le goût de Voltaire, mais je suis très-éloigné de me payer de ses raisonnements ; rien de plus faux et de plus frivole que ce qu'il donne pour des arguments dans la dernière lettre qu'il m'a adressée. Je n'ai jamais pensé de vanter notre théâtre, ni de lui donner la préférence sur le vôtre. J'ai préféré Shakspeare à lui Voltaire. C'est un faux-fuyant pour sa gloire blessée, quand il donne le change, et prétend que je mets Shakspeare au-dessus de Racine et de Corneille. Rien de plus faux que tout ce qu'il débite sur ses trente mille juges à Paris ; exagération outrée. Je douterais fort que dans tout le monde il y eût trente mille personnes capables de juger les ouvrages de théâtre. Encore ne connaît-il pas son Athènes. Dans la lie du peuple athénien, le moindre petit artisan jugeait de l'élégance et de la pureté de sa langue, parce qu'il entrait au théâtre ; au lieu que Voltaire dit que les trente mille juges décident à Paris, parce que le bas peuple n'entre point au spectacle. Pour ses beautés d'exposition, je m'en moque. Quoi de plus trivial, de plus ennuyeux et de plus contraire à l'attente, ressort ingénieux pour exciter les passions, que ces froides expositions si usitées dans la première scène des tragédies ? Quelle petitesse de génie, que d'être réduit à décrire l'emplacement des appartements, de peur que l'audience ne s'arrête au milieu d'un grand intérêt, pour examiner si une amante malheureuse devait entrer sur la scène par telle ou telle porte ! Il faudrait qu'il y eût force maîtres de cérémonies parmi les trente mille juges, pour que de telles expositions fussent nécessaires. » (A. N.)

[2] Voyez à la fin de la lettre, les notes *a*, *b* et *c*, et une note précédente sur le *Masque de fer*.

Mercredi 24, à trois heures.

Ah! que je m'ennuyai hier au soir chez le président! c'étaient cependant des gens que j'estime et que j'aime assez, mais qui ont la prétention de l'esprit sans en avoir un brin. Ces sortes de gens sont fatigants, fastidieux, insupportables. Je veux que l'on consente à n'être rien, quand la nature l'a ainsi ordonné; mais tout ce qu'on fait malgré ses ordres m'est odieux. J'ai passé une mauvaise nuit; depuis trois jours je ne me porte point bien; je suis ennuyée et encore plus ennuyeuse. Je vous trouve bien bon de conserver une telle correspondance, elle doit vous fatiguer et vous contraindre. Quel besoin en avez-vous? quel plaisir peut-elle vous faire? Croyez que je fais toutes les réflexions qui se peuvent faire; elles ne sont pas gaies; mais par qui apprendrons-nous la vérité, si ce n'est par nous-mêmes? Quand je trouve des gens qui m'ennuient, je me dis : je suis pour eux ce qu'ils sont pour moi; quand j'en rencontre qui me plaisent, j'imagine leur plaire aussi, et c'est en quoi souvent je me trompe.

Adieu, vous n'avez que faire de tout cela.

NOTES DE LA LETTRE 260.

a) Toutes ces brochures sont de Voltaire et ont été depuis recueillies dans ses OEuvres. Il est probable que c'était par l'intermédiaire du duc de Choiseul que ces ouvrages de Voltaire, mis alors à l'index, parvenaient à madame du Deffand. C'est un trait assez remarquable de la société de ce temps, qu'un homme du monde, alors même qu'il était ministre, ne confondait pas ses devoirs de société avec les devoirs de sa place, et donnait à lire à ses amis les ouvrages qu'il faisait poursuivre avec le plus de rigueur. Parmi les brochures dont parle madame du Deffand dans le paragraphe de cette lettre, il en est plusieurs auxquelles nous consacrerons quelques lignes, empruntées en partie à la correspondance du baron de Grimm. En annonçant à son correspondant la *Profession de foi des théistes*, que Voltaire lança dans le monde comme une pièce traduite de l'allemand, Grimm lui dit que deux ou trois exemplaires de cette brochure ont échappé à la vigilance de la police, et circulent dans Paris; mais, ajoute-t-il, on ne peut les avoir pour de l'argent, ou bien, quand on les vend sous le manteau, les amateurs payent un, deux et jusqu'à trois louis ce qui peut valoir vingt-quatre sous.

La *Profession de foi des théistes* est adressée au roi de Prusse. Outre le préambule, elle est partagée en dix petits chapitres dont voici les inscriptions : 1º Que Dieu est le père de tous les hommes; 2º des superstitions; 3º des sacrifices de sang humain; 4º des persécutions chrétiennes; 5º des mœurs; 6º de la doctrine des théistes; 7º que toutes les religions doivent respecter le théisme; 8º bénédiction sur la tolérance; 9º que toute religion rend témoignage au théisme, et 10º, remontrance à toutes les religions. Cette pièce fit beaucoup de bruit dans le temps, et on peut la regarder comme une des productions philosophiques les plus remarquables de son auteur, quoiqu'il n'ait pas su s'y abstenir de cette irascibilité un peu cynique qui dépare surtout le langage de la raison. Voltaire était théiste et se conduisait comme athée. Tous les novateurs visent toujours plus loin que leur but, pour l'atteindre.

On trouve la *Profession de foi des théistes* dans la partie philosophique des OEuvres de Voltaire. Quant au *Discours aux confédérés de Pologne*, son véritable titre est *Discours aux confédérés catholiques de Kaminieck, en Pologne*, par le major Kaiserling, au service du roi de Prusse. Dans cet écrit, comme dans tous ceux de Voltaire, les théologiens trouvent à lui reprocher d'être très-peu orthodoxe et d'introduire sans cesse le sarcasme dans des matières que son esprit satirique semblait se refuser à traiter sérieusement. Mais si Voltaire a abusé de ce moyen de discussion, si dans presque toutes ses pages la passion se fait sentir; si, comparés les uns aux autres, ses innombrables écrits présentent quelques erreurs et fourmillent de contradictions, on trouve au moins que tous ont pour conclusion la tolérance et l'humanité.

b) Le chevalier de la Barre, petit-fils d'un lieutenant général des armées du roi, a été en France l'une des dernières victimes de l'intolérance religieuse, dont le cours fut suspendu par la Révolution. Nous entrons dans quelques détails sur sa faute et sur l'horreur de son supplice, car sa mort fut, comme les assassinats juridiques de Calas et de Sirven, un des événements les plus affreusement célèbres du siècle de Louis XV.

Le père du chevalier de la Barre avait dissipé sa fortune. Le chevalier, encore fort jeune (il avait seize ans), fut accueilli chez une parente, mademoiselle de Brou, abbesse de Villancourt, qui passait pour avoir des liaisons très-intimes avec un sieur Belleval, habitant d'Abbeville, riche, avare, et président de l'élection. Le frère du chevalier de la Barre, qui l'avait accompagné chez leur parente, fut bientôt placé dans les mousquetaires. Il était encore commensal du couvent, lorsque le sieur Belleval fut congédié de chez l'abbesse. On sollicitait pour le chevalier une compagnie de cavalerie qu'il était sur le point d'obtenir, mais dans la nuit du 9 au 10 août 1765, un crucifix en bois, placé sur le pont d'Abbeville, fut trouvé mutilé. Les historiens prétendent seulement que l'un des camarades du chevalier de la Barre, ou lui-même, donna en passant un coup de baguette sur le revers du poteau où l'image du Christ était attachée. Ces jeunes gens avaient en outre chanté des chansons impies; mais le plus grand grief contre le chevalier de la Barre était d'avoir passé à trente pas d'une procession qui portait le saint sacrement, et de n'avoir pas ôté son chapeau.

Belleval courut de maison en maison exagérer les imprudences répréhensibles de ces jeunes étourdis; la chose fut tellement envenimée; le scandale devint si grand, que l'évêque d'Amiens (Lamotte d'Orléans) se transporta à Abbeville. On manda plusieurs témoins; ils furent intimidés par les affreuses intrigues de Belleval. Enfin, la Barre et d'Étallonde, jeune homme de son âge, furent décrétés de prise de corps. D'Étallonde passa en Prusse, où il servit avec distinction; le chevalier fut arrêté. Trois jugements furent prononcés dans cette horrible affaire, et il n'y a pas de mal d'en faire le rapprochement.

Le tribunal d'Abbeville condamna le chevalier de la Barre à *avoir la langue et le poing droit coupés et à être ensuite brûlé vif*.

Le parlement de Paris, par arrêt du 5 juin 1766, rendu à la majorité de quinze voix contre dix, *commua* la peine en ordonnant que le coupable *aurait* la tête tranchée après qu'on lui aurait coupé la langue et le poing, et avant d'être jeté dans les flammes.

Voici actuellement le jugement prononcé par le grand homme qui régnait alors en Prusse : « Si ces jeunes gens ont mutilé une figure de bois, je les condamne à en donner une autre à leurs frais; s'ils ont passé devant des capucins sans ôter leur chapeau, ils iront demander pardon aux capucins, chapeau bas; s'ils ont chanté des chansons gaillardes, ils chanteront des antiennes, à haute et intelligible voix; s'ils ont lu quelques mauvais livres, ils liront deux pages de saint Thomas. »

Si l'on en croit la *Correspondance de Grimm*, du mois de juin 1766, pendant longtemps on ne parla que confusément de cette affaire, et l'on doit n'admettre qu'avec prudence les accusations que nous avons rapportées contre le sieur Belleval. On lit dans cette correspondance que si la Barre et ses jeunes camarades avaient été défendus par des mémoires imprimés, la commisération générale aurait prévenu l'arrêt du parlement de Paris. Mais M. d'Ormesson, président à mortier, bon criminaliste, dont le chevalier de la Barre était proche parent, s'étant fait montrer toute la procédure d'Abbeville, jugea qu'elle ne serait point confirmée par le Parlement, et empêcha qu'on ne défendît publiquement son parent et les autres accusés. Il espérait que ces enfants, renvoyés de l'accusation sans éclat, lui sauraient gré un jour d'avoir prévenu la trop grande publicité de cette affaire malheureuse.

La sécurité de M. d'Ormesson a été funeste au chevalier de la Barre; car l'arrêt du Parlement de Paris fut exécuté à Abbeville, le 1ᵉʳ juillet 1766. L'infortuné jeune homme, à peine âgé de dix-neuf ans, fut conduit au lieu du supplice dans un tombereau, avec un écriteau sur la poitrine portant : *Impie, blasphémateur, sacrilége abominable et exécrable*.

On lui avait donné pour confesseur un dominicain, ami de l'abbesse de Villancourt, avec lequel il avait soupé dans le couvent; ce bon homme pleurait, et le chevalier le consolait. On leur servit à déjeuner; le dominicain ne pouvait manger. Prenons un peu de nourriture, lui dit le chevalier, vous aurez besoin de force autant que moi pour soutenir le spectacle que je vais donner. Le chevalier offrit du café au dominicain; celui-ci s'excusa, disant que le café lui ôtait le sommeil. « Oh! moi, dit-il avec calme, je puis en prendre, il ne m'empêchera pas de dormir. »

Cinq bourreaux avaient été envoyés de Paris pour cette exécution, qui offrit un spectacle terrible. Le chevalier, dit Voltaire, monta sur l'échafaud avec un courage tranquille, sans plainte, sans colère et sans ostentation : tout ce qu'il dit au religieux qui l'assistait se réduit à ces paroles : « Je ne croyais pas qu'on pût faire mourir un jeune gentilhomme pour si peu de chose. »

c) L'abbé Bergier était né en 1718 dans la province de Lorraine. Il fut d'abord professeur de théologie au collége de Besançon, et devint ensuite chanoine de la cathédrale de Paris, et confesseur de Mesdames, tantes de Louis XVI : il est mort en 1790.

Pendant sa carrière, l'abbé Bergier se montra l'un des adversaires les plus redoutables de la philosophie du dix-huitième siècle. Il publia beaucoup d'ouvrages en faveur de la religion, attaquée alors de toutes parts avec une liberté qui rend encore bien plus inexplicable l'atroce condamnation dont nous avons parlé dans la note précédente. L'un de ses écrits les plus remarquables est : *La certitude des preuves du christianisme*, ouvrage particulièrement dirigé contre l'*Examen critique des apologistes de la religion chrétienne*, par

Lévesque de Burigny, revu et publié par Naigeon. Le livre de l'abbé Bergier est écrit avec beaucoup de sagesse et de modération; Voltaire y répondit par les *Conseils raisonnables à M. Bergier*. Burigny, de son côté, fit une réplique à l'abbé Bergier et remit son manuscrit au baron d'Holbach; Naigeon le fit imprimer en 1770 dans le *Recueil philosophique*. Un homme devenu trop fameux pendant la Révolution, le baron Anacharsis Clootz, qui se qualifia alors *orateur du genre humain*, publia, en 1780, *La certitude des preuves du mahométisme*, en opposition avec l'ouvrage de l'abbé Bergier.

LETTRE 261.

LA MÊME AU MÊME.

Paris, dimanche 11 septembre 1768.

Où êtes-vous? Où allez-vous? Que devenez-vous? Cette lettre vous trouvera-t-elle arrivé à Strawberry-Hill, vous y attendra-t-elle, ou bien à Londres? Aurez-vous suivi l'itinéraire projeté [1]? Ne vous aura-t-on point retenu? N'aurez-vous point été pris de la goutte? Lisez la fable des *Deux Pigeons*, et faites-en l'application. Vous aurez bien des choses à dire; pour moi, qui suis le pigeon sédentaire, j'en ai bien peu à raconter. Quelques soupers avec la grand'maman depuis le retour de Compiègne, un avec son mari, que je trouvai assez froid. Pour la grand'maman, elle est toujours la même, elle n'est que ce qu'elle veut être; ainsi elle est toujours errante. D'ici à Fontainebleau, qui est pour le 6 d'octobre, elle ne sera pas trois jours de suite dans le même lieu. Des Choisy, des Bellevue, des Saint-Hubert [2] et des entrepôts à Paris, voilà son histoire.

Je fus hier à la Comédie, on jouait *Alzire* : je ne trouve point que ce soit une bonne pièce; il me semble que rien n'y est amalgamé; ce sont différents caractères qu'on a voulu peindre, mais qui ne jouent point bien ensemble. Il y a les plus belles tirades du monde; chaque personnage y fait de très-belles réflexions, de très-belles définitions, dont celui qui les écoute n'a que faire. Le seul rôle d'Alvarès me paraît bon; aucun des autres ne me plaît, et puis cela est rendu à faire horreur. On

[1] M. Walpole avait fait une tournée pour voir plusieurs de ses amis, laquelle finit au château de Wentworth, où résidait le comte de Strafford, dans le Yorkshire. (A. N.)

[2] Différentes maisons de plaisance du roi de France, où madame de Choiseul, en qualité de femme du premier ministre, était obligée de suivre la cour. (A. N.)

a bien de la peine à avoir du plaisir, mais je ne le cherche plus, j'y ai renoncé, *c'est vainement qu'il se cache.* Si je fais autant de progrès tous les ans que j'en ai fait cette dernière année, la mort sera bien peu de chose pour moi; il y aura bien peu de différence entre elle et la vie.

Nous attendons le petit Poinçon (le roi de Danemark) au commencement du mois prochain. Je suis bien trompée s'il n'y aura pas beaucoup de tracasseries à l'occasion de la conduite des princes avec lui.

Je n'entends plus parler de Voltaire, et je n'en suis point fâchée; il faut que j'aime infiniment les gens pour avoir du plaisir à leur écrire; il faut pouvoir dire ce qu'on fait ou ce qu'on pense : en qui peut-on avoir cette confiance? Elle est souvent dangereuse pour ceux qui l'ont, et encore plus souvent ennuyeuse pour ceux pour qui on l'a. Il n'y aurait que deux plaisirs pour moi dans ce monde, la société et la lecture. Quelle société trouve-t-on? Des imbéciles qui ne débitent que des lieux communs, qui ne savent rien, qui ne sentent rien, qui ne pensent rien; quelques gens d'esprit pleins d'eux-mêmes, jaloux, envieux, méchants, qu'il faut haïr ou mépriser. Enfin, tout ce qui est, est bien; c'est un bonheur de n'avoir rien à regretter; il vaut mieux avoir vécu que d'avoir à vivre. Vous pensez peut-être que j'ai des vapeurs, que je suis bien triste? *Oh! po-int du tout* [1]; moins que vous ne m'avez vue; mais c'est assez parler de moi, je vous en demande pardon. Mais de quoi remplirais-je mes lettres? Serait-ce de vous? Qu'est-ce que j'en sais? Qu'est-ce que vous m'en dites? Que vous voyagez; que vous avez vu le petit Poinçon; que vous ne vous souciez plus de le revoir. Je pourrais vous parler de la belle comtesse [2], de la grosse duchesse [3], des importantes maréchales [4], des idoles [5], etc., etc.; mais qu'est-ce que tout cela vous ferait? Y prenez-vous quelque intérêt? *Oh! po-int du tout.*

J'ai chargé l'ambassadeur d'un paquet pour vous, contenant cinq petites brochures, dont aucune ne vous fera plaisir. Je ne sais plus que lire, tout m'ennuie, excepté le huitième tome

---

[1] Ces mots en lettres italiques sont écrits comme les prononçait M. Walpole quand il parlait français. (A. N.)

[2] De Forcalquier. (A. N.)

[3] La duchesse douairière d'Aiguillon. (A. N.)

[4] De Luxembourg et de Mirepoix. (A. N.)

[5] Les comtesses de Boufflers.

de *Lettres de madame de Sévigné* [1], où il y en a de madame de la Fayette, de M. et de madame de Coulanges : elles m'ont fait plaisir, mais elles m'ont dégoûtée d'écrire.

LETTRE 262.

LA MÊME AU MÊME.

Paris, mercredi 5 octobre 1768.

Personne ne rend mieux ce qu'il pense que vous; tout ce que vous dites a le caractère de la vérité ; aussi n'êtes-vous jamais ni fade ni languissant; mais vous êtes changeant, une espèce de Protée, tantôt fontaine, tantôt volcan, oiseau, poisson, singe, ours, etc., etc. ; mais qu'on patiente, et l'on vous retrouve sous votre véritable forme. Il m'arrive quelquefois de penser à vous, et de chercher ce que vous pensez de moi : un peu de bien, un peu plus de mal, et puis je dis : Mais c'est qu'il n'y pense jamais qu'au moment qu'il m'écrit, et même dans ce moment il n'y pense guère; la plupart de ses lettres pourraient être adressées aussi bien à d'autres qu'à moi. Il n'y a que l'in-

---

[1] *Recueil de lettres de diverses personnes, amies de madame de Sévigné.* Ces lettres formaient le huitième volume de l'édition de 1754 des *Lettres* de madame de Sévigné. M. Walpole, en répondant à ce que madame du Deffand dit, s'exprime à leur égard en ces termes : « Mais ce dont je ne suis pas aussi satisfait, c'est que le huitième tome (de madame de Sévigné) vous dégoûte d'écrire. Je ne trouve rien de plus médiocre que ce tome-là, excepté une lettre du cardinal de Retz, et une admirable de madame de Grignan à Pauline; tout le reste me paraît d'une platitude extrême. Madame de la Fayette est sèche, madame de Coulanges indifférente, et son mari un gourmand, et bouffon médiocre. Ah! que c'était bien ma sainte qui dorait tous ces gens-là! Mais elle, elle-même ne doit pas vous décourager. Votre style est à vous comme le sien est à elle. Si vous essayiez à l'imiter, vous perdriez les grâces d'originalité, et peut-être n'y réussiriez-vous pas. Enfin je vous prie d'être contente de vos lettres; je le suis infiniment. »
En réponse à ce qui est ci-dessus, madame du Deffand dit, dans une lettre dont nous ne publions que ce fragment parce que le reste n'offre aucun intérêt : « Nos goûts ne sont pas les mêmes en fait d'ouvrages : vous aimez Crébillon, et je le déteste; des lettres du huitième tome (de madame de Sévigné) vous n'aimez que celle de madame de Grignan; vous détestez celles de madame de la Fayette, et moi j'aime celles de madame de la Fayette. Elle ne pense pas à bien dire; elle n'a point de plaisanterie de coterie : c'est une femme d'esprit d'assez mauvaise humeur, qui n'était point aimable, mais qui n'était point caillette : elle était triste, ainsi que moi; je ne l'aurais peut-être pas aimée, mais j'aurais bien moins aimé madame de Coulanges. »
(A. N.)

tention qu'il a de m'écrire qui me les rende personnelles ; et cette intention est une gêne et une contrainte que la bonté de son cœur lui impose. Il croit me devoir de la reconnaissance, et ses lettres sont la monnaie avec laquelle il s'acquitte ; cette monnaie n'est point fausse, elle est pour moi de grande valeur ; mais c'est de la monnaie dont j'aimerais mieux la grosse pièce.

Vos regrets de milady Hervey[1] et de milady Suffolk me touchent sensiblement ; je sais ce que c'est que la perte d'un ami ; c'en est en même temps une grande que de perdre ses connaissances ; mais vous avez des goûts, des talents, du courage, de la fermeté, rien ne vous est absolument nécessaire. Rien, c'est trop dire ; mais vous n'êtes pas menacé de perdre ce que vous aimez le mieux.

Le petit cousin[2] que vous avez ici est fort aimable ; s'il vivait avec vous, il acquerrait bientôt ce qui peut lui manquer ; il a certainement de l'esprit, il est naturel, il a de la grâce, mais il manque d'usage du monde ; je me suis un peu établie sa gouvernante, il me plaît et je voudrais qu'il plût autant aux autres ; cela viendra, mais vous savez qu'ici nous jugeons ordinairement sur l'écorce.

Ah ! vraiment, ce que vous me mandez de Voltaire ne me surprend pas ; je pourrais vous raconter un manége de lui avec le président, qui vous confirmerait bien dans l'opinion que vous en avez, mais cela serait trop long et ne vous amuserait pas à proportion de la fatigue que cela me donnerait ; je me crois très-mal avec lui, et qu'il est fort mécontent de la grand'maman. Vous avez évité un grand piége en terminant votre correspondance. Il voudrait engager le président à répondre à un écrit où l'on attaque sa *Chronologie;* il lui offre d'être son champion en lui prêtant sa plume ; il croit avoir terrassé la religion, il cherche une nouvelle guerre ; il aurait voulu vous amener par ses douceurs à vous jeter dans ses griffes ; mais vous n'avez pas été le souriceau. Comme vous lisez la Fontaine, cela n'a pas besoin d'explication[3].

[1] Marie Lepel, baronne d'Hervey, était morte au mois d'août précédent. Elle résida longtemps à Paris, et fut très-liée avec la duchesse douairière d'Aiguillon. Elle avait été de la société de madame Dupin, et c'est dans cette maison que Jean-Jacques fit connaissance avec elle. (A. N.)

[2] M. Robert Walpole, qui depuis fut, pendant plusieurs années, ministre plénipotentiaire à la cour de Lisbonne. (A. N.)

[3] La cinquième fable du livre sixième des Fables de la Fontaine : *le Cochet, le Chat et le Souriceau.* (A. N.)

Votre cousin me dit l'autre jour l'application qu'on avait faite d'une de ses fables au petit roi Poinçon visitant les universités, les bibliothèques; c'est celle où le singe passe dans un cercle sans toucher les bords; je ne me ressouviens plus du titre, je ne saurais me donner la peine de le chercher [1].

LETTRE 263.

LA MÊME AU MÊME.

Paris, dimanche 30 octobre 1768.

Ah! je suis bien éloignée de vous croire guéri, et je vous tiens encore plus malade de l'esprit que du corps; mes lettres sont pour vous ce que sont les pâtés de Périgueux que J. Wilkes reçoit dans sa prison; il les trouve remplis de poisons, et s'il y en a en effet, c'est celui qu'il y met. Nous avons un dicton ici qui dit : « Quand Dagobert voulait noyer ses chiens, il disait qu'ils étaient enragés. » Pour moi, je crois que vous l'étiez un peu quand vous avez écrit cette charmante lettre que je reçois. La belle comparaison que vous faites d'une phrase de ma lettre, dans laquelle je dis que *craignant de vous perdre, je regarde comme un malheur de vous avoir connu!* Je ne crois pas que la religieuse portugaise d'abord eût un amant goutteux [2]; et s'il le devenait, je crois qu'elle ne s'en soucierait plus guère. Mais, monsieur, j'ai cru qu'il n'était pas indécent, ni trop passionné, de dire de son ami ce qu'on dit tous les jours de son chien; je suis persuadée, par exemple, que si les couches de Rosette [3] ont été fâcheuses, vous aurez dit dans ces instants que vous étiez fâché de vous y être attaché, etc.

Votre *beau-frère* [4] a le plus grand succès ici, on lui rend tous les honneurs dus à la majesté, il n'est pas question d'incognito. Il arriva le vendredi 21 à Paris; le lundi 24, il fut à Fontainebleau; on le conduisit dans son appartement, qui est celui de feu madame la Dauphine [5]. Le roi était à la chasse;

---

[1] La troisième fable du livre neuvième : *Le Singe et le Léopard*. (A. N.)

[2] M. Walpole était alors tourmenté de la goutte. (A. N.)

[3] Chienne favorite de M. Walpole. (A. N.)

[4] Le roi de Danemark Christian VII. C'est en faisant allusion au mariage du roi avec une princesse d'Angleterre que madame du Deffand qualifiait le roi de *votre beau-frère*. (A. N.)

[5] Marie-Josèphe de Saxe, mère de Louis XVI, de Louis XVIII et de Monsieur, comte d'Artois. Elle est morte en 1765. (A. N.)

des qu'il en fut de retour, il lui envoya dire que quand on était vieux, il fallait faire une toilette avant que de se laisser voir. La toilette faite, M. de Duras ¹ fut le chercher et le conduisit chez le roi, lequel alla au-devant de lui jusqu'à la porte de son cabinet, l'embrassa très-cordialement, et le conduisit vis-à-vis deux fauteuils, lui donnant celui de la droite; ils ne s'assirent point, causèrent debout un quart d'heure. Le roi le reconduisit jusqu'à la porte dudit cabinet, en lui disant : Votre Majesté ne veut pas que j'aille plus loin. Le Danois retourna chez lui, et jusqu'à huit heures du soir il reçut les présentations de tout ce qu'il y avait de grands seigneurs à la cour. A huit heures, M. de Duras vint le chercher pour le mener souper avec le roi dans les cabinets. Il fut à table à la droite du roi, ensuite madame de Mirepoix, après M. de Bernstorff, tout le reste au hasard. Pendant le souper, les rois se parlèrent de leurs familles : le nôtre dit qu'il avait perdu beaucoup d'enfants, que ceux qui lui restaient lui étaient bien précieux, mais qu'il en avait un grand nombre d'autres : ce sont mes sujets, dit-il, et je pourrais en effet être le père du plus grand nombre. Sa Majesté Danoise dit : Mais Votre Majesté a d'anciens serviteurs qui sont de son âge : M. le duc de Choiseul ? — Oh ! non, dit le roi, il pourrait être mon fils. — Comme votre sujet, répondit M. de Choiseul. Ensuite notre roi dit à l'autre : Quel âge croyez-vous qu'a ma-

---

¹ Le duc de Duras, Emmanuel-Félicité de Durfort, gentilhomme de la chambre du roi, alors de service. Son père et son grand-père avaient été maréchaux de France; il fut aussi maréchal de France, premier gentilhomme de la chambre, gouverneur de la Franche-Comté, et l'un des quarante de l'Académie française. A Fontenoy, il était un des aides de camp du roi. Nommé à l'ambassade d'Espagne, après la guerre de sept ans, il y déploya une magnificence dont on se souvenait encore trente ans après. Choisi par Louis XV pour aller commander en Bretagne, au milieu des troubles qu'avait fait naître l'affaire de la Chalotais, il s'y conduisit avec prudence et fermeté. Les personnes qui l'ont connu attestent qu'il était fort aimable, fort instruit, et plein de bienveillance pour les gens de lettres, avec lesquels son titre d'académicien et la haute direction de la Comédie française le mettaient en relation. Cependant il montra un peu d'acharnement à poursuivre Linguet et à le faire enfermer à la Bastille; nous devons convenir que Linguet l'avait bien un peu mérité, selon les lois du temps; mais ce n'est qu'en 1780 que cet emprisonnement eut lieu, et ce serait devancer les événements que de nous en occuper ici plus longtemps. Le maréchal mourut à Versailles, le 6 septembre 1789, âgé de soixante-quatorze ans, laissant un fils, aujourd'hui le duc de Duras, non point maréchal de France comme ses ancêtres, mais, comme son père, premier gentilhomme de la chambre du roi, et directeur suprême des Comédiens français. (1827.) (A. N.)

dame de Flavacourt? — Vingt-quatre ans. — Elle en a cinquante-quatre bien sonnés. — On ne vieillit donc point à la cour de Votre Majesté?

Le pâté de Périgueux de M. de Wilkes est un article de la *Gazette d'Amsterdam.*

Le mardi, le souper fut chez la grand'maman, le mercredi chez le roi avec Mesdames et tous les princes. Le jeudi il revint à Paris [1], débarqua à l'Opéra-Comique, soupa le soir chez M. de Duras; on lui donna après souper la représentation de *la Chasse de Henri IV.* Depuis ce jour-là il a été à tous les spectacles. Après-demain, mardi, madame de la Vallière lui donne à souper; mercredi 2, il retourne à Fontainebleau; le vendredi 4, M. le duc d'Orléans lui donnera un bal; le samedi 5, il reviendra à Paris; le mardi 8, madame de Villeroy lui donnera la tragédie de *Didon,* jouée par mademoiselle Clairon; il soupera ensuite chez elle. Le mardi 13, autre spectacle chez madame de Villeroy, et le souper chez M. le duc de Villars. Par delà cela je croyais ne plus rien savoir; mais je me rappelle que le 27 il doit aller à Chantilly, où il y aura de grandes fêtes. Cela s'appelle-t-il une gazette? Je peux ajouter que M. de Bernstorff soupe chez moi ce soir, avec votre cousin secrétaire [2], le petit Craufurd, et le général. Ce général part mardi; il a été excessivement content de ce pays-ci et par-dessus tout du grand-papa et de la grand'maman; il vous dira tout cela, car il compte vous voir, sans en vérité que je l'en aie prié.

[1] Pendant le séjour que le roi de Danemark avait fait en Angleterre avant de venir en France, Horace Walpole disait de ce souverain, dans une lettre du 13 août 1768 à Georges Montagu : « Je suis venu à la ville pour voir le roi de Danemark. Il est si petit qu'on le jugerait sorti d'une noisette, comme nos princes des contes de fées, cependant il n'est ni mal bâti ni grêle; il est pâle sans doute et son visage est maigre, mais je ne le trouve pas laid du tout. Il a beaucoup des traits du feu roi. Son air est plus noble que léger, et si l'on considère qu'il n'a pas vingt ans, on le trouve aussi bien que peut l'être un roi de marionnettes...

« Il se contente de prendre le titre d'Altesse : c'est une modestie d'autant plus déplacée qu'il se conduit absolument en roi. Il se carre, dans les cercles, comme un moineau franc. Il a pour favori un jeune homme de vingt-trois ans, nommé Holke, d'assez bonne mine, mais qui paraît un fat achevé. Quant à l'Hanovrien Bernstorff, son premier ministre, c'est un homme de beaucoup de sens. »

On donnait alors à Londres un opéra italien ayant pour titre : *I Viaggiatori ridicoli*; croirait-on qu'il s'en est peu fallu que cet opéra ne fût représenté devant le roi de Danemark et sa suite?

[2] M. Robert Walpole.

LETTRE 264.

LA MÊME AU MÊME.

Paris, dimanche 13 novembre 1768.

Il n'y a rien de si incompréhensible que vous; Dieu ne l'est pas davantage; mais s'il n'est pas plus juste, ce n'est pas la peine d'y croire. Votre dernière colère est de la plus extrême extravagance; mais je me garderai bien de chercher à vous le démontrer; vous avez la tête fêlée, j'en suis sûre. Je m'en étais toujours un peu doutée, mais pour aujourd'hui j'en suis convaincue. Comme la mienne est fort saine, c'est à moi à me conduire de façon à éviter à l'avenir de pareilles scènes.

Je vous dis donc, avec la plus grande vérité, que vous avez réussi dans votre projet; l'amitié, tout ainsi qu'à vous, m'est devenue odieuse; attendez-vous, si vous voulez, à en trouver dans mes lettres; vous verrez si je suis incorrigible. Oh! non, je ne le suis pas, l'injustice me révolte et me fait le même effet que vous fait le romanesque. Je suis bien aise que vous vous portiez mieux; vous avez tiré un bon parti de votre maladie, en lisant l'*Encyclopédie;* ne me condamnez pas, je vous prie, à une pareille lecture, je n'estime aucun des auteurs, ni leur goût, ni leur savoir, ni leur morale.

Je viens de recevoir quatre volumes de Voltaire; une nouvelle édition de son *Siècle de Louis XIV,* avec beaucoup d'augmentations, font les deux premiers volumes; les deux derniers sont le *Siècle de Louis XV* jusqu'à l'expulsion des Jésuites inclusivement; je vous les enverrai, si vous voulez.

Je ne crois pas vous avoir conté un fait assez singulier: il parut, il y a un an ou deux, une *Vie de Henri IV,* par M. de Bury. Il y a environ six mois qu'il a paru une petite brochure dont la police a arrêté le débit, qui a pour titre: *Examen de la nouvelle histoire de Henri IV, de M. de Bury, par le marquis de B...* Il y a dans cette brochure une critique amère et sanglante de la chronologie du président[1]; nous avons été occupés pendant quatre mois à empêcher qu'il en eût connaissance; je me fis amener un M. Castillon, qui travaille au *Journal encyclopédique,* pour obtenir de lui de ne point faire l'extrait de ce petit ouvrage; il me le promit et m'a tenu parole. Il y a

---

[1] *Abrégé chronologique de l'histoire de France.* (A. N.)

six semaines ou deux mois que le président reçoit une lettre de Voltaire qui lui parle de cette brochure et lui transcrit l'article qui le regarde, et un autre qu'on peut appliquer à une personne bien considérable [1]. Nous fûmes bien déconcertés; le président ne fut point aussi troublé que nous l'appréhendions. Il fit une réponse fort sage : Voltaire lui a récrit trois lettres depuis cette première; il veut absolument qu'il réponde, et comme le président persiste à ne le vouloir pas, il lui offre de répondre pour lui; le président y consent, pourvu que Voltaire y mette son nom. Voltaire lui a d'abord dit qu'il croyait que l'auteur de cette critique était la Beaumelle [2]; depuis il dit que c'était un marquis de Bélestat, lequel ne sait ni lire ni écrire. Ce n'est ni l'un ni l'autre, on en est sûr; mais vous savez qui on soupçonne avec juste raison? Voltaire, oui, Voltaire lui-même. C'est de cela qu'on peut dire : cela est *ineffable*. Oh! tous les hommes sont fous ou méchants, et le plus grand nombre est l'un et l'autre.

Nous ferons crever le petit Danois : il est impossible qu'il

---

[1] Le duc de Choiseul. (A. N.)

[2] Voltaire avait raison; et quoi qu'en dise madame du Deffand, quoique Voltaire ait plus d'une fois publié ses ouvrages sous des noms empruntés, on sait aujourd'hui que l'*Examen de la nouvelle histoire de Henri IV* est de la Beaumelle; on peut à ce sujet consulter le *Dictionnaire des ouvrages anonymes et pseudonymes*, 2e édition, tome premier, page 468. (A. N.)

Laurence Angliviel de la Beaumelle occupa, après Fréron, une des premières places dans l'inimitié de Voltaire. Il avait dit, dans son premier ouvrage intitulé *Mes Pensées* : « Qu'on parcoure l'histoire ancienne et moderne, on ne trouvera point d'exemple de prince qui ait donné sept mille écus de pension à un homme de lettres, à titre d'homme de lettres. Il y a eu de plus grands poëtes que Voltaire; il n'y en eut jamais de si bien récompensé, parce que le goût ne met point de bornes à ses récompenses. Le roi de Prusse comble de bienfaits les hommes à talents, précisément par les mêmes raisons qui engagent un petit prince d'Allemagne à combler de bienfaits un bouffon ou un nain. »

Malgré la désignation d'homme à talent, Voltaire fut fort irrité, comme on peut le croire, de la comparaison avec les bouffons et les nains. La Beaumelle ayant été à Ferney, donna lui-même à Voltaire un exemplaire de *Mes Pensées*, et voulut ensuite traiter d'égal à égal avec lui; cela ne raccommoda pas les affaires.

La Beaumelle était né en 1727 à Vallérangue, petite ville du bas Languedoc. Il fut professeur de belles-lettres en Danemark, et revint à Paris en 1753, après la publication de l'ouvrage dont nous avons parlé. Cet ouvrage le fit mettre à la Bastille. En recouvrant sa liberté, il fit paraître les *Mémoires de madame de Maintenon*, et fut encore enfermé dans la même prison pour cette nouvelle publication. Quand il en sortit, il se retira dans son pays, où il mourut en 1772. (A. N.)

résiste à la vie qu'il mène; c'est tous les jours des bals, des opéras-comiques, des comédies, à toutes les maisons royales qu'il visite. Le roi le comble de présents et d'amitiés, le traite comme son fils. Je pourrais vous dire mille traits de leur conversation, mais cela m'ennuierait. C'est un petit oiseau bien sifflé; son mentor [1] ne le perd pas de vue, et comme il est la décence même, il le conduit fort bien. J'ai fort envie que nous en soyons débarrassés, je ne jouirai point de la grand'maman tant qu'il sera ici.

La milady Pembroke ne touche pas du pied à terre; vos Anglaises aiment furieusement le plaisir : elle fut à l'Ile-Adam [2] mardi, où il y a tous les jours opéra et comédie; elle en revint hier, elle soupera aujourd'hui chez moi, et ira, après souper, au bal chez M. de Monaco; elle retournera demain à l'Ile-Adam, où elle restera apparemment jusqu'au 22, qui sera la fête de M. de Soubise; le 24, au Palais-Royal; le 28, à Chantilly [3] jusqu'au 30. Le départ est pour le 8 de décembre, je voudrais déjà y être.

LETTRE 265.

M. DE VOLTAIRE A MADAME LA MARQUISE DU DEFFAND.

Novembre 1768.

Madame, un officier de dragons me mande que vous lui avez demandé *cela*. Je vous envoie *cela*. Si votre ami avait lu *cela*, et bien d'autres choses faites comme *cela*, il ne serait pas tourmenté sur la fin de sa vie par les idées les plus absurdes et les plus détestables que la folie et la fureur aient jamais inventées; il changerait avec tous les honnêtes gens de l'Europe qui ont changé. Je l'aime malgré sa faiblesse, et je prends vivement son parti contre un marquis de Belestat, qui le traite avec la plus cruelle injustice, dans un ouvrage qui a trop de vogue, et qu'il faut absolument réfuter.

Je vous souhaite, madame, santé et fermeté; méprisez le monde et la vie, tout cela n'est qu'un fantôme d'un moment.

---

[1] M. de Bernstorff. (A. N.)
[2] Chez le prince de Conti. (A. N.)
[3] Chez le prince de Condé. (A. N.)

LETTRE 266.

MADAME LA MARQUISE DU DEFFAND A M. DE VOLTAIRE.

Mardi, 29 novembre 1768.

Cela m'est parvenu quoiqu'à mon adresse; je pourrais par conséquent en recevoir d'autres de même. J'avais lu ce petit ouvrage, et j'en avais été si contente, que je désirais de l'avoir à moi; je vous en fais mille remercîments.

Je suis charmée, enchantée du Marseillais [1], je le relis sans cesse. En vérité, monsieur, je crois que vous n'avez rien fait de plus joli. Mon Dieu! que vous êtes en vie! Vous me donnez un conseil que vous ne prenez pas pour vous; vous ne méprisez ni le monde, ni la vie, et vous avez raison, vous tirez bon parti de l'un et de l'autre.

Vous mettez de la valeur à tout, tout vous affecte, tout vous anime; vous anéantissez les Pompignan, les Ribailler, les Fréron, etc. Vous voulez rajeunir le président; vous excitez sa colère; vous lui offrez de prendre sa défense, c'est un bon procédé : mais, monsieur, vous auriez fait encore mieux de lui laisser ignorer l'offense. Il y avait plus de quatre mois que nous n'étions occupés qu'à lui dérober la connaissance de cette brochure, craignant l'effet qu'elle pourrait lui faire. Vous avez détruit toutes nos mesures; heureusement il n'en a pas été fort troublé. Le grand succès de son livre (qui lui est fort prouvé) lui a fait mépriser cette critique. Il vous a répondu, ainsi je n'ai point à vous apprendre ce qu'il pense; mais je vous dirai ce que pense le public. Personne ne croit que M. de Belestat en soit l'auteur; on le connaît pour un homme très-borné, qui n'a ni esprit ni littérature, et qui ne sait même pas écrire une lettre. On juge que cet ouvrage est de plus d'une plume; on y trouve du commun et du piquant. Cette brochure n'a pas fait grande fortune ici, et chacun pense qu'elle ne mérite pas qu'on la réfute et qu'on y réponde [2]. Cependant, si vous voulez en prendre la peine, j'en serai fort aise, parce que j'aurai du plaisir à lire ce que vous écrirez. Laissez, laissez au président sa façon de penser; si elle

---

[1] *Le Marseillais et le Lion.* — Voyez les *OEuvres de Voltaire*, t. XIV, p. 181. (L.)

[2] Voir le récit de cette curieuse manœuvre de Voltaire, dans la lettre 264 de madame du Deffand à Horace Walpole. (L.)

l'occupe, si elle le console, n'est-il pas trop heureux? Est-il quelque chose dans la vie qui ne soit pas illusion? celles qui donnent la paix et la tranquillité ne sont-elles pas préférables aux autres? Vous l'avez dit vous-même, monsieur :

> La paix, enfin, la paix que l'on cherche et qu'on aime,
> Est encor préférable à la vérité même.

Remerciez le ciel ou la nature des immenses talents que vous en avez reçus; ils vous mettent pour jamais à l'abri de l'ennui. Plaignez tous les autres mortels, il n'y en a aucun d'aussi bien partagé, et trouvez bon qu'ils s'accrochent où ils peuvent.

LETTRE 267.

M. DE VOLTAIRE A MADAME LA MARQUISE DU DEFFAND.

7 décembre 1768.

Puisque vous vous êtes amusée de *cela*, madame, amusez-vous de *ceci*. C'est un ouvrage de l'abbé Caille, que vous avez tant connu, et qui vous était bien tendrement attaché.

Eh pardieu! madame, comment pouvais-je faire avec le président? Mille gens charitables dans Paris m'attribuaient cet ouvrage contre lui : on me le mandait de tous côtés. Jamais Ragotin n'a été plus en colère que moi. Je n'ai découvert l'auteur que d'aujourd'hui, après trois mois de recherches. Ce n'est point le marquis de Belestat, c'est un gentilhomme de la province, qu'on appelle aussi monsieur le marquis. Il est très-profond dans l'histoire de France. C'est une espèce de Boulain-villiers, très-poli dans la conversation, mais hardi et tranchant la plume à la main.

Il est bien injuste envers M. le président Hénault, et bien téméraire envers le petit-fils de Schah-Abbas. Si j'ai assez de matériaux pour le réfuter, j'en userai avec toute la circonspection possible. Je veux que l'ouvrage soit utile, et qu'il vous amuse. Il s'agit de Henri : j'ai quelque droit sur ce temps-là; je compte même dédier mon ouvrage à l'Académie française, parce que j'y prends le parti d'un de ses membres. La plupart des gens voient déchirer leur confrère avec une espèce de plaisir; je prétends leur apprendre à vivre.

Vous savez sans doute que quand l'évêque du Puy ennuyait son monde à Saint-Denis, une centaine d'auditeurs se détacha pour aller visiter le tombeau de Henri IV. Ils se mirent tous à genoux autour du cercueil, et, attendris les uns par les autres, ils l'arrosèrent de leurs larmes. Voilà une belle oraison funèbre et une belle anecdote. Cela ne tombera pas à terre.

Je me flatte, madame, que votre *petite mère* n'a rien à craindre des sots contes que l'on débite dans Paris contre son mari, que je regarde comme un homme de génie, et par conséquent comme un homme unique dans le petit siècle qui a succédé au plus grand des siècles.

Oui, sans doute, la paix vaut encore mieux que la vérité, c'est-à-dire qu'il ne faut pas contrister son voisin pour des arguments, mais il faut chercher la paix de l'âme dans la vérité, et fouler aux pieds des erreurs monstrueuses qui bouleverseraient cette âme et qui la rendraient le jouet des fripons.

Soyez très-sûre qu'on passe des moments bien tristes à quatre-vingts ans quand on nage dans le doute. Vos amis les Chaulieu et les Saint-Aulaire sont morts en paix.

LETTRE 268.

MADAME LA MARQUISE DU DEFFAND A M. HORACE WALPOLE.

Paris, mercredi 7 décembre 1768.

Je voudrais, en revanche de vos nouvelles, pouvoir vous en mander d'intéressantes de ce pays-ci; c'est ce qui est impossible. Sa Majesté Danoise a jeté d'abord tout son feu. Excepté quelques louanges qu'il donne de temps en temps à Voltaire et au feu président de Montesquieu, il ne dit rien qu'on puisse répéter; tous les éloges qu'on peut faire de lui consistent à n'avoir rien dit ni rien fait de ridicule et de mal à propos; il est, dit-on, comme une figure de cire; on croirait qu'il ne voit ni n'entend. Il n'a point paru sensible à aucune des fêtes qu'on lui a données; quand, au spectacle, le parterre applaudit, il bat des mains. A Chantilly on représenta le *Sylphe;* l'acteur qui chanta :

> Vous êtes roi, jeune et charmant,
> Et vous doutez qu'on vous adore, etc.

se tourna vers lui. Tout le monde battit des mains, et lui avec les autres : de là, on a jugé qu'il était imbécile. Je suspends mon jugement, je crois que c'est un enfant fatigué, ennuyé et étourdi de tout ce qu'on lui fait voir et entendre; j'en ai fait une petite relation au général Irwin, à qui j'ai mandé de vous la communiquer. Le roi part après-demain vendredi, et j'espère que nous n'en entendrons plus parler. Il y aurait de quoi faire des volumes des vers qu'on a faits pour lui, tous plus plats et plus mauvais les uns que les autres. Il y en a de l'abbé de Voisenon, qui sont affreux, et que beaucoup de gens trouvent excellents, parce qu'ils sont de l'abbé de Voisenon, qui est un bel esprit à la mode, et qui, en effet, a fait d'assez jolies choses; comme par exemple la *Fée Urgèle*, *Isabelle et Gertrude*, deux opéras-comiques [1].

Nous n'avons point ici de Wilkes, ce mâle vous donne de l'inquiétude; ce sont des femelles [2] qui nous en donnent; mais comment vous expliquer cela? il n'est pas possible.

LETTRE 269.

M. DE VOLTAIRE A MADAME LA MARQUISE DU DEFFAND.

12 décembre 1768.

Madame, les imaginations ne dorment point, et quand même elles prendraient, en se couchant, une dose des oraisons funèbres de l'évêque du Puy et de l'évêque de Troyes, le diable les bercerait toujours. Quand la marâtre nature nous prive de la vue, elle peint les objets avec plus de force dans le cerveau; c'est ce que la coquine me fait éprouver.

Je suis votre confrère des Quinze-Vingts dès que la neige est sur mon horizon de quatre-vingts lieues de tour. Le diable alors me berce beaucoup plus que dans les autres saisons. Je n'ai trouvé à cela d'autre exorcisme que celui de boire; je bois beaucoup, c'est-à-dire demi-setier à chaque repas, et je vous conseille d'en faire autant; il faut que ce soit d'excellent vin; personne, de mon temps, n'en avait de bon à Paris.

L'aventure du président Hénault est assurément très-singulière. On s'est moqué de moi avec des Belloste et des Belestat,

---

[1] L'abbé de Voisenon passe pour être au moins de moitié dans les ouvrages que l'on attribue à Favart. Madame Favart, actrice distinguée, était fort jolie, et si l'on en croit la chronique du temps, ce n'était pas seulement auprès des Muses que l'abbé de Voisenon pouvait demander à Favart une bonne part dans ses droits de paternité. Cette espèce d'abbés galants, aimables et spirituels, n'étant pas tout à fait hommes et un peu moins que femmes, a disparu de la société. Les abbés de Voisenon, de Latteignant et Cosson étaient les plus distingués dans cette espèce mitoyenne. (A. N.)

[2] Madame du Barry. (L.)

grands noms que vous connaissez. Je ne veux ni rien croire, ni même chercher à croire.

L'abbé Boudot a eu la bonté de fureter dans la Bibliothèque du roi. Il en résulte qu'il est très-vrai qu'aux premiers États de Blois, dont vous ne vous souvenez guère, on donna trois fois aux parlements le titre d'*États généraux au petit pied*. Je ne pense point du tout que les parlements représentent les États généraux, sur quelque *pied* que ce puisse être ; et quand même j'aurais acheté une charge de conseiller au Parlement pour quarante mille francs, je ne me croirais point du tout partie des États généraux de France.

Mais je ne veux point entrer dans cette discussion, à moins que le roi ne me donne quatre ou cinq régiments à mes ordres. De toutes les facéties qui sont venues troubler mon repos dans ma retraite, celle-ci est la plus extraordinaire.

L'*A B C* est un ancien ouvrage traduit de l'anglais, imprimé en 1762. Cela est fier, profond et hardi : cette lecture demande de l'attention. Il n'y a point de ministre, point d'évêque, en deçà de la mer, à qui cet *A B C* puisse plaire ; cela est insolent, vous dis-je, pour des têtes françaises. Si vous voulez le lire, vous qui avez une tête de tout pays, j'en chercherai un exemplaire, et je vous l'enverrai ; mais l'ouvrage a un pouce d'épaisseur. Si votre grand'maman a ses ports francs, comme son mari, je le lui adresserai pour vous.

Il faut que je vous conte ce qu'on ne sait pas à Paris. Le singe de Nicolet, qui demeure à Rome, s'est avisé de canoniser non-seulement madame de Chantal, à qui saint François de Sales avait fait deux enfants, mais il a encore canonisé un frère capucin, nommé frère Cucufin d'Ascoli. J'ai vu le procès-verbal de sa canonisation ; il y est dit qu'il se plaisait fort à se faire donner des coups de pied dans le cul par humilité, et qu'il répandait exprès des œufs frais et de la bouillie sur sa barbe, afin que les profanes se moquassent de lui, et qu'il offrait à Dieu leurs railleries. Railleries à part, il faut que Rezzonico soit un grand imbécile ; il ne sait pas encore que l'Europe entière rit de Rome comme de frère Cucufin.

Je sais pourtant qu'il y a encore des Hottentots, même à Paris ; mais dans dix ans il n'y en aura plus : croyez-moi sur ma parole.

Quoi qu'il en soit, madame, buvez et dormez ; amusez-vous le moins mal que vous le pourrez ; supportez la vie, ne craignez point la mort, que Cicéron appelle la fin de toutes les douleurs. Cicéron était un homme de fort bon sens. Je déteste les poules mouillées et les âmes faibles. Il est honteux d'asservir son âme à la démence et à la bêtise de gens dont on n'aurait pas voulu pour ses palefreniers. Souvenons-nous des vers de l'abbé de Chaulieu :

> Plus j'approche du terme, et moins je le redoute.
> Sur des principes sûrs mon esprit affermi,
> Content, persuadé, ne connait plus de doute ;
> *Des suites de ma fin je n'ai jamais frémi.*

Adieu, madame, je baise vos mains avec mes lèvres plates, et je vous serai attaché jusqu'au dernier moment.

LETTRE 270.

MADAME LA MARQUISE DU DEFFAND A M. DE VOLTAIRE.

Mardi, 13 décembre 1768.

Dormez-vous, monsieur? Pour moi je ne ferme pas l'œil, et cette manière d'allonger ma vie me déplaît fort. Je vous ai l'obligation de me faire souvent prendre mon mal en patience ; c'est à vous que j'ai recours quand je ne sais plus que devenir ; je regrette toute autre ressource ; il n'y a point de lecture qui ne me fatigue au bout d'une demi-heure ; je lis, je rejette tout, et je demande du Voltaire.

J'ai reçu votre *ceci ;* mais il me faut et puis *ceci*, et puis *cela*, et je dirai après : encore *ceci*, encore *cela*. L'on me parle d'un A B C, d'un supplément au *Dictionnaire philosophique* ; ne devrais-je pas avoir tout cela? Je ne crains point les frais ; mais si les ouvrages entiers sont trop gros, il faut les séparer. Enfin, mon cher contemporain, ayez soin de moi, ayez pitié de moi ; soyez persuadé que rien n'altère le culte que je vous rends, et si vous ressembliez à votre rival, et qu'un grain de foi en vous pût transporter des montagnes, il y a longtemps que vous seriez transporté dans la cour de Saint-Joseph.

Quelle est donc cette quatrième découverte que vous avez faite? Les trois premières étaient la Beaumelle, Beloste et Belestat. Pourquoi ne pas dire le nom de ce dernier marquis? Ce serait le moyen de détruire tous les soupçons ; je n'y participe point, *je vous crois incapable de telles manœuvres*. Pourquoi voudriez-vous troubler la paix de votre ancien ami? Vous n'avez jamais été soupçonné de ruses ni d'artifices, vous n'avez dû être jaloux de la gloire de personne : enfin il est absurde de vous soupçonner. Nommez l'auteur, je vous le conseille, et que votre réponse soit de façon à ne laisser aucun doute [1].

Je vous prie de me dire si vous approuvez le mot *frais* pour exprimer une pensée neuve et naïve ; cette expression n'est chez vous nulle part. Qu'on introduise de nouveaux mots, à la bonne heure ; mais qu'on introduise des termes d'arts ou de sciences qui n'ont ni goût ni justesse, je les renvoie au *Dictionnaire néologique*.

Vous a-t-on envoyé les vers de l'abbé de Voisenon pour le roi de Danemark ? C'est un beau morceau, il a ses partisans. Le goût est perdu, parce qu'il n'y a plus de bons critiques ; chacun loue les ouvrages de son voisin, pour obtenir l'approbation des siens. De toutes les nouveautés, il n'y a qu'une petite comédie qui m'a fait plaisir, *le Philosophe sans le savoir*, elle est jouée à merveille, on y fond en larmes.

Adieu, je vais tâcher de dormir ; envoyez-moi de quoi m'en passer.

LETTRE 271.

MADAME LA MARQUISE DU DEFFAND A M. HORACE WALPOLE.

Paris, 15 décembre 1768.

Il me prend une si forte envie d'écrire, que je n'y puis résister. Je n'ai point reçu de lettres hier mercredi, je n'en recevrai peut-être point dimanche, celle-ci ne partira que lundi, mais qu'importe ?

Vous avez dû recevoir le *François II* [2] du président ; la préface m'en avait plu, j'ai voulu lire la pièce, le livre m'est tombé des mains. La curiosité m'a pris de relire votre Shakspeare ; je lus hier *Othello*, je viens de lire *Henri VI*. Je ne puis vous exprimer quel effet m'ont fait ces pièces ; elles ont fait à mon âme ce que le lilium [3] fait au corps, elles m'ont ressuscitée. Oh ! j'admire votre Shakspeare, il me ferait adopter tous ses défauts ; il me fait presque croire qu'il ne faut admettre aucune règle, que les règles sont les entraves du génie ; elles refroi-

---

[1] Voyez la lettre suivante. (L.)
[2] *François II*, tragédie historique du président Hénault. (A. N.)
   Drogue dont on se sert contre les évanouissements. (A. N.)

dissent, elles éteignent; j'aime mieux la licence, elle laisse aux passions toute leur brutalité, mais en même temps toute leur vérité. Que de différents caractères, que de mouvement, que de chaleur! Il y a bien des choses de mauvais goût, j'en conviens, et qu'on pourrait aisément retrancher; mais pour le manque des trois unités, loin d'en être choquée, je l'approuve; il en résulte de grandes beautés. Le contraste de Henri VI avec des héros et des scélérats m'a ravie; tout est animé, tout est en action. Ah! voilà une lecture qui me plaît et qui va m'occuper quelque temps. Si je me portais mieux, si j'avais plus de force, je vous rendrais plus vivement le plaisir qu'elles m'ont fait, mais je suis abattue par les insomnies.

Voici des vers où l'on fait parler Sa Majesté Danoise :

> Peuple frivole qui m'assommes
> De vers, de bals et d'opéras,
> Je suis ici pour voir des hommes;
> Rangez-vous, monsieur de Duras [1].

Voilà tout ce que j'ai à vous dire pour aujourd'hui.

Samedi 17:

Savez-vous que l'Idole a marié son fils [2] à mademoiselle des Alleurs [3]; la maréchale de Luxembourg a donné des boucles d'oreilles magnifiques : au repas du lendemain il y avait quatre-vingts personnes, mais pas un prince du sang, mais pas un seul; par dignité, par bienséance, etc., etc [4]. On est depuis mardi à Montmorency, on n'en reviendra que le 24; j'y suis fort invitée; mais je n'irai point. Je n'ai qu'à me louer de toutes leurs politesses; j'y ai répondu avec discrétion, et sous prétexte de ma santé, je n'ai pris nulle part à tout cela. Je crois

---

[1] « Les beaux esprits de ce pays-ci ont été scandalisés de n'avoir pas été
» fêtés autant qu'ils l'espéraient du roi de Danemark. A l'exception de quel-
» ques encyclopédistes qui lui ont été présentés, il paraît qu'aucun n'a été
» admis positivement auprès de ce monarque; et s'il n'avait été aux Acadé-
» mies le jour avant son départ, il partait sans connaître cette précieuse
» petite partie d'hommes choisis de la capitale. Ils attribuent une telle négli-
» gence à M. le duc de Duras, qui ne s'est pas prêté au goût du prince et a
» laissé couler le temps, sans le satisfaire à cet égard autant qu'il le désirait. »
(*Bachaumont.*) De là l'épigramme attribuée, selon le chroniqueur, au chevalier de Boufflers, selon d'autres à Barthe ou à Chamfort. (L.)

[2] Le frère aîné du chevalier de Boufflers. (A. N.)

[3] Fille de M. des Alleurs, qui avait été ambassadeur de France à Constantinople. (A. N.)

[4] Elle veut parler ici de l'absence du prince de Conti. (A. N.)

que je vais faire une connaissance qui me sera peut-être plus utile, M. Pomme[1] : mes insomnies deviennent trop fortes, j'observe depuis plusieurs jours le plus sévère régime, et je ne m'en trouve pas mieux.

J'ai interrompu Shakspeare pour une brochure de Voltaire qui a pour titre : *l'A B C*. Il y a seize dialogues, on m'en a lu quatre ce matin, et je n'en lirai pas davantage ; il n'y a rien de plus ennuyeux ; je suis très-fâchée de le lui avoir demandé. Depuis quelque temps il m'envoie ses petits ouvrages. Il y en a par-ci par-là d'agréables ; le plus joli de tous est la fable du Marseillais. Je ne puis parvenir à voir le discours de d'Alembert[2] au roi danois ; il est, dit-on, de la dernière insolence. On ne parle plus de ce petit roi ; nous avons d'autres sujets de conversation ; ils sont plus sérieux, mais c'est de quoi je ne vous parlerai pas. Si vous étiez ici, vous vous en occuperiez, j'en suis sûre ; mais votre maudite goutte a dérangé tous vos pro-

---

[1] Médecin qui était alors en vogue. (A. N.) — Pierre Pomme, né en 1735 à Arles, où il est mort en 1812. Il se fit une fructueuse spécialité du traitement de cette maladie caractéristique des jolies femmes du siècle prodigue : les *vapeurs*. (L.)

[2] A la séance de l'Académie française, à laquelle se trouva le roi de Danemark. Le discours de d'Alembert, dont parle ici madame du Deffand, ne mérite point les reproches qu'elle lui adresse sur parole ; nous l'avons lu et relu, et nous n'avons pu découvrir comment ce discours a pu mériter le reproche d'être insolent, à moins que ce ne soit à l'occasion du passage suivant :

Après avoir cité quelques-uns des souverains qui assistèrent à des séances académiques, l'orateur ajoute : « Qu'il est flatteur pour nous de joindre aujourd'hui à ces noms respectables, celui d'un prince qui, après avoir montré à la nation française les qualités aimables auxquelles elle met tant de prix, prouve qu'il sait mettre lui-même un prix plus réel à la raison et aux lumières ! Il donne cette leçon par son exemple, non-seulement à ceux qui, placés comme lui de bonne heure sur le trône, n'en connaîtraient pas aussi bien que lui les besoins et les devoirs, mais à ceux même qui, placés moins haut, auraient le malheur de regarder l'ignorance et le mépris des talents comme l'apanage de la naissance et des dignités. »

Les souverains qui ont assisté aux séances de l'Académie française sont Pierre le Grand, lors de son voyage à Paris ; Louis XV, dans sa première jeunesse ; le roi de Danemark, dont il est ici question ; Paul Ier, quand il voyagea en France sous le nom de comte du Nord, et le roi de Prusse actuel quand il vint à Paris pendant le congrès d'Aix-la-Chapelle (1827). (A. N.) C'est à l'Académie des sciences que d'Alembert fit son discours. Il avait pris pour texte : *L'influence et l'utilité réciproques de la philosophie envers les princes et des princes envers la philosophie*. On eût pu lui dire : « Vous êtes philosophe, monsieur d'Alembert. » (L.)

jets, a détruit tous mes châteaux. Le président traîne toujours sa déplorable vie ; je passe presque toutes les soirées chez lui, excepté quand la grand'maman est à Paris ; il y a longtemps qu'elle n'y est venue, et elle n'y reviendra pas de si tôt ; mais peut-être par la suite passerai-je bien du temps avec elle.

Dimanche 18.

Je vis hier le grand abbé qui arrivait de Versailles. La grand'maman ne se porte point bien, elle a des indigestions, des maux d'estomac, de la toux, des insomnies, elle maigrit. On dit que son esprit est tranquille, je le souhaite, mais j'en doute ; elle ne viendra pas ici de longtemps ; le roi ne quittera Versailles que le 27, qu'il ira passer deux jours à Bellevue pour faire détendre et tendre son appartement[1]. On prédit plusieurs événements pour le commencement de l'année ; mais je ne saurais croire à ces prophéties, cependant je ne laisse pas de les craindre[2].

Je fus hier priée à souper chez milady Pembroke, avec tous les Anglais ; car il y en a qui ne me renient pas, mais je n'y fus point ; j'étais priée chez madame de Mirepoix. J'y fis un souper fort agréable ; de la conversation, de la gaieté ; nous n'étions pas tous fils de ducs et pairs (comme disait M. de Bezons) ; mais nous n'en étions pas moins tous gens de bonne compagnie. Ces sortes de soupers sont fort rares, et ce n'est ordinairement que chez la grand'maman que l'on en fait de semblables ; chez le président, chez moi et partout ailleurs, ils sont déplorables.

J'ai lu ce matin *Richard III*[3]. O l'effroyable bossu ! Comment vous est-il venu l'idée de le justifier ? Quand il aurait été un peu moins laid et un peu moins scélérat, c'était toujours un monstre ; il faut avoir un grand amour pour la vérité, pour se plaire à faire des recherches sur un tel personnage. Mais, comme dit Fontenelle, il y a des hochets pour tout âge, et il y en a de tout genre ; je n'en trouve point pour moi, il n'y a presque plus rien qui m'amuse ni qui m'intéresse. Le premier dialogue de *l'A B C*[4], de Voltaire, est le moins ennuyeux

---

[1] Qui avait été tendu de noir à la mort de la reine. (A. N.)

[2] Elle entend parler de la disgrâce du duc de Choiseul, par le pouvoir croissant de madame du Barry, du duc d'Aiguillon et du chancelier Maupeou, qui en firent leur instrument. (A. N.)

[3] *Richard III*, tragédie de Shakspeare. (A. N.)

[4] Voici comment Grimm parle, dans sa *Correspondance*, de *l'A B C*

des quatre que j'ai lus : c'est un parallèle de Grotius, de Hobbes et de Montesquieu. Il conclut que Grotius était un savant, Hobbes un philosophe, Montesquieu un bel esprit ; il rabaisse autant qu'il peut celui-ci. Dans la dernière lettre qu'il m'a écrite, il me parle encore de cette brochure contre le président ; il me dit qu'il ne fait que d'apprendre qui en est l'auteur, et il ne me le nomme point. Précédemment il l'avait attribuée à trois autres, d'abord à la Beaumelle, ensuite à un M. Beloste, et puis au marquis de Belestat ; aujourd'hui ce n'est plus aucun des trois, c'en est un autre. Il a fait un tour d'écolier. M. de Choiseul a reçu une lettre de lui qu'il écrivait à sa nièce, où il lui raconte l'inquiétude qu'il a d'être mal avec M. de Choiseul pour avoir écrit contre la Bletterie ; il lui dit les raisons qui l'y ont engagé, et la méprise de la suscription prouvera à M. de Choiseul la vérité de tout ce qu'il dit, parce qu'il est bien clair qu'il ne comptait pas que le ministre vît jamais cette lettre. Ne voilà-t-il pas un tour bien ingénieux et bien neuf ? Voici une épigramme que l'on croit être de Dorat, contre qui Voltaire en avait fait une que je vous ai envoyée [1] :

(février 1769) : « Sur la fin de l'année dernière, le patriarche de Ferney nous fit présent de l'*A B C*, traduit de l'anglais de M. Huet. Dans cet *A B C*, qui consiste en plusieurs dialogues entre madame A, madame B et M. C, on fait au président de Montesquieu son procès sur plusieurs chefs d'accusation. Je crois avoir déjà remarqué que plusieurs reproches faits à cet illustre philosophe ne sont peut-être pas sans fondement ; mais qu'il faut être assez juste, lorsqu'on juge à toute rigueur, pour dire le bien comme le mal. Tout le mal qu'on dit dans l'*A B C* de l'*Esprit des lois* est peut-être très-fondé ; peut-être pourrait-on en dire davantage sans blesser la vérité ; mais il n'est pas moins vrai que ce livre a produit une révolution dans les têtes, non-seulement en France, mais même en Europe, et que tous les souverains à qui leur mérite permet d'aspirer à la véritable gloire, ont fait de ce livre leur bréviaire. Tout livre qui fait penser est un grand livre. »

Saurin fit quelques représentations à Voltaire sur l'acrimonie de ses critiques, mais Voltaire ne pardonnait pas à Montesquieu d'avoir tympanisé les poëtes dans ses *Lettres persanes*, et surtout il ne pouvait l'absoudre d'avoir produit, *lui régnant*, le plus bel ouvrage de philosophie politique qui existât alors et qui existe aujourd'hui. (A. N.)

[1] *Épigramme sur les œuvres de M. Dorat* :
    Bon Dieu ! que cet auteur est triste en sa gaité !
    Bon Dieu ! qu'il est pesant dans sa légèreté !
    Que ses petits écrits ont de longues préfaces !
    Ses fleurs sont des pavots, ses ris sont des grimaces.
    Que l'encens qu'il prodigue est plat et sans odeur !
    C'est, si je veux bien croire, un heureux petit-maître ;
    Mais si j'en crois ses vers, ah ! qu'il est triste d'être
        Ou sa maîtresse ou son lecteur ! (L.)

Bon Dieu! que cet auteur est jeune à soixante ans!
Bon Dieu! quand il sourit comme il grince les dents!
Que ce vieil Apollon a bien l'air d'un satyre!
Sa rage est éternelle et son génie expire.
Ah! qu'il fait de beaux vers! qu'il montre un mauvais cœur!
Qu'il craint peu le mépris, pourvu qu'on le renomme!
  Que j'admire ce grand auteur!
  Et que je plains ce petit homme!

LETTRE 272.

M. DE VOLTAIRE A MADAME LA MARQUISE DU DEFFAND.

26 décembre 1768.

Ce n'est pas assurément, madame, une lettre de bonne année que je vous écris, car tous les jours m'ont paru fort égaux, et il n'y en a point où je ne vous sois très-tendrement attaché.

Je vous écris pour vous dire que votre petite mère ou grand'-mère, je ne sais comment vous l'appelez, a écrit à son protégé Dupuits une lettre où elle met, sans y songer, tout l'esprit et les grâces que vous lui connaissez. Elle prétend qu'elle est disgraciée à ma cour, parce que je ne lui ai envoyé que le *Marseillais et le Lion* de Saint-Didier, et qu'elle n'a point eu *les Trois Empereurs* de l'abbé Caille; mais je n'ai pas osé lui envoyer par la poste ces trois têtes couronnées, à cause des notes qui sont un peu insolentes; et de plus il m'a paru que vous aimiez mieux le *Marseillais et le Lion;* c'est pourquoi elle n'a eu que ces deux animaux. Il y a pourtant un vers dans *les Trois Empereurs* qui est le meilleur que l'abbé Caille fera de sa vie. C'est quand Trajan dit aux chats fourrés de Sorbonne.

 Dieu n'est ni si méchant ni si sot que vous dites.

Quand un homme comme Trajan prononce une telle maxime, elle doit faire un très-grand effet sur les cœurs honnêtes.

Votre petite mère ou grand'mère a un cœur généreux et compatissant: elle daigne proposer la paix entre la Bletterie et moi. Je demande pour premier article, qu'il me permette de vivre encore deux ans, attendu que je n'en ai que soixante et quinze; et que pendant ces deux années il me soit loisible de faire une épigramme contre lui tous les six mois; pour lui, il mourra quand il voudra.

Saviez-vous qu'il a outragé le président Hénault autant que moi? Tout ceci est la guerre des vieillards. Voici comme cet

apostat janséniste s'exprime, p. 235, t. II : « En revanche,
» fixer l'époque des plus petits faits avec exactitude, c'est le
» sublime de plusieurs prétendus historiens modernes ; cela
» leur tient lieu de génie et de talent historique. »

Je vous demande, madame, si on peut désigner plus clairement votre ami? Ne devait-il pas l'excepter de cette censure aussi générale qu'injuste? Ne devait-il pas faire comme moi, qui n'ai perdu aucune occasion de rendre justice à M. Hénault, et qui l'ai cité trois fois dans le *Siècle de Louis XIV* avec les plus grands éloges?. Par quelle rage ce traducteur pincé du nerveux Tacite outrage-t-il le président Hénault, Marmontel, un avocat, Linguet et moi, dans des notes sur Tibère? Qu'avons-nous à démêler avec Tibère? Quelle pitié ! et pourquoi votre petite mère n'avoue-t-elle pas tout net que l'abbé de la Bletterie est un malavisé !

Et vous, madame, il faut que je vous gronde. Pourquoi haïssez-vous les philosophes, quand vous pensez comme eux? Vous devriez être leur reine, et vous vous faites leur ennemie ! Il y en a un dont vous avez été mécontente, mais faut-il que le corps en souffre? Est-ce à vous de décrier vos sujets?

Permettez-moi de vous faire cette remontrance en qualité de votre avocat général. Tout notre Parlement sera à vos genoux quand vous voudrez ; mais ne le foulez pas aux pieds, quand il s'y jette de bonne grâce.

Votre petite mère et vous, vous me demandez l'*A B C* ; je vous proteste à toutes deux, et à l'archevêque de Paris et au syndic de la Sorbonne, que l'*A B C* est un ouvrage anglais composé par un M. Huet, très-connu, traduit il y a dix ans, imprimé en 1762; que c'est un *rost beaf* anglais, très-difficile à digérer par beaucoup de petits estomacs de Paris. Et sérieusement je serais au désespoir qu'on me soupçonnât d'avoir été le traducteur de ce livre hardi dans mon jeune âge, car en 1762 je n'avais que soixante-neuf ans. Vous n'aurez jamais cette infamie, qu'à condition que vous rendrez partout justice à mon innocence, qui sera furieusement attaquée par les méchants jusqu'à mon dernier jour. Au reste, il y a depuis longtemps un déluge de pareils livres. La *Théologie portative*, pleine d'excellentes plaisanteries et d'assez mauvaises : *l'Imposture sacerdotale*, traduite de Gordon; *la Riforma d'Italia*, ouvrage trop déclamatoire qui n'est pas encore traduit, mais qui sonne le tocsin contre tous les moines ; *les Droits des hommes et les usurpations des papes; le Chritianisme dévoilé*, par feu Damilaville ; *le Militaire philosophe*, de Saint-Hyacinthe : livres tous pleins de raisonnement, et capables d'ennuyer une tête qui ne voudrait que s'amuser. Enfin, il y a cent mains invisibles qui lancent des flèches contre la superstition.

Je souhaite passionnément que leurs traits ne se méprennent point, et ne détruisent point la religion, que je respecte infiniment et que je pratique.

Un de mes articles de foi, madame, est de croire que vous avez un esprit supérieur. Ma charité consiste à vous aimer, quand même vous ne m'aimeriez plus. Mais malheureusement je n'ai pas l'espérance de vous revoir.

LETTRE 273.

MADAME LA MARQUISE DU DEFFAND A M. DE VOLTAIRE.

5 janvier 1769.

Ah! vraiment, vraiment, monsieur, vous vous feriez de belles affaires avec votre livrée, s'ils avaient connaissance de votre dernière lettre ; ce sont bien des gens comme eux qui s'embarrassent de ce que pensent et disent des gens comme moi! Si j'entrais en justification avec eux, ils me diraient comme le bœuf au ciron, dans les fables de la Motte : *Eh! l'ami, qui te savait là ?*

Vos philosophes, ou plutôt soi-disant philosophes, sont de froids personnages : fastueux sans être riches, téméraires sans être braves, prêchant l'égalité par esprit de domination, se croyant les premiers hommes du monde, de penser ce que pensent tous les gens qui pensent ; orgueilleux, haineux, vindicatifs ; ils feraient haïr la philosophie.

Est-il possible que votre rancune contre la Bletterie (qui sans doute n'avait pas pensé à vous) ne cède point au désir de plaire et d'obliger ma grand'maman? Ah! monsieur, si vous la connaissiez, vous ne pourriez lui résister : l'esprit, la raison, la bonté, les grâces, tout en elle est au même degré ; elle est à la tête de ceux de qui le goût n'est point perverti, et qui, sentant tout votre mérite, se rendent difficiles sur celui des autres.

Certainement vous vous trompez, monsieur ; la Bletterie n'a point eu en vue le président dans la phrase que vous me citez, personne ne lui en a fait l'application. La Bletterie parle des historiens, et le président n'a prétendu faire qu'une chronologie. Mais en supposant que la Bletterie ou d'autres voulussent attaquer le président, ils n'y réussiraient pas ; son livre a eu trop de succès pour que la critique de quelques particuliers puisse lui paraître fondée ; il en attribuerait la cause à une basse jalousie, il la mépriserait, et il aurait raison. Point de guerre entre les vieillards ; vous y auriez trop d'avantage, vos écrits n'ont que vingt-cinq ans.

Je consentirais volontiers à dire, à publier que vous n'êtes ni l'auteur ni le traducteur de l'*A B C* et de toutes les autres brochures ; mais me croira-t-on? Ne m'en rendez pas caution, je vous prie ; on s'en rapportera au style, et il est difficile de s'y méprendre. Mais, monsieur, envoyez toujours à la grand'-maman tout ce qui tombera entre vos mains, et qu'il y ait, je vous supplie, deux exemplaires.

Non, non; n'ayez pas peur, rien n'altérera l'opinion que j'ai de votre religion et de votre piété. Je vous fais mettre en pratique les vertus théologales ; mais je ne voudrais pas devoir à la charité l'amitié dont vous m'assurez.

Adieu, mon bon et ancien ami ; je n'exerce aucune vertu en vous aimant et en croyant en vous. Ah! pourquoi ne puis-je avoir l'espérance de vous revoir?

LETTRE 274.

M. DE VOLTAIRE A MADAME LA MARQUISE DU DEFFAND.

6 janvier 1769.

Madame, voilà encore un thème ; j'écris donc. Par une lettre d'un mercredi, c'est-à-dire il y a huit jours, vous me demandez le commencement de l'Alphabet ; mais savez-vous bien qu'il sera brûlé, et peut-être l'auteur aussi? Le traducteur est un la Bastide de Chiniac, avocat de son métier. Il sera brûlé, vous dis-je, comme Chausson[1].

C'est avec une peine extrême que je fais venir ces abominations de Hollande. Vous voulez que je fasse un gros paquet à votre petite mère ou grand'mère ; vous ne dites point si elle paye des ports de lettre, et s'il faut adresser le paquet sous l'enveloppe de son mari, qui ne sera point du tout content de l'ouvrage ; l'*A B C* est trop l'éloge du gouvernement anglais.

[1] Brûlé pour crime de sodomie. (L.)

On sait combien je hais la liberté, et que je suis incapable d'en avoir fait le fondement des droits des hommes ; mais si j'envoie cet ouvrage, on pourra m'en croire l'auteur; il ne faut qu'un mot pour me perdre.

Voyez, madame, si on peut s'adresser directement à votre petite mère; et si elle répond qu'il n'y a nul danger, alors on vous en dépêchera tant que vous voudrez.

Je puis vous faire tenir directement par la poste de Lyon, à très-peu de frais, *les Droits des uns et les usurpations des autres;* *l'Épître aux Romains.*

Si vous n'avez pas l'*Examen important* de milord Bolingbroke, on vous le fera tenir par votre grand'mère.

On n'a pas un seul exemplaire du *Supplément*, elle le demande comme vous. Il faut qu'elle fasse écrire par Corbi à Marc-Michel Rey, libraire d'Amsterdam, et qu'elle lui ordonne d'en envoyer deux par la poste.

Vous me parlez d'un buste, madame; comment avez-vous pu penser que je fusse assez impertinent pour me faire dresser un buste? Cela est bon pour Jean-Jacques, qui imprime ingénument que l'Europe lui doit une statue.

Pour les deux *Siècles*, dont l'un est celui du goût et l'autre celui du dégoût, le libraire a ordre de vous les présenter, et doit s'être acquitté de son devoir. Madame de Luxembourg y verra une belle réponse du maréchal de Luxembourg quand on l'interrogea à la Bastille. C'est une anecdote dont elle est sans doute instruite.

Le procès de cet infortuné Lally est quelque chose de bien extraordinaire; mais vous n'aimez l'histoire que très-médiocrement. Vous ne vous souciez pas de la Bourdonnais, enfermé trois ans à la Bastille, pour avoir pris Madras; mais vous souciez-vous des cabales affreuses qu'on fait contre le mari de votre grand-mère? Je l'aimerai, je le respecterai, je le vanterai, fût-il traité comme la Bourdonnais. Il a une grande âme avec beaucoup d'esprit; s'il lui arrive le moindre malheur, je le mettrai aux nues. Je n'y mets point tout le monde, il s'en faut beaucoup.

Adieu, madame, quand vous me donnerez des thèmes, je vous dirai toujours ce que j'ai sur le cœur. Comptez que ce cœur est plein de vous.

LETTRE 275.

MADAME LA MARQUISE DU DEFFAND A M. HORACE WALPOLE.

Paris, 14 janvier 1769.

Je veux moûrir si j'ai jamais l'intention de vous gronder et de vous picoter; mon estime pour vous va jusqu'au respect et même à la crainte; mais j'ai souvent des accès de haine pour moi-même, de tristesse, de repentir, de remords; je me crois insupportable à tout le monde, et qu'on me trouve aussi haïssable que je le suis. Dans ces moments, malheur à vous et à la grand'maman, quand il me prend envie de vous écrire! ce n'est que vous deux qui avez le privilége exclusif de supporter ma tristesse; mais la grand'maman est plus patiente que vous, elle me réconcilie avec moi-même; une soirée passée avec elle me donne du courage pour plusieurs jours. Mais gare l'arrivée de la poste!

Ah! pourquoi, me direz-vous, étant aussi craintive, n'évitez-vous pas toutes querelles et toutes noises? Hélas! hélas! dans le temps qu'on fait mal, on ne s'aperçoit pas qu'on a tort; et puis on a des repentirs, des remords; en huit jours de temps on vieillit de dix ans, on avance à pas de géant au bout de sa carrière; on meurt, personne ne vous regrette; ainsi finit l'histoire. Ceci est l'histoire particulière. L'histoire générale est tout autre chose; elle ne consiste actuellement qu'en conjectures. On prétend que demain est le grand jour, jour où une toilette décidera peut-être du destin de l'Europe, de la destinée des ministres, etc.[1]. Il y a des paris; le petit nombre est pour la robe de chambre, je suis de ceux-là. Le grand nombre est pour le grand habit; on s'appuie sur le témoignage des tailleurs, des couturières, des maîtres à danser. Ce sont bien en effet des prophètes qu'on peut croire. Tout cela dépend d'un degré de chaleur, et ce degré est, dit-on, au plus haut; on n'aime plus le jeu ni la chasse, les dames des soupers sont négligées, les courtisans désœuvrés, ils ne sont point encore admis dans les

---

[1] La présentation de madame du Barry à la cour de Louis XV. Cet événement eut lieu à la fin d'avril suivant. Dans une lettre du 3 mai, madame du Deffand dit : « Enfin, ce qu'on craignait tant est arrivé. Je ne sais quelle en sera la suite. Madame du Barry est à Marly; elle va tous les soirs au salon avec madame du Béar : dans peu on n'en parlera plus. » Madame du Deffand se trompait, comme madame de Sévigné s'était trompée pour le café. Madame du Barry devint toute-puissante et le café est immortel. (L.)

sacrés mystères, ils ont le ton frondeur; ils en changeront bien vite, si la toilette change. Mes grands parents [1] n'ont pas l'air d'être inquiets, leur gaieté se soutient; mais mon étoile leur portera malheur. Leur intention actuelle est de me donner des preuves solides de leur amitié; c'est un symptôme de chute et de disgrâce. S'il leur arrive malheur, j'en serai fâchée, parce que je les aime; mais par rapport à moi, je ne m'en soucierai guère, j'en vivrai davantage avec eux; et qu'est-ce que peut procurer la fortune de mieux que de vivre avec les gens qu'on aime?

Je suppose que vous êtes au fait de la divinité en question; c'est une nymphe tirée des plus fameux monastères de Cythère et de Paphos. Non, non, je ne puis croire tout ce que l'on prévoit; on peut surmonter les plus grands obstacles, et être arrêté par la honte; on brave les plus grands dangers, et on est arrêté par les bienséances; enfin nous verrons. Je vous écrirai lundi: j'ai perdu ou j'ai gagné. J'ai perdu, vous apprendra la présentation; j'ai gagné, qu'elle n'est point faite. Mais cela n'assurera pas qu'elle ne le soit pas par la suite.

Cette lettre-ci vous sera rendue par milord Fitz-William [2], j'attendrai quelque autre occasion pour vous apprendre la suite de tout ceci.

Ne me grondez plus, mon ami, je vous en conjure, ne m'appelez plus *Madame*, c'est une punition qui m'est odieuse, c'est pour moi ce qu'est le fouet pour les enfants. Vous êtes un précepteur trop sévère, vous êtes intolérant.

Je ne sais pas pourquoi je m'obstine à me soucier de vous. Adieu. Le président est toujours dans le même état.

LETTRE 276.

MADAME LA MARQUISE DU DEFFAND A M. DE VOLTAIRE.

Paris, 20 janvier 1769.

J'ai tant de choses à vous dire, que je ne sais par où commencer; allons, suivons l'ordre chronologique, et commençons par ce qui regarde la *Chronologie* du président, dont vous

---

[1] Le duc et la duchesse de Choiseul. (A. N.)

[2] Le comte de Fitz-William actuel, pair d'Angleterre; il quitta les bancs de l'opposition ainsi que Burke au commencement de la révolution. Son fils, lord Milton, est membre de la chambre basse (1827). (A. N.)

m'avez parlé dans votre dernière lettre. Ce n'est point M. de Belestat qui en a fait la critique; ce n'est point lui qui a écrit la lettre que vous m'avez envoyée; et qui donc? C'est la Beaumelle. M. de Belestat et lui sont en communauté de biens; la Beaumelle fait passer sous son nom tout ce qu'il veut, il se tient *visiblement caché* derrière lui, et le Belestat se flatte de passer pour l'auteur, et se persuade peut-être à la fin qu'il l'est en effet. Si vous ne le connaissez que par ses lettres, et si vous ne l'avez jamais vu, vous êtes excusable de vous y tromper; mais tous ceux qui le connaissent s'accordent tous à dire que c'est un bœuf, et en même temps un petit-maître, plein de toutes sortes de prétentions. On avait déjà écrit ici du Languedoc qu'il se donnait pour l'auteur de cette brochure; mais il a beau faire et beau dire, on ne le croira pas.

Ne vous figurez pas, monsieur, que le président vous ait soupçonné. Ni lui ni moi n'avons eu cette pensée, et si quelqu'un a dit l'avoir, il en faisait semblant; mais je suis bien aise d'avoir cette lettre; il n'est plus permis actuellement d'insinuer le moindre soupçon sur vous. Le pauvre président n'est plus en état de s'intéresser à rien; sa santé n'est pas mauvaise, mais sa tête ne va pas bien; ne lui écrivez plus sur ce sujet, je vous le demande en grâce.

La grand'maman a reçu une lettre charmante de M. Guillemet, typographe en la ville de Lyon; il lui envoie deux exemplaires de l'*A B C*. Ah! cet homme est aussi aimable que vous, et bien obligeant; il m'aurait envoyé un exemplaire du *Siècle de Louis XIV et de Louis XV*, s'il y avait pensé; j'espère qu'à l'avenir il ne nous laissera manquer de rien. Oh! je n'ai garde, monsieur, de vous croire l'auteur de l'*A B C*; rien ne vous ressemble moins; mais je vous avouerai naturellement que vous n'avez rien écrit qui vaille mieux. Si vous avez à être jaloux, soyez-le de M. Huet, il n'y a que lui qu'on puisse vous préférer. J'approuve le jugement qu'il porte de Montesquieu; il révolte plusieurs personnes; mais l'extrême admiration qu'on a pour ce bel esprit ressemble assez à la vénération qu'on a pour les choses sacrées, qu'on respecte d'autant plus que l'on ne les comprend pas. Il y a un petit in-douze, dont le titre est : *Génie de Montesquieu*. Il y a quelques traits brillants, transcendants, mais quantité d'autres infiniment obscurs, inintelligibles, des lieux communs, des pensées fausses. Jamais, jamais je ne souffrirai patiemment qu'on mette en parallèle

M. de Montesquieu avec MM. Huet et Guillemet. La grand'-
maman est bien de cet avis; vous l'adoreriez, si vous la connaissiez, cette grand'maman. Vous êtes bien souvent le sujet de
nos conversations; elle voudrait que vous abandonnassiez la
Bletterie; mais elle ne peut s'empêcher de rire de tout ce qu'il
vous fournit de plaisant.

Je vous fais ma confession, sa traduction m'a fait plaisir;
j'aimerais mieux sans doute qu'elle fût plus énergique, mais je
hais si fort le style ampoulé, boursouflé, et pour dire en un
mot, le style académique, que ce qui n'est qu'un peu plat ne
me choque pas beaucoup. Je voudrais, monsieur, que vous
jugeassiez par vous-même de ce qu'est devenu le goût d'aujour-
d'hui, et quelles choses on admire. Les vers de l'abbé de Voisenon au roi de Danemark, l'épigramme de Saurin sur vous,
cela ne vous a-t-il pas paru bien bon? Les oraisons funèbres,
les discours de l'Académie, comment tout cela vous paraît-il?
Vous ne les lisez point, et vous faites bien; pour moi, je ne sais
plus ce que je pourrais lire; hors vous, et les auteurs du siècle
passé, tout m'ennuie à la mort. Je me recommande à vous,
mon cher et ancien ami; vous êtes en vérité mon unique ressource.

LETTRE 277.

M. DE VOLTAIRE A MADAME LA MARQUISE DU DEFFAND.

20 janvier 1769.

Je vous avais bien dit, madame, que j'écrivais quand j'avais
des thèmes. J'ai hasardé d'envoyer à votre grand'maman ce que
vous demandiez; cela lui a été adressé par la poste de Lyon,
sous l'enveloppe de son mari. Vous n'avez jamais voulu me
dire si messieurs de la poste faisaient à votre grand'maman la
galanterie d'affranchir ses ports de lettres. Il y a longtemps
que je sais que les femmes ne sont pas infiniment exactes en
affaires.

Vous ne me paraissez pas profonde en théologie, quoique
vous soyez sœur d'un trésorier de la Sainte-Chapelle. Vous me
dites que vous ne voulez pas être aimée par charité. Vous ne
savez donc pas, madame, que ce grand mot signifie originaire-
ment *amour* en latin et en grec? c'est de là que vient *mon
cher*, *ma chère*. Les barbares Welches ont avili cette expres-

sion divine; et de *charitas* ils ont fait le terme infâme qui, parmi nous, signifie l'*aumône*.

Vous n'avez point pour les philosophes cette charité qui veut dire le tendre amour : mais en vérité, il y en a qui méritent qu'on les aime. La mort vient de me priver d'un vrai philosophe, dans le goût de M. de Formont : je vous réponds que vous l'auriez aimé de tout votre cœur.

Il est plaisant que vous vous donniez le droit de haïr tous ces messieurs, et que vous ne vouliez pas que j'aie la même passion pour la Bletterie. Vous voulez donc avoir le privilége exclusif de la haine? Eh bien, madame, je vous avertis que je ne hais plus la Bletterie, que je lui pardonne, et que vous aurez le plaisir de haïr toute seule.

Vous ne m'avez rien répondu sur l'étrange lettre du marquis de Belestat : je lui sais gré de m'avoir justifié; sans cela, tous ceux qui lisent ces petits ouvrages m'auraient imputé le compliment fait au président Hénault. Vous voyez comme on est juste.

Je m'applaudis tous les jours de m'être retiré à la campagne depuis quinze ans. Si j'étais à Paris, les tracasseries me poursuivraient deux fois par jour. Heureux qui jouit agréablement du monde! plus heureux qui s'en moque et qui le fuit! Il y a, je l'avoue, un grand mal dans cette privation; c'est qu'en quittant le monde, je vous ai quittée; je ne peux m'en consoler que par vos bontés et par vos lettres. Dès que vous me donnerez des thèmes, soyez sûre que vous entendrez parler de moi, que je suis à vos ordres, et que je vous enverrai tous les rogatons qui me tomberont sous la main. Mille tendres respects.

LETTRE 278.

MADAME LA MARQUISE DU DEFFAND A M. HORACE WALPOLE.

Dimanche, 29 janvier 1769.

Que répondre à votre lettre? rien du tout; c'est le parti que je prends pour celle-ci et pour toutes les autres; je n'ai point de promesse à vous faire, mais je m'en fais à moi-même et j'y serai fidèle.

Ce que je craignais pour mercredi n'est point arrivé[1], mais le glaive est toujours suspendu; je crains que cette année-ci ne soit fort orageuse. Je vous manderai par monsieur votre cousin

---

[1] La présentation de madame du Barry. (A. N.)

ce que je croirai qui en vaudra la peine ; il envoie un courrier tous les quinze jours, et dit que cette voie est sûre.

Lundi.

Hier, après que je vous eus écrit ce que vous venez de lire, quelqu'un me vint dire que la présentation se devait faire sur les six ou sept heures du soir ; je ne voulus point faire fermer ma lettre, pour pouvoir vous mander ce grand événement. Nous sûmes le soir qu'il n'était point arrivé ; j'avais chez moi les dames d'Aiguillon et de Forcalquier, radieuses comme des soleils, mais jetant des rayons différents ; ceux de la première étaient brillants, ceux de la seconde moins lumineux, mais réfléchis. Ce sont deux dames bien contentes [1], cependant je persiste à croire leur triomphe douteux. La grosse me dit que M. de la Vauguyon avait été chargé par le roi d'informer Mesdames [2], et que madame du Barry avait été chez leurs dames d'honneur (c'est le protocole). On a nommé plusieurs dames qui devaient la présenter, mais cela ne s'est point vérifié, et l'on prétend aujourd'hui que ce sera le premier gentilhomme de la chambre qui la présentera au roi et chez Mesdames, et fera les honneurs. Voilà ce qui fut dit hier au soir ; ce matin j'ai reçu un billet du grand abbé [3] qui m'avertissait d'aller souper ce soir chez la grand'maman, qui partirait peut-être demain matin pour aller à Tugny, chez son petit oncle [4]. J'étais doublement désespérée ; premièrement, parce que je craignais que la présentation ne fût faite, ce qui n'était pas impossible, parce qu'elle aurait pu l'être à neuf heures du soir ; ou qu'il ne fût absolument décidé qu'elle se ferait aujourd'hui ; secondement, de ce que j'étais dans l'impossibilité d'aller souper chez la grand'maman, étant engagée chez milord Carlisle, qui n'avait invité que les personnes que je lui avais nommées, dont la belle comtesse de Forcalquier était. J'avais écrit à l'abbé mon désespoir, mais que j'arriverais malade chez le milord, que je sortirais de très-bonne heure, et que je me ren-

---

[1] La duchesse douairière d'Aiguillon était mère du duc d'Aiguillon, qui, en protégeant et en poussant madame du Barry, parvint enfin à faire sortir le duc de Choiseul du ministère, et à se mettre à sa place. (A. N.)

Madame de Forcalquier se rangea du parti opposé au duc de Choiseul. (A. N.)

[2] Les filles de Louis XV. (A. N.)

[3] L'abbé Barthélemy. (A. N.)

[4] Le comte de Thiers. (A. N.)

drais chez la grand'maman. Un instant après, autre billet de l'abbé, par lequel il m'apprenait que la grand'maman ne venait point à Paris aujourd'hui et qu'elle pourrait bien n'y venir que jeudi.

Mardi 31, à midi.

La journée d'hier n'a rien produit de nouveau; j'ai appris seulement quelques circonstances du dimanche; c'est en effet M. de la Vauguyon qui fut apprendre à Mesdames la présentation. Madame [1] lui demanda si c'était de la part du roi qu'il lui annonçait cette nouvelle : Non, dit-il, c'est M. de Richelieu qui m'a chargé de le dire à Votre Altesse Royale. Madame lui tourna le dos et le congédia. On est persuadée que ce qui a empêché la présentation, dimanche, a été la foule prodigieuse de monde, et qu'elle se fera en coup fourré; mais enfin elle n'est pas encore faite. La grand'maman vient ce soir à Paris; je souperai avec elle chez la petite Choiseul-Betz, et ce sera demain que je pourrai vous mander de vraies nouvelles.

Samedi dernier, qui a été le dernier jour où les dames soupèrent dans les cabinets, le roi dit à la maréchale de Mirepoix : Je vous prie de venir souper avec moi mercredi. Il ne dit rien à mesdames de Choiseul et de Gramont, il les reconduisit quand elles sortirent et leur dit : *Mesdames, vous voyez que je vous reconduis bien loin.* Ce souper de mercredi devient fort curieux. Ces deux dames reconduites seront-elles invitées? Mesdames de Château-Renaud et de Flavacourt sont toutes les deux malades, et dans leur lit; madame de Beauvau vient de perdre sa belle-mère, madame la duchesse de Saint-Pierre; elle sera trois semaines sans pouvoir aller à la cour; madame de Mirepoix soupera-t-elle seule de femme, ou trouvera-t-elle madame du Barry présentée, et l'aura-t-elle pour compagnie? Sa position est embarrassante, nous verrons comment elle s'en tirera. C'est M. de Richelieu qui est d'année, ce sera lui qui présentera madame du Barry. Tout ceci ne serait que des misères s'il n'y avait pas une terrible suite à craindre; je ne sais pas si la grand'maman ne partira pas demain pour Tugny, c'est le prélude de tous les chagrins que je prévois.

Votre cousin [2], avec qui je soupai hier chez milord Carlisle, me dit qu'il aurait une occasion sûre pour vous faire tenir cette

---

[1] Madame Adélaïde, fille de Louis XV, non mariée. (A. N.)

[2] M. Robert Walpole était alors secrétaire d'ambassade à la mission de lord Rochford. (A. N.)

lettre; j'en suis bien aise, parce qu'elle ne partirait de longtemps s'il fallait attendre son courrier.

Peut-être tous ces détails vous intéressent fort peu : si cela est, vous me le direz. J'attends les nouvelles de M. Wilkes[1], mais je crois qu'elles n'arriveront que dimanche.

LETTRE 279.

M. DE VOLTAIRE A MADAME LA MARQUISE DU DEFFAND.

3 février 1769.

Voici le temps, madame, où vous devez avoir pour moi plus de bontés que jamais. Vous savez que je suis aveugle comme vous dès qu'il y a de la neige sur la terre, et j'ai pardessus vous les souffrances. Le meilleur des mondes possible est étrangement fait. Il est vrai qu'en été je suis plus heureux que vous, et je vous en demande pardon, car cela n'est pas juste.

Serait-il bien vrai, madame, que le marquis de Belestat, qui est très-estimé dans sa province, qui est riche, qui vient de faire un grand mariage, eût osé lire à l'académie de Toulouse un ouvrage qu'il aurait fait faire par un autre, et qu'il se déshonorât de gaieté de cœur, pour avoir de la réputation? Comment pourrait-on être à la fois si hardi, si lâche et si bête? Il est vrai que la rage du bel esprit va bien loin, et qu'il y a autant de friponneries en ce genre qu'en fait de finance et de politique. Presque tout le monde cherche à tromper, depuis le prédicateur jusqu'au faiseur de madrigaux.

Vous, madame, vous ne trompez personne; vous avez de l'esprit malgré vous; vous dites ce que vous pensez avec sincérité; vous haïssez trop les philosophes; mais vous avez plus d'imagination qu'eux. Tout cela fait que je vous pardonne votre crime contre la philosophie, et même votre tendresse pour le pincé la Bletterie.

Je cherche toujours à vous amuser. J'ai découvert un manuscrit sur la canonisation que N. S. P. le Pape a faite, il y a deux ans, d'un capucin nommé Cucufin. Le procès-verbal de la canonisation est rapporté fidèlement dans ce manuscrit; on croit être au quatorzième siècle. Il faut que le Pape soit un grand imbécile de croire que tous les siècles se ressemblent, et

[1] Son expulsion de la Chambre des Communes. (A. N.)

qu'on puisse aujourd'hui insulter à la raison comme on faisait autrefois.

J'ai envoyé le manuscrit de la *Canonisation de frère Cucufin* à votre grand'maman, avec prière expresse de vous en faire part. Je ne désespère pas que ce monument d'impertinence ne soit bientôt imprimé en Hollande. Je vous l'enverrai dès que j'en aurai un exemplaire. Mais vous ne voulez jamais me dire si votre grand'maman a ses ports francs, et s'il faut lui adresser les paquets sous l'enveloppe de son mari.

Je vous prie instamment, madame, de me mander des nouvelles de la santé du président; je l'aimerai jusqu'au dernier moment de ma vie. Est-ce que son âme voudrait partir avant son corps? Quand je dis âme, c'est pour me conformer à l'usage; car nous ne sommes peut-être que des machines qui pensons avec la tête, comme nous marchons avec les pieds. Nous ne marchons point quand nous avons la goutte, nous ne pensons point quand la moelle du cerveau est malade.

Vous souciez-vous, madame, d'un petit ouvrage nouveau dans lequel on se moque avec discrétion de plusieurs systèmes de philosophie? Cela est intitulé : *Les singularités de la nature*. Il n'y a d'un peu plaisant, à mon gré, qu'un chapitre sur un bateau de l'invention du maréchal de Saxe et l'histoire d'une Anglaise qui accouchait tous les huit jours d'un lapin. Les autres ridicules sont d'un ton plus sérieux. Vous êtes très-naturelle, mais je soupçonne que vous n'aimez pas l'histoire naturelle.

Cependant, cette histoire-là vaut bien celle de France, et l'on nous a souvent trompés sur l'une et sur l'autre. Quoiqu'il en soit, si vous voulez ce petit livre, j'en enverrai deux exemplaires à votre grand'maman, dès que vous me l'aurez ordonné.

Adieu, madame; je suis à vos pieds. Je vous prie de dire à M. le président Hénault combien je m'intéresse à sa santé.

LETTRE 280.

MADAME LA MARQUISE DU DEFFAND A M. DE VOLTAIRE.

Paris, 8 février 1769.

La grand'maman a ses ports francs; j'ai toujours oublié de vous le dire; mais comment en avez-vous pu douter? Femme d'un ministre, d'un secrétaire d'État, et par-dessus tout d'un surintendant des postes! Et quand elle ne les aurait pas, croyez-vous qu'elle craignît des frais? Je ne les craindrais pas, moi, s'il y avait sûreté que les paquets me parvinssent. Envoyez donc, monsieur, sans nulle réserve, sans nulle discrétion, je n'ose pas dire tout ce qui sortira de vos mains, mais tout ce qui tombera entre vos mains.

Où prenez-vous que je hais la philosophie? Malgré son inutilité, je l'adore; mais je ne veux pas qu'on la déguise en vaine métaphysique, en paradoxe, en sophisme. Je veux qu'on nous la présente à votre manière, suivant la nature pied à pied, détruisant les systèmes, nous confirmant dans le doute, et nous rendant inaccessibles à l'erreur, quoique sans nous donner la fausse espérance d'atteindre à la vérité; toute la consolation qu'on en tire (et c'en est une), c'est de ne pas s'égarer, et d'avoir la sûreté de retrouver la place d'où l'on est parti. A l'égard des philosophes, il n'y en a aucun que je haïsse; mais il y en a bien peu que j'estime.

Il y a une nouvelle brochure qui a pour titre: *Lettres sur les animaux, à Nuremberg*. C'est d'un nommé le Roi, inspecteur des chasses du parc de Versailles; elle m'a paru très-bonne, je ne l'ai lue qu'une fois, et je ne m'en tiens pas toujours à mon premier jugement. Il faut que les ouvrages, et surtout ceux de raisonnement, soutiennent une seconde lecture pour que je puisse m'assurer de les trouver bons. Si vous l'avez lue, dites-m'en votre avis, et si vous ne l'avez pas lue, lisez-la, je vous supplie. Le style est entre le vôtre et celui de ceux qui passent pour très-bien écrire.

La grand'maman est à la campagne; vous augmentez l'impatience que j'ai de son retour, par ce que vous me dites qu'elle a à me montrer.

LETTRE 281.

MADAME LA MARQUISE DU DEFFAND A M. HORACE WALPOLE.

Paris, lundi 6 février 1769 [1].

Voyez votre lettre du 31. Vous avez dû recevoir hier ma lettre de la même date; c'était une espèce de journal. Puisque vous êtes curieux de nos nouvelles, que vous voulez bien paraître y prendre quelque intérêt, je vais le continuer.

---

[1] Datée fautivement du 16 dans l'édition de Londres et l'édition de 1827. (L.)

Mardi 31, je sortis de bonne heure pour aller chez le président, et de là souper avec la grand'maman chez la petite Choiseul-Betz; je la trouvai pour moi telle qu'elle est toujours, et telle qu'il faut être pour qu'on l'adore. Il y avait douze personnes, ainsi il n'y eut point de conversations particulières : elle me dit qu'elle partirait le lendemain à dix heures pour Tugny, chez son petit oncle.

Je crois vous avoir dit, dans mon précédent journal, que, le dernier souper que le roi avait fait avec ces dames, en les quittant, il avait dit à madame de Mirepoix qu'il la priait à souper pour le mercredi suivant; qu'il avait reconduit mesdames de Choiseul et de Gramont en leur disant : Mesdames, je vous reconduis loin, fort loin, tout au plus loin. Tout le monde resta persuadé que la présentation serait pour le lendemain dimanche, ou tout au plus tard pour le mercredi ou jeudi; vous savez qu'il n'en a rien été. La grand'maman se décida à partir le mercredi; madame de Gramont pria beaucoup de monde à souper chez elle pour ce jour-là. Ce jour-là, le grand-papa reçut, entre les trois ou quatre heures de l'après-midi, un billet du roi qui lui ordonnait d'avertir ces dames d'aller souper avec lui. La grand'maman était par monts et par vaux; madame de Gramont ne contremanda personne, mais elle partit sur-le-champ pour Versailles; elle et madame de Mirepoix soupèrent avec le roi. Madame de Beauvau, qui n'avait point été invitée et qui ne pouvait point l'être, étant dans les premiers jours de deuil de la duchesse de Saint-Pierre [1], sa belle-mère, fut chez madame de Gramont et fit les honneurs de son souper. Le roi fut de très-bonne humeur, et invita ces dames pour aujourd'hui à un petit voyage à Trianon jusqu'à demain mardi après souper; jeudi, il ne se passa rien.

Le vendredi, après dîner, j'eus assez de monde. Sur les huit heures, on vint me dire que le roi était tombé de cheval auprès

---

[1] La duchesse de Saint-Pierre, née Colbert. Elle était la sœur du marquis de Torcy, ministre des affaires étrangères à la fin du règne de Louis XIV, et mère, par son dernier mariage, du marquis de Clermont-d'Amboise, premier mari de la princesse de Beauvau. (A. N.) — On lit dans Chamfort : « La marquise de Saint-Pierre était dans une société où on disait que M. de Richelieu avait eu beaucoup de femmes sans en avoir jamais aimé une. — Sans aimer! c'est bientôt dit, reprit-elle; moi, je sais une femme pour laquelle il est revenu de trois cents lieues. Ici elle raconte l'histoire en troisième personne, et gagnée par sa narration : — Il la porte sur le lit avec une violence incroyable, et..... *nous y sommes restés trois jours.* » (L.)

de Saint-Germain; qu'il avait un bras cassé, et qu'on ne savait pas s'il pourrait être transporté à Versailles; que MM. de Choiseul et de Praslin étaient partis sur-le-champ. Je ne puis vous peindre mon effroi : tout ce qu'il y a de plus funeste se présenta en foule à mon esprit. Je fus chez le président, et nous sûmes vers les dix heures que le roi était de retour à Versailles, qu'il n'avait point le bras cassé, que tout le mal consistait à une contusion depuis l'épaule jusqu'au coude; il garda hier le lit toute la journée. On n'a pas osé le saigner, et pour donner au sang un certain mouvement, on lui a, dit-on, fait prendre quelques gouttes du général la Motte [1] dans un bouillon. Je n'en sais point de nouvelles d'aujourd'hui; si j'en apprends, je les ajouterai à ceci. Revenons au samedi. Après le souper du président, je fus chez la princesse [2]; madame de Gramont me fit des reproches de ce que je n'étais pas venue souper; son accueil fut des plus gracieux; il y avait, outre le maître de la maison, le Toulouse, le cadet Chabot, le marquis de Boufflers et l'abbé de Breteuil; ils défilèrent l'un après l'autre, et nous restâmes près d'une heure, la princesse, la duchesse et moi. La princesse me mit en valeur autant qu'elle put; la duchesse fut la plus accorte, la plus obligeante et même la plus confiante; il semblait que j'eusse sa livrée; l'intérêt du grand-papa était le point de réunion, elle saisit même deux ou trois occasions de louer la grand'maman. Je refis de nouveaux paris contre elle et madame de Beauvau, elles, qu'elle serait présentée demain, et moi, qu'elle ne le serait pas.

Voilà le premier point de mes récits. Venons au second. C'est le plus difficile à vous expliquer. M. de la Vauguyon [3] a eu une conduite abominable; il est certain qu'il a voulu persuader à Madame Adélaïde qu'il était de son intérêt et de son devoir de se soumettre de bonne grâce à la volonté du roi; et il a joint à ses beaux propos toute la gaucherie qui en pouvait augmenter l'infamie. Madame Adélaïde en a été indignée, elle a écrit au roi. Le reste n'est que conjectures. On juge que cette lettre a retardé la présentation, mais on ne croit pas qu'elle en

---

[1] Remède de charlatan. (A. N.)
[2] La princesse de Beauvau. (A. N.)
[3] Le duc de la Vauguyon. Il avait été le gouverneur du Dauphin, fils de Louis XV. Il était le grand protecteur des Jésuites, et à la tête de ce qu'on appelait en France le parti dévot. C'est le père du duc de la Vauguyon, pair de France. (1827.) (A. N.)

ait fait perdre le dessein. M. de Richelieu joue dans tout cela un rôle misérable. M. d'Aiguillon, qui est *visiblement caché*, est chef de toutes ces intrigues; il vient de présenter une requête au conseil du roi, pour qu'il lui soit permis de demander que le parlement et les pairs soient informés des libelles faits contre lui [1]. On prétend qu'il se flatte que sa requête sera refusée, parce que c'est contre la politique de faire agir le parlement. Cette affaire a été en délibération jeudi dernier, on a remis la décision à la huitaine. De neuf voix, il en a déjà eu cinq pour lui accorder sa demande. MM. de Choiseul sont du nombre de ceux-là; il ne peut pas s'en plaindre, puisqu'il paraît que c'est ce qu'il souhaite; mais si cet avis prévaut, il aura fait une bien fausse démarche, parce que le parlement examinera bien rigoureusement sa conduite, qui, dit-on, est fort éloignée d'être irréprochable; il y en a qui prétendent qu'il a un assez grand parti dans le parlement; que M. de Saint-Fargeau est pour lui, et que madame de Forcalquier lui donne tous les Fleury. La grosse duchesse [2] n'est pas plus instruite des affaires de son fils que le public. La belle comtesse [3] a redoublé ses voiles, et elle joue le rôle du mystère mille fois mieux que madame Vestris le rôle d'Aménaïde; c'est le seul que je lui aie vu jouer. Je suis bien éloignée de la trouver une grande actrice; on dit que sa figure, son maintien, ses gestes, sa manière d'écouter, sont au plus parfait; voilà de quoi je ne puis pas juger; mais elle a la voix sourde, froide; nulle sensibilité; elle a des cris assez douloureux, mais mon opinion est qu'elle ne sera que très-médiocre; elle ne sera jamais si détestable et si admirable que mademoiselle Dumesnil, et elle n'égalera jamais mademoiselle Clairon. Je vous fais l'horoscope que dans quatre mois il ne sera plus question d'elle [4].

[1] Relativement aux affaires de la Bretagne pendant son gouvernement dans cette province, et à ses différends avec M. de la Chalotais, procureur général du parlement de Rennes. (A. N.)
[2] La duchesse d'Aiguillon. (A. N.)
[3] Madame de Forcalquier. (A. N.)
[4] Il s'agit de madame Vestris et non de madame de Forcalquier. (L.)

LETTRE 282.

LA MÊME AU MÊME.

Paris, lundi 16 février 1769.

C'est mon insomnie qui me fait commencer cette lettre ; je ne la fermerai peut-être de longtemps ; j'attendrai que monsieur votre cousin ait une occasion de la faire partir.

Votre lettre du 5, que je reçus hier, m'apprend que j'ai gagné mon pari contre le comte de Broglie ; je soutenais que M. Wilkes serait expulsé. J'ai jusqu'ici gagné tous mes paris ; j'en ai hasardé un nouveau qui pourrait bien être un peu téméraire, c'est que la présentation ne se fera pas avant Compiègne. Mon idée est qu'elle ne se fera jamais. Je ne vois pas qu'il doive s'ensuivre ni bien ni mal qui ne puisse arriver indépendamment de cette présentation : c'est une action indécente qui ne peut avoir d'autre but, d'autre fin, que de satisfaire la vanité de cette créature. J'ai toujours dit que je ne parierais pas qu'on ne pût par son moyen faire tous les bouleversements possibles, mais qu'il n'était pas nécessaire qu'elle fût présentée pour cela. Après les grands objets, les grandes spéculations, on est occupé de savoir quel parti prendront les dames des soupers [1] en cas que cette présentation ait lieu. La grand'maman est toujours à Tugny, je n'ai eu de ses nouvelles qu'une seule fois par l'abbé Barthélemy ; je ne les ai pas non plus fatiguées de mes lettres, je n'ai écrit qu'une seule fois à l'abbé. Mes vivacités sont fort calmées ; ainsi il se trouve que tout naturellement je suis le conseil que vous me donnez de ne pas mettre trop de chaleur dans l'intérêt que je prends à ceux avec qui je suis liée.

La requête de M. d'Aiguillon n'a point été admise ; on voulait qu'il y fît de grands changements, il a mieux aimé la retirer ; il voulait qu'on crût qu'il désirait d'être jugé par le parlement, il aurait été bien attrapé si on y avait consenti ; mais il savait bien que cela n'arriverait pas. Sa conduite a paru une fausseté très-plate : un enfant l'aurait découverte.

Je ne sais ce que pense votre cousin, ni ce qu'on pense de lui ; mais je sais que le séjour de votre ambassadrice ici est très-suspect ; on la croit d'intelligence avec M. de la Vauguyon et

---

[1] Les dames qui étaient de la société intime de Louis XV, et qui, comme épouses de ses ministres ou des grands officiers de sa maison, étaient, en vertu de leurs places, admises à ses soupers particuliers. (A. N.)

les jésuites [1]. Pour moi, je ne puis me figurer que cette femme soit propre à rien.

Je vis hier votre ambassadeur; votre cousin me l'amena; il parle le français comme sa langue naturelle. La milady Pembroke part mercredi. Elle s'est assez divertie ici; mais je pense qu'elle nous quitte sans peine; le séjour de Paris ne peut plaire aux gens de votre nation, j'en suis intimement persuadée; tout au plus le bon Éléazar [2] et peut-être Lindor [3] ne s'y déplaisent-ils pas.

L'Idole est la plus grande déesse qui ait jamais descendu sur terre, elle est liée avec toutes les puissances, elle les domine toutes, on n'ose la contredire; elle disait l'autre jour que M. de Chauvelin [4] avait eu les plus grands succès en Corse, les plus grands avantages, la plus excellente conduite : en vain voulut-on alléguer des faits qui prouvaient le contraire, elle n'en voulut jamais démordre. En vérité, en vérité, le monde est bien plat et bien sot; mais ce qu'il y a de pis, c'est qu'il est bien ennuyeux.

M. de Vaux a été nommé hier général ou commandant de nos troupes en Corse, malgré l'*admirable* conduite de M. de Chauvelin. Comprenez-vous qu'on ait l'assurance qu'a l'Idole? Quand personne n'ignore que M. de Choiseul, avant le départ du Chauvelin, avait lu en plein conseil ses instructions, qu'après les fautes du Chauvelin, il les a relues une seconde fois, et que M. de Chauvelin est convenu lui-même d'avoir

---

[1] Cette idée que lady Rochford, femme de l'ambassadeur d'Angleterre, se mêlait, avec le duc de la Vauguyon, des affaires politiques de la France, ou des intrigues des jésuites, de qui le duc était le protecteur déclaré, n'a jamais été prouvée; mais si madame du Deffand s'est trompée, on peut bien l'excuser d'avoir pu croire aux intrigues d'un chaud partisan des jésuites. C'eût été une preuve qu'il savait profiter des leçons de ses maîtres. (A. N.)

[2] Nom qu'on avait donné, dans la société de madame du Deffand, au général Irwin. (A. N.)

[3] M. Selwyn. (A. N.)

[4] Le marquis de Chauvelin, frère de l'abbé de Chauvelin, dont il a été précédemment question dans une lettre de madame du Deffand, et père de M. de Chauvelin, député de la Côte-d'Or. (1827.) (A. N.)

Le marquis de Chauvelin commandait les troupes envoyées en Corse par M. le duc de Choiseul, sous le ministère duquel cette île, que sa position rend si importante dans la Méditerranée, a été réunie à la France. M. de Chauvelin avait pour aide de camp le duc de Lauzun.

Le prince de Conti aimait beaucoup M. de Chauvelin, qui fut ensuite maître de la garde-robe. (A. N.)

outre-passé ses ordres, dans une lettre que M. de Choiseul a fait voir à tout le monde, il faut une grande hardiesse et une extraordinaire présomption pour se flatter d'en imposer de cette sorte; mais je crois que ce que l'on voit ici se voit partout, et que tous les mondes possibles se ressemblent; il y a partout des Idoles. On serait bien heureux de pouvoir se suffire à soi-même; mais malheureusement on n'est pas plus content de soi que des autres. Mais je ne me laisserai point aller aux réflexions.

Je serai fort aise que vous connaissiez votre cousin; je n'ai eu aucune sorte d'ouverture avec lui, je ne sais ce qu'il pense de notre ministre; je soupçonne qu'il n'en est pas content, et qu'il aurait du penchant pour le parti d'Aiguillon [1]; c'est ce que je n'ai point tenté de pénétrer, et que j'aurais vraisemblablement tenté inutilement; d'ailleurs je me suis fait un principe que j'observe très-exactement, de ne me mêler de rien, de ne me faire parente d'aucune maison. Je suis attachée à la grand'-maman en qualité de sa petite-fille, elle ne se méfie point de moi; mais je ne suis pas dans sa confidence au même degré que le grand abbé (*Barthélemy*). Je vois rarement le grand-papa; il est bien loin d'être réservé, car tout lui échappe. J'ai beaucoup d'espérance qu'il se maintiendra; l'aversion, l'horreur et le mépris qu'on a pour ses adversaires, ses rivaux, font sa force et feront sa stabilité. Il a commis bien des fautes; l'entreprise de Corse est peut-être la plus grande, je l'ai dit dès les commencements à la grand'maman, et puis le choix du Chauvelin a été misérable.

Toutes ces belles réconciliations dont je vous ai parlé sont des platitudes qui ne mènent à rien. On veut s'assurer du Parlement, et si vous connaissiez celui qui en est premier président [2], dont on veut s'assurer, vous hausseriez les épaules. Ah! mon ami, si vous voyiez tout cela par vous-même, nous vous ferions grande compassion. Ah! ne craignez pas que je me passionne pour l'intérêt de qui que ce soit; excepté la grand'maman que j'aime très-raisonnablement, sans chaleur, sans passion, tout le reste m'est de la dernière indifférence.

Les dames d'Aiguillon et de Forcalquier ne sont point mécontentes de moi; mais elles doivent l'être du public, car l'objet

---

[1] On commençait déjà à vouloir porter le duc d'Aiguillon au ministère. (A. N.)

[2] M. d'Ormesson. La fille aînée du général Grouchy a épousé son petit-fils, Henri d'Ormesson. (A. N.)

qui les intéresse est en exécration. On prétend, comme je vous l'ai déjà dit, que milady Rochford tracasse avec le la Vauguyon; vous pourriez en savoir quelque chose; si cela est, votre ministère choisit bien mal ses gens.

Ce que je vous ai dit des Turcs et des Russes [1] était au propre; c'est la guerre que je crains. Vous secourez, dit-on, la czarine; nous, le roi de Suède; et d'encore en encore, nous nous ferons la guerre et nous ne nous reverrons plus. Je lis les gazettes, je raisonne avec l'envoyé de Danemark; voilà où je m'instruis de la politique.

Plaignez-moi du moins, je vous prie, de ce que je ne vous verrai point; songez quel plaisir j'aurais de causer avec vous, et que, dans l'exacte vérité, je ne peux causer avec personne. Quand vous connaîtrez votre cousin, vous me manderez quel usage j'en peux faire, et vous lui direz celui que vous croyez qu'il pourrait faire de moi. Adieu.

LETTRE 283.

M. DE VOLTAIRE A MADAME LA MARQUISE DU DEFFAND.

22 février 1769.

Votre grand'maman, madame, doit vous avoir communiqué la *Canonisation de frère Cucufin*, par laquelle Rezzonico a signalé les dernières années de son sage pontificat. J'ai cru que cela vous amuserait, d'autant plus que cette histoire est dans la plus exacte vérité.

Je lui ai aussi adressé pour vous quatre volumes du *Siècle de Louis XIV*, pour mettre dans votre bibliothèque. Les faits de guerre ne sont pas trop amusants, et je dis hardiment qu'il n'y a rien de si ennuyeux qu'un récit de batailles inutiles qui n'ont servi qu'à répandre vainement le sang humain; mais il y a dans le reste de l'histoire des morceaux assez curieux, et vous y verrez assez souvent les noms des hommes avec qui vous avez vécu depuis la Régence.

Je voudrais pouvoir fournir tous les jours quelques diversions à vos idées tristes. Je sens bien qu'elles sont justes. La privation de la lumière et l'acquisition d'un certain âge ne sont pas des choses agréables. Ce n'est pas assez d'avoir du courage, il

---

[1] La guerre entre la Russie et la Turquie avait éclaté au mois d'octobre 1768. (A. N.)

faut des distractions. L'amusement est un remède plus sûr que toute la fermeté d'esprit. J'ai le temps de songer à tout cela dans ma profonde solitude, avec des yeux éteints et ulcérés, couverts de blanc et de rouge.

Vous me demandez, madame, si j'ai lu des *Lettres sur les animaux*, écrites de Nuremberg; oui, j'en ai lu deux ou trois il y a plus d'un an. Vous jugez bien qu'elles m'ont fait plaisir, puisque l'auteur pense comme moi. Il faudrait qu'une montre à répétition fût bien insolente pour croire qu'elle est d'une nature absolument différente de celle d'un tournebroche. S'il y a dans l'empyrée des êtres qui soient dans le secret, ils doivent bien se moquer de nous.

La montre du président Hénault est donc détraquée? C'est le sort de presque tous ceux qui vivent longtemps. Mon timbre commence à être un peu fêlé, et sera bientôt cassé tout à fait. Il vaudrait bien mieux n'être pas né, dites-vous; d'accord, mais vous savez si la chose a dépendu de nous. Non-seulement la nature nous a fait naître sans nous consulter, mais elle nous fait aimer la vie, malgré que nous en ayons. Nous sommes presque tous comme le *Bûcheron* d'Ésope et de la Fontaine. Il y a tous les ans deux ou trois personnes sur cent mille qui prennent congé; mais c'est dans de grands accès de mélancolie. Cela est un peu plus fréquent dans le pays que j'habite. Deux Genevois de ma connaissance se sont jetés dans le Rhône il y a quelques mois; l'un avait cinquante mille écus de rente, l'autre était un homme à bons mots. Je n'ai point encore été tenté d'imiter leur exemple : premièrement, parce que mes abominables fluxions sur les yeux ne durent que l'hiver; en second lieu, parce que je me couche toujours dans l'espérance de me moquer du genre humain en me réveillant. Quand cette faculté me manquera, ce sera un signe certain qu'il faudra que je parte.

On m'a mandé depuis peu, de Paris, tant de choses ridicules que cela me soutiendra gaiement encore quelques mois. A l'égard du ridicule de ce B..., il est à faire vomir.

Je me suis extrêmement intéressé à toutes les tracasseries qu'on a faites au mari de votre grand'maman. Vous ne m'en parlez jamais; vous avez tort, car il n'y a personne qui lui soit plus attaché que moi; et vous savez bien qu'on peut tout écrire sans se compromettre.

Bonsoir, madame, je vous aimerai jusqu'à la dernière minute de ma montre.

LETTRE 284.

MADAME LA MARQUISE DU DEFFAND A M. DE VOLTAIRE.

1ᵉʳ mars 1769.

Je vous fais mille et mille remerciments, monsieur, de votre beau présent; je l'ai placé sur-le-champ dans ma bibliothèque. Vous croyez bien que je n'avais pas attendu jusqu'à présent à lire cette nouvelle édition. Il est vrai que je n'aime pas infiniment les détails de guerre; mais tout s'embellit par vous.

Je n'ai reçu qu'avant-hier votre *Saint Cucufin*[1] : la grand'-maman était à la campagne quand il lui est arrivé; elle l'envoya à son époux, avec la lettre de M. Guillemet : elle lui recommandait de me faire tenir tout cela aussitôt qu'il l'aurait lu. Cet époux, qui a bien d'autres *Cucufins* dans la tête, m'avait oubliée. Rien n'est plus plaisant; l'analyse d'*Esther* est charmante. Vous êtes bien gai : vous auriez grand tort de vous plaindre de votre existence; vous sentez, pensez, produisez sans cesse; mais moi, que voulez-vous que je fasse de mon existence? Indiquez-moi quelques moyens d'en tirer parti. Vous serez surpris, si je vous avoue que la perte de la vue n'est pas mon plus grand malheur; celui qui m'accable, c'est l'ennui. L'amusement, dites-vous, vaut mieux que la fermeté d'esprit : rien n'est plus vrai; mais où trouve-t-on de l'amusement? Donnez-moi des talents ou des passions, ou des goûts que je puisse exercer ou satisfaire : on conserve de l'activité, et l'on n'en sait que faire. Rien de tout ce qu'on entend, de tout ce qu'on rencontre, de tout ce qui se passe, ne plaît ni n'intéresse. Vieillesse est bien difficile à passer, disait feu M. d'Argenson. La vilaine machine qu'une montre! elle se détraque sans cesse; un tourne-broche vaut bien mieux. Doutez-vous, monsieur, qu'il y ait des êtres, dans l'empyrée ou ailleurs, qui nous observent, nous gouvernent et nous traitent bien ou mal suivant leur fantaisie? Si j'admettais un système, ce serait celui-là. Je crois même avoir vu mon sylphe en rêve, et que l'imprudence que j'ai eue de m'en vanter est cause qu'il n'est pas revenu. J'aimerais bien à causer avec vous. Accusez-moi si vous voulez d'un excès de vanité, mais vous ne dites rien que je ne croie avoir pensé;

---

[1] *Canonisation de saint Cucufin.* Voyez Œuvres de Voltaire, tome XLIV, page 199. (L.)

vous êtes mon seul philosophe. Tous ceux qui raisonnent n'ont pour but que de faire admirer la subtilité de leur esprit, et comptent pour rien la justesse, la clarté, la précision. Voltaire! Voltaire! tout le reste sont des faux prophètes!

Vous aurez lu sans doute le livre de Saint-Lambert quand vous recevrez cette lettre : je n'ai encore lu que trois *Saisons*. Il y a dans l'Été, et surtout dans l'Automne, quelques morceaux qui m'ont extrêmement plu : il y a un peu trop de pourpre, d'or, d'azur, de pampre, de feuillages, etc., etc. Je n'ai pas beaucoup de goût pour les descriptions; j'aime qu'on me peigne les passions; mais les êtres inanimés, je ne les aime qu'en dessus de porte.

J'approuve extrêmement le parallèle de nos trois dramatiques; je souscris au jugement qu'en fait Saint-Lambert.

Savez-vous, monsieur de Voltaire, que je ne peux pas souffrir que vous soyez relégué dans un petit coin du monde, malgré l'apothéose dont vous jouissez? Il vaut mieux communiquer avec les hommes que d'en recevoir un culte des élus : on vous invoque, on vous révère; ici l'on vous tourmenterait peut-être; mais qu'est-ce que cela vous ferait? Vous en ririez, vous vous en moqueriez; vous feriez connaissance avec la grand'maman, que vous adoreriez; vous feriez le bonheur de sa petite-fille; vous la délivreriez de l'ennui : mais tout ceci sont paroles vagues et oiseuses.

Que vous dirai-je de l'époux de la grand'maman? Je ne crains rien pour lui; ses talents et ses rivaux font ma tranquillité et la sienne.

Le pauvre président est bien malade : je crains que sa fin ne soit bien prochaine; j'en suis très-affligée.

M. du Pin, madame la duchesse de Boutteville, viennent de mourir subitement. C'est une folie de s'embarrasser du lendemain, d'autant plus que nous sommes presque toujours plus malheureux par ce que nous prévoyons que par ce que nous éprouvons.

Adieu, mon cher ami, ma seule consolation; ayez toujours soin de moi.

LETTRE 285.

M. DE VOLTAIRE A MADAME LA MARQUISE DU DEFFAND.

8 mars 1769.

Que je vous plains, madame! vous avez déjà perdu l'âme de votre ami le président Hénault, et bientôt son corps sera réduit en poussière. Vous aviez deux amis, lui et M. de Formont: la mort vous les a enlevés: ce sont des biens dont on ne retrouve pas même l'ombre. Je sens vivement votre situation. Vous devez avoir une consolation très-touchante dans le commerce de votre grand'maman; mais elle ne peut vous voir que rarement. Elle est enchaînée dans un pays qu'elle doit détester, vu la manière dont elle pense. Je vous vois réduite à la dissipation de la société; et, dans le fond du cœur, vous en sentez tout le frivole. L'adoucissement de cette malheureuse vie serait d'avoir auprès de soi un ami qui pensât comme nous, et qui parlât à notre cœur et à notre imagination le langage véritable de l'un et de l'autre.

Je crois bien (vanité à part) qu'il y a quelque ressemblance entre votre cervelle et la mienne. La dissipation ne m'est pas si nécessaire, à la vérité, qu'à vous; mais pour le tumulte des idées, pour la vérité dans le sentiment, pour l'éloignement de tout artifice, pour le mépris qu'en général notre siècle mérite, pour le tact de certains ridicules, je serais assez votre homme, et mon cœur est assez fait pour le vôtre. Je voudrais être à la fois à Saint-Joseph et à Ferney; mais je ne connais que l'Eucharistie qui ait le privilége d'être en plusieurs lieux en même temps.

Voilà les neiges de nos montagnes qui commencent à fondre, et mes yeux qui commencent à voir. Il faut que je fasse tout ce que Saint-Lambert a si bien décrit. La campagne m'appelle, deux cents bras travaillent sous mes yeux; je bâtis, je plante, je sème, je fais vivre tout ce qui m'environne. Les *Saisons* de Saint-Lambert m'ont rendu la campagne encore plus précieuse. Je me fais lire à dîner et à souper de bons livres par des lecteurs très-intelligents qui sont plutôt mes amis que mes domestiques. Si je ne craignais d'être un fat, je vous dirais que je mène une vie délicieuse. J'ai de l'horreur pour la vie de Paris, mais je voudrais au moins y passer un hiver avec vous. Ce qu'il y a de triste, c'est que la chose n'est pas aisée, attendu que j'ai l'âme un peu fière.

Je songe réellement à vous amuser, quand je reçois quelques bagatelles des pays étrangers. Vous avez peut-être pris l'histoire de saint Cucufin pour une plaisanterie; il n'y a pas un mot qui ne soit dans la plus exacte vérité. Vous aurez dans un mois quelque chose qui ne sera qu'allégorique; il faut varier vos petits divertissements.

Vous ne m'avez point répondu sur les *Singularités de la nature*, ainsi je ne vous les envoie pas; car c'est une affaire de pure physique qui ne pourrait que vous ennuyer.

Vous me faites grand plaisir, madame, de me dire que vous ne craignez rien pour M. Grand-maman. J'ai un peu à me plaindre d'une personne qui lui veut du mal, et je m'en félicite; j'aime à voir des Racine qui ont des Pradon pour ennemis. Cela me fait penser à la queue du *Siècle de Louis XIV*, que j'ai eu l'honneur de vous envoyer. Votre exemplaire, sauf respect, est précieux, parce qu'il est corrigé en marge. Faites-vous lire la prison de la Bourdonnais et la mort de Lally, et vous verrez comme les hommes sont justes.

Quand je serai plus vieux, j'y ajouterai la mort du chevalier de la Barre et celle de Calas, afin que l'on connaisse dans toute sa beauté le temps où j'ai vécu. Selon que les objets se présentent à moi, je suis Héraclite ou Démocrite; tantôt je ris, tantôt les cheveux me dressent à la tête, et cela est très à sa place, car on a affaire tantôt à des tigres, tantôt à des singes.

Le seul homme presque de l'âme de qui je fasse cas, est M. Grand-maman; mais je me garde bien de le lui dire. Pour vous, madame, je vous dis très-naïvement que j'aime passionnément votre façon de penser, de sentir et de vous exprimer, et que je me tiens malheureux, dans mon bonheur de campagne, de passer ma vieillesse loin de vous.

LETTRE 286.

MADAME LA MARQUISE DU DEFFAND A M. HORACE WALPOLE.

Paris, dimanche 12 mars 1769.

Votre lettre du 2 février, que je devais recevoir mercredi, n'est arrivée qu'aujourd'hui, et comme on ne perd pas tout d'un coup toutes ses mauvaises habitudes, j'ai eu un mouvement de crainte que vous ne fussiez malade.

Je suis du dernier bien avec Voltaire; j'ai reçu une lettre de lui de quatre pages aujourd'hui, en même temps que la vôtre; il me comble d'amitiés et d'attentions; il nous envoie, à la grand'maman et à moi, tout ce qu'il fait: il y a quelquefois un peu de bourre, mais il y a toujours une facilité charmante.

Je ne vous enverrai point Saint-Lambert[1]; rien, selon mon goût, n'est plus fastidieux, excepté huit vers que voici:

> Malheur à qui les dieux accordent de longs jours!
> Consumé de douleur vers la fin de leur cours,
> Il voit dans le tombeau ses amis disparaître,
> Et les êtres qu'il aime arrachés à son être.
> Il voit autour de lui tout périr, tout changer;
> A la race nouvelle il se trouve étranger,
> Et quand à ses regards la lumière est ravie,
> Il n'a plus, en mourant, à perdre que la vie.

Rien n'est si beau à mon avis que cette peinture de la vieillesse; j'aurais voulu que les expressions du quatrième vers eussent été plus simples; mais le mot *être* est du style à la mode. Ce Saint-Lambert est un esprit froid, fade et faux; il croit regorger d'idées, et c'est la stérilité même; sans les roseaux, les ruisseaux, les ormeaux et leurs rameaux, il aurait bien peu de choses à dire. En un mot, je ne vous l'enverrai point; c'est assez de l'ennui de mes lettres, sans y ajouter les œuvres des encyclopédistes. Quelqu'un qu'on ne m'a point nommé, disait d'eux, qu'ils poussaient leur orgueil jusqu'à croire qu'ils avaient inventé l'athéisme.

Rien n'est si ineffable que milady S*** et ses aventures. D'où vient qu'elle est intéressante avec tant de folie et d'effronterie? Est-ce qu'elle est extrêmement naturelle? est-ce qu'elle est extrêmement vraie? Comment cela se peut-il avec tant de coquetterie? A-t-elle un degré de bonté qui puisse servir d'excuse à ce qu'on a bien de la peine à n'appeler que fragilité? Enfin, enfin, on ne comprend rien à tout ce qui se passe chez vous, et mon mot favori *ineffable* est fait pour l'Angleterre et ses habitants. Adieu.

---

[1] Le poëme des *Saisons*. Saint-Lambert était fort lié avec le prince de Beauvau, à l'hôtel duquel il demeurait toujours quand il venait à Paris. Il fut l'ami intime de la marquise du Châtelet (A. N.), qui lui trouvait dans l'intimité plus de talent qu'à Voltaire. (L.)

LETTRE 287.

M. DE VOLTAIRE A MADAME LA MARQUISE DU DEFFAND.

A Ferney, ce 15 mars 1769.

Vous me marquâtes, madame, par votre dernière lettre, que vous aviez besoin quelquefois de consolation. Vous m'avez donné la charge de votre pourvoyeur en fait d'amusements; c'est un emploi dont le titulaire s'acquitte souvent fort mal. Il envoie des choses gaies et frivoles, quand on ne veut que des choses sérieuses; et il envoie du sérieux quand on ne voudrait que de la gaieté, c'est le malheur de l'absence. On se met sans peine au ton de ceux à qui on parle; il n'en est pas de même quand on écrit: c'est un hasard si l'on rencontre juste.

J'ai pris le parti de vous envoyer des choses où il y eût à la fois du léger et du grave, afin du moins que tout ne fût pas perdu.

Voici un petit ouvrage contre l'athéisme, dont une partie est édifiante et l'autre un peu badine, et voici en outre mon testament que j'adresse à Boileau. J'ai fait ce testament étant malade, mais je l'ai égayé selon ma coutume. On meurt comme on a vécu.

Si votre grand'maman est chez vous quand vous recevrez ce paquet, je voudrais que vous pussiez vous le faire lire ensemble; c'est une de mes dernières volontés. J'ai beaucoup de foi à son goût, par tout ce que vous m'avez dit d'elle, et je n'en ai pas moins à son esprit, par quelques-unes de ses lettres que j'ai vues, soit entre les mains de mon gendre Dupuits, soit dans celles de Guillemet, typographe en la ville de Lyon.

Il m'est revenu de toutes parts qu'elle a un cœur charmant. Tout cela, joint ensemble, fait une grand'maman fort rare. Malgré le penchant qu'ont les gens de mon âge à préférer toujours le passé au présent, j'avoue que de mon temps il n'y avait point de grand'mamans de cette trempe. Je me souviens que son mari me mandait, il y a huit ans, qu'il avait une très-aimable femme, et que cela contribuait beaucoup à son bonheur. Ce sont de petites confidences dont je ne me vanterais pas à d'autres qu'à vous. Jugez si je ne dois pas prier Dieu pour son mari dans mes codicilles. Il fera de grandes choses, si on lui laisse ses coudées franches; mais je ne le verrai pas, car je ne digère plus, et quand on manque par là, il faut dire adieu.

On me mande que le président Hénault baisse beaucoup; j'en suis fâché, mais il faut subir sa destinée.

> .... Je voudrais qu'à cet âge
> On sortît de la vie ainsi que d'un banquet,
> Remerciant son hôte, et qu'on fît son paquet.

Le mien est fait il y a longtemps. Tout gai que je suis, il y a des choses qui me choquent si horriblement, que je prendrai congé sans regret. Vivez, madame, avec des amis qui adoucissent le fardeau de la vie, qui occupent l'âme, et qui l'empêchent de tomber en langueur. Je vous ai déjà dit que j'avais trouvé un admirable secret: c'est de me faire lire et relire tous les bons livres à table, et d'en dire mon avis. Cette méthode rafraîchit la mémoire et empêche le goût de se rouiller; mais on ne peut user de cette recette à Paris; on y est forcé de parler à souper de l'histoire du jour; et quand on a donné des ridicules à son prochain, on va se coucher. Dieu me préserve de passer ainsi le peu qui me reste à vivre.

Adieu, madame; je vivrai plus heureux si vous pouvez être heureuse. Comptez que mon cœur est à vous comme si je n'avais que cinquante ou soixante ans.

LETTRE 288.

MADAME LA MARQUISE DU DEFFAND A M. DE VOLTAIRE.

Mardi, 21 mars 1769.

Vous nous comblez de biens, monsieur, mais loin de vous dire: C'est assez, nous vous crions: Encore! encore! Tout ce que vous nous envoyez est charmant; mais ce qui m'enchante le plus, ce sont vos lettres. Vous parlez de la grand'maman comme si vous la connaissiez. Vous seriez bien digne d'avoir ce bonheur, et vous seriez bien étonné de trouver qu'elle surpasse encore l'idée que vous vous en faites. Figurez-vous une nymphe, faite comme un modèle, jolie comme le jour: je n'en dis pas davantage sur sa figure; je ne la connais que par réminiscence, et par ce que j'en entends dire; mais son cœur, son esprit, vous seul pourriez dignement les peindre. Mais comme elle voudra voir ma lettre, et que je veux qu'elle vous parvienne, je ne veux pas m'exposer à la lui voir déchirer. Sa correspondance avec M. Guillemet[1] est ravissante. Vous avez su le *qui-*

---

[1] Voy. OEuvres de Voltaire. *Correspondance générale*, tome XLI. (L.)

proquo arrivé à sa dernière lettre : elle l'avait envoyée, de la campagne où elle était, à *M. Grand'maman*, pour qu'il la donnât à l'envoyé de Genève, afin qu'il vous la fît tenir; et ce *M. Grand'maman*, qui a plus d'une affaire dans la tête, fit mettre cette lettre à la poste, et nous ignorons ce qu'elle est devenue.

Je reçus hier au soir vos deux derniers manuscrits; je compte les relire aujourd'hui avec la grand'maman, et je remets à demain à ajouter à cette lettre le jugement que nous en aurons porté. Ah! mon Dieu, mon cher ami, que nous vous désirerions à nos petits soupers! le petit nombre de personnes qui y sont admises vous conviendrait bien. Ces petits comités sont les antipodes de feu l'hôtel de Rambouillet et des assemblées de nos beaux esprits d'aujourd'hui. Je ne sais plus qui, l'autre jour, disait d'eux qu'ils croyaient avoir inventé l'athéisme. Ils font grand cas de la nature, et leur admiration exagérée me gèle le sang. Avouez de bonne foi que, sans l'occupation que vous donne votre campagne, vous trouveriez que le spectacle de ces productions serait un plaisir bien tiède. Les fleurs du printemps, les moissons de l'été, les vendanges de l'automne et les glaces de l'hiver suffiraient-elles pour charmer vos ennuis? Elles pourraient causer des transports à un aveugle-né qui recouvrerait la vue : mais si vous traitiez un tel sujet, n'y joindriez-vous pas, pour le rendre intéressant, le rapport des quatre saisons aux quatre âges de la vie? Dans le printemps, l'ingénuité de l'enfance et le développement de ses goûts; dans l'été, la jeunesse, la naissance des passions, leur progrès, leur violence; dans l'automne leurs suites, leurs effets, les biens et les maux qu'elles produisent; mais dans l'hiver, vous ne pourriez pas, je crois, faire un tableau plus fidèle de la vieillesse que celui qu'a fait Saint-Lambert.

Savez-vous bien, monsieur, que quand je me hasarde à discourir avec vous, je me moque de moi, et je me trouve aussi sotte et aussi ridicule que vous pouvez me trouver? Mais vraiment j'ai bien d'autres choses à vous dire. On m'a raconté l'ambassade que vous avez reçue de Catau la Sémiramis : une boîte tournée de ses propres *mais non innocentes* mains, son portrait, vingt beaux diamants, une belle fourrure, le code de ses lois et une très-belle lettre. Pourquoi me laisser ignorer ce qui peut me la rendre recommandable? Son estime pour vous, et les témoignages qu'elle vous en donne, sont tout ce qui peut lui faire le plus d'honneur.

Adieu, monsieur, jusqu'à demain que je reprendrai cette lettre.

Je n'ai pu attendre la grand'maman. Je viens de relire votre écrit aux *Trois Imposteurs* [1]; on ne peut s'empêcher d'éclater de rire en le finissant; rien n'est si sensé que le commencement et le milieu, et rien n'est si plaisant que la fin; vous dites toujours bien et moi je répète avec vous :

> Écartons ces romans qu'on appelle systèmes,
> Et pour nous élever, descendons en nous-mêmes.

Si nous n'y trouvons pas la vérité, inutilement la chercherions-nous ailleurs :

> Ce Dieu, dont mieux que moi tu conçois l'existence,
> Devrait bien comme à toi me donner ta croyance.

Ne voilà-t-il pas une belle parodie?

Sérieusement, monsieur de Voltaire, je suis intimement persuadée que ce que nous ne pouvons comprendre ne nous est pas nécessaire à savoir; et qu'il nous suffit, pour être sages, c'est-à-dire pour être heureux, de nous en tenir à ce que la loi naturelle nous enseigne : *Ne faites pas à autrui ce que vous ne voulez pas qu'on vous fasse.* C'est dans ce sens que la crainte devient le commencement de la sagesse.

Mon Dieu, que vous êtes heureux et que vous êtes en bonne compagnie étant seul avec vous-même! Je paye bien cher le plaisir que vous me donnez, je ne peux plus rien lire. J'ouvre un livre qu'on me vante, ce sont des lieux communs ou des extravagances, un style abominable. Je rejette le livre, je me fais lire du Voltaire, quelquefois madame de Sévigné, Hamilton, la Bruyère, la Rochefoucauld, et puis quelquefois des livres mal écrits, comme les *Mémoires de Mademoiselle, Les Illustres Françaises,* etc. Je lis aussi parfois quelques traductions des anciens et des Anglais, mais pour nos beaux discours d'aujourd'hui, je ne les puis supporter; ils me font dire hautement que je ne puis souffrir les livres bien écrits. J'aime mieux passer pour avoir le goût dépravé que de m'ennuyer de leurs ouvrages.

Ce soir nous lirons votre *Épître* à Boileau.

---

[1] *A l'auteur du livre des Trois imposteurs.* Voyez OEuvres de Voltaire, t. XIII, p. 226.

Mercredi 22.

La grand'maman n'est point venue, ainsi j'ai lu sans elle votre *Épître* à Boileau. Eh bien, monsieur, je ne cesse point de vous admirer et de m'étonner que le mauvais goût s'introduise tandis que vous existez. Ma lettre est d'une longueur énorme; il y faut mettre fin en vous assurant de mon tendre attachement et de ma parfaite reconnaissance.

Notre pauvre ami le président est un peu mieux, il y a moins de disparates; j'espère que le changement de saison pourra faire revenir ses forces, et remettre entièrement sa tête.

LETTRE 289.

MADAME LA MARQUISE DU DEFFAND A M. HORACE WALPOLE.

Paris, samedi 1er avril 1769.

Mon usage est de répondre sur-le-champ à vos lettres; je les reçois avant que de me lever; j'ai ma toilette à faire, les visites arrivent; il faut sortir pour souper; enfin je suis toujours pressée; je réponds mal à vos lettres le même jour, parce que je ne les ai lues que superficiellement; j'ai eu tout le temps de relire avec attention la dernière, j'en suis très-contente.

Votre analyse de Saint-Lambert[1] a débrouillé tout ce que j'en pensais; c'est un froid ouvrage et l'auteur un plus froid personnage. Les Beauvau se sont faits ses Mécènes. Ah! qu'il y a

---

[1] M. Walpole avait dit de M. de Saint-Lambert : « Madame du Châtelet m'avait prêté les *Saisons* avant l'arrivée de votre paquet. Ah! que vous en parlez avec justesse! Le plat ouvrage! Point de suite, point d'imagination; une philosophie froide et déplacée; un berger et une bergère qui reviennent à tous moments; des apostrophes sans cesse, tantôt au bon Dieu, tantôt à Bacchus; les mœurs et les usages d'aucun pays. En un mot c'est l'Arcadie encyclopédique. On voit des pasteurs, le dictionnaire à la main, qui cherchent l'article *Tonnerre* pour entendre ce qu'ils disent eux-mêmes d'une tempête. Peut-on aimer les éléments de la physique rimés? Vous y avez trouvé huit vers à votre usage : en voici un qui m'a frappé, moi :

» Fatigué de sentir, il paraît insensible.

» Quant aux *Contes orientaux*, ce sont des épigrammes en brodequins, de petites moralités écrasées sous des turbans gigantesques. Je persiste à dire que le mauvais goût qui précède le bon goût est préférable à celui qui lui succède. *Corruptio optimi fit pessima.* C'est une sentence latine qu'on a dite, je ne sais quand, ni à quelle occasion, mais qui peint au naturel tous les singes de Voltaire, et la plus grande partie de vos auteurs modernes. » (A. N.)

des gens de village et des trompettes de bois! Peut-être y a-t-il encore quelques gens d'esprit, mais pour des gens de goût, pour de bons juges, il n'y en a point.

Le prétendant à la couronne de Pologne [1], en attendant son élection, s'occupe à faire la musique et les paroles d'un opéra qu'il veut faire représenter apparemment à l'Isle-Adam ou au Temple, car je me persuade que ce ne sera pas aux Italiens; c'est une fête qu'il veut donner à M. le duc de Chartres à l'occasion de son mariage [2]. Le sujet est Ariane abandonnée par Thésée dans l'île de Naxos; elle y a trouvé Bacchus, et elle suit le conseil de mademoiselle Antier, médiocre actrice, à qui on disait, en lui faisant répéter un rôle d'amante abandonnée: Qu'est-ce que vous feriez, mademoiselle, si vous vous trouviez dans cette situation, si votre amant vous quittait? *Ce que je ferais? J'en prendrais un autre.* Jugez des talents de cette actrice, et jugez de l'intérêt dont sera le drame de Sa Majesté Polonaise. J'ai conté et non pas lu à la grand'maman, qui me l'a fait conter au grand'papa, le canevas de votre poëme [3], qui a eu un succès infini. Effectivement, rien n'est d'un meilleur ton.

Adieu. J'ai mal à la tête, des douleurs dans les entrailles, je me sens très-échauffée; cela ne me fait rien; il me semble que je suis toute prête à faire mon paquet et à partir. Cette dispo-

---

[1] Le prince de Conti. A la mort d'Auguste, électeur de Saxe, on dit qu'il aspirait au trône de Pologne. (A. N.)

[2] Avec la fille unique du duc de Penthièvre, et sœur du prince de Lamballe; la duchesse d'Orléans morte en 1821. (A. N.)

[3] C'est d'après l'idée qu'on avait que le prince de Conti formait des vues sur le royaume de Pologne, que M. Walpole, qui, dans ses lettres à madame du Deffand, avait toujours appelé madame Geoffrin *la reine mère de Pologne*, d'après le voyage qu'elle avait fait à Varsovie, sur la demande expresse de Stanislas, s'exprime de la manière suivante : « Que dit la reine mère de Pologne de cette prétention? Ma foi, vous aurez une guerre civile dans la rue Saint-Honoré. Voilà le canevas d'un beau poëme épique. Le poëme s'ouvre; le maréchal d'Alembert harangue son armée d'encyclopédistes, s'agenouille pour demander la bénédiction du ciel, se souvient qu'il n'y a point de Dieu, invoque sainte Catherine de Russie : un poignard tombe à ses pieds; il accepte l'augure et trace un manifeste, sur le sable, contre les rebelles. On vient lui dire que son ami, le général Marmontel, vient d'être fait prisonnier par un exempt de police. Le maréchal fait une belle satire contre la police, et se retire dans sa tente, où sa bien-aimée (*mademoiselle de l'Espinasse*) lui apporte une armure complète qu'elle a obtenue de Vénus. Rien de si facile, comme vous voyez, de surpasser Homère et Virgile; il n'y manque que les paroles. Adieu. Jetez au feu cette folie. » (A. N.)

sition me vient peut-être de ce que j'en suis encore bien loin; tout comme on voudra.

Dites-moi pourquoi, détestant la vie, je redoute la mort[1]? Rien ne m'indique que tout ne finira pas avec moi; au contraire je m'aperçois du délabrement de mon esprit, ainsi que de celui de mon corps. Tout ce qu'on dit pour ou contre ne me fait nulle impression. Je n'écoute que moi, et je ne trouve que doute et qu'obscurité. *Croyez*, dit-on, *c'est le plus sûr;* mais comment croit-on ce que l'on ne comprend pas? Ce que l'on ne comprend pas peut exister sans doute; aussi je ne le nie pas; je suis comme un sourd et un aveugle-né; il y a des sons, des couleurs, il en convient; mais sait-il de quoi il convient? S'il suffit de ne point nier, à la bonne heure, mais cela ne suffit pas. Comment peut-on se décider entre un commencement et une éternité, entre le plein et le vide? Aucun de mes sens ne peut me l'apprendre; que peut-on apprendre sans eux? Cependant, si je ne crois pas ce qu'il faut croire, je suis menacée d'être mille et mille fois plus malheureuse après ma mort que je ne le suis pendant ma vie. A quoi se déterminer, et est-il possible de se déterminer? Je vous le demande, à vous qui avez un caractère si vrai, que vous devez, par sympathie, trouver la vérité, si elle est trouvable[2]. C'est des nouvelles de l'autre monde qu'il faut m'apprendre, et me dire si nous sommes destinés à y jouer un rôle.

Je fais mon affaire de vous entretenir de ce monde-ci. D'abord je vous dis qu'il est détestable, abominable, etc. Il y a quelques gens vertueux, du moins qui peuvent le paraître, tant qu'on n'attaque point leur passion dominante, qui est pour l'ordinaire, dans ces gens-là, l'amour de la gloire et de la réputation. Énivrés d'éloges, souvent ils paraissent modestes; mais le soin qu'ils prennent pour les obtenir en décèle le motif, et laisse entrevoir la vanité et l'orgueil. Voilà le portrait des plus gens de bien. Dans les autres sont l'intérêt, l'envie, la jalousie, la cruauté, la méchanceté, la perfidie. Il n'y a pas une seule

---

[1] Ce passage et quelques autres de la même amère vigueur sont la confession psychologique de madame du Deffand. C'est son âme écrite. (L.)

[2] M. Walpole, dans sa réponse, dit : « Et c'est à moi que vous vous adressez pour résoudre vos doutes! Je crois fermement à un Dieu tout-puissant, tout juste, tout plein de miséricorde et de bonté. Je suis persuadé que l'esprit de bienveillance et de bienfaisance est l'offrande la moins indigne de lui être présentée. » (A. N.)

personne à qui on puisse confier ses peines, sans lui donner une maligne joie et sans s'avilir à ses yeux. Raconte-t-on ses plaisirs et ses succès? on fait naître la haine. Faites-vous du bien? la reconnaissance pèse, et l'on trouve des raisons pour s'en affranchir. *Faites-vous quelques fautes? Jamais elles ne s'effacent; rien ne peut les réparer* [1]. Voyez-vous des gens d'esprit? Il ne seront occupés que d'eux-mêmes; ils voudront vous éblouir, et ne se donneront pas la peine de vous éclairer. Avez-vous affaire à de petits esprits? Ils sont embarrassés de leur rôle; ils vous sauront mauvais gré de leur stérilité et de leur peu d'intelligence. Trouve-t-on, au défaut de l'esprit, des sentiments? Aucuns, ni de sincères ni de constants. L'amitié est une chimère; on ne reconnaît que l'amour; et quel amour! Mais en voilà assez, je ne veux pas porter plus loin mes réflexions; elles sont le produit de l'insomnie; j'avoue qu'un rêve vaudrait mieux.

LETTRE 290.

M. DE VOLTAIRE A MADAME LA MARQUISE DU DEFFAND.

Le 3 avril 1769.

Chacun a son diable, madame, dans cet enfer de la vie. Le mien m'a affublé de onze accès de fièvre, et me voilà; mais ce n'est pas pour longtemps. En vérité, c'est dommage que la nature m'ayant fait, ce me semble, pour vivre avec vous, me fasse mourir si loin de vous. Quand je dis que nos espèces d'âmes étaient modelées l'une pour l'autre, n'allez pas croire que ma vanité radote. Le fait est clair. Vous me dites par votre dernière lettre, que, « les choses qui ne peuvent nous être » connues ne nous sont pas nécessaires; » grand mot, madame, grande vérité, et, qui plus est, vérité très-consolante. Où il n'y a rien, le roi perd ses droits et la nature aussi. Faites-vous lire, s'il vous plaît, l'article *Nécessaire* dans un certain livre alphabétique, vous y verrez votre pensée. C'est un dialogue entre Sélim et Osmin, deux braves musulmans; et Osmin conclut que la nature n'ayant pas favorisé le genre humain, en tout temps et en tout lieu, du divin Alcoran, l'Alcoran n'est pas nécessaire à l'homme.

---

[1] Nous soulignons cette phrase, écho de plus d'un regret et de plus d'un remords. Madame du Deffand ne pensait pas volontiers à sa jeunesse, parce qu'elle n'y pensait pas impunément. (L.)

Au reste, je sens très-bien que le siècle de Louis XIV est si prodigieusement supérieur au siècle présent, que les athées de ce temps-ci ne valent pas ceux du temps passé. Il n'y en a aucun qui approche de Spinosa.

Ce Spinosa admettait, avec toute l'antiquité, une intelligence universelle, et il faut bien qu'il y en ait une, puisque nous avons de l'intelligence. Nos athées modernes substituent à cela je ne sais quelle nature incompréhensible et je ne sais quels calculs impossibles. C'est un galimatias qui fait pitié. J'aime mieux lire un conte de la Fontaine, quoique, par parenthèse, ses contes soient autant au-dessous de l'Arioste que l'écolier est au-dessous du maître. Cependant ces philosophes ont tous quelque chose d'excellent. Leur horreur pour le fanatisme et leur amour de la tolérance m'attachent à eux. Ces deux points doivent leur concilier l'amitié de tous les honnêtes gens.

Je passe des athées à Sémiramis. Que voulez-vous, s'il vous plaît, que je fasse? Je ne saurais, en vérité, prendre le parti de Moustapha contre elle. Son fils l'aime, son peuple l'aime, sa cour l'idolâtre; elle m'envoie le portrait de son beau visage entouré de vingt gros diamants, avec la plus belle pelisse du Nord, et un code de lois aussi admirable que notre jurisprudence française est impertinente. On parle français à Moscou et en Ukraine. Ce n'est ni le Parlement de Paris ni la Sorbonne qui ont établi des chaires de professeurs en notre langue dans ces pays autrefois si barbares. Peut-être y ai-je un peu contribué. Permettez-moi d'avoir quelque condescendance pour un empire de deux mille lieues d'étendue où je suis aimé, tandis que je ne suis pas excessivement bien traité dans la petite partie occidentale de l'Europe où le hasard m'a fait naître.

Je vous avoue que j'aimerais mieux avoir l'honneur de souper avec vous que de rester au milieu des neiges, dans la belle et épouvantable chaîne des Alpes, ou de courir de roi en impératrice. Soyez très-sûre, madame, que vos lettres ont fait de mon envie extrême de vous revoir une passion. Comptez que mon âme court après la vôtre.

Je serais peut-être un peu décontenancé devant madame la duchesse de Choiseul. Quand le vieux chevalier Destouches-Canon, père putatif de d'Alembert, voyait une jolie femme bien aimable, il lui disait : « Passez, passez vite, madame, vous n'êtes pas de ma sorte. » Je suis devenu un peu grossier dans ma retraite champêtre.

> Que m'importe que la nature
> En dessinant ses traits chéris,
> Pour modèle ait pris la figure
> De la Vénus de Médicis?
> Je suis berger, mais non Pâris.
> Un vieux berger n'est pas un homme.
> Je pourrais lui donner la pomme
> Sans que mon cœur en fût épris,
> Et sans que la maligne engeance
> Des déesses de son pays
> Reprochât à mes sens surpris
> D'être séduit par l'apparence.
> Je sais que son esprit orné
> A toute la délicatesse
> Que l'on vanta dans Sévigné,
> Avec beaucoup plus de justesse;
> Qu'elle aime fort la vérité,
> Mais ne la dit qu'avec finesse.
> Hélas! qu'a-t-il pu ressortir
> De cette âme qui sut vous plaire?
> Quelque faible ressouvenir
> Et quelque image bien légère,
> Qui ne revient que pour s'enfuir?
> A-t-il du moins quelque désir,
> Même encor sans le satisfaire?
> A-t-il quelque ombre de plaisir?
> Voilà notre importante affaire.
> Qu'on a peu de temps pour jouir!
> Et la jouissance est un songe.
> Du néant tout semble sortir,
> Dans le néant tout se replonge.
> Plus d'un bel esprit nous l'a dit.
> Un autre Hénault et Deshoulières,
> Chapelle et Chaulieu l'ont écrit.
> L'antiquité leur devancière,
> Mille fois nous en avertit;
> La Sorbonne dit le contraire :
> A ces messieurs rien n'est voilé;
> Et quand la Sorbonne a parlé,
> Les beaux esprits doivent se taire.

Dites, je vous en conjure, au délabré président combien je m'intéresse à son âme aimable. La mienne prend la liberté d'embrasser la vôtre. Adieu, madame; vivons comme nous pourrons.

LETTRE 291.

MADAME LA MARQUISE DU DEFFAND A M. DE VOLTAIRE.

15 avril 1769.

Hâtez-vous, hâtez-vous, monsieur, de me rendre raison de la nouvelle qu'on débite, et qui a fait tomber tous les autres sujets de conversation. M. de Voltaire, dit-on, a communié en présence de témoins, et il en a fait passer un acte par-devant notaire. Le fait est-il vrai? A quoi cet acte vous servira-t-il? Sera-ce devant les tribunaux de la justice humaine ou de la justice divine? Le produirez-vous en Sorbonne, au Parlement, ou à la vallée de Josaphat? Sont-ce les billets de confession qui vous ont fait naître cette idée? Que voulez-vous que vos amis pensent? doivent-ils garder leur sérieux? peuvent-ils se laisser aller à l'envie de rire? Pourquoi ne les avez-vous pas avertis? Pourquoi ne leur avez-vous pas dicté leur rôle? Ce trait est si nouveau, si ineffable, que je ne puis comprendre quel a été votre dessein.

Je me sais mauvais gré de me détourner, par cette curiosité, de vous parler de ce qui m'intéresse bien davantage, de votre charmante lettre. Vous nous faites passer des moments bien agréables. La grand'maman ne veut laisser à personne le soin de vous lire, elle s'en acquitte supérieurement, avec un son de voix qui va au cœur, une intelligence qui fait tout sentir, tout remarquer; elle veut, à la vérité, marmotter les articles qui la regardent, mais je ne le souffre pas, et je la force à les articuler plus distinctement que tout le reste; ce sont ceux qui sont les plus applaudis, parce qu'ils sont les plus vrais et les plus justes.

Vous voulez savoir qui compose nos petits comités; quand je vous les nommerais, vous ne les connaîtriez point. Leurs noms ne seront peut-être pas dans les fastes de notre siècle; ils n'ambitionnent aucune sorte de gloire : ils la révèrent en vous, parce qu'elle est méritée, et puis, par un esprit de tolérance (qu'ils portent sur tout), ils ne la disputent point à ceux qui l'usurpent; ils se contentent d'être aimables, ils ne veulent point être célèbres.

Répondez-moi incessamment, et mandez-moi des nouvelles de votre santé, corporelle et spirituelle, et croyez que de tous vos amis, tant anciens que modernes, aucun ne vous admire et ne vous aime autant que je fais.

Le président reçoit avec plaisir ce que je lui dis de votre amitié pour lui; sa santé n'est pas mauvaise, sa tête n'est point dérangée, mais elle est bien faible.

LETTRE 292.

M. DE VOLTAIRE A MADAME LA MARQUISE DU DEFFAND.

A Ferney, 24 avril 1769.

Eh bien, madame, je suis plus honnête que vous; vous ne voulez pas me dire avec qui vous soupez, et moi je vous avoue avec qui je déjeune. Vous voilà bien ébaubis, messieurs les Parisiens! La bonne compagnie, chez vous, ne déjeune pas, parce qu'elle a trop soupé; mais moi, je suis dans un pays où les médecins sont Italiens, et où ils veulent absolument qu'on mange un croûton à certains jours. Il faut même que les apothicaires donnent des certificats en faveur des estomacs qu'on soupçonne d'être malades. Le médecin du canton que j'habite est un ignorant de très-mauvaise humeur, qui s'est imaginé que je faisais très-peu de cas de ses ordonnances.

Vous ignorez peut-être, madame, qu'il écrivit contre moi au roi l'année passée, et qu'il m'accusa de vouloir mourir comme Molière, en me moquant de la médecine; cela même amusa fort le conseil. Vous ne savez pas sans doute qu'un soi-disant ci-devant jésuite, Franc-Comtois nommé Nonotte, qui est encore plus mauvais médecin, me déféra, il y a quelques mois, à Rezzonico, premier médecin de Rome, tandis que l'autre me poursuivait auprès du roi, et que Rezzonico envoya à l'ex-jésuite, nommé Nonotte, résidant à Besançon, un bref dans lequel je suis déclaré atteint et convaincu de plus d'une maladie incurable. Il est vrai que ce bref n'est pas tout à fait aussi violent que celui dont on a affublé le duc de Parme; mais enfin j'y suis menacé de mort subite.

Vous savez que je n'ai pas deux cent mille hommes à mon service et que je suis quelquefois un peu goguenard. J'ai donc pris le parti de rire de la médecine avec le plus profond respect, et de déjeuner, comme les autres, avec des attestations d'apothicaires.

Sérieusement parlant, il y a eu, à cette occasion, des friponneries de la Faculté si singulières, que je ne peux vous les mander, pour ne pas perdre des pauvres diables qui, sans m'en rien dire, se sont maintenant parjurés pour me rendre service. Je suis un vieux malade dans une position très-délicate, et il n'y a point de lavements et de pilules que je ne prenne tous les mois, pour que la Faculté me laisse vivre et mourir en paix.

N'avez-vous jamais entendu parler d'un nommé le Bret, trésorier de la marine, que j'ai fort connu, et qui en voyageant se faisait donner l'extrême-onction dans tous les cabarets? J'en ferai autant quand on voudra.

Oui, j'ai déclaré que je déjeunais à la manière de mon pays. Mais si vous étiez Turc, m'a-t-on dit, vous déjeuneriez donc à la façon des Turcs? — Oui, messieurs.

De quoi s'avise mon gendre d'envoyer ces quatre *Homélies?* elles ne sont faites que pour un certain ordre de gens. Il faut, comme disent les Italiens, donner *cibo per tutti*.

Vous saurez, madame, qu'il y a une trentaine de cuisiniers répandus dans l'Europe qui, depuis quelques années, font des petits pâtés dont tout le monde veut manger; on commence à les trouver fort bons, même en Espagne. Le comte d'Aranda en mange beaucoup avec ses amis. On en fait en Allemagne, en Italie même; et certainement, avant qu'il soit peu, il y aura une nouvelle cuisine.

Je suis bien fâché de n'avoir pas *la Princesse Printanière* dans ma bibliothèque, mais j'ai *l'Oiseau bleu* et *Robert le Diable*. Je parie que vous n'avez jamais lu *Clélie* ni *l'Astrée*. On ne les trouve plus à Paris. Clélie est un ouvrage plus curieux qu'on ne pense. On y trouve les portraits de tous les gens qui faisaient du bruit dans le monde du temps de mademoiselle de Scudéry : tout Port-Royal y est ; le château de Villars, qui appartient aujourd'hui à M. le duc de Praslin, y est décrit avec la plus grande exactitude.

Mais à propos de roman, pourquoi, madame, n'avez-vous pas appris l'italien? Que vous êtes à plaindre de ne pouvoir pas lire dans sa langue l'Arioste, si détestablement traduit en français! Votre imagination était digne de cette lecture. C'est la plus grande louange que je puisse vous donner, et la plus juste. Soyez très-sûre qu'il écrit beaucoup mieux que la Fontaine, et qu'il est cent fois plus peintre qu'Homère, plus varié, plus gai, plus comique, plus intéressant, plus savant dans la connaissance du cœur humain, que tous les romanciers ensemble, à commencer par l'histoire de Joseph et de la Putiphar, et à finir par Paméla. Je suis tenté toutes les années d'aller à Ferrare, où il y a un beau mausolée; mais puisque je ne vais point vous voir, madame, je n'irai point à Ferrare.

Vous me faites un grand plaisir de me dire que votre ami se porte mieux. Mettez-moi aux pieds de votre grand'maman; mais si elle n'a pas le bonheur d'être folle de l'Arioste, je suis au désespoir de sa sagesse. Portez-vous bien, madame; amusez-vous comme vous pourrez. J'ai encore la fièvre toutes les nuits, et je m'en moque.

Amusez-vous, encore une fois, fût-ce avec *les Quatre fils Aymon;* tout est bon, pourvu qu'on attrape le bout de la journée, qu'on soupe, et qu'on dorme; le reste est vanité des vanités, comme dit l'autre; mais l'amitié est chose véritable.

> Ma grossière rusticité
> Et mon impudence suissesse
> Auraient grand'peine à se prêter
> A tant de grâce et de souplesse.
> Il faut que, pour bien s'ajuster,
> Les gens soient d'une même espèce.
>
> Vous dont l'esprit et les bons mots,
> L'imagination féconde,
> La repartie et l'à-propos
> Font toujours le charme du monde;
> Vous, ma brillante du Deffand,
> Conversez dans votre retraite,
> Vivez avec la grand'maman;
> C'est pour vous que les dieux l'ont faite.
> Si j'allais très-impudemment
> Troubler vos séances secrètes,
> Que diriez-vous d'un chat-huant
> Introduit entre deux fauvettes?

Cependant je veux savoir qui soupe entre madame de Choiseul et vous : qui en est digne, qui soutient encore l'honneur du siècle. Que voulez-vous que je vous dise? Hélas! toutes nos petites consolations ne sont encore que des emplâtres sur la blessure de la vie. Mais, dans votre malheur, vous avez du moins le meilleur des remèdes; et puisque vous existez, qu'y a-t-il de mieux que de consumer quelques moments de cette existence douloureuse et passagère avec des amis qui sont au-dessus du commun des hommes? Vous m'avez donné une grande satisfaction en m'annonçant que le président a repris son âme.

LETTRE 293.

MADAME LA MARQUISE DU DEFFAND A M. HORACE WALPOLE.

Mercredi 24 mai 1769.

Si vous êtes encore aujourd'hui dans votre petit château, je m'en réjouis; loin de mourir de froid, vous devez mourir de chaud; vous devez être environné de tous les rossignols, vous devez être content d'être loin de la ville, de ne plus entendre parler de Wilkes, ni des Wauxhall; enfin, vous devez être content, et comme je vous veux du bien, j'en suis fort aise.

Sachez, je vous prie, une fois pour toutes, que vous me faites infiniment trop d'honneur, quand vous prétendez que je dois penser comme vous; vous avez infiniment plus de lumières, plus de fermeté, de courage, de constance, de talent, de ressource, que moi, qui suis faible, incertaine, portée à la mélancolie, ayant besoin d'appui, ne connaissant plus de plaisir que celui de la conversation. La société m'est devenue nécessaire, c'est le plus grand besoin de ma vie; et vous voulez qu'il me soit aussi indifférent qu'à vous de vivre avec des gens faux ou sincères! N'est-il pas insupportable de n'entendre jamais la vérité? Cela ne vous fait rien à vous, vous n'observez que pour vous moquer, vous ne tenez à rien, vous vous passez de tout; enfin, enfin, rien ne vous est nécessaire; le ciel en soit béni, vous êtes heureux; non pas à ma manière, mais à la vôtre, qui vaut cent fois mieux.

Tout le bien que vous m'avez dit de M. de Liancourt[1] m'a donné envie de le connaître; on me l'a amené; il est infiniment content de vous, il m'a très-bien raconté votre fête, il vous trouve très-aimable, il se loue beaucoup de vos attentions, de votre politesse; je l'ai trouvé fort naturel, fort simple; je ne

---

[1] François-Alexandre-Frédéric, duc de La Rochefoucauld, pair de France, né en 1747, est le fils du duc d'Estissac, et fut connu sous le nom de duc de Liancourt jusqu'à l'époque de la mort du duc de La Rochefoucauld d'Anville, son cousin germain, horriblement massacré à Gisors, au mois de septembre 1792. A l'époque de la Révolution, M. de Liancourt était grand maître de la garde-robe. Il n'a pas repris cette place depuis la Restauration. Député de la noblesse aux états généraux, il y défendit les droits du trône et ceux de la liberté, et montra, dans différentes occasions, le plus grand attachement pour la personne de Louis XVI. Fortement compromis par cet attachement, il quitta la France après le 10 août 1792, se rendit en Angleterre, et passa ensuite en Amérique, d'où il revint en France, en 1799, après le 18 brumaire. (A. N.)

sais d'où vient qu'il passe ici pour un sot; j'ai plus de foi à vos jugements qu'à ceux de mes compatriotes. Venons à la grand'-maman.

Je suis ravie qu'elle soit à Chanteloup, et qu'elle n'ait aucun rôle à jouer. J'aurais bien des choses à vous dire, mais la discrétion que je professe m'impose silence. Je trouverai peut-être quelque occasion, et j'en profiterai. Je passai hier la soirée avec les deux maréchales; je les verrai encore ce soir. Voilà les personnes qu'il faut voir pour étudier le monde et le bien connaître. Oh! que la grand'maman est peu faite pour ce monde-là, et qu'elle est bien à Chanteloup, avec son abbé, son petit oncle[1], ses moutons, ses manufactures, ses paysans, ses curés, ses chanoines, quoiqu'il y ait entre ces deux derniers de grandes divisions sur qui aura le pas à la procession de demain[2] ! L'abbé me fait un journal de tout ce qui se passe; il vous divertirait; notre correspondance est assez agréable, et fort gaie.

Votre ambassadeur[3] qui est le meilleur homme du monde, qui se couche tous les jours à onze heures, donna hier à souper au grand-papa, à sa sœur, à tout le corps diplomatique, à mesdames de Beuvron[4], de Lauraguais[5], de Luxembourg et de Lauzun; ces deux dernières vinrent chez madame de Mirepoix en sortant de chez l'ambassadeur. Cette compagnie n'était pas assortie, mais ce souper s'était arrangé à Marly, chez le grand-papa, entre toutes les dames qui s'y trouvèrent. Adieu.

LETTRE 294.

LA MÊME AU MÊME.

Paris, dimanche 11 juin 1769.

Je ne suis point comme vous, je ne m'applaudirai jamais de mon indifférence; c'est un genre de bonheur que je ne connais point, et que je n'ambitionne pas. Ceux qui en jouissent s'en vantent rarement, et ceux qui le possèdent véritablement ne me font point d'envie; je ne souhaite ni de leur ressembler ni

---

[1] Le comte de Thiers.
[2] La procession du jour de l'Ascension. (A. N.)
[3] Simon, comte d'Harcourt, alors ambassadeur d'Angleterre en France. (A. N.)
[4] Madame de Beuvron, née Bouillé. (A. N.)
[5] Madame la comtesse de Lauraguais, fille du maréchal prince d'Isenghien. (A. N.)

de vivre avec eux. Je doute très-fort que vous ressembliez en rien à ces gens-là; si cela est vrai, je vous en félicite; mais je ne vous en estime pas davantage.

Convenez qu'on dit bien des paroles oiseuses, qu'on se connait bien peu soi-même, et que, quand on veut parler sans avoir rien à dire, on ne dit rien qui persuade.

Je reçois dans cet instant un billet de la grand'maman; il m'a fait plaisir; son amitié ne me laisse rien à désirer; elle me garantira toute ma vie de l'ennuyeux bonheur de ne rien aimer, et de ne l'être de personne. Je vois avec grand plaisir que le terme de son retour approche; il n'y a plus qu'elle et ceux de sa société qui me plaisent véritablement; c'est un autre climat que l'air qu'on respire dans son petit appartement. Depuis huit jours, j'ai fait plusieurs courses : j'ai été à Versailles, chez les Beauvau; à Châtillon, chez les Montigny; à Rueil[1], à Montmorency[2]. Tous ces gens-là sont dignes du bonheur de l'indifférence; je me flatte qu'ils le possèdent, puisqu'ils le communiquent. La grosse duchesse reçut fort bien madame votre nièce[3].

Je reçus hier une lettre de la Bellissima[4], qui devait être dans le recueil des pièces choisies. Votre cousine voudrait que je vous en écrivisse une dans ce genre; elle croit que ce serait la première lettre ridicule que vous auriez reçue de moi, elle ignore que ce ne serait qu'un nouveau genre. Oh! non, je n'ai point de talent pour la plaisanterie; je ne puis écrire que ce que je pense et ce que je sens; et comme je perds tous les jours la faculté de l'un et de l'autre, je touche au moment de n'avoir plus rien à dire. Les nouvelles ne m'intéressent point; on ne peut les confier à la poste, et quand on le pourrait, je n'ai pas le talent des gazettes. J'ai beaucoup vu M. de Lille[5], je lui ai fait ra-

---

[1] Chez la duchesse douairière d'Aiguillon. (A. N.)

[2] Chez la maréchale de Luxembourg. (A. N.)

[3] Madame Cholmondeley, veuve de feu Robert Cholmondeley. Elle était à Paris avec ses deux filles, et occupait une partie de l'appartement de madame du Deffand au couvent de Saint-Joseph. (A. N.)

[4] La comtesse de Forcalquier. (A. N.)

[5] M. de Lille était officier de cavalerie et fort aimable en société. Il a composé plusieurs jolies chansons. (Voir notre *Introduction*.) La fête dont il est ici question est une de celles que M. Walpole avait données, à Strawberry-Hill, au comte du Châtelet, ambassadeur de France, et à un grand nombre de Français de distinction qui se trouvaient alors à Londres.

Horace Walpole écrivit alors à Georges Montagu une lettre dans laquelle il donne les détails suivants sur cette fête :

« Strawberry vient d'offrir un coup d'œil magnifique. Mardi, toute la France

conter votre fête ; il a rapporté le plan de votre château : il se croit très-bien avec vous ; vous lui avez confié vos projets ; il ne vous attend qu'au mariage de M. le Dauphin. Les deux personnes qui lui plaisent le plus, c'est vous et milord Holderness ; il ne sait positivement lequel a le plus d'esprit et d'agrément, mais l'un et l'autre vous en avez presque autant que notre ambassadeur [1]. Oh! cet homme a bien du discernement! pour moi, qui n'en ai pas tant que lui, je lui trouve quelques talents, mais peu d'esprit ; du plat, du grossier, du familier, le ton d'un parvenu ; mais je le verrai cependant quelquefois ; il raconte assez bien ce qu'il a vu, ce qu'il a entendu, et j'aime mieux ses récits que les raisonnements sur la morale, et les descriptions du bonheur champêtre de la Bellissima et de sa tendre amie madame Boucault[2]. Votre nièce a du goût, ses jugements sont prompts et justes, elle vous plaira quand vous la connaîtrez ; je n'ai point d'engouement pour elle, et, comme de raison, elle n'en a point pour moi, mais nous nous convenons assez.

Votre article de M. Liancourt m'a fait plaisir[3] ; je vous appliquerai ce vers de Corneille dans *Nicomède :*

> Vous avez de l'esprit, si vous n'avez du cœur.

Mais comment cela se peut-il? je crois, moi, qu'on n'a de l'esprit qu'autant qu'on a du cœur. C'est le cœur qui fait tout

y a dîné : M. et madame du Châtelet, M. le duc de Liancourt, les ministres d'Espagne et de Portugal, les Holderness, les Fitzroy... Enfin nous étions vingt-quatre à table. Tout mon monde arriva à deux heures ; j'allai le recevoir jusqu'aux portes du château, avec la cravate de Gibbins et une paire de gants brodés jusqu'aux coudes, qui avaient appartenu à Jacques Ier. Les domestiques français ne pouvaient se lasser de me regarder ; je suis persuadé qu'ils ont cru fermement que c'était là le costume habituel des gentilshommes de province anglais. Après avoir visité les appartements, nous nous rendîmes à l'imprimerie, où j'avais fait *composer* d'avance quelques vers traduits en même temps par M. de Lille, qui se trouvait de notre compagnie. Dès que mes vers furent sortis de dessous presse, nous allâmes voir la grotte et le jardin de Pope. A notre retour, nous trouvâmes dans le réfectoire un dîner magnifique ; le soir nous nous promenâmes et prîmes le thé, le café, et la limonade, dans la galerie qu'éclairaient mille bougies ; après quoi nous jouâmes au whist et à la bête jusqu'à minuit. On nous servit alors un souper froid, et à une heure du matin ma société s'en retourna à Londres, aux acclamations de cinquante rossignols qui étaient venus, en leur qualité de vassaux, rendre hommage à leur seigneur. » (A. N.)

[1] Le comte du Châtelet. (A. N.)

[2] Le chevalier de Lille valait mieux que cela, et madame du Deffand le juge un peu trop sévèrement. Voir notre *Introduction*. (L.)

[3] Le duc de Liancourt. Il n'est point une idée noble et philanthropique qui

connaître, tout démêler; tout est de son ressort; j'en excepte l'arithmétique, et toutes les sciences que je n'estime pas plus que celle-là. La comparaison de l'éducation à l'inoculation prouve ce que je dis[1]. D'Alembert ne l'aurait pas faite. Allez, allez, il n'y a que les passions qui fassent penser. Vous jugerez par cette lettre que je n'en ai point, parce qu'assurément elle est aussi bête que celles de la Bellissima.

Je vous serais obligée de me parler de votre santé.

LETTRE 295.

LA MÊME AU MÊME.

Paris, dimanche 25 juin 1769.

Serait-ce bien tout de bon que vous vous excusez de la stérilité de vos lettres quand vous ne les remplissez pas de nouvelles? Je pourrais vous faire une belle citation de madame de Sévigné, mais elle vous déplairait, et j'observe religieusement de me tenir à mille lieues de tout ce qui peut vous choquer.

Oh! vous n'êtes point fâché qu'on vienne voir votre château: vous ne l'avez point fait singulier, vous ne l'avez pas rempli de choses précieuses, de raretés; vous ne bâtissez pas un cabinet rond, dans lequel le lit est un trône, et où il n'y a que des tabourets, pour y rester seul, ou ne recevoir que vos amis[2].

ne se rattache au nom de M. le duc de la Rochefoucauld-Liancourt. Éloigné de sa patrie pendant les troubles de la révolution, il mit son absence à profit pour étudier chez les autres nations les institutions qui pouvaient contribuer au bonheur et à la prospérité de la France. Après avoir séjourné en Angleterre, il passa aux États-Unis d'Amérique, et a publié depuis un excellent ouvrage sur ce pays et sur les prisons de Philadelphie.

[1] M. Walpole avait dit de M. de Liancourt : « Je ne suis pas surpris qu'il vous ait plu; c'est de tous vos Français celui qui me revenait le plus. Il a beaucoup d'âme, et point d'affectation. Je me moque bien de ceux qui le croient sot. Il peut le devenir en perdant son naturel, et en pratiquant les sots. Il est vrai qu'il y a peu d'apparence qu'il y tombe. Il n'y a que la bonne tête et le cœur encore meilleur de la grand'maman qui sachent résister à toutes les illusions. La sottise est à peu près comme la disposition à la petite vérole; il faut que tout le monde l'ait une fois dans la vie. Plusieurs en sont bien marqués, et l'inoculation même, qui répond à l'éducation, étant prise quelquefois de mauvais lieu, corrompt le sang, et laisse des traces encore plus mauvaises que la maladie naturelle. » (A. N.)

[2] M. Walpole s'était plaint à madame du Deffand de ce que plusieurs grandes sociétés, composées de jeunes gens de sa connaissance, étaient venues voir, à l'improviste, sa maison de Strawberry-Hill. (A. N.)

Tout le monde a les mêmes passions, les mêmes vertus, les mêmes vices; il n'y a que les modifications qui en font la différence; amour-propre, vanité, crainte de l'ennui, etc.; c'est ce qui remue tout ce qui est sur terre; les uns font la cour à madame du Barry, les autres la bravent; ceux-ci ont une conduite réservée, et s'en glorifient; ceux-là souffrent le martyre de ne s'y pas livrer à corps perdu; enfin tous ont des motifs différents, et tous ne sont guère dignes d'estime.

Il me semble qu'autrefois vous n'aimiez point tant le duc de Richmond; je suis fort aise quand je vous vois penser qu'on peut trouver quelqu'un d'estimable; je suis toute prête à être persuadée que cela est impossible. Mon rôle actuel est celui d'observateur, je ne vois rien qui ne me confirme dans le plus souverain mépris pour tout ce qui respire. En vérité, j'en excepte la grand'maman: c'est peut-être la seule personne qui soit parfaitement exempte de reproche ou de blâme; mais elle est parfaite, et c'est un plus grand défaut qu'on ne pense et qu'on ne saurait imaginer; c'est l'assemblage de toutes les vertus qui forment son être; on n'est point digne d'elle, on ne peut atteindre à sa sphère; enfin, enfin, je vous le dis en secret, on l'adore; mais, mais, ose-t-on l'aimer? Il y a déjà huit semaines qu'elle est absente, et elle ne doit revenir que le 15 du mois prochain pour aller tout de suite à Compiègne. Ma correspondance avec elle et sa compagnie est très-vive; je fais la chouette à trois personnes: à elle, à l'abbé Barthélemy, et au baron de Gleichen[1]. Vous pensez que cela me fait grand plaisir, vous supposez que j'aime à écrire, il n'en est rien. Cependant il y a des moments (mais ils sont rares) où j'aurais peine à m'en passer. Cette nuit, que j'ai eu une parfaite insomnie, je vous ai écrit quatre pages de ma propre main; j'étais fort contente; je vous ai dit tout ce que je pensais; mais après trois heures de sommeil et la réception de votre lettre, j'ai plié mon griffonnage; et quoique j'en sois fort contente, je ne vous l'enverrai point, car c'est vous qui aimez les nouvelles, et non pas moi; et il n'y en avait point certainement dans ce que je vous ai écrit cette nuit; mais il faut vous en dire actuellement.

J'ignore ce qui cause l'incertitude de nos ambassadeurs[2]; je ne vois personne dans ce moment-ci qui soit bien au fait de

---

[1] L'envoyé extraordinaire de Danemark en France. (A. N.)
[2] Le comte et la comtesse du Châtelet à Londres. (A. N.)

toutes choses. Il n'est pas douteux que les cabales et les intrigues ne soient dans ce moment-ci dans la plus grande vivacité ; on peut parier en sûreté de conscience ; les vents soufflent de toutes parts ; déracineront-ils les arbres ? je n'en sais rien. La madame de M***[1] joue un rôle indigne ; elle cherche à faire des recrues pour diminuer sa honte, mais jusqu'à présent sans grand succès. D'autres ont poussé l'honnêteté et la dignité jusqu'à l'insolence[2]. Enfin de toutes parts on ne trouve rien digne d'être loué, approuvé et même toléré. L'autre jour à la campagne, pendant le whist du maître de la maison (*le roi*), le chef de la conjuration (*duc de Richelieu*) établit un petit lansquenet pour l'apprendre à la dame (*madame du Barry*) ; c'était un jeu de bibus, il y perdit deux cent cinquante louis. Le maître du logis se moqua de lui, lui demanda comment il avait pu perdre autant à un si petit jeu ; il y répondit par une citation d'un opéra ;

> Le plus sage
> S'enflamme et s'engage,
> Sans savoir comment.

Le maître rit et toute la troupe.

Votre cabinet est-il fini ? Vos autres ouvrages que j'ignore sont-ils bien avancés ? quels sont vos projets, quand tout cela sera fini ? ne devez-vous pas faire un ermitage au bout de votre jardin ? Oh ! vous travaillez pour la postérité, pour votre mémoire[3]. Si vous vous amusez, vous avez raison ; mais je ne comprends pas bien, qu'excepté la justice qui doit faire penser à assurer le bien des autres après soi, on puisse s'occuper et s'intéresser sérieusement à ce qu'on pensera et l'on dira de nous quand nous ne serons plus. Adieu, le papier manque.

---

[1] La maréchale de Mirepoix, qui fut la première femme de distinction qui parut en public à Versailles avec madame du Barry. (A. N.)

[2] En refusant de voir madame du Barry ou de se trouver avec elle en société. De ce nombre était le prince de Beauvau, frère de madame de Mirepoix, et sa femme, de qui madame du Deffand veut parler ici. (A. N.)

[3] Si madame du Deffand avait pu voir quelques-unes des additions faites par M. Walpole à sa maison de Strawberry-Hill, elle ne l'aurait certainement pas soupçonné de bâtir pour la postérité ; car un de ses plus anciens amis, M. G. J. Williams, avait observé, avec raison, que M. Walpole avait déjà survécu à une partie de cet édifice. (A. N.)

LETTRE 296.

LA MÊME AU MÊME.

Paris, mardi 18 juillet 1769.

Vous souhaitez que je vive quatre-vingt-huit ans, et pourquoi le souhaiter, si votre premier voyage ici doit être le dernier? Pour que ce souhait m'eût été agréable, il fallait y ajouter: je verrai encore bien des fois ma *Petite*, et je jouirai d'un bonheur qui n'était réservé qu'à moi, l'amitié la plus tendre, la plus sincère et la plus constante qui fut jamais.

Je vous espérais plus tôt, mais vous avez voulu rendre vos années complètes[1]. Ah! ne craignez point mes reproches; je n'ai que des grâces à vous rendre. Tous les jours je m'applaudis d'avoir si bien placé mon amitié; nul autre que vous ne la connaît si bien et n'en est si digne; aussi je puis vous jurer que vous l'avez sans partage. La grand'maman arrive demain avec son grand abbé, je passerai la soirée avec eux, et je m'en fais un grand plaisir; c'est immense tout ce que nous aurons à nous dire. C'est grand dommage que vous ne puissiez faire la partie carrée.

On attend ces jours-ci la Bellissima. La grosse duchesse partit lundi pour Véret[2] et elle reviendra en même temps que vous. Le Compiègne finira le 1er septembre; Paris sera moins désert qu'il ne l'est aujourd'hui, et j'en serai bien aise, car je n'aimerais pas que vous n'eussiez que moi à voir.

Je ne veux point parler de votre arrivée, je ne veux rien dissiper du plaisir que j'aurai de vous revoir; je renferme tout ce que je pense, je le réserve pour vous; mais ne craignez point les grandes effusions, vous devinerez ma joie et mon plus grand soin sera de la contenir; nous aurons tant de sujets de conversation, qu'il me sera facile de ne vous pas parler de moi. Il y a deux ans que je ne vous ai vu, et je ne sais par quel enchantement il me paraît qu'il y a très-peu de temps que nous nous sommes séparés; je me rappelle tout ce qui s'est passé en votre absence, mais avec peine; tout cela n'a fait que des traces très-légères; le moment de votre départ, celui de votre arrivée,

---

[1] M. Walpole arriva à Paris le 18 août de cette année, et quitta cette ville le 5 octobre suivant. (A. N.)

[2] La terre du duc d'Aiguillon, son fils, sur le Cher, au-dessus de la ville de Tours. (A. N.)

ce sont là mes deux seules époques; tout ce qui est entre deux est presque effacé; quand je me ressouviens d'un fait, d'un événement, je ne sais où le placer, si c'était avant ou après votre départ; vous aiderez à ma mémoire.

Adieu: mon plaisir est troublé, je l'avoue; je crains que ce ne soit un excès de complaisance qui vous fasse faire ce voyage.

LETTRE 297.

M. DE VOLTAIRE A MADAME LA MARQUISE DU DEFFAND.

18 juillet 1769.

Ma nièce m'a dit, madame, que vous vous plaigniez de mon silence, et que vous voyiez bien qu'un dévot comme moi craint de continuer un commerce scandaleux avec une dame profane telle que vous l'êtes. Eh! mon Dieu! madame, ne savez-vous pas que je suis tolérant, et que je préfère même le petit nombre qui fait la bonne compagnie à Paris, au petit nombre des élus? Ne savez-vous pas que je vous ai envoyé, par votre grand'maman, les *Lettres d'Amabed*, dont j'ai reçu quelques exemplaires de Hollande? Il y en avait un pour vous dans le paquet.

N'ai-je pas songé à vous procurer la tragédie des *Guèbres*, ouvrage d'un jeune homme qui paraît penser bien fortement, et qui me fera bientôt oublier? Pour moi, madame, je ne vous oublierai que quand je ne penserai plus; et lorsqu'il m'arrivera quelques ballots de pensées des pays étrangers, je choisirai toujours ce qu'il y aura de moins indigne de vous pour vous l'offrir. Vous serez bientôt lasse des *Contes de fées*. Quoi que vous en disiez, je ne regarde ce goût que comme une passade.

Avez-vous lu l'*Histoire* de M. Hume? Il y a là de quoi vous occuper trois mois de suite. Il faut toujours avoir une bonne provision devant soi.

Il paraît en Hollande une *Histoire du Parlement*, écrite d'un style assez hardi et assez serré; mais l'auteur ne rapporte guère que ce que tout le monde sait, et le peu qu'on ne savait pas ne mérite point d'être connu; ce sont des anecdotes du greffe. Il est bien ridicule qu'on m'impute un tel ouvrage; il a bien l'air de sortir des mêmes mains qui souillèrent le papier de quelques invectives contre le président Hénault, il y a environ deux années; c'est le même style; mais je suis accoutumé à porter les iniquités d'autrui. Je ressemble assez à vous autres, mesdames, à qui on donne une vingtaine d'amants, quand vous en avez eu un ou deux.

Deux hommes que vous connaissez sans doute, M. le comte de Schomberg et le marquis de Jaucourt, ont forcé ma retraite et ma léthargie; ils sont très-contents de mes progrès dans la culture des terres, et je le suis davantage de leur esprit, de leur goût et de leur agrément; ils aiment ma campagne et moi je les aime. Ah! madame, si vous pouviez jouir de nos belles vues! Il n'y a rien de pareil en Europe; mais je tremble de vous faire sentir votre privation. Vous mettez à la place tout ce qui peut consoler l'âme. Vous êtes recherchée comme vous le fûtes en entrant dans le monde; on ambitionne de vous plaire; vous faites les délices de quiconque vous approche; je voudrais être entièrement aveugle et vivre auprès de vous.

LETTRE 298.

MADAME LA MARQUISE DU DEFFAND A M. DE VOLTAIRE.

29 juillet 1769.

Nos lettres se sont croisées, mais nous voici en règle. Je n'aurai pas de peine à faire ce que vous désirez. Une seconde lecture des *Guèbres*, faite par un bon lecteur, m'a fait remarquer des beautés qui m'étaient échappées. Je voudrais que mon suffrage eût plus de poids; mais tel qu'il est, vous y pouvez compter. Je dois cependant vous dire ce que je pense; jamais on ne permettra la représentation de cette pièce, avant que les changements qu'elle a pour but soient arrivés; ils arriveront un jour; mais vous êtes comme Moïse, vous voyez la terre promise et vous n'y entrerez pas; elle sera pour nos neveux; contentez-vous de la sortie d'Egypte.

Toute réflexion faite, je crois qu'il est plus avantageux que cette pièce soit lue que représentée; elle aurait du succès sans doute, mais elle élèverait de grandes clameurs et animerait furieusement les adversaires : mais ce qui est de plus certain, c'est qu'aucun magistrat ni aucun ministre n'oserait en autoriser la représentation; il faut se contenter de ce qu'on en tolère l'impression.

Ce serait pour moi un grand plaisir de me retrouver avec vous. Si j'avais exécuté le projet que j'eus, il y a quinze ans, de m'établir en province; je vous aurais rendu des visites; mais aujourd'hui je suis trop vieille pour songer à changer de place. Je resterai dans ma cellule, lisant vos ouvrages, vous écrivant quelquefois, et vous aimant jusqu'à mon dernier moment.

LETTRE 299.

MADAME LA MARQUISE DU DEFFAND A M. HORACE WALPOLE.

Paris, mercredi 3 août 1769.

Avec les meilleurs procédés du monde, vous conservez toujours un ton sévère; vous me blâmez de prévoir l'avenir. Dans le fond vous avez grande raison, car je crois qu'il sera bien court pour moi, surtout si mes insomnies continuent comme elles sont; il y a plus de huit jours que je ne dors pas plus de deux ou trois heures par nuit. Je ne puis pas en deviner la cause : je ne souffre de nulle part et je n'ai point d'agitation; mais je tombe en ruines; ce sont les ruines de Chaillot ou de Vaugirard. Je suis un grand contraste à la description que vous me faites de votre petite cabane : je la crois charmante, je comprends que l'occupation de la construire, de l'orner, vous a fait passer d'agréables moments; je doute que n'ayant plus rien à y faire, sa jouissance vous rende aussi heureux; mais je ne sais ce que je dis; on veut toujours juger des autres par soi-même, on a tort. Rien n'est si différent que les goûts; on peut s'accorder sur les choses de raisonnement, mais rarement, et peut-être jamais sur celles du sentiment. Pour bien des gens, la musique n'est que du bruit; les uns aiment le bleu, les autres le rouge; pour vous c'est le *vert de pois*[1]; je n'avais jamais entendu parler de ce vert-là.

Mais, mais, je trouve de la plus grande singularité la facilité qu'on a à vous demander des présents; rien n'est plus ridicule et plus indiscret.

Vous me faites un grand plaisir de m'apprendre que David Hume va en Écosse. Je suis bien aise que vous ne soyez plus à portée de le voir, et moi ravie de l'assurance de ne le revoir jamais. Vous me demanderez ce qu'il m'a fait? Il m'a déplu.

---

[1] M. Walpole avait dit à madame du Deffand que les murs de la chambre de la Chaumière, dans son jardin, étaient vert de pois. (A. N.)

Haïssant les idoles [1], je déteste leurs prêtres et leurs adorateurs. Pour d'idoles, vous n'en verrez pas chez moi; vous y pourrez voir quelquefois de leurs adorateurs, mais qui sont plus hypocrites que dévots; leur culte est extérieur; les pratiques, les cérémonies de cette religion sont des soupers, des musiques, des opéras, des comédies, etc. Cela convient à bien des gens; pour moi, tout cela m'est devenu en horreur; je ne me plais que dans mon tonneau; en compagnie de quatre ou cinq personnes avec qui je cause.

Je crois que la grand'maman sera de retour de Compiègne quand vous arriverez; je ne lui dirai point le jour que je vous attends; si le vent ne s'y oppose pas, ce doit être un samedi: je m'arrangerai à souper chez moi ce jour-là, et à n'avoir le lendemain dimanche que nos amis les plus féaux. Depuis que la grand'maman est à Compiègne, je ne lui ai écrit qu'une fois, parce que je ne veux point lui donner la fatigue de me répondre. J'apprends de ses nouvelles par tout le monde, et l'on me dit qu'elle se porte bien; d'ailleurs, je vous avouerai que mes insomnies éteignent un peu ma vivacité. Ah! j'entends que vous dites: « A quelque chose le malheur est bon. » Mon ami, n'ayez pas peur, prenez courage, il n'y a que patience à avoir, tout cela ne saurait durer longtemps. Je crois que je n'ai été mise au monde que pour être de quelque utilité aux autres; quand j'aurai satisfait à cet article, qui est déjà bien avancé, je dirai: Bonsoir la compagnie, bonsoir.

Je prendrai sur moi d'arrêter votre logement pour le 15.

LETTRE 300.

M. DE VOLTAIRE A MADAME LA MARQUISE DU DEFFAND.

7 auguste 1769.

Vous me dites, madame, que vous perdez un peu la mémoire; mais assurément vous ne perdez pas l'imagination. A l'égard du président, qui a huit ans de plus que moi, et qui a été bien plus gourmand, je voudrais bien savoir s'il est fâché de son état, s'il se dépite contre sa faiblesse, si la nature lui donne l'apathie conforme à sa situation; car c'est ainsi qu'elle en use pour l'ordinaire; elle proportionne nos idées à nos situations.

[1] Il faut toujours entendre par là la société du prince de Conti au Temple. (A. N.)

Vous vous souvenez donc que je vous avais conseillé la casse? Je crois qu'il faut un peu varier ces grands plaisirs-là; mais il faut toujours tenir le ventre libre, pour que la tête le soit. Notre âme immortelle a besoin de la garde-robe pour bien penser. C'est dommage que la Mettrie ait fait un assez mauvais livre sur l'homme-machine; le titre était admirable.

Nous sommes des victimes condamnées toutes à la mort; nous ressemblons aux moutons qui bêlent, qui jouent, qui bondissent en attendant qu'on les égorge. Leur grand avantage sur nous est qu'ils ne se doutent pas qu'ils seront égorgés, et que nous le savons. Il est vrai, madame, que j'ai quelquefois de petits avertissements; mais comme je suis fort dévot, je suis fort tranquille.

Je suis très-fâché que vous pensiez que les *Guèbres* pourraient exciter des clameurs. Je vous demande instamment de ne point penser ainsi. Efforcez-vous, je vous en prie, d'être de mon avis. Pourquoi avertir nos ennemis du mal qu'ils peuvent faire? Vraiment, si vous dites qu'ils peuvent crier, ils crieront de toutes leurs forces. Il faut dire et redire qu'il n'y a pas un mot dont ces Messieurs puissent se plaindre; que la pièce est l'éloge des bons prêtres, que l'empereur romain est le modèle des bons rois, qu'enfin cet ouvrage ne peut inspirer que la raison et la vertu; c'est le sentiment de plusieurs gens de bien qui sont aussi gens d'esprit. Mettez-vous à leur tête, c'est votre place. Criez bien fort, ameutez les honnêtes gens contre les fripons. C'est un grand plaisir d'avoir un parti et de diriger un peu les opinions des hommes.

Si on n'avait pas eu de courage, jamais *Mahomet* n'aurait été représenté. Je regarde les *Guèbres* comme une pièce sainte, puisqu'elle finit par la modération et par la clémence. *Athalie*, au contraire, me paraît d'un très-mauvais exemple. C'est un chef-d'œuvre de versification, mais de barbarie sacerdotale. Je voudrais bien savoir de quel droit le prêtre Joad fait assassiner Athalie, âgée de quatre-vingt-dix ans, qui ne voulait et qui ne pouvait élever le petit Joas que comme son héritier? Le rôle de ce prêtre est abominable.

Avez-vous jamais lu, madame, la tragédie de *Saül et David?* On l'a jouée devant un grand roi, on y frémissait, et on y pâmait de rire; car tout y est pris mot pour mot de la sainte Écriture.

Votre grand'maman est donc toujours à la campagne? Je suis

bien fâché de tous ces petits tracas; mais avec sa mine et son âme douce, je la crois capable de prendre un parti ferme, si elle y était réduite. Son mari, le capitaine de dragons, est l'homme du royaume dont je fais le plus de cas. Je ne crois pas qu'on puisse ni qu'on ose faire de la peine à un si brave officier, qui est aussi aimable qu'utile.

Adieu, madame, vivez, digérez, pensez; je vous aime de tout mon cœur; dites à votre ami que je l'aimerai tant que je vivrai.

LETTRE 301.

MADAME LA MARQUISE DU DEFFAND A M. DE VOLTAIRE.

Paris, 29 août 1769.

Ah! monsieur de Voltaire, il me prend un désir auquel je ne puis résister, c'est de vous demander, à mains jointes, de faire un éloge, un discours (comme voudrez l'appeler, dans la tournure que vous voudrez lui donner) sur notre Molière. L'on me lut hier l'écrit qui a remporté le prix à l'Académie, on l'approuve, on le loue fort injustement à mon avis. Je n'entends rien à la critique raisonnée; ainsi je n'entrerai point en détail sur ce qui m'a choquée et déplu; je vous dirai seulement que le style académique m'est en horreur, que je trouve absurdes toutes les dissertations, tous les préceptes que nous donnent nos beaux esprits d'aujourd'hui sur le goût et sur les talents, comme si l'on pouvait suppléer au génie. Je prêcherai votre tolérance, je vous le promets, je m'y engage, si vous m'accordez d'être intolérant sur le faux goût, et sur le faux bel esprit qui établit aujourd'hui sa tyrannie; donnez un moment de relâche à votre zèle sur l'objet où vous avez eu tant de succès, et arrêtez le progrès de l'erreur dans l'objet qui m'intéresse bien davantage.

J'ai enfin lu l'*Histoire des Parlements;* il se peut bien que le second volume ne soit pas de la même main que le premier; mais, mais, mon cher ami, je vois avec plaisir que vous pouvez avoir un successeur; ce jeune auteur ne vous fera point oublier; tout au contraire, vous avez fait en lui un disciple qui fera souvenir de vous.

Votre correspondance avec la grand'maman me charme; avouez qu'elle a de l'esprit comme un ange. Si je n'étais pas exempte de toute prétention, je ne vous écrirais plus, sachant que vous recevez de ses lettres; mais je ne prétends qu'à un seul mérite auprès de vous, c'est de vous admirer et aimer plus que qui que ce soit.

LETTRE 302.
M. DE VOLTAIRE A MADAME LA MARQUISE DU DEFFAND.

6 septembre 1769.

Je viens de faire ce que vous voulez, madame; vous savez que je me fais toujours lire pendant mon dîner. On m'a lu un éloge de Molière qui durera autant que la langue française: c'est le *Tartuffe*.

Je n'ai point lu ce qui a été couronné à l'Académie française. Les prix institués pour encourager les jeunes gens sont très-bien imaginés. On n'exige pas d'eux des ouvrages parfaits, mais ils en étudient mieux la langue; ils la parlent exactement, et cet usage empêche que nous ne tombions dans une barbarie complète.

Les Anglais n'ont pas besoin de travailler pour des prix; mais il n'y a pas chez eux de bon ouvrage sans récompense : cela vaut mieux que des discours académiques. Ces discours sont précisément comme ces thèmes qu'on fait au collége : ils n'influent en rien sur le goût de la nation. Ce qui a corrompu ce goût, c'est principalement le théâtre, où l'on applaudit à des pièces qu'on ne peut lire; c'est la manie de donner des exemples, c'est la facilité de faire des choses médiocres en pillant le siècle passé et en se croyant supérieur à lui.

Je prouverais bien que les choses passables de ce temps-ci sont toutes puisées dans les bons écrits du *Siècle de Louis XIV*. Nos mauvais livres sont moins mauvais que les mauvais que l'on faisait du temps de Boileau, de Racine et de Molière, parce que, dans ces plats ouvrages d'aujourd'hui, il y a toujours quelques morceaux tirés visiblement des auteurs du règne du bon goût. Nous ressemblons à des voleurs qui changent et qui ornent ridiculement les habits qu'ils ont dérobés, de peur qu'on ne les reconnaisse. A cette friponnerie s'est jointe la rage de la dissertation et celle du paradoxe. Le tout compose une impertinence qui est d'un ennui mortel.

Je vous promets bien, madame, de prendre toutes ces sottises en considération l'hiver prochain, si je suis en vie, et de faire voir à mes chers compatriotes que, de Français qu'ils étaient, ils sont devenus Welches.

Ce sont les derniers chapitres que vous avez lus qui sont assurément d'une autre main, et d'une main très-maladroite. Il n'y a ni vérité dans les faits ni pureté dans le style. Ce sont des guenilles qu'on a cousues à une bonne étoffe.

On va faire une nouvelle édition des *Guèbres* que j'aurai l'honneur de vous envoyer. Criez bien fort pour les bons *Guèbres*, madame; criez, faites crier, dites combien il serait ridicule de ne point jouer une pièce si honnête, tandis qu'on représente tous les jours le *Tartuffe*.

Ce n'est pas assez de haïr le mauvais goût, il faut détester les hypocrites et les persécuteurs; il faut les rendre odieux et en purger la terre. Vous ne détestez pas assez ces monstres-là. Je vois que vous ne haïssez que ceux qui vous ennuient. Mais pourquoi ne pas haïr aussi ceux qui ont voulu vous tromper et vous gouverner? Ne sont-ils pas d'ailleurs cent fois plus ennuyeux que tous les discours académiques? et n'est-ce pas là un crime dont vous devez les punir? Mais, en même temps, n'oubliez pas d'aimer un peu le vieux solitaire, qui vous sera tendrement attaché tant qu'il vivra.

Vous savez que votre grand'maman m'a envoyé un soulier d'un pied de roi de longueur. Je lui ai envoyé une paire de bas de soie où entrerait à peine le pied d'une dame chinoise. Cette paire de bas, c'est moi qui l'ai faite; j'y ai travaillé avec un fils de Calas. J'ai trouvé le secret d'avoir des vers à soie dans un pays tout couvert de neige sept mois de l'année; et ma soie, dans un climat barbare, est meilleure que celle d'Italie. J'ai voulu que le mari de votre grand'maman, qui fonde actuellement une colonie dans notre voisinage, vît par ses yeux que l'on peut avoir des manufactures dans notre climat horrible.

Je suis bien las d'être aveugle tous les hivers, mais je ne dois pas me plaindre devant vous. Je serais comme ce sot de prêtre qui osait crier parce que les Espagnols le faisaient brûler en présence de son empereur, qui brûlait aussi. Vous me diriez comme l'empereur : « Et moi, suis-je sur un lit de roses? »

Vous êtes malheureuse toute l'année, et moi je ne le suis que quatre mois : je suis bien loin de murmurer, je ne plains que vous. Pourquoi les causes secondes vous ont-elles si maltraitée? Pourquoi donner l'être sans donner le bien-être? C'est là ce qui est cruel. Adieu, madame : consolons-nous.

APPENDICE.

NOTE DE L'ÉDITEUR.

Afin de remplir en partie le vide que laisse la correspondance de madame du Deffand pendant le séjour d'Horace Walpole à Paris, nous avons cru devoir donner quelques extraits des lettres que ce dernier écrivit à son ami Georges Montagu. Le 18 août, il lui disait dans une lettre de Calais : « Si, contre toute probabilité, vous êtes encore de ce monde, apprenez que je ne suis ni à Londres, ni à Strawberry, ni dans le Middlesex, ni même en Angleterre, mais bien à Calais. Voilà vingt minutes environ que je suis débarqué, après une traversée de neuf mortelles heures. Comme je n'avais avec moi que Rosette[1], je ris beaucoup en voyant arriver un officier français avec sa femme dans une berline qui avait, à n'en point douter, conduit leurs ancêtres aux pièces de Molière. Madame n'avait pas de servante avec elle; aussi elle aida fort complaisamment monsieur à déballer les malles, à débarrasser la vénérable voiture de tout son bagage. Ensuite monsieur, reprenant toute sa dignité, donna la main à madame, et lui fit traverser la cour de l'hôtel dans le plus grand cérémonial pour la conduire à son appartement. »

LETTRE

D'HORACE WALPOLE A GEORGES MONTAGU.

Paris, 7 septembre 1769.

J'ai reçu vos deux lettres en même temps. Je pourrais sans doute acheter ici bien des choses qui vous plairaient, mais depuis que milady Holderness a assiégé la douane de ses cent quatorze robes, les ports sont gardés au point qu'un contrebandier seul pourrait faire entrer quelque chose en Angleterre sans acquitter les droits; vous ne vous soucierez pas, je pense,

---

[1] La chienne d'Horace Walpole.

de payer soixante-quinze pour cent d'amende pour les marchandises d'occasion. Tout ce que j'ai acheté il y a trois ans n'a passé qu'à la faveur de l'artillerie du duc de Richmond; mais la vaisselle est, de tous les objets de luxe, ce qu'il y a de plus difficile à faire parvenir; considérée comme métal, elle n'est pas mise au nombre des objets de contrebande; mais, par le fait, on la rend telle, et les douaniers n'étant pas assez philosophes pour séparer la forme de la matière, mettent brutalement votre vaisselle en morceaux, et ne vous en rendent que la valeur intrinsèque : compensation qui ne vous accommoderait guère sans doute, en votre qualité de membre du parlement; renoncez donc à vos générosités, à moins que vous ne les puissiez réduire au format de l'Elzevir, et vous contenter d'un objet assez petit pour tenir dans la poche. Ma vieille amie[1] a été charmée de votre souvenir : elle m'a fait promettre de vous adresser, en retour, mille compliments; elle ne peut concevoir pourquoi vous ne venez pas à Paris. N'ayant jamais trouvé par elle-même de différence entre vingt-trois et soixante-treize ans, elle s'imagine que rien au monde ne saurait empêcher un homme de faire sa volonté; et, si elle n'était point aveugle, nulle considération ne l'arrêterait : vous la verriez à Strawberry. Elle fait des couplets, elle les chante : elle se rappelle tous ceux qu'on a faits; et, ayant passé de l'âge des folies à l'âge de la raison, elle réunit toute l'amabilité du premier à la sensibilité du second, sans avoir la vanité de l'un ni l'impertinence pédantesque de l'autre. Je l'ai entendue discuter, avec toutes sortes de gens, sur toutes sortes de matières, et jamais je ne l'ai vue dans son tort. Elle humilie les savants, redresse leurs disciples, et trouve des sujets de conversation pour tout le monde. Tendre comme madame de Sévigné, elle n'a aucun de ses préjugés; son goût est même plus étendu. Malgré l'extrême faiblesse de sa constitution, son courage lui fait supporter une vie de fatigue qui m'excéderait s'il me fallait demeurer avec elle; par exemple, après avoir soupé à la campagne, rentrons-nous à une heure du matin, elle propose d'aller promener sur les boulevards, par le motif qu'il est trop tôt pour se coucher. Hier même, quoiqu'elle fût indisposée, j'eus beaucoup de peine à lui persuader de ne pas veiller jusqu'à trois heures, par amour pour la comète; elle avait, à cet effet, prié

---

[1] Madame du Deffand. (L.)

un astronome d'apporter ses télescopes chez le président Hénault, pensant que cela pourrait m'amuser : enfin sa bonté pour moi est telle, que, malgré mon âge, je ne suis pas honteux de me livrer à des plaisirs que j'avais abandonnés chez moi; non, je mens; j'en rougis, et je soupire après mon pauvre Strawberry, tout en songeant que je n'aurai probablement jamais le courage de venir revoir cette bonne et sincère amie, qui m'aime autant que le faisait ma mère. Mais quelle folie de penser à l'avenir! Ah! je l'avoue, cette idée m'afflige. Au reste, qu'est-ce que l'année qui vient? Une bulle qui crèvera peut-être pour elle et pour moi, avant que nous arrivions au bout de l'almanach. Qu'est-ce que les projets qu'on forme dans ce monde fragile? Je les compare aux châteaux enchantés de nos contes de fées; toutes les portes en sont gardées par des géants ou des dragons; de même la mort ou les maladies ferment toutes les issues qui nous offriraient un passage. Quoique nous puissions vaincre parfois tous les obstacles, et parvenir jusqu'à l'endroit le plus reculé du château, cependant celui qui place là ses espérances n'est qu'un audacieux aventurier; quant à moi, je m'assieds gaiement sur le seuil, avec les malheureux, et je ne cherche jamais à pénétrer, à moins que les portes ne s'ouvrent d'elles-mêmes.

La chaleur est étouffante, et je suis forcé d'avouer qu'on achète ici, au coin des rues, des pêches bien meilleures que tout ce que produisent à grands frais nos vergers. Lord et lady Dacre demeurent à quelques pas de chez moi; milord est venu en France pour un motif assez délicat, c'est-à-dire pour une consultation de médecins. Sa foi est plus grande que la mienne; mais peut-on s'étonner que le pauvre homme soit si disposé à tout croire? Milady a soutenu vaillamment le choc, et vous verrez qu'elle triomphera.

Adieu, mon cher Georges, mon vieil ami; je vous vois presque aussi rarement que madame du Deffand, cependant c'est une consolation pour moi de penser à nos trente-cinq ans d'amitié, et il ne nous en coûte pas de nous rappeler une aussi longue liaison. J'ai rendu visite hier à l'abbesse de Panthémont, nièce du général Oglethorpe, et la dame n'est pas de la première jeunesse. Nous parlions de madame de Mézières, sa mère, et je crus pouvoir me permettre de dire à une femme vouée tout entière à Dieu, que sa mère devait être fort âgée; mais elle m'interrompit avec aigreur, en disant : « Point du tout, monsieur, elle s'est mariée très-jeune. » Que pensez-vous d'une sainte qui cherche à cacher ses rides, même à travers une grille! Ah! nous sommes des animaux bien ridicules; si les anges ont quelque gaieté, combien nous devons les divertir!

LETTRE

LE MÊME AU MÊME.

Paris 17 septembre 1769.

Je suis excédé de fatigue; n'importe, il est trop tôt pour se coucher, je vais vous rapporter tout l'emploi de ma journée. Je suis allé ce matin à Versailles avec ma nièce Cholmondeley, mistriss Hart, sœur de lady Denbigh, et le comte de Grave, qui est un des hommes les plus aimables et les plus obligeants que je connaisse. Nous nous proposions surtout de voir madame du Barry. Comme l'heure de la messe n'était point encore venue, nous vîmes dîner le Dauphin et ses frères. L'aîné est tout le portrait du duc de Grafton, sauf qu'il est plus blond et qu'il sera plus grand; il a l'air délicat. Le comte de Provence a des manières fort agréables et paraît très-sensé. Quant au comte d'Artois, il est le génie de la famille; on raconte déjà beaucoup de bons mots de lui, semblables à ceux de Henri IV et de Louis XIV; il est très-gras, et c'est celui de tous les enfants qui ressemble le plus à son grand-père. Après avoir assisté à ce banquet royal, nous nous rendîmes à la chapelle, où l'on nous réservait, dans les tribunes, une première banquette. Madame du Barry alla se placer en bas, vis-à-vis de nous; elle était sans rouge, sans poudre, et même sans *toilette* : étrange manière de se montrer, car elle était près de l'autel au milieu de la cour, et exposée aux regards de tout le monde. Elle est jolie, quand on l'examine attentivement; cependant elle est si peu remarquable, que je n'aurais jamais songé à demander qui elle était; il n'y avait rien d'effronté, d'arrogant ou d'affecté dans son maintien; la sœur de son mari l'accompagnait. Dans la tribune supérieure figurait, parmi une foule de prélats, le roi, qui est encore bel homme : on ne pouvait s'empêcher de sourire à ce mélange de piété, de magnificence et de sensualité. En sortant de la chapelle, nous assistâmes au dîner de Mesdames; nous fûmes presque étouffés dans l'antichambre, où l'on faisait chauffer les plats sur du charbon, et où la foule nous empêchait de bouger. Quand on ouvre les portes, tout le monde entre confusément, les princes du sang, les cordons bleus, les abbés, les servantes, enfin, Dieu sait qui! Cependant Leurs Altesses sont tellement accoutumées à ce manége, qu'elles mangent d'aussi bon cœur que vous et moi nous pourrions le faire dans notre propre salle à manger. Mais bientôt nous quittâmes la cour et une maîtresse régnante pour une maîtresse morte et pour un cloître.

J'avais obtenu de l'évêque de Chartres la permission de visiter Saint-Cyr. Madame du Deffand, qui ne laisse échapper aucune occasion de m'être agréable, avait écrit à l'abbesse pour la prier de me faire voir tout ce qu'il y avait de curieux en cet endroit; la permission de l'évêque portait qu'on devait m'admettre, ainsi que *M. de Grave et les dames de ma compagnie;* je priai l'abbesse de me rendre ce permis, pour le déposer dans mes archives de Strawberry; elle y consentit volontiers. Toutes les portes s'ouvrirent devant nous; la première chose que je désirais voir, était l'appartement de madame de Maintenon. Il se compose, au rez-de-chaussée, de deux petites pièces, d'une bibliothèque et d'une très-petite chambre à coucher, la même dans laquelle le czar la vit et où elle mourut; on a ôté le lit, et la chambre est maintenant tapissée de mauvais portraits de la famille royale. On ne peut s'empêcher de remarquer la simplicité de l'ameublement et l'extrême propreté qui règne partout. Un grand appartement, qui se trouve au-dessus, composé de cinq pièces, et destiné par Louis XIV à madame de Maintenon, sert maintenant d'infirmerie; il est rempli de lits à rideaux blancs, fort propres, et orné de tous les passages de l'Écriture qui peuvent donner à entendre que la fondatrice était reine. L'heure des vêpres étant venue, on nous conduisit à la chapelle, et je fus placé dans la tribune de madame de Maintenon; les pensionnaires, dont chaque classe est conduite par un homme, viennent, deux à deux, prendre leurs siéges et chantent tout le service, qui (soit dit en passant) est assez ennuyeux. Les jeunes demoiselles, au nombre de deux cent cinquante, sont vêtues de noir, avec de petits tabliers pareils, qui sont, ainsi que leurs corsets, noués avec des rubans bleus, jaunes, verts ou rouges, selon la classe; les personnes qui sont à leur tête ont pour marque distinctive des nœuds de diverses couleurs. Leurs cheveux sont frisés et poudrés. Elles ont pour coiffure une espèce de bonnet rond, avec des fraises blanches et de grandes collerettes; enfin leur costume est très-élégant. Les religieuses sont tout habillées de noir avec des voiles de crêpe pendants, des mouchoirs d'un blanc mat, des bandeaux et des robes à longue queue. La chapelle est simple, mais fort jolie; au milieu du chœur, sous une dalle de marbre, repose la fondatrice. Madame de Cambis, l'une des religieuses (qui sont au nombre d'environ quarante), est belle comme une madone. L'abbesse n'est distinguée des autres que par une croix plus riche et plus grande. Son appartement consiste en deux pièces fort petites. Nous vîmes là jusqu'à vingt portraits de madame de Maintenon. Le portrait en pied, au manteau royal, dont je possède une copie, est le plus souvent répété; mais il en est un autre dans lequel on la représente vêtue de noir, avec une grande coiffure en dentelle, un bandeau et une robe traînante, elle est assise dans un fauteuil de velours cramoisi; entre ses genoux, se trouve sa nièce, madame de Noailles, encore enfant; dans le lointain, on découvre une vue de Versailles ou de Saint-Cyr : c'est ce que je n'ai pu distinguer parfaitement. On nous montra quelques riches reliquaires; ensuite nous fûmes conduits dans les salles de chaque classe. Dans la première, on ordonna aux demoiselles, qui jouaient aux échecs, de nous chanter les chœurs d'*Athalie;* dans la seconde, on leur fit exécuter des menuets et des danses de campagne, tandis qu'une religieuse, un peu moins habile que sainte Cécile, jouait du violon. Dans les autres, elles répétèrent, devant nous, les proverbes ou dialogues qu'avait écrits, pour leur instruction, madame de Maintenon; car non-seulement elle est leur fondatrice, mais encore leur sainte, et les hommages qu'on rend à sa mémoire ont entièrement fait oublier la sainte Vierge. De là, nous visitâmes les dortoirs, puis nous fûmes témoins du souper; enfin l'on nous mena aux archives, où nous vîmes des volumes de lettres de madame de Maintenon; une des religieuses me donna même un petit morceau de papier, avec trois pensées écrites de la propre main de la fondatrice. Nous allâmes aussi à la pharmacie : on nous y régala de cordiaux, et une de ces dames m'apprit que l'inoculation était un péché, parce qu'elle devenait un motif bénévole de faire gras et de se dispenser de la messe. Notre visite se termina par le jardin, qui a pris un aspect très-imposant, et où les jeunes demoiselles jouèrent, devant nous, à mille petits jeux; enfin, nous prîmes congé de Saint-Cyr au bout de quatre heures. Je demandai à l'abbesse sa bénédiction; elle sourit, en disant qu'elle doutait bien que j'y eusse grande confiance. C'est une dame noble, âgée, et très-fière d'avoir vu madame de Maintenon. Je terminerai ma lettre par un trait charmant de madame de Mailly, que vous ne trouverez pas déplacé dans un chapitre qui traite des maîtresses de rois. Comme elle allait à Saint-Sulpice, après avoir perdu le cœur du roi, un des assistants demanda qu'on lui fît place; « *Comment,* s'écrièrent quelques jeunes officiers grossiers, *à cette catin-là !* » Madame de Mailly se retourna soudain et leur dit avec la plus touchante modestie : « *Messieurs, puisque vous me connaissez, priez Dieu pour moi.* » Je suis sûr que les larmes vous en viendront aux yeux. N'était-elle pas le *Publicain,* et madame de Maintenon le *Pharisien* Bonsoir.

Nous joignons à cet Appendice trois *lettres inédites* de madame du Deffand au chevalier de l'Isle, que veut bien nous communiquer M. Henri de l'Isle, digne descendant de l'officier courtisan et poëte, commensal et ami des Choiseul et des Polignac.

Les deux premières sont sans date, mais probablement de l'année 1769. La troisième se rapporte au séjour d'Horace Walpole à Paris.

LETTRE INÉDITE

LA MÊME AU MÊME.

Il faut absolument que vous veniez souper ce soir chés moi; si cela est impossible venez-y cette après-dînée, il faut absolument que je vous vois avant votre départ; mais si absolument, que j'iray vous chercher si vous ne venez pas. Je suis furieuse de ce que vous ne m'avez pas écrit un mot pendant votre séjour à Chanteloup; venez chercher votre pardon, venez voir M. Walpole.

Ce samedy.

FIN DU TOME PREMIER.

LETTRE INÉDITE

DE MADAME LA MARQUISE DU DEFFAND AU CHEVALIER DE L'ISLE.

Ce mercredy (1769).

Ne croyez pas, monsieur, que je sois restée tranquille et sans m'informer pourquoy je ne vous voyois point, vous sachant à Paris depuis cinq ou six jours ; j'ay seû tous les jours de vos nouvelles et nomément hier par Mad. de Grammont qui soupa chés moi. Votre goutte m'afflige et m'impatiente, je meurs d'envie de causer avec vous, hâtez-vous de vous guérir, venez me parler de ma rivale [1] : plus vous exciterez ma jalousie, plus vous me ferez de plaisir ; c'est peut-être la première fois qu'on aura vu un tel sentiment ; il n'a point été imaginé encore dans aucun roman.

Vos lettres sont si charmantes, si agréables, si spirituelles, si faciles, que si on écoutoit son amour-propre on n'y répondroit pas ; mais l'amitié l'emporte, et on ne peut se refuser à vous dire qu'on vous estime, qu'on vous aime, et qu'on se fait un grand plaisir de vous revoir.

LETTRE INÉDITE

LA MÊME AU MÊME.

Paris (1769).

Mon cher monsieur de l'Isle, si vous n'avez point fait partir le paquet de livres dont vous avez bien voulu vous charger, renvoïez le moy tout a l'heur, je vous supplie ; il y a une milady qui part cette après-dînée pour Londres, je les lui donneray. Si vous en avez fait partir la moitié, renvoyez-moi ce qui vous en reste, et venez me voir tantôt si vous pouvez ; je soupe ce soir et demain chés le P. [2] ; je voudrais que vous y soupassiez aussy.

Ce samédy matin.

---

[1] Madame de Choiseul. (L.)
[2] Le président Hénault. (L.)

www.ingramcontent.com/pod-product-compliance
Lightning Source LLC
Chambersburg PA
CBHW071419300426
44114CB00013B/1305